Anonymus

Orientalische Bibliothek oder Universalwörterbuch

welches alles enthält, was zur Kenntniss des Orients notwendig ist

Anonymus

Orientalische Bibliothek oder Universalwörterbuch
welches alles enthält, was zur Kenntniss des Orients notwendig ist

ISBN/EAN: 9783742890290

Hergestellt in Europa, USA, Kanada, Australien, Japan

Cover: Foto ©ninafisch / pixelio.de

Manufactured and distributed by brebook publishing software
(www.brebook.com)

Anonymus

Orientalische Bibliothek oder Universalwörterbuch

Orientalische
Bibliothek
oder
Universalwörterbuch,

welches alles enthält,

was zur Kenntniß des Orients

nothwendig ist.

Verfaßt

von

Bartholom. D'Herbelot.

Vierter und letzter Band.

Mit Churfürstl. Sächs. gnädigster Freiheit.

HALLE,
bei Johann Jacob Gebauer,
1790.

S.

Saad. Siehe Sad.

139

Saad AlJemani. Siehe den Artikel Jamani oder Jemeni.

Saad AlMolk AlAwdschi. Dies ist der Name eines Vesirs des Mohammed Ben Malek Schah, eines Sultans aus seldschucidischem Geblüte, der hingerichtet worden ist, weil er seinen Herrn mit Gifte hat hinrichten wollen. Siehe den Artikel dieses Sultans.

Saad Ben Hadhim: ist der Name eines berühmten Dichters, der in Syrien kurz vor dem Mohammedismus geblühet, und sich einen so großen Namen erworben hat, daß die Araber aus allen Gegenden zu ihm kamen, und die wichtigsten Mißhelligkeiten, welche sich unter ihnen entspannen, von ihm entscheiden ließen. Mirkhond thut dieses Dichters in dem Leben des Mohammed Erwähnung, und nennt ihn an einigen Stellen Ebn Saad.

Saad Ben Manfor. Siehe den Artikel Jain kemuiehi.

Saad Ben Moffabed. Dies ist der Name eines Mannes, der die Würde eines Moabber, das heißt, eines Oniroeriten oder Erklärers der Träume, bei Abdalmalek, einem Khalifen aus omiadischem Geblüte, bekleidete. Siehe den Artikel dieses Khalifen.

Saad Ben Mozaffer, oder Modhaffereddin, und Saad Ben Zenghi.

Orient. Bibl. 4. B.

A

Zenghi. Dies ist der Name eines Fürsten aus der Dynastie der Atabeken von Iran, oder von Persien, dem Sadi Alschirazi seinen Gülistan dediciret hat. Dieser Fürst war Atabek oder Gouverneur des Sultan Sandschar des Seldschuciden gewesen, und wurde darauf König von Schiraz, und von der Provinz Persien im eigentlichen Verstande.

Saada, oder Saadah, eine Stadt in Jemen oder dem glücklichen Arabien, zwischen den Städten Hadhramut und Sanaa gelegen. Man rechnete von Saadah bis nach Hadhramut, zweihundert und vierzig Meilen, aber nur sechs und zwanzig bis nach Sanaa, dem Scherif Al-Chriffi zufolge, der sie in das erste Clima setzt.

Der persische Erdbeschreiber sagt, Saada sey von Sanaa nur sechzig Parasangen entfernt, und dies sey die Stadt, wo der beßte türkische Safian in der ganzen Levante verfertiget werde.

Saadani, die beiden Glücklichen und Beglückten. Unter diesem Worte verstehen die arabischen Astronomen die beiden Planeten Jupiter und Venus, welche dem Saturn und Mars entgegengesetzet werden, die eben diese Araber Nahsani, das heißt, die Unglücklichen nennen.

III.
140 Saadeddin Ben Hassan. Dies ist der Name des berühmtesten und beredtesten türkischen Geschichtschreibers, der der Lehrer des Sultan Morad Ben Selim oder Amurat des Dritten war, und nachher zu der Würde eines Mufti erhoben worden ist. Man nennt ihn gewöhnlich Khuageh oder Khodscha Efendi. Er hat ein Buch in türkischer Sprache, und in einem sehr schönen Stile verfertiget, unter dem Titel: Tag' al Tauarikh oder Altevarikh, wie es die Türken aussprechen, welches eine Geschichte der othmanidischen Sultane seit der Stiftung ihrer Dynastie bis auf Soliman den Ersten ist.

[Dies Buch ist von Bartholomäus Bratutti von Ragusa ins Italienische übersetzt worden. Der erste Theil davon ist zu Wien im Jahr 1649 und der zweite lange Zeit hernach zu Madrid herausgekommen. R.]

Saadeddin. Ein Beiname des Massud Ben Ali Alsbeherl. Dieser Mann stand bei dem Sultan von der Dynastie der Khugrezmier, Lagasch oder Togusch khun, in großem Ansehn.

Dieser Sultan gab ihn seinem Sohne Cothbeddin Mohammed zum Vesir, als er ihn unter seiner Aufsicht in die Provinz Khorassan schickte, daß er daselbst die Würde eines Gouverneurs bekleiden sollte, und darauf übertrug er ihm dieselbe Würde bei Atsschah, der gleichfalls ein Sohn von

von ihm war, dem er das Gouvernement von Gebal oder dem persischen Irak anvertrauet hatte.

Dieser Vesir besaß sehr große Eigenschaften, und verdiente es, den Titel des berühmten Vesirs des Malekschah zu führen, welchem gewöhnlich der Name Nadham AlMolk, oder Nezam El Mulk, welches die größte Zierde des Staats bedeutet, beigelegt zu werden pflegt. Er erklärte sich für den Hauptfeind der Ismaelier, das heißt, jener Ruchlosen, welche mehrere sehr feste Schlösser in dem persischen Irak inne hatten, und er war derjenige, der den Sultan Tagasch bewegte, daß er seine ganze Macht zu ihrer Ausrottung aufbot.

Als diese Ismaelier, welche alle Leute waren, die ihrem Oberhaupte blinden Gehorsam zur Unternehmung der allerverwegensten Handlungen bewiesen, von den bösen Absichten des Vesirs in Betreff ihrer unterrichtet wurden, so unterließen sie nicht, auf Gelegenheit zu denken, wo sie sich demselben vom Halse schaffen könnten. Zu dem Ende schickten sie einen von denjenigen, die die Perser Fidajan nennen, und denen wir den Namen Meuchelmörder geben würden, ab, der sich in der Nähe des Pallastes des Vesir Saadeddin einquartieren, und daselbst eine für sein schädliches Vorhaben günstige Gelegenheit abwarten mußte.

Kurze Zeit darauf geschah es, daß der Vesir, der zwei Feinde an dem Hofe hatte, welche ihm sehr schlimme Dienste bei dem Sultan thaten, Ansehn genug hatte, sie bei dem Fürsten zu stürzen, und von ihm die Macht erhielt, eine gerichtliche Untersuchung gegen sie anzustellen, und selbst das Urtheil über sie zu sprechen. Es war auch nicht schwer, Gegenstände aufzufinden, aus welchen sie verdammt werden konnten, und er war eben im Begriff, sie zur Execution führen zu lassen, als dieser heimliche Meuchelmörder, der schon lange auf diese Gelegenheit lauerte, auf einmal ihn überfiel, und machte, daß er todt zu den Füßen derjenigen stürzte, die er zur Hinrichtung bestimmt hatte.

Khondemir und der Nighiaristan, welche diese Geschichte erzählen, sagen, es sey bei diesem Vorfall das Sprichwort der Araber in Erfüllung gegangen: Sirro men catli catlon, Mord ist immer in dem Morde selbst verborgen.

Saadeddin Massud Ben Achmed. Dies ist der Verfasser eines Werks, welches den Titel hat: Escharat fi tessauf, Unterweisung und Anleitung zum geistlichen Leben der Sofis oder musulmanischen Religiosen.

Saadi und Sadi. Dies ist der Name des berühmtesten persischen Schriftstellers. Er wird gewöhnlich Scheikh Mosle-

hebbin Saadi AlSchirazi genannt, und führt den Beinamen
Schirazi deswegen, weil er in
Schiraz, der Hauptstadt des eigentlich so genannten Persiens,
im Jahr der Hedschr. 571 das
Licht der Welt erblickt hat.

Dieser Mann führte das Leben
eines Derwisch und eines Ein-
siedlers, und brachte es größtentheils auf Reisen zu. Von den
Franken ward er im heiligen Lande zum Sclaven gemacht, und
arbeitete in diesem Zustande an
den Festungswerken von Tripoli.
III. Ein Kaufmann von Aleppo kauf-
141 te ihn wieder für zehn Goldthaler
aus dieser Gefangenschaft los,
und gab ihm noch hundert mehr
als Brautschatz für seine Tochter,
die er mit ihm vermählte. Aber
diese Frau machte ihm so viele
Last, daß er sich nicht hat enthalten können, seinen Unmuth
darüber in seinen Werken und besonders in seinem Gülistan an den
Tag zu legen.

Sadi hat zum Theil in Prosa,
und zum Theil in Versen, sein
Buch, welches er Gülistan betitelt hat, und wovon man den
eignen Artikel nachsehen muß, in
dem für das Khalifat so unglücklichen Jahre der Hedschr. 656
verfertigt, und einige Zeit hernach hat er seinen Bostan herausgegeben, welcher ganz in Versen
abgefaßt ist, so wie auch noch
ein andres von seinen Werken,
welches den Titel Molamaat
führt. Siehe die Artikel von
diesen beiden Büchern. Hier
wollen wir blos bemerken, daß

das Wort Gülistan im Persischen
eigentlich einen Garten oder ein
Blumenbeet bedeutet, und daß
das Wort Bostan für einen mit
fruchtbaren Bäumen besetzten
Garten gesetzt wird. Und was
das Wort Molamaat anlange, so
bedeutet solches im Arabischen,
Funken, Strahlen und Proben.

Lamai erzählt in seinem Defter
Lathaif einen Vorfall, welcher
dem Sadi begegnet ist, als er
in seiner Jugend in dem Gewand
eines Derwisch herumreiste.
Zufälliger Weise befand er sich
eines Tages mit einem der berühmtesten Dichter seiner Zeit,
Namens Hemam AlTabrizi, in
einem Bade, ohne daß einer
den andern kannte. Als nun Hemam von Sadi erfuhr, daß er
aus Schiraz gebürtig sey, und
dieser jenem auch sein eigentliches
Vaterland nannte, welches die
Stadt Tabriz oder Tauris war,
wollte dieser jenen wegen seines
Kahlkopfs spotten, ein Fehler,
den man gewöhnlich den Einwohnern von Schiraz vorzuwerfen
pflegt, und zeigte ihm eine um-
gekehrte Tasse, wobei er ihm folgende Worte sagte: Woher
kommt es, daß die Schirazer einen Kopf haben, der gerade so,
wie die Tasse, gebildet ist? Sogleich zeigte ihm Sadi die Oeffnung von derjenigen, die er in
der Hand hatte, und fragte ihn
mit spottender Mine, warum die
Taurifer dem, was er ihm hier
zeige, glichen? Man vergleiche
aus dem Artikel Hemam al Tabrizi die Geschichte, wie sich
diese

biefe beide Dichter einander zu
erkennen gegeben haben.

Sadi hat ein Alter von hundert und zwanzig Jahren erreicht,
denn er ist im Jahr der Hedschr.
691 gestorben. Er rühmt sich
in seinem Gülistan, daß er den
Schehabeddin in der Stadt Bagdet zum Lehrmeister gehabt hat.

Saadi. Ein Beiname des
Ali Ben Dschafar, Ebn AlCa-
tha, Verfassers eines Buchs unter dem Titel: Abniat alesma,
von dem Bau und der Beilegung
der Namen. Dieser Schriftsteller ist im Jahr der Hedschr. 515
verstorben.

Saadi Afendi. Dies ist einerlei Person mit Saadallah Ben
Issa, einem Schriftsteller, der
über die Annar des Beidhaul geschrieben hat.

Sáadi Ebn Hadschi: ist ei-
nerlei Person mit Schehabeddin
AlDemeschki, der im Jahr der
Hedschr. 815 verstorben ist. Er
ist Verfasser eines Tarikh oder
einer Geschichte, welche eine
Fortsetzung von einer andern ist.
Siehe den Artikel Tarikh Ben
Hadschi.

Saadun und Sadun. Dies
ist der Name eines musul-
manischen Heiligen, dessen Leben
Dschafei im 24sten Abschnitte
seiner Geschichte beschrieben hat.

Saai. Tageddin Ali Ben Al-
Khair Ben oder Ebn AlSai: ist

der Name eines aus Bagdet gebürtigen Schriftstellers, der, von
seinem Geburtsorte AlBagdadi
zugenannt zu werden pflegt. Er
hat das Buch verfertigt, welches
betitelt ist: Akhbar akrobboth in
v almadares. Es ist dies eine 142
Geschichte der musulmanischen
Collegien und Academien. Eben
dieser Schriftsteller führt auch
den Beinamen Abul Hassan Ali
Ben Andschu, Ebn AlSaai.

Saai. Tarikh Ebn AlSaai.
Dies ist einerlei Geschichte mit
derjenigen, welche den Titel
führet: Tarikh Ebn AlThabat.
Sie ist von Ebn Thagthai oder
Thagthazani fortgesetzt worden.

Saba oder Sabi. Die
Sabier, von welchen wir weiter
unten zu reden gedenken, sagen,
Saba oder Sabi, von welchem
sie abzustammen behaupten, sey
ein Enkel des Enoch gewesen.
Aber die Musulmanen behaupten,
der hebräischen Tradition mehr
gemäß, Saba oder Seba sey
ein Sohn des Cahton oder Joctan, und Enkel des Patriarchen Heber gewesen, den sie gewöhnlich Hud zu nennen pflegen;
auch versichern sie noch weiter,
er sey König von Jemen gewesen.

Eben diese Musulmanen oder
Araber schreiben, Cahton oder
Joctan sey mit seinen Söhnen,
Hadharmut, von den Hebräern
Hazermavet genannt, Seba,
Ophir und Khavilah, aus Chal-
däa nach Arabien gegangen, und

sey

sey der erste Vater oder Patriarch von der arabischen Nation gewesen, die nicht nur die unter dem Namen Arabien begriffnen Provinzen, sondern auch noch diejenigen, welche zu dem am Ufer oder an der See liegenden Ethiopien gehören, bevölkert hat.

Inzwischen hatte Cahtan oder Joctan einen erstgebohrnen Sohn, Jarab oder Jacob genannt, von welchem ganz Arabien überhaupt seinen Namen bekommen hat, da im Gegentheile Saba und Hadharmut den übrigen nur demjenigen Theile von Arabien hinterlassen haben, den die Araber Jemen nennen, und der bei uns Abendländern den Namen des glücklichen Arabien führt. Dieser übertrifft an Größe alle übrige arabische Provinzen, als da sind Hedschaz, Hadschar, Midian, Negef u. s. w.

Es ist hier nicht am unrechten Orte, wenn wir bemerken, daß die heilige Schrift, wenn sie im zehnten Capitel des ersten Buchs Mose von den Kindern Joctan oder Jectan redet, wohl eines Jare und eines Jobab, so wie auch des Ophir, des Hadharmut, den die Vulgate Hazarmot nennt, und des Hevila, welches der Khavila der Araber ist, Erwähnung thut, nicht aber des Jarab oder Jacob, welcher eine Erfindung der Araber, und vielleicht aus der Zusammensetzung der beiden Namen Jarath, welches Jare ist, und Jobab entstanden ist.

Saba hat seinen Namen den Sabäern, einem arabischen Volke, welches den Griechen und Lateinern wohl bekandt ist, mitgetheilt. Bei diesen ward der beßte Weihrauch dieses ganzen Landes eingesammlet, wie dies auch noch heut zu Tage, und vornemlich in dem Gebiete der Stadt Mareb der Fall ist, von welcher man behauptet, daß es dieselbe Stadt sey, die Saba erbauet habe. In der That sagen auch alle orientalische Erdbeschreiber einmüthig, daß die Stadt Mareb vormals Saba geheißen, und daß sie in den alten Zeiten die Hauptstadt des ganzen Landes Jemen eben so, wie Sanaa, wo die Tobais oder Könige des glücklichen Arabiens ihren gewöhnlichen Aufenthalt hatten, es im Anfange des Musulmanismus gewesen.

Aus dieser Stadt Saba kam Balkis, die die heilige Schrift die Königin von Saba nennt, zu Salomo, um bei ihm einen Besuch abzustatten. Aber jetzt ist sie solchermaßen zerstört, daß sich das Gedächtniß ihres Namens kaum in Arabien erhalten hat. Messahet alarod, Nozhat almoschtak. Auch vergleiche man dasjenige, was Edrissi von den Städten Mareb und Hadharmut, unter ihren eignen Artikeln, sagt.

Edrissi schreibt, die Stadt Mareb habe nicht nur den Namen Saba geführt, sondern sie habe auch Hadhermut geheißen, und sie sey drei Tagereisen von

III. 143

von der Stadt Sanaa, auf der Ostseite der Stadt selbst, gelegen gewesen. Man sehe weiter unten den Artikel Sabi.

Sababat. Divân AlSababat. Dies ist der Titel eines Buchs, welches von Liebe und Liebenden handelt, und zum Theil in Prosa, zum Theil in Versen abgefaßt, und in dreißig Capitel abgetheilt ist. Es hat den Ebn Hagelab zum Verfasser, der seinem Werke noch einen Anhang beigefügt hat, in welchem er von denjenigen redet, welche durch übermäßige Liebe sich den Tod zugezogen haben. Dieses Werk ist in der königlichen Bibliothek zu Paris unter Nr. 1174 befindlich.

Dies ist eben der Schriftsteller, der auch noch ein andres Werk verfertigt hat, welches viele Aehnlichkeit mit diesem hat, und den Titel Succardan führt. Dieses Wort bedeutet im Persischen eigentlich eine Zuckerbüchse.

Sabactaghin. Siehe Sebekteghin.

Sabacz. Siehe Sabaz.

Sabadsch. Siehe Sabacz und Sabaz.

Sabalius. Siehe Sabellius.

Sabas. Sowol die christlichen, als musulmanischen Araber nennen denjenigen, den wir gewöhnlich den heiligen Sabas nennen, einen palästinensischen Mönch und Abbt, der in den Zeiten der Kaiser Anastasius, Justin und Justinian gelebt hat, Anba Saba.

Dieser heilige Mann ward von dem Patriarchen zu Jerusalem, Elias, an den Kaiser Anastasius, der ein Eutychianer war, gesandt, um ihn zu dem catholischen Glauben zurückzubringen. Der Patriarch Elias nennt ihn in dem Beglaubigungsschreiben, das er ihm an den Kaiser mitgab, den vortrefflichen Mann Sabas, der unsre Wüsten in Städte verwandelt hat, und das erleuchtetste Licht von ganz Palästina ist.

Anfangs nahm der Kaiser den heiligen Sabas sehr ungnädig auf, und es war ihm sogar, wegen seiner schlechten Kleidung, der Eingang in den Pallast verwehrt worden. Als ihn aber dieser Monarch nachher anhörte, kehrte er wieder zum orthodoxen Glauben zurück, und behandelte den heiligen Sabas so gnädig, daß er ihn ein ganzes Jahr lang bei sich haben wollte, worauf er ihn erst von sich ließ, und ihm große Summen mitgab, wovon er Klöster in Palästina erbauen sollte.

Der heilige Sabas hatte sich in dem ganzen Reiche ein solches Ansehn erworben, daß der Kaiser Justinian, der nach Justin dem Kaiser Anastasius in der Regierung folgte, auf seine Fürbitte den Tribut von Palästina erließ, wo die Einwohner viele Verwüstungen, welche die samaritischen

A 4	Juden

Juden in dem ganzen Lande angerichtet hatten, erlitten; ja er
erhielt auch von eben diesem Kaiser große Summen Geldes, von
welchen er die Kirchen, welche
verwüstet worden waren, wieder
herstellen, und die Erbauung
derjenigen, welche bereits angefangen waren, vollenden sollte.

Man pflegt gewöhnlich dem
heiligen Sabas den Titel eines
Abbtes des Klosters, Saik algedid, das neue Sait genannt,
beizulegen; eben dieser heilige
Mann ist in demselben in einem
Alter von vier und neunzig Jahren, unter der Regierung eben
dieses Kaisers Justinian gestorben.

Das Herzogthum des heiligen
Sabas, oder das schwarze Gebirge, welches eigentlich das
obere Bosnien ist, wird heut zu
Tage von den Türken, so wie
auch von den Sclavoniern,
Herdschgovina und Herzegovina
genannt. Diese Provinz ward
von dem türkischen Sultan Mo-
hämmed dem Zweiten erobert,
und als einer von den Söhnen
des letzten Herzogs des heiligen
Sabas zum mohammedanischen
Glauben überging, so heirathete
er eine Tochter Bajazet des Zweiten. Dies ist eben derjenige,
welchen die türkischen Jahrbücher Achmed Hergek Ogli nennen, und der in einem Treffen,
welches Selim der Erste dem
Sultane der egyptischen Mamluken lieferte, ums Leben gekommen ist.

Sabath. Dies ist der Na-
me einer Stadt von Mavaralnahar, oder der Provinz Transoxanien, welche zu dem Gebiete
der Stadt Ostruschah oder Os-
ruschnah gehört, von welcher sie
nur drei Parasangen, welche
sechs französische Meilen ausmachen, entfernt ist. Die Tafeln
des Abulfeda geben ihr 89 Grade, 55 Minuten der Länge, und
40 Grade, 20 Minuten der
nördlichen Breite. Man kommt
zu dieser Stadt auf dem Wege
von der Stadt Farganah nach
Schasch.

Sabaz oder Sabadsch.
So nennen die Slavonier und die
Türken eine Stadt, die bei den
Lateinern Sabatia oder Savatia
geheißen hat.

Diese Stadt liegt an der Sau,
an der Mündung des Drin. Als
der türkische Sultan Mohammed
der Erste in der Belagerung von
Belgrad nicht glücklich war, sondern solche aufzuheben sich genöthigt sah, zog er sich nach Sabacz zurück, und ließ es befestigen. Seit dieser Zeit haben die
Türken ihren Namen in Burgur-
del oder Burgurdil verändert.
Aber sie haben sie nicht lange behalten. Denn der ungarische
König Matthias Corvin hat sie
ihnen wieder abgenommen, und
die Ungarn haben sie bis ins Jahr
der Hedschr. 928 inne gehabt,
wo sich Soliman, als er zur Belagerung von Belgrad aufbrach,
auf dem Wege dahin von derselben Meister gemacht hat.

Sab

Sabbag. Ebn AlSabbág. Der Sohn des Färbers. Dies ist der Beiname des Abul Nasr Abdal Said Ali Ben Mohammed, von dem wir zwei Werke haben.

Das erstere führt den Titel: Fossul almehmat fi marefat alaimat, Artikel, oder Aphorismen, nach welchen die rechtmäßige Erbfolge der wahren Imams, oder Nachfolger des Mohammed und Ali, gehörig bestimmt werden kann.

Das andere führt folgenden Titel: Aschaár bemarefat ekhteláf olama alamsar, Abhandlung von den verschiednen Classen der Lehrer der Gottesgelahrtheit und Jurisprudenz, welche in den verschiedenen Provinzen des Musulmanismus gelebt haben.

Sabellius oder Sabellius. Dies ist der Name eines Ketzers, von welchem einige orientalische Geschichtschreiber sagen, er sey Bischof von Lybien, andre aber, er sey ein bloßer Priester von Constantinopel gewesen. Dieser Ketzer leugnete die drei Personen in der Gottheit, und behauptete, die drei von den Catholischen anerkannten und angebeteten Personen, seyen nichts weiter, als Daseyn, Weisheit und Leben, also blos relative Eigenschaften, welche keine verschiedene Personen ausmachten.

Diese Ketzerei des Sabellius ist von mehrern Mohammedanern angenommen worden, welche behaupten, es gebe in der Gottheit weder formell noch reell unterschiedene Eigenschaften, und Gott subsistire nicht durch seine Existenz, lebe nicht durch sein Leben, und sey nicht weise durch seine Weisheit, sondern er subsistire, sey weise und lebe durch sein eignes Wesen.

Die Person und die Meinung dieses Ketzers, der unter den Kaisern Gallus und Volusianus gelebt hat, wurden auf der zweiten Kirchenversammlung von Constantinopel, welche unter Theodosius dem Großen gehalten worden, verdammt.

Sabi, wovon der Pluralis Sabiah und Sabiun ist, und Sabah im Arabischen, und Sabian im Persischen. Dies ist der Name, welchen man nicht einer Nation, dergleichen die Sabäer in Arabien sind, sondern einer besondern Religionspartei, und demjenigen oder denjenigen giebt, die sich zu derselben bekennen.

Es ist nicht ausgemacht, worin vornemlich die Religion der Sabier bestehe. Denn die Orientaler sind in ihrer Meinung über diesen Punct sehr uneinig, und weiter unten in diesem Artikel werden wir dasjenige finden, was Ben Schohnah besonders hierüber gesammlet hat. Aber soviel ist ausgemacht, daß diese Religion eine von den dreien ist, welchen Mohammed im Korane einen salvum Conductum, und so zu sagen seinen Schutz ertheilt hat.

Diese

† Diese drei Religionen sind das Judenthum, das Christenthum und der Sabiismus, und Mohammed beweist darum Hochachtung gegen sie, weil diejenigen, welche sich zu derselben bekennen, Bücher zu haben behaupten, welche Patriarchen und Propheten beigelegt werden, die Mohammed und die Musulmanen für solche erkennen. Man muß also nothwendig diese Sabier von den Magern unterscheiden, ob sie gleich von vielen mit einander verwechselt werden. Denn diesen hat Mohammed die Gewissensfreiheit eben so wenig wie andern Abgöttern verstattet, weil sie dem Feuer eine abgöttische Verehrung bewiesen haben.

Hussain Vaez sagt in seiner persischen Paraphrase, über die Worte des zweiten Capitels im Koran: V alladhin hadu v Al Nassara, v AlSabiin. „Und was die Juden, die Christen und die Sabier anbetrifft u. s. w. Die Sabier sind diejenigen, welche eine Religion haben, die aus verschiedenen Gebräuchen zusammengesetzt ist, welche aus dem Judenthume, dem Christenthume und dem Mohammedismus genommen sind; sie ehren die Engel und beten sie gewissermaßen an; sie lesen das Buch der Psalmen Davids, die die Musulmanen Zebur (statt זמור) nennen, und bei ihren Gebetsverrichtungen richten sie sich bald gegen Mittag, bald gegen Mitternacht hin. Eben dieser Schriftsteller setzt hinzu, sie würden von vie-

len für Sadducäer gehalten, das heißt, sie glaubten nicht, daß es nach diesem Leben noch ein anderes gebe, und sie erwiesen sogar den Gestirnen eine besondere gottesdienstliche Verehrung.

Das ist wahr, daß diese Sabier mehrere Religionsgebräuche aus dem Christenthume entliehen haben. Denn sie haben eine Art von Taufe, haben besondere Hochachtung gegen Johannes den Täufer, dessen Schüler sie sich nennen, und in der That legen sie sich auch den Titel Mendai Jahia bei, welches in ihrer Sprache, welche beinahe ganz chaldäisch oder syrisch ist, Schüler Johannis des Täufers bedeutet. Und unsere Christen in der Levante, so wie unsre Reisebeschreiber, tragen kein Bedenken, sie Johannis-Christen zu nennen, ob sie gleich nichts weniger als dieses sind, und obgleich ihre Taufe blos eine Sache zum Schein ist.

Diese Sabier lesen nicht nur den Zebur, oder die Psalmen Davids; sondern sie haben auch noch ein Buch, das sie dem Adam zuschreiben, und welches sie wie ihre Bibel betrachten, in welchem ganz besondere Schriftzüge befindlich sind. Aber die Sprache desselben ist fast durchaus chaldäisch.

Nun wollen wir dasjenige, was Ben Schohnah umständlicher von dieser Sabischen Secte sagt, die er Sirian, das heißt, Chaldäer oder Syrer nennt, näher betrachten. Er sagt nemlich zu-

zuvörderst, diese Leute seyen Abkömmlinge von der ältesten Nation in der Welt, und sie sprächen, wenigstens in ihren Büchern, noch heut zu Tage die Sprache, welche Adam und seine Kinder geredet hätten; sie hätten ihre Religion und ihr Gesetz von Scheith und von Edris, welches die Patriarchen Seth und Enoch sind, deren Bücher sie noch heut zu Tage zu besitzen behaupten, welche voll von moralischen Unterweisungen sind, wie das Laster zu fliehen und die Tugend auszuüben sey.

III. Die Sabier, sagt eben dieser
146 Schriftsteller, beten des Tages siebenmal zu Gott. Denn außer den fünf Gebeten, die sie zu denselben Stunden verrichten, die die Musulmanen beobachten, verrichten sie auch eins mit Anfang des Tages, und ein siebentes nach der sechsten Stunde der Nacht, und dabei verrichten sie, wie er sagt, diese Gebete mit einer so ernsthaften und so inbrünstigen Andacht, daß sie nicht die mindeste andere Handlung damit verbinden.

Sie fasten einen ganzen Monden lang, von Aufgang der Sonne an bis zu ihrem Untergange, ohne irgend das mindeste zu essen oder zu trinken, und beschließen immer ihre Fasten bei dem Eintritte der Sonne in das Zeichen des Widders, welches gerade das Frühlingsäquinoctium ist.

Sie ehren den Tempel zu Mekka, und haben auch viele Hochachtung für die Pyramiden in Egypten, weil sie glauben, daß Sabi, ein Sohn des Edris oder Henoch in der dritten begraben liege. Aber ihre vornehmste Wallfahrt geschieht an einen Ort in der Nachbarschaft der Stadt Harran, welches das alte Carrae ist, in Mesopotamien, welche einige für die Geburtsstadt des Abraham, oder wenigstens für den Ort halten, aus welchem er mit seiner ganzen Familie nach Palästina gegangen ist. Einige behaupten auch, daß die Sabier diesen Ort besonders wegen des Sabi Ben Mari hochschätzen, der in den Zeiten des Abraham gelebt hat, und es ist weit wahrscheinlicher, daß sie von diesem ihren Namen und vielleicht auch ihre Religion bekommen haben, als vom Sali Ben Edris, das ist, dem Sohne Henoch, welcher vor der Sündfluth gelebt hat.

Ben Hazem sagt, die Religion der Sabier sey nicht nur die erste, und die älteste; sondern auch die allgemeine und einzige Religion der Welt bis auf die Zeiten Abrahams, von welcher alle übrige Religionen herstammen. Und Scheherestani schreibt, der Unterschied, welcher zwischen den Sabiern und den Musulmanen stattfinde, sey der, daß jene unter den Geschöpfen den Geistern, nemlich den Engeln und vernünftigen Wesen, welche die bewegenden Ursachen des Universums sind, den Vorzug geben; diese aber dem Körper und der Materie, das heißt, den Menschen, dergleichen die

Pa-

Patriarchen und die Propheten sind, den Vorzug eingestehen.

Ebn Khalecan schreibt in dem Leben des Ibrahim Al Sabi, die Sabier seyen nicht die Schüler des Zoroasters, die man gewöhnlich Mager oder Feueranbeter zu nennen pflegt; sondern sie seyen nur eben so alt, wie diese, und beide behaupteten von Ibrahim, mit dem Beinamen Zerdascht, herzustammen, den sie mit dem Patriarchen Abraham verwechseln. Aber eben dieser Schriftsteller fügt hinzu, das Wort Sabi bedeute, nach dem wahren Begriffe der arabischen Sprache, denjenigen, der die Religion seiner Väter verlassen, und sich daraus eine ganz besondre gebildet hat. Daher nannten die Koraischiten zum Schimpfe ihren Mitbürger Mohammed, Sabi oder einen Sabier, weil er ihre Religion verlassen hatte, und eine neue einzuführen bemüht war. [Vergleiche auch unten den Artikel Sair.]

Die Bedeutung dieses Worts Sabi ist unter den Arabern so sehr im Gebrauche, daß sie in ihrer ganzen Geschichte sagen, die alten Perser, Chaldäer oder Assyrer, Griechen, Egypter und Indier, seyen alle Sabier gewesen, ehe sie das Judenthum, oder den Mohammedismus oder das Christenthum angenommen hätten, und die orientalischen Christen tragen kein Bedenken zu sagen, der große Constantin habe die Religion der Sabier verlassen, und dagegen die christliche angenommen.

Es hat mehrere arabische Schriftsteller unter den Mohammedanern gegeben, welche den Beinamen Sabi geführt haben. Dergleichen sind Abul Ola, Sinan, Thabet Ben Corrah, und mehrere andere, welche man unter ihren eignen Artikeln wird finden können.

Sabi. Dies ist der Beiname eines sehr berühmten Mannes, welcher unter den abbassidischen Khalifen Moctafi und Mothi, in den Zeiten, da Moezaldulat, Sultan von der Dynastie der Buiden, die Staatsangelegenheiten des Khalifats besorgte, Secretär der auswärtigen Angelegenheiten war. Sein völliger Name ist Ibrahim Ben Helal, Ben Zaharun, Ben Habbun, Al Harrani, Al Sabi.

Er war aus der Stadt Harran in Mesopotamien gebürtig, aus welcher die meisten Sabischen Lehrer gekommen sind, und war in seiner Religion so standhaft, daß er immer die großen Geschenke anzunehmen sich weigerte, die ihm Azzaldulat, Sultan aus eben dieser Dynastie der Buiden, anbot, wofern er den Musulmanismus annehmen würde. Inzwischen unterließ er doch nicht, mit den Musulmanen im Monat Ramadhan zu fasten, und hatte den Koran von Wort zu Worte auswendig gelernt, aus welchem er oft in den

Bü-

Büchern, welche er geschrieben hat, Stellen anführt.

Wir haben eine große Sammlung seiner Werke von ihm, der er den Titel Divan gegeben, und welche er im Jahr der Hedschr. 349 herausgegeben hat.

Auch hat er im Jahr der Hedschr. 371 eine sehr weitläuftige Geschichte des Buidischen Hauses verfertigt, welche den Titel AlTadsch führt. Er ist in der Stadt Bagdet, in einem Alter von ein und siebenzig Jahren, und im Jahr 384 eben dieser Hedschr. verstorben.

Der Scherif Radhi hatte ihn in einem Gedichte, Daliah betitelt, nach seinem Tode öffentlich gelobet. Dies fanden einige nicht für recht, daß ein Scherif, das heißt, ein Mann aus den Nachkommen Mohammeds, der folglich seinem Gesetze weit mehr anhängen sollte, doch einem Ungläubigen so große Lobeserhebungen machte. Allein dieser Scherif antwortete denjenigen, welche ihm deshalb Vorwürfe machten, er habe nur die Tugend und die Gelehrsamkeit, nicht aber die Religionsmeinungen dieses Mannes, gelobet. Ebn Khalecan.

Einige nennen diesen Schriftsteller Ischak Ben Ibrahim, und geben seiner Geschichte der Buiden den Titel: Tadsch almillah, und Tadsch AlDilemiah.

Wir haben auch eine Geschichte der Vesire von eben diesem Schriftsteller. Sie führt den Titel: Akhbar AlWazara.

Sabuni: der Beiname des Abu Othman AlNischaburi, Verfassers eines Urbain, der im Jahr der Hedschr. 449 verstorben ist.

Sabur v Adur: sind Namen von zween Oberhäuptern oder Fürsten der egyptischen Zauberer. Siehe den Artikel Mussa.

Sabur Ben Sahal. Dieß ist der Name eines berühmten christlichen Arztes, Verfassers eines Buchs unter dem Titel: Abdal aladujat, Arzneien, von welchen man eine für die andere substituiren kann. Unsere Aerzte nennen sie Succedanea. Er ist im Jahr der Hedschrah 255, unter dem Khalifate des Motaz, des Abbassiden, verstorben.

Sabura. Dieß ist der Name, welchen die Musulmanen einer von den Städten geben, welche in den Zeiten des Lot durch Feuer vom Himmel sind verbrannt worden.

Sabus oder **Sebus.** Dieß ist der Name, welcher heut zu Tage der Fluß in der Nachbarschaft der Stadt Schiraz führt, den der König von Persien, Schabur Dhulactaf, schiffbar machte und in einen Canal gebracht hat. Man nannte ihn deswegen vormals Rud Khureh Schabur.

Sabr: ist der arabische Name einer Pflanze, welche wir Aloe nennen. Edrissi sagt, unter allen Arten der Aloe sey diejenige,

jenige, welche auf der Insel Socothorah wachse, die vortrefflichste, und sie übertreffe sogar an
Güte diejenige, welche in dem
Lande Hadhramut und Scha-
bschat in Jemen, oder dem glücklichen Arabien wachse.

Ⅲ. Eben dieser Schriftsteller fügt
248 hinzu, als Alexander der Große
durch Aristoteles von den Eigenschaften und Kräften dieser Pflanze unterrichtet worden, habe er
die Einwohner der Insel Socothorah nach Arabien und Aethiopien versetzt, und daselbst eine
Colonie von Griechen errichtet,
denen er den Anbau der Alve zur
Pflicht gemacht habe.

Die Einwohner der Insel
sammlen die Blätter von dieser
Pflanze im Monat Julius, und
lassen sie in großen Kesseln kochen, wodurch sie den Saft aus
derselben gewinnen; darauf nehmen sie diesen Saft, der nach
dem Kochen auf dem Boden der
Kessel sitzen geblieben, füllen ihn
in lederne Schläuche, und legen
solche in den Hundstagen an die
Sonne.

Dies ist diejenige Alve, die
man Socothori zu nennen pflegt:
so wie diejenige, welche aus dem
glücklichen Arabien gebracht wird,
den Beinamen Hadhri und Had-
hari führt, weil sie in dem Gebiete von Hadhramut wächst.

Sabran: ist der Name ei-
nes Orts in Chaldäa, sehr nahe
bei der Stadt Cadessiah, wo die
Carmathen die Armee des Khalifen Moctafi geschlagen haben.

Sabtan: ist der Name ei-
nes Schlosses in Jemen oder dem
glücklichen Arabien. Man kommt
zu demselben auf dem Wege, der
von der Stadt Sanaa zur Stadt
Aden führt.

Sabtani, ist der Beiname eines Mannes, welcher aus dem
Orte Sabtan, von welchem wir
eben geredet haben, gebürtig
ist. Der General des Sultan
Achmed Ben Avis, welcher von
Tamerlan in der Nähe der Stadt
Sultanie geschlagen wurde, führte den Beinamen Sabtani.

Sabth Alkhafath: ist der
Beiname des Abu Mohammed
Abdallah Ben Ali, Ben Ischak
AlSameri, der Verfasser eines
Buchs ist, welches den Titel hat:
Tabserat almobtadi: Unterweisung für Anfänger. Dieser Mann
war von Profession ein Schneider, und dies bedeutet das Wort
Khajath. Er starb im Jahr der
Hedschr. 541, und sein Werk ist
mit africanischen Schriftzügen
geschrieben in der königlichen Bibliothek zu Paris unter Nr. 1108
zu finden.

Sabtha: ein Beiname des
Abul Modhaffer. Siehe den Ar-
tikel von Ahia olum albin des
Gazali.

Sabthi: ein Beiname des
Mohammed Ben Hajan, Ver-
fassers eines Buchs unter dem
Titel: Tarith almohadethin, Geschichte oder Chronik der Tradi-
tion-

tionaire, das heißt, derjenigen, welche die Traditionen, die sie aus Mohammeds Munde gehört hatten, erzählt haben.

Sabti. AlSabti. Siehe den Artikel Abdalmalek Ben Abdallah. Siehe auch den Artikel Sebt.

Saca. Dieses Wort, welches im Arabischen einen Mundschenk und einen Wasserträger, eigentlich einen der da tränkt, bedeutet, ist derjenige Name, welchen man eben so, wie den Namen Saki, demjenigen beilegt, der bei einem Gastmahle zu trinken giebt. Montanabbis Neider geben ihm den Spottnamen Saca, weil er in den Straßen der Stadt Bassorah Wasser zum Verkauf herumgetragen hatte.

Sacai: ein Beiname des Fadhlallah, welcher die Geschichte berühmter Männer des Ebn Khalecan, vom Jahr 650 bis zum Jahr der Hedschr. 725 fortgesetzt hat.

III. **Sacalah,** dieses Wort kommt
149 bei vielen orientalischen Erdbeschreibern vor, die es für den Namen einer Stadt in Zingistan, oder wie wir zu sagen pflegen, Zanguebar, sehen. Allein man muß da Safalah anstatt Sacalah lesen. Siehe den Artikel Sofalat aldheheb.

Sacathi. Siehe den Artikel Sert oder Sertz Sacathi.

Saccaki. Dieses Wort, welches im Arabischen einen Messerschmid bedeutet, ist der Beiname des Abu Jacob Josef Ben Abubekr, auch noch Sarageddin AlKhuaregmi genannt, dem man den Titel: Aem motebahhar fil olum, ein in allen Wissenschaften erfahrner Mann, zu geben pflegt. Auch hat er eine Encyclopädie verfertigt, unter dem Titel: Maftah alolum, Schlüssel der Wissenschaften.

Dieser Schriftsteller war der Lehrer des Zahedi. Er war im Jahr der Hedschr. 555 gebohren, und starb, wie Mohammed Ben Cassem anmerkt, im Jahr 626.

Der dritte Theil dieser Encyclopädie, in welchem von der Beredsamkeit und von der Rhetorik gehandelt wird, ist in der königlichen Bibliothek zu Paris unter Nr. 1131 befindlich.

Saccali. Siehe Cathaa.

Sacsini. Siehe den Artikel Tuschi.

Sad. Dieses Wort bedeutet im Persischen hundert. Sad kelemat, die hundert Worte. So werden hundert Apophthegmen, oder scharfsinnige Aussprüche genannt, welche man dem Schwager Mohammeds, dem Ali, beizulegen pflegt. Die Araber nennen sie Miat kelemat und Miat Logat.

Sad oder Saad. Dieses Wort bedeutet im Arabischen Glück,

Glück, und wird auch oft für die Nativität, oder die glückliche Geburtsstunde eines Menschen gesetzt.

Die arabischen Astronomen nennen den Planeten Jupiter Sad alsoub und Sad kebir, den glücklichsten unter den Planeten, was unsre Sternkundigen gewöhnlich Fortúna major, das große Glück nennen; gerade so, wie der Planet Venus Sad saghir, Fortúna minor, das kleine Glück genannt wird. Siehe den Artikel Ebn Dokin, wo man die Ursache finden wird, warum diese beide Planeten so sind genannt worden.

Sadacah. Alaeddin Ben Sadacah: ist der Name des Verfassers eines Commentars über das Gedicht des Ebn Faredh, Khamariah, das heißt, über den Wein betitelt. Dieses Werk ist in der königlichen Bibliothek zu Paris unter Nr. 617. Siehe den Artikel Sirefi.

Dieser Name Sadacah ist das Sedekias der Hebräer.

Sadah und Sadeh: Dies ist der persische Name von der sechzehnten Nacht des Monats, den die Perser Bahaman nennen. Er wird durch Feuer, welche sowol in den Städten, als auf dem Lande angezündet werden, gefeiert. Die Araber nennen ihn nach einer verdorbenen Aussprache Sadhak und kilat alueud.

Saddail. Siehe Sadiail.

Saddad. Josef Ben Rafe, genannt Ebn Saddad Alhalabi. Dies ist der Verfasser des Buchs, welches den Titel hat: Aalak alhadhrat fi Tarikh Alscham v AlGezirat. Es ist dieses eine Geschichte von Syrien und Mesopotamien.

Sadeh. Siehe Sadah und Sedeh.

Sadeh v Baghem, Hazem v Azem, Fatek v Naffek. Alle diese Namen sind Titel eines Gedichts, welches nach dem Model der Fabeln oder Apologen des Calilah v Damnah von Abu Jali Ben Harebat ist verfertigt worden. Dieses Buch ist in der königlichen Bibliothek zu Paris unter Nr. 1236 befindlich.

Sadeki. Siehe Askill.

Sadhak. Dieses arabische Wort ist eine verdorbene Aussprache des persischen Sadah oder Sedeh, von welchem wir bereits geredet haben. Der Verfasser des Mircat allogat sagt, es sey dies der Name der vierzigsten Winternacht, in welcher man Freudenfeuer anzünde, wie wir bereits oben gesehen haben.

Sadiail, Sadiel. Dies ist der Name eines Engels, der über den dritten Himmel gesetzt ist, und dies ist zugleich auch derjenige, der die Erde festhält, welche

che in einer beständigen Bewegung seyn würde, wofern er nicht, nach den träumerischen Vorstellungen der Musulmanen, seinen Fuß darauf stellte.

Sadik oder Sadakat. Dies ist der Titel eines Buchs des Abu Hajan, in welchem dieser Schriftsteller von der Gerechtigkeit und vom Almosen handelt. Denn die Musulmanen behaupten, die Almosen und milde Beisteuren seyen eine Handlung der Gerechtigkeit, eben sowol als der Liebe.

Sadikah. So nennen die Araber den jüdischen König Sedechias.

Sadiki: ist der Beiname des Mohammed Ben Abissorur, Verfassers eines Buchs unter dem Titel: Raudhat alzahiat fi Ualat Mesr v AlCaherat, welches eine Geschichte oder Lebensbeschreibungen derjenigen sind, welche in Egypten und zu Cairo bis zum Jahr der Hedschr. 1036. Befehlshaberstellen bekleidet haben.

Eben dieser Schriftsteller hat auch ein Werk verfertigt unter dem Titel: Ketab fi sadhail schahar Ramadhan, Von den Vorzügen und vortrefflichen Eigenschaften des Monats Ramadhan. Es ist in der königlichen Bibliothek zu Paris unter Nr. 609.

Sadr und Sedr. Dies ist der Name eines Baumes, der in dem irdischen Paradiese wuchs, und auf welchem die Gesetztafeln

Mosis geschrieben waren, wie die Tradition der Musulmanen versichert, welche sagen, es sey dies eine Art von Lotus, den die Araber auch Sadrah oder Sedrah nennen.

Sadr AlSchahid. Siehe den Artikel Hossam AlSchahid.

Sadr AlScheriah: Dieses Wort, welches das Oberhaupt von der Justizkammer bedeutet, wird auch zu einem Beinamen oder Titel von Personen sowol, als von Büchern gebraucht.

Man hat auch ein Werk über das musulmanische Gesetz, welches diesen Titel hat. Der Verfasser desselben ist Obeidallah Ben Massud, Ben Tag AlScheriah.

Sadreddin AlConui. Siehe den Artikel Conui und Kenui.

Sadus Ben Scheiban. Siehe den Artikel Dagfal AlSadussi.

Saed Ben Achmed. AlCabhi AbulCassem Saed Ben Achmed, Ben Saed AlAndalussi. Dies ist der Name eines berühmten Schriftstellers, der das Buch, welches Thabacat alumem, Geschichte der Nationen, in Classen abgetheilt, betitelt ist, verfertigt hat. Siehe den Artikel dieses Buchs.

[Dies ist einerlei Person mit Saed Ben Malek al Andalussi,

von welchem in dem Artikel Tarif Bethabacat alomomi S. 409. gehandelt wird. Siehe auch den Artikel Thabacat alumem S. 461.]

III.
151   Saed Ben Hebatallah AlHadhiri. Dieß ist der Name eines Arztes des Khalifen Naſſer, des Abbaſſiden, der uns ein medicinisches Buch hinterlaſſen hat, unter dem Titel: AlSafuah, das heißt, von der Gesundheit, und noch ein anderes von der Beschneidung, Ketab AlKhatan betitelt. Siehe den Artikel Hebatallah, der der Vater dieses Schriftstellers gewesen ist.

[Eben dieser Schriftsteller hat auch den Canon des Avicenna in einen Auszug gebracht und erklärt. Siehe den Artikel Canun fil Thebb Band 1. S. 495. K.]

Saed Ben Tuma. Dieß ist der Name eines chriſtlichen Arztes, der ein Liebling und Vertrauter des Khalifen Naſſer, des Abbaſſiden, war, der ihm sein Geld zum Aufbewahren gab. Er ward durch die Eiferſucht einer Frau und eines Verschnittnen, die die Hand des Khalifen nachmachten, im Jahr der Hedschr. 620 ums Leben gebracht.

Safacos und Sifacos. Der perſiſche Erdbeschreiber sagt in seinem dritten Clima, dieß sey der Name einer kleinen Stadt in der Provinz des eigentlich so genannten Africa, welche in einer Ebene liege, wo kein anderes Waſſer zu haben sey, als aus Gruben, welche daselbst gegraben sind, auch sey sie mit einer sehr guten Mauer befestigt. Vielleicht ist nach dem Namen dieser Stadt von den Lateinern das Wort Siphax gemacht worden.

Safadi: ein Beiname, den man dem AbdalCader Ben Omar Ben Habib giebt, weil er aus der Stadt Safet in Galiläa gebürtig war, welches man für das alte Cades Nephthali der Hebräer hält.

Dies ist ein Gelehrter, welcher sich durch ein Gedicht, Taijah betitelt, berühmt gemacht hat. Einen Commentar darüber hat ein anderer Schriftsteller, Namens Falauau, geschrieben. Der Verfaſſer deſſelben lebte unbekandt, unter den Kindern, welche er unterrichtete, als er im Jahr der Hedschr. 905 von dem Scherif Ali Ben Maimon AlMagrebi AlFaſſi AlHaſſeni entdeckt und erkannt wurde, und dieser sein Verdienst bekandt machte.

Dieses Gedicht Taijah ist auch von einem gewiſſen Olvan mit einem Commentar versehen worden, der vielleicht Eine Person mit Falauan ist. Es ist in der Bibliothek des Königs von Frankreich unter Nr. 579 befindlich.

Safadi. Dieß ist auch ein Beiname eines andern Gelehrten, der aus der nemlichen Stadt Safet gebürtig war, und den Namen

Namen Salabeddin AbulSafa Khalil Ben Abik führte. Er ist im Jahr der Hedschr. 764 oder nach andern im Jahr 776. gestorben.

Wir haben mehrere Werke von ihm, unter andern auch einen Commentar über das Gedicht des Thograi, welches Lamiat Al-Agem betitelt ist, der sich in der königlichen Bibliothek zu Paris unter Nr. 1061. befindet.

Eben dieser Schriftsteller hat ein Werk verfertigt, welches den Titel führt: Ekhteraa alkhetaa u. s. w. und ein Tenbih alal teschbih, welches eine Abhandlung von Vergleichungen ist. Es ist in der königlichen Bibliothek zu Paris unter Nr. 1149.

Aber das merkwürdigste von allen seinen Büchern ist das Werk, welches den Titel führt: Ajan alasr v auan alnasr, Lebensbeschreibungen berühmter Männer, besonders solcher, welche in dem Rufe einer ganz außerordentlichen Stärke gestanden sind.

[Vergleiche auch die Zusätze zu dem Artikel Salauan.]

Safadi. Mosleh eddin Al-Lari führt auch den Beinamen Safadi. Dies ist der Verfasser eines Scharh, oder Commentars über die Arbain.

Safafessi: Ein Beiname des Abu Ischak Ibrahim, der eine Abhandlung über die Eerab AlCoran verfertigt hat, und im Jahr der Hedschr. 742 verstorben ist. Diese Aarab oder Eerab des Corans sind die Vocalzeichen, III, welche den Worten des Corans 152 ihren Schall und die Cadenz geben, über welche die AlCoranistischen Gelehrten, und besonders diejenigen, welche den Titel Cari führen, welches die Lehrmeister in dem Lesen und der Aussprache dieses Buchs sind, nicht einerlei Meinung haben.

Saffah. Dieses Wort bedeutet im Arabischen eigentlich denjenigen, welcher Blut vergießt.

Es ist ein Beiname des Abdallah Mohammed, welchen man gewöhnlich Abul Abbas Saffah nennt, erster Khalife aus dem Stamme der Abbassiden, welcher im Jahr 132 zu regieren anfing, und im Jahr der Hedschr. 136 verstorben ist, wo er nicht älter als zwei und dreißig Jahre war, von welchen er nur vier Jahre und neun Monate, der Chronik des Thabari zufolge, regiert hat.

Khondemir giebt ihm deren zwei und vierzig und Ben Schohnah drei und dreißig. Aber alle sind darin einig, daß er an den Kinderpocken gestorben sey, und daß seine Regierung nicht fünf Jahre gedauret habe.

Dieser Monarch hatte sieben und dreißig Khalifen aus seiner Familie zu seinen Nachfolgern, welche in einem Zeitraume von 524 Jahren regiert haben, von der Zeit an gerechnet, da er in der Haupt- und Residenzstadt Cufah, welche den Vorzug dieses Titels beständig behalten hat,

obgleich die ommiadifchen Khalifen ihren Aufenthalt in Syrien
hatten, war proclamirt, und öffentlich begrüßt worden.

Diefer Khalife erfchien in der
Mofchee fchwarz gekleidet, wo
fogleich in feiner Gegenwart der
Khotbah, welches eine Art von
Sermon oder kurzer Rede ift,
ausgefprochen wurde, und nachdem das Gebet geendigt war,
hielt er, von feinen Oheimen und
Brüdern auf dem Throne, fo
wie er war, unterftützt, eine
fehr beredte Rede, die, wegen
feiner Jugend und feiner freund-
lichen Mine ihm den Beifall aller, welche fie mit anhörten, erwarb.

So wie Abul Abbas Saffäh
das Ruder der Staatsgefchäffte
übernommen hatte, theilte er mit
unumfchränkter Gewalt alle Aemter und alle Gefchäffte aus, und
vertheilte folche unter feine Familie, welche fehr zahlreich war.
Auch fchickte er einen von feinen
Oheimen, der, fo wie er, Abdallah hieß, gegen Marvan, den
letzten Khalifen der Ommiaden.

Diefer fchlug diefen Khalifen
in Syrien aufs Haupt, und
nahm darauf die Stadt Damas
mit Gewalt ein, welche damals
der Sitz des Khalifats war.
Durch diefe Eroberung zwang er
den Marvan, Syrien zu verlaf-
fen, und nach Egypten zu fliehen. Allein Saleh, der gleichfalls ein Oheim des Abul Abbas
war, verfolgte ihn mit folcher
Hitze, daß er ihm nicht Zeit ließ,
fich dafelbft zu verfchanzen, und

ihm endlich ein zweites Treffen
lieferte, in welchem er das Leben
verlohr.

Die perfifche Gefchichte, welche den Titel Bina kiti, die Erbauung oder Structur der Welt,
führt, erzählt, Abdallah Abul
Abbas habe deswegen den Beinamen Saffah geführt, weil er
nur erft nach fehr vielem Blut-
vergießen zu dem ruhigen Befi-
tze des Khalifats gelangt fey.
Denn in der That wurde ein
fchreckliches Blutbad unter den
Ommiaden und ihren Anhängern
und Angehörigen in dem ganzen
Reiche der Khalifen angerichtet;
diejenigen ungerechnet, welche in
den an dem Euphrate, in der
Nachbarfchaft von Damas und
in Egypten gelieferten Treffen,
ihr Leben verlohren haben.

Der Verfaffer desjenigen
Buchs, welches Thecat rauát,
die getreueften und gewiffeften
Erzählungen, betitelt ift, berichtet, es habe fich diefer erfte Khalife aus dem Haufe der Abbaffiden einftmals im Spiegel betrachtet, und da er fich fo in der Blüthe feiner Jahre gefehen, habe
er folgende Worte zu Gott gefagt: Ich will nicht zu dir fagen, was Soliman, der Sohn
Abdalmalek und Khalife aus dem
Haufe der Ommiaden, zu fagen
gewohnt war: Ana AlMalek al-
fchab, ich bin der König und
Fürft der Jugend; fondern ich
will dich blos bitten, daß du mir
mein Leben erhalteft, damit ich
dir dienen kann, und daß du
mir kein Gut weiter, als die Ge-
funb-

fundheit, zu Theil werden laſſeſt.

III.   Kaum hatte er dieſe Worte
153 ausgeredet, als er in ſeinem Vorzimmer einen ſeiner Sclaven zu ſeinem Cameraden ſagen hörte: Wie ich ſehe, ſo beträgt der Unterſchied zwiſchen deinem und meinem Alter nur fünf Tage. Ueber dieſe Worte gerieth der Khalife, der ſie hörte, in eine ſo lebhafte Rührung, als ob er den Rathſchluß Gottes ſelbſt, der ihm die Gränze ſeines Lebens beſtimmte, gehört hätte, und in der That war auch die Folge davon dieſe, daß, als er kurze Zeit darauf die Blattern bekam, dieſe Krankheit ihn zwei Monate und fünf Tage, nachdem er die Worte dieſes Sclaven gehört hatte, wegraffte. Siehe die Artikel Abbas und Marvan mit dem Beinamen Hemar.

Safi. Dieſes Wort, das im Arabiſchen einen Auserwählten bedeutet, und von welchem der Name Moſtafa herkömmt, iſt ein Titel oder Zuname geworden, welchen die Muſulmanen dem Adam geben, der von Gott gewählt wurde, daß er das Oberhaupt und der Vater aller Menſchen ſeyn ſollte, und der davon abſtammende Name Moſtafa iſt auch derjenige Titel, welchen eben dieſelben dem Mohammed beilegen, weil ſie ihn wie den zweiten Adam und den Wiederherſteller des menſchlichen Geſchlechts betrachten.

Safi oder Sefi. Scheikh Safi oder Sefi. Dieß iſt der Name eines Mannes, welcher ſich durch ſeine Nachkommenſchaft berühmt gemacht hat. Er behauptete von Ali, dem Schwager Mohammeds, abzuſtammen, und ſtand noch in den Zeiten, da Tamerlan den Bajazid Jldirim, welches der türkiſche Sultan Bajazet der Erſte war, ſchlug, in der Stadt Ardebil, welche in der Provinz Adherbiſchan liegt, in dem Rufe der Heiligkeit.

Tamerlan ſchätzte dieſen Scheikh ſo hoch, daß er aus Achtung gegen ihn alle Gefangne auf freien Fuß ſtellte, die er in Kleinaſien gemacht, und bei einer vorfallenden merkwürdigen Gelegenheit, für die er ſie aufſparen wollte, hinrichten zu laſſen beſchloſſen hatte. Alle dieſe Leute, die ihr Leben und ihre Freiheit dieſem Scheikh zu verdanken hatten, behielten eine ſehr große Erkenntlichkeit gegen ihn, und ſuchten ſeine Freundſchaft durch große Geſchenke, die ſie ihm zuſchickten, und durch häufige Beſuche, welche ſie bei ihm abſtatteten, zu erhalten, ſo daß ſein Ruf von Tag zu Tage zunahm, und et Söhne hinterließ, welche ſehr mächtig wurden: daher ſein Urenkel Dſchuneid, der unter Gehanſchah, einem Sohne des Cara Joſef des Türkomanen lebte, bereits die Eiferſucht der benachbarten Fürſten rege zu machen anfing. Mirkhond.

B 3   Von

Von diesem Scheikh Sefi stammen die Könige, welche heut zu Tage in Persien regieren, in gerader Linie ab. Siehe die Artikel Giuneid, Haidar, und Schab Ismael oder Ismael Sofi.

Safi. Schach Safi oder Sefi. Dies ist der Name des achten Königs von Persien, der seinem Großvater Schach Abbas im Jahr der Hedschr. 1039 oder Christi 1629 in der Regierung nachgefolgt ist.

Dieser Fürst, der, ehe er zur Regierung gelangte, Schahin Mirza hieß, nahm bei seiner Krönung den Namen Sefi an, welchen sein Vater, der nicht zur Regierung gelangt ist, geführt hat. Er ist im Jahr der Hedschr. 1052, welches das Jahr Christi 1642 ist, gestorben, und hatte seinen Sohn Schach Abbas den Zweiten zu seinem Nachfolger.

Safi Alholli: ist der Name des Verfassers eines arabischen Divans, der in zwölf Abschnitte über verschiedene Gegenstände abgetheilt ist. Er ist in der Bibliothek des Königs von Frankreich unter Nr. 1168. zu finden.

Dies war ein sehr beredter Mann, der auch ein Gedicht über die Kunst, den Bogen und die Armbrust zu schießen, welche die Araber Elm alremi nennen, geschrieben hat. Es ist auch in der königlichen Bibliothek zu Paris unter Nr. 703. anzutreffen.

Safi. Muin Ebn Safi. Dies ist der Verfasser eines Scharh [154] oder Commentars über die Arbain.

Safian und **Schabah.** Siehe den Artikel Agrab des Achmed Ben Schoaib.

Safieddin Abdalmumen Ben Abdalhakk. Dies ist der Name eines Gelehrten, welcher eine Geographie, oder vielmehr ein geographisches Wörterbuch geschrieben hat, das den Titel führt: Merassed alethlaa ala esma alamkenat v albecaa.

Siehe auch den Artikel Firzend Aaz.

Safin Thuri. Siehe den Artikel Thuri.

Safiun. Dies ist der Name, den die Musulmanen dem Großvater des Propheten Schoaib geben, welches Jethro, der Schwiegervater Mosis, ist.

Safuan Ben Edris. Dies ist der Name eines Schriftstellers, der sonst Abu Bahr Al-Kateb heißt, und der ein Buch, unter dem Titel: Beda Allah almotebahher, verfertigt hat, welches von der Schöpfung der Welt handelt.

Safura. So nennen die Musulmanen die Frau des Moses, Zippora, von welcher sie behaupten, sie sey von Nation eine Zingianerin gewesen, und deren

deren Geschlechtsregister sie folgendergestalt angeben.

Safurah, die Tochter des Schoaib oder Jethro; sein Vater war Raguel, der Midianiter, den einige gleichfalls Safiun genannt haben. Ragùel war ein Sohn des Dadan, und dieser des Jakschan, eines Sohns des Abraham und der Kenturah, welche die Kethurah der Hebräer ist, von welcher die Araber sagen, daß sie eine Türkin von Geburt gewesen sey.

Safratti und Sifratti, ein Beiname des Abdalrahman, Verfassers eines Buchs unter dem Titel: Eelam fil Corât, welches eine Anweisung ist, wie man den Coran richtig zu lesen und auszusprechen hat. Dieser Schriftsteller ist im Jahr der Hedschr. 636 verstorben.

Saffaf. Dies ist der Name eines Schlosses in Natolien, welches die Türken nachher Beleget genannt haben.

Hárun AlRaschid, der fünfte Khalife aus dem Geschlechte der Abbassiden, nahm es den Griechen weg. Allein diese eroberten es wieder von den Arabern, und nachher machte sich der erste türkische Sultan Othman im Jahr der Hedschr. 699 Meister von demselben.

Saggan: ist der Name eines Fleckens in dem Gebiete der Stadt Meru in Khorassan, aus welchem Vaheb Ben Muabbeh,

dem man gewöhnlich von seinem Geburtsorte den Zunamen AlSagani zu geben pflegt, gebürtig gewesen ist. Siehe unten.

Saganak, ist der Name einer Landschaft in der Provinz Transoxanien, deren Khan mit dem Sultan Takasch, dem Khuarezmier, Friede gemacht hat. Siehe den Artikel dieses Sultans. Auch vergleiche den Artikel Sagnak.

Saganaki. Dies ist der Beiname eines gewissen Hussain, der ein Buch verfertigt hat, unter dem Titel: Asi men Schüru. Dies handelt gewisse Fragen über das musulmanische Gesetz ab, welche bereits von einem andern Gelehrten, Namens Akhsiketi, waren behandelt worden. Diese beiden Gelehrten waren ihrer Herkunft nach orientalische Türken, der eine aus Saganak, und der andere aus Akhsiket, beides Städte in der Provinz Transoxanien, gebürtig.

[Man sagt auch Sagnaki anstatt Saganaki, denn dieser Name kommt eben so wie Sagnak, welches S. 156. vorkommen wird, auf eins hinaus. Er war Imam und Fakih, das heißt, Priester und Rechtslehrer zu Meru, einer Stadt in Khorassan, und ist im Jahr der Hedschr. 711, oder Jahr Christi 1311 gestorben. Außer einigen andern Werken hat er einen Commentar über die Hadajah fil Foru des Vorhaneddin

          (siehe

(siehe Band II. S. 224.) und einen andern über den Menar des Naffafi verfertigt. Siehe Band II. Seite 605. R.]

Saganani, ein Beiname des Radhi eddin Ben Mohammed, der im Jahr der Hedschr. 950 gestorben ist, Verfassers desjenigen Buchs, welches Mescharek alhadith, über die prophetischen Traditionen der Musulmanen, betitelt ist. Dies ist vielleicht derselbe, der Sagani heißt.

Sagani und **Sagagani.** Einer, der aus Saganian, einer Stadt in der Provinz Transoxanien, gebürtig ist.

Sagani. Achmed Ben Mohammed, mit dem Beinamen AlSagani, war ein großer Mathematiker, der unter der Regierung des Scharfaldulat, Sultans aus der Dynastie der Buiden, gelebt hat.

Abulfatadsch sagt, er habe sehr schöne Instrumente verfertigen lassen, und habe selbst sehr merkwürdige Observationen zu Bagdet auf der Sternwarte dieses Sultans angestellt.

Sagani. Dies ist der Beiname des Abulfadhl Haffan Ben Mohammed, der im Jahr der Hedschr. 605 verstorben ist, und dasjenige Buch verfertigt hat, welches betitelt ist: Offul alabhadh, Grundsätze oder Principia zur Auflösung der Fragen über

die Gesetze, welche einander zuwider oder entgegengesetzt zu seyn scheinen.

Eben dieser Schriftsteller hat auch ein Werk über die Oerter und die Zeiten verfertigt, in welchen die Cameraden und nächsten Nachfolger des Mohammed gestorben sind.

[Dies ist wahrscheinlich eben der Schriftsteller, von welchem in den Zusätzen zu dem Artikel Giauhari geredet worden ist. Denn sein Todesjahr, welches in der Londner Handschrift bemerkt ist, ist von dem, welches Herbelot angiebt, nur um ein einziges Jahr verschieden. S.]

Es giebt noch einen Sagani Abul Abbas, welcher Verfasser desjenigen Buchs ist, das den Titel führt: Ahkam fi hakkat alhanefi. Dies sind Entscheidungen gewisser Rechtspuncte, nach den Grundsätzen des Abu Hanifah und anderer Hanifitischer Gelehrten abgefaßt.

Saganian, ist der Name einer Stadt in der Provinz Transoxanien, der Biruni in seinen geographischen Canonen 92 Grade, 40 Minuten der Länge, und 38 Grade, 50 Minuten der nördlichen Breite im fünften Clima giebt.

Diese Stadt übertrifft an Größe, Einwohnern und Reichthümern, die Stadt Termed, und hat einen großen Ueberfluß an Wasserquellen und an fruchtbaren Bäumen.

Der

Der Verfasser des Lebab sagt, die Perser nennten diese Stadt in ihrer Sprache Dschaganian, und rechnet zu ihrem Gebiete die Städte Schuman und Baschgerd.

Sagte alabil fi akhbar al Nil. Dies ist der Titel, welchen ein Werk in Versen führt, in welchem Achmed Ben Josef, mit dem Beinamen AlMaccasch, die Geschichte des Nils beschrieben hat. Siehe die Vorrede des Sojuthi bei seiner Geschichte von Egypten.

Saggan: ein Beiname des Abu Hajan, Verfassers eines Buchs unter dem Titel: Asfar almolakkhas men scharh Sibujah. Dies ist eine Erklärung oder ein Commentar über die Grammatik des Sibujah.

Sagiuan (schr. Sadschuan) Jehuda Ben Sadschuan AlFarsi. Dies ist der Verfasser einer Vorrede oder eines Eingangs zu dem Buche, welches Calilah v Damnah betitelt ist. Dieser Aufsatz ist in der königlichen Bibliothek zu Paris unter Nr. 1220.

III. Sagmandah ist der Na-156me einer Stadt in der Provinz Vancarah, in dem Lande der Negern, welches die Araber AlSudan nennen. Sie liegt an dem Ufer eines Sees, den der Nil der Negern, den wir Niger und Senega nennen, bildet. Die Araber nennen diesen See Bahr alhalu, süßes Meer.

Diese Stadt liegt acht Tagereisen der Caravanen von der Stadt Sacmarah, und neun von Ragbil. Diese Städte gehören gleichfalls zu der Provinz Vancarah, und stehen unter Einem Fürsten.

Sagnak oder Saganak, eine Stadt in Transoxanien oder Türkestan. Atsiz, der Sultan von Khuarezm, besiegte das Land Sagnak und Dschonder im Jahr der Hedschr. 547, und Toctamisch griff den Tamerlan durch die Städte Sagnak und Otrar an.

Sagnaki. Derjenige, der aus der Stadt Sagnak gebürtig ist. Hassam eddin, der Lehrer des Gelaleddin AlEazlani, führt den Beinamen Sagnaki.

Sahab. Gezirat AlSahab. Eine Insel in dem Meere von Sina oder China, welche von den Inseln Almudschah nur vier Tagereisen zur See entfernt ist.

Der Name dieser Insel bedeutet im Arabischen soviel als: Insel der Wolke, deswegen weil hier öfters eine weiße Wolke aufsteigt, die die Gestalt einer Zunge hat, und einen so stürmischen Wind mit sich führt, daß das Meer dadurch aufgeblasen und so stürmisch wird, daß, wenn eine Welle desselben ein Schiff trifft, solches sogleich davon verschlungen wird. Diese Wolke, die ihr Wasser aus dem Meere an sich gezogen und in die Höhe gehoben hat, löst und zerstreut

sich

sich nach und nach mit einem sehr starken Regengusse.

Der Scherif AlEdrissi schreibt in dem zehnten Theile seines ersten Climas, es gebe auf dieser Insel Hügel oder Dünen, deren Sand, wenn er ins Feuer gebracht und darin geschmolzen werde, viel Silber gebe.

Sahabah. Dieses Wort, welches der Plural von Saheb ist, bedeutet eben so, wie das Wort Asháb, eigentlich die Cameraden des Mohammed, das heißt, seine Zeitgenossen, die sich durch ihre Lehre, durch ihre Tapferkeit, durch ihre Aemter oder Würden berühmt gemacht haben.

Diese Männer sind nebst ihren Familien beständig bei den Musulmanen in großer Ehre und Ansehn gestanden. Siehe unter dem Artikel Hedschag' dasjenige, was dieser große Feldherr hierüber zu Ebn Corrah gesagt hat.

Sahaif. Dieses Wort ist die vielfache Zahl von Sahaf, welches eine Seite, ein Buch, einen Band bedeutet, und daher kommt der Name AlMeshaf, den man gewöhnlich dem Coran zu geben pflegt, welches eben soviel ist, als das Buch in vorzüglichem Verstande.

Sahaif al elahiat. Die Seiten, die Blätter, und die göttlichen Bücher. Dies ist der Titel eines Buchs über die scholastische Theologie und Metaphysik,

welches von dem berühmten Lehrer Samarcandi ist verfaßt worden. Es ist in der königlichen Bibliothek zu Paris unter Nr. 933.

Sahal Ben Abdallah, ist der Name eines musulmanischen Heiligen, dessen Leben Dschafei im 70sten und 71sten Abschnitte seiner Geschichte beschrieben hat.

Sahal Ben Nassar, ist der Name des Verfassers eines Buchs über die Sterndeuterei, das den Titel hat: Ekhtiarat, astrologische Prognostica und Weissagungen.

Man sehe auch die Artikel Fadhel Ben Sáhal, Tosteri, und Sahel.

Sahami, ein Beiname des [157] [III] AbulCassem Hamzah Ben Josef, der einen Scharh oder Commentar über die Arbain verfertigt hat, in welchem er sehr umständlich in Lobeserhebungen des Ebn Abbas, eines der vornehmsten Traditionenlehrers der Musulmanen, ist.

Sahanudi, ein Beiname des Mohammed Ben Achmed, Ben Issa, Ben Omar, Verfassers eines Commentars über das Gedicht des Ben Hobschat, betitelt: AlBediat. Es enthält hundert und drei und vierzig Beits, und hundert und sechs und dreißig rhetorische Figuren.

Dieser Commentar des Sahanudi ist in der königlichen Bibliobliothek zu Paris unter Nr. 1158 befindlich.

Sahár und Sohár: ist der Name einer Stadt in der Provinz Bahrein, welche einen Theil von Oman und von Jemen, die das glückliche Arabien ausmachen, in sich begreift.

Diese Stadt Sahar führt gewöhnlich den Namen Cassabat AlOman, Flecken oder Hafen von Oman. Denn hier ist ein großer Zusammenfluß von Kaufleuten, welche auf dem persischen Meerbusen handeln.

Sahara und Sahra. Dieses Wort, welches im Arabischen eine Wüste bedeutet, wird gewöhnlich für den westlichen Theil von Africa gesetzt, der sich zwischen Mauritanien, Numidien, Libyen und dem Lande der Sudan oder Negern hinzieht.

Die Stadt Lametunah, aus welcher die Marabuten oder AlMoraviden entsprungen sind, ist die Hauptstadt davon, und dieses ganze große Land führt noch ganz besonders den Namen Sahara AlAzki, das heißt, die reinste Wüste.

Saharta oder Seberta, ist eine Stadt in dem Lande Habaschah, das heißt, in Abyssinien oder Aethiopien. Die orientalischen Erdbeschreiber setzen sie zwischen den Aequator und das erste Clima, und sagen nichts weiter von derselben.

Sahban Vafel. Dies ist der Name des allerberedtesten Arabers, dessen Sadi in seinem Gülistan Erwähnung thut. Inzwischen giebt doch das arabische Sprichwort in der Beredtsamkeit einem gewissen Coss den Vorzug. Denn man sagt gewöhnlich bei den Arabern, wenn man jemands Beredtsamkeit loben will: Ablag men Coss, eben so, oder noch beredter, als Coss.

Saheb. Dieses Wort, das im Arabischen Freund und Camerade bedeutet, und von welchem das Wort Mossaheb, welches einen Freund, Günstling, Vertrauten bedeutet, herstammt, ist von Fakhraldulat, einem Sultane aus der Dynastie der Buiden, zu Gunsten seines Vesirs, AbulCassem Ben Ebad, zu einem Ehrentitel und zur Bezeichnung einer Würde erhoben worden, und dieser Titel ist hernach auch auf andere, welche ihm in dieser Würde nachgefolgt sind, übergetragen worden. Man sehe weiter unten den Artikel Saheb Ben Ebad.

Auch muß man bemerken, daß das Wort Saheb nicht blos einen Freund bedeutet, sondern daß es auch die Bedeutung eines Herrn, Urhebers und Besitzers einer Sache anzeigt. Diese Bedeutung wird man in den folgenden Artikeln angewendet finden.

Saheb AlJemen: Herr von Jemen. Dies ist der Titel, welchen

chen Malek AlModhaffer führt, welcher Verfasser desjenigen Buchs ist, das wir unter folgendem Titel haben: Arbain mokhtarat fil hagg, die vierzig auserlesenen prophetischen Traditionen in Betreff der Wallfahrt nach Mekka.

Saheb al Sihah. Der Verfasser des Buchs Sihah. Unter diesem Titel versteht man den Dschauhari, Verfasser des arabischen Wörterbuchs, welches [III.] den Titel Sihah führt. Auf eben [158] diese Art versteht man unter dem Titel: Saheb al Camus, der Herr des Camus, den Verfasser des arabischen Wörterbuchs, welches den Titel Camus führt. Es ist derselbe Mohammed AlFiruzabadi.

Saheb AlTarikh. Der Verfasser der Chronik, oder des Calenders. So wird ein Buch genannt, welches von der Verbesserung des persischen Calenders handelt, die unter Mohammed, mit dem Beinamen Khuarezm Schah, oder Sultan der Khuarezmier, ist veranstaltet worden.

Doch behaupten einige Schriftsteller, daß diese Verbesserung erst unter Gelaleddin Mankberni, dem Sohne Mohammeds Khuarezm Schah, geschehen sey. Aber vielleicht verwechseln diese Schriftsteller diese Verbesserung mit derjenigen, welche unter der Regierung des seldschucidischen Sultans Malek Schah, auch Gelaleddin genannt, ist vorgenommen worden, und welche eben diejenige ist, die man gewöhnlich Tarikh Gelali, die Gelaleische Verbesserung des persischen Calenders zu nennen pflegt.

Saheb Ben Ebad. Dies ist der Name, unter welchem AbulCassem Ismael Cafi am bekandtesten ist. Dieser Mann, der nach einigen aus der Stadt Rei, nach der gewöhnlichsten Meinung aber aus Ispahan, gebürtig war, war Vesir und Premierminister des Mujabaldulat, Sultans aus der Dynastie der Buiden.

Als dieser Monarch ohne Leibeserben verstorben war, berief Ismael Cafi den Bruder des Verstorbenen, den Fakhraldulat, welcher damals in die Provinz Khorassan geflüchtet war, zu seiner Nachfolge, und sogleich ward er in allen den Staaten, welche Mujab besessen hatte, als Sultan proclamirt und auch dafür erkannt.

Zur Erkenntlichkeit für die großen Dienste, welche ihm solchergestalt Ismael Cafi Ben Ebad erwiesen hatte, bestätigte er ihn nicht blos in der Würde eines Vesirs, sondern vertraute ihm auch noch überdies die ganze Regierung seiner Staaten an, und beehrte ihn mit dem Titel eines Saheb, von welchem wir bereits gesagt haben, daß er einen Cameraden und Freund bedeute, so daß er also von der Zeit an immer Saheb Ben Ebad genannt wurde,

wurde, und daß diejenigen, die ihm in seiner Würde nachfolgten, auch eben diesen Titel fortführten.

Dieser Vesir war ein sehr kluger und gelehrter Mann, und man versichert, es sey seine Bibliothek so zahlreich gewesen, daß er zu ihrer Fortschaffung auf seinen Reisen vierhundert Cameele nöthig gehabt habe. Er hat auch sogar einige Bücher geschrieben, besonders eins über die Poetik, betitelt: Ecnaa fil Orudh.

Er ist im Jahr der Hedschr. 385, nach einer Regierung von achtzehn Jahren, verstorben; und hat auf seinem Todtenbette seinem Prinzen noch sehr heilsame Rathschläge ertheilt, wie man unter dem Artikel des Sultan Fakhraldoulat sehen kann. Alle Völker in Persien hatten noch nach seinem Tode eine so große Hochachtung gegen ihn, daß, als er aus seinem Hause weggebracht wurde, die vornehmsten von seinen Staatsbedienten sich vor seinem Sarge niederwarfen, und daß er in der großen Moschee der Stadt Rei so lang aufgehängt und in Verwahrung behalten wurde, bis er in die Moschee nach Ispahan gebracht ward, wo er sich seinen Begräbnißplatz ausersehen hatte.

Saheb Ben Ebad ist in Persien immer in dem Rufe gestanden, daß er ein Vesir ohne seines Gleichen, und ein ganz außerordentlicher Minister gewesen sey. Und das war er auch wirklich durch alle die großen Eigenschaf-

ten, welche er besaß. Dies ist das Zeugniß, welches die Geschichtschreiber Mirkhond und Khondemir, und der Verfasser des Tarikh Khozideh davon ablegen. Der Nighiaristan führt einen persischen Vers an, welcher für ihn als ein Epitaphium war verfertigt worden, dessen Sinn ist: Dieser Minister sey von aller Bestechung frei gewesen, habe sich als Freund und Beschützer aller Rechtschaffnen bewiesen, und sein Name sey die größte Zierde der Geschichte berühmter Männer.

Ben Schohnah, der mit allen übrigen Geschichtschreibern in den Lobeserhebungen übereinstimmt, die man diesem Minister gemacht hat, sagt, er habe drei große Eigenschaften besessen, nemlich Weisheit, Wissenschaft, und eine Größe der Seele, welche ihn immer zur Unternehmung der schönsten Handlungen angetrieben habe; auch schreibt er, der Name Saheb sey ihm insbesondere deswegen gegeben worden, weil er mit Ebn Amid in der vertrautesten Freundschaftsverbindung gestanden habe. Er setzt auch das Jahr seiner Geburt in das Jahr der Hedschr. 336, so wie sein Todesjahr nach ihm ins Jahr der Hedschr. 383 fällt. Auf solche Art nimmt man ihm zwei von seinen Lebensjahren, welche ihm die übrigen Geschichtschreiber geben.

Caheri AlSebti hat ein Buch verfertigt von denjenigen, welche den Beinamen Saheb geführt haben,

haben, und seinem Werke hat er den Titel gegeben: Jôbäh almedhaheb fi man jothlac alaihi efm AlSaheb.

Saheb Affa, oder **Saheb Al-Affa**: Der Herr der Ruthe. Dies ist der Titel, den die Musulmanen gewöhnlich dem Moses geben; gerade eben so, wie sie den Jonas Saheb AlNun, das heißt, den Herrn oder den Mann des Fisches nennen.

Saheb Dschoraig. Siehe den Artikel Gioraig'.

Saheb keran, oder **Saheb keranat.** Der Herr der großen Conjunctionen der Planeten, oder der Herr und der Besitzer der Hörner, oder der Haupttheile der Welt. Dies ist der Titel, welchen die Orientaler, Araber, Perser und Türken dem Timürlenk, den wir Tamerlan nennen, diesem großen Eroberer, der gegen das Ende des achten Jahrhunderts der Hedschrah, welches das vierzehnte nach Christi Geburt ist, gelebt hat, beigelegt haben.

Der Ursprung dieses Titels kann gesucht werden entweder von den großen Conjunctionen der Hauptplaneten, in welchen, nach der Behauptung der Astronomen, die größten Reiche ihre Gründung bekommen haben, und worüber man den Artikel Keranat vergleichen muß: oder vielmehr in einer andern Bedeutung des Worts Kern, nach welcher

es von den vier Haupttheilen der Welt, nemlich Osten, Westen, Norden und Süden gebraucht wird, wohin die großen Eroberer ihre siegreiche Waffen getragen haben. Denn so haben die Orientaler Alexander dem Großen den Beinamen Dhul oder Zul karnein, Herr der beiden Hörner der Welt, welche Osten und Westen sind, gegeben. Siehe diesen Artikel.

Saheb kerani. Dies ist der Titel, welchen gewöhnlich im Persischen die Geschichte des Tamerlan führt, die dem Sohne des Tamerlan, Schahrokh, von dem Verfasser desselben Scharfeddin Ali Jezdi, ist dedicirt worden. Es ist dies eben das Werk, welches auch den von seinem Verfasser ihm beigelegten Titel führt: Dhafer Nameh, Buch der Siege. Es ist in persischer Sprache, in einem sehr zierlichen und erhabnen Stile, verfaßt.

Diese Geschichte ist nachher auf Befehl der mogolischen Kaiser aus Tamerlans Geblüte, welche heut zu Tage in Indien regieren, durchgesehen und vermehrt worden. Diese haben nemlich an Ort und Stelle selbst alle die Vorfallenheiten, welche unter Tamerlans Regierung sich zugetragen haben, untersuchen lassen, und diese Ausgabe des Saheb kerani ist im Jahr der Hedschr. 982 welches das Jahr Christi 1574 ist, ans Licht gestellt worden.

Sa-

Saheb Tegrid: ist der Name eines Commentars über den Euclides, Belag betitelt.

Sahel Ben Schabur, mit dem Beinamen AlCaussag, das ist, ohne Bart. Es ist der Name eines berühmten Arztes aus der Provinz Ahvaz, welcher unter dem Khalifate des AlMamon gelebt hat.

III. **Sahel.** Abdallah Ben Sa-
160 hel, Ben Naubakht, oder Nev-
bakht: ist der Name eines berühmten Astronomen, der auch unter AlMamons Khalifate gelebt hat.

Saherah oder **Saherat,** und **Sahur.** So nennen die musulmanischen Araber die Rinde oder die Oberfläche der Erdkugel, welche unter derjenigen ist, die von Menschen und Thieren betreten und berührt wird: und diese innere Oberfläche ist es auch, die Gott dazu bestimmt hat, um darauf am Ende der Welt, nach der Tradition der Musulmanen, das jüngste Gericht zu halten.

Sahih. Dieses Wort, welches im Arabischen rein, aufrichtig und wahrhaftig bedeutet, ist der Titel von mehreren Werken der Musulmanen.

Sahih AlBokhari. Dies ist eine der weitläuftigsten Sammlungen von musulmanischen Traditionen, welche jemals ist gemacht worden. Ismael AlBokhari, einer der berühmtesten Lehrer des Musulmanismus, ist der Verfasser derselben. In dieser Sammlung befindet sich die Geschichte des Dschoraig, eines Kindes, welches schon an der Mutterbrust sprechen konnte. Siehe den Artikel Saheb Dschoraig. Der Sahih des Bokhari hat eine große Anzahl von musulmanischen Gelehrten gehabt, welche über ihn commentirt, und ihn vermehrt oder in Auszug gebracht haben. Die Namen derselben kann man in dem Kasch AlDhonun des Hadsch Khalfah sehen.

Sahih. Dies ist auch der Titel eines Buchs der Sunnah oder des mohammedanischen Gesetzes, das den Imam Zakieddin AlMonderi zum Verfasser hat. Es ist von dem Imam Caschiri in einen Auszug gebracht worden.

Sahih. Moslem Ben Hedschag hat auch ein Buch unter eben diesem Titel verfertigt, in welchem er dasjenige, was er von diesen angeblichen Traditionen wußte, gesammlet hat.

Sahihin. Dies ist die vielfache Zahl von Sahih, und der Titel einer Sammlung von Traditionen, welche von Termedi ist gemacht worden, von welchem man auch noch ein anderes Werk über eben diesen Gegenstand, unter dem Titel Dschame, hat.

Sa-

Sahiut und **Tahiut:** ist der Name von zween Hauptstämmen der Mogolen. Siehe den Artikel Baisancor.

Saiadelah. Dies ist die vielfache Zahl von dem arabischen Worte Saidalani, wie man durch eine verdorbene Aussprache anstatt Sandalani zu sagen pflegt, welches eigentlich einen, welcher Sandal, ein wohlriechendes Holz, verkauft, und dann überhaupt einen Materialisten und Apotheker bedeutet.

Aamasch, ein berühmter Gelehrter aus der Zahl derjenigen, die die Musulmanen Mobadethin oder Traditionnaire nennen, sagte zum Imam Abu Hanifah, dem ersten Haupte von einer der vier orthodoxen Secten des Musulmanismus: Ihr andere Gesetzgelehrte, ihr seyd wie Aerzte zu betrachten, und wir sind eure Apotheker. Denn wir bereiten die Arzneien zu, welche ihr verordnet.

Einige kehren diesen Satz um, und machen die Traditionnaire zu Aerzten und Verordnern, und die Rechtsgelehrten zu Apothekern.

Saiar. Abu Maher Mussa Ben Sajar. Dies ist der Name eines berühmten Arztes, der ein Mager von Religion war, und dem man eben darum den Beinamen AlMadschuschi zu geben pflegt. Dieser Gelehrte ist der Lehrer von dem berühmten Verfasser desjenigen Werks, welches den Titel AlMaleki führt, gewesen. Siehe diesen Artikel.

Saicali. Ein Beiname des III. Ismael Ben Khalaf, der über[161] die Aarab, das heißt, über die Puncte oder Vocalzeichen des Corans geschrieben hat. Dieser Schriftsteller ist im Jahr der Hedschr. 455 verstorben.

Saicali. Ein Beiname des Mohammed Ben Mohammed, Ben Dhafer, Verfassers desjenigen Buchs, betitelt: Alenba nogeba alebna, das heißt, Geschichte edler Kinder, das ist, die nicht von ihren Vorfahren ausgeartet sind. Dieser Schriftsteller ist im Jahr der Hedschr. 565 verstorben.

Said. Dieses Wort, welches im Arabischen ein erhobnes Erdreich bedeutet, ist der eigenthümliche Name einer Provinz geworden, die die Araber auch zuweilen Said Massar oder Said Mesr *), den erhabnen oder obern Theil von Egypten nennen. Dies ist dasjenige, was wir heut zu Tage Thebais nennen, von der alten Stadt Theben, welche vormals die Hauptstadt desselben war.

Inzwischen wird eben dieses Thebais auch noch selbst in das obere,

*) صعيد مصر.

obere, untere und mittlere abgetheilt. Das obere, welches die
Araber Said alala nennen, begreift die Städte Arment, Assuan a), Asna und Ossiuth oder
Sojuth b) in sich. Einige machen sogar die Städte Kift c),
Coss d) und Aesur dazu.

In dem mittleren, welches die
Araber Said aussath e) nennen,
findet man die Stadt Akhmim;
und in dem untern, welches die
Araber schlechtweg Said oder
Said Alaatha nennen, sind die
Städte Abu Tidsch f), Aschmunin g), Mancaluth oder Manfa-
luth *) und Fium.

Im Vorbeigehen kann hier auch
bemerkt werden, daß die Stadt
Assuan das alte Syene ist, wo
Ptolemäus sein zweites Clima
angefangen, und daß Asna wahrscheinlich diejenige Stadt ist, welche eben dieser Ptolemäus Lato-
polis nennt.

Abferi hat uns eine besondere
Geschichte von Thebais gegeben,
unter dem Titel: Thale AlSaid
fi Akhbar AlSaid. Sojuthi
führt sie oft in seiner Geschichte
von Egypten an. Dieser Schriftsteller hat seinem Werke diesen Titel gegeben, welcher soviel bedeu-

tet, als glücklicher Grab des Aequators, mit einer Anspielung des
Worts Said, das, wenn es im
Arabischen mit einem Sin geschrieben wird, glücklich bedeutet, auf das mit einem Sad
geschriebene Wort Said, welches
Thebais bedeutet.

Said. Dieses Wort, welches im Arabischen glücklich bedeutet, wenn es mit einem Sin
geschrieben wird, ist der eigenthümliche Name von mehreren
Personen geworden. Wir wollen hier von einigen der berühmtesten, welche diesen Namen geführt haben, reden.

Said. Abu Jahia Ben
Said, Ben Cais, Ben Amru,
mit dem Beinamen AlAnsari
und AlMedeni, weil er aus Medinah gebürtig, und von der Zahl,
oder der Familie derjenigen war,
die den Mohammed aufnahmen
oder beschützten, als er aus Mekka flüchtete, und in diese Stadt
floh. Siehe den Artikel Ansat.
Dieser Mann war ein Schü-
ler des berühmten Gelehrten, Ben
Malek, und der Lehrer des
Imam Malek Ben Ans, der
das

a) اسوان.   b) اسبيوط.   c) قبط.   d) قوص.
e) صعيد وسط.   f) ابوتمج.   g) اشمونين.

*) [Dieses letztere ist das richtigere. Abulfeda nennt sie منفلوط,
die Reisebeschreiber Monfalut, oder nach einer dunklern Aussprache
Monphalut, Romslot.]

das Oberhaupt von einer der
vier im Musulmanismus recipir-
ten Secten war. Er ist im Jahr
der Hedschr. 143 verstorben.

Said Ben Aus. Dies ist
Eine Person mit demjenigen, der
auch Abu Zeid AlAnsari genannt
wird, welcher ein grammatisches
Buch über die Namen, welche
den vornehmsten Meteoren eigen
sind, zum Exempel, den Wol-
III. ken, dem Regen, dem Sturme,
162 den Winden, dem Donner, dem
Blitze u. s. w. geschrieben hat.
Dieses Werk ist in der königlichen
Bibliothek zu Paris unter Nr.
1099 befindlich.

**Said. Said Ben Hebat
allah.** Dies ist der Name eines
Arztes des Khalifen Moctadi
Beemrillah des Abbassiden, der
der Verfasser eines Systems oder
vollständigen Cursus über die
Arzneigelahrtheit ist. Er hat es
Mogni fil Thebb betitelt. Es ist
in der königlichen Bibliothek zu
Paris, Nr. 877 befindlich.

Auch haben wir von eben diesem Schriftsteller noch ein anderes Buch, welches folgenden Titel führt: AlAsbab v alalamát,
von den Ursachen und Zeichen der
Krankheiten.

Said Ben Massib. Siehe
Massib.

Said Ben Abdallah: mit
dem Beinamen AlCadha. Dies
ist der wahre Name des Obeidallah, der sich den Mahadi oder

Mehedi in Africa nennen ließ,
und der erste Stifter von der
Dynastie der fathimitischen Khalifen in Africa war.

Die Abbassiden, seine Feinde, waren diejenigen, die seinen
wahren Namen bekandt machten,
um zu beweisen, daß er nicht aus
dem Geschlechte des Ali sey, von
welchem er sich abzustammen
rühmte.

Said Ben Batrik. Dies ist
der Name desjenigen, den die
orientalischen Christen Evtikius,
oder Eftikius, oder Eftissius genannt haben, wodurch sie seinen
arabischen Namen, welcher glücklich bedeutet, ins Griechische übersetzt haben.

Dieser Mann war aus Fust-
hath oder Cairo gebürtig, und
seiner Profession ein Arzt. Er
wurde im ersten Jahre von dem
Khalifate des Caher des Abbassiden, im Jahr der Hedschr.
321, welches in das Diocletianische 649ste, und das Jahr Christi 932 fällt, zum Patriarchate
von Alexandrien erhoben.

Da dieser Patriarch ein Mel-
chite, das ist, ein Catholik war,
so hatte er mit seinen Diöcesanen,
welche größtentheils Jacobiten
waren, viele Verdrießlichkeiten.
Allein Akhschid, der damals in
Egypten als unumschränkter Herr
herrschte, foderte von ihnen so
große Summen Geldes, und
ließ sie so viele Beschimpfungen
erfahren, daß er sie mit ihrem
Patriarchen aussöhnte, und
machte, daß sie nun in einer und
der-

derselben Kirche ihre Versammlungen hielten.

Wir haben von diesem Patriarchen eine allgemeine Geschichte, von Schöpfung der Welt an bis zum Jahr der Hedschrah 325 unter dem Khalifate des Radhi, des Abbassiden. Sie führt den Titel: Nadhm aldschauáhir, Perlschnur oder Reihe Perlen. Seldenus und Pocock haben uns diese Geschichte mit einer lateinischen Uebersetzung, unter dem Titel: Eutychii Annales, geliefert.

Ebn Ossaibea schreibt in seiner Geschichte der Aerzte, Said Ebn Batrik sey sehr geschickt in der Arzneikunst, sowol der theoretischen als der practischen, gewesen, und er habe ein Werk über diese Wissenschaft verfertigt: Ketab fil Thebb betitelt, und ein anderes: Ketab fil gedel bein almokhalef v AlMasrani, welches eine Disputation zwischen einem Christen und einem Ungläubigen ist.

Auch sagte er, Ebn Batrik sey im Jahr der Hedschrah 321 Patriarch geworden, in einem Alter von sechzig Jahren; er habe achtehalb Jahre den bischöflichen Sitz inne gehabt, und sey im Jahr der Hedschr. 328 verstorben. Dies wird von Georg Ebn Amid, in seinem Tarikh AlMoslemin, der gleichfalls das 328ste Jahr angiebt, bestätiget.

III. 163 Said. Malek ilSaid. Der glückliche König. Dies ist der Titel des Eskender, des Vaters

von Malek AlSaleh Schehabeddin, und Bruders von Issa, mit dem Beinamen Malek AlDhaher, die alle drei Sultane von Mardin in Mesopotamien waren. Siehe Arabschah in seinem Buche: Akhbar Timur.

Said. Abu Said. Dies ist der Name zweier großer mogolischer und tatarischer Fürsten, von welchen der eine aus dem Geschlechte des Dschinghizkhan, und der andere aus der Familie des Tamerlans gewesen ist. Man vergleiche ihre eignen Artikel.

Abusaid ist auch der Name eines carmathischen Fürsten. Siehe den Artikel dieser Völker.

Said, Ebn Said. Dies ist derselbe, der auch Othman heißt, und ein Buch unter dem Titel: Ketab almocanna, geschrieben hat.

Dies ist vielleicht eben der Schriftsteller, welchen AbulFeda oft in seinem geographischen Werke, unter dem Titel: Takuim alboldan, anführt.

[Abul Hasan Ali Jbn Said, ein berühmter Geschichtschreiber, und Africaner von Geburt, ist im Jahr der Hedschr. 673, welches das Jahr Christi 1274 oder 1275 ist, gestorben. Er hat ein großes Werk über die natürliche und politische Geschichte geschrieben, unter dem Titel: AlMogrebi fi akhbar ahl il Magrebi. Abulfeda führt dieses Buch öfters an. R.]

Saida: ist der Name einer Stadt in Syrien, die wir heut zu Tage Seide nennen, und von der man glaubt, daß sie das alte Sidon sey. Der persische Erdbeschreiber sagt, sie sey sehr klein, aber sie habe ein sehr schönes Schloß an dem Ufer des Meeres. Denn er rechnet diese Stadt zu den Sauahil Dameschk, das heißt, zu einer von den See- und Ufer-Städten von Damaschk, wovon sie nur sechzig Meilen entfernt ist.

Saidalani. Siehe den Artikel Sajadelah.

Saidan. So nennen die Araber die Stadt Saida, um ihrem alten Namen, welcher Sidon war, näher zu kommen.

Saidaui: Aus der Stadt Saida gebürtig. Schamseddin AlDemeschki führt auch den Beinamen AlSaidaui, als wenn er daraus gebürtig gewesen wäre; so wie er auch Demeschki heißt, weil Damaschk die Hauptstadt dieses Landes war, und weil er vielleicht daselbst seinen Aufenthalt hatte.

Saidi. Ein Beiname des AbulFeth, Verfassers einer Haschiah, oder Randglossen über das Buch, das wir unter dem Titel: Adab, vom Samarcandi haben.

Saieg. Ebn AlSajeg: der Sohn des Goldschmids. Dies ist der Beiname, welchen man gewöhnlich dem Abubekr Mohammed Ben Badschah giebt, welcher der allerspitzfindigste unter allen arabischen Philosophen gewesen ist. Er hat vieles über den Aristoteles geschrieben. Denn er war einer von der peripatetischen Secte, und seine Werke, welche ins Lateinische übersetzt worden sind, sind durch den heiligen Thomas, und einige andere alte scholastische Theologen, sehr bekandt geworden.

Sein Name Ebn Badschah ist erst durch die spanischen Juden nach einer verdorbenen Aussprache in Aben und Aven Bageh, und durch die Länge der Zeit gar in Aven Pacé verändert worden, und unter diesem letztern Namen wird er in den Werken des heiligen Thomas angeführt.

Auf eben diese Art sind auch die Namen Ebn Roschd und Ebn Sina in der Aussprache verdorben worden, wofür man in Spanien anfangs Aben und Aven Roschd und Sina, und nachher gar Averroes und Avicenna gesagt hat.

Ebn AlSajeg oder Ebn Badschah starb an Gifte, welches[164] ihm, dem Ebn Khalecan zufolge, im Jahr der Hedschrah 525 oder 533 war beigebracht worden. Dieser Schriftsteller führt auch das Zeugniß an, welches dieser Philosoph dem Buche, welches Ekhuan alsafa betitelt ist, gab, indem er sagte, es sey dies ein Werk solcher Leute, welche keine Grundsätze hätten. Siehe den

den Artikel Akhuan oder Ekhuan alfafa.

Novairi sagt, Ebn Sajed sey Wesir oder erster Minister bei Ziadat allah, dem letzten Fürsten aus der Dynastie der Aglabiten, welche von dem Mahadi in Africa ist ausgerottet worden, gewesen *).

Saieg. Schamsebbin Mohammed Ben Abdalrahman Ebn AlSajeg, mit dem Beinamen AlHanbali, war ein Lehrer von der Hanbalitischen Secte, der im Jahr der Hedschr. 776 verstorben ist, und von welchem wir ein Werk haben unter dem Titel: Akhbar alhomum le edschlema alolum, Ein Buch, welches von dem Ursprunge und Fortgange der Wissenschaften handelt.

Saif. Dieses Wort, welches überhaupt einen Degen bedeutet, hat so viele Synonyma in der arabischen Sprache, daß man einen Schriftsteller, Namens Mohammed Ben Ali AlHeraui hat, der ein besondres Werk verfertigt hat, welches er Esma AlSaif, die Namen des Degens, betitelt hat.

Die Araber haben ein Sprichwort, welches sehr gewöhnlich bei ihnen ist, und das sie oft in Ausübung bringen: AlSaif v alsenan jafalan mala jafal alberhan: der Degen und die Lan-

ze, das heißt, Waffen, sind viel entscheidender, als Gründe.

Unter den berühmtesten Degen des Orients macht Ali seiner, der den Namen Dhulfaccar führt, unter den Musulmanen das meiste Aufsehn. Er ist ihm von Mohammed beigelegt worden. Aber man muß hierüber den Artikel Dhulfaccar nachsehen, das die Türken gewöhnlich Zulficar auszusprechen pflegen.

Madi Carb seiner hat sich auch bei den alten Arabern sehr berühmt gemacht. Siehe den Artikel Madi.

Samsamah ist auch ein Name eines Degens von ganz vortrefflicher Art, mit welchem der Khalife Harun AlRaschid die allerfeinsten Lauzen, die der griechische Kaiser ihm zum Geschenke gemacht hatte, entzwei hieb und durchschnitt.

Auch wird man unter dem Artikel Motavakkel einen Degen finden, welcher von diesem Khalifen für zehntausend Dinare oder Goldzechinen ist erkauft worden, worauf er ihn den Händen Bagher des Türken anvertraute, hernach aber selbst durch ihn sein Leben verlohr.

Saif Ben Dhi Izen. Dies ist der Name eines Königs von Jemen oder dem glücklichen Arabien aus der Dynastie der Himiariten.

C 3   Sein

---

*) [Wenn Novairi sagt, Ihn Sajeg sey Wesir bei den Fürsten von der Dynastie der Aglabiten gewesen, so hat er einen Rechnungsfehler von 300 Jahren begangen. R.]

Sein Vater, der König Dhu Izen, der ein Christ war, ward seiner Staaten durch den König von Aethiopien, Abrahah, beraubt, welcher ihm seine Gemahlin, eine Prinzeßin von einer seltenen Schönheit, rauben wollte, und flüchtete sich zu dem griechischen Kaiser. Allein dieser weigerte sich, ihm zu Hülfe zu kommen, daher er sich gezwungen glaubte, ihn verlassen, und an dem Hofe des Königs von Persien Hülfe suchen zu müssen.

Nuschirvan, welcher damals regierte, war in andere Kriege verwickelt, die ihm nicht gestatteten, die Wiedereinsetzung des Dhu Izen zu unternehmen. Inzwischen blieb er doch in Persien, wo er auch gestorben ist, und einen Sohn, Namens Saif, hinterlassen hat, von welchem anjetzt die Rede ist.

III. Saif, ein Sohn des Dhu 165 Izen, ward endlich von den Persern wieder eingesetzt, schlug den König von Aethiopien, Masruk, den Sohn des Abrahah, und verjagte die Abyssinier gänzlich aus ganz Arabien. Dieses ereignete sich, nach dem Berichte des Ben Khuandschah, und des Khondemir im Leben des Mohammed, nicht lange vor Mohammeds Geburt.

Abdalmoal schreibt in seiner Geographie, wenn er von der Stadt Simi in Aethiopien redet, es hätten die Könige von Abyssinien, welche in seinen Zeiten in Aethiopien regierten, von Saif Ben Dhi Izen ihr Geschlecht hergeleitet.

Der Name Dhu Izen ist mit Dhi Izen einerlei. Blos der Unterschied im Casus macht diese beiden Wörter unähnlich. Denn das erstere steht im Nominativ und das andere im Genitiv.

Saifaldin, oder Seifeddin Ben Alaeddin. Das Wort Saifaldin, welches den Degen des Glaubens und der Religion bedeutet, ist der Name oder Zuname des zweiten Sultans aus dem Geschlechte der Gauriden. Er succedirte seinem Vater Alaeddin, als er noch sehr jung war, und Khondemir sagt, er habe an Cörper und Geiste vorzügliche Eigenschaften besessen, so daß er Religion und Gerechtigkeit auf seinem Throne habe herrschen lassen. Er giebt ihm nur eine Regierung von einem Jahre.

Eben dieser Schriftsteller schreibt auch, er habe in dem Herzen seiner Staaten einen fürchterlichen Krieg mit einem der mächtigsten Herren seines Reichs, Namens Abul Abbas Gauri, der von seiner Familie war, zu führen gehabt. Denn dieser begab sich an die Spitze einer großen Anzahl von Aufrührern, lieferte ihm ein Treffen, und tödtete ihn endlich mit eigner Hand.

Uebrigens hatte dieser Sultan noch vor seinem Tode seinen leiblichen Vetter, Gajath eddin, der der Sohn des Sam, eines Bruders

ders des Alaeddin Gehansuz war,
zu seinem Nachfolger erklärt.

Der Verfasser des Lebtarikh
giebt diesem Monarchen den Namen und Beinamen Mohammed
Saifaldulat, Ben Alaeddin Haf-
san, Ben Hussain, Ben Sam,
und läßt ihn sieben Jahre regieren. Am Ende derselben starb
er, nachdem er noch vorher im
Jahr der Hedschr. 558 die Hauptstadt von Khorassan, Balkh, den
Händen des Sultan Sandschar
des Seldschuciden entrissen hatte.

Saifaldin Amedi: ist der
Name eines berühmten Lehrers
des musulmanischen Gesetzes, der
aus der Stadt Amida oder Caraemit in Mesopotamien gebürtig war. Dieser Mann ward
wegen seiner Lehrsätze von einigen
andern musulmanischen Lehrern,
seinen Zeitgenossen, angegriffen;
allein er rechtfertigte sich sehr gut.

Da dieser Gelehrte den Beinamen Thalebi führt, unter welchem er auch bekandter ist, so
muß man seinen besondern Artikel hierbei vergleichen.

Uebrigens können wir auch bemerken, daß dasjenige von seinen Werken, welches das meiste
Aufsehn gemacht hat, folgenden
Titel führt: Ehkam alahkam fi
ossul alahkami. Er hat es kurz
vor seinem Tode, welcher im
Jahr der Hedschr. 631 erfolgt ist,
verfertigt.

Saifaldin Emir. Massud
Ben Mansor war ein Sohn des
Emir Saifaldin Abdallah, ge-

nannt AlAlui, der Alide, oder
aus Alidischem Geblüte. Dieser
Massud ist Verfasser eines
Scharh oder Commentars über
die Arbain oder vierzig Traditionen.

Saifaldulat, oder Seif aldulat. Dies ist der Beiname
des Abul-Hassan Ali Ben Abdallah, Ben Hamadan, Fürsten
von Halep, und darauf von Damas und einem großen Theile von
Syrien, Armenien und Cilicien.

Im ganzen Musulmanismus III.
hat es keinen Regenten gegeben, 166
blos die Khalifen ausgenommen,
an dessen Hofe ein größerer Zusammenfluß von Gelehrten gewesen wäre, als an dem seinigen. Denn er beschützte sie so
allgemein, und überhäufte sie
mit so vielen Gnadenbezeugungen, daß die geschicktesten Männer seines Zeitalters es sich zur
Ehre schätzten, in seinem Solde
zu stehen.

Die berühmtesten unter diesen
Gelehrten waren die vortrefflichsten Dichter AbulThajeb, genannt AlMotanabbi, AbulFaradsch AlKhalebi, und AbulFaradsch mit dem Beinamen Riga, und der große Philosoph
Abu Nasr AlFarabi, der sein
Lehrer in der Musik gewesen ist.

Dieser Monarch war selbst
Gelehrter und ein sehr guter
Dichter, und war nicht weniger
auch tapfer, gerecht und freigebig. Denn er führte lange Zeit
Krieg mit den Griechen, schlug
sie bei mehreren Gelegenheiten,

C 4   und

und vertrieb sie aus mehreren Provinzen, mit welchen er seine Staaten erweiterte.

Man sagt, es habe dieser Sultan den Staub, der sich auf denen Kriegsunternehmungen, welche er zur weitern Verbreitung des Musulmanismus veranstaltet, an seine Kleider gehängt, sorgfältig sammlen lassen, weil er geglaubt, diese Kriege seyen alle in Betracht seiner heilig, und dann habe er aus allem diesem Staube eine Masse, in Gestalt eines Backsteins, verfertigen lassen, den er unter seinen Kopf zu legen befohlen, wenn er ins Grab würde gelegt werden.

Diese abergläubische Handlung, die hier Saifaldulat vorgenommen hat, ist in der Folge von mehreren Fürsten nachgeahmt worden, die sich ein großes Verdienst aus denen Kriegen, die sie mit den Ungläubigen geführt haben, als einer Sache, die ihnen strenge und ausdrücklich im Coran vorgeschrieben worden, gemacht haben.

Saif aldulat ist in einem Alter von drei-, oder, wie andere wollen, fünf und funfzig Jahren, im Jahr der Hedschr. 356, unter dem Khalifate des Mothi Lillah des Abbassiden, gestorben, und in der Stadt Miafarekin begraben worden. Sein Sohn AlEmir Scherif ist ihm in der Regierung nachgefolgt, und hat von dem Khalifen den Beinamen Saad aldulat, welcher soviel, als Glück des Staats bedeutet, auf eben die Art empfangen, wie sein Vater den seinigen erhalten hatte, welcher den Degen und die Vertheidigung desselben Staats bedeutet.

Saifallah.

Der Degen Gottes. Dies ist der Beiname oder vielmehr der Titel, den die ersten musulmanischen Khalifen, Abubekr und Omar, dem Khaled Ben Valid gaben, der so viele Treffen gewonnen, und sowol den Arabern als den Griechen so viele Städte in Arabien und Syrien weggenommen hat.

Saiffchah

Ibrahim Ben Saiffchah, der im J. d. Hedschr. 599 gestorben ist, war Verfasser eines Buchs, betitelt: Akhbar Medinat AlSus, Geschichte der Stadt Sus in Mauritanien, welche die Araber gewöhnlich Sus alaesa, das heißt, Sus, welches im äußersten Westen liegt, nennen, zum Unterschiede von Sus, welches eine weit weniger beträchtliche Stadt ist, die in der Provinz des eigentlich so genannten Africa liegt.

Saih.

Abul Hassan Ben Ali AlSaih, mit dem Beinamen AlHeraui, weil er aus Herat in Khorassan gebürtig war. Er ist der Verfasser eines Buchs, betitelt: Escharát ela marefat alziarát, Abhandlung von Wallfahrten. Unter diesem Worte Ziarát hat man alle Besuche der heiligen Oerter zu verstehen, welche entweder in der That solche sind, zum Exempel Jerusalem, Hebron und

und die Gräber anderer Propheten, oder diejenigen, welche
von den Musulmanen für solche
gehalten werden, dergleichen die
Gräber des Ali, seines Sohns
Hussain und anderer Imams, ja
selbst das Grab des Mohammed
zu Medinah ist; doch muß hiervon die Wallfahrt nach Mekka
ausgenommen werden, welche
den besondern Namen Hagdsch
führt.

III. **Saih.** Siehe den Artikel
167 Ibrahim Ben Mahaleb.

Sailah oder Seilah. Gezair AlSailah. Dies ist der Name mehrerer Inseln, welche sich
im östlichen Weltmeere, jenseits derjenigen Insel, welche die
Araber Saha nennen, und die
uns unbekannt ist, befindet. Der
Scherif AlEdrissi schreibt, es sey
auf diesen Inseln eine Stadt befindlich, welche die Fremden,
die auf derselben landeten, nicht
mehr verlassen könnten, so angenehm und vortrefflich sey ihr Gebiete; auch gebe es einen solchen
Ueberfluß von Golde auf diesen
Inseln, daß die Ketten, an welche man die Hunde und die Af-
fen anzulegen pflege, aus diesem
Metalle verfertigt würden.

Der Verfasser der persischen
Erdbeschreibung, Messahet
alardh betitelt, sagt, diese Inseln, welche auch den Namen
Salah oder Selah führen, lägen tief in dem Meere von China, nach Osten zu, und setzt ih-

re Lage zwischen dem Aequator
und das erste Clima.

Saimeri. Dies ist der Name des Sabth, AlKhajath, das
heißt, der Schneider; genannt.
Er ist der Verfasser eines Buchs,
welches wir unter dem Titel:
Tabserat almobtadi, Unterweisung für denjenigen, der seine
Studien anfängt, haben. Dieses Werk ist in der königlichen
Bibliothek zu Paris unter Nr.
1108.

Sain. Dies ist der Name
eines Mannes, welcher anfangs
Statthalter des Emir Dschuban
oder Tschoban, und darauf Vesir
bei einem mogolischen Kaiser aus
den Nachkommen des Ginghizkhan, Namens Abu Said Ben
AlDschaptu war. Dieser Sain
belohnte seinen ersten Herrn
Tschoban mit Undank, worauf er
am Leben gestraft wurde, wie
man dies unter dem Artikel Abu
Said sehen kann.

Saiunah, ist der Name einer Stadt, im Lande der Zingen, oder Zanguebar, auf der
Mittagsseite der Stadt Ersalah
gelegen. Sie wird sowol von
Indianern als Zingen wegen des
Commerzes bewohnt. Der Scherif AlEdrissi thut derselben in seinem ersten Clima Erwähnung.

Sair. Dies ist der Name,
welchen die Musulmanen dem
vierten Stockwerke in der Hölle
geben, in welches sie die Sabier,

E 5 Leute,

Leute, die sich zu einer ganz besondern Religion bekennen, von welcher wir unter dem Artikel Sabi bereits gehandelt haben, verweisen. Siehe diesen Artikel oben.

Sairabad, ist der Name eines Dorfes, in der Nachbarschaft der Stadt Jerusalem, wo Ozair, welches Esra ist, gestorben und auferweckt worden ist. Dieser Ort führt auch den Namen Diat anab, Dorf der Weinstöcke. Siehe den Artikel Ozair.

Sairafi und Sairefi: ein Beiname des Jahia Ben Mohammed, genannt AlGarnathi, weil er aus der Stadt Grenada in Spanien gebürtig war. Er ist der Verfasser einer Geschichte, welche gewöhnlich den Titel: Tarikh Ebn Sairafi führt.

Dieser Beiname Sairafi oder Seirefi könnte auch wol von dem Namen der Stadt Seirefi herzuleiten seyn, einer Stadt in der Provinz Kerman, welches das persische Caramanien ist.

Sairah und im Statu constructo Sairat. Dieser Name, welcher im Arabischen eigentlich das Leben und Betragen eines Menschen bedeutet, ist der Titel, welchen gewöhnlich die Bücher führen, die das Leben und die besondere Geschichte gewisser Männer enthalten.

Es giebt wenig berühmte Personen im Mohammedismus, deren Lebensbeschreibungen man

nicht unter dem Titel Sairat oder Sojar, welches der Pluralis von Sairat ist, hat, deren Titel insgesammt hier anzuführen viel zu umständlich wäre. Wir wollen es also genug seyn lassen, hier unten nur einige nach alphabetischer Ordnung anzuführen.

Sairami, ein Beiname des Jahia Ben Saif, Verfassers des Hanaschi alalmothaual, das heißt; Randanmerkungen über das Buch des Tagrazani oder Takhrazeni, betitelt: Meftah alfech, der Schlüssel zur musulmanischen Rechtsgelahrtheit, welches im Jahr der Hedschr. 830 herausgekommen ist. Dieses Werk ist in der königlichen Bibliothek zu Paris unter Nr. 557 befindlich.

Sairani: ein Beiname des Abusaid Hassan Ben Abdallah, Verfassers einer Sammlung von Räthseln, welche den Titel: Ketab alalgaz führt.

Sairat AlMalek Askandar oder Eskender AlRumi: Das Leben des Königs Alexander des Griechen, das heißt, Alexanders des Großen. Dies ist ein Werk, welches den Ibrahim Ebn AlMofairag AlSuri zum Verfasser hat. Es ist in der königlichen Bibliothek zu Paris ohne Nummer.

Sairat AlDhaheriat, das berühmte Leben. Dies ist der Name eines Buchs, welches das Leben des Bibars, eines Sultans der Mamluken von Egypten, ent-

enthält, welcher den Titel: Malek AlDhaher, der berühmte König, führte. Dieses Werk ist von Schafa Ben Ali verfertigt worden, und führt auch den Titel: Hosn almenakeb alasseriat u. s. w. Siehe diesen Artikel.

Sairat AlModschahebdin: es ist dies ein arabischer Roman, welcher die fabelhaften Thaten der alten, im Oriente am meisten bekandten Helden enthält. Dieses Buch ist in der königlichen Bibliothek zu Paris unter Nr. 1079.

Sairat AlAba alabrar Ibrahim, Ischak v Jacub: Leben der heiligen Patriarchen Abraham, Isaak und Jacob. Siehe den Artikel Niabat.

Sairat AlAb AlEadis, Anba Abraham AlSoriani. Es ist dies das Leben Abraham, des Syrers, zwei und sechzigsten Patriarchen von Alexandrien, der mit dem Titel eines Heiligen beehrt zu werden pflegt. Diese Lebensbeschreibung ist in der Bibliothek des Königs von Frankreich, als ein Anhang zu Barsumas Leben, befindlich.

Sairat AlAb AlThaubani AlEadis aladhim v alcaher Abalrohbán Auba Takelhimanut AlHabaschi. Das Leben des glückseligen und des großen Heiligen, des Priesters und des Vaters der Mönche, des Vaters Takelhimanut, des Abyssiniers.

Diese Lebensbeschreibung ward von dem äthiopischen Könige Claudius an den Patriarchen von Alexandrien, Gabriel, geschickt, der die fünf und neunzigste Stelle unter denjenigen einnimmt, die den Sitz des heiligen Marcus, des Evangelisten, in eben dieser Stadt Alexandrien inne gehabt haben. Diese Lebensbeschreibung ist in der Bibliothek des Königs zu Paris.

Sairat Abina Feridsch almaruf be Rauis, das Leben unsers Vaters, des heiligen Feridsch, gewöhnlicher der heilige Rauis genannt, dessen Fest auf den eigentlichen Tag der Himmelfahrt Mariä in dem Calender der Copten oder Christen von Egypten fällt.

Diese Lebensbeschreibung ist in III. der königlichen Bibliothek zu Paris 169 befindlich, wo sie dem Leben des Barsuma angehängt ist. Siehe den Artikel Rauis.

Sairat AlEadis Ardschanius v Miriam ebnatihi. Das Leben des heiligen Ardschanius oder Eugenius, und das Leben seiner Tochter Marie.

Das Fest dieser beiden Heiligen wird in der Kirche der Copten oder Christen von Egypten am funfzehnten desjenigen Monats gefeiert, der von den Egyptern Mesri genannt wird. Diese Lebensbeschreibung ist in der königlichen Bibliothek zu Paris unter Nr. 792. befindlich.

Sairat

Sairat Barsuma AlCadis AlThaubani AlDrian, Leben des glückseligen Heiligen Barsuma, mit dem Beinamen der Nackende.

Dieser heilige Mann, der uns aus der Kirchengeschichte bekandt ist, war ein Sohn des Aludschah, mit dem Beinamen AlThauban, welcher Staatssecretär bei der Königin Schagr AlDorr, der Mutter des letzten Sultans aus dem Geschlechte der Ajubiten, oder des Saladin in Egypten, war. Diese Lebensbeschreibung ist in der königlichen Bibliothek zu Paris zu finden.

Sairat AlSolthan Gelaleddin Mankberni Ben Mohammed Ben Takasch. Leben des Gelaleddin Mankberni, eines Sohns Mohammed, eines Sohns des Khuarezmischen Sultans, Tacasch, verfertigt von Mohammed Ben Achmed, Ben Ali AlMonschi, welcher unten dem Beinamen Nassaui bekandter ist. Diese Lebensbeschreibung kann man in der königlichen Bibliothek zu Paris unter Nr. 845. finden.

Sakerdi, ein Beiname des Abdalvaháb, Verfassers eines Buchs unter dem Titel: Adschubab almardhiah an al Aimah alfocaha v al Sofiah, Anmuthige Antwort in Betreff der Imams oder Oberhäupter der Lehrer des Gesetzes, und der Superioren von dem Orden der Sophis oder musulmanischen Religiosen. Dieser Schriftsteller ist im Jahr der Hedschr. 696 verstorben.

Sakhaui, ein Beiname des Alemeddin Ali Ben Mohammed, der im Jahr der Hedschr. 643 gestorben ist. Wir haben ein Buch über die arabische Sprachlehre von ihm, betitelt: Alahadsch.

Sakhaui, ein Beiname des Mohammed Ben Abbalrahman, der im Jahr der Hedschr. 760 gestorben ist, Verfassers eines Buchs, betitelt: Ebtehadsch jabkar almossafer alhadsch, Reisegesellschafter des Pilgrims von Mekka.

Sakhaui. Dies ist auch der Beiname des Verfassers desjenigen Buchs, welches den Titel hat: Dhil AlCodhat. Es ist ein Supplement zu dem Buche des Ebn Hadschar, Refe alesr, Geschichte der Cadhis von Egypten, betitelt, welche dieser Schriftsteller bis zum Jahr der Hedschr. 89 fortgesetzt hat.

Sakhaui, ein Beiname des Mohammed Ben Abbalrahman, der im Jahr der Hedschr. 902 verstorben ist. Er ist Verfasser von demjenigen Buche, welches den Titel: Eelam betaubikh führt, und welches er gegen diejenigen geschrieben hat, die das Studium der Geschichte verwerfen.

Auch pflegt man ihm das moralische Werk beizulegen, welches den Titel hat: Ertiah alakbád, Erfrischung der Herzen. Er hat solches im Jahr der Hedschr. 864 verfertigt.

Das

Das Werk, betitelt: Abschubah almardhlah mien alhadit alnabujah, forschende Beantwortung einer Tradition von dem Propheten, wird gleichfalls einem Mohammed Ben Abdalrahman Al-Sakhaui beigelegt, der im Jahr der Hedschr. 907 verstorben ist. Es giebt auch noch einen Ebn AlMest, der der Verfasser von demjenigen Buche ist, welches wir unter dem Titel Estebthan haben. Er führt den Beinamen Sakhaui, und sein Tod pflegt in das Jahr der Hedschrah 1205 gesetzt zu werden.

Sakhrat: ist der Name der Moschee, welche die Mohammedaner nach der Einnahme von Jerusalem auf das alte Fundament des salomonischen Tempels und auf den Stein erbauten, wo, wie man behauptet, Jacob mit Gott soll geredet haben, und den die Mohammedaner für denjenigen halten, den dieser Patriarch die Pforte des Himmels, nach dem Gesichte, das er gehabt hatte, nannte.

Die Christen steckten ein goldnes Creuz auf die Spitze dieses Tempels, nachdem sie Jerusalem wieder von den Mohammedanern erobert hatten. Aber Saladin, der es wieder ihren Händen entriß, ließ es wegnehmen.

Sakhrat, ist der Name, welchen die mohammedanischen Araber einem Steine geben, von dem sie behaupten, er sey in dem Mittelpuncte der Erde befindlich, und besitze wunderbare Eigenschaften. Man sehe hierüber den Artikel Caf.

Saki. Siehe den Artikel Saca.

Sakiah, ist der Name eines Idols, welches die Aditen, ein alter verloschner Stamm der Araber, um Regen anzurufen pflegten. Siehe den Artikel Hud.

Sakiz. Dieses Wort bedeutet im Türkischen den Mastix, den die Araber in ihrer Sprache Elk Rumi, den griechischen Mastix, zu nennen pflegen.

Auch nennen die Türken in ihrer Sprache Sakiz Agagi den Baum, den wir Lentiscus zu nennen pflegen, weil er den Mastix trägt, und Sakiz Adassi, die Insel des Mastix, diejenige, die den Namen Chio im Archipelagus führt, weil aus dieser Insel der köstbarste Mastix gebracht zu werden pflegt.

Die Insel Chio hatte sich zweihundert Jahre lang in einer gewissen Freiheit zu erhalten gewußt, indem sie nur einen geringen Tribut an die Türken zahlte, als die otmanische Flotte bei ihrer Rückkehr von Malta, welches sie im Jahr der Hedschr. 971 vergebens belagert hatte, ihren Einwohnern diese Freiheit nahm, und in der Folge ward sie ihnen nur erst auf Fürbitte des Königs von Frankreich, Franz des Ersten, der sie von Soliman für sie erhielt, wiedergegeben.

Man

Man kann hierbei auch bemerken, daß die Türken dem Harz oder Pechharz den Namen Tscham Sakizi, wie auch Resinah dem Mastix von Fichten, und Cara sakiz, schwarzer Mastix, demjenigen, was wir gewöhnlich Naphta nennen, zu geben pflegen.

Sakkit. Abu Jusef Jacub Ben Ischak AlAdib, genannt Ebn Sakkit. Er ist der Verfasser eines Werks über die Logik, betitelt: Eslah almanthek, und ist im Jahr der Hedschr. 244 verstorben.

[Dieser sehr berühmte arabische Grammatiker hatte den Zunamen Ebn AlSakkit, d. h. der Verschwiegene, deswegen, weil er nur sehr wenig zu reden pflegte. Er war der Lehrmeister von den Söhnen des Khalifen AlMotavakkel, der ihn im Jahr der Hedschr. 244 hat hinrichten lassen. Siehe den Artikel Jakub Ben Sakit B. II. S. 278. R.]

Sala. Dies ist der Name zweier Städte in Arabien, von welchen die eine, die uns am bekanntesten ist, und die wir gewöhnlich Sale zu nennen pflegen, in der Provinz Mauritanien, an dem Ufer des atlantischen Meeres, liegt, einem Lande, welches die Araber Magreb AlAcsa, der äußerste Occident, nennen. Es ist eben dasjenige, was wir heut zu Tage das Königreich Marocco nennen. III. Der persische Erdbeschreiber [171] berichtet in dem dritten Clima,

der zu dieser Stadt gehörige Boden sey sehr roth, und bringe kein anderes Getreide, als Hirsen, hervor, wovon die Einwohner leben; auch finde man in diesem Lande eine große Menge von Scorpionen.

Die Einwohner dieses Landes treiben mit ihrem Leder einen sehr ansehnlichen Handel mit Fremden, und er würde noch weit größer seyn, wenn nicht ihre Corsaren, die sich in unsern Zeiten so sehr berühmt gemacht haben, ihn so oft unterbrächen.

Diese Stadt liegt, den arabischen Tafeln zufolge, zwischen dem 15ten und 16ten Grade der Länge, und ungefehr unter dem 32sten Grade der nördlichen Breite. Siehe die Artikel Marabuth und Moabedun. Denn AlMumen eroberte diese Stadt, von Ali, dem Sohne Josef Ben Teschefin.

Die andere Stadt in Africa, die den Namen Sala führt, liegt an dem nördlichen Ufer desjenigen Flusses, den die Araber Nil AlSudan, den Nil der Negern, und unsre Erdbeschreiber den Niger oder Senega nennen.

Der Scherif AlEdrisi schreibt, sie sey sehr stark bevölkert, und ihre Einwohner, welche dem Könige von Tokrur gehorchten, seyen sehr tapfer. Eben diesem Schriftsteller zufolge sind vierzig Tagereisen zu Lande von Segelmesse in Mauritanien bis zu der Stadt Sala, von da aus man nur sechzehn bis zu einer Insel, welche Ulil heißt, und an dem

Aus-

Ausflüsse des Flusses Niger, in das Weltmeer liegt, rechnet.

Dieser König von Tokrur, welchen eben dieser Schriftsteller Al-Tokruri nennt, steht bei allen Negern, wegen der strengen Gerechtigkeit, die er seinen Unterthanen bewies, in großer Achtung.

Diese zweite Stadt Sala liegt unter dem ersten Clima, und die andere, von der wir bereits geredet haben, liegt unter dem zweiten.

Sala: ist der Name einer Insel in dem chinesischen Meere, oder im östlichen Oceane, zwischen der Linie und dem Aequator. Einige nennen sie Seilah und Selah.

Salah AlNabi, der Prophet Saleh. So nennen die Araber den Patriarchen Saleh, einen Sohn des Arphaxad und Vater des Heber.

Die Musulmanen sagen, der Prophet Saleh sey von Gott an das Volk aus dem Stamme Themud, welches in demjenigen Theile von Arabien, der Hadschr genannt wird, und das steinigte Arabien ist, wohnte, gesandt, aber, wie wir in der Folge sehen werden, sehr übel von demselben aufgenommen worden.

Die Themuditen stammten von Themud, dem Sohne Amer, des Sohns Aram, eines Bruders Arphaxad, ab, und haben den Einwohnern des peträischen Arabien, die man auch Caum Sa-

lah, das Volk des Saleh, zu nennen pflegt, den Namen gegeben. In eben dieser Provinz, die zwischen Hedschaz in Arabien und Syrien liegt, ist die Stadt Hadschr, welches Wort einen Stein bedeutet, und die unsre Erdbeschreiber Petra deserti genannt haben.

Wenn wir dem Geschlechtsregister folgen wollen, das uns der Tarikh Montekheb von Saleh mittheilt, so war dieser Patriarch ein Sohn des Asaph, eines Sohns Casseth, eines Sohns Haver, des Sohns Khaber oder Heber, des Sohns Themud, des Sohns Aram, des Sohns Sam, welches Sem ist, des Sohns Nuh, der Noah ist; welches aber nicht mit denjenigen übereinkommt, die dem hebräischen Texte folgen, nach welchem Saleh der Sohn Arphaxads und der Vater Hebers war.

Inzwischen giebt uns doch die Meinung des Tarikh Montekheb deutlich zu erkennen, daß der Saleh, von welchem die Musulmanen reden, und von welchem hier die Frage ist, weit jünger ist, als der Patriarch Saleh, der wirklich ein Sohn Arphaxad, eines Sohns Sem, eines Sohns Noah gewesen ist.

Saleh bewies, eben diesem Schriftsteller zufolge, seine Sendung und beglaubigte seine Weissagungsgabe durch ein herrliches Wunder, das er verrichtete, indem sich auf sein bloßes Wort ein Fels öffnete, worauf aus der Oeffnung eine Cameelin herauskam,

kam, die sogleich von einem jungen entbunden wurde. Allein die Themuditen blieben hartnäckig in ihrem Unglauben, und statt den Worten und dem Wunder ihres Propheten Gehör zu geben, brachten sie die Cameelin, die durch ihre Gegenwart ihre Hartnäckigkeit bestrafte, ums Leben. Dies zog ihnen die Rache Gottes zu. Denn Gabriel ward ausdrücklich von Gott gesandt, sie wegen ihres Verbrechens zu strafen, und so wie dieser Engel unter ihnen erschien, schlug er sie alle mit einer tödtlichen Wunde, blos eine geringe Anzahl ausgenommen, die den Propheten anerkannt hatten, und ihm in das Gebiete von Mekka nachfolgten, wo er seine Tage geendigt hat.

Einige behaupten, wie eben dieser Verfasser sagt, der Prophet Saleh sey von Mekka nach Palästina gegangen, und sey daselbst begraben worden.

Hussain Vaez, ein Erklärer des Corans, sagt in seiner Paraphrase von dem Capitel, welches Araf betitelt ist, und in welchem Mohammed die Geschichte des Saleh und der Themuditen beschreibt, folgende Worte:

Als der Prophet Saleh von Gott Befehl erhalten hatte, den Themuditen sein Wort zu verkündigen, begab er sich mitten unter diesen arabischen Stamm, um daselbst seine Sendung zu erfüllen. So wie nun diese abgöttischen Völker ihn von der Einheit Gottes reden hörten, verlangten sie von ihm zur Bestätigung seiner Worte ein Wunder, und sagten ihm endlich an einem gewissen Tage: Morgen ist eins von unsern großen Festen, an welchem wir unsere Götzen putzen und ins Feld tragen werden. Finde dich bei uns ein; denn, rufen wir sie an, und erhalten von ihnen unsere Bitten, so werden wir sie immer für unsere Götter erkennen. Sollte sich aber das Gegentheil ereignen, und du kannst, wenn du diesen alleinigen und einzigen Gott, den du uns predigst, anrufst, durch seine Macht etwas Großes und Außerordentliches bewirken, was unsre Götter nicht zu bewirken vermögen, so wollen wir an ihn und an deine Worte glauben.

Der Prophet fand sich demnach unter den Themuditen bei diesem Feste ein, und war ein Zeuge oder vielleicht die Ursache von der Ohnmacht ihrer Götter, welche gegen alle ihre Bitten taub waren. Und nun geschah es, daß Dschoudaa Ben Amra, einer von ihren Fürsten, zu Saleh sagte: Wenn du verlangst, daß wir an den Gott glauben sollen, den du uns predigst, so mache, daß aus diesem Felsen, der da vor uns ist, eine Cameelin herauskömmt, von dem und dem Cörperbau und von der und der Farbe, die trächtig und im Begriffe zu werfen ist. Denn wenn du uns dieses Wunder wirst sehen lassen, so schwöre ich dir im Namen meines ganzen Volks,

daß

daß wir alle die Religion, zu der du dich bekennst, annehmen und gänzlich die Verehrung unsrer Götzen aufgeben wollen.

So wie der Prophet Saleh diese Versichrung von Dschondaa gehört hatte, verrichtete er sogleich seine Gebete, seine Athuafs oder Umgänge um den Felsen, worauf dieser zu erbeben anfing, und ein Geschrei von sich gab, das dem Schreien eines Cameels ähnlich war. Sodann that er sich voneinander, und warf aus seinem Schooße ein junges Cameel heraus, gerade so, wie es von ihm war gefodert worden.

Dschondaa, gerührt durch den Anblick eines so außerordentlichen Wunders, legte hierauf sogleich sein Glaubensbekenntniß in die Hände des Propheten ab. Allein seine Leute folgten ihm nicht nach, wie er geglaubt hatte. Aber der Prophet ließ sich durch die Halsstarrigkeit dieses Volks nicht irre machen, sondern hoffte sie noch zu gewinnen. Zu dem Ende befahl er ihnen im Namen Gottes, daß sie diese wunderbare Cameelin mit ihrem Jungen frei auf ihren Weideplätzen sollten herumgehen lassen, und daß sie sie mit Wasser aus ihren Brunnen versehen sollten, und endlich drohete er ihnen, daß, wofern sie nicht Sorge für dieselbe tragen würden, oder wofern sie durch ihre Nachlässigkeit, oder durch ihren Kunstgriff ums Leben gebracht werden würden, sie sich den Fluch Gottes zuziehen würden, der die Ursache ihres

Orient. Bibl. 4. B.

II.
73

gänzlichen Untergangs seyn würde.

Gott wollte, sagt eben dieser Paraphraste, daß diese Thiere bei den Themuditen als ein glänzendes Zeugniß von seiner Macht, und als ein beständiges trauriges Denkmal von dem Unglauben dieses Volks bleiben sollten. Denn der Prophet Saleh setzte seine Predigten beständig fort, und stellte ihnen dabei die Strafe ihrer Nachbarn, der Aditen, vor, die wegen einer, der ihrigen ähnlichen Empörung mit Stumpf und Stiel waren ausgerottet worden.

Aber alle diese Vorstellungen und Drohungen des Propheten vermochten weder ihre Hartnäckigkeit zu erweichen, noch sie von ihrem bösen Entschlusse abzubringen. Denn sie fuhren fort, alle diejenigen zu verfolgen, welche den Worten Saleh Beifall gaben, und beklagten sich laut, daß die Cameelin mit ihrem Jungen ihre Heerden in Schrecken setze, wenn sie auf der Weide gingen, und daß beim Tränken ihre Brunnen austrockneten. Ja endlich gingen sie gar in ihrer Ruchlosigkeit so weit, daß sie diesen Thieren die Sehnen abschnitten und sie ums Leben brachten.

Die Themuditen ließen es nicht einmal bei diesem schrecklichen Verbrechen bewenden, sondern spotteten auch noch des Propheten und sagten: Wolan dann, Prophet! wo sind deine Drohungen, und was ist uns dann Uebels dafür begegnet, daß wir

D   die

dir ungehorsam gewesen sind? So weit wir sehen; dünkt uns, daß du nichts anders, als ein Betrüger und falscher Prophete bist. Diese letzte Mißhandlung, welche Saleh von ihnen erfahren mußte, beleidigte Gott so sehr, daß er ein sehr heftiges Donnerwetter kommen ließ, daß alle die abgöttischen Themubiten, in ihren eignen Häusern, mit ihren Gesichtern zur Erde stürzten und todt liegen blieben, zufolge der Worte des arabischen Textes im Coran, im Capitel Araf: Faathathom alradschafah faasbahu ft darehem dschathemin.

Salah. Dieses arabische Wort, welches unbeschädigt und heilig bedeutet, ist der eigenthümliche Name von vielen Personen, gerade so, wie das Wort Salahaldin *), oder Salaheddin, welches daraus zusammengesetzt ist.

Salah und Saleh. Ismael Ben Nureddin; AlMalek AlSaleh nach dem Tode seines Vaters Nureddin, dem er in seinem eilften Jahre in den Reichen von Syrien, Mesopotamien und Egypten succedirte, zubenamt. Saladin, der eine Creatur seines Vaters war, erkannte ihn einige Zeitlang an. Aber er beraubte ihn bald hernach seiner Staaten.

Salah Ben Nahalat: ist der Name eines indischen Arztes, der bei dem Khalifen Harun AlRaschid in Diensten stand, und dem Ibrahim Ben Mahadi durch eine wunderbare Cur sein Leben rettete. Denn dieser Ibrahim,

der ein naher Verwandter des Khalifen war, war schon von den Aerzten aufgegeben, und von dem ersten Leibarzte des Khalifen, Gabriel Bakhtissua, für todt verlassen worden, als Salah durch Befühlung des Kranken gewahr wurde, daß er nicht todt sey, und durch ein Niesemittel ihn wieder zu sich brachte.

Salah. Ebn Salah Scharuardi. Dies ist der Beiname des Takieddin Abu Amru Othnan Ben Abdalrahman, der im Jahr der Hedschr. 643 verstorben ist. Er ist der Verfasser eines Buchs, welches den Titel führt: Adáb AlMofti almostafti, von den Eigenschaften, welche zu einem ächten Mufti erfodert werden. Das Wort Mofti bedeutet überhaupt einen Lehrer, der die Rechts- und Gesetzpuncte im Musulmanismus ohne weitere Appellation entscheidet.

Salah, genannt Safadi oder Sogdi: ist der Name eines Schriftstellers, der das Buch, Scharah AlRomaniah betitelt, erklärt hat. Es ist in der königlichen Bibliothek zu Paris unter Nr. 1013.

Salah Schehabedin Achmed. Dies ist der Name eines Sohns des AlMalek AlSaid Eskender, und Enkels des AlMalek AlSaleh AlSchehid.

Dieser Prinz ist von seinem Oncle Issa AlMalek AlDhaher zum Gouverneur der Stadt und Vestung Mardin in Mesopotamien ge=

gemacht worden, nachdem er von Tamerlan angegriffen war.

Salah, oder Saleh. AlMalek AlSaleh Ajub. Dies ist der Name eines Sohns des Malek AlKiamel, welcher der vorletzte König von Egypten vom Geschlecht der Ajubiten und von der Nachkommenschaft des Saladin gewesen ist.

Dieser Prinz kaufte eine große Anzahl junger Sclaven aus der Provinz Türkestan von den Tataren oder Mogolen, und richtete von denselben eine neue Miliz auf, die sich in der Folge unter dem Namen der Mamluken sehr berühmt gemacht hat, und die die Ursach von dem gänzlichen Untergange des Hauses und der Familie dieses Sultans gewesen ist. Denn da er nach seinem Tode nur einen einzigen Sohn, Namens Borhan Schah hinterließ, welcher unter dem Titel AlMalek AlMoaddham regierte, so ermordeten ihn eben diese Mamluken, nachdem er nur erst zwei Monate regiert hatte, und bemächtigten sich darauf der egyptischen Krone. Siehe den Artikel Mamluk.

Ben Schohnah sagt, AlMalek AlSaleh habe eine Stadt erbaut, die er nach seinem Namen Salehiah genannt habe, in einer Gegend in Egypten, die zur Jagd, welche er sehr liebte, vorzüglich gelegen war; und ein Lusthaus,

zwischen dem alten und neuen Cairo, dem er den Namen Rebasch gegeben.

Eben dieser Schriftsteller erzählt, dieser Fürst habe in Gesellschaft nie weiter etwas geredet, als Antworten, welche er denjenigen, die sich mit ihm unterredet, gegeben. Aber niemals habe er etwas gefragt *).

Eben dieser Fürst war es, der die Stadt Damiette verlohr, als sie im Jahr der Hedschr. 647 vom heiligen Ludwig erobert wurde, und der kurze Zeit nachher an einem kalten Brande starb, von dem er befallen wurde. Bis zu der Zeit, da der heilige Ludwig die Stadt Damiette wieder eroberte, war sie in den Händen der Mamluken gewesen. Also vom Jahr der Hedschr. 618 an, in welchem sie der Vater dieses Fürsten, AlMalek AlKiamel, den Franken weggenommen hatte.

Salah Ben Abdallah: ist der Name eines Fürsten aus dem Geschlechte der Aliden, welcher im Jahr der Hedschr. 510 im Lande der Negern regierte, übrigens aber doch die Abbassidischen Khalifen für seine Oberherrn erkannte. Einer von den Nachkommen dieses Salah hat ein Schloß in der Stadt Ganah, jenseit des Aequators, erbaut.

Salahath: ist der Name einer Insel in dem indischen Meere, nahe bei derjenigen, welche

D 2   den

*) [Was hier d'Herbelot aus Ben Schohnah erzählt, widerspricht demjenigen, was Abulfeda bemerkt hat. Dieser berichtet, es habe niemand in AlMaleks Gegenwart etwas zu reden sich getrauet. Alles, was man gewagt habe, seyen bloß Antworten auf die Fragen gewesen, welche er von Zeit zu Zeit getan habe. R.]

den Namen Calah führt, und unter dem Gehorsam desselben Königs steht.

Salaheddin Josef. Ben Ajub, Ben Schadi. Dies ist der Name des großen Saladin, der von den Curden herstammte, und sich mit seinem Bruder Schirgueb in die Dienste des Fürsten von Aleppo, von Damaschk, und von mehreren andern Ländern und Städten in Syrien und Mesopotamien, Nureddin Zenghi, begab, welchen die Geschichtschreiber der Kriege, welche die Franken im heiligen Lande geführt haben, Norandin nennen.

III.   Saladin und sein Bruder 175 Schirgueb gelangten mit ihren Waffen zu einem großen Rufe, und als der Khalife der Fathimiten in Egypten, Adhad, den Nureddin um Beistand gegen die Franken bat, glaubte dieser, er könne keine bessere Anführer an die Spitze der Armee, die er nach Egypten schickte, setzen, als diese beiden curdischen Feldherren. Aber kaum waren die Truppen des Nureddin aufgebrochen, so reuete es den Khalifen, daß er eine Macht, die der seinigen an Stärke sehr überlegen war, sich auf den Hals gezogen hatte; daher er sich lieber mit den Franken zu setzen, als seine ganze Herrschaft, welche von Nureddin und Saladin in Anspruch genommen wurde, aufs Spiel zu setzen und am Ende gar zu verlieren, beschloß.

Inzwischen sah sich der Khalife gezwungen, endlich dem Saladin die Würde eines Vesirs und Generals seiner Armeen, nebst dem Titel: Malek AlNasser, welches soviel ist, als: siegreicher Fürst, zu übertragen. Allein Saladin bewies sich sehr unerkenntlich gegen die Ehre und Gnade, die ihm der Khalife erwies. Denn im Jahr der Hedschr. 566, welches das Jahr Christi 1170 ist, setzte er alle Gouverneure und Richter in Egypten ab, die sich zur Secte des Ali bekannten, von welcher der Khalife das Oberhaupt war.

Im Jahr der Hedschr. 567 ließ Saladin, auf Befehl des Nureddin, den er noch für seinen Oberherrn erkannte, den Namen des Khalifen Adhad in allen Moscheen von Egypten vertilgen, und dagegen an dessen Stelle den Namen des Mostadhi, des drei und dreißigsten Khalifen aus dem Geschlechte der Abbassiden, der seinen Sitz zu Bagdet hatte, publiciren. Diese große Veränderung geschah so eilfertig, und mit so wenig Geräusche, wie Ben Schohnab sagt, daß der Khalife Adhad selbst nicht einmal diese Neuigkeit erfuhr. Denn er war damals von einer Krankheit befallen worden, die ihn bald darauf, noch in eben dem Jahre der Hedschrah 567, wegraffte.

So wie der Khalife todt war, bemächtigte sich Saladin sogleich des kaiserlichen Pallastes, und der Schätze, die die Khalifen daselbst in einem Zeitraume von mehreren Jahren zusammengehäuft hatten, da der indische Handel

del immer einzig und allein in Egypten geführt wurde. Ebn Athir sagt, unter den unermeß-lichen Summen und Juwelen von unschätzbarem Werthe, welche man in diesen Schätzen gefunden, wäre auch ein Rubin gewesen, der siebenzehn arabische Drach-men, das heißt, bei anderthalb Unzen gewogen habe. Denn ei-ne Unze hat zwölf arabische Drach-men; nicht acht attische Drach-men, wie bei den Griechen und Lateinern.

Als sich nun Saladin in dem Besitze der unumschränkten Ober-herrschaft von Egypten sah, glaubte er, den Schutz des Nur-eddin nicht mehr nöthig zu haben, und war der Meinung, daß er unabhängig und ohne alle Ein-schränkung von irgend einem an-dern Fürsten, wer es auch wä-re, regieren könne. Zu dem En-de suchte er sich völlig der Den-kungsart und der Herzen der Egypter zu bemeistern; welches er aber so lange nicht ganz be-werkstelligen konnte, als sie noch einige Zuneigung für Ali, für seine Familie und für seine Lehre hatten. Dies veranlaßte ihn, daß er gleich Anfangs mehrere Collegia und mehrere Seminaria anlegte, in welchen eine Lehre sollte vorgetragen werden, wel-che ganz das Entgegengesetzte von der Aliden ihrer wäre. Auch ließ er im Jahr der Hedschr. 569 in der Stadt Cairo ein prächti-ges Collegium aufführen, welches den Namen AlMadrassah Al-Schafiah bekam, in welchem die

musulmanische Theologie und Rechtsgelahrtheit nach den Grundsätzen und Schlüssen des Imam Schafei sollte gelehret werden, der das Oberhaupt von einer der vier Secten ist, die bei den Musulmanen für die rechtgläubigsten gehalten wer-den.

Die Egypter, die sich nicht so leicht von den Meinungen los-reißen konnten, denen sie seit zwei oder drei Jahrhunderten er-geben waren, wagten es, das Khalifat der Fathimiten wieder aufzurichten, und gänzlich das Ansehn der Abbassiden, in so weit es die Religion in Egypten betraf, zu unterdrücken. Zu dem Ende erhoben sie den Amarah Ben Ali AlJemeni auf den Thron der Khalifen, der aus Jemen oder dem glücklichen Arabien ge-bürtig, und ein sehr guter Dich-ter war. Allein die Lage dieses neuen Khalifen war nicht glück-lich. Denn er fand wenig An-hänger, und sah sich endlich selbst abzudanken genöthigt.

So wie der Sultan Nureddin Mahmud Ben Zenghi, welchem Saladin sein ganzes Glück zu ver-danken hatte, noch in eben dem Jahre 569 verstorben, und sein Sohn AlMalek AlSaleh Ismael ihm in einem Alter von eilf Jah-ren nachgefolgt war, ließ Sala-din sogleich den Namen dieses Prinzen in den Moscheen öffent-lich bekannt machen. Allein da sein gar zu geringes Alter ihn den Anfällen seiner Nachbarn preiß-gab, so bemächtigte sich Sala-

III.
176

D 3   din

din im Jahr 570 der Städte Damas und Hems, und fing im Jahr 571 ihn in der Stadt Halep zu belagern an. Allein durch die lebhafte Vertheidigung der Einwohner sah er sich genöthigt, unverrichteter Sache wieder abzuziehen.

Im Jahr 579 fing Saladin zum zweitenmale die Belagerung von Aleppo an, und machte sich von dieser Stadt im Monat Sefer Meister, nachdem Omadeddin Zenghi, ein Sohn des Nureddin, welcher Herr von derselben war, capitulirt, und sich in seine andere Länder, welche er in Mesopotamien besaß, und wovon damals Nisibis die Hauptstadt war, zurückgezogen hatte.

Der Cadhi von Damas, Mohieddin, welcher damals ein Lobgedicht auf Saladin wegen der Einnahme von Aleppo verfertigte, sagt in einer Art von poetischem Enthusiasmus, den man von der Zeit an für eine Weissagung gehalten hat: Fatahtom Halaban belsaif fi sefer. Mobascheran be fotuh alCods fi Negeb. Dies ist ein arabischer Vers, welcher folgenden Sinn hat: Du hast Haleb im Monat Sefer eingenommen, und ich verkündige dir die Eroberung von Jerusalem im Monat Regeb. In der That hat es sich auch so zugetragen, daß Saladin den Christen die Stadt Jerusalem gerade in dem nemlichen Monat Regeb weggenommen hat. Allein es ist dies erst vier Jahr nachher, im Jahr der Hedschr. 583 geschehen.

Im Jahr 581 belagerte Saladin Mosul, wo der Atabek Azzeddin Befehlshaber war. Weil er aber der Stadt den Tigerfluß durch einen andern Canal abgraben wollte, den er auf der Seite von Ninive eröffnen ließ, und dabei sah, daß sich diese Belagerung durch die tapfere Vertheidigung der Belagerten in die Länge zog, so brach er auf, und bemächtigte sich einstweilen der Stadt Miafarekin, wo Schah Armen Befehlshaber war, und kehrte sogleich nachher wieder vor Mosul zurück, wo er zwar nicht in dieselbe einzudringen vermochte, aber doch den Atabek Azzeddin zwang, daß er seinen Namen in den Moscheen zu Mosul und dem ganzen dazu gehörigen Gebiete mußte ausrufen, und die Münzen mit seinem Bildnisse ausprägen lassen.

Nach dieser Expedition kehrte Saladin in die Stadt Damas zurück, in der Absicht, um daselbst alle nöthige Zurüstungen zu der Eroberung von Jerusalem zu machen, die er schon lange im Sinne gehabt hatte. Allein unterwegens verfiel er in eine sehr gefährliche Krankheit, wodurch er in kurzer Zeit in die äußerste Gefahr kam. Unter diesen Conjuncturen fing sein Vetter Mohammed, ein Sohn des Schirgueh, seine geheimen Entwürfe in Damaskt auszuführen an, wodurch er sich in den Stand zu setzen suchte, sogleich nach dem Tode des Saladin den Thron besteigen zu können. Inzwischen bekam

bekam dieser während seiner Krankheit von diesen Vorkehrungen Nachricht; so wie er also wieder gesund war, fand man Mohammed todt in seinem Hause, ohne daß man die Ursache von diesem Vorfalle hat entdecken können. Allein das Gerücht verbreitete sich sogleich, er sey durch die Leute des Sultans mit Gifte hingerichtet worden.

Khondemir und Ben Schohnah, aus welchen wir das meiste von dem, was man hier über Saladin beigebracht ließt, genommen haben, stimmen nicht mit Abulfaradsch in Ansehung der Umstände, welche bei der Belagerung von Mosul vorgefallen, und mehrerer anderer Thaten dieses Eroberers überein. Dies muß man hierbei immer bemerken, damit der Leser nicht durch diese Verschiedenheit in Verlegenheit gesetzt wird.

Im Jahr der Hedschr. 583 stellte Saladin eine mächtige Armee gegen die Franken oder Christen auf, und begab sich sogleich vor die Stadt Tiberias, wo ein Graf von der Nation der Franken das Commando führte, um III. solche zu belagern. Die christli¹⁷⁷chen Fürsten in Syrien, unter welchen sich der König von Jerusalem, der Großmeister der Tempelherren, und der Großmeister der Ritter vom heiligen Spitale befanden, machten es sich zur Pflicht, diesem Orte zu Hülfe zu eilen. Saladin lieferte ihnen ein Treffen, und trug einen vollständigen Sieg davon, in welchem er eine sehr große Anzahl von Gefangnen, die mit dem Creuze bezeichnet waren, machte. Der König von Jerusalem, Guy de Lusignan, und der Großmeister der Tempelherren waren unter denselben, und nach dieser Niederlage war es dem Sultan Saladin ein leichtes, sich des größten Theils der Städte und Schlösser zu bemächtigen, die die Christen sowol an der Seeküste, als in den Gebirgen inne gehabt hatten.

Saladin empfing seinen Gefangnen, den König von Jerusalem, unter einem prächtigen Gezelte, welches er blos um dieser Ceremonie willen hatte verfertigen lassen, und ließ ihn an seine Seite sitzen. Der König, der den Bornos, Herrn von Crak, der Hauptstadt vom peträischen Arabien, an seiner Seite hatte, foderte zu trinken. Es ward ihm frisches Wasser gebracht, das er trank; als aber Bornos nach dem Könige auch zu trinken verlangte, widersetzte sich Saladin und sagte zum Könige: Ich werde nie zugeben, daß dieser schändliche Mensch in meiner Gegenwart trinkt; denn ich will ihm schlechterdings kein Quartier geben. Darauf trat er näher zu eben diesem Bornos hinzu, und sagte zu ihm, mit einem äußerst zornigen Tone: Du weißt es sehr wohl, daß du niemals gegen die Musulmanen einige Art von Billigkeit beobachtet hast. Ja, du hast sogar dich an den heiligen Städten von Mekka und

Mek

Medinah vergriffen. Und so hast du dich auch beständig gegen mich auf eine Art betragen, die ganz das Gegentheil von derjenigen ist, welche ich bisher gegen dich beobachtet habe. Und kaum hatte er diese Worte geendigt, so zog er den Säbel, den er an seiner Seite hatte, und hieb ihm mit eigner Hand den Kopf ab. Ueber diese That gerieth der König in großes Schrecken, ja es wandelte ihn sogar einige Furcht an; allein Saladin sprach ihm Muth ein, indem er ihm sein königliches Wort gab, daß er nicht die mindeste Gefahr zu befürchten habe. In der That behandelte er ihn immerfort auf die ehrenvolleste Art, bis er wieder zu seiner Freiheit gelangte.

Die Folge von dem Siege, welchen Saladin erfochten hatte, war nicht blos die Eroberung der Stadt und des Schlosses von Tiberias. Denn er begab sich aus Galiläa nach Samaria, machte sich Meister von Naplosa und Sebaste, welches Sichem und Samaria ist, zwei Städte, welche beide in einer kleinen Entfernung von einander liegen, ging darauf an der Seeküste weiter fort, drang in Judäa oder Palästina ein, und nahm entweder mit stürmender Hand oder unter Bedingungen die Städte Acca oder St. Johann von Acra, welches das alte Ptolemais ist, Seida, Barut, Ascalon, Gazah und Ramlah ein.

Zu Ramlah, welches von Jerusalem nur eine sehr kleine Tagereise entfernt ist, machte er alle nöthige Vorkehrungen zur Belagerung dieses wichtigen Platzes, der die Haupt- und Residenzstadt von allen den Staaten war, die die Christen in Syrien besaßen. Wirklich fing er auch noch in dem nemlichen Jahre der Hedschr. 583 die Belagerung derselben an, und ließ mehrere Stürme mit solcher Lebhaftigkeit auf dieselbe unternehmen, daß er die Belagerten in kurzer Zeit so weit brachte, daß sie zu capituliren verlangten.

Die lebhafte Vertheidigung, welche die Christen gemacht, und durch welche sie die häufigen Stürme der Musulmanen tapfer ausgehalten und abgeschlagen hatten, ließen sie gute Bedingungen hoffen. Allein Saladin antwortete den Abgeordneten, die sie an ihn gesandt hatten, er wolle ihre Stadt gerade eben so mit stürmender Hand einnehmen, wie sie sie vormals von den Musulmanen erobert hätten. Diese Antwort des Sultans machte, daß die Christen, da sie sich in die äußerste Noth gebracht sahen, den Entschluß faßten, ihr Leben und ihre Freiheit theuer an Saladin zu verkaufen.

Dieser Entschluß der Belagerten, auf welchen sogleich Thaten der größten Tapferkeit folgten, überzeugte bald den Sultan, daß er nicht so leicht mit ihnen fertig werden könnte, als er wol im Anfang der Belagerung mochte geglaubt haben, und nöthigte ihn endlich, in den Entwurf von gewissen

wissen Bedingungen zu willigen, unter denen sie sich mit ihm in Tractaten einlassen könnten.

Die vornehmste von allen war diese, daß von allen und jeden Einwohnern von Jerusalem jede Mannsperson zehn Golddinare für ihre Ranzion, jede Frauensperson aber fünf bezahlen, und daß für jedes Kind zwei sollten gegeben werden, und daß alle diejenigen, welche diese Summe nicht würden bezahlen können, Sclaven des Siegers werden sollten. Der Tractat ward von beiden Seiten unterzeichnet, worauf Saladin im Triumphe in die heilige und edle Stadt einzog; denn so betiteln die Musulmanen Jerusalem, indem sie sie in ihrer Sprache Cods Schetif nennen. Dieser Einzug ward an einem Freitage, am siebenzehnten des Monats Regeb, im Jahr der Hedschr. 583, welches der zweite October des Jahrs Christi 1187 war, nach einer Belagerung von vierzehn Tagen, gehalten, und die Christen zogen aus derselben, nachdem sie sie einen Zeitraum von acht und achtzig Jahren besessen hatten.

Ben Schohnah bemerkt, es sey zu einem großen Aufstande in der Stadt gekommen, als die Musulmanen das goldne Creuz weggenommen hätten, welches auf dem Tempel, der Sakhrat heißt, und den die Musulmanen vormals hatten aufführen lassen, aufgesteckt war. Aber Saladin habe ihn bald durch seine Klugheit gestillt, und habe gemacht, daß die Musulmanen mit den Christen so lange, bis sie die Stadt verlassen hatten, sehr friedlich gelebt hätten.

Im Jahr der Hedschr. 585 bekamen die Christen, welche aus Jerusalem gezogen, und sich in die Stadt Tyrus begeben hatten, einen großen Succours von den europäischen Fürsten, und brachten eine sehr ansehnliche Armee auf die Beine, welche aus lauter Leuten bestand, die, wie Ben Schohnah sagt, Surat Al-Massih, das Bild des Messias, worunter er die Figur des Creuzes versteht, trugen. Ihre erste Unternehmung war die Belagerung der Stadt Sanct Johann von Acra, worauf Saladin auch sogleich sich in Marsch setzte, um sie in ihrem Lager einzuschließen.

Allein es war ihm nicht möglich, dem Orte zu Hülfe zu kommen, daher er das Mißvergnügen hatte, ihn unter seinen Augen übergehen zu sehen. Aber was ihn noch weit mehr rührte, war, daß die Christen, die die belagerten Musulmanen auf Accord angenommen hatten, doch fähig waren, alle, die sie in der Stadt antrafen, entweder zu tödten, oder zu Gefangnen zu machen.

Dieser Sieg, welcher sich im Jahr der Hedschr. 587 ereignete, machte die Christen sehr aufgeblasen, und bewog sie, noch in eben diesem Jahre die Belagerung von Cäsarea und Jaffa vorzunehmen, welche Städte sie auch, trotz aller der großen Bemühun-

D 5   mühun-

mühungen, die Saladin anwendete, ihnen zu Hülfe zu kommen, eroberten. Als nun unter solchen Umständen der Sultan sah, daß er nicht im Stande war, der Macht der Christen Widerstand zu thun, so faßte er den Entschluß, die Städte Ascalon und Ramlah selbst demoliren zu lassen. Dagegen ließ er die Stadt Jerusalem, so viel ihm möglich war, befestigen.

In eben dem Jahre 587 ließen sich die Musulmanen mit den Christen in Friedensunterhandlungen ein, und da ward dann unter andern in den Friedensartikeln ausgemacht, daß der Bruder des Saladin, Malek AlAdel, die Schwester des Königs von England, welches der berühmte Richard war, den Ben Schohnah Malek AlAnketar zu nennen pflegt, heirathen, und daß Saladin um dieser Heirath willen seinem Bruder das Königreich Jerusalem geben, seine Gemahlin die Königin aber Ptolemais oder St. Johann von Acra zur Morgengabe bekommen sollte. Allein die christlichen Bischöfe wollten in diese Vermählung unter keiner andern Bedingung willigen, als daß Saladins Bruder den Musulmanismus aufgeben, und sich taufen lassen sollte.

Da die Musulmanen auch an ihrem Theile sich weigerten, die Erfüllung dieser Bedingung zu unterstützen, so zogen sich die Friedensunterhandlungen in die Länge. Und während dieser gan-

zen Zeit gaben die Christen und Musulmanen einander viele Spiele, und unter diesen insonderheit Turnierspiele, auf welche Festins und Ergötzlichkeiten folgten, die eine so große Freundschaftsverbindung zwischen beiden Theilen veranlaßten, daß, obgleich der Heirathscontract nicht zu Stande kam, doch inzwischen ein Waffenstillstand zwischen den beiden Parteien auf drei Jahre und drei Monate geschlossen wurde.

III. 179

In diesem Waffenstillstandstractate, der im Jahr der Hedschr. 588 geschlossen wurde, hat, wie Ben Schohnah bemerkt, weder der König von England, noch Saladin, geschworen, sondern sie haben einander blos die Hand gegeben. Aber alle die übrigen christlichen Fürsten von beiden Seiten, so wie alle Brüder und Söhne des Saladin, schwuren, ihn getreulich zu halten. Zufolge dieses Tractats sollten die Städte St. Johann von Acra, Jafa, Cäsarea, Arsof und Anka mit ihrem ganzen Bezirke in den Händen der Franken verbleiben; dagegen sollte die Stadt Jerusalem nebst ihrem Gebiete dem Saladin und den Seinigen zugehören, und die Städte Ascalon und Ramlah sollten in dem demolirten Zustande, in welchem sie sich befanden, verbleiben.

Im Jahr 589 starb Saladin an einem hitzigen Fieber, oder an der Schwindsucht, in dem Schlosse von Damaschk, wo er auch ist begraben worden, in einem Alter

ter von sieben und funfzig Jahren. Denn er war im Jahr der Hedschr. 532 in der Stadt Takrit in Mesopotamien gebohren. Ohngefehr 24 Jahre hat er in Egypten und ohngefehr 19 in Syrien regiert.

Dieser Sultan ward von den Seinigen so geliebt, daß in allen seinen Staaten bei seinem Tode eine allgemeine Trauer angestellt wurde. Sein ältester Sohn Malek AlAfdhal, der ihm in Syrien nachfolgte, empfing drei Tage lang die Condolenzcomplimente, und gab von seinem Hintritte seinen Brüdern, Malek AlAziz, welcher Gouverneur von Egypten war, und Malek AlDhaher, auch AlGazi genannt, welcher in Halep das Commando führte, und seinem Oheime Malek AlAdel, welcher seine Residenz in der Stadt Crac in Arabien hatte, Nachricht.

Alle diese Prinzen waren bei dem Leichenbegängnisse des Saladin gegenwärtig, an welchem auch die Schwester desselben, Namens Sittah Alscham, große Summen von ihrem eignen Vermögen unter die Armen austheilen ließ. Denn Saladin hatte in seiner Schatzkammer nur sieben und vierzig Drachmen von Silber von allen den Einkünften hinterlassen, welche er aus seinen Staaten zog, und in allen seinen Kisten fand sich doch auch nicht ein einziges Goldstück, oder sonst irgend eine Kostbarkeit.

Der Secretär dieses Sultans, Namens Omad AlKateb, der

sein Leben beschrieben hat, ist noch viel umständlicher in demjenigen, was Ben Schohnah und andere Geschichtschreiber von diesem großen Monarchen beigebracht haben. Denn, wenn er zum Exempel von seiner Freigebigkeit spricht, erzählt er von ihm, wie er in der Zeit, da er sein Lager um die Christen herum aufgeschlagen gehabt, die die Stadt Ptolemais belagerten, seinen Officieren und Freunden bei zwölftausend kostbare Pferde aus seinen Ställen gegeben habe; diejenigen gar nicht zu rechnen, welche es nicht verdienten, in die Verzeichnisse seines Hauses gebracht zu werden, und wie er immer nur ein einziges für sich behalten, dessen er sich gewöhnlich bedient habe. Denn er war gewohnt, nichts für den folgenden Tag aufzusparen, und alles, was er nur zu geben vermögend war, herzugeben.

Eben dieser Schriftsteller setzt, wenn er von seiner Frömmigkeit redet, hinzu, er sey so religiös gewesen, daß er niemals die Zeit verschoben habe, die die Musulmanen für das Gebet bestimmen, und er habe es immer in der öffentlichen Versammlung verrichtet, und das sogar in der Moschee, wenn sich gerade eine an dem Orte, wo er war, befand. Seine Sitten seyen unsträflich gewesen; er habe die Fehler seiner Freunde und Domestiken gerne und leicht verhehlt und vergeben, und habe im Umgange mit

mit andern sehr große Höflichkeit und Leutseligkeit bewiesen.

Omad AlKateb beweint den Tod dieses Fürsten in einer arabischen Elegie folgenden Inhalts: Er ist endlich gestorben, dieser König von den tapfersten und edelmüthigsten Menschen, und er ist eben sowol wie diejenigen gestorben, welche die berühmtesten und glorreichsten unter den Fürsten gewesen sind. Gnadenbezeugungen und Wohlthaten haben mit ihm aufgehört, und Ungerechtigkeiten haben sich nach ihm vervielfältigt. Die Welt hat den größten Verlust erlitten, der nur erlitten werden konnte; da sie durch den Tod dieses Monarchen ihrer schönsten Zierde ist beraubt worden, und die musulmanische Religion ist verdunkelt worden, seitdem dieses große Licht verloschen ist, und so sieht man auch den Staat beständig wanken, seitdem ihm diese Stütze geraubt ist.

Ebn AlAthir erzählt, als Saladin kurz vor seinem Tode eine seiner Nichten an Caissar Schah, einen Fürsten aus dem Hause der Seldschuciden, verheirathet, sey er, als er Abschied von diesem neuen Ehepaar genommen, vom Pferde gestiegen, und als er wieder auf dasselbe gestiegen, hätte ihm dieser Fürst den Zaum gehalten, und Aladin, ein Fürst aus dem Hause der Zenghis, ha-

be ihm seine Kleider, nachdem er sich gesetzt hatte, in Ordnung gebracht. Einer von denen, welche bei dieser Ceremonie gegenwärtig waren, sagte, wie eben dieser Schriftsteller erzählt, in einer Art von prophetischem Geiste: Du wirst nicht lange mehr leben, o Sohn Job; so nannte er Saladin, und du wirst bald deine Lebenstage endigen, da einer von den seldschucidischen Fürsten Jorkebka dich aufs Pferd bringt, und da ein anderer aus dem Hause der Zenghis jos lah thiabeka deine Kleider in Ordnung legt. Dieses Prognosticon *) ward erfüllt, sowol an der Person des Saladin, als seiner Familie. Denn er starb kurze Zeit nachher, und seine Familie wurde von den Seldschuciden aus Natolien sehr gemißhandelt, und von den Atabeken aus der Familie Zenghi wieder eingesetzt, was die beiden arabischen Worte, Rakab und Salah, in ihrer Bedeutung unter sich begreifen.

Ben Schohnah bemerkt unter den gottesfürchtigen Handlungen dieses Monarchen auch den religiösen Besuch, den er, bei seiner Rückkehr von Halep nach Damas, bei dem Grabe des Omar Ben Abdalaziz, eines Khalifen aus dem Hause der Ommiaden, abgestattet hat, der im Geruche der Heiligkeit gestorben ist, und dessen Grab selbst die Abbassiden, die

*) [Ich finde weder diesen geheimnißvollen Sinn in diesen Worten, noch die Wahrheit der Sache selbst oder die Erfüllung der Vorherverkündigung in der Geschichte. R.]

die doch alle ommiadische Fürsten auf eine so grausame Art
wieder haben ausgraben lassen,
mit Ehrfurcht betrachtet haben.
Auch thut er einer Wallfahrt Erwähnung, welche eben dieser
Monarch zu dem Grabe des Abu
Zakaria AlMagrebi angestellt hat,
der in Syrien unter den Musulmauen für einen wunderthätigen
Heiligen gehalten wird. Eben
dieser Schriftsteller sagt auch,
es hätten ihm seine vornehmsten
Hofbedienten, nachdem er alle
diese gottesdienstlichen Handlungen verrichtet, den Rath gegeben, er solle seine Truppen auseinander gehen lassen, um ihnen,
nach so vielen militarischen Stra-
pazen, die sie bei der Ausführung
seiner großen und glorreichen Unternehmungen auszustehen gehabt,
Ruhe zu verschaffen. Allein er
habe ihnen mit folgenden Worten geantwortet: Alumr cassir
v alagel gair mamun, das Leben
ist kurz, und das Ziel desselben
ist ungewiß. Mit diesen Worten wollte er ihnen zu verstehen
geben, daß er beständig, während der kurzen Zeit, die er noch
zu leben übrig habe, arbeiten
müßte.

Eben dieser Schriftsteller, den
wir hier angeführt haben, handelt auch sehr umständlich von
Saladins Nachkommen, und
setzt die Succession der Fürsten
aus dem Hause der Jobiten folgendergestalt auseinander:

Saladin hinterließ sechzehn
Kinder männlichen Geschlechts,
und nur eine einzige Tochter,

welche an Malek AlKiamel, einen
Sohn des Malek AlAdel, eines
Bruders des Saladin, der folglich sein leiblicher Vetter war,
ist verheirathet worden.

Malek AlAfdhal, dessen eigenthümlicher Name Nureddin
Ali war, war der älteste von
allen seinen Brüdern, bekam die
Königreiche Damas, Jerusalem
und das niedere Syrien oder
Cölesyrien zu seinem Antheil.

Malek AlAziz Othman bekam,
ob er gleich der jüngste war, doch
den besten Antheil; denn ihm
ward ganz Egypten zu Theil.

Malek AlDhaher Gajatheddin, III.
der auch den Titel Gazi oder [181]
der Ueberwinder führt, hat in
Aleppo und in ganz Obersyrien,
welches das Gebiete von dieser
Hauptstadt ausmachte, regiert.

Wir finden nur, sagt eben
dieser Schriftsteller, die Erb-
schaft des Saladin unter seine
drei Söhne vertheilt. Denn seine übrige Staaten blieben in den
Händen seiner Brüder, seiner
Neffen und seiner Vettern, die
sie bereits besaßen, übrigens aber
doch von diesen seinen drei Söhnen abhängig blieben, welche
drei Dynastien oder abgesonderte
Herrschaften in Egypten, in Nie-
dersyrien und Palästina, wovon
Damas die Hauptstadt war, und
in Obersyrien, welches zum Gebiete von Hálep gehört, errichteten.

Saladin hat mehrere Brüder
gehabt. Schirgueh, dessen Artikel man nachsehen kann, starb
vor ihm, und Malek AlAdel
Abu-

Abubekr überlebte ihn, und blieb in dem Besitze der Festung Crak, die ihm sein Bruder anvertraut hatte. Als er aber im Jahr der Hedschr. 592 sich mit Aziz, der in Egypten regierte, gegen Afdhal, welcher zu Damaschk Befehlshaber war, in eine Zusammenverschwörung einließ, ward dieser, der der älteste Sohn des Saladin war, von seinem Oheime und seinem jüngsten Bruder seiner Staaten beraubt, und genöthigt, nach Sarkhod zu flüchten, worauf eben dieser Malek AlAdel, durch eine Cession seines Neffen Aziz, Herr von Damaschk und von Jerusalem blieb, und im Jahr der Hedschr. 593 den Christen die Stadt Joppe oder Jafa wegnahm.

Malek AlAfdhal sah sich nun von seinem Bruder und von seinem Oheime auf solche Art seiner Staaten beraubt, und schrieb deswegen in Versen, denn er war ein guter Dichter, an den Khalifen Naffer, den Abbassiden, einen Brief folgenden Inhalts: Mein Herr! du weißt, wie Abubekr und Othman mit Gewalt dem Ali das Khalifat, welches ihm gehörte, nach dem Tode seines Schwiegervaters, des Mohammed, entrissen haben. Es ist also ein Unglück, den Namen Ali zu führen, denn auch mir, der ich so heiße, hat mein Bruder Othman, und mein Oheim Abubekr, eine gleiche Ungerechtigkeit bewiesen. Als der Khalife Naffer diesen Brief erhielt, antwortete er ihm auf der Stelle in Versen: Ali ward seines Rechts auf eine ungerechte Weise beraubt, weil er damals in Medinah keinen Naffer, das heißt, keinen Beschützer, befand. Aber sey du nur gutes Muths; denn sie werden bald Rechenschaft geben müssen, und du wirst in meiner Person, der ich Naffer heiße, alle Art von Beistand und Schutz finden.

In der That starb auch wirklich Malek AlAziz im Jahr 595 in Egypten, und die Egypter riefen seinen ältesten Bruder Malek AlAfdhal zu seinem Nachfolger auf. Allein im Jahr 596 brach Malek AlAdel auf, um Afdhal in der Stadt Cairo zu belagern, und machte mit diesem seinem Neffen nur unter der Bedingung Friede, daß er ihm Egypten abtreten, und sich mit einigen Städten in Syrien, die ihm dafür vertauscht werden sollten, begnügen mußte.

Im Jahr 597 vereinigte sich Malek AlAfdhal mit seinem andern Bruder Malek AlDhaher, und beide brachen miteinander zur Belagerung der Stadt Damas auf, welche ihr Oheim Malek AlAdel im Besitz hatte. Allein mit dieser Belagerung wollte es ihnen nicht glücken, daher die Neffen Friede mit ihrem Oheime machten, und beide, Afdhal nach Schumischat, oder Samosata, und Dhaher nach Halep, zurückkehrten; und die Stadt Damas dem Malek AlAdel verblieb.

Im Jahr 599 drang Malek AlAdel mit seinem Sohne Malek Al-

AlAschraf Muſſa in Meſopotamien ein, und belagerte, wiewol vergebens, den feſten Platz Mardin. Allein im Jahr 606 nahm er die Stadt Niſibis ein. In dieſer Zeit fingen die Mogolen an, die Gegend um den Tiger und Euphrat in Schrecken zu ſetzen.

Im Jahr 613 ſtarb Malek AlDhaher, dritter Sohn des Saladin, und hinterließ den Malek AlAziz Mohammed, in einem Alter von drei Jahren zu ſeinem Nachfolger in Halep.

III.   Im Jahr 615 ſtarb Malek
182 AlAdel Abubekr, ein Bruder des Saladin, dem dieſer Sultan weiter nichts, als die Städte Crac und Schubek hinterlaſſen hatte, in dem Beſitze von Egypten und von einem großen Theile von Syrien und von Meſopotamien, nach einer Regierung von achtzehn Jahren: und hinterließ mehrere Söhne. Unter einen Theil derſelben hat er ſeine Staaten vertheilt.

Der älteſte von allen, Malek AlKiamel, hatte Egypten; Malek AlMoaddham bekam Damas, Jeruſalem, und die dazu gehörigen Gebiete.

Malek AlAschraf regierte in Meſopotamien und hatte Roha oder Edeſſa zur Hauptſtadt von ſeinem Staate.

Malek AlModhaffer Schehabeddin regierte zu Miafarekin.

Malek AlAuhad Radschmeddin Ajub oder Job zu Akhlath.

Malek AlAſad zu Dſchabar.

Malek AlAziz zu Banias oder Paneas.

Malek AlSalah oder AlSaleh Ismael zu Bofra.

Malek AlAdel hinterließ noch mehrere Kinder, welche ohne Staaten blieben. Es ſind deren vier, welche von den Geſchichtſchreibern genannt werden: nämlich, Malek AlFajedh, Malek AlAmdſchad, Malek AlAfdhal und Malek AlCaher.

Im Jahr der Hedſchr. 618 nahm Malek AlKiamel, ein Sohn des Königs von Egypten, Malek AlAdel, die Stadt Damiette den Franken wieder weg, die ſie beinahe zwei Jahre inne gehabt hatten.

Im Jahr 621 ſtarb Malek AlAfdhal Ali, der älteſte Sohn des Saladin, der nach und nach aus den Staaten von Damas und von Egypten war vertrieben worden, zu Samoſate, der einzigen Stadt, die ihm von ſeinen Staaten übriggeblieben war.

Im Jahr 624 ſtarb Malek AlMoaddham Iſſa, ein Sohn des Malek AlAdel, in ſeinen Staaten von Damas und Jeruſalem, und hinterließ ſeinen Sohn, den Malek AlNaſſer Salaheddin Daud, zu ſeinem Nachfolger.

Im Jahr 625 trat Malek AlKiamel, der nach dem Tode des Malek AlMoaddham zu dem Genuſſe eines Theils der Staaten dieſes Monarchen gekommen war, die Stadt Jeruſalem, die ihm noch übrig war, an die Chriſten ab.

Im

Im Jahr 627 belagerte Gelaleddin Mankberni, ein Sultan der Khuarezmier, die Stadt Akhlah und nahm solche ein. In derselben hatte er die beiden Brüder des Malek AlAschraf, eines Sohns des Malek AlAdel, und Brüder des Malek AlKiamel nebst Jbek, einem Freigelaßnen des Aschraf, eingeschloffen gehabt. Darauf ging er mit einer starken Armee dem Gelaleddin entgegen, welcher gegen Syrien vordrang, lieferte ihm ein Treffen, und trug einen Sieg davon, der ihn sogleich wieder in den Besitz der Stadt Akhlath und anderer Länder setzte, welche die Khuarezmier verschlungen hatten. Dies ist eben der Malek AlAschraf, welcher sich gegen Gelaleddin rühmte, er habe zweitausend Ritter in seiner Armee, welche insgesammt entweder Brüder, oder Söhne, oder Verwandte von ihm seyen, so sehr hatte sich die Familie der Ajubiten oder Jobiten vermehrt.

Im Jahr 634 endigte der Sultan von Halep, Malek AlAziz, ein Sohn des Malek AlDhaher AlGazi, eines Sohns Saladin, seine Tage, und hatte seinen Sohn Malek AlNasser Salaheddin zum Nachfolger, der der letzte Sultan aus dem Hause der Ajubiten war, und von Holagu, zwei Jahre nach der Einnahme von Bagdet, im Jahr der Hedschr. 658 getödtet wurde.

Im Jahr 635 starben Malek AlAschraf und Malek AlKiamel, beide Söhne des Malek AlAdel, der eine zu Damas und der andere iu Egypten.

Im Jahr 647 belagerte Malek AlSaleh, der seinem Vater in dem Reiche von Egypten gefolgt war, die Stadt Hems oder Emessa in Syrien. Allein er verließ bald seine Unternehmung, als er erfuhr, daß die Franken vor Damiette waren. Gerade III. in der Zeit, da der heilige Ludwig sich Meister von diesem Platze gemacht hatte, kehrte er nach Egypten zurück, und starb noch in demselben Jahre. Sein Sohn Malek AlMoaddham folgte ihn in der Regierung. Allein er wurde gänzlich von seiner Mutter Schagr AlDorr, und in der vollkommensten Abhängigkeit von Azzeddin Jbek, dem Türkomanen, regiert.

Im Jahr 648 schlug Ludwig der Heilige, nach der Eroberung von Damiette, die Egypter, ward aber in der Folge in der Nachbarschaft der Stadt Mansurah, au einem Arme des Nils, wo er eingeschlossen wurde, aufs Haupt geschlagen. Als hierauf einige Zeit hernach Malek AlMoaddham, der ihn zum Gefangnen gemacht hatte, Friede mit ihm, dem Rathe der Mamluken zuwider, machte, empörten sich diese gegen ihn, und nöthigten ihn, in einen hölzernen Thurm zu flüchten, der an dem Ufer des Nils erbauet war. Nun aber legten diejenigen, die ihn verfolgten, Feuer an diesem Thurme an, und zwangen ihn solchergestalt, daß er sich in das

Wasser

Waſſer ſtürzen mußte, wo er mit Pfeilen erſchoſſen wurde.

Hierauf ward Azzeddin Jbek, der Türkomane, von den Mamluken auf den Thron erhoben, und ratificirte den Tractat, den Moaddham mit Ludwig dem Heiligen gemacht hatte, welcher auf dieſe Art ſeine Freiheit wieder erhielt, und Schagr AlDorr, die Mutter des Moaddham, welche beſtändig zu regieren ſuchte, kam dem Jbek, der ſie ſehr bedrohete, zuvor, und ließ ihn hinrichten. Aber bald darauf wurde ſie von den Mamluken wegen dieſer Mordthat beſtraft; denn dieſe ließen ſie ums Leben bringen, und erhoben darauf an die Stelle des Jbek einen aus ihrem Mittel, Namens Cothuz, auf den egyptiſchen Thron, dem ſie den Namen und den Titel Malek AlModhaffer gaben.

Während dieſer Unruhen in Egypten näherte ſich Malek AlNaſſer, ein Sohn des Malek AlAziz, welcher, wie wir bereits geſehen haben, immer in Halep regierte, an Damaſchk, wo ihm die Thore geöffnet und er ſogar ſelbſt herbeigerufen wurde, um über Egypten zu regieren. Allein die Mamluken, welche die Stärkern waren, nöthigten ihn, daß er ſich wieder entfernen mußte.

Im Jahr 658 machte ſich Holagu, der Tatar, Meiſter von Syrien; worauf AlMalek AlNaſſer Halep verließ, und mit ſeiner ganzen Familie in die Wüſte von Erac in Arabien entfloh. Allein Ketboga, einer von den

Anführern der tatariſchen Armee, hob ihn auf, und ſchickte ihn an Holagu, von welchem er ſehr gnädig aufgenommen wurde. Als er aber erfuhr, daß Ketboga von dem egyptiſchen Sultan Cothuz ſey geſchlagen worden, ließ er ihn, nebſt ſeinem Bruder Malek AlDhaher, hinrichten.

In eben dieſem Jahre ward die Stadt Halep von Holagu eingenommen, und zu eben der Zeit ward Malek AlAſchraf in der Stadt Miafarekin von den Tataren belagert, gefangen genommen und getödtet.

Ich habe geglaubt, ich könnte alle dieſe Abkömmlinge von der Nachkommenſchaft des Saladin nirgends beſſer anbringen, als unter dem eignen Artikel dieſes Monarchen, und ich habe es für nothwendig gehalten, ein wenig umſtändlich von denſelben zu ſprechen, und die Namen und Staaten genauer auseinander zu ſetzen, da dieſe Prinzen ſo große Beziehungen auf die Chriſten gehabt haben, welche dazumal, in den Zeiten der Kreuzzüge, im Oriente Krieg geführt haben.

Inzwiſchen iſt noch einiges von Saladin zu erwähnen übrig. Denn es haben viele verſchiedne Schriftſteller beſondere Bemerkungen über das Glück und über die Sitten dieſes großen Eroberers gemacht.

Ebn Athir ſchreibt, Saladin habe, nachdem er von den Franken das Schloß Panias in Obergaliläa, erobert, und es mit Lebensmitteln, Kriegsbedürfniſ-

fen und einer guten Besaßung
versorgt, dieses Land verlassen,
und sich von da nach Damas begeben; welches damals die Hauptstadt von ganz Syrien gewesen.
Auf seiner Reise trug er den Rubin von so großem Werthe an
seinem Finger, den er unter den
Schätzen des Khalifen Athadh,
von welchem wir bereits geredet
haben, gefunden hatte. Dieser
Rubin fiel ihm auf einem Wege
vom Finger, der mit sehr dicken
Gebüschen und Gesträuchen bedeckt war, und er ward diesen
Verlust nicht eher gewahr, als
nachdem er schon sehr weit von
dem Orte, an welchem er ihn
verlohren zu haben glaubte, entfernt war. Sogleich schickte er
einige von seinen Domestiken an
den Ort, welchen er ihnen näher bezeichnete, und diese fanden
ihn wirklich an dem von ihm be-
zeichneten Plaße, ganz gegen die
Erwartung aller seiner Hofleute,
die aus diesem glücklichen Vorfalle ein sichres Prognosticon von
einem gewissen, mit allen Unternehmungen dieses Sultans unzertrennlich verbundenen Glücke
dieses Sultans zogen.

Unter den mannigfaltigen Beweisen der Gerechtigkeit und Gottesfurcht des Saladin führt
Khondemir auch die Bestrafung
des Lehrers Schehabeddin Al-
Schaharuardi an, der seinem
Kopfe zuviel Freiheit gestattete,
und dadurch über Gegenstände,
welche die Religion betrafen, in
große Ausschweifungen gerathen
war.

Eben dieser Schriftsteller sagt
auch, Saladin sey durch alle
Stufen von Tugenden und militärischen Würden zu dem Grade
von Macht gelangt, den er erreicht habe. Denn er war bereits unumschränkter Beherrscher
von Egypten, als der Sultan
von Aleppo, Malek AlNasser
Nureddin Ben Zenghi, noch an
ihn wie an seinen Unterthan
schrieb, und Saladins Bescheidenheit war so groß, daß er sich
noch Sipahsalar, Anführer der
Armeen dieses Sultans, nannte,
und daß er noch nach dessen Tode den Malek AlSaleh Ismael,
einen Sohn des Nureddin, für
seinen Oberherrn erkannte, ob er
gleich viel von der Macht seines
Vaters verlohren hatte.

Die musulmanischen Geschichtschreiber beschäfftigen sich weit
mehr mit Lobeserhebungen der
Gerechtigkeit, Sanftmuth, Demuth und Geduld des Saladin,
als mit seinen militärischen Tugenden, welche übrigens während seiner ganzen Regierung sich
glänzend genug an den Tag gelegt haben, so daß Nureddin und
er bei den Musulmanen eben so
sehr in der Reihe der Heiligen
als der größten Monarchen, und
der tapfersten Krieger stehen. Auch
giebt es Schriftsteller, welche das
Leben dieser zween großen Fürsten
in Verbindung beschrieben haben.

Abu Abdallah Mohammed,
mit dem Beinamen Omad Al-
Kateb AlEsfahani, gebürtig aus
Ispahan, welcher Staatssecretär bei diesem Monarchen war,
hat

hat eine Geschichte in sieben Bänden geschrieben, welche den Titel führt: AlBark AlSchami, der Glanz und die Zierde von Syrien. In derselben beschreibt er sehr umständlich alle die großen Thaten dieser beiden Regenten. Dieser Schriftsteller ist im Jahr der Hedschr. 597 verstorben.

Jusuf oder Josef Ben Tangri Birdi, den die Araber Tangribardi nennen, hat, in dem dritten Bande seiner Geschichte, das Leben dieser beiden Regenten beschrieben, und hat seinem Werke den Titel gegeben: Nodschum alzaherah fi moluk Mesr v AlCaherah, die glänzenden Sterne von Egypten und von Cairo.

Der Divan des Gassani, welcher in der königlichen Bibliothek zu Paris unter Nr. 1072. befindlich ist, ist ganz zum Lobe dieses Sultans geschrieben.

Schahab eddin Abdalrahman Ben Ismael, bekandt unter dem Namen Abu Schamah AlDemeschki, der im Jahr der Hedschr. 665 verstorben ist, hatte schon vor Tangri Birdi eine besondere Geschichte von Nureddin und Salaheddin verfertigt, unter dem Titel: Azhar alraudhatein fi akhbar AlDaulatein, Blumen aus den beiden Gärten oder Blumenbeeten, über die Geschichte zweier Regierungen.

Salaheddin Ben Aziz Ben Dhaher. Dies ist Saladin der Zweite, ein Urenkel des großen Saladin, der Sultan von Alep war: aber im Jahr der Hedschr.

658 von Holagu seiner Staaten beraubt und einige Zeit hernach ist getödtet worden. Dieser Sultan ist der letzte aus der Nachkommenschaft des Saladin gewesen.

Salaheddin, ein Beiname III, des Khalil Ben Ibek AlSafadi, 185 Verfassers eines Buchs unter dem Titel: Tenbih alteschbih, Belehrung über die Zweifel und Zweideutigkeiten. Dieser Schriftsteller ist im Jahr der Hedschr. 794 verstorben. Sein Werk ist in der königlichen Bibliothek zu Paris unter Nr. 1149.

Salahi und Salehi. Abul-Abbas Achmed Ben Khalil Al-Salehi ist Verfasser eines Buchs, welches den Titel führt: Abia alakhbar, historische Classen.

Salam und Salem: ist der Name eines Erklärers und Gesandten Vathek des Abbassiden: welcher Befehl von dem Khalifen, seinem Herrn, erhielt, daß er auf Entdeckung der Länder des Gog und Magog ausgehen sollte. Siehe den Artikel Jadschudsch.

Salam. Schehabeddin Achmed, oder Mohammed Ben Salam, oder Ben Abdalsalam, genannt AlSchami, weil er von Nation ein Syrer war, ist im Jahr der Hedschr. 845 oder 847 geboren, und hat zwei Werke hinterlassen:

E 2   Das

Das eine ist betitelt: Aalam almagrur, Zeichen und Merkmale eines Stolzen.

Das andere führt den Titel: Erschad al menassek. In demselben handelt der Verfasser von allen Gebräuchen und Umständen, welche bei der Wallfahrt nach Mekka vorfallen.

Salamesch, ist der Name des sechsten Sultans von der Dynastie der Mamluken, welche den Namen Bahariten oder Türkomanen in Egypten führen. Er führte den Beinamen AlMalek AlAdel Badreddin. Er succedirte, in einem Alter von sieben Jahren und einigen Monaten, seinem Bruder AlMalek AlSaid Mohammed Barkah oder Barakah Khan, und hat nur vier oder fünf Monate regiert. Denn, dem Macrizi zufolge, ist er im Jahr der Hedschr. 678 abgesetzt worden.

Salami. Dieses Wort bedeutet einen Menschen, der aus der Stadt Bagdet gebürtig war, welche von ihrem Stifter, dem Khalifen Abu Dschafar AlMansor, Daralsalam, die Wohnung oder die Stadt des Friedens zubenamt wurde, zur Nachahmung von Jerusalem, welches im Hebräischen Gesicht des Friedens bedeutet.

AbulHassan Mohammed Ben Obeidallah bekam den Zunamen AlSalami, weil er in dem öst-

lichen *) Viertel der Stadt Bagdet, welches Karkh heißt, im Jahr der Hedschr. 303 gebohren worden, und im Jahr 393 daselbst gestorben ist. Er war einer der berühmtesten arabischen Dichter seiner Zeit, und hielt sich einige Zeit zu Mussal, oder Mosul, bei Saheb Ben Ebad auf, worauf er an den Hof des Sultans von der Dynastie der Buiden, Abhaddaldulat kam, bei welchem er bis an seinen Tod geblieben ist.

Dieser Dichter hat ein Gedicht verfertigt, welches den Titel führt: Meftah almamul, Schlüssel der Hoffnungen. Er hat es seinem Sultan dedicirt, der an seinem Umgange so viel Vergnügen fand, daß er zu sagen pflegte, so oft er ihn sehe, schiene es ihm, als wenn Mercur den Himmel verlasse, und ihn besuche.

Salamiah, eine Stadt an dem östlichen Ufer des Tigers, eine Tagereise unterhalb der Stadt Mussal oder Mosul, auf dem Wege nach Bagdet. Da diese Stadt durch die Zeit zerfallen war, so ist eine andere nach und nach in ihrer Nachbarschaft zum Vorschein gekommen, welche denselben Namen geführt hat. Heut zu Tage nennt man sie Salamiah algedidah, Salamiah die neue.

Diese Stadt hat einen berühmten Lehrer von der Schafeischen Secte zum Cadhi gehabt, Namens

*) [Lies westlichen statt östlichen. S. 507. R.]

Siehe den Artikel Carkh, Band 1.

III,
186

mens Ibrahim Ben Naffer. Er führte auch den Beinamen Zehireddin AlMuffuli, und ward aus dem berühmten Collegio zu Bagdet, AlNadhamiah genannt, wo er war erzogen worden, genommen.

Ebn Khalecan, der diesen Gelehrten unter den berühmten Männern, deren Leben er beschrieben, den Vorzug gegeben hat, führt mehrere Verse aus seiner Feder an.

Salb und Salib. Dieses arabische Wort, welches ein Creuz bedeutet, wird auch ohne Unterschied für alle galgenartige Instrumente gesetzt. Die Christen bedienen sich desselben blos, wenn sie das Kreuz unsres Heilands nennen. Sie nennen Aid AlSalib das Fest der Creuzeserhöhung, und Salbut den stillen Freitag, an welchem unser Heiland ans Creuz ist geschlagen worden. Die Mohammedaner nennen gewöhnlich die christlichen Creuzfahrer, welche Krieg mit ihnen geführt haben, Aschab Al-Salib, die Leute des Creuzes, eben so wie sie den Namen Aschab alfil, Leute des Elephanten, den Abyssiniern geben, die unter der Anführung ihres Fürsten, des Abrahah, vor dem Mohammedismus Mekka belagert haben.

Wenn eben diese Mohammedaner von den Eroberungen reden, welche ihre Fürsten von den Christen gemacht haben, so sagen sie öfters in ihren Geschichtbüchern, sie hätten aus ihren Ländern Nacus v Salib, die Glocken und die Creuze, ausgerottet.

Nachdem Saladin Jerusalem von den Christen erobert hatte, entstand ein großer Tumult in dieser Stadt über das verguldete Creuz, welches die Musulmanen von dem Gipfel des Tempels, welcher Sakhra hieß, und vormals von den Musulmanen war erbauet worden, weggenommen hatten, und das von den Christen dahin war gesteckt worden. Denn ob sie gleich die Ueberwundnen waren, so wollten sie doch nie zugeben, daß dieses Creuz in den Händen der Musulmanen bliebe, aus Furcht, sie möchten es entweihen, und Saladin willigte endlich darein, daß es ihnen zurückgegeben wurde. Siehe den Artikel Salib.

Salcani: ein Beiname des Omar Ben Seid Khalil, Ben Seid Ali, welcher Verfasser eines Buchs über die Auslegung der Träume ist, das den Titel führt: Eelam fi taffir alahlám. Dieses Werk, dessen Verfasser ein Vetter von Mohammed gewesen ist, befindet sich in der königlichen Bibliothek zu Paris unter Nr. 1035.

Salcathat. Ketab AlSalcathat, ist der Titel eines Buchs, welches von der Wissenschaft handelt, die die Araber Elm althauatem nennen, die Wissenschaft, welche die Verfertigung und den Gebrauch magischer Ringe lehrt, die

die man zu Bezauberüngen und andern magischen Gaukeleien braucht. Es ist ein Buch dieser Art in der königlichen Bibliothek zu Paris unter Nr. 1014. befindlich.

Salefi: ein Beiname des Abu Thaher Achmed Ben Mohammed, der unter dem Namen Salefi AlEsfahani bekandter ist. Er ist im Jahr der Hedschr. 576 gestorben, und hat ein Buch verfertigt, welches den Titel führt: Arbain alboldaniah, die vierzig Traditionen, auf Reisende angewendet. Man hat auch einen Scharh oder Commentar von eben diesem Verfasser über sein eignes Werk.

Salemah, ist der Name eines Götzen, den die Aditen, ein Volk von einem alten arabischen Stamme, welcher ausgerottet worden ist, zur Erhaltung ihrer Gesundheit anzurufen pflegten. Siehe die Artikel Ad und Hud.

III. 187 Salemi ist der Name des Abdalrahman Hussain Ben Mohammed AlNischaburi, der im Jahr der Hedschr. 412 verstorben ist. Er ist Verfasser eines Arbain, und zweier anderer Bücher, von welchen das eine Adab alsohbat, die Sitten, welche zum Umgang erfordert werden, und das andere Adab alsofiah, die Sitten und Eigenschaften eines Sofi oder musulmanischen Religiosen, betitelt ist.

Dieser Schriftsteller, der aus Nischabur in Khorassan gebürtig war, wird bisweilen genannt: Mohammed Ben Hussain AlSalemi, wie auch: Hussain Ebn Mohammed AlSalemi. Bei den Musulmanen steht er in dem Rufe eines sehr geistreichen Schriftstellers.

Auch hat man ein Buch: Anuar, Aufflärungen von Mohammed Ben Salemi, betitelt, welches vielleicht von demselben Verfasser ist.

Einige nennen ihn auch Selemi oder Solemi.

Salemi, ein Beiname des Abu Abdallah Mohammed Ben Achmed, Verfassers eines Buchs unter dem Titel: Escharat ela elm al ebarat, Abhandlung von der Bedeutung der Wörter.

Salgar. Dies ist derjenige, der dem ersten Stamme von der Dynastie der Atabeken in Persien seinen Namen gegeben hat. Man nennt ihn gewöhnlich Modhaffereddin Salgar Ben Maudud, und er hat in Persien unter der Regierung des Sultan Massud des Seldschuciden zu regieren angefangen.

Salgarschah ist der Beiname des Modhaffereddin Abubekr, siebenten Fürsten der Atabeken von Persien, aus dem Geschlechte der Salgarier. Er war ein Sohn des Sotlu khan Ben Saad, Ben Zenghi. Er war der geschätzteste Fürst seiner Zeit, sowol wegen der Gerechtigkeit, die er seinen Unterthanen auf das strengste

krengſte gepflogen hat, als wegen ſeiner Gelehrſamkeit und ſeines Geiſtes. Da er die Gelehrten außerordentlich ſchätzte und
begünſtigte, ſo kamen die gelehrteſten Männer ſeiner Zeiten an
ſeinem Hofe zuſammen, und ihm
hat auch der berühmte Saadi ſeinen Gůliſtan zugeeignet. Dieſer Fürſt iſt im Jahr der Hedſchr.
658 in ſeiner Hauptſtadt Schiraz geſtorben, und hatte ſeinen
Sohn Mohammed Schah zu ſeinem Nachfolger, der gerade das
entgegengeſetzte Betragen beobachtet hat. Dieſer hat nur
acht Monate regiert. Rhonde-
mir. Lebtarikh. Siehe den
Artikel des Dichters Hemigher.

Sali. Siehe die Artikel
Sabi und AbulSabi.

Salib. Siehe oben den Artikel Salb. In der königlichen
Bibliothek zu Paris iſt unter
Nr. 792. eine Predigt in arabiſcher Sprache vom Mar Afrǎim
oder heiligen Ephrem befindlich,
welche am ſiebenzehnten Tage des
Monats, den die Egypter Toht
nennen, und der mit unſerm
September einerlei iſt, am Fe-
ſte des heiligen Creuzes iſt gehalten worden, und in welcher dieſer heilige Mann die Geſchichte
des Marun, ſeiner Frau, der
Marie, und ſeiner Kinder erzählt.

Der Titel dieſer Predigt iſt:
Jeſſir men Kethir men adſchaib
alſalib, alladhi behi nakder ala
edfa heſal alſcheithan almehǎt, ein

Theil der Wunder des Creuzes,
durch deſſen Kraft wir uns vor
den Fallſtricken Satans, des Betrügers, bewahren können. Siehe den Artikel Marun.

Sallar: iſt der Name einer
Inſel im perſiſchen Meerbuſen,
von welcher der Verfaſſer des
Maſſahat alardh ſagt, daß er ſehr
bekandt ſey. Siehe den Artikel
Kis und Kiſch.

Salm: iſt der Name des
Feridun, eines Königs aus der
erſten Dynaſtie, welche die Dynaſtie der Piſchdadier genannt
wird. Dieſer Prinz bekam von III.
ſeinem Vater den ganzen Theil 188
ſeiner Staaten zum Erbgute, der
ſich vom Euphrat an bis in den
Occident erſtreckte. Einige nennen ihn Salim.

Salma: iſt ein Beiname des
Azzeddin Abu Mohammed Ben
Abdalſalem, eines Lehrers von
der Schafeiſchen Secte, der der
Verfaſſer des Mecaſſed alſalat,
oder eines Gebetbuchs iſt, welches zugleich die Art, wie man
beten muß, lehrt. Es iſt in der
Bibliothek des Königs von Frankreich unter Nr. 691. befindlich.

Salma oder Solma Schaer,
Ben Schaer AlMiri oder Lami-
ri. Dies iſt der Verfaſſer eines
perſiſchen Gedichts, Bagabſchat
alathar, Schönheit oder Vortrefflichkeit von Thaten und Begebenheiten, betitelt, das er in
der Abſicht verfertigt hat, um es

E 4 · · · · · dem

demjenigen, welches ein anderer perſiſcher Dichter, Mir Khoſru, verfertigt und Deriai abrar, das Meer der Gerechten betitelt hat, entgegenzuſetzen.

Sálma oder **Solma** iſt der Name eines ſehr frommen und den Andachtsübungen ergebenen Lehrers, der ein Buch verfertigt hat, das den Titel Hacait, die ſubtilſten und verborgenſten Wahrheiten, führt. Siehe die Artikel Salami und Selemi, wie auch den Artikel Abu Hazem.

Salmanaſſar. So nennen die arabiſchen Geſchichtſchreiber einen König von Muſſal oder Moſul und von Meſopotamien, den wir gewöhnlich Salmanaſſar, König von Aſſyrien, nennen. Auch melden ſie, er habe die Stadt Samaria drei Jahre lang belagert, nach Verlauf derſelben ſich Meiſter davon gemacht und den König Hoſeas gefangen genommen, nachdem er ſieben Jahre regiert hatte, und die zehn Stämme von dem Königreiche Iſrael nach Muſſal, Amida und Babylon geführt.

Dieſe Geſchichtſchreiber, zum Exempel Ebn Batrik und andere, ſtimmen nicht mit der heiligen Schrift überein, wo wir im ſiebenzehnten Capitel des vierten Buchs der Könige finden, Hoſeas habe neun Jahre regiert, und die zehn Stämme Iſrael ſeyen erſt nach Aſſyrien geführt,

und dann in das Land der Meder gebracht worden.

Salmujeh iſt der Name eines chriſtlichen Arztes, der ſehr geſchickt in der Praxis war, und bei Motaſſem, dem achten Khalifen aus dem Stamme der Abaſſiden, in Dienſten geſtanden hat.

Salſabil oder **Salſebil:** iſt der Name eines Fluſſes in dem Paradieſe der Muſulmanen.

Salſail, iſt der Name eines Engels, der, dem Verfaſſer des Mircat allogat zufolge, den vierten Himmel regiert.

Salt. Der perſiſche Erdbeſchreiber ſagt in ſeinem dritten Clima, es ſey dies eine Stadt in dem Lande Arden, das heißt, des Jordans, wo ein Schloß befindlich iſt, an deſſen Fuße eine Quelle fließt, die die ganze Stadt wäſſert und mit Getränk verſieht. Ihr Gebiet iſt von vortrefflichen Gärten bedeckt, in welchen die ſchönſten Granatäpfel im ganzen Oriente wachſen.

Abu Salt Ommiah Ben Abdalaziz AlAndaluſſi, der im Jahr der Hedſchr. 539 verſtorben iſt, iſt der Verfaſſer desjenigen Buchs, welches den Titel führt: Enteſſar leEbn Iſchak Honain, Hülfe, dem Honain, Iſchaks Sohne, geleiſtet. Dies iſt einer der Vornehmſten von denen, welche alte ſyriſche und griechiſche

chifche Bücher ins Arabifche überfetzt haben.

Salua oder Salva. Wir
lefen im zweiten Capitel des Coran, Bacrah betitelt, die Worte, in welchen Gott, indem er
mit den Juden redet, den Mohammed folgendes fagen läßt:
V anzalna alaikom almann v Al-
III. Salua, „Wir haben das Manna
189 und den Salua über euch ge-
fandt.„ Huffain Vaez fagt über
diefe Stelle, das arabifche Wort
Salua fey mit dem hebräifchen
Selav einerlei, daß die meiften
Erklärer Wachteln überfetzt haben, und es bedeute auch Honig.

Der Verfaffer des Taffir almonir, welches einer der ge-
fchätzteften Commentare über den
Coran ift, fagt, der größte Theil
der Erklärer überfetzten diefes
Wort Salua durch Suma-
ni, welches weit gebräuchli-
cher bei den Arabern ift, um
damit eine Wachtel anzuzeigen,
die die Perfer auch Semanah
nennen. Uebrigens ift dies ein
eigenthümlicher Vogel von Jemen, oder dem glücklichen Arabien, größer als ein Sperling,
und kleiner als eine junge Taube,
und hat weder Nerven, noch Beine, noch Adern, und fein Ge-
fang ift fehr anmuthig.

Eben diefer Schriftfteller fügt
noch von dem feinigen hinzu, die
göttliche Vorfehung habe einen
fo heftigen Wind wehen laffen,
daß davon diefer Art von Vö-
geln die Flügel zerriffen, und fie
wie eine fehr dicke Wolke in das

Lager der Ifraeliten geftürzt feyen,
die fie fodann mit leichter Mühe
ergriffen und fie nebft dem Manna verzehrt hätten.

Saluat oder Salat Ben
Gazi: ift der Name des Verfaffers eines Buchs, das den Titel führt: Ketáb alfondok fi
ahkam albondok. Es lehrt, wie
man die Armbruft fpannen muß.
Diefes Werk ift in der königlichen
Bibliothek zu Paris unter Nr.
703. befindlich.

Sam Ben Nuh. Sem, der
Sohn Noah. Der Tarikh Montekheb fagt, man nenne den Patriarchen Sem gewöhnlich Abul-
Arab, den Vater der Araber,
weil die Araber von ihm her-
ftammen, und weil alle Propheten, Arab v Agem, Arabet
fowol als Barbaren, von ihm
herkommen.

Die Araber find gewohnt, alle
diejenigen Agem zu nennen, die
nicht von ihrer Nation find, fo
wie die Griechen und Lateiner die
Nationen, welche ihnen fremd
waren, Barbaren genannt haben.

Diejenigen, welche die Gefchichte der alten Könige von Perfien gefchrieben haben, find in
Anfehung der Genealogie des Cajumarrath getheilt: denn einige
laffen ihn vor der Sündfluth regieren, und machen ihn zu einem Zeitgenoffen des Seth. Andere fagen, wenn er nicht der erfte Adam fey, fo fey er doch we-
nigftens der zweite; ein Titel,
wel-

welchen die Araber gewöhnlich dem Noah geben. Aber diejenigen, welche die billigsten sind, und die an Mirkhond und Khondemir ihre Nachfolger haben, lassen es genug seyn zu sagen, er sey ein Sohn Sems gewesen, und habe nach der Sündfluth zuerst regiert; ohne doch dem Nimrod einen Eintrag zu thun, den die guten Musulmänen, welche sich nach den jüdischen Traditionen richten, für den ersten Stifter der Dynastie der Chaldäer und Assyrer erkennen.

Sam und Sam Suvar. Der Caherman Nameh sagt, Sam sey ein Sohn des Caherman, mit dem Beinamen Catel, der Eroberer, gewesen, und fügt hinzu, man habe ihm sogar den Titel, Caherman thani, der zweite Caherman, wegen seiner großen Tapferkeit, gegeben.

Buradsch, mit dem Beinamen Alhakim, das heißt, der Weise oder Philosoph, der dem Sam die Nativität gestellt hat, gab ihm den Beinamen Div, welches Wort im Persischen einen Riesen bedeutet.

Der Thamurath Nameh sagt, Sam habe auch den Beinamen Neriman geführt, welches einen Tapfern bedeutet, so wie man ihn auch Suvar genannt hat, welches einen Reuter oder Pferdebändiger bedeutet. Dies letztere Beiwort ist fast unzertrennlich von seinem Namen geworden, weil dieser Held einstmals bewaffnet auf die Insel Darem

ging, die man für unzugänglich hielt, wegen der fürchterlichen Thiere und Ungeheuer, die sich auf derselben befanden. Allein er, den größten Theil derselben, und 190 vornemlich dasjenige, das man für das allerwildeste hielt, und welches Soham hieß, wußte er zu bändigen.

Dieses wüthende Thier wurde Soham genannt, weil es die Farbe und Natur des Eisens an sich hatte. Aber demohngeachtet wußte es Sam so gut zu bändigen und zu zähmen, daß er sich endlich desselben zum Reiten bediente, und so zu sagen, nach dieser fabelhaften Geschichte, sein Leibpferd in allen den Kriegen, welche er gegen die Dives oder Riesen unternahm, daraus machte. Und weil seine Feinde, denen er ein großes Schrecken seines Namens eingejagt hatte, gewohnt waren zu sagen, wenn sie ihn auf sich zukommen sahen: Inek Sam Soham Suvar, da ist Sam, auf seinem Soham reitend, so ist ihm davon der Name Suvar geblieben.

[Er hat auch den Beinamen Dil Senghin, Herz von Stein, geführt. Siehe den Artikel Asfendiar Band 1. S. 267. R.]

Sam Neriman war General der Armeen des Feridun, eines Königs aus der ersten Dynastie von Persien, und auf Befehl desselben hat er mit Cus, der den Beinamen Fil dendan, Elephantenzahn hat, Krieg geführt, und ihn endlich zur Annahme seines Gesetzes gezwungen.

Der

Der Verfasser des Leb Tarikh schreibt, Manugeher, der Nachfolger des Feridun und ächte König von der Dynastie der Pischdadier, habe Sam zu seinem Generallieutenant in allen seinen Staaten ernannt, und habe ihm den Titel Pehlevani Du Gehan, Held der beiden Welten, beigelegt. Auch sagt er, er sey unter der Regierung des Afrasiab, neunten Königs aus eben dieser Dynastie, gestorben.

Dies ist eben der Sam Neriman, ein Sohn des Caherman Catel, der der Vater des Zalzer, und Großvater des Rostam war. Siehe diese Artikel.

Die persischen Geschichtschreiber] sagen, Sam habe seinen Sohn Zalzer, der ganz mit einem blonden und vergoldeten Haare auf die Welt gekommen, sogleich nach seiner Geburt aussetzen lassen. Allein er sey nachher von Mitleid gerührt worden, und habe ihn wieder aufsuchen und bei sich erziehen lassen.

Sam Ben Suri. Khondemir erzählt in der Dynastie der Sauriden, der König von Persien aus der Dynastie der Pischdadier, Feridun, habe, nachdem er den Tyrannen Zhohak, der sich unrechtmäßiger Weise in den Besitz der persischen Crone zu setzen gewußt, geschlagen, seine Kinder und Nachkommen leben lassen, und diese hätten sich in die Gebürge von Gur geflüchtet, wo sie eine Herrschaft errichtet hätten, welche bis in die Zeiten des Stifters der Dynastie der Gaznevieden, Mahmud Ben Sebekteghin, bei ihrer Familie geblieben sey.

Die Nachkommenschaft des Zhohak hatte mehrere Fürsten, deren immer einer auf den andern gefolgt ist, bis auf Mohammed Ben Suri., welcher von Mahmud geschlagen wurde, und im Jahr der Hedschr. 401 als Gefangener von diesem Sultan gestorben ist.

Der Enkel des Mohammed Ben Suri rettete sich aus Mahmuds Händen, und floh nach Indien, wo er sich dem Dienste einer Pagode widmete, um nur sein Leben fortbringen zu können. Er hatte auch einen Sohn, Namens Sam Ben Suri, der die Beschäfftigung seines Vaters fortsetzte, und einiges Vermögen zusammenbrachte, womit er in sein Vaterland zurückzukehren beschloß. Denn in seinem Herzen hatte er beständig den musulmanischen Glauben behalten, trotz aller der äußern Verehrung, die er den indischen Götzen bewies und beweisen ließ. Die Araber sagen bei Gelegenheit einer Entschließung, welche dieser von Sam ähnlich war: Hobb alvathan men aliman; Die Liebe zum Vaterlande erhält sich gewöhnlich, und erwacht durch die Anhänglichkeit, die man für seine Religion hat *).

Sam

*) [Kürzer und weit simpler lassen sich die Worte auch so übersetzen: „Die Vaterlandsliebe ist ein Theil des Glaubens, oder, der wahren Religion.„ A.]

Sam wendete demnach das Geld, das er sich gesammlet hatte, zur Erkaufung von Waaren an, um mit denselben in seinem Lande zu handeln, und schiffte sich zu dem Ende mit seiner ganzen Familie in einem Hafen von Indien ein. Allein seine Seereise war nicht glücklich; denn ein schrecklicher Sturm warf sein Schiff an die Klippen, und er und die Seinigen wurden mit allem, was er besaß, blos ein einziges von seinen Kindern ausgenommen, von den Wellen verschlungen.

Dieser Sohn, der dem Schiffbruche entging, hieß Hussain Ben Sam, und hatte ein ganz besonders ungewöhnliches Schicksal. Denn da er glücklicher Weise das Ende von einem Brete, welches auf dem Meere schwamm, ergriff, gerieth er in kein geringes Entsetzen, als er sich in Gesellschaft mit einem Tiger sah, der aus dem Schiffe ins Meer gesprungen war, und das andere Ende des Bretes festhielt. Hussain schwamm drei Tage auf dem Meere herum, ehe er ans Land kommen konnte, und so wie sie dasselbe erreichten, sprang der Tiger, von dessen Grausamkeit und Hunger er alles befürchtete, ans Land, und eilte mit unglaublicher Geschwindigkeit in den Wald, der nicht weit davon entfernt war. Siehe den Artikel Hussain Ben Sam.

Samáah. Mohammed Ben Samaah, ein Lehrer von der Hanifischen Secte, der im Jahr der Hedschr. 292 verstorben ist, hat über das Werk des Jakub Ben Ibrahim geschrieben, welches den Titel führt: Adáb AlCadhi AlHanefii.

Samabed: ist der Name des vierten Buchs von den vieren, die bei den Indianern für heilig gehalten werden, und in welchen ihre höchst subtile Theologie und Philosophie enthalten ist. Diese vier Bücher, deren jedes den Namen Bed oder Beth führt, machen den Amberkend oder Amberkent aus. Siehe diesen Artikel.

Samaghendah, ist der Name einer Stadt in dem Lande der Sudan oder Negern, auf der Ostseite der Stadt Cugah, welches vielleicht die Stadt Congo ist, und die nur zehn Tagereisen von derselben entfernt ist.

Samahudi: ein Beiname des Nureddin Ali, Verfassers eines Commentars über ein Buch, welches den Titel hat: Idhah almenassek. Es handelt von den Gebräuchen, die bei der Wallfahrt nach Mekka beobachtet zu werden pflegen.

[Dieser Samahudi ist im Jahr der Hedschr. 911 gestorben. R.]

Saman: ist der Name desjenigen, von welchem die Familie und Dynastie der Samaniden herstammt. Der Name des Vaters dieses Mannes ist unbekandt.

landt. Die Geschichtschreiber sagen blos, er stamme von Baharam Tschubin oder Dschubin, einem Könige aus der vierten persischen Dynastie, welche die Sassanidische genannt zu werden pflegt, her. Allein es scheint, daß dies Geschlechtsregister erst nach der Erhebung seiner Söhne ist erfunden worden.

Inzwischen ist man darüber einig, daß Samans Vater seiner Profession nach ein Cameelstreiber war, und daß auch sein Sohn einige Zeitlang dieselbe Beschäfftigung getrieben; daß ihn aber endlich sein Muth angetrieben, sie zu verlassen, und sich den Waffen zu widmen, deren Gebrauch er zuerst unter Räubern gelernt, von welchen er in kurzer Zeit Anführer und Oberhaupt geworden.

Assad, der Sohn Saman, verließ die schändliche Lebensart seines Vaters, und erzog seine Söhne auf eine anständige Art, so daß er sie durch die gute Erziehung, welche er ihnen gab, zu den ersten militärischen Würden in dem Staate der Khalifen geschickt und fähig machte. Der siebente unter den abbassidischen Khalifen, AlMamon, war der erste, der ihnen eine solche Würde ertheilte, und Motamed, der funfzehnte, gab dem Nasser, einem Sohne Achmeds und Enkel des Assad Ben Saman, im Jahr der Hedschrah 261 das Gouvernement von der großen Mauaralnahar oder Transoxanien.

Endlich warf sich im Jahr der Hedschr. 279 der Bruder des Nasser, Ismael, von diesem Gouvernemente, von dem er nun schon Befehlshaber war, so wie von mehrern andern Provinzen, zum unumschränkten Oberherrn auf, und stiftete solchergestalt einen mächtigen Staat oder Dynastie, welche den Namen der Samaniden geführt hat. *Khondemir. Ben Schohnah. Lebtarikh.*

Saman: ein arabischer III. Stamm oder Familie. Siehe 192 Samani.

Samanah: ist der Name einer kleinen Stadt, welche zu dem Gebiete der Stadt Tadschuah gehört, von dem sie nur sechs Tagereisen entfernt ist. Sie ist in dem Lande der Suban oder Negern, an den Gränzen von Nubien, befindlich, und ward, wie Edrissi berichtet, von dem Fürsten von Ilak, der einer der mächtigsten dieses Landes ist, zerstört.

Samandar, Samandel, Samandur und **Samandun.** Diese vier Wörter, in welchen man auch ein E anstatt des A setzen und lesen kann, bedeuten im Persischen dreierlei Dinge.

Erstlich ist dies der Name einer orientalischen Provinz von Indien, wo das Aloeholz wächst, welches einige Calambac nennen, obgleich das eine von dem andern verschieden ist.

Zwei-

Zweitens ist dies der Name eines Thiers, das wir Salamander nennen, über dessen Species aber die orientalischen Schriftsteller nicht einig sind. Lutsfollah Al-Halimi sagt, es sey dies ein dem Marder ähnliches Thier, nur, daß es eine andere Farbe habe, denn der Salamander ist beständig roth, gelb oder grün, und man verfertige aus seiner Haut eine Art von Stoffen, die man, um sie zu reinigen, wenn sie schmuzig ist, ins Feuer werfe, ohne daß sie den geringsten Schaden davon habe.

Der Verfasser des Nametullah sagt, es sey dies eine Art von Vogel, der sich im Feuer begatte und verzehre, und er sey nur an solchen Orten befindlich, wo ein beständiges Feuer unterhalten werde.

Endlich berichten auch einige andere Orientaler, es sey dies ein Insect oder Gewürme, welches einem Eidexe gleiche, und diese Meinung ist die allerwahrscheinlichste, wenigstens nach der Kenntniß, die wir von diesem Thier haben. Denn dasjenige, was wir Salamander nennen, entsteht und währet sich so wenig im Feuer, daß es vielmehr nur an niedrigen und feuchten Orten zu finden ist, und löscht in der That durch seine Feuchtigkeit glühende Kohlen aus, wenn man es darauf legt, und verzehrt sich endlich eben so, wie alle übrige.

Schefik Al-Bokhari, ein persischer Dichter, sagt, wenn er die Tapferkeit eines Kriegsmanns loben will, er sey im Feuer wie ein Salamander, und im Wasser wie ein Crocodill: Baatesch Tschun Semender, ender ab tschun Nehenk. Und ein anderer Dichter, der die Gerechtigkeit seines Fürsten hat loben wollen, hat gesagt, die Taube könne eben sowol, wie der Salamander, unter dem Schatten seines Schutzes, ihren Aufenthalt mitten im Feuer nehmen.

Drittens ist auch Semendun der Name eines berühmten Riesen, der in der persischen Sprache den Beinamen Hezar jekdest bekommen hat, weil er tausend und eine Hand, oder vielmehr eine Menge Hände gehabt hat. Er war einer von denjenigen, die einen hartnäckigen Krieg mit den ersten Königen von Persien geführt haben. Denn, zufolge der fabelhaften Geschichte, oder des Romans, welcher den Titel führt: Cajumarrath Nameh, verfolgte er lange Zeit den Cajumarrath und seine Söhne. Allein er wurde doch endlich von diesem Monarchen, der der erste Stifter der persischen Monarchie war, gedemüthigt, und gerieth in seine Gefangenschaft. Allein kaum war Cajumarrath todt, so entwischte er aus seinem Gefängnisse und entfloh in das Land Oman in Arabien.

Samandschan und Samgenan: ist der Name einer Stadt in derjenigen Provinz, die Al-Bargendi Tokharestan nennt. Siehe den Artikel dieser Provinz.

Sa-

1. **Samani:** einer, der von der Familie der Samaniden ist.

Samani, ein Beiname des Rokneddin Ala aldulat Achmed, Verfassers des Adab AlKhaluat, eines Buchs, welches von der Einsamkeit handelt. Siehe den Artikel Ismael Samani, so wie auch den Artikel Samaniah.

Samani: ein Beiname des Abu Saad Abdalkerim Mohammed, der den Titel AlMeruzi führt, weil er aus der Stadt Meru in Khorassan gebürtig gewesen ist. Er wird darum Samani genannt, weil er von einer arabischen Familie oder Stamme herkam, welcher Saman heißt. Er ist Verfasser eines Buchs von arabischen Geschlechtsregistern, Ansab betitelt, und von noch einem andern Werke, betitelt: Adáb fi estemal alhassab, ein Buch von der Arithmetik. Auch pflegt ihm ein Werk beigelegt zu werden, welches betitelt ist: Imla v istimla; dies sind Dictata oder schriftlich mitgetheilte Lectionen über die musulmanische Theologie.

Dieser Lehrer ist im Jahr der Hedschr: 506 gebohren und im Jahr 562 gestorben.

Es giebt noch einen andern Samani AlMeruzi, der ums Jahr 489 gestorben und der Verfasser eines Werkes ist, welches den Titel führt: Borhan fi ekhlak, ein Buch über die Moral.

Mansor Ben Mohammed AlSamani, AlMeruzi, der viel-leicht ein Sohn des Abdalkerim war, hat das Buch geschrieben, das den Titel Aussáth führt.

Ebn Samani ist auch Verfasser eines Werks unter dem Titel: Adáb alimla, welches wahrscheinlich eine Erklärung des Buchs von Abdalkerim ist, das den Titel führt: Imlá v istimlá.

Samaniah. Daulat AlSamaniah. Der Staat, die Herrschaft, die Dynastie, die regierende Familie der Samaniden. Man muß zum voraus dasjenige vergleichen, was wir bereits von Saman beigebracht haben.

Khondemir hat gesagt, Assad, der Sohn Saman, habe sich mit seinen vier Söhnen, Nuh, Achmed, Jahia und Elias, unter der Regierung des Khalifen AlMamon, in der Stadt Meru in Khorassan niedergelassen. Als eben dieser Khalife dem Gassan das Gouvernement von der Provinz Khorassan übertrug, empfahl er ihm Assads Söhne als verdienstvolle Leute, und diese Empfehlung machte, daß ihnen der Gouverneur ein Amt gab, und den ältesten unter den vier Brüdern, Nuh, nach Samarcand, Achmed nach Farganah, und Jahia nach Schasch und Ornschnah, welches lauter Städte von Transoxanien sind, schickte, daß sie daselbst die Befehlshaberschaft führen sollten. Denn den jüngsten unter den vier Brüdern, Elias, behielt er um seine Person, und vertraute ihm das besondere Gouvernement von der Stadt

Stadt Herat an, welche eine von den vier Hauptstädten in Khorassan ist.

Diese vier Brüder und Söhne des Assad, eines Sohns Saman, lebten einige Zeit in sehr gutem Einverständnisse mit einander. Als aber jeder von ihnen für seinen Theil sehr mächtig geworden war, erregte die Eifersucht allerlei Zwiespalt unter ihnen, welche endlich unter diesen Brüdern zu einem offenbaren Krieg ausbrach, bis sich Ismael, der Sohn Achmed, und zweite Bruder von ihnen, dessen Tapferkeit eben so außerordentlich, wie sein Stolz, war, sich Meister von seiner ganzen Familie machte, und sich endlich bis zur unumschränkten Oberherrschaft erhob. Siehe den Artikel: Ismael Samani.

Der Verfasser des Lebtarikh schreibt, die Dynastie der Samaniden habe nach der Ausrottung der Soffaridischen ihren Anfang genommen: das heißt, das Haus Saman sey in alle die Staaten succedirt, die die Familie des Leith besessen habe, und sie sey hundert und zehn Jahre lang, unter neun Fürsten, in dem Besitze der höchsten Oberherrschaft gewesen. Man pflegt sie in folgenden Vers zusammenzubringen: Ein Ismael, ein Achmed und ein Nasser; zween Nuh, zween Abdalmalek und zween Mansors. Doch muß man hierbei nicht vergessen, daß die Namen der Regenten aus dieser Dynastie in diesem Verse nicht in der Ordnung auf einander folgen, in welcher sie regiert haben.

Der Tarikh AlSaman, welches eine Geschichte des Hauses Saman ist, giebt uns das Verzeichniß der Monarchen dieser Dynastie in folgender Ordnung:

Ismael, mit dem Beinamen Samani, hat sieben Jahre und zween Monate regiert.

Der zweite, Achmed, ein Sohn Ismael, hat fünf Jahre und vier Monate regiert.

Der dritte, Nasser, ein Sohn Achmed, hat dreißig Jahre und drei Monate regiert.

Der vierte, Nuh oder Noah, ein Sohn Nasser des Ersten, hat zwölf Jahre regiert.

Der fünfte, Abdalmalek, der Sohn Nuh, hat sieben Jahre und sechs Monate regiert.

Der sechste, Mansor, der Sohn Abdalmalek des Ersten, hat eilf Jahre regiert.

Der siebente, Nuh, der Sohn Mansor des Ersten, hat zwei und zwanzig Jahre regiert.

Der achte, Mansor der Zweite, ein Sohn Nuh, hat ein Jahr und sieben Monate regiert.

Der neunte, Abdalmalek der Zweite, ein Sohn Nuh des Zweiten, und Bruder Mansors des Zweiten, hat acht Monate und siebenzehn Tage regiert.

Die Dauer dieser Regierungen stimmt nicht mit den hundert und zwei Jahren und sechs Monaten überein, die eben dieser Schriftsteller dieser Dynastie giebt, und noch weniger mit dem Lebtarikh, der ihr hundert und zehn

zehn Jahre giebt. Aber dieser Unterschied kommt daher, daß man die Regierung des Ismael nur erst von der Zeit an rechnet, da er von dem Khalifen ist anerkannt worden, obgleich seine unumschränkte Macht und Ansehn schon lange zuvor ihren Anfang genommen hatten.

Ben Schohnah setzt das Ende der Dynastie der Samaniden in das Jahr der Hedschr. 383 und sagt, da Ismael Samani im Jahr 261 zu regieren angefangen habe, so sey die Dauer von dieser Dynastie hundert und acht und zwanzig Jahre gewesen. Er setzt hinzu, es hätten diese Fürsten, welche größtentheils tapfer, großmüthig, freigebig, große Liebhaber der Gerechtigkeit und der Gelehrten gewesen sind, außer Transoxanien auch fast alle Länder besessen, welche heut zu Tage unter dem persischen Reiche begriffen werden, und endlich sey Mahmud, der Sohn des Sebekteghin, derjenige gewesen, der sich ihrer Staaten bemächtigt habe, aus welchen er, nachdem er Segestan und einen Theil von Indien damit verbunden, das große Reich der Gazneviden zusammengesetzt habe, welches er lange Zeit unter dem simpeln Titel eines Emir Aldulat beherrschte, ehe er den Titel eines Sultans annahm.

Der Verfasser des Tarikh Al-Saman, der den Ursprung des Ismael Samani von einem alten persischen Könige Bahram Tschubin herleitet, beschreibt die Genealogie desselben folgendergestalt.

Orient. Bibl. 4. B.

stalt. Ismael, der Sohn Achmeds, eines Sohns Assad, eines Sohns Saman, eines Sohns Haddas, eines Sohns Haman, eines Sohns Thahari, eines Sohns Bahram. Aber dieses Geschlechtsregister ist sehr ungewiß, wie wir bereits oben gesagt haben. Siehe den dritten Band des Novairi, in welchem die Geschichte der Samaniden beschrieben ist, in der königlichen Bibliothek zu Paris.

Samaui. Siehe den Artikel Mesk AlSamaui.

Samar. Balad Samar: Das Land Samar. Siehe den Artikel Gaidhab, ein Ufer am rothen Meere, in welchem man sich einschifft, wenn man von Egypten nach Arabien gehen will.

Samara, eine Stadt im babylonischen Irak oder Chaldäa, welche Motassem, der achte Khalife aus dem Geschlechte der Abbassiden, erbauen ließ, und wo er hernach seinen Aufenthalt aufschlug, nachdem er die Stadt Bagdet, wegen der häufigen Empörungen, die daselbst vorfielen, verlassen hatte.

Diese Stadt ist mit Sermenrai einerlei, welchen Artikel man hierbei vergleichen muß. Viele glauben, sie sey in dem Lande erbauet gewesen, das die heilige Schrift Sinear nennt, an eben dem Orte, wo der babylonische

F   Thurm

Thurm, in Nimrods Zeiten, erbauet war.

Unter den Königen von Chaldäa finden wir einen, der den Namen Samiros führt.

Samarcand. Eine Stadt in der Provinz Mauaralnahar oder Transoranien, welche eine der berühmtesten und berüchtigtsten von ganz Asien ist. Sie ist an einem sehr beträchtlichen Flusse erbauet, der sie mitten durchströmt, und man pflegt ihr gewöhnlich einen U   von zwölf Parasangen zu   wenigstens haben ihre   en diese Weite in den Zeiten   Sultan Mohammed Khuarezm schah gehabt, ehe sich Ginghizkhan derselben bemeistert hatte. Ihre Mauren waren auch durch einen sehr schönen Graben bedeckt, in welchen sich der Strom ergoß und einen Canal machte.

Samarcand liegt auf der mittägigen Seite von einer großen Ebene, die man gewöhnlich Sogd Samarcand, das heißt, die Ebene oder das Thal von Samarcand, zu nennen pflegt: und von dem Namen dieser Ebene hat die Provinz, welche von den Alten Sogdiane genannt wird, ihren Namen bekommen. Die orientalischen Erdbeschreiber geben ihr 89 Grade, oder 89 Grade und 30 Minuten der Länge, und 40 Grade der nördlichen Breite. AlBiruni giebt ihr auch nur 37 Grade und 30 Minuten nördlicher Breite.

AlBergendi und AbulFeda sagen, die Tradition des Landes

sey diese. Die Stadt Samarcand sey von einem der Tobai oder Könige des glücklichen Arabiens erbauet worden, und zum Beweise führen sie eine Inschrift an, welche man an einem von ihren Thoren gefunden, und die auf eine eiserne Platte mit Hemiaritischen Buchstaben, welche dieselben sind, deren sich die Hemiariten oder Homeriten im glücklichen Arabien vormals bedient haben, gegraben gewesen. Uebrigens, sagt AlBergendi, ist die Stadt Samarcand von Sanaa, der Residenz der Tobais oder Könige von Jemen, ohngefehr tausend Parasangen entfernt.

Khondemir und der Verfasser des Lebtarikh schreiben, Kischtasb, der Sohn des Lohorasb, fünften Königs von Persien aus der zweiten Dynastie, welche die Cajanidische genannt zu werden pflegt, habe das Schloß zu Samarcand, und eine Mauer von hundert und zwanzig Parasangen in die Länge erbauen lassen, die die Provinz Samarcand umschlossen, und sie gegen die Einfälle und Streifereien der Turanier, das heißt, der Einwohner von Türkestan beschützt habe. Inzwischen ist es sehr wahrscheinlich, daß Samarcand von Alexander dem Großen ist erbauet worden, und daß sie eine von den sieben ist, denen dieser große Eroberer seinen Namen beigelegt hat.

Catibah Ben Moslemah, ein großer Feldherr, nahm diese
Stadt

Stadt unter der Regierung des Walid, eines Sohns des Abdalmelek, sechsten Khalifen aus dem Geblüte der Ommiaden, im Jahr der Hedschr. 85 ein. Es giebt aber doch einige Geschichtschreiber, welche die Einnahme dieser Stadt in das Jahr 93 setzen, das eben dasjenige ist, in welchem Tarek die Eroberung von Spanien angefangen hat.

Diese große und mächtige Stadt, welche in der Folge den Sultanen von Khuarezm in die Hände gefallen war, wurde im Jahr 617 eben dieser Hedschrah von Ginghizkhan erobert und rein ausgeplündert. Aber Tamerlan stellte sie nachher wieder her, und machte sie weit blühender, als sie jemals gewesen war, indem er sie zur Hauptstadt von seinen Staaten, im Jahr der Hedschr. 771, machte, und seine Söhne, die Sultane, daselbst ihren Aufenthalt hatten, bis sie von den Uzbeken, welche noch heut zu Tage ihren Aufenthalt daselbst haben, daraus sind vertrieben worden.

Man rechnet sieben Tagereisen von Samarcand bis Khogend, einer Stadt in Türkestan, an dem Ufer des Flusses Sihon oder Jaxartes, nach Norden zu, und fünf bis nach Oruschnah, welche Stadt auf der östlichen Seite derselben liegt. Und Achmed Ben Arabschah bemerkt, Samarcand liege gerade Bein Naharein, zwischen den beiden Flüssen, das heißt, zwischen dem Gihon und Sihon, welche der Orus und der Jaxartes der Alten sind.

Samarcand Alatieah: Samarcand die alte. Dies ist wahrscheinlich diejenige, welche von Alexandrien ist erbauet worden, deren der Lebtarikh Erwähnung thut, und die von der neuen nur eine halbe Tagereise entfernt ist.

Samarcandi, ein aus der Stadt Samarcand oder ihrem Gebiete gebürtiger Mann. Dies ist der Beiname von mehreren ansehnlichen Gelehrten unter den Musulmännern.

Samarcandi, ein Beiname des Abu Laith Nasr Ben Mohammed, Ben Ibrahim. Es ist dies eben derjenige, der die ehrenvollen Titel: Imam alhoda. Oberhaupt der Wegweisung, und Mofti althakelein, derjenige, der das Recht aller Geschöpfe, der Menschen und der Dämonen, in der letzten Instanz und ohne weitere Appellation entscheidet.

Er wurde von einem andern berühmten Rechtsgelehrten, Namens Henduani, zum Doctor in dem musulmanischen Gesetze gemacht, und hat mehrere Werke über die musulmanische Theologie und Rechtsgelehrsamkeit verfertigt:

Die vornehmsten Schriften dieses Gelehrten sind folgende:

Tassir AlCoran, ein Commentar über den Coran.

Rauazel fil Fekhi, besondere Fälle und Allegate des Rechts.

Khezanat alfekhi, Schatz der Rechtsgelehrsamkeit.

    Ten-

Tenbih algafelin, Unterwei-
fung der Unwissenden.

AlBostan, Garten überhaupt,
oder Baumgarten insbesondere.

Mokhtassar Mocaddemat alsalauat, kurzer Abriß des Buchs,
welches den Titel hat: Mocaddemat alsalauat, und welches
eine Anweisung zum Gebete ist.
. Auch pflegt man ihm ein Buch
über die scholastische Theologie
beizulegen, welches den Titel
führt: Sahaif AlElahiat, die
göttlichen Blätter. Es ist in der
königlichen Bibliothek zu Paris
unter Nr. 933. befindlich.

Samarcandi, ein Beina-
me des Schamseddin Moham-
med Ben Aschraf AlHossaini, der
im Jahr der Hedschrah 600 gestorben ist. Er ist der Verfas-
fer eines Buchs, welches den Titel führt: Ressalat fi adâb albahath, Abhandlung von der Methode und Art, die man bei
Disputen über wissenschaftliche
Gegenstände zu beobachten hat.
Dieses Werk ist zweimal in der
königlichen Bibliothek zu Paris,
nemlich unter Nr. 701. und Nr.
900.

Auch hat man von eben diesem
Verfasser ein Buch, betitelt:
Aschkal altasis fil Hendassah, in
welchem fünf und dreißig Figuren über die Anfangsgründe oder
Grundsätze der Geometrie befindlich sind.

Samarcandi. Ein Bei-
name des Abu Hamed Moham-
med, Ben Mohammed AlOma-
ri, der um das Jahr 515 gestorben ist, und das Buch ge-

schrieben hat, welches betitelt ist:
Erschaf fi elm alfhelaf o algedal,
Unterweisung in der Wissenschaft
der Disputirkunst.

Samarcandi, ein Beina-
me des Rokneddin Mohammed,
der Cadhi und Imam in der
Stadt Canuthi in Indien, in
den Zeiten, da der Sultan Baikra in Khorassan regierte, gewesen ist. Dieser Lehrer hat in
Indien mit Behergir Brahmen
Dschoghi eine Unterredung gehabt, und hat uns einen Auszug
aus einem philosophischen und
magischen Werke hinterlassen, das
er aus dem Indischen ins Arabische übersetzt hat. Es führt den III.
Titel: Haudh alhiat, die Ci-   [17]
sterne des Lebens, und ist in der
königlichen Bibliothek zu Paris
unter Nr. 927. befindlich. Siehe die Vorrede zu dem Buche,
welches den Titel führt: Merat
almani, Spiegel des Verständ-
nisses.

Samarcandi, ein Beiname
des Nagib eddin Mohammed Ben
Ali, der ein kurzes System der practischen Arzneygelehrsamkeit geschrieben hat, betitelt, Asbab o
alamat o alagiat alolal, die Ursachen, die Zeichen, und die Heilmittel der Krankheiten. Dieses Werk
ist in der königlichen Bibliothek
zu Paris unter Nr. 961.

Samarcandi, ein Beina-
me des AbulCassem, Verfassers
eines Buchs, welches den Titel
führt: Mostekhales oder Mosta-
khles. In demselben hat der Verfasser, wie er behauptet, den
Geist von vielen Irrthümern befreit.

befreit. Dieses Werk ist in der königlichen Bibliothek zu Paris unter Nr. 921.

Samari: ein aus der Stadt Samarah, in Chaldäa, dem Sitze einiger abbassidischen Khalifen, gebürtiger Mann. Auch bedeutet es einen Samaritaner von Nation oder von Religion. Siehe unten den Artikel Samerah.

Samari, ein Beiname des AbulFeth Ben AbulHassan, Verfassers eines Buchs, welches den Titel Tarikh Samari führt. Dies ist eine samaritanische Chronik, von einem Samariter in arabischer Sprache verfaßt. Sie ist in der königlichen Bibliothek zu Paris befindlich. Siehe den Artikel Tarikh Samari.

Samari, ein Beiname des AlMuaffek Jakub AlDemeschki, eines gelehrten Arztes von Damaschk, der ein Samariter von Religion, und wie AbulFarabsch sagt, so geizig war, daß er mit einem seiner Schüler, ehe er ein medicinisches Buch erklärte, erst um den Preiß handelte.

Samari und **Sameri:** ist der Name eines der vornehmsten Oberhäupter der Israeliten in der Wüste, dem man die Verfertigung des goldnen Kalbs zuzuschreiben pflegt. Die Araber geben ihm den Beinamen AlKharaithi, der Drechsler.

Samerah. AlSamerah und Abel Samerah. So nennen die Araber die Samariter, ob sie gleich gewöhnlich die Stadt Samari Schemrin und Schemrun nennen, welche Namen sich mehr zu dem Hebräischen schicken.

Die samaritanische Chronik, welche den Titel Tarikh Samari führt, erzählt, es hätten sich die Samariter, nach Simsons Tode, unter dem Richteramte des Hohenpriesters Eli von den übrigen Juden getrennt, weil sich damals, wie sie sagen, die Gegenwart und Gnade des Herrn, die sie Ribbat und Redhuan nennen, von ihnen gewendet, und weil damals die Finsternisse an die Stelle des Lichts getreten, und alle diejenigen, die sich in dem heiligen Lande befunden, bedeckt, blos diejenigen ausgenommen, die sich in der Zeit auf den Berg Garizim geflüchtet, wo sie von der Zeit an immer Priester, und in der Folge besondere Könige, die über sie regierten, hatten. Eben diese Samariter sagen auch, Samuel sey ein Zauberer und alle seine Nachfolger seyen Abtrünnige vom Judenthume gewesen.

Ebn Batrik sagt, Amri habe eine Stadt nach seinem Namen auf dem Berg Samer erbauet, und habe sie Samaria genannt. In derselben habe er sechs Jahre regiert, nachdem er schon vorher sechs Jahre in der Stadt Thirsa regiert hatte.

F 3   Die

III. Die Geschichte der Gefangen-
198 schaft dieser Nation ist aus den
heiligen Büchern so bekandt, daß
wir hier nichts zu sagen brauchen, als daß die Samariter
nichts weiter als die fünf Bücher
des mosaischen Gesetzbuchs angenommen, weil der Priester
Ozias, der von einigen Lun genannt wird, und den Salmana-
sar abgeschickt hatte, daß er sie
unterrichten sollte, sie nichts weiter gelehrt hatte, als was in
diesen fünf Büchern enthalten
war. Immittelst sind sie so äußerst unwissend geworden, daß
sie, wie ihnen die Mohammedaner vorwerfen, heut zu Tage die
Cörperlichkeit Gottes behaupten.

Hirkan, ein König und Ho-
herpriester der Juden, zerstörte,
unter der Regierung des Ptolomäus, genannt Evergetes, Samaria bis auf den Grund; allein
es wurde von Herodes wieder
aufgerichtet, und ihr der Name
Neapolis und Sebaste gegeben.
Es ist dies eben die Stadt, die
die Araber heut zu Tage Nabo-
los nennen, und die bei uns gewöhnlich den Namen Náplusa
führt.

Die Samariter erwählten sich
ehemals einen König in der
Stadt Náplusa, und tödteten eine Menge Christen, unter dem
Kaiser Zeno. Allein dieser Monarch strafte sie sehr hart dafür,
und ließ ihren König hinrichten.
Auch empörten sie sich nochmals
unter der Regierung Justinians,
verbrannten die Kirchen im heiligen Lande, tödteten eine große
Anzahl von Christen, unter andern, auch den Bischof von Na-
plusa, und ihre Wuth ging so
weit, daß der Kaiser Justinian
regulirte Truppen dahin schicken
mußte, welche den größten Theil
dieser Rebellen ausrotteten.

Samoschut: ist der Name
einer Familie, welche lange Zeit
in Khorassan das Commando geführt und regiert hat, und welche von dem Dichter AbulFarah
sehr ist gerühmt worden. Der
Sultan Mahmud Ben Sebek-
teghin war derjenige, der den
letzten Fürsten aus dieser Familie geschlagen hat. Siehe den
Artikel Abu Ali Emir Ben
Samoschut.

Samhail, ist der Name
eines Engels, welcher den sechsten Himmel, nach den Träumen der Musulmanen, beherrschen soll.

Sami fil assami. Dies ist
der Titel eines arabischen Wörterbuchs, mit einer persischen Erklärung, von der Art derjenigen, die wir Onomastica zu
nennen pflegen. Es ist in vier
Theile abgetheilt, von welchen
der erste die Namen derjenigen
Dinge enthält, die die Religion
betreffen; der zweite die Namen
der Thiere; der dritte, die Namen von himmlischen Dingen;
und der vierte die Namen von
irdischen Dingen. AbulFadhl
Achmed Ben Mohammed AlMei-
dani, AlNischaburi, ist der Verfasser

faſſer dieſes Wörterbuchs, welches in der Bibliothek des Königs von Frankreich unter Nr.
589. befindlich iſt.

Samin AlHalabi, mit dem
Beinamen Schehab eddin Mohammed Ben Joſef, iſt im Jahr
der Hedſchrah 756 verſtorben.
Er hat über die Aarab oder Vocalzeichen des Coran geſchrieben.

Sammac. Dieſes arabi-
ſche Wort, das einen Fiſcher
und Fiſchhändler bedeutet, iſt
der Beiname des AbulAbbas Mohammed Ben Sabih AlEuſi, den
man gewöhnlich, wegen der Profeſſion ſeines Vaters, Ebn Sam-
mâk zu nennen pflegt. Er war
ein muſulmaniſcher Gelehrter,
ſtand wegen ſeiner Gelehrſamkeit
und Gottesfürcht in großem Anſehn, und hat ſich durch ſeine
Predigten berühmt gemacht.

Er war ein Schüler des Abu
Hanifah, und hat bis in die Zeiten
des Khalifen Harun AlRaſchid gelebt, der ihn nach Bagdet kommen
ließ, wo ihm auf eine ſehr ehrenvolle Art begegnet wurde.
Allein demohngeachtet wollte er
lieber wieder in die Stadt Cu-
ſah zurückkehren, wo er im Jahr
der Hedſchr. 133 geſtorben iſt.
Die Muſulmanen halten dieſen Lehrer für einen Heiligen,
und ſagen, er habe die Gabe der
Thränen gehabt, die die Andacht
ſeinen Augen in ſo reichem Ueberfluſſe erpreßt hätte, daß er endlich das Geſicht darüber verlohren habe. Man ſetzt ihn gewöhn-

lich in die Zahl derjenigen, welche AlOlama AlRabbanin genannt werden. Siehe den Artikel Rabbani.

Samſakan, iſt der Name
eines wenig bekandten Landes,
wo ein Fürſt regiert hat, der
eine Tochter hatte, die Roſtam,
der ſie auf der Jagd ſah, zu be-
ſitzen wünſchte, und ſie alſo heirathete. Er hatte einen Sohn
von ihr, Namens Sohrab, wie
der Lebtarikh in dem Leben des
Caicaus, eines Königs aus der
zweiten Dynaſtie von Perſien,
erzählt.

Samſam und Samſa-
mah. Dieſes Wort bedeutet
im Arabiſchen überhaupt einen
ſehr ſchneidenden Degen, der ſich
zugleich nicht biegt. Insbeſondere iſt es der Name eines Degens, den ein gewiſſer Araber,
Namens Amru Ben Maad, be-
ſaß, der mit der Zeit endlich in
die Hände des Khalifen Harun
AlRaſchid kam, und welcher
vielleicht eben derjenige iſt, den
der Khalife Motavakkel ſo theuer
gekauft hat.

Samſamaldulat. Der
Samſam oder Degen des Staats.
Dies iſt der Titel, den der zweite
Sohn des Adhadaldulat, eines
Sultans aus der Dynaſtie der
Buiden, geführt hat.
Dieſer Fürſt hatte zwei Brü-
der, von welchen der älteſte
Scharfaldulat und der jüngere
Bahaaldulat hieß. Demohnge-

achtet folgte er seinem Vater in der Würde eines Emir AlOmara oder Generallieutenants der Khalifen in Bagdet nach. Allein nach fünftehalb Jahren ward er von seinem ältern Bruder derselben beraubt, und dieser machte ihn zu gleicher Zeit zu seinem Gefangnen.

Dieser ältere Bruder, der, wie wir bereits gesagt haben, Scharfaldulat hieß, starb kurze Zeit hernach, worauf Bahaaldulat, der jüngste unter diesen drei Brüdern, die Stelle des ältesten einnahm. Aber Samsamaldulat, der aus seinem Gefängnisse entflohen war, brachte eine Armee zusammen, griff ihn mit derselben an, und lieferte ihm mehrere Treffen, die ihn endlich nöthigten, einem Frieden Gehör zu geben, welcher unter folgenden Bedingungen zwischen ihnen zu Stande kam:

Die Provinz Fars, welche Persien im eigentlichen Verstande ist, blieb nebst der Provinz Aradschan, ein Eigenthum des Samsamaldulat, so wie die Provinz Khuzistan, welche Susiane ist, nebst dem arabischen Irak oder Chaldäa, von welchem Bagdet die Hauptstadt war, nebst der Würde und dem Amte eines Emir AlOmera dem Bahaaldulat verblieben.

Alle diese Begebenheiten hatten sich vom Jahr der Hedschr. 372, in welchem Abhadbaldulat gestorben war, bis zum Jahre 383 zugetragen, als die sechs Söhne des Azzaldulat Bakhtiar, welche nach dem Tode ihres Vaters von Adhadhaldulat ins Gefängniß waren gesteckt worden, aus demselben entflohen, und gegen Samsamaldulat zu Felde zogen, weil sie behaupteten, er habe die Staaten, die ihnen gehörten, unrechtmäßiger Weise an sich gezogen. Aber diese sechs Prinzen waren in ihrer Unternehmung unglücklich. Denn der General des Samsamaldulat, Abu Ali, ein Sohn des Ostad Hormuz, schlug sie in einem Gefechte, das er mit ihnen hatte, und machte sie alle sechs zu Gefangnen.

So wie der Sultan die sechs Gefangnen, welche ihm sein General zuschickte, in seinen Händen hatte, ließ er zween davon hinrichten, und die vier andern schickte er in ein Schloß, wo er sie auf das sorgfältigste bewachen ließ. Allein diese Execution veranlaßte einen Bruch des Friedens, welcher zwischen den beiden Brüdern geschlossen war; so daß Abu Ali, der General von Samsamaldulat dem ältern, mit einer ansehnlichen Armee auf den jüngern Bruder Bahaaldulat losging, wo er so große Vortheile über ihn erfocht, daß er ihm schon wenig Hoffnung, seine Staaten zu behalten, übrig ließ, als man die Nachricht erhielt, daß Samsamaldulat von einem seiner vier gefangnen Brüder, der durch die über den ausgebliebenen Sold in Empörung gerathene Miliz aus dem Gefängnisse war

A.H.
386

war befreit worden, ſei getödtet worden.

Der Sohn des Azzaldulat Bakhtiar hieß Abu Naſſer, und führte ſeinen Streich eine Meile von der Stadt Schiraz im Jahr der Hedſchrah 388 aus, nachdem Samſamaldulat neun Jahre und acht Monate in Perſien regiert hatte.

Sanáa: die Hauptſtadt von Jemen oder dem glücklichen Arabien, deren Könige den Namen Taba oder Tobai führten, liegt im erſten Clima, unter dem 77ſten Grade der Länge, und 14ten Grade, 30 Minuten der nördlichen Breite, zufolge der arabiſchen Tafeln des Naſſir eddin und des Ulug Beg.

Dieſe Stadt hat einen ſehr großen Umfang, und einen Markt, auf welchem ſehr große Geſchäffte gemacht werden. Ihr Gebiete wird von mehreren Bächen gewäſſert, und iſt mit Bäumen von mehreren Arten bedeckt. Die Luft iſt hier ſehr gemäßigt, und die Tage und Nächte ſind beinahe von einerlei Länge.

Mitten in der Stadt erhebt ſich ein Hügel, welcher Gambhan genannt wird, und der ſich dadurch ſehr berühmt gemacht hat, daß der Pallaſt der Tobais oder Könige des Landes und ein Tempel darauf erbauet war, der dem Tempel zu Mekka entgegengeſetzt und aus Eiferſucht auf denſelben errichtet war.

Die Stadt Sanaa war lange Zeit den Königen von Aethiopien unterworfen, wie dies auch der Fall von dem größten Theile Arabiens war, und es iſt wahrſcheinlich, daß dieſer dem Tempel zu Mekka entgegengeſetzte Tempel eine Kirche der Chriſten war, die ſich vormals in Menge in Arabien befunden haben. Abrahah, mit dem Beinamen AlAſchram, der Mekka kurz vor Mohammeds Geburt mit ſeinen Elephanten belagerte, war Befehlshaber in Sanaa, unter Nedſchaſchis Oberherrſchaft; denn ſo nennen die Araber den König von Aethiopien, den die Einwohner des Landes in ihrer Sprache Neguſcho nennen, und dieſer hatte, nach ſeinem ſchrecklichen Tode, ſeinen Sohn Maſruk zum Nachfolger, der von Saif Dhu Jzen, welchen die Truppen des Königs von Perſien unterſtützten, geſchlagen wurde, und ſolchergeſtalt den Thron ſeiner Vorfahren wieder beſtieg, von welchem er war verjagt worden.

Die Stadt Sanaa iſt, dem perſiſchen Erdbeſchreiber zufolge, ſehr alt, ſehr reich und ſehr bevölkert, und iſt von der Stadt Zebid oder Zibit nur 132 Meilen, ſo wie von Aden 104 entfernt. Eben dieſer Schriftſteller ſagt, ihre Einwohner trieben einen weit größern Handel mit Gelde, als mit Waaren, und ſie ſeyen ſehr große Wucherer.

SanáAllah. Dieſe beiden arabiſchen Worte machen ein Nomen proprium aus, welches eben ſoviel iſt, als Deusdedit und

Quod-

Quodvultdeus: welche bei den Lateinern Nomina propria geworden sind.

Achmed Ben Sanaallah, der im Jahr der Hedschr. 430 gestorben ist, hat einen Arbain oder Abhandlung über vierzig Traditionen geschrieben.

Sanahedschah: ist der Name einer arabischen Dynastie, welche in Spanien, in der Provinz Granada, regiert, und im Jahr der Hedschr. 482 ihr Ende erreicht hat.   Siehe den Artikel Garnathah.

Sanaki *), ist der Name eines Verfassers mehrerer Werke, von welchen die vornehmsten folgende sind:

Kaschf alasrar fi Scharh almenar. Dies ist ein Commentar über das Buch, welches Menar, die Fackel, betitelt ist. Siehe diesen Artik.

III.   Tassir medarek altenzil fi ha231 kaik althauil: Ein Commentar über den Coran.

Omdat, ein Buch aus der Metaphysik, nebst einem Commentar, so wie auch das Mehajat.

Eben dieser Schriftsteller hat auch einen Scharh oder Commentar über das Buch, welches den Titel AlHedajah führt, geschrieben.

Sanaui. Siehe den Artikel AK Hissari.

Sanariah **), ist der Name eines Landes, das wir heut zu Tage Severien oder Zuerien nennen.   Es liegt an den Mündungen der Donau.   Der Kaiser Heraclius erhielt von dem Könige oder Fürsten dieses Landes Succours, gegen Khosroes Parviz, König von Persien, und die Zuerier leisteten ihm so nützliche Dienste, daß er ihrem Fürsten das Vorrecht gestattete, sich in den Versammlungen des königlichen Hofes setzen zu dürfen. Dieses Privilegium hat gemacht, daß man den Fürsten dieses Landes Malek AlKorsi, den Fürsten des Thrones oder des Sitzes, genannt hat, wie Ebn Batrik berichtet.

Sancurteghin: ist der Name eines Sohns des Soliman Schah, der mit seinem Bruder Ghiundogdi nach Persien zurückkehrte, als ihr Vater im Euphrat ertrunken war.

Sandal: eine Art von wohlriechendem Holze.   Es giebt mehrere Arten desselben, welche bald weiß, bald roth, bald braun sind.   Die Eigenschaft desselben besteht

---

*) Man muß Saganaki statt Sanaki lesen. Es ist dies eben der Schriftsteller, von welchem in den Zusätzen zum Artikel Saganaki geredet worden ist. R.]

**) Lies Sanariah anstatt Sanariah. Siehe diesen Artikel unten Seite 206. R.]

besteht darin, daß es erfrischt und trocknet. Die Perser bedienen sich desselben in der Medicin, um die Füße derjenigen Kranken, welche auf dem Abschiede liegen, damit zu reiben, wie man aus dem sechsten Capitel des Gülistan sieht. Die Orientaler bedienen sich auch des Sandals, so wie auch des Kna oder Alcana, um damit die Haut der Pferde, und die Nägel und Haare, sowol an Frauenspersonen als Kindern, zu färben.

Der Scherif AlEdrissi sagt, der Sandal finde sich nirgends, als in den Ländern, welche innerhalb des ersten Climas liegen.

Von diesem Worte wird das Wort Sandalani und Saidalani gemacht, welches einen Materialisten oder Apotheker bedeutet.

Sandal. Dies Wort kommt zuweilen in orientalischen Schriften vor, und bedeutet einen Schuh, was die Griechen Σανδάλιον nennen. Daher kommt es, daß die Türken mit diesem Namen eine Schaike oder Chalupe benennen, welches eben so viel ist, als wenn man sie einen Schuh nennen wollte.

Sandarni. Eine Stadt auf der Insel Serendib oder Ceilan.

Sandarus oder **Senderus** und **Sandalus.** So nennen die Perser das Gummi vom Wachholderbaum, welches

unser Firniß ist. Die Griechen haben ihn Sandarak genannt, und in den Kramläden heißt er gewöhnlich Sandaraca.

Sanf und **Senf.** Bahar AlSanf, und Bahar AlSenf. So nennen die arabischen Erdbeschreiber den östlichen Ocean oder das chinesische Meer. Auch führt es bei ihnen den Namen Bahar AlDhahi, welches ein Meer bedeutet, das dem Aufgange der Sonne am meisten ausgesetzt ist.

Gezirat AlSanf: ist der Name einer Insel im chinesischen [202] oder indischen Meere, das, wie die arabischen Erdbeschreiber sagen, von der Insel Schaml nicht über vier Tagereisen zur See entfernt ist: so wie sie auch zehn von einer andern entfernt ist, welche den Namen Sindifulat führt. Edrissi sagt, die Einwohner dieser Insel tödteten keine Art von Thieren.

Ud AlSanfi. Dies ist die Xylaloe oder Alcoholz, welches auf der Insel Sanf wächst, und das man für das allerkostbarste hält, das im Oriente zu finden ist. Denn dasjenige, das man Ud AlComari nennt, weil es auf der Insel Comar wächst, ist weit weniger wohlriechend.

Sangal: ist der Name eines Königs von Indostan, der seine Macht mit des türkestanischen Königs Afrasiab seiner, gegen Caikhosru, dritten König aus der zweiten persischen Dynastie,

stie, die man die Cajanibische zu nennen pflegt, vereinigt hatte.

Sangiak. Für dieses Wort, das im Türkischen eine Standarte oder Fahne bedeutet, wird von den neuern Griechen gewöhnlich Flambarum, Flambulum, und Flamulum gesagt.

Sangiakbeg, Herr einer Fahne. Dies ist bei den Türken eben das, was man in den alten Zeiten in Frankreich einen Chevalier Banneret nannte, der die Standarte trug, unter welche alle Edelleute, die von seinem Lehn abhingen, sich zu versammlen verbunden waren, sobald es in den Krieg ging.

Das ganze Reich der Ottomanen ist in Sandschaks oder Fahnen abgetheilt, unter welche alle diejenigen, die Timars besitzen, sich zu begeben verbunden sind, sobald irgend ein Heereszug vorzunehmen ist: und alle diese Sandschafen, die man auch Begs und Sandschak Begs zu nennen pflegt, werden von einem Beglerbeg commandirt, welches Wort einen Herrn der Herren oder einen Commandanten von allen Sandschaks oder Fahnen bedeutet, und dieser Beglerbeg ist eben derjenige, den man gewöhnlich den Bascha oder Gouverneur von einer Provinz zu nennen pflegt.

Die ottomanischen Sultans gaben vormals ihren Söhnen sol-

che Sandschaks oder kleine Untergouverneure in Natolien.

Sangiar, ist der Name einer Stadt in der Provinz Khorassan, von welcher der Sultan Sandschar, ein Sohn des Malekschah, seinen Namen hatte. Siehe den Artikel Sangiari, welches der Name eines Schriftstellers ist, wie auch den Art. Malekschah. Auch vergleiche den Artikel Sengiar.

Sangiar. Moezzeddin Abul-Hareth, Sangiar: sechster Sultan von dem ersten Geschlechte der Seldschuciden. Er war ein Sohn des Malekschah, und war zwanzig Jahre lang Gouverneur von der großen Provinz Khorassan, unter der Regierung seiner Brüder Barkiarok und Mohammed, welche einander succedirt sind.

Nach Mohammeds Tode, welcher im Jahr der Hedschr. 501 erfolgte, bemächtigte sich Sandschar aller Staaten seines Bruders, und ging mit einer ansehnlichen Armee auf die Provinz des persischen Iraks los, wo sein Neffe Mahmud, ein Sohn des Mohammed, den Titel eines Sultans angenommen hatte, weil er seinem Vater in der Regierung nachzufolgen prätendirte. Es kam zwischen dem Oheim und Neffen zu einer sehr großen Schlacht, in welcher der letztere geschlagen ward, und sich in das Schloß zu Saveh, das ein sehr fester und wichtiger Ort war, zu fliehen gezwungen sah.

Als

Als Mahmud seine Umstände in der mißlichsten Lage sah, war er genöthigt, seinen Oheim um Frieden zu bitten, und schickte zu dem Ende seinen Vesir, Kemaleddin Ali, einen sehr beredten Mann, an den Sultan Sandschar, daß er einen Vergleich mit ihm zu Stande bringen sollte. Dieser richtete seinen Auftrag mit solcher Geschicklichkeit aus, daß er den Vortheil erhielt, den sich sein Herr versprochen hatte.

III. 803

Nachdem der Friede zwischen diesen beiden Fürsten geschlossen war, stattete Mahmud bei seinem Oheim Sangiar einen Besuch ab, und ward von demselben so wohl aufgenommen, daß er von ihm die Investitur mit der Provinz Irak, unter folgenden Bedingungen, erhielt. Es sollte nemlich in den öffentlichen Gebeten in der Moschee der Näme Sandschar immer vor Mahmuds seinem vorausgehen; Dieser Fürst sollte keinen vierten Vorhang oder Thüre in seinen Zimmern haben; es sollte keine Trompete geblasen werden, wenn er in seinem Pallaste ankäme, oder wenn er aus demselben ginge, und endlich sollte er gehalten seyn, die Bedienten, die sein Oheim in seinen Staaten angestellt hätte, in ihren Würden zu lassen.

Mahmud befand sich in den Umständen, daß er sich genöthigt sah, alle die Bedingungen mit Danke anzunehmen, die ihm Sandschar auferlegt hatte, und faßte den Entschluß, sich die Zeit mit der Jagd zu vertreiben, und sich in gar keine Geschäffte einzulassen. Es wird erzählt, seine Jagdequipage sey so prächtig gewesen, daß er vierhundert Spürhunde und Windspiele unterhalten, deren jeder ein Halsband und eine mit Gold und Perlen gestickte Decke getragen.

Im J. d. Hedschr. 524 ging Sultan Sandschar über den Gihon, und drang bewaffnet in Mauaralnahar, oder die Provinz Transoxanien, ein, um Achmed, den Sohn Soliman, Gouverneur von Samarcand, zum Gehorsam zu bringen, der sich als unumschränkter Herr betrug, und ihm den gewöhnlichen Tribut nicht mehr bezahlen wollte. Er belagerte diesen Gouverneur in seiner Stadt, und nöthigte ihn mit Gewalt der Waffen, daß er sich auf Bedingung ergeben mußte. Doch schenkte er ihm das Leben, und ließ es genug seyn, daß er ihm seine Gouverneursstelle nahm, und solche einem von seinen Sclaven übertrug. Allein Achmed fand Wege, auf welchen er wieder bei dem Sultan zu Gnaden gelangte, daher er kurze Zeit nach seiner Absetzung wieder an seine vorige Stelle kam.

Im Jahr 530 zog der Sultan von der Dynastie der Gazneviden, Baharam Schah, dessen Reich sich tief in Indien hinein erstreckte, und der blos aus Gnaden regierte, und unter dem Schutze, den ihm die Seldschuciden angedeihen ließen, das Joch abzuschütteln bemüht war, die

ganze

ganze Macht des Sultans über seine Staaten. Allein da er sich zu schwach fühlte, um seinem großen Heere widerstehen zu können, schickte er sogleich Gesandte an den Sultan, die ihm den gewöhnlichen Tribut brachten, und ihm im Namen ihres Herrn den Eid der Treue, der ihm gebührte, ablegten.

Im Jahr 535 empörte sich die Stadt Samarcand gegen Sandschar, während daß der Gouverneur, der daselbst in seinem Namen Befehlshaber war, an einer Lähmung krank lag, und sich außer Stand befand zu agiren. Sogleich fing der Sultan die Belagerung dieser wichtigen Stadt an, die sie aber sechs ganzer Monate aushielt, nach deren Verlaufe sie endlich sich auf Bedingungen zu ergeben gezwungen sah. Der Sultan ließ die Einwohner seine gewohnte Gnade erfahren, und nahm demjenigen, der die Pflichten seines Amtes nicht zu erfüllen im Stande war, das Gouvernement ab, um es seinem Sohne zu übertragen.

Während seines Aufenthalts zu Samarcand wurde der Sultan Sandschar von einigen Herren seines Hofes gebeten, daß er dem Könige desjenigen Landes, das Cara Cathai, das ist, das schwarze Cathai, heißt, eine Provinz, die wegen ihrer dicken Wälder, und ihrer tiefen Thäler, die sie finster und dunkel machen, so genannt wird, die Macht seiner Waffen sollte erfahren lassen.

Diese Bitten seiner Hofleute erfüllte er, weil sie ihm einen großen Ruhm vorspiegelten, den er sich durch die Eroberung eines Landes erwerben würde, welches gleichsam unzugänglich schiene, und ließ seine Armee in diese Gegend aufbrechen. Allein Gurdschasb kam ihm mit der seinigen entgegen, und hieb dreißigtausend Mann von den Truppen des Sultans in Stücken, nahm ihm alle seine Equipage weg, und machte sich Meister von seinem ganzen Harem oder Serail, in [III] welchem sich die erste seiner Ge- [20] mahlinnen, die Königin Tarkhan Khatun, befand, die eine Gefangne der Caracathajer war.

Nach dieser Niederlage konnte der Sultan Sandschar keinen andern Weg einschlagen, als daß er dreihundert der Tapfersten von seiner Armee aussuchte, und mitten durch seine Feinde ging, um die Stadt Termed zu erreichen. Hier gelangte er, nur mit zwölf oder funfzehn von seinen Leuten, die ihm übrigblieben, an. Inzwischen versammleten sich die Flüchtigen in eben dieser Stadt, worauf er mit diesen Trümmern von seiner Armee über den Gihon ging, und wieder in Khorassan ankam; innigst beschämt, daß er sich in die Unternehmung einer Sache eingelassen hatte, die ihm so übel von statten gegangen war. In der That hatte auch diese Niederlage die Wirkung, daß die Völker in ihrer Meinung, die sie von ihm hatten, daß seine Waffen unüberwind-

windlich seyn, sich sehr änder-
ten, und gab dem Dichter Ferid
eddin, mit dem Beinamen Al-
Kiateb, Gelegenheit zu einem
Aufsaße in Versen, in welchen
er ihn über einen so großen Verlust zu trösten suchte. Dieser
Dichter sagte nemlich zu ihm:
Großer König! deine Lanze hat
bisher eine ganze Welt zurückgelassen, und dein Degen hat dich
vierzig Jahre lang an allen deinen Feinden gerochen. Hast du
jetzt einiges Widrige erfahren
müssen, so bedenke, daß solches
vom Himmel kommt, und tröste
dich mit dem Gedanken, daß Gott
nur allein derjenige ist, der immer in einerlei Zustande bleibt.

Inzwischen ward der Ruhm
dieses großen Monarchen gar
bald wieder hergestellt, und das
durch den ausgezeichneten Sieg,
den er im Jahr der Hedschr.
544 über Hussain Gehansuz, einen Sultan aus der Dynastie der
Sauriden, erfocht, welcher mit
bewaffneter Hand in die Provinz
Khorassan eingedrungen war, in
der Absicht, um sich von derselben Meister zu machen. Denn
er ließ seine Truppen auf dieses
Land losmarschiren, schlug Hussain mit seinem Generale Ali
Tscheteri aufs Haupt, und
machte sie beide zu Gefangnen.

Ali Tscheteri wurde, weil er
ein gebohrner Unterthan von
Sandschar, und vormals mit
Wohlthaten von ihm war überhäuft worden, für seine Untreue
und für seine Undankbarkeit mit
dem Tode bestraft. Aber Hus-

sain wurde kurze Zeit hernach in
das Land Gaur zurückgeschickt,
um solches, unter Sandschars
Oberherrschaft, als Gouverneur
zu regieren. Siehe den Artikel
Gehansuz.

Im Jahr der Hedschr. 548
ging es dem Sandschar, gegen
seine eigne Absicht, sehr übel, indem er die Türkomanen dafür,
daß sie sich ihm den gewöhnlichen
Tribut von Schafen, zu welchem sie verbunden waren, zu
bezahlen weigerten, züchtigen
wollte. Denn er ward von diesem Lumpengesindel mit seiner
ganzen Armee geschlagen, und
zum Gefangnen gemacht; zur
großen Schande des ganzen Hauses Seldschuk, das bei allen türkischen Nationen in so allgemei-
nem Ansehn stand.

Diese Türkomanen wußten
nun nicht, was sie mit der Person eines so großen Fürsten anfangen sollten, und setzten ihn
daher bei Tage auf den Thron,
und des Nachts steckten sie ihn
in einen eisernen Käficht. So
brachte er vier Jahre in dieser
Gefangenschaft, nemlich bis ins
Jahr 551 zu, in welchem die
Sultanin Tarkhan Khatun, welche seine Staaten beherrschte,
starb. Denn nun dachte er in
vollem Ernste darauf, wie er sich
aus den Händen der Türkomanen losmachen wollte, und vertraute sein Geheimniß einem seiner Vertrauten, welcher Emir
Elias hieß, an, der auch die
ganze Unternehmung mit vieler
Geschicklichkeit ausführte.

Emir

Emir Elias trat mit dem Gouverneur von Termed, einer an dem Flusse Gihon gelegenen Stadt, in ein Verständniß, so daß dieser auf diesem Flusse um die Zeit, da Sandschar auf der Jagd an dem Ufer desselben ankommen sollte, Fahrzeuge in Bereitschaft halten mußte. Der Gouverneur von Termed, welcher Achmed Comadsch hieß, empfing und bewirthete den Sultan auf das prächtigste, sobald er auf seinem Schlosse angekommen war, und ließ, so geschwind er nur konnte, Truppen zusammenkommen, die ihn bis nach Meru, der Hauptstadt von Khorasan, wo er gewöhnlich seinen Aufenthalt hatte, escortiren mußten.

III. Der Sultan Sandschar fand die Stadt Meru und das ganze Land, durch welches er reiste, in einem so kläglichen Zustande, wegen der Streifereien, die die Türkomanen während seiner Abwesenheit in dasselbe unternommen hatten, daß er in eine tiefe Melancholie, und darauf in eine Krankheit verfiel, an welcher er im Jahr der Hedschr. 552 verstarb. Khondemir.

Der Verfasser des Nighiaristan bringt einen auf den Tod dieses Sultans verfertigten Vers bei, von dem er sagt, daß er durch eine mit einem Durchfalle verknüpft gewesene Colik sey verursacht worden, in welchem sein Todesjahr durch Zahlbuchstaben bemerkt ist, welche eine Anspielung von Meru auf Merev machen. Denn die Worte Schah Merev machen gerade die Zahl 552 aus, in welchem Jahre er in der Stadt Meru gestorben ist.

Alle orientalische Geschichtschreiber loben die Tapferkeit, Gerechtigkeit, Großmuth und Güte des Sultan Sandschar, und um feste und gewisse Beweise davon zu geben, schreiben sie, er sey von seinen Unterthanen so sehr geliebt und geschätzt worden, daß man noch ein ganzes Jahr nach seinem Tode fortgefahren habe, seinen Namen in den Moscheen öffentlich zu nennen, als ob er noch am Leben und Regent gewesen wäre. Auch gab man ihm den Beinamen Eskender thani, der zweite Alexander, und selbst sein Name Sandschar ist bei seiner Nachkommenschaft für gleichbedeutend mit Alexander gebraucht worden.

Der persische Dichter Selman hat in mehreren von seinen Werken Lobreden auf diesen Sultan gehalten, und einige Geschichtschreiber machen die Bemerkung, er sey derjenige gewesen, der den Saad Ben Zenghi, der unter dem Namen Atabek sein Gouverneur und Generalstatthalter von allen seinen Staaten gewesen, angestellt. Dieses Wort Atabek ist in der Folge der Name einer Würde und Dynastie geworden, welche man die Atabekische zu nennen pflegt. Siehe den Artikel Atabek.

Der Sultan Sandschar lebte mit einer solchen Pracht, daß Cothbeddin, der Stifter von der Dyna-

Dhnastie der Khuaresmier, bei ihm sein Amt eines Thaschidar oder Obermundschenken ein ganzes Jahr lang verwaltete, und sich im folgenden Jahre von seinem Sohne Atsiz ablösen ließ, und daß die große Provinz Khuaresm diesen Herren als Besoldung und Pension für ihr Amt angewiesen war.

Mogaiatheddin AbulCassem Mahmud, ein Sohn des Mohammed, eines Sohns Melekschah, succedirte seinem Oheim in eben dem Jahre, wo Sandschar gestorben ist, wie der Lebtarikh berichtet. Uebrigens sagt Khondemir, Mahmud, der Schwestersohn des Sandschar, habe nach dessen Tode fünf Jahre in Khorassan regiert. Siehe den Artikel Mahmud Khan.

Sangiar Mirza: ist der Name des Sohns des Mirza Achmed, eines Sohns Mirza Baicra, eines Sohns Mirza Omar Scheikh, eines Sohns Tamerlan. Dieser Prinz war von dem Sultan Babor oder Baber, zum Gouverneur von der Provinz Fars gemacht worden, und als er von dem Türkomanen Gehanschah daraus vertrieben war, erhielt er von eben diesem Babor das Gouvernement der Städte Makhan und Meru. Als aber dieser Sultan starb, griff der Sultan Abusaid, der ihm in der Regierung nachfolgte, nachdem er mehrere seiner Verwandten und Mitwerber geschlagen hatte, auch den Sandschar an,

und dieser kam in dem Treffen, welches er in Gesellschaft mit den Sultanen Alaaldulat und seinem Sohne Ibrahim, im Jahr der Hedschr. 863 lieferte, um. Khondemir. Lebtarikh.

Sangiari: ein Beiname des Obeid. allah Ben Said, genannt AlArbeli, weil er aus Arbela in Mesopotamien gebürtig war. Er ist Verfasser von dem Buche, welches den Titel führt: Abanat fil hadith, Erklärung oder Aufklärung über die Traditionen. Er ist im Jahr der Hedschr. 440 verstorben. Wahrscheinlich war er aus der Stadt Sandschar in Khorassan gebürtig, wo in der Folge auch der berühmte seldschucidische Sultan, welcher Sandschar hieß, das Licht der Welt erblickt hat.

Sangiari, ein Beiname des III. Abu Said Achmed Ben Abdaljelil Mohammed, der ein berühmter Sterndeuter war, und ein Buch geschrieben hat, das den Titel führt: Ahkam alaschar men Ketab alnodschum, so wie noch ein anderes, das den Titel Ekhtiarat führt. Es sind dies zwei Werke, die von astrologischen Urtheilen und Wahrsagungen handeln.

Sangiari, ein Beiname des Thaher Ben Ibrahim, Verfassers eines Buchs unter dem Titel: Idhah lehodschat alsaläh. Es ist dies eine Abhandlung über den Theil der Medicin, den man

den prophylactischen zu nennen
pflegt, der die Methode lehrt,
wie man die Gesundheit erhalten
und Krankheiten vorbeugen soll.

[Es hat auch einmal ein persischer Dichter, Namens Abul-
Faradsch Sandschari gelebt,
welcher in Genghizkhans Zeiten
berühmt gewesen ist. Siehe
Band 1. Seite 32. R.]

Sangrak, ist der Name ei-
nes Gebirges im Lande Gaznah,
von welchem in dem Artikel Gelaleddin Mankberni gehandelt
wird.

Sanhagi, ein Beiname des
Abu Mohammed Abdalaziz Ben
Schedad Temim, Verfassers eines Buchs, unter dem Titel:
Akhbar Cairuan. Es ist dies
die Geschichte der Stadt Cairuan
in Africa, welches das alte Cyrene ist, so wie auch des ganzen
Landes, welches vormals Cyre-
naica ist genannt worden.

Sanhagi, ein Beiname des
Ebn Hadschram, auch AlDscha-
rumi genannt. Er ist der Verfasser derjenigen arabischen
Grammatik, welche nach seinem
Namen AlDscharumiah betitelt
ist. Der eigentliche Name dieses Schriftstellers war: Abu
Abdallah Mohammed Ben Mo-
hammed Ben Daud. Er ist im
Jahr der Hedschr. 682 gebohr-
ren, und im Jahr 723 gestorben.

Sanhagi, ein Beiname des
Ali-Ben Said, Verfassers eines

Buchs unter dem Titel: Bejan
fi marefat aluzan, eines Buchs,
das von Gewichten und Maaßen
der Araber handelt.

Sanhagi, ein Beiname des
Abu Abdallah Mohammed Ben
Said, Verfassers eines Werks,
das den Titel: Kenz alasrar, der
Schatz der Geheimnisse führt.
Es ist dies Buch voll von mo-
hammedanischem Aberglauben.

Sanui oder Sanaui: ein
Beiname des Mohammed Ben
Josef Ben Hussain, Verfassers
eines Buchs, welches den Titel
führt: Amliat alborhan fil acaid,
Erklärung der musulmanischen
Glaubensartikel.

Sauariah, so muß man le-
sen, nicht aber Sanariah, wenn
man den türkischen Namen des
Landes erklären will, das wir
Severien oder Zuerien nennen.
Siehe den Artikel Sanariah.

Saud. Die Araber sagen,
dies sey Dschabal fi Gehennem,
der Name eines in der Hölle befindlichen Gebirges.

Saudah, ist der Name ei-
ner der fünf sodomitischen Städte, welche in Abgrund versun-
ken oder verbrannt worden sind.
Siehe den Artikel Loth oder
Luth.

Saudabah oder Sauda-
vah: ist der Name der Tochter
des arabischen Königs Dhul Zo-
gar

går, welche die zweite Gemahlin des Caicaus, Königs von
Persien aus der zweiten Dynastie, welche die Cajanidische genannt wird, war. Nachdem
diese Fürstin auf solche Art die
Stiefschwiegermutter, oder vielmehr Rabenmutter des Siavesch,
eines Sohns von der ersten Gemahlin des Caicaus geworden
war, klagte sie diesen Fürsten
III. fälschlich bei ihrem Gemahl dem
207 Könige an, daß er ihre Keuschheit
in Versuchung gesetzt, weil er in
ihre bösen Absichten und Entwürfe nicht hatte einwilligen wollen.

Diese Lästerung machte, daß
Caicaus seinen Sohn ins Exilium
schickte. Endlich aber ward das
Verbrechen der Schwiegermutter entdeckt, und Rostam rächte
die Unschuld des Sohnes durch
den Tod, den diese Rabenmutter
ausstehen mußte.

Saudai. Baba Saudai:
ist der Name eines Scheikh, der
wegen seiner Gedichte und weil er
ein vorzüglich schöner Geist war,
von Tamerlan und von seinen
Söhnen sehr geachtet wurde.
Man hat mehrere Antworten und
Repliken in dem Defter lathaif
des Lamai von ihm, welches eine Sammlung von arabischen,
persischen und türkischen, in
Prosa und Versen abgefaßten
Bonmots ist.

Saudi und **Sudi:** ist der
Name eines Schriftstellers, der
den Bostan und Gülistan des

Dichters Sadi in die türkische
Sprache übersetzt hat.

Saugi. Siehe den Artikel
Sarvin, und das Geschlechtsregister der othmanidischen Sultane.

Sauidiah. Der Scherif
AlEdrissi sagt in seiner Beschreibung des mittelländischen Meeres, daß er Bahr AlSchami,
das Meer von Syrien, nennt,
dies Meer fange an der Meerenge; die er die Meerenge von
Sebth oder Ceuta nennt, und
die bei uns die Meerenge von Gibraltar heißt, an, erstrecke sich
nach Osten hin bis an Sauidiah,
und von da aus krümme es sich
nach Westen hin.

Aus dieser Beschreibung erhellet, daß dieser Schriftsteller
unter dem Worte Sauidiah die
Stadt und den Hafen versteht,
den wir Saida oder Seide nennen, das man für das alte Sidon zu halten pflegt, was die
arabischen Erdbeschreiber auch
Saidan nennen, und dem die
arabischen Tafeln 68 Grade, 35
Minuten der Länge, und 32 Grade, 40 Minuten der nördlichen
Breite geben.

[Herbelot irrt sich hier gar
sehr, wenn er diesen Namen auf die
Stadt Saida, oder das Sidon
der Alten anwendet. Denn es
ist keinem Zweifel unterworfen,
daß dies die arabische Benennung
derjenigen Kette von Gebirgen
ist, die die Griechen Μαυρον ορος,
montanam nigram, in der

G 2   Nach-

Nachbarschaft von Antiochien, an den Gränzen von Syrien und Cilicien, genannt haben. **R.**]

Sauiros, ist der Name eines Patriarchen von Antiochien, der durch die Gewaltthätigkeiten des Kaisers Anastasius dem Patriarchen Flavian, welcher ins Exilium war geschickt worden, succedirte. Dieser Severus, den die Catholifen für einen großen Ketzer halten, anathematisirte das Concilium zu Chalcedon, und behauptete ohngescheut die Ketzerei des Eutyches und Dioscorus. Er sagte öffentlich, in der heiligen Person Jesu Christi sey nur Eine Natur, Eine Person und Ein Wille, so aus den beiden Naturen, der göttlichen und menschlichen entspränge, ohne Vermischung, ohne Confusion, ohne Corruption, gerade so wie die menschliche Natur aus den beiden Substanzen der Seele und dem Cörper entstehe, ohne daß die Materie sich in Form, noch die Form in Materie verwandle.

Severus war der Lehrer von demjenigen Jacob, der den Eutychianismus in Syrien und in Mesopotamien predigte, wo seine Anhänger den Namen Jacobiten, das ist, Schüler des Jacob, angenommen haben. Siehe die Artikel Jakebah und Jakubiah.

Saul, Sul und Dschul: eine Stadt in der Provinz Dschordschan. Siehe unten den Artikel Sauli.

Saulah, eine Stadt in Nubien, von welcher die orientalischen Erdbeschreiber nicht das geringste Merkwürdige angemerkt haben.

Sauli und **Suli**: ein Beiname des Ibrahim Ben Abbas, eines vortrefflichen arabischen Dichters, der der Verfasser eines Divans in Versen ist, der zwar nicht sehr groß, aber voller Feuer und Geist ist. Dieser Dichter ist in der Stadt Samiarah oder Sermenrai, im Jahr der Hedschr. 243 verstorben.

Ebn Khalekan sagt, wenn er von diesem Dichter in seinem Werke von berühmten Männern redet, er sey in der Stadt Bagdet gebohren: aber eigentlich stamme er aus der Provinz Dschordschan her, die sich längs des caspischen Meeres hin erstrecke, und in welcher ein Flecken befindlich sey, den die Eingebohrnen des Landes Dschul und Dschaul nennen, so wie er bei den Arabern Sul und Saul heißt.

Eben dieser Schriftsteller fügt hinzu, Saul und Firuz seyen zwei aus Türkestan gebürtige Brüder gewesen, die sich in der Provinz Dschordschan niedergelassen, und gemeinschaftlich mit einander daselbst regiert hätten. Der erstere von ihnen war ein Christ, und der andere ein Mager oder Feueranbeter, und als Jezid Ben Mahaleb, Ben Abu Safrah, die Provinz Dschordschan für die ommiadischen Khalifen eroberte, gherte, und diese beiden Brüder in die Gefangenschaft geriethen, ward Sauli ein Musulman, erhielt seine Freiheit, und begleitete von der Zeit an beständig seinen Sieger Jezid, mit welchem er auch in dem Kriege, den die Ommiaden mit den Abbassiden führten, sein Leben verlohren hat.

Hamzah Ben Josef AlSehemi, der die Geschichte des Landes Dschordschan beschrieben hat, sagt, Ibrahim Ben Abbas habe den Beinamen Sauli, von diesem Saul, geführt, von welchem er herzustammen behauptete.

Sauli; ein Beiname des Abubekr Ben Mohammed, Ben Jahia, der im Jahr der Hedschr. 335 verstorben ist, und eine Geschichte der Vesire, unter dem Titel: Akhbar AlSchoara, so wie auch noch eine andere besondere Geschichte des Ebn Amru Ben AlOla, hinterlassen hat.

Eben dieser Schriftsteller, der auch Abu Abdallah genannt wird, und den Beinamen Sauli AlKiateb führt, hat das Buch geschrieben, welches den Titel hat: Adab alkiateb alabib; von den Eigenschaften, die ein guter Schreiber oder Secretär haben muß.

Sauman, ist der Name einer kleinen Stadt, in der Nachbarschaft von Vaschgerd, einer Stadt in Transoxanien. Siehe diesen Artikel.

Sar, ist der Titel, den vormals die Fürsten von Dschordschan geführt haben. Es ist dies ein Diminutiv von Caissar. Wenn dies Wort persisch ist, so wird es mit mehreren andern zusammengesetzt, so daß es am Ende derselben angehängt wird, und gewöhnlich den Preiß und die Aehnlichkeit einer Sache bedeutet, zum Exempel: Ambarsar, dem Ambra ähnlich, und so kostbar wie Ambra.

Sara, ist der Name der Tochter des Patriarchen Thareh, und der Tahniah oder Tahauit, die blos seine zweite Frau war: denn seine erste hieß Junah, und war die Mutter des Abraham, wie Ebn Batrik sagt.

Sara, die Frau des Abraham, war eine Tochter des Nakhor und Enkelin des Thareh, folglich also eine Nichte dieses Patriarchen. Siehe auch den Artikel Sarai.

Sarah und **Sorah;** ist der Name des Thurms oder Palastes, der von Nimrod zu Babel ist erbauet worden. Siehe den Artikel Nemrod.

Sarai, ist der Name der Hauptstadt des Khans von der kleinen Tatarei, welche in einer Ebene, zwei Tagereisen von dem Meere Khozar, oder caspischen See, auf der Nordseite desselben, liegt, wo der längste Tag im Sommer siebenzehn Stunden hat. Die Stadt Ocak, die an dem westlichen Ufer des Etel oder der Wolga liegt, gehört zu ihrem Gebiete.

Abdschah Kerman und Sari Kerman sind auch Namen zweier Städte, die von der Stadt oder Halbinsel der Crim nur fünf Tagereisen entfernt sind, und die auch einerlei Fürsten zugehören. Albergendi thut dieser Städte im siebenten Clima Erwähnung, und nennt den Khan der kleinen Tatarei Tatar Padischahi.

Es giebt noch eine andere Stadt gleichen Namens, welche jetzt für die Hauptstadt von Bosnien angesehen wird. Denn in derselben hat der Bascha von dieser Provinz seinen Aufenthalt. Der türkische Sultan weist gewöhnlich die Revenuen der Sultanin Mutter auf diese Stadt und ihr Gebiete an.

Das Wort Sarai bedeutet im Persischen ein Haus, oder einen Pallast. Die Türken nennen gewöhnlich Sarai ein großes Haus oder einen Pallast des Sultans und anderer großer Herren. Aus diesem Worte haben die Italiener das Wort Serraglio und die übrigen Nationen ihr Serrail gemacht.

Noch heut zu Tage nennt man die Stadt, wo der Khan der kleinen Tataren in der Crim seine Residenz hat, Sarai, und Sarai Khirmen oder Karman.

Sarakhs, eine Stadt in der Provinz Khorassan, aus welcher mehrere musulmanische Gelehrte, welche den Beinamen Sarakhsi führen, herstammen.

Sarakhsi, ein Beiname des Abdallah Achmed Ben Mohammed, Ben Marvan, eines großen Philosophen, der ein Lehrer des Khalifen Motadhed, und darauf einer seiner größten Vertrauten war. Allein, da er mehr Gelehrsamkeit, als Klugheit besaß, und ein Geheimniß dieses Monarchen bekannt gemacht hatte, so ward er im Jahr der Hedschr. 286 zum Tode verdammt. Er hat über die Isagoge oder Einleitung des Porphyrs, unter dem Titel Isagogi, und noch ein anderes Werk, Adab alnefes, ein Buch von der Moral, betitelt, geschrieben.

Dieser Schriftsteller wird bisweilen AbulAbbas Achmed genannt, und führt den Beinamen: Sarakhsi Thabib, der Arzt. AbulFaradsch nennt ihn Ebn Thajeb AlSarkhassi.

Sarakhsi, ein Beiname des Schamseddin Mohammed, der im Jahr der Hedschr. 483 verstorben ist. Er ist der Verfasser eines Buchs, betitelt: Ossul, Grundsätze des musulmanischen Gesetzes, das er in dem Gefängnisse verfertigt hat, in welches er in Khuarezm war gesetzt worden. Auch hat er einen Scharh oder Commentar über das Buch des Jakub Ben Ibrahim verfertigt, der den Titel führt: Adáb AlCadhi, Eigenschaften eines Richters.

Sa

Sarakhſi, ein Beiname eines berühmten Lehrers, welcher Radhieddin Mohammed hieß, und den Titel: Borhan eddin, Licht oder Demonſtration der Wahrheit, verdient hat.

Dieſer Lehrer kam aus der Stadt Sarakhs, in Syrien, wo er war gebohren worden, und wo er ſich großen Ruhm erworben hatte, und erhielt die Verwaltung eines Collegii in der Stadt Halep. Allein die Lehrer dieſer Stadt erklärten ſich gegen ihn, und brachten den Sultan Nureddin dahin, daß er es ihm wieder nahm. Dies war die Urſache, warum er ſich nach Damas entfernte, wo er im Jahr der Hedſchr. 571 verſtorben iſt.

I. Die vornehmſten Werke des Sarakhſi ſind: der Mohith, der Vagiz, der Vaſſith und der Dhakerah, lauter Bücher, die in das Geſetz und in die ſcholaſtiſche Theologie einſchlagen.

Man hat vier Ausgaben vom Mohith, welcher Name den Ocean bedeutet. Die erſte beſteht aus vierzig Bänden. Die zwote aus zwölf, die dritte aus vier, und die vierte aus zween. Raudh alakhiar.

Saraki. Abu Mohammed Joſef Ben Huſſain, wird auch Ebn AlSaraki genannt. Dies iſt ein Schriftſteller, der über das Buch des Ebn Sakfith geſchrieben hat, welches den Titel führt: Eſlah almanthek, ein Werk über die Logik. Er iſt im Jahr der Hedſchr. 385 verſtorben.

Saraſſerah. Die Nabathäer in Syrien. Siehe den Artikel Sarſarah.

Sarbedar und **Sarbedarinn**: Iſt der Name einer Dynaſtie von zwölf Fürſten, die in der Stadt Sebzvar in Khoraſſan, und in noch vielen andern, welche ſie innerhalb des kurzen Zeitraums von fünf und dreißig Jahren erobert, regiert haben.

Der Urſprung dieſes Namens, welcher perſiſch iſt, kommt daher, daß der erſte von dieſer Familie oder Dynaſtie mehrere Landſtreicher zuſammengebracht hatte, welche einen großen Aufruhr gegen den Gouverneur dieſer Provinz erregten, und zum Zeichen ihrer Empörung mehrere Mützen oder Turbane an die öffentlichen Galgen hingen, welches durch das zuſammengeſetzte perſiſche Wort Serbedar ausgedruckt wird, das Köpfe über dem Galgen bedeutet.

Der erſte, der ſich der Anführung dieſer Aufrührer bemächtigte, und die Würde eines Fürſten oder Emirs annahm, hieß Abdalrazzak Ben Fadhlallah Al-Baſchtini, gebürtig aus Sebzvar, welcher im Jahr der Hedſchrah 737 ſogleich nach dem Tode des Abu Said Ben Aldſchaptu, Sultans oder Kaiſers der Mogolen und Tataren Auffehn zu machen anfing. Denn gerade nach dem Hintritte dieſes Fürſten, fing das große

große Reich oder die Dynastie der Ginghizkhanier, durch die Trennung der Fürsten dieses Hauses an zu fallen, da Abu Said keine Söhne hinterließ, die ihm hätten nachfolgen können.

Abdalrazzak hat nur sieben Monate, unter dem simplen Titel eines Emirs, regiert.

Der zweite Fürst der Sarbedarier war Khuageh, oder Cochschah Vadichheddin Maffud, der sechs Jahre und vier Monate regiert hat.

Der dritte, Agah Mohammed Timur, der nicht aus der Familie des Abdalrazzak Al Baschtini war, hat zwei Jahre und zwei Monate regiert.

Der vierte, Ghelu Usfendiar, ein Jahr und einen Monat.

Der fünfte, Khodschah Schamseddin Afdhal, ein Sohn des Fadhlallah Al Baschtini, erster Fürst aus dieser Dynastie und Bruder des Vadichheddin, der der zweite aus derselben war, hat sieben Monate regiert, und das Commando seinem Neffen hinterlassen.

Der sechste, Khuageh Ali Schams eddin, hat vier Jahre und neun Monate regiert.

Der siebente, Emir Khodschah Jahia Ben Haidar Al Kerabi, vier Jahre und acht Monate.

Der achte, Khodschah Zeineddin Thaher Ben Haidar Al Kerabi, hat ein Jahr regiert.

Der neunte, Pahalavan Haidar Cassab, der Metzger, ein Jahr und einen Monat.

Der zehnte, Khodschah Lutfallah Ben Vadichheddin Maffud, hat ein Jahr und drei Monate regiert.

Der eilfte Pahalavan Hassan Al Damagani, vier Jahre und vier Monate.

Der zwölfte, Khodschah Ali Mujad. Dieser letzte Fürst der Sarbedarier verband sich im Jahr der Hedschr. 782 mit Tamerlan, da dieser Eroberer als Sieger in die Provinz Khoraffan einzog, und blieb beständig um seine Person, bis ins Jahr 788, wo er gestorben ist.

Dieser Khodschah Ali Mujad ward in seinem Leben sehr geachtet, und setzte sich bei Tamerlan in große Achtung, daher er sich oft seines Raths bediente. Gegen die Lehrer seines Gesetzes bewies er große Hochachtung, und besonders gegen diejenigen, die von Mohammeds und Alis Geschlechte waren, worin er so streng war und so weit ging, daß er, wie man versichert, alle Abend und alle Morgen ein Pferd gesattelt in Bereitschaft hielt, um dem Mahadi, oder zwölften Imam von diesem Geschlechte, entgegenzugehen.

Die Berechnung, welche wir hier von den Jahren und Regierungen der Sarbedarier angegeben haben, ist nach dem Khondemir und nach dem Verfasser des Nighiaristan gemacht. Denn der Verfasser des Lebtarikh giebt dieser Dynastie eine Dauer von vierzehn Jahren mehr, und differirt

rirt sogar in etwas in Ansehung ihrer Nachfolge.

Sarcaschi, Verfasser eines Buchs über das musulmanische Gesetz, Menar, die Fackel, betitelt. Wenigstens ist es ein Commentar über dieses Werk.

Sarcasthi oder Sarcosthi: ist der Name eines arabischen Grammatikers, der der Verfasser des Buchs ist; welches betitelt ist: Afaál v tessarrufha, Verba und ihre Conjugationen. Dieser Schriftsteller ward zum Spotte Hemar, der Esel, genannt.

Sarcutna Beghi, ist der Name der Nichte oder Enkelin des Avenkhan, den man auch Ong Khan zu nennen pflegt, welches der wahre Priester Johann ist, von welchem Marcus Paul geredet hat. Sie war eine Christin, eben so wie es auch ihr Oheim oder Großvater gewesen war, und ward an Tuli, den ältesten Sohn des Ginghizkhan, vermählt. Sie hat die Staaten ihres Gemahls regiert, der noch bei Lebzeiten seines Vaters Ginghizkhan gestorben ist. Diese Fürstin war ihrer Religion sehr zugethan, und ehrte die Bischöfe gar sehr, wie AbulFaradsch in der Dynastie der Mogolen berichtet.

Dieses Wort Beghi, welches bei den Mogolen und Tataren den Königinnen gegeben wird, ist in Begum verwandelt worden, das die Perser heut zu Tage ihren Königinnen geben, und welches eigentlich soviel bedeutet, als Madame.

Sardiniah, Sardinien. Diese Insel ward von den Arabern, unter der Anführung des Gouverneurs von Africa, Mussa Ben Nassir, im Jahr der Hedschrah 92, welches dasselbe Jahr war, wo Ben Tharek *) seine Landung in Spanien vornahm, wohin er von eben diesem Mussa war gesandt worden, erobert.

Novairi erzählt, die Araber hätten auf dieser Insel eine sehr große Beute gemacht. Denn es fand einer von ihren Tauchern eine große Summe Geldes, die ins Meer war geworfen worden, und als einer ihrer Soldaten einen Pfeil nach einer Taube, welche an der Decke der großen Kirche befestigt war, abschoß, entdeckte er einen sehr großen Schatz, der hinter derselben versteckt war; auch fügt eben dieser Schriftsteller hinzu, es wären die Musulmanen, als sie mit so vielen Reichthümern beladen in ihr Land zurückkehren wollen, alle im Meer umgekommen, und so sey bei dieser Gelegenheit der Vers im Coran, Alla garacahom fajarefu akherhom, „Gott hat sie „ersäuft, und hat sie den Tod im „Wasser finden lassen," eben so an ihnen in Erfüllung gegangen, wie an der Person des Pharao

*) [Lies Tharek Ben Zijad. X.]

und der Egypter, die die Jsrae-
liten durch das rothe Meer verfolgt hatten.

Diese Eroberung von Sardinien ward unter dem Khalifate
des sechsten Ommiaden, des Walid, bewerkstelligt.

III. **Saremeddin** Ben Dacaf.
812 Siehe Enba AlGumri.

Sargis. Siehe Sarkis.

Sarifun, ist der Name eines Orts im arabischen oder
babylonischen Jrak, welches
Chaldäa ist, und wo ein vortrefflicher Wein gezogen wird, den man
wegen seines hiesigen Gewächses
AlKhamr AlSarifuni zu nennen
pflegt. Der persische Geogra-
phe in seinem zweiten Clima.

Saridscha, mit dem Beinamen Zein eddin Ben Mohammed AlMalathi, der im Jahr
der Hedschräh 788 verstorben,
und Verfasser des Buchs ist,
welches den Titel führt: Abhal
alnekus fi Abhal almenkus, De-
monstration oder Ueberzeugung
von den Betrügereien, welche
bei Wahrsagungen oder Zaubereien, die durch Hülfe der
Punctirkunst geübt werden, begangen werden.

Sarikerman, eine Stadt
in der kleinen Tatarei, die auch
den Namen Sarai führt. Siehe diesen Artifel.

Sarkhad und **Sarkhod:**
ist der Name einer kleinen Stadt,

wo ein sehr hohes Schloß befindlich ist, das in der Provinz liegt,
welche den Namen Dschuzan Dameschk führt, einem Lande, welches in der Gegend von Damas,
nach Balbek zu, befindlich ist.

In dem Gebiete dieser Stadt
wird ein vortrefflicher Wein gewonnen, der den Namen Sar-
khabi und Sarkhodi führt. Der
persische Erdbeschreiber im
dritten Clima.

Es giebt auch einige Erdbeschreiber, die dieses Land Huran
nennen. Aber dies ist vielleicht
blos eine Folge der fehlenden
Vocalzeichen.

Sarkhadi, ein Beiname
des Mohammed Ben Soliman,
der aus der Stadt Sarkhad gebürtig war, und im Jahr der
Hedschr. 792 verstorben ist. Man
hat von ihm ein Buch über die
Aarab oder Vocalpuncte des Corans.

Sarkhassi. Siehe den Artifel Sarakhsi.

Sarkis und **Sargis.** So
nennen die Araber denjenigen, der
bei uns Sergius heißt. Der
heilige Sergius hatte vormals eine Kirche nach seinem Namen in
Egypten erbauet, welche Abu
Sardscha genannt wurde. Siehe
diesen Artifel.

Sarmandschan: eine
Stadt in Transoxanien, welche
zu dem Gebiete von Termend gehört. Die Perser haben den arabischen

bischen Namen dieser Stadt in Dscharmanghian oder Germenghian verwandelt.

Sarudsch, ein Beiname des Mohammed Ben Ali, Verfassers eines Buchs unter dem Titel: Ahdak alhakaik fi nadhm aldakaik. Es ist dies eine Sammlung von Eleganzen, Subtilitäten und curiösen Fragen.

Saruin oder Sarwin: ist der Name eines Sohns des Orthogrul, der folglich ein Bruder Othmans, des Stifters der Dynastie der othmanidischen Sultanen, war. Die Türken nennen ihn auch Saudsch. Er war es, der von seinem Vater an den Sultan Alaeddin, den Seldschuciden, gesandt wurde, um von ihm einen Ort in seinen Staaten, wo er sich niederlassen könnte, zu erhalten.

m.   Der Tarikh AlOthman sagt,
213 Orthogrul habe sich von Alaeddin nichts weiter, als Bir Jergighaz, einen sehr kleinen Ort, ausgebeten; und wir sehen heut zu Tage, daß dieser kleine Ort in der Folge eine große Ausdehnung bekommen hatte. Siehe den Artikel Saudsch.

Saruri, ein Beiname des Mostafa Ben Schaban, Verfassers eines türkischen Buchs, welches Bahr almaref betitelt ist.

Sarrafi *), ein Beiname des Hussain Ben Abdallah, der im Jahr der Hedschr. 368 verstorben ist. Er ist Verfasser von einer arabischen Grammatik, Eknaa fil nahu betitelt. Dieser Mann stammte wahrscheinlich von einem Wechsler her; denn dies bedeutet das Wort Sarráf im Arabischen. Sarráf Baschi zu Constantinopel ist das Oberhaupt von allen Wechslern, und von denjenigen, welche Geldnegöce machen.

Sarradsch. Dieses Wort, welches im Arabischen einen Sattler bedeutet, ist der Beiname von mehreren Personen.

AbulHassan Sarradsch ist der Name eines musulmanischen Heiligen. Siehe den Artikel AbulHassan.

Sarradsch: ein Beiname des Mohammed, sonst auch Ebn AlSeri genannt, der im Jahr der Hedschr. 316 verstorben ist, und ein Werk verfertigt hat, welches AlMenhadsch, die Methode, betitelt ist. Siehe diesen Artikel.

Auch hat man noch ein anderes Buch von ihm, betitelt: Ehtedschadsch AlCoran: Von demjenigen, was zum richtigen Verstande des Corans nothwendig ist.

Es ist dies ein Beiname des Mahmud Ebn Achmed, AlConni genannt, der einen Talkhis ahkam alcoran, Sammlung der Gesetze des Corans, verfertigt hat. Dieser

---

*) [Lies Siraf oder Sairafi. Er war Cadhi von Bagdad. R.]

ſer Schriftſteller iſt im Jahr der Hedſchr. 470 verſtorben.

Sarradſch, ein Beiname des Abdallathif, Verfaſſers eines Buchs unter dem Titel: Eelám beman adha allom kelam: Von denjenigen, die in Schimpf- und Schmähworte einſtimmen, die einer dem andern ſagt.

Man ſehe auch noch über dieſen Namen Sarradſch die Artikel Seri und Paſſethi.

Sarſar, eine Stadt im babyloniſchen Irak oder in Chaldäa, zwiſchen Cufah und Bagdad, in einer Entfernung von zwei Paraſangen von dieſer letztern Stadt gelegen. Der perſiſche Erdbeſchreiber in ſeinem dritten Clima.

Sarſar und **Sarſarah**: iſt der Name eines Fluſſes, der vielleicht der Stadt den Namen gegeben hat, von welcher wir ſo eben reden, und von dem die Nabather auch den Namen Saraſſerah, den ſie in denen Colonien, die ſie in Syrien angelegt haben, beibehalten, angenommen haben. Siehe den Artikel Saraſſerah.

Sarvin. Siehe den Artikel Sarvin.

Saſſan, iſt der Name des Vaters des Ardeſchir Babegan, erſten Königs aus der vierten Dynaſtie von Perſien, die den Beinamen Saſſanian, oder der Saſſaniden führt.

Dieſer Saſſan war, ob er gleich von einem andern Saſſan herſtammte, der ein Sohn des Bahaman Asfendiar, des ſechſten Königs aus der zweiten Dynaſtie von Perſien, Cajanian oder der Cajaniden genannt, war, doch in ſehr niedrige und ſclaviſche Umſtände gerathen. Denn er war Hirte bei den Heerden des Babek, eines reichen und mächtigen Mannes in Perſien, geworden. Inzwiſchen befand er ſich doch in ſeinen Umſtänden glücklich. Denn er mußte die Gunſt ſeines Herrn ſo zu gewinnen, daß er ſeine eigne Tochter zur Ehe bekam. Mit derſelben zeugte er einen Sohn, Namens Ardeſchir, der den Beinamen ſeines mütterlichen Großvaters Babek annahm, und Babegan genannt wurde. Siehe den Artikel dieſes Fürſten. Khondemir. Lebtarikh.

Dennoch ſtimmt der Lebtarikh nicht mit Khondemir überein; denn er läßt den Saſſan nicht von Bahaman Asfendiar, ſondern von Baharam, einem Könige aus der dritten Dynaſtie von Perſien, abſtammen, die den Namen Moluk Thauaif führen.

Saſſanian. Die Saſſanier oder Saſſaniden. So nennen die Perſer die Könige aus ihrer vierten Dynaſtie, denen ſie auch den Beinamen oder Titel Khosrevian gegeben haben, weil ſie den Titel Khosrev oder Khosru führten,

ten, und dies ſind eben diejenigen, die die Araber Akaſſerah,
von dem Singular Kiſra, nennen, welches ſie ſtatt des perſiſchen Worts Khoſrev zu brauchen
pflegen. Wir könnten ſie die
Khoſroer nennen, ob wir gleich
gewöhnlich dieſen Namen nur
demjenigen von dieſem Stamme
zu geben pflegen, der die meiſten Händel mit dem Kaiſer Heraclius gehabt hat.

Der Lebtarikh rechnet ein und
dreißig Könige aus dieſer Dynaſtie, ob er gleich nur dreißig
nennt, und giebt ihr eine Dauer
von fünfhundert Jahren. Allein der Tarikh Khozideh und
Khondemir geben dieſer Dynaſtie
nur eine Dauer von vierhundert
und ein und dreißig Jahren, und
zwar in folgender Ordnung:

Der erſte König und Stifter
dieſer Dynaſtie iſt Ardeſchir, genannt Ben Babek oder Babegan, wie wir bereits oben geſehen haben, ob er gleich in der
That ein Sohn des Saſſan war,
der vierzehn Jahre regiert hat,
ſeitdem er ſich den Ardevan, letzten König aus der dritten Dynaſtie, vom Halſe geſchafft hatte.

Der zweite: Schabur Ben
Ardeſchir, der ein und dreißig
Jahre regiert hat.

Der dritte: Hormuz Ben
Schabur, hat auch ein und dreißig Jahre regiert.

Der vierte: Baharam Ben
Hormuz, hat drei Jahre und
drei Monate regiert.

Der fünfte: Baharam Ben
Baharam, hat zwei und ſechzig
Jahre regiert.

Der ſechſte: Baharam Ben
Baharam, Ben Baharam, hat
dreizehn Jahre und vier Monate
regiert.

Der ſiebente: Narſi Ben Baharam, Narſis der Sohn Ba-
harams des Zweiten, hat neun
Jahr regiert.

Der achte: Hormuz Ben Narſi, hat ſieben Jahre und fünf
Monate regiert.

Der neunte: Schabur Dhu-
lakthaf, hat zwei und ſiebenzig
Jahre regiert.

Der zehnte: Ardeſchir, der
mütterliche Oheim von Schabur,
dem Tharikh Khozideh zufolge;
oder Enkel des Hormuz Ben
Narſi, dem Tarikh Thabari zufolge, hat vier Jahre regiert.

Der eilfte: Schabur Ben
Schabur Dhulakthaf, hat beinahe fünf Jahre regiert.

Der zwölfte: Baharam Ben
Schabur, genannt Kerman
Schah, hat dreizehn Jahre re-
giert.

Der dreizehnte: Jezdegerd Al-
Althim, der Gottloſe, Ben Baharam, hat ein und zwanzig Jahre regiert.

Der vierzehnte: Baharam Gur
Ben Jezdegerd, hat drei und
zwanzig Jahre regiert.

Der funfzehnte: Jezdegerd
Ben Baharam Gur, hat achtzehn Jahre regiert.

Der ſechzehnte: Hormuz Ben
Jezdegerd, hat ein Jahr regiert.

Der

Der siebenzehnte, Firuz, ein Bruder des Hormuz, hat acht und zwanzig, oder dreißig Jahre regiert.

Der achtzehnte, Balasch Ben Firuz, hat etwas weniger als vierzehn Jahre regiert.

Der neunzehnte: Cobad Ben Firuz, hat drei und vierzig Jahre regiert.

III, 215

Der zwanzigste: Anuschirvan oder Nuschirvan Ben Cobad, der größte Fürst aus dieser ganzen Dynastie, hat acht und vierzig Jahre regiert.

Der ein und zwanzigste: Hormuz, Ben Nuschirvan, hat zwölf Jahre regiert.

Der zwei und zwanzigste: Khosru Parviz, Ben Hormuz, hat acht und dreißig Jahre regiert.

Der drei und zwanzigste: Schirujeh Ben Khosru Parviz, hat sechs oder acht Monate regiert. Die Tradition der Orientaler ist diese, daß Fürsten, die ihre Hände mit dem Blute ihrer Väter beflecken, dergleichen dieser Schirujeh oder Siroes einer war, ihre Väter nur sechs Monate überleben.

Der vier und zwanzigste: Ardeschir Ben Schirujeh, hat anderthalb Jahre regiert.

Der fünf und zwanzigste: Scheheriar, der nicht aus königlichem Geblüte war, hat zwei Jahre und zwanzig Tage regiert.

Der sechs und zwanzigste: Turan Dokht Benat Khosru Parviz, eine Tochter des Khosroes, mit dem Beinamen Parviz, hat höch-

stens nur zween Monate regiert.

Der sieben und zwanzigste: Azurmi Dokht, eine Schwester der Turan Dokht, hat ein Jahr und vier Monate regiert.

Der acht und zwanzigste: Farakhzad Ben Khosru, hat nur einen Monat regiert. Einige lassen ihn vor seiner Schwester Azurmi Dokht regieren.

Der neun und zwanzigste: Jezdegerd Ben Scheheriar, Ben Khosru Parviz, letzter König aus dieser Dynastie, welche nachher in die Dynastie der Araber und Musulmanen übergegangen ist, hat dem Tarikh oder der Geschichte des Hamzah Ben Hussain Esfahani zufolge, zwanzig Jahr regiert, davon er vier auf der Flucht zugebracht hat.

Dieses Verzeichniß der Sassaniden ist aus Khondemir genommen, der nur neun und zwanzig Könige aus dieser Dynastie anführt, weil er Baharam Tschubin ausläßt, der auch eigentlich weiter nichts alle Rebelle und unrechtmäßiger Besitzer der persischen Crone gewesen ist. Inzwischen setzt ihn der Lebtarikh doch in die Classe der Könige, zwischen Hormuz Ben Nuschirvan und Khosru Parviz, den Sohn des Hormuz.

Man sehe die Artikel aller Könige aus dieser Dynastie, jeden insbesondere, wie auch den Artikel: Baharam Tschubin. Uebrigens muß man noch bemerken, daß einige Geschichtschreiber diese Dynastie der Sassaniden für die fünfte

fünfte perſiſche rechnen, weil ſie
die dritte, welche die Dynaſtie
der Moluk Thauaif oder Könige
der Nationen iſt, in zwei Aeſte
abtheilen, nemlich in den Aſca-
niſchen und Aſchganiſchen.

Abulfaradſch ſchreibt, dieſe
vierte Dynaſtie der alten Könige von Perſien habe im dritten
Jahre des Reichs des Alexanders,
Manuens Sohnes, im 542ſten
der Jahre Alexanders des Großen, nach der Rechnung der
Syrer, ihren Anfang genommen, und habe 418 Jahre bis
zum Mohammedismus gedauret.
Unſere Geſchichtſchreiber, zum
Exempel Dio und andere, bemerken, Artaxerxes, welcher Ardeſchir, der Stifter dieſer Dynaſtie, iſt, habe Artaban, welches
der Ardevan der Perſer iſt, im
Jahr Alexanders oder der Seleuciden 541, welches mit dem Jahre Chriſti 229 einerlei iſt, und
im Jahr 981 nach Erbauung der
Stadt Rom, welches gerade
die Zeit iſt, in welcher Dio ſeine
Geſchichte endigt, geſchlagen und
getödtet.

Sathif, iſt der Name eines
Landes, von welchem die Araber
ſagen, es ſey Men Auaſſith Magrebi, in der Mitte von Africa.
Dieſe Mitte von Africa muß von
demjenigen Theile von Africa verſtanden werden, der ſich längſt
des mittelländiſchen Meeres hin
erſtreckt. Der perſiſche Erdbeſchreiber, der in ſeinem dritten
Clima deſſelben Erwähnung thut,
ſagt, dies Land ſey ſehr ſchön,

habe einen Ueberfluß an Waſſer,
ſey reich an allen Arten von
Früchten, und beſonders an
Nüſſen.

Sati Beghi, oder Begum: III.
iſt der Name der Schweſter des 216
mogoliſchen Kaiſers, Abu Said
Ben Aldſchaptu, welche an den
Emir Dſchobân verheirathet
war, der mit ihr einen Sohn erzeugte, welcher Dſchalair hieß.
Siehe den Artikel Abu Said.

Saz. So nennen die Tür-
ken die Sachſen, und beſonders
diejenigen, welche die ſieben
Städte von Siebenbürgen bewohnen, wohin ſie Carl der Große
aus ihrem Lande geſchickt und Colonien aus ihnen gemacht hatte.

Dies ſind die ſieben ſächſiſchen
Städte, wovon Siebenbürgen
dieſen ſeinen deutſchen Namen ſo
wie den lateiniſchen Septemca-
ſtrenſis regio bekommen hat.

Dieſe Saz oder Sachſen ver-
miſchten ſich mit den Seculern
(Secklern), die mehrere Siculer
nennen. Dies ſind die ur-
ſprünglichen Landseingebohrnen,
und aus beiden zuſammen iſt dasjenige Volk entſtanden, das wir
heut zu Tage Siebenbürger zu
nennen pflegen.

Scháb: iſt der Name einer
Linie oder Familie des Stammes
Hamadan, aus welcher Amer
Al Euſi, mit dem Beinamen Al-
Schabi, herſtammte. Siehe den
Artikel Schabi.

Schä-

Schábah v Sasian. Sie
he den Artikel Agrab, Achmed
Ben Schoaib.

Schabalig, ist der Name
eines Gebürges in der Provinz
Transoxanien, welches von dem
Flusse Schasch umgeben wird,
der die Türken von Streifereien
und Einfällen in die Stadt
Schasch abhält.

Schában, ist der Name des
achten Monats des arabischen
Jahres, von dem der funfzehnte Tag bei den Arabern Lailat
alberát genannt wird. Siehe
diesen Artikel.

Schabath: ist der Name
eines Monats in dem Calender
der Syro-Macedonier, welcher
in unsern Februar fällt. Die
Araber nennen diesen Calender
Tarikh Rumi, den Calender der
Griechen. In diesem Calender
ist auf den zweiten Tag dieses
Monats dasjenige Fest angesetzt,
das die Araber Aid Schema nennen. Es ist dies Mariä Licht-
meß. Der siebente Tag eben
dieses Monats wird darin So-
euth dschumrath auel, die erste
Auslöschung des Brandes genannt. Der vierzehnte ist die
zweite Auslöschung des Brandes,
und die dritte fällt auf den ein
und zwanzigsten eben dieses Monats, und wird für das Ende
des Winters angesehen.
Der sechs und zwanzigste eben
dieses Monats Schabath ist der erste Tag von den sieben, die die Ara-

ber Asam abschuz, die Tage des
alten Weibes, nennen, die sich
bis in die ersten Tage des Adher,
welches unser März ist, erstrecken.

Schábbauan, ist der Na-
me eines Orts in der Provinz
Fars, welche das eigentlich so
genannte Persien ist, an den Gränzen von Naubendidschan, den
man für einen von den vier Orten hält, die die Orientaler Ar-
baa Montazahát v Faradis, die
vier Paradiese von Asien, nennen. Siehe die Artikel Gauthá
Demesch Obollah, Sogd Sa-
marcand und Naubendschan.

Schabbi, ein Beiname des
Mohammed Ebn Ali, Verfas-
sers eines Buchs unter dem Titel: Thamth alamthál, Erklärung ausgesuchter arabischer
Sprüchwörter.

Schábedhat: Dieses ara- III.
bische Wort bedeutet alle Arten 217
von Zaubereien und Hexereien,
besonders diejenigen, die mit
Aschen, Laugen und Vitriolöhlen
gemacht werden, und von welchen in dem Buche gehandelt wird,
das den Titel hat: Ramadát v
kholcothorat. Es ist in der königlichen Bibliothek zu Paris unter Nr. 1014.

Schábi, ein Beiname des
Abu Amru AlCufi, von welchem
Ben Ainah versichert, daß er
der größte Lehrer seiner Zeit ge-
wesen sey. Er ist im Jahr der
Hedschr.

Hedschr. 104 mit Tode abgegangen. Man rechnet ihn gewöhnlich unter die ältesten und berühmtesten Lehrer des Musulmanismus. Man sehe, was sich zugetragen hat, als er dem Hedschadsch wegen seiner zu großen Strenge Vorwürfe machte, in dem Artikel Hedschadsch.

Schábi. Mohammed Ben Mohammed, der Verfasser eines Buchs ist, das den Titel führt: Anuar albahiah, einleuchtende Aufklärungen über die Materie von Feraidh oder Successionen, führt auch den Beinamen Al-Schabi. Sein Werk ist in der königlichen Bibliothek zu Paris unter Nr. 640. Auch sehe man den Artikel Makhul.

Schubiah, eine Stadt in dem Lande der Sudan oder Negern, die sehr tief in den Gegenden jenseit des westlichen Nils, das heißt, des Flusses Niger liegt. Von dieser Stadt bis nach Cugah, welches vielleicht Congo ist, hat man, dem Edrissi zufolge, einen ganzen Monat zu reisen. Siehe diesen Schriftsteller in dem dritten Theile seines ersten Clima.

Schabur, ist der Name, den mehrere Könige von Persien gemeinschaftlich geführt haben, und dafür die Griechen und Lateiner Sapores sagen. Dieses Wort bedeutet in der persischen Sprache einen Sohn des Königs. Denn es ist mit Schahpur und Schahpor einerlei.

Orient. Bibl. 4. B.

Schabur Ben Aschek, Ben Dara. Sapor der Erste, ein Sohn des Aschek, eines Sohns des Darius. Dies ist der dritte König von Persien aus der Dynastie der Aschkanier, der seinem Bruder Aschek dem Zweiten in der Regierung gefolgt ist. Er führte den Beinamen: Padischahi Buzurk, der große König, wegen der häufigen Siege, die er über die Griechen, das heißt, über die Macedonier, die Nachfolger Alexanders in Asien, die wir die Seleuciden nennen, erfochten hat. Auch hat er die Schätze, welche Alexander der Große ehemals aus Persien weggeschleppt hatte, wieder dahin zurückgebracht.

Dieser Fürst hat funfzehn Jahre regiert, und Baharam, den der Lebtarikh einen Sohn des Balas, eines Sohns Sapor, eines Sohns Aschek nennt, zu seinem Nachfolger hinterlassen.

Schabur Ben Ardeschir Babegan. Sapor der Zweite, ein Sohn des Ardeschir Babegan. Ist der Name des zweiten Königs von Persien aus der vierten Dynastie, welche man die Dynastie der Saffanier oder Chosroes nennt. Er ward, ohne Vorwissen seines Vaters erzogen, und in dem Mailspiele zu Pferde von ihm erkannt. Siehe diese Geschichte in dem Artikel Ardschir Babegan.

Abulfaradsch setzt das erste Jahr der Regierung dieses Monarchen in das erste Regierungsjahr

H   Jahr

jahr Philipps. Allein Agathias setzt es unter die Regierung des Gordians, ins Jahr Jesu Christi 242. Ebn Batrik setzt den Tod Sapors, der nach seinem Vater dreißig Jahre regiert hat, in die Regierung des Maximin, und verbindet das siebenzehnte Jahr seiner Regierung mit dem Todesjahre des Heliogabalus, und dem Regierungsantritte des Alexander Severus.

Der Lebtarikh giebt dem Schabur eine Regierung von ein und dreißig Jahren und einigen Monaten, und sagt, er habe die Stadt Nischabur in Khorassan, welche von Tahmurath erbaut, und von Alexander dem Großen war zerstört worden, wieder hergestellt, und habe überall in seinen Staaten noch viele andere Städte und Flecken erbauen lassen, denen er seinen Namen beigelegt hat. Eine der vornehmsten darunter ist die Stadt Dschondi Schabur in Khuzistan, welches das Susiane der Alten ist. Siehe die Artikel Kureh Schabur und Naubendidschan.

Eben dieser Schriftsteller fügt hinzu, man habe ehemals in einer Höle, nahe bei der Stadt Nischabur eine Statüe von Stein sehen können, welche diesen Monarchen vorgestellt habe, und diese Statüe habe mitten unter vielen andern von gleicher Materie in Gestalt einer Säule hervorgeragt.

Der persische Erdbeschreiber erzählt, in der Stadt Schuster oder Soster, der Hauptstadt von Susiane, sey ein sehr hoher und dicker Damm oder Erdwall befindlich, der, wie man sagt, auf Befehl des Sapors sey gemacht worden, um das Wasser aus dem vorbeifließenden Flusse einzudämmen.

Dies ist eben der Sapor, der dem römischen Reiche viel zu thun gemacht und es sehr geschwächt hat. Denn er hat die Provinzen von Mesopotamien, Syrien und Cilicien fast gänzlich ausgeplündert und verwüstet, und endlich den Kaiser Valerian, nachdem er ihn zum Gefangnen gemacht, und dem er niemals seine Freiheit wiedergeben wollen, überwunden. Unsere Schriftsteller sagen sogar, er habe ihn auf eine sehr grausame Art ums Leben bringen lassen. Aber dieses Umstandes thun die ältesten Orientaler mit keinem Worte Erwähnung.

Dieser Sapor würde seine Siege über die Römer noch viel weiter verfolgt haben, wenn nicht der König der Palmyrener, Odenat, der sich in der Folge zum römischen Kaiser ausrufen ließ, seinen Eroberungen Gränzen gesetzt, und ihn mit dem Kaiser Aurelian Friede zu machen genöthigt hätte. Er ist endlich im Jahr Christi 272 gestorben, und hat seinen Sohn Hormuz, den die Griechen und Lateiner Hormisdas genannt haben, zu seinem Nachfolger hinterlassen.

Abulfaradsch schreibt, ich weiß nicht, auf was für eines Schriftstellers Autorität, Aurelian

lian habe seine eigne Tochter dem Sapor zur Ehe gegeben, und die Stadt Dschondi Schabur für ihn erbauen lassen.

Schabur Ben Hormuz, Ben Narsi, Ben Baharam. Sapor der Dritte, ein Sohn des Hormuz, eines Sohns Narses, eines Sohns Baranes, der den Beinamen Dhulactaf führte, neunter König von Persien aus der vierten Dynastie, welche die Sassanidische oder die der Khosroes genannt wird.

Dieser Fürst war schon vor seiner Geburt König. Denn da sein Vater Hormuz die Königin, seine Gemahlin, schwanger hinterließ, so faßten die Großen von Persien unter sich den Entschluß, daß sie das Kind, mit welchem sie niederkommen würde, für ihren König erkennen wollten.

Vier Tage nach Hormuz Tode kam sie nieder, und sogleich ward ihr Sohn, dem der Name Sapor beigelegt wurde, auf den Thron getragen, und zugleich an denselben die königliche Crone, die das Kind noch nicht zu tragen vermochte, angehängt.

Ehe noch dieser kleine Prinz die Kinderjahre zurückgelegt hatte, drang der arabische König Thair mit einer ansehnlichen Armee in Persien ein, nahm die Haupt- und Residenzstadt ein, plünderte sie, und machte die Schwester des Hormuz und Tante des Sapors, zur Gefangnen. Während der Minderjährigkeit des jungen Sapor, hatten die Araber mit den Persern leich-

tes Spiel. Aber kaum war er in die ersten Jahre der Jünglingschaft getreten, so faßte er den Entschluß, sich an den Arabern zu rächen, die sich seine Schwäche auf eine so grausame Art zu Nutz gemacht hatten. Und sogleich broch er auf, um Thair in einem seiner festesten Plätze anzugreifen, und hatte auch das Glück, ihn durch Verrätherei der Malekah, einer Schwester des Thair, die ihm heimlich das Thor öffnete, in demselben zu überfallen.

Nachdem sich Sapor der Person des Thair und der vornehmsten Oberhäupter seiner Armee bemächtigt hatte, ließ er sie alle III. über die Klinge springen, und 219 mit dieser Execution noch nicht einmal zufrieden, übte er seine Rache auf dem ganzen platten Lande von Jemen aus, wo er eine unzählige Menge von Arabern tödten, und allen denjenigen, die er am Leben ließ, und von denen er glauben konnte, daß sie gegen ihn die Waffen ergreifen könnten, die Schultern entzweischlagen ließ.

Die meisten orientalischen Geschichtschreiber berichten, um dieser letztern Handlung willen habe Sapor den Beinamen Dhulactaf bekommen. Inzwischen sagt aber der Verfasser des Lebtarikh, es sey dieser Monarch nicht Dhulactaf, welches mit Schultern begabt bedeutet, sondern Dhulacnaf genannt worden; welches Wort soviel bedeutet, als mit Flügeln begabt; wegen des

des Schutzes, den er den Arabern gab, nachdem er ihnen den
Frieden bewilligt hatte, und erzählt zu dem Ende folgende Geschichte:

Malek Ben Naffer, einer von
Mohammeds Vorfahren, kam
als Ambaſſadeur von ſeiner Nation an den Hof des Sapor, um
einen Verſuch zu machen, ob er
den Zorn dieſes Monarchen be-
ſänftigen könnte, der ihn zu einer
ſo großen Niederlage unter den
Arabern angefeuert hatte. Als
er ihn nun fragte, warum er ſich
ſo große Grauſamkeiten gegen ſie
erlaubte, antwortete er ihm, er
habe von ſeinen Sterndeutern gehört, es ſolle ein Mann aus ihrer Nation gebohren werden, der
einſt die Monarchie der Perſer
umſtürzen würde, daher nehme
er zum Voraus alle die Rache,
die ihm nur immer möglich ſey.

Malek Ben Naffer antwortete
ihm, man müſſe den Wahrſage-
reien der Zeichendeuter, die ſo
ſehr gewohnt wären zu lügen,
nicht wie Orakeln glauben.
Und wenn ſie auch ſogar die
Wahrheit ſollten geſagt haben, ſo
dünke ihn doch, die Klugheit
rathe es den Perſern, daß ſie
mehr Gelindigkeit gegen Leute ge-
brauchten, von welchen er glaube, daß ſie einſt ihre Herren
werden ſollten. Sapor folgte
dem Rathe des Malek, und gab
einen Befehl, daß mit der Execution, welche er über die ganze
Nation der Araber verordnet
hatte, nicht weiter ſolle fortgefahren werden. Ja von der Zeit

an geſchah es ſogar, daß ſie Sapor in ſeinen ganz beſondern
Schutz nahm und ſie immer mit
ſeiner Gunſt begnadigte, und daher riefen ihn die Araber, aus
Erkenntlichkeit für das gütige Betragen, mit welchem er ſie behandelte, als Dhulacnaf, das
heißt, als ihren Beſchützer aus.

Sapor wollte ſich einſtmals
ſelbſt von dem Zuſtande des rö-
miſchen Reichs unterrichten, und
wagte es zu dem Ende, nach
Conſtantinopel zu gehen, und ſich
daſelbſt in der Perſon eines Geſandten verborgen zu halten. Allein er ward bald erkannt und
zum Gefangnen gemacht. Dieſer Vorfall hatte für Perſien ſehr
traurige Folgen. Denn die Griechen oder Römer bemächtigten
ſich während ſeiner Gefangen-
ſchaft eines großen Theils der
Provinzen von ſeinen Staaten.

Inzwiſchen hatte er doch das
Glück, während ſeiner Gefan-
genſchaft ſich bei einer von den
Maitreſſen des Kaiſers in Gunſt
zu ſetzen, und dieſe wußte
ihn durch ihre Kunſtgriffe auf
freien Fuß zu ſtellen, indem ſie ihn
ein Mittel lehrte, wie er entwi-
ſchen konnte, und ihm verſprach,
daß ſie ihm ſelbſt zum Führer
dienen wolle. Wirklich entfloh
er auch mit dieſem Frauenzimmer, und hielt ſich unterweges
nirgends auf, bis er an einem
Orte in der Nachbarſchaft der
Stadt Cazvin oder Cazbin in
Medien, der noch nicht bebauet
war, ankam. Hier war ein Ge-
bethaus befindlich, welches in
dieſen

diesen Zeiten Sumaah Jezdan Peresti genannt wurde, und von Magern oder Christen gebraucht wurde. Dies wird heut zu Tage Schaburan genannt, weil er sich hier niederließ.

Als er hierauf von dem Wächter dieses Gebethauses den Zustand erfuhr, in welchem sich damals Persien befand, nahm er so gute Maaßregeln, daß er bald darauf Truppen aus mehreren Orten und Gegenden zusammenzog, und mit denselben den Kaiser der Römer so zu rechter Zeit angriff, daß er in der Nachbarschaft von Babylon seine Armee aufs Haupt schlug, eine große Anzahl von Gefangnen machte, und alle seine Staaten in kurzer Zeit wieder unter seine Botmäßigkeit brachte.

Die Stadt Cazvin hat dem Sapor ihre Entstehung zu verdanken. Denn nachdem er die Römer aus Persien vertrieben, und sich erinnerte, daß er zu Schaburan den ersten Entwurf, Persien wieder zu erobern, gemacht hatte, so beschloß er, daselbst eine Stadt zu erbauen, die den Namen Cazvin führte, und während der Erbauung dieser Stadt, die seine Nachbarn, die Dilemiten, hintertreiben wollten, nahm er sich Gelegenheit, mit diesen Völkern einen Krieg anzufangen, in welchem er sie gänzlich seinem Gehorsam unterwarf. Siehe den Artikel Cazvin.

Eben dieser Fürst baute auch wieder die alte Stadt Sus oder

Schuschter in Khuzistan auf, und nennte sie nach seinem Namen Khuat Schabur. Diese Stadt heißt auch Corkh.

Sapor Dhulactaf hat zwei und siebenzig Jahre gelebt und regiert; denn die Jahre seiner Regierung sind vollkommen mit seinen Lebensjahren eins. Er hat seinen Sohn Sapor zu seinem Nachfolger hinterlassen, der einige Zeitlang unter der Vormundschaft eines Ardeschir gestanden ist, den mehrere für den zehnten König aus dieser Dynastie rechnen.

Unsere Geschichtschreiber setzen den Regierungsanfang dieses Sapor ins Jahr Diocletians oder der Zeitrechnung der Märtyrer 26, in den Anfang der Regierung des großen Constantius im Jahr Christi 309, und das Ende derselben unter dem Kaiser Theodosius ins Jahr Alexanders 692, welches das Jahr Christi 380 ist. Constantin der Große starb zu Nicomedien, als er sich eben zu einem Kriege gegen ihn rüstete, im Jahr Christi 235, nachdem Sapor die Stadt Nisibis vergebens belagert, und Mesopotamien verwüstet hatte.

Inzwischen griff Sapor Nisibis unter dem Kaiser Constanz ohne einiges Glück von neuem an; aber im Jahr Christi 373 schlug er den Kaiser Julian, den Abtrünnigen, machte darauf Friede mit Jovian, von welchem er die Stadt Nisibis bekam, aus welcher die Christen nach Amida oder Caraemit gebracht wurden.

H 3   Auch

Auch schlug er noch den Kaiser Valens, und starb unter der Regierung des Gratian.

Schabur Ben Schabur: Sapor der Vierte, ein Sohn Sapors mit den Schultern, eilfter König von Persien aus der Dynastie der Sassaniden, der seinem Vater nicht unmittelbar in der Regierung nachgefolgt ist. Denn sein Oheim, Ardeschir, von welchem die Geschichtschreiber sagen, er sey ein Bruder des Schabur Dhulactaf von Einer Mutter gewesen, führte zwölf Jahre lang das Gouvernement, so daß man diesem letztern Sapor nur eine Regierung von fünf Jahren und vier Monaten zu geben pflegt.

Unsere Geschichtschreiber sagen, dieser Sapor habe Gesandte abgeschickt, die Theodosius den Großen um Frieden gebeten hätten, der ihn auch bewilligt und während seiner Regierung nie gebrochen habe.

Er hatte den Baharam zu seinem Nachfolger, den unsere Geschichtschreiber Varanes und Bararanes nennen.

Schabur. Es giebt einen König von Armenien, der diesen Namen geführt, und der unter dem Khalifate des Moavi, ersten Khalifen aus dem Geschlechte der Ommiaden, und zur Zeit des Kaisers Constantin, eines Sohns des Heraclius, regiert hat.

Schabur Ben Sahel: ist der Name eines vortrefflichen

Arztes, der als Christ im Jahr der Hedschr. 250 verstorben ist. Er ist der Verfasser eines Buchs, welches den Titel führt: Acta babin, zusammengesetzte Arzneien oder Confectionen, und welches zum gemeinen Gebrauche in den Officinen angenommen ist und in großer Achtung steht.

Schaburabad, Stadt des Sapor. Es nennen einige diesen Ort Sairabad, welcher nahe bei Jerusalem ist, und in welchem, nach der mohammedanischen Tradition, Esra gestorben und wieder auferweckt worden ist. Siehe den Artikel Ozair.

Schabthui, der Beiname III. eines gewissen Jahia, genannt 221 Schaer, das heißt, der Dichter. Er hat ums Jahr der Hedschr. eintausend gelebt: und ist Verfasser von einem Buche, welches Ossul betitelt ist, und in welchem er von den Grundsätzen der musulmanischen Religion handelt.

Schacaikalnoman si dacaik AlNoman: ist der Titel eines Buchs des Zamakhschari. Es ist dies eine Geschichte und Lobrede auf Abu Hanifah, mit dem Beinamen AlNoman; dem man den Ehrentitel AlJmam AlAdhem zu geben pflegt, das heißt, der oberste Priester, weil er das Oberhaupt von der Hauptsecte unter den vieren ist, welche im Musulmanismus angenommen und approbirt sind.

Dieser

Dieſer Titel: Schacaik AlMoman, bedeutet abgeſchnittne Blumen oder Federbüſche des Noman, das heißt, die Anemonen haben ihren Namen von Noman, einem Könige von Arabien, bekommen, der zuerſt die Cultur derſelben vorgenommen hat. Doch iſt dieſes vielleicht nichts weiter, als eine Anſpielung des Namens dieſes Königs auf den Namen der Anemone. Siehe dieſen Artikel Noman.

Schacaikalnóman. Auch ein Werk des Achmed Ben Moſtafa, der unter dem Namen Taſch Cupri Zadeh bekandter und im Jahr der Hedſchr. 968 geſtorben iſt. Es iſt dies eine Geſchichte der Olama AlRum, der Gelehrten aus Romelien und Natolien, welche unter der Regierung der Othmaniden geblühet haben, deren Ordnung und Regierung dieſer Schriftſteller bis ins Jahr 965 folgt.

Dieſes Buch, welches arabiſch abgefaßt iſt, iſt von Mohammed Khaki ins Türkiſche überſetzt worden, und dieſer hat ſein Werk unter dem Namen Hadaik AlRihan, Gärten oder Parterres von wohlriechenden Blumen, herausgegeben. Dieſes Buch iſt von noch neuern Schriftſtellern fortgeſetzt worden.

Schacarun oder Schakerun, ein Beiname des Scharaf oder Scharf eddin Abdalmumen Ben Hebatallah AlEsfahani, Verfaſſers eines Buchs unter dem

Titel: Athbák aldbeheb, goldne Schaalen. Es iſt dies eine Geſchichte der Auliah allah, der Freunde Gottes, das heißt, der muſulmaniſchen Heiligen, die dieſer Schriftſteller als eine Nachahmung des Zamakhſchari verfertigt, der ein Buch von eben dieſem Gegenſtande verfertigt hat, unter dem Titel: Athuak aldbeheb, die Ketten, oder Halbbänder von Golde.

In dieſem Werke des Scharfeddin ſind hundert Abhandlungen oder beſondere Capitel enthalten.

Schadakh. Siehe den gleichfolgenden Artikel Schadbag.

Schadbag, iſt der Name einer Stadt in der Provinz Khoraſſan, in welcher Aliſchah, die Tochter Takaſch, nebſt mehreren andern Fürſten von Gajatheddin, dem dritten Sultan aus der Dynaſtie der Gauriden, iſt gefangen worden. Der Name dieſer Stadt bedeutet im Perſiſchen den Weinberg oder den Garten des Vergnügens. Uebrigens findet man dieſe Stadt, welche ſehr befeſtigt war, bei einigen Schriftſtellern Schadakh und Schadiakh genannt.

Schadheli, ein Beiname des Tabſcheddin AbulHaſſan Jacut Ben Athaallah, der die Leben der muſulmaniſchen Heiligen beſchrieben hat. Dſchafei thut dieſes Schriftſtellers, in der Vorrede

H 4

rede zu seiner Geschichte, Erwähnung.

Jacut Schadheli hat gegen das Buch geschrieben, welches Ahia Olum eddin betitelt ist, und den Gelehrten Gazali zum Verfasser hat. Marassi war der Schüler und Erbe der Gelehrsamkeit des Abulhassan AlSchadheli.

III, 221

Schadiakh, eine feste Stadt in Khorassan, welche von dem khuarezmischen Sultan Takasch oder Tagasch ist belagert worden. Siehe den Artikel dieses Sultans, so wie auch den Artikel Schadbag.

Schadükiam, das Vergnügen und das Verlangen. Dieses persische Wort, welches aus zwei anderen zusammengesetzt ist, ist der Name einer fabelhaften Provinz im Lande Ginnistan, von welchem die orientalischen Romane sagen, daß es von Divs und Peris bevölkert sey. Dies ist ein eben so fabelhaftes Land, wie die Provinz Schad o kiam. Wir könnten es das Königreich der Feen, oder auch das Reich der Genien, und noch besser, wenn wir seiner eigentlichen Bedeutung nachgehen wollen, das Cocagneland, wie die Franzosen zu sagen pflegen, nennen.

Die Hauptstadt dieses eingebildeten Landes führt den Namen Ghevher abad im Persischen, welcher Name so viel bedeutet, als die Stadt der Juwelen, oder Mehelan und Mahan, welche von dem Geschlechte der Peris

oder guten Genien waren, die in den Zeiten des Caherman regiert haben.

Diese beiden Könige der Peris oder Feen, welche von den Diven oder Dämonen beunruhigt wurden, die unaufhörlich einen grausamen Krieg mit ihnen führten, erfuhren, daß sich dieser Held an dem Hofe des Schelan, eines Königs aus einer andern Provinz von Ginnistan, befinde, und baten ihn daher um seinen Beistand gegen so böse Nachbarn. Caherman bewilligte ihre Bitte, und führte bei dieser Gelegenheit die großen Thaten aus, welche weitläuftig in dem Caherman Nameh beschrieben stehen. Siehe den Artikel der Solimans, welche alte Könige der Präadamiten waren.

Schafa. Dieses Wort, welches Gesundheit bedeutet, ist der Titel mehrerer Bücher.

Schafa alabdsch sam, die Gesundheit des Cörpers. Ein medicinisches Buch, das den Mohammed Ben Abil Saith Alfakih AlKamrani zum Verfasser hat. Dieser Schriftsteller handelt von der Nutzbarkeit gewisser Arzneimittel, von denen niemand vor ihm gehandelt hatte.

Schafa alasrar: ein türkisches Buch, welches dasjenige zum Gegenstande hat, was die Musulmanen AlTessauf, das heißt, das geistliche Leben und die

die Uebungen der Gottesfurcht der Sofis, nennen, von Seid Jahia.

Schafa alafcam v dauá alá lam, ein Buch von Krankheiten und ihren Heilarten, verfaßt von Khedher Ben Ali, Ben Al-Khetab, welcher Schriftsteller unter dem Namen Hagi Pascha bekannter ist.

Dies Werk ist in vier Theile eingetheilt, von welchen der erste von der Medicin, und von ihren einzelnen Theilen überhaupt handelt.

Der zweite handelt von Speisen und Getränken, die sowol zur Nahrung dienen, als zu Medicinen gebraucht werden können.

Der dritte von allen den Krankheiten, die den Leib, vom Kopf bis auf die Füße, betreffen.

Der vierte von Krankheiten, welche sich an jedem Theile des Cörpers insbesondere befinden können. Dieses Buch ist in der königlichen Bibliothek zu Paris unter Nr. 882. befindlich.

Schafa alafcam fi vadha alfáat ala alrokham; Abhandlung von Sonnenuhren. Der Verfasser derselben ist Gemal eddin AbulAbbas Ben Omar AlSofi.

III. 223 Schafa algaram fi Tarikh alharam: Dies ist eine Geschichte von Mekka und dem daselbst befindlichen Tempel, wo die Musulmanen Heilung ihrer geistlichen Krankheiten zu finden glauben. Diese Geschichte ist von Mohammed Ben Achmed, Ben

Ali, AlHuffaini, auch AlFaffi, weil er aus der Stadt Fez in Mauritanien gebürtig war, genannt, verfaßt worden, der im Jahr der Hedschr. 823 gestorben ist.

Dieser Schriftsteller hat diejenige Geschichte, die Azraki, dessen Ordnung er folgt, vor ihm verfertigt hatte, sehr vermehret.

Auch findet man dieses Werk unter dem Titel: Schafa algaram beakhbar albalad alharam, und man behauptet, es sey dies nichts weiter als ein Auszug aus dem Buche, welches betitelt ist: Akd althemin, der kostbare Knoten oder Blumenstrauß, welches eben diesen Gelehrten zum Verfasser hat.

Schafa algaram fi akhbar alkeram: Dies ist eine Geschichte der Imams aus der Nachkommenschaft des Ali, verfaßt von dem Scherif AbulMuaheb Achmed AlOlui, der aus dem Geblüte des Ali entsprungen war.

Schafa alfuad lehazret Sultan Morad, die Gesundheit der Herzen oder der Cörper; ein türkisches Buch, das dem Sultan Moradkhan oder Amurat dem Vierten, der im Jahr der Hedschr. 1030 regiert hat, von Zeinalabedin Ben Khalil ist dedicirt worden.

Dieser Schriftsteller, der sein Werk in siebenzehn Capitel abgetheilt hat, handelt von Nahrungs- und Heilmitteln, und sogar von

von Gewürzen, Blumen und Räuchwerken, welche zur Erhaltung der Gesundheit dieses Sultans dienen könnten.

Schafa fi tarif hokuk Al-Mostafa: ein in vier Theile abgetheiltes Buch von der hohen Würde und den Vorrechten des Mohammed. Es ist von dem Imam Hafedh Abulfadhl Ajadh Ben Mussa AlCadhi aufgesetzt worden, der im Jahr der Hedschr. 544 verstorben ist. Dieses Werk wird für eins der vortrefflichsten im Musulmanismus gehalten, und der Verfasser desselben wird nie genannt, ohne daß ihm die verdiente Belohnung im Himmel dafür angewünscht wird. Siehe Hagi Khalfa unter diesem Artikel.

Dieses Werk hat einen Commentator an Schemeni bekommen, und befindet sich in der königlichen Bibliothek zu Paris unter Nr. 582. Abdalrauf AlManaui hat auch über dieses Werk des Cadhi Ajath geschrieben, und ein kleiner Theil dieses Commentars ist in der königlichen Bibliothek zu Paris unter Nr. 643. befindlich.

Schafa almacalem fi adáb almaallem v almotaalem: ein Buch, in welchem gelehrt wird, wie man die arabische Sprache gut schreiben soll. Es giebt sowol für den Lehrer, als für die Schüler, Vorschriften und hat zum Verfasser den Abdallathif Ben Abdalrahman, genannt AlMoc-

bessi oder Mocadessi, das heißt, aus Jerusalem, oder dem heiligen Lande, gebürtig. Er ist im Jahr der Hedschr. 856 gestorben.

Schafá, oder Schafag Ben Ali, Ben Abbas, genannt AlKateb, der Schreiber oder der Secretär. Er ist der Verfasser eines Buchs, betitelt: Hosn almenakeb, die allervortrefflichste Lobrede. Es ist eine Geschichte und Lebensbeschreibung des Bibars, vierten Sultans aus der ersten Dynastie der Mamluken in Egypten mit dem Beinamen AlMalek AlDhaher AlBondocdari.

Schafari, ist der Name eines von den drei Schriftstellern, welche Gedichte verfertigt haben, die den Titel Lamiat alarab führen. Siehe diesen Artikel.

Schafé, ist der Name eines Vorfahren des berühmten Gelehrten Schafei, der in gerader Linie von Abdalmothleb, dem Großvater des Mohammed, abstämmte. Man sehe den folgenden Artikel.

Schafei, ein Beiname des Abu Abdallah Mohammed Ben Edris, also benannt von Schafé, einem seiner Vorfahren, der von Abdalmothlek, dem Großvater des Mohammed, abstammte. Diese Herkunft ist die Ursache, warum man ihm den Titel Imam AlMothlebi, so wie auch Aref Billah, Gelehrter in Gott, giebt.

Schafei ist zu Gazah, einer Stadt in Palästina, im Jahr der Hedschr.

Hedschr. 150 gebohren worden, kam im Jahr 195 nach Bagdet, nnd unternahm die Wallfahrt nach Mekka. Von da ging er im Jahr 198 wieder zurück, und begab sich nach Egypten, wo er den berühmten Imam und Lehrer Malek Ben Ans hörte. Er ist in diesem Lande, im Jahr 204, in einem Alter von vier und funfzig Jahren verstorben.

Dieser Gelehrte ist unter den Mohammedanern der Erste, der über die Rechtsgelahrtheit geschrieben, und ein Buch über die Ossul oder Grundsätze des Musulmanismus verfertigt hat, in welchem er das ganze, sowol bürgerliche, als canonische Recht der Mohammedauer abgehandelt hat.

Man hat auch noch ein Buch von ihm, unter dem Titel Sonan, und ein anderes, welches Mesnad überschrieben ist, und von derselben Materie handelt. Seine Lehre hat bei den orthodoxen Musulmanen eine solche Autorität, daß Saladin in der Stadt Cairo ein Collegium stiftete, in welchem eine andere vorzutragen, oder sich zu einer andern zu bekennen verboten war. Inzwischen hat er doch einige Neider gehabt, welche ihm den Doctor Abu Hamed Achmed vorgezogen haben.

Die prächtige Moschee, bei welcher ein Collegium befindlich ist, das in der Stadt Herat in Khorassan von dem gauridischen Sultan Gajath eddin ist erbauet worden, wurde den Lehrern von der Secte des Schafei gewidmet, und der Verfasser des Lebab schreibt, alle Lehrer der Stadt Farab oder Fariab in Iranexanien seyen von der Secte der Schafeier gewesen.

Man hat eine Geschichte dieser Lehrer, die Anhänger von Schafei waren, die den Titel führt: Thabacat AlSchafejät. In derselben sind sie nach verschiedenen Classen geordnet. Siehe diesen Artikel.

Was die musulmanischen Traditionen anlangt, so sagt man, Schafei habe solche von Malek Ben Ans bekommen, und an Zohari überliefert. Denn bei den Mohammedanern ist es von Wichtigkeit, den Canal zu wissen, durch welchen die Traditionen, d'e ihrem Propheten ihren Ursprung zu verdanken haben, auf sie gekommen sind.

Schagia und Schegia.

Schach Schedscha: der herzhafte König. Dies ist der Titel des Gelaleddin, vierten Sultans aus der Dynastie der Modhafferier. Er war ein Sohn des Mobarezeddin Mohammed Modhaffer, und ward mit seinen beiden Brüdern, Schach Mahmud und Schach Solthan, einig, daß sie ihren Vater, dessen Zorn sie fürchteten, ins Gefängniß stecken wollten.

Uebrigens war Schach Schedscha ein sehr guter Fürst: und hatte keinen Antheil an der Mißhandlung, welche Schach Solthan an seinem Vater verübte, indem er ihn seines Gesichts beraubte,

raubte. Er hat drei und funfzig Jahre gelebt, sechs und zwanzig Jahre regiert, und ist im
Jahr der Hedschr. 876 verstorben.

Er war ein sehr gelehrter Fürst
und hatte ein so glückliches Gedächtniß, daß er auf der Stelle
bei acht arabische und persische
Verse, die er nur ein einzigesmal gehört hatte, hersagen konnte; ja man versichert sogar, er
habe einige Gedichte von seiner
Arbeit hinterlassen, die man sehr
geschätzt hat. Er hatte zum
Nachfolger Schach Mahmud
Cothbeddin, seinen Bruder, der
sich gegen ihn empört hatte, und
nachher zu dem Sultan Avis zu
flüchten war genöthigt worden, der
ihm seine Tochter zur Gemahlin gab, ihn nach Ispahan zurückschickte, und wieder in den
Besitz von Schiraz setzte.

Dieser Sultan wird weit öfter Schach Schedscha und Schach
Schudscha, als Schach Schadscha
genannt. Siehe Schah schegia.

Schagiar und Scheg'r

(spr. Schedscht), eine Provinz
von Jemen oder dem glücklichen
Arabien, welche sich längs dem
Ufer des Meeres, zwischen den
Städten Aden und Oman hin erstreckt. In diesem Lande wird
viel Räuchwerk eingesammlet;
auch findet sich die Aloe daselbst,
welche aber derjenigen, die auf
der Insel Socotorah wächst, gar
sehr nachstehen muß.

Dieses Land Schadschr stößt
an einen von den Meerbusen des
Meeres von Jemen, das die Araber Dschun alhaschisch nennen.

Schagiarat almomaniat

AlOthmaniat, ist der Titel eines
Buchs, welches eigentlich ein ge-
nealogischer und astronomischer
Baum ist, der Wahrsagungen
enthält, die aus den Grundsätzen
der Sterndeuterei, zu Gunsten
der Dynastie der othmanidischen
oder ottomanischen Sultane, genommen sind. Dieses Werk ist
von Mohieddin, genannt AlMagrebi, der Africaner, verfaßt
und von Sallah AlSafadi mit
einem Commentar versehen worden. Es ist in der königlichen
Bibliothek zu Paris unter Nr.
1013.

Schagiari.

AbulSaadat
Hebatallah Ben Ali Ben Scha-
giari ist ein Schriftsteller, der im
Jahr der Hedschr. 543 oder 572
verstorben ist. Er ist Verfasser
eines Buchs, betitelt Amali,
welches Dictata über mehrere
Materien sind; so wie noch eines
andern, betitelt Entissar, über
die scholastische Theologie der
Musulmanen.

Schag'r aldorr

oder
Schadscharat, und Schegerat
aldorr, eine Gemahlin oder Bei-
schläferin des AlMalek AlSaleh,
vorletzten Sultans aus der Dynastie der Ajubiten, oder Könige
aus der Familie des Saladin.

Diese Prinzessin war eine Türkin oder Griechin von Nation,
und mit seltner Schönheit und einem großen Muthe begabt. Sie
hatte einen Sohn, mit dem Beinamen AlMalek AlMoaddham,
der

der der letzte ajubitische Sultan war, und heirathete den Azzeddin Ibek, den Türkomanen, mit dem sie die Staaten ihres Sohns gänzlich regierte. Als aber dieser Sohn todt war, und Azzeddin von den Mamlufen zum Sultan war ausgerufen worden, wagte Schadschr aldorr, welcher beständig regieren wollte, einen Versuch auf das Leben ihres neuen Gemahls, entledigte sich desselben, und ließ ihn, nach einer Regierung von sechs oder sieben Jahren, hinrichten.

Die Mamlufen, die den bösen Entwurf der Schadschr aldorr ausgeführt hatten, konnten es aber nun auch an ihrem Theile nicht ertragen, daß eine Frau am Ruder des Staats sitzen sollte, die unter dem Namen eines Sohnes, den sie von Azzeddin Ibek hatte, und der noch ein bloßes Kind war, regierte, schafften also auch sie sich vom Halse, setzten dieses Kind ab, und erwählten einen aus ihrer Nation, Namens Cothuz, zum Sultan, der den Titel Malek AlModhaffer annahm. Dies geschah im Jahr der Hedschr. 657. Siehe die Artikel Ibek und Mamluk.

Schah und Scheh. Dieses Wort bedeutet, nach der Meinung des Khodschah Afdhaleddin dasselbe, was Padischah in der Bastanischen Sprache bedeutet, welches ein besonderer Dialekt von der Sprache der alten Perser ist. Es hat mehrere Bedeutungen, von welchen

die erste alles das ist, was in seiner Art oder Sorte irgend einen Vorzug oder etwas Vortreffliches hat.

Die zweite ist: Ursprung, Principium und Wurzel einer Sache.

Die dritte: Prinz, König und Herr, und

die vierte: ein Gemahl, und ein Eidam.

Ben Cassem, der alle diese Bedeutungen anführt, sagt, die zusammengesetzten Wörter, Schahbaz, Schahbeit, Schahrah, Schahfovar, Schahtereh, und Schahtir, welche einen königlichen Falken, das heißt, einen von der schönsten Art, Major domus oder Haushofmeister, königlichen Weg oder Heerstraße, einen guten Reuter und Bereuter, ein wohlriechendes Kraut, einen der stärksten und besten Bogen, bedeuten, seyn lauter zusammengesetzte Namen, die von dem Worte Schah entweder abstammen, oder auf die verschiednen Bedeutungen desselben eine Beziehung haben. Siehe den Artikel Padischah, wie auch die folgenden.

Schah. Dies Wort wird auch oft für den König im Schachspiele gesetzt, das aus Persien zu uns, und vielleicht aus Indien nach Persien gekommen ist, wie man unter dem Artikel Buzurdschmihir sehen kann.

Die Araber, die diesen Namen der Perser brauchen, wenn sie andeuten wollen, daß man nie die Schwäche seines Feindes verachten müsse, sagen in einer Art von

von Sprichwort: Farobba ma camarat, oder Comarat belbeidak alschah: ein Bauer im Schachspiel setzt oft den König darin in Verwirrung und nimmt ihn weg.

Eben diese Araber sagen auch eben so, wie die Perser: Schah mat, wenn sie dasjenige ausdrucken wollen, was die Italiener Scacco matto und wir andere Schach und mat nennen. Dies sind lauter Redensarten, die aus den orientalischen Sprachen genommen sind. Siehe die Artikel Schahrokh und Schahthranoſch oder Schehthreng.

Schah: ein Beiname des Ali Auilah Ben Haram, Verfassers eines Commentars über das Buch des Kemal Pascha, betitelt: Eslah fil foru.

Schah Culi, ist der Name eines Mannes, welchen die Türken gewöhnlich Scheithan Culi nennen. Das erstere Wort bedeutet den Sclaven des Schachs, oder Königs von Persien, und das andere den Sclaven oder Diener des Teufels.

Dieser Mann war ein Soft aus der Zahl der Schüler und Anhänger des Scheikh Haidar, Vaters des Königs von Persien Schach Ismael, der sich sieben ganze Jahre in einer Grotte verborgen hielt, wo er sich von sehr wenigen Menschen sehen ließ, und darauf auf einmal im Publico erschien; die Leute einlud, die Haidarische oder Soſische Secte

anzunehmen, und sie zu einer Empörung anreizte.

Schah Culi wußte eine große Menge liederliches Gesindel auf seine Seite zu bringen, vermehrte unvermerkt seine Truppen, und bemächtigte sich der Stadt Attaliah oder Satalien, in Pamphilien, einer Provinz von Kleinasien. Diese Stadt liegt an der Spitze des Meerbusens gleiches Namens. In derselben verschanzte er sich immer mehr und mehr, und wagte es sogar, der Macht, die der Bascha von Natolien gegen ihn ausrucken ließ, die Spitze zu bieten.

Einige Zeit hernach brach Caraghuz, der Beglerbeg von Natolien, mit einer Armee von regelmäßigen Truppen gegen diesen Rebellen auf, der von Tag zu Tage mächtiger wurde. Allein er hatte das Unglück, von Schah Culi geschlagen und zum Gefangnen gemacht zu werden, worauf er ihn im Jahr der Hedschr. 915 spießen ließ, während daß Bajazet der Zweite sich mit Wiederaufbauung der Stadt Constantinopel, welche durch ein Erdbeben fast ganz zu Grunde gerichtet war, beschäfftigte.

Schah Culi setzte seine Progressen gegen die Türken immer fort, und that dadurch dem Könige von Persien, Schah Ismael, große Dienste: allein da er seinen Soldaten zuviele Ausschweifungen erlaubte, und er selbst eine reiche Caravane plünderte, deren sämmtliche Kaufleute er ermordete, und da Schah Ismael sich

sich bei diesem Vorgange interessirt sah, so nahm er ihm das Commando seiner Truppen ab, und ließ ihn, sobald er ihn in Händen hatte, am Leben bestrafen, den größten Theil der Soldaten aber, die ihm gefolgt waren, in die Sclaverei bringen. Tarikh AlOthman.

[Mit diesem Artikel muß man auch dasjenige vergleichen, was d'Herbelot in dem Artikel Bajazid Ben Mohammed Band 1. S. 342. 343. beigebracht hat. S.]

Schahab und **Schehabeddin.** Siehe die Artikel Schehab und Schehabeddin.

Schaham AlHolin. Ein Beiname des Ali Ben Hassan, Verfassers eines Buchs unter dem Titel: Anis algelis, der Freund des Umgangs. Dies ist eine Sammlung von Gesprächen und vertrauten Unterredungen. Dieser Schriftsteller ist im Jahr der Hedschr. 601 verstorben.

Schahanschah: König der Könige. Dies ist der Titel oder Beiname des Baharam, eines Sohns Baharam, eines Sohns Schabur, Königs von Persien, welcher nur vier Monate regiert, und seinen Bruder Narsi zum Nachfolger gehabt hat, der neun Jahre regiert hat.

Die Namen Schahanschah und Schahinschah werden von diesem hergeleitet; ich weiß daher nicht, warum Khondemir in dem Leben

dieses Baharam des Zweiten sagt, dieses Wort Schahenschah bedeute Nikukiar, das heißt, wohlthätig.

Schahar. Siehe den Artikel Scheher.

Schahdah, ist der Name eines Gedichtes, welches eine Nachahmung von demjenigen ist, das den Namen Bordah führt. AlBokhari, welcher der Verfasser desselben ist, hat alle Reime desselben auf ein Mim, das heißt, auf den Buchstaben M ausgehend gemacht.

Schahed Ben Radscha: ist der Name eines berühmten Gelehrten, der den Beinamen AlVadheh, der Erklärer, führte, wegen eines in großem Ansehn stehenden Buchs, das er unter diesem Titel verfertigt hat. Er ist nicht nur von diesem Buche Verfasser, sondern auch von demjenigen, das den Titel führt: Nauadir almofserin, Abhandlung über die seltensten und curiösesten Dinge, die bei den Erklärern des Corans anzutreffen sind. Ein drittes, Namens Hetek AlMahadschub, Entdeckung dessen, was verborgen ist, und ein viertes, in welchem er sein Leben beschreibt, sind auch von seiner Hand.

In diesem letztern sagt er, er sey von Mekka nach Egypten in einer Nacht von dem heiligen Hermes, oder Mercur, im Jahr der Hedschrah 367 unter dem Khali

Khalifate des Aziz Billah, und unter dem Patriarchate des Philoponus in Alexandrien, als gerade Severus Bischof der Aschmunin war, versetzt worden.

Schahenschah und **Schahinschah.** Ebn Amid schreibt, Adhad aldulat, ein Sohn des Roknaldulat, Sultans aus dem Hause der Baiden, sey zum ersten Schahenschah Aadham Malek AlMoluk, dem großen König der Könige, von Thai Lillah, Khalifen aus dem Hause der Abbassiden, im Jahr der Hedschr. 368 erklärt worden.

Eben dieser Schriftsteller sagt auch, der Khalife Cajem Beemrillah, Khalife der Abbassiden, habe den Titel Schahenschah, zu denen, welche Gelalaldulat, Sultan aus eben dieser Buidischen Dynastie, führte, hinzugefügt.

III. **Schahfethallah.** Dies ist 228 der Name eines Schriftstellers von der Provinz Schirvan oder Medien, der im siebenten Jahrhundert der Hedschr. gelebt, und einen Commentar über das Buch des Samarcandi, Adab albahath, von der Art und Weise, wie man bei Schuldisputationen die Fragen zu behandeln hat, verfertigt hat.

Dieser Schriftsteller hat auch einen Scharh, oder Erläuterungen über eine arabische Grammatik geschrieben, unter dem Titel: Erschad alhadi fil nahu. Auch ist er der Lehrer eines berühmten

Gelehrten, Namens Schirvani, gewesen.

Schahfuri, ist der Name oder Zuname eines Imams, Verfassers eines Buchs unter dem Titel: Tadsch alteragem fi Tafsir alcoran lelaagem, Auslegung und Uebersetzung des Corans in persischer Sprache.

Schahgehan: der König der Welt. Dies ist der Titel oder Zuname des Sultans Cothbeddin, eines Sohns des Gelaleddin Sojurgatmisch, welcher der achte und letzte aus der Dynastie der Carakhatajer ist, die zu Kerman in Persien regiert haben. Dieser Monarch ward von Gazankhan, einem Kaiser der Mogolen und Tataren aus dem Geschlechte des Ginghizkhan, aus seinen Staaten vertrieben, und hat einige Zeit als Privatmann in der Stadt Schiraz gelebt. Da er sehr reich war, so erhielt er in der Folge mit leichter Mühe das Gouvernement von der Stadt, und hatte eine Tochter, Namens Makhdum Schah, die die Gemahlin des Mobarezeddin, Sultans aus der Dynastie der Modhafferier, und Mutter der Sultane Schah Schedscha und Schah Mahmud, lauter Sultane aus derselben Dynastie, war.

Dieser Schahgehan hatte im Jahr der Hedschr. 703 zu regieren angefangen, und ist nur zwei Jahre und einige Monate auf dem Throne gesessen.

Schah

Schahgehan, ein Beiname des Sultan Corun, oder Corum, welcher vielleicht Eine Person mit Camoran, einem Sohne des Schah Selim, mit dem Beinamen Gehanghir, eines Sohns des Akbar, Kaisers der Mogolen in Indien ist. Er ist von Tamerlan an zu rechnen der zehnte, und stammt von der Seite des Miranschah, der der dritte Sohn dieses Eroberers und der älteste von den beiden, die ihn überlebten, war, denn Schahrokh war blos sein jüngster.

Miranschah hatte einen Sohn Mirza Mohammed Sultan, den Vater des Sultans Abusaid. Abusaids Sohn war Omar Scheikh, und von diesem kam Babor her, der Vater des Humajun, des Vaters des Akbar.

Schahgehan fing in Indien im Jahr der Hedschr. 1037, welches das Jahr Christi 1627, und das Todesjahr seines Vaters Gehanghir ist, zu regieren an. Denn sein Neffe hat die Crone nur drei Monate lang getragen.

Schahgevheran. Siehe den Artikel Schah Kevheran.

Schahin. Dies Wort bedeutet im Persischen einen Königsfalken, und ist auch im Persischen sowol, als Türkischen, der Name von mehrern Personen.

Schahin Mirza, ist der Name des Sohns des Schah Abbas des Ersten, welcher in der Folge Schah Sefi genannt wurde, als er nach dem Tode seines

Orient. Bibl. 4. B,

Vaters, im Jahr der Hedschr. 1039, welches das Jahr Christi 1629 ist, in Persien regierte.

Die Regierung dieses Monarchen hat zwölf Jahre gedauert. Denn er ist im Jahr Christi 1642 gestorben, und hat seinen Sohn, Schah Abbas den Zweiten, zu seinem Nachfolger hinterlassen.

Schahkermani: ein gelehrter und andächtiger Mann, welcher oft in den Büchern und Abhandlungen der Sofis vom geistlichen und einsamen Leben, die die Araber AlTessauf nennen, citirt wird.

Schahkevheran, Schah-guheran, und Schahgevheran, der König der Juwelen, oder die Königin der Edelsteine. So nennen die Perser einen kostbaren Stein, von welchem sie sagen, daß er so außerordentliche Kräfte besitze, daß sie fabelhaft scheinen.

Der Verfasser des Kauam almülk sagt, dieser Stein habe eine magnetische Kraft, durch welche er alle andre kostbare Steine an sich ziehe, gerade so, wie der Magnet das Eisen an sich zieht, und dabei erzählt er, Khosroes Parviz, König von Persien aus der vierten Dynastie, die Sassanidische genannt, habe einstmals einen Ring von sehr großem Werthe verlohren, indem er ihm in den Tigerfluß, in der Nachbarschaft des Orts, wo die Stadt Bagdet nachher erbauet worden, gefallen, aber durch

III, 229

J

durch Hülfe des Steins, den er an eine Schnur binden und in diesen Strom werfen lassen, habe er ihn wiederbekommen.

Es scheint, der Mahizer oder goldne Fisch, von dem unter seinem eignen Artikel geredet wird, sey eben dieser Stein, von welchem man versichert, daß er an den Ufern des omanischen Meeres, welches der arabische und indische Ocean ist, gefunden werde, und dessen sich die Einwohner des Landes bedienen, wenn sie andere kostbare Steine fischen, die in Menge in diesem Meere zu finden sind.

Schahmansor Ben Modhaffer. Dieser Fürst, der ein Neffe des persischen Königs Schah schedscha war, ist der fünfte Sultan aus der Dynastie der Modhafferier. Er führte Krieg mit Ali Zeinalabedin, der seinem Vater Schah schedscha in der Regierung gefolgt war, und machte ihn zu seinem Gefangnen. Inzwischen lieferte doch dieser, nachdem er von seinen Freunden aus dem Gefängnisse war befreit worden, dem Schah Mansor ein abermaliges Treffen, ward aber auch dießmal überwunden.

Schah Mansor ließ den Zeinalabedin des Gesichts berauben, und machte sich Meister von der Stadt Schiraz. Dies geschah im Jahr der Hedschr. 790. Aber im Jahr 765 ward er von Tamerlan, der sich bereits Meister von Ispahan gemacht hatte, angegriffen. Er war aber tapfer genug, um ihm ein Treffen zu liefern, und verwundete ihn sogar im Gefechte. Endlich aber wurde er von der großen Anzahl Türken und Tataren, die die Armee des Tamerlan ausmachten, überwältigt, und sah sich, nachdem er mehrere Wunden bekommen hatte, genöthigt, sich nach Schiraz zurückzuziehen. Auf dieser Retirade geschah es, daß einer von den Officieren des Mirza Schahrokh, eines Sohns des Tamerlan, der ihn verfolgte, ihn zur Erde niederstürzte, und ihm den Todesstoß beibrachte, durch welchen die Dynastie der Modhafferier ihre Endschaft erreichte. Denn Omadeddin Achmed und Schach Jahia, die man in die Zahl der Modhafferischen Sultane zu setzen pflegt, kamen ohngefehr in demselben Jahre ums Leben.

Schahmodhaffer, ist der Name des ältesten Sohns des Schah Mohammed Ben Modhaffer, Stifters der Dynastie der Modhafferier. Dieser Prinz starb vor seinem Vater. Allein er hinterließ einen Sohn, Namens Schach Mansor, der der fünfte Sultan aus dieser Dynastie war.

Schahmohammed Ben Modhaffer. Dies ist der erste Sultan aus der Dynastie der Modhafferier. Er führt auch den Beinamen Mobarezeddin, und ward anfangs zum Gouverneur der Stadt Jezd in Khorassan fan von Abufaid, dem Sultane der Mogolen oder Tataren, im Jahr der Hedschr. 718 gemacht.

III, 230 Im Jahr 719 stieg dieser Prinz, nachdem er die Nicudarier in mehreren Gefechten überwunden hatte, zu einem hohen Grade von Macht, und heirathete die Tochter des Sultans der Carathathaier, Namens Cothbeddin, eines Sohns des Sojurgatmisch, mit dem Beinamen Schahgehan. Endlich machte er sich, nach dem Tode des Sultans Abufaid, im Jahr 742, unumschränkt, und regierte oder war Gouverneur zwei und vierzig Jahre lang, nemlich 22 zu Jezd, 13 in Kerman und 7 in Persien.

Schamühüreh, der königliche Stein. Ist der Name eines Steins, den man in dem Kopfe des Uren Bab findet, einer Art von Greif oder vielmehr Königsadler, welche blos in den hyperboreischen Gebirgen, die die Orientaler das Gebirge Caf nennen, angetroffen werden.

Der türkische und persische Roman, betitelt Thamurath Nameh, sagt, dieser Stein habe mehrere Eigenschaften und Eigenthümlichkeiten. Denn wenn ihn jemand an sich trägt, so wagt sich ihm kein giftiges Thier nahe zu kommen, und wenn jemand mit dem tödtlichsten Gifte, das in der Welt zu finden ist, vergiftet wäre, so würde ihm ein einziges Drachma von diesem Steine, zu Pulver gestoßen und

zu sich genommen, in einem Augenblick heilen. Siehe oben den Artikel Schab Kevheran.

Schahnameh: königliches Buch. Dies ist der Titel, welchen der berühmte persische Dichter Ferdussi einem Gedichte gegeben, welches er über die Geschichte der alten Könige von Persien verfertigt hat. Er hat es für Mahmud Ben Sebekteghin, den Stifter der gaznevidischen Dynastie, verfertigt, und dreißig Jahre an der Verfertigung desselben zugebracht. Es enthält sechzigtausend Beits oder Disticha, welche hundert und zwanzigtausend Verse ausmachen.

Dieses Gedicht ist in arabische Prosa von Cauameddin Fathah Abu Ali AlHindi AlEsfahani übersetzt worden, der diese Uebersetzung auf Befehl des Sultan Malek AlAadham Issa, eines Sohns des Malek AlAdel, aus dem Hause der Ajubiten, im Jahr der Hedschr. 675 unternommen hat. Siehe den Artikel Ferdussi.

Schahnahmeh, ein türkisches Buch, welches eine Geschichte aller alten Könige des Orients, in dreihundert Bänden, enthält, und den türkischen Dichter Ferdussi AlThauil zum Verfasser hat. Als dieser Schriftsteller sein Werk dem othmanidischen Sultan, Bajazet dem Zweiten, überreichte, befahl ihm dieser Monarch, daß er es in acht-

zig Bände bringen follte. Dies
betrübte ihn fo fehr, daß er fein
Vaterland verließ, und fich in
die Provinz Khoraffan in Perfien
begab.

Schahnameh: gleichfalls
ein türkifches Buch in Verfen,
welches viertaufend Beits enthält, und den Schobudi zum
Verfaffer hat, der im Jahr der
Hedfchr. 943 geftorben ift. Er
hat fein Werk dem Sultan Selim, einem Sohne des Bajazet,
dedicirt.

Schahnameh, ein Werk
in perfifchen Verfen, das von
Caffem Gunabadi ift verfertigt
worden. Es ift eine Gefchichte,
oder eine Lobrede auf Schah
Ifmael, erften König aus der
heut zu Tage in Perfien regierenden Dynaftie. Diefer Schriftfteller hat den Timurkhan Nameh des Hatefi nachgeahmt, welches eine Gefchichte des Tamerlan ift, und hat fein Gedicht
dem Schach Thahmasb, einem
Sohne des Schach Ifmael, dedicirt.

Schahnameh AlKadim:
das alte Königsbuch. Dies ift der
Titel eines Buchs, welches von Ali
Ben Mohammed, Ben Achmed,
AlBalkhi, mit dem Beinamen
AlSchaer, das heißt, der Dichter, in arabifcher Sprache ift gefchrieben worden. Abu Rihan
thut diefes Werkes Erwähnung,
und fagt, es fey von feinem Verfaffer aus mehreren andern Bü-

chern, nemlich aus Seir Almoluk, aus Abdallah Ben AlMocanna, aus Ben AlCaffem, aus
Ben AlGehim AlBarmeki, aus
Baharam Ben Meheran AlEs-
fahani, und noch einem andern
Baharam AlHeraui, gefammlet
worden.

Schahrokh Behardir und [III.] [231]
Schahrokh Mirza. Dies
ift der Name von Tamerlans vier-
tem Sohne, der ihm den Namen
Schahrokh beilegte, weil er die
Nachricht von feiner Geburt gerade zu der Zeit erhielt, da er
Schach fpielte, und eben den Zug
gethan hatte, den die Perfer
Schahrokh nennen, welcher der
ift, wenn der Rok, den wir den
Thurm nennen, und von dem einige behaupten, daß es der Sprin-
ger fey, dem Könige fchach geboten hat.

Auch war eben diefes der
Grund, warum er der Stadt den
Namen Schahrokhiah gab, die
fein Enkel, Mohammed Ben Gehanghir, auf feinen Befehl an dem
Fluffe Khogend, den die Araber
Sihon nennen, und welcher bei
den Alten Jaxartes geheißen hat,
hat erbauen laffen. Siehe weiter unten den Artikel diefer
Stadt.

Schahrokh fuccedirte feinem
Vater Tamerlan im Jahr der
Hedfchr. 807, und führte faft fein
ganzes Leben hindurch Krieg mit
Cara Jufuf, einem türkomani-
fchen Fürften aus der Dynaftie
vom fchwarzen Schöps, und mit
feinen zweien Söhnen, und ftarb
im

im Jahr 850 eben dieser Hedschrah, nach einer Regierung von
drei und vierzig Jahren, in einem Alter von ohngefehr ein und
siebenzig Jahren, in der Stadt
Rei.

Dieser Fürst hat sich nicht weniger durch seine Gerechtigkeit,
Gottesfurcht und Freigebigkeit,
als durch seinen Muth und übrige militarische Eigenschaften berühmt gemacht. Denn, nachdem er in drei verschiedenen Gefechten den Cara Insuf geschlagen hatte, fochte er auch noch
mit seinen Söhnen, Gehanschah
und Eskender, nach dem Tode
ihres Vaters und überwand sie.
Doch gab er einige Zeit nachher
die Provinz Abherbidschan an
Gehanschah zurück, machte ihn
sich zinsbar, und ließ Esken-
dern von einer Provinz zu der
andern fliehen und herum irren.

Im Jahr der Hedschr. 818
stellte er die berühmte Vestung
oder Schloß in der Stadt Herat,
welches Ikhtiareddin hieß, und
das sein Vater vormals zerstört
hatte, wieder her. Er brauchte
siebentausend Mann, die er aus
seinem eignen Beutel bezahlte,
um die Werke desselben in vollkommnen Stand zu setzen. Auch
ließ er nicht nur die Mauren der
Stadt Herat, sondern auch die
von der Stadt Meru, die noch
gar nicht wieder seit der Zerstörung, die sie bei dem Einbruche
des Ginghizkhan erlitten hatten,
aufgerichtet worden waren, wieder aufbauen.

Die Söhne Schahrokh sind:
Ulug Beg, sein ältester Sohn,
der Mauaralnahar, oder die Provinz Transoxanien, nebst Türkestan, zum Gouvernemente bekam. Siehe seinen Artikel.

Der zweite: AbulFeth Ibrahim, der Persien bei Lebzeiten
seines Vaters zwanzig Jahre lang
als Gouverneur beherrscht hat,
und zwölf Jahre vor seinem Vater im Jahr 838 verstorben ist.
Er hat in der Stadt Schiraz mehrere Werke hinterlassen, welche
sein Andenken erhalten haben,
unter andern ein berühmtes Madrassah oder Collegium, welches
den Namen Dar alsafa, Haus
der Freude und des Vergnügens
führte. Wir haben von diesem
Fürsten mehrere kleine Gedichte
und Inschriften von seiner Art;
auch war er derjenige, dem
Scharfeddin Ali Jezdi, der für
den beredtesten unter den persischen Geschichtschreibern gehalten
wird, dasjenige Buch dedicirt
hat, das den Titel führt: Dhafer oder Zhafer Nameh, Buch
von den Siegen; eine Geschichte
des Tamerlan, die er auf seinen
Befehl, im Jahr der Hedschrah
828 verfertigt hat.

Der dritte Sohn des Schah-III.
rokh führte den Namen Mirza²³²
Baisankar oder Baisanger, und
ist auch noch bei Lebzeiten seines
Vaters, im Jahr der Hedschr.
837, im Jahr vor dem Tode seines Bruders Ibrahim, gestorben. Dieser Prinz hat drei Söhne, Mirza Alaaldulat, Sultan
Mohammed Mirza, den Vater

des

des Jadighiar, und Mirza Babor AbulCassem, den man nur
nicht mit einem andern Babor,
einem Sohne des Omar scheikh
und Enkel des Abusaid, verwechseln muß, hinterlassen. Alle diese Prinzen haben entweder für
sich oder miteinander regiert, und
haben grausame Kriege untereinander geführt.

Der vierte Sohn des Schahrokh
war Sojurgatmisch, der im Namen seines Vaters Befehlshaber
in dem Lande Gaznah und in
Indien war.   Er ist im Jahr
der Hedschr. 830 vor dem Tode
seiner beiden andern Brüder,
während der Lebzeiten und der
Regierung seines Vaters Schahrokh, gestorben.

Der fünfte und letzte Sohn
des Schahrokh, dessen die Geschichtschreiber Erwähnung thun,
war Mirza Mohammed Dschuki,
der im Jahr der Hedschr. 848,
zwei Jahre vor seinem Vater, gestorben ist.

Man kann hierbei bemerken,
daß Mirza Khalil Sultan, ein
Sohn des Miranschah, dritten
Sohns des Tamerlan, der seinen Großvater bei der Unternehmung auf Khathai begleitet
hatte, und bei seinem im Jahr
der Hedschrah 807 in der Stadt
Otrar erfolgten Tode gegenwärtig gewesen war, sich sogleich der
transoxanischen Provinzen, so
wie auch Türkestans bemächtigte,
und daß ihn sein Oheim in diesem Besitze bestätigte.   Inzwischen geschah es, daß einer von
den Großen seines Hofes, Na-

mens Hussain Khudajdad, sich
vier Jahre darauf empörte, sich
seiner Person bemächtigte,   ihn
gefangen hielt, und den mogolischen König Schamagehan her-
berief, daß er Besitz von seinen
Staaten nehmen sollte.   Allein
dieser Monarch bestrafte den
Verräther für seinen Abfall, und
schickte seinen Kopf an den Sultan Schahrokh.

Schahrokh gelangte sogleich
nach dieser Expedition in Mauaralnahar an,   und nahm von
Khalil, der seine Freiheit erlangt hatte, den Eid der Treue
an.   Er behandelte ihn auf eine
sehr ehrenvolle Weise, und gab
ihm die Provinzen des persischen
Jrak und Adherbidschan zum
Tausche für die transoxanischen
Provinzen, mit welchen er seinen
ältesten Sohn Ulug Beg be-
lehnte.

Die Geschichte des Schahrokh
ist so voll von schönen Handlungen und großen Begebenheiten,
daß man sich darüber weiter bei
dem Buche,   welches den Titel
führt: Marhla alsadein, sich
Raths erholen muß. Es hat den
Abdalrazzak Ben Gelaleddin
Jschak AlSamarcandi zum Verfasser, der im Jahr der Hedschrah 880 gestorben ist,   und ist
eine vollständige Geschichte des
Lebens dieses Fürsten und seiner
Söhne, bis aufs Jahr 875, welches der Anfang der Regierung
des Sultans Hussain Mirza, eines Sohns des Mirza Mansur,
eines Sohns des Mirza Baikra,
eines Sohns des Mirza Omar
Scheikh,

Scheikh, eines Sohns des Tamerlan ist. Wir können hoffen, diese Geschichte künftig in einer Uebersetzung des Hrn. Galland zu sehen.

Der Titel dieser Geschichte bedeutet nach dem Buchstaben das Horoscop der beiden glücklichen Planeten, nemlich des Jupiters und der Venus. Hiermit hat der Verfasser eine Anspielung auf den Beinamen Abusaid, Glücklich, gemacht, welchen Schahrokh führte, so wie auch auf den Titel Saheb Keran, Herr oder Beherrscher der Conjunctionen, welcher in der Familie des Schahrokh erblich war.

Schahrokhiah, eine Stadt, welche Tamerlan an den Ufern des Flusses Sihon oder Jaxartes, auf der Seite von den Provinzen und Völkern, die Achmed Ben Arabschah AlGeta oder AlKhatha nennt, welches die Griechen und die Khathajer sind, die jenseit des Bergs Jmaus wohnen, erbauet hat.

Diese Stadt hat eine sehr schöne Brücke, welche über den Sihon geht, und an diesem Orte sehr breit ist, so wie auch Häfen, welche gewöhnlich mit Schiffen angefüllt sind, die man ₂₃₃cherlei Arten von Kaufmannsgütern führen.

III.

Der Verfasser des Lebtarikh legt dem Schahrokh, einem Sohne des Tamerlan, die Erbauung dieser Stadt bei. Aber dies geschieht vielleicht darum, weil er das Werk, das sein Va-

ter angefangen hatte, vollendet hat.

Der Fluß Sihon, oder Jaxartes, an welchem die Stadt Schahrokhiah erbauet ist, wird von den orientalischen Erdbeschreibern der Fluß Khogend genannt, und es ist sehr wahrscheinlich, daß die Stadt Schahrokhiah einerlei mit derjenigen ist, die Tamerlan und sein Sohn Schahrokh befestigt und verschönert, und mit Einem Worte, seit der Zerstörung, die sie in der Zeit, da Gingbizkhan einfiel, hatte erleiden müssen, wieder hergestellt haben.

Siehe den Ursprung des Namens Schahrokhiah im Anfang des Artikels Schahrokh, wo von der Geburt dieses Monarchen gehandelt wird.

Die arabischen Tafeln des Nassreddin und Ulug Beg geben dieser Stadt, die sie in das fünfte Clima setzen, 100 Grade, 35 Minuten der Länge, und 41 Grade, 15 Minuten, nach Nassreddin, oder 55 Minuten der nördlichen Breite, nach Ulug Beg, welches auch weit glaublicher ist.

Ulug Beg, welcher weit genauer ist, als Nassreddin, und der die nördlichen Lagen weit näher, da, wo er regierte, observirt hat, giebt der Stadt Samarcand nur 39 Grade, 37 Minuten der Breite, statt daß ihr Nassreddin 40 volle Grade giebt, so daß es, nach der genauesten Berechnung, wahrscheinlich wird, daß die Stadt Khogend oder Schah-

J 4

Schahrokhiah um 2 Grade und 18 Minuten nördlicher ist, als Samarcand.

Schahruzi, ein Beiname des Ben AlSalah, eines Schriftstellers, der über das Buch, Idhah fi almenassek, die Ceremonien der Wallfahrt und Besuchung des Tempels zu Mekka, geschrieben hat. Dieser Gelehrte ist im Jahr der Hedschr. 667 verstorben.

Schahschedscha und **Schah schudscha,** ein Beiname des AbulFauaris Gelaleddin des Zweiten, eines Sohns des Mohammed Ben Modhaffer Mobarezeddin, Stifters der Dynastie der Modhafferier.

Dieser Prinz, der seinem Vater succedirte, wurde Sultan und unumschränkter Herr nicht nur von der Provinz Persien, sondern auch von dem persischen Irak, und wußte sich einen großen Ruf der Gerechtigkeit und Tapferkeit zu erwerben. Er beschützte die Gelehrten, mit welchen er häufige Zusammenkünfte anstellte, da er selbst sehr gelehrt, und ein vorzüglicher Dichter war. Selman Sauadsch, einer der berühmtesten Dichter dieser Zeit, wurde einer von seinen vertrautesten Freunden. Man sagt, er sey von einer Krankheit befallen worden, die die Araber Dschu bakar, Ochsenhunger, eben so, wie die Griechen Bulimia sagen, nennen, was bei uns faum canine heißt.

Schah schedscha regierte sechs und zwanzig Jahre, und starb im Jahr der Hedschrah 786. Er hat zum Nachfolger seinen Sohn Ali Zein alabedin hinterlassen. Siehe den Artikel Schadscha.

Schahuzbek, der König der Uzbeken. Dieser ist einerlei mit Schaibek, der aus dem Geblüte des Singhizkhan herzustammen behauptete, und mit AbuSaid, einem Sohne des Aldschaptu, Krieg führte. Dieser Fürst regierte damals in dem Districte oder in der Wüste, Descht kepschak genannt, und drang bis in Khorassan und andere Provinzen von Persien ein.

Schahveli, ist der Name III. eines Fürsten, welcher zu Ta-234 merlans Zeiten in Mazanderan Befehlshaber war, und von diesem Eroberer geschlagen und getödtet wurde.

Schahver. Nadschmeddin Abubekr Abdallah Ben Mohammed Schahver: ist der Name des Verfassers von demjenigen Buche, welches den Titel hat: Ressalat alaschek ela almaschuk, Brief eines Liebhabers an seinen Geliebten. In diesem Werke wird blos von der geistlichen und göttlichen Liebe geredet, und der Verfasser sucht darin den Satz zu beweisen, der von Abu Hassan AlAzkani ist aufgestellt worden, daß nemlich der Sofi, oder vollkommen geistige und andächtige Mensch, kein Makhluk, kein Geschöpf ist; denn er behauptet

zeigen

zeigen zu können, daß die auf das genaueste mit Gott verbundene Seele gänzlich deificirt und deiformirt ist, wie auch einige von unsern Contemplatifen behauptet haben. Das Buch des Ben Schahver ist in der königlichen Bibliothek zu Paris unter Nr. 727. anzutreffen.

Schaib oder Scheib. Dieses arabische Wort bedeutet graue Haare, welche die Vorläufer des Alters sind. Es giebt mehrere besondere Werke, von arabischen und persischen Dichtern, über die grauen Haare und über das Alter, die aber vielmehr in eine Anthologie als in eine orientalische Bibliothek gehören.

AlSchaibani oder AlScheibani. So nennen die Araber die beiden Wintermonate, die wegen des Schnees und Reifes am kältesten und weißesten sind. Es ist also eben so viel, als wenn man sagen wollte: die beiden Greise. Eben diese Araber nennen sie auch AlMilhan, wegen der weißen Farbe des Salzes, die sie vorstellen.

Schaiban, ist der Name eines Arabers, von welchem mehrere Schriftsteller herstammen, die den Beinamen Schaibani führen.

Schaibani, ein Beiname des Abu Amru Jschak Ben Merar, der im Jahr der Hedschr. 256 verstorben ist. Er ist der Verfasser eines Buchs unter dem Titel: Aschaar almekabel, welches von achtzig Stämmen oder Geschlechtern, nebst ihren verschiedenen Nebenlinien, handelt, die er mit Haaren vergleicht, welche aus einem und ebendemselben Kopfe entspringen.

Schaibani, ein Beiname des AbulAbbas Achmed Ben Jahia, mit dem Beinamen Thaleb AlNahui, eines sehr gelehrten Mannes, der große Streitigkeiten mit Mobarrad hatte, und der, nachdem er eine große Anzahl von Schülern gezogen hatte, in einem Alter von neunzig Jahren, im Jahr der Hedschr. 291 gestorben ist.

Dieser Gelehrte hat mehrere Werke, unter andern auch eins, das den Titel Fassih, von den Zierlichkeiten der arabischen Sprache, führt, verfertigt.

Schaibani, ein Beiname des Mohammed Ben Hassan, der auch den Beinamen Ebn AlAthir führt. Er war einer von den Gesellschaftern des Mohammed Ben Mekatel AlRazi. Dies war ein berühmter Rechtsgelehrter, der den Dschame Saghir, den Tajassir alossul und Ehtedschadschala malek verfertigt hat; lauter Bücher, die in die musulmanische Gesetzwissenschaft einschlagen. Er ist im Jahr der Hedschr. 987 verstorben.

[Er ist im Jahr der Hedschr. 189, nicht aber, wie d'Herbelot sagt, im Jahr 987 gestorben. Auch giebt er ihm den Namen

J 5   Ibn

Ibn AlAthir, den doch dieser Gelehrte niemals geführt hat. R.]

Schaibani, ein Beiname
des Ali Ben Achmed, auch
Nedschal AlKateb genannt. Er
ist Verfasser eines Buchs über
die Astronomie und Sterndeuterei, betitelt: Bare fi ahkam alnodschum, das vortreffliche Buch
über die Anzeigen und Prognostica der Gestirne.

III.   **Schaibek Khan**, ist der
235 Name eines Fürsten aus dem Geschlechte des Dschugi oder Tuschi,
des ältesten Sohns des Singhiz-
Khan. Er war ein Sohn des
Budak, eines Sultans, welcher
im Lande der Uzbeken, das heißt,
in dem großen Striche Landes
Descht kapschak oder kipschak,
oberhalb des caspischen Meeres,
gegen Norden und Westen hin,
regiert hat.

Schaibek ging mit einer mächtigen Armee in die transoxanischen Provinzen, im Jahr der
Hedschr. 900, und von da nach
Khorassan. Innerhalb vier Jahren machte er sich gänzlich zum
Herrn von diesen großen Ländern, wo er zwölf Jahre vom
Jahr 904 bis zum Jahre 916,
sowol in dem einen, als in dem
andern, regiert hat.

Im Jahr 913 drang er in
Khorassan ein, schlug daselbst den
Badi alzaman, ältesten Sohn
des Sultan Hussain, eines Sohns
Mansur, Sohns des Baikra, der
seit dem Jahr der Hedschr. 911

tobt war, und verfolgte ihn
bis in das persische Irak.

Nun nahm dieser seine Zu-
flucht zu Schah Ismael Sofi, der
ihn sehr wohl aufnahm, und in
eigner Person mit seiner ganzen
Macht auf Schaibek losging.
Ismael stieß in seinem Lager bei
der Stadt Meru auf ihn, lieferte ihm ein Treffen und brachte
ihn im Jahr der Hedschrah 916
ums Leben.

Schaibek Khan hatte zum
Nachfolger Cuschangi Khan, der
der edelste und mächtigste Herr
unter allen Uzbekischen Fürsten
war, und acht und zwanzig Jahre regierte. Unter der Regierung dieses Fürsten kamen Mir
Babor und Achmed Esfahani, im
Jahr 918 an den Fluß Gihon
oder Oxus, und gingen über denselben. Mit ihren Truppen vereinigte Mirza Babor, der an
den Gränzen von Indostan regierte, die seinigen, und anfangs
ging ihnen diese Unternehmung
sehr glücklich von Statten; denn
sie plünderten das ganze Land
Carschi, und würden sich selbst
von Transoxanien Meister gemacht haben, wenn sich nicht der
Sultan der Uzbeken gegen sie in
Marsch gesetzt und sie im Jahr
der Hedschr. 936, in welchem
eben dieser Sultan Cuschangi gestorben ist, nach Khorassan zurückzukehren genöthigt hätte.

Abu Said, ein Sohn des Cuschangi, hat, nach dem Tode seines Vaters, vier Jahre bei den
Uzbeken regiert.

Abib,

Abid, oder Obeid Khan, ein Sohn des Mahmud, und Vetter des Schaibek Khan, regierte ohngefehr acht Jahre nach dem Tode Abu Said in Transoxanien, und starb im Jahr 946 in der Stadt Bokhara, nachdem er mehrere Einfälle in Khorassan unternommen, und die Gouverneurs und Generale von der Armee des Schach Ismael Sofi sehr ermüdet hatte.

Abdallah Khan, ein Sohn des Eskander, eines Sohns Dschabek, hat nur ohngefehr sechs Monate nach dem Tode des Obeid Khan in Transoxanien regiert, und ist im Jahr 947 gestorben.

Abdallathif Khan, ein Sohn des Cuschangi, succedirte dem Abdallah, und regierte noch gegenwärtig, sagt der Verfasser des Lebtarikh, im Jahr der Hedschr. 948 unter der Regierung des Schach Thamasb, eines Sohns des Ismael Sofi.

Wir haben geglaubt, daß hier der schicklichste Ort sey, wo diese Nachfolger des Schaibek könnten beigebracht werden, deren Geschichte für die Geschichte der letzten Söhne des Tamerlan, und der ersten Könige der heut zu Tage in Persien regierenden Dynastie, viele Aufklärung gewährt. Bei einigen Geschichtschreibern findet man, Schach Ismael habe, nachdem er den Schaibek, einen Sohn des Usbek Khan, welcher vielleicht mit Budak Khan einerlei Person ist, geschlagen und getödtet, aus seiner Hirnschaale eine Tasse, mit

Gold und Edelsteinen besetzt, machen lassen, und habe gewöhnlich aus derselben getrunken. Dieß ist eben der Ismael, der vier oder fünf Jahre nachher, im Jahr der Hedschrah 920 von dem othmanidischen Sultan Selim dem Ersten überwunden und in Stücken gehauen worden ist.

Schaith. Siehe den Artikel Scheith.   III. 236

Schaker. Tarikh Ben Schaker. Eine Geschichte, die den Ben Schaker zum Verfasser hat, die auch unter dem Titel: Ojun altanarikh, die Augen oder Quellen der Geschichte und der Chroniken, bekandt ist.

[Schaker Mohammed, ein Sohn Musa, und seine beide Brüder, Achmed und Al Hosain, werden insgesamt Banu Musa, und jeder von ihnen Ibn Musa Ben Schaker, genannt. Sie waren alle drei gute Mathematiker. Mohammed starb im Jahr der Hedschr. 259 oder Christi 873, und hinterließ die astronomischen Tafeln. Al Hosain corrigirte die arabische Uebersetzung, die Thabet Ibn Corrah von den conischen Sectionen des Apollonius Pergäus gemacht hatte. D'Herbelot führt Band II. S. 417. Khail Ben Musa Al Schaker als eine Person an; allein das ist ein Irrthum. Das arabische Wort, welches er vor Augen hatte, bedeutet nicht eine Person, sondern Maschinen oder Instrumente, welche von Ibn Schaker sind erfunden worden. Auf diese Art muß auch der Ausdruck

druck Khial Bein Muſſa, welcher Band II. S. 436. befindlich iſt, verbeſſert worden. R.]

Schakeri. Mohieddin Ben Jahia, Ben Abi Schaker AlAndaluſſi: iſt der Name eines arabiſchen, aus Spanien gebürtigen Gelehrten, der der Verfaſſer desjenigen Buchs iſt, welches den Titel hat, Tahrir AlMegiſthi. Es iſt dies ein Commentar über den Almageſt des Ptolomäus. Siehe den Artikel Megiſthi.

Schakik AlBalkhi, iſt der Name eines muſulmaniſchen Heiligen. Dſchafei hat das Leben deſſelben in dem vier und ſiebenzigſten Abſchnitte ſeiner Geſchichte beſchrieben.

Schaldſch, iſt der Name einer Stadt in Türkeſtan, deren Einwohner Muſulmanen ſind. Sie hat 90 Grade 30 Minuten der Länge und 44 Grade der nördlichen Breite, im ſechſten Clima, wie AlFarſi angiebt; allein nach dem Canun des AlBiruni hat ſie 89 Grade 55 Minuten der Länge und 43 Grade 20 Minuten der nördlichen Breite. Dieſe Stadt iſt von der Stadt Tharaz nur vier Paraſangen entfernt, und wird für einen der feſteſten Plätze in ganz Türkeſtan gehalten.

Schalm. Der Verfaſſer des Mircat ſagt, die Stadt Jeruſalem heiße im Hebräiſchen ſo. Aber er verwechſelt dieſen Namen mit dem Namen Salem, welches der alte Name der Stadt Jeruſalem iſt, wo, wie man behauptet, kurz nach der Sündfluth Melchiſedek

herrſchte, von welchem viele geglaubt haben, daß er mit Sem oder einem von ſeinen Söhnen einerlei Perſon ſey, der in der heiligen Schrift König von Salem genannt wird.

Schalubini, ein Beiname des Abu Ali Omar, des gelehrteſten von allen Grammatikern, die unter den Arabern in Spanien geblühet haben. Ben Khalekan ſagt in ſeiner Geſchichte berühmter Männer, dieſes Wort Schalubini bedeute im Spaniſchen einen, deſſen Geſichtsfarbe von der Sonne verbrannt iſt. Ben Schohnah ſagt, dieſer Urſprung des Namens Schalubini ſey nicht wahrſcheinlich, und nach der Erzählung des Ebn Said AlMagrebi, der die Geſchichte von Africa und Spanien in mehreren Bänden, unter dem Titel: Ketab almathreb fi afkhar AlMagreb verfertigt hat, iſt ein Schloß in der Nachbarſchaft der Stadt Granada in Spanien gelegen, davon er eine Beſchreibung mittheilt, und welches Schalubin heißt. Dies, ſagt er, ſey der Ort, wo der Scheikh Abu Ali Omar gebohren ſey.

Dieſer Scheikh, der auch den Namen Ebn Malek führt, hatte unter Ali AlFarſi ſtudirt, und ſtarb, dem Ben Schohnah zufolge, im Jahr der Hedſchrah 644. [Es iſt nicht möglich, daß dieſer Schalubini unter Ali AlFarſi ſtudirt haben kann. Denn dieſer war ſchon im Jahr der Hedſchr. 377 oder Chriſti 987 todt.

todt. Er ist Verfasser eines Commentars über die Grammatik des
Dschozuli. X.]

Scham Ben Nuh. So nen-
nen die Syrer den Sem, Noahs
Sohn, von dem sie sagen, er habe
Syrien seinen Namen gegeben.
Aber sein Name ist im Arabischen
am gewöhnlichsten Sam. Man
sehe diesen Artikel.

III. Scham und Schamah.
137 Dies ist der Name, den die Araber, und nach ihrem Beispiele,
die Perser und die Türken, demjenigen Lande geben, das wir
Syrien und Sorien nennen.

Die orientalischen Erdbeschreiber geben diesem Namen verschiedene Etymologien. Denn
einige sagen, die Araber nennten
es darum so, weil es auf ihrer
linken Seite, gegen Mitternacht,
liege, gerade so, wie ihnen Jemen auf der rechten Seite liegt.
Denn diese beiden Wörter, Jemin und Scham, bedeuten im
Arabischen die Rechte und die
Linke, und gewöhnlich sagen sie
Schamatan o Jomnatan, wenn
sie zur Rechten oder Linken sagen
wollen.

Andere behaupten, das Wort
Scham sey die vielfache Zahl von
Schamah, welches im Arabischen einerlei mit Khal bedeutet,
nemlich eine weiße, rothe oder
schwarze Warze, die sich über
der Haut erhebt, und Syrien
werde darum so genannt, weil
es mit mehreren Hügeln bedeckt

ist, die diese verschiednen Farben
haben.

Eben diese Erdbeschreiber theilen Syrien in fünf Hauptviertheil
ab, von welchen Kennasserin das
erste ist. Das zweite ist das
von Hems oder Emessa, das
dritte das von Damaschk. Das
vierte ist Arden, das Land des
Jordans oder Galiläa; und das
fünfte Falasthin oder Palästina.
Diese fünf Quartiere erstrecken
sich nach ihrer Ordnung von Mitternacht gegen Mittag hin, und
sind nach Osten zu vom Enphrat,
und nach Westen zu durch das
mittelländische Meer begränzt.

Die Länge von ganz Syrien
ist, dem Verfasser des Messahat
alardh, welches der persische
Erdbeschreiber ist, zufolge von
fünf und zwanzig Tagereisen;
aber die Breite desselben ist sehr
ungleich. Denn da wo es am brei-
testen ist, da hat es deren nur zehn.

Die Hauptstadt von ganz Syrien ist Damas, die man Scham
nennt, nach dem allgemeinen
Namen ihrer Provinz, so wie
auch Demeschk, welches der besondere Name derselben ist. Siehe den Artikel Demeschk, so wie
auch den Artikel Halab, welches
Halep ist, eine Stadt, die weit
neuer ist, als Damas, und die
vormals zu dem Theile von Kennasserin gehörte.

Bei den Arabern heißt Bahr
Al Scham, oder Bahr Al Schami, das Meer von Syrien
oder Damas, was wir das
mittelländische Meer nennen, von
welchem sie sagen, es fange am
atlan-

atlantischen Ocean an, den sie
Bahr AlModhallam, das finstere oder unbekandte Meer, nennen, an einer Meerenge, die
von ihm Bahr AlZohak genannt
wird, und an einer Insel, die
sie Gezirat altarik heißen, das
ist, an der Meerenge von Gibraltar. Sie geben ihm eine
Länge von eilfhundert und sechs
und dreißig Parasangen bis an
seinen östlichen Theil, den sie mit
Sudiah, welches wahrscheinlich
die Stadt Said oder Sidon ist,
endigen. Dieses Maaß, das
vielleicht eben nicht auf das allergenaueste bestimmt ist, ist aus
dem Scherif AlEdrissi genommen.

Eben dieser Schriftsteller sagt
auch, das syrische oder mittelländische Meer habe zu seiner Rechten den nördlichsten Theil von
Africa, den er Magreb AlAcsa,
das äußerste Ende vom Westen,
welches Mauritanien ist, nennt;
sodann das Land von Berber,
welches die Barbarei ist, darauf
Magreb AlAussath, den Westen,
oder Africa der Mitte; sodann
dasjenige Land, welches Afrikiah genannt wird, und das eigentlich so genannte Africa ist.
Nach diesem Lande folgt immer
zur Rechten fort dasjenige, das
er Wadi AlRemel, das Thal
oder das Feld der Sandwüsten
nennt, welches Tripolis und das
Land der Syrten ist, und nach
diesem Barca und Lubiah, welches das Land Barca ist, und
Pentapolis bis nach Alexandrien,
wo dieses Meer, nachdem es al-

les Wasser des Nils aufgenommen hat, die äußersten Enden der
Tiah berührt, welches die Wüste
ist, durch welche die Israeliten
gegangen sind. Darauf zieht es
sich längs der Küste von Syrien
hin. Hier fängt die linke, oder
besser zu sagen, die nördliche
Seite des mittelländischen Meeres an, und das geht von Natolien an bis in den Archipelagus,
und von da durch den Hellespont
fort, bis an das, was die
Araber Khalidsch AlCosthanthini
nennen, welches der Bosporus
Thracicus ist; durch denselben
verbindet es sich mit dem Bontos oder Balbontos, welches
der Pontus Euxinus ist, und
kehrt sodann so zu sagen wieder
an den Küsten von Griechenland
hin zurück, streckt sich längs des
Khalidsch AlBenadaki, welches
das adriatische Meer, oder der
venetianische Meerbusen ist, hin,
und zieht sich von da nach Sicilien, Italien, und an den Küsten von Frankreich vorbei, bis [III.] [238]
an den Gebel AlBornat, welches die pyrenäischen Gebirge
sind, endlich kehrt es an den Küsten von Andalus oder Spanien
zurück nach den beiden Inseln Tarik und Hedhrah, wo es seinen
Anfang genommen hat.

Der persische Erdbeschreiber
sagt, die berühmteste Stadt von
ganz Syrien sey Beit AlMokaddes, die heilige Stadt, das ist
Jerusalem, in einem gebirgigten
Lande gelegen, in welchem ein
Tempel befindlich ist, Namens
Masged AlAcsa, welches der
größte

größte iſt, der im ganzen Muſulmanismus zu finden iſt.

Der Tempel Johannis des
Täufers zu Damas, den die Araber Maſged Jahia nennen, iſt
der beträchtlichſte von ganz Syrien, nach dem zu Jeruſalem.
Walid, ein Sohn des Abdalmalek, Khalife aus dem Geſchlechte
der Ommiaden, ließ daran eine
prächtige Kuppel aufführen, wovon dieſer Tempel ſeinen Namen
bekommen hat, denn man nennt
ihn gewöhnlich Cobbat aliat; zugleich hat er mehrere andere klei-
nere demſelben beifügen laſſen,
davon der eine den Namen Cobbat meradſch, die Kuppel der
Auffahrt, das heißt, der Himmelfahrt des Mohammed führt;
ein anderer Cobbat Mahaſcher,
die Kuppel der Auferſtehung der
Todten, und ein dritter Cobbat
Mirzan heißt, das iſt, die Kuppel oder die Capelle der Wage,
das heißt, des jüngſten Gerichts.

Die Morgenländer zählen unter die herrlichſten Gegenden der
Welt, die ſie die vier Paradieſe
Aſiens nennen, Gauthat Scham,
das Thal oder die Ebene von
Damas; obgleich der perſiſche
Erdbeſchreiber ſagt, die Luft von
Syrien ſey hier nicht geſund, und
ſie verurſache Krankheiten: und
die Fabeln der Mohammedaner
ſetzen das Paradies und den vortrefflichen Garten von Aram, oder
von Irem, in Syrien, von dem
ſie behaupten, er ſey von Schedad erbauet worden. Siehe
dieſen Artikel.

Die orientaliſchen Chriſten haben auch eine Tradition unter
ſich, Adam ſey in Syrien und
in der Nachbarſchaft von Damas
geſchaffen, und aus einer daſelbſt
befindlichen rothen Erde gebildet
worden, von der ſie vermuthlich
geglaubt haben, daß daraus das
Fleiſch am beßten habe gemacht
werden können. Es giebt ſogar
viele derſelben, welche kein Bedenken tragen zu verſichern, es
ſey hier das irdiſche Paradies
befindlich geweſen, welches ſie
vielleicht aus der fabelhaften Tradition des Gartens des Schedad
genommen haben. Man ſehe
auch den Artikel Aram.

Wakedi hat ein Buch über die
Eroberungen von Syrien, das
die Muſulmanen den Griechen
abgenommen haben, geſchrieben,
dem er den Titel Fath AlScham
gegeben hat. Ebn Saddad hat
auch eine vollſtändige Geſchichte
eben dieſes Landes verfertigt, und
Scharfeddin Naſſir allah Ben
Moltakem, AlTanukhi, AlHalabi, hat auch eins von den Vorzügen dieſes Landes geſchrieben
unter dem Titel: Jcadh alvaſuan
fi fadhilat AlScham. Dieſes
Werk beſteht aus drei Bänden,
und iſt ohngefehr ums Jahr der
Hedſchrah 670 verfertigt worden.

Es iſt faſt keine Stadt in Syrien, die nicht ihre beſondere Geſchichte hat. Man wird ſie hin
und wieder in dieſem Werke unter den von dieſen Städten han-
delnden Artikeln angeführt finden.

Scha-

Schamah. Ben Schamah ist der Name eines Schriftstellers, der eine Geschichte von Damas geschrieben hat, unter dem Titel: Tarikh AlScham, so wie noch eine andere, Azhar alraubhatein si akhbar aldulatein betitelt. Dies ist die Geschichte der Regierungen des Nureddin und des Saladin.

Schamail AlNabi: ist der Titel eines Buchs, verfaßt von Termedi, über die guten natürlichen Eigenschaften des Propheten, das heißt, des Mohammed. Dies Werk hat einen Commentator erhalten an Ebn Hadschar AlMekki, im Jahr der Hedschr. 745.

III. 239 **Schamalgani,** ein Beiname eines berühmten Betrügers, welcher Mohammed hieß, und aus einem Flecken, Namens Schamalgan, gebürtig war, der zwischen den Städten Cufah und Bassorah gelegen ist.

Dieser Mann war der Stifter einer Secte, welche sich ganz und gar mit der Seelenwandrung beschäfftigte, die die Araber AlTannasukhiah nennen. Aber er lehrte nicht blos die Metempsychose, sondern er behauptete auch eine Mittheilung, und so zu sagen eine Transfusion derselben Seelen von der einen in die andere.

Er machte den Anfang damit, daß er alle Art von Gottesverehrung, sie mochte nun rechtmäßig oder abergläubisch seyn, abschaffte, und alle fleischliche, ja sogar die greulhaftesten Verbindungen, die die Araber Abáhat alforubsch men dhui alarhám nennen, guthieß. Und zur Erreichung des höchsten Grades von Ruchlosigkeit behauptete er, diejenigen, die schon zu den höchsten Kenntnissen gelangt wären, theilten auf diesen Wegen denen noch weniger Vollkommnen ihre Aufklärungen mit. Und auf solche Weise behauptete er, daß alle diejenigen, welche diese Mittheilung der Aufklärung nicht zugeben wollten, nach ihrem Tode zum zweitenmale in die Welt zurückkommen müßten, um in einer zweiten Reihe von Zeitaltern für ihre Vergehungen zu büßen.

Ebn Mocla, Vesir bei dem zwanzigsten Khalifen aus dem Geschlechte der Abbassiden, Radhi, ließ diesem Verführer den Proceß machen, und er wurde von den Lehrern des Gesetzes dazu verdammt, daß er sollte aufgehenkt und verbrannt werden: welches auch im Jahr der Hedsche. 322 an ihm ist vollzogen worden.

Wenn Ben Schohnah von diesem Betrüger spricht, so sagt er, die Secte der Illuminaten habe unter den Musulmanen von ihnen ihren Ursprung genommen, und das Principium oder das Hauptfundament ihrer Irrthümer sei gewesen: Enn almofadhel jankah almafadhul lejuladsch sthi alnur.

Schamamessah. Siehe den Artikel Schammas.

Sch

Schamaun. Siehe den Artikel Cassan AlDemeschki, welcher Ben Schamaun oder Schimeun genannt wird. Dieser Name Schimeun ist bei den Musulmanen nicht unbekandt. Deir Schimeun, das Kloster Simeons, ist der Name eines Orts in Syrien, nahe bei Damaschk, wo Omar Ben Abdalaziz, ein Khalife aus dem Geschlechte der Ommiaden, begraben liegt.

Schamassiah, dies ist der Name eines Marktplatzes in der Stadt Bagdet, wo die Pferde geübt, Carrussels gehalten, und allerlei Arten von Festen und Spielen gefeiert wurden. Siehe den Artikel des Khalifen Moctader.

Schamati, ein Beiname des Abdallah Ben Achmed, der ein Werk über die Sprichwörter der Araber geschrieben hat, welches den Titel führt: Ketab alamthal Dieser Schriftsteller ist im Jahr der Hedschrah 475 gestorben.

Schamcauni, die Melone von Damaschk. So nennen die Türken eine Art von Wassermelonen, die bei den heutigen Griechen Anguria heißt. Die Araber nennen sie in ihrer Sprache Fegdsch und Bathikh AlHindi, die indische Melone.

Schamcazan: Damas des Cazan. Dies ist der Name ei-

ner Stadt, welche der mogollsche Kaiser aus dem Geschlechte des Ginghizkhan, Cazan Khan, in der Nachbarschaft von Tauris, zur Nachahmung der in Syrien befindlichen Stadt gleiches Namens hat erbauen lassen. Er hat zugleich daselbst eine prächtige Moschee aufführen lassen, in welcher er auch im Jahr der Hedschr. 703 ist begraben worden. Khondemir sagt, es sey dies das einzige mogolische Begräbniß, das in seinen Zeiten noch gestanden habe.

Schamcozalaghi, Nüsse von Damas. So nennen die Türken die Tannzapfen, und die Pinichen oder Frucht derselben.

Schamel oder Schamil: ist der Name einer Insel desjenigen Meeres, das die Araber Bahr al Senfi nennen, welches das östliche Weltmeer, oder das chinesische Meer ist. Edrissi thut desselben in seinem ersten Clima Erwähnung.

Schamel fil thebb: System oder Cursus der ganzen Medicin. Es giebt zwei Werke, welche diesen Titel führen. Das erstere hat zum Verfasser Said Ben Abi Meslem, der unter dem Namen Gajath AlGaith bekandter ist. Dieses Werk ist in zweien Theile eingetheilt, von welchen der erste den Titel führt: Fi hefdh alsihat, und von den Mitteln handelt, durch welche man die Gesundheit erhalten muß.

Der zweite ist betitelt: Fi colliat althebb v gezihathi, das heißt, allgemeine uud besondere Vorschriften der Arzneikunst. Dieser zweite Theil enthält zwei Abhandlungen. Vor diesem Werke ist auch eine lange Vorrede befindlich, welche vom Jahr der Hedschrah 736 datirt ist.

Das andere Werk, das eben diesen Titel führt, ist von Alaeddin Ali Ben Abi Aldaram, einem Arzte von Cairo, der auch Verfasser desjenigen Buchs ist, welches AlMudschak betitelt ist. Sein Werk, welches Schamel heißt, würde aus drei Bänden bestanden haben, wenn es der Verfasser desselben hätte zu Ende bringen können.

Schamel fi tahabhib aldhavat alensamat: ist der Titel eines Buchs vom geistlichen Leben, welches die Reinigung der Seele lehrt. Der Verfasser desselben ist Abdalthalek Ben Abul Cassem AlMesri. Diese Abhandlung enthält vier Systeme von dem geistlichen Leben der Sofis, welches bei den Musulmanen AlTessauf genannt wird.

Schamel fil gebr v almocabelah: ist eine Abhandlung über die Algeber, die von Abu Kiamel Samaa Ben Aslem ist verfertigt worden, und über welche man mehrere Commentare hat.

Schamel fil bahr alkiamel: ist der Titel eines Buchs, welches von Züchtigungen, Strafen überhaupt und Geldstrafen insbesondere handelt. Der Verfasser ist der Seid Abulfadhl Mohammed Ben Achmed Al Dhabbi. Es ist in drei und dreißig Capitel abgetheilt.

Schamfistighi: ist der Name, welchen die Türken dem Pistaciennußbaume und Frucht geben.

Schami. Derjenige, der aus Syrien, oder aus der Stadt Damas gebürtig ist, oder dazu gehört. Achmed Ben Arabschah, der Verfasser desjenigen Buchs, welches den Titel führt: Adschaib almakdur fi akhbar Timur, welches das Leben des Tamerlan ist, und Mohammed Ben Nasser, Verfasser eines Buchs unter dem Titel: Amali oder Dictata, führen beide den Beinamen AlSchami.

Schamlacah, ein mysteriöses, oder vielmehr abergläubisches und magisches Gebet, welches bei Bezauberungen und Hexereien, die durch Hülfe eines gewissen präparirten Staubs und Asche verrichtet werden, gebraucht zu werden pflegt. Siehe den Artikel Ramadát und die königliche Bibliothek zu Paris, Nr. 1014.

Schammas oder Schammas. So nennt man in der arabischen Sprache den heiligen Diener am Altare, oder den Diaconus. Die vielfache Zahl von

von diesem Worte ist Schamamessah, welches überhaupt alle
diejenigen bedeutet, die bei den
Altären unter den Christen dienen. Siehe den Artikel Cod-
das, welches die Liturgie, nach
dem Ritus der alexandrinischen
Kirche, ist.

Schammilki oder Mul-
ki: der Besitz der Stadt Damas
und des dazu gehörigen Gebietes.
Der Tarikh Montekheb und der
Lebtarikh sagen, Kiresch, das
heißt, Cyrus, der erste König
von Persien, habe dem Propheten Daniel den Besitz der Stadt
Damas nebst dem dazu gehörigen Gebiete eingeräumt. Siehe
den Artikel Babaman Ben Asfendiar.

Schamuil. Siehe den Ar-
tikel Aschmuil. Dies ist der
arabische Name des Propheten
Samuel.

Schampadischahi: der
König von Syrien. Diesen Titel legen die mohammedanischen
Geschichtschreiber den Kaisern
von Constantinopel bei, welche
Herren von Syrien waren, ehe
sie desselben von den Musulmanen beraubt wurden, so daß bei
ihnen Scham Padischahi gewöhnlich durch das Wort Caissar,
welches Cäsar ist, erklärt wird.

Schams almaref v lathaif
alauaref: die Sonne der Kenntnisse. Dies ist der Titel einer
Abhandlung, die AlBuni über

die Namen Gottes und über die
in den Buchstaben des arabischen
Alphabets steckende Geheimnisse
verfertigt hat. Es ist in der königlichen Bibliothek zu Paris
unter Nr. 893. befindlich.

Schams almaref alkobra:
ist der Titel eines Werks in zweien
Foliobänden, verfertigt von Schehabeddin Achmed AlBuni, über
eben den Gegenstand, von welchem das vorhergehende Werk
handelt: nur daß es in diesem
mit viel mehrerer Weitläuftigkeit
abgehandelt wird. Es ist in der
königlichen Bibliothek zu Paris
unter Nr. 984. und 985. befindlich.

Schamsalafat si elm al-
horuf alaufat: ist der Titel eines Werks, welches die Geheimnisse, oder allegorischen Bedeutungen, welche in den Buchstaben des arabischen Alphabets
stecken, erklärt. AlBastami ist
der Verfasser desselben. Er führt
in seiner Vorrede die Namen von
mehr denn zweihundert Schriftstellern an, welche vor ihm über
eben diesen Gegenstand geschrieben haben. Dieses Werk ist in
der königlichen Bibliothek zu Paris unter Nr. 1009.

Schamsalmaala: Die
Sonne in ihrer weitesten Erdfer-
ne. Dies ist der Titel, welchen
der Khalife Cader der Abbaside
dem Könige von Dilem, Dschordschan und Mazanderan, Cabus,
beigelegt hat. Siehe den Arti-
K 2   tel

kel Cabus, und Manugeher, der Sohn Cabus.

Schamseddin, ein Beiname des Iletmisch, eines Sohns des Fakhreddin. Siehe den Artikel Iletmisch. Er war vormals Sclave des Schehabeddin, Sultans aus der ersten Reihe von der Dynastie der Gauriden, gewesen, und er wurde Sultan in der zweiten Reihe eben dieser Dynastie von den Provinzen Bamian Tokharestan, Badkhschan und Schaganian.

III. Schamseddin Ben Abu
242 bekr Curt. Dies ist der Enkel des Rocneddin Curt, der von dem Emir Azzeddin Omar AlMarghinani abstammte, und sein Geschlecht von dem Gauridischen Sultan Gajatheddin Mohammed herleiten zu können behauptete. Dies ist der erste Fürst aus der Dynastie, welche den Namen der Moluk Curt führt.

Es haben einige Schriftsteller, wie zum Exempel der Scheikh Fadhel Sadr Scherif Al Bokhari, ein sehr gelehrter Mann, der im Jahr der Hedschr. 745 verstorben ist, den Emir Azzeddin AlGauri, sehr in Versen gelobt, und gesagt, der Sultan Gajatheddin habe ihm das Gouvernement der Stadt Herat und des dazu gehörigen Gebietes gegeben, und dieser habe die Festung und einen Theil der Provinz Gaur an Schamseddin Curt gegeben.

Schamseddin succedirte seinem Großvater Rocneddin im Jahr der Hedschr. 643 in dem Gouvernemente von Khorassan, und ward in seiner Würde von Ginghizkhan bestätigt. Seine Macht und sein Ansehn vermehrte er gar sehr unter den mogolischen Kaisern Holagu, Abka und Barak, deren Vasall er war, und starb endlich an ihrem Hofe in der Stadt Tauris, im Jahr 676. Denn Abka Khan, oder vielmehr sein Vesir Khodschah Schamseddin, der ein Mißtrauen in ihn zu setzen anfing, hielt ihn daselbst zurück. Inzwischen hatte er doch seinen Sohn Rocneddin zu seinem Nachfolger, der die Stadt Candahar einnahm, und unter der Regierung des Argunkhan im Jahr der Hedschr. 679 starb.

Fakhreddin, auch ein Sohn des Schamseddin, wird für den dritten Fürsten aus dieser Dynastie gerechnet, ob er gleich vor seinem Bruder Rocneddin gestorben ist, und seinen Vater nur ohngefehr um zwei Jahre überlebt hat. Denn er starb im Jahr 677.

Gajatheddin, der letzte von den Söhnen des Schamseddin, ist der vierte Fürst aus dieser Dynastie, und ward von dem mogolischen Kaiser Al Dschaptu Khan in der Befehlshaberschaft bestätigt, die er über die Länder von Gaur bis an die Gränzen der Provinzen, welche an dem Flusse Sind oder Indus liegen, hatte. Er ist im Jahr der Hedschrah 729 gestorben, und hat vier Söhne

Söhne hinterlaſſen, nemlich Schamseddin, der ihm in der Regierung gefolgt iſt, und der fünfte Fürſt aus dieſer Dynaſtie war, Hafedh, Huſſain, und Baker. Dieſer Schamseddin, den man den zweiten aus dieſer Dynaſtie nennen könnte, war gelehrt und tapfer. Aber er liebte den Wein in einem ſo ausſchweifenden Grade, daß er ſich dadurch viel von ſeinem Leben verkürzte, und regierte nach dem Tode ſeines Vaters Gajathebdin nur zehn Monate, in einem faſt beſtändigen Rauſche. Sein Tod fiel in das Jahr der Hedſchr. 730.

Malek Hafedh, der zweite Sohn des Gajathebdin, war der ſechſte Fürſt aus dieſer Dynaſtie, und iſt ſeinem Bruder in den Reichen Herat und Saur nachgefolgt. Dieſer Fürſt, der von Perſon ſehr ſchön gebildet war, und dabei die Kunſt zu ſchreiben im höchſten Grade in ſeiner Gewalt hatte, ward, da es ihm an der Kunſt gut zu regieren fehlte, von einigen Saurierń, die noch dazu ſeine Verwandte und Unterthanen waren, als er aus dem Schloſſe zu Herat, welches Ekhtiareddin hieß, im Jahr der Hedſchrah 732 ging, ums Leben gebracht.

Moezzeddin Huſſain, dritter Sohn des Gajathebdin, iſt der ſiebente Sultan aus dieſer Dynaſtie. Er ſuccedirte ſeinem Bruder Hafedh und beſaß alle Eigenſchaften eines großen Fürſten. Saadeddin Taktazani, der ge-

lehrteſte Mann ſeines Zeitalters, hat ihm eins von ſeinen Werken dedicirt, in welchem er eine Lobrede auf ihn geſchrieben hat.

Der mogoliſche Kaiſer, Abu Said, hinterließ in Perſien keinen Prinzen, der ſich hätte furchtbar machen können. Daher wußte ſich Moezeddin weit wichtiger zu machen, als er in der That war. Denn nun ſpielte er ohne alle Scheu den unumſchränkten Oberherrn, ließ ſeinen Namen in den Moſcheen öffentlich nennen, und wußte es durch ſeine Klugheit und Tapferkeit dahin zu bringen, daß der größte Theil der benachbarten Fürſten ihm den Eid der Treue ſchworen, und ſich für ſeine Vaſallen erklärten.

Im Jahr der Hedſchrah 740 III, vereinigte der Emir Vaegih eb.²⁴³ din Maſſud, aus dem Geſchlechte und der Dynaſtie der Sarbedarier, ſeine Macht mit den Truppen des Haſſan Dſchuri, und nun griffen ſie vereinigt den Moezeddin mit dreißigtauſend Mann an. Allein dieſer Sultan ſchlug ſie aufs Haupt, und nahm dem Scheikh Haſſan Dſchuri das Leben.

Im Jahr 752 ging der Emir Cazgan, der die transoxaniſchen Provinzen im Beſitz hatte, auf Moezeddin los, belagerte ihn in der Stadt Herat, und nöthigte ihn endlich nach mehreren Gefechten, daß er ihn um Frieden bitten und ihm verſprechen mußte, daß er ſich binnen Jahresfriſt an ſeinen Hof begeben, und ihm den Eid der Treue ſchwören wol-

K 3   le.

le. Von der Zeit an wurden die Umstände dieses Sultans immer schlimmer. Denn die Gauriden erhoben seinen jüngern Bruder, Malek Baker, auf den Thron, und nöthigten ihn, daß er sich bis ins Jahr 753 in einen gewissen Platz verstecken mußte, wo er sich endlich genöthigt sah, sich zu dem Emir Cazgan zu begeben.

Dieser empfing ihn mit vieler Höflichkeit, erwies ihm viele Ehre, und sagte ihm gleich im Anfange: Gute Feinde und gute Freunde. Inzwischen machten einige Herren von dem Hofe des Cazgan einen Complot, daß sie sich Moezzeddin vom Halse schaffen wollten; allein Emir Cazgan hielt ihm unverbrüchlich Wort, und um ihn gegen alle listige Entwürfe seiner Feinde völlig sicher zu stellen, schickte er ihn unter einer guten Bedeckung nach Khorassan, wo er, sogleich nach seiner Ankunft, sich Meister von der Person seines Bruders, des Baker, machte, und ihn gefangen bei sich behielt.

Solchergestalt kam dieser Sultan wieder in den Besitz seiner Hauptstadt Herat, und aller seiner andern Staaten, und regierte von neuem bis in das Jahr der Hedschrah 771.

Malek Gajatheddin, ein Sohn des Moezzeddin, achter und letzter Fürst aus dieser Dynastie, succedirte seinem Vater. Er eroberte die Stadt Nischabur wieder, die ihm die Sarbedarier weggenommen hatten. Aber Ta-

merlan, der dem Emir Cazgan seit zwölf Jahren in den Besitz aller transoxanischen Provinzen nachgefolgt war, schickte Befehl an diesen Fürsten, daß er sich zu ihm begeben sollte, und da er sich weigerte, ihm Folge zu leisten; so drang dieser Eroberer im Jahr der Hedschr. 785 in Khorassan ein, eroberte die Stadt Herat im Sturme, und machte Gajatheddin, nebst seinem Sohne Mohammed, zu Gefangnen, worauf sie auf seinen Befehl ums Leben gebracht wurden. Solchergestalt endigte sich die Familie und Dynastie der Curtischen Könige, welche ohngefehr hundert und dreißig Jahre gedauert hatte.

Schamseddin. Khodschah Schamseddin Afdhal, ein Sohn des Fadhlallah und Bruder seiner beiden Vorfahren, Abdalrazzak und Badschheddin. Dies ist der fünfte Fürst aus der Dynastie der Sarbedarier, der nur sechs Monate regiert, und seine Staaten unter der Bedingung verließ, daß er zu gewissen bestimmten Zeiten aus dem königlichen Schatze vier Lasten Seide bekommen sollte, worauf er den Besitz derselben an einen andern Schamseddin Khodschah Ali, im Jahr der Hedschr. 749 abtrat.

Schamseddin Khodschah Ali. Dies ist der sechste Fürst aus der Dynastie der Sarbedarier. Dieser Fürst hatte alle Staaten des Badschheddin Mas-
fud

fub. im Befitz, und brachte alles in der Stadt Sebzvar in so gute Ordnung, daß die Gerechtigkeit auf das genaueste gehandhabt, der Handel wieder hergestellt, und die Seidenmanufacturen zur höchsten Vollkommenheit gebracht wurden.

Es wird angemerkt, daß sich unter seiner Regierung keiner seiner Unterthanen jemals unterstanden habe, auch nur den Namen des Weins, oder sonst eines Getränks, das berauschen kann, auszusprechen, und daß er fünfhundert öffentliche Weibspersonen lebendig in Gruben habe werfen lassen. Seine Strenge in Uebung der Gerechtigkeit war so groß, daß alle diejenigen, die er an seinen Hof berief, vorher ihr Testament machten, ehe sie vor ihm erschienen. Denn er wußte unter tausend, die er sah, einen Menschen, der schuldbar war, zu erkennen.

III. 244   Endlich machte er sich bei den Vornehmsten am Hofe so verhaßt, daß ein gewisser Haidar, der seiner Profession ein Metzger war, angestellt wurde, der ihn in seinem Schlosse zu Sebzvar tödtete, nachdem er ohngefehr fünf Jahre regiert hatte. Dies ist im Jahr der Hedschr. 353 geschehen.

Eben dieser Metzger, der Schamseddin ums Leben gebracht hat, regierte nach ihm in eben der Dynastie der Sarbedarier, unter dem Namen Pahalavan Haidar Cassab, und war der neunte Fürst derselben.

Schamseddin. Der Name des Oberhauptes oder Präsidenten von dem Diwan des Achmed, eines mogolischen Sultans aus dem Geschlechte des Ginghizkhan. Diese Würde eines Oberhaupts vom Diwan war mehr, als die Würde eines Vesirs. Er war ein weiser und ehrwürdiger Mann, der die mogolischen Staaten lange Zeit mit Beifall regiert hatte. Inzwischen war Ardschun Khan doch im Stande, ihn im Jahr der Hedschr. 683 hinrichten zu lassen, nachdem er ihm erst sehr große Summen auf den Verdacht, daß er seinen Vater Abka Khan mit Gifte hingerichtet habe, abgenommen hatte.

Schamseddin Alfakhiri, ist der Name eines ehrwürdigen Scheikh, der in der Stadt Casch jenseit des Gihon seinen Aufenthalt hatte, und von Tamerlan über das Schicksal seiner Unternehmungen um Rath gefragt wurde. Dieser versprach ihm Unterstützung mit seinem und der Seinigen Gebete, um ihm alle die Vortheile, die er zu erhalten wünschte, zu verschaffen.

Schamseddin, ein Beiname des Abulfaradsch Ben Dschuzi, der der Lehrer des Scheikh Sadi AlSchirazi war.

Schamseddin AlCodsi. Dies ist der Verfasser einer Erdbeschreibung, welche seinen Namen führt, und die er im Jahr der Hedschr. 414 verfertigt hat.

     Die

Dieser Schriftsteller war aus Jerusalem, oder aus sonst einem Orte im heiligen Lande gebürtig. Man hat auch eine allgemeine Geschichte von ihm.

Schamseddin, ein Beiname des Mohammed Ben Mahmud AlEsfahani, Verfassers eines Commentars über das Buch, Mahsul betitelt. Siehe diesen Artikel.

Schamseddin, ein Beiname des Mohammed AlNadschari, der unter dem Titel Mir Solthan bekandter ist. Er war ein großer Contemplatif, den die Musulmanen für einen Heiligen halten, die sein in Natolien befindliches Grab mit großer Gewissenhaftigkeit besuchen. Snad eddin thut seiner in seinem Tadschaltauarikh, Geschichte der othmanischen Sultane, unter deren Regierung dieser Mann gelebt hat, Erwähnung.

Schamseddin Khosru Schah, ist der Name eines großen Weltweisen, der zu Damas gelebt hat. Man erzählt, der Sultan AlMalek AlNasser Daud, König von Syrien aus dem Geschlechte der Ajubiten, sey zu Fuß zu diesem Gelehrten gegangen, um sich von ihm das Buch des Ebn Sina erklären zu lassen, welches betitelt ist: Ojun albekmat, die Quellen der Weisheit oder der Philosophie, und er habe selbst dies Buch unter seinem Arme getragen, wie die Schüler zu thun pflegen.

Schamseddin AlCenui: ist der Name oder Beiname des Verfassers eines bei den Musulmanen in großer Achtung stehenden Buchs, das den Titel Menhabsch führt. Siehe diesen Artikel, wie auch den Artikel Cenui.

Schamsiah, ist der Titel III. eines Ressalah, oder einer Abhandlung des Nadschmeddin Ali Ben Omar AlKazvini über die Logik, welche in der königlichen Bibliothek zu Paris unter Nr. 911. befindlich ist. Dieses Werk ist dem Khodschah Schamseddin Mohammed dedicirt, der vielleicht einer von den sarbedarischen Fürsten ist, von welchen wir bereits geredet haben. Dieser Gelehrte war ein Schüler von Nassireddin AlThussi.

Schanbatah. So nennen die Aethiopier ihre Feste überhaupt. Dies Wort kommt von Sabbath her.

SchambatahCrostos, der Sabbath Christi, wird bei ihnen gewöhnlich für Osterfest gesagt.

Schangal. Siehe den Artikel Schankal.

Schangiu. Der persische Erdbeschreiber sagt in seinem dritten Clima, dies sey eine Stadt in China, nahe am Meer gelegen, wo ein großer Zusammenlauf und Handel fremder Kaufleute sey. Er fügt auch hinzu, diese Stadt führe auch noch den Namen Zeitun.

Scha-

Schani. Achmed Al Schani. Dies ist der Name des Verfassers eines Buchs, welches den Titel führt: Asthun oder Usthun alassathin, die Säule der Säulen, oder die Halle. Dies ist eine philosophische Abhandlung. Die Araber nennen die Stoiker in ihrer Sprache Ahel Alusthuanat, die Leute der Halle; eine Benennung, die den Namen ausdruckt, den sie in der griechischen Sprache führen.

Schankal und Schangal. Ein alter König von Türkestan, der seine Truppen mit des Afrasiab seinen gegen den König von Persien aus der zweiten Dynastie, welche die Cajanidische genannt wird, Caikhosru, vereinigte. Siehe den Artikel Gianghal oder Tschangal.

Schar und Schah schar. Dies ist der Titel der alten Könige von Gürgistan oder Georgien, der eine Anspielung auf den Namen Cäsar zu seyn scheint, eben so, wie das Czar der Russen, welches Eschar ausgesprochen wird. Siehe in dem Artikel Mahmud Sebekteghin, auf welche Art dieser Monarch den Schar von Gürgistan behandelte, nachdem er ihn geschlagen und seiner Staaten beraubt hatte.

Siehe auch den Artikel Gürgistan oder Georgien.

Scharab. Dieses Wort bedeutet im Arabischen überhaupt alle Arten von Getränken; und insbesondere den Wein, welcher unter allen Getränken das vorzüglichste ist. Wenn übrigens eben diese Araber diesen Trank genauer ausdrücken wollen, so nennen sie ihn: Scharab almosakker, das berauschende Getränke; doch geben sie diesen Namen auch allen andern Getränken, welche Betäubung und Betrunkenheit verursachen, gerade so wie das Wort שכר Sicera in der Bibel genommen werden muß.

Die Musulmanen geben dem Weine auch mehrere metaphorische Namen, und es sind auch sehr abergläubische darunter befindlich, weil sie ihn nicht mit seinem eignen Namen nennen wollen, welcher Khamr oder Nebidh ist. Ja es sind sogar einige Fürsten unter ihnen gewesen, welche durch ausdrückliche Gesetze die Aussprache desselben verboten haben. Siehe den Artikel Schamseddin Khodscha Ali Al Sarbedari.

Die beiden vornehmsten allegorischen Namen des Weins bei den Musulmanen sind Omm algenabet, die Mutter des Verderbens; Ab, Abu und Omm alkharabat, das Wasser, der Vater, und die Mutter des Untergangs und Ruins.

Siehe in dem Artikel Othman, des dritten Khalifen, die verschiedenen Gesetze, die Mohammed in Ansehung des Weins gegeben hat, und die Gründe, warum viele Musulmanen glauben,

R 5

ben, daß ihnen der Wein nicht verboten sey.

Die Wörter Syrop und Sorbet, oder Schorbet, deren wir uns bedienen, sind alle aus dem arabischen Worte Scharab gemacht.

Scharacah und **Scharakiah**, eine Stadt in Arabien, von der einige Schriftsteller behaupten, daß sie den Sarrazinen ihren Namen gegeben habe. Denn so haben die Griechen und die Lateiner diejenigen genannt, die sich in ihrer Sprache blos Araber nennen.

Scharaf. Scharaf AlGazi: ist der Name eines berühmten Rechtsgelehrten unter den Musulmanen, der das Buch geschrieben hat, welches den Titel Adab AlCadha, von den Eigenschaften und Bedingungen, welche bei den Urtheilen eintreten müssen, wenn sie juristisch und legitim seyn sollen. Dieses Buch ist in der königlichen Bibliothek zu Paris unter Nr. 605. befindlich.

Scharafi, ein egyptischer Goldducaten. AlMalek AlAschraf war derjenige, der zuerst diese Münze hat schlagen lassen und ihr seinen Namen gegeben hat. Sie gilt soviel, wie dasjenige, was wir einen Sultanin nennen, der das Gewicht von unserm Goldthaler hat. Die Araber nennen ihn auch Dinar und Methcal aldheheb. Die Griechen

haben ihn Bezant von Gold genannt. Siehe den Artikel Beidhab.

Die Perser nennen einen Scherefi oder Scharafi eine Goldmünze, welche acht Larins gilt; so daß jeder Larin zwei spanische Realen beträgt. Der Scherefi gilt zwei Stück von acht Realen, welches zwei Thaler französischer Münze sind, oder zwei Stück von achten, oder acht und funfzig Sous, wie sie die Franzosen nennen.

Unsre Geschichtschreiber und Reisende nennen diese Münze gewöhnlich Goldseraphinen.

Scharakia, ist der Name des Vaters des Ozair AlNabi, das ist, des Propheten Esra, nach dem Tarikh Montekheb. Das vierte apocryphische Buch des Esra macht diesen Propheten zu einem Sohn des Sareh. Aber dies ist der Sarahia der Hebräer, woraus der arabische Name Scharakhia ist gemacht worden.

Scharakiah. Siehe den Artikel Scharacah.

Scharani, ein Beiname des Abdaluahab Ben Achmed, Verfassers desjenigen Buchs, welches Erschad almogafelin, Unterweisung der Unwissenden, betitelt ist. Dies ist ein moralisches und Andachtsbuch. Dieser Schriftsteller hat im Jahr der Hedschr. 979 gelebt.

Schä

Scharaſchi. Mohammed Ben Scharaſchi: iſt der Name eines Schriftſtellers, der ums Jahr der Hedſchrah 1020 gelebt, und über das Buch des Baidbaui, betitelt: Annar, Aufklärungen, geſchrieben hat. Es iſt dies ein ſehr berühmter Commentar über den Coran.

Scharfaldin und **Scherfeddin**; ein Beiname, welchen viele Perſonen führten.

III, **Scharfaldin**, oder **Scherf-**
247 **eddin**, Ali Jezdi: iſt der Name des Verfaſſers eines Buchs, welches den Titel führt: Dhafer Nameh, oder Zhafer Nameh, das Buch der Siege. Dieſer Schriftſteller, der für den beredteſten unter allen Geſchichtſchreibern gehalten wird, die in perſiſcher Sprache, vor dem Emir Khuand ſchah, den wir Mirkhond zu nennen pflegen, geſchrieben haben, hat dieſes Werk verfertigt, welches das Leben und die Lobreden auf Tamerlan enthält. Es iſt auf Befehl des Mirza Sultan Ibrahim, eines Sohns Schahroth, verfertigt, und von ſeinem Verfaſſer im Jahr der Hedſchr. 828 herausgegeben worden.

Es iſt dies eben das Werk, das die Perſer und die heutigen Mogolen in Indien gewöhnlich Sahebkerani nennen; und dies nach dem Titel Saheb Keran, den Tamerlan führte, von welchem die mogoliſchen Sultane herſtammen.

[Siehe die Zuſätze zu dem Artikel Ali Jezdi.]

Scharfaldin, oder **Scharfeddin,** AlKhateb: iſt der Name eines berühmten muſulmaniſchen Gelehrten, welcher der Prediger in Dienſten der Stadt Khoraſſan war. Er war einer von denjenigen, welche der Wuth der Tataren des Dſchinghizkhan entgingen, als die Stadt Herat, unter der Regierung des Sultan Mohammed Khuarezm ſchah, verwüſtet und rein ausgeplündert wurde. Siehe den Artikel dieſes Sultans.

Scharfaldin oder **Scharfeddin** Al Tabrizi. Siehe den Artikel Mirſcharaf.

Scharfaldulat, iſt der Name des älteſten Sohns des Adhabaldulat, eines Enkels des Bujah. Dieſer Sultan aus der Dynaſtie der Buiden führte den eigenthümlichen Namen Schir und Schirzad, welche im Perſiſchen einen Löwen, und von einem Löwen gezeugt, bedeuten.

Scharfaldulat hatte noch zwei Brüder, Namens Samſam aldulat und Bahaaldulat, welche auch beide zur Regierung gekommen ſind. Sobald er in der Provinz Kerman, wo er die Befehlshaberſchaft führte, den Tod ſeines Vaters Adhabaldulat, der im Jahr der Hedſchr. 372 erfolgte, erfuhr, eilte er in die Stadt Schiraz, und nahm daſelbſt von dem perſiſchen Reiche Beſitz. Allein

lein auch dieser Staat that seinen stolzen Entwürfen noch keine Genüge, daher war er sogleich auf Zurüstungen bedacht, um auch die übrigen Staaten seiner Brüder an sich zu reißen.

Im Jahr 377 fing Scharfaldulat den Krieg mit seinem Bruder Samsamaldulat an, der von seinem Vater die Provinz Ahvaz, und das arabische Irak zu seinem Erbtheile bekommen hatte, und machte sich noch in demselben Jahre Meister von der wichtigen Stadt Bassora, die die Hauptstadt von diesem ganzen Lande war.

Im Jahr 378, nachdem er diese Provinzen unterjocht hatte, wendete er sich nach Bagdet hin, wo Samsamaldulat die Würde eines Emir AlOmera oder Generallieutenants des Khalifen bekleidete. Und da sich dieser nicht stark genug sah, um der Macht seines ältesten Bruders widerstehen zu können, hielt er es für das Beste, ihm entgegenzugehen, und ihn um seine Gnade anzuflehen.

Scharfaldulat betrug sich aber sehr hart gegen seinen Bruder; denn er schickte ihn gefangen nach Persien, und zog darauf im Triumphe in die Stadt Bagdet ein, wo er von der Würde seines Bruders Besitz nahm, und alle Macht und Ansehn der Khalifen an sich zog, die damals blos den Namen von Fürsten führten, und denen die Sultane nur noch ein wenig äußere und scheinbare Ehre erzeigten, die man noch ihrer Würde, mehr aus Pflicht

gegen die Religion, als aus Hochschätzung oder Furcht vor ihrer Macht, erwies.

Uebrigens genoß dieser Fürst sein unrechtmäßiger Weise an sich gerißnes Reich nicht lange; denn er starb schon im Jahr der Hedschr. 379, ein Jahr nach seinem Einzuge in Bagdet. Khondemir. Ben Schohnab.

Scharfeddin. Siehe den Artikel Scharf aldin. III, 248

Schargiah, ist der Name eines Ortes in der Provinz Jemen oder dem glücklichen Arabien, dessen der persische Erdbeschreiber in seinem ersten Clima Erwähnung thut.

Scharh, Erklärung, Aufklärung und Commentar. Dies Wort wird in den Titeln von vielen Büchern gebraucht. Man hat fast kein Buch von einiger Wichtigkeit bei den Musulmanen, das nicht seinen Scharh oder Haschiah oder Talkhis hat, welches Commentare, Randglossen oder Erklärungen sind.

Scharh alacaid; Erklärung der Glaubensartikel der musulmanischen Religion; von einem unbekannten Verfasser.

Scharh almauakef. Dies ist ein Commentar über das Buch, welches den Titel führt: Al-Mauakef, die Stationen, ein metaphorischer Titel, unter welchem man die Stufen der musulmanischen Metaphysik und scholastilaſtiſchen Theologie zu verſtehen hat. Siehe den Artikel Mauag kef. Der Verfaſſer dieſes Commentars iſt unbekandt.

Scharh albedai, iſt der Titel eines Commentars über den Coran, der den Serabſch AlHindi zum Verfaſſer hat.

Scharh AlDſchagmini: Abhandlung von der Sphäre, verfaßt von Dſchagmini. Dieſes Buch iſt in der königlichen Bibliothek zu Paris unter Nr. 799.

Scharh Eſma alhoſna: Erklärung der heiligen Namen, das iſt, der Namen und Eigenſchaften, welche die Araber Gott beilegen. Dies iſt ein Werk, das Achmed Ben Ali AlCoraiſchi AlBuni zum Verfaſſer hat. Es iſt in der königlichen Bibliothek zu Paris unter Nr. 647. befindlich.

Scharh AlHedaiah: iſt der Titel eines Buchs, welches von dem muſulmaniſchen Geſetze handelt. Es iſt dies eigentlich ein Commentar über das Buch, das Hedajah betitelt iſt. Siehe dieſen Artikel.

Scharh Schauahed almogni. Erklärung aller der Zeugniſſe, das heißt, aller der Autoritäten, welche in dem Buche, Mogni allebib betitelt, das eine arabiſche Grammatik iſt, angeführt ſind. Es iſt überall alles mit Citaten ſolcher Stellen, welche aus den beſten Schriftſtellern,

die wir in dieſer Sprache haben, genommen ſind, belegt. Gelaleddin AlSojuthi iſt der Verfaſſer dieſes Commentars.

Scharh altarruf, ein geiſtliches Buch, welches von der Beſchaulichkeit und von der Liebe Gottes handelt. Tarruf und Taſſauf bedeuten im Arabiſchen alles, was wir unter dem Titel von geiſtlichen und Andachtsbüchern zu begreifen pflegen.

Scharh altenbih. Ein Commentar über das Buch, AlTenbih betitelt, welches ein Ritual oder Buch von den Ceremonien und den geiſtlichen Uebungen und Handlungen der Muſulmanen iſt. AlFiruzabadi iſt der Verfaſſer deſſelben, und AbulFadhl Achmed hat den Commentar verfertigt.

Scharh aluagir. Ein Buch III, oder Commentar des Imam Nu- 249 ri über das geiſtliche Buch, welches den Titel Aluagir führt. Es wird in demſelben von der Beſchaulichkeit, von Ecſtaſen, von Entzückungen und von Viſionen gehandelt.

Scharh Meſlem oder Moſlem: iſt der Titel eines Buchs, das den Ajad AlSebti zum Verfaſſer hat. Siehe den Artikel Sebti.

Scharh alhokm oder hokum. Erklärung der Gebote des Muſulmanismus. Dies iſt ein

ein Werk des Achmed AlEskenderi.

Scharh thauale alanuar lemethaleb AlEsfahani: Aufklärung der von Esfahani aufgeworfenen Fragen über die Sunnah der Musulmanen.

Es giebt noch einen Scharh alsunniah, der von eben diesem Gegenstande handelt.

Scharh Khauas esma allah taala alarbain: Erklärung der vierzig Namen Gottes, welche nach der abergläubischen Tradition der Musulmanen eine gewisse besondere Kraft haben. Dieses Buch ist in der königlichen Bibliothek zu Paris unter Nr. 1024. Es sind darin viele Namen der Engel und Teufel anzutreffen, welche mit großer Ruchlosigkeit unter die Namen Gottes gemischt sind.

Scharh alTadhkerah, ist der Titel eines historischen Werks des Nassireddin AlThusi, welches in der Vorrede zu dem Buche des Ebn Alllardi, betitelt Khiridat aladschaib, angeführt wird.

Scharmah. Eine Stadt in Jemen, oder dem glücklichen Arabien, in demjenigen Theile desselben gelegen, der den Namen Hadharmuth führt. Sie ist an dem Ufer des Meeres von Oman erbaut, zwei Tagereisen von der Stadt Lassaa. Zwischen diesen beiden Städten sind warme Bäder befindlich, welche zur

Heilung von vielen Arten von Krankheiten gebraucht werden.

Scharuani. Siehe den Artikel Schah Fethallah.

Scharthoniah, ein aus dem Griechischen χειροτονια verdorbenes Wort, welches die Auflegung der Hände bedeutet, die bei der Ordination der Bischöfe, der Priester und anderer Diener der Kirche geschieht.

Da diese Auflegung der Hände eine Art von Handel, und so zu sagen käuflich bei den Orientalern geworden war, so hat das Wort Scharthoniah die Bedeutung desjenigen Geldes bekommen, das man den Bischöfen oder Patriarchen dafür giebt, um die Ordination von ihnen zu bekommen. Dies ist mit einem Worte dasjenige, was wir Simonie nennen.

Ebn Amid sagt, der Patriarch von Alexandrien, Philoponus, der im Jahr der Hedschr. 371 unter dem Khalifate Aziz, des Fathimiten, auf dem bischöflichen Throne saß, habe das Geld geliebt, und den Scharthoniah gefodert, den sein Vorfahr abgeschafft hatte. Dieser Vorfahr war Efraem, der alle seine Güter unter die Armen austheilte.

Schasban, ist der Name eines Fleckens in der Provinz Mazanderan, aus welcher Abubekr AlSchasbani, ein tapferer Mann, gebürtig war, der einer von den dreien

dreien war, die dem Tamerlan am meisten zu thun machten, und die seine Truppen, bei seinem Einbruche in Persien, gar sehr beunruhigten.

III. **Schasch:** ist der Name ei-
250 ner der beträchtlichsten Städte von der ganzen Provinz Trans-oxanien. Sie liegt jenseits des Sihon oder Jaxartes, an einem andern Flusse, der keinen andern Namen führt, als den er mit der Stadt gemein hat, und man giebt ihr 89 Grade 10 Minuten der Länge, und 42 Grade, 30 Minuten der nördlichen Breite im fünften Clima.

Diese Stadt, die in ihrem Gebiete fünf und zwanzig andere zählt, gehört dennoch selbst zu dem Gebiete der Stadt Samarcand, und dieses Gebiete wird Ilak genannt, das sich von Raubakht bis nach Farganah erstreckt, welche nur fünf Tagereisen, weiter nach Norden hinauf, von derselben entfernt ist.

Benket oder Benaket und Schauket, sind die vornehmsten Städte in dem Gebiete von Schasch; aber Akhsiket gehört zu Farganah.

AlBergendi sagt, die Stadt Schasch sey Türkestan, und sie werde von zweien Flüssen gewässert, von welchen der eine nach Farah fließt, und seinen Namen davon führt, und der andere wird, wie wir bereits gesagt haben, der Fluß Schasch genannt.

Achmed AlKiateb rechnet vier Tagereisen von der Stadt Schasch bis nach Khogendah oder Schahrokhiah, welche an dem Flusse Sihon erbaut ist.

Ju dem Gebiete der Stadt Schasch, in einem Dorfe, das den Namen Khodschah Ilgar führt, ist Timur, mit dem Beinamen Lenk, welches, nach dem Berichte des Achmed Ben Arabschah, soviel heißt, als der große Tamerlan, gebohren worden. Aber hierin stimmen die übrigen Schriftsteller nicht überein.

Schaschi. Derjenige, der aus der Stadt Schasch gebürtig ist, oder zu solcher gehört.

Abubekr Mohammed Ben Ali, mit dem Beinamen AlSchaschi, der im Jahr der Hedschr. 365 gebohren ist, ist Verfasser desjenigen Buchs, welches den Titel führt: Adab AlCadhi, Eigenschaften eines Cadhi, nach den Grundsätzen des Imam Schafei.

Alamah AlSchaschi ist der Verfasser eines S c h a r h oder Commentars über das Buch, Adab AlSamarcandi betitelt.

Schath. Der Fluß Tiger, den die A r a b e r gewöhnlich Didschlat nennen, führt auch den Namen Schath Sui.

Die Araber nennen ihn auch Nahar Cufah, weil er durch diese Stadt fließt *), die der Sitz einiger Khalifen gewesen ist, und
Na-

---

*) [Dies ist sehr irrig. Denn nicht der Tiger, sondern der Eufrat fließt durch diese Stadt. Siehe den Artikel N a h a r A l C u f a h oder Seite 11. R.]

Nahar Salam, der Fluß des Friedens, weil er durch Bagdet fließt, das der Erbauer desselben, Abu Dschafar AlManssor, Dar AlSalam, Wohnung des Friedens, genannt hat.

Der Verfasser des Lebtarikh schreibt, Manugeher, ein persischer König aus der ersten Dynastie, welche die pischdadische genannt wird, habe den Forat und den Schath, das heißt, den Eufrat und den Tiger, graben lassen, um sie mit einander zu vereinigen, und durch sie die Provinz Jrak, welche die Provinz Babylonien oder Chaldäa ist, wässern zu lassen.

Schathebah und **Schathiah.** So nennen die Araber eine in dem Königreiche Valencia gelegene Stadt, die bei den Spaniern heut zu Tage Xativa heißt. Siehe den Artikel Andalus.

Der persische Erdbeschreiber sagt, es sey diese Stadt zu seinen Zeiten die größte in dem ganzen Lande Andalus oder Spanien gewesen.

Schathebi, ein Beiname des AbulCassem, der aus der Stadt Schathebah gebürtig war, und der Verfasser von einer Abhandlung ist, welche betitelt ist: Ueuf, von den Pausen, die man machen muß, wenn man den Coran liest.

III. **Schather.** Alaeddin Ali 251 Ben Jbrahim führt den Titel Ebn Schather AlMonagem. Er war ein großer Astronom, und hat auch mehrere astronomische Werke hinterlassen, die aber nicht auf uns gekommen sind.

Schauket. Eine Stadt in Transoxanien, welche zu dem Gebiete der Stadt Schasch gehört, aus welcher nicht wenige Personen gebürtig sind, die sich durch ihre Gelehrsamkeit Ruhm erworben haben. Sie hat 99 Grade, 30 Minuten der Länge, und 47 Grade nördlicher Breite, nach AbulFeda und AlBergendi, im fünften Clima ihrer Erdbeschreibung.

Schavet, ist der Name des Vesirs des Adhed, letzten Khalifen der Fathimiten in Egypten. Nadschm eddin AlJemeni rühmt diesen Vesir in seinem Buch, Nakat alasriat betitelt. Siehe diesen Artikel, und den Artikel Adhed.

Schebab, ist der Name eines Gebirges von Jemen, in dem Theile von Hadhramuth, an dessen Fuße eine Stadt liegt, welche eben diesen Namen führt. Dieses Gebirge ist eins der fruchtbarsten von ganz Arabien; denn es hat mehrere Wasserquellen, welche machen, daß es sehr bewohnt ist, weil sich hier Weideplätze in Ueberflusse befinden.

Auch finden sich auf eben diesem Gebirge mehrere Minen von orientalischen Agaten, Onychsteinen, Cornalinen, und denjenigen

gen Arten von Steinen, die die Araber Sezr Aljemani nennen, welches der arabische Onyx ist.

Der persische Erdbeschreiber setzt diese Stadt und dieses Gebirge zwischen den Aequator und das erste Clima, nach der Art, wie die Orientaler zu reden pflegen.

Schebbauan: ist der Name eines herrlichen Orts in Persien. Siehe den Artikel Schabbauan und den Artikel Schibbauan.

Schebeli und Schebili, ein Beiname des Abubekr Mohammed Ben Khalaf, Ben Hadschder, gebürtig aus der Stadt Schebilah in Transoxanien, einer der vornehmsten musulmanischen Scheikhs, welcher bei ihnen für einen Heiligen und für einen der größten Contemplatifen unter den Sofis, von welchen er eins der ersten Oberhäupter war, angesehen wird. Man kann seine Succession und seinen Rang in dem Artikel Conui, und in dem drei und dreißigsten Abschnitte des sechs und dreißigsten Artikels von Schafei's Geschichte, sehen. Auch muß man die orientalische Anthologie *) unter den Artikeln, die von der Erkenntniß und Liebe Gottes handeln, vergleichen, woraus zu ersehen ist, daß die Vorstellungen dieses Gelehrten mit denjenigen, die die Quietisten und Illuminaten haben, einerlei sind.

Dschafei sagt, Schebeli sey der Morabbi **), das ist, derjenige, der den Bahalul Al Medschnun erzogen und unterrichtet, gewesen. Siehe den Artikel dieses Lehrmeisters. Man legt dem Schebeli ein Buch bei, welches Mehassen Alnassail, die vortrefflichsten Ursachen und die besten Mittel, betitelt ist. Siehe auch den Artikel Auail.

Schebgerag oder Schebtscherag: die Fackel der Nacht. So nennen die Perser den Carfunkel, von dem sie versichern, daß eine Grube auf der Insel Serandib oder Zeilan befindlich sey. Inzwischen behaupten einige, es befinde sich dieser Stein in dem Kopfe eines Drachen.

Auch giebt es Schriftsteller, welche behaupten, dieses Wort bedeute dasjenige, was eben diese Perser Schebtab, und die Türken Jldiz Curdi nennen, welches dasjenige ist, was die Lateiner Cicindela genannt haben, und was bei uns den Namen Johanniswürmchen hat.

Sche-

*) [Dieses Werk des Verfassers ist nicht herausgekommen. Siehe die Einleitung zum Ersten Bande, Seite X.]

**) [Lies Morabbi anstatt Motabbi, d. h. der Eleve, der Schüler des Bahalul. Siehe diesen Artikel Band 1. Seite 329. K.] (Aber die erste Ausgabe hat Morabbi.)

Schebib Ben Zeid. Dies ist der Name eines der tapfersten Männer, die die Araber unter der Regierung der Ommiaden gehabt haben. Dieser Mann stellte sich, unter dem Khalifate des Abdal Malek, eines Sohns Marvan, an die Spitze der Empörer, und lieferte dem Hedschadsch, der gleichfalls ein großer Feldherr und Gouverneur von der Provinz Jrak war, mehrere Treffen.

Man sagt, Schebib habe beständig mit einer ungleichen Anzahl von Truppen seine Feinde geschlagen, so daß er sich gar nicht gefürchtet habe, zehntausend Reuter anzugreifen, wenn er deren nur tausend hatte, und doch sehen wir aus seiner Geschichte, daß er nur ein einzigesmal in einem Gefechte den Kürzern gezogen, und das gerade damals, als er sein Leben dabei verlohren.

Dieses letzte Gefechte fiel bei dem Flusse Sarsar in Syrien vor, über welchen er in einem Boote setzen wollte, als er gerade sehr angelaufen und außerordentlich übergetreten war. In voller Waffenrüstung stürzte er in denselben, und konnte nicht gerettet werden, ob er gleich zu dreienmalen über das Wasser kam, und es wird sogar erzählt, daß er jedesmal, so oft er wieder hervorgekommen, von Gott habe sprechen hören, und daß er zum letztenmale die Worte ausgesprochen habe: Dies ist der Rathschluß des Allmächtigen.

Sein Leichnam wurde wieder aufgefischt, und er ward geöffnet, wobei es sich denn fand, daß sein Herz so fest und so hart, wie ein Stein war. Als seiner Mutter die Nachricht von seinem Tode hinterbracht wurde, wollte sie sie nicht glauben, bis man ihr sagte, er sey im Wasser umgekommen. Denn nun fing sie an zu weinen, und sagte, als sie mit ihm niedergekommen, habe sie im Traume eine starke Flamme aus seinen Eingeweiden herausschlagen sehen, und von der Zeit an habe sie eingesehen, daß nur allein Wasser ein so großes Feuer aufzulösen vermögend sey.

Khondemir und der Verfasser des Nigbiaristan erzählen beide die Geschichte des Traums, und schreiben, der Tod des Schebib sey im Jahr der Hedschr. 77 erfolgt.

Schebib. Ebn Schebib AlHarrani, AlHanbali: ist der Name eines Gelehrten, der aus Harran in Mesopotamien gebürtig, ursprünglich ein Mager, und von Profession ein Hanbalite war. Er ist der Verfasser desjenigen Buchs, welches den Titel führt: Dschame alfonun.

Schebielda. So nennen die Perser dasjenige, was bei den Arabern Lailat altamam, die längste Nacht im Winter, heißt, welches die Nacht derjenigen Sonnenwende ist, die die Lateiner bruma genannt haben. Dieses Wort ist von den Persern aus dem

dem alten Gebrauche der Christen entliehen worden, welche die Nacht der Geburt unsers Heilandes so genannt haben, die die arabischen Christen noch heut zu Tage Lailat almilad nennen.

Schebilah, eine Stadt in Transoxanien, welche zu dem Gebiete der Stadt Oscruschnah gehört. Dies ist der Ort, aus welchem der berühmte AlSofi AlSchebili gebürtig war. Siehe den Artikel Schebeli.

Schebili und Schebeli, ein aus Schebilah, einer Stadt in Mauaralnahar oder Transoxanien, gebürtiger Mann. Siehe Schebeli.

III. Schecua aleschtiak elalnabi alakhlak. Dies ist der Titel der letzten von den Cassaides Seba, das heißt von den sieben Elegien des Sekhaui. Es ist solches eine verliebte und andächtige Klage, die dieser Dichter an Mohammed gerichtet hat. Sie ist in der königlichen Bibliothek zu Paris unter Nr. 644. befindlich.

Schedad Ben Ad, Ben Amlak, Ben Hani. Schedad, ein Sohn des Ad, eines Sohns Amalek, eines Sohns Cham, des Sohns Noah. Diese fabelhafte Person lebte und regierte, den fabelhaften Geschichten des Orients zufolge, in Arabien, in den Zeiten Dschamschid, eines Königs von Persien aus der ersten Dynastie, genannt die Pisch-

dadische, und der Verfasser des Tarikh Khozideh schreibt, er sey derjenige gewesen, der den Zhohak abgeschickt habe, um ihm den Dschamschid, der mit ihm Krieg führte, vom Halse zu schaffen.

Eben diese Geschichten geben ihm eine Regierung von zweihundert und sechzig Jahren, und einen Bruder, den er hatte, mit Namen Schedid, von dreihundert Jahren.

Der Tarikh Montekheb will, Schedad und Schedid hätten in den Zeiten des Propheten Hud gelebt, der der Patriarch Heber bei den Hebräern ist, und sie wären beide mit in den Untergang der Aditen gerathen, der sich unter diesem Patriarchen zugetragen hat, wie solches unter seinem Artikel, so wie auch in dem Artikel Ad zu lesen ist.

Er fügt hinzu, Schedad habe in Syrien eine Stadt erbauet, die er Gennet, Paradies, genannt habe, und diese sey sogleich verschwunden, so wie ihr Stifter, mit allen seinen Unterthanen, vertilget gewesen wäre. Dies ist eben diejenige Stadt, welche zuweilen, nach der Mythologie der Musulmanen, wieder erscheint, und die sie auch Haram und Hirem nennen. Siehe diese Artikel, so wie auch den Artikel Cotadah.

Schedad. Ebn Schedad Tamim. Siehe den Artikel Sanbadsch.

ℓ 2   Sche-

Schedid, ein Bruder des Schedab. Siehe diesen Artikel.

Schefa. Siehe den Artikel Schafa.

Schegiá Kahenah: ist der Name eines sehr berühmten Propheten oder Oberpriesters, der in Syrien in den Zeiten des Abdalmothleb, des Vaters des Mohammed, gelebt hat. Dieser Prophete ward von Abdalmothleb wegen des Gelübdes um Rath gefragt, das er abgelegt hatte, seinen Sohn zu schlachten. Man sehe hierüber die umständliche Geschichte im Ben Khond schah, wo von der Geburt des Mohammed geredet wird.

Schegiaá. Siehe die Artikel Schagiaa und Schah Schagia.

Schehab Alhedschazi: ist der Name des Verfassers eines Buchs, betitelt: Neil fi ahval Alnil. Es ist solches eine Geschichte und Beschreibung des Nils.

Schehabeddin Ben Sam: ist der Name des vierten Sultans aus der Dynastie der Gauriden, eines Bruders seines Vorfahren Gajatheddin, der ihn Antheil an der Regierung nehmen ließ, und dem er nach seinem Tode succedirte, so daß er eine Zeit von vier Jahren allein regierte. Im Jahr der Hedschr. 571 eroberte Schehabeddin, noch bei Lebzeiten seines Bruders, die Reiche Multan und Deheli, das wir heut zu Tage Delli zu nennen pflegen, in Indien, und in diesem letztern Reiche setzte er zugleich den Cothbeddin Ibek, der vorher sein Sclave gewesen, und nach und nach zu den höchsten Würden an seinem Hofe gelangt war, zum Regenten ein.

In der Zeit, da sich Gajatheddin am Rande des Grabes sah, befand sich sein Bruder Schehabeddin zwischen den Städten Thus und Sarakhs in Khorassan, wo er täglich große Vortheile über die Seldschuciden erhielt, die sich des größten Theils von dieser Provinz bemächtigt hatten. Aber so wie er die gewisse Nachricht von dem Tode seines Bruders erhielt, kehrte er sogleich nach der Stadt Badghis um, und marschirte von da aus in starken Tagereisen bis nach Gaznah, der Hauptstadt von dem Reiche der Gauriden.

Kaum war er in dieser Stadt angekommen, so erfuhr er, daß Mohammed Khuarezm Schah, dessen Macht von Tag zu Tage immer größer wurde, seine Staaten zu verschlingen drohe. Er hielt sich also verbunden, sich den stolzen Absichten dieses Fürsten widersetzen zu müssen, und brach zu dem Ende mit einer großen Armee nach dem Lande des Khuarezm auf. Allein diese Unternehmung glückte ihm nicht. Denn seine Armee wurde von Mohammeds seiner geschlagen, und er sahe sich genöthiget, sich in das Land

Land Zableſtan zurückzuziehen, und daſelbſt einige Zeit ruhig zu bleiben, um ſeinen erlittenen Verluſt wieder gut zu machen.

Inzwiſchen unterließ er nichts was nöthig war, um eine neue Armee auf die Beine zu bringen, welche weit ſtärker, als die erſte ſeyn ſollte, um den Progreſſen der khuarezmiſchen Waffen Gränzen zu ſetzen; und er war ſchon in voller Bereitſchaft, ſich in Marſch zu ſetzen und ſie aufzuſuchen, als ihn eine in dem Lande Dſchub entſtandene Empörung auf einmal zurückhielt. Dieſes Land Dſchub iſt eine lange Kette von Bergen, die ſich längs der Provinzen Gaur und Zableſtan hinziehen, und von welchen die Zugänge äußerſt beſchwerlich ſind.

Er hielt ſich demnach verbunden, erſt das Innere ſeiner Staaten in Ruhe zu ſetzen, ehe er ſich in einen auswärtigen Krieg einlaſſen wollte. Er flog ſo zu ſagen gegen dieſe Empörer, und überfiel ſie noch in den erſten Aufwallungen ihrer Empörung. Und ehe ſie ſich noch in die Verfaſſung geſetzt hatten, um den Anfall ſeiner Waffen aushalten zu können, ließ er ſie ſchon die Schwere ſeines Armes fühlen, ſowol durch Beſtrafung ihrer Oberhäupter, als durch ein großes Blutbad, das er unter den allerunruhigſten Köpfen in dieſem Lande anrichten ließ, und hierauf kehrte er als Sieger, und mit vollkommner Zufriedenheit über ſeine Expedition, in ſeine Reſidenz nach Gaznah zurück. Allein ſo wie er zu Dehiek angelangt war, ward er von einem abgöttiſchen Indianer, der ſich zu dieſer Unternehmung durch ein Gelübbe verpflichtet hatte, im Jahr der Hedſchr. 602, in einem Alter von zwei und ſechzig Jahren, meuchelmörderiſcher Weiſe ums Leben gebracht. Khondemir.

Der Verfaſſer des Lebtarikh ſagt, dieſer Fürſt habe den Beinamen Abu Modhaffer, das heißt, der Eroberer, geführt, und ſey gerade in dem Augenblicke, da er ſein Gebet verrichtet, ermordet worden. Eben dieſer Schriftſteller giebt ihm den Mahmud, einen Sohn des Gajatheddin Mohammed, der folglich ſein Neffe war, zum Nachfolger. Dieſer hat ſieben Jahre nach ihm regiert, und war der fünfte und letzte von den gauriſchen Sultanen.

Der Verfaſſer desjenigen Buchs, welches Thabacat heißt, und der unter der Regierung dieſes Sultans gelebt hat, ſchreibt, er habe den größten Theil ſeines Lebens mit Kriegen, die er in Indien geführt, zugebracht, und habe ſo unermeßliche Schätze aus dieſem Lande weggeführt, daß, als ſeine einzige Tochter einſtmals den Khodſchah Iſmael, in deſſen Verwahrung die Edelſteine ihres Vaters ſich befanden, ſie fragte, wie hoch ſich wol ihre Anzahl und ihr Werth belaufen möchte, dieſer ihr zur Antwort gegeben: In dem Schatze des Sultans,

deines

deines Vaters, sind dreitausend Pfund Diamanten von Gewichte. Hieraus läßt sich auf das übrige schließen.

Da dieser Sultan weiter keine Kinder, als nur eine einzige Tochter, hinterlassen hat, so hat dies einem persischen Dichter Anlaß gegeben zu sagen, man dürfe nicht darüber erstaunen, daß er keine Kinder männlichen Geschlechts hinterlassen habe, da der Himmel, der schon so lange Zeit über unsern Häuptern hange, niemals etwas ihm Aehnliches habe hervorbringen können. Da er den Mangel dieser Kinder männlichen Geschlechts gar sehr empfand, so gab er sich damit ab, daß er eine große Anzahl von türkischen Sclaven erziehen ließ, auf welche er eine außerordentliche Sorgfalt verwendete, weil er sie wie seine eignen Kinder betrachtete, und er pflegte daher über diesen Punct zu sagen, andere Fürsten wären stolz darauf, daß sie deren viele hätten, obgleich nichts destoweniger ihre Anzahl nie sehr groß sey: aber er an seinem Theile könne sich rühmen, daß er viele tausend habe, unter denen er sogar Nachfolger finden werde, die nach ihm in unterschiedlichen Provinzen regieren, und das Andenken seines Namens unauslöschlich machen würden.

III. 255

In der That waren auch Tadsch Ildiz, Nasser eddin, Kothbeddin Ibek, von welchen der erste in Gaznah, der andere in Multan und der dritte in Delli regiert haben, aus der Zahl derselben, so wie noch mehrere andere waren, welche sich einige von den verschiedenen Provinzen des Reichs der Gauriden bemächtigt haben, dergleichen zum Exempel Aramschah, Cobah, Iletmisch u. a. m. gewesen sind. Siehe die Artikel Gaurian, Bakhtiar und derjenigen, welche wir so eben genannt haben.

Schehabeddin, ist der Name eines Gelehrten, den Sadi in der Stadt Bagdet zu seinem Lehrer gehabt hat.

Schehabeddin, ein Beiname des Achmed Ebn Abdalvahab. Siehe den Artikel Nuairi.

Schehabeddin AbulAbbas Ben Jahia: ist der Name eines Schriftstellers, der im Jahr der Hedschrah 700 gebohren worden, und im Jahr der Hedschr. 749 gestorben ist.

Man hat eine Erbbeschreibung von ihm, unter dem Titel: Messalek alabsar fi memalek alamsar.

Schehabeddin AlSabki, ist der Name eines Gelehrten, der auch den Namen Ebn Abildem AlHamaui führt. Er war gebürtig aus der Stadt Hamah in Syrien. Abulfeda, welcher Fürst von dieser Stadt war, thut desselben Erwähnung, indem er öfters einen Tarikh oder eine Geschichte anführt, die er verfertigt hat.

Sche-

Schehabeddin Al Scheherverdi. Dschafei führt in der Vorrede zu seiner Geschichte einen Schriftsteller dieses Namens an, der das Leben von musulmanischen Heiligen beschrieben hat.

Schehabeddin Jahia Ben Geisch oder Habasch: ist der Name eines Gelehrten, den Saladin in das Schloß zu Halep hat einsperren und am Leben bestrafen lassen. Er war ein sehr großer Philosoph und vortrefflicher Dichter, der für seine Ruchlosigkeit ist bestraft worden.

Ben Schohnah sagt, wenn er von diesem Gelehrten redete, er sey Kethir olelm v cassir alakl, mit vielen Kenntnissen beladen, und mit sehr weniger Beurtheilungskraft versehen gewesen.

Saif eddin AlAmedi erzählt, als er einstmals den Schehabeddin in dem Schlosse zu Halep, wo er gefangen saß, besucht, habe er folgende ausschweifende Worte zu ihm gesagt: Ich habe niemand meines Gleichen auf dieser Welt, und ich werde einmal über die ganze Erde herrschen: denn es hat mir im Schlafe geträumt, daß ich alles Wasser aus dem Meere getrunken habe. Darauf versetzte ihm Amedi sehr artig: Dies war vielleicht blos dein Speichel, den du für das Wasser des Meeres angesehen hast. Eben dieser Schohnah führt auch mehrere von seinen Versen an. Siehe den Artikel Scheherverdi.

Scheher oder **Schahar**: ein Monat, oder vielmehr der Mond, im Arabischen.

Scheher und **Scheherestan.** Dieses Wort bedeutet im Persischen und Türkischen eine Stadt. Siehe weiter unten den Artikel Scheherestan.

Scheher Alsabr   oder *III.* **Schahar alsabr.** Der Monat der Geduld. So nennen die Musulmanen den Monat oder den Mond Ramadhan, in welchem sie ein feierliches Fasten halten.

Schahar bedeutet im Arabischen eigentlich den Mond, und ihr Jahr, welches ein reines Mondenjahr ist, enthält zwölf Monden, die wir gewöhnlich Monate zu nennen pflegen, und besteht folglich aus nicht mehr denn dreihundert und vier und funfzig Tagen.

Aschhur oder Schohur almalumat. Die vier bekanten Monden. Das sind die Monde Moharram, Regeb, Dhulkadah, und Dhulhedschah, und sie werden bekandte oder berühmte genannt, weil es den alten Arabern vor dem Musulmanismus verboten war, während dieser vier Monden oder Monate im Jahr miteinander Krieg zu führen.

Man muß hierbei bemerken, daß die Araber gewöhnlich Schahar zu sagen pflegen, wenn dieß Wort einen Monat bedeutet, und daß es die Perser und die Türken Scheher aussprechen. Uebrigens bedeutet das Wort Scheber, von dem wir geredet haben, im Persischen und Türkischen eine Stadt.

Scheher Hormuz: ist der Name einer Stadt in der Provinz Khuzistan, welches das Susiane der Alten ist. Sie hat ihren Namen von Hormuz, einem Sohne Sapor, dritten Königs von Persien aus der Dynastie der Sassaniden oder Khosroes, erhalten, der der Stifter derselben gewesen ist.

Es ist gar nicht wahrscheinlich, daß diese Stadt eben diejenige seyn sollte, die wir heut zu Tage Ormuz nennen, die vormals auf dem festen Lande war erbauet worden, ehe man eine andere gleiches Namens auf der Insel im persischen Meerbusen errichtet hatte. Denn die Provinz und die heutige Stadt Ormuz ist in Laristan, oder dem Reiche Lar, zu dessen Gebiete sie vormals gehört hat. Siehe den Artikel Hormuz und Ormozd.

Scheher Hormuz ist vielmehr Ramhormuz, welches die arabischen Tafeln in Khurestan oder Khuzistan, unter dem 85sten Grad, 45 Minuten der Länge, und unter dem 31sten Grad der nördlichen Breite setzen.

Scheherbaz. Dies ist einer von den Namen des großen Flusses, den die Alten Oxus und Bactrus genannt haben. Die Araber nennen ihn Gihon und Nahor, den Fluß, vorzugsweise und die Perser Amu und Rubkhaneh, den Fluß, vorzugsweise.

Scheherbend. Dies ist im Persischen nicht der Name einer Stadt überhaupt; sondern nur einer mit einer Mauer umgebenen Stadt.

Scheherestan und Scheheristan. Dieses persische Wort, das überhaupt eine Stadt bedeutet, wie wir bereits unter dem Worte Scheher angemerkt haben, ist insonderheit der Name von drei verschiedenen Städten.

Die erste gehört zu der Provinz Fars, welches Persien im eigentlichen Verstande ist.

Die zweite gehört zu derjenigen Provinz, die die orientalischen Erdbeschreiber Gebal, Irak Agemi und Kubistan, das persische Irak, oder den gebirgigten Theil von Persien, welches das Land der alten Parthen ist, nennen. Sie ist nicht sehr weit von der Stadt Ispahan entfernt, so daß diese Stadt, welche heut zu Tage die Hauptstadt von Persien ist, gerade zwischen den zweien Städten, Jehudiah und Scheheristan, erbauet ist.

Die dritte ist in der Provinz Khorassan, und liegt zwischen der Stadt Nischabur, welche zu Khorassan gehört, und der Stadt Khuarezm, welche nicht zu Khorassan gehört: sondern die die Hauptstadt von einer andern Provinz ist, der sie ihren Namen mitgetheilt hat. Diese dritte Stadt

Stadt hat ihren Ursprung dem Abdallah, einem Sohne des Thaher, ersten Fürsten aus der Dynastie der Thaherier, zu danken.

Aus dieser letztern Stadt ist der berühmte Lehrer gebürtig gewesen, von welchem wir eben geredet haben.

Scheherestan Cazvin.

So nennt man, dem Verfasser des Lebtarikh zufolge, einen Theil oder ein Quartier von der Stadt Cazbin, welches von Sapor Dhulaktaf ist erbauet worden, von dem man auch glaubt, daß er der Stifter der ganzen Stadt gewesen sey.

Scheherestani, ein Beiname des Alfath *) Mohammed Ben Abdalkerim, eines der berühmtesten Lehrer von der Ascharischen Secte, der im Jahr der Hedschr. 548 verstorben ist. Er hat mehrere Werke über die Metaphysik und scholastische Theologie der Musulmanen verfertigt, unter andern auch dasjenige, das den Titel führt: Nehajat alefdam si elm alkelam. Dies ist dasjenige Werk, das ihm den Titel zuwege gebracht hat: Al-Motekellem AlAschari, der Scholastiker der Ascharier. Siehe den Artikel Aschari.

Auch haben wir von ihm dasjenige Buch, welches betitelt ist: AlMelal v alnahal, von den Mitteln, wodurch man Langeweile und Melancholie heilen muß **). Ben Schohnab.

Auch siehe den Artikel Saradi.

[Dieser Schriftsteller ist im Jahr der Hedschr. 499 gebohren, und im Jahr der Hedschr. 548 oder Christi 1154 gestorben. R.]

Scheheriar, ist der Name des achtzehnten Sohns des Khosru Parviz, der der Grausamkeit des Siroes entging, welcher sechzehn andere von seinen Brüdern hinrichten ließ. Dieser Prinz hat nicht regiert; aber er war der Vater des Jezdegerd, des letzten Königs von Persien aus der Dynastie der Khosroes oder der Sassaniden.

Scheheriar: ist der Name eines Generals, der die persischen Armeen gegen die Griechen anführte. Da es diesem Herr übelnahm, daß man, ohne ihn darum zu befragen, den Ardeschir, einen Sohn des Siroes, auf den Thron gesetzt hatte, da dieser noch ein Kind von sieben Jahren war, so ging er mit sei-

£ 5   ner

---

*) Lies Abulfetah.

**) [Dies ist ein Werk über die scholastische Theologie, nicht aber ein Buch von den Mitteln, wodurch man Ueberdruß und Melancholie vertreiben kann. Auch handeln alle seine Werke von Glaubenslehren und Pflichten der Gottesfurcht. R.]

ner Armee auf Madain los, und machte sich sowol von dieser Stadt, als von der Person des kleinen Ardeschir Meister, und ließ diesen hinrichten.

Nach diesem Schritte riß Scheheriar die persische Crone an sich; allein er wußte sich nicht länger, als zwei Jahre, in dem Besitze derselben zu erhalten. Denn da er nicht aus königlicher Familie war, so schafften sich ihn die Großen des Reichs, auf Bitten der Turandokht, einer Tochter des Khosru Parviz und Schwester des Schirujeh, vom Halse.

Scheherverdi oder Schacharvardi. Dies ist der Beiname des Schehabeddin Jahia Ben Geisch oder Habesch, der auch unter dem Titel Scheikh Mactul, der getödtete Lehrer, bekandt ist, weil er auf Befehl des Saladin am Leben bestraft wurde, dafür daß er der Philosophie mehr, als der Religion zugethan war. Wir haben bereits von diesem Manne in dem Artikel Schehabeddin gehandelt.

Hier wollen wir nur noch dasjenige hinzufügen, was der Verfasser des Nighiaristan von ihm erzählt. Dieser Schriftsteller sagt, er sey nicht blos der Philosophie ergeben gewesen, sondern er habe auch die Theorie und Praxis der natürlichen und vielleicht auch der abergläubischen Magie, die die Araber Schabedat und Simia nennen, erlernt. Auch erzählt er, es habe dieser

Gelehrte auf seinen Reisen, die er in Gesellschaft seiner Freunde gethan, einen Türkomanen angetroffen, der eine Heerde Schaafe geführt habe. Da er nun eins davon habe kaufen wollen, und dem Türkomanen für solches zehn Silberdrachmen angeboten habe, habe es ihm dieser nicht um einen so wohlfeilen Preiß lassen wollen.

Hierauf soll Scheherverdi zu seinen Cameraden gesagt haben: Wir wollen das Schaaf forttragen, und stark darauf losgehen; denn ich will schon diesen Türkomanen befriedigen. Er fing also an, ihn von mehreren Dingen zu unterhalten; und darauf verließ er ihn plötzlich, und fing mit seinem Schaafe aus allen Kräften zu laufen an. Inzwischen machte sich der Türkomane, der es nicht verlieren wollte, auch auf, lief dem Doctor nach, faßte ihn beim Arm, und sagte zu ihm, er würde ihn nicht eher gehen lassen, als bis er es bezahlt haben würde.

Anfangs setzte er sich gegen den Türkomanen einigermaßen in Gegenwehr, allein dieser hielt ihn fest, und riß ihn immer stärker an seinem Arme; aber wie groß war nicht auf einmal sein Erstaunen, als er diesen Arm abgerissen, und in seinen Händen bleiben sah. Ueber diesen Vorfall gerieth der arme Mann in ein solches Schrecken, daß er aus allen Kräften davonlief, und kein Wort mehr davon sprach,

daß

baß er fein Schaaf bezahlt haben wollte.

Inzwischen eilte Scheherverdi wieder zu seiner Gesellschaft, sein Arm war gesund und ganz, und er befriedigte den Türkomanen auf eine Art, wie es ihm beliebte.

Scheherverdi, ein Beiname des Schehabeddin Achmed, Verfassers desjenigen Buchs, das den Titel führt: Scharh Khauas esma allah alarbain, besondere, das heißt, geheime und für wenige Menschen gemachte Erklärung der vierzig Namen Gottes. Dies ist ein magisches und abergläubisches Werk, das in der königlichen Bibliothek zu Paris unter Nr. 1024. befindlich ist.

Scheherverdi, ein Beiname des Abdalcaher Ebn Abdallah, der im Jahr der Hedschr. 563 gestorben ist, und das Buch geschrieben hat, das den Titel führt: Adab almoridin, von den Eigenschaften und Bedingungen, welche diejenigen erfüllen müssen, die in dem geistlichen Leben Fortschritte machen wollen.

Scheherverdi. Schehabeddin Abu Hafs Omar Ben Mohammed Al Scheherverdi: ist der Name eines im Jahr der Hedschr. 632 verstorbenen Schriftstellers, der ein Buch geschrieben hat, das den Titel führt: Eelam alhoda, Unterweisung und Anleitung.

Auch haben wir noch ein anderes Werk von diesem Schrift-

steller, betitelt: Adellat alajan v alborhan. Dies ist eine Logik, in welcher von den demonstrativen und überzeugenden Argumenten und Syllogismen gehandelt wird.

Scheherverdi, ein Beiname des Jahia Ben Habasch Al Hakim, Verfassers eines Buchs unter dem Titel: Aluah Al Omadiat, die omadischen oder emadischen Tafeln. Er hat sie für den Sultan Omad oder Emadeddin Cara Arslan, einen Fürsten aus der Familie Artak oder Ortok verfertigt, der im Jahr der Hedschr. 579 gelebt hat. Dieses Werk ist ala alelahiin, das heißt, gegen die Philosophen, Elahiun, die Göttlichen, genannt, das heißt, gegen die Platoniker und Peripatetiker. Dieser Gelehrte ist einerlei Person mit dem Scheikh Mactul, der von Saladin, von welchem wir bereits in dem Artikel Schehabeddin Ben Geisch, und in dem Artikel Scheherverdi Ben Geisch gesprochen haben, zum Tode verdammt worden.

Scheherverdi. Siehe *III.* den Artikel Ebn Salah, so wie *259* auch den von einem Schehabeddin, der Lebensbeschreibungen der Musulmanen verfertigt hat.

Scheherzur. Ben Schohnah schreibt in der Vorrede zu seiner Geschichte, es sey dies der Name einer Stadt in dem Lande der Curden, die in der Provinz
Fars

Fars wohnen. Uebrigens gehört diese Stadt vielmehr zu Babylonien oder Chaldäa, und der Verfasser des Lebtarikh sagt, Alexander der Große sey daselbst gestorben. Dieses stimmt aufs beste mit unsern lateinischen und griechischen Schriftstellern überein, welche ihn insgesammt in der Stadt Babylon sterben lassen. Die Türken nennen diese Stadt gewöhnlich Scheherzul, welche für die Hauptstadt von Curdistan angesehen zu werden pflegt. Cazvini und Jacuthi sagen, Scheherzur sey ein Land, von welchem Dizban die Hauptstadt sey, und es habe seinen Namen von Zur, einem Sohne Zohak, eines Königs von Persien aus der ersten Dynastie, erhalten. Die Stadt Scheherzur liegt unter dem 82sten Grade, 20 Minuten der Länge, und 34sten Grade, 30 Minuten der nördlichen Breite, im dritten Clima.

Schehnah. Siehe den Artikel Schohnah.

Scheibat. Mohammed Ben Othman AlCufi Ben Abi Scheibat: ist der Name des Verfassers eines Tarikh oder einer Geschichte. Er ist im Jahr der Hedschr. 297 verstorben.

Scheidah, ist der Name eines Sohns des Afrasiab, der von dem cajanidischen Könige von Persien, Caikhosru dem Dritten, in der Provinz Khua-

rezm ist geschlagen und getödtet worden. Siehe den Artikel Caikhosru.

Scheikh. Dieses Wort bedeutet im Arabischen nicht blos einen Alten, sondern auch einen Fürsten und einen berühmten Gelehrten; auch das Oberhaupt eines Collegii oder einer Gesellschaft von Religiosen.

Scheikh. Ebn AlScheikh. Dies ist eben derjenige, der auch Mablui heißt. Siehe diesen Artikel.

Scheik Alálamat, ein Beiname oder Titel des Kemaleddin, der in seinen Zeiten für ein Ungeheuer von Gelehrsamkeit gehalten wurde. Siehe seinen eignen Artikel.

Scheikh Alandalus, ist der Name eines Schriftstellers, der das Buch verfertigt hat, welches den Titel Idháh fi elm AlSeher, ein Buch von Magie und Bezauberungen, führt.

Scheikh Aleslam, der Alte oder das Oberhaupt des Gesetzes. Dies ist der Titel, den man gewöhnlich einem großen Imam oder einem Mufti giebt, welches eigentlich der oberste Priester des Gesetzes und der Religion der Musulmanen ist. Vormals hatten alle große Städte oder Hauptstädte des Musulmanismus Imams, welche sowol diesen, als den Titel Mufti führten,

-ten, ob ihn gleich heut zu Tage bei den Türken nur der zu Constantinopel hat, der diesen Titel vorzugsweise führt. Siehe den Artikel Saleh.

III. **Scheikh Algebal.** Der 260 Alte vom Berge, oder der Fürst der Assassinen, wie ihn unsere Geschichtschreiber der heiligen Kriege nennen. Dies ist der Fürst oder ein Sultan der Ismaelier aus dem persischen Irak, die die Musulmanen Molahedah, Ruchlose und Schismatiker, nennen, deren Unterthanen sich verbindlich machten, alle diejenigen zu ermorden, die ihr Fürst für seine Feinde hielt. Siehe den Artikel Ismaeliun, welches die Ismaeliten sind, die sich in zwei Stämme, in den africanischen und in den persischen, theilen. Diese Assassinen gehörten zu dem zweiten, welcher von Hassan Sabah, ohngefehr ums Jahr der Hedschr. 493 oder Christi 1099, ist gestiftet worden.

Scheikh Almactul. Siehe die Artikel Schehabeddin Jahiah Ben Geisch, oder Habasch, und Scheherverdi.

Scheikh Almahmudi Al-Dhaheri. Dies ist der Name eben desjenigen Fürsten, den man sonst auch Al Malek Al Musad Abu Nasser, vierten Sultan der Mamluken aus der zweiten Dynastie, die die Dynastie der Circassier in Egypten genannt

wird, zu nennen pflegt. Er wird deswegen so genennt, weil er Sclave von einem Privatmanne gewesen war, welcher Mahmud hieß, und weil er es in der Folge von dem Sultan Malek Al Dhaher Barkok war. Dieser Fürst hat acht Jahre und fünf Monate regiert, und starb im Jahr der Hedschr. 824. Ben Tokmak.

Scheikh Al Mohadethin, der Meister oder das Oberhaupt der Traditionaire. Es ist dies Medeni oder Medini. Siehe seinen Artikel.

Scheikh Almorselin. Der Alte, oder das Oberhaupt, und der Fürst von allen denen, welche von Gott sind gesandt worden, um verschiedenen Völkern den Glauben und die Buße zu predigen. Dies ist der Beiname, welchen die Musulmanen dem Noah geben, der der ganzen Welt geprediget hat.

Scheikh Alossuli, der Lehrer derjenigen, welche die Grundsätze und Fundamente des Gesetzes, die die Musulmanen Ossul nennen, gelehrt haben. Dies ist der Titel, den man gewöhnlich dem Abul Hassan Adib giebt.

Scheikh Avis oder Veis: ist der Name eines Fürsten oder Sultans der Dynastie oder Familie der Ilkhanier, welche von Ginghizkhan durch Holagu, mit dem Beinamen Ilkhan, entsprungen

gen ist. Siehe den Artikel Avis, wo umständlicher von ihm gehandelt wird.

Scheikhah Aldemeschkiah:

ist der Titel einer gelehrten Frauensperson, von welcher in dem Artikel Aischah, der Gemahlin Mohammeds, geredet worden ist.

Scheikhein.

Die beiden Alten, oder die beiden Fürsten: Ein Titel, den man den beiden Khalifen, AbuBekr und Omar zu geben pflegt.

Scheikhun.

Dies ist vielleicht der Name desjenigen Flusses, den die Araber sonst Sihon neynen; eines Flusses, welcher sich in das caspische Meer ergießt, und den die Alten Jaxartes genannt haben; auf eben die Art, wie man bisweilen den Namen Gihon, welches der Oxus ist, Geikhun und Gikhun schreibt. Siehe die Artikel Sihon und Gihon.

Scheith.

Diesen Namen geben die Araber demjenigen, den wir den Patriarchen Seth nennen, einem Sohn Adam, von welchem diejenigen abstammen, die in dem ersten Buch Mose Kinder Gottes genannt werden.

Die Musulmanen behaupten durch eine fabelhafte Tradition, daß diese Kinder Gottes, welche in dem heiligen Texte Bene Elohim genannt werden, Geschöpfe von einer besondern Mittelgattung zwischen Menschen und Engeln gewesen seyen. Einige nennen sie Bani aldschann und sagen, sie hätten sich zu der Religion des Seth bekannt, und einen beständigen Krieg mit den Dives oder Riesen, Cabils Kindern, die wir Cainiten, oder Nachkömmlinge Cains zu nennen pflegen, geführt.

Das Gesetz des Patriarchen Seth, den die Musulmanen in die Zahl der Enbia oder Propheten setzen, war in einem Buche enthalten, das seinen Namen führte, und das man Sefer Scheith nennt; ein Buch, welches ohngefehr eben so authentisch ist, wie diejenigen, die man Adam, Henoch und Abraham beizulegen pflegt. Aber Seth muß ein Buch gehabt haben; denn ohne dieses würden ihn die Musulmanen nicht für einen Propheten erkennen. Doch darf man auch nicht vergessen, daß die Geschicktesten unter den Musulmanen unter diesen Büchern der alten Patriarchen die Offenbarungen verstehen, die sie von Gott, zur Beglaubigung ihrer Sendung, bekommen haben.

In den fabelhaften Geschichten des Cajumarrath, des Thamurath, des Huschenk und des Caherman finden wir, daß die Ginn und Peri, welche diese Bani aldschan, oder Kinder des Dschan, Abkömmlinge Seths, sind, von welchen wir oben geredet haben, gewöhnlich folgenden Eid zu schwören pflegen

Scheith

Scheith Nabi Scherihak itchun, bei dem wahren Gesetze des Propheten Seth. Und wir lesen in dem Cajumarrath Nameh, oder in der Geschichte des Cajumarrath, daß ein ehrwürdiger Alter folgende Worte zu ihm sagt: Wir befinden uns gegenwärtig in dem Jahrhundert des Scheith; geht zu diesem Propheten, und nehmt das Gesetz an, das er euch lehren wird.

Cajumarrath fragte diesen Alten, in welchem Theile der Welt dieser Prophete wohne, und die Antwort war, er habe seine Residenz mitten in der bewohnten Erde, wo das Haus Gottes befindlich sey, und wo sein Tempel sollte erbauet werden. Man muß bei dieser Gelegenheit bemerken, daß dieses Haus Gottes das Beith Allah ist, von welchem die Musulmanen behaupten, es sey vom Himmel herunter gekommen, als Gott den Adam zur Buße angenommen, und sich mit ihm ausgesöhnt habe. Und nach dem Maaßstabe dieses Hauses, welches von einer wunderbaren Bauart und Materie gewesen, hätten Abraham und Ismael eins von Stein zu Mekka erbaut, welches denselben Namen Beith Allah führt.

Was aber den Tempel anlangt, welcher in dieser Mitte der bewohnten Erde sollte erbauet seyn, so ist der eben derjenige, den eben diese Musulmanen Beith almocaddes, das heißt, den Tempel zu Jerusalem, nennen, und diese Tradition, daß dieser Tempel in der Mitte der Erde erbauet werden sollte, ist den Musulmanen nicht allein eigen. Denn die alten Christen, und noch heut zu Tage alle Orientaler, haben solche angenommen und gebilligt, denn sie gründen solche auf die Worte des Propheten, daß Gott das Heil der Menschen in der Mitte der Erde veranstaltet habe.

In eben dieser Geschichte des Cajumarrath finden wir auch, daß der Patriarch Seth, nachdem er das Grab Adams und dieses Haus Gottes, von welchem wir eben geredet haben, besucht habe, in die Provinz Jemen oder in das glückliche Arabien gegangen sey, und daselbst die Stadt erbauet habe, die noch heut zu Tage nach seinem Namen Medinat AlScheith, die Stadt des Seth, und Medinat AlJemen, die Hauptstadt von Jemen genannt wird.

Der Cahermau Nameh sagt, der Div oder Riese, Dudasch genannt, habe sich dem Dienste des Patriarchen Seth geweihet, und in seiner Gesellschaft mit den Kindern Cabil, welche die Cainiten sind, Krieg geführt; und eben dieser Patriarch habe seinen Bruder, Namens Rukhail, abgesandt, daß er die Völker beherrschen sollte, welche das Gebirge Caf bewohnten. Man kann die Artikel Caf, Dudasch und Rukbail, jeden noch insbesondere vergleichen.

Schei-

III. **Scheithan.** Dieses arabische Wort, das aus dem hebräischen Schathan gemacht ist, bedeutet nicht blos den Teufel; sondern auch eine Schlange, und einen stolzen und aufgeblasenen Menschen. Wenn die Musulmanen denjenigen unter den Teufeln, den wir Lucifer nennen, noch außer seinem besondern Namen Eblis, näher bestimmen wollen, so nennen sie ihn auch Scheithan alrabschm, den gesteinigten, oder vielmehr mit Steinen vertriebenen Teufel, und geben ihm diesen Titel Radschm darum, um damit anzuzeigen, daß man die Versuchungen, die von ihm herkommen, mit Gewalt zurücktreiben müsse. Siehe den Artikel **Eblis,** wo man eine grobe Erklärung finden wird, die die gemeinen Musulmanen von diesem Beiworte geben.

Eben diese Musulmanen sprechen niemals das Wort Scheithan aus, ohne zugleich Naudh billah hinzuzufügen, Gott bewahr uns dafür! aber ohngeachtet dessen hat es Leute unter ihnen gegeben, welche diesen Namen geführt haben, der ihnen geblieben war, ob er ihnen gleich spottweise und auf ungerechte Art war beigelegt worden, so wie man ihn in den neuern Zeiten einem gewissen Ibrahim gegeben hat, den man Scheithan Pascha zu nennen pflegte.

Nach der Lehre der Musulmanen giebt es mehrere Arten oder Species von Dämonen. Einige werden Ginn und Peri genannt, welche diejenigen sind, die wir Poltergeister und Feen zu nennen pflegen; die andern aber Tecuin, welches die Parcen der Heiden sind, die über das Schicksal der Menschen zu gebieten haben. Ueberdies giebt es Div, welche einige mit den Riesen verwechseln, ob sie gleich nicht von der Art der Menschen sind. Auch hat man noch die Gul und Afriet, welche die Medusen, die Empusen, die Furien, und die Gespenster der Mythologisten sind, und endlich das Oberhaupt und der Anführer von allen ist Scheithan und die Schajathin, Satan und die Satanasse, welches der Lucifer und das ganze Heer der Hölle ist.

Schekerdan. Siehe den Artikel Sukkardan.

Schekiki Albalkhi. Dies ist der Name eines Schriftstellers, der in der philosophischen Moral sich hervorgethan hat. Er wird oft in dem Baharistau angeführt.

Schemeni. Ein Beiname des Tafieddin AbulAbbas Achmed Ben Mohammed, Verfassers eines Buchs, welches den Titel hat: Mazil alkhafa an alfadh alschafa; ein Werk, welches zur Aufklärung dessen, was in den Ausdrücken und Redensarten, die in dem Schafa befindlich sind, dienet. Es ist in der königlichen Bibliothek zu Paris unter Nr. 582. befindlich.

Der

Der Verfasser hat ohngefehr im Jahr der Hedschr. 780 gelebt.

Dieses Buch ist vielleicht einerlei Werk mit einem gewissen Haschiah, oder Randanmerkungen über den Schafa des Cadhi Ajadh. Siehe den Artikel Schafa.

Schenknak.

Dies ist einer von denen Namen, die die Araber dem Fürsten der Teufel geben.

Schera.

Abel AlSchera: ein Mitglied des Raths. So nannten die ersten Musulmanen einen von den sechs Personen, die der Khalife Omar vor seinem Tode ernannte, daß aus ihnen sein Nachfolger sollte erwählt werden. Diese sechs Personen waren Ali, Othman, Said, Abdalrahman, Thalha und Zobeir.

Schéra.

So nennen die Araber denjenigen Stern, der bei unsern Astronomen der Hund heißt.

III. 363 Schera AlJemaniah, und Schera Alobur. Das ist derjenige, den wir Canis major nennen, und Schera AlSchamiah ist der Canis minor. Es ist dies eben soviel, als ob man sagte, der Hund der Rechten, und der Hund der Linken.

Das Buch, welches den Titel hat: Ahkam tholu AlSchera u. s. w. Prognostica oder Weissagungen aus dem Aufgange des Hundssterns über unsern Horizont, wird von den Arabern dem Hermes AlHeramessah beigelegt. Orient. Bibl. 4. B.

der einerlei mit Ebris ist, und ward, eben diesen Schriftstellern zufolge, von Aristoteles herausgegeben. Es ist in der königlichen Bibliothek zu Paris unter Nr. 1033. befindlich.

Die Griechen nannten Σείριος und die Egypter Sioth oder Sothis dasjenige, was bei den Arabern Schera heißt, welches der Hundsstern ist, so daß also das Buch, dessen wir eben Meldung thun, eigentlich eine Abhandlung von den Hundstagen ist.

Der Verfasser des Mircat sagt, die Banu Khobaah, welches eine Familie oder besonderer Stamm von Arabern ist, hätten ehemals diesen Stern angebetet, und er fügt hinzu, Schera alobur oder Schera AlJemani, welches der Canis major und der Canis minor ist, den eben die Araber Schera alSchamiah und Schera AlGamissa nennen, seyen die beiden Schwestern des Canopus oder Sohail. Diese beiden Sterne werden auch oft Scherajani, die beiden Siriusse, genannt.

Scheráet Aleslam.

Das Gesetz und die Religion der Musulmanen. Dies ist der Titel eines Buchs, welches einen Commentar von Jahia Ben Jakhschi Ben Ibrahim erhalten hat. Es ist in der königlichen Bibliothek zu Paris unter Nr. 590. befindlich.

Schérani,

ein Beiname des Abdalvaháb Ben Achmed, der

im Jahr der Hedschr. 960 verstorben, und Verfasser von dem Buche ist, das den Titel hat: Anuar alcodsiah, heilige Aufklärungen.

Scherassim Alhendiah fi elm Alsimia: Geheimnisse der Indianer über die Wissenschaft, oder Kunst, die von den Arabern Simia genannt wird. Dies ist ein magisches Buch, in welchem Anrufungen der Geister und Dämonen befindlich sind, um wunderbare Dinge bewirken zu können. Es ist in der königlichen Bibliothek zu Paris unter Nr. 1012.

Scherif. Dieses arabische Wort, das überhaupt edel und entweder durch Geburt oder durch Würde erhaben bedeutet, ist ein Epitheton oder besonderer Titel, den diejenigen führen, welche von Mohammed durch Ali, seinen Schwiegersohn, und durch seine Tochter Fathime abstammen. Diese Leute führen auch den Titel Emir und Seid, welches einen Fürsten und Herrn bedeutet, und tragen überall einen grünen Turban, um sich von andern Musulmanen zu unterscheiden, die einen weißen tragen.

Es hat mehrere solcher Scherifs gegeben, die in Africa regiert und daselbst besondere Dynastien errichtet haben. Die Edrissiten waren Scherifs, und die Linie, welche heut zu Tage zu Fez und Marok regiert, führt auch den Namen Scherif.

Es hat auch ehemals Scherifs zu Mekka und Medina gegeben, die sogar bisweilen Krieg miteinander geführt haben, und der türkische Sultan, der Herr von ganz Arabien ist, läßt ihnen eine Art von Souverainität, und begnügt sich blos mit dem Titel: Hami Alharamein, Beschützer der beiden heiligen Städte, das ist, von Medina und Mekka.

Scherif Aledrissi. Dies ist der Beiname des Mohammed Ben Mohammed, eines Fürsten aus der Dynastie der Edrissiten, der, als er von Mahadi, dem Fathimiten, welcher sich Meister von der ganzen africanischen Seeküste, die diesseit des Flusses Niger ist, gemacht hat, mit seiner ganzen Familie verjagt wurde, sich genöthigt sah, zu dem König von Sicilien Roger zu fliehen.

Dieser Scherif war sehr gelehrt, und hat für diesen Monarchen eine Erdkugel von Silber verfertigt, auf welche er alles, was er von den damals bekandten Ländern wissen konnte, mit arabischen Buchstaben hat eingraben lassen. Darauf hat er auch eine sehr weitläufige Erdbeschreibung verfertigt, die den Titel hat: Nazehat oder Nozhat almoschrak u. s. w. Den Titel kann man in diesem Werke finden.

Dies ist ein Auszug aus dem Werke, das die Maroniten übersetzt, und ohne hinlängliche Ursache unter dem Titel: Geogragraphia Nubiensis herausgegeben haben.

Hadsch Khalfa giebt in seiner Bibliothek, Keschf aldhonun betitelt, diesem Scherif den Beinamen Askili und Sakeli, der Sicilier, weil er sein Buch für Nagdschär AlAfrandsch Saheb Askiliah, das heißt, für Roger dem Franken, Herrn oder König von Sicilien, verfertiget hat, und bemerkt, daß der einzige Fehler dieser Erdbeschreibung dieser sey, daß weder die Längen, noch die Breiten darin bemerkt seyen. Auch fügt er hinzu, es sey dieses Werk von einigen Schriftstellern in einen Auszug gebracht worden.

Scherif Alhossaini Ben Seid AlScherif Dschordschani. Dies ist der Name eines Schriftstellers, der einen Scharh oder Commentar über das Buch geschrieben hat, das den Titel führt: Erschad alhadi, Unterweisung für einen Director. Er im Jahr der Hedschr. 823 geschrieben worden.

Schiah und Schiat. Dieses Wort bedeutet im Arabischen überhaupt einen Haufen, eine Partei, eine Faction von conföderirten Leuten, und die in Religionssachen eine besondere Secte ausmachen.

Die orthodoxen Musulmanen, die ihrer Religion und besondern Religionspartei den Namen Sunniah geben, legen den Namen Schiah der Secte derjenigen bei, die sich **Anhänger** des Ali nennen, und gewisse Observanzen, Ceremonien und besondere Glaubensmeinungen haben.

Schiahi und Schii ist derjenige, der dem Sunni entgegengesetzt ist, und der Unterschied, welcher zwischen diesen beiden Arten von Personen ist, besteht wesentlich darin, daß die erstern glauben und bekennen, daß das höchste Imamat, eine Würde, welche die ganze geistliche und weltliche Macht über die Musulmanen in sich begreift, durch ein göttliches Recht dem Ali und seinen Nachkommen zugehöre.

Die Perser sind Schiiten und die Türken sind Sunniten. Aber dieser Parteiunterschied, der heut zu Tage zwischen diesen beiden Nationen befindlich ist, hat mit dem Jahre der Hedschr. 363, unter dem Khalifate des Mothi Lillah, des Abbassiden, seinen Anfang genommen. Denn damals geschah es, daß sich die Schiiten zu der Partei der Sultane von der Buidischen Linie schlugen, und die Sunniten die Partei der Türken ergriffen, welche damals an dem Hofe der Khalifen sehr mächtig waren, und endlich waren die Trennungen und Uneinigkeiten zwischen diesen beiden Parteien die Ursasache von dem Untergange der Stadt Bagdet und des Khalifats der Musulmanen, wie man dies unter dem Artikel des letzten Abbassidischen Khalifen, Mostadbem, sehen kann.

M 2 Die

Die Schiiten oder Anhänger des Ali nennen ihre Secte niemals AlSchiat; ein Name, den sie für beleidigend für sich ansehen. Dafür geben sie ihr den prächtigen Titel: Aladeliat, das heißt, die Secte der Gerechten. Siehe den Artikel Ali, wo die Ursache von dieser Trennung zwischen den Schiiten und Sunniten weitläuftiger erklärt wird.

III Diese Schiiten werden auch
265 noch unter sich in fünf verschiedene Secten eingetheilt. Die Keßabier, die eine davon ausmachen, haben sehr ausschweifende Grundsätze. Sie gläuben, Ali sei mehr als ein Mensch gewesen, und der Mahadi lebe noch. Auch berechnen sie die Abstammung der zwölf Imams von Alis Nachkommenschaft auf eine verschiedene Art. Denn einige halten sich an die Linie des Hassan, Alis ältesten Sohnes, so wie die andern an die Linie des Hussain, der sein jüngerer Sohn war. Ja es giebt sogar deren einige, die der Partei des Mohammed Ben Hanifiah, der gleichfalls ein Sohn des Ali, aber von einer andern Gemahlin, als Fatimah, der Tochter des Mohammed, war, gefolgt sind. Einige haben die Partei Mahadis, des Africaners und Stifters der Dynastie der fathimitischen Khalifen von Egypten, welche die Ismaelier von Africa sind, genommen, so wie die andern auf die Seite der Ismaelier von dem persischen Irak getreten sind, deren Dynastie von Hassan Sa-

bah ihren Ursprung genommen hat.

Die heutigen Perser gehören zu der Haidarischen Secte, weil Ismael Sofi, der Stifter derjenigen Dynastie, welche heut zu Tage in Persien regiert, ein Sohn des Scheikh Haidar, eines Urenkels des Scheikh Sofi war, der auch von Ali herzustammen behauptete.

Viele Schiiten glauben die Tenasukhiah, welches die Metempsychose ist, und die Hülubiat, welches eine Mittheilung des Geistes der Gesundheit ist, der von dem einen in den andern übergeht. Und endlich sind diese fünf Hauptsecten der Schiiten wie fünf Bäume, die sich in siebenzig Aeste vertheilen. Inzwischen kommen sie alle in dem Puncte überein, der darin besteht, daß sie die Khalifen Abubekr, Omar und Othman, die bei den Sunniten oder Orthodoxen in großem Ansehn stehen, als unrechtmäßige Besitzer des Khalifates, und der höchsten Macht im Musulmanismus, betrachten, die ihrer Meinung nach von Mohammed unmittelbar auf Ali hätte übergehen sollen, der übrigens nichts weiter, als der vierte Khalife, gewesen ist.

Aus eben diesem Grunde verabscheuen sie das Andenken an die ommiadischen Khalifen, welche den Hussain, einen Sohn des Ali, hinrichten ließen, dessen Tod sie noch jedes Jahr beweinen. Auch verwerfen sie die abbassidischen Khalifen, ob sie gleich

Ver-

Verwandte von Mohammed sind, als Haschemiten, weil sie nicht von Ali abstammen.

Unter dem Artikel Mamon kann man den heftigen Gewissenszweifel lesen, den sich dieser Khalife machte, als er das Khalifat, zum Nachtheile der Aliden, besitzen sollte, und auf welche Weise er es ihnen wieder zu restituiren gedachte, indem er den Ali Ridha zu seinem Nachfolger erklärte, der unter den Imams die achte Stelle einnimmt.

Schiar. Dies ist der Name, den die alten abgöttischen Araber dem Sabbathtage gaben. Aber Schiar, mit einem Ain geschrieben, ist der Name des Zeichens, das die Juden und die Christen, zum Unterschiede von den Musulmanen, zu tragen verbunden waren. Siehe die Artikel Nassara und Jahud.

Schibbavan. Siehe Schab und Schebbavan, welches eins von den vier Paradiesen, oder herrlichen Orten von Persien ist, das in keiner großen Entfernung von Raubendschan liegt.

Schid, ein Beiname des Gem oder Dscham, Königs von Persien aus der ersten Dynastie, den man auch mit einem zusammengesetzten Namen Dschamschid nennt. Dieser Beiname, der in der alten Sprache der Perser die Sonne bedeutet, ward

diesem Monarchen wegen seiner Schönheit beigelegt. Die neuern Perser nennen die Sonne Khurschid.

Schibvesch, der Sonne ähnlich, ist in dieser Sprache der Name des Sohns des Güdarz, eines alten persischen Helden.

Schidah. Siehe den Artikel Scheidah. III. 266

Schikhun, ist der Name eines Sees, oder wie sie die Araber nennen, eines süßen Meeres, der auf der Nordseite von einer der Provinzen von China liegt, welche Khancu oder Khatha genannt wird, und die man heut zu Tage gewöhnlich Zifun nennt. Albergendi thut derselben in dem ersten Capitel des zweiten Abschnitts seiner Erdbeschreibung Erwähnung.

Schimaun Siddik. Simeon, dem man gewöhnlich den Beinamen der Gerechte giebt, als ob er Sadik zubenamt würde. Aber die Araber geben ihm den Titel Siddik, welches einen bedeutet, der die Wahrheit von einer Thatsache bewähret und bestätigt. Siehe den Artikel Siddik.

Der Tarikh Montekheb, der dieses Mannes Erwähnung thut, fügt seinem Namen den gewöhnlichen Segenswunsch bei, den man den Propheten zu geben pflegt, und der in den Worten: Aleihi Alsalam begriffen ist, und sagt, er sey aus der Familie Aarons,

M 3

rons, und aus dem Geschlechte des Propheten Jeremias gewesen, und die Gläubigen, oder Musulmanen seiner Zeit erkennten ihn für ihr Oberhaupt.

Es ist keinem Zweifel unterworfen, daß nicht dieser Schriftsteller hiermit den heiligen Mann, Simeon, sollte verstanden haben, der Christum auf seine Arme nahm, als seine Mutter Maria ihn im Tempel darstellte, und die Musulmanen geben ihm den Titel Siddik deswegen, weil er ein Zeugniß von der Ankunft des wahren Messias in der Person Jesu, des Sohns der Maria, ablegte, den alle Musulmanen dafür anzunehmen verpflichtet sind.

Deir Schimaun: das Kloster des heiligen Simeons. Es giebt ein berühmtes Kloster dieses Namens in der Nähe der Stadt Moarrah, in dem Gebiete der Stadt Hems oder Emessa in Syrien, und das ist der Ort, wo Omar Ben Abdalaziz, Khalife aus dem Geblüte der Ommiaden, ist begraben worden.

Schira. Siehe den Artikel Schera.

Schiranschah, ist der Name des Bruders Khond Rocneddin Khurschah, letzten Fürsten aus der zweiten Linie der Ismaelier in Khuestan, oder Gebal, welches das persische Irak ist. Er ward von seinem Bruder mit dreihundert Reutern abgeschickt, um Holagu aufzuhalten. Allein seine Kriegslist glückte ihm nicht;

denn Rocneddin sah sich genöthigt, sich mit allen seinen Plätzen an Holagu zu ergeben.

Schiras, ist der Name einer großen Stadt, der Hauptstadt von derjenigen Provinz, die die Orientaler Fars nennen, welches das eigentliche, oder das wahre Persien ist, von welchem die Perser, und vielleicht auch die Parther ihren Namen bekommen haben.

Diese Stadt liegt unter der Länge von 73 Graden und 35 Minuten, und unter dem 29sten Grade, 36 Minuten der nördlichen Breite, wie die meisten Erdbeschreiber angeben. Aber dennoch geben ihr die Tafeln des Nassireddin und des Ulug Beg 88 Grade der Länge, welches von der Position des ersten Meridians herkommt, den diese beide Schriftsteller weiter gegen Norden hinsetzen. Sie ist nicht alt. Denn sie ist erst in den Zeiten des Musulmanismus von Mohammed Ben Cassem Ben Ocaith, einem leiblichen Vetter des Hedschadsch, erbauet worden, so daß die Zeit ihrer Entstehung erst unter die Dynastie der Ommiaden gehört.

Schiras ist allen orientalischen Erdbeschreibern zufolge reich an Wasserquellen, die die daselbst befindlichen Gärten wässern, und hat einen Fluß, Namens Bendemir, der von Abhad aldulat, einem Sultane aus der Dynastie der Buiden, ist schiffbar har gemacht und in einen Canal gebracht worden, und der vielleicht der Choaspes der Alten ist, oder wenigstens sich in diesen Fluß ergießt, ehe er seinen Ausfluß in den persischen Meerbusen hat.

Es verwechseln viele diese Stadt mit Istekhar, welches das alte Persepolis ist, das nicht weit davon liegt. Aber es ist viel wahrscheinlicher, daß die Stadt Schiraz das alte Cyropolis, die Geburtsstadt des großen Cyrus ist, und daß es in der Folge durch die Ruinen von Persepolis ist wieder hergestellt worden.

Das Wort Schiraz bedeutet im Arabischen eigentlich dicke und gepreßte Milch, und davon ist das lateinische Serum oder Molken gemacht worden. Die vielfache Zahl davon heißt Schiraziz. Vielleicht ist der Stadt Schiraz dieser Name deswegen gegeben worden, weil ihr Gebiete fast ganz mit Weideplätzen bedeckt ist, und folglich an allen Arten von Milchwerken einen Ueberfluß hat. Inzwischen behaupten doch die neuern Perser, der Name Schiraz sey ihr deswegen beigelegt worden, weil, Hemtschu Schir hemeh Schei kih deran miaverend, mi Khureb, diese Stadt wie ein Löwe verzehrt und auffrißt, alles, was dahin gebracht wird; und der Löwe heißt im Persischen Schir. Dies sagen sie zu dem Ende, um damit anzuzeigen, wie groß die Anzahl, vielleicht auch wie stark der Appetit ihrer Bewohner sey.

In dieser Stadt giebt es mehrere sehr schöne Moscheen, auch einige Palläste oder sehr gut gebaute Häuser, welches in Persien eben nichts gewöhnliches ist, wo fast alle Häuser aus bloßem Strohleimen verfertigt sind, da die Perser die Reinlichkeit und Zierathen der Dauerhaftigkeit und Festigkeit bei ihren Gebäuden vorziehen. Aber in Schiraz besteht der größte Theil der Häuser aus Backsteinen, die an der Sonne gebrannt, folglich weit dauerhafter sind.

Die Luft dieser Stadt, so wie das daselbst befindliche Wasser, welches beides sie sehr angenehm macht, sind die Ursache, warum die Einwohner derselben weiß und schön gebildet, auch mit vielem Scharfsinne begabt und von Natur sehr beredt sind. Wirklich wird man auch unter dem Artikel Schirazi eine reiche Anzahl von Gelehrten und von trefflichen Dichtern finden, welche aus derselben herstammen.

Die Hunde von Schiraz werden sehr geschätzt, und die Pflanze oder aromatische Wurzel, welche gewöhnlich Costus Arabicus genannt wird, bitter ist, und viele Aehnlichkeit mit dem Ingwer hat, wächst in ihrem Gebiete in Ueberfluß.

Die buidischen Sultane, welche in den Zeiten der abbassidischen Khalifen von Bagdet in Persien das Commando führten, haben zu verschiedenenmalen diese Stadt Ispahan zur Hauptstadt von ihren Staaten gemacht. Die

Die Atabeken haben sie auch lange Zeit unter den selbschucidischen und unter den khuarezmischen Sultanen als ein Gouvernement inne gehabt.

Die Mogolen, oder Tataren von Dschingbizkhan haben sich derselben bemeistert, und sie bis auf den Sultan Abu Said in Besitz gehabt. Nach dessen Tode sind die Modhafferier, welche bis dahin bloße Gouverneure gewesen waren, in den Besitz derselben, als unumschränkte Herren, gekommen.

Die Fürsten aus dieser Dynastie, Namens Mobarez eddin AlModhaffer und seine Söhne Schah Mansur und Schah Schedscha und sein Enkel Zinalabedin haben sie bis in die Zeiten Tamerlans besessen, der sich endlich derselben bemeisterte, und die Familie oder Dynastie der Modhafferier gänzlich ausrottete.

Die türkomanischen Fürsten oder Sultane aus der Familie vom schwarzen Schöps, verjagten die Söhne des Tamerlans aus Schiraz und aus ganz Persien, und Uzun Hassan, der das Oberhaupt von der Familie oder Dynastie der Türkomanen vom weißen Schöps war, beraubte die Nachkommen des Cara Jusuf dieser Länder, und setzte sich in den Besitz derselben.

III. Schiraz ist heut zu Tage dem 268 Könige von Persien unterworfen. Sie wird für die zweite Stadt seines Reichs gehalten, und der Khan oder Gouverneur, der daselbst oberster Befehlshaber ist, ist gewöhnlich auch der mächtigste an seinem Hofe, und behauptet, daß er funfzigtausend Mann Reuter auf die Beine zu stellen im Stande sey.

Die Perser führen gewöhnlich zum Lobe ihrer Stadt folgenden Vers an: Tschih Mesr o tschih Scham o tschih Beer Baht. Hemeh rüstajend o Schiraz schehr. Was ist Cairo, und was ist Damas, und was sind die übrigen Städte, sowol zur See, als zu Lande? Sie alle sind nur Dörfer, und Schiraz allein verdient den Namen einer Stadt zu führen.

Die Mauren von Schiraz, die man heut zu Tage siehet, und die nicht an allen Orten ausgebauet sind, sind von Hassan Al Thauil, den die Türken Uzum Hassan und unsre Geschichtschreiber Uzum Cassau nennen, dem Oberhaupte oder Sultan der Türkomanen aus der Dynastie vom weißen Schöps, aufgeführt worden. Denn im Jahre der Hedschr. 874 brach er nach Schiraz auf, wo Abu Josef Mirza, ein Sohn des Gehanschah, eines türkomanischen Fürsten aus der Familie vom schwarzen Schöps, seine Residenz hatte, und nachdem er diese Stadt im Sturm erobert hatte, so übertrug er das Gouvernement derselben seinem zweiten Sohne Sultan Khalil, so wie er das von Jspahan seinem ältesten, dem Mohammed Ogurlu, übertragen hatte.

Der

Der Umfang von diesen Mauren, die Uzum Cassan erbauet hat, kann auf neun Meilen betragen. Denn diese Stadt hat eine Länge von drei Meilen von Südost nach Nordwest, und die Breite derselben ist nicht geringer.

Schirazi: ein aus Schiraz gebürtiger Mensch. Es sind mehrere Gelehrte, die aus dieser Stadt gebürtig waren, und die aus dieser Ursache den Titel AlSchirazi führen.

Schirazi: ein Beiname des Abu Ischak Ben Ali, der im Jahr der Hedschr. 476 verstorben ist. Er ist Verfasser eines Buchs, Altenbih betitelt. Siehe diesen Artikel. Der ganze Name dieses Lehrers ist Gemal eddin Abu Ischak Ibrahim Ben Ali, Ben Josef, AlSchirazi, AlFiruzabadi.

Wir haben auch noch ein anderes Werk von ihm, welches den Titel führt: Thabacat Alfocahah; dies ist ein Cataloge von musulmanischen Rechtsgelehrten. Man pflegt ihm auch noch ein Werk beizulegen, welches betitelt ist: Akidat alsalaf, über die Dialectik. Es ist in der königlichen Bibliothek zu Paris unter Nr. 911. befindlich.

Schirazi, ein Beiname des Abdalrahman Ben Nassir, Ben Abdallah, der im Jahr der Hedschr. 774 verstorben ist. Er ist der Verfasser eines Buchs, das den Titel führt: Jdhah fi

afrar alnekáh, von den Geheimnissen der Ehe. Es ist in der königlichen Bibliothek zu Paris unter Nr. 964. befindlich.

Schirazi, ein Beiname des Cothbeddin Mahmud Ben Massud Ben Moslah, der ein Schüler des Nassireddin AlThussi war, und mehrere Werke verfertigt hat. Denn er ist der Verfasser eines Commentars über das Buch des Ebn Hageb, Ossul betitelt, und noch eines andern über das Buch, welches betitelt ist Hekmat alaschraf, die Philosophie der Großen oder der Leute von Stande, und eines dritten über dasjenige Buch, welches AlMeftah heißt. [Er hat auch Commentare über den Canon des Avicenna, und über den Keschaf des Zamakhschari geschrieben. K.] Er ist im Jahr der Hedschr. 710 in der Stadt Tauris gestorben, und sein Lehrer Nassireddin war zu Bagdet im Jahr der Hedschr. 672 gestorben.

Wir haben von diesem Schriftsteller noch ein Werk, welches betitelt ist: Ekhtiarat fil hiat. Es ist ein astronomisches Buch über die Weltkugel.

Schirazi. Auch zweien vortrefflichen persischen Dichtern, die im ganzen Oriente sehr berühmt sind, nemlich dem Sâdi und dem Hafedh, pflegt man den Beinamen Schirazi beizulegen. Man sehe ihre Artikel.

III. 269

Hierzu können wir auch noch dieses setzen, daß das Grab des Sibujeh, des berühmtesten arabischen Grammatikers, in der Stadt Schiraz ist, und daß viele diese Stadt auch für seine Vaterstadt halten. Siehe seinen Artikel.

Schirdgian, ist der Name einer Stadt und eines sehr festen Schlosses in der Provinz Kerman, welches das persische Caramanien ausmacht. Der Sultan oder Emir Scheikh Abu Ischak war Herr von diesem Platze in den Zeiten des Tamerlan, im Jahr der Hedschr. 744, und hatte ihn bis ins Jahr 758 im Besitze; wo er getödtet wurde. Nach seinem Tode vertheidigte sie Güdarz, der Gouverneur von derselben war, zehn ganzer Jahre lang gegen Tamerlan, und endlich ergab sie sich unter Bedingungen an ihn.

Schirgueh oder Schirkueh. Dieses Wort, welches im Persischen den Löwen vom Gebirge bedeutet, so wie Assad algebal im Arabischen ein gleiches anzeigt, ist der Name des Bruders des Ajub, und des Oheims des Saladius.

Schirgueh und Ajub waren beide Söhne von Schadhi, und Curden von Herkunft, so wie von einem Stamme, der bei ihnen, einer Erzählung des Ebn AlAthir zufolge, AlRauadiah und Ravendiah genannt wird.

Als diese beiden Söhne des Schadhi in die Provinz des babylonischen Iraks kamen, begaben sie sich in die Dienste Baharuz, der im Namen der Seldschucidischen Sultane Statthalter oder Gouverneur von der Stadt Bagdet war. Dieser ward bald an diesen beiden Brüdern viele Tapferkeit und Geschicklichkeit gewahr, und schickte sie daher in das Schloß zu Takrit zur Verwahrung. Als aber Schirgueh einen Menschen an diesem Orte tödtete, wurden die beiden Brüder aus demselben weggejagt, und gezwungen das Land zu verlassen, und anderwärts ihr Glück zu suchen.

Anfangs kamen sie zu dem Atabek Omadeddin Zenghi, der in Mussal Befehlshaber war, und traten auf einige Zeit bei ihm in Dienste. Darauf begaben sie sich von da an den Hof des Sultans von Damas, Halep und einem Theile von Syrien, Nureddin Zenghi.

Dieser Sultan stellte sie in seinem Dienste an, und setzte den Schirgueh an die Spitze von einer Armee, die nach Egypten aufbrechen sollte, und zwar auf Ersuchen des Adheds, des eilften fathimitischen Khalifen, der das große Ansehn, in welches sich sein Vesir, Schaver, in seinen Staaten zu setzen gewußt hatte, nicht länger mehr ertragen konnte. Schirgueh vollzog die Befehle seines Herrn, des Nureddin, auf das allervollkommenste. Dann er er schlug und tödtete mit eigner Hand den Schaver, so daß ihm der Khalife, zur Erkenntlichkeit für die Dienste, welche ihm dieser große Feldherr erwiesen hatte, den Beinamen Assad eddin, der Löwe des Glaubens, oder der Religion, den Titel Malek Al Mansur, siegreicher König, und die Würde eines Emir Aldschusch, oder Generalissimus seiner Armeen beilegte, und dieser wußte von seiner Macht einen so guten Gebrauch zu machen, daß, als er kurz darauf, nemlich im Jahr der Hedschr. 564, verstarb, der Khalife Abhed den Nureddin bat, daß er ihm den Josef, einen Sohn Ajub, der sich bei ihm befand, geben möchte, damit er diesen an die Stelle seines Oheims setzen könnte.

Nachdem dieser Josef, mit dem Beinamen Salaheddin, von dem Khalifen zum Generalcommando über ganz Egypten war erhoben, und mit dem Titel Malek Al Naffer war beehret worden, schrieb er sogleich an Nureddin, daß er bei allen den Würden und Chargen, mit welchen ihn der Khalife begnadigt habe, sich doch für nichts weiter, als seinen Statthalter in Egypten ansehe, und daß er ihn bäte, daß er ihm seinen Vater Ajub oder Job, nebst seiner ganzen Familie, *III,* schicken möchte. Dies ist der *270* Mann, den wir unter dem Namen des großen Saladin kennen, der sich nicht nur zum unumschränkten Herrn von Egypten gemacht, sondern auch den Söh-

nen des Nureddin die Staaten, die sie in Syrien und Mesopotamien besaßen, entrissen hat. Ben Schohnah.

Schirin.

Dieses Wort, das im Persischen sanft und angenehm bedeutet, ist der Name eines Frauenzimmers, das im Oriente durch die Romanen Khosru und Schirin, und Schirin und Ferhad, in welchen ihre Liebesbegebenheiten beschrieben werden, sehr bekandt ist.

Es giebt viele, welche glauben, Schirin sey die Gemahlin des persischen Königs Khosru Parviz gewesen, die eine Christin und Tochter des griechischen Kaisers Mauritius war, und einige Marie, andere aber Irene nennen. Beide Namen, so wie auch der Name Serena, stimmen sehr gut mit Schirin zusammen. Denn die Orientaler haben die Gewohnheit, die fremden Namen von Personen und Orten, mit andern Namen, die etwas bedeuten, das ihnen in ihrer Sprache bekandter ist, zu vertauschen.

Die Geschichte Josefs und Zulikhab, welches gleichfalls ein Roman ist, der eben so berühmt ist, wie der von Khosru und Schirin, ist weit neuer, obgleich die dabei zum Grunde gelegte Geschichte viel älter ist. Denn der Verfasser von diesem letztern Werke sagt, wenn er eine Lobrede auf die Liebe halten will, sie sey es, die, Lebi schirin beschekerriz bekuschad, Dil ez Pervis berd o dschan bschan zi Ferhad, wenn sie die Lippen öffnet; so hat der Mund der Schirin das Herz von Khosru und Ferhad eingenommen und sie ihrer Sinne beraubt.

Schirin, ist der Name der Schwester der Cophtin oder Egypterin, einer von Mohammeds Gemahlinnen, welche nach Mohammeds Tode nach Alexandrien zurückgeschickt wurde. Es ist sehr wahrscheinlich, daß diese beiden Frauenzimmer Christianen waren.

Schirujeh, ist der Name eines Königs von Persien aus der vierten Dynastie, welche die Dynastie der Sassaniden heißt, den unsre Geschichtschreiber Siroes nennen.

Sein eigentlicher Name war Cobad, und er war ein Sohn des Khosru Parviz, dem er succedirte, nachdem ihn die Großen des Reichs abgesetzt und ins Gefängniß gesteckt hatten. Er fing seine Regierung mit einer abscheulichen Handlung, nemlich mit einem Vatermorde, an, und diese unternahm er auf Bitten derjenigen, die seinem Vater die Freiheit genommen hatten, und die nun fürchteten, daß er wieder auf seinen Thron gelangen möchte.

Zur Ausführung dieser abscheulichen Handlung hatte Schirujeh den Mihir Hormuz, einen Sohn des Mardan schah, dessen Vater Parviz hatte hinrichten lassen, gewählt, um sich wegen

dieser Mordthat zu rächen. So wie Mihir Hormuz diesen Auftrag erhalten hatte, verzögerte er nicht, sich sogleich in das Gefängniß, in welchem Parviz saß, zu begeben, und so wie ihn dieser erblickte, sagte er sogleich ganz unerschüttert zu ihm: Ich habe ehemals deinen Vater uns Leben bringen lassen, und ich halte den Sohn nicht für rechtmäßig, der nicht den Mörder seines Vaters tödtet, wenn es in seiner Macht steht, es zu bewerkstelligen. Und kaum hatte er diese Worte ausgeredet, so ergriff Mihir Hormuz seinen Säbel, und nahm ihm das Leben.

Nachdem er diese Execution verrichtet hatte, ging er zu Schirujeh, um ihm Bericht abzustatten, und hinterbrachte ihm die nemlichen Worte, die sein Vater zu ihm gesagt hatte, ehe er ihn tödtete. Als Schirujeh sie hörte, sagte er ihm auf der Stelle nichts weiter. Allein, nachdem er erst seinem Vater ein kostbares Leichenbegängniß gehalten hatte, ließ er sogleich den Mihir Hormuz hinrichten, und wiederholte ihm dabei eben diejenigen Worte, die Parviz vor seinem Tode ausgesprochen, und die er ihm nur allzutreu hinterbracht hatte.

Schirujeh fügte zu seinem Vatermorde noch die Hinrichtung von siebenzehn seiner Brüder hinzu. Denn von den achtzehn, deren ihrer waren, war nur ein einziger, der sich durch die Flucht rettete. Diese grausame That zog ihm

III. 271

lich schmerzliche Vorwürfe machten seinen Schwestern zu; und diese machten, in Verbindung mit einem gebrandmarkten Gewissen, daß er in eine Krankheit verfiel, die von so böser Art war, daß er in kurzer Zeit und nach einer sehr kurzen Regierung durch dieselbe weggerafft wurde. Denn die Geschichtschreiber lassen sie aufs höchste nicht höher, als auf acht Monate steigen; ja es sind sogar einige, die ihm nur sechs geben. Khondemir.

Der Tod des Khosru Parwiz wird mit andern Umständen in Ben Schohnahs Randhat almenadir erzählt. Denn dieser Schriftsteller schreibt, Schirujeh habe seinen Vater vor sich kommen lassen, und folgende Worte zu ihm gesagt: Wundre dich nicht, daß ich dir das Leben nehme; in dieser Handlung ahme ich dich blos nach; denn du hast ehemals auch deinem Vater das Leben genommen. Und so wie er diese Worte geendigt hatte, befahl er einem von seinen Bedienten, ihn zu tödten.

Abulfaradsch und Ebn Amid schreiben beide in dem Leben des Montasser, als dieser Khalife, welcher der eilfte aus dem Geschlechte der Abbassiden war, seinen Vater Motavakkel durch Türken habe hinrichten lassen, so hätten alle seine Unterthanen einmüthig gesagt, seine Regierung würde nicht länger, als Siroes seine, dauren, der den seinigen gleichfalls das Leben gebracht hatte. Kurz nachher, als er

diesen Vatermord begangen hatte, ließ er einsmals seine Tapeten vor sich ausbreiten, und da befand sich eine darunter, die einen Fürsten zu Pferde mit der Crone auf dem Haupte vorstellte, um welche ein großer Cirkel herumging, an welchem sich eine Aufschrift in persischen Characteren befand.

Sogleich ließ der Khalife einen persischen Dolmetscher vor sich fodern, daß er ihm diese Inschrift erklären sollte. Aber so wie dieser sie gelesen hatte, veränderte er seine Farbe und sagte zu ihm, es sey dies nichts weiter, als ein persischer Gesang. Inzwischen wollte doch der Khalife den Sinn desselben wissen, worauf ihm der Dolmetscher zur Antwort gab, er habe keinen. Als er sich aber endlich von dem Khalifen bedrohet und in die Enge getrieben sah, erklärte er ihm die persischen Worte, deren Inhalt folgender war: Ich bin Schirujeh, ein Sohn Khosroes, der ich meinen Vater habe umbringen lassen, und der ich nur sechs Monate in dem Besitze seiner Crone gewesen bin.

Dieser achtzehnte Bruder des Siroes, der seiner Grausamkeit entging, hieß Scheheriar, und dieser blieb in der Stadt Istekhar oder Persepolis verborgen, und gelangte nicht zu der persischen Crone. Aber sein Sohn Jezdgird, war der letzte König aus dieser Dynastie der Sassaniden oder Khosroes, die sich mit dem Jahre der Hedschr. 16 endig-

endigte, und unter Omars Khalifate von den Persern an die
Araber überging.

Siroes hinterließ einen Sohn,
in einem Alter von sieben Jahren, Namens Ardeschir oder Artaxerxes, der von dem Generale
der persischen Armeen, Scheher-
riar, seiner Staaten beraubt
wurde. Siehe seinen Artikel.

Ebn Batrik erzählt in dem
zweiten Bande seiner Geschichte,
betitelt: Nadhm aldschauhar, als
Khosru Parviz wegen seiner bösen Sitten, nach einer Regierung
von acht und dreißig Jahren, von
welchen die letztern sehr unglücklich waren, abgesetzt worden, so
habe sein ältester Sohn Schirujeh, den die Marie, eine Tochter des Kaisers Mauritius, zur
Welt gebracht hatte, achtzehn
seiner Brüder, die ihr entgegen
waren, hinrichten lassen, und
die Ursache dieser Uneinigkeit sey
hauptsächlich durch die Religion
veranlaßt worden, und weil
Khosru Parviz Persien alles das
Unglück, das es erlitte, dadurch
zugezogen hatte, daß er den Tod
seines Schwiegervaters Mauri-
III. tius, den Phocas hatte hinrich-
372 ten lassen, zu rächen suchte.

Eben dieser Schriftsteller
schreibt, Schirujeh sey ein sehr gerechter Fürst gewesen, und sey an
der Pest gestorben, nachdem er acht
Monat mit seinem Vater Khosru
Parviz, welcher abgesetzt worden
war, regiert hatte. Aber des
Vatermords, dessen die andern
Geschichtschreiber diesen Fürsten

beschuldigen, thut er keine Erwähnung.

Schirvan: eine Provinz
desjenigen Reichs, das wir heut
zu Tage Persien nennen, das
sich an dem westlichen Ufer des
caspischen Meeres hinzieht, und
von Adherbidschan und Daghestan durch die Flüsse Aras und
Cür, welche der Araxes und Cyrus sind, getrennt wird. Ihre
vornehmsten Städte sind Bacu
oder Bacujuh, ein Hafen an dem
caspischen Meere, davon dieses
Meer seinen Namen erhalten hat.
Diese Stadt liegt unter dem
84sten Grade, 30 Minuten der
Länge, und unter dem 39sten
Grade, 30 Minuten der nördlichen Breite.

Schamakhie oder Schama-
khiah, welches als die Hauptstadt derselben betrachtet wird,
ist gleichfalls an eben diesem
Meere erbaut, unter dem 85sten
Grade, 30 Minuten der Länge,
und unter dem 40sten Grade, 50
Minuten nördlicher Breite.

Die Stadt Berdaa ist an dem
Flusse Cür, unter dem 85sten
Grade der Länge, und unter dem
40sten Grade 30 Minuten der
nördlichen Breite erbauet.

Die arabischen Tafeln des Naf-
sireddin setzen diese letztere Stadt
Berdaah in das Land Aran.

Diese Provinz, und die Provinzen Aran, Alan, Mogan,
Karz, Daghestan und Adherbidschan machen eigentlich das aus,
was die Alten Medien genannt
haben.

Filan-

Filanschah *) regierte in Schirvan, in den Zeiten des Khalifen Wathek, des Abbassiden, der diese Provinz zu dem musulmanischen Reiche gebracht hat.

Das Schloß Calaat AlMedscha, von welchem ein gewisser Ibrahim Gouverneur in den Zeiten des Tamerlan war, gehörte zu dieser Provinz. Siehe den Artikel Calaat AlMedscha.

Schirvani. Ein Beiname des Abdalrahim Kemaleddin Massud, der der Verfasser der Marginalnoten, welche Haschiat heißen, über das Buch: Adab albabath AlSamarcandi, ist. Er hat in dem siebenten Jahrhundert der Hedschrah gelebt.

Schirvani, ein Beiname des Hussain Ben Abdallah, Verfassers eines Buchs unter dem Titel: Ahkam aldiniah, Urtheilssprüche, nach dem Gesetze abgefaßt. Dies ist ein Werk, das in vier Capitel abgetheilt, und gegen die Nachkommenschaft und Genealogie des Ismael Sofi, des Stifters der Dynastie derjenigen Fürsten, welche heut zu Tage in Persien regieren, gerichtet ist.

Schirvani, ein Beiname des Mohammed Ben Gemaleddin Ben Ramadhan, der über das Buch des Baidhaui geschrieben hat, welches den Titel führt: Anuar altanzil. Es ist dies ein berühmter Commentar über den Coran.

Schirvani, ein Beiname des Mohammed Ben Mahmud Verfassers eines medicinischen Buchs, welches Ghassiat fil thebb betitelt ist. Er hat es für den Sultan Elias Ben Mohammed, Ben Orkhan, verfertigt.

Dieses Buch ist in einem sehr schönen Stile ins Türkische übersetzt worden, und besteht aus sechs Capiteln, vor welchen sich eine Vorrede befindet.

Schirvanschah. Siehe III. den Artikel Khalilallah Schir= 273 vani.

Schirzad. Zairac Ben Schirzad, ist der Name eines gebohrnen Türken, der zu der Würde gelangte, welche Tozün bei dem Khalifen Mostacfi bekleidet hatte. Dieser Khalife regierte und administrirte das Khalifat so tyrannisch, daß er nur wenige Monate in dem Besitze desselben verbleiben konnte, und Ursache war, daß sich die Bniden Meister von der Stadt Bagdad machten. Siehe den Artikel Mostacfi.

Schischder. Der Tarikh Montekheb sagt, dies Wort sey der alte Name der Stadt Schuschter oder Toster, welches die alte und vormalige Hauptstadt Susa von Persien ist, unter welchem Khuzistan oder Sussiane begriffen war.

Scho=

*) [Anstatt Filanschah lies: Kilanschah.]

Schoaib, ist der Name deſſen, der in der heiligen Schrift Jethro und Raguel genannt wird.

Die Musulmanen ſetzen den Schoaib oder Jethro in die Zahl der Propheten, und ſagen, er ſey von Gott an das Volk Midians, das iſt, an die Madianiter, ſeine Landsleute, geſandt worden, um ſie von der Abgötterei abzubringen, und ihnen die Einheit Gottes zu predigen.

Der Tarikh Montekheb macht ihn zu einem Sohne Mikil oder Michael, der ein Sohn Taskhir war, und fügt hinzu, dieſer ſey ein Sohn Midians geweſen, der derjenigen arabiſchen Nation, die wir Madianiter nennen, ihren Namen gegeben habe.

Von dieſem Propheten wird in einem Capitel des Corans, Araf betitelt, geredet, und in demſelben geſagt, er habe Wunder, zum Beweiſe ſeiner Sendung, verrichtet; doch wird keins derſelben insbeſondere namhaft gemacht. Aber der Verfaſſer desjenigen Buchs, das Ajât Baherat betitelt iſt, d. h. die offenbaren Zeichen, oder die augenſcheinlichen Wunder, führt demohngeachtet eins derſelben an, nämlich dieſes: als dieſer Prophet auf einen Berg ſteigen wollte, um daſelbſt ſein Gebet zu verrichten, erniedrigte ſich derſelbe, um ihm das Aufſteigen zu erleichtern.

Huſſain Vaez, der das Capitel Araf paraphraſirt und commentirt hat, ſagt, es habe dieſer

Prophet nicht blos damit ſich abgegeben, daß er die Midianiter im muſulmaniſchen Glauben unterrichtet habe, worin' er auch einigen glücklichen Erfolg gehabt; ſondern er habe es ſich auch zum Geſchäffte gemacht, ihnen die Fertigkeit in denen Laſtern abzugewöhnen, welche am meiſten unter ihnen geherrſcht hätten. Größtentheils ſeyen ſie alle große Räuber geweſen. Denn ſie hätten zweierlei Gewicht und Maaſſe gehabt, und wären gewohnt geweſen, mit dem großen zu kaufen und mit dem kleinen zu verkaufen. Daher ſagte er öfters, im Namen Gottes dasjenige zu ihnen, was in dem angeführten Capitel ſteht, und das jetzt ein Geſetz bei den Muſulmanen ausmacht: Faaufu alkil v almizan v la tabkhaſſu alnaß alſchiahom: Habt richtiges Maaß und Gewicht, und betrügt niemand um das, was ihm gehört.

Auſſer der Ungerechtigkeit, die dieſes Volk im Handel und Wandel beging, befand ſich auch eine große Anzahl von Straßenräubern unter ihnen, die die Heerſtraßen unſicher machten, und andern freies Hin- und Herreiſen zur Verrichtung ihrer Geſchäffte ſchwer machten, beſonders denjenigen, welche zum Hauſe des Propheten wallfartheten, um ſich von der wahren Religion zu unterrichten. Ja ſie trieben ihre Verwegenheit ſo weit, daß ſie den Schoaib bedroheten, daß ſie ihn und ſeine Schüler aus ihrem Lande verjagen wollten, sagen wollten, wofern sie nicht alle zu dem Gesetze, oder, besser zu sagen, zu der Ruchlosigkeit ihrer Väter zurückkehren würden.

III. Diese unbegränzte Vermessen-
274 heit der Midianiter zwang end-
lich die Gerechtigkeit Gottes, ein Exempel an diesen ruchlosen Men-schen zu statuiren, und ausdrück-lich den Gabriel abzusenden, der mit einer donnernden Stimme, und mit einem erschrecklichen Ge-schrei, ein Erdbeben erregte, in welchem sie alle umkamen, blos Schoaib und diejenigen aus-genommen, welche sich zum Mu-salmanismus bekannten.

Nach dieser Bestrafung ver-ließ Schoaib das Land, begab sich zu seinem Eidame Mose, wie solches im ersten Buch Mo-se erzählt wird, wo doch aber der Bestrafung der Midianiter keine Erwähnung geschieht.

Der Verfasser des Leblarikh sagt, unter der Regierung des Manugeber, Königs von Per-sien aus der ersten Dynastie, sey es geschehen, daß dieser Prophe-te, der von Ismaels Nachkom-men war, von Gott an das Volk des Midian, des eignen Sohns eben dieses Ismaels, gesandt wurde, und er sey derjenige ge-wesen, der seinem Schwieger-sohne Mose den Stab gegeben, mit dem er so große Wunder ver-richtet habe. Endlich ist auch dieser Schoaib, der den Titel Khathib alenbia führt, der einzi-ge Prophete, nebst Mohammed, den die Araber gehabt haben, die

Orient. Bibl. 4. B.

nicht aus Jacobs Nachkommen-schaft waren.

Die Musulmanen geben den Titel: Khathib alenbia, welcher einen Prediger der Propheten be-deutet, dem Jethro, wegen des Unterrichtes, den er dem Mose und Aaron ertheilte, und dieses grün-det sich auf dasjenige, was die Bibel sagt, Jethro habe Mosen gelehrt, wie er die Israeliten gut regieren müsse, und dieser Pro-phete habe seine Vorschriften be-folgt. Siehe das achtzehnte Ca-pitel im zweiten Buch Mose.

Schoaib. Dies ist der Na-me eines Schriftstellers, dessen ganzer Name ist: Abu Midian Schoaib Ben Hassan AlMogre-bi, AlMaleki. Er hat dasjeni-ge Buch geschrieben, welches den Titel führt: Asrar altauhid o noz̧hat almorid, die Geheimnisse der Einheit Gottes, und die Freu-de desjenigen, der zu dem geist-lichen Leben zu gelangen trach-tet. Dieser Schriftsteller ist im Jahr der Hedschrah 589 ver-storben.

Schoaib. Ebn Schoaib AlMazanderani. Dies ist einer-lei Person mit Mohammed Ben Ali, der das Buch, Asbab alno-zul betitelt, in einen Auszug ge-bracht hat. Der Verfasser des-selben ist Vahedi.

Dieser Titel, Asbab alnozul, bedeutet die Ursachen und Gele-genheiten, welche veranlaßt ha-ben, daß die Verse im Coran zu verschiedenen Zeiten und bei ver-

N   schie-

schiedenen Gelegenheiten vom Himmel heruntergekommen sind.

Schoara. Die Dichter. Dieses arabische Wort ist die vielfache Zahl von Schaer. Es giebt mehrere Werke, welche die Geschichte und Lebensbeschreibungen von arabischen, persischen und türkischen Dichtern enthalten. Sie führen nachfolgende Titel: Thabacat alSchoara, Tadhkerat alSchoara, Jetimat aldheher u. s. w. Siehe diese einzelnen Artikel.

Schobhah. Takieddin AlDemeschki Ebn Cadhi Schobhah, der auch noch den Titel: Cadhi alcodhat, der Cadhi der Cadhis führt. Er ist Verfasser von demjenigen Buche, welches den Titel hat: Thabacat AlSchafejat, Geschichte der Lehrer von der Schafeischen Secte. Sie sind nach Classen in diesem Werke geordnet.

Auch haben wir noch ein Buch von diesem Schriftsteller, Tarikh Ebn Schobhah betitelt, welches eine Fortsetzung oder Supplement zu der Geschichte des Dhehebi ist, und den Titel Motabar führt.

III. **Schobormah.** Abu Scho-**875** bormah Abdallah Ben Schobormah, Ben Thofail AlDhobbih, AlCufi. Dies ist der Name eines großen Rechtsgelehrten der Musulmanen, der aus der Stadt Cufah gebürtig war, wo er das Amt eines Cadhi von dem Stamme Dhobbah, und von der Fa-

milie Schobormah, bekleidet hat. Er ist im Jahr der Hedschr. 144, wie Mohammed Ben Cassem berichtet, gestorben.

Schocr. Gezirat Schocr: die Insel Schocr. Dies ist der Name eines in dem östlichen Theile von Andalus oder Spanien, zwischen Balensiah und Schathiah, das ist, zwischen den Städten Valencia und Xativa, gelegenen Ortes. Dieser Ort wird noch heut zu Tage Alzira genannt, durch eine verdorbene Aussprache des Worts AlGezirah, weil er mit Wasser umgeben ist.

Ibrahim Ben AbulFeth AlAndalussi, ein vortrefflicher arabischer Dichter, der in Spanien im Jahr der Hedschrah 533 gestorben ist, war aus diesem Orte gebürtig, daher er den Beinamen AlSchocri geführt hat.

Schodhur. Dieses Wort, das im Arabischen Goldkörner bedeutet, die aus den Gruben gesammlet worden, und noch nicht durchs Feuer gegangen sind, ist der Titel von mehreren gelehrtern Werken.

Schodhur adheb fil iksir: ein chymisches Buch, verfaßt von Ali Ben Mussa, mit dem Beinamen AlHakim AlAndalussi, der spanische Arzt.

Dieser Schriftsteller hat seinem Buche auch noch einen andern Titel, nemlich: Gajat AlSchodhur, gegeben, weil er in seinem

seinem Werke, das mit vielen Versen von seiner Arbeit ausgeziert ist, alles, was über diese Wissenschaft ist geschrieben worden, und alles, was man nur davon zu wissen verlangen kann, vorgetragen zu haben behauptet.

Schodhur aldheheb: eine arabische Grammatik, deren Verfasser Ebn Hescham AlAnsari ist. Dieses Buch ist in der königlichen Bibliothek zu Paris unter Nr. 720 befindlich.

Schodhur alocud si tarikh alohud, eine allgemeine Geschichte, verfaßt von AbulFaradsch Abdalrahman Ben Ali Hamedi. Er ist im Jahr der Hedschrah 592 verstorben.

Schodhur alocud, eine Geschichte von Egypten, verfaßt von Takieddin Achmed Ben Al-Macrizi, der im Jahr der Hedschr. 854 verstorben ist.

Schodhur v zahar alzohur: ein poetisches Werk, das eine Beschreibung von vielen natürlichen Dingen, als da sind Thiere, Pflanzen, Meteore u. s. w. enthält. Der Verfasser desselben ist Bedreddin Hassan Ben Omar Ben Habib. Dieses Buch ist in der königlichen Bibliothek zu Paris unter Nr. 1173.

Auch führt er oft den bloßen Titel Schodhur, und dies ist eigentlich ein Divan oder eine Sammlung von Gedichten von einerlei Verfasser. Sein Buch ist sehr stark, und Hadsch Khalfa sagt, der Verfasser desselben sey aus Halep gebürtig gewesen, und habe noch im Jahr der Hedschr. 778 gelebt.

Schohada, die Märtyrer. Dies ist die vielfache Zahl von Schehid.

Die Mohammedaner geben den Titel Schehid oder Märtyrer nicht blos denjenigen, die ihr Leben in der Vertheidigung angeblicher Wahrheiten, die der Musulmanismus lehrt, verlohren haben; sondern auch denjenigen, die in den Kriegen, die die Musulmanen mit allen denjenigen, die sie Ungläubige nennen, zu führen verbunden sind, getödtet worden oder gestorben sind.

Tarikh AlSchohada: die Zeitrechnung oder die Epoche der Märtyrer. So nennen die orientalischen Christen, und insbesondere die Copten, in ihrem Calender dasjenige, was die Lateiner Aera Diocletiana genannt haben, weil sie mit dem neunzehnten oder zwanzigsten Jahre des Diocletians ihren Anfang nimmt, in welchem dieser Kaiser blos allein in Egypten vier und vierzigtausend Christen ums Leben bringen ließ, und eine unzählige Menge in die Wüsten von Asien und Africa zu fliehen und sich daselbst verborgen zu halten zwang.

Nichts destoweniger setzen die genauesten Chronologisten den Anfang der Aere der Märtyrer

N 2   in

in das erste Regierungsjahr des Diocletians, welches das 284ste Jahr Jesu Christi ist, in welchem der Kaiser Carus gestorben, und sein Sohn Numerian getödtet worden ist.

Schohnah oder Schehnah. Dieses Wort bedeutet im Arabischen einen Policeivorsteher oder Vorgesetzten. Ben Schohnah oder Ben Schehnah, der Sohn des Vorstehers. Dies ist der Beiname mehrerer Schriftsteller.

Schohnah. Ben Schohnah oder Ben Schehnah, ein Beiname, unter welchem Muhleddin AbulWalid Mohammed Ben Kemaleddin AlHanefi am bekandtesten ist. Er war ein Gelehrter von sehr großem Ansehn, und bekannte sich zu der Hanifiennischen Secte, und verdiente den Titel eines Mofti Al Erak und eines Cadhi alcodhat, welches soviel ist, als oberster Priester, Canzler oder Vorsteher des Justizcollegii von der Provinz Irak, welches Chaldäa ist. Man giebt ihm auch den Ehrentitel Imam alolama, ferner Scheikh aleslam v almoslemin, und Leslan almotekellemin, das heißt, der Fürst der Lehrer, der Herr der Musulmanen und des Musulmanismus, und die Zunge, das heißt, der beredteste unter den scholastischen oder metaphysischen Gelehrten.

Dieser Schriftsteller ist im Jahr der Hedschr. 883 verstor-

ben, und hat mehrere Werke hinterlassen. Denn man hat von ihm ein Buch unter dem Titel: Lessan alhokkam si marefat akahkam, welches von den Formeln und Formalitäten handelt, die in Gerichten beobachtet werden müssen. Dieses Buch ist in der königlichen Bibliothek zu Paris unter Nr. 612.

Auch ist er Verfasser einer sehr genauen Geschichte, die wir sehr oft in diesem Werke angeführt haben. Der Titel derselben ist: Raudhat almenabhir si elm alauail v alavakhir. Sie ist in vier Theile abgetheilt.

Der erste führt den Namen Meftah oder Schlüssel. Dies ist eine große Vorrede, in welcher der Verfasser von der Schöpfung der Welt, nach den verschiedenen Systemen der Philosophen und der Musulmanen handelt.

Der zweite Theil führt den Namen Misra alaual, erste Pforte. Dieser begreift die Geschichte desjenigen, was sich in der Welt zugetragen hat, von dem Fall Adams an, bis auf die Flucht Mohammeds, welches das erste Jahr der Hedschrah ist. Der Verfasser sagt, der Zeitraum, welcher zwischen diesen beiden Zeitpuncten verflossen sey, begreife ohngefehr sechstausend Jahre.

Der dritte Theil ist überschrieben: Misra thani, die zweite Pforte, und begreift alles dasjenige in sich, was sich von dem ersten Jahre an, bis zum Jahr der Hedschr. 806, welches das Jahr

Jahr Christi 1403 ist, zugetragen hat. Dies ist die Zeit, in welcher Achmed Ben Avis von Cara Jusuf dem Turkomanen geschlagen wurde, und Tamerlan die Stadt Bagdet einnahm, und den Cara Jusuf, der sich derselben bemeistert hatte, verjagte.

III. Der vierte Theil dieses Werks,
277 den der Verfasser Khatemah oder Beschluß nennt, handelt von Wunderzeichen und andern seltnen Begebenheiten, die vor dem Ende der Welt und dem jüngsten Gerichte vorhergehen sollten.

Dieser Schriftsteller ist im Jahr der Hedschr. 883 verstorben.

[Die Geschichte des Jbn Schohnah ist eins der vornehmsten Werke, deren sich d'Herbelot bei der Ausarbeitung des historischen Theils seiner orientalischen Bibliothek bedient hat. Man kann es als einen Auszug aus Abulfedas Annalen betrachten, die er vom Jahr der Hedschr. 730 bis zum Jahre 807 fortgesetzt hat. Uebrigens ist es doch, nach des sel. Reiskes Urtheile, weit unter Abulfedas Werke. (Siehe REISKII prodidagmata ad Hagji Chalifae tabulas Seite 230.)

Sein anderes Werk: Lessan al hekham u. s. w. betitelt, ist nicht so bekannt. In dem Ersten Bande, Seite 110. erzählt d'Herbelot, man habe ein Supplement in neun Capiteln dazu, dessen Verfasser Borhaneddin Ibrahim Adui sey. S.]

Schohnah und Schebnah. Es giebt noch einen Beg Schohnah, der im Jahr der Hedschr. 921 gestorben ist, und ein Buch geschrieben hat, das den Titel führt: AlEscharat u alromoz u. s. w. Der ganze Name dieses Schriftstellers ist: Abbialberr Ben Mohammed AlHalebi, der aus Halep gebürtig war.

Schorn. Ketab AlScharu: ist der Titel eines Buchs von den Gesetzen und dem Rechte der Musulmanen. Dieses Buch ist von Alhsikheti verfertigt, und von Saganaki mit einem Commentare versehen worden.

Schoubiah, ist der Name einer Secte, die im Musulmanismus entstanden ist. Der Glaube, zu welchem sich diejenigen, die zu dieser Secte gehören, bekennen, ist dieser, daß man auf keine Weise die Sunniten den Schiiten oder Rafadhiten, das heißt, die Orthodoxen den Heterodoxen vorziehen dürfe, und beide betrachten sie auf völlig gleiche Art für gute Musulmanen. Uebrigens werden sie von den Schiiten für nichts anders, als Heiden, zufolge der Bedeutung ihres Namens, angesehen.

Es giebt viele Musulmanen, die sich, wiewol nur heimlich, zu dieser Secte bekennen.

Schumakhi und Schumakiah. Dies ist der Name einer Stadt, die man für die

N 3   Haupt-

Hauptstadt von der Proving Schirvan, welche einen Theil des alten Mediens ausmacht, anzusehen pflegt. Sie liegt an dem westlichen Ufer des caspischen Meeres unter dem 84sten Grade, 30 Minuten der Länge, und 40sten Grade, 50 Minuten der nördlichen Breite, im fünften Clima, nach den Tafeln des Nassireddin und Ulug Beg.

Die Armenier und Perser nennen sie gewöhnlich Schamakhi, und unsere Erdbeschreiber Schumachia. Dies ist der Hafen, wo in Persien die Schiffe landen, die aus der Volga in die caspische See fahren. Ein gleiches thun sie auch zu Tekki oder Tarku, welches nicht weit davon entfernt ist. Denn die Stadt Bacu oder Bacujah, die wir gewöhnlich Bachu nennen, hat einen sehr elenden Hafen.

Der berühmte persische Dichter Feleki war aus dieser Stadt gebürtig, und lebte daselbst in den Zeiten, da Manugeher schah Befehlshaber darin war. Siehe den Artikel Feleki.

Schuman, ist der Name einer Stadt jenseit des Flusses Gihon, in Sogd oder in der Ebene von Saganian, an dem Ende des vierten Climas, unter der Länge von 91 oder 92 Graden und 30 oder 50 Minuten, und unter der nördlichen Breite, von 37 oder 38 Graden und 20 Minuten, wie AbulFeda in seinem sechs und zwanzigsten Clima bestimmt, welches ein besonderer Erdtheil ist,

dem er den Namen des bekandten Climas giebt.

Schusch und Schuschter, auch zuweilen **Schischder.** Dies ist der Name der alten Stadt Sufa, der Hauptstadt von Khurestan oder Khuzistan, welches das alte Susiane ist.

Die Perser, die sie auch Toster nennen, behaupten der Tradition zufolge, daß sie von dem dritten Könige von Persien aus dem ersten Stamme, der die Familie der Pischdadier genannt wird, Huschenk, sey erbauet worden. Die arabischen Tafeln geben dieser Stadt 84 Grade, 30 Minuten der Länge, und 31 Grade, 30 Minuten der nördlichen Breite, und setzen sie in das dritte Clima.

Tom. III, 278

Schühnah. Siehe den Artikel Schohnah.

Sebeki, ist der Name des Verfassers von einem politischen Buche, Mojid alnaam betitelt. Siehe den Artikel Sobeki.

Sebeki. Ebu Sebeki: ist der Name des Verfassers eines Buchs, Thabacat alolama und Thabacat AlSchafejah betitelt. Es ist dies eine Geschichte der Gelehrten aus der Secte des Schafei. Dieser Mann führt auch schlechtweg und ohne weitern Beisatz den Namen AlSebeki. Siehe den Artikel Sobeki.

Se

Sebekteghin, ist der türkische Name einer gewissen Person, die auch den musulmanischen Namen Nassereddin geführt hat. Er war von Geburt ein Türke, und einer von den Sclaven des Alpteghin, welcher Oberbefehlshaber von den Armeen des Sultan Nuh des Samaniden, und Statthalter desselben in der Provinz Gaznah war.

Alpteghin entdeckte so schöne Eigenschaften an seinem Sclaven Sebekteghin, daß er ihm seine Freiheit gab, und darauf zu den höchsten Würden bei der Armee erhob, und da er von Tag zu Tage immer größere Talente an ihm gewahr wurde, und selbst keine Kinder *) hatte, so setzte er ihn zum Erben von allen seinen großen Gütern ein.

Sebekteghin trat also, nach dem Tode seines Herrn, der im Jahr der Hedschr. 365 erfolgte, nicht nur in den Besitz seiner großen Güter, sondern er bemächtigte sich auch noch außerdem seiner Würde, in deren Besitze ihn der Sultan Nuh bestätigte, und alle Großen in der Provinz Gaznah erkannten ihn für ihr Oberhaupt und für den würdigsten Nachfolger des Alpteghin.

Er erfüllte auch die Pflichten, die mit dieser Würde verbunden waren, indem er über die strengste Disciplin wachte, so gut, daß die Unterthanen mit seiner Staats-

verwaltung vollkommen zufrieden waren, und durch seine Freigebigkeit wußte er die Herzen seiner Officiere so zu gewinnen, daß er sich in kurzer Zeit in allen Staaten des Sultans unabhängig machte. Ja er zwang sogar durch seine Tapferkeit mehrere Plätze, daß sie ihn anerkennen mußten, und nachdem er auf solche Art in den Provinzen Ruhe und Friede hergestellt hatte, so ging er im Jahr der Hedschrah 367 nach Indostan, kündigte mehreren Rajas oder indischen Fürsten den Krieg an, und zwang sie zu der Annayme des Musulmanismus, wobei sie zugleich ihre Tempel in Moscheen zu verwandeln genöthigt wurden, worauf er im Triumphe in die Stadt Gaznah zurückzog.

Diese Siege, die er in Indien erfocht, erwarben ihm einen so großen Namen, daß der Sultan Nuh, ein Sohn des Mansor, ihn überall mit unumschränkter Macht regieren ließ, und am Ende ihn mehr wie einen Alliirten, als Unterthanen, gegen den König von Türkestan zu Hülfe rief, der die jenseit des Gihon gelegenen Provinzen, welche zu den Domainengütern der Samaniden gehörten, mit einem Einfalle bedrohete, und sogar bis in Khorassan Streifereien wagte.

Sebekteghin leistete dem Sultan diesen Dienst auf die beßte

N 4   Art.

---

*) [Dies muß von Kindern männlichen Geschlechts verstanden werden. Denn im Artikel Alpteghin Band 1. S. 204. wird Sebekteghin sein Eidam genannt. K.]

Art. Denn er bot seine ganze Macht gegen die Türken auf, schwächte sie bei mehrern Vorfällen, und nöthigte sie endlich, nach mehreren Gefechten, daß sie mit vieler Schande und Verlust in ihr eigen Land zurückkehren mußten. Als Sebekteghin nach dieser großen Expedition in die Stadt Balkh zurückkam, um daselbst von seinen großen Beschwerlichkeiten auszuruhen, und sich einigermaßen wieder zu erholen, fand er daselbst im Jahr der Hedschr. 337 sein Lebensende. Khondemir.

III. Der Verfasser des Dschame-279 alhekajat erzählt, als Emir Nasereddin Sebekteghin eines Tages auf seinem Sofa geschlafen, habe er, ohngefehr ums Jahr der Hedschr. 361, einen Baum aus seinem Feuerheerde hervorwachsen gesehen, der sich, nach der Sitte des Landes, in der Mitte des Zimmers befand. Dieser Baum wuchs und erhob sich unmerkbar so, daß er seine Aeste über das Zimmer ausbreitete, und sie sogar durch die Fenster trieb, ja endlich das ganze Haus mit denselben bedeckte.

Sebekteghin erwachte, und dachte nun über diesen Traum, der ihn beunruhigte, nach, als ihm plötzlich die Nachricht von der Geburt eines Sohnes hinterbracht wurde, und diese Nachricht machte ihm so viele Freude, daß er sogleich ausrief: Mahmud alibtida, Massud alintiba, herrlicher Anfang, der mit einem glücklichen Ende bekrönet werden wird.

Diese beiden Wörter, Mahmud und Massud, die im Arabischen lobenswürdig und glücklich bedeuten, waren die Namen, welche seine Söhne führten.

Ein persischer Dichter sagt von dem Tode des Sebekteghin, indem er Betrachtungen über den Nachfolger, welchen er hinterließ, anstellt: Wenn du an das Ende einer Halle gekommen bist, und daselbst auszuruhen gedenkst, so findest du einen Triumphbogen, der dir sagt: Stehe auf, komm, und betrachte mich. Unter dieser Halle oder Gallerie versteht der Dichter das Leben und die großen Thaten des Sebekteghin und unter dem Triumphbogen die Kriege, und die Siege seines Sohnes Mahmud.

Die Worte, welche Sebekteghin ausgesprochen hatte, machten, daß man dem neugebohrnen Kinde den Namen Mahmud beilegte, und daß der Sohn dieses Mahmud in der Folge Massud genannt wurde.

Mahmud war der große Monarch, der die Dynastie oder das Reich der Gazneviden stiftete, und man kann von ihm und von seinem Sohne, der ihm nachfolgte, sagen, daß diese beide Sultane, nach der Bedeutung des Traumes ihres Vaters, den größten Theil der Völker von Asien mit dem Schatten ihrer Macht bedeckt und unter ihren Schutz genommen haben.

Wenn

Wenn der Dichter Ferdusi von dem großen Monarchen Mahmud, einem Sohne des Sebekteghin, redet, so sagt er, die Gerechtigkeit dieses Monarchen habe soviel bewirkt, daß in seinen Staaten Wolf und Lamm miteinander zur Tränke gegangen seyen. Auch habe man mit Verwunderung gesehen, wie die Kinder, welche noch an ihrer Mutter Brust gelegen, nicht sobald die Milch der Mutter gesogen hätten, als sie schon den Mund geöffnet, um den Namen Mahmud auszusprechen.

Man muß bei diesen Versen bemerken, daß dasjenige, was der Dichter hier von dem Wolf und von dem Lamme sagt, aus demjenigen genommen ist, was die Propheten von den Zeiten und der Regierung des Messias geweissagt haben, und daß der Name Mahmud, den die Kinder aussprachen, im Arabischen auch bedeutet, daß sie vergnügt und zufrieden seyen, nachdem sie die Milch ihrer Mutter genossen hätten. Siehe den Artikel Mahmud Ben Sebekteghin.

Sebgah, das Färben. **Sebgatallah**, das Färben Gottes. So nennt Mohammed die Taufe der Christen in seinem Coran, und das darum, weil die Christen in seinen Zeiten ihre Kinder durch Untertauchung, nicht aber durch Besprengung, wie heut zu Tage gewöhnlich ist, das heißt, so daß sie bis über den Kopf in das Wasser getaucht wurden, tauften, welches eine Aehnlichkeit mit der Art hat, wie die Stoffe gefärbt zu werden pflegen.

Da eben dieser Mohammed den Vorwurf nicht ausstehen konnte, den ihm die Christen darüber machten, daß er die Taufe abgeschafft habe, ob er gleich übrigens, dem Anscheine nach, gegen alles, was die alten Christen zu beobachten pflegten, große Hochachtung zu haben schien, so läßt er sich selbst von den Christen diese Einwendung machen, und antwortet ihnen darauf, daß das wahre Färben oder der wahre Anstrich Gottes, das heißt, die wahre Taufe, nichts anders sey, als die Gnade, die er den Musulmanen oder seinen Gläubigen dadurch erweist, daß er ihnen den Glauben giebt. Siehe III. he die orientalische Anthologie. 280

Uebrigens kann man bemerken, daß die Araber in ihrer Sprache die Taufe der Christen Almamudiah nennen, so wie sie bei den Türken und Persern Maotus und Vaftis heißt. Diese Wörter sind blos verdorbene Aussprachen des griechischen Βαπτισμος.

Sebgatallah. Dies ist der Name einiger Musulmanen, unter denen sich einer befindet, der der Verfasser eines Commentars über das Buch des Beidhaui ist, welches Anuar altanzil betitelt ist.

Sebhil *) oder Sebhael. Der Verfasser des Mircat sagt, dies sey der Name eines Engels, der die Bücher in Händen hat, in welchen die guten sowol, als bösen Handlungen der Menschen, der Tradition der Musulmanen zufolge, beschrieben sind.

Sebtah, ist der Name einer Stadt in Mauritanien, welches Tingitana heißt, von der Stadt Tingi, welches Tanger ist. Heut zu Tage nennen wir sie Ceuta. Sie liegt an der Meerenge von Gibraltar, die die Araber Khalidsch AlSebthah oder Al-Sebthi, und die Türken Sebtah Bogazi nennen.

Die arabischen Erdbeschreiber setzen die Städte Sebtah und Tandschah, welches Ceuta und Tanger ist, in denjenigen Theil von Africa, den sie Magreb alaksa nennen, das heißt, in den äußersten Occident oder an das äußerste Ende von Africa.

Josef Ben Taffefin machte sich Meister von dieser Stadt, ehe er nach Spanien ging, um daselbst die Dynastie der Marabuthen oder AlMoraviden zu errichten.

Sebth. Dieses arabische Wort, das aus dem hebräischen Schebeth genommen ist, bedeutet eigentlich einen Stamm des jüdischen Volks, so wie Cabilah einen Stamm der Araber bedeutet. Denn diese behaupten, die Söhne Ismaels seyen eben so die Patriarchen und Stifter von ih-

ten Stämmen gewesen, wie es die Söhne Jacob von den Stämmen der Juden waren.

Abulasbath: der Vater der Stämme. Dies ist der Titel oder Zuname, den die Musulmanen dem Patriarchen Jacob geben, und wenn sie von dem jüdischen Volke reden, wie es in Egypten gefangen gehalten worden, oder in der Wüste herumgeirret, so geben sie ihm gewöhnlich den Namen Asbath, welches die vielfache Zahl von Sebth ist.

Sebth. Dieses Wort ist auch der Name gewisser Musulmanen.

Sebth Ben Dschuzi. Dies ist der Verfasser eines Buchs, Merat alzaman, der Spiegel der Zeiten, betitelt. In demselben wird von den wichtigsten Dingen, die in Egypten befindlich sind, geredet.

Sebth Almardini. Siehe den Artikel Mardini.

Sebti: einer, der aus der Stadt Sebtah in Mauritanien gebürtig ist.

Sebti, ein Beiname des AbulFadhl Abbas Ben Muffa, der unter dem Namen Cadhi Ajadh bekandt ist. Er ist im Jahr der Hedschrah 544, unter dem Khalifate des Hafedh Ledinillah, neunten Khalifen der Fathimiten in Egypten, und des Mocta-

Moctafi, ein und dreißigſten Khalifen der Abbaſſiden in Bagdet, geſtorben.

III. Dieſer Mann war in der Stadt
251 Marocco, im Jahr der Hedſchr. 470 gebohren. Allein da er von Sebtah oder Ceuta, einer an der Meerenge von Gibraltar gelegenen Stadt, wie wir ſo eben geſehen haben, herſtammte, ſo führte er den Beinamen Al-Sebthi.

Ben Schohnah, der mit groſſen Lobeserhebungen von ihm redet, ſchreibt, er habe mehrere ſchöne Werke hinterlaſſen, von welchen er folgende nennt:

Scharh Meſlem, ein Commentar über das Buch, Meſlem oder Moſlem betitelt.

Meſcharek alanuar fi garib alhadith, ein Buch von den muſulmaniſchen Traditionen.

Ketab alſchefa, ein Buch von der Geſundheit, oder vom Heil.

Eelam fi hobud alahkam, Urtheile oder Rechtsſprüche der Gerichte, nach den muſulmaniſchen Geſetzen.

Adſchubah aadſchzah an alaſſilat almokhabberat, Antwort auf eine Frage.

Sebti, der Beiname eines gewiſſen Joſef Ben Jahia, Ben Iſchak AlMogrebi AlSebti, der ein jüdiſcher, aus der Stadt Sebtah oder Ceuta gebürtiger Arzt war, und im Jahr der Hedſchr. 623 geſtorben iſt. Er war ein ſehr großer Philoſoph, und ſah ſich wegen der Gewaltthätigkeiten, welche damals ſeine

Religionsverwandten in Spanien erdulden mußten, weil man ſie zur Annahme des Muſulmanismus zwingen wollte, genöthigt, Spanien zu verlaſſen. Er ging nach Egypten, und von da nach Halep, wo er Leibarzt beim Sultan AlDhaher wurde.

Man erzählt von ihm, er habe einem Cadhi, der einer ſeiner vertrauteſten Freunde war, verſprochen, er wolle ihn nach ſeinem Tode beſuchen, und dafür habe er auch ſich von ſeinem Freunde ein gleiches Verſprechen thun laſſen. Allein zwei Jahre lang nach ſeinem Tode habe er ihm immer ſein Wort noch nicht erfüllt gehabt. Endlich habe ihn nach Verlauf dieſer Zeit der Cadhi bei Nacht im Traume erblickt, und ihm Vorwürfe darüber gemacht, daß er ſein Verſprechen nicht erfüllt, worauf ihn dieſer bei der Hand ergriffen, und indem er ſie ihm gedrückt, habe er zu ihm geſagt: Was allgemein war, hat ſich mit dem Allgemeinen vereinigt, und was particular war, iſt bei dem Particularen geblieben. Dies iſt eine philoſophiſche Art zu reden, wodurch er den Zuſtand der Seele nach dem Tode hat beſchreiben wollen. Allein es iſt ſehr wahrſcheinlich, daß dieſer Traum weiter nichts, als ein Ausdruck, oder eine Vorſtellung war, die ſich auf die beſondere Meinung und Begriffe dieſes Cadhi gründete.

Sebti, ein Beiname des Mohammed Ben Omar, genannt Al-

AlCaheri AlSebthi, das heißt, aus Cairo gebürtig, und von Sebtah oder Ceuta herstammend. Er ist im Jahr der Hedschr. 721 gestorben, und ist Verfasser desjenigen Buchs, das den Titel führt: Idhah almedhaheb, Aufklärung über die mancherlei Secten im Musulmanismus.

Sebzvar, ist der Name einer Stadt in der Provinz Khorassan, welche der Sitz der Fürsten aus der Dynastie der Serbedarier gewesen ist. Hassan AlDschuri, den Achmed Arabschah Rafadhi nennt, war beinahe mit der unumschränktesten Macht daselbst, als Tamerlan nach Persien ging. Der Lebtarikh sagt, Aziz, ein Schüler des Hassan AlDschuri, sey derjenige gewesen, den Tamerlan mit seinen Geschenken beehrt habe.

Secaki, ein Beiname des Serageddin Abu Jacob Josef Ben Abubekr, Ben Jacob Al-Khuarezmi, der im Jahr der Hedschr. 623 oder 626 verstorben ist. Dieser Mann, der den Titel: Motabahhar fil olum Al-Arabias, das heißt, sehr bewandert in der arabischen Litteratur, führte, war zu Khuarezm gebohren, und war der Lehrer von dem berühmten Gelehrten, AlZahedi. Er ist der Verfasser von einem bei den Musulmanen in großem Ansehn stehenden Werke, welches den Titel hat: Mefta aloluum, der Schlüssel der Wissenschaften. Dieses Buch ist in

der königlichen Bibliothek zu Paris unter Nr. 1050.

Da dieses Buch eine arabische Encyclopädie ist, so giebt es Schriftsteller, die es versucht haben, einige besondere Abhandlungen aus derselben zu erklären. Taftazani hat die über die Grammatik und Rhetorik mit einem Commentar erläutert, der sich in der königlichen Bibliothek zu Paris unter Nr. 724. befindet.

Es wird auch vom Meftah aloluum bei Nr. 913. eben dieser Bibliothek geredet.

Secalebah oder Sacalebah. Dies ist die vielfache Zahl von Seclab, die im Arabischen dasjenige bedeutet, was die Alten Chalybes genannt haben, und was bei uns heut zu Tage Slaven heißen, eine Nation, die aus einem weit nördlichern Lande gekommen ist, als dasjenige ist, wo sie gegenwärtig wohnen, und die die Russen und Moscoviter unter sich begreift.

Die Araber erkennen zwei Arten von Secalebah, nemlich die nordischen, von denen wir eben handeln, und die südlichen, die sie zum Unterschiede Secalebat AlZendsch nennen. Diese heißen bei den Alten Chalybes Aethiopum.

Secandes oder Secondos, Secundus. Der Name eines Philosophen, der aus der Stadt Berytus gebürtig war, und in den Zeiten des Kaisers Hadrian gelebt hat. Man hat ein

ein arabisches Buch, das sein Leben, seine Denksprüche und seine Maximen enthält. Es ist in der königlichen Bibliothek zu Paris unter Nr. 724. befindlich.

Seclab, ist der Name des zweiten Sohns Jafet, der sich mehr als seine Brüder auf Häuser und Städte bauen legte. Dazu war die große Menge seiner Kinder die nächste Veranlassung.

Da sich die Nachkommen Seclab sehr vermehrten, so baten sie die Söhne des Rus, welches die Russen sind, um Land, das sie bewohnen könnten, und da diese ihnen solches abschlugen, wendeten sie sich an die Söhne Khozar und Gomari, die ihnen aber eine ähnliche abschlägige Antwort ertheilten, so daß sie endlich gezwungen waren, mit Gewalt einzudringen. Als aber endlich alle ihre Nachbarn sich gegen sie verbanden und einen Complot machten, so daß sie sich von allen Seiten vertrieben sahen, waren sie gezwungen, sich in einem sehr kalten Lande jenseit des siebenten Climas niederzulassen.

Mirkhond sagt, wenn er von diesen Völkern in dem Geschlechtsregister des Ginghizkhan handelt, die Seclaben wohnten noch heut zu Tage in hyperboreischen Ländern, wo sie sich, während der Strenge des Winters unter die Erde zu retiriren gezwungen sähen. Diese Völker sind wahrscheinlich eben diejenigen, die wir heut zu Tage Samojeden und Lappen nennen.

Eben dieser Schriftsteller sagt auch, Seclab habe einen Sohn gehabt, dessen Mutter gestorben sey, da sie mit ihm in den Wochen gelegen: so daß man sich genöthigt gesehen habe, ihn mit Zigenmilch zu tränken, und diese Nahrungsart habe gemacht, daß, als dieses Kind zu mehrerem Alter gelangte, es mit bewundernswürdiger Leichtigkeit und Geschwindigkeit sprang und lief; Eigenschaften, die seiner ganzen Nachkommenschaft besonders eigen blieben.

Seclabi. So nennen die orientalischen Schriftsteller einen Slaven, der aber nicht in dem nordischen Lande, von welchem wir so eben in dem vorhergehenden Artikel geredet haben, sondern in demjenigen, das wir heut zu Tage Slavonien und die Bulgarei nennen, und welches das Mösien der Alten ist, gebohren ist; ja sie dehnen sogar diesen Namen bis auf Thracien, und die allernördlichsten Länder von Griechenland aus. Daher kommt es denn auch, daß sie in ihren Geschichten den Kaiser Basilius den Macedonier, Basilius AlSeclabi nennen.

Die Türken nennen heut zu Tage die Slaven, welche die pannonischen Länder zwischen dem Drau- und Sausluß an sich gerissen haben, Boschnak, weil Bossinien oder Bosnien mit darunter begriffen ist; auch bisweilen

len Arnaut, welches aber nichts destoweniger der Name ist, den sie besonders den Albaniern geben.

Heut zu Tage nennt man in Ungarn die Einwohner von Slavonien und Servien Rascier. Was aber die letztere Provinz anbetrifft, so wird diese insbesondere von den Türken Sirf Vilajeti genannt.

Secseki, ein Beiname des Mohammed Ben Issa, Verfassers eines Werks unter dem Titel: Assulah fil garibat, merkwürdige Frage, die von Sobeki ist beantwortet worden. Dieser Schriftsteller ist im Jahr der Hedschr. 756 verstorben.

Secth Aldott v lakith alzohor. Dies ist der Titel eines Gedichtes des Abubekr Ben Issa, Ben Altebab, genannt Al Schaer, der Dichter, der im Jahr der Hedschr. 517 verstorben ist. Der Gegenstand dieses Werks ist: fi Schir Beni Al Ebad, über die Dichtkunst der Ebadier.

Secth Alzend: ist der Titel eines Gedichts des AbulOla, das man gewöhnlich seinen Divan zu nennen pflegt, und das mehr denn dreitausend Beit, oder Disticha enthält.

Dieser Titel, der aus zwei Wörtern zusammengesetzt ist, bedeutet eigentlich das Feuer, das durch Anschlagen eines Feuersteins hervorgebracht wird. Man sagt, AbulOla habe seinem Ge-

dichte diesen Titel deswegen gegeben, weil er es in seiner frühen Jugend verfertigt hat. Dieses Gedicht ist in der Bibliothek des Königs von Frankreich unter Nr. 1076. befindlich. Wir haben mehrere Commentare über dasselbe, unter andern einen, der den Titel führt: Dhu AlSecth. Der Verfasser desselben ist Jahia Ben Ali AlTabrizi.

Secth Alzend. Dies ist der Titel eines arithmetischen Buchs.

Sedacah. AlSedacah. Siehe Sadacah. Dieß ist der Titel eines Buchs des Abu Rihan. Man kann bei dieser Gelegenheit bemerken, daß Sadacah ein Almosen, und Sadaca die Freundschaft bedeutet. Sedacah aber ist der Plural von Seddik, und wir werden weiter unten davon reden.

Sedd. Dieses arabische Wort bedeutet eine Erdschütte, eine Tranchée, eine Mauer, und alles, was eine Gegend und Land umschließt und begränzt. Es ist eben dasjenige, was wir in unserer Sprache Linien nennen. Siehe den Artikel Sur.

Sedd Alárab, der Erdwall der Araber. Dieser Erdwall war in dem Lande Hadharmuth, das heißt, in Adramyttene, einer kleinen Provinz von Jemen oder dem glücklichen Arabien. Er wurde in alten Zeiten von den Arabern

vor

vor ihrer Zerstreuung zwischen der Stadt Hadharmuth und der Stadt Saba aufgeführt, um diesen Canton, der der allerschönste von Arabien ist, von seinen Nachbarn zu scheiden, welche häufige Einfälle in denselben wagten. In der Geschichte der Kriege der Araber vor dem Mohammedismus wird derselben öfters Erwähnung gethan.

III. Es giebt noch eine Linie in 284 Arabien, die Mohammed unmittelbar nach seiner Flucht hat errichten lassen, um das Gebiete von Mekka und Medinah voneinander absondern zu lassen. Aber diese Scheidungslinie wird gewöhnlich nicht Sedd genannt; sondern Khandak, welches einen Graben oder Tranchee bedeutet, und das war der Ort, wo zwischen Mohammed und den Medinern einer, und den Coraischiten und den Juden anderer Seits, im fünften Jahre der Hedschr. ein großes Treffen vorgefallen ist.

Sedd Jadschudsch v Madschudsch. Der Erdwall, der Wall oder die Mauer des Gog und Magog. Dies ist das Werk, das in den Geschichten des Orients so berühmt ist, und dessen Erbauung dem Eskander oder Alexander beigelegt wird, aber nicht Alexandern dem Sohne Philipps, den wir den Großen nennen; sondern einem andern, dem die Orientaler den Beinamen Dhul Carnein geben, der viel älter, als der macedoni-

sche ist, und von welchem die Perser glauben, daß er der Dschamschid, der vierte König aus ihrer ersten Dynastie gewesen sey.

Diese Mauer des Gog und Magog ward von diesem Monarchen, von welchem eben diese Perser glauben, daß er der uneingeschränkte Herr von der ganzen bewohnten Welt gewesen sey, erbauet, um die hyperboräischen Nationen jenseit des Caucasus, zwischen dem Pontus Euxinus und dem Caspischen Meere einzuschließen, und sie von Einfällen in die Mitte von Asien abzuhalten.

Auch sagt man, Nuschirvan habe dieses große Werk fortsetzen oder ausbessern lassen, wie man aus seinem besondern Artikel sehen kann.

Einige Geschichtschreiber des Orients setzen diese Mauer des Gog und Magog jenseit des Caspischen Meeres, gegen Osten hin, so daß man auf den Gedanken kommen möchte, daß dies eben dieselbe Mauer sey, die China von den Mogolen und Tataren absondert.

Seddik. Dieses Wort bedeutet im Arabischen einen aufrichtigen und wahrhaftigen Mann, das heißt, einen, dessen bloße Aussage zur Bezeugung und Bestätigung der Wahrheit einer Sache hinreichend ist.

Die Musulmanen geben diesen Titel dem Patriarchen Josef; dem Abubekr, dem Nachfolger Mo-

Mohammeds; und vorzüglich Jesu, und seiner heiligen Mutter Maria.

Seddik v alsedacah, ist der Titel eines Buchs des Abu Rihan, welches von wahren Freunden und von aufrichtiger Freundschaft handelt.

Seddiki, ein Beiname des Mohammed Abi Sorur AlTehini. Er war ein Gelehrter von der Schafeienmischen Secte, und man findet ihn öfters unter dem Namen Sebth AlHassan angeführt.

Er ist der Verfasser eines Buchs, welches den Titel führt: Ofun v alakhbar v Nozhat alabsar, die Augen der Geschichte oder der Traditionen, und die Vergnügen des Gesichts oder des Verstandes.

Seddiki, ein Beiname des Mohammed Ben Assad Gesaleddin AlRauani oder AlRevani. Er ist der Verfasser einer Haschiah, oder von Randglossen über das Buch des Samarcandi, welches den Titel hat: Adab albahath, und von Schuldisputationen handelt. Dieser Gelehrte ist im Jahr der Hedschr. 917 verstorben. Siehe den Artikel Rauani.

III.
285 **Sedeh.** Siehe den Artikel Seduk.

Sedi: ist der Name eines Imams, der in der Geschichte des Khazkil, welches der Prophet Ezechiel ist, angeführt wird. Siehe diesen Artikel.

Sedidi und Sedideddin. Dies ist ein Name des Khazeruni, Verfassers eines Mogni, welches ein Scharh oder Commentar über das Buch ist, welches den Titel Medschaz führet.

Sedir. Dies ist ein arabisches Wort, das durch eine verdorbene Aussprache des persischen Sih Deir, die drei Zelte, entstanden ist. Es ist solches der Name eines Pallastes, den ein König der Araber, der zu Hirah regierte, und Noman Alanar heißt, durch den berühmten Baumeister Sennemar, für Baharam Gur, einen Sohn des persischen Königs Jezdegird, hat aufführen lassen. Siehe den Artikel Baharam Gur.

Dieses Wort Deir bedeutet, wie man unter dem eignen Artikel dieses Worts finden wird, ein Closter oder einen Gebetsort, auch das Hauptgebäude eines Hauses, so wie überhaupt eine Wohnung.

Seduk und Sedeh: ist der Name eines Festes bei den alten Persern, das die Araber Leilat alucud, die Nacht der Feuer, nennen. Siehe unter dem Artikel Fars dasjenige, was Ben Schohnah von diesem Feste sagt.

Sedum und Sedumah. So nennen die Araber die Stadt Sodom

Sodom in Judäa, deren Einwohner von den Musulmanen gewöhnlich Caum Luth, das Volk des Loth genannt werden, weil dieser Prophet, wie sie sagen, von Gott an sie geschickt wurde, um sie zum Glauben zu bekehren, und sie von dem Laster abzubringen, das eben diese Musulmanen Faal cabih, die schändliche Handlung nennen.

Diese Stadt wird, so wie die vier übrigen, die sich in ihrer Nachbarschaft befanden, von den Musulmanen AlMotafecát genannt, das heißt, die zerstörten Städte, und das deswegen, weil der Engel Gabriel, der von Gott ausdrücklich dazu abgeschickt wurde, um sie wegen ihres Verbrechens zu bestrafen, sie mit allen ihren Einwohnern von Grunde aus umkehrte, und solchergestalt ihren gänzlichen Untergang bewirkte. Siehe den Artikel Luth.

Sedr und Sedrah. Dieses Wort bedeutet im Arabischen zweierlei. Denn Sedrat almontehi ist, dem Verfasser des Mircat zufolge, ein besonderer Ort des Paradieses, in dem siebenten Himmel, welcher unter allen der erhabenste ist. Und nach dem größten Theile anderer Schriftsteller ist dies auch der Name eines allegorischen Baumes, der sich gleichfalls im Paradiese befindet.

Sedr und Sedrah ist eine Art von Baumgewächsen, die wir Lotus nennen, und die heut

zu Tage bei den Arabern noch einen andern Namen, nemlich Nobak, führt. Einige Commentatoren des Corans sagen, die Tafeln des Gesetzes, die Gott dem Moses gegeben, seyen aus solchem Holze gemacht gewesen. Siehe den Artikel Mussa.

Sefat. Dieses Wort bedeutet im Arabischen eigentlich die Eigenschaften und Bedingungen einer Person oder einer Sache.

Sefat alaclam. Dies ist der Titel eines Werks, welches mehrere verschiedene Arten von eingebildeten Alphabeten enthält, die der Verfasser in prophetische, mystische, philosophische, magische, talismanische u. s. w. abgetheilt hat. Es ist in der königlichen Bibliothek zu Paris unter Nr. 1008. befindlich.

Sefat Allah: die Eigenschaften Gottes. Es giebt bei den Musulmanen mehrere Secten, die sehr verschiedene Vorstellungen von den Eigenschaften Gottes haben, und es ist insbesondere eine darunter, die den Namen AlSefatiun führt, welches soviel sagt, als Attributaire, die die göttlichen Attribute von seinem Wesen unterscheiden, und unter diesen befinden sich sogar solche, die ihm einen Leib beilegen, und das sind eben diejenigen, die eben diese Musulmanen Modschaffemiun nennen.

Diejenigen, von welchen man glaubt, daß sie sich noch mehr

O   von

III.
285

von der Vorstellungsart der Chriften entfernen, verwerfen alle Arten von Attributen, sowol den notionalen, welches die göttlichen Personen sind, als den essentiellen, und behaupten, Gott sey nicht durch seine Gerechtigkeit gerecht, nicht durch seine Wissenschaft allwissend, sondern das sey er blos und allein durch sein Wesen; ganz gegen die Meinung vieler andern, die, wie die Scotisten bei uns thun, eben diese Attribute formaliter voneinander unterscheiden, und sagen, Gott sey gerecht durch seine Gerechtigkeit, allwissend durch seine Kenntniß, lebendig durch sein Leben, nicht aber durch sein Wesen.

Die ganze scholastische Theologie der Musulmanen, die man bei ihnen Elm alkelam nennt, ist voll von solchen Streitigkeiten. Man kann in diesem Werke Beispiele und Proben davon sehen, in den Artikeln: Ascharier, Keramier, Nodhamier und Motazalen.

Sefat Almonafek. Eigenschaften oder Charactere eines Heuchlers in Religionssachen. Dies ist der Titel eines Buchs, das den Ebn AlZadschadschgi zum Verfasser hat.

Sefat Altauhid, die Eigenschaften der Einheit. Dies ist der Titel einer Abhandlung über die Einheit Gottes, die den Schamseddin AlSiwassi zum Verfasser hat.

Sefatiun. Siehe oben den Artikel Sefatallah.

Sefer. Dieses Wort, welches eigentlich hebräischen Ursprungs ist, bedeutet ein Buch, und wird von den Arabern oft in dem Falle gebraucht, wenn sie von sehr alten Büchern reden. Denn gewöhnlich sprechen sie dieses Wort in ihrer Sprache Sifr aus.

Sefer Adam. Das Buch Adams. Dschauberi führt es in der Vorrede zu seinem Werke an. Siehe den Artikel Dschauberi.

Die Sabier, oder die Mendai Jahia, Schüler Johannis des Täufers, behaupten dieses Buch Adams zu haben, in welchem ihre ganze Religion abgehandelt ist. Man hat im Oriente einige Fragmente davon gesehen, die auch zu uns gekommen sind. Allein sie sind im höchsten Grade apocryphisch.

Eben dieser Dschauberi führt auch die Bücher des Edris oder Henochs, so wie auch noch folgende an:

Der Sefer Ibrahim, Buch des Abraham, welches die Juden unter dem Titel Sepher Jetsirah, Buch von der Schöpfung der Welt, haben.

Sefer Scheith, das Buch oder die Bücher Seth.

Sefer Nuh, das Buch Noah, und mehrere andere von dieser Art.

Sefer Alkhafaia. Das Buch der Geheimnisse, oder das my-

mysteriense Buch. Dies ist der Titel eines alten und merkwürdigen Buchs. Siehe den Artikel Giauberi.

Sefi. Siehe den Artikel Safi.

III, 287 Sefuat oder Safuat. Sefuat aladab v divan AlAzab: ist der Titel eines Buchs, das den AbulAbbas Achmed Ben Salam AlRuzi, genannt AlAdib, zum Verfasser hat. Es ist dies eine Sammlung von mehreren alten arabischen Gedichten, welche von den Africanern eben so hoch geschätzt wird, wie das Buch, AlHamassat genannt, es bei den Asiaten ist.

Der Verfasser dieses Werks war einer der vornehmsten Dichter an dem Hofe der AlMohaden von Africa, und hat gegen das Ende der Regierung des Jacob AlMansor gelebt, dem er es im Jahr der Hedschrah 317 dedicirt hat.

Sefuat Mokhtassar ala alaulia, kurze Lebensbeschreibungen der musulmanischen Heiligen. Diesen Gegenstand haben mehrere Schriftsteller bearbeitet. Der erste unter allen ist AbulFaradsch Ben AlDschuzi, und nach ihm Ebn Marzuk und AbulMani Saad Ben Ali AlUarrakh, der sie in Verse gebracht hat, und dessen Werk von Ibrahim AlRamli in einen Auszug ist gebracht worden, dem er den Titel Ahsan almehassen gegeben hat.

Sefuat Alsefa, ist der Titel eines persischen Buchs, das zum Lobe des Scheikh Sefi AlArdebili, seiner Vorfahren und seiner Söhne, ist verfertigt worden. Dieses Werk ist für den Schah Ismael Sofi verfertigt worden, und Khondemir thut desselben in seinem Buche Erwähnung, das den Titel führt: Habib alseir.

Sefuat Altessauf. Dies ist der Titel eines Buchs, welches vom geistlichen Leben und von den Gebräuchen der Sofis oder musulmanischen Religiosen handelt. Der Verfasser desselben ist AbulFadhl Mohammed Ben Thaher AlMocdessi, der im Jahr der Hedschrah 517 verstorben ist.

Ebn AlDschuzi redet von diesem Schriftsteller und von seinem Werke, und sagt in seinem Buche, welches den Titel führt, Merat alzaman, der Spiegel der Zeit, daß, wer das Buch des AbulFadhl lese, über ihn spotte, und zu gleicher Zeit darüber erstaune, wie dieser Schriftsteller alles, was er von Traditionen behauptet, habe aufstellen können, ohne irgend Autoren dafür anzuführen, oder, wenn er auch einen anführe, es doch solche seyen, die nichts bewiesen.

Segelmessah. Eine Stadt in demjenigen Lande, das die Araber Magreb AlAksa, das äußerste Ende von Africa oder vom Occidente, nennen. Dies

ist

ist das Land, das wir Maurita-
nien nennen. Es liegt im zwei-
ten Clima, unter dem 37sten
Grade der Länge, und 31sten
Grade 30 Minuten der nördlichen
Breite.

Diese Stadt scheidet das Land
der Magrebier, das heißt, der
africanischen Araber von dem
Lande der Negern, welches eben
diese Araber AlSudan nennen.
Sie hat einen sehr großen Strom,
der an ihren Mauren hinfließt,
und seine Quelle in den Gebirgen hat, die sie gegen Osten und
Süden zu bedecken, und noch
mehrere kleine Flüsse, an deren
Ufern mehrere Gärten sind, auf
die man stößt, wenn man aus
den Thoren derselben kommt.

Der persische Erdbeschreiber
schreibt, die Stadt Segelmessa
habe acht Thore; außerhalb derselben seyen sehr schöne Spazier-
gänge und ein alle Arten von
Früchten im Ueberflusse besitzen-
des Gebiete befindlich, welches
in allen übrigen Gegenden dieses
Landes etwas sehr seltenes ist, da
es an den Gränzen der Wüste
liegt, die die Araber Sahara
nennen, und da die Negern alle
Früchte, die sie haben, einzig
und allein aus dieser Stadt
ziehen.

III, Man rechnet von Segelmessa
288 bis an die Städte Tekrur und
Selah, die an dem Flusse Niger
liegen, einen Weg von vier Tagereisen, und eben soviel bis zu
der Insel Ulil, welche nahe an
der Mündung des gedachten Flusses liegt, und man kann diesen

Weg nicht anders machen, als
daß man seine Provision vom
Wasser mit sich führt. Denn in
der ganzen Sahara ist keins zu
finden.

Segelmessa war die Stadt,
die die Marabuten oder AlMoraviden zu dem ersten Sitze ihrer
Dynastie oder ihres Reichs machten, das sie von diesem Orte an
bis an die Ufer des atlantischen
Meeres, und darauf an dem mittelländischen Meere und weit vorher in Spanien ausgebreitet haben.

Die Macht der Fathimiten, die
im ganzen westlichen Africa regiert, und das Khalifat von
Egypten gestiftet haben, hat in
eben dieser Stadt ihren Anfang
genommen. Denn Segelmessa
war der Ort, wo Obeidallah
zuerst für den Mahadi oder Mehedi, das ist, für das höchste
Oberhaupt und für den allgemeinen Anführer von allen Musulmanen, ist anerkannt worden.

Segestan und Sigistan:

ist der Name eines Landes, das
gegen Westen die Provinz Khorassan, gegen Osten Makran,
gegen Süden die Wüste von Fars,
und gegen Norden Indien hat.
Das Gebiete desselben ist sehr
eben, und bringt viele Palmen
hervor. Aber es ist den Winden
so sehr ausgesetzt, daß Häuser
und Dörfer von denselben mit
Sande bedeckt werden.

Die Goldgruben in dem Lande Segestan sind so zahlreich,
daß, wenn man demjenigen Glauben beimessen will, was die Ge-
schicht-

schichtschreiber in dem Leben des Mahmud, eines Sohns Sebekteghin, davon sagen, das Gold daselbst aus der Erde hervorkommt, und Aeste treibt, als ob es aus dem Gewächsreiche wäre.

Die vornehmsten Städte dieses Landes sind Bost, Corsiat und Zerendsch, welche große Männer in der Gelehrsamkeit hervorgebracht haben. Denn der Dichter Bosti ist hier gebohren, und mehrere Personen, welche den Beinamen Sedschzi und Segestani führen, stammen aus denselben ab. Siehe diese Artikel.

Das Land Segestan, das auch Sistan und Nimruz, das heißt, das mittägige Land genannt wird, war vormals der Wohnplatz mehrerer Könige von Persien aus der ersten Dynastie der Pischdadier, zum Exempel von Dschamschid, ehe er die Stadt Estekhar erbauet hatte, von Manugeher und von Naudher.

Der persische Erdbeschreiber setzt das Land Segestan zwischen Thokharestan, Khorassan und Sind, welches der Theil von Indien diesseit des Flusses Indus ist, und giebt ihm noch auf seiner Ostseite das Land Gur, und jenseit Gur noch das Land Raver.

Auch ist dies eben das Land, wo Rostam, dieser große Held von Persien, seinen gewöhnlichen Aufenthalt gehabt hat. Denn er hatte es von den Königen von Persien zur Appanage, und verließ es auch nicht eher, als bis er an der Spitze einer Armee gegen ihre Feinde, den Afrasiab und die Türken, aufbrach.

Hussain Schah ward von Khalil Hindugheh, dem Generalissimus des Mirza AbulCassem Babor, dieses Staats, dessen er sich bemächtigt hatte, beraubt. Denn sein Großvater Tamerlan hatte sich Meister von demselben gemacht, und die Hauptstadt desselben, der Achmed Arabschah auch denselben Namen Segestan giebt, gänzlich ruinirt. Siehe auch Darham in dem Artikel Jacob Ben Laith.

Segestani, ein Beiname des Abu Hathem Sahal Ben Mohammed, der im Jahr der Hedschr. 248 verstorben ist. Er ist Verfasser eines Buchs, welches betitelt ist: Ekhtelaf almossahef: von dem Unterschiede, der in den verschiedenen Exemplaren des Corans anzutreffen ist.

Segestani. Ein Beiname des Josef Ben Abi Saad, Ben Achmed, der das Buch geschrieben hat, welches den Titel führt: Moniat AlMofti. Dieses Werk handelt von den Pflichten und Verrichtungen eines Mufti. Es ist in der königlichen Bibliothek zu Paris unter Nr. 699. befindlich.

Segestani, ein Beiname des Abu Saleh Mansur Ben Dschafar, Verfassers eines Buchs über die Ossul, das heißt, eines Buchs, das von den Grundsätzen des Musulmanismus handelt.

D 3   Se

Segeſtani: ein Beiname des Abu Daud. Siehe deſſen Artikel.

Segiadah oder Segiadeh. Dieſes arabiſche Wort, welches einerlei Bedeutung mit Sogiud hat, das heißt, die Anbetung, die wir Gott ſchuldig ſind, bedeutet auch insbeſondere eine kleine Tapete oder Binſenmatte, die die Muſulmanen beſtändig bei ſich tragen, um auf derſelben knien zu können, wenn ſie die fünf Gebete, die ſie jeden Tag nach ihrem Geſetze zu verrichten verbunden ſind, thun wollen.

Sadi ſagt, in der Vorrede zu ſeinem Boſtan, Gott habe die Erde über die Waſſer wie eine Tapete ausgedehnt, daß ſie den Gerechten zur Sedſchadeh dienen ſolle, damit ſie darauf ihre Anbetungen verrichten könnten. Das heißt, die ganze Erde, von welcher die Muſulmanen glauben, daß ſie eben ſo, wie der Thron Gottes, über die Waſſer aufgehängt ſey, den Rechtſchaffnen zu einem Gegenſtande und Orte dienen möchte, an welchem ſie ihn anbeten und zu ihm beten könnten.

Segiavendi, ein Beiname des Seragebdin Mohammed Ben Mahmud, Ben Abdalraſchid, Verfaſſers eines Buchs unter dem Titel: Feraidh alſeradſchah. Siehe den Artikel Dhul Seradſch. Dieſes Buch, welches von Succeſſionen von mütterlicher Seite handelt, iſt in der königlichen Bibliothek zu Paris unter Nr. 708. 709. und 712. befindlich.

[**Segil.** Siehe den Artikel Sebhil.]

Seg’zi: einer, der aus Segeſtan gebürtig iſt. Man nennt einen ſolchen auch Siſtani und Segeſtani.

Sehah Allogat und Sihah Allogat: iſt der Titel eines Buchs, das den Imam Abu Naſr Iſmail Ben Dſchamad AlFarabi, AlDſchauheri, zum Verfaſſer hat, der im Jahr der Hedſchr. 392 verſtorben iſt. Es iſt dies ein Wörterbuch über die arabiſche Sprache, mit einer arabiſchen Erklärung, deſſen der Verfaſſer des Camus in ſeiner Vorrede Erwähnung thut.

Man pflegt gewöhnlich dieſes Werk unter dem Titel Sihah AlDſchauheri anzuführen, und dies iſt eben dasjenige, das Golius lateiniſch überſetzt hat. Inzwiſchen hat man zwei Ausgaben von dem Wörterbuche oder Lexicon des Dſchauheri, von welchen die beſte diejenige iſt, die im Arabiſchen den Titel Sihah Gedid oder Sihah Kebir, das heißt, der neue oder der große Sihah führt. Die Perſer nennen ihn Sihah Dirineh, und dieſer iſt mit einer perſiſchen Erklärung verſehen, und führt auch den Namen Sehah Agemi.

Dies Werk iſt in einen Auszug gebracht worden von Ebn Abdalcaher AlRazi, unter dem Titel:

Titel: Mokhtar AlSehah. Das ganze Werk ist in der königlichen Bibliothek zu Paris unter Nr. 1055. und der Auszug unter Nr. 1088.

Hadsch Khalfah sagt, Dschauheri sey aus Farab oder Fariab in Transoxanien gebürtig gewesen, und habe sich aus dieser Stadt nach Nischabur in Khorassan begeben, und daselbst seinen Aufenthalt genommen. Er habe eine vortreffliche Schreibhand gehabt, und gegen das Ende seines Lebens sey ihm der Verstand vergangen, so daß er sich zween Flügel gemacht, mit welchen er zu fliegen versucht habe. Allein er sey von einer ansehnlichen Höhe heruntergefallen und habe sein Leben darüber eingebüßt.

III. **Sehaif fil taffir**, ist der Titel eines Werks, das den Schamseddin Mohammed AlSamarcandi zum Verfasser hat, und von den verschiednen Commentaren handelt, die über den Coran sind geschrieben worden. Da dieser Schriftsteller sein Werk nicht zu Ende gebracht hat, so hat es Mahmud AlKarmani, mit dem Beinamen AlHassam, das heißt, der Taube, im Jahr der Hedschr. 970 geendigt.

Sehaif fil feraldh, eine Abhandlung von den Successionen, ist der Titel eines Buchs, das den Ibrahim Ben Mohammed zum Verfasser hat, der unter dem Namen Tschausch Zadeh bekandt ist. Er hat es im Jahr der Hedschr. 1050 verfertigt.

Sehaif fil logat AlFarsiat: ein persisches Wörterbuch, mit einer arabischen Erklärung. Es ist in zwölf Abschnitte eingetheilt, und der Name des Verfassers ist unbekandt.

Sehaif fil kelam: ist der Name eines Werks über die Metaphysik der Musulmanen, dessen Verfasser ungewiß ist.

Es giebt noch mehrere andre Bücher, die den Titel Sehaif und Sehifat führen, welche Wörter im Arabischen Blätter und Bücher bedeuten, zum Exempel: Sehaif alcolub u. d. m.

Sehelan, ist der Name eines Monarchen in Ginnistan, welches das fabelhafte Land der Ginnen, Diven und Peris ist, bei welchem sich Caherman, mit dem Beinamen Catel, das ist, der Eroberer, lange Zeit aufhielt, und eine unzählige Menge Beweise von seiner großen Tapferkeit ablegte, wie solches sehr umständlich in dem Caherman Nameh beschrieben ist.

Im Oriente sagt man: er ist in den Ginnistan versetzt, wenn man dasjenige ausdrücken will, was man im Französischen être porté en Féerie nennt, wie die alten Romane zu reden pflegen. Denn alle die Fictionen und Träumereien, die in diesen Werken anzutreffen sind, sind, wie wir bereits bemerkt haben, aus den

D 4   Roma-

Romanen und fabelhaften Geschichten der Orientaler genommen.

Sehelan oder Sehilan.

Ebn Sehilan. Dies ist der Name eines Vesirs des Solthan aldulat, eines Fürsten aus der Familie oder Dynastie der Buiden,
der den Saamen zu großer Uneinigkeit zwischen ihm und seinem
Bruder Moschrefaldulat ausge-
streuet hat.

Schemi.

Siehe den Arti-
kel Josef Schemi. Dies ist
der Beiname des AbulCassem
Ben Hamzah, Verfassers eines
Buchs unter dem Titel: Arbain
fi fadhail Abbas. Dies sind vier-
zig vorgebliche Traditionen des
Mohammed, die zu Gunsten des
Abbas und der Khalifen seines
Hauses sind gesammlet worden.

Sehertah,

ist der Name
einer Stadt in Aethiopien. Siehe den Artikel Habasch und Habaschah, welches das Land der
Abyssinier ist.

Sehhat Alabdan,

die Ge-
sundheit des Leibes: ein medicinisches Buch, verfaßt von
Scharfeddin AlTeflissi. Siehe
den Artikel Camel altabir.

Sehimi.

Siehe den Arti-
kel Amru Ben Ass.

III. ### Sehr oder Sihr.

29s Wort bedeutet im Arabischen die
Magie. Bei den Orientalern

giebt es viele Bücher, welche
von dieser schädlichen und verbotenen Kunst handeln. Dergleichen sind: Jdhah albesathin,
Boghiat alfassad v mathlab alcassed ala tharik Jbram, und noch
mehrere andere, unter welchen
das allergefährlichste dasjenige
ist, das den Titel führt: Eftig-
dab alüns alaruah alginn v al-
schejathin, die Kunst, den Menschen die Geister oder Engel, die
Irrwische und die Dämonen nach
Wohlgefallen dienstbar zu machen. Auch giebt es eine Magie der Nabatheer, der Jndier
u. s. w.

Sehr oder Sihr albelagat v
ferr albergat:

ist der Titel eines
Buchs, das von Abu Manfor
Abdalmalek Ben Mohammed Al-
Thaalebi, der im Jahr der
Hedschr. 429 gestorben ist, ist
verfertigt worden. Es ist solches
eine Anthologie oder Blumenlese,
die der Verfasser, wie er sagt,
von Sentenzen mehrerer Schriftsteller über die schönsten Züge
aus dem Leben großer Männer
und Dichter, deren Verse in einem andern Buche von eben
diesem Schriftsteller, Jetimat
aldeher betitelt, stehen, gesammlet sind. Es ist in der königlichen Bibliothek zu Paris unter
Nr. 1057. befindlich.

Sehr oder Sihr alhalal fi
garaib almecal,

die erlaubte Ma-
gie: ist der Name eines Buchs,
welches von der Rechtsgelahrtheit der Musulmanen, nach den
Grund-

Grundsätzen des Imam Schafei handelt, und den Schehabeddin Mahmud Ben AlZidschani zum Verfasser hat.

Sehr oder Sihr halal, die erlaubte Magie. So nennen die Araber die Dichtkunst. Und dies ist der Titel eines persischen Buchs, das von AlSchirazi, der im Jahr der Hedschr. 912 gestorben ist, in Versen ist abgefaßt worden. Es ist eigentlich nichts anders als eine Poetik.

Sehr oder Sihr alojun, die Zauberkraft der Augen: ist der Titel eines Buchs, das eine Vorrede, ein Corollarium und vier Capitel enthält.

Die Vorrede handelt von den Namen des Auges und aller seiner Theile; das Corollarium von der Anatomie desselben; das erste Capitel von der Sehkraft; das zweite vom Sehen selbst; das dritte von Augenkrankheiten, und das vierte von den Heilmitteln dagegen.

Seid. Dieses arabische Wort, das eigentlich Herr bedeutet, ist ein Titel von den Oberhäuptern der Familie von Alis Nachkommenschaft geworden.

Seid AlHamadani, ein Titel, den Alaaldulat, Fürst aus der Familie Hamadan, geführt hat. Siehe seinen Artikel, so wie auch den Artikel Hamadani.

Seid AlCofthi, ist der Name eines coptischen oder egyptischen Schriftstellers, der ums Jahr der Hedschr. 695 dasjenige Buch verfertigt hat, das den Titel führt: Enba almostatheba. Es ist dies eine Geschichte der berühmtesten Aerzte.

Seid althaifat. Der Herr oder Fürst der Nation. Dies ist der Titel, der dem Dschoneid ist beigelegt worden, den man für den größten Contemplativen unter den Musulmanen zu halten pflegt. Siehe seinen Artikel.

Seid. Ebn Seid: ist der Name des Verfassers eines Werks über die arabische Sprache, welches das weitläuftigste ist, das wir kennen. Es ist dies eine Art von Onomasticum, von welchem Ali Ben Achmed AlFarsi sagt, der Verfasser desselben habe angefangen belfelek, mit dem Himmel, und habe geschlossen beldherurat, mit einem Sonnenstäubchen. Ebn Hajan thut dieses Werks in der Vorrede zu seinem Buche, welches Bahr almohith betitelt ist, Erwähnung.

Seidah, die Frau oder Tochter eines Seid.

Ebn Seidah, ist der Name des Verfassers eines Buchs, welches Mohakkam betitelt ist.

Seidani. Die beiden Herren. So nennen die Musulmanen, und vornemlich die Aliden oder Schiiten, mit einem Ehren- *III, 292* aus-

D 5

ausdrucke, die beiden Söhne des Ali, Haſſan und Huſſain.

Seidrah, iſt der Name eines Stammes, oder, wie ſie die Portugieſen nennen, einer beſondern Claſſe von Indiern. Siehe den Artikel Hendi und Hendu.

Seif. Siehe den Artikel Saif.

Seir und Seirat. Siehe die Artikel Sair und Sairat.

Seki Almoaferi. Abul-Haſſan Ali, Ebn AlSeki, iſt Verfaſſer von einer Art von Gedicht, die die Araber Ardſchwzat nennen, weil es aus ſolchen Verſen beſteht, die die Griechen und Lateiner Scazons nennen.

Selageca und **Salagecah.** Die Seldſchuciden: iſt die vielfache Zahl im Arabiſchen von dem einfachen Seldſchuki. Siehe unten den Artikel Selgiuki.

Selam. Siehe den Artikel Salam.

Selemi. Siehe den Artikel Salemi.

Selgiuk, eine Perſon, von welcher die Seldſchuciden ihren Namen bekommen haben, deſſen Urſprung man weiter unten finden wird.

Selgiuki: ein Mann aus der Familie Seldſchuk. Der Plu-

ral von dieſem Worte iſt Seldſchukiun und Selagecah, und im Perſiſchen Seldſchukian, die Seldſchuciden.

Seldſchuk ſtammte, dem Verfaſſer des Lebtarikh zufolge, in gerader und männlicher Linie von dem Könige von Turan oder Türkeſtan, Afraſiab her, der einen ſo langwierigen Krieg mit den Königen von Perſien aus der erſten Dynaſtie geführt hat. Und diejenigen, die die Genealogie von dem ſeldſchucidiſchen Hauſe abgefaßt haben, rechnen den Seldſchuk ausdrücklich für den vier und dreißigſten Abkömmling von dieſem Monarchen.

Eben dieſer Schriftſteller ſagt, Seldſchuk habe vier Söhne gehabt, nemlich Micail, Iſrael, Muſſa und Junos, welche alle vier ſehr mächtig durch Freunde, und ſehr reich an Ländern und an Heerden wurden, und aus Türkeſtan nach Transoxanien gingen, um daſelbſt beſſere Weiden, als die ihrigen waren, aufzuſuchen. Dies geſchah im Jahr der Hedſchr. 375.

Anfangs ließen ſie ſich an den Gränzen von Bokhara und Samarcand, welches die Hauptſtädte von dieſer Provinz ſind, nieder; allein bald darauf baten ſie den Mahmud, erſten Sultan von der Dynaſtie der Gazneviden, um Erlaubniß, über den Fluß Amu oder Gihon, welches der Oxus iſt, zu gehen, und ſolchergeſtalt in die Provinz Khoraſſan, von welcher dieſer Sultan Herr war, zu kommen.

Arſlan

Arslan Dschazeb, der Commandant der Stadt Thus in Khorassan im Namen des Sultan Mahmud war, war der Meinung, man sollte ihnen diesen Einmarsch nicht bewilligen, aus Furcht, es möchten diese vier Familien von Seldschuks Söhnen, die schon zahlreich genug waren, noch andere nach sich ziehen. Allein der Sultan, der eine allzu große Meinung von seiner Macht hatte, verwarf diesen Rath, bewilligte den Seldschuciden den Einmarsch, um den sie baten, und erlaubte ihnen, daß sie sich in der Nachbarschaft der Städte Nessa und Baburd niederlassen durften.

III. Micail oder Michael, der älteste von den vier Brüdern, hatte zween Söhne, nemlich Thogrul Beg und Dschafer Beg. Diese beiden stellten sich an die Spitze von dieser Colonie, und vermehrten sie in kurzer Zeit so sehr durch den beständigen Zugang der Türken, die sich mit ihnen vereinigten, daß die Einwohner von Khorassan endlich für ihre Sicherheit besorgt zu werden, und darauf zu denken anfingen, wie sie sich diese neuen Feinde, die sie für gefährliche Nachbarn ansahen, vom Halse schaffen wollten.

Nachdem der Sultan Mahmud todt war, erhielt sein Sohn Massud, der ihm in der Regierung nachfolgte, mehrere Klagen von seinen Unterthanen gegen die Seldschuciden, daher er es sich zur Pflicht machte, sie von seinen Staaten zu entfernen. Al-

lein da er es nicht gleich Anfangs mit der gehörigen Lebhaftigkeit unternahm, fand er Leute vor sich, die sich nicht so leicht wegweisen ließen, und die ihm eine Armee entgegenstellten, als er sie mit Gewalt verjagen wollte.

Aber noch weit mehr wurde er damals, da er in Indien Krieg führte, in Erstaunen versetzt, als er hörte, daß der General, den er gegen sie abgeschickt hatte, geschlagen sey, und sich genöthigt sah, in eigner Person dahin zu gehen, um sie gänzlich aus Khorassan zu vertreiben. Allein auch dieser zweite Feldzug war nicht glücklicher, als der erste, und der Sieg, den die Seldschuciden erfochten, erwarb ihnen eine so große Achtung in Asien, und eine so große Macht in Khorassan, daß Thogrul Beg, der Sohn Michels, sich als Sultan in der Stadt Nischabur, welche damals die Hauptstadt von dieser Provinz war, krönen ließ.

Khondemir erzählt den Ursprung der Seldschuciden weit deutlicher, als der Verfasser des Lebtarikh. Was er davon sagt, besteht in folgendem:

Seldschuk war ein Sohn Decak, des vornehmsten Kriegsbedienten des Bigu, eines Fürsten oder Sultans aus demjenigen türkischen Stamme, der in den Feldern von Khozar oder Kepschak oberhalb des caspischen Meeres wohnte. Diese Türken sind die Khozarier, die die griechischen und lateinischen Geschichtschreiber, die von den Kriegen des
Kaisers

Kaifers Heraclius und Khofroes leben, Aracier nennen.

Decak war unter seiner Nation wegen seiner Weisheit und außerordentlichen Kühnheit sehr berühmt, so daß man ihm sogar den Beinamen Tazialig gab, ein Wort, das in der Sprache dieser Völker einen starken und schwer zu führenden Bogen bedeutet. Nach seinem Tode hinterließ er einen Sohn in sehr geringem Alter, Namens Seldschuk, für dessen Erziehung der Sultan Bigu Sorge trug, weil er nicht zweifelte, daß er mit der Zeit ein sehr tapferer Mann werden würde, da er von einem solchen Vater herstamme. Auch gab er ihm von der Zeit an den Titel oder Beinamen Baffaschi, welcher ein Oberhaupt oder einen Capitän bedeutet.

Seldschuk nahm an Jahren zu, und ward mit Gunst- und Gnadenbezeugungen des Sultans überhäuft. Demohngeachtet vergaß er sich in einem solchen Grade, daß er die Ehrfurcht, welche er ihm schuldig war, aus den Augen setzte. Denn er drang einstmals in das geheime Gemach seines Pallastes, das ihm unverletzlich hätte seyn sollen, und wollte seine Gemahlin und seine Kinder sehen.

Als Bigu diese verwegene That erfuhr, dachte er darauf, wie er eine auszeichnende Rache an ihm nehmen wollte. Allein Seldschuk bekam von den gefährlichen Anschlägen, die er gegen ihn gefaßt hatte, Nachricht, und dachte

also bei guter Zeit darauf, wie er seinem Zorne entgehen könnte. Er packte also in aller Eile, mit allem, was er von Freunden und seinem Hause ergebenen Leuten zusammenbringen konnte, auf, und eilte nach Samarcand. Man behauptet, er habe sich in der Nachbarschaft dieser Stadt niedergelassen, und mit den Seinigen die musulmanische Religion angenommen.

Der erste Grund, den Sel- III, dschuk zu seiner Größe legte, nach- 294 dem er seine Truppen vermehrt hatte, bestand in beständigen Scharmüzeln, die er dem Gouverneur der Stadt Samarcand, Belilkhan, lieferte, der ihn aus seiner Nachbarschaft entfernen wollte, und in einem beträchtlichen Vortheile, den er endlich über denselben durch einen Hinterhalt, in den er ihn zu locken wußte, erfocht. Die Unternehmung wurde so gut ausgeführt, und der Erfolg war so glücklich, daß er sich im ganzen Lande einen großen Ruhm erwarb, und endlich dadurch Muth bekam, vor der Stadt Bokhara zu erscheinen, wo er sehr wohl empfangen wurde.

Seldschuk hatte vier Söhne, wie wir bereits gesehen haben. Aber Khondemir nennt den jüngsten Bigu, nicht aber Junos, und sagt, Micail sey sehr jung gestorben, und habe zween Söhne, Namens Mohammed und Daud hinterlassen, welche einerlei Personen mit Thogrul Beg und Dschafer Beg sind. Seldschuk trug

trug große Sorgfalt für die Erziehung seiner beiden Enkel, und erklärte sie in seinem Testamente zu den alleinigen Erben von allen seinen Gütern und von seinem Staate, der noch im Aufblühen begriffen war.

Nachdem diese beiden jungen Prinzen bis zu einem solchen Alter gelangt waren, daß sie die Waffen tragen konnten, vereinigten sie so viele Geschicklichkeit und Lebensart mit ihrer Tapferkeit, daß sie in sehr kurzer Zeit diesen kleinen Staat durch die Niederlage mehrerer Fürsten von Transoxanien, die sich ihrer Botmäßigkeit unterwarfen, sehr erweiterten. Und als der Ruf von ihren Waffen und von ihren ausgezeichneten Siegen bis zu den Ohren des großen Eroberers, Mahmud, des Sohns Sebekteghin, gelangte, so schickte dieser Sultan einen Expressen ab, um sie einzuladen, daß sie einen Vertrauten zu ihm schicken sollten, mit dem er über eine Sache von Wichtigkeit Unterhandlungen pflegen könnte.

Der Oheim von diesen beiden jungen Prinzen, Israel, erbot sich, zu dem Sultan zu gehen, und mit ihm zu negociiren: und er wurde auch von ihm mit so vieler Höflichkeit und Ehrenbezeugungen empfangen, daß er Anfangs viele Ursache hatte, mit seiner Gesandtschaft zufrieden zu seyn. Als ihn aber der Sultan eines Tages fragte, wie viel Truppen er ihm auf den Fall, wenn er derselben benöthigt seyn

würde, stellen könnte, gab er ihm eine Antwort, die ihn so sehr aufbrachte, daß er sich seiner Person zu bemächtigen, und ihn als Gefangnen zurückzubehalten Ursache zu haben glaubte.

Israel hatte einen Bogen und zween Pfeile in den Händen, als der Sultan diese Frage an ihn that, und antwortete ihm auf der Stelle folgendes: Wenn du, o Herr! einen von den Pfeilen, die ich in meiner Hand habe, in unser Lager schickst, so wird man sogleich funfzigtausendReuter zu deinem Dienste aufbrechen lassen; und als ihn hierauf der Sultan noch einmal fragte, wieviel Leute er von ihrer Nation erhalten könnte, wenn er deren noch eine größere Zahl nöthig hätte, versetzte ihm Israel, wenn er den andern Pfeil, den er in der Hand habe, Ordu von Bilkhan zuschickte, so könne er noch auf funfzigtausend andere sichere Rechnung machen. Da nun Mahmud die Sache so weit treiben wollte, als es nur immer möglich war, so drang er noch weiter in ihn, und fragte endlich, auf wie viel von seinen Leuten er wol rechnen könnte, wenn er sich in solche Umstände versetzt sehen sollte, daß er sie etwa nothwendig hätte. Israel zeigte ihm auf diese Frage seinen Bogen, und sagte in einem unerschütterten Tone zu ihm: Wenn du diesen Bogen nach Türkestan schickst, so wirst du auf zweimalhunderttausend Mann finden, die dir zu Hülfe kommen werden.

Diese

Diese Rede schreckte den Sultan so sehr, daß er aus Furcht, Israel möchte einen von seinen Pfeilen nach Hause schicken, und dadurch seine Staaten mit einer türkischen Armee überschwemmen, den Entschluß faßte, ihn gefangen in ein Schloß führen zu lassen, wo er sein Leben geendigt hat.

Einige Geschichtschreiber haben gemeldet, der Sultan Mahmud habe die Seldschuciden über den Gihon gehen lassen, um sich der großen Reichthümer zu bemächtigen, die sie bei der Plünderung der besten S t ä d t e von Transoxanien zusammengebracht hatten. Allein Mirkhond versichert, die Seldschuciden seyen erst unter der Regierung des Sultan Massud, eines Sohns Mahmud, über den Gihon gegangen, um in Khorassan einzudringen, und Mohammed, genannt Thogrul Beg, und Daud, der auch sonst Dschafer Beg heißt, seyen die Anführer von dieser Expedition gewesen.

III.   Eben dieser Geschichtschreiber
295 sagt noch überdies, es hätten diese beide Feldherren, nachdem sie über diesen Fluß gegangen, sich in dem Gebiete der Städte Nessa und Baurd aufgehalten, und von da aus einen Expressen an Sultan Massud gesandt, um ihn um Gnade zu bitten, und hätten ihm an ihrem Theile Gehorsam und Treue geschworen; allein Massud habe diesen Gesandten sehr übel aufgenommen, und ihm unter vielen sehr harten Worten auch dieses gesagt, dieses Geschlecht oder diese Familie des Seldschuk sey nicht in seinen Registern befindlich, ob er gleich selbst von türkischer Herkunft war, da er ein Enkel des Sebekteghin war, und solchergestalt von allen vorzüglichen Familien und Häusern dieser Nation wohl unterrichtet seyn mußte.

So wie die Seldschuciden die Nachricht von der übeln Aufnahme ihres Gesandten beim Sultan erhielten, und die Verachtung erfuhren, die er gegen ihre Familie an den Tag gelegt hatte, so bedachten sie sich nicht lange, sondern rüsteten sich zum Kriege, da sie wohl sahen, daß Massud ihnen solchen zugedacht hatte, und sie führten ihn auch wirklich so glücklich aus, daß sie, nachdem sie mehrere Siege über die Armeen der Gazneviden davongetragen hatten, sich endlich in dem ruhigen Besitze von der ganzen großen Provinz Khorassan sahen, die sie von der Zeit an mit Transoxanien verbanden, und wodurch sie solchergestalt die große Monarchie stifteten, die sich nach und nach über ganz Asien verbreitet hat.

Ben Schöhnah, der den Ursprung des seldschucidischen Hauses ganz kurz erzählt, thut einiger besondern Umstände Erwähnung, von welchen es gut seyn wird, wenn wir sie hier anführen. Er sagt nemlich, Seldschuk sey ein Sohn Dokak oder Dokmak gewesen; ein Wort, das in der

der türkischen Sprache einen Hammer bedeutet, und das die Türken heut zu Tage Tokmak aussprechen. Da dieser Seldschuk, der sich an der Spitze von einer der vornehmsten Familien von Türkestan sah, und immer eine große Suite von Verwandten und seinem Dienste ergebenen Leuten um sich hatte, so ward der König von Türkestan auf das große Ansehn, das er sich zu erwerben gewußt hatte, eifersüchtig, und nöthigte ihn, seine Staaten zu verlassen, und sich in das Land der Musulmanen zu flüchten, wo er ihre Religion annahm.

Seldschuk ließ sich anfangs an einem Orte nieder, welcher Dschud hieß, und zu dem Gebiete der Stadt Bokhara in Transoxanien gehörte. Von hier aus unternahm er mit seinen Leuten beständige Streifzüge gegen die Ungläubigen, das heißt, gegen die Türken, die keine Mohammedaner waren, und beunruhigte sie während seines ganzen Lebens, das sehr lange dauerte; denn er hat ein Alter von hundert und sieben Jahren erreicht.

Eben dieser Schriftsteller giebt dem Seldschuk nur drei Söhne, ob ihm gleich die persischen alle einmüthig ihrer vier geben. Diese drei Söhne sind, dem Ben Schohnah zufolge, Alp-Arslan, Micael und Mussa. Micael starb in Transoxanien, in dem Kriege, den er mit den Ungläubigen hatte. Daher wird er in der Genealogie der Seldschuciden mit

dem Titel Schehib, das ist, Märtyrer, beehrt, und hat auch drei Söhne hinterlassen, nemlich Jebegü, Thogrul Beg, und Daud. Dieser letztere ist mit Dschafer Beg einerlei Person. Und Thogrul Beg war der erste von dieser Familie, der zu Nischabur, der Hauptstadt von Khorassan, im Jahr der Hedschr. 429 zum Sultan ist ausgerufen und gekrönt worden.

Der Verfasser des Nighiaristan schreibt, der türkische Stamm, den man den seldschucidischen nennt, stamme von alten Türkomanen her, und nennt den Ort, wohin, wie Israel sagte, man einen von seinen Pfeilen schicken könne, Beldschan, den die andern Schriftsteller Bilkan nennen, und fügt hinzu, daß eben dieser Israel gefangen in das Schloß zu Calendschar sey geführt worden, wo er sieben Jahre lang bis zu seinem Tode eingeschlossen gewesen.

Ebn Amid erzählt auch den Ursprung der Seldschuciden mit einigen besondern Umständen in seinem Tarikh AlMoslemin. Allein da dieses Werk, unter dem Namen der Saracenischen Geschichte, gedruckt und übersetzt ist, so mag es genug seyn, wenn wir hier den Verfasser auf Seite 267 und 268 dieses Buchs verweisen.

Aber das können wir nicht unterlassen zu bemerken, daß Mirkhond in der Genealogie des Ginghizkhan sagt, die Seldschuciden seyen mogolischen Ursprungs,

III. 296

sprungs, und kämen von Buskin
Salegi, einem Sohne der Alan-
kavah her, und sey auf eine wunderbare Art zur Welt gebracht
worden. Siehe den Artikel Alan-
kavah.

Ueberdies sagt er auch, die
Seldschuciden wären, nachdem
sie Transoxanien und Khuarezm
erobert, unter Massud, dem
Sohne Sebekteghin, im Jahr der
Hedschr. 424 nach Khorassan
gegangen.

Das Reich dieses Monarchen
erstreckte sich unter der Regierung
des Sultan Malekschah, von An-
thakiah bis nach Urkend, das
heißt, von der Stadt Antiochien
in Syrien bis nach Urkend in
Türkestan; das man aber doch
nur von der einzigen Dynastie
der Seldschuciden von Jran, von
welchen wir sogleich weiter reden
werden, zu verstehen hat. Denn
die Dynastie der Seldschuciden
von Rum dehnte die Gränzen ihres Reichs von Halep bis sehr
nahe vor Constantinopel aus. Und
diejenigen, welche Seldschuciden
von Kerman sind genannt worden, haben diejenigen Provinzen
von Persien besessen, die sich bis
an die Ufer des Flusses Sind,
welches der Indus ist, erstrecken.

Selgiukian im Persischen,

und Seldschukiun oder Selage-
kah im Arabischen. Dies sind
die Seldschuciden, wie wir bereits bemerkt haben, die alle
Orientaler in drei gleichzeitige,
nicht aber aufeinander folgende
Dynastien, die mehr oder weniger in Asien regiert haben, ein-
theilen, nemlich die von Jran,
die von Kerman und die von
Rum.

Selgiukian Jran. Die

Seldschuciden von Jran oder von
Persien.

Der Verfasser des Nighiaristan giebt dieser Dynastie vierzehn Fürsten, und setzt ihren
Anfang in das Jahr der Hedschr.
429, und endigt ihre Dauer, die
er auf 161 Jahre setzt, mit dem
Jahr 593 eben dieser Hedschrah,
welches mit Khondemir und dem
Lebtarikh übereinstimmt. Es ist
zwar auch wahr, daß dieser das
Ende der Regierung des Thogrul,
eines Sohns Arslan, und letzten
Sultans aus dieser Dynastie, ins
Jahr der Hedschrah 590 setzt.
Allein Katib oder Kiatib Zadeh,
genannt Hadsch Khalfah, sagt
in seinem Werke, Takuim Al
Tavarikh betitelt, diese Dynastie
habe funfzehn Sultane gehabt,
die im Jahr der Hedschr. 432
zu regieren angefangen und im
Jahr 590 aufgehört haben, und
giebt ihr nur eine Dauer von 158
Jahren. Wir wollen hier, in
der Regierungsfolge dieser Fürsten, demjenigen folgen, was
Khondemir und der Nighiaristan
davon geschrieben haben.

Der erste Monarch aus dieser Dynastie ist Rocneddin, Abu
Thaleb Mohammed, genannt
Thogrul Beg, ein Sohn des
Michel, eines Sohns Seldschuk,
der sechs und zwanzig Jahre regiert hat.

Der

Der zweite, Abu Schegia Mohammed, genannt Alp = Arslan, ein Sohn des Dschafer Beg, und Neffe des Thogrul Beg, hat neun Jahre und sechs Monate regiert.

Der dritte, Moezeddin Abul Fath, genannt Malekschah, ein Sohn des Alp = Arslan, hat zwanzig Jahre regiert.

Der vierte, Rocneddin Abul Modhaffer Cassem, genannt Barkiarok, ein Sohn des Malekschah, hat zwölf Jahre regiert.

Der fünfte, Gajatheddin Abu Schedscha Mohammed, ein Sohn des Malekschah und Bruder des Barkiarok, hat dreizehn Jahre und sechs Monate regiert.

Der sechste, Moezeddin Borhan, genannt Sandschar, ein Sohn des Malekschah und Bruder der vorhergehenden Sultane Barkiarok und Mohammed, hat vierzig Jahre und vier Monate regiert.

III,
292 Der siebente, Mogajetheddin Mahmud Ben Mohammed, Enkel des Malekschah, hat dreizehn Jahre und zween Monate regiert.

Der achte, Rocneddin Thogrul Ben Mohammed, Enkel des Malekschah und Bruder seines Vorfahren Mahmud, hat drei Jahre und zween Monate regiert.

Der neunte, Gajatheddin Massud Ben Mohammed, Enkel des Malekschah, und Bruder seines Vorfahren Thogrul, hat achtzehn Jahre und sechs Monate regiert.

Orient. Bibl. 4. B.

Der zehnte, Mogajetheddin Malekschah Ben Mohammed, und Enkel Malekschah des Ersten, denn dieser ist der zweite, hat aufs höchste vier Monate regiert. Einige machen ihn zu einem Sohne Mahmud, nicht aber des Mohammed, welches richtiger ist. Denn, dem Khondemir zufolge, ist er seinem Vorfahren von väterlicher Seite, Massud Ben Mohammed, in der Regierung nachgefolgt.

Der eilfte, Gajatheddin Mohammed Ben Mahmud, hat sieben Jahre regiert.

Der zwölfte, Moezeddin Cassem Ben Mohammed Ben Malekschah, genannt Soliman Schah, hat ohngefehr sechs Monate regiert.

Der dreizehnte, Abul Modhaffer Zeineddin, genannt Arslan, der Sohn Thogruls, der Sohn Mohammed, der Sohn Malekschah, hat ohngefehr funfzehn Jahre, wie Khondemir sagt, aber dem Nighiaristan zufolge funfzehn Jahre, acht Monate und funfzehn Tage regiert.

Der vierzehnte, Rocneddin Cassem, genannt Thogrul Ben Arslan, succedirte seinem Vater, und regierte achtzehn Jahre, und eilftehalb Monate. Der Verfasser des Lebtarikh giebt ihm ohngefehr neun und zwanzig Jahre, und sagt, er sey im Jahr d. H. 590 gestorben, und von Takasch oder Tekesch, dem Sultan der Khuarezmier, geschlagen und getödtet worden. Auf diese Art hat er die Dynastie der Selbschuci

P

dschuciden von Jran geendigt, und sich ihrer Staaten bemächtigt.

Siehe die besondern Artikel von jedem Sultan dieser Dynastie.

Selgiukian Kerman.

Die Seldschuciden von Kerman, welches das persische Caramanien ist.

Alle Geschichtschreiber sind darin einig, daß diese Dynastie im Jahr der Hedschr. 433 ihren Anfang genommen, und sich im Jahr 583 geendigt habe: auch daß sie eilf Fürsten gehabt habe, die in einem Zeitraume von hundert und funfzig Jahren regiert haben.

Der erste Sultan von dieser Dynastie ist Caderd oder Cadherd, der ein Sohn des Dschafer Beg, des jüngsten Bruders des Thogrul, und folglich, so wie er, ein Sohn des Michel und Enkel des Seldschuk gewesen ist. Er hat zwei und dreißig Jahre regiert.

Der zweite ist Solthan schah, ein Sohn des Caderd, der zwölf Jahre regiert hat.

Der dritte, Turan schah, ein Sohn des Caderd, der dreizehn Jahre und sechs Monate regiert hat.

Der vierte, Jran schah, ein Sohn des Turan schah, hat fünf Jahre regiert.

Der fünfte, Aruan schah, ein Sohn des Kerman schah, der nicht zur Regierung gekommen ist, aber nichts desto weniger ein Sohn des Caderd war, hat zwei und vierzig Jahre regiert.

Der sechste, Mogajethebddin Mohammed, ein Sohn des Arslan schah, hat vierzehn Jahre regiert. Einige geben ihm den Namen Turan schah.

Der siebente, Mohieddin Thogrul schah, ein Sohn des Mohammed. Da dieser Fürst mehrere Kriege mit Beheram schah, Arslan schah, und Turan schah, in einem Zeitraume von zwanzig Jahren geführt hat, so ist es schwer, die Dauer seiner Regierung genau zu bestimmen. Inzwischen giebt ihm der Nighiaristan zwölf Jahre.

Der achte, der neunte, der zehnte und der eilfte sind Arslan schah Ben Thogrul schah, Beheram schah ein Sohn des Thogrul schah, Turan schah Ben Thogrul schah, und Mohammed schah Ben Beheram schah; Ben Thogrul schah, alle Söhne oder Neffen von Thogrul schah. Sie haben alle, einer wie der andere, so confuse Regierungen gehabt, daß man nur dem einzigen Turan schah acht Jahre mit Gewißheit bestimmen kann. Daher kommt [III.] es auch, daß der Verfasser des [298] Taknim AlTavarikh nur neun Sultane in dieser Dynastie zählt. Nachdem sich nun solchergestalt Malek Dinar, der aus Alī's Geschlechte abstammte, im Jahr der Hedschr. 583. Meister von Kerman gemacht hatte, wie der Tarikh Khozideh und Khondemir erzählen, so erreichte die Dynastie der Seldschuciden von Kerman, die man auch Caderdier zu nennen pflegt, ihre Endschaft. Siehe he, die einzelnen Artikel dieser Fürsten.

Selgiukian Rum.

Die Seldschuciden von Rum. Dies ist der Name von der dritten Dynastie, die in dem Lande Rum, das heißt, der Römer, oder vielmehr der Griechen, deren Kaiser den Titel von römischen Kaisern angenommen hatten, regierten; und dies ist der Theil von Asien, den wir heut zu Tage Kleinasien oder Natolien nennen.

Diese Dynastie fing im Jahr der Hedschrah 480 an, und endigte sich im Jahr 700, so daß sie also 220 Jahre unter funfzehn Sultanen gewähret hat, und dies nach der allgemeinen Meinung der orientalischen Geschichtschreiber. Inzwischen setzt doch der Verfasser des Takuim AlTavarikh ihren Anfang in das Jahr 477 und giebt ihr folglich eine Dauer von 223 Jahren.

Der erste Sultan aus dieser Dynastie war Soliman, ein Sohn des Cutulmisch, eines Sohns Israel, eines Sohns Seldschuk: der seine Regierung im Jahr der Hedschrah 480 anfing und im Jahr 500, nach einer Regierung von zwanzig Jahren, starb.

Der zweite, Daud, genannt Kilidsch Arslan Ben Soliman, hat, dem Khondemir zufolge, achtzehn Jahre, aber, wie der Nighiaristan behauptet, nur vier Jahre regiert.

Der dritte, Massud, ein Sohn des Kilidsch Arslan, hat neunzehn Jahre regiert.

Der vierte, Kilidsch Arslan Ben Massud, hat, dem Khondemir zufolge, zehn, aber, nach dem Nighiaristan, zwanzig Jahre regiert.

Der fünfte, Rocneddin Soliman Ben Kilidsch Arslan, hat vier und zwanzig Jahre regiert, und war lange Zeit mit seinem Bruder Gajatheddin Caikhosru in Mißhelligkeiten, bis sich endlich dieser ihm unterworfen hat.

Der sechste, Azzeddin Kilidsch Arslan, ein Sohn des Soliman, der, da er noch ein bloßes Kind war, sogleich von seinem Oheime Gajatheddin Caikhosru seiner Staaten beraubt wurde.

Der siebente, Gajatheddin Caikhosru, hat, nachdem er seinen Neffen um sein Land gebracht hatte, sechs Jahre regiert, ward aber von eben diesem seinem Neffen erschlagen, nachdem er aus dem Gefängnisse war befreit worden.

Der achte, Azzeddin Caicaus, ein Sohn des Gajatheddin Caikhosru, hat nur ein einziges Jahr nach seinem Vater regiert.

Der neunte, Alaeddin Caicobad, ein Sohn des Caikhosru und Bruder des Caicaus, hat sechs und zwanzig Jahre regiert.

Der zehnte, Gajatheddin Caikhosru Ben Caicobad, der zweite dieses Namens, hat acht Jahre regiert.

Der eilfte, Rocneddin Soliman Ben Caikhosru, der zweite

P 2   die

dieſes Namens, hat zwanzig Jahre regiert.

Der zwölfte, Caikhoſru Ben Soliman, der ſeinem Vater noch als Kind in der Regierung nachgefolgt war, hat achtzehn Jahre regiert.

Der dreizehnte, Gajatheddin Maſſud Ben Caicaus Ben Caikhoſru. Als dieſer im Jahr der Hedſchrah 687 ſtarb, ſo folgte ihm ſein Neffe Caicobad in der Regierung nach. Der Nighiariſtan rechnet dieſen Fürſten als den vierzehnten, und macht den Caicobad zum funfzehnten und letzten aus dieſer Dynaſtie.

III. Der vierzehnte, oder, nach dem
299 Nighiariſtan, der funfzehnte, iſt Caicobad Ben Feramordſch Ben Caicaus, der von Gazan khan, einem Kaiſer der Mogolen, auf den Thron der Seldſchuciden iſt geſetzt worden. Als er aber ſich einige Zeit hernach empörte, ließ Gazan nicht nur ihn hinrichten, ſondern rottete auch ſogar alles aus, was von dem Geblüte der Seldſchuciden noch übrig war. Und auf dieſe Art endigte ſich alſo im Jahr der Hedſchr. 700 die Dynaſtie der Seldſchuciden von Rum.

Es iſt ein großer Zwieſpalt in Anſehung dieſer Dynaſtie zwiſchen Khondemir und dem Nighiariſtan, in Betreff der Namen und der Folge. Man muß aber darüber die Artikel dieſer Sultane und zwar jeden insbeſondere nachſehen.

Hier wollen wir nur überhaupt, in Betreff der Seldſchuciden von Iran, bemerken, daß man unter der Regierung des Thogrul Ben Arſlan, ehe er von Takaſch war geſchlagen worden, nicht geglaubt habe, daß eine Macht, wie die ihrige, in ganz Aſien jemals würde haben aufkommen können. Inzwiſchen ſtürzte doch dieſe ganze große Macht auf einmal durch die Intriguen des Atabek Kilidſch Ebuaidſch, die die Urſache von Thogruls Unfall waren. Und was die Seldſchuciden von Rum anlangt, ſo war Alaeddin Caicobad derjenige, der ihre Größe auf den höchſten Punct, auf welchen ſie nur gelangen konnte, brachte, und ein anderer Caicobad, der ſich ganz zur unrechten Zeit den Unwillen der mogoliſchen oder tatariſchen Kaiſer zugezogen hatte, war die Urſache von ihrem gänzlichen Untergange.

Wir können hier noch beifügen, daß Moſtafa Hadſch Khalfab, mit dem Beinamen Kiatib zadeh, einer vierten Dynaſtie der Seldſchuciden Erwähnung thut, die in der Stadt Halep und an andern Orten von Syrien regiert haben. Er ſagt, ſie ſey im Jahr der Hedſchrah 471 von Takaſch AlSeldſchuki geſtiftet worden, und habe ſich nach vierzig Jahren, nemlich im Jahr 511 eben dieſer Hedſchrah, durch den Tod des Sultan Mohammed Al-Seldſchuki geendigt.

Selim. Schah Selim.

Dies iſt der Name des Sohns Akbar, eines Sohns des indiſchen Königs Homajun, den wir Groß-

Großmogul zu nennen pflegen. Er succedirte seinem Vater im Jahr der Hedschr. 984 oder Christi 1576, und nahm den Beinamen Gehangbir an. Dieser Gehangbir war der Vater des Schahgehan, sonst Sultan Khorum genannt, und dieser der Vater des Aurenkzeib, den einige Reisebeschreiber nach einer verdorbenen Aussprache Oranzeb und Oranscheb genannt haben.

Selim Khan Ben Bajazid Khan. Dies ist Selim der Erste, neunter Sultan aus der Dynastie der Ottomanen, den einige als den eilften zählen, weil sie die Söhne Bajazet des Ersten, Soliman und Mussa, in die Reihe der Sultane setzen.

Er war ein Sohn Bajazet des Zweiten, und ist im Jahr der Hedschrah 877 oder Christi 1472 in der Stadt Amasia *) in Natolien gebohren. Er fing seine Regierung im Jahr der Hedschr. 918, in einem Alter von mehr denn vierzig Jahren an, nachdem er, von den Janitscharen unterstützt, seinen Vater vom Throne zu steigen gezwungen, und sich dafür auf denselben gesetzt hatte. Der Vorwand, mit welchem er seine Empörung gegen seinen Vater entschuldigte, war die Furcht, er möchte ihm seinen Bruder Achmed vorziehen.

Dieser Prinz kam über das schwarze Meer nach Constanti-

nopel und lieferte seinem Vater in der Ebene von Zörli oder Tschurlu, in Thracien oder Romelien, ein Treffen, in welchem er aufs Haupt geschlagen wurde, ja sogar Mühe hatte, sich durch die Flucht bis nach Cafa in der Crimm zu retten. Aber dieser Niederlage ohngeachtet, wußte er so feine Kunstgriffe anzuwenden, und sich die Freundschaft der Janitscharen zu erwerben, daß sich sein Vater Bajazet gezwungen sah, Constantinopel zu verlassen und sich nach Dimotichs zu retiriren, das sein Geburtsort war. Allein er konnte nicht III. dahin gelangen; denn er starb unterwegens, wie man allgemein glaubt, an einer Vergiftung, die ihm sein Sohn Selim hatte beibringen lassen.

Die Musulmanen melden nichts von dieser abscheulichen Handlung. Blos die christlichen Geschichtschreiber sind es, welche berichten, Selim habe seinem Vater durch einen jüdischen Arzt Diamantenstaub beibringen und darauf sogleich jenem den Kopf abschlagen lassen.

Selim war sogleich beim Anfange seiner Regierung darauf bedacht, wie er sich seine beiden Brüder, Achmed und Corcut, vom Halse schaffen wollte, weil er sie für seine Rivalen um die Crone betrachtete. Aber dem ohngeachtet konnte er nur erst im Jahr 920 Achmed in seine Hän-

P 3   be

*) [Daher führt er auch zuweilen den Beinamen AlAmasi. Siehe Band 1. Seite 209. S.]

be bekommen, wo er ihn durch falsche Briefe, in welchen ihm das Reich versprochen wurde, aus den festen Plätzen von Caramanien, wo er sich versteckt hielt, herauszulocken wußte. Denn des Corcut, der ganz unbewaffnet war, konnte er sich mit leichter Mühe entledigen.

Nachdem Selim in seinen Staaten die innere Ruhe hergestellt hatte, war er nun ernstlich darauf bedacht, wie er auswärtige Kriege anfangen, und die großen Entwürfe, welche er schon seit langer Zeit gemacht hatte, die Macht der Könige von Persien und der Sultane von Egypten zu Boden zu stürzen, ausführen wollte.

Schah Ismael Sofi, der Stifter derjenigen Dynastie von Königen, welche heut zu Tage in Persien regieren, hatte in Asien so große Progressen gemacht, daß bloß nur noch die Macht der Ottomanen seinen Eroberungen Schranken zu setzen vermochte. Schah Ismael befand sich bereits in Armenien. Selim ging ihm also entgegen, stieß in der Ebene von Dschalderan auf ihn, und lieferte ihm das berühmte Treffen, in welchem er einen vollkommnen Sieg davontrug, der den Ismael nöthigte, in die Städt Tauris, und von da bis nach Sultanie zu fliehen, wodurch er zugleich mehrere Provinzen seiner Staaten dem Sieger zur Beute überließ. Siehe den Artikel Ismael Sofi.

Nach diesem Siege ließ sich Selim die Thore von der Stadt Tauris öffnen, nahm aus derselben alle Künstler weg, und versetzte sie nach Constantinopel, und hatte den Entschluß gefaßt, mit seiner Armee bei Carabag, einer zu dem Gebiete von Tauris gehörigen Stadt, zu überwintern, um seine Eroberung ganz auszuführen, und Ismael gänzlich aus Persien zu verjagen, wenn ihn nicht die Janitscharen, durch einen Aufstand, den sie erregten, nach Natolien zurückzugehen, und sich in der Stadt Amasia aufzuhalten genöthigt hätten.

In dieser Stadt ließ der aufgebrachte Selim mehrere Baschas, die er für die Urheber von dieser Rebellion hielt, hinrichten, und darauf kehrte er im Jahr der Hedschrah 921 wieder nach Constantinopel zurück, um sich zu einem zweiten Feldzuge, den er gegen Schah Ismael vornehmen zu wollen vorgab, zuzurüsten. Aber seine wahre Absicht war, den Sultan von Egypten und Syrien anzugreifen, weil er wußte, daß er mit dem von Persien eine genaue Verbindung eingegangen war.

In der That ging er auch im folgenden Jahre, welches das Jahr der Hedschr. 922 war, zu Schiffe, segelte auf Natolien zu, und kehrte dann auf einmal seine Segel nach den Staaten dieses Sultans. Dieser, dessen Name Cansu Gauri war, dafür unsere Schriftsteller Campson sagen, ging ihm persönlich entgegen und lieferte

lieferte ihm ein Treffen. Als er es aber verlohren hatte, und deßohngeachtet noch mit beträchtlichen Truppen seinen Rückzug anstellte, hatte er das Unglück, von den Pferden der Flüchtigen zertreten zu werden, wodurch also seinem Sieger der Eingang in Syrien eröffnet wurde, das er nach einer solchen Niederlage ohne große Mühe sich unterwürfig machen konnte.

Sogleich griff Selim die Stadt Halep, und kurz darauf auch Damas an, und eroberte beides. Hierauf besuchte er die heiligen Oerter zu Jerusalem, und machte sodann alle Vorkehrungen, um sich zu einem Marsche nach Egypten, und zu einem Angriffe des Thomam Bai, der nach Cansus Tode von den Mamluken zum Sultan war gemacht worden, zuzurüsten.

III. Im Jahr der Hedschr. 923 *301* machte sich Selim Meister von Cairo in Egypten, und schlug zu zweienmalen die Armee des Thomam Bai, der weder durch die Flucht entwischen, noch dem Zorne des Sultans entgehen konnte, dessen Gesandte er zweimal hatte hinrichten lassen. Denn so wie ihn dieser in seine Hände bekam, ließ er ihn, zur Strafe für seine Untreue, an eins von den Thoren zu Cairo aufknüpfen.

Nach dieser großen Eroberung, bei welcher Selim von dem berühmten Sinan Pascha auf das beßte war unterstützt und bedient worden, theilte er Egypten und Syrien in mehrere Sandschaks,

oder nach der Gewohnheit der Türken, in mehrere Roßschweife, und kehrte siegreich und im Triumphe nach Constantinopel, mit dem letzten Khalifen aus der zweiten Dynastie der Abbassiden, die ihren Sitz in Egypten hatten, zurück, und wies ihm eine jährliche Pension zu seinen Ausgaben an. Siehe den Artikel dieser Khalifen.

Selim Khan besaß sehr schöne Eigenschaften; denn außer der Tapferkeit, die ihm in einem so hohen Grade eigen war, und die er bei allen seinen militarischen Unternehmungen bewieß, war er auch mit allen den Wissenschaften bekandt, die von den Musulmanen geschätzt werden. Er war sehr geschickt im Arabischen, im Persischen und im Türkischen, und man hat auch sehr schöne Verse von ihm. Auf dem Wege von Constantinopel nach Adrianopel wurde er krank, und starb gerade an eben dem Orte, wo er seinem Vater Bajazet ein Treffen geliefert hatte; im Jahr der Hedschr. 926 oder Christi 1519, nach einer Regierung von acht Jahren und acht Monaten. Er hat seinen Sohn Soliman zu seinem Nachfolger hinterlassen, dessen Name bei den Türken eben so berühmt ist, wie der von seinem Vater.

Unter die Eroberungen des Selims kann man auch noch diejenigen setzen, die er in Jemen oder dem glücklichen Arabien, unter der Anführung des Sinan Pascha gemacht hat, und welche von Cothbeddin AlMekki, in dem Buche, Bark AlJemani betitelt, ist beschrieben worden. Siehe diesen Artikel.

Selim Khan Ben Soliman Khan.

Dies ist Selim der Zweite, ein Sohn des Soliman, und zwölfter oder dreizehnter Sultan, der seinem Vater in einem Alter von zwei und vierzig Jahren, im Jahr der Hedschr. 974 nachgefolgt ist. Er hat den Krieg, den sein Vater in Ungarn führte, als er starb, einige Zeit fortgesetzt. Endlich aber machte er mit dem Kaiser Maximilian, im Jahr der Hedschr. 975 Friede, unter der Bedingung, daß ein jeder von ihnen dasjenige, was er erobert hatte, behalten sollte.

Im Jahr 977 ließ er Nicosia, die Hauptstadt von der Insel Cypern, belagern, und machte sich von derselben, so wie auch von Famagusta, im Jahr 979 Meister. Durch diese Eroberung kam die ganze Insel Cypern unter seine Botmäßigkeit.

Inzwischen war doch das Jahr 979 eben dasjenige, in welchem Selim das berühmte Treffen bei Lepanto verlohr. Allein im Jahr 981 eroberte er in Africa Gulette, dessen sich die Spanier bemeistert hatten, wieder, und verjagte sie aus Africa, wo sie zwischen Tunis und Gulette eine neue Festung erbauet hatten.

Er starb an den Folgen seiner Ausschweifungen, im Jahr der Hedschrah 982 oder Christi 1574, und hinterließ seinen Sohn Mo-rad Khan, welches Amurat der Dritte ist, zu seinem Nachfolger.

Selman.

Abu Abdallah Selman AlFarsi, auch Selman AlKhair genannt. Dies ist der Name eines Freigelaßnen des Mohammed, der ein Perser von Geburt war. Man sagt, er sey ein Christ gewesen, habe die heiligen Bücher gelesen und große Reisen gethan. Inzwischen war er einer der ersten und angesehensten Musulmanen, so daß einige von ihm sagen, er habe bana aleslam, das heißt, er sey derjenige, der den Musulmanismus aufgebauet habe.

In Mohammeds Leben wird III. erzählt, als Mohammed bei der 302 Schlacht des Khandak, das heißt, des Grabens oder der Grube, vierzig Klafter Landes breit für jeden Haufen von zehn Mann habe graben lassen, jeder den Selman, wegen seiner Tapferkeit, an seiner Seite verlangt habe: und als die Flüchtigen von Mekka einer, und die Hülfstruppen von Medinah anderer Seits, in Ansehung seiner getheilt gewesen, so habe Mohammed folgende Worte ausgesprochen: Selman menna ahel albeit, Selman gehört uns und ist von unserm Hause. Ja er setzte sogar hinzu: B hu ahed alladhin eschtacat alaihem alginnat, und er ist einer von denjenigen, die das Paradies begehrt, das heißt, einer von seinen Auserwählten.

Der Verfasser des Raudhat alakhiar erzählt, Selman sey zu Ma-

Madain, der Hauptstadt von Persien, von welcher ihn Omar im Jahr der Hedschr. 35, in einem Alter von zwei und funfzig Jahren, zum Commandanten gemacht hatte, gestorben.

Eben dieser Schriftsteller fügt hinzu, er habe sich von seiner Hände Arbeit genähret, und was ihm von seinem Erwerbe übriggeblieben, an die Armen gegeben. Abu Horairah und Ans Ben Malek, zween Männer von großem Ansehn in Betreff der Traditionen, hatten die ihrigen von Selman, und Selman die seinigen unmittelbar von Mohammed bekommen.

Selman: ist der Name eines persischen Dichters, der unter der Regierung des Sultans Sandschar, des Seldschuciden, gelebt hat. Siehe den Artikel Thussi, über Selmans Poesie.

Semak: ist der Name einer Constellation, die die Araber auch mit einem besondern Beiworte AlSemak AlRameh, das heißt, der Semak, der eine Lanze führt, bezeichnen. Es ist eben dasjenige, was die Griechen und Lateiner Arcturus nennen. Es giebt noch einen Semak, dem man den Beinamen Aazal, das heißt, Entwaffnet giebt, und das ist eben dasjenige, was wir Spica virginis, und die Araber auf gleiche Weise Sunbulah nennen.

Man hat eine Tradition, nach welcher Mohammed von sich gesagt hat: Wacada valabto fil se-

mak; ich bin unter dem Semak; das heißt, unter der Kornähre der Jungfrau gebohren. Denn die Musulmanen sagen, die Zeichen der Jungfrau und der Wage, die sie Sunbulah und Mizan nennen, seyen die Nativität der Propheten.

Diese beiden Semak werden von den arabischen Astronomen AlSamakani genannt, und viele von den unsrigen geben ihnen den Namen des Löwenfußes.

Semendel und Semender. Siehe den Artikel Samander, so wie auch den Artikel Sendel.

Semendriah: eine Stadt in Rascien oder Servien, an der Donau, ein wenig unterhalb Belgrad, gelegen. Sie ist der Sitz eines Sandschak. Man nennt diese Stadt auch Senderovia, welches aus dem slavonischen Namen Sandrew, den sie gleichfalls führt, und der bloß eine verdorbene Aussprache anstatt Sanct Andreas ist, entstanden.

Diese Stadt ist vom Sultan Amurat dem Zweiten im Jahr der Hedschrah 842 dem Despoten von Servien, Georg, und seinen Söhnen, abgenommen worden.

Semendschan, ist der Name eines kleinen Landes, das einen Theil von der Provinz Thocharestan ausmacht, welche die aller-

allernördlichste von dem persischen Reiche ist.

Semendun: ist der Name eines Divs oder Riesen, welcher von Cajumarrath, dem ersten Könige von Persien, ist erschlagen worden. Es ist dies der Briareus der Griechen; denn die orientalischen Romane sagen, er sey mit vielen Armen bewaffnet, ja sie geben ihm sogar bisten bis auf hundert und einen. Siehe den Artikel Samander.

Semenun: ist der Name eines Mannes, der für eine der frömmsten und andächtigsten Personen im ganzen Musulmanismus gehalten wird. Denn er war von der Liebe Gottes so entzückt, daß sein ganzes Leben eine beständige Beschaulichkeit und Ekstase war.

Semgiun. Ebn Semdschun: ist der Name des Verfassers eines Buchs, welches Adujat almofrehat, einfache Arzeneien, betitelt ist.

Semirah, ist der Name einer Stadt, die die Königin Homai, eine Tochter des Baharam, hat erbauen lassen. Man könnte fast denken, daß der Name Semiramis aus dem Worte Semirah und Homai zusammengesetzt sey.

Semirem und Semrem. Dies ist die Semiramis, deren Name den orientalischen Geschichtschreibern nicht unbekannt ist. Siehe den Artikel Simrah und Semirah.

Semnani: ein Beiname des Rocneddin Ala aldulat, der während seines Lebens und nach seinem Tode von den Musulmanen für einen Heiligen ist gehalten worden. Der Emir Dschuban besuchte ihn, und schickte ihn an den mogolischen oder tatarischen Sultan Abu Said Ben Al Dschaptu. Siehe den Artikel dieses Sultans.

Semrem. Siehe die Artikel Semirah und Semirem.

Sena, und Senan. Dies ist im Arabischen dasjenige, was man im Französischen Sené (deutsch Senesblätter) nennt. Es ist der Name eines Baums, dessen Blätter, welche ein Purgiermittel sind, man gewöhnlich orientalische Blätter, ir der Sprache der Apotheker, nennt. Der größte Theil der Senesblätter, deren wir uns bedienen, kommt aus Egypten, und hier befindet sich der Oberpachter des Großherrn, der gewöhnlich ein Jude ist, und der seine Unterpächter und Correspondenten fast in allen Seestädten der Levante und der Christenheit hat.

Die Araber nennen Senauani, die beiden Senes, die Blätter des Cyprus oder Cypperus, welches die Cypperwurz ist, wenn sie mit den Blättern der Senes vermischt werden, und bedienen sich der berselben, um ihr Haar damit zu schwärzen.

Senai: ist der Name eines persischen Dichters, der oft unter dem Titel Knageh Senai, oder auch Hakim Senai, angeführt wird. Sein eigentlicher Name war Mohammed Ben Adam. Er ist der Verfasser von einem persischen Buche, Elahi Nameh betitelt, welches andächtige Seufzer, Ergießungen und Gebete zu Gott enthält.

Dieser Mann hatte sich durch seine Gottesfurcht und Gelehrsamkeit in große Achtung gesetzt, und man sagt, er sey derjenige gewesen, der durch seine geistliche Unterweisungen den Dichter Emadi zu einem regelmäßigern Leben zurückgebracht, und ihn endlich zur Ergreifung des Mönchs- und Religiosen-Lebens bewogen habe.

Senai hat auch für Gajatheddin, einen Sohn des Raschid, der Vesir bei dem Sultan Abu Said Ben AlDschaptu war, geschrieben. Siehe die Artikel dieses Fürsten, des Emadi und des Hadi.

III. 304. Senain, ist der Name eines Schlosses in Transoxanien, wohin sich der berühmte Betrüger von Meru, Hakem Ben Haschem genannt, mit dem Beinamen Burkai und Mocanna, geflüchtet hatte. Siehe den Artikel Hakem und Mahadi, ein abbassidischer Khalife.

Senan. Dieses arabische Wort bedeutet erstlich die Spitze eines eisernen Instruments, und selbst des Steins, darauf man es scharf macht, und zweitens ist es, so wie Sonan, die vielfache Zahl von Sunnah, welches das Gesetz, oder die gesetzliche und juristische Tradition der Musulmanen bedeutet. Siehe den Artikel Sonnah.

Auch ist es drittens der eigenthümliche Name eines Mannes, den die Türken gewöhnlich Sinan nennen. Siehe den Artikel Sinan.

Senan Ben Achmed, Beh Tholon: ist der Name eines Fürsten aus der Dynastie der Tholoniden, welche unter dem Khalifate der Abbassiden in Egypten regiert haben. Er war seinen Neffen in der Regierung gefolgt; allein er war der letzte von seinem Stamme. Siehe den Artikel Tholon.

Senan Ben Thabeth, Ben Corrah, war der Name des ersten Arztes des abbassidischen Khalifen Caher Billah. Dieser Mann war eben sowol, wie seine Vorfahren, ein Sabier von Religion. Allein der Khalife nöthigte ihn, ein Musulman zu werden, und dieser hat ihm auch den Beinamen AlCaheri beilegen lassen. Er that sich besonders in der Astronomie hervor; denn die Sabier legten sich ganz besonders auf diese Wissenschaft.

Abul

AbulFaradsch erzählt eine sehr lustige Geschichte, die ihm bei der Prüfung eines Arztes, der weder lesen noch schreiben konnte, begegnet ist. Siehe diesen Schriftsteller in dem Leben des Caher Billah.

Senan Ben Ulvan: ist der Name des Pharao oder Königs von Egypten, der dem Tarikh Montekheb zufolge, in den Zeiten regiert hat, da der Patriarch Abraham mit der Sarah in dieses Land kam.

Senan oder Sinan Al-Nischaburi: ist der Name eines Betrügers, der sich in der Proviuz Khorassan Anhänger machte, und einen Haufen Lumpengesindel und schlechte Leute zusammenraffte, die sich gegen den Khalifen Abu Dschafar AlMansor empörten. Dieser Mann war ein Mager von Religion, und hatte die Verwegenheit, sich dem Generale des AlMansor, Dschamhur, in einem förmlichen Treffen entgegenzustellen. Allein er wurde mit seinen Anhängern geschlagen, und seine ganze Secte, welche Mager waren, in ganz Khorassan von Grund aus zerstört.

Senan Schaér. Senan, der Dichter, den man auch Sinan nennen kann. So pflegt man gewöhnlich den Sengmeddin Jusuf AlRumi zu nennen, der der Verfasser eines Commentars über das Buch des Samarrandi ist, das den Titel Adab abahath

führt. Dieser Commentar hat den Titel Haschiat, welches eine Franze und Borduͤre bedeutet, und eben dasjenige ist, was wir gewöhnlich Randglossen oder Scholien nennen.

Senascheriva, ist der arabische Name desjenigen Königs von Assyrien, den die Juden Sennacherib (Sanherib) nennen, und der mit ihnen Krieg geführt hat. Die arabischen Geschichtschreiber nennen ihn auch Siasserneva, und der Verfasser des Raudhat alhobab sagt, er sey ein Nachkömmling von Esau gewesen, und habe in seinem Leben sehr große Unglücksfälle ausgestanden.

Khondemir erzählt, man habe im Jahr der Hedschr. 18, unter Omars Khalifate, während der Eroberung, die die Musulmanen in Syrien machten, und zu einer Zeit, wo die Pest daselbst herrschte, in einem unterirdischen Grabmal den Leichnam des Sennakherib, auf einem goldnen Throne sitzend, an welchem eine Inschrift von syrischen oder chaldäischen Characteren befindlich gewesen, und deren Inhalt folgender war, gefunden. Das größte Uebel, das den Menschen begegnet, ist, wenn sie den Tod und die Rechnung, die sie Gott von ihren Handlungen geben müssen, vergessen, ob sie gleich die Gräber ihrer Verwandten und Freunde, die sie umgeben, von diesen beiden Dingen hinlänglich unterrichten. Man sehe auch den Artikel Senharib.

Send

Send und Sind. Die Araber theilen gewöhnlich dasjenige Land von Indien, das die Türken und Perser Hindostan nennen, in zween Theile, nemlich in dasjenige, das sie Hend oder Hind, und in dasjenige, das sie Send oder Sind nennen.

Das Wort Sind bedeutet eigentlich den Fluß, den wir Indus nennen, und sodann, im weitläuftigern Verstande, das ganze Land, welches diesseits gegen Abend, und jenseits gegen Morgen hin liegt, da es an diesen Fluß stößt, den die Perser auch Sindab, und einige Araber Sendab nennen. Dies ist völlig eben so, wie die Araber, die den Fluß Jordan Urden nennen, oft eben diesen Namen von ganz Judäa, Galiläa und Palästina brauchen.

Die orientalischen Erdbeschreiber sagen, das Land Send habe auf seiner Ostseite das Land Hend, welches eigentlich der Theil von Indien ist, der dies- und jenseits um den Ganges herum von seiner Quelle an bis an seine Mündung liegt; auf seiner Westseite aber die Provinzen Kerman, Makran und Segestan, die heut zuTage unter dem Namen des persischen Reichs begriffen werden.

Auf seiner Nordseite hat es einen Theil von Hend, oder Cabul, und Turan oder Türkestan, das einige an diesem Orte Türk Hind und unsere Erdbeschreiber Indo-Scythia nennen; und endlich auf der Mittagsseite das persische Meer, welches es in Gestalt eines Bogens umgiebt, was die Araber si sebil tacuis nennen, und was bei uns in Gestalt eines Meerbusens oder eines Golfo heißen würde.

Viele Erdbeschreiber nehmen die Provinz Multan, so wie auch die Provinzen Zablestan, Gaznah und Gur, und sogar die Städte Deibul und Mansurah, welche vielleicht Diu und Surate in dem Lande Sind sind, auch Birun, aus welcher der berühmte Verfasser derjenigen Erdbeschreibung, die den Titel Canun AlBiruni führt, gebürtig ist, zusammen. Man sehe auch den Artikel Hend oder Hind.

Send. Ebn Send. Mohammed Ben Send, ist der Name eines Schriftstellers, der dasjenige Buch verfertigt hat, das den Titel führt: Arbain motabainat, die vierzig berühmtesten Traditionen.

Sendab. Der Fluß Indus. Siehe den Artikel Send.

Sendabun. Eine Seestadt in Indien. Siehe den Artikel Sendan.

Sendad. Dies ist der Name, welchen die Araber dem Flusse Send oder Indus geben. Es mag wol dies Wort eine verdorbene Aussprache des persischen Sendab seyn. Siehe oben.

Sendafulat und Sendifulat, ist der Name einer Insel in dem chinesischen Meere, oder in dem östlichen Weltmeere von

III.
306

von Indien, welche eine der vornehmsten Häfen oder Niederlagen für den Handel von Indien, von China und von Japon ist, wie Scherif Al-Et issi behauptet. Sie ist von einer andern Insel, die Senf genannt wird, und die man gewöhnlich weiter gegen Mittag hin zu setzen pflegt, nur zehn Tagereisen zur See und von einer chinesischen Stadt, die Khancu heißt, nur vier entfernt.

Eben dieser Edrissi sagt in dem zehnten Theile seines ersten Climas, diese Insel sey eine von den Häfen oder Thoren von China, deren er bei zwölf rechnet, und benennt mit diesem Namen Oeffnungen von Gebirgen, welche eben so viele Mündungen von verschiedenen Flüssen sind, die sich ins Meer ergießen, und durch welche die Schiffe sehr weit in das Land hinauffahren.

Sendafur und **Sendapur**, das man auch oft Sendaful und Sendapul genannt findet. Dies sind Namen einer Stadt in demjenigen Lande, das die Araber Balad Alfulful, Land des Pfeffers, und Belad AlMibar nennen, was bei uns die malabarische Küste heißt, an welcher die Stadt Calecut, welches die Hauptstadt davon ist, liegt.

Die orientalischen Erdbeschreiber sagen, in dem Gebiete dieser Stadt wüchsen die Rohre, die den Tabaschir tragen, in Ueber-

flüß. Siehe den Artikel Tabaschir.

Sendan: eine Seestadt von Indien, die von einigen Sendabun genannt wird. Der persische Erdbeschreiber sagt, sie sey an dem Ufer desjenigen Meeres erbaut, das er Deria akhdar, das grüne Meer, nennt, welches eigentlich der Meerbusen von Cambaya ist.

Sendel und **Sender.** Siehe die Artikel Samandel, Semendel und Semender. Es ist der Salamander.

Senf, Sinf, und **Sivst,** eine Insel im indischen Meere. Siehe den Artikel Bahr AlSinf, so wie auch Sendafulat.

Senharib. Sanherib, den die Orientaler König von Mussal nennen. Es ist dies derjenige König von Assyrien, dessen Armee von dem Würgeengel, unter dem Könige Ezechias, geschlagen, und der von seinen beiden Söhnen in der Stadt Ninive ist ums Leben gebracht worden.

Diese beiden Söhne werden von Ebn Batrik, Anzarmelakh, oder vielmehr Anzar Malek, und Serassera genannt. Der Name dieses letztern hat viele Aehnlichkeit mit Siasserneva, welchen man seinem Vater giebt. Siehe den Artikel Senascheriva.

Man

Man findet einen König von Armenien gleiches Namens, der den Costha-Ben Lucah, einen christlichen, aus der Stadt Balbek gebürtigen Philosophen, der unter dem Khalifate des Abbaßiden Motamed Billah lebte, in seine Staaten zog.

Senn und Sinn. Siehe die Artikel Senah, Senan, Sinan und Sonan.

III. **Sennamar,** ist der Name eines berühmten Architecten, der zwei Palläste oder Schlösser erbaut hat, welche von den Arabern unter die Zahl derjenigen Werke gesetzt werden, die man Wunder der Welt zu nennen pflegt.

Die Namen dieser beiden Schlösser sind Sedir und Khauarnak. Sie wurden von Roman alAuar, dem zehnten Könige der Araber aus der Dynastie derjenigen, die zu Hirah regierten, erbauet, und wie erzählt wird, war die Kunst an diesen Gebäuden so groß, daß ein einziger Stein das Ganze zusammenhielt, und daß die Farbe der Steine an den Mauren sich an einem Tage mehrmals veränderte.

Die arabischen Geschichtschreiber sagen, Norman habe diesem Baumeister beträchtliche Geschenke zur Belohnung für seine Arbeit gemacht; als er aber bedachte, daß er seinen Feinden ähnliche Gebäude aufführen könnte, und sogar befürchtete, er möchte ihnen entdecken, was für ein

Stein der Schlüssel zum ganzen Gebäude sey, habe er ihn von der Spitze des Thurms in den Graben stürzen lassen.

Khondemir schreibt in dem Leben des Königs von Persien Baharam Gur, für dessen Erziehung Roman eins von diesen Schlössern habe aufführen lassen, es habe sich Sennamar, nachdem er so ansehnliche Geschenke von Roman bekommen, so sehr vergessen, daß er gesagt habe, wenn er gewußt hätte, daß er eine so große Belohnung für sein Werk von diesem Fürsten bekommen würde, so würde er ihm noch etwas viel schöneres verfertigt haben. Diese unüberlegte Prahlerei des Baumeisters sey die Ursache seines Unglücks gewesen. Siehe den Artikel Baharam Gur.

Serd und Serai. Dieses Wort bedeutet im Persischen und im Türkischen mit Sara und Sarai einerlei. Siehe diesen Artikel.

Seradsch. Dieses arabische Wort, welches eine Lampe oder Fackel bedeutet, wird bei vielen Büchern als Titel gebraucht.

Seradsch alcolub, die Fackel der Herzen. Ein persisches Buch, ohne Namen des Verfassers. Es ist in einem Gespräche über die Sitten und das Verhalten eines wohlhabenden Mannes verfaßt.

Se-

Seradsch alcolub: ist der Titel eines arabischen Buchs, welches, im physischen und moralischen Verstande von demjenigen handelt, was einem jeden Menschen nach seiner Beschaffenheit und Complexion sowol gemein als eigen ist. Es hat den Abu Khabil Achmed Ben Mohammed Ben Abdalmalek zum Verfasser, der ein ascharischer Gelehrter, und aus der Stadt Tauris gebürtig war. Wegen dieser beyden Eigenschaften führt er den Beinamen AlAschari und AlTabrizi.

Seradsch AlHendi: ist der Name eines Schriftstellers, der ein Buch, unter dem Titel Scharh albedai, verfertigt hat. Es ist ein Werk über die Beredtsamkeit und Redekunst.

Seradsch AlMoluk. Die Fackel der Könige und Fürsten. Es ist dies der Titel eines Buchs, das den Abubekr Ben AlYelid, Ben Roschd, AlCoraischi, AlCaheri, AlMaleki, AlTharthuSchi zum Verfasser hat. Es ist dies eben der Schriftsteller, den wir Averroes nennen, der aus der Stadt Tortosa in Spanien gebürtig war oder herstammte, und der dieses Werk über die Politik für Mohammed Abdallah, König von Andalus oder Spanien, aus dem Geblüte der Ommiaden, verfertigt hat.

[Siehe die Zusätze zu dem Artikel Roschd.]

Seradsch aluabadsch almodheb lecoll thalab v almohtadich: brennende Fackel, die alle diejenigen, welche aufgeklärt zu seyn wünschen, und alle diejenigen, die der Aufklärung bedürfen, aufklärt. Ein moralisches und juristisches Buch, welches eigentlich nichts anders, als ein Commentar über die Werke des Coduri und des Beidhaui unter dem Titel Menhabsch ist.

Man hat auch noch ein Buch, das den nemlichen Titel führt, und persisch ist übersetzt und erklärt worden. In demselben wird von den Regeln und Constitutionen der Sofis, welches eine Art von musulmanischen Religiosen ist, gehandelt.

Seradsch alcothrob. Die Lampe oder das Licht des Teufels. Dies ist einer von den Namen oder Beiwörtern, die die Araber Mandragorah geben. In dem Artikel Asterenk wird man die Ursache davon finden.

Seragi, ein Beiname des Omar Ben AlUardi, Verfassers eines oneirocritischen Gedichtes über die Natur und Auslegung der Träume. Es führt den Titel Mocaddemat AlUardiat. Unter Nr. 1033. ist es in der königlichen Bibliothek zu Paris befindlich.

Man hat einen Schriftsteller, der ein Buch geschrieben hat, welches betitelt ist: Erschad alragi lemarefat faraidh AlSeragi. Siehe den Artikel desjenigen Werks, das

das Erschad auli atbab betitelt ist.

Seragiah. Faraidh AlSeragiah. Eine Abhandlung von Successionen, verfaßt von Serabscheddin Al Segiavendi.

Man hat noch ein anderes Buch, unter dem Titel: Fetaui AlSerabschah, rechtliche Decisionen. Der Verfasser desselben ist Serabscheddin Allaschi. Siehe den Artikel Moniat AlMofti.

Abu Serabschah ist der Verfasser eines Buchs unter dem Titel: Adab AlSchohud. Es ist dies eine Abhandlung von Zeugnissen und Depositionen bei Gerichtshöfen.

Serandah, ist der Name einer Insel im Meere von Oman, und zwar von der Zahl derjenigen, die die Araber Ramedsch nennen. Der Scherif AlEdrissi sagt in dem siebenten Theile seines ersten Climats. Diese Insel liege nach der Seite von Berberah und Zindsch, das heißt, des Landes der Cafren und Zanguebar hin, und sie habe zwölfmal hunderttausend Thürme, welches sich völlig auf die Insel Madagascar paßte. Solchergestalt wäre die Insel Serandah nicht mit Serandib einerlei, obgleich dieser Schriftsteller sagt, sie bringe mehrere Arten von aromatischen Pflanzen hervor, auch würde hier Perlenfischerei getrieben, welches aber doch sich besser auf die Insel Serandib,

Orient. Bibl. 4. B.

welche Zeilan ist, als auf die Insel Madagascar paßt.

Serandib: ist der Name der berühmtesten Insel in demjenigen Meere, das die Araber das Meer von Erkend nennen, welches das indische oder das östliche Weltmeer ist. Der Scherif AlEdrissi giebt ihr eine Länge von 80 Parasangen, und eine eben so große Breite, und der persische Erdbeschreiber setzt sie zwischen den Aequator und das erste Clima, und sehr nahe an die Küste von Indien, welches genugsam zu erkennen giebt, daß diese Insel keine andere, als Ceilan oder Zeilan ist. Und in der That, da der Name Dib oder Div in der indischen Sprache eine Insel bedeutet, so bedeutet Serandib nichts anders, als die Insel Seran oder Selan.

Alle orientalische Erdbeschreiber sind darin einig, daß auf dieser Insel alle Arten von Javakit, das heißt, von Edelsteinen von köstlichen Farben zu finden seyen, und daß in einem ihrer Thäler eine Art von Diamanten aus der Erde gewonnen werde, mit welchen man jeden andern auch den allerhärtesten Stein zerschneiden und graviren könne. Die Araber nennen diese Art von Diamanten Sunbabedsch oder Sunbadadsch. Es ist der Smyris der Griechen, den wir Schmergel nennen. Der Belur oder Beryll, der, den Orientalern zufolge, der vollkommenste Felsencrystall ist, wird auch in den

Q Ge-

Gebirgen derselben hervorgebracht.

Auf eben dieser Insel giebt es
auch zwei Arten von Thieren, die
die Araber Babat almisk und Dabat alzobabat nennen; das heißt,
die Thiere, von welchen der Moschus und der Zibeth kommt, und
so wachsen auch die beiden Baum-
arten, AlArz und Nargil genannt, welches die Ceder und
der Cocus ist, hier in großem
Ueberflusse, so wie auch derjenige, den eben diese Araber AllUd
nennen, welches die Xylaloe der
Griechen ist, die bei uns gewöhnlich das Aloeholz genannt wird.

Hier wollen wir nur bemerken, daß die orientalischen Erdbeschreiber des Zimmetbaums keine Erwähnung thun, der doch
nur allein auf dieser Insel wächst;
entweder weil er sich in ihren Zeiten noch nicht daselbst befand,
und von andern Orten her, zum
Exempel aus China, dahin ist
verpflanzt worden, daher er den
Namen Dar Tschin im Oriente
bekommen hat, welches Holz von
China bedeutet, oder daß man
diesen Baum unter dem Namen
Nargil, von welchem wir eben
geredet haben, verstehen muß.

Der Scherif AlEdrissi sagt,
die Chineser trieben einen sehr
großen Handel auf der Insel Serandib, welches den Ursprung
des Worts Dar Tschin hinlänglich bestätigt, auch fügt er hinzu,
der König dieser Insel habe in
seinem geheimen Rathe beständig
vier Indianer, vier Juden, vier
Christen und vier Musulmanen,
und halte ein Götzenbild, in Gestalt eines Scepters, in seiner
Hand, welches mit Edelsteinen
von unschätzbarem Werthe bedeckt sey.

Eben dieser Schriftsteller
schreibt auch, die Hauptstadt dieser Insel, in welcher der König
seine Residenz hat, heiße Agna,
und die Anzahl der übrigen beträchtlichen Städte dieses Landes
belaufe sich auf zwölf. Er führt
auch die Namen derselben an,
die unsern Reisenden und neuern
Erdbeschreibern gänzlich unbekannt sind.

Die Namen dieser Städte sind:
Marnabas, Pariscuri, Ababi,
Makhuson, Hameri, Calmadhi,
Sambeduna, Sanduri, Seri,
Combeli, Barissola und Maruba.

Fast in der Mitte dieser Insel
ist ein sehr hohes Gebirge befindlich, das die Seefahrer sehr weit
in die See hinein sehen. Die
Araber nennen es Rahun. Es
ist dies eben dasjenige Gebirge,
das die Portugiesen El Pico de
Adam, das Gebirge Adams, genannt haben, wegen einer nicht
nur in Indien, sondern auch im
ganzen Oriente allgemein herr-
schenden Tradition, nach welcher
Adam hier begraben liegen soll.

Aber es giebt noch eine andere
Tradition, die im Caherman
Nameh erzählt wird, nach welcher Adam auf die Insel Serandib ist verwiesen worden, als er
aus dem irdischen Paradiese vertrieben wurde, ja nach einigen
war sogar das irdische Paradies
daselbst. Und da Caherman Catel

tel der Nachwelt ein Denkmal von der Geburt seines Sohnes Sam Neriman hat hinterlassen wollen, so ließ er eine Stadt in der großen Ebene erbauen, welche an dem Fuße des Gebirges liegt, wo Adam ist begraben worden, und die er Khorrem, Ort der Freude und des Vergnügens nannte; so wie sich ohngefehr die Griechen und die Lateiner die elysäischen Felder vorgestellt haben.

III,1 Der Scherif AlEdrissi schreibt 310 in dem achten Theile seines ersten Elimas, es seyen, der Insel Serandib gegenüber, auf dem festen Lande von Indien, Seen, die die Araber Agbab nennen, in welche sich mehrere große Ströme ergossen, auf welchen die Schiffe segelten, und solchergestalt ihre Waaren sehr tief in das Land hinein brächten; auch bemerkt er, die Insel Rami sey sehr nahe bei der Insel Serandib gelegen.

Es giebt einige Orientaler, welche den Namen Serandil der Insel Serandib geben. Aber es scheint vielmehr, daß man sie Serandibil nennen muß. In der That bedeutet das Wort Divl im Indischen mehr eine Insel, als das Wort Dib, welches sich leicht aus dem Namen der Stadt Diu erweisen läßt, die in Indien, wie die Araber versichern, weit häufiger Diul und Daibul genannt wird, weil sie auf einer Insel oder Halbinsel an dem Ufer des Meeres liegt, wo sich der Fluß Indus in dasselbe ergießt.

Seraperdeh. Der Schleier oder der Vorhang des Pallastes, oder des Serail. Es ist dies eben dasjenige, was wir einen Vorhang vor einer Thüre, oder eine Portiere nennen: das heißt, das Stück Seidenzeug, das man vor die Thüren in den Zimmern der Großen zu hängen pflegt.

Der Gebrauch dieser Vorhänge ist aus dem Oriente nach Italien, und aus Italien zu uns gekommen. Der Verfasser des Lebtarikh schreibt, Lohorasb, der vierte König von Persien aus der zweiten Dynastie, die man die Cajanidische zu nennen pflegt, habe den Großen an seinem Hofe und bei seiner Armee das Privilegium verstattet, daß sie ihre Audienzen auf Thronen oder goldenen Sitzen geben dürften, und habe sich blos nur das Recht des Seraperdeh vorbehalten, das heißt, das Recht, vor seinem Throne einen Vorhang oder Portiere zu haben, der ihn vor den Augen seiner Unterthanen verbarg, um sie in einer größern Ehrfurcht und Verehrung seiner Person zu erhalten.

Serf und Sirf, ist der Name einer Nation, die die Lateiner Servi, Serbi, Sorabi und Zirfi genannt haben. Wir nennen sie Serwier und Rascier. Diese Völker wohnen jetzt im obern Mösien, in dem Lande der alten Triballen; allein sie sind vom Palus Maeotides hergekommen, und haben lange Zeit Fürsten gehabt, die den Namen

Despoten geführt haben, das ein griechisches Wort ist, und schlechtweg Herren bedeutet. Vormals sind sie bis in die Lausitz und bis in Meißen eingedrungen und haben bis nach Thracien Eroberungen gemacht, wo sie unter Morad Gazi, welches der türkische Sultan Amurat der Erste ist, im Jahr der Hedschrah 767 einen Versuch gemacht haben, Adrianopel zu erobern. Allein sie wurden geschlagen; und der Ort ihrer Niederlage führt noch bis auf den heutigen Tag den Namen Sirf Singuni *), welches Wort in der türkischen Sprache die Niederlage der Servier bedeutet.

Sergius. Die Araber, Perser und Türken nennen in ihrer Sprache weit öfter Sarkis oder Sarghis, denjenigen, der bei uns Sergius heißt, und nur blos noch bei den orientalischen Christen führt der heilige Sergius sowol, als diejenigen, die nach ihm so sind genannt worden, diesen Namen. Denn so heißt bei ihnen der Patriarch Sergius von Constantinopel, Urheber der monotheletischen Secte unter dem Kaiser Justinian, so wie auch Sergius, der aus Ras alain gebürtig, und seiner Secte nach ein Jacobite war. Dieser hat viele griechische Schriften, dem Zeugnisse des Abulfaradsch zufolge, ins Syrische übersetzt, auch, wie Ebed Jesu versichert, in syrischer Sprache ein Werk über die Logik geschrieben.

Seri. Ist der Name einer Stadt auf der Insel Serandib. Siehe den Artikel dieser Insel.

Seri. Abubekr Ebn AlSeri, ist der Name eines Schriftstellers, der im Jahr der Hedschr. 360 gelebt und dasjenige Buch verfertigt hat, das den Titel führt: Offul fil Nahu, ein grammatisches Werk, welches auch den Namen des Ebn Sarabsch führt, welchen eben dieser Verfasser gleichfalls hat.

Seri: der Beiname des Mohammed Ben Sahal, genannt AlSeri. Siehe den Artikel Sadschadsch.

Seri Sacathi: ist der Name eines Mannes, der von den Musulmanen für einen Heiligen gehalten wird. Er war Oberhaupt und Director einer Gesellschaft von Sofis oder Religiosen, und ein großer Freund des Dschoneid, der gleichfalls sich der Einsamkeit widmete, und bei seinen Religionsverwandten nicht weniger wegen seiner Heiligkeit und Geistlichkeit in Hochachtung steht.

Dschafei hat das Leben des Seri Sacathi unter den Oberhäuptern der Sofis in dem Artikel Conui beschrieben.

Serigia, ein Beiname des Zeineddin, den einige Ebn Seridscha, und andere Seridscha Ben Mohammed AlMalathi nennen.

---

*) [Anstatt Singuni muß Sindugbi gelesen werden. K.]

nen. Er ist im Jahr der Hedschr. 788 verstorben, und ist der Verfasser desjenigen Buchs, welches betitelt ist: Ahkam alsabeat, die sieben Urtheile oder Decisionen.

Auch pflegt ihm das Buch beigelegt zu werden, welches betitelt ist: Etelab alsahib, Stütze des Glaubens, und reiner und gesunder Glaube. Nicht weniger auch der Akhbar alajan, welches eine Geschichte berühmter Männer ist.

Serigia. Safi eddin Abdalazız Seribscha. Dies ist der Name eines Schriftstellers, der dasjenige Buch geschrieben hat, dessen Titel folgendermaßen lautet: Dorrar albohur fi medaih AlMalek AlMansur. Dies ist ein Gedicht, zum Lobe des Malek AlMansur Calaun, siebenten Sultans von Egypten aus der ersten Dynastie der Mamluken. Dieses Buch ist in der königlichen Bibliothek zu Paris unter Nr. 922.

Serir. Dieses Wort bedeutet im Arabischen einen Sitz, einen Thron.

Serir Aldheheb, der goldne Thron: ist der Name eines Landes oder einer Provinz, die zwischen dem Pontus Euxinus und dem caspischen Meere liegt, allwo die Stadt Derbend befindlich ist, die die Türken Demir Capi, das eiserne Thor, nennen.

Die Ursache, warum man dieser Provinz den Namen eines goldnen Thrones gegeben hat,

kommt daher, weil Nuschirvan Kesra, König von Persien aus der vierten Dynastie, welche man die Sassanier oder Khosroesse nennt, nachdem er die von Alexander dem Großen angefangne Mauer, welche die nördlichen Völker von Khozar und von Kip Schak, welches die hyperboräischen Scythen sind, von den Provinzen des übrigen Asiens schied, zu Ende gebracht hatte, einen Marzuban, das heißt, einen Gouverneur der Gränze daselbst anstellte, dem er das Privilegium, auf einem goldnen Throne sitzen zu dürfen, in Betracht des wichtigen Postens, den er bekleidete, ertheilte.

Diese Mauer, von der wir hier reden, ist einerlei mit derjenigen, welche Sedd Jadschudsch v Mädschudsch heißt, und davon man einen eigenen Artikel ein wenig weiter oben sehen kann. Sie ward in den Oeffnungen und engen Pässen des Bergs Caucasus angelegt, welche Oerter die Perser Derbend, Barrieren, und die Türken Demir Capi, eiserne Thore zu nennen pflegen.

Ebn Schohnah sagt, Mär. III, van, mit dem Beinamen Hemar, 312 habe dieses Land im Jahr der Hedschr. 121 unter dem Khalifate des Hescham, zehnten Khalifen aus dem Geschlechte der Ommiaden, erobert, und sey sehr weit in das Land Khozar eingedrungen. Khondemir schreibt auch dasselbe. Diese Provinz macht heut zu Tage einen Theil von Schirvan oder Medien

Q3   aus,

aus; und gehört dem Könige von Persien.

Serirah, ist der Name einer Insel des Bahr alakhdar, das heißt, des grünen oder indischen Meeres. Der persische Erdbeschreiber sagt, eben diese Insel führe auch den Namen Mehradsch.

Seriri, ein Beiname des Josef Ben Mohammed Ben Massud, Verfassers eines in Versen abgefaßten Werks, unter dem Titel: Asadh almandhumah.

Sermahi: heißt im Persischen ein Fischkopf. So nennen die orientalischen Romane gewisse fabelhafte Völker, welche vielleicht einerlei mit denjenigen sind, die bei den Lateinern Jchthyophagen heißen. Siehe den Artikel Mahiset.

Sermaui, ein Beiname des Achmed Ben Abdallah AlBalkhi, Verfassers eines Werks, unter dem Titel: Abanat fi redd man schana ala Abi Hanifah, Vertheidigung des Imam Abu Hanifah gegen diejenigen, die ihn gelästert haben. Dieser Schriftsteller, der zur Secte der Hanefiten gehörte, wird von Hadsch Khalfah, AlCadhi, AlJmam, Ben Dschafar Achmed, Ben Abdallah, AlSermaui, AlBalkhi, AlHanefi betitelt, und sagt, er habe sein Werk in sechs Theile getheilt.

Sermenrai. So nennt man im gemeinen Leben eine Stadt im arabischen Jrak, welches Assyrien oder Chaldäa ist, die man aber Sermenraa oder Serramenraa nennen sollte; denn es ist dies Wort aus drei Wörtern zusammengesetzt, welche soviel bedeuten, als: Wer sie sieht, ergötzt sich.

Diese Stadt liegt an dem östlichen Ufer des Tigers, und hat eine Länge von 72 Graden, 30 Minuten und 34 Graden der nördlichen Breite, im vierten Clima, den arabischen Tafeln zufolge. Einige sagen, sie habe vormals Semirah geheißen, welche Stadt von Schehmr Dhulactaf ist erbauet worden. Allein Khondemir ist nicht dieser Meinung. Denn er sagt in dem Leben des Motassem, achten Khalifen aus dem Geschlechte der Abbassiden, es habe dieser Monarch eine sehr große Neigung für junge türkische Sclaven gehabt, und deren eine große Anzahl kaufen lassen, die in kurzer Zeit die ganze Stadt Bagdet angefüllt hätten.

Die Einwohner von Bagdet beklagten sich bei dem Khalifen über das ausschweifende Betragen dieser neuen Miliz, und erklärten genugsam, durch ihre häufigen Unruhen, daß sie sie nicht länger ausstehen könnten. Dies war die Ursache, warum Motassem, der in seine neue Miliz ganz besonders verliebt war, den Entschluß faßte, eine neue Stadt zu erbauen, in welcher er seinen gewöhnlichen Aufenthalt nehmen, und wo er mit seinen Türken in Ruhe und gegen die Empörungen, mit welchen

chen er zu Bagdet beunruhigt wurde, gesichert leben wollte.

Zu dem Ende wählte er einen Ort, Namens Cathul, zehn oder zwölf Meilen von Bagdet entfernt, und ließ daselbst im Jahr der Hedschr. 220 eine Stadt erbauen, die er Samara nannte, und welche auch den Namen Asker führt, wegen des Lagers von türkischer Miliz, das er daselbst aufgeschlagen hatte. Von dieser Benennung führen die letztern Imams aus dem Geschlechte des Ali den Beinamen Askeri, entweder weil sie von daher abstammen, oder weil ihre Gräber daselbst befindlich sind, und eben dieses Asker oder Sermenrai ist *171.* *313* die Stadt, wo der Mahadi verborgen ist, und aus welcher er am Ende der Zeiten, nach der Meinung der Schiiten, oder Anhänger des Ali, auftreten wird.

Der Khalife Motavakkel verließ die Stadt Sermenrai, und verlegte den Sitz des Khalifats in die Stadt Dschafariah, die er hatte erbauen lassen. Aber sein Sohn Montasser, der ihm in der Regierung nachfolgte, kehrte wieder nach Sermenrai zurück. Siehe den Artikel Samara und des zehnten Imams Ali Alzeki.

Serr und Sirr, wie es die Türken aussprechen. Dieses Wort bedeutet im Arabischen ein Geheimniß, und hat in der vielfachen Zahl Asrar, die Geheimnisse, wovon man einen eignen Artikel vergleichen kann.

Serr alserr. Das Geheimniß des Geheimnisses. Dies ist der Titel eines alten und sehr sonderbaren Buchs, nach dem Berichte des Dschauberi in der Vorrede zu seinem Werke. Siehe den Artikel Giauberi.

Serr alasrar. Das Geheimniß der Geheimnisse: ist der Titel eines Buchs von der Politik, das dem Aristoteles zugeschrieben wird. Es ist dies eben das Buch, das wir Aristotelis Politik nennen, und die ins Arabische ist übersetzt worden. Man findet es auch unter dem Namen: Ketab alsiassat fi tedbir alriassat.

Serr alasrar fil hekmat, ist der Titel eines Buchs, welches in den Zeiten des Khalifen Al-Mamon des Abbassiden aus dem Griechischen ins Arabische ist übersetzt worden. Es ist dies ein Werk, das aus demjenigen, welches Aristoteles für Alexander den Großen verfertigt hat, genommen ist. Und dieses war vermuthlich aus dem vorhergehenden, nemlich aus Aristotelis Politik, genommen.

Serr alasrar v meebah alabsar, ist der Titel eines Buchs, ohne Namen des Verfassers, welches von der Kunst, Talismane zu verfertigen, handelt, die die Araber Thelmessat oder Thelsemat nennen, welches Wort eine verdorbene Aussprache des griechischen τελέσματα ist.

Q 4

Serr

Serr alafrar v montehi elm alabrar, ist der Titel eines Buchs, das auch den Namen Serr alafna fi efma albofna führt, und von der Erklärung und den Wirkungen des Namens Gottes handelt. Es ist ein abergläubisches Werk, und der Verfasser desselben ist unbekandt.

Serr alaadham fi elm alhadschar almokarram, ist der Titel eines chymischen Buchs, das alten Propheten und Philosophen beigelegt wird, ohne Namen seines Verfassers.

Man hat auch noch ein Buch, welches von eben diesem Gegenstande handelt, unter dem Titel: Serr alafkhar fi kibrit alhamar, das edle Geheimniß in Ansehung des rothen Schwefels, das heißt, des Steins der Weisen.

Serr almaktum fi mokhathebat alnodschum: das Geheimniß, das in der stummen Sprache der Gestirne verborgen ist. Dies ist der Titel eines Werks des Imam Mohammed Ben Omar AlRazi, der im Jahr der Hedschr. 616 gestorben ist. Dieses Buch ist aus dem Harrani und Dhehebi genommen, die über die Sternbeuterkunft geschrieben, und uns diejenigen Werke hinterlassen haben, welche betitelt sind: Asrar alnodschum.

Serrin: ist, der Name einer Stadt in Jemen oder dem glücklichen Arabien, an dem Ufer des rothen Meeres. Sie ist, dem persischen Erdbeschreiber, in seinem ersten Clima, zufolge, nur vier Tagereisen von dem Meere entfernt. Auch liegt sie sehr nahe bei Jalamlam, welches einer der vornehmsten Häfen und Waarenniederlagen von Jemen ist.

III.
314

Servan: eine Stadt in der Provinz Segestan, in einer Entfernung von zwei Tagereisen von Sistan, welches die Hauptstadt dieser Provinz ist.

Die Stadt Servan ist sehr klein; aber ihr Gebiet hat einen reichen Ueberfluß an allen Arten von Früchten, die in der Provinz Segestan selten sind. Der persische Erdbeschreiber setzt diese Stadt in das dritte Clima.

Siah Arab, die schwarzen Araber. So werden die Negern von den Persern genannt, die die Araber selbst AlSudan nennen, welches Wort Schwarze bedeutet.

Siah Cueh oder Siah Kuh. Dieses Wort bedeutet im Persischen das schwarze Gebirge. Es ist der Name von verschiednen Oertern:

Der erste ist eine Kette von Gebirgen, die sich von der Wüste von Khorassan an, bis an das Land Ghilan erstreckt, das am caspischen Meere liegt.

Der zweite Ort, der den Namen Siah Kueh führt, ist eine Insel im schwarzen Meere, oder vielmehr im Palus Mäotides, an der Mündung des Duna oder Tanais,

Tanais, welche zu der Provinz gehört, die die Araber und andere Orientaler Khozar nennen, und die einen Theil von Rußland und von der kleinen Tatarei ausmacht.

AlBergendi ſchreibt in ſeinem ſechſten Clima, dieſe Inſel ſtoße an das Land Azat, welches das Land der Coſaken iſt. Daher iſt es ſehr wahrſcheinlich, daß ſowol dieſer Schriftſteller, als die übrigen orientaliſchen Erdbeſchreiber, den Dana für den Dnieper halten, welches der Boryſthenes iſt, an deſſen Mündung die Stadt liegt, die die Türken heut zu Tage Siah Cueh, und unſre Erdbeſchreiber Oziacu nennen. Uebrigens ſagt eben dieſer AlBergendi, die Stadt Aſſaf oder Aſſof ſey auf dieſer Inſel, welches ſich beſſer zum Tanais, als zum Boryſthenes ſchickt.

Siah Guſch. Das ſchwarze Ohr. Iſt der Name eines Thiers, das die Türken Caracual, in derſelben Bedeutung, und die Araber Foranek und Enak alardh nennen. Es iſt ohngefehr von der Größe und Dicke einer großen Katze, und hat nicht die mindeſte Aehnlichkeit mit einem Fuchſe, wie einige von unſern Reiſebeſchreibern haben verſichern wollen. Man ſagt, dieſes Thier ſey der Führer des Löwen, und es zeige ihm ſeine Beute, dafür aber auch der Löwe es Antheil an derſelben nehmen laſſe.

Siahi Zadeh [*). Ein Beiname des Mohammed Ben Achmed, der im Jahr der Hedſchr. 997 verſtorben, und Verfaſſer von demjenigen Buche iſt, das den Titel führt: Anmudhabſch alfonun. Dieſes Werk iſt voll vermiſchter Gelehrſamkeit. Denn es befinden ſich in demſelben Erklärungen von mehreren Stellen des Corans, von muſulmaniſchen Traditionen, von der Metaphyſik oder Scholaſtik, von Wurzeln und Aeſten des Muſulmaniſmus, vom Rechte, von der Philoſophie und von der Medicin.

Sianat alenſan men bſet almaaden v alnabat v alhaivan. Iſt der Titel eines Buchs, ohne Namen des Verfaſſers, welches von der Heilung aller Arten von Giften, von Mineralien, von Pflanzen und von Thieren handelt. Es iſt in der königlichen Bibliothek zu Paris unter Nr. 945.

Siaſſat fi tedbir alriaſſat? III. iſt der Titel eines Buchs, welches auch den Titel Serr alaſrar führt. Es iſt ein Werk über die Politik, in zehn Capitel oder Diſcurſe eingetheilt. Es wird dem Ariſtoteles beigelegt, der es für Alexander den Großen verfertigt haben ſoll.

Dieſes Buch, welches nichts anders als Ariſtotelis Politik zu ſeyn ſcheint, iſt von Jahia Ben Batrik aus dem Griechiſchen

Q 5

ins

---

*) Anſtatt Siahi Zadeh lies Spahi Zadeh. X.

ins Arabiſche überſetzt worden, und iſt in der königlichen Bibliothek zu Paris unter Nr. 918. befindlich. Siehe den Artikel Serr alaſtar.

Siaſſat alſcheriah ſi eſlah alrai v alraiat: iſt der Titel eines Werks über die Politik, auf die Grundſätze des moſaiſchen Geſetzes erbaut, und von Takieddin Ben Timiah verfaßt. Es iſt in der königlichen Bibliothek zu Paris unter Nr. 633. und 678. befindlich.

Dieſes Werk iſt für den Sultan Selim Khan von Pir Mohammed Ben Ali AlAſchik ins Türkiſche überſetzt worden. Dieſe Ueberſetzung iſt betitelt: Meradſch alamalek v menbadſch aladalet, und der Verfaſſer derſelben hat dem Texte des Ben Timiah noch zwei Capitel vom Kriege und von den Finanzen beigefügt.

Siaſſat ſi elm alfiraſſat: iſt der Titel eines Werks über die Phyſiognomie, verfaßt von Schamseddin Mohammed Ben Abi Thaleb, der im Jahr der Hedſchr. 738 verſtorben iſt.

Siaſſat almedinat: iſt der Titel eines Buchs, welches von der Policei einer Stadt handelt, und den AbulNaſr AlFarani zum Verfaſſer hat.

Siaſſat Almolk, ein Buch von der Politik, verfertigt von Abu Hamed Othman Ben Mohammed AlMauarhi. Dieſer

Schriftſteller hat im Jahr der Hedſchr. 450 gelebt.

Siaſſat ſi dhil Tarikh AlMiſchaburi. Dies iſt ein Supplement und eine Verbeſſerung des Tarikh AlMiſchaburi, verfaßt von AbulHaſſan Abbalgafer Ben Iſmail AlFarſi, im Jahr der Hedſchr. 519.

Siaſſerneva. Dies iſt Senherib, der König von Aſſyrien. Siehe den Artikel Senaſcherivs und Senharib.

Sibam und Siabam, das einige auch Schiabam ausſprechen. Dies iſt der Name einer Stadt in der Provinz Hadbaramut in Jemen oder dem glücklichen Arabien. Sie iſt von Tarim oder Teriar um eine einzige Tagereiſe entfernt, wie der Scherif AlEdriſſi im ſechsten Theile ſeines erſten Climas bemerkt hat.

Sibujeh, ein Beiname des Abu Baſchar Amru Ben Othman, Ben Canbar, AlFarſi, der der berühmteſte Grammatiker unter den Arabern geweſen iſt. Er war ein Freigelaßner, und erlernte die arabiſche Grammatik von Khalil, dem geſchätzteſten Grammatiker ſeiner Zeit, worauf er, unter AbulKhattab AlAkhfaſch die Beredſamkeit und die Rhetorik ſtudirt hat. Man ſagt, er habe den Beinamen Sibujeh und Sibui, welches im Perſiſchen den Geruch des Roſenapfels bedeutet, wegen der Schön-

Schönheit und der frischen Farbe seines Gesichts bekommen.

Sibujeh bekam einen großen
Streit mit Kessai, einem durch
seine Schriften berühmten Manne, in einer Gesellschaft, die bei
Jahia Ben Khaled AlBarmeki,
Vesir des Khalifen Harun Al-
Raschid, gehalten wurde, über
eine grammatische Frage, und
da der Gegenstand dieser Uneinigkeit bis zu den Ohren des Khalifen gelangte, so pflichtete dieser, der ein sehr gelehrter Mann
war, dem Kessai bei; so daß
Sibujeh überwunden und beschämt war.

Man versichert, Sibujeh habe blos um dieser Ursache willen
seinen Aufenthalt zu Irak verlassen, und sich nach Persien in
die Stadt Schiraz begeben, wo
er, dem Ben Schohnah zufolge,
im Jahr der Hedschrah 180 gestorben ist. Allein, wie Ben
Cassem versichert, ist er in Bei-
dha, einer nicht weit von Schiraz entfernten Stadt, gestorben.

Das grammatische Werk, das
Sibujeh hinterlassen hat, ist in
drei Theile abgetheilt, nemlich
in Assas, Ossul und Foru, das
heißt, die Fundamente, die Wurzeln und die Aeste. Uebrigens
empfand dieser Schriftsteller einen solchen Schmerz über den bösen Ausgang seiner Streitigkeit,
daß er auf seinem Todtenbette
verordnete, man solle sein Buch
mit ihm begraben, und es würde verlohren gegangen seyn, wenn
es nicht Akhfasch, der sein Lehrer in der Rhetorik gewesen war,

(III. 316)

seinem Erben, der es aus dem
Grabe, in welches es war gelegt
worden, holen ließ, für dreißig
Golddinare abgekauft hätte.

Der persische Erbbeschreiber
sagt, Sibujeh sey aus der Stadt
Esthekhar in Persien gebürtig gewesen, und man könne noch bis
auf den heutigen Tag sein Grabmal in der Stadt Schiraz sehen.
Er ist in seinem vierzigsten Jahre
gestorben, und wir haben noch
zwei kleine Werke über die arabische Grammatik von ihm, davon das eine den Titel Abiat Sibujeh, Verse des Sibujeh, und
das andere, Abniat alesna, die
Declinationen der arabischen
Wörter führt.

Sif albahr: ist der Name
der südlichsten Gegend von der
Provinz Fars, oder dem eigentlichen Persien. Sie begreift
mehrere Flecken und sehr große
Weideplätze in sich, obgleich die
Luft daselbst sehr heiß ist. Dies
berichtet der persische Erbbeschreiber.

Sigcan und **Sitschan.**
Diese beiden Wörter bedeuten
in der ältern sowol als neuern
türkischen Sprache eine Maus.
Das erste Jahr im Cyclus der
Mogolen oder orientalischen Türken und Januar führt diesen Namen. Tamerlans Geburt wird
mit dem Character dieses Jahres
bezeichnet.

Sihun, ist der Name desjenigen Flusses, den die Alten
Ja-

Jaxartes genannt haben. Die Araber nennen ihn gewöhnlich Nahar Khogend, den Fluß der Städte Schasch und Khogend.

Eben diese Araber nennen in ihrer Sprache die ganze Strecke Landes, welche zwischen den Flüssen Sihon und Gihon, welches der Bactrus oder der Oxus ist, liegt, die Provinz Mauaralnahar, das heißt, dasjenige, was jenseit des Stroms ist, und man versteht unter dem Oxus und Uara Al Sihun, Türkestan, weil dies jenseit des Sihon liegt. Damit wollen wir aber nicht sagen, daß nicht auch Türkestan oft mit Mauaralnahar verwechselt wird, und daß man nicht ohne Unterschied alle Länder jenseit des Oxus mit dem allgemeinen Namen Turan benennt. Siehe diese Artikel.

Achmed Ben Arabschah schreibt in seinem Akhbar Timur, das Land Uara Sihun, oder das Land jenseit des Sihon, begreife die Länder Moguls, von Getah und von Khatha gegen Osten, bis auf einen Monat Wegs jenseits von Mauaralnahar unter sich, und Tamerlan habe seinen Sohn Mohammed Solthan gesandt, daß er eine Stadt, Namens Dschabarab, mit einem sehr festen Schlosse, dessen Garnison in der Folge Streifereien sehr weit in den Orient hinein unternommen, erbauet habe. Siehe den Artikel Getah oder Gethah.

III. **Sikeran.** So nennen die
317 Araber diejenige Pflanze, die die Griechen Hyoscyamus, und die Lateiner Faba porcina, Saubohne, genannt haben, weil sie die Eigenschaft besitzt, daß sie berauscht und einschläfert: Eben diese Araber geben ihr auch den Namen Bendsch, so wie sie die Türken Benk oder Beng nennen; welchen Namen sie auch noch von einem andern Materiale brauchen, das aus den Blättern des Hanfes zubereitet wird, und dieselbe Wirkung hervorbringt. Siehe den Artikel Beng.

Von diesem Worte Sikeran, mag wol das bei den Griechen und Lateinern gewöhnliche Sicera herzuleiten seyn. Denn dieses bedeutet einen Trank oder ein Getränke, das berauschen kann. [Und dies alles kommt zuletzt ursprünglich vom Hebräischen שכר berauschen her.]

Sikir oder **Signir Nameh**, ist der Titel eines türkischen Buchs, welches von dem Schlagen und der plötzlichen Bewegung gewisser Nerven oder gewisser Muskeln des Körpers, das unvermuthet geschieht, gebraucht wird. Die Araber nennen diese Bewegung Ehtelabsch, und haben eine Art von Wahrsagerei erfunden, die auf diese Weise geschieht, daß man die verschiedenen Arten dieser Schläge oder plötzlichen Bewegungen beobachtet, und man hat Werke über diesen Gegenstand, die dem Thomthom Al Hindi, dem Euclides und dem Dschafer Sadik, einem

einem Imam aus Alis Nachkommenschaft, beigelegt werden.

Sila und **Sili:** ist der Name einer Insel im östlichen Ocean, die an den äußersten Enden von China, zwischen dem Aequator und dem ersten Clima liegt. So redet wenigstens Abdalmoal, in seiner persischen Erdbeschreibung, von ihr.

Hier muß man unter China alles das Land oder das Meer verstehen, das jenseit des östlichen Indiens liegt. Denn der Gebal Camorun oder das Cap Comorin scheidet China, in dieser Bedeutung genommen, von Jndostan.

Doch muß man auch bemerken, daß die Insel Serandib zu dem indischen Meere gerechnet wird, weil sie so nahe bei diesem Cap liegt, und weil das chinesische Meer, den Orientalern zufolge, erst bei der Meerenge von Bengalen, der jenseit der Insel Zeilan liegt, diesen Namen zu führen anfängt. Siehe den Artikel Zend oder Hind, nach dem Ebn Allardi.

Silencai und **Siluk:** ist der Name der ersten Stadt oder des ersten Wohnplatzes von Türkestan, wo Jlak, Türks Sohn, und Jafets Enkel, dem Emir Khuand schah zufolge, mit seinem Vater seinen Aufenthalt hatte. Siehe den Artikel Jlak.

Siméan Alsadik: Simeon der Gerechte. Der Tarikh Montekheb macht diesen Mann zu einem Nachfolger des Ozair oder Esra, in der Predigt des göttlichen Gesetzes.

Ebn Batrik sagt, Simeon der Gerechte, der Christum auf seine Arme genommen, sey einer von den siebenzig Gesetzgelehrten gewesen, und Gott habe ihm sein Leben darum verlängert, weil er sich nur mit Mühe bei den Weissagungen, welche den Messias betrafen, habe beruhigen können. Siehe den Artikel Schimeun.

Siméan Alhabis: Simeon, der Eingeschloßne. Dieser heilige Simeon, dem alle Araber den Beinamen Saheb alomud gegeben, und den die Griechen den Styliten genannt haben, weil er in einer auf eine Säule gesetzten und unbedeckten Hütte, die in Gestalt einer Kanzel zum Predigen eingerichtet war, seinen Aufenthalt hatte. Diese Säule war in dem Gebiete von Antiochien, an einem erhabenen Orte, aufgerichtet, der die Ebene von Antiochien nach Osten hin begränzt, und den Namen Algebal Almoageb führt. Er hat IH. unter dem Kaiser Marcian gelebt.[318]

Simia. Dies ist der Name, den die Araber einem Theile der Chymie, in ihrer weitläuftigsten Bedeutung genommen, geben. Denn Chymie, oder Kimia, wie es die Araber aussprechen, kommt von dem griechischen Worte Χυμία und dieses

von

von Χυμος her, welches Saft bedeutet, und dies giebt deutlich genug zu verstehen, daß sich die eigentlich so genannte Chymie blos mit den Säften und Bestandtheilen der Pflanzen beschäfftigt, und daß sie nur in einem weitläuftigern Verstande die Zubereitung der Mineralien und Metalle, die die Araber mit einem besondern Namen Simia benennen, mit unter sich begreift.

Der Ursprung des Worts Simia ist von den arabischen Wörtern Sam und Samat herzuleiten, welche Wörter die Gold- und Silberadern bedeuten, die in den Gruben anzutreffen sind, und die Erfindung derselben schreiben die Orientaler sowol, als die Griechen, einem Ammonius zu, den die Araber eben so nennen, zu, gerade so wie die Erfindung der eigentlichen Chymie von ihnen dem Chiron dem Centauren, der der Lehrer und Führer des Achills war, beilegen.

Wenn die Araber und übrigen Orientaler von der Chymie überhaupt, und von den wunderbaren Wirkungen, die sie hervorbringt, reden, so verbinden sie immer diese beiden Wörter Kimia und Simia miteinander, um darunter alle die Operationen zu begreifen, die durch Hülfe des Feuers an Thieren sowol, als an Pflanzen, und an Metallen sowol, als an Mineralien, vorgenommen werden.

Uebrigens giebt es bei den Arabern noch eine andere Kunst, die sie auch Simia nennen, und welche nicht an den Mineralien angewendet wird, sondern die Namen und Zahlen zum Gegenstande hat, mit welchen man eine Art von Wahrsagerei treibt, und das auf eben die Art, wie man noch eine andere ähnliche mit Puncten und Linien, durch Hülfe der Punctirkunst, hat; und diese Art von Simia hat ihren Ursprung und ihre Benennung von dem Worte Sim und Ism, welches einen Namen bedeutet.

Diese Wissenschaft der Namen überhaupt geht noch viel weiter, weil sie auch die Kenntniß der Namen der Geister und ihrer Anrufung in sich begreift, und in dem Buche, Ketab alanuar, das Buch der Aufklärung, betitelt, befinden sich acht und zwanzig Alphabete von der Simia, die zur Verfertigung der Talismane dienen, durch welche man die Geister und ihre Kräfte an sich zieht, und die man zu verschiedenen abergläubischen Zwecken anwendet, so daß diese Wissenschaft folgendergestalt definirt zu werden pflegt: Elm alaruak alolujah v estenzal cauaha leentefaa beha, die Kunst, die höhern Geister zu erkennen, und ihre Kräfte auf uns herabkommen zu machen, um dadurch alles, was wir begehren, zu erhalten. Man theilt sie in drei Theile, nemlich: Targi, Thelsem und Salharuns. Siehe die Kimia und Simia des Ben Cassem AlCorthobi.

In der königlichen Bibliothek zu Paris ist unter Nr. 1012. ein

ein Buch befindlich, welches betitelt ist: Scherassin Al-Hendiah fi elm AlSimia, und unter Nr. 1004. die fünfte Abhandlung desjenigen Buchs, welches betitelt ist: Cabs alanuar v dschame alasrar. Dies sind eigentlich zwei Bücher von der Theurgie, oder Anrufung der Geister.

Simorg. Dieses persische Wort bedeutet eigentlich denjenigen fabelhaften Vogel, den wir Greif nennen, und der aus dem Oriente zu uns gekommen ist. Denn die Juden thun im Thalmud eines ungeheuren Vogels Erwähnung, den sie Jukhneh und Ben Jukhneh nennen, von welchem die Rabbinen tausenderlei Abenteuer erzählen, und die Mohammedaner sagen, der Simorg sey auf dem Gebirge Caf zu finden.

III. Sadi, ein ernsthafter Schrift-
319 steller, der den Bostan geschrieben hat, sagt übrigens, wenn er die Vorsehung und die prachtvolle Freigebigkeit Gottes gegen seine Geschöpfe rühmen will, in seiner Vorrede zu diesem Werke, Gott habe einen Tisch von einer so großen Länge zur Ernährung und Erhaltung aller seiner Geschöpfe aufgestellt, daß der Simorg auf dem Berge Caf, ob er gleich von ungeheurer und erschrecklicher Größe sey, doch zu seiner Nahrung genug daran finden würde.

Simorg anka. Dies ist auch ein Name des Vogels Si-

morg. Die Orientaler sagen in ihren Romanen, dieser wunderbare Vogel sey vernünftig, denn er rede mit denjenigen, die ihn fragen, und in dem Caherman Nameh, oder der Geschichte des Caherman, lesen wir die Rede, die er an diesen Helden gehalten hat, in welcher er sagt, er habe mehrere Reihen von Jahrhunderten und von Geschöpfen, die vor dem Zeitalter des Adams schon ihr Daseyn gehabt haben, durchlebt. Siehe den Artikel der präadamitischen Solimans.

Simrah, ist der Name einer Stadt, welche von der Königin von Persien, Homai, einer Tochter des Bahaman, ist erbauet oder angelegt worden. Der Verfasser des Lebtarikh sagt, diese Stadt habe auch den Namen Semrem oder Semirem geführt, und es sey eben diejenige, die wir heut zu Tage Dscharbadikan nennen.

Sin. So nennen die Araber das Land, das bei uns China heißt, und daher haben die Lateiner die Chineser Sinae und das Land China Sinarum regio genannt. Allein die Perser, so wie andere Orientaler, nennen es Tschin, und sagen, es habe dieses Land seinen Namen von einem von Jafets Söhnen bekommen. Man vergleiche dasjenige, was Emir Khuand schah, den man gemeinhin Mirkhond zu nennen pflegt, in dem Geschlechtsregister des Singhizkhan davon sagt.

Tschin

Tschin oder Sin war der älteste Sohn des Jafet, eines
Sohns Noah, und war der fä-
higste unter allen seinen Brüdern,
so wie er auch das beßte Erbtheil
hatte. Denn sein Vater gab ihm
das große Land zu seinem Antheile, das seinen Namen von
ihm erhalten hat, und das wir
heut zu Tage China nennen.

Er war derjenige, der seine
Söhne die Mahlerei, die Bild-
hauerkunst und die Kunst, die
Seide so zuzubereiten, daß daraus
mehrere Arten von Seidenstoffen
verfertigt werden können, gelehrt
hat; mit einem Worte, man
behauptet, daß der größte Theil
derjenigen Werke, welche noch
heut zu Tage in China bewundert
werden, und aus welchen alle
Fremde so großes Wesen machen,
von seiner Erfindung sey.

Tschins ältester Sohn war
Matschin, von welchem wir bereits
unter seinem eignen Artikel geredet haben. Hier mag es genug
seyn, blos zu bemerken, daß,
wenn die Orientaler von China
überhaupt reden, sie es Tschin
und Matschin nennen, gerade
so, wie sie sich, wenn sie die
ganze Tatarei nennen wollen, der
Ausdrücke Jadschudsch und Madschudsch bedienen, welches Gog
und Magog in der Bibel sind.
Doch giebt es Erdbeschreiber,
welche behaupten, man müsse
unter dem Worte Tschin das
nördliche China, welches mehrere
für einerlei mit Khatha oder
Khathai halten, und unter dem
Worte Matschin, das mittägige

China, mit Einschließung von
Cochinchina, Tunkin, und des
Reichs Anan, nebst den Reichen
Siam und Pegu, verstehen.

Dieses nördliche China wird
auch von den Orientalern Khotan, und die allernördlichste Tatarei der Cara Khotan, der
schwarze Khotan, genannt, wegen
der Dicke seiner Wälder, und der
neblichten und mit Reifen ange-
füllten Luft, die es umhüllen.
Siehe die Artikel Khatha und
Khotan.

Die alten Geschichtschreiber
von Persien sagen, Feridun, ein
König aus der ersten Dynastie,
welche die Pischdadische genannt
wird, habe seinem Sohne Tur
China und Türkestan zu seinem
Antheile gegeben, und ihm den
Titel Fagfur beigelegt, der den
Königen dieses Landes eben so,
wie der Titel Pharao den egyptischen zum Erbtheile geblieben ist.

Ebn Alwardi schreibt in seinem III.
Buche, Kheridat aladschaib be- 320
titelt, nach dem Berichte des
Abu Ischak Ibrahim, mit dem
Beinamen Alhageb, sey die
Breite des Landes China, wenn
man sie von dem Eingange der
Meerenge von Bengalen bis zu
dem Lande der Musulmanen in
Mavaralnahar rechnet, ein
Strich von drei Monaten Weges, und die Länge desselben
müsse von dem östlichen Weltmeere an bis dießeits von Thobot
oder Thebet genommen werden,
welches einen Weg von vier ganzen Monaten ausmacht. Dieser
Abu

Abu Jschak, der auch den Beinamen Ebn Al-Meskin Alfarsi führt, war einer von den vornehmsten Bedienten eines Königs von China unter der Dynastie der Fürsten aus dem Hause des Gingbizkhan, und derjenige, der seinem Herrn den Rapport abstattete, daß er in dem ganzen chinesischen Lande, eben so wie in Indien, durch welches er zurück kam, weder Feigen, noch Trauben, noch Oliven angetroffen habe.

Eben dieser Schriftsteller, und so auch der persische Erdbeschreiber, sagt, die Stadt Khancu sey die Hauptstadt des Landes, und der Fagfur habe daselbst seine Residenz. Doch nennt er auch noch eine andere beträchtliche Stadt in diesem Lande, Schandschu und Zitun, welche andere Schriftsteller für die Haupt- und Residenzstadt halten, und der Scherif AlEdrissi schreibt, Khancu und Dschancu seyen die vornehmsten Städte von China, so wie auch diejenige, die er Lufin nennt. Aber Abulfeda sagt, es gebe wirklich mehrere große Städte in diesem Lande, aber ihre Namen seyen ihm noch nicht bekannt geworden, so wie auch die arabischen Erdbeschreiber, die vor ihm gelebt hatten, keine Kenntniß von denselben hätten.

Inzwischen befindet sich in den geographischen Tafeln des Nassireddin und des Ulug Beg die Stadt Pandschu, als der Hauptsitz der Könige von China, unter der Länge von 130 Graden, und

Orient. Bibl. 4. B.

24° 15' nördlicher Breite. Und eben der Abulfeda, den wir anführen, setzt Khanbaleg in das Land Khatha, welches das nördliche China ist, unter dem 144sten oder 124sten Grad der Länge, und unter dem 35 oder 46sten Grad der nördlichen Breite. Siehe auch den Artikel Namkink, eine Stadt von China, und Khatha oder Khathai.

Der Emir Khuandschah sagt in der Genealogie des Gingbizkhan, es sey ein König aus dem Geschlechte des Tatar gewesen, der in China in den Zeiten des Oguzkhan regiert habe: und Khakan, König von Khatha, oder dem nördlichen China, habe seine Truppen mit Afrasiab seinen gegen den König von Persien Caikhosru vereiniget. Eben diese Chineser leisteten auch dem Caidukhan gegen diejenigen Völker, welche Dschalair genannt werden, Hülfe. Siehe den Artikel Caidu.

Dieses große Land ward von den Mogolen oder Tataren des Gingbizkhan, unter Coblai Caan, verschlungen. Gingbizkhan und seine Nachfolger Coblai Caan, Arik Buga, sein Bruder Barakkhan, und noch andere, hatten es bis ohngefehr ums Jahr der Hedschr. 700, welches das Jahr Christi 1300 ist, im Besitz.

In dem Artikel Tamgadsch ist der großen chinesischen Mauer Erwähnung geschehen, auch kann man noch dasjenige, was bereits im Artikel Sedd Jadschudsch ist gesagt worden, nachsehen.

R   Die

Die Zerstreuung der Juden in China, und der Rückzug, den die Manichäer nach dem gräßlichen Tode ihres Propheten Manes aus demselben gemacht haben, können in den Artikeln Jahud und Baharam nachgelesen werden.

Die Araber nennen in ihrer Sprache die porcelanenen Gefäße Sauani, welches Wort von Sin abstammt. Aber die Türken nennen sie auch, außer dem Namen Tschini, den sie ihnen geben, Fagfuri, welches Wort von Fagfur ist gemacht worden, das der Titel der Könige von China ist, wie wir bereits oben gesehen haben. Und wenn die Perser eine Beschreibung von einem sehr aufgeputzten und wohl meublirten Orte machen wollen, so pflegen sie ihn gemeiniglich Khaneh Tschini zu nennen, welches soviel heißt, als ein chinesisches Haus.

III. *321* Der Verfasser des Humajun Nameh, welches das Buch Kalilah und Damnah ist, sagt, Homajunfal sey vormals ein mächtiger König von Tschin und Matschin gewesen, der sich im ganzen Oriente furchtbar gemacht habe, und sein Vesir Khogesteh Rai sey derjenige gewesen, der ihm dasjenige erzählt habe, was zwischen Dabschelim und Bidpai vorgegangen sey. Obgleich diese Geschichte fabelhaft scheint, so giebt sie doch die Achtung und Verehrung zu erkennen, in welcher die Chineser in den Zeiten des persischen Königs Nu-

schirvan gestanden sind. Auch sieht man aus eben dieser Erzählung, daß die Chineser den größten Theil der Wissenschaften von den Indiern bekommen haben, welches durch das Leben des Confutsi bestätigt wird, aus welchem erhellet, daß dieser große Lehrer der Chineser von den Bramenen oder indischen Lehrern in der Philosophie war unterrichtet worden.

Sina und Sinai: ist der Name des Gebirges, das die Araber Thur nennen, und Thur Sina ist der Berg Sinai. Eben diese Araber nennen es auch zuweilen Sinein, welches der Dual von Sina ist, und eben soviel bedeutet als die beiden Sinai, weil dieses Gebirge zwei abgesonderte Spitzen, nemlich den Horeb und den Sina hat.

Dieses Gebirge, welches zwischen Arabien und Syrien liegt, steht auf den Ufern des rothen Meeres, da wo noch heut zu Tage ein Flecken, Thur genannt, befindlich ist, den wir den Thor, nach dem Namen des Berges, nennen, und von welchem ihn der arabische Meerbusen erhalten hat, der oft von den Orientalern das Meer von Thor genannt wird, so wie er auch das Meer von Sues heißt, und das von einer andern kleinen Stadt, die nicht weit davon entfernt ist, und welche heut zu Tage wegen ihres Hafens weit ansehnlicher als Thor ist.

Der

Der Berg Sinai wird von
den Musulmanen als der edelste
von allen Bergen gerühmt, und
mit einer ganz besondern Ehrfurcht betrachtet, wegen des göttlichen Gesetzes, das auf demselben ist bekandt gemacht worden.
Man muß hierüber die Artikel
Mussa und Tauriat vergleichen.

Auf diesem Berge ist ein Kloster befindlich, welches von griechischen Mönchen bewohnt wird,
die vormals weiter nichts als einen Thurm hatten, der in der
Nähe von Mosis brennendem Bu-
sche erbauet war. Da sich diese
Mönche den Ueberfällen der Araber ausgesetzt sahen, die alle
Nahrungsmittel, welche sie bei
ihnen fanden, ja sogar das ge-
weihete Brod im Abendmahl, auf-
zehrten, so baten sie den Kaiser
Justinian, daß er ihnen ein wohl-
verwahrtes Closter möchte erbauen lassen, das sie gegen die
Angriffe der Araber in Sicherheit setzte. Der Kaiser bewilligte ihnen ihre Bitte. Allein man
sagt, er habe den Baumeister,
der diesen Ort zum Closter, wegen der Nachbarschaft des brennenden Busches, und wegen der
Bequemlichkeit des Wassers ausgewählt hatte, hinrichten lassen.

Man giebt diesem Closter und
dem Berge selbst den Namen der
heiligen Catharine, wegen einer
im Lande allgemeinherrschenden
Tradition, daß der Leichnam dieser Heiligen von den Engeln hieher sey getragen worden.

Sina. Abu Ali Hussain Ben
Abdallah, Ben Sina AlScheikh,
AlReis. Dies ist der Name eines großen Philosophen und Arztes, den die Musulmanen gewöhnlich Ebn Sina, die arabi-
sirenden Juden Aben Sina, und
wir Abendländer Avicenna nennen. Er ist in der Stadt Bokhara, in der Provinz Transoxanien, im Jahr der Hedschr.
370 gebohren worden, und in
der Stadt Hamadan im Jahr
428, in einem Alter von acht und
funfzig Jahren verstorben.

Ben Schohnah schreibt, er habe in seinem zehnten Jahre die
Elemente des Euclides, und den
Almagest des Ptolemäus, studirt,
und habe nur acht Jahre mit der
Erlernung der Arzneikunst, und
mit dem Durchlesen aller der
Schriftsteller, die vor ihm über
diese Kunst geschrieben hatten,
zugebracht. Aber unter allen
Lehrern, deren Werke er gelesen
hatte, erklärte er nur den einzigen AlFarabi für seinen Lehrer.
Daher klagt AlGazali, in seinem III.
Buche, Menkedh men aldhelal, 322
das heißt, Verwahrungsmittel
gegen den Irrthum, sowol den
AlFarabi als Ebn Sina an, sie
seyen auf einen sehr gottlosen
Weg gerathen, weil sie sich mehr
mit Befolgung der Meinungen
der Philosophen, als der Grundsätze und Maximen des Corans
abgegeben hätten. Inzwischen
sagt doch auch eben dieser Ben
Schohnah, es hätten mehrere
musulmanische Lehrer behauptet,
Avicenna sey gegen das Ende seines

R 2

nes Lebens auf den gu= Weg
zurückgekehrt.

Der Verfaſſer des Nighiari=
ſtan erzählt, als Mahmud, der
Sohn des Sebekteghin, der der
erſte Sultan aus der Dynaſtie
der Gazneviden war, erfahren,
daß ſich an dem Hofe des Kö=
nigs von Khuarezm, Mamon,
mehrere Perſonen von Verdienſte
befänden, die in verſchiedene Fä=
cher der Wiſſenſchaften abgetheilt
wären, unter denen auch Abu
Ali Ebn Sina befindlich ſey, ſey
dieſer Monarch neugierig gewor=
den ſie zu ſehen, und habe zu
dem Ende mehrere Eilboten an
Mamon geſchickt, und ihn bit=
ten laſſen, daß er ſie doch nach
Khoraſſan zu ihm ſchicken möchte.

Viele von dieſen Gelehrten er=
füllten den Willen des Sultans.
Aber Avicenna weigerte ſich be=
ſtändig auf das nachdrücklichſte,
zu ihm zu gehen. Endlich aber
mußte er doch mit den übrigen
Mamons Hof verlaſſen, und
mit ihnen a b r e i ſ e n. Allein
ſtatt ſeinen Weg nach Khoraſſan
zu nehmen, nahm er ihn nach
Dſchordſchan.

Als der Sultan Mahmud den
Avicenna nicht mit den übrigen
an ſeinem Hofe ankommen ſah,
ward er über ſeine Hartnäckig=
keit ſehr aufgebracht, und ſchick=
te daher Zeichnungen von dieſem
Philoſophen an mehrere Orte,
damit er, falls er erkannt wer=
den würde, auf dem Wege könn=
te gefangen genommen werden.
Allein dies war vergeblich; denn
er war ſchon in der Caravanſera
oder dem öffentlichen Wirthshauſe
der Stadt Dſchordſchan ange=
kommen, wo er wundernswür=
dige Curen verrichtete.

Cabus, der dazumal in dem
Lande Dſchordſchan regierte,
ward die Nachricht von einem
Unbekannten, der die Arzneikunſt
mit ſo vielem Glücke ausübe,
hinterbracht, daher er ihn rufen
ließ, daß er einen Neffen, den
er ganz beſonders liebte, und der
damals zu Bette lag, und mit
einer Krankheit befallen war,
welche kein Arzt des Landes hatte
erkennen können, beſuchen ſollte.
So wie Avicenna den Puls des
Kranken gefühlt und ſeinen Urin
beſehen hatte, fällte er ſogleich
das Urtheil, ſeine K r a n k h e i t
müſſe von einer unmäßigen Liebe
veranlaßt ſeyn, die in ſeinem
Herzen verborgen ſey, und die
er dem Könige, ſeinem Oheime,
nicht zu offenbaren ſich getraue.
Um ſich hiervon noch mehr zu ver=
gewiſſern, ließ er, während daß
er den Puls ſeines Kranken un=
terſuchte, den A u f ſ e h e r des
Pallaſtes rufen, und bat ihn,
daß er ihm alle Theile und alle
Zimmer von dieſem ſchönen Hau=
ſe nennen möchte, und als er
ihm nun ein gewiſſes Zimmer ins=
beſondere nannte, merkte er eine
viel größere Bewegung bei ſei=
nem Kranken. Nun ließ er ſich
alle Perſonen, die auf dieſem
Zimmer wohnten, nennen, und
da machte der Puls des Kran=
ken, als er den Namen von ei=
ner dieſer Perſonen hörte, eine
ſo außerordentliche Bewegung,
daß

daß nun Avicenna gar nicht mehr zweifelte, es müßte die Liebe dieser Person seyn, die den Kranken in die äußerste Gefahr, in welcher er sich befand, gebracht habe, worauf er den Ausspruch that, das einzige Mittel, ihn zu heilen, sey, daß man ihm die Person, die er liebe, gäbe.

Als Cabus von dieser Entdeckung benachrichtigt wurde, ward er begierig, den Arzt seines Neffen zu sehen, und da er eins von den Gemählden bekommen hatte, die der Sultan Mahmud aller Orten hin geschickt hatte, so erkannte er ihn sogleich für denjenigen, der er war, und machte ihm viele Schmeicheleien und Geschenke, ohne ihn zu nöthigen, daß er sich zum Sultan Mahmud begeben sollte.

III. Eben dieser Verfasser des Nighiaristan sagt auch, als dieser Philosoph sein Buch, Ketab almanthek betitelt, ein Werk über die Metaphysik und Logik, herausgegeben habe, so hätten die Gelehrten in der Stadt Schiraz, die es mit vieler Aufmerksamkeit durchgelesen, eine Sammlung von Schwierigkeiten oder Einwendungen aufgesetzt, die sich gegen Avicennas Lehrsätze machen ließen, und hätten ihm solche nach Ispahan geschickt, wo er damals seinen Aufenthalt hatte.

AbulCassem Kermani übernahm das Geschäffte, sie ihm zu überbringen, langte aber erst gegen Abend in der Stadt an. Demohngeachtet aber begab er sich noch zu ihm, und blieb lange

in die Nacht hinein .... Zeit zum Sch....ngehen war, bei ihm .... entfernte sich Avicenna, und faßte den Entschluß, die Einwürfe der Schirazier, noch ehe er sich zur Ruhe begeben würde, zu beantworten, daher er die ganze noch übrige Nacht an dieser Antwort mit einer solchen Anstrengung arbeitete, daß er sie sogleich am folgenden Tage in aller Frühe dem AbulCassem einhändigte, wobei er ihm sehr artig sagte: Ich habe mit Verfertigung dieser Antwort geeilt, um den Courier nicht aufzuhalten. Die Gelehrten zu Schiraz waren mit Avicenas Beantwortung ihrer Einwürfe so zufrieden, und erstaunten über den Fleiß, mit welchem er sie abgefaßt hatte, so sehr, daß die gute Meinung und die große Hochachtung, die sie für seine Fähigkeiten hatten, gar sehr vermehrt wurden.

Es findet sich diese Antwort nicht in der Sammlung, die von Avicennas Werken gemacht und zu Rom in der Druckerei de Medicis ist gedruckt worden, und die Abhandlung über die Logik, welche in derselben befindlich ist, scheint nur ein Auszug aus dem ganzen Werke zu seyn, das Avicenna darüber verfertigt hat.

Avicenna hat sein Leben selbst beschrieben; aber der Doctor Dschordschani hat es uns viel weitläuftiger geliefert. Er sagt, Ebn Sina sey erster Leibarzt, und darauf Vesir bei Madschdaldulat, dem Sultan aus der Familie der Buiden, gewesen; allein er

...wurde entsetzt worden, weil er dem ___ und den Weibepersonen sehr ergr___ ___wesen. Gegen das Ende seines Lebens wurde er vom Glücke sehr mißhandelt, und genöthigt, seinen Wohnplatz öfters zu verändern, um sich in Sicherheit zu setzen. Auch ward er von vielerlei Krankheiten heimgesucht, besonders von der Colik, so daß ein Dichter, von welchem sein Epitaphium herrührt, gesagt hat, seine Bücher von der Weisheit, oder von der Philosophie, hätten ihn nicht die guten Sitten, und seine Bücher von der Medicin nicht die Kunst, seine Gesundheit zu erhalten, gelehrt.

Das große Werk des Avicenna ist dasjenige Buch, das den Namen Canun führt, über welches fast alle Aerzte, die ihm gefolgt sind, geschrieben haben. Aber man muß hierüber den Artikel Canun nachsehen, und was seine übrigen Werke anlangt, wie diese sind gesammlet und gedruckt worden, da ist unnöthig, mehreres darüber zu sagen.

[Es giebt eine Menge Unrichtigkeiten und alte Fabeln von diesem Philosophen, die man in vielen Werken immer wieder von neuem aufzuwärmen bemüht gewesen ist. D'Herbelot selbst hat noch einige davon geglaubt, wie man aus diesem Artikel sieht. Leo der Africaner ist in seinem Buche: Vitae Arabum, ähnlichen Irrthümern ausgesetzt gewesen.

Wir wollen hier einige besondere den Avicenna betreffende Umstände, beifügen, so wie sie sich in dem Werke des Abu Oseibah, und in dem Raubh alAthiar befinden.

Er ist zu Bokhara, nicht aber zu Hamadan, im Anfang des Jahrs der Hegire. 370 gebohren; also gegen das Ende des Jahrs 980 der christlichen Zeitrechnung. In einem Alter von achtzehn Jahren beschloß er seine academische Laufbahn, kannte die erhabensten Wissenschaften, und hatte bereits die schwersten Werke der alten Philosophen durchgelesen. Als er ein und zwanzig Jahre alt war, fing er an, den Kitab Al-Hosel Val Mahsul zu verfertigen, ein System aller Wissenschaften, und Werk in zwanzig Bänden. Anfangs hielt er sich in Dschordschan und Bilan auf, wo er den größten Theil seiner Werke ausgearbeitet hat. Darauf begab er sich an den Hof des Schamsoddaulah, Fürsten von Hamadan, wo er zum Vesir, wider seinen Willen, ernannt wurde. Die Pflichten dieses Amtes erfüllte er aber so schlecht, daß er ins Gefängniß geworfen wurde. Inzwischen kam er doch wieder los, und ward zum zweitenmal zum Vesir ernannt. Da man entdeckte, daß er eine schriftliche Correspondenz mit dem Fürsten von Ispahan, Alaabhaulah Ibn Cacujeh, der ein Feind von seinem Herrn war, unterhielt, ward er aufs neue arretirt. Nach Verlauf von vier Jahren war er so glücklich, daß er sich durch die Flucht rettete. Sein neuer Herr,

Herr, der Fürst Alaaddhaulah nöthigte ihn, daß er ihn öfters bei seinen Kriegsunternehmungen begleiten mußte. Diese häufigen Reisen, verbunden mit Ausschweifungen in Ergötzungen und mit Völlerei, zogen ihm eine Krankheit zu, an der er, in seinem drei und funfzigsten Jahre, im Jahr der Hedschrah 428 seinen Geist aufgab.

Sein Leben ist von seinem treuen Gesellschafter, Abu Obaid AlDschordschani, oder Sorsani, wie einige zu sprechen pflegen, beschrieben worden. Eine lateinische Uebersetzung von dieser Lebensbeschreibung ist vor seinen Werken befindlich. Er führte den Titel: Rajis alAthebai, der vornehmste Arzt; daher nennt man ihn zuweilen schlechtweg Rajis. Diese Benennung hat einige auf die Gedanken gebracht, daß er ein Fürst gewesen sey, weil das Wort Rajis, welches einen solchen, der in seiner Kunst oder in seiner Profession groß und vorzüglich ist, bedeutet, auch einen Fürsten anzeigt. (Denn رأس Ras ist 1) Haupt 2) Oberhaupt.)

Es giebt fast keine Wissenschaft, über welche er nicht eine Abhandlung geschrieben hat, wie man wenigstens vorzugeben pflegt. Da man einstmals seinen Stil critisirte, weil er sehr nachlässig war, so legte er sich drei ganzer Jahre lang auf das Studium der arabischen Sprache: und machte in derselben solche Fortschritte, daß er ein arabisches Wörterbuch in zwanzig Bänden verfertigte, dem man unter denen damals bekandten keins an die Seite setzen konnte. Weil er es aber nicht abschreiben ließ, und nach seinem Tode niemand zu finden war, der es entziffern konnte, so ist es verlohren gegangen. Auch hat er gar vieles für seine Freunde geschrieben, das nie ins Publicum gekommen ist. Unter den Werken, welche von ihm ans Licht getreten sind, ist der Kitab AlCanun, Canon Medicus, der arabisch zu Rom ist gedruckt worden. Seine zwei Bücher, von denen das eine AlSchafa, die Heilung, in achtzehn Bänden, und das andere AlRadschat, die Befreiung betitelt ist, haben ihm viele Widersprüche und Zänkereien zugezogen. In dem erstern hat er die Philosophie des Aristoteles vorgetragen. In demjenigen Buche, welches Hekmat alMoschrakijab, oder orientalische Weisheit betitelt ist, hat er viel freier philosophirt. Seine Moral, unter dem Titel: Kitab AlBerri und alIthmi, bestand aus zween Bänden. Sein Kitab AlInsaft, von der Gerechtigkeit, handelt ohne Zweifel von derselben Materie. Als er eben dieses Werk derjenigen Person, der er es dedicirt hatte, überreichen wollte, entstand plötzlich eine Bewegung oder ein Tumult in dem Lager der Armee, worüber er es verlohr, ohne daß es jemals wäre wiedergefunden worden. R.]

Sinan AlMadschuschi: Sinan der Mager. Ist der Name eines Mannes, der sich zum Haupte einer Partei in der Provinz Khorassan aufwarf, sobald er hörte, daß der Khalife Abu Dschäfar AlMansor seinen Freund Abu Moslem habe tödten lassen.

Er sah sich in sehr kurzer Zeit an der Spitze von hunderttausend Mann, die sich fast alle zum Magismus, welches die alte Religion der Perser war, oder zur Tenassukhiah, der Lehre des Abu Moslem, welche eigentlich die Seelenwanderung ist, bekannten, und schlug mit seinen Truppen die ganze Macht, die ihm die Gouverneure und Officiere des Khalifen in Khorassan entgegen stellten, und machte sich Meister von der Stadt Herat.

Als aber dieser Mensch die Verwegenheit hatte, mit seinen zusammengerafften Truppen zu einem förmlichen Treffen vor einer disciplinirten und zum Kriege geübten Armee zu erscheinen, die der Khalife AlMansor dem Dschamhur Ben Morad anvertraut hatte, um diesen Rebellen zum Gehorsam zu bringen; wurde er auf das Haupt geschlagen, und verlohr die großen Schätze, die Abu Moslem bei seinem Tode hinterlassen, und deren er sich bemächtigt hatte.

III. Nach dieser Niederlage sah
334 sich Sinan gezwungen, nach Thabarestan zu fliehen, und Azbeid,

ben Fürsten dieses Landes, um seinen Schutz anzuflehen. Allein hier fand er seinen Tod. Denn Azbeid ließ ihm den Kopf abschlagen und überschickte ihn sogleich dem Khalifen. Khondemir setzt diese Begebenheit in das Jahr der Hedschrah 157. Siehe die Artikel Senan AlMischaburi und Giamhur.

Sinan Pascha.

Sinan Bassa: ist der Name eines Generals des türkischen Sultans, Selim des Zweiten *), der ein großes Treffen gegen die Mamluken in Egypten, in der Nachbarschaft der Stadt Gazah in Syrien gewann, und in demjenigen Treffen, das Selim in eigner Person lieferte, und gegen Thomam Bai gewann, sein Leben verlohr.

Sinan Pascha.

Sinan Bassa: ist der Name eines Großvesirs des türkischen Sultans Amurat des Dritten, der von den Spaniern Tunis und Gulette wieder eroberte. Er war ein Renegat und von Geburt ein Florentiner, oder nach andern ein Meiländer, aus dem Hause der Visconti. Seiner Würde als Großvesir wurde er entsetzt, weil er in dem Kriege unglücklich war, den er gegen den König von Persien, Mohammed Khodabendeh, führte, und weil er dem Sultan .nem Herrn vorgestellt hatte, daß man einem Sultan einen andern

*) [Lies: Selim des Ersten, anstatt des Zweiten. R.]

dern Sultan entgegenstellen, das heißt, daß er selbst in eigner Person an der Spitze seiner Armeen marschiren müsse.

Siehe die Artikel Senan.

Sind. Siehe den Artikel Send.

Sinf. Siehe den Artikel Senf.

Singhin und **Singun** adalar. Die Inseln der Niederlage. So nennen die Türken in ihrer Sprache diejenigen Inseln, die die Alten Echinaden genennet haben, und die bei den Italienern le Isole Curzolari heißen; sie liegen an dem Eingange der Meerenge von Patras oder Lepanto. Die Türken geben ihnen diesen Namen wegen des Verlustes, den sie hier in dem Treffen von Lepanto, welches in der Nähe von diesen Inseln vorgefallen ist, erlitten haben.

Sini. Mahmud Ben Sini: ist der Name eines Schriftstellers, der im Jahr der Hedschr. 855 gestorben ist. Wir haben von ihm das Buch, welches Dorar alfakherat, die kostbaren Steine, betitelt ist, und das eigentlich nichts anders, als ein Commentar über dasjenige Buch ist, das den Namen Bahr alzakher führt.

Sinud und **Sinod.** Die Türken bedienen sich dieses Worts, das sie von den Griechen bekommen haben, um ein christliches Concilium oder Synode damit zu bezeichnen.

Sir. So nennen die Indier in der malayischen Sprache dasjenige, was die übrigen Einwohner eben dieses Landes Batra, und die Araber Tenbul nennen. Bei uns wird es im gemeinen Leben Betle genannt. Siehe die Artikel Batra und Tenbul.

Sir und **Seir:** ist der Name einer Stadt der Curden, in der Nachbarschaft von derjenigen Stadt, die den Namen Schehezur oder Scheherzur, wie wir sie zu nennen pflegen, führt. Als die Einwohner dieser Stadt den Mohammedismus und die Secte der Schiiten oder Aliden angenommen hatten, griffen sie ihre Nachbarn von eben der Nation an, plünderten und verbrannten ihre Stadt. Dies ist im Jahr der Hedschr. 341 geschehen.

Siref und **Seiref:** ist der III. Name der allersüdlichsten Stadt 325 von Persien, welche den arabischen Tafeln zufolge, unter dem 29sten Grade der nördlichen Breite, und unter dem 88sten Grade der Länge, liegt. Der Commentar des Alfragan schreibt, sie liege um einen Grad und funfzehn Minuten weiter nach Osten zu, als Schiraz. Sie gehört zu einem kleinen Lande von Persien, Kurat Ardeschir genannt, und ist am Fuße eines Berges erbaut,

R 5

erbaut, der sehr nahe am Meere liegt, wo es einen kleinen Meerbusen bildet, den man Rabod nennt, und wo die Schiffe landen können.

Die Perser sagen, diese Stadt habe vormals Schirab und Schiraf geheißen, und der Ursprung dieses Namens komme daher, weil Caicaus, König von Persien aus der zweiten Dynastie, welche die Cajanidische heißt, vom Blitze getroffen, an diesem Orte durch Milch und Wasser, welche von den Persern Schir und Ab genannt werden, und die er hier getrunken, seine Gesundheit wieder hergestellt habe.

Siref war ehemals eine an allen Dingen Ueberfluß habende Stadt, in welcher durch die Concurrenz der Fremden ein ansehnlicher Handel getrieben wurde, obgleich übrigens ihr Gebiete sehr unfruchtbar, und die Luft, welche man hier einhaucht, sehr heiß ist. Allein seitdem sich der Handel nach Kis, einer Insel im persischen Meerbusen, gezogen hat, ist sie wieder verlassen worden, und nach und nach von selbst in Verfall gerathen.

Sirefi und Seirefi, ist der Beiname eines Schriftstellers, der aus der Stadt Siref herstammte, und Achmed Ben Sabacah AlMesri hieß. Er hat im Jahr der Hedschrah 900 gelebt, und da er ein guter Dichter war, das Werk, Erschäd fi soru AlSchafeiat betitelt, in Verse gebracht.

Sirf. So nennen die Slaven und die Türken Servien. Siehe den Artikel Serf.

Sirgian: ist der Name einer der vornehmsten Städte von Kerman oder dem persischen Caramanien. Sie wird von mehreren Canälen gewässert, und hat einem kleinen Lande insbesondere seinen Namen gegeben, das in eben dieser Provinz Kerman liegt. Der persische Erdbeschreiber setzt sie in das dritte Clima, und die arabischen Tafeln geben ihr 90 Grade, 20 Minuten der Länge, und 29 Grade 30 Minuten der nördlichen Breite. Siehe den Artikel Moezzaldulat.

Sirin. Abu Abdallah Mohammed Ben Sirin. Dies ist der Name des Verfassers desjenigen Buchs, das den Titel führt: Escharat fi elm alebarat, Abhandlung von der Erklärung der Träume. Sie ist in funfzig Capitel abgetheilt, und auf die Grundsätze des Buchs des Abu Jschak AlKermani gebauet. Einige geben diesem Schriftsteller den Beinamen AlSalemi. Sein Werk ist in der königlichen Bibliothek zu Paris unter Nr. 1034. befindlich.

[Dieser Abu Abdallah ist im Jahr der Hedschrah 110 oder Christi 728 zu Bassorah gestorben. Er kann also unmöglich sein Werk auf die Grundsätze des Buchs des Abu Jschak AlKermani gebauet haben, da dieser erst

in

in dem ...hundert nach der christlichen Zeitr... lebt hat. R.]

Sirin. Ebn Sirin ist der Name eines Mannes, der wegen seiner strengen Lebensart in großer Achtung gestanden ist. Er heißt auch Aad. Siehe diesen Artikel.

III. 326 **Sis.** Ist der Name einer Stadt in Cilicien, die von Massissah nicht weit entfernt ist, welches vormals die Hauptstadt von Kleinarmenien war, das man vormals Belad Lion, das Land Leons, des Königs von Armenien, und Belad Beni Lion, das Land der Nachkommen Leons, auch Belad Sis, das Land Sis, nannte, und wo ehemals ein sehr festes Schloß und ein armenischer Patriarch oder Metropolitan gewesen war.

Diese Stadt wurde von Bibars Bondokdar, Sultan der egyptischen Mamluken, im Jahr der Hedschr. 664 unter Hatems Regierung, der in unsern Geschichtbüchern Haitun, König von Armenien, genannt wird, zerstört.

Sis Vilajeti. Das Land Sis. Dies ist das Cilicien und Kleinarmenien der Alten, das die Türken heut zu Tage Caramanien nennen. Viele behaupten, diese Stadt sey das alte Issus, von welchem der Meerbusen von Ajasso seinen Namen erhalten hat. Heut zu Tage liegt ein Ort an dieser Meerenge, welcher Pajas und Ajas genannt wird, welcher Name wol aus Issus ...standen seyn. Er ist sehr weit von der ... Sis entfernt.

Sivas. So wird heut zu Tage die Hauptstadt von Cappadocien genannt, die bei den Alten Sebaste und Sebastia geheißen hat. Die arabischen Tafeln geben ihr 71 Grade, 30 Minuten der Länge, und 39 Grade, 30 Minuten der nördlichen Breite, im funfzehnten Clima, und in dem Lande Rum, welches eigentlich Natolien ist, unter einerlei Breite mit Cäsarea in Cappadocien, welches um dritthalb Grade der Länge mehr nach Westen hin liegt.

Die türkischen Geschichtschreiber melden, sie sey von Alaeddin Caicobad, einem seldschucidischen Sultane aus der Dynastie von Rum, erbauet worden. Allein es scheint, daß sie von diesem Sultan nur ist hergestellt und reparirt worden. Denn diese Stadt ist sehr alt.

Sivas wurde von den Mogolen oder Tataren, im Jahr der Hedschrah 640, dem Sultan Gajatheddin Caikhofru, Sultan der Seldschuciden von Rum, weggenommen: allein da sich diese Stadt auf Bedingungen ergab, so schenkten die Mogolen den Einwohnern das Leben, und ließen es bei der Plünderung und Abtragung ihrer Mauren bewenden.

Sis

Sivaſſi, ein Beiname des Schamseddin Abdalkerim, genannt AlBaedh, der N... Er iſt der Verfaſſer eines Buchs, betitelt: Erſchad alolum, Unterweiſung, oder Methode, die Wiſſenſchaften zu erlernen; und noch eines andern, betitelt: Aldſcham alnofus, der Zügel der Seelen. Dies iſt ein moraliſches Werk.

Sobadhmuni, ein Beiname des Abu Mohammed Abdallah Ben Mohammed, Ben Jakub, Ben Hareth, eines berühmten inſulmaniſchen Gelehrten in Gegenſtänden, die die Tradition betreffen, wegen der großen Anzahl, die er davon auswendig wußte. Er iſt im Jahr der Hedſchr. 340 geſtorben.

Dieſer Gelehrte war ein Schüler des Abu Abdallah Ben Abi Hafs, der von zween Abu Hafs, ſeinem Vater und Großvater, herſtammte, die aus der Stadt Bokhara herſtammten, und beide, ſo wie er, große Traditionsgelehrte waren.

Er war auch Lehrmeiſter des Mohammed Ben Fadhl AlCommari, und hat dasjenige Buch verfertigt, das den Titel führt: Caſchf alathâr ſi menakeb Abu Hanifah. Es iſt eine Lobrede auf Abu Hanifah und ſeine Lehre.

Sobarmah und Sobormah: iſt der Name einer großen Inſel in dem chineſiſchen Meere, um welche mehrere herumliegen, welche viel kleiner, und unbewohnt ſind. Das Meere iſt hier ſehr ſtürmiſch, ... hat ... faſt überall eine Tiefe von vier Klaftern.

Der Scherif AlEdriſſi ſchreibt, in dem zehnten Theile ſeines erſten Climas, auf dieſer Inſel werde der beßte Campher im ganzen Oriente geſammlet, und bis zur Inſel Anam ſeyen vier Tagereiſen zur See.

Dieſe Inſel könnte wol diejenige ſeyn, die wir Sumatra nennen. Denn, was dieſer Schriftſteller von dem chineſiſchen Meere ſagt, kann gar wohl von allen indiſchen Inſeln verſtanden werden, welche jenſeit des Vorgebirges Comorin liegen, wie wir bereits unter dem Artikel Seranib und anderwärts bemerkt haben. Und was hier von der Inſel Anam geſagt wird, das läßt ſich gar wohl von dem Königreiche Anam verſtehen, welches das Reich Siam unter ſich begreift, und auf der Halbinſel von Indien liegt, die die Alten Cherſonneſus aurea genannt haben. Denn die Araber nennen Inſeln und Halbinſeln ohne Unterſchied Gezirat, wie man dies unter dem Artikel Gezirat weiter ausgeführt finden wird.

Sobki, ein Beiname des Takieddin Ali Ben Abdalkafi, der im Jahr 756 geſtorben iſt. Er iſt der Verfaſſer von mehreren Werken. Die vornehmſten darunter ſind folgende:

Bejan almohtamel, eine Abhandlung von den guten und böſen Werken; eine bei den Muſulmanen

manen sehr bestrittene Materie, um zu wissen, ob Gott oder der Mensch der Urheber und der Schöpfer derselben ist. Siehe den Artikel Aamal.

Ettefák fi baca vageh altefchtefak, Ableitungen und Abstammungen der Wörter.

Abschubar le affulat fil garibat AlSekseki, Antwort auf die Fragen des Sekseki.

Ibraz alhokom, Bi almarhun, Ahia alnocusch, sind gleichfalls Werke eben dieses Schriftstellers.

Sobki. Tadschebbin Abdalvahab AlSobki. Dies ist der Name eines Schriftstellers, der dasjenige Buch verfertigt hat, das den Titel Thabacat alfobera führt. Es ist eine Geschichte berühmter Männer. Dieser Mann ist vielleicht mit dem vorhergehenden, der in der Stadt Cairo in Egypten gestorben ist, einerlei Person.

Socarah, ist der Name einer an dem Ufer des Meeres, das die Araber Bahr alakhbar, das grüne Meer nennen, und welches eigentlich dasjenige ist, das am persischen Meerbusen anfängt, und sich am Vorgebirge Comorin endigt, gelegenen Stadt. Der persische Erdbeschreiber sagt, diese Stadt sey von Sendan nicht über fünf Tagereisen entfernt, und in dem Meere befinde sich ein sehr naher Ort, wo Perlen gefischt würden.

Socothorah. Eine Insel in dem Meere von Jemen oder Oman, welches auf seiner Nordseite Jemen oder das glückliche Arabien, und auf seiner Südseite das Land der Zingen hat, wo die Städte Melindah und Monbassah befindlich sind. Der Scherif AlEdrissi sagt, die Einwohner dieser Insel seyen in der Zeit, da er schrieb, größtentheils Christen gewesen, weil Alexander der Große, als er, nach der Eroberung Indiens, auf dieser Insel gelandet, und sie fruchtbar und besonders an derjenigen Art von Pflanzen, von welcher der Saft, den wir Aloesaft nennen, gewonnen wird, sehr reich gefunden, von andern Orten her Einwohner dahin hat bringen, und daselbst eine Colonie anlegen lassen, denen er die Cultur und Aufmerksamkeit auf dieselbe anempfohlen hatte.

Die Araber nennen die Aloe *III.* in ihrer Sprache Sabr, und *328* sagen, daß der Sabr AlSocothori, welches die Aloe von dieser Insel ist, die vortrefflichste von allen Arten derselben sey, und an Güte diejenige weit übertreffe, die sie Schegeti und Hadramuthi nennen, welche in den Provinzen Scheger und Hadramuth wächst. Der persische Erdbeschreiber sagt dasselbe von den Christen in Socothorah, und setzt diese Insel zwischen den Aequator und das erste Clima.

Socrath und Socrathis. Socrates. Die Araber machen
die

diesen Philosophen zum Oberhaupte von der Secte derjenigen,
die sie Elahiun oder Göttliche
nennen, weil er der Lehrmeister
von Plato und Aristoteles war,
die bei ihnen für die Ersten angesehen werden, welche einen ersten Motor, und eine einzige
Gottheit, die alle Dinge beherrscht, erkannt haben. Mohammed AlGazali hat in seinem
Buche, Monked aldhalal betitelt,
geglaubt, es hätten diese Philosophen; so wie auch die musulmanischen Gelehrten, die ihnen
gefolgt sind, als da sind: AlFa-
riabi Ebn Badschah, Ebn Roschd,
Ebn Sina, die wir gewöhnlich
AlFarabius, Aven Pace, Averroes und Avicenna nennen,
Grundsätze gehabt, welche dem
Musulmanismus geradezu entgegen sind. Siehe die Artikel Elahiun, und dieser Philosophen,
von jedem insbesondere.

Khondemir und der Verfasser
des Lebtarikh schreiben, Socrates
sey ein Zeitgenosse von Dschamasb Al-Hakim, von Dschamasb
dem Weisen oder dem Philosophen, einem Bruder des vierten
Königs von Persien aus der zweiten Dynastie, der Cajaniden genannt, gewesen. Aber AbulFaradsch sagt, er habe unter Ar-
ses, einem Sohne des Ochus,
welches Ardeschir oder Artaxerxes der Dritte, ein König aus
eben dieser Dynastie war, gelebt.

Sofalah. So nennen die
Araber eine niedrige und hohle
Gegend, die eine Art von klei-
nem Thal macht.

Sofalat aldheheb. Ein niedriger und hohler Ort, wo man
Gold findet. Eine Goldgrube.
So nennen die Araber eine Stadt
der Zingen, oder von Zanguebar, welches die Cafrerei in
Africa, an der Küste des äthiopischen Weltmeeres ist.

Sie liegt jenseit des Aequators, und hat ihren Namen von
den Gold- und Eisengruben erhalten, welche sich in ihrem Gebiete in Ueberfluß befinden. Wir
nennen sie heut zu Tage schlechtweg Sofala, eine Stadt auf
der Küste von Mozambique, welche den Portugiesen zugehört.

Der persische Erdbeschreiber
Abdalmoâl sagt, die Einwohner
dieser Stadt seyen Musulmanen,
und hätten keine Pferde, sondern bedienten sich der Ochsen
an deren Stelle, die sie sogar im
Kriege zu brauchen pflegten.

Die Stadt Zagavah liegt gegen Abend hin sehr nahe bei derselben, und die Stadt Danga-
lah ist von derselben nicht über
sechs Tagereisen gegen Westen zu
entfernt. Das ist dasjenige Land,
aus welchem die Zingen oder
Zenghis ausgegangen sind, die
die Italiener Zingari und Cin-
gari nennen, und die ehemals
ganz Arabien durchzogen und
ausgeplündert, und bis in Irak
eingedrungen sind, wo sie mit
den Khalifen Krieg geführt haben. Wir nennen aber diese Nation in unserer Sprache Böhmen,

men, weil die Thaboriten und andere Flüchtlinge, welche in den Zeiten des Hussitenkriegs aus Böhmen vertrieben wurden, sich mit ihnen vereinigt haben. Siehe den Artikel Zing, wie auch Tschingbeneb.

Soffar und **Suffar.** Dieses Wort, das im Arabischen einen Kupferarbeiter oder Kupferschmied bedeutet, ist ein Beiname des AbulCassem AlHanefi geworden, eines Gelehrten von der Hanefischen Secte, und Verfassers eines Buchs, welches betitelt ist: Offul altauhid, die vornehmsten Puncte, durch welche die Einheit Gottes erwiesen wird. III. Auch ist dies der Beiname des **329** Abu Dschafar, genannt AlSoffar, eines bei den Musulmanen im Rufe der Heiligkeit stehenden Mannes.

Aber der berühmteste von allen, die den Beinamen Soffar geführt haben, ist Laith, oder Leits gewesen, der seiner Profession ein Kupferschmied und der Vater des Jacub und Amru, so wie Stifter von einer Dynastie war, die den Namen der Soffarier oder Soffariden geführt hat.

Diese Dynastie fing, dem Khondemir und Verfasser des Lebtarikh zufolge, im Jahr der Hedschr. 259 an, und hat, nach eben diesen Schriftstellern, nur vier und dreißig Jahre gedauert. Denn sie lassen sie mit der Gefangennehmung des Thaher, als dritten Fürsten aus dieser Dyna-

stie, im Jahr der Hedschr. 293 zu Ende gehen.

Aber Kiatibzadeh, Hadsch Khalfah genannt, setzt den Anfang von dieser Dynastie ins Jahr 248, und ihr Ende in das Jahr 305, giebt ihr also solchergestalt eine Dauer von 57 Jahren.

Soviel ist gewiß, daß sie mit dem Umsturze der Dynastie der Thaherier oder Thaheriden ihren Anfang genommen, und drei Fürsten gehabt hat, die sich hintereinander in Asien berühmt gemacht haben. Denn sie haben die Provinzen Khorassan, Thabarestan und Segestan erobert und im Besitz gehabt, und in den Städten Meru und Nischabur den Hauptsitz ihrer Regierung aufgeschlagen.

Auch ist es ausgemacht, daß diese Dynastie durch die Samanidische ist zerstört worden, die sich ihrer Staaten bemächtigt hat, und in der Folge noch viel mächtiger geworden ist. Denn Ismael AlSamani schlug den Thaher, dritten und letzten Fürsten der Soffariden, machte ihn zum Gefangnen, und schickte ihn an den Khalifen Moctafi Billah, der der siebenzehnte unter den Abbassiden gewesen ist.

Diese Soffariden werden auch öfters von den orientalischen Geschichtschreibern Banu Laith, die Söhne Laith, genannt. Siehe den Artikel Laith, und ferner: Jacub Ben Laith, Amru Laith, oder Ben Laith, und Thaber.

            Sofi.

Sofi. Dieses Wort bedeu-
tet im Arabischen eigentlich einen
in Wolle gekleideten Menschen,
der zugleich nichts von Seide an
sich trägt; und das nach der Ableitung, die ihm einige geben,
da es von Sof oder Suf herkommen soll, das Wolle bedeutet.
Allein es ist viel wahrscheinlicher,
daß dieses Wort vom Griechischen
σοφὸς abstammt; denn bei den
Musulmanen wird es für einen
Weisen oder Philosophen gesetzt,
der für sich und von aller irdischen Angelegenheit entfernt in
einer Art von religiöser Profession lebt.

Das Wort Sofi wird im Persischen von einem musulmanischen
Religiosen gebraucht, der auch
sowol in der Türkei, als in Persien den Namen eines Derwisch,
das heißt, eines Armen, führt.
Die Araber nennen ihn Fakir,
in eben dieser Bedeutung, und
dies ist der Titel und Beiname,
den die Sofis oder Derwische besonders in Indien führen.

Inzwischen scheinen die Sofis
einen besondern Orden von denjenigen musulmanischen Religiosen zu bezeichnen, die ein weit
regelmäßigeres und contempla-
tivisches Leben führen, als die
gemeinen Derwische, und es
giebt sehr viele von diesen Leuten,
welche Bücher, deren Gegenstand
die Spiritualität, Andacht, und
Contemplation ist, geschrieben
haben. Diese führen überhaupt
den allgemeinen Titel Teßauf, das
heißt, vom geistlichen Leben. Ei-

nige derselben werden wir etwas
weiter unten sehen.

Die Vorfahren von demjenigen Stamme, der heut zu Tage
in Persien regiert, zum Beispiele Scheikh Sefi und Scheikh
Haidar, haben den Beinamen
Sofi geführt, und der Sohn dieses letztern, Schach Ismael, welcher das Privatleben verließ, und
den ersten Grund zu dieser Dynastie oder Monarchie gelegt hat,
behielt diesen Beinamen bei, und
ließ sich Ismael Sofi nennen.
Daher kommt es, daß mehrere
von unsern Geschichtschreibern
und Reisenden den Namen So-
phi und Groß-Sophi den Königen von Persien beilegen. Siehe die Anthologie, oder das Supplement zu diesem Werke. Auch
vergleiche man die Geschlechtsfolge der Oberhäupter von den
Sofis, das heißt, Scheikhs oder
Superioren des Ordens oder der
Gesellschaft der Sofis, in dem
Artikel Conui oder Conaui.

Sofi, ein Beiname des Abul
Hussain, genannt Al Sofi Al Razi.
Siehe den Artikel Razi, so wie
auch den Artikel Hussain Sofi.

Sofi. Khalil Sofi. Sie-
he den Artikel Khalil.

Sofi. Mohammed Ben Ja-
hia Al Sofi, ist der Verfasser
desjenigen Buchs, betitelt: Au-
rad fi akbar al Abbas, Geschichte des Abbas und der Abkassiden.
Dieser Schriftsteller hat im Jahr
der Hedschr. 330 gelebt.

Sofi.

III,
330

Sofi. AlSofi AlSchebili. Dies ist der Name und Beiname von einem der berühmtesten Sofis oder musulmanischen Religiosen, der aus der Stadt Oschuhah in Transoxanien gebürtig gewesen ist. Siehe den Artikel Schebili.

Sofiah. Eine Stadt in Mösien, was man heut zu Tage die Bulgarei nennt, und die, wie man glaubt, die alte Stadt Sardica war, welche vom Kaiser Justinian wieder ist aufgebauet worden. Sie liegt am Fuße des Bergs Hämus, in einer fruchtbaren und angenehmen Gegend.

Die Bulgaren, die aus den nördlichen Gegenden kamen, und Mösien einnahmen, beunruhigten die griechischen Kaiser außerordentlich, von der Seite, wo Mösien an Thracien stößt. Siehe den Artikel Bular und Bulgar.

Die Bulgaren wurden endlich von den Griechen bezwungen und unterjocht, worauf sie Christen und die Stadt Sardica oder Sofiah ein Erzbisthum wurde, über welches lange Zeit zwischen den Päpsten und den Patriarchen von Constantinopel Streit gewesen ist. Aber die Türken haben endlich ihre Zwisten entschieden.

Was wir Bulgarei nennen, das heißt heut zu Tage bei den Türken Sofiah Vilajeti, das Land Sofiah, weil diese Stadt die Hauptstadt davon ist, und der Beglerbeg von Romelien hier seinen gewöhnlichen Aufenthalt hat. Orient. Bibl. 4. B.

Doch pflegen auch die Türken dieses Land öfters in ihrer Sprache Bulgar Ili zu nennen.

Sofian. Abu Sofian: Moavi, der erste Khalife aus der Dynastie der Ommiaden, führt den Beinamen Abu Sofian.

Sofian. Sofian Thuri: ist der Name des Imams oder Oberhauptes einer von den sechs Secten, die bei den Musulmanen für Rechtgläubige erkannt und angenommen werden. Denn es giebt viele Schriftsteller, die zu den vier gewöhnlichen Secten, welche am bekandtesten sind, noch zwei hinzufügen. Siehe den Artikel Thuri.

Sofian Ben Ajnah: ist der Name eines Gelehrten, der auch Ben Abi Amran AlHelal AlCufi heißt. Er steht bei den Musulmanen wegen seiner Frömmigkeit und rauhen Lebensart in großem Ansehn. Denn er war zufrieden, täglich weiter nichts als zwei Gerstenbrodte zu essen, und das hat er vierzig Jahre lang getrieben. Auch machte er nur aus denjenigen Lehrern etwas, die aufrichtig ihre Unwissenheit bekannten und eingestunden. Er ist in der Stadt Mekka im Jahr der Hedschrah 208 gestorben.

Sofuah: ist der Titel eines Buchs, welches von der theoretischen und practischen Medicin handelt, und den Saed Ben Hebatallah AlHadhiri zum Ver-

S   faf-

ganzer Leib einem Drachen glich, dessen Farbe einem glänzenden Eisen ähnlich war, hatte eine Länge von acht Füßen, und vier Augen in seinem Kopfe.

Dieses fabelhafte Thier, von welchem in dem Thamurath Nameh viel geredet wird, war von Sam auf der Insel Darem gefunden, die es unzugänglich gemacht hatte, und gab die Veranlassung dazu, daß dieser Held den Beinamen und Titel Sam Soham Suvar erhielt. Siehe den Artikel Sam.

Aus diesen Arten von Reitthieren der alten Helden des Orients haben unsre Romanen ihre Hippogrifen und ihre Andriaguen gemacht, auf welchen ihre Ritter die wundervollen Unternehmungen, von welchen sie uns so große Beschreibungen machen, ausgeführt und durchgesetzt haben. Auch könnte wol das Wort Andriaguen aus dem Edschdeha der Orientaler gemacht seyn, welches in ihren Sprachen Drachen, Chimären und Pegase bedeutet.

III, 333 **Sohrab**, ist der Name von Rostams oder Rüstems Sohne, der von der Tochter des Königs von Samsegan gebohren wurde, welche dieser Held geheirathet hatte. Sein Vater Rostam nahm ihn mit sich in den Krieg, gegen den König von Türkestan, Afrasiab, und tödtete ihn unglücklicherweise ohne alles Denken. Siehe den Artikel Caicaus, zweiter König von Persien, aus der Dynastie der Cajaniden.

Sojar. Dieses arabische Wort ist die vielfache Zahl von Seir und Seirat, und bedeutet Lebensbeschreibungen oder Geschichten gewisser Personen. Siehe die Artikel Sair, Seir und Seirat.

Sojar alúba albathareka: Lebensbeschreibungen der Patriarchen von Alexandrien. Dies ist ein Werk in zween Bänden in Folio, und in vier Haupttheile abgetheilt. Severus, Bischof der Aschmunin in Egypten, hat es verfertigt. Dieses Buch ist in der königlichen Bibliothek zu Paris ohne Nr. befindlich.

Sojar alebád v Sojar alzeheb: ist der Titel eines Buchs in persischer Sprache, welches mehrere moralische Reden in Form von Predigten, und allerlei Regeln und Vorschriften für das geistliche Leben enthält, die aus den Lebensbeschreibungen der größten Männer, die sich unter den Musulmanen durch Frömmigkeit und Andacht ausgezeichnet haben, genommen sind. Der Verfasser desselben ist Vorhaneddin Ibrahim Ben Khoschnam Albakerhi, der sein Werk im Jahr der Hedschr. 685 geendigt hat.

Sojar alsahaba v alzehab v alolama alebad: Lebensbeschreibungen von Mohammeds Mitgesellen, wie auch von denjenigen, die sich unter den musulmanischen Gelehrten durch Frömmigkeit ausgezeichnet haben. Dieses fes Werk ist von Abdalsalam Ben Mohammed Al.Khuarezmi verfertigt worden, der, wie man versichert, sein Werk aus hundert verschiednen Schriftstellern zusammengetragen hat.

Sojar alsalekât almumenat alkhairat: Lebensbeschreibungen von heiligen Weibern, die im Musulmanismus gelebt haben. Dies ist ein Werk, das den Takieddin Abubekr Al.Hosni Al.Hossaini zum Verfasser hat, der aus Damaschk gebürtig gewesen ist. Es ist in der königlichen Bibliothek zu Paris unter Nr. 686. befindlich.

Sojurgatmisch: ist der Name eines Fürsten aus Ginghizkhans Geblüte, den Tamerlan zum Sultan in den Provinzen Khorassan und Mavaralnahar an die Stelle des Sultan Hussain einsetzte, der aus eben diesem Geschlechte herstammte, und den er im Jahr der Hedschr. 771 hatte hinrichten lassen.

Bis auf seine Zeit hatten Ginghizkhans Nachkommen ausschließungsweise das Vorrecht, den Titel Khan und Sultan zu führen, so daß es Tamerlan nicht wagte, ihn anzunehmen, so lange noch jemand von diesem Geschlechte am Leben war, und er nannte sich blos Vesir oder Generallieutenant von diesen Fürsten, ob er

gleich unumschränkter Herr in denen Staaten war, von welchen sie blos den Titel führten. Aber so wie dieser ginghizkhanische Stamm erloschen war, nahm Tamerlan die Würde eines Herrn und Beherrschers von den transoxanischen und andern Staaten an, die von diesen vermeintlichen Sultanen abhingen. Dies erfolgte durch den Tod des Sojurgatmisch, der nur sehr kurze Zeit den Thron inne gehabt hat *).

Sojurgatmisch Ibn III. Cothbeddin: ist der Name des 334 fünften Fürsten der Carakhatajer, der den Titel Sultan Gelaleddin führte, ob er gleich von dem mogolischen Kaiser, Argun Khan, abhängig war. Er hat ohngefehr neun Jahre lang sehr friedlich in Kerman regiert; denn er hatte die Tochter des Mangu Tebar, eines Sohns des Holagu; zur Gemahlin. Endlich aber nahm ihm Khandschatu seine Staaten und nöthigte ihn, ganz in der Stille zu leben. Dies ist im Jahr der Hedschr. 692 geschehen.

Sojuthi und Assiuthi; ein Beiname, den Gelaleddin Abulfadhl Abdalrahman Mohammed darum bekommt, weil er aus der Stadt Assiuth oder Ossiuth, oder Sojuth in Egypten gebürtig gewesen ist. Er ist we-

O 3   gen

*) [Ein Zeitraum von beinahe zwanzig Jahren läßt sich doch nicht wohl eine sehr kurze Zeit nennen. Sojurgatmisch ist im Jahr der Hedschr. 790 gestorben. Siehe unten Seite 504. A.]

gen der großen Anzahl seiner
Werke, die er nach seinem Tode,
welcher im Jahr der Hedschrah
911 erfolgt ist, hinterlassen hat,
sehr berühmt.

Sein vornehmstes Werk ist
ein Commentar, in Form von
Scholien oder Anmerkungen über
den Coran, die er in der Absicht verfertigt hat, um ein Werk
von einem andern Gelaleddin, genannt Mohammed Ben Achmed
AlMahadi, fortzusetzen. Dieses
Werk des Sojuthi, ist, wie er
selbst sagt, im Jahr der Hebschr.
871 geendigt worden, als er
noch nicht zwei und zwanzig Jahre alt war.

Diese beide Werke des Ma-
hadi und Sojuthi werden gewöhnlich Gelalani genannt, weil
die Verfasser derselben beide den
Beinamen Gelaleddin geführt
haben.

AlSojuthi hat auch ein historisches Werk über Egypten geschrieben, welches den Titel hat;
Hosn almohadherat, und in der
königlichen Bibliothek zu Paris
ohne Numer befindlich ist. Auch
ist er Verfasser von zwei andern
Werken über die Aethiopier und
andere Völker, die die Araber
unter dem Namen der Suban oder
Schwarzen begreifen. Der Titel des erstern ist: Azhar alorusch
fi athbar AlHohusch. Er nennt
die Schwarzen, und insbesondere die Abyssinier, Blumen, welche um die Thronen der Sultane
wachsen, weil sie die Fürsten gewöhnlich zu Diensten, die das
größte Vertrauen erfodern, um

ihre Personen gebrauchen. Der
Titel des zweiten ist: Refé schárr
AlHobschán. Dies ist gleichfalls
eine Lobrede auf eben dergleichen
Abyssinier oder Schwarze von
Aethiopien und Nubien.

Diejenigen Bücher, welche den
Titel führen: Detail fi maresat
alauail, Anmudag lathif, und
Akhbar AlMekkiah sind gleichfalls Geschichten, welche eben
diesen Gelehrten zum Verfasser
haben.

Diejenigen von seinen Werken
über die mohammedanische Religion, welche nach seinem Commentar über den Coran am meisten geschätzt werden, sind der
Mezhar, der Mohartar, Anuar
alSaadat, Tathir aldholamat,
Ettekan fi olum AlCoran, Acsam
AlCoran, Asbab athadith, Adhkar aladhkar, welches ein Auszug aus dem Buche des Nahu-
ani ist, der den Titel Adhkar
führet, und sich in der königlichen
Bibliothek zu Paris unter Nr.
691. befindet.

Eben dieser Schriftsteller hat
auch das berühmte Buch des Gazali verfertigt, das den Titel
führt: Ahiah aiolum, und aus
vier Arbain besteht, einem Adab
AlCadhi, nach den Grundsätzen
des Schafei, Assas fi sadbl Beni AlAbbas, Arabsch fil farabsch,
das er aus dem Buche des Ebn
AlDunia, betitelt: Ketab alfa-
rabsch bab alscheddat, ein Buch
von Trostgründen für Leidende,
genommen hat; Akhbar almeru-
za, Geschichte der großen Männer, welche aus der Stadt
Meru

Meru in Khorassan herstammen; Ahabith almoniat fi solthanat al-Scheriat, Ahabith fi fadhl al-thailessam, Adab AlMoluk, Asbab alkessa fil nessa, u. s. w.

In der königlichen Bibliothek zu Paris finden sich auch noch unter den Nr. 720. und 1065. zwei Werke des Sojuthi.

Das eine führt den Titel: Dorr altafsch fi moschkel almenhadsch. In demselben erklärt er die Schwierigkeiten, die sich in demjenigen Buche befinden, das Menhadsch betitelt ist.

Das andere hat die Ueberschrift: Scharh AlMogni allabib. Es ist solches ein Commentar über die schwersten Stellen in dem Buche des Ebn Hescham, Mogni allabib betitelt.

Auch ist in eben dieser königlichen Bibliothek unter Nr. 920. ein Werk von eben diesem Schriftsteller, unter dem Titel: Mecamat, Gemeinörter, befindlich, das er als eine Nachahmung des Hariri verfertigt hat, und Nr. 1222. ein anderes, das den Titel hat: Ketab alfafchusch fi ablam Caracusch, Sammlung von Scherzreden über die Einfalt eines gewissen Vesirs des Saladin, Namens Caracusch, das im Jahr der Hedschr. 899 ist verfertigt worden.

Sojuthi, ein Beiname des Gelaleddin Mohammed Ben Abubekr, genannt AlHassani AlScherif, der dasjenige Buch verfertigt hat, welches den Titel führt: Marchsch alnadher v Ardsch alather. Es ist in fünf Capitel abgetheilt, und wird darin von Wein, von Gesängen, vom Bade und von andern Ergöklichkeiten gehandelt. Dieses Werk ist in der königlichen Bibliothek zu Paris unter Nr. 67. und 1066. befindlich.

Dieser Schriftsteller scheint mit dem vorhergehenden nicht einerlei Person zu seyn, wegen der Titel Hassani und Scherif, die er führt, und welche anzeigen, daß er aus Alis Nachkommenschaft, und von der Linie des Hassan abstammte.

Sokhanun, ein Beiname oder vielmehr Spottname des Abdalsalam Ben Said AlTanukhi AlCairuani, der aus Cairuan oder Cyrene in Africa gebürtig war, und ein berühmter Gelehrter von der Secte des Malek Ben Ans gewesen ist. Man giebt ihm diesen Beinamen Sokhanun; welches ein africanischer Vogel ist, von welchem die Araber sagen, daß er sehr verschlagen und scharfsinnig sey.

Dieser Gelehrte ist im Jahr der Hedschrah 240, unter dem Khalifate des Motavakkel, gestorben, und man erzählt von ihm, daß er den Hof des Khalifen wenig besucht, und gesagt habe, es sey für einen Gelehrten nichts unschicklicher, als nicht zu Hause zu seyn, wenn man ihn besuchen wolle, und von ihm sagen müsse: Er ist an dem Hofe des Fürsten.

S 4

Solemi: ein Beiname des Abdalrahman Ben Mohammed Ben Haffan, AlNischaburi, der im Jahr der Hedschr. 406 geſtorben iſt. Er iſt ein Schriftſteller, der ſowol wegen ſeiner Gelehrſamkeit, als wegen ſeiner Gottesfurcht bei den Muſulmanen in großer Achtung ſteht. Auch iſt er der Verfaſſer desjenigen Buchs, welches Amthal AlCoran, die Sentenzen, Sprichwörter und Parabeln des Corans, betitelt iſt. Siehe die Artikel Salemi und Selemi.

Solgat. AlBergendi ſchreibt in ſeinem ſiebenten Clima, dies ſey der Name einer Stadt in dem Lande der Azaken, welches auch den Namen Crim führt; ein Name, den die ganze Provinz, von welcher ſie die Hauptſtadt iſt, gemein hat. Dieſes Land Azak iſt dasjenige Land, das wir Crimée (die Crim) nennen, wo die precopitiſchen Tatarn, die wir gemeinhin die kleinen Tatarn nennen, wohnen. Siehe den Artikel Azak; welches der Name von denen Völkern iſt, die wir die Coſaken nennen.

Soliman Ben Daud. Salomon, der Sohn Davids. Der Tarikh Montekheb, und die meiſten übrigen orientaliſchen Geſchichtſchreiber, melden, es habe dieſer Fürſt nach dem Tode ſeines Vaters den Thron beſtiegen, als er nur erſt zwölf Jahre alt geweſen, und Gott habe ſeinem Scepter nicht nur die Menſchen,

ſondern auch die guten und böſen Geiſter, die Vögel und die Winde, unterworfen, und er habe ſieben ganzer Jahre mit der Erbauung des Tempels zu Jeruſalem zugebracht. Eben dieſer Schriftſteller macht ihn zu einem Zeitgenoſſen von Caicaus dem zweiten, Könige von Perſien aus der Dynaſtie, die man die Cajaniſche oder die Dynaſtie der Cajaniden zu nennen pflegt.

Eben dieſe Schriftſteller erzählen tauſend fabelhafte Dinge von Salomons Ringe, den er, als er einſtmals im Bade war, verlohr, indem er ihm von einer hölliſchen Furie geraubt wurde, die ihn in das Meer warf.

Salomo war alſo auf ſolche III. Art ſeines Ringes beraubt, und 336 beſtieg deswegen vierzig Tage lang ſeinen Thron nicht, weil er ſich aller Einſichten, die er, um ſein Scepter nach Würde zu führen, nöthig hatte, beraubt ſah. Endlich bekam er ihn durch einen Fiſch wieder, der auf ſeiner Tafel aufgetragen wurde.

Ich würde meinen Leſern läſtig werden, wenn ich alles dasjenige anführen wollte, was dieſe Geſchichtſchreiber von der Pracht des Throns Salomonis erzählen, auf welchem die Vögel unaufhörlich herumhüpften, während daß er aufgeſtellt war, um ihm Schatten zu machen und ihm zu einem Dais oder Pavillon zu dienen. Um denſelben befanden ſich zu ſeiner Rechten zwölftauſend Sitze von Golde für die Patriarchen und Propheten, und zur Lin-

Linken zwölftausend andere von
Silber für die Weisen und Gelehrten, welche zugegen waren,
wenn er Gericht hielt. Es mag
genug seyn, wenn wir hier blos
einige Umstände aus seinem Leben und aus seiner Regierung anführen, so wie sie im Corane
und den Erklärern desselben enthalten sind.

In demjenigen Capitel des
Corans, das den Titel Anam
führt, befinden sich folgende
Worte: Vatbau ma tatlu al-
Schiathin ala Malek Soliman,
„die Juden sind dem gefolgt, was
„die Teufel oder ihre Werkzeuge,
„die Zauberer, in den Zeiten und
„unter der Regierung des Salo-
„mo gelesen und gelehrt haben.„

Diesen Text paraphrasirt und
erklärt Hussain Vaez auf folgende Weise: Die Teufel, als Feinde des Salomo, machten Bücher bekannt, welche voll Aberglaubens, mit den heiligen Gebräuchen aus der Religion und
dem Priesterthum der Juden vermischt, waren, und gaben den
Unwissenden zu verstehen, daß
sich Salomo dieser Bücher be-
diene, um aus denselben seine
Kenntnisse zu schöpfen, und seine
Unterthanen zu regieren. Salomo hatte sich alle diese Bücher
bringen lassen, nachdem er die
sorgfältigste Nachforschung nach
denselben angestellt hatte, ver-
schloß sie selbst in eine Kiste, und
ließ solche sogar unter seinen
Thron einscharren, damit niemand von denselben möchte Gebrauch machen können.

Inzwischen geschah es doch
nach dem Tode dieses Monarchen, daß die Dämonen oder die
Zauberer eben diese Bücher von
dem Orte, wo sie sich befanden,
hervorholten, und sie unter den
Juden verbreiteten, mit dem
Vorgeben, als wären sie die
wahren Bücher, die Salomo
verfertigt habe; und dies hat
denn vielen die Meinung beigebracht, als ob dieser weise König der Verfasser derselben sey,
und als ob er ein großer Zauberer gewesen. Allein der Coran
rechtfertigt ihn gegen diese Ver-
leumbung, indem er hinzufügt:
V ma cafar Soliman v laken
AlSchiathin cafaru joallemn al-
nas alsehr, „Salomo ist nicht
„in Ruchlosigkeit verfallen; son-
„dern die Dämonen und die un-
„gläubigen und gottlosen Zaube-
„rer waren es, die die Menschen
„die Zauberei und Hexereien ge-
„lehrt haben.„

Aus den Erklärungen des Corans sehen wir deutlich, daß die
Clavicula Salomonis, von welcher Agrippa und einige andere
Schriftsteller von geheimen Wissenschaften reden, keine Erfindung unserer Zeiten ist, und daß
die Herrschaft, welche Salomo,
den Traditionen der Rabbinen
zufolge, über die Dämonen gehabt hat, abergläubischen Leuten
in den folgenden Jahrhunderten
Gelegenheit gegeben habe, ihm
diejenigen Arten von Büchern zuzuschreiben, die tausenderlei Irrthümer lehren, die, wie sie behaupten, denjenigen nützlich seyn
kön-

S 5

können, welche mit den finstern Mächten der Hölle in Verbindung treten wollen.

Mussa Ben Abi Jsmael Ben Hassan, mit dem Beinamen Al-Mussali, erzählt in seinem Buche, Omm almoncathain betitelt, eine Tradition, welche die zwölfte ist, mit folgenden Ausdrücken: Ma tarata abb schejan men aldonia illa ataho allah thairan menho v asdhal, „Nie giebt „der Mensch irgend etwas Jr„disches um Gottes Willen auf, „ohne daß ihm der Herr dafür „etwas Besseres geben sollte.„ Auch erzählt er über diesen Punct, daß Salomo, als er einstmals seine Pferde im Felde grübt, und die Stunde des Abendgebets eintrat, er sogleich von seinem Pferde gestiegen, und nicht habe zugeben wollen, daß diese Zeit dazu angewendet würde, um sowol dieses, als alle übrigen, in den III Stall zu führen; so daß er sie 337 verlassen, als ob sie keine Herren mehr gehabt und zum Dienste Gottes bestimmt gewesen wären. Dies nennen die Araber Rebath fi sebil Allah.

Zur Belohnung für diese seine Treue und seinen Gehorsam schickte ihm nun Gott einen angenehmen und sanften, aber starken Wind, der ihn von dieser Zeit an überall, wo er nur hin wollte, brachte, ohne daß er eines Pferdes bedurfte.

Salomo ist in den Augen aller Orientaler derjenige, der für den allgemeinen Beherrscher der ganzen Erde angesehen wird, und

das auf eine solche Art, daß diejenigen, welche verschiedene Generationen und Revolutionen von Jahrhunderten annehmen, in welchen die Welt von andern Geschöpfen, als die Menschen sind, vor der Schöpfung Adams bevölkert und regiert worden seyn soll, den Titel und den Namen Soliman denen Monarchen, die sie beherrscht haben, geben. Von diesen Solimans werden wir weiter unten reden.

Man giebt dem Salomo den Assaf zum Vesir, wie die Orientaler zu reden pflegen, das heißt, zu seinem ersten Staatsminister; von welchem in den heiligen Büchern geredet wird, und dem David mehrere von seinen Psalmen beigelegt hat, wie aus den Ueberschriften derselben zu ersehen ist. Und Emadi, ein persischer Dichter, sagt, sein so gerühmter Ring, durch dessen Kraft er sein Reich regiert habe, sey nichts anders, als die Weisheit gewesen, die ihm Gott gegeben habe, und von welcher dieser Ring das Symbol gewesen sey. Inzwischen giebt es mehrere Rabbinen, welche behaupten, Salomo habe in dem Steine, der in diesem Ring gefaßt gewesen, alles, was er zu wissen verlangt, gesehen; gerade eben so, wie der Hohepriester in dem Urien und Thummim seines Brustschildleins, welches auch aus zwei Edelsteinen bestand, dasjenige, was er von Gott zu erfahren wünschte, sah.

Bei den Orientalern giebt es ein berühmtes Buch, welches die Ge-

Geschichte Salomons in Versen
enthält, und von dem berühmten
persischen Dichter Ferdussi ist geschrieben worden.   Diese Geschichte führt den Titel Soliman
Nameh, und der Verfasser des
Caherman und des Thamurath
Nameh führt sie an mehreren
Stellen von seinen fabelhaften
Schriften an, welche mehr Romane, als wahre Geschichten
sind.   Die Perser und Türken
haben mehrere Geschichten von
Salomo in gebundner und unge-
bundner Rede.   Man hat einen
Soliman Nameh, in türkischer
Sprache, von Ischak Ben Ibrahim Alluscubi verfaßt.   Eine andere von Saededdin Ben Hassan,
dem Lehrmeister des Sultan Mu-
rad des Dritten.   Diese beiden
Werke sind in Prosa geschrieben.
Noch giebt es zwei andere derselben in Versen; davon das eine
von Achmed Al Kermani, der im
Jahr der Hedschr. 845 gestorben ist, und das andere von
Schamseddin Achmed Al Sivassi
ist verfaßt worden.   Auch giebt
es deren mehrere in persischer
Sprache, unter andern auch eins,
welches fünftausend einhundert
und ein und siebenzig Disticha enthält.

Alles, was wir in den orientalischen Büchern von den wunderbaren Thaten und der allgemeinen Herrschaft des Salomo
über die Menschen und über die
Geister angeführt finden, hat seinen Grund in demjenigen, was
die Schrift von der bewundernswürdigen Weisheit, dem Thro-

ne und den Reichthümern dieses
Monarchen sagt.

Ich weiß nicht, mit welchem
Grunde Abulfaradsch, ein christ-
licher Schriftsteller, sagt, Salomo sey von der Secte des Em-
pedocles gewesen, welche diejenige ist, die die Araber Deherit
nennen.   Zum Beweise seiner
Behauptung führt er seinen Prediger an.   Denn dies heißt ihn
gewissermaßen der Gottlosigkeit
und des Atheismus beschuldigen;
welches aber daher kommt, daß
dieser Schriftsteller den Sinn von
Salomos Worten nicht richtig
gefaßt hat, den unsere Erklärer
sehr wohl entwickelt haben.

Diese große Macht und diese *III.*
bewundernswürdige Weisheit des *338*
Salomo haben den Orientalern
die Veranlassung gegeben, allen
großen Monarchen seinen Namen beizulegen, von denen sie
geglaubt haben, daß sie eine allgemeine Herrschaft über die ganze Erde besessen haben; und wir
finden im Thahmurath Nameh,
daß der Div oder Riese, Argenk,
sich über den bösen Geist beklagt,
der ihm versprochen hatte, daß
er ihn zum Soliman seines Jahrhunderts machen wolle, und doch
nicht einmal im Stande war,
ihm den Sieg gegen Thamurath
zu verschaffen.   Und eben dieser
Argenk sagt, unter andern Vor-
würfen, die er ihm macht, er
habe ihm nicht Wort gehalten,
und seinen Händen den Ring des
Patriarchen Jared, eines Sohns
des Mahalalel, und fünften Solimans oder allgemeinen Beherrschers

schers der Erde seit Abraham, vorenthalten.

Aber die Träumereien der Orientaler gehen noch viel weiter. Denn ihre Mythologen versichern, es habe vierzig Solimans, oder allgemeine Monarchen der Erde, gegeben, welche nacheinander während einer großen Anzahl von Jahrhunderten vor der Schöpfung des Abraham regiert hätten. Und Simorganka, dieser Div, der die Gestalt eines Vogels hatte, von welchem wir bereits oben geredet haben, sagt zu Thahmurath, er habe einer gleichen Anzahl von diesen Solimans gedient, die übrigens einige Schriftsteller sogar bis auf eine Zahl von zwei und siebenzig steigen lassen.

Von allen diesen präadamitischen Monarchen herrschte jeder über Geschöpfe seiner Art, die von denen, welche von Adam abstammten, verschieden waren, ob sie gleich Vernunft, wie die Menschen, hatten, zufolge der Erzählung, die Simorganka dem Thahmurath macht, und dieser Div sagt auch noch weiter, es würde noch ein anderer aus Adams Geschlechte entstehen, der sie alle an Majestät und an Macht übertreffen würde, und nach ihm würde weiter keiner mehr auf der Erde erscheinen. Wenn man dieser Fabel auf den Grund sieht, so erblickt man einige Züge von der Wahrheit der Weissagungen darin, welche die Ankunft des Messias vorgestellt haben.

In der Galerie des Argenk, der in den Gebirgen von Caf, in Thahmuraths Zeiten, regierte, sah man die Statüen von diesen zwei und siebenzig Solimanen, und Zeichnungen von Geschöpfen, die ihnen unterworfen waren, und überall ward man derselben Figuren gewahr, die mit menschlichen wenig Aehnlichkeit hatten. Denn einige hatten mehrere Köpfe, andere mehrere Aerme, und einige schienen aus mehreren Cörpern zusammengesetzt zu seyn. Und so sahen auch ihre Köpfe ganz besonders aus. Denn einige glichen den Köpfen von Elephanten, Büffeln und wilden Schweinen, und andere hatten noch manches weit Ungeheureres an sich.

Unter allen diesen Solimanen oder Universalmonarchen der Welt sind nachfolgende die berühmtesten: Soliman Hiát, Soliman Raad, Soliman Daki, Soliman Imlak, Soliman Schabi, Soliman Birani, Soliman Buaki, Soliman Tschaghi, und endlich Soliman, genannt Dschian Ben Dschian, der in der Welt unmittelbar vor Adams Schöpfung regiert hat.

Der Caumarrath Nameh sagt, alle diese Solimane hätten einen Schild besessen, der von Vater auf Sohn fortgeerbt habe, und dessen sie sich in den Kriegen bedient hätten, die sie unaufhörlich gegen ihre Todfeinde, die bösen Geister, zu führen gehabt. Soliman Tschaghi hinterließ ihn dem Dschian Ben Dschian, der sein
Nach-

Nachfolger war, und dieser über-
lieferte ihn dem Adam, der auf
der Insel Serandib in Indien
gestorben ist, und Cajumarrath,
der erste König des Orients, bediente sich desselben, als er, auf
seinen Reisen, in diesen Ländern,
ihn glücklicher Weise fand, und
hinterließ solchen in der Folge seinem Sohne Huschenk, der sein
Nachfolger gewesen ist.

Dies ist der nemliche Schild,
dessen sich Thahmurath, der ihn
geerbt hatte, bediente, um nicht
allein mit den bösen Geistern,
sondern auch mit den Dives, welche von den vorhergehenden Generationen übriggeblieben waren,
und sich auf die berühmten Gebirge des Caf retirirt hatten, zu
kämpfen: und der ihm den glorreichen Titel eines Div bend erwarb, welcher einen Sieger und
Bezwinger der Riesen und der
Dämonen bedeutet.

III. Die Stadt Canun oder Fanun
339 war die Hauptstadt dieser großen
Monarchen, wo der Riese Hus-
sam zu Cajumarrath sagte, er
habe während seines Lebens, welches damals dreitausend Jahre
betrug, unter drei verschiedenen
Solimanen gedient.

Man liest in dem Caherman
Nameh, Caherman Catel habe,
als er auf Abenteuer in dem Lande Schadukiam ausgegangen, eine marmorne Säule von außerordentlicher Größe und Dicke gefunden, welche auf einem Fuße
gestanden, an welchem eine Inschrift mit bialbanischen Schriftzügen befindlich gewesen, die

uns gegenwärtig völlig unbekannt sind, die man aber in Ca-
hermans Zeiten ohne Mühe entziffern konnte. Der Sinn derselben war: Ich bin Soliman-
Hakki, der Monarch meines
Jahrhunderts, und habe mit
dem mächtigen Div oder Riesen,
Anthalus genannt, Krieg geführt.

Die Geschichte des Soliman
Hakki berichtet, als dieser Monarch in mehreren Gefechten diesen Riesen, der sich oft gegen ihn
empört hatte, geschlagen und in
seine Hände bekommen hatte, so
habe er ihn umbringen wollen;
allein er habe sein Vorhaben niemals ausführen können. Er
fragte also hierüber die Tacuin,
die die Parzen oder Feen sind, in
deren Händen das Schicksal der
Menschen stehet, um Rath, und
diese antworteten ihm, der voll-
kommene Sieg über diesen Riesen sey einem andern Soliman
aus den Nachkommen Adams
vorbehalten, der ihn in seinen
Gehorsam bringen, und ihn am
Leben strafen würde, falls er sich
weigern sollte, ihm den Eid der
Treue zu schwören.

In dem Artikel Sarkradsch
wird von Soliman Tschaghi, und
in dem Artikel Gian vom Soliman Ben Dschian gehandelt.
Hier wollen wir nur noch hinzufügen, daß diese Solimans noch
außer dem Schilde, von dem
wir geredet haben, den Tig atesch,
oder den donnernden Degen, und
den Gebeh, oder den Panzer, gehabt haben, die sie in allen Gefechten,

fechten, welche sie den Dämonen lieferten, siegen gemacht haben.

Soliman Ben Abdalmalek, ist der Name des siebenten Khalifen aus dem Geschlechte der Ommiaden. Er war unter den vier Söhnen des Abdalmalek, die nach ihrem Vater den Thron bestiegen haben, der Zweite: und succedirte im Jahr der Hedschr. 96 seinem ältesten Bruder Valid, hat aber nur zwei Jahre und acht Monate regiert. Denn er ist im Jahr der Hedschrah 99 gestorben.

Ben Schohnah schreibt, Soliman habe sich gerade damals in der Stadt Ramlah oder Ramah befunden, als er den Tod seines Bruders Valid vernommen, und habe sich sogleich nach Damaschk begeben, um Besitz vom Khalifate zu nehmen. Er hielt sich wenig in dieser Stadt auf. Denn da damals zwischen den Khalifen und den Griechen ein heftiger Krieg obwaltete, so ließ er auf der Stelle seine Armee nach Madsch Dabek aufbrechen, und schickte seinen Bruder, Namens Moslemah, von da ab, um die Stadt Constantinopel anzugreifen, deren Belagerung bis an seinen Tod daurete.

Ebn Amid schreibt in seiner Geschichte, der Kaiser Philipp, er will sagen, Philippicus, der ein Maronite, das heißt, Monothelite war, habe in den Zeiten dieses Khalifen regiert, und solchergestalt würde Constantinopel unter seiner Regierung belagert werden seyn. Allein erst unter der Regierung des Artemius hat Moslemah diese Belagerung vorgenommen.

Khondemir sagt, es habe dieser Khalife die ganze Welt durch seine Beredtsamkeit in seiner ersten Rede bezaubert, die er nach seiner Erhebung zum Khalifate gehalten; auch habe er in alle Provinzen gute Gouverneure gesandt, an die Stelle derjenigen, die sein Bruder Valid angestellt hatte, die aber alle blos auf Blut und Unterdrückung der Unterthanen bedacht waren. Auch hat es sich unter dem Khalifate dieses Monarchen ereignet, daß Jezid, der Sohn Mahaleb, einer der größten Feldherren bei den Musulmanen, die Provinzen Dschordschan und Thabarestan, welche eigentlich das Hyrcanien der Alten sind, erobert hat.

Soliman führte einige Zeit den III. Beinamen Abu Ajub, weil er [340] der Vater eines Sohnes war, welcher Ajub oder Hiob heißt. Da aber dieser Sohn vor ihm starb, so wurde ihm, einige Zeit darauf, anstatt dieses Beinamens der majestätische Titel Meftah alkhair beigelegt, welches einen Schlüssel des Guten oder der Güte bedeutet, weil er, während seiner Regierung, allen Unglücklichen die Thore der Gefängnisse eröffnet, und allen seinen Unterthanen Gutes erzeigt hatte.

Aber eine von seinen schönsten und für den Staat heilsamsten Handlungen, die Soliman vor seinem Tode verrichtete, war diese, daß

daß er den Omar Ben Abdala, ziß, den besten und heiligsten Fürsten unter allen Khalifen, zu seinem Nachfolger erklärte. Diese Erklärung geschah auf folgende Weise:

Als Soliman auf dem Todten, bette lag, ließ er seinen Vesir Radscha rufen, und hieß ihn nie, derschreiben, daß es sein letzter Wille sey, daß Omar Ben Ab, dalaziß, der nichts weiter als ein Vetter von ihm war, ihm succe, diren sollte, doch unter der Be, dingung, wenn er seinen eignen Bruder Jezid, einen Sohn des Abdalmalek, wieder zu seinem Nachfolger bestimmte. Nach, dem dieser Aufsatz abgefaßt und gesiegelt war, befahl Soliman seinem Vesir, daß er die Vornehm, sten des Hofs zusammenkommen lassen, und ihnen einen Eid ab, nehmen sollte, daß sie nach sei, nem Ableben denjenigen, der in seinem Testamente ernannt sey, anerkennen wollten.

Diese Verordnung des Khali, fen ward auf das pünctlichste er, füllt; denn alle diese Herren er, schienen in eigner Person vor sei, nem Bette, und bestätigten ihm wiederholt, was sie schon schrift, lich beschworen und attestirt hat, ten. Wenige Zeit nachher be, gegnete Omar, der Sohn des Ab, dalaziß, der einer von diesen Her, ren gewesen war, dem Radscha, und sagte mit vieler Naivität zu ihm: Wenn du weißt, wer der, jenige ist, den der Khalife zu sei, nem Nachfolger bestimmt hat, so kannst du es mir sagen; denn

ich weiß, daß die Nachfolge nicht an mir ist, und es würde mir angenehm seyn, wenn ich demjenigen gratuliren könnte, auf den sie kommen wird.

Radscha, der ein kluger Mann war, entschuldigte sich, daß er ihm dieses Geheimniß nicht offen, baren könne, und so wie der Kha, life verschieden war, ließ er eine neue Versammlung von eben die, sen Herren zusammenkommen, und den Eid, welchen sie bereits geschworen hatten, daß sie den, jenigen für den Khalifen erken, nen wollten, den Soliman in sei, nem Aufsatze würde ernannt ha, ben, wiederholen, und nachdem diese Ceremonie ohne den min, desten Widerspruch oder Disput zu Ende war, eröffnete er so, gleich das Papier, und procla, mirte den Omar Ben Abdalaziß zum Khalifen.

Das war der Khalife, unter dem das Glück des Barmecidischen Hauses seinen Anfang genommen hat. Denn Dschafar Al Barme, ki war einer seiner vornehmsten Rathgeber, und derjenige, der ihm rieth, seine Münze von bes, serm Schrote und unter einem hö, hern Gehalte, als diejenige hatte, die unter der Regierung seines Vaters Abdalmalek war geschla, gen worden, schlagen zu lassen: so daß das bessere gemünzte Gold und Silber, welches von dieser Zeit an in Umlauf kam, Dscha, farisch genannt wurde.

Als eben dieser Dschafar eines Tages vor dem Khalifen Soli, man erschien, bemerkte dieser
Mo,

Monarch an dem Schlagen zweier Steine, die er in Armspangen gefaßt trug, daß er Gift bei sich führe, und wirklich befand sich auch dergleichen in seinem Degenknopfe. Bei dieser Gelegenheit erzählt Habib Al Sair Gelali, es habe Soliman dem Dschafar dem Barmeciden diese Armspangen gezeigt, deren Steine eine so wunderbare Kraft hatten, und ihn gefragt, ob er jemals etwas ähnliches gesehen oder gehört habe. Dieser antwortete ihm, als er sich an dem Hofe des Fürsten der Stadt Nekhscheb, an dem Flusse Gihon, befunden, habe er einen Stein gesehen, dessen Kraft ihm noch viel bewundernswürdiger scheine. Denn es habe dieser Fürst einstmals einen Ring, in welchem ein Rubin von sehr großem Werthe befindlich gewesen, von seinem Finger in den Fluß fallen lassen, allein er habe nicht die geringste Bekümmerniß darüber geäußert, sondern blos zu denjenigen, die um ihn waren, gesagt, sie sollten sich nur gar nicht bemühen, denn sie würden ihn bald wieder eben so, wie vormals, an seinem Finger sehen. Hierauf habe er sich eine Schatulle bringen lassen, in welcher er seine vorzüglichsten Kostbarkeiten aufzubewahren pflegte, und habe einen Edelstein, in Gestalt eines goldnen Fisches geformt, aus demselben herausgenommen, und solchen in den nemlichen Fluß werfen lassen; und einen Augenblick darauf habe man eben diesen Fisch mit dem Ringe, den man verlohren geglaubt, aus dem Wasser hervorkommen sehen.

Diese Erzählung machte den Soliman so neugierig, diesen Edelstein zu sehen, daß er sogleich einen Expressen an den Fürsten von Nekhscheb abschickte, daß er ihm diesen goldnen Fisch schicken möchte, weil er selbst einen Versuch mit demselben anstellen wollte.

Der persische Erdbeschreiber meldet, Soliman, der Sohn Abdalmalek, habe die Stadt Ramlah oder Rama in Palästina erbaut. Allein er hat sie blos gegen die Araber von Irak, welche in diesen Zeiten öfters Einfälle in das heilige Land wagten, bevestigen lassen.

Die Bitte, welche dieser Khalife an Abu Hazem that, und die Antwort dieses Scheikh auf dieselbe kann man in dem Artikel Abu Hazem lesen. Auch sehe man in dem Artikel Omar Ben Abdalaziz dasjenige nach, was er auf einer Wallfahrt nach Mekka, die sie miteinander gemacht haben, zu ihm gesagt hat.

Dieser Khalife ist zu Mardsch Dabek, in der Nachbarschaft der Stadt Kennasirin in Syrien, nach einigen an Seitenwehe, und nach andern, an einer Indigestion, gestorben. Denn er war ein sehr starker Esser, und dies ging so weit, daß man versichert, wenn er erst des Morgens für sich allein drei gebratene Lämmer gegessen gehabt, so habe er doch noch öffentliche Mittagsmahlzeit und Tafel gehalten. Ja es es giebt sogar einige, welche sagen, er habe auf hundert Pfund Fleisch an einem einzigen Tage gegessen.

Er hatte seinen Vetter, den Omar Ben Abdalaziz, zum Nachfolger, der seine Regierung im Jahr der Hedsch. 99 angefangen hat.

Soliman Ben AlHakem. Dies ist der Name des Neffen Heschams des Zweiten, der sich im Jahr der Hedschr. 400 gegen seinen Oheim empört, und sich zu Cordova in Spanien zum Khalifen ausrufen; und den Beinamen Mostain Billah hat beilegen lassen. Er hat lange Zeit mit seinem Oheime Krieg geführt, und hat ihn endlich abgesetzt. Er ist der eilfte Khalife der Ommiaden in Spanien gewesen. Endlich ist er aber von Ali Ebn Hamid ums Leben gebracht worden, der ihm auch in der Regierung nachgefolgt ist.

Ben Schohnah nennt diesen, Ebn Hamud, und Ebn Hamudah, und sagt, es habe dieser Mann in gerader Linie von Ali, und zwar von Seiten seines ältesten Sohns Hassan, abzustammen behauptet, habe den Soliman im Jahr der Hedschr. 407 hinrichten lassen, und den größten Theil seiner Familie ausrotten lassen. Auf solche Weise endigte sich alsdann unter diesem Khalifen die Dynastie der Ommiaden, die in Spanien regiert haben, und die Aliden kamen an ihre Stelle, bis ins Jahr 412, in welchem sich die Ommiaden wieder auf den Thron geschwungen haben.
Orient. Bibl. 4. B.

Soliman Ben Cotulmisch: ist der Name des Stifters der dritten Dynastie der Seldschuciden, die man die Seldschuciden von Rum zu nennen pflegt. Dieser Soliman war ein Sohn des Cotulmisch, eines Sohns Israel, eines Sohns Seldschuk.

Hamdallah AlMestufi, Verfasser des Tarikh Khozideh, sagt, als Malek schah, dritter Sultan aus der ersten Linie der Seldschuciden, die Nachricht von dem Tode des griechischen Kaisers erhalten, habe er Soliman, den Sohn Cotulmisch, aufbrechen lassen, um die Griechen in Natolien anzugreifen.

Dieser Fürst machte hier Eroberungen, und ließ sich endlich im Jahr der Hedschr. 480 ganz daselbst nieder. Auch ist er, nach einer Regierung von zwanzig Jahren, allhier im Jahr der Hedschr. 500 gestorben. Er hinterließ seinen Sohn Daud zu seinem Nachfolger, der achtzehn Jahre regiert hat. Siehe den Artikel Daud Ben Soliman.

Soliman Ben Kilidsch m. Arslan. Dies ist Soliman der 342 Zweite, fünfter Sultan aus der Dynastie der Seldschuciden von Rum oder Natolien. Dieser Fürst hatte große Streitigkeiten mit seinem Bruder Gajatheddin Caikhosru. Als es aber endlich zwischen diesen beiden Prinzen zum Frieden kam, regierte Soliman vier und zwanzig Jahre lang in voller Ruhe, und starb im Jahr der Hedschr. 602. Dieser Sul-

Sultan führt auch den Beinamen Rocneddin. Er hatte seinen Sohn, Kilidsch Arslan, mit dem Zunamen Azzeddin, zu seinem Nachfolger, als dieser noch ein Kind war.

Soliman Ben Caikhosru: ist der Name des zehnten Sultans der Seldschuciden, aus der dritten Dynastie, von Rum zugenannt. Er führte den Beinamen Rocneddin, und hatte einen Bruder, Namens Alaeddin Caicobad.

Soliman schickte seinen Bruder zum Caan der Mogolen, und dieser wußte die Angelegenheiten der Seldschuciden an diesem Hofe mit so vieler Geschicklichkeit zu besorgen, daß er sich bei diesem Fürsten in besondere Gunst setzte, und mit so großer Macht zu seinem Bruder Soliman zurückkehrte, daß er seine ganze Eifersucht rege machte. Endlich faßte Soliman, da er sich fast alles seines Ansehens durch Alaeddin Caicobad beraubt sah, den Entschluß, sich diesen Mann vom Halse zu schaffen, und beorderte zu dem Ende einen von den Seinigen, ihn mit Gifte hinzurichten.

Der mogolische oder tatarische Sultan, Abaka Khan oder Caan, erfuhr den schlimmen Streich, den Soliman seinem Bruder gespielt hatte, und ließ ihn deswegen ein gleiches Schicksal erfahren, nachdem er zwanzig Jahre regiert hatte. Sein Tod erfolgte im Jahr der Hedschrah 664. Er hat seinen Sohn Caikhosru zu seinem Nachfolger hinterlassen, und dieser ist von eben diesem Abaka Khan in der Nachfolge bestätigt worden.

Soliman. Soliman schah. Dies ist der Name des ersten Oberhaupts und Stifters des Hauses der Ottomanen, welcher durch die türkischen Geschichtschreiber bekandt genug ist.

Alle diese Schriftsteller sagen, es sey dieser Mann, von dem sie behaupten, daß er aus der oguzischen Familie abstamme, die unter den Mogolen sehr berühmt war, aus Mahan, einer Stadt in Khorassan, wo er Befehlshaber war, im Jahr der Hedschr. 611 aufgebrochen, um der ersten Wuth von Singhizkhans Waffen zu entgehen, und sey bis an den Euphrat gekommen, um nach Kleinasien überzusetzen.

Eben diese Schriftsteller sind alle in Ansehung des Unglücks einig, das diesem Herrn, bei seinem Uebersetzen über den Euphrat, begegnet ist: denn er ist in diesem Flusse ertrunken. Er hatte drei Söhne, welche Sancu Zenghi, Ghun dogdi und Orthogrul hießen. Die beiden erstern kehrten nach dem Tode ihres Vaters nach Persien zurück, und Orthogrul blieb diesseit des Euphrats mit seinen Söhnen, von welchen Othman der älteste war. Dies ist derjenige, der eigentlich der Stifter von der Dynastie der Othmaniden oder Ottomanen ist, die ihren Namen von ihm erhalten

ten haben. Siehe den Artikel Othman Ben Orthogrul.

Soliman schah stammte, dem Verfasser des Tadsch AlTauarikh, Saebeddin, zufolge, von Caikhan ab, der in Singhizkhans Zeiten von Mahan nach Akhlath gegangen ist. Dieser Schriftsteller sagt, er sey im Euphrat, dem Schlosse Khaibar oder Dschaibar gegenüber, ertrunken, und auch in der Nähe desselben begraben worden, an einem Orte, der noch heut zu Tage Mazar dhi Türk heißt.

Der Tarikh Othmani sagt, Solimau schah habe sich einige Zeit in der Stadt Arzendschan oder Erzendschan in Armenien aufgehalten, ehe er nach Natolien gegangen, und als er über den Euphrat zu Pferde an einem Orte setzen wollen, wo er glaubte, daß eine Unfurth befindlich sey, sey er so lebhaft auf denselben losgesprengt, daß er nach mehrern vergeblichen Versuchen endlich untergegangen sey.

Es giebt noch einen andern Soliman schah, von welchem Achmed Ben Arabschah sagt, daß er einer der tapfersten und entschlossensten Officiere von Tamerlans Armee gewesen sey.

III. 343 *zi:* **Soliman** Ben Orkhan Gazi: Soliman, Orkhans Sohn, der Eroberer genannt, zweiter Sultan von der Dynastie der Othmaniden. Dieser Mann war der erste von den ottomanischen Tür-

ken, der auf Flößen aus Asien nach Europa übergeschifft ist.

Seine erste Ueberfahrt geschah bei Nachtzeit mit siebenzig oder achtzig der tapfersten Leute, die er aus seinen Truppen ausgesehen hatte, und mit welchen er die Stadt Semenik überfiel. Nach dieser Expedition ließ er zweihundert andere nachfolgen, und auf diese folgte eine noch weit größere Anzahl, worauf er die Stadt Gallipoli im Jahr der Hedschr. 758 einnahm, und solchergestalt die ersten Türken auf griechischen Boden verpflanzte.

Aber dieser Monarch blieb nicht lange in dem Besitze seiner Eroberung, noch auch seines Lebens selbst; denn im folgenden Jahr, welches das Jahr 759 eben dieser Hedschrah war, stürzte er, als er eben einem Haasen nachjagte, vom Pferde, und verlohr, zwei Monate vor dem Tode seines Vaters Orkhan, das Leben.

Die türkischen Jahrbücher geben diesem Fürsten die Würde eines Pascha, weil ihm sein Vater Orkhan das Gouvernement, oder wie es die Türken nennen, das Paschalik von der Stadt Isnik oder Nicäa in Bithynien übertragen, so wie er auch seinem jüngern Bruder Amurat das Gouvernement von Prusa oder Brussa anvertrauet hatte. Soliman Pascha war zum Nachfolger seines Vaters bestimmt; allein da er noch vor ihm starb, so ward sein jüngerer Bruder, Morad Khan Gazi, welches Amurat der Erste ist, der dritte Sultan aus dem ottomanischen Geschlechte.

Soliman Ben Bajazid: Soliman, der Sohn Bajazet, genannt Ildirim Khan. Dies ist Soliman der Erste, welchen einige türkische Geschichtschreiber nicht in die Reihe der Sultane setzen, ob er gleich der älteste von den fünf Söhnen war, die Bajazet der Erste hinterließ, und ob er gleich von seinen Brüdern dafür erkannt wurde.

Er ward zu Adrianopel zum Kaiser ausgerufen, und hat sieben Jahre lang regiert, bis seine Ausschweifungen es dahin brachten, daß ihn seine Truppen verließen, und jeder von seinen beiden Brüdern, Mussa und Mohammed, den Titel eines Sultans annahmen. Er ward auf der Flucht im Jahr 813 von Bauern getödtet, die Mussa mit ihrem ganzen Dorfe verbrennen ließ.

Er ist derjenige gewesen, der die Erbauung der großen Moschee zu Adrianopel angefangen hat, und sein Bruder Mussa war sein Nachfolger, den aber sein Bruder Mohammed, der sich zu Amasia in Natolien aufhielt, nicht lange in Ruhe gelassen hat.

Dieser Soliman ist der fünfte Sultan der Othmaniden, und sein Bruder Mussa, der nicht länger denn viertehalb Jahr regiert hat, war der sechste. Nachdem der Sultan Mohammed, der

der siebente ist, seinen Bruder Mussa geschlagen hatte, blieb er alleiniger Herrscher, und hat acht Jahre regiert.

Einige rechnen diesen Sultan Mohammed, der der Erste dieses Namens ist, für den fünften unter den othmanischen Kaisern; aber dafür bringen sie weder die Regierung Solimans des Ersten, noch des Mussa, in Rechnung. Uebrigens da ihr Vater Bajazet im Jahr der Hedschrah 805 gestorben war, und die Regierung des Mohammed erst im Jahr 816 ihren Anfang genommen hat, so sieht man deutlich, daß die eilf Jahre Interregnum, die zwischen diesen zwei Epochen eintreten, auf die sieben Jahre und einige Monate der Regierung des Soliman, und auf die viertehalb Jahre von Mussas Regierung müssen gerechnet werden.

Soliman Ben Artak: ist der Name eines Fürsten aus dem Hause Artak oder Ortok, der sich gegen seinen Vater empört hat, und für seine Rebellion ist bestraft worden. Denn sein Vater ließ ihm die Augen ausreißen, und die Zunge ausschneiden. Dies ist im Jahr der Hedschr. 515 geschehen. Einige nennen ihn Ben Ilgazi, Ben Artak.

Soliman Ben Abdaldschabar, Ben Artak: ist der Name des Neffen von Ilgazi Ben Artak. Siehe den Artikel Artak oder Ortok.

So-

Soliman Ben Khaled: ist der Name eines Vesirs des Abu Dschafar AlMansor, zweiten Khalifen aus der Familie der Abassiden. Siehe in dem Artikel dieses Fürsten dasjenige, was sein Vesir Soliman in Betreff der Zerstörung des Pallastes der Chosroes, in der Stadt Madain, gesagt hat. Siehe auch den Artikel Madain.

Soliman Ben Salem: ist der Name eines Schriftstellers, AlColai zubenamt, der das Buch verfertigt hat, dessen Titel Fotuh AlMesr, die Eroberungen von Egypten, heißt. Dieses Werk ist in der königlichen Bibliothek zu Paris ohne Numer.

Soliman Ben Hescham. Dies ist der Name eines Sohns des Khalifen Hescham, eines Sohns Abdalmalek, aus dem Hause der Ommiaden. Er empörte sich gegen Marvan Ben Mohammed, letzten Khalifen aus dieser Dynastie, und begab sich zu dem Imam Ibrahim, aus Abbas Familie, und stellte ihm den Abu Moslem vor, der der erste und größte Beförderer des Khalifats der Abbassiden gewesen ist.

Soliman Ben Cothair: ist der Name eines Mannes, der einer der ersten von denen war, die den Imam Ibrahim, einen Sohn des Mohammed und Enkel des Abbas, für den einzigen, wahren und rechtmäßigen Imam

des Musulmanismus erkannten, und der in Verbindung mit einigen seiner Freunde ihm große Summen Geldes und kostbare Meublen gab.

Soliman Ben Sian: ist der Name eines präadamitischen Monarchen. Siehe den Artikel Soliman Ben Daud.

Soliman AlSegestani. Siehe den Artikel Abu Daud.

Soliman Alnakib. Abu Abdallah Mohammed, Verfasser desjenigen Buchs, welches den Titel führt: Fil elafdh v astarkib, führt gewöhnlich den Beinamen Ebn Soliman AlNakib. Eben dieser Schriftsteller hat auch einen Taffir oder Commentar über den Coran verfertigt, vor welchem er das Werk, von dem wir reden, und das eine Abhandlung von einfachen und zusammengesetzten oder construirten Wörtern ist, beigefügt hat.

Soliman Buaki; ist der Name eines präadamitischen Monarchen. Siehe den Artikel Soliman Ben Daud.

Soliman Daki, ist auch der Name eines präadamitischen Monarchen. Siehe den Artikel Soliman Ben Daud.

Soliman Farsi, ist der Name eines berühmten, aus der Stadt Ram Hormuz gebürtigen

T 3   Man-

Mannes. Siehe den Artikel
dieser Stadt.

Soliman Khan Ben Se-

lim Khan. Dies ist der große
Soliman, der der erste oder
zweite dieses Namens ist, nach
den verschiedenen Meinungen der
Geschichtschreiber, von welchen
wir in dem Artikel Soliman
Ben Bajazid, geredet haben.
III. Dieser Monarch ist im Jahr
345 der Hedschr. 900, welches der
Anfang des zehnten Jahrhunderts
nach der mohammedanischen Zeitrechnung ist, gebohren, und die
Musulmanen merken in Ansehung
seiner Geburt an, daß man einen Hadith, oder eine Tradition
von ihrem Propheten habe, welcher zufolge Gott im Anfange
eines jeden Jahrhunderts irgend
jemand sendet, der dem musulmanischen Gesetze neue Kraft
giebt; Man joffahhleh adih al-
ommat dinha.

Er succedirte dem Sultan Selim Khan, einem Sohne des
Bajazet, seines Vaters, und
fing im Jahr der Hedschr. 926,
in einem Alter von sieben und
zwanzig Jahren an zu regieren.
Gleich in dem darauf folgenden
Jahre marschirte er nach Ungarn,
und nahm noch in eben diesem
Jahre dem König von Ungarn,
Ludwig dem Zweiten, die Städte Sabas und Belgrad weg.

Im Jahr 928 rüstete er sich
zur Belagerung von Rhodus,
und machte sich in dem folgenden
Jahre 929 Meister davon. Kaum
war diese Expedition geendigt, so

kehrte er nach Constantinopel zurück, um sich zu dem Kriege in
Ungarn zuzubereiten, zu dessen
Unternehmung ihn ein Aufruhr
der Janitscharen weit eher nöthigte, als er selbst gedacht hatte.
Im Jahr 932 schlug Soliman
den König von Ungarn Ludwig
den Zweiten in einem förmlichen
Treffen in der Ebene von Mohatz,
wo dieser junge König, der noch
nicht sein ein und zwanzigstes
Jahr erreicht hatte, in seiner vollen Waffenrüstung von seinem
Pferde in einen Morast fiel, und
darin umkam. Soliman ging
sogleich nach erfochtenem Siege
auf Buda, die Hauptstadt von
dieser Provinz, los, und diese
öffnete ihm die Thore noch in
dem nemlichen Jahre.

Im Jahr 935 kam Soliman
von neuem nach Ungarn, und
bestätigte den Johann von Za-
poglia, Grafen von Sepnsa und
Fürsten von Siebenbürgen, in
dem Königreiche Ungarn. Es ist
dies derjenige, den die Türken
Erdel Bani, das heißt, den
Ban oder Wojewoden von Siebenbürgen nennen, und den die
Ungarn gegen die Prätensionen
des Kaisers Ferdinand, eines
Sohns des Maximilian und
Bruders Carls des Fünften, zu
ihrem Könige gewählt hatten.

Dieser neue König, der sich
gänzlich dem Willen des Soliman unterwarf, war die Veranlassung dazu, daß sich dieser
Sultan sehr verwegen verpflich-
tete, noch in eben dem Jahre,
da die Jahreszeit schon sehr weit
vor-

vorgerückt war, die Belagerung von Wien in Oesterreich, das die Türken Betsch oder Wetsch nennen, zu unternehmen. Soliman setzte zwanzig Tage lang dieser Stadt mit den lebhaftesten Angriffen zu. Allein endlich nöthigte ihn die strenge Kälte, am vierzehnten October des Jahrs Christi 1529, welches das Jahr der Hedschrah 935 ist, diese Belagerung aufzuheben.

Im Jahr 940 ließ Soliman den Khaireddin, einen berühmten Seeräuber, der uns unter dem Namen Barbarossa bekandter ist, und der sich kurz zuvor von Algier und Tunis Meister gemacht hatte, nach Constantinopel kommen, und ernannte ihn zu seinem Capudan Pascha, das heißt, zum Admiral von seiner Flotte. Noch in eben diesem Jahre eroberte dieser Admiral alle die Plätze wieder, deren sich die Christen in Morea bemächtigt hatten, während daß Soliman in Ungarn den Krieg geführt hatte.

Im Jahr 941 fing Soliman mit dem Könige von Persien, Schah Thamasb Krieg an, nahm ihm die Städte Tauris und Bagdet weg, und nöthigte ihn, sehr tief in sein Land hineinzufliehen. Darauf ging er im Jahr 942 nach Constantinopel zurück, um daselbst auszuruhen, und ließ noch in demselben Jahre seinen Großvesir und Liebling, Ibrahim Pascha, hinrichten.

Im Jahr 943, welches das Jahr Christi 1537 ist, nahm Carl

der Fünfte Tunis ein, nachdem er die Flotte des Soliman, welche unter Anführung des Khaireddin Barbarossa stand, geschlagen hatte. Allein dieser Admiral schlug im Jahr 945 die spanische Flotte, welche Andreas Doria anführete. Im Jahr 946 nahm er den Spaniern Castelnovo in Dalmatien weg.

Im Jahr 948 kehrte Soliman nach Ungarn zurück, beschützte Buda, das der Kaiser Ferdinand belagerte, und schlug die kaiserliche Armee: und im Jahr 950 nahm er Gran oder Strigonien und Stuhl Weißenburg ein.

Im Jahr 956 verlohr Soliman die Stadt Mahadie in Africa, und Dorguth, den wir Dragut nennen, und der dem Khaireddin Barbarossa, der im Jahr 953 starb, gefolgt war, wurde von Andreas Doria geschlagen. Als er darauf im Jahr 957 vergeblich mit seiner Flotte, welche von Sinan Pascha angeführet wurde, die Stadt Malta einzunehmen versucht hatte, so ließ er sie nach Africa segeln, und machte sich Meister von Tripoli.

Im Jahr 962 ließ Soliman, durch Ali Pascha, Zighet belagern, allein er ward zur Aufhebung dieser Belagerung gezwungen.

Im Jahr 971 ließ dieser Sultan die Insel Malta zum zweitenmale durch den Admiral Pir Ali Pascha angreifen, den man auch Ulug Ali nannte, weil er ein calabrischer Renegat war.

war. Dieser Admiral nahm das Schloß des heiligen Hermes, das in der gemeinen Sprache Sanct Elm heißt, weg; nachdem er aber vier Monate vergeblich vor der Stadt zugebracht hatte, und den Winter herannahen sah, zog er sich auf eine schimpfliche Weise, mit einem Verlust von drei und zwanzigtausend Mann der Seinigen zurück, und konnte nichts weiter ausrichten, als daß er sich auf seiner Rückreise nach Constantinopel der Insel Chio bemächtigte.

Im Jahr der Hedschr. 973 ging Soliman wieder nach Ungarn zurück, und fing in eigner Person die Belagerung von Zighet an, wo Nicolaus, Graf von Serin, Commandant war. Er nahm diese Stadt ein, ob sie gleich von ihrem Commandanten aufs tapferste vertheidigt wurde. Allein er starb daselbst in seinem Lager, im Jahr 974, in einem Alter von vier und siebenzig Jahren, und wie die türkischen Schriftsteller sagen, in dem acht oder neun und vierzigsten Jahre seiner Regierung. Allein, unsern Geschichtschreibern zufolge, ist er im Jahr Christi 1566, am vierten September, in einem Alter von sechs und siebenzig Jahren, von welchen er vierzig Jahre und sechs Monate auf dem Throne gesessen hatte, gestorben. Sein Tod wurde lange Zeit geheim gehalten; so daß sein Sohn Selim Zeit genug hatte, davon benachrichtigt zu werden, und von Magnissah oder Magnesia,

wovon er Sandschak war, nach Constantinopel zurückzukehren.

Soliman wird von den Türken für den größten Monarchen aus dem ottomanischen Geschlechte, den sie bis auf diese Stunde gehabt haben, angesehen. Denn außer den kriegerischen Eigenschaften, die er in hohem Grade besaß, war er auch des Arabischen, Persischen und Türkischen sehr kundig. Man sagt sogar, er habe auch Griechisch verstanden, und habe einige unserer Bücher in die türkische Sprache übersetzen lassen, unter andern die Commentäre des Julius Cäsar. Man sehe in wenigen Worten dasjenige, was der Verfasser der türkischen Uebersetzung desjenigen Buchs, das Anwar Sohaili betitelt und ihm dediciret ist, zum Lobe dieses Sultans gesagt hat: Molhareb memalek Angarus, Mosaffer Gezirat Rodus, Cale calaat Beligrad, Fateh Medinat Bagdad, Caher Esherman Bogdan, Cathe thogát Afrandsch u Alaman: Er hat Ungarn geplündert und verwüstet, hat die Insel Rhodus im Sturme erobert, hat die Festung Belgrad zerstört, hat die Stadt Bagdad weggenommen, hat die Wallachei und die Moldau besiegt, und hat die Könige der Franken und der Alemannen niedergemacht.

Soliman Khan Ben Ibrahim Khan. Dies ist Soliman der Zweite oder Dritte, ein Sohn Ibrahims, der nach der Thronententſetzung ſeines älteſten Bruders, Mohammed des Vierten, auf den Thron geſetzt wurde. Er hat nicht lange gelebt, und ſeinen andern Bruder, Achmed den Zweiten, zum Nachfolger gehabt, der aber auch, nach einer ſehr kurzen Regierung, den Sultan Muſtafa den Zweiten, einen Sohn Mohammeds des Vierten, zum Nachfolger hatte, der im Jahr der Hedſchrah 1107, welches das Jahr Chriſti 1695 iſt, den Thron beſtiegen hat.

Soliman Jmlak, iſt der Name eines präadamitiſchen Monarchen. Siehe den Artikel Soliman Ben Daud.

III. **Soliman Hiat:** iſt der
347 Name eines präadamitiſchen Monarchen. Siehe den Artikel Soliman Ben Daud.

Soliman Nameh: Geſchichte des Salomo. Siehe den Artikel Soliman Ben Daud.

Soliman Raad: iſt der Name eines präadamitiſchen Monarchen. Siehe den Artikel Soliman Ben Daud.

Soliman Schadi: iſt der Name eines präadamitiſchen Monarchen. Siehe den Artikel Soliman Ben Daud.

Soliman Schah Ben Mohammed: iſt der Name eines Sultans aus der Dynaſtie der Selbſchuciden von Jran, der

den Beinamen Moezzeddin geführt, und nach dem Tode Mohammeds, eines Sohns Mahmud, eines Sohns ſeines Reſſen Malek ſchah, im Jahr der Hedſchrah 555 zu regieren angefangen hat. Er hat kein ganzes Jahr regiert; denn Khondemir giebt ihm aufs höchſte eine Regierung von ſechs Monaten, und ſchreibt, er ſey im Jahr der Hedſchrah 556 geſtorben. Er hatte zum Nachfolger Arſlan Ben Thogrul, mit dem Beinamen AbulModhaffer.

Soliman Tſchaghi: iſt der Name eines präadamitiſchen Monarchen. Siehe den Artikel Soliman Ben Daud.

Soliman Tſchelebi: dies iſt der Name, den Soliman, der älteſte Sohn des Bajazid Jldirim, ſo lange ſein Vater gelebt, und ehe er unter dem Namen Soliman der Erſte regiert hat, führte. Siehe oben.

Soliman Virani: iſt der Name eines präadamitiſchen Monarchen. Siehe den Artikel Soliman Ben Daud.

Soluan almotha: iſt der Titel eines moraliſchen und Andachtsbuchs, das den Abu Haſſan AlMoazzi zum Verfaſſer hat. Es ſind Troſtgründe gegen die Leiden des Lebens. Das Werk iſt in fünf Capitel abgetheilt, die die fünf Quellen enthalten, aus welchen die Menſchen ihren Troſt
T 5   ſchöpfen

schöpfen können. Daher ist das erste betitelt Tasuld, das heißt, die Ergebung des Menschen in die Hände Gottes. Das zweite führt die Ueberschrift: Bas, welches die Kräfte der Seele und den Muth bedeutet; das dritte Sabr, die Geduld; das vierte Ridha; Einstimmung mit dem Willen oder Wohlgefallen Gottes; das fünfte Zehed, das einsame oder strenge Leben.

Dieser Schriftsteller wird auch Abu Haschem Mohammed Ben Dhafar oder Zhefer, AlMekki, genannt. Er hat dieses Werk im Jahr der Hedschrah 565 verfertigt, und ist im Jahr 568 gestorben. Es ist in der königlichen Bibliothek zu Paris unter Nr. 923.

Man findet auch dieses Buch unter dem vollständigen Titel: Soluan almotha si abuan altheba, und es ist dasselbe von Tadscheddin Abu Abdallah Ben Ali, AlSakhaui, der im Jahr 769 gestorben ist, in Verse gebracht worden. Unter dem Titel Riahin almoluk si riabhat alsoluk ist es ins Persische übersetzt worden.

III. 348 Soluk almalek hi tedbir almemalek: ist der Titel eines politischen Werks, in welchem ein Fürst von seinen Pflichten unterrichtet wird. Die in demselben enthaltenen Lehrsätze sind fast ganz aus den moralischen Schriften des Aristoteles genommen, und der Verfasser desselben ist Abulabbas Achmed Ben Mo-

hammed, Ben Abil Rabbi, mit dem Beinamen AlHakim, der Philosoph.

Soluk lemarefat dual almoluk: dies ist eine Geschichte der Jobiten, das heißt, der Fürsten aus dem Hause des Saladin, und der Mamluken, welche nach ihnen in Egypten und in Syrien regiert haben. Dieses Werk ist von Macrizi verfertigt worden, und ist in der Bibliothek des Königs von Frankreich in zween Bänden befindlich, welche vier Theile ausmachen. Diese Geschichte endigt sich mit dem Jahr der Hedschrah 844 und fängt im Jahr 577 an. Der Verfasser ist im Jahr 845 gestorben.

Dieses Werk ist von seinem Sohne, dem Emir Gemaleddin Josef, bis ins Jahr 890 fortgesetzt worden, wobei er die Methode seines Vaters befolgt hat, das heißt, von Jahren zu Jahren; daher hat er diesem Supplemente den Titel gegeben: Hauadith aldohur si medd alsenin v alajam v alschohur.

Soluk si thabareat alolama v almoluk: ist der Titel einer Geschichte, die den Abu Abdallah Josef Ben Jacub, mit dem Beinamen Baha AlDschudi, zum Verfasser hat. Dieser Schriftsteller hat in drei und zwanzig Capiteln, Lebensbeschreibungen von einigen Gelehrten in Jemen oder im glücklichen Arabien gesammelt, denen er auch die Geschichte der Könige dieses Landes beigefügt hat.

Ee

Er selbst sagt, er habe sein Werk aus demjenigen Buche, welches betitelt ist: Ketab Abi Hafs Omar Ben Abi, Ben Semer, so wie auch aus einem des Achmed Ben Abdallah AlRazi, aus dem Tarif Sanaa, welches die Geschichte der Stadt Sanaa ist, die den Ben Dschorair AlSagani zum Verfasser hat, und aus dem Mosid, akhbar Zebid, welches eine Geschichte der Stadt Zebid in Jemen ist, die die Erdbeschreiber Zibit nennen, zusammengetragen.

Solun: ist der Name des Solon, eines von den sieben Weisen in Griechenland. Die Araber sprechen von ihm, als einem großen moralischen Philosophen, der mehrere Werke verfertigt hat, die mit Maximen und Sentenzen angefüllt sind, die zur Einrichtung des Lebens dienen, und in der Ausübung der Tugend Unterricht geben. Sie legen ihm auch Verse bei, durch welche er den Muth seiner Mitbürger erweckte, daß sie tapfer gegen ihre Feinde fechten sollten.

Eben diese Schriftsteller machen ihn zum mütterlichen Großvater vom Plato, und fügen hinzu, er habe eine Reise nach Egypten gemacht, und als er in seine Vaterstadt Athen zurückgekommen, sey er gezwungen gewesen, solche wieder zu verlassen, wegen der Verfolgung, die er von einem der Tyrannen dieser Stadt zu erdulden hatte, so daß er, in einem Alter von sie-

ben und achtzig Jahren, im Exilio gestorben ist.

Solthan. Dieses Wort, das sowol in der chaldäischen, als in der arabischen Sprache gewöhnlich ist, und Herr, König und Beherrscher bedeutet, ist zum Titel von mehreren Fürsten in Asien und Africa, so wie auch der eigenthümliche Name von einigen Privatpersonen geworden. In der vielfachen Zahl hat es im Arabischen Salathin; so daß, man also sagt: Salathin Seldschuk, wenn man die Seldschuciden nennen will.

Khalaf, der Sohn Achmed, und Gesandter des Khalifen bei Mahmud Ben Sebekteghin, soll, wie man sagt, der erste gewesen seyn, der diesem Fürsten den Titel Solthan gab, und der soll ihm so wohlgefallen haben, daß er ihn von der Zeit an beständig geführet hat. In der That findet man auch immer diesen Fürsten von den Geschichtschreibern Solthan Mahmud genannt und betitelt.

Auch ist aus diesem Worte *m.* *349* durch eine verdorbene Aussprache das Wort Soldan und Sudan entstanden, das unsere Geschichtschreiber den mamlukischen Fürsten, die in Egypten regiert haben, geben, und auch wir nennen noch heut zu Tage den türkischen Kaiser, der zu Constantinopel regiert, den Sultan, auf eben die Art, wie man dem König von Persien den Titel Schach, und den tatarischen Fürsten

den

den Titel Khan oder Khakan
giebt.

Also sind die Fürsten aus der
Dynastie der Gazneviden, Mahmuds Nachfolger, diejenigen,
welche zuerst den Titel eines Sultans geführt haben. Denn die
Fürsten aus der vorhergehenden
Dynastie, als da sind die Thaherier, die Soffarier und die
Samaniden, führten blos den
Titel Emir, der einen Commandanten bedeutet, und die Fürsten von denjenigen Dynastien, die
auf die Gaznevidische gefolgt sind,
zum Exempel die Seldschuciden,
die Khnarezmier, u. s. w. haben
alle den Titel Sultan geführt.

Die Buiden, die im Anfang
blos den Titel eines Emirs führten, nahmen auch nach und nach
den Titel Sultan an, ob sie ihn
gleich im Anfang nicht schlechtweg und blos allein, sondern
immer mit einem gewissen Zusatze, zum Exempel Solthan Aldulat führten, welches einen Sultan des Staats bedeutet.

Solthan Aldulat: ist der
Titel oder Beiname des ältesten
Sohns des Baha aldulat, eines
Fürsten aus der Dynastie der
Buiden, der ein Sohn des Abhad
aldulat war.

Solthan aldulat hatte zween
Brüder, von denen der eine Ge-
lal aldulat hieß. Diese drei
Prinzen haben in der Dynastie
der Buiden ihre Stellen gehabt.
Er befand sich in der Stadt
Arabschan, als sein Vater Ba-
ha aldulat in Persien, wo er re-

gierte, starb, und so wie er die
Nachricht von seinem Ableben erhielt, eilte er sogleich in die
Stadt Schiraz, um von der
persischen Crone Besitz zu nehmen; um aber seine zwei Brüder
zu befriedigen, schickte er den
Gelal aldulat ab, daß er Befehlshaber von der Stadt Basrah
oder Bassorah, und von dem ganzen babylonischen oder arabischen
Irak, welches Chaldäa ist, in seinem Namen seyn sollte. Seinem
andern Bruder aber, dem Masch-
rafaldulat, übertrug er das Gouvernement von der Provinz Kerman.

Allein dieser jüngere Bruder
blieb ihm nicht lange gehorsam,
und sein Bruder Solthan aldulat sah sich daher genöthigt, ihn
mit Gewalt der Waffen in seine
Pflicht zu weisen. Endlich kam
es zwischen diesen beiden Brüdern im Jahr der Hedschrah
409 zum Frieden, doch unter der
Bedingung, daß Maschraf aldulat einen Theil von Kerman
mit ganz unumschränkter Oberherrschaft behalten, und in Ansehung der übrigen Staaten, die
er von ihm erhalten hatte, den
Eid der Treue schwören, und sie
zu Lehen tragen sollte.

Allein dieser Friede daurete nur
bis zum Jahr der Hedschrah
411. Denn es kam noch in eben
diesem Jahre wieder zwischen den
beiden Brüdern zu einem Kriege,
und es konnte auf keine andere
Art der Friede zwischen ihnen zu
Stande kommen, als unter der
Bedingung, daß Maschraf aldulat

dulat für den obersten Statthalter seines Bruders Solthan aldulat in dem arabischen Irak erklärt wurde, doch so daß er sich auf keine Weise in die Angelegenheiten weder von Persien, noch von Ahuaz mischen durfte, und daß weder der eine, noch der andere von diesen beiden Sultanen den Ben Sahelan zum Vesir nehmen durfte, der der Urheber von ihrer Uneinigkeit war, und das Kriegsfeuer unter ihnen angezündet hatte.

Dieser verstellte Friede dauerte im Ganzen nicht länger, wie der vorhergehende. Denn kaum war Solthan aldulat in der Provinz Ahuaz, und in der Stadt Toster, der Hauptstadt von Khuzistan, welches das alte Susiane ist, angelangt, so ernannte er den Ebn Sahelan, der der Hauptgegenstand ihrer Zwistigkeiten war, zu seinem Vesir, und Maschraf ergriff sogleich, über diesen offenbaren Bruch des Friedenstraetats, den er mit seinem Bruder geschlossen hatte, die Waffen, und führte bis zum Jahr 413 Krieg mit ihm.

III, Dieser Krieg war für Maschraf 330 sehr vortheilhaft; denn er blieb endlich durch den Tractat, der demselben ein Ende machte, uneingeschränkter Beherrscher von dem arabischen Irak, und Solthan aldulat ward gezwungen, sich mit den Provinzen Fars und Kerman zu begnügen, wo er im Frieden bis ins Jahr der Hedschrah 415 lebte. Er hat endlich seine Tage in der Stadt Schiraz,

nach einer Regierung von zwölf Jahren und vier Monaten beschlossen.

Der Verfasser des Lebtarikh schreibt, es sey dieser Fürst sowol, als sein Bruder, den dieser Schriftsteller Scharf aldulat nennt, im Jahr der Hedschrah 416, oder nach einem andern Exemplar im Jahr 414 gestorben. Aber diese Chronik ist hier, besonders in dieser Dynastie der Buiden sehr verwirrt, welches in der Verschiedenheit der Exemplare seinen Grund haben mag.

Solthan aldulat hatte seinen andern Bruder, Gelal aldulat, zum Nachfolger, der bis ins Jahr der Hedschr. 435 regiert hat, nachdem er auch seinem Bruder Maschraf aldulat in der Regierung nachgefolgt war,

Solthan Alärefin. Der König oder der Fürst der geistlichen Lehrer, das heißt, derjenigen, die sich in Spiritualität und Andachtsübungen besonders hervorgethan haben. Siehe den Artikel Gelaleddin.

Solthan Mocaddes: ist der Name eines Fakih oder musulmanischen Rechtsgelehrten, der der Verfasser eines Buchs ist, welches den Titel führt: Besan fi ahkam eltefa v alhanan: Abhandlung von der Gnade und Leutseligkeit.

Solthan Schah Ben Eadherd. Dies ist der zweite Sultan aus der zweyten Dynastie sin der Seldschuciden, welche von Kerman benennt wird, und der in dem persischen Carama-nien, unter der Oberherrschaft seines Vetters, Malek schah, drit-ten Sultans aus der ersten Dy-nastie eben dieser Seldschuciden, regiert hat.

Die Regierung dieses Fürsten hat, dem Khondemir zufolge, nur zwei Jahre gedauret, denn er ist im Jahr 467 und sein Vater Cadherd im Jahr 465 gestorben. Allein der Tarikh Khozideh, den ebenfalls Khondemir anführt, giebt ihm eine Regierungszeit von zwölf Jahren, die sich mit dem Jahr 477 geendigt hat.

Solthan Schah Ben Il Arslan. Dies ist der vierte kwaresmische Sultan, der seinem Vater Il Arslan, im Jahr der Hedschrah 567 in der Regierung gefolgt ist. Er war noch sehr jung, so daß seine Mutter Me-lekah Tarkhan, die die Vormund-schaft über ihn führte, die un-umschränkte Herrschaft in seinen Staaten hatte; ja man sagt, sie habe ihm, mit Eingriff in die Rechte seines ältesten Bruders Lagasch oder Tekesch, die Regie-rung in die Hände gespielt, nur damit sie, unter dem Namen ei-nes zarten Kindes, selbst habe regieren können.

Als sein ältester Bruder Ta-gasch, der sich in der Provinz Khorassan, von welcher er Gou-verneur war, aufhielt, erfuhr, daß sein jüngerer Bruder, durch die Intriguen seiner Mutter, mit

offenbarer Beeinträchtigung sei-ner Rechte, auf den Thron ge-langt sey, schrieb er einen Brief an seinen Bruder, und schickte ihm solchen durch einen Expres-sen zu, in welchem er ihn bat, daß er ihn an der Nachfolge ih-res Vaters Il Arslan möchte Antheil nehmen lassen. Allein Solthan schah, der die größte Macht des Staats in seiner Ge-walt hatte, antwortete ihm in persischen, sehr prahlerisch abge-faßten Versen, in denen er un-ter andern sagte, die Händel, die sie miteinander hätten, dürften nicht durch Briefe, oder durch Couriere ins Reine gebracht wer-den, sondern das Schicksal der Waffen müsse sie einzig und al-lein entscheiden: Indscha be resul v nameh berneajed kiar: Schim-schir durujeh kiar jek rujeh ko-ned. Dieser letzte Vers bedeu-tet buchstäblich soviel als: der Degen mit zwei Gesichtern, oder mit zwei Schneiden, müsse ihrem Handel das einzige Gesicht ge-ben, das er haben müsse.

Als Tagasch diese Depesche von seinem Bruder erhielt, be-fahl er einem von seinen Söhnen, Namens Melik schah, der viel Scharfsinn hatte, daß er seinem Oheime gleichfalls in Versen ant-worten solle, und er that solches in Ausdrücken folgenden Inhalts: Du besitzest große Schätze, und ich habe weiter nichts als einen guten Degen. Du wohnst in ei-nem prächtigen Pallaste, und campirst unter herrlichen Gezel-ten; aber ich habe weiter nichts als

als ein Pferd und ein Schlachtfeld. Wenn du aber willst, daß
sich unser Zwist ohne Krieg endigen soll, so begnüge dich mit
Khuarezm, und laß mir Khorassan.

Solthan schah antwortete seinem Neffen auf eine Art, die
dem Tagasch alle Hoffnung nahm,
daß ihr Zwist auf eine freund-
schaftliche Art könnte beigelegt
werden. Daher rüstete er sich,
ob er gleich der Schwächere war,
zum Kriege, und rief sich den
Khan von Caracathai, das ist,
den Khan der großen Tatarei, zu
Hülfe, wobei er ihm versprach,
daß er, falls er Herr von Khuarezm werden würde, ihm alljährlich einen ansehnlichen Tribut bezahlen wolle.

Der Tatar schickte dem Tagasch
eine ansehnliche Armee, unter
Anführung seines eignen Eidams,
Namens Caramara, zu Hülfe.
Diese Armee drang gemeinschaftlich mit denen Truppen, welche
Tagasch hatte zusammenbringen
können, ohne allen Widerstand
im Jahr der Hedschr. 568 in
Khuarezm ein, und zwang den
Solthan schah, daß er sein Land
verlassen und nach Nischabur
fliehen mußte, so daß sich Tagasch bald in dem Besitze der Crone seiner Vorfahren sah. Inzwischen unterließ doch Solthan
schah nicht, in Verbindung mit
seinen Nachbarn den Krieg gegen
seinen Bruder noch lange fortzusetzen. Allein es war ihm doch
von der Zeit an nicht mehr möglich, wieder in Khuarezm einzu-

dringen, und er sah sich genöthigt, sich mit der Beherrschung
von Khorassan bis ins Jahr 589
zu begnügen, wo er starb, und
nun seinen Bruder Tagasch im
dem Besitze von allen seinen Staaten ließ.

Solthaniah: ist der Name einer Stadt von Adherbidschan oder Medien, welche von
Albschaptu, einem Sohne des
mogolischen oder tatarischen Kaisers Ardschum Khan, ist erbauet
worden, der auch im Jahr der
Hedschrah 716 daselbst gestorben
und begraben worden ist.

Diese Stadt ist auch die Residenz des Sultan Abu Said, eines
Sohns Albschaptu, gewesen, der
gleichfalls daselbst begraben liegt.

Solthaniun: Dies ist eben
dasjenige, was wir Sultaninen
oder Soldans nennen, eine Goldmünze, die einerlei ist mit den
egyptischen Scherafinen, oder
griechischen Goldbezanen, welche
ihrem Werthe nach ohngefehr unsern Ducaten oder Goldthalern
gleichen.

Someirah. Dies ist der
Name eines Gebirges, das nach
der Vorstellung der alten Indier
in dem Mittelpuncte der Erde befindlich ist, und hinter welchem,
wie sie glauben, sich die Sonne
verbirgt, wenn sie untergeht.

Die unwissendern Musulma-
nen, und besonders diejenigen,
welche weiter keine geographische
Kenntnisse haben, als höchstens
nur

nur so viel ihr Vaterland betrifft, haben, sich gleichfalls ein ähnliches Gebirge eingebildet, dem sie den Namen Caf geben. Aber anstatt dasselbe, so wie die Indianer thun, in die Mitte der Erde zu setzen, machen sie es zu einer Art von Gürtel von dem ganzen Erdballe, sagen auch oft, besonders in ihren fabelhaften und romantischen Geschichten, die Sonne komme durch die Oeffnungen des Bergs Caf hervor, und verberge sich hinter eben dieses Gebirge, wenn sie ihren Auf= und Untergang bezeichnen wollen. Siehe den Artikel Caf.

III. Sonan und Sünen: ist die vielfache Zahl von Sonnah und Sünnah. Es giebt mehrere Werke, welche diesen Titel führen. Siehe den Artikel Sonnah.

Sonan Abi Daud: ist der Titel eines Buchs in vier Bänden, das den Abu Daud Soliman Ben Aschah AlSegestani zum Verfasser hat, der im Jahr der Hedschr. 275 oder 278 verstorben ist. Er hat in demselben viertausend vorgebliche Traditionen gesammlet, die er aus fünfmalhunderttausend andern ausgelesen hat, und die, wie man versichern will, aus Mohammeds Munde herrühren sollen.

Sonan Ebn Madschah fil hadith: ist der Titel einer Sammlung von Traditionen, die in fünf Bänden von Abu Abdallah Ben Mohammed Ben Magiah AlCazerumi sind gesammlet worden, der im Jahr der Hedschr. 673 gestorben ist. Der sechste Band von diesem Werke, hat, wie einige anführen, Hadits oder Traditionen zum Gegenstande. Dies Werk ist von Sojuthi und von Demiri mit Commentaren versehen worden.

Sonan alkebir. Die große Sammlung von Traditionen. Dies ist der Titel eines Werks, das den Abdalrahmau Achmed Ben Schahab, mit dem Beinamen AlNessai, zum Verfasser hat. Er war aus der Stadt Nessa in Khorassan gebürtig, und starb im Jahr der Hedschr. 313. Es haben mehrere Schriftsteller Commentare über dieses Buch geschrieben.

[Siehe die Zusätze zu dem Artikel Nassaui.]

Sonan alkebir v alsaghir. Dies sind zwei Bücher, die von Abubekr Achmed Ben Hassan, Ali Baihaki oder Biheki, sind verfaßt worden, der im Jahr der Hedschr. 456 gestorben ist. Er folgt durchaus der Methode vom Mokhtassar des Mozeni.

Es giebt noch mehrere Sonan, zum Exempel des Schafei, des Said Ben Mansur, des Albarakthani, des Termedi, dessen Werk auch den Titel hat: Dschame alsahih, u. s. w.

Sonan alsofiah. Die Regeln der Sofis. Dies ist der Titel eines

eines Buchs, das den Selemi zum Verfasser hat. Der Verfasser desjenigen Buchs, das den Titel hat: AlFataui alfofiah, Decisionen der Sofis, thut dieses Werks Erwähnung.

Sonnah oder Sunnah. Dieses arabische Wort bedeutet eigentlich eben dasjenige, was die Hebräer Mischnah, das zweite Gesetz, oder das mündliche Gesetz nennen, welches nicht von dem Gesetzgeber ist niedergeschrieben worden, und das blos aus demjenigen, was er gesagt, oder gethan hat, und das durch Tradition aus einer Hand in die andere durch beglaubigte Personen übergegangen ist, genommen und zusammengetragen worden.

Die vielfache Zahl von diesem Namen ist Sonan und Sünen, und es haben mehrere musulmanische Lehrer diesen Titel solchen Werken gegeben, in welchen sie alles gesammlet haben, was in dem musulmanischen Gesetze verbietend und Gebot ist, ob es gleich im Coran nicht ausdrücklich verordnet und geboten ist.

Uebrigens muß man doch diese Sonnah und die Sonan nicht mit demjenigen verwechseln, was die Musulmanen Hadith und Hauadith nennen. Denn die Hadith oder Hauadith sind nichts anders, als historische Erzählungen, von welchen die Tradition nicht so authentisch ist. Aber die Sünnah ist Gebot, wie wir bereits gesagt haben, und dient den Musulmanen zur Regel und

Orient. Bibl. 4. B.   U

zur Disciplin. Nichts destoweniger werden diese beiden Sachen oft in den Werken der Mohammedaner verwechselt. Denn es giebt viele, die den Titel Sonan führen, und nichts als Hadith enthalten.

Was die Sonnah anbetrifft, so muß man, wenn man mehr davon wissen will, die Artikel Kenz Aldacaik und Ketab Mokhtar vergleichen.

Sorah. Ist der Name, den *III.* die Musulmanen einem Tempel, *353* oder viereckigten Hause geben, welches von Adam an dem nemlichen Orte, wo Abraham in der Folge den Tempel zu Mekka erbaut hat, aufgeführt worden seyn soll. Siehe die Artikel Abraham und Cabah.

Soruri, ist der Beiname des Mostafa Ben Schaban, der über die Anuar altanzil geschrieben hat, welches der Titel eines Commentars des Beidhaui über den Alcoran ist.

Eben derselbe Schriftsteller hat den Bostan des Sadi ins Türkische übersetzt, auch eine Uebersetzung und türkischen Commentar über den persischen Divan des Hafedh verfertigt.

[Spahi Zadeh. Siehe oben den Artikel Siahi Zadeh.]

Suaa, ist der Name eines Idols, von welchem die Musulmanen versichern, daß es in den Zeiten des Patriarchen Noah, vor

vor der Sündfluth, und in der Folge von den Arabern aus dem Stamme der Hodeiliten sei angebetet worden.

Suad. Dieses Wort hat im Arabischen mehrere Bedeutungen. Denn erstlich bedeutet es überhaupt Schwärze, und daher kommt es dann, daß die Leber und die Eingeweide, weil sie in dem Leibe des Menschen das allerverborgenste sind, Suad albathan genannt werden.

Zweitens wird auch Suad für die innere und metaphorische Schwärze und Ungestaltheit der Seele gesetzt, so daß man sagt: Suad alkalb, die Schwärze des Herzens; dies ist die böse Begierde und die Quelle der Sünde, von welcher Mohammed, wie er sich selbst rühmt, durch den Engel-Gabriel befreit worden seyn soll. Die Araber nennen sie auch Habbat alkalb, das Korn oder den Saamen des Herzens.

Drittens ist auch Suad der allgemeine Name von Flecken und Dörfern in der Nachbarschaft der Städte Cufah und Bassorah, das heißt, des babylonischen Iraks, oder von Chaldäa, daher es dann kommt, daß die Nabathäer, ein chaldäisches Volk, gewöhnlich von den übrigen Arabern Suad Erakah Curd, die Curden aus den Dörfern von Irak, genannt werden, weil die Curdische Nation sich in diesem Lande ausgebreitet hat.

Naharvan ist ein berühmter Ort zwischen denjenigen Flecken des babylonischen Iraks, die den Namen Suad führen. Siehe den Artikel Naharvan.

Suaken, ist der Name einer kleinen Insel desjenigen Meeres, das die Araber Colzum nennen, das ist, des arabischen Meerbusens, oder des rothen Meeres. Sie ist sehr nahe am Lande, und scheidet, so zu sagen, Egypten von Aethiopien. Sie liegt sieben Tagereisen, gegen Mittag zu, von Saidab, einer Stadt von Egypten, welche an eben diesem Meere liegt, wo sich die Caravanen von Kaufleuten und Pilgrimen einschiffen, wenn sie nach Arabien gehen wollen. Auf dieser Insel und in der Stadt gleiches Namens, die auf dem festen Lande von Africa liegt, ist ein türkischer Pascha befindlich, der gewöhnlich mit dem Könige von Aethiopien in gutem Einverständnisse lebt. Siehe den Artikel Colzum.

Sual v alamniat fil amál alferdussiah: Fragen über das Paradies, und über die darin gewöhnlichen Beschäfftigungen. Dies ist ein Werk des Mohammed Ben Issa, Ben Ismail, Al-Hanefi, eines Gelehrten von der Hanifischen Secte.

Suar. Dieses arabische Wort ist die vielfache Zahl von Surat, welches ein Bild oder eine Figur bedeutet. Die orientalischen Christen nennen im Arabischen die Verehrung der Bil-
der

ber, die vormals im Oriente so viel Lärmen gemacht hat, Sobschud alsuar, und die Ketzerei der Jconoclasten, Enkiar AlSuar.

III. **Suar** und **Suvar.** Dieses Wort bedeutet im Persischen einen Menschen zu Pferde. Es ist solches der Beiname, der dem Sam Nerimam deswegen gegeben wurde, weil er ein schreckliches Thier, Namens Sobam, dessen er sich in Gestalt eines Pferdes bediente, gebändigt hatte. Man nannte ihn also Sam Suvar und Sam Sobam Suvar.

Suari und **Suvari,** ein Beiname des Soliman Ben Daud, genannt AlSuvari, Verfassers eines persischen Buchs, betitelt Bahadschat alanuar fi khafiat alasrar. Dies ist ein Werk, das voll moralischer Unterweisungen, in Form von Predigten, ist.

Dieser Schriftsteller hat uns auch eben dieses Werk arabisch gegeben, unter dem Titel: Zinat alcolub, und noch ein Supplement dazu verfertigt unter dem Titel: Zehrat alriadh.

Suathé alilham fi taffir: ist der Titel eines Buchs, welches von allen Commentaren über den Coran verschieden ist. Denn es erklärt alle darin befindliche Wörter nach der Ordnung der Buchstaben des Alphabets. Der Verfasser dieses Werks ist Abul-

Faidh AlHindi, bekandt unter dem Namen Faidhi.

Der Emir Sadreddin AlMaula hat im Jahr der Hedschrah 1007 über dieses Werk geschrieben.

Sudak, ist der Name einer Insel in dem Lande der Crim, welche nicht weit vom Lande entfernt ist, und in der Nachbarschaft eines hohen Berges liegt, wie AlBergendi im neunten Capitel seiner Erdbeschreibung bemerkt.

Sudan. Dieses arabische Wort ist der Plural von Asuad, und bedeutet eigentlich diejenigen Völker, die wir Moren und Negern nennen, dergleichen die Nubier, die Aethiopier, die Cafern u. a. m. sind. Die Perser nennen sie Siah Arab, die schwarzen Araber.

Man hat mehrere Werke, die zum Lobe dieser Sudan oder Negern geschrieben sind, aus welchen gewöhnlich die Verschnittenen gewählt werden, deren sich die Fürsten im Oriente zur Bewachung ihrer Gemahlinnen bedienen.

AbulFaradsch Ebn AlDschuzi hat ein Buch verfertigt, das den Titel führt: Tanzir algabasch fi fadhail AlSudan v AlHabasch, zum Lobe der schwarzen Sclaven, die er Blumen der Nacht nennt. Siehe den Artikel Thiraz almancusch.

Der Scherif AlEdrissi nennt die Wohnungen, kleinen Dörfer,

U 2   Städte

Städte und Flecken der Negern Magzarat, so wie wir gesehen haben, daß sie in Chaldäa Suad, in Arabien Mekblaf und in Khorassan Rustak genannt werden.

Suf AlSuf, ein Beiname des Ali Ben AbulFath AlKateb, Verfasser eines Buchs, unter dem Titel: Akhbar almozara, Geschichte der Vesire. Dieser Schriftsteller hat sich besonders vorgesetzt, die Geschichte der Vesire des Khalifen Moctader, und gelegentlich auch die von einigen andern zu schreiben.

Suk alrafil: ist der Titel eines Divans, der den Mohammed Ben Mohammed Alfareki zum Verfasser hat, welcher unter dem Namen Ebn Nobathah bekandter ist, der im Jahr der Hedschr. 372 verstorben ist. Es ist dies eine Sammlung von Gazaliat und Cassaid, das heißt, von arabischen Stanzen und Elegien.

III. Ein Auszug aus diesem Wer-
355 ke ist in der königlichen Bibliothek zu Paris unter Nr. 1173. befindlich.

Sumenat: ist der Name einer Stadt in Indien, jenseit des Flusses Indus, unter dem 106ten Grade der Länge, und dem 17ten der nördlichen Breite. Diese Lage paßt sich auf das genaueste zu der Lage von Bisapur, der Hauptstadt von dem Königreiche Decan. Denn der 106te Grad bei Ulug Beg und

Nassireddin ist der 116te der neuern Erdbeschreiber.

Von dieser Stadt Sumenat hat eine große Provinz ihren Namen bekommen, welche im Jahr der Hedschr. 410 von Mahmud, dem Sohne Sebekteghin und erstem Sultane der Gazneviden, ist erobert worden, und da dieses Land einen Ueberfluß von seltnen und merkwürdigen Sachen hatte, so beschloß dieser Eroberer, sich ein ganzes Jahr darin aufzuhalten, ja man sagt, er habe sogar die Absicht gehabt, den Sitz seines Reichs dahin zu verlegen, der bisher in der Stadt Gaznin oder Gaznah gewesen war.

Während der Zeit, da sich Mahmud in dieser Stadt aufhielt, wollte man ihm das Merkwürdigste und Wichtigste darin zeigen, und führte ihn zu dem Ende gleich Anfangs in einen Tempel der Indier, in dessen Mitte ein in der Luft freihängendes Götzenbild befindlich war; als er nun solches mit Verwunderung betrachtete, gaben ihm die Scharfsinnigsten von denen, die sich um ihn befanden, zu verstehen, daß dieses Götzenbild von Eisen, die Mauern dieses Tempels aber mit Magnet überzogen seyen, folglich es sehr natürlich sey, daß die Statüe durch die magnetische Kraft dieser Mauern von allen Seiten her gleichstark angezogen werde, folglich auf solche Art in der Luft freihängend bleibe. Wirklich geschah es auch, daß das Götzenbild, als der Sultan Mahmud befahl, daß die

dieser Tempel zerstört werden
sollte, so wie eine Seite desselben niedergerissen war, herunterfiel und in Stücken zerbrach.

Dieses Götzenbild muß nicht
mit demjenigen verwechselt wer-
den, das man Sanam Sumenat, das Götzenbild von Sumenat nannte, und welches der Ge-
genstand der Anbetung und der
Verehrung aller Indianer war,
die auch deswegen häufige Wallfahrten zu demselben anstellten.
Denn dieses war von Stein und
von einer ungeheuren Höhe, ob
es gleich bis zur Hälfte des Leibes in der Erde stack, und nach
dem Namen desselben haben auch
die Stadt und die Provinz, wie
Khondemir und der Nighiaristan
erzählen, den ihrigen bekommen.
Wir haben schon oben in diesem
Werke davon geredet. Siehe
den Artikel Mahmud Ben Sebekteghin.

Der Verfasser des Dschame
alhakajat sagt, es sey dem Sultan Mahmud in eben diesem Lande eine so reiche Goldgrube gezeigt worden, daß in derselben
dieses Metall aus der Erde her-
vorgewachsen, und sich in mehrere Aeste so zertheilt habe, als
ob es aus dem Gewächsreiche gewesen wäre. An eben diesem
Orte erfuhr dieser Sultan, daß
die Grube von Rubinen hoher
Farbe, die man gewöhnlich Carfunkel zu nennen pflegt, und die
er suchte, sich nicht auf dem festen Lande von Indien befinde;
sondern daß sie auf der Insel Se-

raudib sey, die wir heut zu Tage Zeilan nennen.

Sur. So nennen die Ara-
ber die Stadt Tyrus, das von
den Hebräern Tsur ausgesprochen wird. Es ist eine Seestadt,
in dem Lande Scham, oder Syrien, die die arabischen Tafeln
unter dem 68sten Grad, 30 Minuten der Länge, und unter dem
32sten Grad, 40 Minuten der
nördlichen Breite, im dritten
Clima setzen.

Diese Stadt ward im Jahr III.
der Hedschr. 581 von den Fran-356
ken erobert, und Saladin gab
sich, im Jahr der Hedschr. 583
vergebens Mühe, sie wieder zu
erobern. Allein der mamlukische Sultan von Egypten nahm
sie in der Folge wieder ein, worauf sie gänzlich zerstört worden
ist. Sie hat sich auch von der Zeit
an nicht wieder aus ihren Ruinen zu erheben gewußt.

Sur Asrafil. So nennen
die Araber die Trompete desjenigen Engels, der von ihnen Asrafil genannt wird, durch deren
Schall einst alle Todten erweckt
werden, wenn sie vor dem jüngsten Gerichte erscheinen müssen.

[Vergleiche auch oben den Artikel Eblis gegen das Ende.]

Surah. Ebn Surah. Ist
der Name oder Beiname des Termedi, des Verfassers der Dschame altebir.

U 3   Suran,

Suran, eine Provinz, die die Gränze von Kerman, auf der Ostseite hin, macht. Diese beiden Provinzen gehören dem Könige von Persien. Aber mehrere Schriftsteller begreifen sie mit unter Indostan. Siehe den Artikel Schehabeddin.

Surat, ist der Name einer Stadt in Indien, die zum Königreiche Decan gehört. Siehe die Artikel Mansurah und Mahurah.

Suri: ist der Beiname des Sam, eines Sohns des Husain, und Stifters der Dynastie der Gauriden. Beide führten den Beinamen Ben Suri. Siehe ihre Artikel.

Suri, ein Beiname des AbulFaradsch, so wie auch des Ibrahim Ben Mofaradsch. Siehe diese beide Namen, welche vielleicht nur einer einzigen Person gehören.

Sus: dieser Name ist mehreren Städten gemein. Die älteste von allen ist diejenige, die, wie die persischen Geschichtschreiber sagen, von Huschenk, dem dritten Könige von Persien aus der ersten Dynastie, die Pischdadische genannt, in der Provinz Khuzistan oder Susiane, welche an die Provinz Fars, oder das eigentlich so genannte Persien, stößt, ist erbauet worden. Diese Stadt Sus, die man auch Suster, Schuschter und

Toster nennt, ist von den Alten Susa genannt worden, und war die Hauptstadt der Könige von Persien, die in den Zeiten des Propheten Daniel, der Erzählung des Tarikh Montekheb zufolge, ihre Residenz da hatten, welcher auch versichert, daß man noch zu seiner Zeit das Grab dieses Propheten daselbst habe sehen können.

Da diese Stadt in der Folge in Verfall gerieth, so wurde sie wieder von Schabur Ben Hormuz, einem Könige aus der vierten Dynastie von Persien, hergestellt; und bekam nun noch den Beinamen Khurt Schabur, und Corkh, wie Ebn Batrik versichert.

Von der zweiten Stadt, die den Namen Sus führt, wollen wir einen eignen Artikel machen, weil sie den Beinamen AlAcsa führt.

Sus und Suis. Dies ist die vierte Stadt, deren Name im Arabischen eben so geschrieben wird, wie der Name der drei übrigen. Allein wir nennen sie gewöhnlich Sues. Sie liegt im Innersten des arabischen Meerbusens, oder des rothen Meeres, am Fuße des Bergs Sinai, dessen Wurzeln sich bis an dieses Meer erstrecken, in demjenigen Theile von Arabien, den die Araber Habschar nennen, und der bei uns das steinigte Arabien genannt wird.

Der türkische Sultan hält gewöhnlich in dem Hafen dieser Stadt

Stadt, fünf oder sechs Galeeren, welche den ganzen Handel des ro-then Meeres führten, indem sie beständig zwischen Sues und Gid-dah hin- und hergehen, welches der nächste Seehafen bei Mekka ist. Daher nennen die Türken gemeiniglich dieses Meer Suis Degnizi, das Meer von Sues.

Sus Alacsa. Diese Stadt Sus führt den Beinamen Acsa darum, weil sie in dem westlichsten Theile von Africa liegt, der der äußerste Theil des festen Landes auf der Abendseite ist. Sie liegt an den Ufern des Meeres, das die Araber AlModhallam, oder Dunkel, nennen, welches das atlantische Meer ist, an dem Fuße des Bergs Atlas, unter dem 15ten Grade, 30 Minuten der Länge, und unter dem 32sten Grade der nördlichen Breite, zufolge den arabischen Tafeln des Nassireddin und des Ulug Beg.

Die Stadt Sus in Maurita-nien hat ein fruchtbares und mit allen Arten von guten Früchten reichlich versehenes Gebiete, und trägt die allergrößesten Zucker-rohre, die man nur irgend finden kann. Ja man sagt sogar, der Zucker, den sie trügen, sey so fein, daß ein Pfund davon hinreiche, zehn Pfund Wasser in Syrup zu verwandeln.

Auch werden in eben dieser Stadt und der dazu gehörigen Gegend diejenigen reichen Tape-ten verfertigt, die die Araber Al-Sussiah nennen, und die bei uns türkische Tapeten heißen.

Der persische Erdbeschreiber sagt in der Beschreibung des zwei-ten Climas, diese Stadt führe auch den Namen Tarudent, und liege an der Mündung eines gro-ßen Flusses, der in dem Gebirge Lamthah oder Lamthunah, wie es der Scherif AlEdrissi nennt, entspringt. Dieses Gebirge Lam-thah ist nichts anders als der Berg Atlas, auf welchem auch eine Stadt, die eben diesen Na-men führt, drei Tagereisen vom Weltmeere entfernt, liegt.

Ibrahim Ebn Saif schah Al-Saiffschah hat die Geschichte die-ser Stadt unter dem Titel: Akh-bar Medinat AlSus, beschrie-ben.

[Diese Stadt wird auch Sus-sak genannt. Man sehe guter dem Artikel Afrikiah Band 1. Seite 114. nach. R.]

Sussamadahsi. So nen-nen die Türken die Insel Samos, entweder durch eine Anspielung auf ihren wahren Namen, oder auf den Namen des Sesams, der hier in Ueberfluß wächst, und den die Türken in ihrer Sprache Sussam und Semsem nennen.

Suffi und Suassi oder Suessi ein Beiname des Abu Jichak Ibrahim Ben Omar, Verfassers desjenigen Buchs, wel-ches den Titel hat: Akbar alraidh ala fataui fil faraidh. Es han-delt von den Successionsrechten. Dieser Schriftsteller ist im Jahr der Hedschr. 847 verstorben.

Suſſi, ein Beiname des AbulAbbas Achmed AlEaberi, Verfaſſers eines Werks über die Edelſteine, betitelt: Azhar alaſ‐ kár fi dſchauaher alahbſchár.

Suvar. Siehe oben den Artikel Suar.

Suvari. Siehe den Arti‐ kel Suari.

Suzeni: ein Beiname eines perſiſchen Dichters, Namens Schamseddin Mohammed, der aus der Stadt Samarcand ge‐ bürtig war, und von Selman Farſi, einem der erſten Geſellen und Verbundenen des Moham‐ med, abſtammte. Demohnge‐ achtet giebt es Schriftſteller, die ihn aus der Stadt Nekhſcheb ab‐ ſtammen laſſen, und behaupten, er ſey, nachdem er in der Stadt Bokhara ſeine Studien vollen‐ det, aus derſelben wieder weg‐ gegangen, um ſich in Samar‐ cand niederzulaſſen, wo er im Jahr der Hedſchrah 569, in ei‐ nem Alter von achtzig Jahren, geſtorben ſeyn ſoll. Dieſer Dich‐ ter wird oft Hakim Suzeni ge‐ nannt.

m. Er war ein Mann von ſehr *358* lebhaftem Kopfe, und war folg‐ lich in Geſellſchaften ſehr ange‐ nehm und ſehr wohl aufgenom‐ men, beſonders in ſolchen, wo es Ergötzlichkeiten und Ausſchwei‐ fungen gab. Denn hier ließ er vorzüglich ſeinen Witz und Scharfſinn ſehen; ſo wie er auch ein Gleiches in den häufigen

Diſpüten that, die er mit denen, die von ſeiner Profeſſion wa‐ ren, hielt, und die Gelegenheit zu ſcharfſinnigen Antworten ga‐ ben, die er in Verſen und auf der Stelle gab. Siehe den Ar‐ tikel des Dichters Amak.

Man ſagt, dieſer Dichter ha‐ be den Beinamen Suzeni geführt, welches im Perſiſchen einen Na‐ delmacher bedeutet, weil er die‐ ſes Handwerk erlernte, um de‐ ſto mehr Zugang zu einem Frau‐ enzimmer zu haben, das er lieb‐ te, und der ihm dadurch erleich‐ tert wurde, daß er ſeine Waa‐ ren bei ihr verkaufte. Endlich aber gab er alle dieſe Ergötzun‐ gen ſo wie ſeine Ausſchweifun‐ gen auf, um ſich ganz der An‐ dacht zu weihen, welches er un‐ ter Anleitung des Thenai oder Tſenai und Ihagi, zweier in die‐ ſen Zeiten ſehr berühmter Lehrer, that.

Dieſes neue Leben fing er durch eine Wallfahrt von Mek‐ ka an, die er, nach der Erzäh‐ lung ſeines Geſchichtſchreibers, mit ſehr großer Andacht verrich‐ tete, und fuhr auch fort, für alle ſeine Ausſchweifungen zu büßen, wovon er durch einen Divan, der beinahe achttauſend Verſe ent‐ hält, einen zuverläſſigen Beweis zu geben ſuchte, und in dem er alles, was nur als erhaben und rührend gedacht werden kann, anwendete, um ſeine Sünden zu beweinen.

Ja man erzählt ſogar, er ſey nach ſeinem Tode einem von ſei‐ nen Freunden erſchienen, und habe und habe zu ihm gesagt, Gott habe sie ihm um eines Verses willen vergeben, den er in dem glühendsten Augenblicke der Andacht verfertigt habe. In diesem Verse sagt er zu Gott: Ich überreiche dir, o Gott, vier Dinge, die sich nicht in deinen Schätzen befinden, das Nichts, die Bedürfniß, die Sünde, und die Reue. Tschar tschiz averdeh em ja Rabb, Kih der Kendschtu nist: Nisti, behaget, veuzr, nguniah averdeh em.

Ruhi, ein Schüler dieses Dichters, machte einen Vers auf den Tod seines Lehrers, in welchem er eine Anspielung auf seinen Beinamen Suzeni anbringt und sagt: Jedes Haar in seinen Augenbraunen sey eine Nadel in seinen Augen geworden, seitdem er es nicht mehr sehe, und jedes Haar an seinem ganzen Leibe sey ein Nagel in seinem Fleische geworden, seitdem er es verlohren habe, ja, seitdem er es nicht mehr besitze, habe der Himmel für ihn nichts als Züge des Zorns und der Rache.

Unter den scharfsinnigen Antworten des Suzeni führt der Defter lathaif auch folgende an: Ein Dichter, Namens Hakim Lamai, trank ein gewisses sehr heißes Getränke bei ihm, und sagte dabei scherzend zu ihm: Die geschwefelten und brennenden Wasser, (die Musulmanen nennen sie Hamim und Gussak) die man dir bald in der Hölle zu trinken geben wird, werden noch weit heißer seyn. Sogleich versetzte Su-

zeni darauf: Alsdann werde ich blos einen von deinen Versen zu lesen brauchen, so werden sie so kalt, wie Eis, werden.

Der Dichter Fadhli, der sehr häßlich von Gesichte war, traf einstmals, als er in eine Versammlung von Dichtern trat, den Suzeni darunter an, der gerade damals im Gesicht sehr erhitzt aussah, weil er von einem Streite, den er mit einem seiner Collegen gehabt hatte, herkam. Er fragte ihn also voll Erstaunen, woher es komme, daß sein Gesicht so verändert sey? Suzeni ward über eine so vermeßne Frage aufgebracht, und antwortete ihm darauf: So wie ich dich gewahr worden bin, hat mich die Erinnerung an meine Sünden in die äußerste Verwirrung gesetzt, und mich roth gemacht; und als ihn Fadhli weiter fragte, warum das Andenken an seine Sünden ihn gerade, als er ihn erblickt, heimgesucht habe? versetzte er ihm: Ich fürchte, Gott möchte mich zur Strafe so garstig machen, wie du bist.

Ein anderer persischer Dich- III. 359 ter, Gelali, der eine sehr lange Nase hatte, beklagte sich einstmals bei dem Suzeni darüber, daß er ihm in einem von seinen Werken den Spottnamen Kher serkhom Khaneh, der Kelleresel, beigelegt habe. Dies ist das Instrument, dessen man sich bedient, wenn man Stückfässer Wein in einen Keller bringen will, was die Franzosen pou-

U 5   lain

lain nennen. Zugleich setzte er hinzu, daß er an seinem Theile nicht rachsüchtig sey, und gar wohl Beleidigungen, ohne auf Rache zu denken, ertragen könne. Darauf gab ihm Suzeni sehr schön zur Antwort, diese Deutungsart seines Herzens falle der ganzen Welt genugsam in die Augen, da er schon seit vierzig Jahren eine so lange und so unbequeme Nase trage. Einige Zeit darauf machte er über diesen Gegenstand folgenden Vers: Deine Nase von unmäßiger Länge ist einem jedweden zur Last, weil du sie ohne alle Bescheidenheit in alles stecken willst, und ich weiß sogar von guter Hand, daß, wenn du deine Prosternation machst, du es nicht sowol zur Erfüllung deiner Religionspflicht, als vielmehr deswegen thust, um dich des Gewichts dieser Nase ein wenig zu entledigen, die dir eben so unerträglich, als andern, ist.

Suariah und Sucriah: ist der Name einer Provinz, in der Nähe von der Colchischen. Wir nennen sie die Zuerie, und die Völker, die größtentheils darin wohnen, heißen Tzani und Lazi. Alle diese Nationen werden pontische Nationen genannt, weil sie an dem östlichen und nördlichen Ufer des Pontus Euxinus, oder des schwarzen Meeres, wohnen, so wie sie auch Gerkezen oder Tscherkezen heißen, welches die Circassier sind.

Der Fürst, der in diesen Ländern regiert, heißt in den orientalischen Geschichten Schah Suar und Schariah Schahi.

Succar. So nennen die Araber und Perser, was die Türken Scheker, Zucker, nennen. Die Griechen haben ihm den Namen Σακχαρι gegeben, wie solches Arrian, in seinem Periplus, oder Schifffahrt auf dem erythräischen Meere, nennt.

Der Scherif AlEdrissi schreibt in dem siebenten Theile seines ersten Climas, die Zuckerrohre, welche auf den Ranebdschischen Inseln in Indien wüchsen, seyen schwarz.

Die Araber nennen Succar almobarrat dasjenige, was bei den Persern Thabarzed heißt, das ist, der allerraffinirteste und härteste Zucker, den man mit einem Beil zerhauen und voneinander reißen muß.

Die orientalischen Erdbeschreiber sagen, es wüchsen die allergrößten Zuckerrohre, so wie auch diejenigen, die den allerfeinsten Zucker tragen, in dem Gebiete der Stadt Sus alacsa. Siehe diesen Artikel.

Succar. AlSuccar alsafi si bejan allegat o alarudh o alcauafi: ist der Titel eines türkischen Buchs, welches von der Grammatik und von der Dichtkunst handelt. Der Name des Verfassers ist unbekandt.

Succar Mese si bun alese: ist der Titel eines Buchs, das von Taki eddin AlBedri AlDemeschki über die arabische Sprache

che ist geschrieben worden. Dieses Werk ist in Versen abgefaßt.

Succardan. Dieses Wort bedeutet im Persischen eigentlich eine Zuckerbüchse, und wird auf eben die Art, wie Nemekdan, formirt, das ein Salzfaß bedeutet. Es ist dies der Titel eines Buchs, das den Ebn Abi Abschelab Achmed Ben Jahia Altelmessani zum Verfasser hat, der im Jahr der Hedschr. 776 gestorben ist.

III. Dieser Schriftsteller hat dieses
360 Werk im Jahr 757 verfertigt; und es dem Malek AlNasser Nasseroddin Hassan, Sultan der türkomanischen Mamluken, dedicirt, der im Jahr der Hedschr. 762 gestorben ist. Dies Buch ist in sieben Capitel abgetheilt, und dabei ist eine Vorrede befindlich, die überhaupt von solchen Gegenständen, welche Egypten betreffen, handelt. Das erste Capitel handelt von den Eigenschaften der Zahl sieben. Das zweite von der Bedeutung dieser siebenten Zahl, zu Gunsten des Sultans, dem es dedicirt ist, der, wie ich sagt, der siebente aus der Familie des Barcah ist. Das dritte handelt von den sieben Climaten. Das vierte und fünfte enthält eine Lebensbeschreibung und Geschichte des Sultan Malek AlNasser. Das sechste redet von den Arabern und ihren Dynastien. Und das siebente enthält eine Erklärung von mehreren in diesem Werke enthaltnen Wörtern.

Auf diese sieben Capitel folgt eine besondere Abhandlung, die der Verfasser Netidschat nennt, welches eine Art von Beschluß ist, und gleichfalls sieben unterschiedne Artikel enthält. Der erste ist eine Geschichte Josefs. Der zweite, die Geschichte Mosis und Pharaos. Der dritte, Lebensbeschreibungen der alten egyptischen Könige. Der vierte, eine Lebensbeschreibung des Fathemitischen Khalifen, Hakem Beemrillah. Der fünfte führt den Titel der sieben Blumen. Der sechste hat die Aufschrift: Khatemat, oder völliger Beschluß, an dessen Spitze noch sieben unterschiedene Geschichten befindlich sind. Siehe den Artikel Charí ala alsuccardan.

Succari, ein Beiname des Abu Said Hassan Ben Hossain, der im Jahr der Hedschrah 273 verstorben ist. Er ist der Verfasser desjenigen Buchs, welches betitelt ist: Alabiat altaberah, das heißt, vergoldete Verse. Denn dieses Wort Taberah kommt von Tebr oder Tibr her, welches Goldstaub bedeutet, so wie solcher an mehreren Orten von Africa, besonders in Guinea, gefunden wird. Die Griechen haben die goldnen Verse des Pythagoras, des Phocylides und anderer mehr, so genannt.

Sues und **Suis.** Siehe die Artikel Sus und Suis: so wie auch den Artikel Thor.

Sues

Sûes oder **Sûis** degnizi. So nennen die Türken dasjenige, was bei den Arabern AlBahr AlColzem oder AlColzom heißt. Es ist dies der arabische Meerbusen, den man gewöhnlich das rothe Meer zu nennen pflegt. Die Türken nennen ihn auch öfters Mekkah degnizi, das Meer von Mekka.

Sûnbûl und **Sûnbûlah.** Dieses Wort bedeutet im Arabischen eigentlich eine Kornähre, und wird öfters für das Zeichen des Thierkreises gesetzt, das wir Jungfrau nennen, weil sie in ihrer Hand eine Kornähre hat.

Die Araber geben diesen Namen auch der aromatischen Aehre, die die Botanisten Spica nardi nennen, was eben diese Araber gleichfalls Sûnbûl Al-Hindi nennen.

Die Perser und Türken nennen gewöhnlich diejenige Blume Sûnbûl, die wir Hyacinthe nennen, weil sie in Aehren oder Traubenkämmen wächst. Auch ist dies der metaphorische Name, den sie schönen Haaren derjenigen, die sie lieben, geben.

Auch ist dieses Wort der Name einer Mannsperson, und wird am gewöhnlichsten den schwarzen Sclaven in einer ironischen Bedeutung eben so, wie Jasmin und Cafur, welche Jasmin und Campher bedeuten, die die vollkommenste weiße Farbe haben, beigelegt.

III. **Sûnbûl Ben Abdallah:** ist
361 der Name desjenigen Mannes, der gewöhnlich den Beinamen Assadeddin AlMalek AlBedri führt. Siehe den Artikel Bedri.

Sûrkhradsch: ist der Name eines Div oder Riesen, der weder von Menschen überhaupt, noch von den Nachkommen Adams insbesondere abstammte. Denn, dem Thamurat Ramek zufolge, führte er die Armeen des Soliman Tschaghi an, der in der Welt vor den Zeiten des Dschan Ben Dschan regierte, der ihm in der Regierung nachgefolgt ist, und siebentausend Jahre regiert hat, während als die ganze Erde in den Händen der Div oder der Ginns war.

Diese Div oder Ginn waren nicht bloße Geister. Denn sie hatten Körper, und waren, wie die Menschen, dem Tode unterworfen, und erst nach dem Tode des Dschan Ben Dschan, dem die Erbauung der ältesten Pyramiden in Egypten beigelegt zu werden pflegt, beschloß Gott, der gegen diese Div wegen ihrer häufigen Empörungen aufgebracht war, einer andern Art von Geschöpfen die Regierung der Welt anzuvertrauen. Zu dem Ende schuf er den Adam und befahl denjenigen Div oder Ginn, welche noch in der Welt übrig waren, daß sie sich demselben unterwerfen mußten.

Eblis, das Oberhaupt der Ginn, und eben derjenige, den wir Lucifer nennen, weigerte sich, dem Adam sich zu unterwerfen, wie man solches in seinem eignen Arti-

Artikel weiter nachlesen kann. Aber Sürkhradsch, von welchem wir eben reden, war Gott gehorsam, und legte diesem ersten Vater der Menschen den Eid der Treue ab. Ja er nahm sogar seine Religion und sein Gesetz an, und vertheidigte ihn beständig gegen die Angriffe dieser Sinn, die durch ihren Ungehorsam mit ihrem Oberhaupte Eblis Teufel geworden waren.

Nach Adams Tode ward sein Sohn Seth unumschränkter Beherrscher der Menschen und der Oberpriester von Gottes Gesetze; daher Sürkhradsch, mit den Unterweisungen, welche er von Adam bekommen hatte, ausgerüstet, ohne viele Mühe sich seinem Dienste ergab, und sich zu seiner Religion bekannte. Auch hat in den Zeiten dieses Patriarchen der erste König des Orients, Cajumarrath, in Iran zu regieren angefangen.

Sürkhradsch, der damals auf dem Berge Caf regierte, stand immer mit Cajumarrath sowol, wie mit Seth, in gutem Vernehmen, und verhinderte es, daß seine Unterthanen, die Div, die ihm gefolgt, und nicht Teufel, wie die von Eblis Partei, geworden waren, übrigens aber doch nicht viel besser waren, wie diese, weder sie, noch ihre Unterthanen belästigten. Ja er that noch mehr; denn er bat den Seth, daß er ihm Rokhail, mit dem Beinamen Ben Adam, Sohn Adams, einen großen und in allen Arten von Wissenschaften wohl bewanderten Mann gab, der unter seiner Regierung von seinen Staaten Gouverneur war, und die Stelle eines Premierministers bei ihm bekleidete.

Sürmeh. So nennen die Türken einen aus rohem Antimonio bereiteten Staub, dessen sie sich zum Schwärzen der Augenbraunen bedienen, ja woraus sie sogar eine Salbe gegen böse Augen verfertigen. Die Araber nennen es Alcohl, woraus unsre Chymisten ihr Alcohol gemacht haben, unter welchem sie ein in einen äußerst feinen Staub verwandeltes Elixir verstehen.

Der beste Sürmeh im ganzen Oriente wird in der Stadt Hamadan in Persien verfertigt. Daher giebt man dem Sürmeh gewöhnlich den Namen Sürmeh Hamadani.

Der Verfasser des Caherman Nameh sagt, wenn er von der Stärke eines Riesen, der im Zorn war, redet, wenn er dem Gebirge von Alborz einen Stoß mit seiner Faust gegeben hätte, so würde es in einen so feinen Staub, als der Sürmeh von Hamadan ist, verwandelt worden seyn.

Man muß hierbei bemerken, daß der Sürmeh von Hamadan noch jetzt der beste ist, dessen man sich heut zu Tage zum Schwärzen der Augen bedient. Allein demohngeachtet verstehen die Araber, welche in ihren medicinischen Büchern von Augensalben reden, wenn sie von dem Cohl oder persischen Sürmeh reden, ben, doch nicht denjenigen, der aus dem Antimonium gemacht wird, darunter, sondern vielmehr ein Harz, das aus einem dornigten Baume fließt, welcher Anzerut genannt wird, und das ist eben dasjenige Harz, das bei uns Sarcocolla genannt wird. Wenn dieses getrocknet ist, so bekommt es eine, dem Räuchpulver ähnliche Gestalt.

T.

Táaruf lemedheb altassauf; ein Buch über die Spiritualität, welches von den Beschäfftigungen der Religiosen, oder den Uebungen der Sofis handelt. Dies ist ein Werk, welches den Mohammed AlKelabadi, zum Verfasser hat, der gegen das Jahr der Hedschr. 400 gestorben ist. Man sagt von diesem Buche, laula Altaaruf, das heißt, ohne dasselbe würde man nicht weder die Spiritualität, noch die Andacht, die im Musulmanismus zu finden ist, gehörig kennen.

Tabái. Ali Ben AlKhatheb AlBagdadi wird gewöhnlich Ebn AlTabai genannt. Er ist der Verfasser eines Tarikh, das heißt, eines historischen Werks, welches mehr denn dreißig Bände in sich begreift. Dieses Werk führt den Titel Tarikh Ebn Tabai.

Dieser Schriftsteller war Khatheb oder Prediger in der Stadt Bagdet, wo er im Jahr der Hedschr. 674 gestorben ist.

Tabban. Alubschah Ebn Tabban. Dies ist der Name eines Staatssecretärs bei der Sultanin von Egypten, Schadsche-

aldorr, der Mutter des Malek AlMoaddham, letzten Sultans aus dem Geschlechte der Ajubiten oder der Nachkommen des Saladin in Egypten.

Dieser Ebn Tabban war der Vater des Barsuma, der in der coptischen Kirche in Egypten als ein Heiliger verehrt wird. Siehe den Artikel Razerunt.

Eben dieser Barsuma, mit dem Beinamen AlOrian, das heißt, der Nackte, heißt auch Ben Tabban. Er ist im Jahr 1033 des Diocletians, welches die egyptische Kirche Tarikh alSchohada, Aera der Märtyrer, nennt, gestorben. Siehe das Leben und die Wunder dieses Heiligen in der königlichen Bibliothek zu Paris Nr. 795.

Tabbani, ein Beiname des Schriftstellers, Gelaleddin Rassul, der einen Commentar über das Buch des Bazdadi, Ossul betitelt, geschrieben hat, in welchem von den Fundamentalartikeln der musulmanischen Religion gehandelt wird. Dieser Schriftsteller ist im Jahr der Hedschrah 713 gestorben.

Ta-

III. 363 **Tabéun** und **Tabein:** die Folgenden. So nennen die Musulmanen diejenigen Personen und Lehrer, die unmittelbar auf diejenigen gefolgt sind, die den Namen Sahaba, oder Collegen des Mohammed, führen. Der letzte unter denselben, Namens Abul Thofail Amer Ben Vathelah Alkmani, ist in dem hundertsten Jahre der Hedschrah gestorben, so daß die Tabeun nur erst von dieser Zeit anfangen.

Das Ansehn, das diese Tabeun haben, ist weit geringer, als dasjenige, das die Sahaba haben, und ihre Dauer erstreckt sich durch das ganze zweite Jahrhundert.

Tabicun: ein arabisches Wort, das eine verdorbene Aussprache des griechischen Typicon ist. So nennen die orientalischen Christen, wie Ebn Batrik und andere, die Regel, die Mar Saba, oder der heilige Sabas, seinen Mönchen gegeben hat.

Tábir, und **Tabir alrujah:** die Erklärung der Träume. Die Musulmanen sind in Betreff der Träume höchst abergläubisch. Daher trifft man bei ihnen eine große Anzahl von Büchern an, die von der Erklärung derselben handeln.

[Viele von diesen Abhandlungen werden alten Weltweisen, zum Exempel dem Plato, Aristoteles, Euclides und Galen, beigelegt; ja es ist sogar eine darunter, die den Titel Ossul Danial führt, als ob der Prophet Daniel Verfasser derselben wäre.

Tábir Alsolthan. Dies ist der Titel eines der üblichsten und berühmtesten Werke über die Träume. Es ist in persischer Sprache abgefaßt, und hat den Ismail Ben Radham almolk AlAberkuhi zum Verfasser, der es für den modhafferischen Sultan Schah Schedscha im Jahr der Hedschrah 773 verfertigt hat. Dieses Buch folgt in der Ordnung der Buchstaben des Alphabets.

Tábir Alcaderi: ist eine Erklärung der Träume, die von Nasser Ben Jacub AlDeinuri für den abbassidischen Khalifen Cader Billah im Jahr der Hedschrah 367 ist verfertigt worden. Dieser Schriftsteller versichert, er habe seinem Werke auf achttausend fünfhundert Erklärungen von Träumen einverleibt, die alle durch den Ausgang wären bestätigt worden. Uebrigens hat dieser Schriftsteller selbst diese große Anzahl auf sechshundert gebracht, und solche in funfzehn Classen abgetheilt.

Tábir Namedsch oder **Nameh.** Dies ist ein Werk über eben diesen Gegenstand, das den Ibrahim Ben Jahia Ben Etam zum Verfasser hat.

Tábir Nameh: Erklärung der Träume in türkischer Sprache, die aus dem Buch des Schahab

hab eddin Achmed Ben Mohammed, genannt Ben Arab schah,
der im Jahr der Hedschr. 850 gelebt hat, genommen ist.

Tábir Nameh: ein Buch
von Träumen, in persischen Versen, von Jahia Ben Mohammed
Almestabi Alnischaburi, der
ohngefehr um das Jahr 850 gestorben ist, verfaßt.

Es giebt noch mehrere andere
Werke, unter allerlei Titeln, die
von eben diesem Gegenstande handeln. Dergleichen sind Alatbar
alrabeat si astar aluateat, Ardschuzat altabir, Erschad Dschaber AlMagrebi, Johah altabir,
Bejan altabir le Abidus, Tohfat
almoluk, AlBedr almonir, worüber Hanbali und mehrere andre
Schriftsteller commentirt haben,
Tabir des Ebn Mocri, des Abu
Sehel Al-Messihi, des Dschabedh,
u. a. m.

III. **Tabut.** Dieses arabische
364 Wort bedeutet eigentlich einen
Kasten von Holz, und wird nach
seinem gewöhnlichsten Gebrauche
von einer Todtenbaare gebraucht.
Inzwischen geben die Musulmanen diesen Namen auch der Lade
des Bundes bei den Israeliten,
die von Mose war verfertigt worden. Doch pflegen sie dieselbe
auch noch mit einem weit erha-
benern Namen zu benennen, indem sie sie öfters Tobbat alzaman, die Arche der Zeit nennen.
Mit diesem Namen haben sie das
hebräische Wort Aron haedat zu
übersetzen gesucht, welches die

Lade des Zeugnisses bedeutet,
weil das Wort Edah eben sowol
Zeit, als Zeugniß bedeuten kann.

Die Musulmanen sagen, es
sey diese Arche völlig fertig von
Gott dem Adam überreicht, und
so von Hand zu Hand, und
von Patriarchen zu Patriarchen,
bis auf Mosen, gekommen. Auch
versichern sie, es seyen die Ge-
mählde aller der Propheten, welche noch in der Folge erscheinen
sollen, darin befindlich gewesen.

Tabrek: ist der Name eines
sehr festen Schlosses in dem persischen Irak. Siehe die Artikel
Madschaloulat und Tacasch
Sultan der Khuarezmier.

Tabriz, ist der Name einer
Stadt, die wir im gemeinen Leben Tauris nennen; sie ist die
Hauptstadt der Provinz Adherbidschan, welche einen Theil des
alten Mediens ausmacht. Die
arabischen Tafeln des Nassireb-
din und Ulug Beg geben ihr 82
Grade der Länge, und 38 Grade der nördlichen Breite.

Die erste Erbauung dieser
Stadt wird der Zebeidah, der
Gemahlin des Harun AlRaschid,
der der erste Khalife aus dem
Geschlechte der Abbassiden war,
beigelegt, die sie im Jahr der
Hedschr. 175 hat erbauen lassen.

Im Jahr 244 eben dieser
Hedschrah unter dem Khalifate
des zehnten Abbassiden, Meta-
vakkel, ist sie durch ein Erdbeben, welches in ganz Asien allgemein war, fast gänzlich zu
Grunde

Grunde gerichtet worden. Aber unter der Regierung eben dieses Khalifen ist sie wieder aufgebauet worden.

Unter der Regierung des sechs und zwanzigsten Khalifen aus der Familie der Abbassiden, Caim, stellte Abu Thaber, ein berühmter Astronom aus Schiraz, als er sich gerade in der Stadt Tauris befand, ihr die Nativität, und sagte voraus, daß am Freitage, am vierten Tage desjenigen Monats, der von den Arabern Safar oder Sefer genannt wird, im Jahr der Hedschr. 433, zwischen der Vesperstunde und dem Untergange der Sonne, noch ein zweites Erdbeben sie gänzlich zu Grunde richten würde.

Dieser traurige Vorfall ereignete sich zur bestimmten Stunde, völlig nach der Vorherverkündigung des Abu Thaber, und ihre Einwohner wurden unter ihren Ruinen, mehr denn vierzigtausend an der Zahl, begraben. Denn nur diejenigen, welche dem Astrologen Glauben beigemessen, und die Stadt verlassen hatten, entkamen diesem großem Unglücke.

111. Eben dieser Abu Thaber hat, 365 in seinem Sefer Nameh, oder Reisebeschreibung, schriftlich hinterlassen, daß er im Jahr der Hedschr. 435 eine schickliche Zeit zur Wiederaufbauung dieser Stadt gewählt und den Grad des Aequators, wo die Sonne in den Scorpion trat, zur Grundlegung des ersten Grundsteins genommen, wobei er zu den Einwohnern gesagt habe: Jetzt stehe ich euch für ein Erdbeben; nicht aber für Ueberschwemmung. In der That bemerkt auch der Verfasser des Nighiaristan, der nach dem Jahr d. H. 820 geschrieben hat, daß die Stadt Tauris bis auf seine Zeit, also von ihrer Wiederherstellung im Jahr d. H. 434 oder 435 an, kein beträchtliches Erdbeben auszustehen gehabt habe.

Im Jahr der Hedschr. 795 eroberte Tamerlan die Stadt Tauris von dem Sultan Achmed Ben Scheikh Avis, aus dem Geschlechte und der Dynastie, die die Ilekhanische heißt, der sie auf die Nachricht, welche er von Tamerlans Annäherung erhalten, verlassen hatte, und plünderte sie rein aus.

Eben diese Stadt ward auch im Jahr der Hedschrah 955 dem persischen Könige Schach Thamasb, der sie bis dahin zu seiner Hauptstadt gemacht hatte, von Soliman weggenommen. Durch diese Eroberung sah sich der Schach genöthigt, seine Residenz in die Stadt Cazbin zu verlegen.

Im Jahr 992 eroberte der türkische Sultan Morad Ben Selim, welches Amurat der Dritte ist, diese Stadt wieder, nachdem sie von Soliman war verlassen worden, worauf der Befehlshaber von seiner Armee, Osman Pascha, das dabei befindliche Schloß so sorgfältig befestigen ließ, daß der König von Persien Mohammed Khodabendeh, der Blinde, selbst nachdem er er die Türken geschlagen hatte, doch auf keine Weise sich Meister von derselben machen konnte, und sich gezwungen sah, sie in ihren Händen zu lassen. Nachdem sich aber in der Folge die Perser wieder derselben bemeistert hatten, sind sie kraft der Verträge, die sie mit den Türken gemacht haben, in ruhigem Besitze derselben verblieben. Unsere neuern Reisenden reden so umständlich in ihren Reisebeschreibungen von der Stadt Tauris, daß es unnöthig ist, mehreres darüber zu sagen. In dem Artikel Sadi AlSchirazi wird man das Laster angezeigt finden, das man den Einwohnern dieser Stadt vorgeworfen hat.

Tabrizi, ein aus der Stadt Tauris gebürtiger Mann. Es giebt mehrere Schriftsteller, die aus dieser Stadt herstammen, und daher ihren Beinamen von derselben führen.

Tabrizi, ein Beiname des Abu Zacaria Jahia Ben Ali, der aus der Stadt Tauris gebürtig war, und im Jahr der Hedschr. 530 gestorben ist. Dieser Mann wird öfters unter dem Namen eines Khatheb AlTabrizi, Prediger von Tauris, angeführt. Er hat einen Commentar über das Buch des Ebn Sakith geschrieben, welches Eslah almanthek betitelt, und ein Werk über die Logik ist. Auch hat man noch einen von ihm über den Sekth AlZend des AbulOla. Diesem

Werke hat er den Titel Dhau asekth gegeben. Es ist in der königlichen Bibliothek zu Paris unter Nr. 1076. befindlich. Siehe den Artikel Sekth AlZend.

[Dieser berühmte Grammatiker ist im Jahr der Hedschr. 421 oder Christi 1030 gebohren, und im Jahr 502, oder Christi 1108 oder 1109 gestorben, welches zu Bagdet geschehen ist. Er hat eine große Anzahl von Werken geschrieben, die größtentheils sich auf die Grammatik beziehen. Außer seinem Commentar über den Sekth AlZend des AbulOla hat er auch Commentare über den Divan des Motanabbi, über die Moallacat und über die Hamasah geschrieben. Die Vorzüge dieses Commentars kennt man aus den Auszügen, welche Schultens seinen Noten aus demselben einverleibt hat. R. und S.]

Tabrizi, ein Beiname des Gemaleddin Jusuf Ben Hassan, Verfassers eines Scharh oder Commentars über die Arbain Mokhtarat, oder die vierzig auserlesenen Traditionen. Siehe diesen Artikel.

Tabrizi. Siehe die Artikel Hemam und Emir Khan.

Tabferat almobtadi o tadkherat almontahi: Unterweisung für denjenigen, der anfängt, und Denkschrift für denjenigen, welcher endigt. Dies ist der Titel eines Werks über die arabische Grammatik, das

den

den Sabth AlKhajathi, AlSaimeri, zum Verfasser hat. Dieses Werk ist in der königlichen Bibliothek zu Paris unter Nr. 1108. befindlich.

Tacalhaimanut: ein äthiopisches Wort, das, nach der Erklärung der arabischen Christen Ferdus althaluth, das Paradies der Dreieinigkeit, bedeutet. Dieses Wort ist das Nomen proprium von einem heiligen Manne, dem Pater oder Abbte der Abyssinischen Mönche geworden.

Er war von jüdischer Herkunft, und stammte, nach der Tradition der Abyssinier, von dem Hohenpriester Sadok her, der in den Zeiten Davids und Salomos gelebt hat. Auch war er derjenige, der sich mit dem Bischof Salamah, der von dem heiligen Athanasius nach Aethiopien geschickt wurde, verband, um diesem Volke die Nothwendigkeit der Taufe zu lehren. Denn die Aethiopier hatten bis auf diese Zeit blos die Beschneidung gehabt.

III. Das Leben dieses Heiligen 366 ward von dem Abyssinischen Könige Claudius an den fünf und neunzigsten Patriarchen von Alexandrien, Gabriel, geschickt, und ist in der königlichen Bibliothek zu Paris, Nr. 796. unter dem Titel Sairat AlAb AlThaubani Tacalhaimanut, befindlich.

Das Fest dieses Heiligen wird in der coptischen Kirche in Egypten am 24sten des Monats Mesri gefeiert, welcher mit dem Monat August des julianischen Calenders einerlei ist.

Tacasch, Tekesch und Tocusch Khan. Dies ist der Name oder Zuname des Mueddhen Ben Il Arslan, ältesten Bruders des Solthan schah. In dem Artikel Solthan schah wird man mit mehrerm finden, auf welche Art er seinem jüngsten Bruder, der sich der Staaten ihres Vaters bemächtigt hatte, succedirt ist.

Dieser Fürst ist der fünfte Sultan aus der Dynastie der Khuarezmier, und zugleich derjenige, dessen Tapferkeit, Gerechtigkeit und Freigebigkeit die Lobeserhebungen verdienen, welche ihm alle Dichter nebst andern beilegen. Unter andern hat Reschidi folgende Stanze an ihn gerichtet, welche mehr eine Unterweisung, als ein Lob ist. Denn er sagt zu ihm, nachdem sein Großvater durch seine Strenge die Ungerechtigkeit aus seinen Staaten verbannt, und sein Vater, durch seine Billigkeit und Mäßigung, alle Lücken ausgefüllt, und alle Wunden geheilt habe, welche durch die vorhergehende Regierung waren geschlagen worden, so müsse er nun überlegen, was für eine Tugend er während der selbigen auf den Thron zu setzen gedenke, die der großen Macht würdig sey, mit welcher ihn Gott begabt habe.

Im Jahr der Hedschrah 382 unternahm Tacasch, der sehr unzufriezufrieden darüber war, daß sein jüngerer Bruder den Thron der Khuarezmier eingenommen hatte, auf welchen er, weil er der älteste war, gerechte Ansprüche hatte, die Eroberung von Khorassan. Aber Solthan schah glaubte, daß es weit vortheilhafter für ihn sey, anstatt sich der Armee seines Bruders zu widersetzen, von einer andern Seite in eben diese Provinz eindränge, weil diese Diversion ihn zwingen müßte, seine Unternehmung wieder aufzugeben.

Darauf ging eben dieser Sultan aus Khorassan nach Khuarezm zurück, und fing die Belagerung der Hauptstadt von dieser Provinz, die sich für seinen Bruder erklärt hatte, an. Allein die Einwohner dieser sehr bevölkerten Stadt erschraken so wenig über seinen Anblick unter ihren Mauren, daß sie vielmehr ihre Thore beständig vor seinen Augen offen hielten, so daß, als ihm auch die Nachricht zukam, daß sein Bruder Tacasch das ganze Gebiete der Stadt Meru, welche damals die Hauptstadt von Khorassan war, verwüste, und daß er sich zu einer Belagerung derselben rüste, er die Eroberung von Khuarezm, die er bereits angefangen hatte, verließ, und bloß fünfhundert Reuter, welche er aus den Tapfersten von seiner ganzen Armee ausgewählt hatte, mit sich nahm, nach Khorassan ging, und unter Begünstigung der Nacht, mitten durch die Armee seines Bruders zog, glücklich in Meru eindrang, und solchergestalt den Muth der Einwohner wieder belebte, die durch die Angriffe des Tacasch und durch seine Abwesenheit bereits sehr aus ihrer Fassung gekommen waren.

Als Tacasch erfuhr, daß sein Bruder in Meru eingedrungen sey, so brach er sogleich mit seinem Lager auf, ging auf Schadbag los, und fing solches förmlich an zu belagern. Sandschar schah, der darin commandirte, vertheidigte sich zwei ganzer Monate lang auf das tapferste. Allein endlich sah er sich doch gezwungen, sich und seinen Platz durch eine große Summe Geldes, die er dem Tacasch versprach, loszukaufen. Dieser ging zu gleicher Zeit nach Khuarezm zurück, und schob seine Unternehmung auf Khorassan für eine günstigere Zeit auf.

Kaum war er in seinen Staaten angelangt, so schickte er einige von seinen vornehmsten Officieren nach Schadbag, um mit seinem Bruder Friedensbedingungen einzugehen, und von dem Gouverneur die Summe, welche ihm war versprochen worden, in Empfang zu nehmen. Allein Sandschar schah hielt ihm nicht Wort, sondern behielt seine Abgesandten in der Gefangenschaft, und diese bekamen ihre Freiheit nicht eher, als bis erst der Friede zwischen den zween Brüdern geschlossen war.

Dieser Friede war aber von kurzer Dauer, denn da Tacasch
schah

than weder von seinem Bruder, noch von Sandschar schah, der sein Schwager war, Genugthuung erhalten könnte, so kam er schon im Jahr 583 vor Schadbag, um diese Stadt und Schloß, in welchem sich Menkeli Beg, der reichste Herr des Landes, mit Sandschar schah eingeschlossen befand, von neuem zu belagern. Tacasch griff diese Belagerung mit solcher Lebhaftigkeit an, daß sich diese beide Herren bald in großem Gedränge sahen, und endlich gezwungen waren, ihre Zuflucht zur Vermittlung der Imams von der Secte des Ali zu nehmen, die damals in großem Ansehn im Lande standen, um gute Bedingungen zu erhalten.

Zufolge der Capitulationsartikel, die ihnen Tacasch bewilligte, sollte unter andern der Platz nach seiner ganzen Verfassung unter seinem Gehorsam bleiben, und die Einwohner bei dem Besitze aller ihrer Güter und Freiheiten geschützt werden. Sandschar schah sollte von seinem Schwager Tacasch auf alle Art gut behandelt werden. Aber Menkeli Beg, der dem Sandschar den Rath gegeben hatte, daß er dem Tacasch sein Wort nicht halten sollte, und der überdies sein großes Vermögen nur durch die größten Erpressungen, die er an den Einwohnern von Khorassan verübte, zusammengescharrt hatte, sollte genöthigt werden, von seiner Verwaltung der Staatseinkünfte Rechenschaft ablegen.

Nachdem diese Capitulation von beiden Seiten unterzeichnet war, wurde Menkeli Beg sogleich einer Justizcommission überliefert, die aus den vornehmsten Landesbedienten bestand. Diese Commissaire examinirten ihn erst, untersuchten alles genau, und verurtheilten ihn alsdann zu großem Schadenersatze, worauf sie ihn dem Urtheilspruche des obersten Imam Fakhreddin Ben Abdalaziz übergaben, der ihn zum Tode verurtheilte, und das zur Strafe für die Mordthat, die er vormals an der Person seines Sohns, des Imam Abu Said, begangen hatte.

Nach der Einnahme der Stadt Schadbag eroberte Tacasch das ganze Land bis an die Stadt Nischabur, der er sich gleichfalls bemeisterte. In derselben ernannte er seinen Sohn Malek schah zum Gouverneur, und nachdem er in Khorassan alles in Ruhe gebracht hatte, so nahm er seinen Weg nach Khuaresm zurück.

Im Jahr der Hedschr. 588 sah sich Tacasch genöthigt, an der Spitze seiner Armee nach dem persischen Irak aufzubrechen, und das zu Gunsten des Atabeken Kezd Kizil Arslan, eines Sohns des Ildighiz, der sich mit dem seldschucidischen Sultan Thogrul überworfen hatte. Aber kaum war er in Irak angekommen, so fand er schon den Frieden zwischen diesen beiden Fürsten hergestellt. Diese Nachricht machte

ihn

ihn nicht wenig bestürzt, denn er hoffte von der zwischen ihnen entzündeten Mißhelligkeit einigen Vortheil zu ziehen. Dieß bewog ihn, damit doch seine Reise nicht ganz vergeblich seyn möchte, daß er sich im Vorbeigehn der Stadt Rei und des Schlosses zu Tabrek bemeisterte, und ehe er noch nach Khuarezm zurückkehrte, Truppen unter Anführung des Tamgadsch, der einer von den vornehmsten Officieren bei seiner Armee war, darin zurückließ.

Im folgenden Jahre marschirte Tacasch von neuem auf Khorassan los, um einige neue Mißhelligkeiten, die er mit seinem Bruder Solthan schah über die Gränzen ihrer Staaten hatte, in Ordnung zu bringen, und kaum war er in dem Gebiete der Stadt Abiurd angekommen, so kam ihm schon der Gouverneur dieses Orts und der ganzen Provinz Sarakhs, welche einen Theil von den Staaten des Solthan schah ausmachte, entgegen, leistete ihm den Eid der Treue, und bewog ihn, seinen Bruder in aller Eile zu überfallen, ehe er sich noch in Vertheidigungsstand setzen könnte. Allein da die Nachricht von seinem Tode während dieser Vorfälle darzwischen kam, so machte sich Tacasch ohne einen Schwerdtstreich zum unumschränkten Herrn von der ganzen großen Provinz Khorassan.

Nachdem sich Tacasch auf solche Art in dem vollkommenen Besitze von allen den Staaten sah, die seine Väter unter dem Na-

men und Titel der khuarezmischen Sultane besessen hatten, so beschloß er, das Gouvernement der Provinzen Sarakhs und Meru seinem Sohne Mohammed Cothbeddin zu übertragen. Allein Mohammeds Bruder, Malekschah, der von seinem Vater das Gouvernement von Nischabur bekommen hatte, bat ihm darum, und erhielt es auch, so daß er das seinige an seinen Bruder Mohammed zurückgeben mußte. Einige Zeit hernach aber überließ Mohammed, weil er näher um die Person seines Vaters seyn wollte, sein Gouvernement dem Malekschah, und dieser wurde durch diese Abdankung Gouverneur von ganz Khorassan, das unter Tacasch Oberherrschaft stand.

Als der Sultan Tacasch im Jahr 590 die Nachricht von Tamgadsch Tode erhielt, den er als Commandant in der Stadt Rei und in dem festen Schlosse zu Tabrek zurückgelassen hatte, und erfuhr, daß Thogrul der Seldschucide nach seinem Tode den Tractat, den sie untereinander errichtet, gebrochen habe, so drang er mit einer ansehnlichen Armee in das persische Irak ein, schlug den Sultan Thogrul in einem ordentlichen Treffen, und vermehrte dadurch seine Staaten mit allem demjenigen, was dieser Sultan in Asien besessen hatte. Auf solche Art endigte sich die Dynastie der Seldschuciden von Iran durch die Niederlage und den Tod des Thogrul

Ben

Ben Arſlan, der der letzte Sultan aus derſelben war.

Nachdem Tacaſch dieſe große Eroberung gemacht hatte, übertrug er das Gouvernement von Iſpahan dem Kiligh, genannt Inandſch oder Enbanedſch, einem Sohne des Atabeken Ildighis, mit welchem er immer in einem ſehr vertrauten Verſtändniſſe gegen die ſelbſchucidiſchen Sultane von Iran geſtanden hatte. Aber das Gouvernement von allen den übrigen Städten von Iraf, wovon damals Rei die Hauptſtadt war, übertrug er ſeinem dritten Sohne, Junos-khan, begab ſich darauf nach Khuarezm, welches er immer als die Hauptreſidenz von ſeinem Reiche betrachtete, und brachte daſelbſt den Winter zu.

Aber ſo wie der Frühling eintrat, nöthigten ihn einige Bewegungen, die der Khan von Saganak in Transoxanien vorgenommen hatte, ſich ins Feld zu begeben. So wie der Khan den Aufbruch des Tacaſch vernahm, ging er ihm in eigner Perſon entgegen, um ihn zum Frieden zu bewegen. Der Sultan bewilligte ihm auch ſolchen auf Bitten der vornehmſten Herren ſeines Hofes, und begab ſich ſogleich wieder in ſeine Hauptſtadt zurück.

Als um eben dieſe Zeit Malek ſchah an den Hof ſeines Vaters gekommen war, und ſeinen Sohn Arſlan ſchah, zum Commandanten in Khoraſſan während ſeiner Abweſenheit zurückge-

laſſen hatte, ließ ſich der Schwager des Sultans, Sandſchar ſchah, von welchem wir bereits geredet haben, dem einige aufrühreriſche und unruhige Köpfe angelegen hatten, daß er ſich dieſe Gelegenheit zu Nutze machen, und einen Platz, der durch die Abweſenheit des Malek ſchah erledigt zu ſeyn ſchien, an ſich ziehen möchte, unglücklicher Weiſe in eine Cabale ein, die eine gefährliche Verſchwörung gegen den Sultan angezettelt hatte. Aber kaum war er dieſen Aufrührern beigetreten, ſo erhielt er ſchon von Tacaſch, der davon Nachricht bekommen hatte, Befehl, daß er in aller Eil vor ihm erſcheinen ſollte.

Sandſchar ſchah, der noch nichts unternommen hatte, folglich auch nichts befürchten zu dürfen glaubte, gehorchte den Befehlen, die er vom Sultan erhalten hatte, auf das pünctlichſte. Aber kaum war er an ſeinem Hofe angekommen, ſo ward er ſeines Geſichts und ſeiner Freiheit beraubt, und dadurch zugleich jeder ſeiner Entwürfe vereitelt. Zwar iſt es an dem, daß ihm Tacaſch einige Zeit hernach auf Bitten ſeiner Schweſter, die Sandſchar ſchah geheirathet hatte, ſeine Freiheit wieder gab; allein er ward doch genöthigt, ſich mit anſehnlichen Penſionen zu begnügen, die ihm der Sultan auszahlen ließ, um ihn in ſeinem Unglücke zu tröſten.

Auch geſchah es faſt zu eben III. der Zeit, daß Junos khan, ein 369

Sohn des Tacasch, der damals sein Statthalter in Irak war, krank wurde, und da er keine Linderung für sein Uebel in der Stadt Rei, allwo er seine Residenz hatte, finden konnte, den Entschluß, die Luft zu verändern, faßte, und zu dem Ende sich in die Provinz Khorassan begab. Bei seiner Abreise ließ er Miagen, in den er viel Vertrauen setzte, in dieser Provinz zu seinem Statthalter zurück; der aber ein geheimer Feind des Atabeken Inandsch war, der Gouverneur von Ispahan und ein Vertrauter des Sultan Tacasch war.

Kaum hatte Junos khan sein Gouvernement von Irak verlassen, als der Khalife Nasser, der es sehr ungern sah, daß die Khuarezmier seinen Staaten so nahe kamen, seinem Vesir Ben Cassab den Befehl zuschickte, daß er mit einer starken Armee in das Gebiet des Junos khan einrücken sollte. Der Atabeke Kiligh Inandsch, der der vertrauteste Freund und getreueste Diener des Tacasch war, hatte kaum von dem Aufbruche der Armee des Khalifen Nachricht erhalten, als er sich sogleich in eigner Person in Marsch setzte, und seine Truppen mit des Miagen seinen vereinigte, um Irak gegen den Einbruch des Ben Cassab zu decken.

Aber so wie sich die Armee des Atabeken mit der khuarezmischen vereinigt hatte, bemächtigte sich Miagen, vor Eifersucht entflammt, seiner Person, und ließ ihm den Kopf abschlagen, den er sogleich an Tacasch schickte, wobei er ihm zugleich zu wissen thun ließ, daß er sich zu dieser Execution deswegen gezwungen gesehen, weil er entdeckt habe, daß er seine Partei verrathe, und mit dem Khalifen in einem geheimen Verständnisse stehe.

Tacasch entdeckte den Kunstgriff des Miagen bald, und fing nun an zu fürchten, es möchte dieser General an ihm selbst zum Verräther werden. Doch ließ er für jetzt noch nichts von sich blicken, das den Miagen auf den Argwohn hätte bringen können, daß er ihn für verdächtig halte: sondern brach in aller Eil auf, um den Ben Cassab anzugreifen, der aber gerade zu der Zeit starb, als es zwischen der Armee des Khalifen und der Khuarezmier zum Treffen kommen sollte.

Doch konnte es sein Tod nicht verhindern, daß es nicht geliefert wurde: denn er wurde so geheim in der Armee des Khalifen gehalten, daß Tacasch selbst keine Nachricht davon erhielt, und daß er ihn nicht eher, als nachdem er ihn geschlagen hatte, erfuhr. Dieser Sieg, den Tacasch davon trug, nöthigte den Khalifen Nasser, sich mit ihm in einen Vertrag einzulassen, und ihm den ungestörten Besitz von Irak zuzugestehen. Ehe er aber seine Truppen aus dem Lande zurückzog, ließ er sich zuvor den Kopf des Ben Cassab geben, und schickte solchen als ein Zeichen seines Sieges nach Khuarezm. Darauf entsetzte er den Miagen seines

seines Gouvernements, weil er seinen Freund, den Atabeken, ohne Ursache hatte hinrichten lassen. Und da eben dieser Miagen einige Zeit hernach sich wieder in Irak regen wollte, so bemächtigte man sich seiner Person und ließ ihn den übrigen Theil seines Lebens im Gefängnisse zubringen.

Als im Jahr der Hedschr. 593 Malekschah, ein Sohn Tacasch, und oberster Befehlshaber von ganz Khorassan, starb, versorgte Tacasch seinen andern Sohn Mohammed Cothbeddin mit diesem Gouvernement, und gab ihm sowol den Saed eddin Massud, der den Beinamen Nadham Almolk bekam, als auch den berühmten Vesir des Geldschuciden, Malek schah, zum Vesir.

Der Sieg, welchen Tacasch über die Armee des Khalifen erfochten hatte, gab ihm Gelegenheit, die Provinz Adherbidschan von einem Theile derjenigen Ismaelier oder Assassinen zu säubern, die mehrere Schlösser und feste Plätze in demselben inne hatten. Gleich Anfangs verjagte er sie aus dem Schlosse Arslan kuschai, und zwang sie, daß sie in das Schloß Calaat Almut, welches ihre vornehmste Festung war, und die er anzugreifen nicht für gut fand, fliehen mußten. Darauf gab er, noch ehe er wieder abzog, das Gouvernement von dem persischen Irak einem dritten von seinen Söhnen, Namens Tabscheddin Ali Schah.

Als dieser Sultan in der Folge erfuhr, daß dieser Vesir Nadham almolk, den er seinem Sohne zum Chef bei seinem geheimen Rathe gegeben hatte, von eben diesen Ismaeliern oder Assassinen, die sich in das Schloß zu Tarschiz retirirt hatten, sey getödtet worden, so schickte er an seinen Sohn Cothbeddin Mohammed, den Gouverneur von Khorassan, daß er es belagern, und die ganze Race dieser Straßenräuber ausrotten sollte. Mohammed setzte sich sogleich zu dieser Expedition in Bewegung, als es sich ereignete, daß das Wassergefäß, dessen er sich zu seinen Abwaschungen bediente, von selbst zerbrach, worauf er auf eine so üble Vorbedeutung schloß, daß er überzeugt war, es müsse ihm nun irgend ein großes Unglück begegnen. Wirklich ward ihm auch fast in eben der Zeit die Nachricht von dem Tode seines Vaters Tacasch hinterbracht, der in Khuarezm an der Bräune starb, nachdem er, wie Khondemir berichtet, acht und zwanzig Jahre regiert hatte.

Der Verfasser des Lebtarikh läßt ihn sechs Monate länger regieren; aber der Verfasser des Nighiaristan giebt ihm überhaupt nur achtzehn Jahre. Allein, dieß kommt daher, weil er seine Regierungsjahre nur erst von dem Tode seines Bruders Solthanschah an rechnet, mit dem er sich sechs ganzer Jahre lang um die Oberherrschaft gestritten, welches bis ins Jahr der Hedschr

III.
570

X 5   589

589 gedauret, in welchem dieser Fürst gestorben, und auf solche Art den Tacasch in dem unumschränkten Besitze des khuarezmischen Staats gelassen hat.

Eben dieser Verfasser des Righiaristan erzählt, Tacasch sey eines Tages mit Kemaleddin Ismael, einem der größten Gelehrten und Dichter dieser Zeiten, und zugleich vertrauten Freunde vom Sultan Thogrul, den er überwunden hatte, in Gesellschaft gewesen, und habe bei dieser Gelegenheit zu ihm gesagt, er wundre sich sehr, wie dieser Sultan, der zu einem so großen Rufe der Tapferkeit gelangt sey, nicht den ersten Anfall seiner Waffen habe aushalten können? Kemaleddin antwortete ihm auf der Stelle mit folgendem aus dem Schach Nameh des Ferdussi genommenen Verse: Zipijen fezun bud haman bezur: Hüner ajb ferbed tschon bergbescht hur: Haman ward von Pigen überwunden, ob er ihn gleich an Macht weit übertraf, weil die Tapferkeit immer schwach wird, wenn sie vom Glücke verlassen wird.

Eben dieser Kemaleddin hat ein ganzes Gedicht zum Lobe des Tacasch verfertigt, und darin ist ihm ein anderer nicht weniger berühmter Dichter, Namens Khacani, nachgefolgt, und hat ihn nachgeahmet. Diese beide Dichter sagen zuerst, es habe dieser große König zu gleicher Zeit das Glück des Feridun und die Tugenden Alexanders des Großen besessen, und sodann wenden sie

sich an den Himmel und sagen zu ihm: Wie kann man hoffen, einen Monarchen zu finden, der eine so große Macht, wie die seldschucidische ist, und die von Tacasch durch die Niederlage des Thogruls ist zu Boden geschlagen worden, wieder erheben kann? Und sie versichern, der Himmel habe ihnen geantwortet: Sey du gar nicht besorgt; denn derjenige, den du suchst, ist Tacasch selbst, der den Ruhm der Religion und des Staats der Musulmauen zu dem höchsten Puncte der Erhebung, den sie nur erreichen können, erheben wird. Freue dich über die gute Nachricht, die ich dir bringe: der Khuarezmier hat die beiden Irake und Khorassan erobert. Der zunehmende Mond, der auf seinen Gezelten aufgepflanzt steht, hat schon die Huldigung von den größten Fürsten der Erde eingenommen, und die Schneide seines Schwerdts hat ihm mehr Völker unterwürfig gemacht, als Salomo, dieser allgemeine Monarch, Unterthanen gehabt hat.

Man vergleiche den Artikel Thogrul Ben Arslan, letzter Sultan der Seldschuciden von Iran.

Der Sultan Tacasch, der auch Tacasch Khan genannt zu werden pflegt, ist im Jahr der Hedschr. 597, an einem Orte, Tschah Arab, der Brunnen der Araber, genannt, an den Gränzen von Khuarezm gestorben, und hat seinen Sohn Cothbeddin ein Mohammed zum Nachfolger hinterlassen, den Ginghizkhan zu einem der unglücklichsten Fürsten von Asien gemacht hatte. Denn hinter ihm ist die Monarchie der Khuarezmier auf eben die Art gefallen, wie die Monarchie der Seldschuciden unter den Waffen seines Vaters Tacasch gesunken war.

Tacaschteghin, ist der Name eines Fürsten aus der Dynastie der Atabeken von Persien, der dem Barkiaruk, einem Sultane aus dem Geschlechte der Seldschuciden, gegen seine Schwiegermutter Tarkhan Khatun Zuflucht und Schutz verliehen hat. Siehe den Artikel Barkiarok.

Tacdim Abibekr: Geschenk des Abubekr. Dies ist der Titel eines Commentars, den Abubekr Ben Hagdschadsch Al-Hamaui über das Gedicht des Mohammed Ebn AlBarezi AlDschohni verfertigt hat, welches den Titel AlBediat führt. Dieses Werk des Barezi ist ein zum Lobe Mohammeds verfertigtes Gedicht, worin er ein anderes, das wir unter dem Titel AlBorbah haben, nachzuahmen bemüht ist. Dieser Commentar ist in der königlichen Bibliothek zu Paris unter Nr. 1056. und 1078.

Es giebt noch ein Tacdim Abibekr, welches auch Bediah betitelt ist, und aus dem Stegereife verfertigte Gedichte enthält. Der Verfasser desselben ist Takieddin

Abubekr AlCaderi, AlHanefi. Es ist gleichfalls in der königlichen Bibliothek zu Paris unter Nr. 1050. Diese beide Werke haben einerlei Verfasser.

Tacuim. Dieses arabische Wort wird insbesondere von einem Werke gebraucht, das in Tabellen abgetheilt ist. Die Araber nennen es auch Zidsch.

Tacuim alabban fi tebbil alensan: ein medicinisches in Tabellen eingetheiltes Buch, in welchem die Glieder des menschlichen Leibes, ihre Krankheiten, ihre Heilmittel, mit ihren Eigenschaften und Veränderungen in Tabellen geordnet sind. Dieses Werk ist von Jahia Ben Issa, Ben Dschazlah, mit dem Beinamen AlKateb, der Schreiber, verfertigt, und dem Khalifen Moctadbi, dem Abbassiden, zugeeignet worden. Es ist in der königlichen Bibliothek zu Paris unter Nr. 876. befindlich.

Tacuim aladujah, ist gleichfalls ein medicinisches Buch, welches von allen einfachen und zusammengesetzten Arzneimitteln handelt, welche mit ihren Eigenschaften und nach ihrem Gebrauche in Tabellen vorgestellt werden. Der Verfasser desselben ist Kemaleddin Abulfadhl Geisch Ibrahim Ben Mohammed AlTeflissi, gebürtig aus der Stadt Teflis oder Tiflis in Georgien, und zubenamt AlHakim, der Philosoph oder der Arzt.

Ta

Tacuim aladufat almofre-dat, ein Buch von einfachen Arzneimitteln, verfaßt von dem Philosophen Ibrahim Ben Abi Said, mit dem Beinamen AlThabib Al-Magrebi, AlOlui.

Tacuim alaffal fi tafdhil al-leben ala alaffal: Abhandlung über den Vorzug der Milch vor dem Honig, verfaßt von Cothb-eddin Mohammed AlHaidhari, AlDemeschki, der im Jahr der Hedschr. 894 verstorben ist. Der Verfasser des Camus hat ein Werk verfertigt, das diesem entgegengesetzt ist, und den Titel führt: Tasfik alaffal fi tafdhil alaffal.

Tacuim albeläb. Ein geographisches Werk, abgefaßt von einem Schriftsteller, der unter dem Namen AlBalkhi von Ebn Allarbi in der Vorrede zu seinem Werke, das Kheridat ala-schaib betitelt ist, angeführet wird.

III.   Tacuim alboldan. Ein be-
372 rühmtes geographisches Werk, welches AlMalek AlMujad Omadeddin Ben AlAfdhal Ali zum Verfasser hat, der unter dem Beinamen Saheb Hamah, Fürst oder Herr der Stadt Hamah in Syrien, viel bekannter ist. Es ist eben derjenige, den wir AbulFeda nennen, und der im Jahr der Hedschrah 712 gestorben ist.

Dieses Werk ist von Mohammed Ben Ali, mit dem Beina-men Sipahi Zadeh, an mehreren Orten vermehrt und deutlicher gemacht worden. Er hat es dem Sultan Amurat dem Dritten dedicirt, unter dem Titel: Badhe almessalek ela mare-fat alboldan v almemalek.

Eben dieser Schriftsteller, der im Jahr der Hedschr. 980 gestorben ist, hat sein Werk aus dem Arabischen ins Türkische übersetzt, und es dem Großvesir Mohammed Pascha dedicirt.

Es giebt noch einen Tacuim alboldan, der dem Salhagi beigelegt wird. [Vergleiche die Zusätze zu dem Artikel AbulFeda.]

Tacuim alsehhat: ein medicinisches, gleichfalls in Tabellen abgefaßtes Buch, welches von denjenigen Dingen handelt, die zur Erhaltung der Gesundheit dienlich sind. Dieses Buch hat den Fath AlHadhek AlMokhtar Hassan Ben Aidun zum Verfasser.

Tacuim altauarith. Chronologische Tafeln, im Jahr der Hedschr. 1050 verfaßt von Mostafa Ben Abdallah AlCosthanthini, der unter dem Namen Hadsch Khalifeh oder Hadsch Khalfah bekandter ist.

Dieses Werk des Hadsch Khalfah ist in zween Bände abgetheilt, davon der eine auf jeder Seite funfzig, und der andere auf jeder zehn Jahre enthält.

Der Verfasser, welcher auch den Beinamen Katibzadeh führt, sagt

sagt in seiner Bibliothek, welche den Titel Caschf aldhonun führt, er sei zu Constantinopel gebohren und erzogen worden. Er ist im Jahr der Hedschrah 1057 gestorben, wie solches Hossain Asendi versichert, der seine Chronologie vom Jahr 1050 bis zum Jahr der Hedschr. 1068, welches das Jahr Christi 1657 ist, fortgesetzt hat. Einer von diesen beiden Theilen oder Exemplaren dieses Werks, welcher persisch abgefaßt ist, nemlich derjenige, welcher Decennienweise abgetheilt ist, befindet sich in der königlichen Bibliothek zu Paris, so wie auch sein anderes Werk, Caschf aldhonun betitelt, welches eine orientalische Bibliothek ist, daselbst aufbewahrt wird.

Das Exemplar, welches in der königlichen Bibliothek befindlich ist, ist in persischer Sprache geschrieben, und mit einigen Randanmerkungen in türkischer Sprache versehen, und doch sagt der Verfasser selbst, wenn er in seiner Bibliothek von seinen chronologischen Tafeln redet, er habe sie in persischer Sprache abgefaßt.

[Dieses Werk des Hagi Khalfah ist nicht, wie D'Herbelot sagt, in zween Bände abgetheilt, sondern es giebt Handschriften, in welchen jede Seite 50 Jahre enthält, und andere, in welchen sich auf jeder nur zehn befinden. Dies ist also eine sehr willkührliche Einrichtung, die blos vom Abschreiber abhing. K.

Reiske schätzte dieses Buch sehr hoch, wie man solches aus der Erzählung abnehmen kann, die Hr. Köhler im dritten Bande des Repertoriums für biblische und morgenländische Literatur S. 280 — 284. eingerückt hat. Er hat eine sehr genaue, aus einem Dreßdner Manuscripte gemachte Abschrift, mit einer lateinischen Uebersetzung und einem Commentare davon hinterlassen. Diese befindet sich gegenwärtig, nebst seinen andern Papieren, in der Bibliothek zu Kopenhagen, aus der sie, wie wir hoffen dürfen, bald ans Licht treten wird. Denn in Betracht der Verdienste des sel. Reiske und seiner großen Kenntnisse, die er sich in der orientalischen Geschichte erworben hat, läßt sich nicht zweifeln, daß ein Werk, mit welchem er sich mit so vieler Anstrengung und Aufmerksamkeit beschäfftigt hat, von sehr großem Werthe seyn muß.

Wir haben auch eine italienische Uebersetzung von demselben, die Giovanni Rinaldo Carli verfertigt, und zu Venedig 1697 edirt hat; allein diese ist sehr schlecht und nicht weniger, als treu.

Das andere Werk des Hagi Khalfah, betitelt: Caschf AlDhonun u. s. w. (siehe diesen Artikel Band 1, S. 515.) ist eine orientalische Bibliothek, welche eine sehr umständliche Beschreibung von mehreren arabischen, persischen und türkischen Büchern enthält. Galand berichtet in seiner dem ersten Bande dieser Ueber-

Uebersetzung des Herbelotschen Werks vorgesetzten Vorrede, es sey solches fast ganz diesem Werke einverleibt worden. S.]

Tacuin und Tecvin. Dieses arabische Wort bedeutet eigentlich, seyn machen, oder ankommen machen, und die Araber gebrauchen es, wenn sie dasjenige ausdrucken wollen, was die Mythologisten Parcen, Feen, Sibyllen, und Zauberinnen nennen. Und obgleich die Mohammedaner weder die fabelhaften Gottheiten, noch die Orakel der Heiden annehmen, so stimmen sie doch in gewissen sehr alten Fabeln überein, welche diese Tacuin als Geschöpfe aufstellen, die vormals Orakel ausgesprochen und den Menschen Beistand gegen die Dämonen geleistet haben.

Der Caherman Nameh, ein Buch, das fast die ganze Mythologie der Orientaler enthält, versichert, es hätten diese Tacuin menschliche Gestalt und Bildung, seyen von außerordentlicher Schönheit, und hätten Flügel, so daß sie ohngefehr eben so beschaffen seyen, wie wir uns die Engel vorstellen. Er thut eines derselben Erwähnung, dessen Name Schamai war, der mit sechs seiner Collegen die Wache beim Sagfagan hatte, dem berühmten Riesen mit vier Köpfen, den Caherman mit ihrer Beihülfe überwunden hatte.

III. 373 Auch finden wir in eben diesem Buche, daß Soliman Hakki, einer der Universalmonarchen der ganzen Erde, und der Präadamiten, von welchem unter dem Artikel Soliman geredet wird, diese Tacuin öfters um Rath gefragt habe, wenn er sich in einer Verlegenheit befunden, und daß er aus den Orakeln, die sie ihm gaben, immer sehr heilsame Vorschriften für sein Betragen hergeleitet habe.

Tacrib aladib v tababhib almostagib: ist der Titel eines Buchs, das den Abdolthalek Ben AbilCassem AlMesri zum Verfasser hat. Es wird in demselben von der Einheit, und wem solche zukomme, gehandelt, und dieser Schriftsteller beweist darin, daß sie niemand, als nur Gott alleine, zukomme. Dieses Werk enthält sieben Capitel.

Tacrib alassanib: ein Buch, welches die Gründe und die Glaubwürdigkeit der musulmanischen Religion enthält. Der Verfasser davon ist Abdalrahim Hossain AlEraki, der ohngefehr ums Jahr der Hedschr. 820 gelebt hat.

Dieses Werk ist im Jahr der Hedschrah 826 von dem Sohn des Verfassers, welcher Abu Zeraah Achmed Ben Abdalrahim hieß, mit einem Commentar versehen worden.

Tacrib althaleb: ein Buch über die Ossul, das heißt, über die Grundsätze des Mohammedismus, verfaßt von Massud AlKhazargi, der im Jahr der Hedschrah 600 gelebt hat.

Tac

Tacrib fi elm algarib: ein Buch, das von merkwürdigen und ausgesuchten Sachen handelt. Es sind zween Schriftsteller, die diesen Titel ihren Werken gegeben haben. Der eine ist Ebn Hadschar AlAscalani, der andere ist Nureddin Mahmud Ben Achmed AlBuni, genannt AlKhatheb AlDemeschki. Dieser Schriftsteller sagt, er habe sein Werk auf die Grundsätze des Mutha und der angesehensten Schriftsteller gebaut.

Tacrib fi ascar alkimia: ein Buch von den Geheimnissen der Chymie, das den Aldmerin Ali zum Verfasser hat, der im Jahr der Hedschrah 800 gestorben ist.

Tacrib mokhtassar alkeschaf: dies ist ein Auszug aus dem berühmten Commentare über den Coran, der von Zamakschari verfaßt ist, und den Titel Keschaf führt.

Tacrib fil manthek: ein Werk über die Logik, verfaßt von Ebn Haram AlDhaheri. Dieser Schriftsteller hat im Jahr der Hedschrah 450 gelebt.

Tacrir alestenad fi tansir aledschtehad: dies ist ein Werk des Sojuthi, über den Fleiß und die Application, die man auf die Arbeit und den Krieg gegen die Ungläubigen verwenden muß.

Tacrit oder Tecrit: eine Stadt in der Provinz, die die Araber, Diarbeker nennen, welche einen Theil von dem ganzen Lande ausmacht, das sie Gezirat nennen, und das bei uns den Namen Mesopotamien führt. Sie liegt, den arabischen Tafeln des Nassireddin und Ulug Beg zufolge, unter dem 78sten Grade, 20 Minuten der Länge, und unter dem 34sten Grade, 30 Minuten der nördlichen Breite, im vierten Clima.

Es sind einige Erdbeschreiber, die diese Stadt in das babylonische Irak setzen, welches Chaldäa ist. Sie ward im Jahr der Hedschr. 795 oder 796 von Tamerlan unter Bedingungen eingenommen; allein demohngeachtet ließ Tamerlan den Gouverneur derselben, Namens Hossain Ben Butimur, unter den Ruinen einer Mauer hinrichten, wie Achmed Ben Arabschah berichtet.

Tactasch. So nennt Ebn Schohnah den khuarezmischen Sultan, Tacasch Khan.

Tadbir oder Tebbir alasna fi scharh alesma alhosna: ist der Titel eines Buchs von den Namen Gottes, das den Scheibani zum Verfasser hat.

Tadbir alsehhat: ein Buch von Erhaltung der Gesundheit, das den Galen zum Verfasser hat, und von Honain Ben Ischak ins Arabische ist übersetzt worden. Diese Uebersetzung ist in der königlichen Bibliothek zu Paris unter Nr. 866.

Tadbir

Tadbir akhaleb: ein Werk über die Moral, in welchem insbesondere von Tadbir almedinat, von dem Gouvernement einer Stadt oder Provinz gehandelt wird. Es ist dies eigentlich die Politik, die die Araber auch Elm alfassat und Tadbir almanzel nennen, welches aber eigentlich die Oeconomie ist. Dieses Werk ist ganz aus Aristoteles genommen.

Tadbir alnischatein fi eslah alnoshhatein: ist der Titel eines in türkischer Sprache abgefaßten Buchs, das in funfzehn Capitel abgetheilt ist, die von Sultanen, Besiren, der Miliz, Völkern, Finanzen, und dem Kriege handeln, ohne Namen des Verfassers.

Tadbirat alelahiat fi eslah almamlecat alensaniah: Ein Buch von Mohammed Ben Ali AlArabi, der im Jahr der Hedschr. 617 gelebt hat. In demselben bestimmt der Verfasser das Verhältniß zwischen der kleinen und großen Welt: das heißt, zwischen dem Betragen Gottes und der Menschen in Ansehung der Regierung. Dieses Werk enthält siebenzehn Capitel.

Tadbirat AlSolthaniah fi slaffat alsanaat alharbiat; Abhandlung von der militärischen Disciplin, ohne Namen des Verfassers.

Tadhhib *) fil manthek: Ein Buch über die Logik, ohne Namen des Verfassers.

Man hat noch ein anderes Werk, welches eben diesen Titel führt, und von den Nominibus propriis der Menschen handelt. Dies hat den AlDhehebi zum Verfasser.

Tadhil v takmil. Dies ist der Titel eines Commentars über dasjenige Buch, welches Taschil AlSalehi betitelt ist. Es ist dies eine astronomische Abhandlung, bei welcher die Tafeln des Ulug Beg zum Grunde gelegt sind. Dieser Commentar ist ohne Namen des Verfassers.

Tadhkerah. Dieses arabische Wort bedeutet eigentlich ein Andenken, so wie alles, was zur Erhaltung des Andenkens an etwas, oder um sich an etwas zu erinnern, gehört.

Die Türken, welche Tazkerah und Tezkereh sagen, bedienen sich dieses Worts, um damit ein Billet, und ein Rescript eines herrschaftlichen Bedienten oder einer obrigkeitlichen Person zu bezeichnen. Aber bei den Arabern wird es als Titel von mehreren Büchern gebraucht. Hier wollen wir einiger derselben Erwähnung thun.

Tadhkerat auli alalbab v bschame lelageb alobschab. Ein medi-

---

*) [Lies: Tahdhib. X. Ibn Chalikan führt unter andern Werken des Labriji auch ein Buch über die Logik an, das den Titel führt: Tahdhib fi azlah almanthek. G.]

medicinisches Buch, welches eine Vorrede, vier Abhandlungen und ein Corollarium enthält. Der Verfasser desselben ist Daud Al-Anthaki, gebürtig aus Antiochien, und mit dem Beinamen AlBaſſir, der Sehende, das heißt, der Blinde, bezeichnet. Dieser Arzt wohnte zu Cairo, und begab sich aus Andacht im Jahr der Hedschr. 1005 nach Mekka, um daselbst zu sterben. Dieses Buch ist in der königlichen Bibliothek zu Paris unter Nr. 955.

Tadhkerat alcahhalin: Ein Buch, das von den Krankheiten der Augen und ihrer Heilung handelt. Es ist in drei Abhandlungen abgetheilt; von welchen die erste die Anatomie des Auges, das zweite die äußern und in die Augen fallenden Krankheiten desselben, und das dritte diejenigen, welche nicht sichtbar sind, enthält. Der Verfasser dieses Werks ist Iſſa Ben Ali, mit dem Beinamen AlCahhal, das heißt, der Oculist. Dieses Wort Cahhal kommt von Cohl her, welches im Arabischen eigentlich eine Augensalbe bedeutet, die zur Heilung der Augen gebraucht wird. Dieses Werk ist in der königlichen Bibliothek zu Paris unter Numer 962.

Tadhkerat Ebn Beithar: Ein medicinisches Buch, das von dem berühmten Verfasser mehrerer Werke, die von der Botanik handeln, Namens Ebn Beithar, herrührt.

Orient. Bibl. 4. B.

Tadhkerat Ebn Hamdun oder Hamadun. Dies ist der Titel einer arabischen Anthologie, die den AbulAbbas Mohammed Ben Hamdun, mit dem Beinamen AlKateb AlBagdadi, der Schreiber von Bagdet, zum Verfasser hat. Er ist im Jahr der Hedschrah 662 gestorben. Dieses Werk ist eine sehr weitläuftige und geschätzte Sammlung von allem demjenigen, was sowol in der Geschichte, als in den schönen Wissenschaften vorzüglich merkwürdig ist. Ebn Khalecan sagt, es sey dies eins der schönsten Werke der neuern Schriftsteller.

Mahmud Ben Jahia AlScheibani hat einen Auszug daraus gemacht, dem er den Titel gegeben hat: Montekheb alojun men Tadhkerat AlHamdun.

Tadhkerat alarib. Dies ist der Titel eines Commentars über einige Stellen des Corans, verfaßt von Ebn AlDschuzi, einem Schriftsteller, der im Jahr der Hedschrah 577 verstorben ist.

Tadhkerat alaadad lejaum almiaâd. Abhandlung von der Auferstehung und vom jüngsten Gerichte, verfaßt von Khalil Ben Harun.

Tadhkerat alaulia: ein persisches Buch, welches eine Art von Lebensbeschreibungen musulmanischer Heiligen ist. Der Verfasser desselben ist Mohammed Ben Ibrahim AlAtthar AlHamadani.

Y   Es

Es giebt auch ein türkisches Buch unter demselben Titel, das auch von demselben Gegenstande handelt. Dieses hat den Genaneddin Jusef Ben Khedher zum Verfasser, der unter dem Namen Khuageh oder Khodschah Pascha bekandt ist. Er ist im Jahr der Hedschr. 891 gestorben.

Tadhkerat AlSauidi: ein medicinisches Buch, das den Abu Ischak Ibrahim Ben Mohammed zum Verfasser hat: der unter dem Namen Ben Tarthan Al-Motethabbeb bekandt ist, welcher im Jahr der Hedschrah 620 III. gestorben. Es ist dies ein sehr 376 nützliches und wichtiges Werk, in welchem der Verfasser von allen einfachen Arzneimitteln, nach der Ordnung der Glieder des menschlichen Leibes und ihrer Krankheiten, gehandelt hat. Auch merkt er alle diejenigen an, die er aus eigner Erfahrung kennen gelernt hat.

Tadhkerat alschoara. Leben der Dichter. Dies ist ein in persischer Sprache abgefaßtes Werk, das den Imam Daulet schah Ben Alaaldulet Bakhti-schah AlGazi AlSamarcandi zum Verfasser hat, und in sieben Classen eingetheilt ist.

Die erste enthält Lebensbeschreibungen von zwanzig arabischen Dichtern, und die sechs übrigen die von persischen Dichtern, bis zum Jahr der Hedschr. 812.

Dieses Werk hat auch den Titel: Tadhkerat Khassat schoára Ajem, Leben der vornehmsten persischen Dichter, ob es gleich im Anfang zwanzig arabischer Dichter Erwähnung thut.

Tadhkerat alschoara: eine türkisch geschriebene Abhandlung über das Leben der Dichter. Der Verfasser davon ist Sehi AlEdrinevi, der im Jahr der Hedschr. 955 gestorben ist. Er hat seinem Werke auch den Titel Hescht Behischt, die acht Paradiese, gegeben, weil er zu den sieben Classen von Dichtern des Daulet schah noch eine achte hinzugefügt hat.

Tadhkerat alschoara. Leben der Dichter, in türkischer Sprache verfaßt von Achmed Ben Schamsi, der unter dem Namen Ahtdi AlBagdadi bekandt ist. Dieser Verfasser hat blos von solchen Dichtern gehandelt, die er seit seiner Ankunft in dem Lande Romelien bis zu seiner Abreise, welche im Jahr der Hedschr. 971 erfolgt ist, kennen gelernt hat. Er hat sein Werk in drei Raudhat oder Blumenbeete abgetheilt, und ihm den besondern Titel Gülschen alschoara beigelegt, in welchem die Buchstaben die Zahl angeben, die das Jahr der Verfertigung desselben bestimmt.

Tadhkerat alschoara. Dies ist ein Werk über den nemlichen Gegenstand, das den Lathifi AlCasthamoni, der im Jahr der Hedschr.

Hedſchr. 990 geſtorben iſt, zum Verfaſſer hat. Im Anfange ſeines Werks redet er von zwanzig Perſonen, Scheikhs oder Sultanen, von denen man Verſe hat, und darauf von zweihundert und zwei und achtzig Dichtern nach alphabetiſcher Ordnung.

Tadhkerat alſchoara: gleichfalls Leben der Dichter, in türkiſcher Sprache, verfaßt von dem Seid Mohammed Ben Ali, der unter dem Namen Aſchik Tſchelebi bekandt, und im Jahr der Hedſchrah 979 geſtorben iſt. Er hat ſeinem Werke den Titel Schaer AlSchoara, der Dichter der Dichter, gegeben, und hat es nach alphabetiſcher Ordnung abgefaßt.

Tadhkerat alſchoara: iſt gleichfalls eine Sammlung von Lebensbeſchreibungen türkiſcher Dichter, das den Haſſan Tſchelebi Ben Emrillah zum Verfaſſer hat, der unter dem Namen Canali Zadeh bekandt iſt. Dieſer Schriftſteller iſt im Jahr der Hedſchr. 1012 geſtorben.

Tadhkerat alſchoara: iſt ein Werk über eben dieſen Gegenſtand, das den Moſtafa Aſendi, mit dem Zunamen Riazi, zum Verfaſſer hat, der im Jahr der Hedſchr. 1054 verſtorben iſt.

Tadhkerat alſchoara. Lebensbeſchreibungen von perſiſchen Dichtern in perſiſcher Sprache. Dies Werk hat den Baba ſchah zum Verfaſſer.

Tadhkerat alſchoara: Nochmals ein Werk über den nemlichen Gegenſtand, und in eben der perſiſchen Sprache, von welchem Mohammed AlKhauſi Verfaſſer iſt.

Tadhkerat alſchoara, eine III. Sammlung von Dichtern, in türkiſcher Sprache abgefaßt von Mir Ali Schir, der im Jahr der Hedſchr. 900 verſtorben iſt. Er hat ſein Werk in mehrere Seſſionen oder Unterhaltungen abgetheilt. Daher hat er ihm den Titel Medſchales alnefais gegeben. Hakim ſchah Mohammed AlCazvini hat dieſem Werke türkiſche Dichter beigefügt, und hat es in die türkiſche Sprache von Conſtantinopel überſetzt; denn das Original iſt in der türkiſchen Sprache der Tataren abgefaßt.

Tadhkerat alſchoara: iſt auch eine Geſchichte der Dichter, in perſiſcher Sprache, von Sam Mirza, einem Sohne des Schach Iſmael, erſten Königs von Perſien aus der Dynaſtie der Sofis, die im Anfange dieſes Jahrhunderts in Perſien regiert haben. Dieſes Buch führt den beſondern Titel: Tohfat AlSami, ein Geſchenk des Sam.

Tadhkerat alſchoara. Eine andere Geſchichte der Dichter, in der türkiſchen Sprache der Tataren verfaßt von Sadeki AlGhilani, und dedicirt an Schah Abbas den Erſten, König von Perſien. Sie iſt in acht Medſchales, Un-

ter-

terhaltungen oder Unterredungen, abgefaßt, und er hat ihr den besondern Titel Madschma alkhuas, auserlesene Sammlung der vornehmsten Dichter, gegeben.

Tadhkerat le Schehabeddin AlHedschazi, ist der Titel eines Buchs, das den Achmed Ben Mohammed, AlSchaer oder der Dichter genannt, zum Verfasser hat, der im Jahr der Hedschrah 875 gestorben ist. Es ist dies eine Compilation von mehreren Werken arabischer Dichter, in mehr denn funfzig Bänden. Wir würden es ohngefehr ein corpus oder chorus poetarum nennen.

Tadhkerat AlSafadi: Sammlung verschiedener arabischer Gedichte, von Salaheddin Khalil Ben Ibek verfaßt, der den Beinamen AlAdib, der Gelehrte, führt. Er ist im Jahr der Hedschrah 794 verstorben. Dieses Werk beträgt über dreißig Bände, und der Verfasser desselben hat es nicht dabei bewenden lassen, blos Werke von Dichtern in seine Sammlung aufzunehmen, sondern hat auch noch mehrere prosaische Stücke, die Gegenstände der Beredtsamkeit betreffen, beigefügt.

Tadhkerat althaleb aleim: Handbuch für diejenigen, welche Liebhaber von Wissenschaften sind. Dies ist ein Werk des Borhaneddin Ibrahim Ben Mohammed, Ben Khalil, Sebt AlAgemi genannt.

Tadhkerat alhorafa bedhekr almoluk o alkholafa: Geschichte der Könige oder Sultane und Khalifen von Egypten, die den Abu Sorur AlBekri, genannt AlMesri, weil er aus Cairo gebürtig war, zum Verfasser hat.

Tadhkerat alfehem fi ami altacuim: Astronomische Tafeln des Ulug Beg, ins Arabische übersetzt von Sohail Abdalrahman AlSalehi AlMuakker, das heißt, der Beobachter der Zeit und der Stunden in der Moschee der Ommiaden zu Damas. Dieser Beobachter ist derjenige, der den Müezins genau die Zeit bemerkt, in welcher sie zum Gebete zusammenrufen müssen.

Tadhkerat AlCorthobi. III. Dies ist der Titel eines Buchs, 378 das von dem Zustande der Sterbenden und den Angelegenheiten der andern Welt handelt. Der Verfasser desselben ist AlCorthobi, ein aus Cordova in Spanien gebürtiger Schriftsteller, der im Jahr der Hedschr. 671 gestorben ist. Dieses Werk ist von jemand in einen Auszug gebracht worden, dessen Name unbekandt ist.

Tadhkerat alkamelat. Unter diesem Titel hat man ein arabisches Buch von der Musik, ohne Namen des Verfassers.

Tadhkerat AlKetab fil hessab: ein Buch über die Rechenkunst,

Kunſt, abgefaßt von Furſeddin Ibrahim AlHalabi. Es iſt von dem Derwiſch Mohammed in die tärkiſche Sprache überſetzt worden.

Tadhkerat almaſſulin: iſt der Titel eines Buchs, welches von der Verſchiedenheit der Vorſtellungen und Meinungen unter den Lehrern von der Hanifiſchen und Schafeiſchen Secte handelt, und den Abu Iſchak Ibrahim AlSchirazi zum Verfaſſer hat, der im Jahr der Hedſchr. 476 verſtorben iſt. Dieſes Werk umfaßt mehrere Bände.

Tadhkerat AlNaſſiriat: iſt der Titel eines Buchs des Naſſireddin AlThuſſi, eines berühmten Aſtronomen, der im Jahr der Hedſchr. 672, ſechzehn Jahre nach der Einnahme von Bagdet durch Holagu Khan, in deſſen Dienſt ſich dieſer große Mathematiker begeben hatte, verſtorben iſt.

Dieſes Werk iſt ein Auszug aus einem andern, das dieſer Schriftſteller unter dem Titel Dſchame almeſſail, Sammlung von Fragen, herausgegeben hat. Dieſer Auszug hat auch mehrere Commentatoren bekommen, als da ſind der Scherif AlDſchorbſchani, der im Jahr der Hedſchr. 810 geſtorben iſt, Mohammed AlNiſchaburi, Schamseddin Mohammed Ben Achmed AlHadhri, der im Jahr 932 geſtorben iſt, Cothbeddin Mahmud Ben Maſ-

ſud AlSchirazi, und Abdal Ola AlNaſſadi.

Tadhkerat fi ekhtelaf alCoran: iſt ein Buch, das von den Widerſprüchen, die ſich im Coran befinden, und von der Vereinigung mehrerer Stellen, die einander entgegen zu ſeyn ſcheinen, handelt. Der Verfaſſer deſſelben iſt Abu Mohammed AlMekki.

Tadhkerat: Man hat unter dieſem Titel eine ſehr große Anzahl von arabiſchen, perſiſchen und türkiſchen Büchern, über alle Arten von Wiſſenſchaften, und beſonders über die Oſſul, die Foru und die Hadith, welches die Grundſätze oder Wurzeln, die Aeſte und Traditionen des muſulmaniſchen Geſetzes ſind, deren Anführung viel zu beſchwerlich ſeyn würde.

Tadiar alamanat: iſt der Titel einer Abhandlung von Unterpfändern, die ſich auf die Worte im Coran gründet: Enna faradhna alamanat; Wir haben befohlen, die Unterpfänder wiederzugeben. Uebrigens muß man nicht vergeſſen, daß das Wort Amanat nicht blos dasjenige, was wir Unterpfänder nennen, bedeute, ſondern daß es auch von allem, was wir zu beobachten und zu geben verſprochen haben, dergleichen zum Exempel Tractate und Schulden ſind, gebraucht werde. Dieſes Werk hat den Abulhaſſan Mohammed AlBekri zum Verfaſſer, und ist in vier Theile abgetheilt. Er hat es im Jahr der Hedschrah 923 geschrieben.

III. **Tafhim** leauail alsanaat ala tharit almedkhal: ist der Titel eines Buchs des Abu Rihan AlBiruni, der im Jahr der Hedschr. 421 gestorben ist. Es ist dies ein chymisches Werk, welches von den Grundsätzen dieser Kunst handelt, und zu einer Art von Einleitung in dieselbe dient.

Tafhim fi tangim: ein astronomisches Buch, das den AlBiruni zum Verfasser hat.

Tafhim mani alhoruf, ist der Titel eines Buchs, welches von der mystischen Erklärung der arabischen Buchstaben nach den Grundsätzen der Sofis handelt. Dieses Werk ist von Herali AlTagibi verfertiget worden, und befindet sich in der königlichen Bibliothek zu Paris unter Nr. 616.

Taflis, Teflis und Tiflis: eine Stadt in der Provinz Schirvan, oder vielmehr Gürgistan, die wir Georgien nennen. Einige orientalische Erdbeschreiber setzen sie in das große Armenien. Sie ward mit ihren Einwohnern im Jahr der Hedschr. 230 unter dem Khalifate des Motavakkel von Boga Kebir verbrannt, der angezündete Tannzapfen hineinwerfen ließ, und man versichert, es seyen über funfzigtausend Personen vom Feuer bei dieser Gelegenheit verzehrt worden.

Eben diese Stadt wurde auch vom Sultan Gelaleddin Mankberni, einem Sohne des Mohammed Khuarezm schah, ohngefehr ums Jahr 620 eben dieser Hedschrah, eingenommen.

Taflissi, ein Beiname des AbulFadhl Ben Hobaisch Ben Ibrahim, genannt AlThabib AlTaflissi, der Arzt von Tiflis. Er ist der Verfasser von einem Buche, welches den Titel führt: Bejan alsanaat, und worin von der Medicin und von chymischen Heilmitteln gehandelt wird. Dieses Werk ist aus dem Arabischen ins Türkische übersetzt worden. Es ist in ein und zwanzig Capitel abgetheilt, in welchen der Schriftsteller von außerordentlichen Dingen, die mehr durch Geschicklichkeit und Kunstgriffe, als durch Grundsätze der Kunst verrichtet werden, zu reden bemüht ist.

Eben dieser Schriftsteller hat auch ein Buch geschrieben, das den Titel führt: Bejan alnodschum. Dieses handelt von der Astronomie. So haben wir auch noch eins von ihm, Canun alabab betitelt, welches ein moralisches Werk ist.

Taffir. Dieses arabische Wort, welches eigentlich Erklärung oder Erläuterung bedeutet, wird gewöhnlich bei den Musulmanen von einem Commentare über den Coran gebraucht. Sie haben eine unendliche Menge solcher Werke, die in der vielfachen

Zahl

Zahl Taffirat genannt werden. Die Verfasser desselben heißen Mofferun; und in der Construction, Mofferin.

Der Mulla AbulKhair hat ein sehr großes Werk geschrieben, in welchem er alle diese Commentatoren in verschiedene Classen geordnet, und das er Thabacat Al-Mofferin betitelt hat.

Die vornehmsten Verfasser dieser Commentare sind erstlich die ersten Collegen des Mohammed, welche Sahaba genannt werden: nemlich die vier ersten Khalifen, Ebn Massud, Ebn Abbas, Ebn Kaab, Zeid Ben Thabet, Abu Mussa AlAschari, Abdallah Ben Dschobair, Uns oder Ans Ben Malek, Abu Horairah, Dschaber, Abdallah Ben Omar, und Amru Ben AlAs.

Diejenigen, welche auf diese Sahaba oder Gesellschafter des Mohammed gefolgt sind, werden von den Musulmanen Tabain, die Folgenden, genannt; und die ersten von diesen sind die Gesellen des Ebn Abbas, und darauf die Lehrer von Mekka, deren Anzahl zu groß ist, als daß wir sie hier beifügen könnten.

III. Auf diese Commentatoren ist 380 eine sehr große Anzahl von andern gefolgt. Allein, da ihre Werke unter besondern Titeln ans Licht getreten sind, so muß man die vorzüglichsten derselben, jeden an seinem Orte, in diesem Werke aufsuchen.

Taffir arais. Dies ist der Titel einer moralischen Erklärung des Corans. Sie wird oft in der orientalischen Anthologie angeführt.

Taffir Earabhi, ist der Titel eines Commentars über den Coran. Siehe den Artikel Sinai.

Taffir garib alCoran: ist ein Commentar über die schwersten und merkwürdigsten Stellen im Coran, der den Segestani zum Verfasser hat.

Taffir medaref altanzil fi hacaif altauil: ist gleichfalls ein Commentar über den Coran, der den Sanaki zum Verfasser hat. Aus dem Titel dieses Werks sieht man, daß sich der Verfasser desselben nur auf die schwersten Stellen dieses Buchs eingelassen hat.

Hier wollen wir nur im Vorbeigehen sagen, daß der Commentar des Thalebi, unter allen denen, die über den Coran zum Vorschein gekommen sind, der allergeschätzteste ist: ohne sogar diejenigen, die wir von Beidhaui, oder von Zamakhschari haben, auszunehmen.

Taftazani. Siehe den Artikel Tagtazani.

Tag'. Dieses persische Wort bedeutet überhaupt eine Mütze, und insbesondere eine Krone. Schach Ismael, der eine besondere Art von Kopfzeug für seine Miliz erfunden hat, die den Namen Kezel Basch, die rothen Köpfe

pfe, erhielt, und die er selbst zu
Ehren der zwölf Imams trug,
die seinem Vorgeben nach seine
Vorfahren waren, ist der Urheber des Tag' oder derjenigen Krone, die die persischen Könige noch
heut zu Tage tragen. Man sehe
weiter unten den Artikel Tag'
Haidariah.

Die Araber bedienen sich auch
dieses von i h n e n entliehenen
Worts, indem es ein Titel von
mehreren persischen und türkischen
Büchern geworden ist.

Tag' alabib: die Krone des
vornehmen Mannes. Dies ist
der Titel eines in türkischer Sprache von Ali Ben Hussain Al-
Amassi verfertigten Buchs, der
aus der Stadt Amasia in Natolien gebürtig war. Er hat es
im Jahr der Hedschr. 851 für
einen gewissen großen Herrn, der
in seinen Zeiten lebte, geschrieben.

Tag' alesma: die Krone der
Namen: ist der Titel eines Buchs,
das Zamakhschari über die Nomina propria verfertigt hat. Es
hat viele A e h n l i c h k e i t mit des
Meidani seinem, das den Titel
Ketab alesma führt, aus welchem
er das Hauptsächlichste genommen hat, welches auch der Fall
in Ansehung des Sehah des
Dschauheri ist. Dies Buch ist
nach der Ordnung der Buchstaben des arabischen Alphabets abgefaßt.

Tag' alansab: ist der Titel
eines genealogischen Buchs, ver-

faßt von Mohammed Ben Assaad
Al-Hossaini, der im Jahr der
Hedschr. 588 gestorben ist.

Tag' almaala fi besan alaba-
ba: ist der Titel einer Geschichte
von Gelehrten, die im Arabischen
den Titel Adib führen, aus dem
zweiten Jahrhunderte d. H. Der
Verfasser derselben ist Lessaneddin
Mohammed Ben Abdallah, Ben
Al-Khateb, Al-Corthobi, Al-Mocri. Dieser Corthobi, von welchem hier geredet wird, war ein
Prediger und Leser in der großen
Moschee zu Cordova. Sein Enkel Lessaneddin ist im Jahr der
Hedschr. 776 gestorben.

Tag' almaani fi taffir seba
almethani: ist der Titel eines
Commentars über die sieben Por-
tionen oder Abschnitte des Corans, und hat den Abu Nassir
Mansur Ben Hassan zum Verfasser. Dies ist ein Werk in
mehreren Bänden, und ist im
Jahr der Hedschr. 353 zu Ende
gebracht worden.

Tag' almather fil tarikh, ist
der Titel einer in persischer Sprache abgefaßten Geschichte. Der
Verfasser derselben ist Sadreddin Mohammed Ben Hassan Al-
Nadhami, oder, wie die Perser
dieses Wort aussprechen, Na-
zomi.

Tag' almather: ist der Titel
einer Geschichte von Dehli und
von Indostan, in welcher die Eroberungen des Ibek, eines Sclaven

zen des Schehabeddin, beschrieben werden. Siehe den Artikel Jbek.

Tag' almeſſaber. Die Krone der Quellen oder Springbrunnen. Die Araber geben den Namen von Quellen oder Springbrunnen demjenigen, was bei uns Infinitivi jedes Verbi heißen. Es iſt ſolches der Titel eines grammatiſchen Buchs, welches alle arabiſche Infinitive, mit arabiſchen Erklärungen, enthält, und der Verfaſſer deſſelben iſt Abu Dſchafer Ben Achmed, der unter dem Namen Dſchaferek Al-Mocri, Al-Baiheki, oder Biheki, bekandter iſt, der im Jahr 544 geſtorben iſt.

Tag' almeſſaber fil logat: iſt der Titel eines Buchs, das von eben demſelben Gegenſtande handelt, wie das vorhergehende. Der perſiſche Dichter Rudeki hat es in perſiſcher Sprache erklärt.

Tag' almodhakkerin fil moadhat, iſt der Titel eines Werks des Abu Malek Naſſr Ben Naſſir, über die Lehrer und Schriftſteller, welche die Muſulmanen gewöhnlich in ihren moraliſchen Reden und in ihren Predigten anführen.

Tag' altauarikh, die Krone der Geſchichten und der Chroniken: iſt der Titel einer ottomaniſchen Geſchichte, die in türkiſcher Sprache, in einem ſehr zierlichen Stile, von dem Mul-

la Saab ebbin Mohammed Haſſan, der unter dem Namen Khodſchah Afendi bekandt iſt, welcher im Jahr der Hedſchrah 1008 zu Conſtantinopel als Mufti geſtorben iſt, geſchrieben worden.

Dieſe Geſchichte fängt mit der Stiftung der Dynaſtie der Othmaniden an, und geht bis in die letzten Zeiten Sultan Selims des Erſten.

Tag' almenhadſch, iſt der Titel eines Commentars des Sojuthi über das Buch des Mohiebbin Abu Zakaria AlNui, betitelt: Menhadſch althalebin. Dieſes Werk beſchäfftigt ſich ganz und gar mit der Erklärung der Foru, das heißt, der verſchiedenen Theile oder Artikel des muſulmaniſchen Geſetzes, nach den Grundſätzen des Schafei. Es iſt dieſes Buch in der königlichen Bibliothek zu Paris unter Nr. 622. befindlich.

Hadſch Khalfah redet von dieſem Werke unter dem Titel: Tabſch fi zauaid alraudhat als almenhadſch.

Tag' alſaidi, iſt der Name eines Schriftſtellers, der einen Commentar über die Geometrie des Samarcandi, unter dem Titel Aſchkal altaſſis fil Hendaſſah, verfertigt hat.

Tag' altaragem fi thabacat III. alhaneſiah: Geſchichte der Haneſiſchen Lehrer, nach Claſſen abgetheilt. Der Verfaſſer derſel-

ben

ben ist Cässem Ben Cötlu Böga, der im Jahr der Hedschr. 879 gestorben ist.

Tag' altaragem fi tassir al-Coran ula agem. Eine Abhandlung über die Uebersetzung und Erklärung des Corans in einer fremden Sprache. Der Verfasser derselben ist der Imam Schahfui. Es giebt noch eine Abhandlung unter dem nemlichen Titel, die den Scheikh Abul-Modhaffer Thaher Ben Mohammed AlAsferaini zum Verfasser hat.

Tag' assalathin fi marefat al……s u alschiathin. Dies ist eine Abhandlung von guten und bösen Fürsten, ohne Namen des Verfassers.

Tag' fi akhbar dulat AlDilemiat: Geschichte der Dynastie der dilemitischen Sultane, verfaßt von Ischak Ben Ibrahim, Ben Helal, AlSabi, der seiner Religion ein Sabier war, und im Jahr der Hedschr. 384 gestorben ist. Der Verfasser hat dieses Werk auf Befehl des Sultans aus der Dynastie der Buiden, Adhad aldulat, verfertigt. Daher führt es auch den Titel: Tag' AlAdhadi und Tag' almillat, eine Krone der Secte oder der Religion; ein Titel, den man diesem Sultan als einen Ehrentitel beigelegt hat.

Tag' albholamat*) ela jaum alkiamat, ist der Titel eines Werks des Sojuthi, in welchem er von den Nachkommen der Tyrannen bis zum Gerichtstage handelt. Wir haben bereits ein Werk eben dieses Verfassers gesehen, worin er von ihrer Bestrafung redet, die, wie er sagt, in dem künftigen Leben auf sie wartet.

Tag' mehat, die Krone des Pallastes: ist der Name einer Königin, und Gemahlin des indischen Sultans Schahgehan, den wir den Mogol nennen. Diese Dame, die von ganz außerordentlicher Schönheit war, ward von ihrem Gemahl, den sie ganz und gar beherrschte, bis zum Unsinne geliebt. Er hat ihr ein sehr prächtiges Mausoleum in der Nachbarschaft der Stadt Agra erbauen lassen.

Tag' Haidariah und AlSofiah: die Mütze des Haidar und der Sofis. Einige persische Schriftsteller, zum Exempel Ebn Jussuf und AlDschanabi, behaupten, Haidar, Schach Ismaels Vater, sey der Verfasser des Tadsch, oder der rothen Mütze, welche aus zwölf Stücken oder Binden zusammengesetzt war, welches den zwölf Imams zu Ehren geschah. Allein Khondemir schreibt dem Schach Ismael die erste Anordnung derselben zu. Uebrigens ist der Tadsch immer den

---

*) [Anstatt Tag' albholamat muß, wie der Titel eben dieses Buchs ist. R.] Takhir aldholamat gelesen werden, unten Seite 391. richtig angegeben.

den ältesten Königen von Persien anticipando beigelegt worden; und man wird unter den Artikeln Caicaus und Rostam finden, daß einzig und allein Könige von Persien den goldnen Tadsch tragen durften, und daß es ein sehr großes Vorrecht gewesen, daß der König Caicaus solchen dem Rostam verstattet habe. Allein das kommt daher, weil das Wort Tadsch überhaupt im Persischen eine Krone, oder ein Diadem bedeutet.

Der Tarikh Khozideh berichtet, Cajumarrath sey der erste gewesen, der Provinzen erobert, seinen Namen durch seine Siege berühmt gemacht, einen Thron bestiegen und den Tadsch getragen habe. Auch fügt er hinzu, er habe nicht unterlassen, den Völkern alsbald Tribut aufzulegen. Er führt dabei die Verse aus dem Schach Nameh an, wo von diesem ersten Könige von Persien oder aus dem Oriente gesagt wird: Ischu benischikht der takht nihad tadsch: Bien dakht ezmard dihcan Kharadsch. Emir Khoänd schah sagt, der Tadsch sey Jdschadi Cajumarrath, das heißt, eine Erfindung des Cajumarrath. Siehe den Artikel Kezelbasch.

III. **Tag** fi keisiat alaladsch: eine
383 Abhandlung von den besten Heilmitteln, verfaßt von Abdaluahed Ben Abdalrazzak Khateb AlMessaui, Prediger der Stadt Nessah in Khorassan. Dieses Buch ist eine Moral, und

befindet sich in der Bibliothek des Königs von Frankreich unter Nr. 876.

Tag alaschariah, ist der Titel eines Buchs, das zur Bestätigung der Secte der Ascharier geschrieben ist. Siehe den Artikel Obeidallah.

Tag alsobekl. Siehe den Artikel Eibbat alolál alaschariat.

Tag. Dieses Wort wird auch mit dem Namen oder Beinamen vieler Personen zusammengesetzt. Wir haben davon bereits ein Beispiel unter dem Artikel Tag almehal gesehen.

Tag almolk: ist der Name oder Beiname eines Vesirs, der auch den Beinamen AlCami geführt hat. Malek schah, dritter Sultan der Seldschuciden von Jran, oder Persien, macht ihn zu einem Nachfolger des Nadham almolk, den er abgesetzt hatte. Es war dies ein großer Mann, der der Stelle, die er bekleidete, würdig war, wenn er nicht seinen Vorfahren, einen Mann von großen Verdiensten, hätte meuchelmörderischer Weise hinrichten lassen. Siehe den Artikel Malekschah.

Tag alkhorus, ist der persische Name einer Pflanze, die die Griechen Ἀλεκτορόλοφος, und die Lateiner crista galli genannt haben. Es ist solche nicht die Euphrasia des Cäsalpin, sondern die pedicularis oder fistularia; die

die von einigen auch crista galli-
nacea genannt wird, weil ihre
Blüthe mit einem Hahnenkamm
viele Aehnlichkeit hat. Uebrigens halten sie doch auch einige
für diejenige, die die Griechen
oenanthe und die Lateiner fili-
pendula nennen.

Tag' Alsaid AlArdebili, ist
der Name eines Schriftstellers,
der auch den Beinamen Mir Abul-
Feth führt, und der einen Haschiat oder Marginalnoten über
das Buch, Adab AlAidsch betitelt, verfertigt hat.

Tagazgaz, ist der Name eines Stammes der Atraken oder
orientalischen Türken, die in einem Lande wohnen, von welchem
AlBardi sagt, es sey zwischen To-
bet, oder Tebet, und der Provinz
Khezeldschah, oder den Khezel-
dscher Türken und China. In
dem Nubischen Erdbeschreiber befindet sich der Name dieses Stammes durch einen Schreibfehler
Bagargar geschrieben. Siehe
den Artikel Sin.

Tageddin, ein Beiname des
Jldiz, eines von jenen großen
Feldherren, die Sclaven des
Gauridischen Sultans Schehab-
eddin waren. Siehe den Arti-
kel Jldiz.

Tageddin, ein Beiname
des Ali Ben Khasar AlBagdadi,
der im Jahr der Hedschrah 674
gestorben ist. Man hat eine Geschichte berühmter Männer von

ihm, so wie auch noch eine Par-
ticulargeschichte von Hossain Ben
Mansue, mit dem Beinamen
Halladsch.

Tageddin. Ein Beiname
eines Vesirs des Malek schah,
mit dem Beinamen Tadsch almolk
AlCami. Man sehe oben den
Artikel Tag' almolk.

Tagek, die kleine Krone. m.
So nennen die Perser eine Art
von Lotus und weißen Sebesten,
dem sie auch den Namen Azad-
dirakth geben, woraus wir den
verdorbenen Namen Azedarac gemacht haben. Da aus der Frucht
von diesem Baume Rosenkranz-
kugeln gemacht werden können,
so wird er von den Italienern
Albero de Paternostri genannt,
und es scheint, daß die Perser,
die eben so, wie die übrigen Musulmanen, sich einer Art von Ro-
senkranz bedienen, um dieser Ursache willen diesem Baume den
Namen Tagek beigelegt haben.
Im Vorbeigehen können wir
auch noch anmerken, daß die
Mohammedaner diese Art von
Rosenkränzen, deren sie sich bedienen, Tasbih nennen, welches
Wort Lob bedeutet, weil sie bei
jedem Kügelchen von diesem Ro-
senkranze, das sie berühren, Gott
loben, indem sie eine von seinen
Eigenschaften dabei aussprechen.
Und dies ist die Ursache, warum
die Türken dem Azad Dirakht
auch den Namen Tesbih Agagi,
der Baum des Rosenkranzes, geben.

Ta

Tagialla. So nennen die orientalischen Christen im Arabischen die Offenbarung, oder, wie sie bei uns genannt wird, Verklärung Christi. In dem Calender der Syrer oder vielmehr Syro-Macedonier ist sie auf den sechsten des Monats Ab gesetzt, welches genau der sechste unsers Augusts ist, an welchem wir dieses Fest zu feiern pflegen. Die Egypter feiern es in der alexandrinischen Kirche am dreizehnten des Monats Mesri, an welchem die Rede des heiligen Ephraem ist gehalten worden, von der wir sogleich reden werden.

Tagialla alseid AlMassih bethur Tabur. Dies ist der Titel einer Rede des Mari Afram, den wir den heiligen Ephrem zu nennen pflegen, auf die Verklärung unsers Heilandes. Dieses Werk ist in der königlichen Bibliothek zu Paris unter Nr. 792 befindlich. Sie führt auch den Titel Mimar alab almokarrem Mari Afram ala altadschalla selbna v mokhallesna Isu AlMassih.

Tagiassud. Dieses Wort, welches eigentlich im Arabischen Eincörperung und Cörperlichkeit bedeutet, wird von den Musulmanen und von den Christen in verschiedenem Verstande gebraucht. Denn die Musulmanen verstehen unter dem Worte diejenige Cörperlichkeit, welche mehrere derselben, und besonders die Motazalen, Gott beilegen, die aber von den Gelehrtesten und Rechtgläubigsten widerlegt wird.

Allein die Christen brauchen dieses Wort von dem göttlichen Geheimnisse der Menschwerdung des Worts, und man hat ein Buch in der königlichen Bibliothek zu Paris unter Nr. 792. das den AlAb alcadis Anba Daud, das heißt, den heiligen Vater Patriarchen David, zum Verfasser hat, welches den Titel führt: Dschauab ala AlTadschassud AlMassih.

Dies Buch ist eine Antwort für einige musulmanische Lehrer, die die Menschwerdung Christi bestritten haben, und man kann mit Wahrheit behaupten, daß mehreren Musulmanen dieses Geheimniß nicht so unglaublich vorgekommen ist. Denn unter denjenigen, die die Cörperlichkeit bei Gott zugegeben haben, sind mehrere der Meinung gewesen, daß sich Gott in einem Cörper und im Fleisch offenbaren könne, ja es hat sogar Schiiten, oder Anhänger des Ali gegeben, welche behauptet haben, daß sich Gott mit dem Leibe und der Person des Ali vereinigt habe.

Tagibi, ein Beiname des Fakhreddin AbulHassan AlHerali. Siehe den Artikel Herali.

Tagiuah: ist der Name einer Stadt in dem Lande der Sudan oder Negern, welches an den westlichen Theil von Nubien stößt. Von dieser Stadt hat eine große

große Provinz ihren Namen, bereren Einwohner Tadschuin genannt werden; Leute, die gar keiner Religion zugethan sind, und die aus der Ursache von den Arabern Madschus, Mager, genannt werden, die weder Juden, noch Christen, noch Musulmanen sind.

III, 385 Tadschuah ist von der Stadt Nuabiah, von welcher ganz Nubien seinen Namen führt, achtzehn Tagereisen entfernt, und liegt, wie wir bereits gesagt haben, auf der Westseite derselben.

Tagri Bardi. Dieses Wort ist von den Arabern durch eine verdorbene Aussprache aus dem türkischen Worte Taugriverdi gemacht, welches soviel bedeutet, als Gott hat es gegeben, oder Dieudonné, und dies ist der Name des Vaters des Jussuf, genannt Ben Tagri Bardi, der die Geschichte von Egypten geschrieben hat.

Tag'rid alauamir v alnauahi, ist der Titel eines Buchs des Abubefr Ben AbilMadschd, der im Jahr der Hedschrah 814 gestorben ist, über die affirmativen und negativen Gebote, die in der Sunnah enthalten sind.

Tag'rid altafsir men sahih AlBokhari. Dies ist ein Auszug aus den Erklärungen über den Coran, welche in dem Buche des Bokhari, das den Titel Sahih führt, enthalten sind. Der Verfasser, Achmed Ben Ali, Ben Hadschar AlAscalani, der im Jahr der Hedschr. 850 verstorben ist,

hat solche nach der Ordnung der Capitel des Corans abgefaßt.

Tag'rid altauhid: Erklärung der Einheit Gottes. Ein Werk des Takieddin AlMacrizi, welcher Schriftsteller im Jahr der Hedschr. 854 gestorben ist.

Tag'rid alsaat v alanuar: Abhandlung von den Stunden, und den Gestirnen, die sie bezeichnen. Dies ist der Titel eines Buchs des Abu Rihan Mohammed Ben AlBiruni AlKhuarezmi, das dem Sultan von Dilem und Dschordschan, Schamsalmaala Cabus, dedicirt ist.

Tag'rid AlCoduri: ist der Titel eines Buchs, das den Imam Abu Hossain Achmed Ben Mohammed, genannt AlCoduri, zum Verfasser hat, der im Jahr der Hedschr. 428 verstorben ist. Es hat die Zweige oder Artikel des musulmanischen Gesetzes zum Gegenstand, und führt den Titel Foru.

Abdalrahman AlSarakhsi, der im Jahr der Hedschr. 436 gestorben ist, hat ein Supplement zu dem Werke des Coduri gemacht, und sein Buch Takmilat AlTadschrid betitelt.

Gemal eddin Mahmud Ben Achmed AlConui, der im Jahr der Hedschr. 770. gestorben ist, hat auch über eben dieses Werk des Coduri geschrieben.

Tag'rid alkelam: ist der Titel eines sehr berühmten Buchs, das

das den Naßreddin Mohammed Ben Mohammed AlThußi zum Verfasser hat, der im Jahr der Hedichr. 672 verstorben ist. Der Verfasser hat ihm auch noch einen Titel, nemlich Tadschrid alacaid gegeben, und hat es in sechs Abschnitte getheilt, von welchen der erste von himmlischen und geistlichen, der zweite von irdischen und materiellen Dingen, der dritte von Erfindung der Künste und Wissenschaften, der vierte von der Weissagung, der fünfte vom Imamate oder der Würde eines Oberhauptes und Oberpriesters der Musulmanen, und der sechste von der Auferstehung und vom jüngsten Gerichte handelt.

Dieses Buch hat im Musulmanismus so viel Aufsehn gemacht, daß die größten Gelehrten, die nach Naßreddin gelebt haben, fast alle entweder für, oder gegen dieses Werk geschrieben haben.

III 386 Der erste von allen denen, die über dieses Buch commentirt haben, ist Gemaleddin Haßan Ben Jußuf, Ben Modhher AlHalabi, und nach ihm Schamßeddin Mahmud AlEsfahani, die beide in dem achten Jahrhunderte der Hedichrah gelebt haben.

AlSeid AlScherif Ali Ben Mohammed AlDschordschani hat im Anfang des neunten Seculums darüber geschrieben; Mohieddin AlSamsuni und Schebscheddin Elias AlRumi im Anfang des zehnten.

Aber der berühmteste Commentar, der über den Tadschrid des Naßreddin ans Licht getreten ist, ist derjenige, der den Namen Scharh algedid, neuer Commentar, führt. Der Verfasser desselben ist Ali Ben Mohammed, der unter dem Beinamen Cuschgi berühmter, und im Jahr der Hedschrah 879 gestorben ist, nachdem er sein Werk in Kerman verfertigt, und es dem Sultan von Transoxanien, Abu Said Khan, überreicht hatte.

Gelaleddin Mohammed Ben Assaad AlSofi AlNevani, der im Jahr der Hedschr. 908 gestorben ist, hat sehr schöne Scholien über den Scharh Gedid oder neuen Commentar des Cuschgi geschrieben, und dieses Werk führt den Titel: Haschiah alcadimah AlGelaliah.

Mir Sadreddin Mohammed AlSchirazi, der ums Jahr 930 gestorben ist, hat gleichfalls sehr gelehrt über den Scharh gedid geschrieben; und sein Werk dem Sultan Bajazid Khan dedicirt.

Gelaleddin AlNevani, der sich von Sadreddin in seinem Werke angegriffen sah, verfertigte zur Beantwortung desselben ein zweites Buch, und betitelte es: Haschiah algedidah algelaliah. Allein dieses Buch blieb auch nicht lange von Seiten des Sadreddin unbeantwortet, und eben dieser Gelaleddin verfertigte noch ein drittes Buch, dem er den Namen Abschall algelaliah gab, und alle diese Streitschriften zwischen diesen beiden Gelehrten sind unter

ter dem allgemeinen Titel AlTha-
bacat AlSadriat AlGelaliat bekandt.

Inzwischen war die Streitigkeit zwischen diesen Gelehrten noch
nicht geendigt. Denn nach dem
Tode des Sadreddin schrieb sein
Sohn Mir Gajatheddin Mansur
AlHossaini noch eine Haschiah,
das heißt, neue Scholien, um
nicht das letzte Werk des Gelaleddin unbeantwortet zu lassen.

Wir wollen uns hier nicht mit
Anführung aller der Schriftsteller aufhalten, welche durch dieses Werk des Nassireddin die Feder zu ergreifen veranlaßt worden sind. Wir haben es blos
für nützlich gehalten, wenn wir
uns ein wenig an diesem Orte
verweilten, um einen kleinen Fin-
gerzeig über die Art und Weise zu
geben, wie die Musulmanen in
ihren gelehrten Streitigkeiten
schriftlich zu Werke zu gehen
pflegen.

Tag'rid fi rebb mecaſſed al-
felaſſafa: Widerlegung der
Grundsätze der Philosophen. Dies
ist der Titel eines Werks des Mohammed Ben Ali AlMelik AlDilemi. Dieser Schriftsteller behauptet, es ließen sich die Grundsätze der Philosophen nicht mit
den Lehrsätzen oder Hauptartikeln
des Musulmanismus vereinigen.

Tag'rid fil henbaſſah: ein
Werk über die Geometrie, das
den Nassireddin AlThussi zum
Verfasser hat, und in sieben Capitel abgetheilt ist. Der Ver-

faſſer thut in diesem Werke eines
andern Meldung, das er über
den Euclides geschrieben habe.

Tagtazani. Siehe den Artikel Takhtazani.

Tag'ziah alamſar v taꝛꝛiah
alaſſar. Dies ist der Titel einer
Geschichte, die den Baſſaf zum
Verfasser hat. Siehe dieſen Artikel.

Tahamah, ist der Name *III,* eines Theils von Arabien, in [387] welchem Mekka liegt. Er wird
darum so genannt, weil er weit
niedriger liegt, als die benachbarten Provinzen. Es ist dies
eigentlich blos ein Theil von derjenigen Provinz, welche Hedscha⸗
heißt. Denn nach dem überein-
stimmenden Ausspruche aller
orientalischer Erdbeschreiber gehört die Stadt Mekka, so wie
die Stadt Thaſef, die man auch
in das Gebiete von Tahamah zu
setzen pflegt, zu der Provinz
Hedscha⸗.

Abu Thaleb hat eine Geschichte dieses Landes, unter dem Titel Akhbar Tahamah, geschrieben.

Tahart. Es giebt in Africa zwei Städte dieses Namens.
Die eine, welche die obere genannt wird, hat 35° 30' der
Länge, und 29 Grade der nördlichen Breite, und die untere
hat 36 Grade der Länge, und
liegt mit der obern unter einerlei
Breite. Siehe unten den Artikel Tahrat.

[Tah-

[Tahdhib. Siehe oben den Artikel Tadhhib.]

Tahil algarib. Ist der Titel einer Sammlung von arabischen Gedichten, die nach alphabetischer Ordnung eingerichtet ist. Dieses Werk besteht aus zween Bänden, von welchen der zweite in der königlichen Bibliothek zu Paris unter Nr. 1062. befindlich ist, und den AlNuabschi zum Verfasser hat.

Tahiut v Sahiut: sind Namen von zween Hauptstämmen der Mogolen, die von zween Brüdern des Baisancor, eines Sohns des Caidu Khan, herstammen. Siehe den Artikel Caidu und Baisancor.

Tahnah oder Tahanah: ist der Name einer Stadt in Zingistan, das wir Zanguebar oder das Land der Cafern nennen, auf der Küste von Sofalat aldheheb, welches Sofalah ist, und an dem Ufer des äthiopischen Weltmeers liegt, das die Araber Bahr alVerber nennen. Diese Stadt ist von der Stadt Bais nicht mehr denn anderthalb Schiffstagereisen entfernt, wie der Scherif AlEdrissi versichert.

Tahniat abel aleslam beledschdid Beit alharam: Glückwünschung an die Musulmanen, wegen der Erneurung des Tempels zu Mekka. Dies ist der Titel eines Buchs, das den Ibrahim AlMaimuni, AlMesri, zum
Orient. Bibl. 4. B.

Verfasser hat. Diese Wiederherstellung des Tempels zu Mekka erfolgte nach einer großen Ueberschwemmung, die im Jahr der Hedschrah 1039, welches das Jahr Christi 1629 ist, unter der Regierung des türkischen Sultans Amurat des Vierten dieses Gebäude umstürzte, und dies war die sechste unter denen, deren die musulmanische Geschichte Meldung thut.

Der Verfasser dieses Werks handelt erstlich eine Frage ab, die sich auf eine angebliche prophetische Tradition des Mohammed gründet, und von Ali erzählt wird, in welcher man Gott folgende Worte sagen läßt: Wenn ich die Welt zerstören will, so werde ich den Anfang mit meinem Hause machen. Er fragt, ob der Tempel zu Mekka seit der Sündfluth seinen Platz verändert habe, und darauf, ob der Platz, auf welchem dieser Tempel steht, vor Himmel und Erde geschaffen worden sey. Diese Fragen beantwortet er, und beschließt darauf mit einer Rede zum Lobe des schwarzen Steins.

Tahrat oder Tahart: ist der Name zweier Städte, die zu derjenigen Provinz gehören, die die Araber Aussath alMagreb, das Africa der Mitte, nennen. Das erstere heißt Tahart aliah, das obere; und das andere, Tahart safalah, das untere; und beide haben ein an Getreide sehr fruchtbares Gebiete, wie der persische

Z   sische

fische Erdbeschreiber in seinem dritten Clima berichtet.

III. **Tahrim** AlSchatbrandsch: die Verdammung des Schachspiels: Ein Buch des Mohammed Ben Ali Khodami, der im Jahr der Hedschr. 723 verstorben ist.

Tahrir: dieses arabische Wort, welches Erklärung oder Aufschluß bedeutet, macht bei vielen Werken einen Theil ihrer Titel aus. Hier wollen wir einige derselben anführen.

Tahrir alahkam alsiam: Abhandlung von der Nothwendigkeit der Verpflichtung, und den Pflichten des Fastens, nach dem musulmanischen Gesetze. Der Verfasser desselben ist Mohammed Ben AlMarzuk, mit dem Beinamen AlZafarani, der im Jahr der Hedschr. 517 verstorben ist.

Tahrir alahkam fi tadbir ahel aleslam: Abhandlung von den Geboten des musulmanischen Gesetzes, von Bedreddin AlKenani, der im Jahr der Hedschr. 819 verstorben ist.

Tahrir alaffar althabiat fi taerir alakhbar althebbiat: Eine Geschichte der Aerzte und der Arzneigelahrtheit, verfaßt von Seradschah AlMalathi, der aus Melitene, einer Stadt in Kleinarmenien, gebürtig war.

Tahrir almecal fima johall v jaharam men beit almál: ist der Titel eines Buchs, das von demjenigen handelt, was von dem öffentlichen Schatze zu nehmen erlaubt und verboten ist. Der Verfasser desselben ist Schamseddin Mohammed Ben Mohammed AlBalensi, aus Valencia in Spanien gebürtig oder herstammend. Er ist im Jahr der Hedschr. 871 verstorben.

Tahrir hendassiät: ein Werk über die Geometrie. Dies ist eine Sammlung, die den Nassireddin AlThussi zum Verfasser hat, in welcher der Tahrir Oclides, die Erklärung des Euclides, und der Tahrir AlMegisthi, welches die Syntaxis magna des Ptolomäus ist, befindlich ist. In dieser Sammlung ist auch das Buch befindlich, welches den Titel Mathiat Oclides führt; dies sind die Data Euclidis. Ferner Okarr Theodosius, die Sphärica des Theodosius; Okarr Manalaus, die Sphärica des Menelaus; Ketab alkorrat almotaharekat le Autholicos, die Sphaera mobilis des Autolycus; AlMenadbir le Oclides, die Optik des Euclides; Ketab allail v alnahar le Theodosius, das Buch der Nacht und des Tags vom Theodosius; Altholu v algorub le Autolicos, die Ascensionen und Descensionen, das heißt, vom Aufgange und Untergange der Gestirne; Methale le Asclapius, die Horoscopen oder Grade des Aequators bei der Geburt eines

eines Menſchen, vom Aſclepius;
Germi alnurein le Ariſtharkhus,
Abhandlungen von den Scheiben
oder Cörpern der Sonne und des
Mondes, vom Ariſtarch; AlMa-
khubhat le Arſchimedes, die Lem-
mata oder Theoreme des Archimedes; Almakhruthat le Apollonius v le Thabet Ben Corrah,
die Conica des Apollonius und
des Thabit Ben Corrah; Marefat v meſſahat alaſchkal, von
der Kenntniß und Ausdehnung
der Figuren, ohne Namen des
Verfaſſers; Ketab alcorrah v
aleſtuanat le Arſchimedes, Abhandlung von der Sphäre und
vom Cylinder, von Archimedes;
Ketab almeſſaken le Theodoſius,
Abhandlung von den Poſitionen
oder, von der Ruhe der Cörper,
vom Theodoſius.

Tahrir Almegiſthi: Erklärung des Buchs des Ptolomäus,
betitelt: Σύνταξις μεγίςη. Dies
iſt ein Werk des Ebn Abi Schaker, in dreizehn Bücher abgetheilt. Es iſt in der königlichen
Bibliothek zu Paris unter Nr.
886. befindlich.

**Tahrir alferid fi tabkik al-
tauhid:** Beſondere Abhandlung
über die Demonſtration der Einheit Gottes, verfaßt von Bedreddin Mohammed AlEraki.

III, **Tahrir v altangiz:** iſt der
389 Titel eines Werks von mehr denn
fünfzig Bänden, welche eine
Sammlung alles deſſen enthalten, was die berühmteſten Er-

klärer des Corans über den Ver-
ſtand derjenigen Worte, welche
oft im Coran wiederholt werden,
wenn von Gott die Rede iſt,
AlSami, AlBaſſir, er hört und
er ſieht, das heißt, über die
Unermeßlichkeit Gottes, geſagt
haben. Der Verfaſſer dieſes
Werks iſt Gemaleddin Ebn Alb
Khateb AlMocdeſſi, gebürtig
aus Jeruſalem. Er iſt im Jahr
der Hedſchr. 698 verſtorben.

Tahſil alhakk fil kelam: Ein
Buch über die Metaphyſik und
ſcholaſtiſche Theologie, verfaßt
von Imam Fakhreddin AlRaſi.

Tahſil alſedab fil kelam:
Noch ein Buch, das mit dem
vorhergehenden von einerlei Gegenſtande handelt, und den Ab-
dalnahed Ben AlSaſi AlRéina-
ni zum Verfaſſer hat.

**Tahſil altharic fi taſhil al-
tharic:** leichtes Mittel, den rechten Weg zu finden. Dies iſt eigentlich ein Buch von der freien
Andacht, das den Zein-eddin
Mohammed Ben Mohammed,
AlSchahnah, AlHalabi, Vogt
oder Statthalter von der Stadt
Halep, zum Verfaſſer hat, der
ſein Werk im Jahr der Hedſchr.
886 herausgegeben hat.

**Tahſil almeram fi taf-
dhil alſalat v alſiam:** iſt der
Titel eines Buchs, in welchem davon gehandelt wird, welcher von den beiden gottesdienſt-
lichen Handlungen, dem Gebete,
oder dem Faſten, man den Vor-

zug

zug zu geben habe. Der Verfaſſer dieſes Werks iſt Mohammed
Ben Thalehab AlMaſſibini, aus
Miſibe in Meſopotamien gebürtig. Er iſt im Jahr der Hedſchr.
652 verſtorben.

Tahſin almenazel men haul
alzelazel: iſt der Titel eines
Buchs, das lehrt, welches der ſi-
cherſte Ort gegen die Erdbeben ſey.
Dieſes Werk hat den Nureddin
Ali Ben AlGeza zum Verfaſſer,
der es bei Gelegenheit des Erd-
bebens verfertigt hat, das im
Jahr der Hedſchrah 984 Cairo
in Egypten verwüſtet hat.

Tahtani, ein Beiname des
Cothbeddin Mohammed Ben Mohammed AlRazi, der im Jahr
der Hedſchrah 796 verſtorben iſt.
Er iſt derjenige, der das Urtheil
zwiſchen Ebn Sina und Fakhreddin AlRazi, in Betreff ihrer Lehre, geſprochen hat. Denn dieſe
beide Philoſophen ſind den ge-
wiſſenhafteſten Muſulmanen immer ſehr verdächtig geweſen.

Tajaſſir Eſmat alenſan men
algnin v alleſſan: iſt der Titel
eines Commentars des Forat Al-
Maleki über ein Werk, das von
der arabiſchen Grammatik handelt, und Eſmat alenſan u. ſ. w.
betitelt iſt. Der Verfaſſer davon heißt Abdallah AlMablui aldunia.

Tajaſſir alkauakeb alſema-
jah joſſaed aldaulat alſchetiſat al-
Solimaniah, iſt der Titel eines

Buchs, welches von den glücklichen Begebenheiten handelt, die
ſich während der Regierung des
türkiſchen Sultans Soliman ereignet haben. Es iſt in türkiſcher Sprache von Moſtafa Ben
Ali, genannt AlMuakket, das
heißt, Beobachter der Zeiten und
der Stunden in der Moſchee Selims des Erſten, Solimans Vaters, zu Conſtantinopel.

Der Verfaſſer hat dieſes Werk
im Jahr der Hedſchr. 940 abgefaßt, und ſcheint, die Abſicht
gehabt zu haben, die Muſulmanen über die Combination der
Monden des arabiſchen Jahrs
mit denen vom Julianiſchen Calender zu unterrichten. Er ſpricht
auch von Cyclen, durch deren
Anwendung die Mondenjahre ſich
auf die Sonnenjahre reduciren
und mit denſelben zuſammenſtim-
men. Auch iſt in eben dieſem
Werke eine Sonnentafel in jedem Zeichen, bis auf das Jahr
der Hedſchr. 1000, befindlich.

Tajaſſir almethaleb ſi taſ- III,
ſair alkauakeb: Ein Buch über 390
die Theorie der Planeten, verfaßt von Abu Manſor Juſuf Ben
Omar. Dieſer Schriftſteller iſt
ein Nachkomme der Könige von
Jemen, aus dem Geſchlechte oder
der Dynaſtie der Beni Raſſul.

Tajaſſir almethaleb lecoll
thaleb: Abhandlung von den myſtiſchen Bedeutungen der Buch-
ſtaben des arabiſchen Alphabets
und von ihrer Kraft, um durch
Hülfe derſelben außerordentliche
Dinge

Dinge hervorzubringen. Dieſes Werk, das in der königlichen Bibliothek zu Paris unter Nr. 1011. befindlich iſt, hat den Mohammed Ben Mohammed, Ben Jakub AlCaumi, AlThuneſſi, zum Verfaſſer.

Tajaſſir fil medauat v altabbir: ein medicinisches Buch, in welchem von Heilmitteln, und von der Art und Weiſe, die man zu beobachten hat, wenn man ſich derſelben mit Nutzen bedienen will, gehandelt wird. Es hat zum Verfaſſer den Abu Marvan Abdalmalek Ben Zahar, oder vielmehr Zohr AlThabib, der zwar der Sohn eines Arztes war, aber doch den Titel eines Veſirs führte.

Eben dieſer Schriftſteller hat auch ein Supplement zu ſeinem Werke verfertigt, und es Dſchame, Sammlung, betitelt. Er iſt unter dem Namen Avenzohar bei uns bekandt.

Tajaſſir fil thebb: ein medicinisches Buch, das in türkiſcher Sprache von Abdallah Ben Caher AlMaleki verfaßt, und dem türkiſchen Sultan Mohammed dem Zweiten iſt dedicirt worden.

Tajaſſir aluocuf ala gauamedh ahkam aluocuf: Ein Buch, in welchem von Stiftungen und frommen Legaten gehandelt wird. Es iſt aus mehr denn hundert

verſchiedenen Werken zuſammengetragen, ohne Namen des Verfaſſers.

Tajaſſir aluoſſul ala dſchame alhoſſul men hadith alraſſul, eine Sammlung von Traditionen, deren Urſprung bis auf Mohammed zurückgeht, und den Imam AlDabi AlScheibani zum Verfaſſer hat.

Taiiah, iſt der Titel eines Gedichts, deſſen letzter Conſonans in jedem Verſe ein T iſt.

Taiiah fil Taſſauf: ein berühmtes Gedicht über das geiſtliche Leben der Sofis, verfaßt von Abu Hafdh Omar Ben Ali, Ben AlFaredh, AlHamaui, der aus der Stadt Hamah in Syrien gebürtig war, und im Jahr der Hedſchr. 576 geſtorben iſt*).

Dieſes Gedicht hat zuerſt einen Commentator an AlSaid Mohammed Ben Achmed AlFargani bekommen, der im Jahr der Hedſchr. 700 geſtorben iſt. Mahmud AlFathiri AlKaſchi, iſt ihm im Jahr der Hedſchrah 755 gefolgt.

Es haben aber auch noch viele andere Schriftſteller über dieſes Gedicht geſchrieben, zum Exempel Daud Ben Mahmud AlKaiſſari, Soliman Ali AlTelmeſſani, Fadhel Mohammed Amin, bekandt unter dem Titel: Emir Padiſchah AlBokhari u. ſ. w.

Eben

---

*) [Er iſt im Jahr der Hedſche. 577 gebohren, und im Jahr 632 geſtorben. Siehe Band II, Seite 21. A.]

Eben dieses Gedicht ist auch ins Türkische im Jahr der Hedschrah 1025 übersetzt worden von Ismail AlAncarui, AlMevlevi. Dieser Schriftsteller war ein Derwisch aus dem besondern Orden derjenigen, die man Mevlevis und Sofis zu nennen pflegt.

Der Mulla, der unter dem Namen AlDhemi oder AlZemi bekannt ist, hat auch einen Commentar in türkischer Sprache über dieses Gedicht geschrieben, und hat es auch selbst in der Zeit, da er sich zu Cairo befand, wo er Cadhi war, in einen Auszug gebracht.

Taiiah Sograh. Das Gedicht, der kleine Taiiah betitelt, ist das Werk eben des Ben Faredh, der das vorhergehende verfertiget hat. Es hat seinen eignen Commentator an Fadhel AlAdib AlBurini bekommen, der im Jahr der Hedschr. 1001 verstorben ist.

III. 39' Taiiah fil nahu: Ein Gedicht über die arabische Grammatik, verfaßt von Ibrahim AlMostabscheri, der im Jahr der Hedschr. 910 verstorben ist.

Taiiah fi nadhm Isagogi: Ein Gedicht über Porphyrs Isagoge, verfaßt von eben dem Ibrahim, der das vorhergehende geschrieben hat. Der Verfasser hat ihm den besondern Titel Mozen almizan, derjenige, der die Waage hält, gegeben, und wir müssen bei dieser Gelegenheit bemerken, daß die Araber die Logik Elm almizan, die Wissenschaft der Waage, nennen, welches eigentlich nichts anders, als die Syllogistik ist.

Taiiah fil tarikh: ein Gedicht über die Geschichte, verfaßt von Abdalcader Ben Omar, Ben Habib v Ali AlSafadi. Dieses Gedicht ist von dem Scheik Aliah Ben Athiah, der unter dem Namen Olvan AlHamaui bekandter ist, und im Jahr der Hedschr. 922 gestorben, mit einem Commentar versehen worden. Dieses Werk ist in der königlichen Bibliothek zu Paris unter Numer 579. befindlich.

Taim, ist der Name eines arabischen Stammes, aus welchem Abubekr herstammte, daher man ihm den Beinamen AlTaimi zu geben pflegte.

Taimi, ein Beiname des Abubekr, wie wir so eben gesehen haben, und des Ibrahim Ben Jezid AlCufi. Dieser war ein Lehrer zu Cufah, und ist im Jahr der Hedschr. 92 in den Gefängnissen des Souverneurs dieser Stadt, Hedschadsch, der alle Leute von Verdienst und Ansehen verfolgte, gestorben. Man sagt von diesem Ibrahim, er habe vierzig Tage lang in dem Gefängnisse gelebt, ohne weiter etwas, als eine einzige Traubenbeere, zu sich genommen zu haben.

Tai-

Taimiah. Takieddin Achmed Ben Abdalhalim Ben Taimiah, war ein Lehrer von der Secte des Hanbal, der im Jahr der Hedschr. 728, oder nach andern, im Jahr der Hedschr. 768 gestorben ist. Man hat diejenigen Bücher von ihm, welche Bejan aldschauab und Bejan Alforcan betitelt sind. Siehe diese Artikel, so wie auch den Artikel Harrani.

Takellemah oder **Tekellemah**: ist der Titel eines Buchs des Coduri, über welches Hassamebbin Ebn AlMekki AlRazi einen Commentar geschrieben, den er Scharh altakellemah AlCoduri betitelt hat.

Takhir albholamat ela jaum alkiamat: ist der Titel eines Buchs des Sojuthi, in welchem dieser Schriftsteller zu beweisen behauptet, daß die Strafe der Tyrannen gewöhnlich bis zum jüngsten Gerichte aufgeschoben werde. Dieses Werk ist in der königlichen Bibliothek zu Paris unter Nr. 722.

Takht, ein persisches Wort, welches nach seinem gewöhnlichen Gebrauche einen Thron, und überhaupt alle Arten von Dielen, Tischen oder Fußböden bedeutet. Die persischen Geschichtschreiber bemerken, der erste persische König Cajumarrath sey auch der erste gewesen, der sich eines Throns bedient habe, und Lohorasb, der der vierte nach ihm war, habe verordnet, daß er nur allein einen goldnen haben dürfe. Dennoch ertheilte eben dieser Monarch dem Rostam das Vorrecht, einen ähnlichen zu haben, wegen der großen Dienste, die er dem Staate erwiesen hatte.

Takht aual: der erste Tisch III, oder Fußboden. So nennen die 392 Perser das Buch der göttlichen Rathschlüsse, welches bei den musulmanischen Arabern Luh almahfudh, die wohlbewahrte Tafel heißt, das ist, das Register der göttlichen Rathschlüsse, in welchem alles geschrieben steht, was sich in der Welt zutragen und ereignen soll. Die Musulmanen sagen, diese Tafel oder dieses Buch befinde sich in den Händen eines besondern Engels, dessen Bewachung es anvertraut sey.

Eben dieser Name wird auch im Persischen einem hölzernen Täfelchen gegeben, auf dem die arabischen Buchstaben geschrieben stehen, und dergleichen man gewöhnlich den Kindern um den Hals hängt, damit sie es auf solche Art lernen sollen.

Takhtazani oder **Tagtazani**, ein Beiname des Saadeddin Massud Ben Omar, Verfassers von mehreren Werken, der im Jahr der Hedschr. 792 in der Stadt Marasch verstorben ist.

Er hat einen Commentar über das Buch geschrieben, das den Titel führt: Acaid AlNassafi,

im

im Jahre 718. und dieses Werk findet sich in der königlichen Bibliothek Nr. 630.

Man hat auch von ihm ein Werk, betitelt: Erschad alhabi fil nahu. welches eine arabische Grammatik ist, die er im Jahr der Hedschr. 778 verfertigt hat; und einen Scharh oder Commentar über die Arbain.

Auch ist er der Verfasser vom Meftah alfeth, Schlüssel der Rechtsgelahrtheit, einem Buche, das von Seirami einen Commentar bekommen hat, und in der königlichen Bibliothek zu Paris unter Nr. 577. befindlich ist.

Sein Commentar über den Meftah alolum des Secaki, der im Jahr der Hedschr. ist verfertigt worden, ist in eben der königlichen Bibliothek unter Nr. 913. und über den Talkhis almeftah des Gelaleddin AlCazvini, genannt Mothaual, unter Nr. 1129. befindlich.

Takhtdar: ein persisches Wort, aus welchem die Araber durch eine verdorbene Aussprache das Wort Dakhdar gemacht haben. Es bedeutet eigentlich eine kostbare Tapete, deren man sich zur Bedeckung des Throns des persischen Königs bedient. Auch ist dies Wort ein Epitheton, das die Perser ihren Fürsten geben, weil sie Besitzer des Throns sind.

Takieddin, ein Name, den viele Schriftsteller und andere Personen führen, und der eigentlich einen frommen und seiner Religion sehr ergebenen Menschen bedeutet.

Takieddin Ebn Cabhi Schobah, ist der Name eines Schriftstellers, der den Tarikh oder die Geschichte des Ebn Habib in einen Auszug gebracht hat.

Takieddin AlHossaini, ist der Name eines Schriftstellers, der Lebensbeschreibungen von fünf persischen Dichtern, deren Werke er durchgesehen und herausgegeben, verfertigt hat. Diese fünf Dichter sind Amak, Suzeni, Reschidi, Feleki und Omadi.

Takieddin Mohammed Ben Mohammed AlFassi: ist der Name eines Schriftstellers, der den Beinamen und die Titel Seid Scherif Cabhi AlCodhat, AlHassani, AlFassi, AlMaleki führt. Siehe den Artikel Fassi, der einen Mann bedeutet, welcher aus der Stadt Fez in Mauritanien gebürtig ist.

Takieddin. Dies ist auch ein Name des Geschichtschreibers von Egypten, Macrizi, der im Jahr der Hedschrah 840 verstorben ist.

Wir lassen hier mehrere andere Takieddin aus, weil solche unter andern Namen bekandter sind, zum Exempel Takieddin Ebn Hodschat, und mehrere andere.

Takiid,

III, **Takiid**, ist der Titel einer
393 Sammlung von Ahadith oder
Traditionen, die in fünf Capitel
abgetheilt ist, und Ali Ben Achmed Ben Mohammed, mit dem
Beinamen AlSarabsch, zum Verfasser hat. Sie ist in der königlichen Bibliothek zu Paris unter
Nr. 851.

Takil und Takir. Siehe
den Artikel Tekil.

Talani, ein Beiname des
Mohieddin, eines Schriftstellers,
der über die Isagoge des Porphyrs geschrieben hat.

Tali. Siehe den Artikel Abu
Ali AlTali.

Tâlik alferaidh ala scharh
alacaid: eine Art von Commentar über dasjenige Buch, das
Acaid betitelt ist.

Talik fil nahu, eine arabische Grammatik in funfzehn Bänden, deren Verfasser Thaher Ben
Achmed ist, den man unter dem
Namen Ebn Padischah kennt,
und der im Jahr der Hedschrah
554 gestorben ist.

Talikat fi elm alaukat: ist
der Titel eines Buchs, das den
Gemaleddin Hossain Ben Omar
AlHassani zum Verfasser hat.
Es ist solches eine Abhandlung
von Uhren, welche von ihrem
Verfasser im Jahr der Hedschr.
954 ist aufgesetzt worden.
Es giebt mehrere Talikat, die
gleichsam Folgen und Anhänge

von Materien sind, die bereits
andere Schriftsteller abgehandelt
haben. Dergleichen sind die Talikat über die Dschame alsahih
des Bokhari, und über den Gegenstand der Schuldisputen und
bestrittenen oder problematischen
Meinungen, die die musulmanischen Lehrer fil Khelaf o algedel
zu nennen pflegen. Die Schriftsteller, als da sind AlBardi, Al-
Eraki AlHamadani, AlOkberi,
AlMassafi u. a. m. haben Werke
unter diesem Titel verfertigt.

Talim alemr fi tahrim alkhamr: ist der Titel eines Buchs,
das den Wein verdammt, und
von Achmed Ben Soliman, Ben
Kemal Pascha, der im Jahr der
Hedschr. 940 verstorben, verfertigt worden ist.

Talim o aleelam fi reml alscham. Ist ein Buch, welches
die beste Art des Bogenspannens
lehrt, und den Ali Ben Cassem
AlSadi, AlHalabi, AlRami,
AlEmir zum Verfasser hat: dieser Schriftsteller war einer der
vornehmsten Officiere unter der
Armee der Tscherkes oder Circassier, das heißt, der Mamluken
von Egypten aus der zweiten
Dynastie.

Talim almotallam: die Methode zu unterrichten: ein Buch,
das den Borhaneddin AlZerber-
gi oder Zerbugi zum Verfasser
hat. Es ist in 24 Capitel abgetheilt, und hat im Jahr der
Hedschr. 996 unter Amurat dem

Dritten einen Commentar erhalten von Ebn Jsmael zum Gebrauche eines der vornehmsten
Verschnittenen im Serail.

Dieses Werk ist ins Türkische
übersetzt worden von Abdalma-
gid Ben Rassuh, Ben Jsrael,
unter dem Titel: Erschad althalebin fi talim almotallamin.

Es befindet sich das Buch des
Zerbergi oder Zerbugi in der königlichen Bibliothek zu Paris unter Nr. 906, unter dem Titel:
Talim almotallam tharik altol-
lum. Wie es scheint, so lehrt
dieser Verfasser die Verbindung
der Gottesfurcht mit dem Studiren.

Talkhis alathar fi abschaib
alacthar: Ein kurzer Entwurf
der Erdbeschreibung, welche der
Ordnung der Climate folgt, und
den Ali AlRaschid Ben Saleh,
Ben Nuri, AlBakeri oder Al-
Bakhui zum Verfasser hat.

III. **Talkhis** alabellat alcauaed
394 altauhid: Abhandlung von den
Gründen und Grundsätzen, worauf der Beweis der Einheit Gottes beruhet, verfaßt von Ebn
Jschak Ben Jbrahim AlSoffar.

Auch haben wir ein Werk von
Bokhari, welches denselben Titel führt.

Talkhis alhessab: ein arithmetisches Buch, verfaßt von
Achmed AlAzdi, und in zween
Theile abgetheilt, von denen der
erste von genannten und der
zweite von ungenannten Zahlen

handelt. Dieses Werk hat einen
Commentator an Abdalaziz Al-
Ahuazi erhalten.

Talkhis alacsam lemedhhaheb
AlJmam fil kelam: dies ist eine
Abhandlung über die Unterabthei-
lung der Secten und Meinungen, die aus der Schule des großen Lehrers der scholastischen
Theologie der Musulmanen entsprungen sind. Sie hat den Abulfath Ben Mohammed AlSchehe-
restani zum Verfasser, der im
Jahr der Hedschrah 548 verstorben ist.

Talkhis altabschrid: ist der
Titel eines Commentars über
dasjenige Buch, welches Dscha-
vaher altauhid betitelt ist: ein
Werk, das von der Einheit Gottes handelt, und ohne Namen
seines Verfassers ist.

Talkhis Dschame alkebir fil
feru; ein Buch, das von den
Artikeln des musulmanischen Gesetzes handelt, und von Kemaleddin Mohammed Ben Omad,
Ben Malekdad AlKhalathi, verfaßt worden ist, der im Jahr
der Hedschr. 652 gestorben ist.
Dies Buch ist von mehreren
Schriftstellern mit Commentaren
versehen worden.

Talkhis algauib leneil al-
takhsis fi anua alriabhiat almo-
taberat: ein Werk, das von
geistlichen Uebungen handelt, welche von vorzüglich Andächtigen
verrichtet werden. Der Verfasser

ser desselben ist Abdalkhalek Al-Mesri AlKhazargi. Es ist in der königlichen Bibliothek zu Paris unter Nr. 593.

Talkhis almeftah almani v albejan: der Schlüssel der Beredtsamkeit: ist der Titel eines Buchs, das den Gelaleddin Mohammed Ben Abdalrahman AlCazvini zum Verfasser hat, der unter dem Namen Khateb Demescht bekandt, und im Jahr der Hedschr. 739 verstorben ist. Dies ist ein sehr geschätztes Werk, worüber es mehrere Commentare von verschiedenen Schriftstellern giebt. Dieser Talkhis des Cazvini ist eigentlich nichts anders als ein Commentar über den dritten Theil des Meftah alolum des Secaki, in welchem von der Beredtsamkeit und Rhetorik gehandelt wird. Tagtazani ist einer der vornehmsten Schriftsteller, die über dieses Werk des Cazvini geschrieben haben. Siehe den Artikel Motthaual.

Man hat eine Uebersetzung von diesem Buche in türkischer Sprache, deren Verfasser Mohammed Ben Mohammed, mit dem Beinamen Alti parmak, ist. Dieser Schriftsteller ist im Jahr der Hedschr. 1033 verstorben.

Talkih fohum alatherat fil tarikh v alseirat: Methode, die Geschichte zu lesen, und Vortheile, welche aus der Lectüre derselben entspringen. Der Verfasser ist AbulFaradsch Ben Alpschu-

ki, AlBagdadi, der im Jahr der Hedschr. 597 verstorben ist.

Talkih alocul fi foruc almancul, ist der Titel eines Buchs, das den Imam Sadr alscheriat alaual Ebn Obeidallah AlMahbub, AlHanefi, zum Verfasser hat. Es wird in diesem Werke von der Verschiedenheit gehandelt, die in den Versionen und Uebersetzungen eines Buchs aus einer Sprache in eine andere anzutreffen ist.

Talkih fi fohum ahel alá- III. thar fi ojun altauarikh v alsojar. 395 Geschichte Mohammeds und seiner Gesellen, verfaßt von Abul-Faradsch Ebn AlMuairi. Sie ist in der königlichen Bibliothek zu Paris ohne Numer.

Talkih alocul fi alámthal, ist der Titel einer Sammlung von Sprüchwörtern, die in hundert und acht und vierzig Abschnitte getheilt ist, ohne Namen des Verfassers.

Talkih alajn fil logat: ist der Titel eines arabischen Wörterbuchs, verfaßt von Abu Galeb Ben Omar AlCorthobi, der im Jahr der Hedschr. 436 gestorben ist.

Talmid. Ebn AlTalmid, ist der Name eines berühmten Arztes, Hebatallah zubenamt, der aus Bagdet gebürtig, und von Religion ein Christ war, und bei dem Khalifen Mottaki, dem Abbas-

Abbassiden, in Diensten stand. Er hat ein sehr hohes Alter erreicht, und der Khalife schätzte ihn so hoch, daß er ihm erlaubte, daß er sich in seiner Gegenwart setzen durfte.

[Ibn Talmid (Sohn des Schülers) ist der Familienname des Mowassek alMolk Aminoddaulah Abu-l Hasan Hebatallah, eines Sohns Saed, und berühmten Arztes an dem Hofe zu Bagdad. Er war gelehrt, menschenfreundlich, großmüthig, und starb als Christ, in einem sehr hohen Alter, im Jahr 560 oder Christi 1165. Sein Akrabadin (de materia medica) ist ein wichtiges Buch. Er hat auch noch andere Werke verfertigt. Siehe auch Band II. S. 222. und die Zusätze dazu. R.]

Tamam. Siehe den Artikel Tamim.

Tamani. Ein Beiname eines Ibrahims, der uns die Geschichte des Tauadod geliefert hat. Siehe diesen Artikel.

Tamarboga: ist der türkische Name des AlMalek AlDhaher AbuSaid, sechszehnten Sultans aus der Dynastie der circassischen Mamluken in Egypten. Er war indessen ein Grieche von Geburt. Er succedirte einem andern Malek AlDhaher Abu Said, mit dem Beinamen Belbai, und hat nur zwei Monate regiert. Denn er ward abgesetzt und nach Damiette relegirt, wo er im Jahr der Hedschr. 872 als Privatmann gelebt hat. Man giebt ihm AlMalek AlAschraf Caidbai zum Nachfolger, der bei dreißig Jahre regiert hat.

Tamgag' oder **Tamgaz:** der Name eines türkischen oder türkomanischen Stammes, der eben derjenige ist, der auch Gaz genannt wird. Dies ist eine besondere Nation von Türken, die den Sultan Sandschar den Selbschuciden geschlagen und zum Gefangnen gemacht hat.

Tamgag' und **Tamgazkhan:** Ist der Name eines Sultans von Türkestan, der ein Sohn des Bograkhan, und der Vater der Türkhan oder Tarkhan Khatun, der Gemahlin des Selbschuciden Malek schah, gewesen ist.

Tamgid. Mostafa Ben AlTamgid: ist der Name eines Lehrers oder Meisters des Mohammed AlFatih, Mohammeds des Eroberers, das heißt, des türkischen Sultans Mohammeds des Zweiten. Dieser Gelehrte hat über die Annar altanzil geschrieben, welches ein Commentar des Beidhaui über den Coran ist.

Tamhid ala almautha, ist der Titel eines Commentars über das Buch des Malek, Mautha betitelt. Jussuf Abdalcaber ist der Verfasser desselben.

Ta-

Tamim oder Tamam Al-Dari: ist der Name von einem der Sahaba oder Gesellen des Mohammed, der durch ein Wunder in eine der Inseln des Oceans versetzt wurde, wo er wunderbare Dinge gesehen hat. Man hat eine fabelhafte Geschichte von allem, was dieser Mann auf dieser Insel gesehen hat, in der königlichen Bibliothek zu Paris ohne Numer, unter dem Titel: Kessat Tamim AlDar oder Al-Dari.

In demjenigen Buche, welches den Titel führt: Raudhat alakhiar, wird erzählt, dieser Tamim AlDari sey ein Sohn des Aus, eines Sohns Kharedschah gewesen, und habe den Beinamen Abu Rakiah geführt, weil er nur eine einzige Tochter, Namens Rakiah, hatte. Dieser Mann ward unter Mohammeds Händen Musulman, und schlug seinen Aufenthalt in Medina auf, wo er bis nach dem Tode des dritten Khalifen, Othman, verblieb. Denn nun ging er von Medina nach Damas, wo er im Jahr der Hedschr. 40 verstorben ist.

III,
396

Tamim ist derjenige, der die Geschichte des Antichrists, so wie er sie aus Mohammeds Munde gehört hatte, erzählt hat. Man sagt auch, er sey der erste gewesen, der Lampen in der Moschee angezündet habe; und überdies war er so andächtig, daß er den ganzen Coran, auf der Erde ausgestreckt, ohne sich im mindesten aufzurichten, hergesagt

hat, worin er an Said Ben Gebir Othman, Ben Ofan und Abu Hanifah, die dasselbe gethan haben, Nachfolger gehabt hat. Auch sagt man von ihm, wenn er den Coran hergesagt habe, so habe er oft eine ganze Nacht mit Wiederholung eines einzigen Verses zugebracht.

Siehe die Artikel Dari und Sanhagi.

Tamim. Ben Tamim. Siehe die Artikel Khalil und Azdi.

Abu Tamim, ein Beiname des Moezz Ledinillah, ersten Khalifen von Egypten, aus dem Geschlechte der Fathimiten. Dieser Tamim, ein Sohn des Moezz, oder doch ein anderer gleiches Namens, wurde Herr von Cairoan in Africa, nachdem Moezz es verlassen hatte, um Besitz von Egypten zu nehmen.

Tamimi: ein Beiname des Abu Asma Ibrahim Ben Jezid AlCufi, genannt Tabai, weil er aus der Classe derjenigen Lehrer war, welche unmittelbar auf die Sahaba, das heißt, auf die Gesellen oder Zeitgenossen des Mohammed, gefolgt sind.

Dieser Mann war gelehrt, und führte dabei ein äußerst strenges Leben. Denn Aamasch erzählt von ihm, er habe während der dreißig Nächte der Ramadhan nie mehr, als eine einzige Traubenbeere, jede Nacht gegessen, und wenn er sein Gebet verrichtet, sey er er dabei so unbeweglich geblieben, daß sich die Vögel auf ihn, wie auf ein Stück Holz, niedergelassen hätten. Er starb in den Gefängnissen des Hedschadsch, Gouverneurs von Irak, im Jahr der Hedschr. 92.

Tamimi, ein Beiname des Abdaluahed, eines Oberhauptes der Lehrer oder Vorsteher derjenigen musulmanischen Religiosen, die man Sofis zu nennen pflegt. Siehe den Rang, den er unter den Nachkommen dieser Oberhäupter der Sofis gehabt hat, in dem Artikel Conui.

Tamimi, ist der Name des Verfassers eines Werks über die arabische Grammatik, Dschame betitelt. Siehe den Artikel Cazaz.

Tamimi, ein Beiname des Taki eddin Abdal Cader AlMesti, der im Jahr der Hedschrah 1005 verstorben ist. Er ist Verfasser eines Werks, welches den Titel führt: Ossul alabad.

Tamimi AlMocdessi: ist der Name eines vortrefflichen Arztes, der unter dem Sultan aus der Dynastie der Buiden, Adhadaldulat, im Jahr der Hedschr. 370 gelebt hat. Er ist Verfasser von einem medicinischen Buche, betitelt: Morsched ela dschauaher alagdiah, in welchem er besonders von eßbaren Dingen handelt, die entweder zur Beförderung oder zum Nach-

theile der Gesundheit dienen. Man pflegt dieses Werk gewöhnlich Morsched AlTamimi zu nennen. Es ist in der königlichen Bibliothek zu Paris unter Nr. 942. befindlich.

Tamimi. Siehe den Artikel Fakhreddin Razi.

Tamlamah: eine kleine Stadt in dem Lande der Sudans oder Negern, die sehr bevölkert, aber nicht mit Mauren versehen ist. Sie ist von der Stadt Cucu, welche auf der Abendseite derselben liegt, vierzehn Tagereisen, und von Mathan, auf der Seite nach Ganem zu, nur zwölf Tagereisen entfernt.

Tamniat, oder Tameniath. Siehe den Artikel Aniat almomteli.

Tamuz, ist ein aus dem Hebräischen entliehener Name, dessen sich die Syrer in ihrem Calender bedienen, um den Monat damit zu bezeichnen, der mit dem Julius im Julianischen Calender einerlei ist. Die Araber, Perser und Türken bedienen sich desselben auch, wenn sie die höchste Hitze im Sommer ausdrucken wollen.

Tamugin: ist der Name des obersten Befehlshabers der Armeen des Avenk oder Ongkhan, Königs von Khathai. Dieser General ward unumschränkter Beherrscher von den Staaten seines

nes Herrn, verfolgte seine Eroberungen, und nahm den Beinamen Ginghizkhan an. Siehe diesen Artikel.

Tanah: ist der Name einer Insel in Indien, wo die Rohre wachsen, deren Wurzel der Thabaschir ist, welches eine Art von weißer Kreide ist. Siehe den Artikel Thabaschir.

Der persische Erdbeschreiber schreibt in seinem ersten Clima, Tanah sey ein Ort in Indien, an dem Ufer des Meeres gelegen; die Einwohner desselben seyen weder Juden, noch Christen, noch Musulmanen, und man nenne sie nicht Insel, weil sie mit Wasser umgeben, sondern weil sie nicht vom festen Lande abgesondert sey. Auch sagt er, der beßte Thabaschir, der im Oriente anzutreffen sey, werde von daher gebracht, und man finde solchen in der Ebene sowol, als in den benachbarten Gebirgen.

Tanazu o althathassam fi ma bein Beni Ommiah o Beni Haschem: Geschichte der Kriege, die zwischen den Omniaden und den Haschemiten vorgefallen sind. Diese Haschemiten sind die Aliden und die Abbassiden, welche beide von Haschem, dem Urur-Großvater Mohammeds herstammten. Achmed Ben Ali AlMacrizi, der im Jahr der Hedschr. 854 gestorben ist, ist der Verfasser dieses Werks.

Tanbih albassair fi esma alcobair: ist der Titel eines

Buchs, das den Abu Khethabat Hossain Ben Ali, Ben Vagih AlCufi zum Verfasser hat. Dieser Schriftsteller handelt in diesem Werke von groben Sünden, was nemlich bei den Musulmanen dafür gehalten wird. Es giebt unter ihnen Lehrer, die keine große Schwierigkeit machen, alle Arten von Sünden blos auf Unglauben und Gottlosigkeit einzuschränken.

Tanbih alkhather ala dhellat AlCari o AlDhaker, ist der Titel eines Buchs, welches von der geringen Hochachtung handelt, die man vor den Lesern oder Hersagern des Corans hat, oder haben muß, verfaßt von Emir Alaeddin Balabal AlFarsi. Dieser Gelehrte scheint keiner von denjenigen zu seyn, die sich auf das Gebet des Mundes einschränken. Er könnte für einen Quietisten gelten.

Tanbih dhui alebrak behormat altheriak o altabak, ist der Titel eines Buchs, das den Mohammed Ben A'an AlMekki zum Verfasser hat, der den Gebrauch des Opiums, des Beng und des Tabaks bestritt, von welchen er behauptet, daß sie im Gesetze verboten seyen. Eben dieser Schriftsteller hat auch noch ein anderes Werk herausgegeben, Scharh altharikat betitelt, über das geistliche und der Andacht gewidmete Leben, worin er sagt, er habe III. zwei Werke gegen den Tabak ge- **393** schrieben, davon das eine das

aus-

ausführliche, und das andere der Auszug von jenem sey.

Tanbih alradschol alfadhel alä gaujat aldschadal albathel, ist der Titel eines Buchs des Takieddin Achmed Ben Abdalhalim, gegen unnütze und vergebliche Disputen.

Tanbih alsalek ala medhann alniemalek: ist der Titel eines geographischen Werks des Takieddin Abubekr AlMacrizi, der im Jahr der Hedschr. 829 gestorben ist, worin dieser Schriftsteller besonders von denjenigen Orten handelt, deren Lage in der Erdbeschreibung ungewiß ist.

Tanbih althaleb v erschad aldares u. s. w. ist der Titel eines Buchs, das den AbulMofakherat AlNaimi zum Verfasser hat. Es ist dies ein Werk, das von allen Möscheen und Collegien in der Stadt Damas handelt. Es ist von Abdalbasseth AlUaedh AlDemeschki, Prediger von Damas, in einen Auszug gebracht worden.

Tanbih alarefin: Unterweisung für Andächtige: ist der Titel eines persischen Buchs, welches geistliche Reden oder Ermahnungen enthält, die theils in Prosa, theils in Versen abgefaßt und mit Erzählungen und Geschichten untermischt sind. Es ist ohne Namen des Verfassers.

Tanbih algafelin: Unterweisung für Nachlässige und Un-

wissende. Sind moralische Reden, verfaßt von Abu Laith Naser Ben Mohammed AlFakih, AlSamarcandi, einem Rechtsgelehrten von Samarcand, der im Jahr der Hedschr. 395 verstorben ist. Dieses Werk ist, ohne Namen des Verfassers, ins Persische übersetzt, und im Jahr der Hedschr. 1040 gleichfalls von einem unbekandten Schriftsteller in türkischer Sprache herausgegeben worden.

Tanbih algafelin an aamal aldschahelin v tahadhir alsalekin: ist der Titel eines Buchs, das den Achmed Ben AlNahhas AlDemeschki zum Verfasser hat. Dieser Schriftsteller handelt in diesem Werke, das er in sieben Capitel eingetheilt hat, von guten Werken, die man ausüben, und von bösen, deren man sich enthalten muß. Dies ist das, was die Araber Emr fil maruf v nehi an almonker nennen. Dieses Werk ward im Jahr der Hedschr. 811 zu Ende gebracht.

Tanbih algafelin, ist gleichfalls ein Werk über den nemlichen Gegenstand, verfertigt von dem Scheikh Bahaeddin.

Tanbih almoridin: Unterweisung und Rathschläge für diejenigen, die zu dem geistlichen Leben zu gelangen bemüht sind. Dies ist ein Persisches Buch, ohne Namen des Verfassers.

Tan-

Tanbih almotaberin fil carn alascher amma khalefu fihi salafhom althaher: ist der Titel eines Buchs, verfertigt von Abdaluahab Ali AlSchaarani, der im Jahr der Hedschr. 965 verstorben ist. Dies ist eine Gegenvorstellung, die Leuten aus dem zehnten Jahrhunderte der Hedschrah gemacht wird, und zwar darüber, daß sie so verschieden von denjenigen sind, die vor ihnen vorhergegangen sind.

Tanbih aluefnan ela scheib aliman: ist der Titel eines Buchs von denjenigen Dingen, welche im Stande sind, die Menschen zu erwecken, und sie auf den rechten Weg zurückzubringen. Der Verfasser desselben ist Zein eddin Omar Ben Achmed, mit dem Beinamen AlSchama AlHalabi. Er hat es im Jahr der Hedschr. 936 geschrieben.

Tanbih ala alasbáb almugebat lelkhelaf bein almoslemin: Unterricht von den Ursachen, die die Zwistigkeit unter den Musulmanen veranlassen: ist der Titel eines Buchs, das den Abdallah Mohammed Ben AlSeid Bathalmius zum Verfasser hat.

Tanbih ala altaschbih: ein Buch von Vergleichungen, in zwei Theilen abgefaßt von Khalil Ben Jbek AlSafadi, der im Jahr d. H. 794 verstorben ist.

Tanbih v tabajan lemessaleh aldunia v aldin: Ermahnung

und Ankündigung, in Betreff der Angelegenheiten der Welt und der Religion. Dies ist der Titel eines Buchs, verfaßt von AbulVafa Mobasscher Ben Fasek AlCaid. Es ist in dreißig Capitel abgetheilt, und der Verfasser hat in demselben eine große Anzahl von Stellen zusammengesammlet, die er aus Propheten, Philosophen und Dichtern genommen hat.

Tanbih fil fekh: ein Buch von der musulmanischen Jurisprudenz, verfaßt von Abu Jschak Ben Ali AlSchiraji, AlFiruzababi.

Tanbih ala ahadith hediat v alkhelassat, ein Werk über die mohammedanischen Traditionen, die eine aufrichtige und wahre Aufführung zum Gegenstande haben, verfaßt von Ali Ben Othman, Ben Jbrahim AlTürkmani. Es ist in der königlichen Bibliothek unter Numer 592. befindlich.

Tanbihat AlDaudiat, moralische, aus Davids Schriften gezogene, Denksprüche. Die Musulmanen thun oft der Psalmen Davids Erwähnung, die sie Zebur nennen, und sie haben sogar eine Sammlung, der sie diesen Namen geben. Allein sie ist sehr vom Originale verschieden, und ist eigentlich weiter nichts, als eine Compilation von Versen und Sentenzen, die aus mehrern Stellen der heiligen Schrift ge-

Orient. Bibl. 4. B.   Aa   nom-

nommen, und mit musulmanischen Traditionen untermischt
sind.

Tanbihat, sind gleichfalls
Rathschläge und Anweisungen,
die den Ajabh Ben Mussa Al-
Khedri AlMaleki zum Verfasser
haben.

Tangiah, eine Stadt in
derjenigen Provinz, die die Araber Magreb alacsa, den äußersten Occident, nennen. Dies
ist Tanger, eine Stadt in Mauritanien, an der Mündung der
Meerenge von Gibraltar an der
Küste des Weltmeers. Die Araber nennen diese Meerenge bald
die Meerenge von Tandschah, bald
von Sebtah, das heißt, von
Tanger oder von Ceuta. Siehe
den Artikel Morabethun, welches die AlMoraviden sind.

Tangri. So nennen sowol
die orientalischen als occidentalischen Türken Gott, wozu sie zugleich die gewöhnlichen Segnun-
gen und Lobeserhebungen setzen,
die die Araber zu den Wörtern
Allah und Hakk hinzusetzen. Denn
sie sagen Tangri taala; so wie
auch Allah taala und Hakk taala, der höchste Gott und die al-
lerhöchste Wahrheit. Daher entsteht das Wort Tangrivirdi.

Tangri. So nennen die
orientalischen Geschichtschreiber
den Tancred, einen Fürsten von
Antiochien, der die Städte Tharsus, Adena, und Hesnalakrad,

das Schloß der Curden, im
Jahr der Hedschrah 503 eingenommen hat. Er ist in unsern
Geschichten der heiligen Kriege
sehr bekannt.

Tangrivirdi, ein Wort,
das eigentlich im Türkischen soviel bedeutet, als, Gott hat es
gegeben, oder Dieu - donné. Die
Araber haben auch dieses Nomen
proprium, denn sie sagen Hebatallah und Athiatallah. Die Perser haben Khodaidad, in der
nemlichen Bedeutung. Es wird
ein Nomen proprium gerade
so, wie bei den Lateinern Deusdedit und Adeodatus.

Tangrivirdi. Jussuf Ben
Tangrivirdi: ist der Name eines
bei den Musulmanen sehr berühmten Lehrers. Siehe den Artikel
Jossef oder Jussuf. Die Araber nennen diesen Mann Tagribardi, oder Tagriberdi.

Tangut: ist der Name einer Stadt in Türkestan, die bei
den Arabern Tanghikunt heißt.
Sie ist von der Stadt Khuarezm
nur ohngefehr zehn Tagereisen,
gegen Osten hin, wie Albergendi, in seinem sechsten Clima, berichtet, entfernt. Dieser Schriftsteller setzt auch hinzu, es seyen
zu seinen Zeiten alle ihre Einwohner Musulmanen gewesen.
AbulFeda setzt die Stadt Toncat, welcher Name eine große
Aehnlichkeit mit Tangut hat, unter die Länge von 89, oder 91
Graden, und unter den 43sten
Grad

Grad nördlicher Breite, und sagt, sie gehöre zu dem Gebiete der Stadt Schasch, und liege sehr nahe bei der Stadt Jrak, jenseit der Flüsse Gihon und Sihon. Naffer Ben Haffan, Ben Caffem, ein Gelehrter, der in Andalusien in Spanien gelebt hat, war aus dieser Stadt gebürtig, und führt den Beinamen AlToncati, so wie dies auch der Fall bei mehreren andern Personen gewesen ist, die sich durch ihre Gelehrsamkeit berühmt gemacht haben.

Tankih alabhath fi albahath an almelal althalath: eine Dispute über die drei Secten oder Religionen, nemlich die jüdische, die christliche und die musulmanische. Dies ist der Titel eines Buchs, das den Azzaldulat Saad Ben Mansur zum Verfasser hat, der unter dem Namen Ebn Camunah oder Kemuneh AlJahudi bekandter ist. Dieser Schriftsteller war ein Jude, und er vertheidigt, so sehr er nur kann, seine Religion, die er den beiden andern vorzieht. Geridschah, ein musulmanischer Gelehrter, hat eine Beantwortung dieses Buchs verfertigt, und sein Werk betitelt: Nohud khathsith AlJahud, welches soviel heißt, als Wahrnehmung oder Reinigung der Irr-semkehrer des Juden.

Tankih alehdath fil tajamum alahdath, ist der Titel eines Buchs, welches vom Tajamun handelt, das eine Art und Methode ist, sich, in Ermangelung des Waffers, nach dem musulmanischen Gesetze mit Erde oder Sand zu reinigen. Man hat einen Vers im Coran, der diese Ceremonie bestimmt. Der Verfasser des Werks, von welchem wir hier reden, ist Scharfeddin Ben Haffan Ben Cadhi algebal, der im Jahr der Hedschr. 771 verstorben ist. Er hat alle Hadith oder Traditionen, die er über diesen Gegenstand hat auffinden können, gesammlet.

Tankih alossul, ist der Titel eines Buchs, das den Sadr alscheriat Abdallah Ben Maffud AlBokhari zum Verfasser hat, der im Jahr der Hedschr. 747 verstorben ist. Dies ist ein Werk von großem Ansehn, das die Lehren und Gründe des musulmanischen Gesetzes abhandelt, und über welches man eine große Anzahl von Commentaren hat, unter andern auch einen von Zetkeschi, betitelt: Tankih ala alBokhari.

Tankih albelagat, ein rhetorisches Werk, verfaßt von Mohammed Ben Achmed AlOmari, der im Jahr der Hedschr. 423 verstorben ist.

Tankih alfohum fi siag: ist III. der Titel eines Buchs, das den 401 Salaheddin Khalil Ben Caikeladi zum Verfasser hat. Dies ist ein Werk, das von philosophischen Gegenständen und besonders von substantiellen Formen und ihren Eigenschaften handelt.

Aa 2

Tan-

**Tankih almaenun fi meba-
beth alcanun:** ist der Titel eines
Buchs, das von mehreren über
den Canon des Avicenna aufgeworfenen Fragen handelt. Dieses Werk hat den Fakhreddin Al-
Khogendi zum Verfasser, der den
ehrenvollen Beinamen führt:
Ustad alathebba, der Meister unter den Aerzten.

**Tankih almenabher v albaf-
fair:** ein optisches Buch, verfaßt von Kemal Ben Al Hassan
Al Farsi.

Tankih fi elm alcajafat, ein
Werk über die Physiognomie,
verfaßt von Imam Schafei.

**Tanuir algabasch fi fadhail
Al Sudan v Al Habasch,** ist der
Titel eines Buchs, das den
Imam Abul Faradsch Al Dschuzi
zum Verfasser hat, der im Jahr
der Hedschr. 567 gestorben ist,
über die Vorzüge und vortrefflichen Eigenschaften der Negern
und Aethiopier. Siehe den Artikel
Sudan.

**Tanuir albassirat v taamir
alfarirat beladajat almathurah:**
ist ein Buch von besondern und
abergläubischen Gebeten, verfaßt
von Ibrahim Ben Achmed, Ben
Al Mulla Al Halabi, der ums
Jahr der Hedschr. 1020 gestorben ist.

**Tanuir albalek fil rojat al-
nabi v almelek,** ist der Titel eines Buchs, das den Sojuthi

zum Verfasser hat, über die Gesichte des Propheten, oder der
Engel, die im Traum erscheinen.

**Tanuir aldhalam fil dschub
v alkeram:** Abhandlung von der
Freigebigkeit, abgefaßt von Sakhaui.

**Tanuir algajaheb be ahkham
dhuat aldhauaib:** Abhandlung
von den Cometen, verfaßt von
Soliman Alfeleki, über einen
Cometen, der im Jahr der
Hedschr. 1004, von Süden her,
erschienen ist.

Tanuir escath altabbir: ist
der Titel eines Werks, welcher
eigentlich sagt, daß die Lichter
des Himmels die menschliche
Klugheit fallen oder abortiren
machen. Es hat den Tagebdin
Achmed Ben Mohammed zum
Verfasser, der unter dem Namen Ebn Athaallah Al Eskende-
rani bekandter und im Jahr der
Hedschr. 709 verstorben ist. Er
hat dieses Werk in der Stadt
Mekka verfertigt.

Tanukh und Tenukh.
Dieses Wort, welches im Arabischen eine Nation, und den Aufenthalt, den man an einem gewissen Orte hat, bedeutet, ist
ein Name von einigen Arabern
geworden, die mit ihren Nachbarn Streitigkeiten in Betreff
der christlichen Religion, zu der
sie sich bekannten, hatten, worauf sie sich in die Provinz Ba-
harain am persischen Meerbusen
zogen,

zogen, und einen Stamm errichteten, der Tanukh oder Tenukh,
von ihrem Rückzuge, und von
der neuen Colonie, die ſie errichteten, genannt wurde.

III. Dieſe Araber haben ſich lange
402 Zeit bei dem Bekenntniſſe des
Chriſtenthums erhalten. Denn
man rechnet immer unter die Chriſten in Arabien, die in der Mitte
von andern abgöttiſchen Völkern
vor dem Mohammediſmus gelebt
haben, die Stämme Tanukh,
Behera und Naclab.

Aus dieſem Stamme Tanukh
iſt eine große Anzahl geſchickter
Leute aufgeſtanden. Siehe den
folgenden Artikel.

Tanukhi. Dies iſt der Beiname eines Arabers aus dem
Stamme Tanukh. AbulOla, einer der berühmteſten arabiſchen
Dichter, der daraus entſproſſen
iſt, führt den Beinamen Al-
Tanukhi, und er hat wahrſcheinlich von ſeinen Voreltern die Religion bekommen, zu welcher er
ſich bekannte. Denn er war kein
Mohamedaner, daher nennen
ihn die Muſulmanen immer Sabi, wie ſie dieſen Namen denen
geben, die zwar unter ihnen leben, aber eine andere Religion
haben. Man ſehe den Artikel
AbulOla.

Tanukhi, ein Beiname des
AbulMehaſſen Ben Maſſud Al-
Halabi, der im Jahr der Hedſchrah 442 verſtorben iſt. Er iſt
der Verfaſſer eines Buchs unter
dem Titel: Bejan an alfaſl fil

aſchrebah bein alhalal v alharam.
Dies iſt eine Abhandlung über
den Unterſchied, den man zwiſchen den erlaubten und durch das
muſulmaniſche Geſetz verbotenen
Getränken zu machen hat.

Tanukhi, ein Beiname des
Zeineddin Mohammed Ben Mohammed, Verfaſſers eines Werks
über die Moral, betitelt: Acſa
oder Acſi alcarab fi ſanaat aladab. Man ſehe auch den Artikel Moltakem.

Tanukhi, ein Beiname des
Abu Ali Haſſan Ben Ali AlCadhi, Verfaſſers desjenigen Buchs,
welches den Titel führt: Faradſch
baad alſcheddat, das heißt, Trö-
ſtungen, welche die Leiden begleiten. Dieſer Schriftſteller iſt
im Jahr der Hedſchr. 484 verſtorben, und ſein Werk, das an
Tocati einen Commentator bekommen hat, iſt in der königlichen Bibliothek zu Paris unter
Nr. 1228. befindlich.

Tanumah, iſt der Name
einer Inſel im indiſchen Meere,
welche von der Inſel Mabeth
nur eine Tagereiſe zur See, das
heißt, ohngefehr hundert Meilen,
ſo wie fünf Meilen von der Inſel Comar entfernt iſt.

Tanuſſi, iſt der Beiname
des Mohammed Ben Moham-
med, Ben Jacub, der im Jahr
der Hedſchr. 880 gelebt hat. Er
iſt der Verfaſſer eines Buchs, das
den Titel führt: Aima ela elm
         aleſma.

alesma. Es ist eine Abhandlung von Nominibus.

Tauabun, und in der Construction Tauabin, die Bußübenden. Ketab AlTauabin, ist der Titel eines Buchs, in welchem Ebn Codamah AlMocdessi die Geschichte aller derjenigen Engel, Propheten und Könige vor dem Musulmanismus, und sodann auch derjenigen, die ihnen unter den Sahaba, oder Collegen des Mohammed, unter den musulmanischen Fürsten und andern Privatpersonen nachgefolgt sind, welche Buße gethan haben, gesammlet hat.

Tauadod Khatun: ist der Name einer sehr gelehrten Dame, die eine Sclavin war, für welche der Khalife Harun AlMaschid zwanzigtausend Zechinen gegeben hatte. Man hat eine Geschichte von dem, was sich zwischen ihr und dem Khalifen zugetragen hat, unter dem Titel: Hekajat Tauadod. Siehe diesen Artikel.

III, **Tauarakh** allathifah v ala-⁴⁰³thar alagebiat. Ein Buch, das von der Geschichte handelt, und von Abdalrahman AlBasthami im Jahr der Hedschr. 835 verfertigt worden ist.

Tauarikh. Dies ist die vielfache Zahl von Tarikh, welche Annalen, Geschichten und Chronologien bedeutet. Siehe den Artikel Tarikh.

Tauassul ela altarassul: ein persisches Buch, das den Mohammed Ben AlMujad AlBagdadi zum Verfasser hat. Es ist dies eine Abhandlung über das Zutrauen, das man zu demjenigen haben muß, was von Gott ist gesandt worden. Dieses Buch hat große Aehnlichkeit mit demjenigen, das AlBuni in arabischer Sprache, unter dem Titel Tauassalat alketabiah verfertigt hat.

Tauassum, ein Buch über die Physiognomie, verfertigt von Ebn AlSakit.

Tauassuth bein AlSchafei v AlMozeni: Vereinigung der Meinungen des Schafei und Mozeni, die einander zu widersprechen scheinen.

Tauassuth bein AlAkhfasch v AlThalebi: Vereinigung zwischen den beiden Commentatoren über den Coran, Akhfasch und Thalebi. Dieses Werk hat den Ben Dürüschtujah zum Verfasser, der einen Versuch gemacht hat, die verschiednen Erklärungen zu vereinigen, welche diese beide Gelehrten von mehreren Stellen des Corans gegeben haben.

Taudhiah. Dies ist der Titel von dem ersten Buche des großen Werks des Raschid, der Vesir beim Sultan AlDschaptu war. Es führt den Titel Madschmu AlRaschidiah. Dieser Schrift

Schriftsteller handelt in diesem ersten Buche vom Vodhu, oder von der gesetzmäßigen Abwaschung, die immer vor dem Gebete der Musulmanen vorausgehen muß. Der Madschmu Al-Raschidiah ist in einem sehr großen Bande in der königlichen Bibliothek zu Paris unter Nr. 1. befindlich.

Taudhih. Dieses Wort, das eine Erklärung oder Aufklärung bedeutet, ist der Titel eines Commentars über das Buch des Abu Laith AlSamarcandi, betitelt Mocaddemat alfalat; ein Werk, das das Gebet der Musulmanen zum Gegenstande hat. Der Verfasser dieses Commentars ist Mostafa Ben Zakaria, Ben Aidogmisch AlCaramani. In der königlichen Bibliothek zu Paris ist er unter Nr. 606 und 605 befindlich.

Taudhih menahedsch alanuar o Tankih mebahedsch alasrar: ist der Titel einer Geschichte, welche Mohammed Ben Ali Ben Achmed im Jahr der Hedschr. 830 verfertigt hat. Siehe den Artikel Tarikh.

Taufiki, ein Beiname des Saradscheddin, eines Schriftstellers, der im Jahr der Hedschr. 786 verstorben ist. Siehe den Artikel Assulat Alaeddin.

Tauhidi. Dieses Wort bedeutet im Arabischen einen Kaufmann, oder Handelsmann mit

Tauhid, welches eine Art von sehr ausgesuchten und seltenen Datteln ist. Ali Ben Mohammed Abu Hajan führt den Beinamen AlTauhidi, weil er oder sein Vater mit solchen Datteln Handel trieb. Man hat von ihm ein sehr geschätztes Buch, betitelt Ecnaa, die Genügsamkeit, das heißt, die Zufriedenheit, die der Mensch in Absicht auf den Zustand, in dem er sich befindet, an den Tag legen muß.

Tauilat, Erklärung und Interpretation. Die Tauilat des Caschi, eines sehr geistigen und andachtsvollen Schriftstellers, stehn bei den Musulmanen in großer Achtung. Es sind moralische, allegorische und mystische Erklärungen von mehreren Stellen des Corans.

Taurat, Tauriat. Die Türken sprechen Tevrat und Tevriet aus. Dieses Wort ist aus dem Hebräischen Torat gemacht, welches blos die fünf Bücher des Gesetzes bedeutet. Die Musulmanen sagen, es sey dies dasjenige Buch, das Gott gesandt habe oala alkelim Mussa, das heißt, das alte Testament, welches Gott dem Mose geoffenbaret hat, in hebräischer Sprache verfaßt; ein Buch, das von den Juden verändert und verfälscht worden, besonders in demjenigen, was die Vocalzeichen anlangt, die zur Aussprache der Wörter dienen. Dies ist die Meinung der Musulmanen, welche aus mehreren arabischen Schrift-

Schriftstellern von Hadsch Khalfah ist gesammlet worden.

Eben dieser Schriftsteller sagt, es gebe drei Exemplare vom alten Testamente.

Das erste ist dasjenige, das er Taurat alsabain nennet. Dies ist die Uebersetzung der siebenzig Dolmetscher, und das ist auch dasjenige Exemplar, das in der Folge ins Syrische und Arabische ist übersetzt worden.

Das zweite ist dasjenige, das er Noskhat AlJahud, das Exemplar der Juden nennt. Dies haben die Caraiten und Rabbaniten gemeinschaftlich, das heißt, alle diejenigen, die die ganzen zwei und zwanzig Bücher, die sich heut zu Tage in dem Hebräischen Canon befinden, annehmen.

Das dritte ist der Noskhat alSamerat, das Exemplar der Samariten, welches weiter nichts, als den Pentateuch, oder die fünf Bücher des Gesetzes enthält.

Sodenn sagt er auch, das Exemplar der Siebenzig enthalte sechs und dreißig Bücher, und es sey von zwei und siebenzig Lehrern aus dem Hebräischen ins Griechische übersetzt worden, die sich ein König von Egypten von dem Hohenpriester der Juden ausgebeten, und jeden besonders in Cellen habe einschließen lassen, um diese Uebersetzung auszuarbeiten. Diese hätten nun übereinstimmend dieses Werk verfertigt. Dies ist eine Fabel, die er aus Abbias genommen hat.

Er setzt weiter hinzu, man finde in diesem Buche nichts wei-ter, als die Einheit Gottes, und es befinde sich in diesem ganzen Buche kein einziges Gebot, das die Juden weder zum Gebete, noch zum Fasten, noch zur Austheilung eines Theils ihres Vermögens unter die Armen, noch zur Wallfarth nach Jerusalem verbinde. Dies ist aber sehr falsch. Auch sagt er, es fände sich keine einzige Stelle in demselben, in welcher von einem zukünftigen Leben geredet werde, eben so wenig auch von der Auferstehung, vom Paradiese, oder von der Hölle; und das komme vielleicht daher, weil die Juden ihre Exemplare verfälscht hätten. Dies hat einige neuere Musulmanen veranlaßt, Bücher unter dem Titel Asl allassil fi tahrim alnael men alTaurat o alEngil zu verfertigen, um zu beweisen, daß es den Musulmanen verboten sey, irgend etwas aus dem Taurat und dem Engil, das heißt, dem alten und dem neuen Testamente, zu übersetzen oder zu citiren, so wie sich nemlich diese Bücher heut zu Tage in den Händen der Juden und der Christen befänden.

Hiervon führt er eine von Mohammed erhaltne Tradition folgenden Inhalts an: Wenn diejenigen, welche Bücher haben, sie euch überreichen, so meßt ihnen keinen Glauben bei, und verwerft sie auch nicht: sondern sagt blos, wir glauben an Gott, an seine Bücher, und an seine Gesandten: Fala tassadelacuhom

hom v lakebhebuhom v culu, amanna billah v Cotobihi, v rof-
folihi.

III,
405. Der Verfasser desjenigen Buchs, welches den Titel Erschad alcassed führt, schreibt, die Juden würden in mehrere Secten getheilt, aber unter allen seyen drei die vornehmsten, und das wären die Rabbaniun, die Caraun, und die Sameriun, das heißt, die Rabbaniten, die Caraiten und die Samaritaner, und diese drei kämen insgesammt darin mit einander überein, daß sie alle auf gleiche Art die Weissagungen Mosis, Haruns und Josuas, und die Gesetze, welche diese Propheten bekandt gemacht haben, annehmen, und obgleich ihre Exemplare nicht mit einander übereinstimmten, so zögen sie doch sechshundert und dreizehn verpflichtende Gebote aus denselben, unter denen zweihundert und acht und vierzig bejahende, nach einer Uebereinstimmung mit einer gleichen Anzahl von Gliedern, die den menschlichen Cörper ausmachen, und dreihundert fünf und sechzig verneinende, soviel Tage im Sonnenjahre enthalten sind, befindlich seyen.

Die Juden bringen einen Grund bei, warum die verneinenden die bejahenden an Anzahl übertreffen, und sagen, was die Musulmanen aus ihnen genommen haben, legallebat alhaua ala althebiat albaschariah, weil, wie sie sagen, die Begierde über die natürliche Neigung das Uebergewicht hat.

Die Samariter sind darin von den Caraiten und Rabbaniten verschieden, daß sie von den zwei und zwanzig Büchern des alten Testaments nur die fünf Bücher Mose annehmen, und daß sie nur drei Propheten, nemlich Moses, Aaron und Josua, anerkennen. Siehe die Artikel Samarah und Samerun. Diese Samaritaner haben mehrere Werke über das mosaische Gesetz geschrieben.

Mohabhebeddin Jussuf Ben Abi Said AlSameri, der im Jahr der Hedschr. 624 gestorben ist, hat uns einen solchen geliefert. Dieser Schriftsteller war Arzt zu Damaschk, und wurde Vesir vom Sultan AlMalek AlAmdschad, aus der Dynastie oder Geschlechtsfolge der Ajubiten. Der Verfasser des Buchs, Ojun alenba betitelt, thut dieses Werks Erwähnung.

Es giebt auch noch einen Commentar über den Taurat, der den Scheikh Sabacah, oder Sedecias, Ben Mandschah AlSameri zum Verfasser hat. Dieser ist in der Stadt Harran in Mesopotamien, ohngefehr ums Jahr der Hedschr. 620 gestorben.

Taurat AlGinghizkhaniat, das Gesetz des Ginghizkhan. Dies ist eben dasjenige, was die Mogolen und Tataren in ihrer Sprache Jassa nennen. Dieses Gesetz enthält mehrere allgemeine Gebote in Form eines Octalog oder Decalogs, nach welchen die Mogolen und Tataren in den Zeiten des Ginghizkhan haben leben müsfen. Allein seine Nachfolger haben noch viele andere, die die Policei und Staatsverwaltung in ihren Ländern betreffen, hinzugefügt. Denn die von Ginghizkhan waren, außer einigen die Kriegszucht betreffenden Gesetzen, eigentlich nichts weiter, als allgemeine, dem Naturgesetze gemäße Maximen, die die Einheit Gottes befestigten, und alle Arten von Abgötterei verbannten.

Doch muß man auch hierbei bemerken, daß die christliche Religion in Ginghizkhans Zeiten sehr weit in der Tatarei verbreitet gewesen ist. Denn Avenk Khan, den Marcus Paulus von Venedig Ong Khan nennt, das Oberhaupt von dem Stamme Kerit, der einen großen Theil von der östlichen Tatarei inne hatte, war ein Christ, und das war auch seine Tochter, die Ginghizkhan heirathete. Auch wird oft von christlichen Fürsten, Fürstinnen und Bischöfen bei den Kriegsunternehmungen geredet, die dieser große Eroberer, so wie seine Nachfolger, welche nur erst sehr spät den Mohammedismus angenommen haben, ausgeführt hat. Man vergleiche die Artikel Ginghizkhan und seiner Nachfolger, so wie auch Jassa oder Jassak.

Tauschiah, oder Taufiah, ein mystisches Buch, welches von Herali nach den Grundsätzen der Sofis oder Beschaulichen abgefaßt worden. Es ist in der königlichen Bibliothek zu Paris unter Nr. 616.

Tauschih albibabsch fi hal liat alibuabsch, ist der Titel eines Buchs, dessen Verfasser unbekannt ist, und das eine Erklärung eines andern ist, welches den Titel führt: Thabacat AlMalekiah. Siehe diesen Artikel.

Tarab und Tarabi. Siehe den Artikel Giagathai.

Taragem und Teragem. Dieses arabische Wort ist der Plural von Targemat, welches Erklärung und Uebersetzung bedeutet. Es wird auch oft zur Bezeichnung anderer Werke gebraucht, die nicht in eine andere Sprache übersetzt sind.

Taragem alagém: ein persisches Buch, das den Mohammed Ben Abil Cassem, mit dem Beinamen Zein almeschaikh zum Verfasser hat, über die verschiedenen und besondern Lesearten des Corans, nach Ordnung der Capitel dieses Buchs.

Taragem alsafiat fi thabacat alhanesiah. Dies ist der Titel eines sehr großen Buchs über die mancherlei Classen der Hanesischen Lehrer, dessen Verfasser Taki eddin AlTaimi AlMesri ist, der im Jahr der Hedschr. 1005 verstorben ist.

Taragem alschiukh, ist der Titel eines Buchs, welches von den

den vornehmsten Scheikhs, Lehrern und Professoren der Wissenschaften und Andacht unter den Musulmanen, handelt. Es hat den Mohammed Ben Abdallah AlHakem AlMischaburi zum Verfasser, der im Jahr der Hedschr. 415 verstorben ist.

Tarbiat, ist der Name eines Buchs, welches von der Erziehung und Unterweisung der Kinder handelt, und das den Mohammed Ben Achmed AlHeban AlMesri zum Verfasser hat.

Tarbiat, ist auch ein Buch über den nemlichen Gegenstand, von einem gewissen Abubekr verfaßt.

Targai, ist der Name von Tamerlans Vater, von welchem Achmed Ben Arabschah selbst bekennt, daß er einer der vornehmsten Herren an dem Hofe Hussains, eines Sultans aus Singhizkhans Geschlechte, gewesen sey.

Targeman. Dieses Wort bedeutet eigentlich einen Interpreten. Daher ist das italienische Wort Dragomano und das französische Trücheman gemacht worden. Es ist der Titel von mehreren Werken.

Targeman alaschuak v raubhat aloschak: der Erklärer der Wünsche, und der Garten der Liebenden. Dies ist der Titel eines Buchs, das den Mohammed AlAskanderani nezil Demeschk zum Verfasser hat, der aus Alexandrien gebürtig und ein Einwohner von Damaschk gewesen ist.

Targeman alaschuak fil gazál v alnaschak; ist der Titel eines Buchs, das von der unreinen und geilen Liebe handelt. Man pflegt dasselbe dem Mohieddin Mohammed Ben Ali Ben AlArabi beizulegen, der im Jahr der Hedschr. 638 verstorben ist.

Targeman albelagat: ist der Titel eines persischen Buchs über die Beredtsamkeit, das den Dichter Farakfia zum Verfasser hat. Dieses Buch ist voll academischer Reden in Prosa und in Versen.

Targeman altaragem: *m.* dieß ist der Titel einer Art von *407* Commentar über den Dschamefahih des Bokhari.

Targeman alxeban: der Erklärer der Sprache: ist der Titel eines Werks des Saremeddin Mohammed Ben Dokmak über die persische und türkische Sprache.

Targeman alcoran: der Erklärer des Corans. Hadsch Khalfah glaubt, es sey dies mit Taragem alagem einerlei Buch. [Es war dies der Titel des Abdallah, eines Sohns Abbas, und leiblichen Vetters des Mohammed. Siehe B. 1. S. 6. R.]

Tar-

Targeman alcoran fil taf‐
fir almafriah: ein Werk des So‐
juthi in fünf Bänden. Dies
ist ein Commentar über den
Masnab. Siehe diesen Artikel.

Targeman allogat: der Er‐
klärer der Sprache. Es giebt
mehrere Werke, die diesen Titel
führen.

Man hat eins in türkischer
Sprache, das sehr weitläufig
und in drei Bänden verfaßt ist.
Der Verfasser davon heißt: Mo‐
hammed Ben Jussuf AlAncarni.
Dieses Buch ist aus dem Dschau‐
hari, aus dem Moarrab und vie‐
len andern arabischen Schrift‐
stellern gezogen, die er ins Tür‐
kische übersetzt und in sechs und
zwanzig Capitel abgetheilt hat.

Targeman almotardscham‐
be monehi alarab fil logat Al‐
Türki v alagem v alarab: ist der
Titel eines Wörterbuchs in tür‐
kischer, persischer und arabischer
Sprache, verfaßt von Schehab‐
eddin Achmed Ben Mohammed
Ben Arabschah AlDemeschki, der
im Jahr der Hedschr. 851 ver‐
storben ist.

Targeman fil schir v ma‐
nihi: ist der Titel einer Abhand‐
lung über die Dichtkunst oder
Poetik, verfertigt von Moham‐
med AlBafri, der im Jahr der
Hedschr. 320 verstorben ist.

Targeman fil taffir: ist
der Titel von Randglossen über
den Keschaf des Zamakhschari, ei‐

nen berühmten Commentar über
den Coran.

Targeman ala ahkham: ist
der Titel einer Sammlung von
musulmanischen Gesetzen und Ge‐
boten, welche in persischer Spra‐
che von Mohialfonnat Hossain
Ben Massud AlBagaui, der im
Jahr der Hedschr. 516 verstor‐
ben ist, aufgesetzt worden.

Man hat noch verschiedne an‐
dere Werke, die diesen Namen
führen, als da sind Targeman
AlBalkini u. a. m.

Targemat algelal AlBal‐
kini: dies ist eine Auslegung des
Buchs des Gelaleddin Achmed
Ben Abdalrahman AlBalkini,
der im Jahr der Hedschr. 824
verstorben ist. Sie hat den Bru‐
der eben dieses Schriftstellers,
Namens Alemeddin Saleh Al‐
Balkini, zum Verfasser, der im
Jahr der Hedschr. 864 verstor‐
ben ist.

Targemat AlSaleki: ist
der Titel eines Werks des Mo‐
hammed Ben Achmed AlAbiur‐
di, das eigentlich zur Erklärung
des Saleki geschrieben ist.

Targemat AlBalkini, ist
der Titel eines Werks des So‐
juthi, in vier Blättern, über
das Buch des Balkini.

Targhib ahel aleslam fi
Sokani alscham: ist der Titel ei‐
nes Buchs, das von Azzeddin
Ali Abdalaziz Ben Salam über
die

die Schönheiten des Landes Syrien und der Stadt Damas, die von allen Musulmanen bewundert werden, ist geschrieben worden.

Targhib alsalat: ist der Titel eines Buchs über die Vortrefflichkeit des Gebets. Es ist solches nach den Grundsätzen des Schafei von Achmed Ben Abdalsalam verfertigt, der im Jahr der Hedschr. 847 verstorben ist.

Es giebt noch ein Werk unter eben diesem Titel, das den Mohammed Ben Achmed AlZahed zum Verfasser hat.

Targhib alelm: Untersuchung der Wissenschaft: ist der Titel eines Buchs des Abu Ibrahim Ismail Ben Jahia AlMozeni.

Man hat noch ein Werk unter eben diesem Titel. Dieß hat den Mohammed Ben Abil Cassem AlBaccall, AlHanefi, zum Verfasser.

Targhib almotalemin: ist der Titel eines Buchs, welches von denjenigen Dingen handelt, die Studirende am meisten zu fürchten haben. Es ist von Moharram Ben Beiram, Ben Mezid AlCasthamoui, genannt AlVaez, der Prediger, verfertigt worden.

Dieser Schriftsteller hat sein Werk in zehn Theile oder Capitel abgetheilt. Der erste handelt von den Religionen überhaupt, und vom Musulmanismus insbesondere; der zweite von den Vorzügen der Erkenntniß, und insbesondere der Kenntniß des musulmanischen Gesetzes; der dritte von dem Verdienste, das sich ein Studirender erwirbt; der vierte von der Wahl derjenigen Wissenschaft, die man erlernen will, und von dem Lehrmeister, der sie lehren soll; der fünfte von der Art und Weise, wie man sein Studiren anfangen muß; der sechste von der Zuflucht und dem Vertrauen, das man zu Gott haben muß; der siebente von dem Fleiße und der Emsigkeit, mit welcher man zum Studiren kommen muß; der achte von der Enthaltung von Ergötzlichkeiten und Vergnügen; der neunte von denjenigen Dingen, die zur Erhaltung und Vermehrung des Gedächtnisses dienen; der zehnte von demjenigen, was zur Vermehrung des Vermögens und des Lebens dient.

Targhib v tarhib, ist der Titel eines Buchs, das die Musulmanen lehrt, was sie zu suchen, und was sie zu vermeiden haben. Es ist dies ein Werk des Zakieddin Abdaladhim Ben Abdalcani AlMonderi, der im Jahr der Hedschr. 656 verstorben ist. Es enthält zwei Bände, die mit musulmanischen Traditionen angefüllt sind, welche er aus fünf und zwanzig Schriftstellern genommen und in achthundert zwei und funfzig Artikel oder Sectionen abgetheilt hat, die den Titel Mes

Meſſahih, das heißt, Fackeln führen.

Targhib v tarhib, iſt der Titel eines Werks, welches mit dem vorhergehenden von einerlei Materie handelt, und den Imam AbulCaſſem Ismail AlEsfahani zum Verfaſſer hat, der im Jahr der Hedſchr. 535 geſtorben iſt.

Man hat noch zwei andere Werke, die denſelben Titel führen, und von welchem das eine von Abu Muſſa AlMedini, und das andere von Ebn Zendſchur iſt verfertigt worden.

Targhib fil foru: iſt der Titel eines Werks, das den Abubekr Ben AlCaffal AlSchaſchi zum Verfaſſer hat, der im Jahr der Hedſchr. 507 verſtorben iſt. Es iſt ſolches eine Abhandlung über die Glaubensartikel der Muſulmanen.

III, Targhibat, iſt der Titel
409 eines Buchs, das von wünſchenswerthen Dingen handelt, und in türkiſchen Verſen von dem Scheikh Ali im Jahr der Hedſchr. 1022 iſt verfertigt worden.

Targian. Siehe den Artikel Tarkhan.

Targu. So nannten die Mogolen und Tataren die Contributionen an Lebensmitteln, Munitionen und Fourage, die ſie von den von ihnen unterjochten Völkern zogen.

Tarif alabſchab baveham men gemie redſchal almeſnab: iſt der Titel eines Buchs, das den Ebn Hadſchar AlAſcalani zum Verfaſſer hat. Es iſt dies ein Verzeichniß und eine Erklärung der zweifelhaften Stellen und Meinungen, die in den Büchern derjenigen Gelehrten anzutreffen ſind, die über den Meſnad geſchrieben haben. Siehe dieſen Artikel.

Tarif ahel altacdis bemerateb almauſufin beltadriß: Verzeichniß berühmter Perſonen, welche öffentlich gelehrt und Unterricht gegeben haben. Dieſes Werk hat mit dem vorhergehenden einerlei Verfaſſer.

Tarif beadab altálif: iſt der Titel eines Buchs, das von Sojuthi über die Bedingungen und Eigenſchaften, die die Schriftſteller haben müſſen, die ihre Werke bekandt machen, iſt geſchrieben worden.

Tarif belanſab: ein Buch von Geſchlechtsregiſtern, davon Achmed Ben Mohammed AlAſchari Verfaſſer iſt.

Tarif beſahib altarikh, iſt der Titel eines Buchs, das den Achmed Ben Ibrahim, Ebn AlDſcharaz, mit dem Beinamen AlThabib AlAfriki, der Arzt von dem eigentlich ſogenannten Africa, zum Verfaſſer hat, der im Jahr der Hedſchr. 400 verſtorben iſt. Dies iſt ein Werk, in wel-

welchem von den glaubwürdigsten und aufrichtigsten Geschichtschreibern gehandelt wird.

Tarif bethabacat alemom, oder alümem: ist der Titel eines Buchs, das von Saed Ben Al-Maleki AlAndalussi ist verfertigt worden, der im Jahr der Hedschr. 250 verstorben ist. Es handelt von der Eintheilung aller Völker und Nationen der Erde in mehrere Classen. Dieses Buch ist ein kleiner Band, und pflegt von den Musulmanen nicht wenig geschätzt zu werden.

Tarif almosthaleh alscherif: ein Buch des Achmed Ben Jahia AlOmari, der im Jahr der Hedschr. 749 verstorben ist. Es ist dies eine Abhandlung über den edlen und erhabenen Stil.

Tarif belmuleb alscherif: ein Buch des Dschezeri, der im Jahr der Hedschrab 823 verstorben ist. Es ist in die persische Sprache übersetzt worden von Hossain Waez, Verfasser der Paraphrase und des persischen Commentars über den Coran, der oft in diesem Werke angeführt wird. Dieses Buch handelt von dem Geschlechtsadel. Dieser Adel ist bei den Musulmanen um soviel erhabener, als er sich am meisten dem Geschlechte des Mohammed nähert. Daher führen alle diejenigen, welche daraus herstammen, die Titel Seid und Scherif, welche soviel als Herr und Edel bedeuten. Denn man versteht immer unter dem Worte Sadat und Schorafa, welche soviel als Herren und Edle bedeuten, diejenigen, welche aus Alis Nachkommenschaft sind.

Tarif altalbis v tabid al-eblis: Kenntniß, Betrügereien und Gaukeleien des Teufels, und Mittel, solchen zu entgehen. Dies ist der Titel eines Buchs, verfaßt von Mohammed Ben Edris AlNakhschivani. Es ist in fünf Capitel abgetheilt: Das erste handelt von den Sofis und ihren Beschäfftigungen; das zweite von dem Leben der vornehmsten Wegweiser zum geistlichen Leben, die die Musulmanen Meschaik althaniat nennen; das dritte von dem Unnützen der Einsamkeit und des einsamen Lebens; das vierte ist eine Widerlegung der Secten und der Lehre der Ungläubigen, und derjenigen, die sich Ahel alabl, die Anhänger des Ali nennen; das fünfte handelt vom Coran, und widerlegt diejenigen, welche nicht eben vortheilhaft von demselben reden.

Tarif althauaif: Kenntniß der Nationen: ist der Titel eines türkischen Buchs, das in Versen abgefaßt und aus einem andern poetischen Werke genommen ist, das den Fakhlri AlRumi zum Verfasser hat, und Bahr alzakhar betitelt ist. Dieser Auszug ist ohne Namen des Verfassers.

Ta-

Tarif v aleelam fi ma ajoshom fil Coran: Erklärung aller der Stellen im Coran, in welchen Mohammed Gott so redend einführt, daß er sich der Interjection O! bedient, z. E. O Mohammed! O Volk u. s. w. Dieses Werk ist von Abdalrahman AlSohaili AlAndalussi geschrieben worden, der im Jahr der Hedschr. 581 gestorben ist. Man hat eine Einleitung über dieses Werk, Estebrak genannt, das von Mohammed AlGarnathi verfaßt ist, der im Jahr der Hedschr. 636 gestorben ist. Diese beiden musulmanischen Schriftsteller waren in Spanien gebohren, und der letztere war ein Granader.

Tarif v aleelam fi hall moschkol alhadd altamm: Auflösung der Schwierigkeiten, welche in der Lehre von dem Lebensziele des Menschen oder dem jüngsten Gerichte eintreten. Dies ist der Titel eines Buchs, das den Achmed Ben Mostafa Thasch küprizadeh zum Verfasser hat.

Tarif fi nadhm altasrif: ein Buch von den Conjugationen der Verborum in der arabischen Sprache, verfaßt im Jahr der Hedschr. 746 von Hossain Ben Ali AlHasni.

Tarif lemessail marufat v almothalethat: Erklärung mehrerer, sowol deutlicher, als dunkler und verwirrter Fragen. Dies ist der Titel eines Werks des Abu Said Ben AbulCassem.

Tarifat. Ketab altarifat: Erklärung der Terminorum und Redensarten, die bei den musulmanischen Philosophen und Theologen üblich sind, verfaßt von Seid AlScherif Mohammed AlDschordschani. Es ist in der königlichen Bibliothek zu Paris unter Nr. 637. befindlich. Dieser Schriftsteller, der im Jahr der Hedschr. 816 gestorben ist, hat sein Buch nach den Buchstaben des arabischen Alphabets abgetheilt.

Achmed Ben Soliman, Ben Kemal Pascha, der im Jahr der Hedschr. 940 verstorben ist, hat das Werk des Dschordschani sehr vermehrt, und seinem Werke den Titel Taufik gegeben.

Dieser Achmed Ben Soliman hat auch ein Werk unter dem nemlichen Titel verfertigt, und Mobadi, ein sehr neuer Schriftsteller, hat unter dem Titel Taufik sehr sonderbare Vermehrungen dazu gemacht.

Tarikh. Dieses arabische Wort bedeutet eigentlich das Datum des Jahres, in welchem eine Begebenheit oder eine Handlung geschehen ist. Auch wird es von einer besondern Art, die Jahre zu berechnen, gebraucht, so daß zum Exempel der Tarikh Farsi, der Tarikh Khathai, der Tarikh Arabi, oder Hedschri u. s. w. die Arten sind, nach welchen die Perser, die Khatajer, die Araber u. a. m. ihre Jahre zu bezeichnen pflegen. Dies ist es, was die Franzosen Ere, nach dem

dem Lateinischen Aera zu nennen
pflegen. So sagen wir: die Aera
der Perser, die Aera der Khatajer, die Aera der Araber u. s.
w. und das erste von allen diesen
Jahren, von denen man nach
dem Stile dieser verschiedenen
Nationen zu rechnen anfängt,
und das bei uns Epoche heißt,
führt auch bei den Arabern den
Namen Tariß, und die Annalen, die Geschichten und die
chronologischen Tafeln haben bei
ihnen keinen andern Namen, wofern nicht die Schriftsteller ihnen
ausdrücklich einen ganz besondern
geben.

Ben Schohnah sagt beim ersten Jahre der Hedschrah, das
Wort Tariß sey ein neues Wort
in der arabischen Sprache, und
sey blos eine verdorbene Aussprache des persischen Worts Mahruß, welches einen Calender bedeutet, und fügt hinzu, daß Maimon, der Sohn Maharan, sage:
als Omar, der zweite Khalife,
eine Verordnung habe unterzeich-
nen wollen, habe er die Vornehmsten von Mohammeds Gesellen
zusammenkommen lassen, und sie
wegen des Datums, das er darunter setzen mußte, um ihren Rath
befragt. Hierauf sey Harmozan,
einer der edelsten und gelehrtesten Perstaner, der den Musulmanismus angenommen hatte,
und sich in dieser Versammlung
befunden, der Meinung gewesen,
man müsse einen Mahruß, oder
Calender, aufsetzen, dessen Anfang in das Jahr der Flucht Mohammeds von Mekka und seiner
Orient. Bibl. 4. B.

Ankunft zu Medinah zu setzen
sey, und das ist dasjenige, was
in der Folge Tariß Al Hedschri
genannt worden ist, das wir die
Aera oder die Zeitrechnung der
Hedschrah zu nennen pflegen.

Achmed Ben Ali, genannt Al-
Monagem, der Astronom, hat
ein Buch verfertigt, dessen Titel
ist: Albejan an Tariß sent alzeman alalem ala sebil alhodschat
v alborhan; Erklärung der Chronologie, nach welcher die Haupt-
ären und Epochen der Welt de-
monstrirt sind.

Tariß Arabi und Al Hedschri: die arabische Aera und die
Jahrrechnung der Hedschrah.
Diese Aera oder Epoche, deren
sich alle Musulmanen, aus welcher Nation sie auch seyn mögen, bedient haben, und sich
noch heut zu Tage bedienen,
fängt, ihnen zufolge, am ersten
Tage des Monden Moharrem,
am fünften, oder nach unsern
Chronologisten, am sechsten Tage desselben, der mit dem funfzehnten Julius einerlei ist, wenn
man den Anfang dieses Monden,
von Untergang der Sonne eben
dieses Tages, des Jahrs Christi 622 nimmt, an. Siehe den
Artikel Hegrah.

Tariß Farsi: die persische
Zeitrechnung: dies ist diejenige,
die wir gewöhnlich die Jezdigir-
dische zu nennen pflegen. Unsere besten Zeitrechner setzen den
Anfang von dieser Aera auf den
sechszehnten Junius, welches die
Bb   Feria

Feriæ tertia des Jahrs Chriſti 632 und das Jahr 1379 des Nabonaſſar iſt. Allein die Araber fangen ſie erſt mit dem zwei und dreißigſten der Hedſchrah, welches das Jahr Chriſti 652 und das Jahr Nabonaſſars 1400 iſt, an. Hadſch Khalfah iſt dieſer Meinung. Denn er ſetzt in das Jahr 31 dieſer Hedſchrah, Encaradh Devlet Saſſanian benactuli Jezdegird, das Ende der Dynaſtie der Saſſaniden, die die vierte der Könige von Perſien und der Khoſroes ausmachen, durch den gewaltſamen Tod des Jezdegird, und im folgenden Jahr, welches das zwei und dreißigſte iſt, ſetzt er Jbtibai tarikh fürs cabim, den Anfang der *III.* alten Aera von Perſien. Man **412** vergleiche dasjenige, was über dieſe Aera in den Artikeln Jezdegird und Gelali iſt geſagt worden.

Tarikh Khatha v Jgur: die Jahrrechnung der Khatajer und Jgurier. Ulug Beg hat uns eine ſehr genaue Kenntniß von dieſer Jahrrechnung gegeben, und da dasjenige, was er darüber geſagt hat, von Gravius iſt herausgegeben und überſetzt worden, ſo wollen wir hier nichts näheres und weiteres darüber ſagen.

Nur das einzige wollen wir bemerken, daß, da die Mogolen und Tataren, welche mit den Khathajern und Jguriern des Ulug Beg einerlei ſind, zwölfjährige Cyclos haben, denen ſie Namen von mancherlei Thieren beilegen, zum Exempel das Schwein, die Henne, die Schlange u. d. m. ſo hat es einige Schriftſteller gegeben, welche geglaubt haben, das Jahr des Elephanten, in welchem Mohammed gebohren wurde, ſey ein dieſem Jahre der Mogolen gleiches Jahr, und doch iſt dieſes Jahr des Elephanten kein anderes, als dasjenige, in welchem der König von Aethiopien Abrahah mit einer großen Anzahl von Elephanten, dergleichen man bis dahin noch nicht in Arabien geſehen hatte, vor Mekka gekommen war, um dieſe Stadt zu belagern. Siehe den Artitel Abrahah.

Tarikh Gelali, und Tarikh Maleki: die Gelaleiſche Aera oder die königliche Jahrrechnung. Dieſe Aera hat ihren Namen von Gelaleddin Malekſchah, dem Sohne des Alp Arſlan, dritten Sultans aus der Dynaſtie der Seldſchuciden, bekommen, und fängt den erſten Wochentag von dem fünften des Mondes Schaban, im Jahr der Hedſchr. 468 an. Doch giebt es arabiſche Schriftſteller, die ihren Anfang in den fünften Wochentag, auf den zehnten des Monden Ramadhan, im Jahr 471 eben dieſer Hedſchrah, ſetzen.

Unſere Chronologiſten folgen dieſer letztern Zeitbeſtimmung, und ſetzen ihren Anfang in das Frühlingsäquinoctium, welches auf den vierzehnten März des Jahrs Chriſti 1079 fiel, in welchem Jahre der dritte Julius, der

der fünfte Wochentag, das Jahr
der Hedschr. 476 beschloß. Denn
das Jahr 472 fing den vierten
Julius, den fünften Wochentag
eben dieses Jahres an.

Tarikh Maleki. Siehe den
vorhergehenden Artikel.

Tarikh Rumi: die griechische Jahrrechnung. So nennen
die Araber die Aera der Jahre
des Alexanders. Sie fängt, nach
ihrer sowol, als nach unserer
Berechnung, zwölf Jahre nach
dem Tode Alexanders des Großen an. Dies ist eben die Aera,
die wir die Aera der Seleuciden
nennen, weil sie mit dem ersten
Jahre der Regierung des Seleu-
cus Nicator, Königs von Syrien, Chaldäa, Mesopotamien
und Persien anfängt. Die Araber sowol, als unsere Astronomen und die ältesten Schriftsteller insgesammt setzen den Anfang dieser Aera auf den sechsten
September, den fünften Wochentag, des Jahrs 310 vor
Christi Geburt.

Tarikh alschohada: die Aera
der Märtyrer. So haben die
egyptischen Christen diejenige, die
bei uns die Diocletianische heißt,
genannt. Sie fängt mit dem
Jahr Christi 284, mit dem Tode des Numerianus, und mit
dem ersten Jahre des Diocletians
an. Doch ist es auch wahr, daß
die große Verfolgung, die Dio-
cletian die Christen hat erfahren
lassen, und die in Egypten so blu-

tig gewesen ist, nur erst im zwanzigsten Jahre der Regierung dieses Kaisers bekandt gemacht worden ist. Bloß die egyptischen,
oder wie man sie heut zu Tage
zu nennen pflegt, coptischen Christen, bedienen sich dieser Aera.
Aber die occidentalischen Christen III.
haben sich beständig der Diocle-
tianischen bedient, welche mit
dem ersten Jahre seiner Regierung anfängt, und bis auf den
römischen Abbt Dionysius den
Kleinen geht, der zuerst die Art,
unsre Jahre von der Geburt Jesu Christi an zu rechnen, eingeführt hat, daß er im Jahr 526
gethan hat.

Tarikh Türki: die Aera der
Türken. Man muß die orientalischen darunter verstehen, und
unter diesem Worte sind die Khatajer und die Igurier begriffen,
von welchen wir bereits geredet
haben. Siehe den **Tarikh
Khathai.**
Nachdem wir von Tarikh, in
der Bedeutung einer Aera, Epoche und Zeitrechnung, gesprochen
haben, so müssen wir nun noch
einen Theil der Bücher sehen, die
unter eben diesem Titel Annalen und Geschichte liefern.
Denn solche Annalen und Geschichten, die nicht den Namen
Tarikh, sondern einen andern
führen, muß man insgesammt
jeden unter seinem eigenthümlichen Artikel aufsuchen: dergleichen sind zum Exempel Akhbar,
Athar, Nissar, Seirat, Sojar
u. s. w.

Bb 2 Ta

Tariкh Ebn Athir: Geschichte des Ebn Athir. Man hat zwei Werke, die diesen Titel führen. Das eine ist unter dem Namen Kamel bekandt. Siehe diesen Artikel. Das andere führt den besondern Titel: Ebrar *) auli alábsar. Dies ist die Geschichte der Fürsten aus der Dynastie der Atabeken, die zu Muffal und in Mesopotamien regiert haben.

Tariкh Ebn Farek, oder Tariкh AlFareki: Geschichte der Stadt Miafarekin in Syrien.

Tariкh Ebn Dschorair. Dies ist einerlei Geschichte mit derjenigen, die den Titel Thabari führt. Siehe diesen Artikel.

Tariкh Ebn AlGezeri: ist der Titel einer Geschichte, die von Schemseddin Mohammed Ben Mohammed, genannt AlGezeri, der im Jahr der Hedschr. 833 verstorben ist, ist verfertigt worden. Siehe den Artikel Gezeri.

Tariкh Ebn AlGiuzi: eine Geschichte, die den Ebn AlDschuzi zum Verfasser hat, und den besondern Titel Tariкh almontabbani führt. Siehe diesen Artikel.
Eben dieser Schriftsteller hat noch mehrere andere Geschichtbücher verfertigt, als: Aamar alajan, Safuat AlSafuah, Tal-

kih alfohum, und Tabaffuth mecrat alzaman.

Tariкh Ebn Hasan oder Hiän: Geschichte oder Zeitrechnung der Schriftsteller, welche von Traditionen handeln, die die Musulmanen AlMohadethin nennen. Sie ist von Mohammed AlSebthi geschrieben worden, der im Jahr der Hedschr. 354 gestorben ist.

Tariкh Ebn Hadschar: eine Geschichte, die den Ebn Hadschar AlAscalani zum Verfasser hat, unter dem Titel: Enba alcamar.

Tariкh Ebn Hagi: Geschichte, von Schehabeddin Achmed AlSadi, AlDemeschki, der unter dem Namen Ebn Hagi bekandter ist, verfaßt. Dieser Schriftsteller ist im Jahr der Hedschr. 825 gestorben.

Tariкh Ebn AlHanbali, der auch den Titel Dorrar alhabib führt. Dies ist eine Geschichte der Stadt Halep.

Tariкh Ebn Khaledun: Geschichte, vom Cadhi Abdallah Ben Mohammed AlHadrami verfaßt, der im Jahr der Hedschr. 808 gestorben ist. Es ist dies eine sehr merkwürdige, nach den Jahren abgefaßte Geschichte, von allem dem, was sich in seinen Zeiten zugetragen hat. Dieser Schriftsteller war Cadhi von Halep,

*) [Lies Ebarat oder Ebrat statt Ebrar. Siehe den Artikel Athir B. 1. S. 284. A.]

sey, als diese Stadt von Tamerlan eingenommen wurde, und
ward, wie viele andere, zum Gefangnen gemacht. Er erzählt
darin seine Reise, die er mit seinem Herrn bis nach Samar-
cand gemacht hat. Von dieser
Geschichte werden wir anderwärts reden.

Tarikh Ebn Khordhadbah:
Eine Geschichte, von Abdallah,
mit dem Beinamen Ebn Khordhadbah, der ums Jahr der
Hedschr. 300 gestorben ist, verfaßt. Massudi führt sie oft in
seinem Werke an, welches er
Morudsch aldheheb, die vergoldeten Wiesen, betitelt hat. Dieses Buch macht einen sehr starken Band aus, und der Verfasser hat in demselben alles, was
er in mehreren andern Schriftstellern über den Ursprung der
Nationen, und über die Monarchen, welche in den allerältesten
Zeiten regiert haben, gefunden
hat, gesammlet und in Verse gebracht.

Tarikh Ebn Khalecan. Ge-
schichte des Ebn Khalecan, die
den Titel Vasiat alajan führt.
Dies sind Lebensbeschreibungen
berühmter Männer. Unter dem
Artikel Vasiat soll umständlicher
von denselben geredet werden.

Tarikh Ebn Dokmak oder
Tokmak: eine Geschichte, deren
Verfasser Dhiaeddin Ibrahim
Ben Mohammed AlMesri heißt,
der im Jahr der Hedschr. 790
verstorben ist *).

Diese Geschichte füllet mehrere Bände, deren jeder seinen
besondern Titel hat. Zum Exempel: Nozhat AlImam, Dschomad
alzaman, Aeb aldschauaher,
Janbu almodhaher. Alle diese
Werke betreffen die Geschichte
von Egypten, und sind nach der
Jahrfolge geordnet.

Tarikh Ebn Al Dahan. Ei-
ne Geschichte, deren Verfasser
Abul Schedscha Mohammed Ben
Ali AlBagdadi ist, der im Jahr
der Hedschr. 590 gestorben ist.

Tarikh Ebn Zoraik: eine Geschichte, die den Jahia Ben Ali
AlTanukhi AlMesri zum Verfasser hat, der im Jahr der Hedschrah 423 gebohren ist. Dieses
Werk hat die allgemeine Geschichte zum Gegenstande, und ist in
Form von Annalen geschrieben.

Tarikh Ebn Zulak: eine
Geschichte von Egypten, deren
Verfasser Ben Zulak ist. An einem andern Orte werden wir
von derselben reden.

Bb 3   Ta-

---

*) [Ibrahim Ben Dokmak, mit dem Beinamen Dhiaeddin, hat wenig-
stens bis ins Jahr der Hedschrah 906 gelebt. Siehe den Artikel Giau-
har Thamin B. II. S. 179. und den Artikel Dokmak B. 1. S. 609.
Herbelot hat ihn also mit Saremeddin verwechselt, von welchem unter
eben diesem Artikel Dokmak gehandelt wird. K]

Tarikh Ebn Zeidun: Eine Geschichte, die den Achmed Ben Abdallah AlHadhrami zum Verfasser hat, der im Jahr d. H. 463 verstorben ist. Dieses Werk ist voll von Moralen und andern merkwürdigen Sachen, welches mehrere bewogen hat, Commentare darüber zu verfertigen.

Tarikh Ebn AlSagl: Eine Geschichte, in mehr denn dreißig Bänden verfaßt von Ali Ebn Al-Khateb AlBagdadi, der im Jahr der Hedschr. 672 verstorben ist. III. Dieser Schriftsteller hat in 415 dieses große Werk mehrere besondere Geschichten zusammengebracht, deren Titel folgende sind: Akhbar AlSchoara, Geschichte der Dichter seiner Zeit; Akhbar AlKholafa, Geschichte der Khalifen; Akhbar AlMossanefin, Geschichte der Schriftsteller; Akhbar AlHalladsch, Geschichte des Halladsch, eines Mannes, der sich durch seine kühne Meinungen berühmt gemacht hat, die seinen Feinden Gelegenheit gaben, ihn ums Leben zu bringen; Akhbar Roboth v AlModares, Geschichte der Bethäuser und Collegien; und darauf die Geschichten Codhad Bagdad, der Cadhis von Bagdet; AlVozara, der Vesire: Dhel tarikh Bagdad, Supplement zur Geschichte von Bagdet; AlDschamé almokhtassar, kurzgefaßte Sammlung; Menakeb AlKholafa, Lobreden auf die Khalifen; AlMaallem AlAtabeki, der Lehrer der Atabeken, das heißt, deren Hofmeister der Prinzen; AlMecaber almeschurah, die berühmtesten Gräber; Garar almobhaberat, Unterhaltung der Gesellschaften; Thabacat AlFocaba, die verschiedenen Classen der musulmanischen Rechtsgelehrten, u. d. m.

Tarikh Amen: eine Geschichte, deren Verfasser Ali Ben Mussa AlMagrebi, genannt Al-Akhbari, der Geschichtschreiber, ist, der im Jahr der Hedschr. 673 gestorben ist. Dieses Werk, das von der Geschichte von Africa handelt, ist sehr weitläuftig und folgt der Ordnung der Jahre. Es ist von dem Verfasser selbst in einen Auszug gebracht, und von neuern Schriftstellern mit Supplementen versehen worden.

Tarikh Ebn Schaker: Eine Geschichte des Ben Schaker, die auch den Titel Ojun altauarikh, die Augen oder die Quellen der Geschichte, führt.

Tarikh Ebn Schobbah, ist der Titel einer Geschichte, welche eigentlich nichts weiter als ein Supplement zu der Geschichte des Dhababi ist, und den Titel AlMotabar führt. Eben dieser Schriftsteller hat auch eine Geschichte der musulmanischen Rechtsgelehrten geschrieben, welche Thabacat alfocaha betitelt ist.

Tarikh Ebn AlSairefi: Eine Geschichte, die den Jahia Ben Mohammed AlGarnathi zum Ver-

Verfasser hat, der im Jahr der Hedschr. 557 verstorben ist. Er hat sie für die Fürsten in Spanien aus der Dynastie, Daulat AlMenuniat genannt, verfertigt. Sairefi war einer der vortrefflichsten Dichter seiner Zeiten.

Tarich Ebn AlAdib. Dies ist eine Geschichte von Halep.

Tarich Ebn AlAssaker. Ist eine Geschichte von Damaschk.

Tarich Ebn Oschair: Geschichte und Verzeichniß der Erklärer des Corans.

Tarich Ebn AlForat: eine Geschichte, deren Verfasser Naseredbin Mohammed Ben Abdalrahim AlMesri ist.

Tarich Ebn Kethir: eine Geschichte, die von Omadebbin Ismail Ben Omar AlDemeschki ist verfertigt worden, der im Jahr der Hedschr. 774 verstorben ist. Sie führt den Titel Bedajat v alnehajat. Siehe diesen Artikel.

Tarich Ebn Maadujat: dies ist eine Geschichte der Stadt Ispahan.

Tarich Ebn AlMolakken: eine Geschichte, deren Verfasser Seradschebbin Omar Ben Ali AlSchafei ist, der im Jahr der Hedschr. 804 gestorben ist. Sie handelt von der Dynastie der Türken oder Türkomanen in Egyp-

ten. Eben dieser Schriftsteller hat auch eine Geschichte der Cadhis von Cairo, unter dem Titel: Akhbar Cobhat Mesr, und die Geschichte der Schafeischen Lehrer unter dem Titel: Thabacat AlSchafejah geschrieben.

Tarich Ebn Mandah. Dies ist eine Geschichte der Stadt Ispahan.

Tarich Ebn Nagdschar: Geschichte der Städte Bagdet, Cufah, und Medinah. Der Verfasser derselben ist Ebn Nagdschar. *III. 416*

Tarich Ebn Junos: Geschichte von Egypten und Thebais, verfaßt von Ebn Junos, dem Sohn Jonas, mit dem Beinamen AlCaid, der Sitzende.

Tarich Abibeker: Geschichte, verfaßt von Mohammed Ben Hassan, AlDeinuri. Sie ist in persischer Sprache geschrieben.

Tarich Abi Hanifah: Geschichte oder Leben des Abu Hanifah, verfaßt von Achmed Ben Daud AlDeinuri, der im Jahr der Hedschrah 282 gestorben ist.

Massudi sagt, diese Geschichte sey aus einer andern genommen, die Ben Khatibah bereits verfertigt, und zu welcher dieser Schriftsteller einiges vom seinigen hinzugefügt habe.

Tarich Ebn Nagdscha. Ben Nagdscha ist einerlei Person mit Mohammed Ben Hamdujah.

Bb 4   Ta-

Tarikh Abi Reschad: Eine Geschichte, die den Abu Reschad Achmed Ben Mohammed Al-Akhsiki zum Verfasser hat, der im Jahr der Hedschr. 528 verstorben ist.

Tarikh Abi Refaat: eine Geschichte, die den Omadah Ben Vathemal Alfarsi zum Verfasser hat. Dies ist eine allgemeine, in Form von Annalen abgefaßte Geschichte.

Tarikh Ebn Schamah: Ein Supplement zur Geschichte von Damas, verfaßt von Ebn Schamah, dem Verfasser eines andern Buchs, das den Titel führt: Azhar alraudhatein fi akhbar al-daulatein. Siehe diesen Artikel.

Tarikh AbilFath Ben Abil-Hassan Al Sameri: Geschichte der Samaritaner; deren Verfasser AbulFath Ben AbilHassan ist.

Tarikh AbilFadhl Mohammed Ben Edris, mit dem Beinamen Al Bedlissi Al Defteri: Eine Geschichte in türkischer Sprache von AbulFadhl Mohammed Ben Edris. Sie ist in zwölf Sectionen abgetheilt, fängt mit Schöpfung der Welt an, und begreift die Lebensbeschreibungen der Propheten, Khalifen, und der türcomanischen und circassischen Mamluken in sich. Dieser Abul-Fadhl war der Sohn des Edris Alchalebi, Verfassers einer ottomanischen, in persischer Sprache abgefaßten Geschichte. Er

hat auch ein Supplement bis zum Jahr der Hedschr. 982 hinzugefügt.

Tarikh Abiurbi: Eine Geschichte, deren Verfasser Abul-Modhaffer Mohammed Ben Achmed AlAbiurbi ist, der im Jahr der Hedschr. 507 verstorben ist.

Tarikh Atrak: Geschichte der Türken, das heißt, der Dynastie der Türkomanen in Egypten; die der Geschichte des Ebn AlMolakfen, und den Geschichten, die den Namen Dorrae aleslam fi daulat AlAtrak und Gorrar alsojar AlTürk v AlTatar führen, ähnlich ist.

Tarikh Abranah oder Edri-ni, neh: Geschichte der Stadt Adrianopel, die den Titel Anis almosafferin führt. Sie ist als ein Auszug verfaßt worden von Abdalrahman Ben Hussain Albaltscheri AlAdranaui, genannt AlModarres, das heißt, der Professor. Sie handelt nicht allein von demjenigen, was das Land betrifft, sondern auch von solchen Dingen, die die Einwohner dieser Stadt angehen. Sie ist in vierzehn Capitel abgetheilt, und im Jahr der Hedschr. 1045 geendigt worden. Hadsch Khalfah bemerkt, dieser Schriftsteller sey der erste, der die Geschichte seiner Stadt und seines Landes Romelien geschrieben habe.

Tarikh Edrissi AlBedlissi, ist der Titel eines Buchs, das
unter

unter dem Titel: Hescht belkscht bekanntet ist. Es ist dies eine Geschichte der Dynastie der Othmaniden, oder des Ottomanischen Hauses, die in persischer Sprache von Edris AlThalebi ist verfertiget worden, und zu welcher sein Sohn AbulFadhl Mohammed AlDefteri im Jahr der Hedschr. 982, unter der Regierung Selims des Zweiten, ein Supplement gemacht hat.

Tarikh Adherbidschan: Geschichte der Provinz Adherbidschan, welche einen Theil von Medien ausmacht. Der Verfasser derselben ist Al-Haidscha Al-Nauabi.

Tarikh Harran: Eine Geschichte der Stadt und Provinz Harran in Mesopotamien; die den Berdai zum Verfasser hat.

Tarikh Arbel: Eine Geschichte von Arbela in Mesopotamien: welche Stadt durch die Niederlage des Darius merkwürdig geworden ist. Der Verfasser derselben ist Mobarec Ben Achmed Ben Mestaufi, der im Jahr der Hedschr. 637 verstorben ist. Dieses Werk besteht aus vier Bänden, und hat einen andern Titel, nemlich: Nahed albelad alhanuel heman narabahomen alamathel.

Es giebt noch eine andere Geschichte von eben dieser Stadt, die den Abu Ali Hassan AlArbeli zum Verfasser hat.

Tarikh Asterabad: Eine Geschichte der Stadt Asterabad, von Edrissi verfaßt. Es giebt auch eine andere, welche den Hamzah AlSehimi zum Verfasser hat.

Tarikh Eskanderiah: Geschichte der Stadt Alexandrien, verfaßt von Uagiheddin Mansur Ben Selim AlEskanderi, der im Jahr der Hedschr. 674 verstorben ist.

Tarikh Eslam: Geschichte des Eslam, das heißt, des Musulmanismus, oder der musulmanischen Religion, verfaßt von Dhahabi oder Dhehebi. Wir haben an einem andern Orte von derselben geredet.

Tarikh Assuan: Geschichte der Stadt Assuan, welches die alte Stadt Syene in Thebais ist, wo Ptolomäus sein zweites Clima angefangen hat.

Tarikh Aschraf: Geschichte des Orients, verfaßt von Haithem Ben Hadi. Man hat zwei Originale von dieser Geschichte, ein größeres und ein kleineres.

Tarikh Esfahan: Geschichte der Stadt Ispahan, nach der Anlage der Geschichte des Abu Naim Achmed Ben Abdallah AlEsfahani verfertigt, der im Jahr der Hedschr. 430 verstorben ist.

Tarikh Abi Zakaria: Ist III, eine Geschichte von Ispahan, und 4te von

Bb 5

von demjenigen Lande, das die Araber Gebal und Erak Agemi, und die Perser Cuhestan nennen, und von welchem Ispahan die Hauptstadt ist. Der Verfasser dieses Werks ist Abu Zakaria Jahia Ben Abdallah AlEsfahani, der im Jahr der Hedschr. 445 verstorben ist. Er ist unter dem Namen Ebn Mandah bekandter. Siehe diesen Artikel.

Es giebt noch eine ähnliche Geschichte, die den Hamzah Ben Hassan AlEsfahani zum Verfasser hat; eine andere von Ebn Mardujah, eine von Omar Ebn Schelan AlSadegi, und noch eine andere, die den Titel führt: Nozhat aladhan, u. s. w.

Tarikh Kobra: die große Geschichte. Dies ist der Titel einer in persischer Sprache abgefaßten Geschichte, die den Mobarek AlHendi, sonst AlCadhi AlHendi genannt, zum Verfasser hat. Sie handelt von den indischen Königen aus der Nachkommenschaft Timurs oder Tamerlans, bis auf die Zeiten des Gelaleddin Mohammed, mit dem Beinamen Akbar.

Tarikh Afrikiah: Geschichte der Provinz des eigentlich so genannten Africa, verfaßt von Abu Mohammed AlMaleki.

Man hat noch zwei Geschichten eben dieses Landes, von welchen die eine den Titel führt: Dorrar alfaikat fi mehassen alafarekat; die andere aber Abat Afrikiah betitelt ist.

Tarikh Akrad: Geschichte der Curden und von Curdistan. Es giebt mehrere Geschichten dieser Völker, und des Landes, das sie bewohnen, darunter auch Musarradsch alcolub fi Beni Ajub, und Sojar Salah eddin sind. Diese beiden Werke haben den Saladin und seine Nachkommenschaft, welche ihres Geschlechts Curden waren, zum Gegenstande. Tarikh Scharf Khan AlBedlissi AlCauami AlSalahhiah, und AlMenhadsch AlSalahhiat. Diese beiden Werke betreffen gleichfalls das Leben Saladins.

Tarikh AlAkasserah: Geschichte der Khosroes, verfaßt von Bedreddin Mahmud Ben Achmed AlAini, der im Jahr der Hedschr. 855 verstorben ist. Akasserah ist die vielfache Zahl von Kesra. Denn so haben die Araber denjenigen genannt, der bei den Persern Khosru und Khosrev, und bei den Griechen und Lateinern Khosroes heißt. Diese Khosroes machen die vierte Dynastie der Könige von Persien aus, die sonst Sassanian, die Sassaniden, genannt werden.

Tarikh AlBujah: Geschichte der Familie, und der Fürsten aus dem Geschlechte Bujah, die in diesem Werke die Buiden genannt werden. Der Stifter derselben ist Gemaleddin Ali Ben Jussuf AlCofthi, AlUazir, der im Jahr der Hedschr. 646 gestorben ist.

Man

Man hat noch eine Geschichte der Buiden, die den AlMahi oder AlTadsch AlSabi zum Verfasser hat.

Tarikh AlGenghiz: Geschichte der Familie und der Dynastie des Ginghizkhan, verfaßt von Mohammed AlTaschkendi, Sebth Ali AlEuschi. Eben dieser Schriftsteller hat auch noch zwei Geschichtsbücher, unter den Titeln Vassaf alhadrat und Gehan koschai verfertigt.

Tarikh AlRassul men molut AlJemen: Geschichte der Könige von Jemen, oder vom glücklichen Arabien, aus der Familie oder Dynastie von Rassul, der sich für einen Abkömmling von Mohammed ausgab, welcher bei den Musulmanen AlRassul, der Gesandte Gottes, genannt wird. Diese Geschichte besteht aus mehreren Bänden.

III. **Tarikh AlSeldschuk:** Ge-
419 schichte der Seldschuciden: verfaßt vom Vesir Gemaleddin Ali Ben Jussuf AlCophthi.

Man hat noch eine Geschichte von eben diesen seldschucidischen Sultanen, die den Achmed Ben Mohammed AlBursaui, genannt AlModarres, der Professor, der im Jahr der Hedschr. 977 verstorben ist, zum Verfasser hat. Dieser redet blos von den Seldschuciden aus der dritten Dynastie, die in dem Lande Rum, das ist, in Natolien regiert haben.

Diese Geschichte ist von Mohammed Ben Madscheddin ins Türkische übersetzt worden.

Es giebt noch mehrere Geschichten der Seldschuciden, deren Titel sind: Jonun alsodur, Nosrat alfitrat, Seldschuk Nameh, u. s. w.

Tarikh AlAbbas: Geschichte der Familie und der Dynastie der Abbassiden. Es haben sie mehrere Schriftsteller bearbeitet. Aber der vornehmste von ihnen allen ist Mossuli; denn sein Werk ist von allen den übrigen, die nach ihm über eben diesen Gegenstand geschrieben haben, zum Grunde gelegt worden.

Madschdeddin Ben Saleh ist ihm gefolgt. Abu AlAzher Mohammed, Ben Murid, wird nicht als authentischer Schriftsteller in dieser Geschichte angenommen; denn er hat viele Unwahrheiten beigebracht.

Eben diese Geschichte ist auch noch von andern bearbeitet worden, aber unter andern Titeln; dergleichen sind: AlAssas fi AlAbbas, Refa albas fi AlAbbas, AlBezair le Ebn Vagih, u. s. w. Man sehe eine jede derselben an ihrem gehörigen Orte.

Tarikh AlOthman: Geschichte der othmanidischen Sultane, oder wie wir sie zu neunen pflegen, der Ottomanen. Der erste von allen, der sie beschrieben hat, ist Mevla Edris Ben Hossameddin AlBedlissi, der sie in persischer Sprache, im Jahr der Hedschr. 930, in einem sehr schönen

schönen Stil verfaßt hat. Er hat sein Werk von der Stiftung der ottomannischen Monarchie angefangen, und sie bis zur Regierung Bajazet des Zweiten fortgeführt. Sie ist unter dem Titel Hescht Behischt bekandter.

Abulfadhl Mohammed AlDefteri, ein Sohn dieses Schriftstellers, hat das Werk seines Vaters bis an das Ende der Regierung Selims des Zweiten fortgesetzt, und ist im Jahr der Hedschr. 987 verstorben.

Tarikh AlOthman: gleichfalls eine ottomannische Geschichte, in türkischer Sprache verfaßt, von Schams eddin Achmed Ben Soliman, Ben Kemal Pascha, der im Jahr der Hedschr. 940 verstorben ist. Dieser Schriftsteller endigt seine Geschichte, die er mit Othman dem Ersten angefangen hat, im Jahr 933 unter der Regierung des Soliman, eines Sohns Selim. Hadsch Khalfah sagt, dieser Schriftsteller habe durch dieses Werk die Direction des Collegiums, Thaschlik genannt, verdient.

Tarikh AlOthman: Geschichte der Othmaniden, türkisch verfaßt von dem Derwisch Achmed Ben Jahia, Ben Soliman, Ben Aschik Pascha. Sie ist eine der allerältesten, und doch sagt der Verfasser derselben, er habe sie aus dem Buche des Scheikh Bükschi Ben Elias AlFakih genommen. Dieser Scheikh war ein Sohn des Elias, eines

der vornehmsten Imams des Sultan Orkhan, und hat alles, was er von seinem Vater über den Ursprung der ottomanischen Familie und die Thaten der ersten Sultane erfahren hat, aufgezeichnet.

Tarikh AlOthman: ist III. gleichfalls eine ottomannische Geschichte, verfaßt von Mevlana 420 Mohammed AlMaschri, oder AlNeschri, AlModarres, unter dem Namen Bajazet des Zweiten.

Tarikh AlOthman mandhum: ottomannische Geschichte in türkischen Versen, verfaßt von AlHadi. Sie geht bis zu Solimans Regierung. Saededdin thut dieses Werks in seiner Geschichte, die den Titel Tadsch altauarikh führt, Erwähnung.

Fath allah AlUref hat diese Geschichte halb in Prosa und halb in persische Verse gebracht, und solche dem Sultan Selim dem Ersten bedicirt.

Mevla Achmed, der unter dem Namen Parparah Zadeh bekandt, und im Jahr 968 gestorben ist, hat sie gleichfalls in Versen beschrieben, die denen im Schach Nameh des Ferdussi ähnlich sind.

AlHariri hat gleichfalls die Eroberungen des Soliman in Versen beschrieben.

Tarikh AlOthman: ist gleichfalls eine Geschichte der Othmanen, die den Mohieddin Mohammed Ben Ali AlDschali, Cadhi von Adrianopel, zum Verfasser

fasser hat, der seiner Würde entsetzt worden ist. Dieser Geschichtschreiber fängt seine Geschichte
mit Othman dem Ersten an, und
hat sie bis zum Jahre 957 fortgeführt.

Tarikh AlOthman: ist
gleichfalls eine othmanische Geschichte, die den besondern Titel
Tadsch altauarikh führt. Siehe
diesen Artikel.

Diese Geschichte, welche nicht
über die Regierung Selims des
Ersten hinausgeht, ist von dem
nemlichen Verfasser in einen Auszug gebracht worden. Doch hat
er sich sehr über das Lob des
Sultan Selim ausgebreitet, und
diesem Auszuge den Titel Selim
Nameh gegeben.

Man hat noch einen andern
Auszug aus der nemlichen Geschichte, die den Mulla Ischak
Tschelebi Ben Ibrahim AlUsenbi
zum Verfasser hat. Sie führt
den Titel Ischak Nameh. So-
dschudi hat ein Supplement zu
dem Buche Ischak Nameh gemacht, und viele andere Schriftsteller haben sich nach seinem Beispiele sehr weitläuftig über die
Eroberungen des Selims, besonders über die von Egypten,
ausgebreitet, unter andern Achmed Ben Sünbül AlRammal,
und Sohail, Schreiber beim
Divan, der sich auch mit der Erzählung alles dessen, was seit der
Eroberung Egyptens, die Selim
unternommen hat, bis zum Jahr
der Hedschrah 1030 vorgefallen
ist, befaßt hat.

Emir Schokri, einer von den
vornehmsten Oberhäuptern und
Fürsten der Curden, hat auch
ein Buch in türkischen Versen geschrieben, betitelt: AlFotuhat
AlSelimiah, die Eroberungen
des Selim.

Tarikh AlOthman: Ge-
schichte der othmanischen Türken, verfaßt von Mostafa Ben
Gelaleddin AlTaufiki, der im
Jahr der Hedschr. 975 verstorben ist.

Dieser Schriftsteller ist unter
dem Namen Khodschah Nischangi bekannter, und hat nur von
dem Anfange der Regierung Solimans an bis zum Jahr 960 geschrieben. Doch hat er dabei
nicht vergessen, in einem kurzen
Auszuge auch die Regierungsge-
schichten der vorhergehenden Sultane zu erzählen, und hat seinem
Werke den Titel Thabacat almemalek gegeben.

Abbalaziz, der unter dem Namen Cara Tschelebi Zadeh bekandter ist, hat auch die ganze
Geschichte von Solimans Regierung an bis zu seinem Tode in
türkischer Sprache, in einem
sehr ausgefeilten Stile beschrieben.

Zwei andere Schriftsteller haben gleichfalls die Eroberungen
dieses Sultans beschrieben, nemlich der Cadhi Mansur Bakehi,
und Mondschat AlFadhel Ebn
Kemal Pascha.

Tarikh AlOthman, Ge-
schichte der Türken, verfaßt von
Hassan

Haſſan Bezzadeh, genannt Al-Kiatib, der im Jahr der Hedſchr. 1046 verſtorben iſt. Dieſes Werk iſt eigentlich ein Supplement zum Tadſch altauarikh, das mit dem Sultan Soliman anfängt, und bis zur Regierung Moſtafa Khan des Erſten fortgeht. Dieſes Werk iſt in einen Auszug von Moſtafa Ben Mohammed, mit dem Zunamen AlBali, und in Verſe gebracht worden von Achmed Al-Kermani, und von dem Derwiſch AlRumi, unter dem Titel: Genk Nameh.

Man hat auch in türkiſcher Sprache eine Geſchichte, die den Titel führt: Tarikh Bacaat Al-Soliban Othman, verfaßt von einem Kriegsbedienten, Namens AlTughi, der auch ſeinem Werke den Titel Moſſibat Nameh gegeben hat. Es iſt dies die Geſchichte der unglücklichen Abſetzung und Ermordung des Sultan Othman des Zweiten.

Tarikh AlOthman belarabiat: Ottomaniſche Geſchichte in arabiſcher Sprache. Da alle die vorhergehenden, von welchen wir bisher geredet haben, entweder in perſiſcher oder türkiſcher Sprache abgefaßt ſind, ſo wollen wir hier noch die Titel von denjenigen beifügen, die in arabiſcher Sprache geſchrieben ſind. Die vornehmſten ſind: Gaſath albejan fi AlOthman, AlMenhadſch alrahmaniat fil daulat AlOthmaniat, Raud albſchau-

man fi daulat alſolthan Othman, AlFaidh almenan fi daulat alOthman, Dorrar alathman fi manba AlOthman, Tahkik alfaradſch v akiman bedaulat alſolthan Selim Ben Soliman, AlDorrar almandhum fi menakeb Bajazid Malek AlRum, AlBark AlJemani fil fath AlOthmani, AlFath almoſtedſchad fi fath Bagdad, u. ſ. w.

Tarikh AlModhaffer: Geſchichte der Familie oder Dynaſtie der modhafferiſchen Sultane von Perſien, die ſich in Tamerlans Zeiten geendigt hat. Sie iſt in perſiſcher Sprache von Moineddin AlJezdi, im Jahr der Hedſchr. 777 abgefaßt worden, und führt auch den Titel: Mauaheb alnoha. Wie Hadſch Khalfah bemerkt, ſo hat der Verfaſſer den Stil des Uaſſaf nachzuahmen geſucht.

Tarikh alommam: Geſchichte der Völker und Nationen. Es ſind dies allgemeine Geſchichten, die mehrere verſchiedene Titel haben.

Kaſchf algomam fi tarikh alommam *): iſt eine allgemeine Geſchichte aller Nationen.

Dſchame alakbiar alommem men AlArab v AlAgem: dieſe handelt von Arabern und Barbaren; das heißt, von denjenigen, die nicht Araber ſind; und unter dieſem Namen werden inſonderheit die Perſer begriffen.

Al-

*) Der Verfaſſer dieſes Werks iſt Ali Ben Iſſa alArdebili. Siehe B. 1. S. 515. K.]

AlTarif fi thabacat alommam: ist gleichfalls eine allgemeine Geschichte der Nationen, nach Classen abgetheilt.

Ketab AlSudan v fadhlhom ala AlBeidhan: Geschichte der Negern, und ihr Vorzug vor den Weißen.

Tanuir algabasch fi fadhl AlSudan v AlHabasch: Geschichte der Negern und der Abyssinier.

Azbar alOrusch fi akhbar AlHobusch: historische Abhandlung über die Abyssinier.

Kesa schan AlHobschan: Lobrede auf die Abyssinier.

Thiraz almankusch fi mehassen AlHobusch: ist ein türkisches Buch, das gleichfalls von den Abyssiniern handelt. Siehe jeden dieser Artikel an seinem besondern Orte.

III. Tarikh alomam: allgemei-
422 ne Geschichte der Völker, verfaßt von Hamzah Ben Hossain AlEsfahani.

Tarikh Anbar: Geschichte von Anbar, einer Stadt im babylonischen oder arabischen Irak, verfaßt von AbulBarakat Abdalrahman Ben Mohammed AlAnbari, der im Jahr der Hedschr. 577 gestorben ist.

Tarikh Enbia: Geschichte der Propheten, in türkischer Sprache verfaßt von Mir Ali Schir, mit dem Beinamen AlNauai, Vesir des Sultan Hossain Mirza.

Tarikh Andalus. Geschichte von Spanien, verfaßt von AbulValid Abdallah Ben Mohammed AlFarabhi, der im Jahr der Hedschr. 403 gestorben ist. Man hat auch ein Supplement zu dieser Geschichte, AlSelat betitelt, von AbulCassem Khalaf Ben Abdalmalek Ben Bascual, der im Jahr 578 verstorben ist. Wir haben auch von dem nemlichen Schriftsteller, außer seinem Selat, eine ganze Geschichte von Spanien in einem Auszuge, die den Titel führt: Tarikh Saghir lel Andalus.

Ebn AlAbar Mohammed Ben Abdallah, der im Jahr 559 verstorben ist, hat Einwendungen gegen den Selat des AbulCassem verfertigt, und sein Werk Moschkol AlSelat betitelt.

Man hat noch ein Supplement oder eine Fortsetzung des Selat, deren Verfasser Schehabeddin Achmed Ben Ibrahim Ben AlZobeir AlGarnathi ist, der im Jahr der Hedschr. 708 gestorben ist: und ein anderes, Aleelam beman Khatam bihi betitelt, und eins, das den Namen Cathr AlAndalus men aleelam führt.

Abu Abdallah AlHaschi AlCairuani hat auch ein Werk geschrieben, dem er den Titel Dhil AlSelat gegeben hat.

Tarikh AlAndalus: Geschichte von Spanien, verfaßt von Achmed Ben Mussa AlCairuani, der im Jahr der Hedschr. 388 verstorben ist, und noch eine ne andere vom Scheikh Achmed AlMagrebi.

Auch hat man mehrere Geschichten der Cadhis, Gelehrten und berühmten Männer, die von arabischer Herkunft waren, und in Spanien gelebt und geblühet haben, so wie auch mehrere besondere Geschichten von Cordova, von Valenza, von Toledo u. s. w.

Tarikh ahel alsafuat: Geschichte der Sofis oder mohammedanischen Religiosen, verfaßt von Abdallah Ben Mohammed, Ben Hoffain AlSoleimi, oder Solaimi, AlMischaburi, der im Jahr der Hedschr. 412 verstorben ist. Siehe den Artikel Thabacat AlSofiiah.

Tarikh Ajah Sofia. Geschichte des Tempels der heiligen Sophia, aus dem Griechischen ins Persische von Achmed Ben Achmed AlGilani übersetzt, und Mohammed AlFatih, das heißt Mohammed dem Zweiten, mit dem Beinamen der Eroberer, überreicht, als er sich Meister von Constantinopel gemacht hatte.

Dieses Werk ist von Nametallah Achmed Ben Achmed und von dem Mulla Ali Ben Mohammed AlEuschi, der im Jahr der Hedschr. 879 gestorben ist, aus dem Persischen ins Türkische übersetzt worden.

Tarikh AlBokhari: Geschichte der Mohadethin, oder Lehrer der Traditionen, verfaßt von

Abu Abdallah Mohammed Ben Ismail AlBokhari, Verfasser des Sahih, der im Jahr der Hedschr. 250 verstorben ist.

Tarikh albadr fi auffaf ahel III, alasr: Eine Geschichte in mehreren Bänden, von Bedreddin Mahmud Ben Achmed AlSarugi, AlAini, der im Jahr der Hedschr. 855 verstorben ist. Es ist dies eine große Sammlung von historischen Erzählungen, und Zeitbestimmungen des Todes derjenigen Personen, von welchen er redet, von Schöpfung der Welt an, und von Jahren zu Jahren.

Tarikh AlBarzali: Geschichte der Urheber der musulmannischen Traditionen, nebst Bestimmung der Zeit, zu welcher sie gestorben sind, verfaßt von Alem eddin Abu Mohammed AlCassem AlDemeschki, der im Jahr der Hedschr. 738 verstorben ist. Man hat auch ein Supplement zu diesem Werke, verfaßt von Takieddin Rafe, und noch ein anderes zu diesem Supplemente des Rafe, das den Ebn Hagi zum Verfasser hat.

Tarikh Basrah: Geschichte der Stadt Bassorah, verfaßt von Ebn Wahidschan.

Man hat auch eine Geschichte der Cadhis dieser Stadt, verfaßt von Abu Obeidah.

Tarikh Bathalius men Belad AlAndalus: Geschichte der Stadt Badga

Badajox oder Badallos in Spanien, verfaßt von Ebn Ischak Ben Ibrahim Ben Cassem Al Bathaliussi, mit dem Beinamen Aalem AlRahui, einem der gelehrtesten Grammatiker, der aus dieser Stadt gebürtig gewesen, und im Jahr der Hedschr. 646 verstorben ist.

Tarikh Bagdad: Geschichte der Stadt Bagdet. Der erste, welcher über die Geschichte dieser Stadt geschrieben hat, ist Achmed Ben Abi Thaher AlBagdadi, der einen Nachfolger hatte an Abubekr Ben Ali, bekandt unter dem Namen Khathib AlBagdadi. Dieses Werk ist von einer sehr großen Anzahl von Schriftstellern fortgesetzt und erweitert worden; so daß in dem Collegio, welches Mostanseriah heißt, und zu Bagdet von dem Khalifen Mostanser Billah ist erbauet worden, bei vierzehn Bände davon befindlich waren. Aber von der Zeit an ist dieses Werk noch weit mehr vergrößert worden, denn es ist bis auf dreißig, und endlich sogar bis auf sechzig Bände gestiegen, die von verschiedenen Verfassern sind verfertigt worden.

Die vornehmsten derselben sind: Omadeddin Abdallah Ben Mohammed AlKateb, der im Jahr der Hedschr. 597 verstorben ist, fortgesetzt von Ben Samani in drei Bänden. Schamseddin Mohammed AlDhehebi, der im Jahr der Hedschr. 748 gestorben ist. Ebn AlRagdschar Orient. Bibl. 4. B.

AlBagdadi, im Jahr der Hedschr. 643. Tikieddin Ben Rafe, der im Jahr 794 gestorben ist. Abubekr AlMaristani. Tadscheddin Ali Ben AlGai AlBagdadi.

AlMassudi hat das Werk des Khathib AlBagdadi in einen Auszug gebracht.

Abu Sahal, Ben Jezbegird, hat die topographische Beschreibung dieser Stadt verfertigt, und derselben die Anzahl ihrer Moscheen, Collegien, Bäder, Spitäler u. s. w. nebst einer Berechnung des Vorraths, den sie zu ihrer Subsistenz nöthig hat, verfertigt.

Tarikh Balkh. Geschichte der Stadt Balkh in Khorassan, verfaßt von Mohammed Ben Ocail AlBalkhi.

Es giebt noch eine andre Geschichte eben dieser Stadt, der ältesten in ganz Khorassan, die den Ali Ben Mahmud AlCabl zum Verfasser hat.

Tarikh Balansah und Balansin. Geschichte der Stadt Valencia in Spanien, verfaßt von Mohammed Ben Khalaf Al Sabeki, und von Ebn AlCamah.

Tarikh AlBenaketi. Dies ist der erste Theil von der Geschichte, die den Titel Allebab führt.

Tarikh Beni Israil: Geschichte der Juden, verfaßt von Jussuf Ben Dschorion AlJsraili, aus dem Hebräischen ins Arabische

Cc   sche

sche übersetzt von Zakaria Ben Said AlJemeni, AlJsraili.

Dieser Jussuf Ben Dschorion führt den Ehrentitel: AlHadi Al-Muarrakh men akbarhom, Chef und berühmter Geschichtschreiber unter den jüdischen Lehrern. Es ist eben derjenige, der bei uns Joseph Ben Gorion heißt.

Tarikh Beni Ommiah. Geschichte der Ommiaden. Es giebt mehrere Schriftsteller, die sie geschrieben haben.

Der erste ist: Abu Abdallah Khaled Ben Hescham AlOmmui, der selbst aus der Familie der Ommiaden abstammte. Haithem Ben Hadi, und nach diesem Ali Ben Modschahed, sind ihm gefolgt.

Mohammed Ben AlAbbas, mit dem Beinamen AlJezidi, der im Jahr der Hedschr. 313 gestorben ist, hat die besondere Geschichte des Jezid, eines Sohns des Moavi, und zweiten Khalifen aus der Dynastie der Ommiaden, unter dem Titel: Akhbar Jezid, geschrieben, und Abu Mansor hat eben diese Geschichte bearbeitet.

Mohammed Ben Mohammed AlAzheri, der im Jahr der Hedschr. 370 verstorben ist, hat gleichfalls in dieser Geschichte der Ommiaden gearbeitet. Siehe den Artikel Ommiah.

Tarikh zobbat alsikrat si tarikh alhedschrat. Geschichte, ver-

faßt von Emir Bibars Ben Mohieddin, in eilf Bänden und in Form von Annalen.

Tarikh Türkestan: Geschichte von Türkestan, oder der orientalischen Türken, verfaßt von Magd'eddin Mohammed Ben Othman, und dedicirt an Thamgag' Khan, Sultan von Khathai.

Tarikh Takrit. Geschichte der Stadt Takrit in Mesopotamien, oder Chaldäa, verfaßt von Abu Mohammed Abdallah Ben Ali, Ben AlSuida AlTakriti, der aus eben dieser Stadt gebürtig gewesen ist. Ebn Nadschar thut dieses Schriftstellers Erwähnung.

Tarikh Telmessan: Geschichte der Stadt, die wir gemeinhin Tremissen in Mauritanien nennen. Es giebt zween Schriftsteller, die sie beschrieben haben: der eine ist Ebn Hadiah und der andere Ebn AlAsfar.

Tarikh Timur: Geschichte des Tamerlan. Der erste, der diese Geschichte beschrieben hat, ist, der Nachricht des Scherf Al-Jezdi zufolge, Nadham AlHeraui Schebgazani, der sich dem Tamerlan, nachdem er die Stadt Bagdet eingenommen, vorstellen lassen, und viele Ehre und Gnadenbezeugungen von ihm genossen hat.

Einen Theil dieser Geschichte hat Safieddin, ein Samarcandischer bischer Lehrer, in türkischer Sprache geschrieben.

Mahmud AlKermani hat sie ganz und gar in persischer Sprache verfaßt, und seinem Werke den Titel Dschusch o Khurusch gegeben. Uebrigens hat er sie doch nicht weiter, als bis auf die Einnahme von Teflis im Jahr der Hedschr. 806, ein Jahr vor Tamerlans Tode, fortgeführt.

III. 425 Aber diese drei Schriftsteller haben sich nicht genug über die großen Thaten dieses Eroberers ausgebreitet, wie solches der Verfasser der Geschichte, die den Titel Habib alSojar führt, sehr wohl bemerkt hat. Daher hat auch der Schriftsteller, von welchem wir reden, sie umständlicher auszuführen unternommen.

Dieser Schriftsteller ist Scherfeddin Ali Jezdi, der im Jahr der Hedschr. 850 verstorben ist, und solche in persischer Sprache sehr weitläuftig und schön beschrieben hat. Er hat ihr den Namen Dhafer oder Zhafer Nameh, Buch der Siege, gegeben. Dieses Werk ist in der Stadt Schiraz, für den Mirza Ibrahim, einen Sohn Schahroch, verfertigt, und im Jahr der Hedschr. 828 beendigt worden.

Ins Türkische ist es übersetzt worden von Hafedheddin Mohammed Ben Achmed AlAgemi, und fortgesetzt durch das Buch,

Tabsch AlSolimani betitelt, vom Jahr 807 bis ohngefehr ums Jahr 918. Es begreift die Regierungen des Schahroch und Ulug Beg in sich.

Abdallah AlHatefi, ein persischer Dichter, hat die Geschichte Tamerlans in persischen Versen ohngefehr ums Jahr der Hedschr. 928 beschrieben.

Es giebt auch noch ein sehr berühmtes Werk über das Leben des Tamerlan, das den Achmed Ben Mohammed zum Verfasser hat, der unter dem Namen Ebn Arabschah, AlHanbali, bekannter ist. Es ist in arabischer Sprache, und in einem sehr zierlichen Stile, aber mit gar größer Hestigkeit gegen diesen Eroberer, abgefaßt. Dieser Schriftsteller hat im Jahr der Hedschr. 854 gelebt, und sein Werk führt den Titel: Adschaib almakdur fi khauaib Timur *).

Tarikh Thabeti: Eine Geschichte, deren Verfasser Thabet Ben Corrah AlSabi ist. Sie fängt mit dem Jahr der Hedschr. 190 an, und ist von Helal Ben Mehassen AlSabi, einem Neffen des Verfassers, bis ins Jahr 447, und von Nainet allah Ben Helal, einem Sohne des vorhergehenden Verfassers, und von Ebn AlHamadani bis ins Jahr 512, von AbulHassan AlRagoani bis zum Jahr 527, von AlAsif Sadacah Ben Haddad bis zum

C c 2   Jahr

*) [Diese Stelle muß folgendergestalt lauten: „Dieser Schriftsteller ist im Jahr der Hedschr. 854 gestorben, und hat sein Werk betitelt: Adschaib almakdur fi akhbari-l Timur.,, K]

Jahr 570, von Ebn AlDschuzi bis ins Jahr 580, und von Ebn AlFassih bis ins Jahr 616 fortgesetzt worden.

Tarikh Dschordschan: Geschichte von Dschordschan, einer Provinz, die sich längs dem caspischen Meere hin, zwischen Dilem und Thabarestan, erstreckt. Es giebt zween Schriftsteller, die die Geschichte dieses Landes beschrieben haben. Der erste ist Ali Ben Mohammed AlDschordschani AlEdrissi; und der andere AbulCassem Hamzah Ben Jussuf AlSehemi.

Es giebt noch eine andere Geschichte, die den Titel Tarikh AlDschordschani führt. Sie ist verfaßt worden von Abdalrahman Ben Abdalrazzak AlSaedi, der aus dem Lande Dschordschan gebürtig war, oder wenigstens herstammte.

Tarikh AlDschuzi: Eine Geschichte, die den Schamseddin Mohammed AlDemeschki, mit dem Beinamen AlDschuzi, zum Verfasser hat, der im Jahr der Hedschr. 833 verstorben ist. Diese Geschichte geht bis ins Jahr der Hedschr. 798.

Tarikh Gezirat alkhadbra: Geschichte der grünen Inseln, die die Araber auch sonst Gezirat alkhaledar nennen. Es sind dies die glücklichen, oder die Canarischen Inseln. Der Verfasser dieser Geschichte ist Abu Haimdias.

Tarikh AlDschanabi: Eine Geschichte, die den AlDschanabi Ben Seid Hassan AlRunii zum Verfasser hat. Es ist dies ein sehr großes, in 82 Capitel abgetheiltes Werk, deren jedes eine besondere Dynastie in sich begreift. Dieser Schriftsteller hat im Jahr der Hedschr. 997 gelebt. Sie ist von einem andern Verfasser ins Türkische übersetzt und in einen Auszug gebracht worden.

Tarikh Hafedh Abru: Eine III. 426 Geschichte, welche auch den Titel Zobdat altauarikh führt, und in persischer Sprache ist abgefaßt worden von Nureddin Luthfallah, mit dem Beinamen Hafedh Abru, und Hafedh AlBursami, der im Jahr der Hedschr. 834 verstorben ist. Der Verfasser hat sie dem Baisancor Mirza dedicirt, und in Capitel eingetheilt, welche er Abuab alalem o vacai ahual beni Adem nennt. Diese Geschichte endigt sich mit dem Jahr der Hedschr. 825.

Tarikh Hegiaz: Geschichte der Provinz Hedschaz, in welcher die Städte Mekka und Medinah befindlich sind. Sie enthält auch die Abhandlung, welche betitelt ist: Adschnas allathaif fi mehassen althaif, Vorzüge der Stadt Thaif, die zu der Provinz Hedschaz gehört.

Wir haben auch eine Geschichte der Provinzen Hedschaz und Tahamah, deren Verfasser Abu Saleb ist.

Ta-

Tarikh Harran: Geschichte der Stadt, die die Alten Carrhae, in Mesopotamien, genannt haben. Sie hat zum Verfasser Az Almolk Mohammed Ben Mohannah, mit dem Beinamen Harrani, der im Jahr der Hedschr. 426 verstorben ist. Der Band, der diese Geschichte enthält, ist sehr stark, und Ebn Khalecan thut derselben Erwähnung.

Eben diese Geschichte ist auch von Gemad Alharrani bearbeitet, und von Abul Mahassen Ben Salam Alharrani fortgesetzt worden.

Tarikh Hossain Mirza: Geschichte des Sultan Hussain Mirza Ben Mansur Ben Baikra, in persischen Versen verfaßt von Khodschah Massud. Dieses Gedicht enthält über viertausend Verse.

Tarikh Halab. Geschichte der Stadt Halep in Syrien. Der erste Verfasser, der diese Geschichte bearbeitet hat, ist Kemaleddin Abu Hafs Omar, bekandt unter dem Namen Ebn Adim Al-Halabi. Er ist im Jahr der Hedschrah 660 verstorben. So spricht der Verfasser des Buchs, Dorr alhabib betitelt, welches eine Geschichte der berühmtesten Männer von Halep ist, davon. Dieses Werk, das auch den Namen Boghiat althaleb fi tarikh Haleb führt, und welches anfangs nur aus zehn Bänden bestand, steigt mit seinen Fortsetzungen bis auf vierzig.

Inzwischen haben alle die Schriftsteller, die dieses Werk bis zum Jahr 971 fortgesetzt haben, ihren Werken verschiedene Namen gegeben. Ebn Khathib Al Nasseriah, der im Jahr der Hedschr. 843 verstorben ist, hat das Supplement Zobbat Halab gemacht, welches ein Zusatz ist, den der Verfasser des Boghiat zu seinem Werke gemacht, und Al Dorr Al Montekheb betitelt hat. Achmed Ben Ibrahim, der im Jahr 884 verstorben ist, hat dem seinigen den Titel Konuz alöhahab gegeben.

Die Fortsetzung dieses Werks ist von Radhieddin Ben Ismail unter dem Titel Dorr alhabib verfertigt worden. Dieser Schriftsteller ist im Jahr der Hedschrah 971 gestorben.

Tarikh Hamah: Geschichte der Stadt Hamah in Syrien. Sie hat den Abu Issa zum Verfasser.

Tarikh Hams: Geschichte der Stadt Emessa in Syrien, verfaßt von Abdalsamad Ben Said.

Tarikh alkhakani: Geschichte der Khacans, oder Sultane der orientalischen Türken. Sie hat den Achmed Ben Mohammed Al-Khozai zum Verfasser. Massudi thut dieses Geschichtschreibers in seinem Buche, Morudsch al-bhahab betitelt, Erwähnung.

III.
427

Tarikh Khathai v abual molutha, Geschichte von Khathai und von den Fürsten, welche daselbst regiert haben. Sie ist von Mohammed Ben Ali Alenschi in türkischer Sprache abgefaßt worden. Aber das Original von diesem Werke ist Arabisch verfertigt worden von Magheddin Mohammed Ben Abngn, der es dem Sultan Thamgabsch khau dedicirt hat.

Tarikh Khorassan. Geschichte der großen Provinz Khorassan. Es giebt eine große Anzahl von Schriftstellern, welche über diese Geschichte geschrieben haben, unter andern: Al Abiurdi; Al Hakem, Al Nischabnri, Abbas Ben Massab, Abu Nasser Al Merusi, unter dem Titel Akhbar Olama Khorassan. Abul Hassan Al Salami hat die Geschichte der Gouverneure von dieser Provinz verfertigt. Man sehe auch die Geschichten von Balkh, von Herat und von Nischabur.

Tarikh Khosrni, Khosrabi, oder Khosrevi. Geschichte der Könige von Persien, verfaßt von Abu Hussain Mohammed Ben Soliman Al Aschari.

Tarikh Khalath, oder Akhlath. Geschichte von Akhlath, einer Stadt in Armenien, verfaßt von Scharfeddin Ben Abi Modhaher Al Ansari.

Tarikh alkholafa: Geschichte der Khalifen. Sie enthält mehrere Zweige der Khalifen, von welchen die folgende der erste ist:

Tarikh alkholafa alraschedin: Dies ist die besondere Geschichte der Khalifen, die vor der Dynastie der Ommiaden regiert haben, nemlich Abubekr, Omar, Othman, und Ali.

Es giebt eine große Anzahl von Schriftstellern, welche ihre besondere Geschichten geschrieben haben, unter andern: Schamseddin Mohammed Ben Achmed Al Dhehebi, in vier Bänden, in deren jedem er auf das umständlichste die Geschichte eines von diesen vier Männern erzählt, und darauf die Geschichte der Omniaden und Abbassiden beigefügt hat.

Abu Nasser Zobair Ben Hassan Al Sorakhsi, der im Jahr der Hedschr. 454 verstorben ist; Abdallah Mohammed Ben Salam Al Khophtai, und Ebn Al Hageb, der sein Werk Menar alkholafa betitelt hat, haben auch eben diese Geschichte bearbeitet, außer noch vielen andern, die ihren Geschichten mancherlei Titel gegeben haben, als da sind: Balgat al dhorafa ela marefat tauarikh alkholafa; ferner Hosn alvafa leme schahir alkholafa; und so auch Radham v manthur alfelam si dhekr alkholafa alkeram, u. s. w.

Tarikh alkholafa: Geschichte der Khalifen, geschrieben von Sojuthi. Dieses Werk pflegt als das vollkommenste, das über diesen Gegenstand ist gemacht worden

den, angesehen zu werden. Der Verfasser fängt seine Geschichte mit Abubekr AlSeddik an, und hat sie bis zum Malek AlAschraf Caltbai fortgeführt, der im Jahr 872 in Egypten zu regieren angefangen hat, und im Jahr der Hedschr. 901 gestorben ist.

Diese Geschichte ist in Form von Annalen geschrieben, und von Mohammed Amin, mit dem Beinamen Emir Padischah, im Jahr 987, in einen Auszug gebracht worden.

Eben dieser Sojuthi hat auch ein Werk verfertigt, dem er den Titel gegeben: Tohfat aldhorafa beesma alkholafa, über die Namen und Beinamen der Khalifen.

III. Die Geschichten der andern, 428 ommiadischen sowol, als abbassidischen Khalifen, muß man unter den Artikeln Tarikh oder Tauarikh Beni Ommiah und Tarikh AlAbbas aufsuchen.

Tarikh Khauaredsch: Geschichte der Factionen und Ketzereien, die im Musulmanismus Aufsehn gemacht haben. Die Oberhäupter dieser Factionen und Ketzereien, die sich gegen die Khalifen empört, und Dynastien oder Herrschaften, die von ihrer Gewalt abhängig waren, errichtet haben, werden AlKhauaredsch, die Rebellen und die Aufrührer, genannt. Diesen Namen führen nicht nur sie selbst, sondern auch ihre Anhänger. Mohammed Ben Codamah hat ihre Geschichte beschrieben.

Tarikh Khuarezm: Geschichte des Landes Khuarezm. Achmed Ben Mohammed, Ben Said AlCadhi, der im Jahr der Hedschr. 346 verstorben ist, hat eine von der Art verfertigt; und Mohammed Ben Arslan AlKiassi, AlKhuarezmi, der im Jahr 568 verstorben ist, hat eine andere der Art verfertigt, die er dadurch, daß er von allen Personen seines Landes gehandelt, so sehr ausgedehnt hat, daß er eine große Anzahl von Bänden daraus gemacht hat. Aber Schämseddin Mohammed Ben Achmed AlDhehebi hat sie im Jahr der Hedschr. 746 in einen Auszug gebracht.

Tarikh Khuarezm Schahi. Geschichte des Khuarezm Schah. Es ist dies eine Lebensbeschreibung des khuarezmischen Sultans, Mohammed Cothbeddin, verfaßt von AlSeid AlAdschall Sadzeddin.

Tarikh Demeschk: Geschichte von Damas. Derjenige, der unter allen Schriftstellern am weitläuftigsten diese Geschichte ausgeführt hat, ist AbulHassan Ali Ben Hassan, mit dem Beinamen Ebn Assaker. Er war gebürtig aus Damas, und ist im Jahr der Hedschr. 571 verstorben. Dieses Werk macht beinahe achtzig Bände aus, und der Verfasser desselben hat den Khatheb AlBagdadi nachzuahmen gesucht, der die Geschichte von Bagdet geschrieben, und seinem Werke die Le-

Cc 4   bens-

bensbeschreibungen von allen berühmten Männern, so wie alle wahre oder fabelhafte Erzählungen einverleibt, die sein Land näher oder entfernter betreffen. Und doch hat es sein Sohn Cassem noch vermehren wollen; allein er ist mit seinem Werke nicht zu Ende gekommen.

Der Imam Abdalrahman Ben Ismail AlDemeschki, der im Jahr. der Hedschr. 660 gestorben ist, hat demselben noch funfzehn Bände beigefügt.

Cassem Ben Mohammed AlBarzali, hat diese Geschichte bis zum Ende des Jahrs 738 fortgeführt.

Takieddin Abubekr Ben Schobhah hat das Werk des Barzali fortgesetzt, und alle diejenigen, welche Tarikh AlScham oder Geschichten von Syrien geschrieben, haben nicht unterlassen, auch von der Stadt Damas zu sprechen.

Tarikh AlDhahabi oder AlDhehebi. Diese Geschichte hat auch den Titel: Tarikh AlEslam, Geschichte des Musulmanismus. Sie ist in zwölf Bänden von Schamseddin Mohammed Ben Achmed AlMesri verfertigt worden, der im Jahr der Hedschr. 746 verstorben ist, und enthält alles dasjenige, was nicht nur die Erzählung der Thaten und Begebenheiten, sondern auch die Zeitbestimmung des Todes aller berühmten Personen im Musulmanismus bis ins Jahr 741 angeht.

Man hat mehrere Auszüge aus diesem Werke, dergleichen sind: Ebar v Sojar albelad, Thabacat alhofadh, Thabacat alcorat, und andere ähnliche.

AlBuini und AlGezeri haben sie gleichfalls fortgesetzt, und Schamsebbin Mohammed AlSakhaui, der im Jahr der Hedschrah 906 verstorben ist, hat sie unter dem Titel: Haui altarikh fortgesetzt.

Olaeddin Ali Ben Khalaf AlMocri, der im Jahr 972 verstorben ist, hat auch einen Auszug aus dem Tarikh aleslam, und Mohammed AlGezeri ein anderes Werk unter eben dieser Aufschrift verfertigt.

Tarikh Reschidi: Geschichte, in persischer Sprache verfaßt von Mirza Sadreddin Mohammed, zum Gebrauche des Mirza Abdalraschid, eines Sohns des Sultans Abu Said Behadirkhan, aus Tamerlans Geblüte.

Tarikh Racah: Geschichte der Stadt Racah oder Aracta in Mesopotamien, verfaßt von Abu Ali Mohammed Ben Said AlKennasseri, der aus Kennasserin in Syrien gebürtig war.

Tarikh Ramadhan oder Ramazan zadeh: kurzgefaßte Geschichte, in türkischer Sprache verfaßt von Mohammed AlBürcai, Sohn Ramazans genannt, der im Jahr der Hedschr. 979 verstorben ist.

Ta

Tarikh Rquât alhadith: Geschichte und Verzeichniß derjenigen, die die von dem angeblichen Propheten Mohammed sich herschreibenden vorgegebenen Traditionen im Gedächtnisse behalten und erzählt haben. Es ist ein Werk des Abu Haithemah Achmed Ben Johair, der im Jahr der Hedschr. 1079 verstorben ist. Dieser Schriftsteller ist der Ordnung des Tarikh AlBokhari gefolgt. Siehe diesen Artikel.

Tarikh Rei: Geschichte der Stadt Rei, verfaßt von Abu Mansur AlAbi.

Tarikh Samarah: Geschichte der Stadt Samarah in Chaldäa, verfaßt von AbulBarakat.

Tarikh Sebtah: Geschichte der Stadt Ceuta in Mauritanien, an der Meerenge von Gibraltar, verfaßt vom Cadhi Ajadh Ben Mussa, der im Jahr der Hedschrah 344 gestorben ist. Diese Geschichte führt auch den Titel: Ojun AlSebtah fi akhbar Sebtah.

Tarikh Samarcand: Es giebt mehrere, die sich mit Abfassung dieser Geschichte beschäftigt haben, und diese sind folgende:

AbulAbbas Dschafer Ben Mohammed AlMostagferi, der im Jahr der Hedschr. 402 verstorben ist.

Abu Said Abdalrahman Ben Mohammed AlEdrissi. Diese

Geschichte hat ein Supplement bekommen, das den Titel Candelabihi führt, und den Abu Hafs Omar Ben Mohammed AlMafsafi zum Verfasser hat, der im Jahr der Hedschr. 527 verstorben ist. Man hat auch einen Auszug oder kurzen Entwurf des Candelabihi, der von seinem Schüler Abdalgelil AlSamarcandi ist verfaßt worden.

Tarikh alsamawiat v alaradhiat: Geschichte von himmlischen und irdischen Dingen, verfaßt von dem Hakim oder Philosophen, dessen Name Kerzeddin Ismail Ben Geber AlDilemi ist, der im Jahr der Hedschr. 689 verstorben ist.

Tarikh Send oder Sind: III, Geschichte desjenigen Theils von Indien, der um den Fluß Indus herum liegt. Es ist dasjenige Land, das wir Indien dießseit des Ganges nennen. Diese Geschichte hat einen unbekannten zum Verfasser.

Tarikh Sojuth: Geschichte der Stadt Assiuth in Egypten. Diese Geschichte wird gewöhnlich Tarikh Madhbuth genannt.

Tarikh Scham: Geschichte von Syrien. Die vornehmsten Verfasser einer solchen Geschichte sind:

Ebn AlSchodad, der sein Werk Aglak alhadhirat fi Tarikh AlScham v AlGezirat betitelt hat. Dieser Schriftsteller handelt nicht

Cc 5   allein

allein von Syrien, sondern auch von Mesopotamien.

Omad AlKateb Abu Abdallah Mohammed AlEsfahani, der im Jahr der Hedschr. 597 verstorben ist. Dieser Schriftsteller hat uns sieben Bände seiner Geschichte gegeben, in welcher er sehr umständlich von allen den Eroberungen handelt, die Syrien erfahren hat, besonders von denen, die Saladin in diesem Lande gemacht hat. Er hat sein Werk AlBark AlSchami betitelt.

Es giebt noch mehrere Bücher, welche die Geschichte von Syrien zum Gegenstande haben, dergleichen folgende sind:

AlDorrat alhadhirah fi esma AlScham v AlGezirah.

AlAnaen fi fadhail AlScham.

Nozhat alanam fi fadhail AlScham.

Nasch alharam fi fadhail AlScham.

Fadhail almerai, nebst dem Auszuge aus demselben, Eelam betitelt. Der Verfasser desselben ist Fanari.

Der Mulla Abdalgani Emirschah hat ein Werk über eben diesen Gegenstand verfertigt, betitelt: Sofuf fi Tarikh AlScham.

Man hat auch noch ein Buch über eben diesen Gegenstand, betitelt: Targib althaleb.

Tarikh Scharafkhan AlBedlissi: Geschichte, in persischer Sprache abgefaßt, von Mir Scharaf oder Mirschah, die von der Curdischen Nation und von ihren Fürsten, sodann von der ottomannischen und haidarischen Familie, oder den Sofis, Königen von Persien, bis ins Jahr der Hedschrah 1005 handelt.

Tarikh Scharaf AlTabrizi: eine in persischer Sprache abgefaßte Geschichte, die von dem Seid Scharafeddin AlHossaine AlTabrizi, der unter dem Namen Mir Scharaf bekannt ist, im Jahr der Hedschr. 1026 ist geschrieben worden. Dieses Werk enthält eine Vorrede und acht Abschnitte, von welchen der erste von der Schöpfung der Welt; der andere von den alten Königen von Persien; der dritte von Mohammed und der mohammedanischen Religion; der vierte von den Khalifen; der fünfte von denen Sultanen, die Zeitgenossen von den abbassidischen Khalifen gewesen sind; der sechste von den Mogolen oder Tataren; der siebente von Tamerlan und seiner Nachkommenschaft; und der achte von der ottomannischen Familie und der Dynastie der Othmaniden handelt.

Diese Geschichte hat den Titel: Anfas alakhbar fil tavarikh, und endigt sich unter der Regierung des Sultans Moradkhan, das Amurat der Dritte ist, der im Jahr der Hedschr. 1003 verstorben ist. Der Verfasser ist, nachdem er die Würde eines Cadhi von der Stadt Iskudar oder Scutaret aufgegeben, im Jahr der Hedschr. 1057 verstorben.

Ta-

Tarikh Scharaf Jezdi: dies
ist die Geschichte des Tamerlans,
die in persischer Sprache von
Scharafeddin Ali Jezdi, unter
dem Titel Dhafer Nameh, ist geschrieben worden. Siehe diesen
Artikel, so wie auch den Artikel
Tarikh Timur.

Tarikh Schiraz: Geschichte
der Stadt Schiraz. Es sind zwei
Schriftsteller, die sie beschrieben
haben. Der eine davon ist Hebatallah AlSchirazi, und der andere Abu Abdallah AlCassar.

Tarikh Sabacah. Dies ist
ein Supplement zum Tarikh Tha-
bethi, von welchem wir bereits
geredet haben, und das den Sabacah Ebn Al-Habbad zum Verfasser hat.

Tarikh Said: Geschichte
von Thebais. Diejenigen, die
diese Geschichte bearbeitet haben,
sind:

Ali Ben Abdalaziz AlKateb.

Kemaleddin Abulfadhl Dschafer AlArmui, der im Jahr der
Hedschr. 749 verstorben ist. Er
hat seine Geschichte betitelt: Thale alsaid aldschame esma fobhala
AlSaid.

Auch giebt es noch einen unbekandten Schriftsteller, der diese
Geschichte unter dem Titel Akhbar AlSaid bearbeitet hat.

Tarikh Safad: Geschichte
der Stadt Saphet in Galiläa,
welche einige für das Cades
Nephthali halten. Sie hat den

Schamseddin AlOthmani zum
Verfasser, der Cadhi von dieser
Stadt gewesen ist.

Tarikh Sacaliah: Geschich-
te von Sicilien, verfaßt von
Ebn Cathaa Ali Ben Dschafer
Al Sacali, der im Jahr der
Hedschr. 515 verstorben ist.

Auch giebt es noch einen
Schriftsteller, Abu Zeid AlOmari genannt, der gleichfalls eine
Geschichte von Sicilien geschrieben hat.

Tarikh Salaheddin: Geschichte des Saladin. Sie ist
zuerst von Khalil Ben Mohamm-
med AlAlfaheebi, der den Titel
Hafedh führt, ausgearbeitet worden. Ebn Hadschar thut in seinem Werke, Enba alcamar betitelt, seiner öfters Erwähnung.

Jschak Ben Dschorair AlSa-
nai, dessen AlSendi gleichfalls
öfters Meldung thut, hat auch
eben diese Geschichte bearbeitet.

Siehe auch den Artikel Bark
AlScham, und Tarikh Al-
Scham, nebst mehreren andern,
deren an verschiedenen Stellen
dieses Werks Meldung geschieht.

Tarikh Thasch Küprizadeh:
dies ist dieselbe Geschichte, die
auch den Titel führt: Nauadir
alathbar, welche den Abdalha-
kim AlDschauheri, genannt
Thasch Küprizadeh, zum Verfasser hat.

Tarikh Thaschkendi: Geschichte der Uzbekischen Sultane,
die den Beinamen Khauakin,
das heißt, Khacans, führen.
Sie

Sie hat den Mohammed Sebth Ali AlCuschi zum Verfasser.

III. Tarikh Thabarestan: Ge-
432 schichte der Provinz Thabarestan,
verfaßt von Khodschah Ali Al-
Raujathi.

Dhehireddin Ben Seid Naf-
sireddin AlMaraschi hat auch daran gearbeitet, und hat sein Werk
bis zum Jahr der Hedschr. 881
fortgeführt.

Tarikh AlThabari: ist der
Titel einer sehr berühmten Geschichte, die als die Grundlage
von andern musulmanischen Geschichten betrachtet zu werden
pflegt. Sie hat den Abu Dschafar Mohammed Ben Dschorair
zum Verfasser, der aus Thabarestan gebürtig war, und im
Jahr der Hedschr. 310 verstorben ist. Sie fängt mit Schöpfung der Welt an, und endigt
sich im Jahr der Hedschr. 360.
Sie hat auch noch den besondern
Titel: Tarikh alomam v almoluk.
Sie wird auch oft unter dem Titel Tarikh Dschafari angeführt,
so wie sie die Perser auch Tarikh
peßer Dschorair, die Geschichte
des Sohns Dschorair, nennen.

Ebn AlDschuzi schreibt, es
enthalte diese Geschichte im Originale mehrere Bände, und die
Ausgabe, die in unsern Händen
befindlich ist, sey ein bloßer
Auszug daraus; und Ebn Al-
Sobki berichtet in seinen Thabacat, Thabari habe seine Freunde gefragt, ob es ihnen wol ein
Vergnügen machen würde, eine

Geschichte von allem dem, was
sich in der Welt bis auf seine Zeiten zugetragen habe, zu lesen,
und habe darauf von ihnen zur
Antwort erhalten, daß sie sie
gerne lesen würden, wenn es
möglich wäre, eine zu finden,
und als er ihnen darauf weiter
gesagt habe, er habe dreißigtausend Blätter über diesen Gegenstand gesammlet, hätten ihm seine Freunde versetzt, da würde
ihr ganzes Leben nicht zureichen,
um solche durchzulesen. Hierauf habe ihnen Thabari erwie-
dert, er wolle, soviel ihm nur
immer möglich sey, davon ab-
kürzen, und das ist der Auszug,
wie Sobki sagt, der in unsern
Händen geblieben ist.

Dieser Auszug ist von Abu
Ali Mohammed AlJall, Vesir
der samanidischen Sultane, in
den Zeiten des Mansur Ben Nuh,
im Jahr der Hedschr. 352 in die
persische Sprache übersetzt worden.

Eben diese Geschichte ist auch
ins Türkische übersetzt worden
von einem unbekandten Schriftsteller, und das ist diejenige, die
man gewöhnlich in den Händen
der Türken findet.

Abu Mohammed Abdallah Ben
Mohammed AlFargani hat die
Geschichte des Thabari fortgesetzt,
und solche unter dem Titel Selat
herausgegeben.

Abu Hassan Mohammed Ben
Abdalmalek AlHamadhani, der
im Jahr der Hedschr. 521 verstorben ist, hat noch ein anderes
Supplement dazu verfertigt.

Ta-

Tarikh Thalakschah. Eine Geschichte in persischer Sprache verfaßt von Mohammed Sabr alolamah, mit dem Beinamen Tabschrajatihi. Dieses Werk macht einen kleinen Band aus. Aber es herrscht ein sehr ausgesuchter Stil darin.

Tarikh AlErak: Geschichte derjenigen Provinz, die die Araber Erak nennen. Dies ist eigentlich Chaldäa. Es haben mehrere Schriftsteller diese Geschichte bearbeitet. Dergleichen sind: Ebn AlCathuli, Ebn Asfendiar, AlWaedh, u. a. m.

Man hat noch ein anderes Werk unter dem Titel: Tarikh aamal alschoroth alomara Al-Erak: Geschichte der Gouverneure und anderer großer Staatsbedienten von Erak, verfaßt von Haithem Ben Habi.

Auch muß man diejenigen Schriftsteller, die die Geschichten von Bagdet, von Takrit, von Samarah, von Anbar, von Cufah, von Baßorah u. a. m. geschrieben haben, in die Zahl der Geschichtschreiber von Jrak setzen.

Tarikh alaziz: ist der Titel einer Geschichte, die den Ebn Onain Mohammed Ben Naßir AlDemeschki, genannt AlSchaer, der Dichter, zum Verfasser hat. Er ist im Jahr der Hedschr. 603 verstorben.

Tarikh Aini: ist ein Titel, den zwei Geschichten führen, von welchen die eine den Namen der

großen und den Titel: Acd al dschoman si tarikh ahel alzaman, und die andere den Namen der kleinen, und den Titel Tarikh albadr si aussaf ahel alasr führt. Diese beide Werke sind von Badreddin Mahmud Ben Achmed AlSarugi, AlAini, der im Jahr der Hedschr. 855 verstorben ist. Das erste begreift neunzehn oder zwanzig Bände, und das andere zehn. Es hat aber der Verfasser selbst, wie Sakhaui versichert, einen Auszug daraus gemacht, und es in drei Bände zusammengepreßt.

Tarikh Gazan-Khan: Geschichte des Gazan, eines mogolischen Sultans aus dem Geschlechte des Ginghizkhan, in persische Verse gebracht von Schams-eddin Mohammed AlCaschi.

Tarikh Garnathah: Geschichte der Stadt Grenada in Spanien. Diese Geschichte führt auch den Titel: Jhathah si tarikh Garnathah. Sie besteht aus mehreren Bänden, und ist von Lessan eddin Mohammed Ben Abdallah, Ben AlKhatheb, AlCorthobi, der im Jahr der Hedschr. 776 gestorben ist, verfertigt worden.

Tarikh Fas: Geschichte der Stadt und des Königreichs Fez. Es sind zween Schriftsteller, die unter diesem Titel geschrieben haben, nemlich: Ebn Abdalkerim, und Ebn Abi Dheraa.

Tarikh AlFürs: Geschichte von Persien. Sie ist von mehreren

reren alten Schriftstellern bearbeitet worden, die die Quellen
von dem Gedichte des Ferdusfi
geworden sind, das den Titel hat:
Schah Nameh. Dies ist eine
sehr umständliche Geschichte der
alten Dynastien von Persien.

Man hat eine Sammlung von
diesen alten Schriftstellern, die
in pehlevischer Sprache, welches die alte persische ist, geschrieben haben, deren Namen aber
nicht bis auf uns gekommen sind.
Doch ist sie aus dem Pehlevi-
schen ins Arabische übersetzt worden von Ebn Mocannaa, wie solches in dem Buche des Massudi,
das wir unter dem Titel Morudsch aldhahab haben, erzählt
wird.

Tarikh AlFargani. Diese
Geschichte des Fargani ist nichts
anders, als ein Supplement zur
Geschichte des Thabari.

Tarikh AlCadhi Borhaned-
bin AlSivassi: Lebensbeschreibung oder Geschichte des Cadhi
Borhaneddin, der aus Sivas
oder Sebaste in Cicilien gebürtig war. Sie ist in vier Bänden von Fadhl Abdalaziz Al-
Bagdadi geschrieben worden.

Achmed Ben Arabschah sagt in
dem Leben des Tamerlans, dieser Cadhi sey wegen seiner prosaischen sowol als poetischen
Aufsätze, die er sowol in arabischer als persischer Sprache verfertigt, ein Wunder seiner Zeiten, und der vertrauteste und in-

nigste Freund vom Sultan Achmed AlDschalairi gewesen.

Tarikh AlCods: Geschichte
der Stadt Jerusalem, und gelegentlich des ganzen heiligen Landes. Es haben viele Schriftsteller diese Geschichte bearbeitet.
Folgendes sind einige von den Titeln, mit welchen ihre Werke
überschrieben sind:

Ettehaf alahsa befadhail Mesged AlAcsa, Vorzüge und Vor-
rechte des Tempels zu Jerusalem.

AlOns fi fadhl AlCods. Dieses Buch handelt besonders von
der Wallfarth nach Jerusalem.

Ons aldschalil betarikh Al-
Cods v AlKhalil: Dieses Buch
handelt insbesondere von Jerusalem und Hebron, welches die
beiden Oerter im heiligen Lande
sind, zu welchen die Mohammedaner ihre Wallfarthen zu machen
pflegen.

Dschame almoctacsa fi fadhail
mesged AlAcsa: ist gleichfalls eine Geschichte des Tempels zu Jerusalem.

Baeth alnofus ela ziarat al-
mahrus, Ermahnung zur Besuchung und Wallfarth nach der
Stadt Jerusalem. Dieses Buch
führt auch den Titel: Dschame
alraudh.

AlMogarres fi fadhail Beit
almocaddes: Abhandlung von
den Vorzügen der Stadt Jerusalem und ihres Tempels.

Fotuh Beit almocaddes: Geschichte aller der Belagerungen,
welche die Stadt Jerusalem auszustehen gehabt hat.

Madh

Madh AlCods fi foth AlCods: Geschichte der Einnahme der Stadt Jerusalem durch Saladin.

Mothir algaram eia zigrat AlCods v AlScham: das Verdienst und der Ablaß, wenn man so sagen soll, den man durch eine Wallfarth nach Jerusalem, und durch die Besuchung des Tempels Johannis des Täufers zu Damaschk, erhält.

Man hat noch eine andere Geschichte von Jerusalem, unter dem Namen: Tarikh AlCods, verfaßt von Mohammed Ben Mahmud AlCodsi, der aus eben dieser Stadt gebürtig war, und im Jahr der Hedschr. 776. gestorben ist.

Tarikh Corthobah: Geschichte der Stadt Cordova in Spanien. Unter den Geschichten dieser Stadt ist auch diejenige, die schlechtweg den Titel Tarikh Corthobah führt, und den Zaharui zum Verfasser hat.

Man hat noch einen Akhbar AlCorthobiin, Akhbar focaha, und Altabaiin an menakeb men orafa beforthoba altabein. Man hat auch einen Auszug aus diesem letztern Werke, und noch einen andern Auszug, der den Titel Ehtefal führt.

Tarikh Cara Tschelebi zadeh: Eine Geschichte, deren Verfasser der Mulla Cara Tschelebi zadeh Abdalaziz Ben Mohammed AlCosthanthini ist. Dieser Schriftsteller, der Mufti gewesen ist, hat in türkischer Sprache mehrere historische Werke geschrieben, welche folgende sind:

Tarikh AlSolthan Soliman Khan: die Geschichte der Regierung Solimans des Ersten.

Raubhat alabrar: ist eine Geschichte, die mit Schöpfung der Welt anfängt, und bis auf die Zeit, in welcher der Verfasser gelebt hat, fortgeht.

Man hat noch zwei andere historische Werke von eben diesem Verfasser, von welchen das eine Merat alfafa, und das andere Tarikh alnobuhat betitelt ist.

Tarikh Cazvin. Die Geschichte von Cazbin, einer Stadt in der Provinz Gebal, oder dem persischen Irak. Die Bücher, welche davon handeln, sind folgende:

AlErschad lel Khalili. Geschichte, unter dem Titel: Erschad. Der Verfasser derselben ist Khalili.

Tadvin fi akhbar Cazvin, von Rafei.

Es giebt noch einen Tarikh Cazvin, verfaßt von Abu Abdallah Mohammed Ben Jezid, mit dem Beinamen Madschah AlCazvini, der im Jahr der Hedschr. 273 verstorben ist.

Tarikh AlCosthanthiniah: Geschichte der Stadt Constantinopel. Es findet sich keine griechische Geschichte von Constantinopel seit der Zeit, da es in die Hände der Türken gekommen ist, außer derjenigen, die den Titel führt: Tarikh Aja Sofiah, die

die aus dem Griechischen ins Türkische ist übersetzt worden.

III. Auch hat man eben so wenig 435 eine Geschichte, als eine Topographie von dieser Stadt seit ihrer Einnahme, die einen Musulman zum Verfasser hätte. Aber es giebt mehrere Werke, die von ihren Vesiren, von ihren Cadhis und andern Personen handeln; allein sie sind nicht unter dem Titel Tarikh ans Licht gestellt worden.

Tarikh alcodhai: ist eine Geschichte, die den Abu Abdallah Mohammed Ben Salamah, Ben Khedher AlCodhai zum Verfasser hat, der im Jahr der Hedschr. 454 verstorben ist.

Dieser Schriftsteller hat seiner Geschichte den besondern Titel Djun almaarif v sonun akhbar alkhalaik gegeben. Sie enthält Lebensbeschreibungen der Patriarchen und Propheten, der Khalifen und der Fürsten des Musulmanismus, bis zum Anfange der Dynastie der Fathimiten in Egypten.

Tarikh Cothbeddin: Eine Geschichte, die den Abdalkerim Ben Abdalnur AlHalabi zum Verfasser hat, der im Jahr der Hedschr. 772 verstorben ist. Sie handelt von Schriftstellern über die Traditionen, welche AlMohadethin genannt werden, und folgt der Ordnung ihrer Namen. Takieddin, ein Sohn des Verfassers, hat sie sehr vermehrt.

Tarikh alcodhat: Geschichte der Cadhis. Es giebt eine große Anzahl solcher Geschichten:

Tarikh alhokkam: Geschichte der Richter, verfaßt vom Cadhi AbulAbbas Achmed Ben Bakhtiar AlBassethi.

Akhbar alcodhat, von Ebn AlMandai.

Raudh albassam fi Codhat AlScham, Geschichte der Cadhis von Damaschk und Syrien.

Tarikh Codhat Mesr, Geschichte der Cadhis von Cairo, von Mohammed Ben Josef AlKendi.

Nodschum aldhaherah betalkhis akhbar Codhat AlMesr v AlCaherah, Geschichte der Cadhis von Egypten und Cairo, verfaßt von Ebn Hadschar.

Man hat noch zwei Geschichten von eben diesen Cadhis, davon die eine den Ebn AlMojassar, und die andere den Ebn AlMolakken zum Verfasser hat.

Tarikh AlCophthi: eine Geschichte, die den Vesir Gemaleddin Ali Ben Josef, mit dem Beinamen AlCophthi, weil er ein Cophte von Nation und Religion war, zum Verfasser hat. Er ist im Jahr der Hedschr. 646 gestorben. Dies Werk ist nach den Jahren abgefaßt und Tadscheddin Achmed Ben Abdalcadir hat im Jahr der Hedschr. 749 einen Auszug daraus gemacht.

Eben dieser AlCophthi ist auch Verfasser eines Tarikh AlSeldschuk, welches eine Geschichte der Seldschuciden ist.

Ta-

Tarikh Kennaſſerin: Geſchichte der Stadt Kennaſſerin in Syrien, verfaßt von Mohammed Ben Ali, Ben Oſchair. Dieſes Werk führt auch den Titel: Tadſch alneſrin. Siehe dieſen Artikel.

Tarikh Cauam almolk: Geſchichte des Cauam almolk, oder, wie er auch heißt, Abu AlMauahel AlAbercuhi.

Tarikh Cairuan: Geſchichte von Cairoan, welches das alte Cyrene in Africa iſt. Die vornehmſten Bücher, welche dieſe Geſchichte abhandeln, ſind folgende:

III. AlDſchome v albejan ſe tarikh 436 Cairnan: iſt eine Geſchichte, die von AbulGarib AlSanhagi iſt verfertigt worden.

Tarikh Abu Ali Ben Raſchik AlCairuani, der im Jahr der Hedſchr. 463 verſtorben iſt.

Taſſi ahel alimau bema dſchara ala jad Cairuan.

Tarikh Cairuan, von Abu Abdallah AlHoſſaini.

Tarikh Cairuan, von Ibrahim AlRaſik.

Tarikh Kethir: Geſchichte, die den Ben Kethir zum Verfaſſer hat. Siehe oben.

Tarikh Kerman: Geſchichte von Kerman, welches das perſiſche Caramanien iſt. Sie iſt in perſiſcher Sprache, unter dem Titel Semt alola, von Naſſireddin, Mufti von Kerman, und Oberhaupt der Secretäre beim

Divan des Tarkhan Khatun, geſchrieben. Siehe den Artikel MalekSchah: Dieſe Geſchichte iſt von Dſchauhari, unter der Regierung des Sultan Abu Said, bis ins Jahr der Hedſchr. 715 fortgeſetzt worden.

Tarikh Kobbar albaſchar: Geſchichte großer, oder berühmter Männer, verfaßt von Hamzah AlEsfahani.

Tarikh Khozideh: Auserleſene Chronik: iſt eine Geſchichte in perſiſcher Sprache, verfaßt von Hamdallah Ben Abibekr, Ben Achmed, Ben Naſſer, AlMoſtanfi, oder AlMaſtufi, AlCazvini, das heißt, aus der Stadt Cazbin gebürtig.

Es iſt dies eine in großem Anſehn ſtehende Univerſalgeſchichte, die von ihrem Verfaſſer zuerſt in Verſen, und darauf in Proſa iſt abgefaßt worden. Sie hebt mit Schöpfung der Welt an, und endigt ſich im Jahr der Hedſchr. 730.

Sie enthält eine Vorrede, ſechs Abſchnitte, und ein Corollarium oder einen Beſchluß. Die Vorrede handelt von der Schöpfung der Welt; der erſte Abſchnitt oder Theil von Propheten; der zweite von Fürſten, die vor dem Mohammedismus regiert haben; der dritte von Mohammed; der vierte von den Königen von Perſien und den ommiadiſchen und abbaſſidiſchen Khalifen; der fünfte von Imams, Scheikhs, und Lehrern des mohammedani-

Dd   ſchen

schen Gesetzes, und dieser Theil ist in zwölf Capitel abgetheilt; der sechste von den Jahrhunderten, die in der folgenden Zeit abgelaufen sind; und der Beschluß handelt von den Geschlechtsregistern.

Sie ist ins Arabische und ins Türkische übersetzt worden, unter dem Titel: Tarikh Montekheb, welches eben so, wie der persische Titel, auserlesene Geschichte bedeutet. Achmed Ben Arabschah führt sie im Leben des Tamerlan an, und redet davon, als von einem bewundernswürdigen Werke.

Tarikh Eufah: Geschichte von Eufah, einer Stadt im arabischen oder babylonischen Irak, welches Chaldäa ist, am Tiger gelegen. Sie hat den Ebn Al Madschar AlEufi zum Verfasser, der im Jahr der Hedschr. 402 gestorben ist, und den Ebn Al Mohallah.

Tarikh Lari: ist der Name einer Geschichte, deren Verfasser Mofleheddin Mohammed Al Lari ist, und der eigentliche Titel derselben ist Merat alabuar v mercat alalhbar. Sie ist in persischer Sprache geschrieben, fängt mit der Schöpfung der Welt an, und endigt sich mit dem Jahr der Hedschr. 974. Der Verfasser hat sein Werk dem Mohammed Pascha dedicirt, der es von dem Mulla Saadeddin Ben Hassan, der unter dem Beinamen Cobschah Efendi bekandt ist, und

es auch vermehrt hat, ins Türkische hat übersetzen lassen. Dieses Werk ist in eine Vorrede, in welcher von der Schöpfung der Welt gehandelt wird, und in zehn Abschnitte eingetheilt, von welchen der erste von Patriarchen und Propheten; der zweite von den Königen von Persien aus der ersten Dynastie, nemlich, der Pischdabier; der dritte von der zweiten und dritten Dynastie der Könige eben dieses Landes, welches die Cajanier und Ascanier sind; der vierte von den Sassaniden oder Khosroes, und von den alten Königen der Araber; der fünfte von Mohammed und von seinen Nachfolgern, den Khalifen; der sechste von den Sultanen, die in den Zeiten der Abbassiden regiert haben; der siebente von Ginghizkhan und seiner Nachkommenschaft; der achte von Tamerlan und seinen Nachfolgern; der neunte von Hassan AlThauil, das heißt, von Uzun Hassan und seinen Nachkommen, die man die Bajanburier oder türkomanischen Sultane vom weißen Schöps zu nennen pflegt; der zehnte von der Dynastie der Othmaniden oder ottomanischen Sultane, bis zum Jahr der Hedschr. 955, in welchem der Sultan Soliman regiert hat, handelt.

Diese Geschichte des Lari ist in der türkischen Uebersetzung des Saadeddin in der königlichen Bibliothek zu Paris befindlich.

Ta-

Tarikh Mazanderan. Geschichte der Provinz Mazanderan, verfaßt von Ebn Abi Mossallem.

Tarikh AlMamuni: eine Geschichte, verfaßt von Abu Mohammed Harun Ebn Abbas AlMamuni. Ebn Khalecan thut dieser Geschichte Erwähnung, wenn er von dem buidischen Sultan Amadaldulat redet.

Tarikh Mobarek Schahi: Geschichte, in persischer Sprache verfaßt, von Muineddin AlHeraui, der aus der Stadt Herat in Khorassan gebürtig gewesen ist.

Tarikh Magdeddin: eine Geschichte von Khathai, verfaßt von Magdeddin Mohammed Ben Adnan, für den Sultan Ibrahim Thamgadsch Khan, König von Türkestan.

Tarikh Mohammed Ben Dschaber und Tarikh Mohammed Ben Ridha, Ben Schathebi, sind zwei Geschichtbücher, von Verfassern, von welchen man weiter nichts, als ihre Namen, weiß.

Tarikh Mohammed Ben Habib AlHaschemi: dies ist eine Geschichte, die auch den Titel Mogir fil tarikh führt. Der Verfasser derselben ist Abu Dschafer Mohammed Ben Habib AlHaschemi, mit dem Beinamen AlAkhbari, der Geschichtschreiber.

Man hat noch eine Geschichte, die gleichfalls Mogir alkebir betitelt ist, und den Abu Saad AlSamani zum Verfasser hat.

Tarikh Madain: Geschichte von Madain, der Hauptstadt der Könige von Persien, Cosroes, ohne Namen des Verfassers.

Tarikh Medinah: Geschichte der Stadt Medina. Es giebt eine große Menge von musulmanischen Schriftstellern, die diese Geschichte bearbeitet haben. Hier wollen wir nur einige derselben bemerken:

Akhbar Medinah, Geschichte von Medina, verfaßt von Ebn Zobalah und Jahia AlObeidi Ben Omar.

Dorrat althemimat fi akhbar AlMedinat, von Ebn AlMadschar u. s. w.

Es giebt auch eine, welche in persischer Sprache abgefaßt ist und den Titel AlKhelassat führt.

Tarikh Maragah: Geschichte der Stadt Maragah, wo Nassireddin AlThussi seine astronomische Observationen angestellt hat, verfaßt von Ebn Almothanni.

III.
438

Tarikh AlMarakeschi: eine Geschichte, deren Verfasser der Scheikh Abdallah ist, der aus der Stadt Marok gebürtig war, die von den Spaniern Marruecos genannt wird. Dieser Schriftsteller führt den Beinamen Marakeschi.

Tarikh men belad AlAndalus: Geschichte von Spanien, verfaßt von Ebn AlHagi Mohammed Ben Mohammed, der im Jahr der Hedschr. 774 verstorben ist.

Tarikh Meru: Geschichte der Stadt Meru, welches eine von den vier Hauptstädten von Khorassan ist, verfaßt von Abu Said Abdalkerim Ben Mohammed AlSamani, der im Jahr der Hedschr. 561 verstorben ist. Sie macht zwanzig Bänder aus. Ebn Sajat, der im Jahr der Hedschrah 268 verstorben ist, Abdreddin Ben Fitaun, und Madschdeddin Mohammed Ben Jacub AlFiruzabadi, Verfasser des Camus, haben auch eben so, wie Ebn Madan, über den nemlichen Gegenstand geschrieben.

Tarikh AlMassihi AlHarrani: Dies ist eben diejenige Geschichte, die den Titel Tarikh Harran führt.

Tarikh AlMassudi: eine Geschichte, die auch den Titel Akhbar Alzaman führt. Sie hat zum Verfasser den Imam AbulHassan Ali Ben Hossain AlMassudi, der im Jahr der Hedschr. 346 verstorben ist.

Diese Geschichte ist sehr weitläufig abgehandelt, und in Jahrbücher abgetheilt, die bis in die Zeit fortlaufen, da dieser Schriftsteller sein Buch, Morudsch aldhahab betitelt, geschrieben hat, welches das Jahr 332 der Hedschrah ist. Denn in dem genannten Jahre hat der Verfasser, weil er sah, daß sein Werk zu lang war, ein anderes daraus gemacht, dem er den Titel AlAussath, das Mittel, gegeben hat. Endlich hat er es noch mehr zusammengezogen, und dasjenige daraus verfertigt, das den Titel Morudsch aldhahab hat, von dem wir eben reden.

Das Buch, Akhbar alzaman betitelt, ist in dreißig Abschnitte oder Artikel eingetheilt.

Tarikh almaschrek fi mehassen ahel almaschrek: orientalische Geschichte in sechzig Bänden verfaßt von AbulHassan Ali Ben Said AlAini. Dieser Schriftsteller sagt in seinem Buche, Morkes betitelt, der Maschrek und der Magreb seyen zwei Werke, die hundert und funfzig Bände enthielten, und er habe beide in hundert und funfzehn zusammengepreßt.

Das Buch, welches von der occidentalischen Geschichte handelt, und von eben diesem Schriftsteller herrührt, führt den Titel Morkes, oder Mothreb fi akhbar ahel almagreb, und hat gemacht, daß man dem Verfasser desselben den Titel AlMuarrakh AlAndalussi, Geschichtschreiber von Spanien, beigelegt hat. Er ist im Jahr der Hedschr. 673 verstorben.

Tarikh Mesr: Geschichte von Egypten. Der erste Schriftsteller, der eine solche Geschichte geschrie-

geſchrieben hat, iſt Macrizis Berichte zufolge Abu Omar Mohammed Ben Juſſuf AlKendi. Er iſt im Jahr der Hedſchr. 246 verſtorben.

Dieſem erſten Schriftſteller iſt Codhai gefolgt, der ſeinem Werke den Titel AlMokhtar gegeben hat. Dieſer Verfaſſer thut in demſelben der Zeit vom J. d. H. 457. bis 464. Erwähnung, die Seni alſcheddat almoſtanſeriat genannt worden, die Jahre des Unglücks, welches ſich unter der Regierung des Moſtanſer Billah, eines Khalifen von der Dynaſtie der Fathimiten, zugetragen hat, wo Egypten außerordentlich von Peſt und Hungersnoth iſt heimgeſucht worden.

Der Schüler des Codhai, Namens Abu Abdallah Mohammed, hat ſeine Geſchichte bis ins Jahr der Hedſchr. 520 fortgeſetzt. Sie iſt auch in der Folge von verſchiedenen Schriftſtellern bis zum Jahre 727 fortgeführt worden.

Taki eddin Achmed AlMacrizi, AlWaedh, einer der berühmteſten Geſchichtſchreiber von Egypten, der im Jahr der Hedſchrah 845 geſtorben iſt, hat mehrere dieſes Land betreffende Werke verfertigt, und die Geſchichte deſſelben bis auf ſeine Zeit fortgeführt. Die vornehmſten ſind: Tarikh almolk, Aced aldſchauaher, u. a. m. Wir werden an einem andern Orte von derſelben reden.

Man hat auch eine in türkiſcher Sprache abgefaßte Geſchichte von Egypten, von Saleh Ben Gelaleddin AlRumi, der im Jahr der Hedſchr. 973 verſtorben iſt, und mehrere Particulargeſchichten, dergleichen ſind eine Geſchichte von Cairo, von Alexandrien, von Aſſuan, von Sojuth, von Said, und eine ſehr große Anzahl verſchiedner Werke, die unter mancherlei Titeln erſchienen ſind, und alle miteinander von demjenigen, was dieſe Geſchichte betrifft, handeln.

Tarikh AlModhafferi: Geſchichte des Muſulmanismus, in ſechs Bänden, verfaßt von Ibrahim Ben Abdallah, mit dem Beinamen Ebn Abil Dem AlHamaui, der im Jahr der Hedſchr. 442 verſtorben iſt.

Tarikh AlMotaber fi enba man abar: eine Geſchichte, die den Mogireddin AbulJemen Mohammed AlCodſi zum Verfaſſer hat.

Tarikh AlMoagem fi athar moluk AlAgem: Geſchichte der Könige von Perſien, in perſiſcher Sprache abgefaßt von Fadhl allah Obeid Ben Naſſereddin, unter der Regierung des Atabeken Naſſereddin Achmed Ben Juſſuf ſchah, ohngefehr ums Jahr der Hedſchr. 654.

Dieſes Werk iſt ins Türkiſche überſetzt worden von Kemal Uard AlBargamuni, einem Lehrmeiſter im Serail, auf Befehl des Mahmud Paſcha, Veſirs des Sultans Mohammed des Dritten. Sie führt den Titel: Tergiman albelaghet.

Tarikh AlMagreb: Geschichte von Africa. Unter dem Worte Magreb, das eigentlich den Occident bedeutet, begreifen die Araber nicht blos Africa, sondern noch Spanien. Es haben viele Schriftsteller diese Geschichte bearbeitet. Die vornehmsten Werke darunter sind:

AlMoazeb fi akhbar AlMagreb, von AlMarakeschi.

AlMosheb fi akhbar AlMagreb, von AlDschari, oder AlNadschari.

AlMogareb fi akhbar ahd AlMagreb, von Ebn Said AlAini, der auch von dem Buche, welches den Titel AlMorkes oder AlMothreb fi abval ahel AlMagreb führt, und eben diesen Gegenstand behandelt, Verfasser ist.

AlMoareb an Sairat Molnk abel AlMagreb, Geschichte der Könige von Africa. Ebn Khalekan thut dieses Werks Erwähnung.

Mokhter Tarikh Magreb: ein Werk, das den Ebn Abi Thai Jahia Ben Hamidah AlHalabi zum Verfasser hat, der im Jahr der Hedschr. 630 verstorben ist.

Es giebt noch mehrere Particulargeschichten, welche Africa betreffen; dergleichen sind die Tarikhs oder Geschichten von Afrikiah, von Badschaiah, von Cairuan, von Fas, von Marakesch, von Telmessan, und von andern africanischen Städten.

Tarikh Meccah: Geschichte von Mekka. Die Anzahl derjenigen Schriftsteller, welche die Geschichte dieser Stadt geschrieben haben, ist sehr groß.

Der erste von allen ist Abul-Ualid Mohammed Ben Abdalkerim AlAzraki, der im Jahr der Hedschr. 223 verstorben ist. Diese Geschichte ist unter dem Titel Zobdat alaamal in einen Auszug gebracht worden.

Takieddin AlFassi, der im Jahr der Hedschr. 832 verstorben ist, hat auch eine in dreien Bänden, unter dem Titel: Schafa algaram fi balad Alharam verfertigt. Dieses Werk ist gleichfalls unter dem Titel, Tohfat alkeram, in einen Auszug gebracht worden; der Verfasser ist unbekannt. Eben dieser Schriftsteller hat auch noch die nemliche Geschichte unter dem Titel, Acd althemin fi tarikh albalad alamin geliefert, die unter dem Titel Agilat alcora alragheb in einen Auszug ist gebracht worden.

Tarikh Omm alcora: Geschichte der Mutter, oder Hauptstadt der Städte. So haben auch mehrere Schriftsteller ihre Geschichte von Mekka betitelt, der die Musulmanen diesen Titel vorzugsweise beizulegen pflegen.

Ebn Hadschar AlAscalani hat die seinige betitelt: Bina alabniat fi bina Kaabat.

Nozhat aluara fi akhbar Omm alcora, von Ebn Nadschar.

Der Verfasser des Camus hat auch eine unter dem Titel AlUasl fi fadhl Meccah geliefert.

Akhbar almostefadat fi man ualla Meccah men alEotabah, Geschichte derjenigen von der Familie

milie Cotadah, die zu Mekka regiert haben, verfaßt von Ebn Dair.

Tamkin almecam, gleichfalls eine Geschichte von Mekka, verfaßt von Ali Dedeh.

Tarikh oder Tauarikh almoluk, Geschichte der Könige, oder Sultane, die vor oder nach dem Musulmanismus regiert haben. Man hat deren mehrere, die diesen Titel führen:

Tarikh Malek Naßer Mohammed Ben Calaun: Geschichte des Naßer, eines Sohns des Calaun, und seiner Nachkommen, verfaßt von Schamseddin Al Sai, AlMeßri.

Tarikh moluk. Dieses Werk ist in türkischer Sprache im Jahr der Hedschr. 906 abgefaßt worden von Ali schir, Veßir des Sultan Hußain Mirza.

Tarikh algenan v afkhar aldual gihan, Geschichte der Dynastien, in perfischer Sprache. Sie führt auch den Titel: Gihan ara, Zierde der Welt. Siehe diesen Artikel.

Man hat auch unter diesem Namen Tarikh noch folgende: Tarikh AlBujah, Geschichte der Buiden. Tarikh AlGinghiz, Geschichte des Ginghizkhan und seiner Nachkommen, und so noch mehrere andere, von welchen wir bereits geredet haben, oder in der Folge noch zu reden gedenken.

Mehrere andere Geschichten dieser Könige oder Sultane findet man unter verschiedenen Titeln. Dergleichen sind: Tohfat

albhorafa, AlDorrar alkhemin, AlDorr alfakher, AlRaud aldhaher, Sobhat alakhbar, Sojar moluk, AlDhahab almasbuk, Schafa alcolub, Dharf alasr, Aed albaher, Ocud aldschauaher, Nadhm alfoluk, Jaubu almodhaher u. f. w. Azhar alraudhatein, die Blumen der beiden Gärten, ist eine Geschichte des Nureddin und Salaheddin.

Tarikh almoahedin. Geschichte der Mohaden. Siehe den Artikel Moahedin.

Die vornehmsten Schriftsteller, die die Geschichte dieser Dynastie beschrieben haben, sind: Abdalrahman, Abul Hedschadsch Joßef Ben Omar AlAschbili, oder AlAschbisihi, und Abu Saheb Al Selah.

III. 441

Tarikh Mußal: Geschichte der Stadt Mußal, oder Mosul. Jezid Ben Mohammed AlAzdi ist der erste, der diese Geschichte zu schreiben unternommen hat.

Ibrahim Ben Mohammed AlMußali hat sie gleichfalls bearbeitet.

Omadeddin Ismail Ben Hebatallah Ben Atbasch, und Zacaria AlMußali sind ihm nachgefolgt.

Tarikh Miafarekin: Geschichte der Stadt Miafarekin in Mesopotamien, verfaßt von Ebn AlAzrak AlFareki, der aus dieser Stadt gebürtig gewesen ist.

Tarikh Mirkhuand: Geschichte des Mirkhond, in perfischer

Dd 4   scher

scher Sprache. Dieses sehr berühmte Werk führt den Titel: Raudhat alsafa. Siehe diesen Artikel. Sein Sohn Khondemir hat in zwei Werken einen Auszug daraus verfertigt, davon das eine den Titel Habib alseir, und das andere den Titel Khelassat alakhbar führt. Dieses letztere Werk wird öfters in dieser Bibliothek angeführt.

Tarikh Motescheref: eine Geschichte in persischer Sprache, welche zwei besondere Werke enthält:

Das eine ist, fi hokkam Al Akrad, über die curdischen Fürsten; und das andere führt den Titel, Anfas alakhbar. Der Verfasser dieser beiden Werke ist Scharafeddin AlBadlissi.

Tarikh Nessa. Geschichte der Weiber überhaupt, verfaßt von Mohammed Ben Achmed AlAbiurdi, der im Jahr der Hedschrah 507 verstorben ist.

Tarikh nessa altholafa men alharair v alama: Geschichte der Gemahlinnen der Khalifen, der freien sowol, als der Sclavinnen, verfaßt von Tageddin Ali Ben Andschab AlBagdadi, der im Jahr der Hedschr. 674 verstorben ist.

Tarikh alnasab v kebasch: Geschichte der Genealogien und Häupter der Familien, verfaßt von Dschafer Ben Mohammed AlMostagferi, der im Jahr der Hedschr. 433 verstorben ist.

Tarikh Nischangi Pascha. Es giebt zwei historische Werke des Nischangi Pascha, von welchen das eine den Titel Thabat almemalek führt, und dem Sultan Soliman zugeeignet ist, das andere aber Tarikh Ebn Ramadhan heißt. Dieser Ebn Ramadhan war Nischangi, das heißt, Siegelbewahrer des türkischen Sultans.

Tarikh Nasthujah: eine Geschichte, die den Ebn Abdallah Ibrahim Ben Mohammed, Ben Arafah AlUassethi, mit dem Beinamen Nastujah, zum Verfasser hat, der im Jahr der Hedschr. 313 verstorben ist.

Tarikh alnauadir: eine Geschichte, deren Verfasser Achmed Ben Mohammed AlTabrizi ist.

Tarikh Novairi: Geschichte des Novairi, die auch den Titel Nehajat alareb führt. Dies ist ein großes historisches Werk in zehn Bänden, abgefaßt von Schehab eddin Achmed Ben Abdaluahab AlNovairi AlKendi, der im Jahr der Hedschr. 732 verstorben ist. Es sind einige Bände von diesem Werke in der königlichen Bibliothek zu Paris befindlich. Siehe den Artikel Novairi.

Tarikh Nischaburi: Geschichte der Stadt Nischabur, welches eine von den vier Hauptstädstädten der Provinz Khorassan ist. Es haben sie mehrere Schriftsteller beschrieben.

Mohammed Ben Abdallah AlHakem AlNischaburi, der im Jahr der Hedschr. 405 gestorben ist, hat auch eine verfertigt, von welcher Orbeki sagt, daß es ein vortreffliches Buch sey. Er nennt es Seid AlCothob, den Herrn der Bücher.

Dieses Werk ist von Abdalgafer Ben Ismail alFarsi vom Jahr 380 bis zum Jahre 518 fortgesetzt, und von Hakem AlDhahabi in einen Auszug gebracht worden.

AbulCassem und Mohammed Ben Ali Attasi haben auch eben diese Geschichte bearbeitet.

Tarikh AlWasseth: Geschichte der Stadt Wasseth, am Tiger, zwischen Bagdet und Cufah. Sie hat den Mohammed Ben Said AlWassethi zum Verfasser, der im Jahr der Hedschr. 637 verstorben ist, und ist fortgesetzt worden von Ebn AlGelal.

Der Seid Dschafer Ben Mohammed, mit dem Beinamen AlDschaferi, hat gleichfalls daran gearbeitet.

Tarikh AlWosara: Geschichte der Vesire. Man hat eine unter dem Titel: Nocat alasriah fi akhbar AlWosara AlMesriah. Dies ist eine Geschichte der egyptischen Vesire, verfaßt von Nabschmeddin Mohammed Ben Amadat, Ben AbilHassan AlJemeni AlFakih, der im

Jahr der Hedschr. 569 gestorben ist.

Tabscheddin Ali Ben Angeb AlBagdadi, der im Jahr der Hedschr. 674 verstorben ist, und Khuand Emir oder Khondemir Gajatheddin, haben auch eine Geschichte der Vesire ausgearbeitet.

Man findet auch die nemliche Geschichte unter dem Titel: Akhbar alvosara.

Tarikh AlWassaf: Eine persische Geschichte von Ginghizkhan und seinen Söhnen bis auf Gazan khan, abgefaßt von Khobschah Abdallah Ben Fadhlallah, mit dem Beinamen AlWassaf, im Jahr der Hedschr. 911.

Dieses Werk führt auch den Titel: Kheridat alamsar o noszbat alaassar, und begreift fünf Bände in sich.

Tarikh Herat: Geschichte der Stadt Herat, einer von den vier Hauptstädten Khorassans. Die Schriftsteller, welche diese Geschichte bearbeitet haben, sind folgende:

Ebn Ischak Achmed Ben Mohammed, Ben Junos, AlBazzaz.

Achmed Ben Mohammed, Ben Said AlHeddad.

Abu AlRuh Issa AlHeraui, gebürtig aus der Stadt Herat, und gestorben im Jahr der Hedschrah 544.

Abu Nasr Abdalrahman Ben Abi AlDschabbar.

Mauthekeddin Abdal Cami AlEsfahani.

Dd 5   Ebn

Ebn Mardujah, und Omar Ben Sehelam AlSaugi haben sie gleichfalls bearbeitet.

Der erste, der diese Geschichte in persischer Sprache geschrieben hat, ist Nureddin Abdalrahman Ben Achmed AlDschami, ein berühmter persischer Dichter, der im Jahr der Hedschr. 898 verstorben ist.

Muin eddin AlRamehi hat auch im Jahr 897 darüber geschrieben, unter dem Titel: Raudhat algenan.

III, **Tarich** Hamadan. Geschichte der Stadt Hamadan. 443 Sie ist aus der Feder des Vesirs Abu Schegia Mohammed Ben Hossain AlHamadani, der im Jahr der Hedschr. 509 verstorben ist. Dieses Werk ist eigentlich ein bloßes Supplement, oder eine Fortsetzung von einer alten Chronik, die Hadsch Khalfah für den Tarich Schirujeh hält.

Mohammed Abdalmalek AlHamadani, der im Jahr der Hedschr. 922 verstorben ist, hat die Geschichte des Abu Schegia fortgesetzt.

Abdalrahman Ben Achmed AlAnmathi hat auch daran gearbeitet unter dem Titel: Thabacat AlHamadan, so wie auch Saleh Ben Achmed AlDhahabi unter dem Titel: Sojar alcobala.

Tarich Hend oder Hind: Geschichte von Indien. Jussuf AlHeraui hat eine solche verfertigt.

Auch hat man eine neuere Geschichte in arabischer und türki-

scher Sprache, welche aus den Geschichten der Franken oder Europäer, nebst der Entdeckung von America, das die Orientaler die neue Welt nennen, ist übersetzt worden.

Tarich Jafei, die auch den Titel Merat algenan führt.

Tarich AlJemen: Geschichte von Jemen oder vom glücklichen Arabien. Nadschmeddin Omad Ben AbilHassan AlJemeni hat sie im Jahr der Hedschr. 269 geschrieben.

Gemaleddin Abdalbaki Ben Ali AlHamed AlMekki, der im Jahr der Hedschr. 793 gestorben ist, hat auch etwas ähnliches verfertigt.

AbulHassan Ali Ben Hassan AlKhezergi, der im Jahr 812 gestorben ist, ist ihm nachgefolgt.

Tarich Jossefos: Geschichte des Joseph. Sie hat auch den Titel: Akhbar AlEbraniin, Geschichte der Hebräer, und Ketab AlMacabiin, Buch der Maccabäer. Dies ist die Geschichte des Joseph BenGorion, von welcher wir bereits oben geredet haben. Sie ist in der königlichen Bibliothek zu Paris befindlich.

Tarich Ebn Habib: Dies ist eine Geschichte der Lehrer aus der Schafeiennischen Secte, von Takieddin Ebn Cadhi Schebbah in einen Auszug gebracht. Sie ist in der königlichen Bibliothek zu Paris unter Nr. 856 befindlich.

Ta-

Tarikh AlMeslemin: Geschichte der Müsulmanen. Dies ist ein kurzer Entwurf der Dschafarischen Geschichte, oder des Thabari, der uns unter diesem Titel von Gergis Ben Amid ist mitgetheilt worden, und den Erpenius, von dem er ins Lateinische ist übersetzt worden, unter dem Titel der saracenischen Geschichte, von Georg Elmacin verfaßt, herausgegeben hat.

Tarikh alneiran. So nennt man im Oriente die Verbesserung des Jezdigirdischen oder Persischen Calenders, die unter Gelaleddin Malek schah ist gemacht worden. Siehe oben den Artikel Tarikh Farsi, und Tarikh Gelali.

Es sind einige Schriftsteller, welche behaupten, es sey noch eine neuere Verbesserung mit eben diesem Calender vorgenommen worden, und zwar unter Mohammed Khuarezm schah, oder unter seinem Sohne Gelaleddin Mankberni, und auf solche Weise könnte man diese beiden Correctionen so von einander unterscheiden, daß man die erstere Maleki, und die andere Gelali nennte.

III. Das Wort Neiran, welches 444 die beiden vornehmsten Lichter, nemlich die Sonne und den Mond bedeutet, geben genugsam zu erkennen, daß immer neue Verbesserungen an diesem Calender stattfanden, um von Zeit zu Zeit das Frühlingsäquinoctium, oder den Nevruz, der den ersten Tag des persischen Jahres bezeichnete, wieder in Ordnung zu bringen.

Tarikh Samari. Samaritanische Chronik, die von Schöpfung der Welt anfängt, und bis an das Ende der Dynastie der Tholoniden in Egypten, das im Jahr der Hedschr. 322 unter dem Khalifat Radhi des Abbassiden eingetreten ist, fortgeht. Der Verfasser dieser Chronik rechnet von Adam bis zum ersten Jahre der Hedschrah 5047 Jahre. Dieses Werk ist in arabischer Sprache in der königlichen Bibliothek zu Paris unter Nr. 839. befindlich.

Tarikh Schahan pischin v moluk motecaddemin: Geschichte der ersten Könige von Persien und anderer Könige aus den ältesten Zeiten. Dieses Werk findet sich als Anhang an dem Tarikh Montekheb.

Tarikh: Elm Tarikh. Die Wissenschaft der Geschichte. Hagi Khalfah hat in seinem Werke, Caschf aldhonun betitelt, einen eignen Titel daraus gemacht, und dreizehnhundert Schriftsteller oder besondere Werke, die diese Materie betreffen, gesammlet.

Tarim, eine Stadt in Jemen, oder im glücklichen Arabien, welche zu dem Lande gehört, welches den besondern Namen Hadramuth führt. Edrissi setzt sie sehr nahe bei die Stadt Siam oder Siabam.

Tar-

Tarkhan: Dieses Wort bedeutet bei den Mogolen denjenigen, der von allen Arten von Tributen befreit ist, und der sogar nicht einmal verbunden ist, seinem Fürsten, noch seinem General, einen Theil der von ihm im Kriege gemachten Beute zu geben.

Tarkhan. Tarkhan Khatun, dafür einige auch Türkhan sagen. Dies ist der Name einer Fürstin, die die Gemahlin von Malekschah, drittem Sultan der Seldschuciden, war. Siehe den Artikel dieses Sultans, wie auch den Artikel Mohammed, ein Sohn dieser Fürstin, und den Artikel Barkiarok.

Tarkhan. Abdal Salam Ben Abdalrahman, führt den Beinamen Ebn Tarkhan AlAschbili Alkacmi. Er ist der Verfasser eines Buchs, das den Titel hat: Erschad fi taffir AlCoran. Er war aus Sevilla in Spanien gebürtig, und ist im Jahr der Hedschr. 627 verstorben. Sein Werk ist eine Einleitung zur leichtern Lecture der Commentare des Corans.

Abu Mohammed AlFarabi führt auch den Beinamen Tarkhan.

Tarmad, oder Termed: ist der Name einer Stadt, welche einigen Erdbeschreibern zufolge, zu der Provinz Thokharestan gehört. Sie liegt an dem rechten oder nördlichen Ufer des Flusses Gihon, wie einige wollen; nach andern aber an dem mittäglichen oder westlichen Ufer. Allein dieser Unterschied kommt daher, daß diese Stadt vielleicht an den beiden Ufern dieses Flusses liegt, oder weil der eine von den beiden Theilen, in die sie getheilt wird, zu verschiednen Zeiten entweder verheert oder erbaut worden ist.

Die Tafeln des AbulFeda geben dieser Stadt 91 Grade, 15 Minuten der Länge, und 37 Grade, 35 Minuten nördlicher Breite. Einige geben ihr nur 90 Grade der Länge. Aber in Ansehung ihrer Breite weichen die Schriftsteller nicht voneinander ab.

Der Unterschied, der sich bei den Schriftstellern in Ansehung der Lage dieser Stadt befindet, macht, daß sie von einigen zu den Städten von der Provinz Mauaalnahar, die an Khorassan stößt, und wozu sie von andern gerechnet wird, zählen. Diese Stadt hat ein sehr großes Gebiete, und begreift eine sehr große Anzahl von Flecken und Dörfern in sich.

Tarmadi oder Termedi. Mehrere Schriftsteller, die aus der Stadt Termed gebürtig sind, oder daraus herstammen, führen diesen Beinamen.

Alaeddin, der aus Alis Geblüte war, führte den Titel eines Fürsten von Termed, und ward unter Begünstigung des Mohammed Khuarezm schah zum Khalifen oder vielmehr Anti-Khalifen gegen Naßer, welcher der wahre

und

und rechtmäßige Khalife war, erwählt. Siehe den Artikel Mohammed Cothbeddin Khuarezm schah.

Tarmadi. Hakim AlTarmadi: der Philosoph von Termed. Dies ist der Titel oder Beiname des Abu Abdallah Mohammed Ben Ali, Verfassers eines Buchs unter dem Titel: Ethbath alolal alschariat, in welchem er den Musulmanismus, nicht durch Machtsprüche, sondern durch Schlüsse, beweisen zu können behauptet. Er ist im Jahr der Hebschr. 655 verstorben.

Man hat noch ein Buch von ihm, unter dem Titel: Assabat alrai, welches eine Kunst oder Wissenschaft ist, die Meinungen zu berichtigen.

Tarmah: ist der Name einer Stadt in der Provinz Berberah, welches die Barbarei in Africa ist, die wir heut zu Tage die Küste der Cafrerei zu nennen pflegen, die sich längs der Provinz Zanguebar hin erstreckt, und an das östliche oder äthiopische Weltmeer stößt.

Diese Stadt liegt um drei Tagereisen südlicher, als die Stadt Carcunah, und sehr nahe bei derselben ist das Gebirge, oder das Vorgebirge Kiacuni befindlich.

Tarudent: ist der eigentliche Name derjenigen Stadt, welche gewöhnlich Sus alacsa, das heißt, Sus in Mauritanien, genannt zu werden pflegt, und am atlantischen Weltmeer liegt. Siehe oben den Artikel Sus.

Tarui: ein Beiname des Mosleheddin Mostafa Mohammed Ben Ismail, der unter dem Namen Ebn AlCothai bekannter ist. Er ist der Verfasser eines Buchs unter dem Titel: Taarifat. Siehe diesen Artikel.

Tarujah. Tarujat alaruah: ist eine Art von Supplement zu dem arabischen Wörterbuche des Dschauhari.

[Vergleiche die Zusätze zu dem Artikel Giauhari.]

Taruih alaruah: ein medicinisches Buch, verfaßt von Hakimeddin Mahmud AlTabrizi. Dieses Werk ist auch in Verse gebracht worden.

Taruih alaruah: ein medicinisches Buch, welches vielleicht mit dem vorhergehenden einerlei ist, und von Mohammed Ben Achmed AlAluini AlThunessi, aus Tunis gebürtig, in türkische Verse ist gebracht worden. Dieses Werk ist in vier Canones oder Regeln eingetheilt.

Taruih alcolub bellethaif alojub. Eine Sammlung von scherzhaften Erzählungen, ohne Namen des Verfassers.

Tarschiz: ist der Name eines Schlosses in der Provinz Khorassan, welches von den Räubern hern oder Affassinen von der Partei des Moahedah oder der Ismaelier von Persien besetzt gehalten wurde. Der Sultan Lacasch Khan vertrieb sie daraus, und rottete ihre ganze Race aus.

Taschbiah *) AlCoran o estaarotho: Vergleichungen und Metaphern des Corans. Dies ist der Titel eines Buchs des Abul Khair, das zu den Foru, oder Theilen des Musulmanismus, gehört.

Das Wort Taschbiah und Taschbih bedeutet auch eine rhetorische Figur, die wir Vergleichung nennen. Es hat daher Achmed Ben Othman AlTürkman, der im Jahr der Hedschr. 744 verstorben ist, ein Buch unter dem Titel AlTaschbiah verfertigt, in welchem er von Gleichnissen und Vergleichungen handelt.

Taubih ala altaschbih ist ein Werk über eben diesen Gegenstand, das von Safadi ist verfertigt und in zwei Theile abgetheilt worden. Es ist in der königlichen Bibliothek zu Paris unter Nr. 1140. befindlich.

Taschdid arkan: ist der Titel eines Buchs des Sojuthi, das er dem Werke des Gazali entgegengesetzt hat, das den Titel führt: AlAhiah alolum. Bacai hat dieses Werk des Sojuthi beantwortet, und da sich dieser vertheidigte, so hat ihm Bacai darauf replicirt, und seiner Re-

plik den Titel Tahadim alarkan gegeben.

Taschnif alesma bemessail aleschtema: ist der Titel eines Buchs, das Sojuthi über die Foru, oder Theile des musulmanischen Gesetzes, verfertigt hat.

Taschnif alesma beahkam alsema: ist der Titel eines Buchs, das Gemaleddin AlSarkhabi über die Gesänge und Tänze geschrieben hat.

Taschnif alestema beahkam aldschmaa: ist der Titel eines Buchs, das von der ehelichen Pflicht handelt, und Abdalcader Mohammed Ben AlSchadheli zum Verfasser hat. Dieser Schriftsteller sagt, er habe alles, was er über diesen Gegenstand in der Sammlung des Hafedh Abubekr AlArabi, eines Schülers des Gazali, habe finden können, gesammlet und aufgeklärt, und behauptet, daß er alles, was er bei andern Schriftstellern über die Ehe und ihre Vollziehung ausgezeichnet, in eine Sammlung gebracht habe. Dies ist es, was er Dschame lefadhl alferaidh aldschmaa o sonanhi o adabhi nennt.

Taschnif alestema: ist ein anderes Werk, dessen Titel eigentlich ein Ohrenläppchen bedeutet, und das den Zein eddin Abu Hafs Omar, mit dem Beinamen

---

*) [Lies Taschbihat. R.]

namen AlSchama AlHalabi, der im Jahr der Hedſchr. 936 verstorben iſt, zum Verfaſſer hat.

Taſchuik Nameh Ilekhani: iſt der Titel eines perſiſchen Buchs, verfaßt von Naſſreddin AlThuſſi, und in vier Theile abgetheilt, von welchen der erſte von Mineralien überhaupt, der zweite von Steinen, der dritte von Marcaſſiten, und der vierte von Materialiſtenwaaren handelt.

III. Taſchuik ela albeit alatik: 447 iſt der Titel eines Werks, das den Mohammed Ben AlMohebb AlThabari zum Verfaſſer hat. In demſelben ermuntert dieſer Schriftſteller ſeine Leſer zur Liebe des alten Hauſes, das heißt, zur Wallfahrt und Beſuchung des Tempels zu Jeruſalem, oder vielleicht zu Mekka.

Taſchuik alharamein: Ermahnung zur Wallfahrt nach den beiden Städten, die von den Muſulmanen für heilig ausgegeben worden; das heißt, Mekka und Medinah. Es iſt dies Werk von Fadhl allah AlCadhi Naſſi AlKeſſai geſchrieben worden.

Taſchrih: die Anatomie. Die im meiſten Anſehn ſtehenden Bücher über dieſe Materie ſind, wie die Orientaler behaupten, die vom Ben Sina oder Avicenna, vom Imam Razi, den wir Rhazes zu nennen pflegen, und von Ebn Hemam.

Es giebt auch einen Taſchrih fil foru, welches eine allegoriſche

Anatomie der Artikel des muſulmaniſchen Geſetzes iſt.

Tasdid fi beſan altauhid: ein Buch von der Einheit Gottes, verfaßt von Ganimi.

Tashif v Taharif: von der Verbeſſerung und von der Verfälſchung der Bücher, beſonders derjenigen, die für heilig gehalten werden. Es iſt dies ein Werk des AbulFath Othman Ben Iſſa AlBalathi, der im Jahr der Hedſchr. 600 verſtorben iſt.

Die Muſulmanen kennen keine größere Vorwürfe, als diejenigen, die ſie, wiewol ohne Grund, den Juden und Chriſten wegen der Verfälſchung ihrer Bücher machen; und dies nennen ſie Taharif, weil Mohammed an mehreren Stellen des Corans ſagt, vornemlich wenn er von den Juden redet, johrafun alketab. Allein dieſer falſche Prophet behauptet dieſen Betrug ohne allen Grund; denn die Juden haben bis auf den heutigen Tag dieſelben Exemplare gehabt, und die einſichtsvolleſten Muſulmanen behaupten, wenn ſich in dieſen Büchern irgend eine Veränderung befinde, ſo betreffe ſolche blos die Vocalen, die man zuweilen verſchieden bezeichnet und ausgeſprochen habe. Inzwiſchen iſt doch dies beinahe der auf ſo ſchwachen Stützen beruhende Hauptgrund, auf welchem der Mohammediſinus ruht. Denn Mohammed, der in ſeinem Corane faſt alle Stücke des alten Teſta-

Testaments ganz und gar verändert und verfälscht hat, hat seine Anhänger zu überreden gewußt, daß weder im alten, noch im neuen Testamente irgend etwas außer dem, was er seinem Buche einverleibt habe, authentisch sey.

Tashil alarubb: eine Poetik, die den Abdal Malek Ben Gemaleddin zum Verfasser hat.

Tashil alsalehi: Zusätze zu den astronomischen Tafeln des Ulug Beg, mit Erklärungen, ohne Namen des Verfassers.

Tashil alcassed lezaur almessaged: ist der Titel eines Buchs, das den Achmed AlOmad AlAscahesbi zum Verfasser hat, der im Jahr der Hedschr. 807 gestorben ist. Es ist eine Abhandlung über die Besuchung der Tempel oder Moscheen.

Tashil almenafe: ein philosophisches und medicinisches Buch, verfaßt von Ibrahim Al-Azrak.

III.   Tashil almicat fi elm alau-
448 cat: ein türkisches Buch, das von Uhren und den mancherlei Arten, die Zeit zu messen, handelt. Es ist von Mostafa Ben Ali verfaßt worden, der den Titel eines Mauakket beldschame AlSelimi, das ist, eines Bedienten, der die Stunden in der Moschee des Sultan Selim zu Constantinopel bemerket, annimt.

Tashil alnasr v tagil albbasr: ein Buch, in welchem Vorschriften ertheilt werden, wie man sich den göttlichen Beistand erwerben und den Sieg erleichtern kann. Es ist dies ein Andachtsbuch und moralisches Werk des Ali Ben Mohammed Al-Maurdi.

Tashil alsebil fi fehem mani altanzil: ist ein Commentar über den Coran, verfaßt von Abul-Hassan AlBekri, oder AlBakeri.

Tashil alucuf ala gauamedh abkam alucuf: ist der Titel eines Buchs des Zeineddin Abdalrauf AlManui, der im Jahr der Hedschr. 999 verstorben ist. Es handelt von den Gesetzen der Musulmanen in Betreff der Fundationen und frommen Legate.

Tashil fil thebb, ein türkisches Buch über die Medicin, verfaßt von Hadsch Pascha Al-Aidini, und in drei Theile abgetheilt, von welchen der erste von dem theoretischen sowol, als practischen Theile der Medicin, der zweite von Nahrungsmitteln, Getränken und Heilmitteln, und der dritte von Ursachen und Zeichen der Krankheiten handelt.

Tasliat alhazin fi maut albenin: Trostgründe über das Absterben der Kinder. Es ist dies ein Werk des Schehabeddin Achmed Ben Jahia, Ben Hagelah, der im Jahr der Hedschr. 776 verstorben ist.

Tasrif

Tafrif fil taffauf: Abhandlung von dem Leben und den Uebungen der Sofis, verfaßt von Aladdin Ismail Ebn AlComri, der im Jahr der Hedschr. 727 verstorben ist.

Tafrif: Beugung und Conjugation der Verborum. Es giebt mehrere Werke über die arabische Grammatik, welche diesen Namen führen. Dergleichen sind? Tafrif Ebn Malek, Tafrif AlZendschani, Tafrif AlSeid AlScherif, in persischer Sprache erklärt, Tafrif AlMaßenl, u. d. m. Man hat auch unter dem nemlichen Namen eine arabische Grammatik, deren Verfasser Ebn AlHagib ist, und worüber Dscharbardi einen Commentar geschrieben hat. Er ist in der königlichen Bibliothek zu Paris unter Numero 1087.

Taffafin. Siehe den Artikel Teffefin.

Taffaiat: Es sind der Schriftsteller mehrere, die ihren Werken diesen Titel gegeben haben, unter andern der Cadhi Afreddin Abdalaziz Rabhleddin Jordhim Ben Mohammed Al-Thabari, der im Jahr der Hedschr. 722 verstorben ist, und Ebn Atafah. Es sind dies Versuche oder Ausarbeitungen über mehrere verschiedene Materien.

Taffalli dra altafiah o tadschah bericha, altari taala't Sammlung von Trostgründen bei widrigen Zufällen, die uns im Orient. Bibl. 4. B.

Leben begegnen, und von der Ergebung in den Willen Gottes. Es ist dies ein Werk des Mohammed Ben Abralhaff, Ben Sofman AlSelmiessant. J

Taffalli o Taffabur alima III. cadhah Allah men ahfam altadschabbar o altari... Bezeugung und Ermahnung zur Geduld in Ansehung dessen, was Gott uns von der Gewaltthätigkeit und Ungerechtigkeit der Regenten zu erdulden verordnet hat. Dies Buch hat den Abu Haffan AlSchabheb AlMaleki zum Verfasser.

Taffauf: Uebungen der Andacht, oder des geistlichen Lebens. Die Mohammedaner weihen Elm AlTaffauf die Wissenschaft, welche den Menschen aus dem menschlichen Zustande zu dem Glaube der Glückseligkeit sich zu erheben lehrt, wo er von Stufe zu Stufe, so viel seiner Natur möglich ist, bis zum höchsten Grade der Vollkommenheit auf steigt. Von dieser Wissenschaft oder Kunst haben diejenigen, die sich mit derselben beschäftigen, den Namen Sofis erhalten, und wie man sagt, ist Abu Haschem Al-Sofi, der im Jahr der Hepschr. 150 gestorben ist, der erste gewesen, der ihn angenommen hat. Siehe den Artikel Sofi.

Die Musulmanen haben eine sehr große Anzahl von Büchern über diese Materie; allein da sie insgesammt verschiedene Titel haben,

ben, ſo wird man ſie größten
theils jedes an ſeinem eignen Orte in dieſem Werke finden.

Taſſarif. Dieſes Wort,
das die Conjugation der Verborum bedeutet, dient als Titel
von mehreren Werken über die
arabiſche Grammatik.

Taſſarif aldeher fi taarif al-
zekher: Ein Buch, das von den
Revolutionen der Welt handelt,
und von Tadſcheddin Ali AlMuſ-
ſali, der unter dem Namen Ebn
Alboraihem bekandter, und im
Jahr der Hedſchr. 762 geſtorben iſt, verfertigt worden.

Taſſarruf beleſin alqadham:
Anwendung und Gebrauch des
Namens Gottes. Die Muſul-
manen ſagen, es ſey dies eine
Wiſſenſchaft, die einen Theil des
Taſſir, das heißt, der Commentare über den Coran, ausmache,
und eigentlich ſeyen es nur die Patriarchen, Propheten und Heilige, die dieſer Wiſſenſchaft ge-
wachſen ſeyen. Inzwiſchen ſehe
man den Artikel Eſma Allah,
Namen Gottes.

Taſſirat alkauakeb: iſt der
Titel eines aſtronomiſchen Buchs,
welches von Planeten handelt, und
den AlKendi zum Verfaſſer hat.

Taſthih alcorrah: eine Abhandlung von der Quadratur des
Cirkels. Es haben mehrere
Schriftſteller davon geſchrieben,
als da ſind Ptolemäus, AlFargani, AlBiruni, u. a. m.

Tatar und **Tatarkhan**, iſt
der Name eines Sohns des Jlingeh Khan, fünften Königs von
Türkeſtan, aus der Nachkommenſchaft des Türk, eines Sohns
Japhet. Er kam mit ſeinem Zwil-
lingsbruder, Mogul oder Mogol, zur Welt, und dieſe beiden
Brüder ſtifteten zwei große und
berühmte Reiche im Oriente, die
ſich in der Folge der Zeit in eins
vereinigt haben. Von dieſen beiden Brüdern iſt alſo die Entſte-
hung der Namen von Tataren
und Mogolen herzuleiten. Wir
haben ſchon anderwärts von
Mogolen geredet, und was die
Tataren anbetrifft, ſo wollen
wir hier ihre ganze Dynaſtie, ſo
wie ſie uns Mirkhond mitgetheilt
hat, erzählen.

Der erſte iſt Tatarkhan, ein
Sohn des Jlingehkhan.

Der zweite Bukah khan, ein
Sohn des Tatar khan.

Der dritte Bilingeh khan.

Der vierte Jſſali khan.

Der fünfte Akhſur khan.

Der ſechſte Orbu khan.

Der ſiebente Sunidſch oder
Sibidſch khan.

Dieſe ſieben tatariſchen Für- III.
ſten machen mit Jlingeh khan, 450
dem Oberhaupte ihres Stammes,
eine Dynaſtie von acht großen Königen aus, deren Andenken man
blos in Türkeſtan erhalten hat.
Denn nach dem Tode des Sunig
trennten die einheimiſchen und
auswärtigen Kriege, welche da-
zwiſchen kamen, dieſe Nation
der Tataren ſo ſehr, daß ihr großes Reich gänzlich zerſtört wurde,

be, obgleich die tatarischen Nationen immer von andern türkischen Nationen des Orients abgesondert blieben.

Man muß hierbei bemerken, daß diejenigen Völker, die wir Mogolen und Tataren nennen, von den orientalischen Schriftstellern insgesammt unter dem Namen Atrak, das heißt, Türken, begriffen werden: denn das Wort Atrak ist der arabische Pluralis von dem Worte Türk.

Heut zu Tage giebt man bei den Türken den Namen Tatar Khan dem Sultan, der das Oberhaupt von den kleinen Tataren in der Crim ist, und man nennt ihre Dynastie oder Herrschaft Tatar Khaniah, in welcher die Sultane von der Familie des Ghérai, den wir gewöhnlich Gerey nennen, eben so berühmt ist, wie die Familie des Othman bei den Türken. Was die kleinen Tataren anbetrifft, so muß man von denselben die Artikel Cafah, Gherai Khan, und Babalaschi, welches ihr Mufti ist, vergleichen.

Tatargiu und **Tatargiuk Khan**: ist der Name eines Fürsten von den kleinen Tataren, das heißt, von demjenigen Volke, das jenseit des schwarzen Meeres und nach dem caspischen Meere hin wohnt, und mit dem Seldschucidischen Sultane Aladin Krieg geführt hat. Das war der Krieg, der den Aladin nöthigte, dem Orthogrul, einem Vater des Othman und Stifter der ottomannischen Monarchie,

die Aufsicht über diejenigen Provinzen von Natolien, die den Einfällen dieses Tataren am meisten ausgesetzt waren, anzuvertrauen.

Tatarkhan. Man hat ein Buch in mehreren Bänden über die Fetaui oder juristischen Decisionen der Musulmanen, das diesen Namen deswegen führt, weil der Verfasser desselben, Abu Ben Ola Al Hanefi, es einem tatarischen Sultane dedicirt hat, den er nicht nennt, und dem er blos den Titel Tatar Khan beilegt. Dieses Buch hat von seinem eignen Verfasser einen Commentar erhalten, der unter dem Titel Zad almossaferin, Wegzehrung der Reisenden, ans Licht getreten ist. Aber dieses ganze große Werk ist endlich in einen einzigen Band von Ibrahim Ben Mohammed Al Halabi zusammengepreßt worden.

Tathlith: So nennen die Musulmanen die Dreieinigkeit der Christen, die sie nicht verstehen; denn sie glauben, wir behaupteten drei verschiedene Substanzen in der Gottheit.

Eben dieses Wort ist auch bei ihnen der Titel eines Buchs, welches über die Worte geschrieben ist, die mit allen drei arabischen Vocalen, oder mit den drei verschiedenen Casus in einigen Texten oder Stellen des Corans zu lesen sind. Dieses Werk ist von Ebn Malek verfaßt worden, und ist in der königlichen Bibliothek

zu Paris unter Nr. 1051. anzutreffen. Siehe den Artikel Tob-
fat alacran.

**Tebet, Tobat, Tobut, und
Tonbut:** ist der Name eines Landes, auf dessen Ostseite China,
nach Süden zu Indien, nach Westen und Norden aber die türkischen Länder, welche die Namen
Kezelgeh und Tagazgaz oder Tani-
gaz führen, liegen.

Dieses Land Thebet hat, dem
Berichte des Ebn Alwardi zufolge, einen besondern König, von
welchem versichert wird, daß er
aus dem Geblüte der alten Könige von Jemen, oder dem glücklichen Arabien, die den Titel Tobai geführt haben, sey, und der
nemliche Schriftsteller sagt auch,
aus eben diesem Tebet werde der
beßte Moschus vom ganzen Mor-
genlande, den man im Arabischen, Persischen und Türkischen
Misk Tobuti, oder Tonbuti, und
manchmal Misk Tobat, dem
Verfasser des Mircat zufolge, zu nennen pflegt, gebracht.
Siehe den Artikel Hajathelah.

Tebian. Dieses Wort, das
im Arabischen Aufklärung und
Unterscheidung bedeutet, ist der
Titel von mehreren Werken. Hier
wollen wir einige derselben beibringen.

III.   **Tebian aajan alkhalaf fi be-**
451 **jan iman alsalaf:** Von dem Un-
terschiede, der sich zwischen dem
Glauben oder der Religion der
Alten und der Neuern befindet.
Dies ist der Titel eines Buchs,

das den Mansur Ben Hassan,
Ben Ali AlCaderi, zum Verfasser hat.

**Tebian fi adab giemlat Al-
Coran:** Erklärung desjenigen,
was den Coran überhaupt betrifft. Dieß ist der Titel eines
Werks, das von Jahia Ben Scharaf AlNauani, der im Jahr der
Hedschr. 676 gestorben, ist verfaßt worden.

Tebian fil bejan: ein in drei
Theile abgetheiltes rhetorisches
Werk. Diese Theile sind Mani,
die Erfindung; Bejan, die Er-
weiterung; und Bedi, die Figuren. Der Verfasser heißt Scharafeddin Hussain Ben Mohammed
AlThaibi, der im Jahr der Hedschrah 741 verstorben ist. Dies Buch
ist in der königlichen Bibliothek
zu Paris unter Nr. 1130.

Tebian fi elm albejan: gleichfalls ein rhetorisches Werk, verfaßt von Ebn AlZamalcani, der
im Jahr der Hedschr. 651 gestorben ist.

Tebian fil Coran: Erklärung des Corans. Es giebt deren mehrere, und zwar über die
Aarab, das heißt, über die Vo-
cale, und über die Punctation
desselben; fi acsam, über seine
Theile; fil messail, über seine
Fragen; fi mieschabah, über seine Vergleichungen und Gleichnis-
se; fi schobhat, über seine Zweifel und Schwierigkeiten; fil tafsir, über seine Commentare, u. s. w.
Der

Der Verfaſſer, der über die Zweifel im Coran geſchrieben hat, heißt Ebn Gemaat.

Tebian ſi ahmal alboldan: ein geographiſches Buch, verfaßt von Achmed Ben Abi Abdallah.

Tebian ſi akhbar Bagdad: Geſchichte der Stadt Bagdet, verfaßt von Achmed Ben Khaled AlBarki.

Tebian. Ketab AlTebian: ein aſtronomiſches Buch, verfaßt von Abdallah Mohammed Ben Abdallah Ben Amru.

Tebr und Tibr. Belad Al-Tebr: das Land des Goldſtaubs. Edriſſi bezeichnet in dem Lande der Sudan oder Negern die Lage dieſes Landes, um Vaucarah herum, einer Stadt und Provinz, die viel öſtlicher liegt, als Sanah.

Eben dieſer Schriftſteller ſchreibt, die Einwohner von Tocrur, die die äußerſten Enden von Africa nach Weſten hin inne haben, trieben auch ein ſtarkes Gewerbe mit Goldſtaub, welchen die Landeseinwohner für ſo vegetabiliſch halten, wie er es in den indiſchen Provinzen, die an Perſien gränzen, iſt. Siehe den Artikel Mahmud Ben Sebektegbin.

Tebriz. Siehe den Artikel Tabriz.

Tefaſſir. Dieſes arabiſche Wort iſt die vielfache Zahl von Taſſir, welches eine Erklärung oder einen Commentar, inſonderheit vom Coran, bedeutet.

Auch iſt dies der Titel des zweiten Theils von demjenigen Werke, das Madſchmu AlRaſchidiah betitelt iſt, und in welchem insbeſondere von Commentaren und Commentatoren des Corans gehandelt wird. Siehe den Artikel Taſſir und den Artikel Madſchmu AlRaſchidiah.

Teflis, Tiflis, Tefliſſi. III. Siehe den Artikel Taflis.   452

Teſſir. Siehe den Artikel Taſſir.

Teimi. Siehe den Artikel Taimi.

Tekuim und Tekttin. Siehe die Artikel Takuim und Takuin.

Tekrit. Siehe den Artikel Tacrit.

Telmeſſan: iſt der Name einer Stadt in Mauritanien, die wir im gemeinen Leben Tremiſen nennen. Sie iſt die Hauptſtadt einer Provinz, die vormals den Titel eines Königreichs geführt hat, und darauf immer entweder von dem Königreiche Fez, oder von dem Königreiche Alger abhängig geweſen iſt. Siehe den Artikel Magreb. Dieſes Land hat mehrere Gelehrten gezeugt, unter welchen folgende die vornehmſten ſind.

Ee 3   Tel-

Telmessani: ein aus der Stadt Telmessan gebürtiger Mann. Assifeddin Soliman Ben Ali, der im Jahr der Hedschr. 690 gestorben ist, führt den Beinamen Telmessani. Er ist der Verfasser eines Scharh oder Commentars über die Cassidah, ein Gedicht des Ebn Faredh, betitelt Taijah.

Telmessani, ein Beiname des Schamseddin Mohammed Ben Achmed Ebn AlMeruzi *), der im Jahr der Hedschr. 781 verstorben ist. Er ist Verfasser eines Buchs, betitelt: Aschraf aldhoraf lelmalek AlAschraf. Dieses Werk ist einem Könige von Egypten dedicirt, und der Verfasser desselben sucht darin zu beweisen, daß Egypten der beste Theil von der ganzen bewohnten Erde sey. Man sehe auch den Artikel Marzuk.

Temir und Temür. Siehe Timur.

Temir Capi. Siehe Demir Capi.

Tenbih. Siehe den Artikel Tanbih.

Tenbul. Dieses Wort ist ursprünglich persisch. Aber die Araber bedienen sich desselben auch zur Bezeichnung desjenigen Blatts, das mit ungelöschtem Kalk und Nüssen präparirt, und Fanfel genannt wird, was die Indianer gewöhnlich Betré und unsre Reisebeschreiber Betel nennen. Dieses Material ist aus den neuen Nachrichten, die wir von Indien haben, genugsam bekandt.

Der persische Erdbeschreiber bemerkt, der Baum, der das Blatt des Betré trage, wachse in dem Gebiete von Dhafar, einer Stadt in Jemen, oder dem glücklichen Arabien, und man nenne ihn im arabischen Schedschar oder Schedscharat AlTenbul.

Tencü. Die Araber schreiben, dies sey der Name, den die Chineser ihrem Monarchen geben. Es ist auch wahr, daß diese Chineser ihn noch heut zu Tage, Tiencü, das heißt, Sohn des Himmels, und Hoangti nennen, welches Wort gelb oder erdfarbigt heißt, um ihn von Tangti zu unterscheiden, welches den Beherrscher des Himmels oder den Himmel selbst bedeutet. Denn die Chineser haben keinen andern Namen, um den Namen Gottes auszudrücken, als das Wort Himmel.

Terakemah. Siehe den Artikel Türkman.

Tergemah oder Tergimeh. Siehe den Artikel Targemah.

Te

*) [Anstatt Meruzi muß Marzuki oder Marzuk gelesen werden. Siehe diesen Artikel Band II. S. 571. und in dem Artikel Mesr, S. 612. K.]

Teriak: der Theriak. Die Araber haben dieses Wort von den Griechen bekommen, und ihre sollen, als die persischen Geschichtschreiber sagen, die Composition des Theriaks sey eine Erfindung des Feridun, eines alten Königs von Persien aus der ersten Dynastie, die Pischdadische genannt.

Eben diese Araber sagen, der vortrefflichste Theriak im ganzen Oriente sey der aus der Provinz Irak oder Bagdet, welches die Hauptstadt davon ist, und man erzählt, der Khalife Motauakel habe einen so vortrefflichen Theriak gehabt, daß er expreß Leute von Vipern habe stechen lassen, um sie auf der Stelle zu heilen, und dieser Theriak von Bagdet wird für so kräftig gegen den Biß aller giftigen Thiere gehalten, daß man in Persien ein Sprüchwort hat, nach welchem man, wenn man sagen will, ein Heilmittel oder eine Hülfe komme zu spät, sagt: das heißt, Theriak aus Irak kommen lassen.

Da dieses Wort Teriak bei den Orientalern nicht blos die besondere Composition, der wir diesen Namen beilegen, sondern auch überhaupt ein jedes Gegengift bedeutet, so giebt es einige Bücher, welche diesen Titel haben.

Teriak alsikr: Gegengift des Geistes. Dies ist ein Werk, das den AbulFaradsch Cobamah, Ben Dschafar AlKateb zum Verfasser hat.

Teriak almohebbin: Gegengift der Liebenden: ist der Titel eines Buchs, das von Hafebh AlUassethi, der aus der Stadt Uasseth am Tiger gebürtig war, ist verfertigt worden.

Teriak leahel alestehkak: Gegengift für diejenigen, die die Wahrheit suchen. Dies ist der Titel eines persischen Buchs, das den Dschamil zum Verfasser hat, und in welchem sich vierzig Habith oder Erzählungen befinden, denen der Dichter allemal am Ende eine Stanze in persischer Sprache beigefügt hat.

Termed: Siehe den Artikel **Tarmad.**

Tessefin oder **Tassefin.** Siehe den Artikel Jussuf Ben Baschtekin. Hier wollen wir nur noch bemerken, daß dieser Name Tessefin oder Tassafin in den orientalischen Handschriften dergestalt verdorben ist, daß man ihn gar oft in einerlei Exemplaren an verschiedenen Stellen Baschtekin, Taschkehin und Naschtekin geschrieben findet.

Tessefin Ben All, Ben Jussuf, Ben Tessefin, succedirte seinem Vater in dem großen Reiche der AlMoraviden, das die Araber Molathemiah und Morabethah nennen, sowol diesseit, als jenseit des Meeres, das heißt, in Spanien und in Africa. Al-

Ee 4

lein

lein, daß er ein Fürst von gar weniger Tapferkeit war, so wurde er des größten Theils seiner Staaten, im Jahr der Hedschr. 539 von Abdalmumen, dem Oberhaupte und Stifter der Dynastie der Almohaden, beraubt.

Tetemmah: Vervollkommnung, Supplement.

Tetemmat alberz men aloiwat alkenz: Ist der Titel einer Caßidah, oder eines Gedichts, das den Mohammed Caßem Ebn, AlSchatiebi, der im Jahr der Hedschr. 590 gestorben ist, zum Verfasser hat. Dieß ist ein Gedicht, welches von der Poesie handelt.

III. Mohammed AlOmari hat zur
454 Nachahmung desselben etwas ähnliches verfertigt, das betitelt ist: Caßidat alnahhirat fi bahr vialcaßiat.

Tetemmat alfetaui: Supplement von juristischen Decisionen, nach dem muhamanischen Gesetze. Dieß ist ein Werk des Serhaueddin Mahmud Ben Mohammed, der auch Verfasser eines Buchs unter dem Titel Al Mohiah ist.

Tetemmat jetimat albeher: Supplement zu dem Werke, betitelt: Jetimat albeher. Siehe diesen Artikel.

Tetemmat maarefat AlSababah: Supplement zu der Geschichte und zu den Lebensbe-

schreibungen der Gesellen Mohammeds.

Teparith. Siehe den Artikel Tauarikh.

Tevessül. Siehe den Artikel Tauaßül.

Tevessüm: Siehe den Artikel Tauaßüm.

Tevessüth. Siehe den Artikel Tauaßüth.

Tevriet. Siehe den Artikel Taurriät.

Tezkerch: Siehe den Artikel Tadhkerah.

Thabacat: ein arabisches Wort, das eigentlich eine Sache bedeutet, die auf eine andere ähnliche Sache folgt; eine Ordnung, Classe. In dieser letztern Bedeutung wird es als allgemeiner und besonderer Titel von mehreren Büchern gebraucht, die von berühmten Personen handeln, ihre Profession mag im übrigen gewesen seyn, von welcher Art sie will; und dies sowol in alphabetischer Ordnung, als nach der Ordnung der Zeit, oder nach der Ordnung der Professionen, wie solches aus folgenden Artikeln zu ersehen ist.

Thabacat AlAttheba: Lebensbeschreibungen oder Geschichte berühmter und merkwürdiger Aerzte. Muaffek Ben Achmed

rueb Ben Cassem Ben Abi Offai-
beah, der im Jahr der Hedschr.
668 verstorben ist, hat über diese Materie geschrieben. Und, so
auch Ebn Gelgel. Man sehe auch
den Artikel Ojun alauba,

Thabacat alaulia: Lebens-
beschreibungen der Heiligen. Es
haben sich mehrere musulmanische Schriftsteller damit abgegeben, die Leben der Heiligen aus
ihrer Religion zu sammlen, und
AlAnsari ist der erste gewesen,
der sich mit dieser Arbeit beschäfftigt hat. Seradscheddin
AlMollakfen AlSojuthi, Al-
Thaalebi, Jafei, und mehrere
andere sind ihm gefolgt, und
haben den größten Theil ihrer
Werke unter andern Titeln ans
Licht gestellt, die an ihrem Orte
beigebracht sind.

Thabacat AlCobra: Le-
bensbeschreibungen großer Männer: ist der Titel eines Verzeich-
nisses, das besonders von Personen handelt, durch welche die
mohammedanischen Traditionen
von einem auf den andern sind
überliefert worden. Es ist ohne
Namen des Verfassers, und befindet sich in der königlichen Bibliothek zu Paris unter Numero
677.

Man hat noch ein anderes
Werk von Tadscheddin AlSobki,
unter eben diesem Titel, in der königlichen Bibliothek zu Paris unter Nr. 850.

III. Thabacat AlCobra AlFo-
455 kaha: ist der Titel eines Werks,

zeichnisses, oder einer Geschichte
der musulmanischen Rechtsgelehrten, bis zum Jahr der Hedschr.
729, ohne Namen des Verfassers. Es ist in der königlichen
Bibliothek zu Paris.

Thabacat AlCorfa: ist der
Titel eines Werks, das von denjenigen handelt, die in der Art,
den Coran zu lesen und zu reciti-
ren, sich hervorgethan, und sich
mit dem Unterrichte in demselben
abgegeben haben. Dhehebi, der
der Verfasser desselben ist, hat
darin eine Sammlung von allen
diesen Gelehrten nach Jahrhunderten, von dem Khalifen Othman an, bis zum Jahre 630
gemacht. Dieses Buch ist in der
königlichen Bibliothek zu Paris
befindlich.

Abu Amru Othman, der im
Jahr der Hedschr. 444 verstorben ist, hatte vorher schon über
diesen Gegenstand geschrieben, so
wie viele andere, die gleichfalls
unter mancherlei Titeln darüber
geschrieben haben.

Thabacat AlFokaha: Ge-
schichte der Rechtsgelehrten nach
Classen, ist ein Titel von mehreren Werken, die Lebensbeschreibungen und Lobreden auf Rechtslehrer des Musulmanismus enthalten. Abu Ischak Ibrahim
Ben Ali AlSchirazi, der im Jahr
der Hedschr. 416 gestorben ist,
ist einer derselben. Mohammed
Ben Abdalmalek AlHamadan,
der im Jahr 521 eben dieser
Hedschr. verstorben ist, ist, so
wie

Ee 5

wie Dschorbschani, gleichfalls ein hieher gehöriger Schriftsteller.

Thabacát AlFokaha v Al Mohadethin: Geschichte der Rechtsgelehrten und Traditions-lehrer. Dies ist der Titel eines Werks in vier Bänden, das eine große Anzahl von dieser Art musulmanischer Lehrer enthält, und von Haithem Ben Adi ist geschrieben worden.

Thabacat Fokaha AlJemen v russa alzemen: Geschichte der Rechtsgelehrten von Jemen oder dem glücklichen Arabien. Dies ist der Titel eines Buchs des Abu Samas AlDschadi AlJemeni, der aus Jemen gebürtig war, oder herstammte, und im Jahr der Hedschr. 510 verstorben ist.

Thabacat AlHadith: ist der Titel einer Sammlung von musulmanischen Traditionen, nach der Ordnung des Alphabets. Der Verfasser davon ist Abdallah Ben Abdalrahman, Ben Dschoza AlAndalussi, Al-Balensi, AlKelabadi, der aus der Stadt Valencia in Spanien gebürtig war oder herstammte. Diese Sammlung befindet sich in der königlichen Bibliothek zu Paris.

Thabacat AlHanbaliah: Geschichte der Hanbalitischen Leh-rer, das heißt, aus der Secte Hanbals, welche eine von den vier orthodoxen Secten des Mu-sulmanismus ist. Dies ist der Titel

eines historischen Werks, das Le-bensbeschreibungen und Lobreden auf diese Lehrer nach der Ordnung des Alphabets enthält. Es hat den Abu Hossain AlHanbali zum Verfasser, der im Jahr der Hedschr. 512 verstorben ist.

Zeineddin, der unter dem Na-men Ebn Nakib bekannter und im Jahr der Hedschr. 755 ver-storben ist, hat einen Dhil, oder einen Anhang zu diesem Werke gemacht. Ihm ist Zein eddin Ebn Regeb nachgefolgt, der die-sen Anhang bis ins Jahr 850 eben dieser Hedschrah fortgesetzt hat, so wie auch Takieddin Ben Maslah.

Thabacat AlHanefiah. Ge-schichte der Hanefitischen Gelehr-ten, oder der Secte des Abu Ha-nifah, welche eine von den vier orthodoxen Secten ist, die von den Musulmanen dafür erkannt und angenommen sind. Sie ist III. zu allererst behandelt worden von 456 Abdalcader, unter dem besondern Titel: Dschauaher almadhiah fi Thabacat AlHanefiah, und die-ser hat bei seiner Arbeit den Cothbeddin Abdalkeriin AlHalabi zu seinem Beistande gehabt.

Diejenigen, welche nach ihm diese Materie bearbeitet haben, sind AbulOla AlBokhari, Abu Hossain AlSobki, Abu Hossain Abi AlMardini, nebst mehreren andern.

Thabacat AlHofadh, ist der Titel einer Geschichte, die Lebens-

ensbeschreibungen oder Lobre-
n auf die berühmtesten Musul-
men, die den ganzen Coran
auswendig gekonnt haben, ent-
lt. Sie hat den Abu Abdal-
h Schamseddin AlDhahabi
zm Verfasser, der sie aus sei-
er großen Geschichte ausgezo-
en hat, um daraus ein beson-
eres Werk zu machen.

Diejenigen, die nach ihm eben
iesen Gegenstand behandelt ha-
en, sind Ben AlThabbag, Ben
AlMafdhal, in zween Bänden,
Ben Hadschar AlAskalani, der
im Jahr der Hedschr. 853 verstorben ist, Sojuthi, und diejenigen,
welche Zusätze zu dem Werke des
letztern gemacht haben, unter
andern Takieddin, AlFahad, Al-
Mekki.

Dhahabi ist im Jahr der
Hedschr. 748 verstorben.

Thabacat AlHokama: Le-
bensbeschreibungen, oder Geschichte der Philosophen. Der
ganze Titel dieses Werks ist:
Suan alhekmat fi Thabacat alhokama. Suan alhekmat bedeutet einen Behälter der Weisheit.
Der Verfasser dieses Werks ist
AbulCassem Saad Ben Achmed
AlKorthobi, der aus Cordova
in Spanien gebürtig war oder
herstammte. Der Imam Mo-
hammed, mit dem Beinamen
Bimani, hat über eben diesen
Gegenstand geschrieben.

Thabacat AlHokama v
aschab alnodschum v allatthaba:
ist der Titel einer Geschichte der

Philosophen, Astronomen und
Aerzte, welche den Vesir Ali
Ben Jussuf AlKosthi zum Ver-
fasser hat. Abu Hamzah, und
Abdallah Ben Saad haben jeder
einen Auszug daraus verfertigt.

Thabacat AlKhauas: Clas-
sen von Personen von Stande:
ist der Titel eines Werks, das Lebensbeschreibungen der Scheikhs
von Jemen oder vom glücklichen
Arabien enthält, und den Zeineddin AlZobeidi zum Verfasser
hat, der im Jahr der Hedschr.
853 verstorben ist.

Thabacat AlKhathathin, ist
der Titel eines Werks, in welchem der Verfasser desselben, Sojuthi, von denjenigen handelt,
die im Arabischschreiben vorzüglich geschickt gewesen sind.

Thabacat AlMalekiah: ist
der Titel eines Buchs, das von
den berühmtesten Lehrern von
der Secte des Imam Malek handelt, die eine von den vier Secten ist, welche die Mohammedaner für Orthodoxe erkennen.
Der Verfasser desselben ist Ebn
Ferhun, der es eigentlich betitelt
hat: Dibadsch almodhehheb. Ca-
rali hat Zusätze dazu gemacht unter dem Titel: Tanschih albi-
badsch.

Thabacat almemalek v be-
redschat almessalek: die Provinzen, nach Classen und nach Wegen eingetheilt. Dieser Titel
scheint ein geographisches Werk
zu

zu versprechen. Aber es ist nichts
qubres, als eine Geschichte des
großen ottomannischen Kaisers
Soliman, von dem Anfange seiner Regierung an, bis zum Aus-
bruche der Rebellion seines Sohnes Bajazet. Sie hat den Mostafa Gelal AlTaufiki zum Verfasser, der in seiner Vorrede zu
diesem Werke anmerkt, daß er
es in dreißig Thabacat oder Classen und in dreihundert und sechzig Deredschat oder Grade abgetheilt habe. Er hat auch noch
ein anderes hiervon verschiedenes
Werk geschrieben, das blos von
der Erdbeschreibung handelt.

III. **Thabacat AlMoabberim:**
457 Lebensbeschreibungen oder Geschichten der Erklärer der Träume. Das Buch, das diesen Titel führt, hat zum Verfasser den
Hassan Ben Hossain AlKhalal,
der in demselben eine sehr zahlreiche Sammlung von denjenigen geliefert hat, die sich in dem
Geschäffte, die Träume auszu-
legen, am meisten ausgezeichnet haben; denn es steigt solche
bis auf siebentausend. Er hat
sie unter fünf Abschnitte gebracht,
die die Eintheilung seines Werks
ausmachen.

Thabacat AlMofasserin: ist
der Titel eines Werks, das von
den Commentatoren des Corans
handelt, und welches Sojuthi
angefangen hat. Sanallah Kurat AlKenani, der im Jahr der
Hedschr. 980 verstorben ist, hat
auch umständlicher eben diesen
Gegenstand abgehandelt.

Thabacat almodschtahed-
din fil medheb: ist der Titel eines Buchs, in welchem Achmed
Ben Soliman Ben Kemal Pa-
scha, der der Verfasser desselben
ist, von berühmten Männern
aus der Secte des Abu Hanifah
handelt. Dieser Schriftsteller ist
im Jahr der Hedschrah 940 gestorben.

Thabacat AlMohaddethin:
Geschichte der Traditionslehrer
des Musulmanismus nach Classen. Seradscheddin Omar Ben
Ali, Ben AlMolakken, hat sie geschrieben, und zwar von der Zeit
der Sahabah oder Gesellen Mohammeds an, bis auf seine Zeit,
das heißt, bis an das Ende des
achten Jahrhunderts der Hedschrah; denn er ist im Jahr 804
gestorben.

Eben diese Geschichte ist auch
von AbulCassem AlAndalussi beschrieben worden.

Thabacat AlMotakellemin:
Lebensbeschreibungen oder Geschichte der scholastischen Lehrer
von mohammedanischer Religion.
Abubekr Mohammed Ben Fau-
rak, der im Jahr der Hedschr.
406 verstorben ist, hat ein Werk
unter diesem Titel verfertigt. Der
Cadhi Ajadh Ben Mussa hat über
eben diesen Gegenstand unter dem
Titel Tartib almedarek, und
Marzabani unter dem Titel Akhbar AlMotakellemin geschrieben.

Thabacat AlMotazalah:
Geschichte der Motazalen: Man

ha

hat ein Buch unter diesem Titel, in welchem die Geschichte dieser Secirer abgehandelt wird. Es wird dem Cadhi Abdalschabbar beigelegt.

Thabacat AlNasseri: ist der Titel einer Geschichte, in welcher das Leben des Nasser eddin Mahmudschah, eines Königs von Delli in Indien und großen Eroberers, beschrieben wird. Dieses Buch ist in persischer Sprache geschrieben, und von Menhadsch Ben Serabsch Al-Dschordschani, der im Jahr der Hedschr. 1000 gestorben ist, verfertigt worden. Siehe den Artikel Delli.

Thabacat AlNohat. Es haben unter diesem Titel mehrere Schriftsteller das Leben oder Elogia von arabischen Grammatikern geschrieben; insbesondere Mohammed Ben Jezid AlNähui, der im Jahr der Hedschr. 286 verstorben ist, und der sich bloß auf Nachrichten von den Grammatikern aus Bassorah eingeschränkt hat. Abu Said Hossain Ben Abdallah, Ben Schafi, der im Jahr 268 eben dieser Hedschrah verstorben ist, hat diesen Gegenstand mehr im Allgemeinen behandelt, so wie auch Bubekr Hossain AlZobeidi, der ı Jahr der Hedschr. 379 verstorben ist.

Thabacat AlNossak: Geschichte der Musulmanen, die in der Religion vorzüglich eifrig gewesen sind. Man hat ein Buch unter diesem Titel das den Abu Said zum Verfasser hat, der unter dem Beinamen des Ebn Al-Arabi bekandter ist.

Thabacat AlOdaba: Geschichte solcher Männer, die durch die schönen Wissenschaften und durch ihre Gelehrsamkeit berühmt geworden sind. Kemaleddin AbulBarakat AlAnbari, der im Jahr der Hedschr. 577 gestorben ist, ist der Verfasser eines Werks, das er über diesen Gegenstand verfertigt hat, in welchem er älterer sowol, als neuerer Gelehrten Erwähnung thut, unter dem besondern Titel Nozhat albá.

Jakut AlHamui hat auch zwei ähnliche Werke geschrieben, davon das eine Erschad albá und das andere Moagem AlOdaba betitelt ist.

Thabacat AlOlama: Geschichte der Gelehrten: ist der Titel eines Werks, das den Ebn Abu Thaubgi Ben Achmed AlHalabi zum Verfasser hat, der aus der Stadt Halep gebürtig war oder abstammte.

Thabacat alolum: die Wissenschaften nach Classen: ist der Titel eines encyclopädischen Werks, das den Abulmodhaffer Mohammed Ben Achmed AlAbiurdi, der im Jahr der Hedschrah 507 verstorben ist, zum Verfasser hat.

Tha-

Thabacat AlRhat: ist der Titel einiger Werke, in welchen von denjenigen gehandelt wird, die etwas über die musulmanische Religion beigebracht, gelehrt oder geschrieben haben. Khalifah Ben Khajath hat eins verfertigt, und so auch eins Moslem Ben AlHadschadsch. Aber das weitläuftigste ist wol von Abdallah Mohammed Ben Saad AlZaheri, AlBasri; denn es besteht aus funfzehn Bänden, in welchen er die Namen, Thaten und Lobeserhebungen von Mohammeds Gesellen, von ihren Nachfolgern, welche Tabain genannt werden, und von den Khalifen gesammlet hat. Dieser Schriftsteller ist im Jahr der Hedschr. 220 verstorben.

Thabacat AlSahabah v altabain: Geschichte der Gesellen Mohammeds, und derjenigen, die auf sie gefolgt sind. Diese Geschichte ist sehr weitläuftig von Abdallah Mohammed Ben Saad AlZaheri, AlBasri, abgehandelt worden, wie wir in dem vorhergehenden Artikel bemerkt haben. Von einem andern Verfasser aber, der nicht genannt wird, ist dieses Werk abgekürzt, und in wenigere Bände gebracht worden.

Mohammed Ben Ischak AlEsfahani, mit dem Beinamen Ebn oder Ben Mondah, der im Jahr der Hedschr. 295 gestorben ist, hat auch den nemlichen Gegenstand behandelt, und sein Werk ist von Abu Mussa AlEsfahani vermehrt worden. Mehrere andere Schriftsteller haben über die nemliche Materie unter verschiednen Titeln geschrieben.

Thabacat AlSchafeiah: Geschichte der Schafeischen Lehrer, das heißt, derjenigen, die den Lehrsätzen des Imam Schafei, der das Oberhaupt von einer der vier orthodoxen Secten des Musulmanismus war, gefolgt sind und solche gelehrt haben. Der erste, der ihr Leben und Lobreden auf sie geschrieben hat, ist Abn Hafs Omar Ben Ali Al Mathui, mit dem Beinamen AlMohaddeth, AlAdib, das heißt, der Lehrer der Traditionen, der durch die schönen Wissenschaften berühmte Mann.

AbulThajeb Sahal Ben Mohammed, Ben Soliman AlSaaluki, hat in der Folge über eben diesen Gegenstand geschrieben, unter dem Titel AlMadhab fi dhekr Schojuk almadhab. Er ist im Jahr der Hedschr. 387 gestorben. Abu Amru Ben Al. Salah hat eine Auswahl alles dessen, was in diesem Werke am merkwürdigsten war, und Abulthajeb AlThabari einen Auszug daraus gemacht.

Abu Assem Mohammed Ben Achmed AlGobari, der im Jahr der Hedschr. 458 gestorben ist, hat auch eine Sammlung von Lebensbeschreibungen dieser Lehrer geliefert. Abu Ischak Ibrahim Ben Ali AlSchirazi, der im Jahr der Hedschr. 476 verstorben ist, ist auch einer von ihren Geschichtschreibern, so wie auch AlSobki, der an Taki eddin Ebn Cadhi Schoh-

Schehbah, AlDemeschki, einen Nachfolger gefunden hat. Das Werk von diesem befindet sich in der königlichen Bibliothek zu Paris unter Nr. 849.

Firuzabadi, der Verfasser des Camus, Rafei, Ebn Khalekan, und Ebn Schareh AlBokhari, so wie noch mehrere andere, haben auch die Geschichte dieser Lehrer durch ihre Werke erläutert.

Thabacat AlSchoara: ist der Titel einer sehr großen Anzahl von Büchern, die Lebensbeschreibungen arabischer Dichter enthalten, außer denen es aber noch viele andere unter andern Titeln giebt, von welchen an ihrem Orte geredet werden soll. Hier sind die vornehmsten Schriftsteller, welche über diesen Gegenstand geschrieben haben:

Mohammed Ben Habib AlMahui, ist einer der ältesten; denn er ist im Jahr der Hedschr. 245 gestorben.

Abu Mohammed Ben Abdallah, der unter dem Namen Ebn oder Ben Catibah bekandter, und im Jahr der Hedschr. 262 gestorben ist.

Abu Zeid Omar Ben Scheith AlBasri, der in eben dem Jahre gestorben ist.

Mohammed AbdalSalam Ben Dschahanni.

AbulAbbas Abdallah Ben AlMotaz AlAbbassi, Fürst aus einem Hause der Abbassiden, und Sohn des Khalifen Motaz.

AbulWalid Abdallah Ben Mohammed AlAzdi, der unter dem Namen Ebn AlKorthobi bekandter ist, weil er aus der Stadt Cordova in Spanien abstammte, hat insbesondere Lebensbeschreibungen von arabischen Dichtern verfertiget, die in dem Lande Andalus, welches Spanien ist, geblühet haben.

Abu Said Mohammed Ben Hossain Ben Abdalrahim, mit dem Beinamen AlWazir, der im Jahr der Hedschr. 388 verstorben ist.

AlMalek AlMansur Mohammed Ben Omar, Ben Schahanschah, König von der Stadt Hamah in Syrien, aus dem Hause der Ajubiten, der im Jahr der Hedschr. 615 verstorben ist, hat eine sehr weitläuftige Geschichte der arabischen Dichter bis auf seine Zeit geschrieben, welche aus zehn Bänden besteht.

Badreddin Mohammed Ben Ibrahim AlBaschtaki AlKaheri, der im Jahr der Hedschr. 880 verstorben ist, hat eben diese Materie behandelt.

Badreddin Mahmud Ben Achmed AlAini, der im Jahr der Hedschr. 855 verstorben ist, hat auch eine Sammlung von Lebensbeschreibungen eben dieser Dichter verfertiget.

Gemaleddin Abdalrahman, ein Sohn des Abubekr AlSojuthi, der im Jahr der Hedschr. 911 verstorben ist, hat dasselbe gethan.

Abu Mansur AlThaalebi, mit dem Beinamen AlOstad alfaab o AlImam alhadek, das heißt, der Meister, der die übrigen über-

übertroffen hat, und der Imâm, oder subtile Lehrer, hat die Geschichte der Dichter seiner Zeit beschrieben, unter dem Titel Seimat aldeher fi mahassen Schoara alasr.

Thaalebi hat einen Nachahmer gefunden an Abu Hossain Ali Ben Hossain AlBakhrazi, der sein Werk betitelt hat: Dhammiat alcasr o assarat ahel alasr. In demselben hat er gleichfalls die Geschichte der arabischen Dichter seiner Zeit beschrieben.

Diesem letztern ist Abulmagani Saad Ben Ali AlKhathiri nachgefolgt, der seinem Buche den Titel Zeinat aldeher fi lathaif schoara alasr gegeben hat.

III. Abu Hamed Mohammed Al-
460 Kateb AlEsfahani, der nach Khathiri gekommen ist, hat gleichfalls ein Werk über die Dichter seiner Zeit unter dem Titel Kheridat alcasr o geridat alasr geschrieben.

AbulCassem Ali Ben Dschafar AlSaadi, AlSakli, AlAdib, der unter dem Namen Ebn AlCathaa bekandt ist, hat so, wie die vorhergehenden, die Leben der arabischen Dichter, die zu seiner Zeit gelebt haben, unter dem Titel AlMelh alasnar, das Salz des Jahrhunderts, beschrieben. Er wird desswegen AlSacaki genannt, weil er aus Sicilien gebürtig war, oder herstammt, das die Araber Sacaliah nennen. Auch führt er den Beinamen AlAdib, das heißt, der Gelehrte.

Ebn Raschik hat Lebensbeschreibungen der arabischen Dichter von Cairuan, welches die Stadt Cyrenes oder Cyrenaicum nach den alten Erdbeschreibern ist, herausgegeben, unter dem Titel Anmudadsch fi Schoara AlCairuan.

AbulSalt hat auch Lebensbeschreibungen derjenigen Dichter, die in seinen Zeiten gelebt haben, geliefert, unter dem Titel AlHadikat.

Amarah Ben Abi Hossain Al AlJemeni hat gleichfalls ein Werk von den Dichtern seiner Zeit hinterlassen.

Macrizi ist auch einer von denjenigen, die sich in der Bearbeitung der Geschichte eben dieser arabischen Dichter hervorgethan haben. Sein Werk führt den Titel: Serr alsorur, das Geheimniß, sich auf eine angenehme Weise zu unterhalten.

Ebn Baschrun AlSakali, gebürtig oder herstammend aus Sicilien, hat auch eine Sammlung von Dichtern und Schriftstellern gemacht, die in seinen Zeiten in Prosa geschrieben haben, unter dem Titel: AlMokhtar fil nadham o alnaithar leafadhl ahel alasr.

Othman Ben Rabiah AlAndalussi, aus Spanien gebürtig oder herstammend, ist auch ein Geschichtschreiber der Dichter des Landes Andalus oder Spanien. Dieser Schriftsteller ist ohngefehr ums Jahr der Hedschr. 310 gestorben.

Man

Man hat auch einen Commentar, ohne Namen seines Verfassers, welcher eben diesen Gegenstand behandelt, über das Buch des Bakhtazi, Dhammiat alçaçe u. s. w. betitelt; von welchem oben ist geredet worden: so wie noch mehrere andere Bücher, deren Verfasser nicht genannt worden, zum Exempel AlBaré, AlKheridat, Habaia alzaauja, AlBaher, Fahul alschoara, Al Dorar o algotar, AlHadicat. Man sehe auch den Artikel Jetimat, und diejenigen, die unter dem Artikel Tadhkerat beigebracht werden. Unter diesem Artikel sind besonders die Lebensbeschreibungen der persischen und türkischen Dichter angeführt.

Dieses lange Verzeichniß von Schriftstellern und Werken, die Lebensbeschreibungen von arabischen Dichtern betreffen, verbunden mit denjenigen, die Lebensbeschreibungen von persischen und türkischen Dichtern liefern, kann zu folgenden zwei Bemerkungen Anlaß geben: Erstlich, wie sehr die Dichtkunst von den drei vornehmsten Nationen, die den Musulmanismus ausmachen, ist cultivirt worden; zweitens, die Sorgfalt, die man unter ihnen angewendet hat, der Nachkommenschaft diejenigen bekandt zu machen, die sich in derjenigen Kunst berühmt gemacht haben, welche denjenigen, die sich derselben widmen, einen großen Vorzug vor denen, welche blos in Prosa schreiben, giebt.

Orient. Bibl. 4.B.

Thabacat AlSofiah: Lebensbeschreibungen oder Geschichte der Sofis oder musulmanischen Religiosen, nach Classen. Dieß ist der Titel eines Werks, das den Abu Abdalrahman Mohammed Ben Hossain AlSelemi, AlNischaburi, der im Jahr der Hedschr. 412 gestorben ist, zum Verfasser hat. Dieser Verfasser hat von denselben eine Sammlung von ohngefehr fünfhundert und funfzig gemacht, die sich bis auf seine Zeit durch besondere Lebensheiligkeit ausgezeichnet, indem sie sich dem Dienste Gottes gänzlich ergeben, und zu der strengsten Beobachtung der mohammedanischen Religion verpflichtet hatten.

AlHakem, der kurze Zeit nach dem Tode des vorhergehenden Schriftstellers, nemlich im Jahr der Hedschr. 233 ein Werk von den Gesellen des Mohammed geschrieben, hat auch ein anderes über die Geschichte der Sofis verfaßt, das den Titel führt: Al Sonen AlSofiah.

Abu Abdalnaccasch AbulAbbas ist gleichfalls ein Geschichtschreiber, so wie auch Achmed Ben Mohammed AlSui, der im Jahr der Hedschr. 246 verstorben ist, und Mohammed Ben Ali AlHakim AlTermedi, der im Jahr 355 eben dieser Hedschr. verstorben ist.

Alle diese Schriftsteller sind von Seradsch Omar Ben Ali, Ben AlMolakken AlSchafei, der im Jahr der Hedschr. 804 verstorben ist, nachgeahmt worden.

Ff   Auch

Auch ſind hierbei folgende Artikel zu vergleichen: **Lauamé alaſkar, Tadbkeeat alaulia, Nafhat alus. Lauamé alanuat, Madſchma alakhbar,** und **Canakeb albortriat.**

Thabacat AlThalebin: Geſchichte oder Lebensbeſchreibungen ſolcher Perſonen, die einen beſondern Eifer in der muſulmaniſchen Religion bewieſen haben. Dies iſt der Titel eines Buchs, deſſen Verfaſſer **Ben Aſſad Al-Hoſſaini** iſt, der im Jahr der Hedſchr. 288 verſtorben iſt.

Thabacat alümem: Geſchichte der Nationen. Dies iſt der Titel eines Werks, das den **AbulCaſſem Saed Ben Achmed AlCadhi AlCorthobi, Cadhi,** aus der Stadt Cordova gebürtig oder herſtammend, zum Verfaſſer hat. **Abulfaradſch** hat denſelben ſehr benutzt.

Thabaiun. Die Naturaliſten. Iſt der Name der alten Philoſophen aus der zweiten Claſſe. Siehe die Artikel **Elabian** und **Dabariun.**

Thabarani, ein Beiname des Verfaſſers eines Werks, betitelt: **Moagem alkebir v alſaghir.** Siehe dieſen Artikel.

Es iſt auch noch ein anderer, der den nemlichen **Beinamen** führt, und der gleichfalls ein Werk verfertigt hat, unter dem Titel **Auail.** Man vergleiche auch dieſen Artikel.

Thabareſtan: iſt der Name eines Landes, das auf ſeiner Abendſeite an die Provinzen **Dilem** und **Ghilan,** die beide längs des caſpiſchen Meeres hin liegen, und denſelben auch eben ſo, wie **Thabareſtan,** ihren Namen mitgetheilt haben, gränzt; denn man nennt dieſes Meer im Perſiſchen ohne Unterſchied bald Meer von **Dilem,** bald Meer von **Ghilan,** bald Meer von **Thabareſtan.**

Auf der Oſtſeite von **Thabareſtan** liegt **Dſchordſchan;** auf der Nordſeite das caſpiſche Meer; auf der Südſeite ein Theil von **Khoraſſan,** und ein Theil vom perſiſchen **Irak** oder von **Oberperſien.**

Man ſagt, dieſes Land habe ſeinen Namen von dem Worte **Teber** oder **Thabar** erhalten, das im Perſiſchen **Beil** bedeutet, weil diejenigen, die in demſelben reiſen, immer ein Beil in den Händen haben mußten, um ſich in den Gehölzen, von welchen es bedeckt iſt, einen Weg zu machen.

Es wird hier nichts als Reis geſäet, der hier ſehr gut fortkommt, wegen des Waſſers, das mitten in den daſelbſt befindlichen Wäldern in großem Ueberfluſſe anzutreffen iſt. Aber auf der andern Seite machen dieſe Waſſer das Land ungeſund, woraus aber doch nicht die Folge entſteht, daß es etwa nicht ſehr bewohnt wäre, und daran iſt die große Menge von Seide ſchuld, die hier eingeſammlet zu werden pflegt. Die Häuſer ſind hier nicht prächtig: denn

denn der größte Theil derselben ist ganz einfach aus Holz oder Rohr erbauet.

Die persischen Geschichtschreiber melden, Thahamurath, der dritte König von Persien aus dem ersten Stamme, sey der erste gewesen, der Thabarestan habe anbauen lassen. Die Lage desselben paßt sich sehr zu dem Hyrcanien der Alten.

m. **Thabari:** aus der Provinz 462 Thabarestan gebürtig oder herstammend. Es haben mehrere berühmte Männer, und besonders eine große Anzahl berühmter Lehrer und Schreiber, die aus derselben herstammen, diesen Beinamen geführt. Wir werden in den folgenden Artikeln derjenigen, die am bekandtesten und vorzüglichsten sind, Erwähnung thun.

Thabari. Abu Dschafar Mohammed Ben Dscharir, oder Dschorair, Ben Jezid, Ben Khaled, AlThabari: ist der Name des berühmtesten von allen denen, die in Thabarestan gebohren sind. Und dies ist er durch die allgemeine Geschichte von Schöpfung der Welt an bis auf seine Lebzeiten, die er ans Licht gestellt hat.

Er ist zu Amol, einer Stadt in Thabarestan, im Jahr der Hedschr. 224 gebohren, und nachdem er ohngefehr sechs und achtzig Jahre gelebt hatte, ist er zu Bagdad im Jahr 310 eben dieser Hedschrah in einem so großen Rufe gestorben, daß er in seinem eignen Hause ist begraben worden, das dadurch so zu sagen ist consecrirt worden: weil außerdem, daß die Mohammedaner die Begräbnißplätze als unverletzliche Orte betrachten, sie noch eine ganz besondere Ehrfurcht gegen die Gräber ihrer Lehrer, die im Geruche der Heiligkeit verstorben sind, haben, daher sie Wallfarthen zu denselben anstellen, und Gebete bei denselben verrichten, um durch ihre Fürbitte von Gott ihre Bedürfnisse zu erhalten. Einige Schriftsteller haben geschrieben, er sey in Egypten gestorben; aber sie haben keinen hinlänglichen Beweis davon beigebracht.

Thabari, denn unter diesem einzigen Namen wird er sehr oft angeführt, ist ein Lehrer im Musulmanismus gewesen, der eben so große Verdienste um die Erklärung des Corans, als um die Traditionen, die Jurisprudenz und die Geschichte gehabt hat.

Er hat auch über alle diese Gegenstände geschrieben, so daß Abu Ischak AlSchirazi, in seinem Buche von den Classen der Rechtsgelehrten, ihn in die Reihe der berühmtesten in diesem Fache setzt.

Dasjenige, was von seinen Werken am meisten geschätzt wird, ist seine Chronik oder Geschichte, die unter den Titeln Tarikh Dschafari, und Tarikh peser Dschorair citirt zu werden pflegt. Besonders sind die Perser diejenigen, die es unter diesem letztern Titel citiren. Er hat es

es mit Schöpfung der Welt angefangen, und bis ins Jahr der
Hedschr. 300 oder 302, also bis
acht Jahre vor seinem Tode fortgeführt. Siehe den Artikel Tarikh Thabari, wo man finden
wird, daß Abu Saleh Mansur
Ben Nuh, Sultan aus der Dynastie der Samaniden, es in das
Persische hat übersetzen lassen,
durch seinen Vesir Abu Ali Mohammed Ben Mohammed Ab-
dalgani.

Hier wollen wir noch bemerken, daß dieser Vesir nicht blos
den Text des Thabari übersetzt,
sondern auch alles dasjenige hinzugefügt hat, womit er es be-
reichern zu können geglaubt hat;
und dies sind größtentheils Bemerkungen und Begebenheiten,
die er, wie er selbst in seiner Vorrede sagt, aus astronomischen
und historischen Büchern der Ghebern oder alten Feueranbeter bei
den Persern, der Juden und der
Musulmanen genommen hat, so
daß diese Uebersetzung weit wichtiger und reichhaltiger ist, als
das arabische Original.

Von den zween Theilen, die
die Geschichte des Thabari in sich
begreift, und von welchen der
erste die alte Geschichte vor der
Ankunft des Mohammed, und
der zweite dasjenige, was sich
bis auf die Zeiten, da der Verfasser gelebt, zugetragen hat, enthält, hat man blos von diesem
durch den Auszug die gehörige
Kenntniß, den Ebn AlAmid daraus verfertigt hat, und der von
Erpenius unter dem Titel einer

saracenischen Geschichte ins Lateinische übersetzt ist. Ebn Al-
Amid hat ihn bis auf sein Jahrhundert fortgeführt, ohne seiner
Methode, auszugsweise zu schreiben, untreu zu werden.

Ebn Khalecan schreibt, wenn
er von Thabari spricht, er sey
in demjenigen, was er erzählt,
getreu und genau, und seine Geschichte sey unter allen übrigen
die aufrichtigste.

Ben Schohnah merkt an, man III,
pflege diesem Geschichtschreiber 463
nachzusagen, er sey Rafadhi oder
Ketzer gewesen, weil er in einem
seiner Werke, in welchem er von
verschiednen Meinungen der Lehrer spricht, nicht des Achmed,
eines Sohns Hanbal, Erwähnung thut, der doch einer von
den vier vornehmsten Lehrern
der Mohammedaner war, die
für Orthodoxe gehalten werden.
Auch behauptet er, die Ursache
von Thabaris Stillschweigen sey,
weil Hanbal nicht schriftmäßig,
das heißt, sich an den Buchstaben des Corans haltend, sondern blos traditionnair gewesen.

Sauli bemerkt in der Vorrede
zu dem Buche, das Divan Abdallah betitelt ist, und sich in der
königlichen Bibliothek zu Paris
unter Nr. 1162. befindet, und
eigentlich ein Werk des Khalifen
Motaz Billah ist, der sich, ehe
er zu dieser Würde gelangte, Abdallah nannte; Thabari habe vorhergesagt, daß dieser Khalife
nicht lange in dem Besitze seiner
Würde bleiben würde; und in
der That hat er sie auch nur einige

rige Stunden genossen.' Siehe
en Artikel Motaz Billah.

Außer dem Tarikh des Thaba-
i ist auch der Adab alhamidah
ins von seinen Werken. Siehe
iesen Artikel.

Thabari. AbulCassem Ha-
batallah AlThabari: ist der Na-
ne des Verfassers eines Werks,
etitelt: Esma redschal alsahihin,
velches Lebensbeschreibungen und
obreden berühmter Männer ent-
ält. Er ist im Jahr der Hedschr.
18 gestorben.

Thabari. AbulThib AlTha-
ari: ist der Name eines großen
Rechtsgelehrten aus Bagdet, der
er Lehrer des Firuzabadi gewe-
n ist. Siehe den Artikel Fi-
uzabadi.

Thabari. Achmed Ben Ab-
allah AlMekki, ist der Name
es Verfassers eines Buchs, Este-
sa albejan, u. s. w. betitelt. Sie-
e diesen Artikel.

Thabari: Achmed Ben Ab-
allah AlMaleki, ist der Name
es Verfassers eines Buchs, das
en Titel Ahkam alcobra fil ha-
ith führt, und Lebensbeschrei-
ungen und Lobreden auf Tradi-
onslehrer des Mohammedismus
nthält. Er ist im Jahr der
hedschr. 694 gestorben.

Thabari. Siehe den Arti-
el Ebn AlCadbi.

Thabari. Mohieddin Ab-
alCader Mohammed AlHof-

saini, AlThabari: ist der Name eines Khatib an der Moschee
zu Mekka, der ein Buch unter
dem Titel geschrieben hat: Assa-
thin AlSchaar aleslamiah u. s.
w. Es handelt von den Grundsätzen der musulmanischen Religion, und er hat solches dem Jahia Afendi dedicirt.

Thabari. Mohieddin Ach-
med Ben Mohammed, Ben Ab-
dallah, AlThabari AlMekki. Ist
der Name eines Schriftstellers,
der einen Scharh oder Commentar über die Arbain geschrieben hat.

Thabari. Siehe den Arti-
kel Mohibeddin AlThaberi, der
der Verfasser desjenigen Buchs,
das Gajat alahkam betitelt, und
eine Sammlung juristischer Decisionen ist.

Thabas oder Thabes. Es
sind zwei Städte, die diesen Namen führen; die eine davon liegt
im Lande Fars, welches das eigentliche Persien ist, in der Nähe der Stadt Jezd, die man Thabas Keileki nennt, vielleicht weil
es da zur Regenzeit viel Koth
giebt. Die andere liegt in Si- III.
stan, und hat den Namen Tha- 464
bas Sista, zum Unterschiede
von der vorhergehenden. Der
persische Erdbeschreiber, in
seinem dritten Clima.

Thabaschir, ist der Name
eines sehr gemeinen und bei den
arabischen Aerzten sehr gebräuch-

lichen Medicaments. Was ihre Schriftsteller von demselben
sagen, besteht in folgendem:

Der Erdbeschreiber Abdalmeal
schreibt in dem ersten Clima,
in dem Gebiete und Gebir-
ge von Tanah, einer Seestadt
von Indien, wachse eine Art von
Rohr, dessen Wurzel der Thabaschir sey, der von hier aus in
viele Länder versendet werde.
Diese Stadt Tanah ist ganz mit
Wasser umgeben, und das macht,
daß sie von einigen die Insel Tanah ist genannt worden.

Ebn Veithar erzählt nach Ali
Ben Mohammed, der Thaba-
schir sey nichts anders, als Asche
von dem indischen Rohre, der
aus den Seestädten von Indien
und besonders aus Sindafur oder
Sindapur gebracht werde; und
diese Asche entstehe alsdenn, wenn
die vom Winde hin und her ge-
triebene Rohre Feuer fingen, und
sich von selbst verbrennten. Er
fügt noch weiter hinzu, diese
Asche werde zu einer dichten Masse, und nehme alsdann die Gestalt von kleinen weißen Geldstü-
cken an, die ohngefehr wie ein
Silberdrachme ansähen. Er
sagt noch weiter, der Thabaschir
werde mit Asche von den Knochen
der verbrannten Schaafsköpfe
verfälscht. Dem Massih, einem
Damascenischen Arzte zufolge, ist
dieses Medicament kalt im zweiten, und trocken im dritten Grade, und ist gut gegen Geschwü-
re und gegen Fieber.

Thabatheba. Bani Tha-
batbeba: ist der Name einer Dynastie von Fürsten, welche von
Ali abstammen, und zu Cufah
und in Jemen, in denen Zeiten,
da die Fathimiten Herren von
Egypten waren, regiert haben.
Sojuthi thut derselben an dem
Ende des Tarikh AlKholafa, welches eine Geschichte der Khalifen
ist, Erwähnung.

Thabet: ist der Name eines Sohns Ismael, der nach
dem Tode seines Vaters in der
Herrschaft von Mekka und des
daselbst befindlichen und Kabah
genannten Tempels succedirt ist.
Mirkhond schab.

Thabet Ben Corrah, Ben
Harun, AlSabi AlHarrani, ist
der Name eines großen Arztes,
eines vortrefflichen Mathematikers, und eines sehr berühmten
Philosophen. Er ist derjenige,
den die Europäer Thebit nennen.
Er war ein Sabier von Religion, von welcher in dem Artikel Sabi geredet wird. Sein
Vaterland war Harran, eine
Stadt in Mesopotamien, welches das alte Carrae ist, aus
welchem Abraham ausging, als
er nach Palästina reisen wollte.
Er war im Jahr der Hedschr.
221 gebohren, und ist daselbst
im Jahr 288 gestorben.

Er ward besonders von dem
Khalifen Motabhed sehr geschätzt,
der ihn unter seine Astrologen aufgenommen hat, um ihn um sich
zu haben. Allein da er auch alles

es andere außer der Astrologie
verstand, dergleichen die übrigen
Theile der Mathematik, Philosophie und Medicin sind, so
unterhielt sich dieser Khalife
weit öfter mit ihm, als mit
einem Minister, so daß sie oft
zusammen sprachen und vertraulich mit einander lachten. Er
hat über die Sphärica des Theodosius geschrieben, und eine neue
Uebersetzung vom Euclides verfertigt. Auch hat er in syrischer
Sprache über die Religion der
Sabier, zu der er sich bekannte,
geschrieben, und in diesem Buche
von ihren Constitutionen, den Geboten, die sie zu beobachten haben,
ihren Gewohnheiten, ihrer Art
die Todten zu begraben und in
die Erde zu scharren, von demjenigen was rein und unrein ist,
von Thieren, die zu ihren Opfern
tüchtig und nicht tüchtig sind, von
den Zeiten, die zum Gebete bestimmt sind, und von demjenigen, was man bei der Gebetsverrichtung zu lesen hat, gehandelt.

Thabet Ben Senan Ben
Thabet: ist der Name des Enkels des Thabet Ben Corrah,
dessen im vorhergehenden Artikel
gedacht worden, der in den
nemlichen Wissenschaften eben so
geschickt, wie sein Großvater,
gewesen ist. Er war Arzt an dem
Spital der Stadt Bagdet, und
hat eine Geschichte seiner Zeit,
ohngefehr von dem Jahr der
Hedschr. 290 an, bis zum Jahr
360, wo er gestorben ist, geschrieben. Abulfaradsch redet

davon, als einem sehr vortrefflichen Werke, in welchem der Verfasser einer großen Anzahl merkwürdiger Begebenheiten, die sonst
nirgends anzutreffen sind, Erwähnung thut.

Thabib aldaulatein: Der
Arzt der beiden Reiche oder Dynastien, das heißt, der Dynastie
der Fathimiten und der Jobiten
in Egypten. Siehe den Artikel
Agberi.

Tabrek, ist der Name eines
festen Schlosses im persischen
Irak, das Takasch, ein König
von Khuarezm, von dem Thogrul, einem Sohne Arslan, letzten Seldschucidischen Königs aus
der persischen Dynastie, erobert
hat. Siehe den Artikel Thogrul Ben Arslan.

Thac, ist der Name eines
festen Platzes in Segestan, der
von Mahmud Sebekteghin, dem
Stifter der Dynastie der Gazneviden in Khorassan und in Indien, ist erobert worden.

Thac. Dieses Wort bedeutet dasselbe, was Otac bedeutet,
nemlich ein königliches Gezelt oder
Pavillon der Mogolen. Die Türken bedienen sich auch noch heut
zu Tage des Worts Otak, um
damit das Zelt ihres Sultans anzuzeigen.

Thafadsch, ist der Name
eines Gouverneurs von den eroberten Ländern, die der König

von Khnarezm, Takasch, in dem
persischen Irak, dem Thogrul,
einem Sohne Arslan, der ihn
zum Gefangnen machte und bestrafte, abgenommen hat. Siehe
den Artikel Thogrul Ben Arslan.

Thaferi. Siehe den Artikel Arzui.

Thagri Berdi. Dies ist
einerki mit dem türkischen Tangri virdi, Gott hat es gegeben:
Deus dedit. Dies ist der Name eines Gouverneurs von Aleppo, und dem dazu gehörigen Gebiete, der im Jahr der Hedschr.
797 vom Sultan Barkok ist eingesetzt, und im Jahr 799 eben
dieser Hedschrah zum Anführer
der Armee in Egypten ist gemacht worden. Siehe den Artikel Barkok.

Thagri-Thag oder Thagri-
Dag, statt des türkischen Tangri-
Dag, Gebirge Gottes: ist der
Name eines Berges, auf welchem,
wie man behaupten will, die
Arche Noahs nach der Sündfluth
festgeblieben ist.

Thagthi. Ebn AlThagthi:
ist der Name eines Schriftstellers, der die Geschichte seines
Lehrers, des Ebn AlThabai, oder
AlSaai, fortgesetzt hat. Siehe
den Artikel Ebn AlThagthi.

Thah. Ebn oder Ben Thah.
Obeidallah Ben Abdallah Ben
Thah: ist der Name des Verfas-
sers eines Buchs, das von der

arabischen Dichtkunst handelt,
und Escharat fi akhbar alscher betitelt ist.

Thaha, ist der Name einer *m.*
Stadt im obern Egypten, aus *466*
welcher ein Rechtsgelehrter, Namens Thahaui Fakih, herstammt.

Thahahui. Siehe den Artikel Athar.

Thahamasb oder **Thahmasb**: ist der Name des Vaters des Zu, oder Zab, zehnten
Königs von Persien aus dem ersten Stamme, der der pischdadische genännt wird. Er war ein
Sohn des Manugeher.

Thahamasb oder **Schah
Thamasb**: ist der Name eines
Königs von Persien aus dem
Haidarischen Geschlechte, welches
noch heut zu Tage in diesem Reiche regiert. Er war ein Sohn
des Ismael Sofi, und dies ist
eben derjenige, den man Schah
Thamas nennt. Er hat im Jahr
der Hedschr. 930 seine Regierung
angetreten, und ist im Jahr 983,
nachdem er drei und funfzig Jahre regiert hatte, gestorben. Er
hat zween Söhne hinterlassen, die
beide zur Regierung gekommen
sind, Schah Ismael, und
Mohammed Khodabendeh, der
Blinde.

Schah Thamasb hat mehrere
Kriege in Khorassan mit den Usbeken geführt. Aber derjenige,
den er mit dem türkischen Kaiser
Soliman geführt hat, ist von
größerer

ßerer Wichtigkeit gewesen.
Soliman war im Jahr 941 aufgebrochen, um ihn anzugreifen,
grade zu einer Zeit, da ihn ein
anderer Krieg in Khorassan beschäfftigte. Dieß nöthigte ihn
also, ihm entgegenzugehen; allein er mußte es zu vermeiden,
daß er nicht handgemein mit ihm
wurde, wegen der schweren Ar-
tillerie, von welcher Soliman
bedeckt wurde. Als er aber in
Erfahrung brachte, daß er sich,
nachdem er die Stadt Tauris eingenommen, zurückgezogen habe,
und zu Cara Emit sey, griff er
seinen Dünbar, das heißt, seine
Arriergarde, welche aus sieben-
zehntausend Mann bestand, und
die er nach der Gewohnheit der
Türken, um nicht überfallen zu
werden, zurückgelassen hatte, an.
Er schlug solchen, und nahm die
Stadt Tauris wieder weg. Allein Soliman kam wieder zurück,
worauf er vor ihm floh, und sein
eignes Land verwüstete, damit
er nicht verfolgt werden konnte.
Annalen der Türken.

Schah Thamasb ist von einer
seiner Gemahlinnen, der Mutter
des Prinzen Haidar, den sie mit
ihm erzeugt hatte, und nach seinem Tode auf den Thron zu setzen gedachte, mit Gifte hingerichtet worden. Indem aber
Haidar die Schatzkammern seines Vaters untersuchte, ließ ihn
seine Schwester in einer derselben
durch Leute, die sie dazu abgeschickt hatte, ums Leben bringen.
Abn Jossef.

Thahamurath, ist der
Name des dritten Monarchen
von Persien aus der Dynastie der
Pischdadier. Einigen Schriftstellern zufolge war er ein Sohn
des Anûgihan, eines Sohns Mar-
takend, eines Sohns Huschenk;
nach andern aber ein Sohn des
Leilau schah, eines Sohns eines
andern Thahamurath, der nicht
regiert hat, und der ein Sohn
des Siamek, eines Sohns Cajumarrath, gewesen ist. Es
giebt auch Schriftsteller, welche
ihn zu einem Sohne seines Vorfahren, des Huschenk, machen.

Thahamurath hatte zwei Beinamen; der eine ist Beniavend,
welches im Persischen soviel bedeutet, als mit allen Stücken bewaffnet, weil er der Erfinder
der vollständigen Waffenrüstung
war; und der andere Div bend,
der Sieger, oder Bezwinger der
Diven oder Riesen, einer Art von
Mittelgeschöpfen zwischen Menschen und Dämonen, nach der
Mythologie der Perser, die dieser Monarch, der mit ihnen Krieg
zu führen gewohnt war, in un-
terirdische Hölen einsperrte, wenn
er sie überwunden hatte. Er
wurde auch Pehelevan Zaman,
der Held seines Jahrhunderts, und
Sahab-keran, der Herr der glücklichen Conjunction der Planeten
genannt; ein Titel, welcher in
der Folge in Tamerlans Person
ist erneuert worden.

Man schreibt dem Thahamu-
rath die Erbauung von sieben
Hauptstädten in den beiden Provinzen, die den Namen Irak führen,

III.
467

Ff 5

ren, und in das arabische und persische eingetheilt werden, zu. Babylon und Ninive sind die beträchtlichsten von der ersten, und Ispahan von der letztern Provinz. Seinen Unterthanen hat er gänzliche Gewissensfreiheit verstattet; so daß sich unter seiner Regierung, die einige Geschichtschreiber in die Zeiten der Patriarchen Seth und Enos vor der Sündfluth setzen, die Abgötterei in mehrere Arten verbreitet, und sich endlich fast im ganzen Oriente vervielfältigt hatte.

Diese Epoche der Abgötterei trifft sehr mit derjenigen zusammen, die ihr die Juden und mehrere Christen bestimmen, wobei sie sich auf die Stelle im ersten Buch Mose berufen, wo, nach dem hebräischen Texte, von den Zeiten des Patriarchen Enos gesagt wird: tunc incoeptum est invocari in nomine Domini.

Uebrigens hatte Thahamurath eine solche Liebe zu seinen Unterthanen, daß er zu einer Zeit, da sich eine sehr große Hungersnoth über Persien verbreitete, Befehl gab, daß sich die Reichen mit Einer Mahlzeit des Tags begnügen, und unter die Armen dasjenige, was sie sich abschnitten, zu ihrer Subsistenz austheilen sollten. Und darin ging er ihnen mit seinem eigenen Beispiele vor, und erhielt auch große Lobeserhebungen dafür, daß er ein Mittel erfunden hatte, das einem Theile so, wie dem andern, das Leben erhielt. Es ist kein Zwei-

fel, sagen die persischen Geschichtschreiber, daß das Fasten, welches nachher in mehreren Religionen ist eingeführt worden, daher seinen Ursprung erhalten hat.

Außer denen Städten, welche dieser Monarch in Irak hat erbauen lassen, behauptet Meru, eine von den vier, die die Provinz Khorassan dafür erkennt, daß sie ihre Hauptstädte und die Sitze ihrer alten Könige gewesen seyen, daß Thahamurath ihr Stifter sey, ja daß er sogar sich lange Zeit daselbst aufgehalten habe. Die Stadt Amida in Mesopotamien, die man heut zu Tage Diarbekr nennt, und Cara-emit, führen auch ihr Alter bis zu diesem Monarchen zurück. Allein diese Entstehungen scheinen eben so fabelhaft zu seyn, wie die Kriegsunternehmungen eben dieses Fürsten, von welchen man einen ganzen Band hat, der den Titel führt: Thahamurath Nameh, Geschichte des Thahamurath.

Alle diese Heldenthaten könnte man gar wohl mit Stillschweigen übergehen, wenn man sich nichts weiter, als die historische Wahrheit, zum Augenmerk machen wollte. Allein, da die Mythologie der Perser bis jetzt noch sehr wenig bekannt ist, wo inzwischen die griechische alle unsre Bücher anfüllt, so wollen wir doch hier nur einige Proben davon mittheilen.

In den Zeiten, da Thahamurath regierte, gab es eine gewisse Art von Geschöpfen, die die Welt vor

vor Adams Zeitalter regiert hatten; die aber alsdann in das Gebirge Caf eingesperrt wurden. Die Araber nennen diese Geschöpfe Ginn, die Perser aber Div, und dies sind dieselben, die bei den Griechen den Namen Dämonen führen. Uebrigens werden sie doch öfters mit den Riesen verwechselt, von welchen die Schrift in dem ersten Zeitalter der Welt redet, und von welchen die griechischen Mythologen fast eine zusammenhängende Geschichte entworfen haben.

Das Land, das diese Geschöpfe in den Zeiten des Thahamurath bewohnten, wird Ginnistan genannt, das heißt, das Königreich Ginn; und dies ist von eben der Ausdehnung, wie der Berg Caf, der um die ganze Erde geht, und den Orient und Occident, nebst dem Norden und Süden umschließt.

Thahamurath wurde von einem bewundernswürdigen Vogel, den die Araber vorzugsweise den großen Vogel, und die Perser Simorg, Anka, auch Simorg Anka, welches soviel ist, als der wunderbare Greif, nennen, in diese eingebildete Gegenden, dafür unsere alte Romanen sagen würden, in die Feerie, das heißt, in das Land der Feen, versetzt. In der That ist dies auch, den Orientalern zufolge, ein ganz außerordentlicher Vogel. Denn er ist vernünftig, er kann alle Arten von Sprachen reden, auch ist er einer Religion fähig, wie wir bald sehen werden. Mit

einem Worte, es ist dies eigentlich eine Fee, die die Gestalt eines Vogels hat. Diejenigen, welche etwa eine umständlichere Beschreibung von demselben zu lesen wünschten, können den Artikel Simordsch vergleichen.

Der Caherman Nameh erzählt, als der Simorg-anka wegen seines Alters gefragt worden, habe er geantwortet: diese Welt ist sehr alt; denn sie ist schon siebenmal mit Geschöpfen angefüllt gewesen, und ist auch siebenmal von allen Arten von Thieren entblößt worden. Das Zeitalter Adams, in dem wir uns befinden, muß siebentausend Jahre dauern, die einen Cyclus von Jahren bilden, und ich habe schon zwölf solcher Revolutionen gesehen, ohne zu wissen, wie viele mir noch zu sehen bevorstehen.

Eben dieses Buch belehrt uns auch, daß Simorg-Anka ein großer Freund von Adams Geschlechte, und ein tödtlicher Feind von den Dives oder Dämonen gewesen. Er hatte diesen ersten Vater der Menschen gekannt, hatte ihm den Eid der Treue geschworen, und bekannte sich zu eben der Art von Gottesverehrung, der er zugethan war. Dem Thahamurath und Caherman sagte er alles, was ihnen begegnen würde, voraus, und als er ihnen seinen besten Dienst bei allen ihren Unternehmungen versprach, riß er einige Federn aus seinem Schooße, und machte sie ihnen zum Geschenke. Thahamurath steckte diese Federn

auf

auf seine Sturmhaube, und nach seinem Beispiele haben sich die größten Krieger, welche auf ihn gefolgt sind, sich immer dieser Art von Verzierung ihrer Waffen bedient.

Um noch etwas besonderes von dem Simorg-Anka zu sagen, so wollen wir bemerken, daß er in allen Gefechten unüberwindlich war, die er den Dämonen allein lieferte, so wie auch alle Helden, die er unterstützte, durch seinen Beistand große Vortheile über sie erfochten. Ja man behauptet sogar, daß er mit seiner eignen Kraft dieses Geschlecht hätte vertilgen können; allein ein geheimer Befehl Gottes habe ihn daran gehindert.

Nachdem also Thahamurath auf diese Art nach dem Gebirge Caf war versetzt worden, so stand er den Peris gegen die Divs, das heißt, den guten Dämonen gegen die bösen bei. Denn zwischen diesen beiden Nationen waltete ein beständiger Krieg ob.

Als Argenk, ein berühmter Riese, sah, daß die Peris große Vortheile über ihn und über seine Leute durch Hülfe des Thahamurath erfochten, so schickte er eine feierliche Gesandtschaft an Thahamurath, durch die er ihn um Friede bitten ließ. Der Anführer der Gesandtschaft war Imlan, der die Partei der Divs verließ, sich dem Thahamurath ergab, und sein Schicksal mit ihm theilte. Durch Hülfe seiner talismanischen und magischen Kunst richtete er so große

Dinge aus, daß sich Thahamurath Meister von dem ganzen Gebirge Caf machte, indem er nicht nur den Argenk, sondern einen noch weit schrecklichern Riesen, den Demrusch, bändigte.

Demrusch hatte, so wie der Cacus der Lateiner, seinen Aufenthalt in einer Höle, mitten unter einem unermeßlichen Schatze, den er von der persischen und indischen Beute, denn in diese Länder unternahm er sehr häufige Einfälle, zusammengehäuft hatte. Ja er hatte sogar die Merdschau Peri, die Fee Merdschane, weggeschleppt, und hielt solche in seiner Höle gefangen. Eine Unternehmung, die der Tapferkeit des Thahamurath würdig war, bestand darin, daß er die Niederlage eines Ungeheuers unternahm, das seine Provinzen verwüstete. Dies griff er also mit seiner ganzen Kraft an, schlug es, und bemeisterte sich seiner festen Plätze. Nachdem er auf diese Art die Merdschane in Freiheit gesetzt hatte, bewog ihn diese Fee zu einem neuen Kriege gegen Hudkonz, einen andern Riesen, der sein Feind war. Bei dieser Zwistigkeit fand der große Thahamurath das Ende seiner Siege und seines Lebens, und hinterließ seinen Nachfolgern das Modell von einer Monarchie, die ihres Gleichen nicht hatte.

Man hat eine Tradition, der zufolge behauptet wird, daß dieser Monarch der erste gewesen sey, der den Reisbau eingeführt und

und in der Provinz Thabarestan Seidenwürmer habe aufziehen lassen.

Thaher Ben Hossain Ben Massab. Thaher, ein Sohn Hossain, eines Sohns Massab. Ist der Name des Anführers der Truppen des AlMamon, ehe er noch Khalife war, und als er seinen Aufenthalt in Khorassan hatte, wo er, dem Testamente seines Vaters, des Harun AlRaschid zufolge, eine unumschränkte und unabhängige Gewalt hatte. Als aber sein Bruder Amin, der in das Khalifat succedirt war, über seine Schritte und seine Aufführung unruhig wurde, kündigte er ihm den Krieg an; und dies nöthigte ihn sogleich zu Felde zu gehen, und dem Thaher die Anführung seiner Armee anzuvertrauen.

Thaher gewann ein großes Treffen gegen die Generale des Amin, und erwarb durch diesen Sieg seinem Herren dem AlMamon den Titel eines Khalifen, in allen seinen Staaten und in seiner ganzen Statthalterschaft. Indem er nun die Feinde noch immer fort verfolgte, näherte er sich Bagdet und belagerte den Amin daselbst, den er einige Zeit hernach durch seine Leute tödten ließ: so daß Mamon seinem Bruder succedirte, und in den vollkommnen Besitz des Khalifats kam. Da aber dieser Khalife die Waffen gegen seinen Bruder blos deswegen ergriffen hatte, um Gewalt mit Gewalt zu

vertreiben, keinesweges aber in der Absicht, um ihn seines Thrones zu entsetzen, oder ihm das Leben zu rauben, so sah er von der Zeit an den Thaher nie, ohne Thränen zu vergießen, weil er ihn für den Urheber seines Todes ansah.

Thaher trat eines Tages in das Zimmer des Khalifen, und als er seine Thränen gewahr wurde, fragte er einen von seinen Freunden um die Ursache derselben, und dieser verheelte sie ihm auch nicht lange. Aber so wie er sie erfahren hatte, glaubte er auch, daß er nun weiter nicht mehr am Hofe sicher seyn könne, und bat daher, sich von demselben entfernen zu dürfen, und um solches mit desto mehr Anstande thun zu können, suchte er um die Uebertragung des Gouvernements von der Provinz Khorassan nach, das ihm auch AlMamon um soviel lieber bewilligte, da ihm seine Gegenwart nun keine Gelegenheit zur Erneurung seines Schmerzens geben konnte. Ja er übertrug es ihm mit einer so ausgedehnten Macht, daß er es mehr wie eine Herrschaft, als wie ein Gouvernement verwaltete, um ihm seine Erkenntlichkeit für die von ihm empfangnen Dienste desto besser bezeugen zu können.

Als Thaher in Khorassan angelangt war, und von seinem Gouvernement Besitz genommen hatte, betrug er sich daselbst auf solche Art, daß man bald abnehmen konnte, daß der Argwohn, den er von der Absicht des Khalifen gegen ihn

ihn gefaßt hatte, in seinem Kopfe über die Verbindlichkeiten, die ihm seine Pflicht auflegte, siege. Endlich nahm er die Maske ganz ab, und erklärte sich für einen unumschränkten Herrn und Fürsten dieses Landes; welches er mitten in den Staaten des Khalifen, für sich und seine Erben, die die nach seinem Namen benannte Dynastie der Thaberier oder Thaberiten ausmachten, zu einer eignen Herrschaft erhob.

Er war dasjenige, was die Lateiner ambidexter genannt haben, das heißt, er konnte mit der linken eben das thun, was er mit der rechten Hand zu thun vermochte, und dies gab zu dem auf ihn verfertigten Vers Anlaß: Jadha aljeminein ain vahedho: Roksan ain v jemin zadho, d. h. er hatte eine Hand zuviel und ein Auge zuwenig. Deswegen hat er im Arabischen den Beinamen dhul = jeminein, ambidexter, oder der zwei rechte Hände hat, bekommen. Khondemir.

Der Verfasser des Lebtarikh spricht auf eine andere Art von der Veranlassung, um derentwillen ihm dieser Beiname ist beigelegt worden. Er sagt, Al Mamon habe ihm solchen deswegen gegeben, weil er ihm das Khalifat durch Amins Tod verschafft, oder, nach anderer Schriftsteller Meinung, darum, weil er gemacht habe, daß der Imam Ali Ridha auf Befehl des Al Mamon als Khalife sey erkannt worden, und er ihm den Eid der Treue in dieser Würde geschwo-

ren, wobei er sich der Worte bedient habe: Meine rechte Hand *III*, hat den Mamon auf den Thron *47ᵃ* gesetzt, und meine linke thut dasselbe für einen Imam; wie du einer bist. Darauf versetzte Ali Ridha: Eine linke Hand, die einen Imam auf den Thron erhebt, kann wol eine rechte genannt werden.

Eben dieser Schriftsteller bemerkt auch, als der Khalife Al Mamon Khorassan freiwillig an Thaber mit der großen Macht, die wir so eben beschrieben haben, überlassen, habe der Vesir des Khalifen, Fadhel Ben Sahl, der in der Astrologie vorzüglich erfahren gewesen, dem Thaber in demselben Augenblicke die Nativität gestellt, und nachdem er das Thema seiner Geburt genau nebst dem von seiner Elevation beobachtet, zu ihm gesagt: Levai tu bethalai bestehem kib te carib schaft sal ora kessi netuva ned keschud. Ich habe deine Fahne mit deinem Nativitätssterne verbunden, und ich sehe, daß bis zu einem Puncte von ohngefehr sechzig Jahren niemand sie wird zu Boden schlagen können. In der That erfolgte es auch so, daß diese durch die Fahne angezeigte Herrschaft die ganze Zeit über, die von dem Vesir war bestimmt worden, bei Thabers Familie geblieben ist. Siehe den Artikel Thaberiun.

Bei Gelegenheit der Fahne, von der wir hier reden, müssen wir nun auch noch im Vorbeigehen bemerken, daß das Wort Alem

m im Arabischen überhaupt
: Fahne, und insbesondere ei-
Fahne von der Infanterie be-
tet, welche viel größer ist,
die bei der Reuterei, die Le-
genannt wird. So bedeutet
ir Leva im Persischen und Türki-
en das Fähnlein oder die weiße
ornette der Cavallerie. Denn bei
nen ist kein Unterschied zwischen
r Gendarmerie und der leich-
n Reuterei. Mit Leva bedeu-
t sogar bei ihnen ein Gouver-
eur, weil er die ganze Reuterei
on seiner Provinz aufführt, die
erbunden ist, sich unter die Fah-
e, die ihm, als Zeichen seiner
Würde, ist gegeben worden, so-
ald sie berufen wird, zu begeben.

Und daher kommt es auch, daß
bei den Orientalern die Fahne
oder die Cornette das Zeichen eines Commandos ist, und die
Khalifen waren gewohnt, solches
den Fürsten zuzuschicken, die in
den Provinzen des Khalifats
durch ihre Einwilligung und unter ihrer in gewissem Verstande
so zu nennenden Souverainität
eine unumschränkte Herrschaft
hatten. Denn es war eine Art
von homagium ligium, was
diese Fürsten den Khalifen leisteten, wenn sie die Fahne von ihnen erhielten, die mit ihren Pa-
tenten als Bestätigungsbriefen
ihrer Würde begleitet waren:
und man findet eine sehr große
Menge von Beispielen davon in
ihren Geschichten, wo man zugleich bemerkt, daß sie ihnen auch
zuweilen ein Kleid, einen Sábel
und andere Ehrenzeichen zuge-

schickt haben. Heut zu Tage
schickt gemeiniglich der türkische
Kaiser denen Fürsten, die seine
Vasallen sind, ein Kleid und einen Sábel.

Solchergestalt wird, wie aus
der oben angeführten Stelle des
Lebtarikh erhellet, das Wort Leva oft von dem höchsten Commando gebraucht.

Um aber wieder auf Thaher zu
kommen, so war er der erste, der
es wagte, den Namen des Khalifen in dem Khothbah oder den
Freitagsgebeten in den Möscheen
zu unterdrücken; allein die
Schriftsteller haben bemerkt, daß,
so wie er diesen Schritt gethan,
habe ihn auch ein heftiges Fieber
überfallen, an dem er im Jahr
der Hedschr. 256 oder Christi
870, nach einer Regierung von
anderthalb Jahren, gestorben sey.
Er hat seinen Sohn Thalehh zu
seinem Nachfolger hinterlassen.

Wir sagen hier nichts von
der Tapferkeit, noch von dem
großen Muthe des Thaher, der der
größte Feldherr seiner Zeit gewesen ist; weil wir unter dem
Artikel Amin, den man hierbei
vergleichen kann, hinlänglich davon geredet haben.

Thaher Ben Abdallah. III.
Thaher, ein Sohn Abdallah: ist 471
der Name des vierten Fürsten
und des zweiten dieses Namens
von der Dynastie der Thaheriten,
oder Nachfolger des Thaher, eines Sohns Hossain, der der
Stifter derselben war, wie wir
in dem vorhergehenden Artikel
bemerkt

bemerkt haben. Er succedirte seinem Vater Abdallah, und erhielt von dem Khalifen Vathek das Patent und die Fahne, zum Zeichen, daß er sein Vassal sey. Er hat als ein guter Fürst regiert, und seine Unterthanen achtzehn Jahre lang mit vieler Weisheit regiert. Sein Tod erfolgte im Jahr der Hedschr. 278. Khondemir. Lebtarikh.

Thaber Ben Mohammed. Thaber, ein Sohn Mohammeds: ist der Name des dritten und letzten Fürsten von der Dynastie der Soffariden, oder der Familie und Nachkommenschaft des Leith. Er war ein Enkel des Amru Leith, der von Ismael dem Samaniden ist überwunden und gefangen genommen worden.

Nach seines Großvaters Niederlage retirirte sich Thaber in die Provinz Segestan, wo er mit allgemeiner Uebereinstimmung als König und rechtmäßiger Nachfolger von eben diesem Amru ist erkannt worden. Allein Ismael der Samanide ließ ihn nicht lange in dem Besitze seiner Würde. Denn er griff ihn in dieser Provinz an, und schlug nicht nur seine Truppen, sondern machte ihn auch selbst zum Gefangnen, und schickte ihn an den Khalifen.

Er hat nur ein einziges Jahr regiert, und die Dynastie hat unter dem Khalifate des Moktafi, im Jahr der Hedschr. 290 oder 293 in seiner Person ihr Ende erreicht. Nichts desto weniger dauerte seine Nachkommenschaft noch einige Zeit fort; aber keiner von seinen Nachkommen ist Regent geworden. Khondemir. Lebtarikh.

Thaberi. Abu Mohammed Ali Ben Achmed AlThaberi: ist der Name des Verfassers eines Werks, betitelt Abkam alossul alahkam, über die musulmanische Jurisprudenz, oder über die Astrologie. Er ist im Jahr der Hedschr. 450 verstorben.

Thaberiun, die Thaberier, oder Thaberiten: ist der Name einer Familie oder Dynastie von Fürsten, die in Khorassan regiert haben, die ihren Namen und ihre Entstehung von Thaber, einem Sohne Hossain, eines Sohns Massab, mit dem Beinamen AlKhuzai, und Dhul jeminein, der rechts und links ist, erhalten hat.

Diese Dynastie ist die erste, die sich unter der Herrschaft der Khalifen im Musulmanismus erhoben hat. Sie hat ihren Anfang im Jahr der Hedschr. 205 genommen, unter der Regierung des Khalifen AlMamon, und hat sechs und funfzig Jahre, unter fünf Königen oder Fürsten, die in folgendem persischen Verse enthalten sind, gedauert: Der Khorassan zeal Massab schah: Thaher v Thalebah bud v Abdallah: Baz Thaher, dighier Mohammed dan: Khi o be Jakub bad takht v külah. Die Könige aus dem Hause Massab, die in Khoras-

Thorassan regiert haben, sind Thaher, Thalehah, Abdallah, Thaher der Zweite, und Mohammed, der seinen Thron und seine Krone an Jakub, den Sohn Leith und Stifter der Dynastie der Soffariden, abgetreten hat.

Thai: ist der Name eines Stammes bei den Arabern, aus welchem zween große Männer herstammen: Hatem Thai und Abu Temam. Siehe diese Artikel.

Thai. Hatem-Thai und Abu Adi Haran Ben Abdallah Ben Saad, AlThai, Dschauad. Siehe den Artikel Hatem.

Thai. Abu Thai Jahia Ben Homaidah AlHalabi. Ist der Name des Verfassers eines Tarikhs oder einer Geschichte.

Thaialessi, ist der Beiname eines Schriftstellers, der ein Werk, unter dem Titel Mesnad, verfertigt hat. Siehe diesen Artikel. Auch vergleiche den Artikel Ethaf alhebrat.

III,
472

Thaib. Mohammed Ben Thaib: ist der Name des Verfassers eines Buchs, unter dem Titel, Entessar alcadhi Abibekr. Siehe diesen Artikel.

Thaibah, ist der Name, den die Stadt Medinah führt. Sie wird auch noch außerdem Jathreb und Mediuat alnabi genannt.

Thaibi oder Thaiebi. Scharfeddin Hossain Ben Mohammed AlThaibi: ist der Name des Verfassers eines Buchs, betitelt: Tabijan fil bejan. Es ist dies ein Werk über die Rhe-

Orient. Bibl. 4. B.

torik, das in drei Theile abgetheilt ist. Der Verfasser desselben ist im Jahr der Hedschr. 743 gestorben, und sein Werk befindet sich in der königlichen Bibliothek zu Paris unter Nr. 1130.

Thaibillah Abdalkerim Ben Mothi Billah. Ist der Name des vier und zwanzigsten Khalifen aus dem Hause der Abbassiden, der durch die Abdankung seines Vaters Mothi, die er blos ihm zu Gefallen that, im Jahr der Hedschrah 363 oder Christi 973 zum Khalifate gelangt ist.

In seinem ersten Regierungsjahre hatte die türkische Miliz zu Bagdet einen Zwist mit Ezzaldulat, einem Fürsten aus dem Geschlechte der Buiden, der die ganze Macht eines Khalifen in Händen hatte. Es empörten sich nemlich diese Leute gegen ihn, so daß er sich gezwungen sah, die Stadt zu verlassen, und sich nach Vasseth zu retiriren, von wo aus er seinen Vetter, der in Persien regierte, Abhad aldulat, um Hülfe ansprechen ließ.

Inzwischen verfolgten ihn die Türken, mit dem Khalifen an ihrer Spitze, und lieferten ihm einige Treffen, wodurch sie täglich Vortheile erlangten, so daß Ezzaldulat gezwungen war ins persische Irak zu gehen, um die Hülfsvölker an sich zu ziehen, die ihm sein Vetter in Person zuführte.

Nachdem sich die beiden Armeen im Jahr 364 vereinigt hatten, retirirten sich die Türken nach Bagdet, weil sie nicht glaubten,

Gg   daß

daß sie im Felde zu erscheinen würden wagen können. Als sie aber sahen, daß die beiden Fürsten näher anrückten, in der Absicht die Stadt zu belagern, und sich daselbst nicht sicher glaubten, so verließen sie sie, und ein gleiches that auch der Khalife, der aber doch nach ihrem Rückzuge festen Fuß hielt. Nichts desto weniger sah er sich, da er nicht stark genug war, um ihnen Widerstand thun zu können, genöthigt, nach einigem Widerstande ihnen die Thore zu öffnen. Die buidischen Fürsten erwiesen ihm alle Arten von Ehrenbezeugungen, und er that von seiner Seite ein gleiches. Hierauf kehrte Abhad aldulat, nachdem er seinen Vetter wieder zu der Würde eines allgemeinen Statthalters des Khalifats erhoben hatte, in sein Reich nach Persien zurück.

Im Jahr 366 wurden Abhad aldulat und Ezzaldulat miteinander uneins, zogen gegeneinander zu Felde, und lieferten sich mehrere Treffen, die für Ezzaldulat so nachtheilig ausfielen, daß er am Ende unterlag und sich im Jahr 367 genöthigt sah, Bagdet zu verlassen, und nach Syrien zu flüchten. Hier brachte er neue Truppen zusammen, worauf er abermals auf Bagdet losging. Abhad aldulat, der auf alle seine Schritte aufmerksam war, war gleich bei der ersten Nachricht, die er von seinem Aufbruche erhalten hatte, aufgebrochen, und war ihm bis Tekrit entgegengegangen. Hier kam es zwischen

den beiden Heeren zum Gefechte; aber das Glück war auch diesmal dem Ezzaldulat so entgegen, daß er gefangen und getödtet wurde. Abhadaldulat blieb solchergestalt Herr in Bagdet, und ist im Jahr 372 gestorben. Er hat seinen Sohn Samsam aldulat zu seinem Nachfolger hinterlassen.

Allein Samsam aldulat blieb nicht lange im Besitze seiner Herrschaft; denn sein Bruder Scherf aldulat nahm ihm die Freiheit, und steckte ihn in ein enges Gefängniß, nachdem er ihn aller seiner Güter beraubt hatte. Darauf erhielt er vom Khalifen Thai alle Ehrenzeichen, die er verlangte, und regierte das Khalifat bis zum Jahr 379, wo er gestorben ist.

Baha aldulat, ein Bruder des Scherf aldulat, der zu derselben Würde und zu denselben Ehrenbezeugungen herbeigerufen wurde, ging mit dem Khalifen nicht so gut um, wie seine Brüder mit ihm umgegangen waren. Denn im Jahr 381 trat er, von heftiger Begierde, sich in den Besitz seiner Güter zu setzen, durchdrungen, ohne, wie er und seine Vorfahren zu thun gewohnt waren, erst um Erlaubniß gebeten zu haben, in sein Zimmer, bloß von einigen Dilemiten, welche Leute von seiner Nation waren, begleitet. Der Khalife glaubte, sie kämen in der Absicht, um ihn zu besuchen; hieß also den Baha aldulat niedersitzen, und streckte seine Hand aus, um sie den übri-

gen

gen zu küssen zu geben. Allein diese faßten ihn an Händen und Füßen, und brachten ihn so in ein anderes Zimmer, wo er gefangen gehalten wurde.

In eben der Zeit bemächtigte sich Baha aldulat aller Schätze, die ihn zur Ausführung dieses Streichs verleitet hatten, und schickte einen Expressen an Achmed, den Sohn Ischak und Enkel des Khalifen Moctader, um ihn holen zu lassen, damit er den Platz des Thai einnehmen möchte. Dieser kam, und Baha aldulat setzte ihn auf den Thron des Khalifats, und er nahm den Namen Cader an, worauf er an Thais Stelle, der ganz in den Privatstand versetzt wurde, regierte. Der Tarikh Khozideh bemerkt sogar, er habe nach seiner Absetzung noch lange Zeit gelebt, und sey mit Cader auf einen ganz ordentlichen Fuß umgegangen. Er ist in einem Alter von neun und sechzig Jahren, nachdem er siebenzehn Jahre und neun Monate auf dem Throne gesessen hatte, gestorben. Khondemir.

Thaief oder Thaif: ist der Name einer Stadt im Lande Hedschaz in Arabien, deren Einwohner eine äußerst reine Luft genießen. In dem Gebiete derselben ist ein großer Ueberfluß von Quellwasser anzutreffen, und dies verschafft ihm Fruchtbarkeit an allen Arten von Gewächsen, die von hier aus nach Mekka gebracht werden, wo der Boden nichts dergleichen hervorbringt.

Auch sind Thaief und Bathenmor, das nur eine Tagereise davon entfernt ist, die Oerter, wo die Pilgrime von Mekka das Wasser holen, dessen sie bedürfen, wenn es zu Mekka fehlt; wie denn dies oft der Fall ist, wenn sie im Monat Dhulhedschah in sehr großer Menge daselbst zusammentreffen.

Hinter dieser Stadt liegt ein Gebirg, Goruan genannt, welches das dürreste von ganz Arabien ist. Abdalmoal in seinem zweiten Clima.

Siehe auch den Artikel Mekkah.

Was die Lage von Thaief anlangt, so giebt ihr Nassireddin 77 Grade, 30 Minuten der Länge und 21 Grade, 20 Minuten nördlicher Breite.

Thaifur. Abu Jezid Thaifur Ben Issa AlBasthami. Siehe den Artikel Basthami.

Thaii. Abu Abdallah Achmed Ben Harb AlThaii: ist der Name eines berühmten Lehrers des musulmanischen Rechts, der ein Schüler von Abu Abdallah AlNischaburi war. Er ist im Jahr der Hedschrah 263 verstorben.

Thaii. Abulfotuh Mohammed Ben Mohammed AlHamadani AlThaii. Ist der Name des Verfassers eines Buchs, dessen Titel ist: AlArbain fi erschad alsajerin ela menazel aljakin. Es ist im Grunde ein Andachtsbuch. Er ist im Jahr der Hedschr. 555 verstorben.

III, 474

Thaii.

Thaii. Gemaleddin Mohammed AlDschani AlThaii: ist der Name des Verfassers von einem Werke über die arabische Grammatik, Alfiat fil nahu betitelt. Er führte auch den Beinamen Ebn Malek, und sein Tod erfolgte im Jahr der Hedschrah 672.

Thaii. Scharfeddin Hossain Ben Soliman AlThaii: ist der Name eines arabischen Dichters, der die Sammlung seiner Gedichte Anis alhosn, der Freund der Schönheit, betitelt hat. Dieser Mann ist im Jahr der Hedschr. 702 gebohren.

Thailessan. Siehe den Artikel von Sojuthi, der nebst mehreren andern Werken auch eins verfertigt hat, das den Titel führt: AlHadith elhan fi fadhl AlThailessan.

Thaiuriat, ist der Titel einer Geschichte, die drei Bände anfüllt, und von Sojuthi angeführt wird.

Thair, ist der Name eines arabischen Königs, mit welchem der persische König Sapor, mit dem Beinamen Dhulaktaf, Krieg geführt hat, und den er durch Verrätherei seiner eignen Schwester, oder vielmehr, nach einem sehr correcten Exemplar vom Lebtarikh, seiner eignen Tochter, Melakah, hat hinrichten lassen. Siehe den Artikel Schabur Dhulaktaf.

Thakefi. Abu Sahal Ismael Ben Taubah AlThakefi: ist der Name eines berühmten Lehrers in den musulmanischen Traditionen, der den Ebn Madschah AlKazoini zum Schüler hatte, welcher seine Traditionen von ihm erhalten hat. Er ist im Jahr der Hedschr. 247 verstorben.

Thakefi. Issa Ben Omar AlThakefi: ist der Name eines berühmten Grammatikers, eines Lehrers des Khalil Azdi, der gleichfalls Grammatiker und Verfasser zweier grammatischer Werke war, von welchen das eine den Titel Akmal fil nahu, und das andere den Titel Dschame fil nahu führt. Er ist im Jahr der Hedschr. 149 verstorben. Siehe den Artikel Akmal.

Thakefi. Siehe den Artikel Ebn Zobeir.

Thakefi. Abu Abdallah AlThakefi: ist der Name des Verfassers eines Scharh, oder Commentars über die Arbain.

Thalabi: ist der Name des Verfassers eines Buchs, das in persischen Versen geschrieben, und Barh almaad betitelt ist.

Thale alsaib fi khaber Al-Said: ist der Titel der Geschichte des Landes Said, oder der Thebais, verfaßt von Adferi.

Thaleb AlNahui: ein Beiname eines vortrefflichen Grammati-

tatifers, von dem wir unter
ein Artikel Schaibani gesprochen haben, der hierbei vergli-
chen werden kann. Hier wollen
wir nur noch anmerken, daß er
auch Verfasser desjenigen Werks
über die arabische Grammatik ist,
das den Titel führt: Elktefah
alnahat. Siehe den Artikel Mos-
barred, und auch Golam Thaleb.

Thaleb Ben Hatheb: ist der
Name eines Schriftstellers, der
ein Werk über das jüngste Gericht geschrieben hat. Sojuthi
thut desselben in seinem Buche,
Tadsch albholamat ela jaum alkiamat betitelt, Erwähnung.

Thalebat althalebat allogat
ala alfadh kotub aschab Al Hane-
fiah: ist der Titel eines Werks
in Gestalt eines Wörterbuchs, in
welchem die in den Büchern der
Hanefitischen Lehrer vorkommenden Wörter erklärt sind. Der
Verfasser desselben ist Abu Hafs
Omar Ben Mohammed Al Naf-
safi, der im Jahr der Hedschr.
537 verstorben ist. Einige legen es dem Lehrer Abdalkerim
Ben Mohammed Al Medeni bei.

Thalebi. Issa Ben Abu
Thaleb: ein Beiname des Mohammed Ben Ibrahim Thaba-
theba, der sich unter der Regierung des Khalifen Al Mamon im
Jahr der Hedschr. 199 erhoben

hat. Diejenigen, die von seiner
Partei waren, nahmen von ihm
den Namen Thalebiten an. Er
selbst nannte sich Thalebi, von
Abu Thaleb, dem Vater des Ali,
von welchem er abstammte. Ebn
Amid.

Thalebi oder Thaalebi.
Abu Ischak Achmed Ben Ibrahim Al Thalebi: ist der Name eines musulmanischen Lehrers, der
für einen der geschicktesten Erklärer des Corans gehalten zu werden pflegt *). Er ist auch Verfasser eines Buchs, unter dem
Titel Ketab alarais, welches die
Geschichte der Propheten enthält.
Die Musulmanen halten alles,
was er darin erzählt, für authentisch und völlig unverdächtig.
Er ist im Jahr der Hedschr. 427
unter dem Khalifate des Caim,
der der sechs und zwanzigste aus
dem Hause der Abbassiden war,
gestorben. Ben Schohnah.

Thalebi. Abu Mansur
Abdalmalek Ben Mohammed,
Ben Ismael, Al Nischaburi, Al-
Thalebi: ist der Name eines sehr
berühmten Lehrers, und Verfassers einer großen Menge von Werken, der den Beinamen Al Thalebi, oder Al Thaalebi, von dem
arabischen Worte Thaaleb, welches einen Fuchs bedeutet, bekam, weil er ein Kürschner war,
und mit Fuchspelzen handelte.

Gg 3   Sei-

---

*) Der Commentar vom Thalebi über den Coran ist der geschätzteste un-
ter allen; selbst weder den des Beidhaui noch den des Zamakhschari ausgenommen. Siehe oben den Artikel Taffir medarek u. s. w. Seite
380. K.

Seine vornehmsten Werke sind: Jetimat albheher, Feth allogat, Uns alvahid, Sehr albelogat, Monthekhab almonthekhal, Eegiat aliudschaz, Mangab anho almothreb. Siehe diese Artikel.

Dieser Schriftsteller ist nach einigen im Jahr 499 und nach andern im Jahr der Hedschrah 430 unter der Regierung des Khalifen Beewrillah gestorben.

Thalebi. Seif eddin Al-Amedi, AlThalebi: ist der Name eines Gelehrten, der aus der Stadt Amida in Mesopotamien, die die Türken Cara Amid nennen, gebürtig gewesen ist. Er war anfangs von der Secte Hanbal; allein er verließ sie, ging zu Schafei seiner über, und machte viele Neuerungen in theologischen Materien; wodurch die Gelehrten zu Cairo bewogen wurden, gegen ihn aufzustehen und seinen Glauben anzugreifen. Allein da sie nach einer sehr genauen Prüfung seiner Meinungen nichts fanden, was nicht von einem rechtgläubigen Musulman hätte vertheidigt werden können, so suchten sie sich wieder mit ihm auszusöhnen. Allein Thalebi wollte weiter kein Verkehr mehr mit Leuten haben, die ihn mißhandelt hatten; er verließ also Cairo, und begab sich in die Stadt Hamah in Syrien, und von da nach Damas, wo er im Jahr der Hedschr. 631, in einem Alter von zwei und achtzig Jahren, gestorben ist. Ben Schohnab.

Thalecan: ist der Name III. einer Stadt, nahe bei der Stadt 476 Balkh in Khorassan, die im Jahr der Hedschr. 618 von Ginghizkhan ist erobert worden, worauf alle ihre Einwohner theils niedergesäbelt, theils zu Sclaven sind gemacht worden. Ginghizkhan verließ darauf diesen Ort, und begab sich in die Provinz Cabul, wo er den Saadeddin, der sich an dem Flusse Indus gelagert hatte, angriff. Siehe den Artikel Gelaleddin Mankberni. AbulFaradsch.

Thalehah Ben Thaher: ist der Name des zweiten Fürsten aus der Dynastie der Thaheriten, der seinem Vater Thaher AlKhuzai in der Beherrschung des Khorassanischen Reichs, das er so eben erst gestiftet hatte, mit desto mehrerem Rechte nachgefolgt ist, da er von dem Khalifen AlMamon darin ist bestätigt worden.

Er hatte einen Rebellen, Namens Hamzah, der in der Provinz Sistan, an der Spitze von einer sehr großen Menge Menschen, die ihm folgten, die Waffen gegen ihn ergriffen hatte; allein er war bald mit ihm fertig. Aber gegen die Empörer in der Stadt Nischabur wollte es ihm nicht so gut glücken; denn im Jahr der Hedschr. 213 ward er in dem Kriege, den er mit ihnen führte, getödtet, nachdem er sechs Jahre

Jahre und einige Monate auf dem Thron gesessen hatte.

Der Verfasser des Lebtarikh giebt ihm einen andern Thalebah, der sein Sohn war, zu seinem Nachfolger; aber weder Khondemir, noch die übrigen Geschichtschreiber thun dieses Monarchen Erwähnung, sondern geben ihm seinen jüngern Bruder Abdallah zu seinem Nachfolger.

Thalebah AbulHassan Thalebah. Ist der Name eines arabischen Dichters, der sehr schöne Verse verfertigt hat, in welchen er zeigt, wie gefährlich die Freundschaft und Gunst der Fürsten ist. Diese Verse werden in der Blumenlese eine Stelle bekommen.

Thalebah. Kemaleddin Abu Salem Ben Thalebah, dem einige den Beinamen AlBasthami geben. Dies ist der Name des Verfassers eines Buchs, welches betitelt ist: AlGefr allame o alnur allame. Er handelt in demselben von einer abergläubischen Kunst, in deren Besitz Alis Nachkommen durch Dschafar, einen der zwölf Imams, gekommen waren, und vermöge welcher man die göttlichen Rathschlüsse durch Charactere, die auf eine Membrane geschrieben sind, die die Araber Gefr nennen, erkennen kann.

Hadsch Khalfah thut dieses Buchs Meldung. Es befindet sich in der königlichen Bibliothek zu Paris unter Nr. 1017.

Thales: ist der Name des ersten unter den griechischen Philosophen, der, dem AbulFaradsch zufolge, die Philosophie der Egypter erlernt hatte, die sie von den Chaldäern bekommen hatten. Er lebte in den Zeiten des Achas, eines Sohns des Königs Joatham von Juda, und dies dem Eusebius zufolge, der von eben diesem AbulFaradsch citirt wird.

Eben dieser Schriftsteller fügt hinzu, der erste Beweis, den Thales, nach seiner Rückkehr aus Egypten nach Miletus, von seinen Kenntnissen gegeben, sey die Vorhersagung einer Sonnenfinsterniß gewesen, die an dem von ihm bestimmten Tage und Stunde auch wirklich erfolgt sey. Dies verschaffte ihm großes Ansehn, und erwarb ihm viele Schüler in der Philosophie. Denn vor ihm waren die Griechen wie die Araber, und hatten sich auf nichts, als auf die Cultur ihrer Sprache durch Dichtkunst und Beredtsamkeit und durch das Studium ihrer Grammatik gelegt, und ihre ganze Philosophie war nichts als Moral, die sie in Sprichwörter gebracht hatten.

Thales ist auch der erste, der III. das αυτοματον behauptet hat, das 477 heißt; etwas, das existirt, ohne daß es zu seiner Existenz den Dienst irgend einer andern Ursache nöthig gehabt hätte; ein Lehrsatz, dem die Indianer gefolgt sind.

Thaliah Vilajeth. Die Türken bedienen sich dieses Ausdrucks, brucks, um Italien zu bezeichnen. Thaliah kommt von dem lateinischen Worte Italia her.

Thaliah und **Thaliat:** ein arabisches Wort, das die Avantgarde einer Armee bedeutet. Es macht einen Theil von den Titeln zweier gleichfolgenden Bücher aus.

Thalian, Italiener: ein bei den Türken übliches Wort, die es aus dem Worte Italiano gemacht haben.

Thaliat alolum: ist der Titel eines Werks, das von Wissenschaften überhaupt handelt, und das die nothwendigen Kenntnisse von denselben mittheilt, um darauf in denselben weiter fortkommen zu können. Es hat den AbulKhair Mohammed AlFarsi zum Verfasser, der den Gajatheddin zum Lehrer gehabt hat. Eben dieser Schriftsteller hat auch den Auszug aus diesem Werke verfertigt.

Thaliat alseth v alnasr si salayat alfauf v alcasr: ist der Titel eines Werks vom Gebete, von welchem AlSobki Verfasser ist.

Thalut Ben Kissai: Thalut, der Sohn Kissai: ist der Name, oder Beiname, den Mohammed in seinem Corane, und überhaupt alle Musulmanen, Saul, dem ersten Könige der Israeliten, geben, den sie auch,

aber weit seltener, Schaul nennen. Das Wort Thalut stammt von dem Verbo Thál ab, das unter andern Bedeutungen auch die hat, größer seyn, als ein anderer, weil Saul alle andere Israeliten an Größe übertraf, und weil er besonders aus diesem Grunde zu ihrem Könige war erwählt worden.

In dem Capitel des Corans, Bacrat betitelt, wird von Saul in folgenden Ausdrücken geredet: Bcal lahom nabihom, Enna Allah cad baath lakom Thalut: Und ihr Prophete sagte zu ihnen: Gott hat euch Thalut gesandt, daß er unter euch regieren soll. Die Musulmanen commentiren diese Stelle auf folgende Weise:

Aschmuil, das heißt, Samuel, hatte von Gott im Namen der Israeliten einen König gebeten, der sie beherrschen sollte. Da sandte Gott ein Gefäß, mit Oel angefüllt, Cornu olei, wie in dem ersten Buche der Könige erzählt wird, und eine Ruthe oder einen Stock, und offenbarte ihm, daß von allen denjenigen, die zu ihm kommen würden, derjenige, in dessen Gegenwart das Oel in seinem Gefäße kochen, und dessen Statur seinem Stocke gleichseyn würde, von ihm bestimmt sey, daß er ihr König seyn solle.

Nachdem Samuel den Israeliten dasjenige, was Gott in Ansehung dessen, was sie wünschten, beschlossen, zu wissen gethan hatte, säumten die Angesehensten und Vornehmsten unter ihnen nicht, sich in Menge zu ihm

zu begeben; allein das Wün=
des Oels wirkte nicht, und
Maaß des Stocks paßte nicht
Statur eines einzigen unter
en.　Endlich kam Saul, der
iter nichts, als ein Wasserträ=
:, oder bloßer Lederbereiter sei=
r Profession war, und dem
un den Beinamen Thalut, wie
ir oben bemerkt haben, wegen
ner großen Statur gab, nach
en übrigen auch in das Haus
es Propheten, und sogleich fing
as heilige Oel zu kochen an, und
ie Länge des Stocks fand sich
ollkommen seiner Größe ange=
messen.

Bei diesen Merkmalen sagten
die vornehmsten Israeliten, die
Anspruch auf die königliche Wür=
de machten: Anna jekun laho al=
molt alaina v nahna ahak bel=
molt menho v lam juta saat men
almal, „Wie kann dieser Mensch
„unser König werden, er, der
„kein Vermögen besitzt? Wir
„schicken uns weit besser dazu,
„zu dieser Würde erhoben zu wer=
„den, als er!„

Die Erklärer des Corans
schreiben, die Israeliten, die die=
se Worte ausgesprochen, seyen
aus dem Stamme Juda gewe=
sen, und sie hätten noch weiter
gesagt: Wir sind aus dem Stam=
me, dem die königliche Würde
und die Gabe der Weissagung
sind verheißen worden, und Saul
ist aus dem Stamme Benjamin,
der auf keins von diesen beiden
Vorrechten Anspruch machen
kann.　Dazu kommt, daß er
sich seinen Lebensunterhalt mit ei=

nem sehr verächtlichen Handwer=
ke erwirbt, und da er kein Ver=
mögen besitzt, wie sollte er die
Ausgaben eines königlichen Hau=
ses bestreiten, und die Kosten ei=
nes Krieges, den wir jetzt mit
den Philistern anzufangen im Be=
griff sind, herbeischaffen können?

Aber Samuel versetzte ihnen
im Namen Gottes: Enna allah
astafaiaho alaikom v zabaho bast=
hatan aleim v algessem, v allah ju=
ti moltho man jescha: „Der Herr
„ist es, der ihn zu eurem Köni=
„ge erwählt hat, und der folglich
„ihn auch mit allen Eigenschaften
„des Leibes und der Seele aus=
„gerüstet hat, die zu der gehö=
„rigen Führung seines Amtes,
„als Regent, erfoderlich sind.
„Endlich ist auch Gott derjenige,
„der Königreiche zutheilt, wem
„er will.„

Die Erklärer sagen auch, Saul
sey ein sehr schöner Mann gewe=
sen, und sey eines ganzen Kopfs
größer, als alle übrige Israeli=
ten gewesen; und dazu kom=
me noch dieses, daß zufolge
jenes Verses eines persischen
Dichters: Mulk deh v mulk
sitan ost pes: Neh giz behütimesch
neberd hitschkes: Gott giebt und
nimmt die Reiche, wie es ihm
gefällt, und niemand kann, ohne
seinen ausdrücklichen Befehl, An=
spruch auf Oberherrschaft über
die Völker machen.

Samuel setzte also Saul zum
Könige der Israeliten, zufolge
des göttlichen Willens, ein. Aber
dieses Volk, das immer Schwie=
rigkeit machte, ihn anzuerkennen,

Gg 5　　　　　　　ver=

verlangte von Samuel ein Zeichen, oder ein Wunder, wodurch
Gott ihnen seinen ausdrücklichen
Willen bekandt machen sollte, und
ohne welches sie ihm nicht gehorchen würden. Samuel antwortete ihnen: Enna ajat molkihi
an jatikom altabut fihi sakinat
men rabbekom v bakiat memma
tarak almuffa v alharun, tah-
meloho almalaikat: „Hier ist
„das Zeichen seiner königlichen
„Würde: die Lade des Herrn,
„über welcher seine Majestät ru-
„het, und in welcher diejenigen
„Dinge aufbewahrt werden, die
„Moses und Aaron hineingelegt
„haben, wird, von den Engeln
„getragen, zu euch kommen.„

Wenn die Erklärer diese Lade
beschreiben wollen, so erzählen
sie, es sey ein Kasten gewesen,
an welchem die Bildnisse der alten Patriarchen seyen eingegraben gewesen, und über welcher
die Sakinat, die die Hebräer
mit demselben Namen Schechi-
nah benennen, das heißt, die
Majestät Gottes, geruhet habe.

Inzwischen sagen die Musulmanen, das Wort Sekinah bedeute Taskin thather, was den
Geist in Ruhe versetzt: und dies
begegnete den Israeliten, so oft
sie dachten, daß Gott unter ihnen wohne. Auch sagen sie, die
Sakinah sey insbesondere ein
Cherubin gewesen, dessen Augen,
die zweien Lampen ähnlich gewesen, so geglänzt hätten, daß sie
niemand lange hätte ansehen können. Auch haben sie eine von
den Hebräern geerbte Tradition,

nach welcher der Kopf von diesem Cherubin dem Kopfe eines
Menschen ähnlich war, und an
welchem auch zwei Flügel ange-
bracht waren. In Kriegszeiten
gehe solcher aus der Arche heraus, unter dem Zeichen eines
sehr ungestümen Windes, der
auf die Feinde der Israeliten los-
stürze, und sie gänzlich zu Boden schlage: und deswegen hätten sie stets die Bundeslade vor
ihrer Armee hermarschiren lassen.

In dieser Lade wurde die Ru- III.
the Mosis, die priesterliche Kopf- 479
binde Aarons, ein mit Manna,
das in der Wüste gefallen war,
angefülltes Gefäß, und ein Stück
von demjenigen Holze, welches
Aluah heißt, und wodurch das
gesalzene Wasser zu Mara war
süß gemacht worden, aufbewahrt.

Als die Philister diese Lade erobert hatten, und ihnen durch dieselbe viel Uebels zugefügt wurde,
beschlossen sie, sie unter einen
Misthaufen zu begraben. Aber
Gott sandte seine Engel, die sie
von diesem Orte wegschafften, und
in das Lager der Israeliten brachten, zum Beweise des ausdrücklichen Willens Gottes in Betreff
der Wahl Sauls zum Könige.

Hussain Vaez merkt bei der
letztern Stelle aus dem Coran,
die wir oben angeführt haben,
an, daß das Wort Al an dieser
Stelle nicht Haus oder Familie
anzeige, sondern daß es die Person selbst bezeichne, und dies beweist er aus einer Stelle des Corans, wo al Ibrahun Abraham
selbst

selbst bedeutet, und in der Tradition sagt man: Mezamir al Daud, wenn man die Psalmen Davids selbst, zum Unterschiede von denen, die von seiner Familie herrühren, bezeichnen will. Doch ist es auch gewiß, daß es unter den Psalmen Davids mehrere giebt, die von den Seinigen sind verfertigt worden.

Thamanin, ist der Name eines Fleckens, der am Fuße der Berge Dschuda, oder der gordischen Gebirge liegt, wo Noah nach der Sündfluth gewohnt hat, und dem dieser Name wegen der acht Personen, die aus der Arche gegangen sind, ist beigelegt worden. Er führt auch den Namen Gezirat Bani Omar. Ebn Batrik.

Thamar: ein arabisches Wort, das Frucht bedeutet. Es wird bei Titeln von Büchern, die in der Folge angeführt werden sollen, gebraucht; und dies ist auch der Fall bei Thamarat, welches die vielfache Zahl davon ist.

Thamar alalbab v zohar al obab: ist der Titel von demjenigen Buche, welches auch sonst betitelt wird: Tohfat alelbab v nokhbat alaadschab. Siehe diesen Artikel.

Thamar alcolub fil modhaf v almansub: ist der Titel eines Werks, in welchem der Verfasser desselben, Thalebi, in Versen und in Prosa von Dingen

handelt; von denen sich das eine auf das andere bezieht. So spricht er von dem Raben des Noah; von dem Feuer, in welches Abraham von Nimrod ist geworfen worden, von Josephs Wolfe, das heißt, von dem Wolfe, von welchem er, der Erfindung seiner Brüder zufolge, soll gefressen worden seyn, von dem Siegel des Soliman oder Salomo u. s. w. Thalebi hat es einem Emir dedicirt, der Abulfadhl Obeid allah Ben Achmed Al Mankali heißt.

Dieses Buch ist weitläuftig, und man hat daher zwei Auszüge aus demselben, ohne Namen ihrer Verfasser, von welchem der eine den Titel hat: Nafhat al madschbub men Thamar alcolub, und der andere: Vassi almahbub almontekheb men Thamar alcolub.

Thamar alabad: ist der Titel eines Werks über die Arithmetik, verfaßt von Abba Ben Mohammed, mit dem Zunamen Ebn AlSathih AlMohid AlGarnathi, der aus der Stadt Granada in Spanien gebürtig war oder herstammte, und im Jahr der Hedschr. 426 gestorben ist.

Thamarat alaurak fil mohadherat: ist der Titel eines Buchs, das mit großer arabischer Gelehrsamkeit, mit angenehmen und ergötzenden Erzählungen, und mit sonderbaren Geschichten, deren man sich zur Unterhaltung in Gesellschaften bedienen

dienen kann, angefüllt ist. Ja die Lectüre desselben kann sogar, zufolge der Lobpreisung, die ein gewisser Schriftsteller davon macht, denjenigen, denen es an gesellschaftlichem Umgang fehlt, diesen Mangel ersetzen. Der Verfasser desselben ist Ebn Hodschan AlHamui, der aus der Stadt Hamah in Syrien gebürtig war, oder daraus herstammte. Er ist im Jahr der Hedschr. 837 verstorben. Das Buch ist in der königlichen Bibliothek zu Paris unter Nr. 857 befindlich.

III.
480

    Thamarat alnauder fil mobda v alafher: ist der Titel eines in türkischer Sprache geschriebenen Buchs, das ohngefehr von demselben Gegenstande, wie das vorhergehende, handelt. Der Verfasser desselben ist Abdallah Efendi AlKiatib, das heißt, Schreiber oder Secretär beim Divan zu Constantinopel. Er ist im Jahr der Hedschr. 1003 verstorben.

    Dieses Buch ist in fünf Theile eingetheilt. Im ersten wird von der Schöpfung, von Ergründung der Liebe, auf welche jede andere Liebe ihre Beziehung haben muß, das heißt, von der göttlichen Liebe, gehandelt. Im zweiten von denjenigen, welche auf dem Wege sind, der zu Gott führt. Der dritte enthält eine Ermahnung zur Entziehung von der Welt, und zum Streben nach Anhänglichkeit an Gott; im vierten wird von der beständigen Nachfolge der Scheikhs oder An-

dächtigen geredet; im fünften und sechsten aber von dem thierischen Geiste, und von dem menschlichen oder vernünftigen Geiste.

    Thamarat alaschdschar: ist der Titel eines in persischer Sprache abgefaßten Gedichtes von Gelal eddin Ruz-bahar, der sich an dem Hofe des Jakub, Sultans oder Königs von Persien aus dem Stamme vom weißen Schöps, aufhielt. Er hat sein Werk mit folgendem Verse, in welchem er Gott anredet, angefangen: So lange die Nachtigal dein Lob mit ihrem herrlichen Waldgesang erhebt, bin ich ganz Ohr, so wie es der Baum ist, der die Rose trägt. Ta behand tu naarah zeb bülbül; Hemeh ghioschem tschon dirakht ghul. Er vergleicht die Blätter eines Rosenstocks mit Ohren.

    Thamarat alhakikat v marschab al messalet ela aubbah altharikat: ist der Titel eines Andachtbuchs, das den Achmed Ben Omar AlZikai, AlOfail, AlHaschemi zum Verfasser hat.

    Thamarat fi ahkam alnodschum: ist der Titel eines Auszugs aus demjenigen, was Ptolomäus über die Sterndeuterkunst geschrieben hat. Der Verfasser desselben ist Sauani, der vielleicht ein Severus ist, von dem Hadsch Khalfah in seiner Bibliothek behauptet, daß er ein Schüler eben dieses Ptolomäus gewesen sey. Es haben mehrere Schrift-

Schriftsteller Scharh oder Commentare über dieses Werk verfertigt, unter andern Abu Joseph
AlOelideffi, Abu Mohammed Al-
Schaibani, Abu Said AlTha-
niani, Ebn Thaüb AlDschatha-
lifi, AlSarakhsi. Naffireddin
AlThuffi, der den seinigen in
persischer Sprache abgefaßt, und
an Mohammed Ben Schamsed-
din, Vorsteher des Divans oder
Raths, wie es scheint, des Holagu, unter dem er gelebt hat,
dedicirt hat. Man kann hiervon mehrere Umstände unter seinem Artikel nachlesen.

Thamestius. Themistius,
von dem wir Schriften in griechischer Sprache haben. Abul-
Farabsch spricht folgendergestalt
von ihm: Themistius, ein Secretär Julians des Abtrünnigen,
war ein berühmter Philosoph seiner Zeit. Er hat Commentare
über mehrere Bücher des Aristoteles geschrieben, und für den
Kaiser Julian ein Buch von
der Staatsverwaltung verfertigt.
Auch hat er einen Brief an ihn
geschrieben, in welchem er ihn
von der Verfolgung der Christen
abräth, indem er ihm vorstellt,
daß es Gott wohlgefällig sey,
wenn er auf verschiedene Weise
angebetet werde, und daß es
dreihundert verschiedene Secten
von Philosophen gäbe. Dies
machte, daß er aufhörte, sie so,
wie er vorher gethan hatte, zu
verfolgen.

III. **Thamgadsch** und Tam-
481 gadsch, ist der Name eines

Stammes, und eines Landes der
orientalischen oder tatarischen
Türken. AbulFeda schreibt, dies
Land sey das Land Khatha oder
Khathai, und diejenigen, die es
bereist haben, sagten, die große
Mauer, die ihr Land und ihre
Städte, zu welchen er Thamgadsch als die Hauptstadt rechnet, umgebe, habe eine Länge
von drei und zwanzig Tagereisen
von Osten nach Westen. Er
thut dieser Mauer da Erwähnung,
wo er von der Stadt Khanbalik
oder Khanbalek, die wir Cam-
balu nennen, redet.

Aber alle orientalische Geschichtschreiber und Geographen
versichern, Thamgadsch sey ein
Land und ein Volk von dem Stamme derjenigen, die sie Atrak nennen, und das sind die Türken,
die jenseit des Flusses Sihon oder
Jaxartes, sowol auf der Ost-
als Nordseite, wohnen.

Thamud: ist der Name des
Oberhauptes von einem der alten arabischen Stämme, aus der
Zahl derjenigen, die erloschen
sind, zufolge des Zeugnisses, das
AbulFarabsch hierüber gegeben
hat. Diejenigen von diesem
Stamme, welche nach ihm kamen, wurden Caum Thamud,
das Volk des Thamud, und in
der Folge Caum Saleh, das
Volk Saleh, genannt; weil,
nach dem Coran, der Prophet
Saleh im Namen Gottes an sie
gesandt wurde, um sie die Verehrung des einzigen Gottes zu
lehren. Saleh ließ, zur Erfüllung

kung ihrer Bitte um ein Merkmal, durch welches sie von seiner Sendung untrüglich gewiß seyn könnten, eine lebendige Cameelin aus einem Felsen hervorgehen, der sie die vier Füße abschnitten. Siehe diese Geschichte umständlicher beschrieben, auch auf welche Art Gott dieses Volk bestraft habe, in dem Artikel Saleh.

Das Volk des Thamud hatte das Land Hadschar, welches das peträische Arabien ist, und zwischen dem Lande Hidschaz und Syrien liegt, inne.

Than oder Thon: ist der Name der Stadt Tanis in Egypten, die auch sonst Heliopolis heißt. Siehe den Artikel Ain alschems.

Thangiaui. Abu Dschafar Achmed Ben Mohammed Al-Thandschaui: ist der Name des Verfassers eines Buchs, Ahkam AlCoran betitelt, welches von Decisionen in Sachen der Religion, so wie sie im Corane enthalten sind, handelt. Er war aus der Stadt Thandscha gebürtig oder herstammend; dies ist Tanger in Africa, daher er den Beinamen Thandschaui bekommen hat. Er ist im Jahr der Hedschr. 311 verstorben.

Thanuiat: Diejenigen die die zwei Principia, ein Gutes und ein Böses, behaupten. Die Araber legen diesen Namen den Magern und den Manichäern bei.

Thauaif. Moluk Thauaif: Könige von mehreren Nationen, oder verschiedenen **Stämmen.** Mit diesem Namen benennen die Perser die Nachfolger von Alexander dem Großen, der, nach ihrem Berichte, vor seinem Tode die Staaten, die er in Asien besaß, unter die vornehmsten Feldherren, die ihm in seinen Eroberungen gedient hatten, ausgetheilt hat.

Die persischen Geschichtschreiber melden, es belaufe sich die Anzahl der Fürsten, die sich in seine Staaten getheilt hätten, auf zwei und siebenzig, und dabei behaupten sie, derjenige, der nach Alexandern in Persien das Commando geführet habe, sey Absihahasch genannt worden. Allein man muß vielleicht Antakhasch lesen, und dies könnte wol Antiochus seyn. Denn soviel ist gewiß, daß dieser Name aus einem verdorbenen griechischen Worte entstanden ist.

Der Verfasser des Lebtarikh[1] stellt drei Dynastien von diesen[2] Königen auf, die nach Alexanders Tode in Persien regiert haben. Die erste ist diejenige, die ihren Anfang mit Antakhasch genommen, der nur vier Jahre regiert hat. Aber er thut seiner Nachfolger nicht Erwähnung, weil sie Griechen gewesen sind. Die beiden andern Dynastien begreifen die natürlichen Könige des Landes in sich, die in den östlichsten und nördlichsten Theilen von Persien, in den Zeiten der Seleuciden, regiert haben, und

und den Lateinern unter den Namen der Parther und Arsaciden bekandt gewesen sind.

Die erste von diesen Dynastien führt den Namen Aschkanian oder Aschkanier, von Aschk oder Aschek, der der Stifter derselben gewesen ist, und sieben andere Könige zu Nachfolgern gehabt hat; nemlich Aschek den Zweiten, seinen Sohn, Schabur oder Sapor, Beheram, Belas, Firuz, Ardevan, welches Artaban ist, und Khosrü oder Khosroes.

Die zweite ist die der Aschganian oder Aschganier, die von Aschag entstanden ist, der folgende Nachfolger gehabt hat: Khosru, Gudarz, Narsi oder Narses, Narses der Zweite, ein Sohn des ersten, Ardevan der Erste, und Ardevan der Zweite.

Der Verfasser des Tarikh Montekheb macht aus diesen beiden Dynastien nur Eine, deren Stifter er Aschkan nennt. In der That ist es auch sehr wahrscheinlich, daß die Aschkanier und die Aschganier nicht verschieden sind. Denn ob sich gleich in der Schreibart ein Unterschied findet, der aber doch sehr gering ist; so bleibt es demohngeachtet gewiß, daß diese beide Namen im Persischen auf einerlei Art können ausgesprochen werden. Dem sey nun wie ihm wolle, so ist soviel richtig, daß diese Fürsten dreihundert und achtzehn Jahre lang, bis auf Ardeschir oder Artaxerxes, den ersten König aus der vierten Dynastie, die die Sassa-

nidische oder der Khosroes genannt wird, regiert haben.

Thauaklé. Dieses arabische Wort, welches der Plural von Tholu ist, und das Aufgehen der Sonne, oder sonst irgend eines Gestirns bedeutet, gehört zum Titel von folgenden Büchern:

Thauaklé alanuar: ist der Titel des Auszugs aus dem Buche des Beidhaui, das den Titel Anuar altanzil führt, und dessen Verfasser Gelaleddin AlSojuthi ist, über welches Kazeruni einen Commentar verfertiget hat. Dieses Werk ist in der königlichen Bibliothek zu Paris unter Nr. 646. befindlich.

Thauaklé alanuar mokhtassar fil kelam: ist der Titel eines Werks über die Metaphysik oder scholastische Theologie, dessen Verfasser Beidhaui ist. Ein Commentar darüber ist von Schamseddin Mahmud AlEsfahani geschrieben worden, der im Jahr der Hedschr. 749 verstorben ist. Andere Schriftsteller haben gleichfalls über dieses Werk commentirt.

Thauaúis: ist der Name einer Stadt in Mauaralnahar, oder Transoxanien, die zum Gebiete von Bokhara gehört, von welcher sie um sieben Parasangen entfernt ist. Sie ist im 87 Grade, 40 Minuten der Länge, und 39 Grade, 30 Minuten der nördnoͤrdlichen Breite; oder andern Erdbeschreibern zufolge, im 78. Grade 50 Minuten der Laͤnge, und derselben Breite, im fuͤnften Clima. Ebn Haukal, der von Abul-Feda angefuͤhrt wird, schreibt, sie sey sehr groß, mit vielen Gaͤrten umgeben, werde von schoͤnen Wassern befeuchtet; auch sey eine große Anzahl gelehrter Maͤnner aus derselben entsprungen: allein in seinen Zeiten sey sie ruinirt gewesen. Al Bergendi sagt in seinem fuͤnften Clima ohngefehr dasselbe von ihr.

III, 483 Ebn Haukal setzt noch hinzu, sie sey viel groͤßer, als die Stadt Manber, und es werde alljaͤhrlich ein Markt daselbst gehalten, wo eine sehr große Menge Menschen zusammenkomme. Aber ob sie gleich dieser Schriftsteller, der mit mehrerer Wahrscheinlichkeit zu schreiben scheint, so groß macht, so sagt doch der Erdbeschreiber, der sein Werk Allebab betitelt hat, es sey nichts mehr, als ein zu dem Gebiete von Bokhara gehoͤriger Flecken. Man kann aber auch sagen, er habe blos von ihr in dem Zustande reden hoͤren, in welchem sie sich nach der Zeit, wo sie war zerstoͤrt worden, befunden hat.

Al Azizi nimmt eine Entfernung von zwei und zwanzig Parasangen zwischen Thauauis und der Stadt Debussiah an; und ein anderer Erdbeschreiber setzt die Stadt Karminah zwischen diese beide, in eben der Provinz Mauaralnahar.

Thauban: ist der Name des Dhu alnun. Siehe diesen Artikel.

Thaudusius. Siehe den Artikel Theudosius.

Thauri. Abu Abdallah Sofian Ben Said, Ben Masruk, Ben Habib Al Thauri, Al Kufi: ist der Name eines der sechs Oberhaͤupter derjenigen Secten, welche von den Musulmanen fuͤr rechtglaͤubig erkannt werden. Diese sechs Oberhaͤupter sind Abu Hanifah, Schafei, Hanbal, Malek, Sofian Al Thauri, und Daud Al Esfahani. Einige machen auch den Dhaher zum Haupte von einer andern rechtglaͤubigen Secte.

Al Thauri ist im Jahr der Hedschrah 161 gestorben, und die musulmanischen Schriftsteller fuͤhren viel von seinen merkwuͤrdigen Reden und von seinen moralischen Sentenzen an.

Thauussi Al Olui, ein Beiname des Achmed Ben Mussa Dschafar, Verfassers eines Buchs, das von der musulmanischen Theologie handelt, und Al Aman men akhthar alassar o al zeman betitelt ist.

Thaus. Abu Abdalrahman Thaus Ben Kaissan Al Khaulani, Al Hamadani: ist der Name eines beruͤhmten musulmanischen Lehrers, aus der Zahl der Thabain, das heißt, derjenigen, welche auf die Sahabah, oder Gesellen des Mohammed gefolgt

gefolgt sind. Er hatte die Traditionen von Abu Hoceirah, von
Ebn Abbas, die beide seine Mitgesellen waren, und von Mohammeds Frau, der Aischah, empfangen. Zohari und dessen Sohn Abdallah empfingen sie von ihm. Er
wird unter den Musulmanen für
einen großen Heiligen gehalten.
Er ist zu Mekka im Jahr der
Hedschr. 106 gestorben. Sein
Beiname AlKhaulani ist von
Khaulan herzuleiten, welches der
Name eines großen Stammes
ist. Rabi alabrar.

Thauschan und Thausch-
kan, bedeutet im Türkischen einen Haasen. Auch ist dies der
Name des vierten Tschag oder
Cyclus der Khathaier, den die
Khathaier in ihrer Sprache Mau
nennen.

Thaussi, ein Beiname des
Borhaneddin Ibrahim Ben Mohammed, Ben Abil Mekarem Al-
Kazvini. Er ist der Verfasser
von einem Scharh oder Commentar über ein Buch, AlEste-
camah lelmocabelin ala Allah
taala v ala dar alakamah betitelt, welches ein Werk über die
Arbain ist.

I. Tharabolos Scham. Tri-
14 poli in Syrien. So haben die
Araber in ihrer Sprache den griechischen Namen dieser Stadt,
Τριπολις, verderbet. Abulfaradsch, der unter diesem Namen davon redet, bemerkt, sie
sey von den Franken, das heißt,

Orient. Bibl. 4. B.

von den Kreuzfahrern, im Jahr
der Hedschr. 503, welches das
Jahr Christi 1109 ist, erobert
worden.

Dem Abulfeda zufolge, ward
sie eben diesen Franken wieder
von Kelaun, siebentem Könige
von Egypten aus der Dynastie
der Bahariten, im Jahr 688
eben dieser Hedschrah, welches
das Jahr Christi 1289 ist, abgenommen; und weder Saladin,
noch ein anderer vor ihm, hatte
das Herz gehabt, ihn anzugreifen. Er demolirte sie, und er-
baute eine andere dafür, in einer
kleinen Entfernung vom Meere;
und dies ist die Stadt Tripoli,
welche noch heut zu Tage steht,
am Fuße des Berges Libanon.

Tharabolos Garb: Tri-
poli im Westen. Dies ist Tripoli in der Barbarei, das die
Malthesser-Ritter im Besitz hatten, als es ihnen von Sinan Pascha, und Dragut, nachdem die
Unternehmung auf Maltha fehl-
geschlagen war, die dieser auf
Befehl des großen Solimans unternommen hatte, weggenommen
wurde. Diese Einnahme von
Tripoli erfolgte im Jahr der
Hedschr. 957 oder im Jahr Christi 1550 und der Sandschak oder
das Gouvernement derselben
ward dem Dragut anvertraut.

Tharabolossi: Aus der
Stadt Tharabolos oder Tripoli
gebürtig oder herstammend. Ein
Beiname einiger Schriftsteller,
die in den folgenden Artikeln bei-

Oh   gebracht

gebracht werden ſollen, und die aus dieſer Stadt gebürtig ſind.

Tharaboloſſi. Vorhan eddin Ben Muſſa AlTharaboloſſi: iſt der Name eines muſulmaniſchen Rechtsgelehrten, der dieſen Beinamen daher führte, weil er aus der Stadt Tharabolos oder Tripoli gebürtig war, oder herſtammte, und der ſich in Cairo niedergelaſſen hatte. Er hat ein Werk unter dem Titel Eſſaaf fi ahkam alaukaf verfertigt, welches eine Abhandlung über diejenigen Güter iſt, die an Moſcheen entweder durch Teſtament, oder durch Schenkung gegeben werden. Er iſt im Jahr der Hedſchr. 722 verſtorben.

Tharaboloſſi. Ibrahim Ben Iſmail AlTharaboloſſi: iſt der Name des Verfaſſers eines Werks, Kefaiat betitelt, welches Buch von Epithetis handelt.

Tharaboloſſi. Scheikh Tharaboloſſi: iſt der Name eines Schriftſtellers, der über die Punctirkunſt geſchrieben hat. Siehe den Artikel Raml oder Reml.

Tharabozan: Trebizonde, das die Griechen Trapezus genannt haben, woraus die Türken durch eine verdorbene Ausſprache das Wort Tharabozan gemacht haben.

Es iſt dies eine Stadt in dem obern Cappadocien, am ſchwarzen Meere gelegen, wo die griechiſchen Fürſten, die Comnenen, die ſich Kaiſer nannten, ihren Aufenthalt gehabt haben. Mohammed der Zweite machte ſich Meiſter von dieſer Stadt und von Sinope, das gleichfalls am ſchwarzen Meere lag. Dies iſt im Jahr der Hedſchr. 865 oder Chriſti 1460 geſchehen. David Comnenus war der letzte Kaiſer daraus. Annalen der Türken.

Tharafah oder Tharfah: iſt der Name eines von den ſieben arabiſchen Dichtern aus den Zeiten des Heidenthums, die die Verfaſſer von Poeſien ſind, welche unter ihnen in großem Anſehn ſtehen, und die man moallakat, aufgehängte, nennt, weil ſie in der That ihren Verfaſſern zu Ehren, und in Betracht der Hochachtung, die man gegen ſie in der Caabah oder im Tempel zu Mekka bewies, aufgehängt waren. Sein vollſtändiger Name iſt Amru Ben AlAbd. Er war ein Schweſterſohn, und folglich ein Neffe von Motalammes, der gleichfalls einer der berühmteſten Dichter, die in den Zeiten des Heidenthums zum Vorſchein gekommen ſind, geweſen iſt, und iſt in einem Alter von ſechs und zwanzig Jahren ums Leben gebracht worden. Siehe den Artikel Motalammes.

[Seine Geſchichte findet man in der Vorrede des ſel. Reiske zur Moallakah dieſes Dichters, die zu Leiden im Jahr 1740 iſt abgedruckt worden. S.]

Tha-

III.
485

Tharaz, ist der Name einer Stadt in Türkestan. Wenn Al-Bergendi, im sechsten Clima, von dem Zustande dieser Stadt, in den Zeiten, in welchen er geschrieben hat, redet, so sagt er, alle ihre Einwohner seyen Musulmanen; aber dies halte sie doch nicht ab, mit den Türken oder Tataren in einem großen Handelsverkehr zu stehen. Auch sagt er, sie liege sehr nahe bei den Städten Sizhil und Asfidschab, und sie habe in ihrem Gebiete, in einer Entfernung von vier Parasangen, einen sehr großen Flecken, Namens Seldsch oder Scheldsch. Auch, setzt er hinzu, sey Abu Mohammed Abdalrahman, ein Sohn Jahla, und berühmter Prediger von Samarcand, nebst mehreren andern Personen, die sich durch Tugend und Gelehrsamkeit ausgezeichnet hätten, aus derselben gebürtig gewesen.

Dem AbulFeda zufolge liegt die Stadt Tharaz an den Gränzen diesseits Türkestan, sehr nahe bei Asfidschab, die man nicht unter die türkischen, sondern unter die musulmanischen Städte zu zählen pflegt. Eben diesem Schriftsteller zufolge hat sie eine Länge von 89 Graden, 50 Minuten, und 44 Grade und 25 Minuten nördlicher Breite. Diese setzen andere auf 43 Grade 35 Minuten.

Tharaz almancusch u. s. w. Siehe den Artikel Theraz.

Tharek Ben Ziad: ist der Name des Generals, der Spa-nien unter dem Khalifate des Valid, eines Sohns des Abdalmalek, sechsten Khalifen aus dem Hause der Ommiaden im Jahr der Hedschrah 92, zu eben der Zeit, da Mussa, der Sohn Naßir, Sardinien eroberte, eingenommen hat. Khondemir in dem Leben des Valid.

Von diesem Tharek hat die Stadt und die Meerenge Gibraltar ihren Namen erhalten. Denn die Araber nennen diese Stadt Gebel oder Gebal altharek, auch Gezirat altharek, die Insel oder Halbinsel des Tharek, wo die Mündung von der Meerenge anfängt, die die Araber gemeinhin Bab alzokak, das Thor des Weges, nennen.

Thari alal sükkardan: ist der Titel einer Vermehrung desjenigen Werks, welches den Titel Sükkardan führt. Sie hat den Ben Ali Hazbah zum Verfasser, der sie zum Lobe des Malek Al-Nasser verfertigt hat. Dies Buch ist in der königlichen Bibliothek zu Paris unter Nr. 858. Siehe den Artikel Sükkardan.

Tharif. Ebn Tharif: ist der Name eines Grammatikers, der über die arabische Sprache geschrieben hat.

Tharik. Tharikah und Tharikat. Diese arabische Wörter, die einen Weg bedeuten, machen einen Theil der Titel von Büchern aus, die wir unter den folgenden Artikeln anführen werden.

Hh 2   Tha-

Tharik Nameh: ist der Titel eines Andachtsbuchs, das in türkischer und arabischer Sprache abgefaßt ist, und den Mohammed Alüskübati, der aus Scutari, in der Nachbarschaft von Constantinopel, gebürtig war, und im Jahr der Hedschr. 1036 verstorben ist, zum Verfasser hat. Der Scheikh Ismail AlMevlevi hat auch eben diese Materie, unter dem Titel Menhadsch AlSalekin, abgehandelt.

Tharikah AlMohammediah v Seirah AlAhmediah: ist der Titel eines Buchs über die mohammedanische Moral, in drei Capitel abgetheilt, deren jedes wieder in drei Artikel unterabgetheilt ist. Der Verfasser desselben ist Mohammed Ben Pir Ali AlBarkeli, und es ist in der königlichen Bibliothek zu Paris unter Numero 651 befindlich.

III, 486 Hadsch Khalfah thut dieses Werks in seiner Bibliothek Erwähnung; aber unter folgendem Titel: Tharikah AlMohammediah fil mauedhat, welches zu erkennen giebt, daß es Vorschriften enthält, wie man sich in der mohammedanischen Religion, nach den Gesetzen und Unterweisungen Mohammeds, wohl zu betragen hat. Er fügt hinzu, es gebe Commentare über dieses Werk; und es sey solches von dem Schwager des Verfassers, Mohammed AlEsmeti, der im Jahr der Hedschr. 1025 verstorben ist, ins Türkische übersetzt worden.

Tharikat fil thelaf v algebel. Der Weg, den man bei Disputationen einzuschlagen hat. Dies ist der Titel eines Buchs, das den Assad Ben Mohammed AlHoni zum Verfasser hat. Abul-Hassan Ali Ben Abi Ali Seifeddin AlAmedi hat auch über eben diesen Gegenstand, der auch noch von andern Schriftstellern ist bearbeitet worden, geschrieben.

Tharikat alnafeat fil messafat v almekhaber v almezareat. Dies ist der Titel eines Werks, welches von der Erdbeschreibung und dem Ackerbau zu handeln scheint. Der Verfasser desselben ist Taki eddin Ali Ben Ali AlKafi AlSobki, der im Jahr der Hedschrah 706 verstorben ist.

Tharikat alkhelas ela tahkik. Der wahre Weg, zur Wahrheit zu gelangen. Dies ist der Titel eines Werks, das den Zein eddin Said Ben Ibrahim AlAnsari AlMalamni zum Verfasser hat.

Tharikat AlSalem. Dies ist der Titel von einem Werke über die musulmanischen Traditionen, und über Fragen und Bedenklichkeiten, die die Religion betreffen, und über das Leben und Verhalten der Sofis. Es hat den Ebn AlSabah zum Verfasser.

Tharikat alfassahat: ist der Titel eines Buchs, welches von der arabischen Beredtsamkeit handelt,

delt, und den Ebn AlNefes Al
Mefri zum Verfasser hat.

Tharkhan, ist der Familienname von mehreren berühmten Personen unter den Mogolen oder Tataren. Siehe den Artikel **Tarkhan.**

Tharsus, ist der Name, den die Araber und Türken der Stadt Tharsen in Cilicien geben, aus welcher einige Schriftsteller, die den Beinamen AlTharsussi führen, weil sie daselbst gebohren sind, herstammen.

Tharsussi. Nadschmeddin Ibrahim Ben Ali AlTharsussi: ist der Name eines Verfassers von zwei Werken, von denen das eine den Titel, Ekhtelafat alvakeat fil mossannefat, führt, in welchem von verschiedenen Meinungen, die in den Büchern anzutreffen sind, gehandelt wird: und das andere Escharat fi bhapt almoschkelat betitelt ist. Dies scheint mit dem vorhergehenden einerlei zu seyn, oder ohngefehr von demselben Gegenstande zu handeln. Er ist im Jahr der Hedschr. 758 verstorben.

Tharsussi. AbulFaradsch AlTharsussi. Siehe den Artikel Conui.

Tharsussi. Siehe den Artikel Hadsch Baha.

Thaschkend, ist der Name einer Stadt in Türkestan, oder in der großen Tatarei, aus welcher berühmte Personen herstammen, die den Beinamen Thaschkendi geführt haben.

Thasch Küpri Zadeh Al Rumi, ein Beiname des AbulKhair Achmed Ben Mostafa, Verfassers eines Buchs unter dem Titel: Adschall almauaheb fi maarefat nodschub aluageb. Er ist auch der Verfasser von folgenden zwei Büchern:
Estekla fi mebabeth alestehna. III.
Adab AlMaula Abulkhair. 487
Auch hat er einen Commentar über die Akhlak des Aigi geschrieben, und die Arbain bearbeitet. Er ist im Jahr der Hedschr. 968 verstorben.

Thasm: ist der Name eines Sohns Lud und Enkels Sem, der das Oberhaupt von einem der alten Stämme von Arabern war, die lange vor Mohammeds Ankunft verlöscht waren. Wenn die Araber von sehr alten Dingen reden wollen, von denen man beinahe nichts mehr weiß, so bedienen sie sich des Sprüchworts: Ahadith Thasm o alamha, dies sind Erzählungen und Träume aus den Zeiten des Thasm. Abulfaradsch.

Thebet. Siehe den Artikel Tobat und Hajathelab.

Themud. Siehe die Artikel Thamud und Saleh.

Thenai. Siehe den Artikel Suzeni.

Theodorus, oder **Thau-**
dorus: ist der Name eines großen Philosophen, Mathematikers
und Arztes, der aus der Stadt
Antiochien gebürtig, von Religion ein jacobitischer Christ war,
und außer der arabischen Sprache auch Syrisch und Lateinisch
verstand. Er begab sich anfangs
an den Hof des Seldschucidischen
Sultans Ala eddin in Natolien,
um einen Versuch zu machen, ob
er nicht sein Leibarzt werden könnte; allein da ihn dieser Sultan
nicht so gütig aufnahm, wie er
es erwartet hatte, begab er sich
nach Armenien, an Constantins
Hof, der der Vater vom König
Haitem war. Auch hier fand er
nicht alle das Vergnügen, das
er erwartete; und dies bewog
ihn, daß er sich zu dem lateinischen Kaiser von Constantinopel,
in dem Gefolge eines Gesandten
begab. Dieser Kaiser empfing
ihn nicht nur mit aller Achtung,
die er wünschen konnte, sondern
überhäufte ihn auch mit Wohlthaten, und wies ihm sogar die
Einkünfte von einer kleinen Stadt,
Namens Camabiah, und ihrem
Gebiete an. Ob es ihm gleich
hier sehr gut ging, so bewog ihn
doch das Verlangen, sein Vaterland und seine Freunde wieder-
zusehen, zu dem Entschlusse, wieder dahin zurückzukehren. Zur
Einschiffung sah er sich die Zeit
aus, wo der Kaiser auf einer
Kriegsunternehmung abwesend
war. Allein so wie er unter Segel gegangen war, wurde er von
einem contrairen Winde überfal-

len, der ihn nöthigte, nach dem
Hafen von einer Stadt, in der
sich der Kaiser befand, zu schiffen. Und nun machte mehr die
Schande, als die Furcht, vor
ihm erscheinen zu müssen, nachdem er sich ohne gebetene Erlaubniß entfernt hatte, daß er
Gift zu sich nahm, und daran
seinen Geist aufgab. Abulfaradsch.

Theodusius oder **Thau-**
dosius. Dies ist der Name,
welchen die arabischen Schriftsteller Theodosius dem Großen
geben; dahin gehört zum Exempel Ebn Batrik in seinen Annalen.

Theodussius oder **Thau-**
dusius: ist der Name eines berühmten Astronomen unter den
Griechen. Er ist der Verfasser
eines Buchs, unter dem Titel
Okar, die Sphären. Man weiß
die Zeit nicht, in welcher er gelebt hat. Abulfaradsch.

Theraz. AlTheraz almancusch si mahassen AlHobusch: ist
der Titel eines türkischen Buchs,
das im Jahr der Hedschr. 991
geschrieben worden ist. Der un-
bekannte Verfasser desselben beschreibt darin sehr umständlich
die lebenswürdigen Eigenschaften, Vortheile und Vorzüge der
Negern. Sein Werk enthält eine Vorrede und vier Capitel, deren jedes in eben so viele Abschnitte eingetheilt ist, und einen
Beschluß. Er führt mehrere andere

dere Schriftsteller an, die mit ihm über einerlei Gegenstand geschrieben haben. Siehe die Artitel Habasch, Habaschan, Hobusch und Sudan.

III, 488

Thib oder Thaseb. Achmed Ben Mohammed, Ben Marvan, Ben AlThib oder AlThaseb, AlSarakhsi, ist der Name eines berühmten musulmanischen Philosophen, der in den Wissenschaften der Araber sehr erfahren war, und über verschiedene Arten von Wissenschaften mehrere schöne Werke geschrieben hat. Da er sehr große Kenntnisse besaß, und in seinen Gesprächen sehr beredt war, so war er zuerst Lehrer des Khalifen Motaded, und ward in der Folge ein so großer Vertrauter von ihm, daß ihn der Khalife nicht nur an seinem Tische essen und trinken ließ, sondern daß er ihm auch seine Geheimnisse offenbarte. Allein er hatte die Unvorsichtigkeit, eins von diesen Geheimnissen bekandt zu machen, und daher ließ ihn dieser Khalife hinrichten.

Thib oder Thaseb. AbulFaradsch Abdallah Ebn AlThib oder AlThaseb, AlEraki: ist der Name eines großen metaphysischen Philosophen und Arztes. Es haben ihm einige den Vorwurf gemacht, er sey in seinen Erklärungen zu langweilig gewesen, und dies hat insbesondere ein Jude gethan, der eben kein großer Kopf war, und es dabei bewenden ließ, daß er den Avicenna las. Allein Gemaleddin AlKofti hat seine Vertheidigung übernommen, und gesagt, er habe in den Wissenschaften gar vieles, das man vernachläßigt habe, hergestellt, und dasjenige, was unverständlich war, verständlich gemacht. Die Metaphysik hat er zwanzig Jahre lang gelehrt, und das mit so vieler Anstrengung und Ermüdung, daß er darüber in eine Krankheit verfallen ist, an welcher er im Jahr der Hedschr. 435 gestorben ist. Er hat viele Schüler gehabt, die nach ihm große Männer geworden sind; unter andern: AlMokhtar Ebn AlHassan, Ebn Abdun, mit dem Beinamen Ebn Botlan. Abulfaradsch.

Thib oder Thajeb: eine Stadt im Lande Khuzistan, die einige, dem persischen Erdbeschreiber zufolge, zum Lande Ahuaz rechnen. Siehe den Artikel Ahuaz.

Thograi: ein arabisches Wort, das aus dem Worte Thogra (طغرا) gemacht ist. Da dieses den Namenszug bedeutet, der den Namen und die Titel der mohammedanischen Fürsten in sich begreift, und der gewöhnlich an die Spitze ihrer Patente gesetzt zu werden pflegt, so bedeutet Thograi denjenigen, der ein solches Parafe gut zu machen weiß, oder aber auch selbst denjenigen, dessen Amt es ist, es an die Spitze solcher Patente zu setzen. In beiderlei Sinne wird es als Beiname von Personen gebraucht, von welchen in den folgenden Artikeln gehandelt wird.

Thograi. Musad ebbin Abu Ismail Ben Ali Ben Mohammed, Ben Abdalsamad Raschid ebbin, AlEsfahani, Al Thograi: ist der Name eines in seinen Zeiten, sowol wegen seiner prosaischen und poetischen Werke, als durch die Freundschaft, womit ihn die seldschueidischen Fürsten beehrt haben, und durch die Aemter, die er in ihren Staaten verwaltet hat, sehr berühmt gewesenen Mannes, (der aus Ispahan, der Häuptstadt in Persien, gebürtig war).

Ben Schohnah schreibt, wenn er von ihm redet, er habe anfangs ein Amt an dem Hofe des Malek schah, eines Sohns des Alp Arslan, aus dem Geblüte der Seldschueiden, bekleidet, und der Sultan Massud aus eben diesem Hause habe ihn zu seinem Vesir gemacht. Als aber dieser Fürst in einem Treffen von seinem Bruder Mahmud geschlagen wurde, sey Thograi, denn so nennte man ihn gewöhnlich, zum Gefangnen gemacht worden, und habe solchergestalt den Kopf verlohren. Als ihn der Sultan Mahmud hinrichten ließ, führte er zur Ursache an, er habe in Erfahrung gebracht, daß er ein Ungläubiger und Gottloser gewesen sey.

III. Man hat einen Divan oder eine Sammlung von seinen Gedichten, und ein berühmtes Gedicht, Lamiat alagem betitelt, weil der letzte Consonanz von jedem Reime ein Lam oder ein L ist. Pocock hat es lateinisch übersetzt (und mit dem Originale auf 21 Seiten, und Anmerkungen auf 233 Seiten, nebst einem Anhange von der arabischen Prosodie auf 169 Seiten, Oxford 1661 in Octav edirt).

Er ist auch der Verfasser von einem in Prosa abgefaßten Buche, dessen Titel ist Erschad alaulad. Es scheint eine Abhandlung über die Erziehung der Kinder zu seyn.

Thograi ist im Jahr der Hedschrah 513 hingerichtet worden, daher er den Titel, der Imam AlSchehid, das heißt, der Märtyrer Imam, erhalten hat. Denn diejenigen, die die musulmanischen Fürsten hinrichten lassen, werden Märtyrer genannt.

Der Verfasser des Rabi al abrar giebt ihm folgende Titel: Kethir alfadhl, wohlhabend oder reich an Tugenden und schönen Eigenschaften, welches eben das ist, was die Italiener virtuoso nennen; Lathif altheba, natürlich angenehm, und der sich gegen jedermann höflich bezeigt; Fajek abel asrho fil nabhm v alnathr, der vortrefflichste Schriftsteller seiner Zeit, sowol in Prosa, als in Versen. Siehe den Artikel Nadham almolk.

Thograi. Emir Dschafar AlThograi: ist der Name des Verfassers eines Andachtsbuchs, betitelt Anis alarefin, das er zuerst

zuerst in perſiſcher Sprache auf-
geſetzt, und darauf ins Türkiſche,
zum Gebrauche des Ali Paſcha,
der ein Großveſir der ottomaniſchen Kaiſer war, überſetzt hat.

Thogrul Ben Arſlan: iſt
der Name des letzten ſeldſchucidiſchen Sultans, der in dem perſiſchen Irak regiert, und in der königlichen Stadt Hamadan reſidirt
hat. Er ſuccedirte ſeinem Vater
Arſlan, und regierte ſeine Staaten mit vielem Glücke, unter der
Oberaufſicht ſeines mütterlichen
Oheims, des tapfern Mohammed, eines Sohns des Atabeken
Ildighiz.

Im Anfange ſeiner Regierung
griff Bababſchar die Provinz
Adherbidſchan an, und Mohammed, der Sohn Thogrul, ein
Sohn des Sultan Mohammed,
griff Irak an. Allein dieſer Krieg
daurete nicht lange. Denn Mohammed, ein Sohn des Ildighiz,
kam mit ſeinem Bruder Kizil
Arſlan an der Spitze von einer
mächtigen Armee, und beide brachten bald ſeine Feinde ſo in Ordnung, daß ſie ſie um Frieden zu
bitten nöthigten.

Im zehnten Jahre ſeiner Regierung, das das Jahr der Hedſchrah 581 war, trat eine von ſe-
nen großen Conjunctionen der ſieben Planeten ein, die ſehr ſelten
ſich ereignen, und die in den dritten Grad der Waage fällt, welches nach der Lehre der Stern-
deuterkunſt ein himmliſches Zeichen iſt.

Alle Sterndeuter dieſer Zeit,
unter andern auch Anuari, mit
dem Beinamen Hakim, der Philoſoph, urtheilten, daß in dieſem
Jahre ſo heftige Winde wehen,
und ſo ſchreckliche Orcane entſte-
hen würden, daß die meiſten
Häuſer dadurch zerſtört werden
und Berge einſtürzen würden.
Dieſe Prognoſtica machten
ſogar, daß viele ſich zu ihrer
Retirade, und um ſich gegen
ſo ſchreckliche Ungewitter in Sicherheit zu ſetzen, unterirdiſche
Plätze zubereiteten. Und doch
wehete in der ganzen angegebenen
Zeit nicht der geringſte Wind,
der auch nur die Bauren hätte
abhalten können, ihr Getreide in
freiem Felde auszudreſchen und
zu wurfſchaufeln.

Die Falſchheit dieſer Weiſſa-
gung gab einem perſiſchen Dichter Gelegenheit, folgenden Vers
auf den Anuari zu verfertigen:
Kuſt Anuari kih ez ſebeb badhai
ſakht: Birau ſcheved emaret u
kühſar u berteri: Der ruz hokm
u neuezideſt hitſch bad: Ja Mor-
ſel alriah tu dani neh Anuari.
Das heißt: Anuari hat geſagt,
es werde ein heftiger Wind die
Häuſer und Berge umſtürzen.
Aber an dem von ihm beſtimmten
Tage wehete doch auch nicht der
geringſte Wind. O Herr, der [III.]
du den Winden gebieteſt, und ſie [490]
ſendeſt, nachdem es dir gut dänkt,
du biſt es, der dieſe Dinge weiß,
nicht aber Anuari.

Obgleich nun die Sterndeuter ihrer Lüge in Anſehung der
Winde überwieſen waren, ſo iſt

doch, nach dem einstimmigen Zeugnisse aller Geschichtschreiber gewiß, daß sich in eben diesem Jahre ein weit schrecklicheres und fürchterlicheres Ungewitter, als irgend eins, das die heftigsten Winde jemals angerichtet haben, in den nordischen Himmelsgegenden erhoben hat. Dies war der Einbruch des Gingbizkhan und seiner Mogolen und Tataren in den Provinzen von Iran. Dieses große Ungewitter brach erst über Khuarezm los, und breitete sich sodann über ganz Asien aus, wie solches unter dem Artikel Gingbizkhan zu sehen ist.

In eben diesem Jahre starb der Atabek Mohammed, ein Sohn des Ildighiz, und dies veranlaßte eine Uneinigkeit zwischen dem Sultan und dem Vater des Verstorbenen, Namens Kizil Arflan Atabek. Dieser ehrgeizige Herr wollte alles anordnen, und vom Sultan sich nichts befehlen lassen, daher er ihm sehr bedenklich wurde, und bei dem ganzen Hofe Argwohn gegen sich erregte: so daß er endlich, da er selbst merkte, daß der Sultan nicht mit ihm vergnügt war, ihm zuvorzukommen beschloß, und auf einmal mit einer großen Armee gegen Hamadan vorrückte. Da Thogrul noch nicht so viel Macht beisammen hatte, daß er diesem Rebellen hätte die Spitze bieten können, so fand er es für gut, sich so gut zu retten zu suchen, als er nur konnte.

Kizil Arflan drang in Hamadan ein, wo ihm niemand Widerstand that, und nachdem er sich einige Tage daselbst aufgehalten, war es ihm genug, diese Beleidigung dem Sultan zugefügt zu haben, daher er sich nun wieder nach Abherbidschan zurückbegab.

Nach seinem Abmarsche begab sich Thogrul wieder in seine Hauptstadt. Aber nun mußte er sich von Kizil Arflan noch eine andere Falle gestellt sehen. Es wiegelte nemlich derselbe mehrere Herren in Irak, die mit ihm unzufrieden waren, auf, und wußte sie auf seine Seite zu bringen. Darauf beredete er sie, daß sie Leute an den Hof des Sultans schickten, die ihm in ihrem Namen das Mißvergnügen, das sie über alles, was vorgegangen war, empfanden, bezeugen sollten, und dabei den Auftrag hatten, ihm zu bezeugen, daß sie bereit seyen, ihn deßhalb um Verzeihung zu bitten, wofern er so gütig seyn wollte, ihnen dieselbe angedeihen zu lassen. Thogrul nahm diese Unterwerfung mit vielem Vergnügen an, und bestimmte ihnen zu ihrem Empfange einen Tag, wo er auf dem großen Marktplatze der Stadt ein Mailspiel zu Pferde halten würde. Die Herren verfehlten nicht, vor ihm zu erscheinen. Allein statt ihn um Vergebung zu bitten, bemächtigten sie sich, da sie so zahlreich wie möglich angekommen waren, seiner Person, und führten ihn in das feste Schloß, Calaat alnadschu, das Schloß der Zuflucht, gefangen.

So

So wie diese Unternehmung
cklich ausgeführt war, brach
il Arslan von Adherbidschan
, und kam nach Hamadan.
ine Absicht war, den Prinzen
mdschar, einen Sohn des ver-
rbenen Soliman schah, an die
elle des Thogrul auf den Thron
setzen. Allein er erhielt von
gdet Nachricht, daß der Kha-
, als er erfahren, was mit
ogrul vorgegangen sey, gesagt
ben solle: der Atabek hat ei-
n artigen Vorwand, unter
n er sich selbst zum Sultan zu
chen gedenkt. Diese Worte
s Khalifen bestimmten ihn, so-
ich schlechtweg diese Würde
zunehmen, worauf er seinen
amen auf goldne und silberne
ünzen schlagen ließ.

Dieser Schritt machte, daß
h die Lage seiner Umstände gar
r änderte. Denn sowol sein
effe, Fakhreddin Cutluk, als
ehrere andere Große des Staats
nnten diesen unrechtmäßigen
chritt nicht ohne Eifersucht er-
agen, da sich jeder von ihnen
eses Vorzugs wenigstens eben
würdig achtete, wie er. Dies
achte, daß sie sich alle einmü-
ig gegen seine Person verschwo-
n; und nachdem sie ihn hatten
nrichten lassen, so theilten sie
hogruls Staaten unter sich.

In eben der Zeit entfloh der
ultan Thogrul aus seinem Ge-
ngnisse durch die listigen An-
läge seines Generals, Hossain
ddin; der ihm dadurch, daß er
ele Leute hatte, die noch dem
ultan ergeben waren, den Weg

erleichtert hatte. So wie er sich
auf freiem Fuße sah, ließ er die
Trommel schlagen, und brachte in
kurzer Zeit eine Armee auf die
Beine, mit welcher er die Rebellen schlug, und sie nach Verdiensten für ihre Rebellion bestrafte.
Dieser Sieg stellte seine Umstände wieder gänzlich her, und
brachte sie in einen so blühenden
Zustand, als er nur jemals gehabt hatte.

Im Jahr der Hedschrah 588
unternahm Firnah, die Mutter
des Kütlük oder Kutluk Ebnaidsch,
und Gemahlin des verstorbenen
Atabek Mohammed Ben Ildi-
ghiz, auf dringende Vorstellung
ihres Sohns, den Sultan mit
Gifte hinzurichten. Hierzu hatte
sie alle Bequemlichkeit in Händen,
da sie in dem Harem oder in den
geheimen Zimmern seiner Gemahlinnen wohnte. Allein Thogrul
ward davon benachrichtigt, und
kam ihr zuvor. Denn sie mußte
selbst das Gift nehmen, das sie für
ihn zubereitet hatte, und sie starb
auf der Stelle davon. Darauf
ließ er den Kutluk gefangen nehmen, und er würde dadurch sein
Leben in Sicherheit gesetzt haben,
wenn er nicht mit seinem Gefangnen zu gnädig verfahren wäre. Denn die Freiheit, die er
ihm schenkte, war die Ursache
von allen den widrigen Schicksa-
len, die ihm in der Folge wider-
fuhren.

Wirklich bediente sich dieser
Undankbare von dem Augenblicke
an, da er sein Gefängniß verlassen hatte, seiner Freiheit zu keiner

ner andern Absicht, als um dem Sultan Krone und Leben zu rauben. Mit dem Könige von Khuarezm, Takasch, unterhielt er ein geheimes Verständniß, und bewog ihn zu einem Angriff auf das persische Irak. Takasch kam wirklich, und vereinigte seine Truppen mit den seinigen. Darauf belagerten sie gemeinschaftlich das Schloß Thabrek, und eroberten es. Nachdem aber Takasch einige Zeit lang in der Gegend von Rei verweilt hatte, so zog er sich, da er die Ankunft des Sultans nicht abwarten wollte, zurück, nachdem er Thafadsch zur Beherrschung und Erhaltung seiner neuen Eroberungen zurückgelassen hatte.

Im Jahr der Hedschr. 589 eroberte Thogrul das Schloß Thabrek, nebst allem dem, was ihm Takasch weggenommen hatte, wieder. Auch machte er den Thafadsch zum Gefangnen und ließ ihn bestrafen.

Im Jahr 590 agirte Kutluk gemeinschaftlich mit Takasch, brachte eine mächtige Armee auf die Beine, und schlug sein Lager in Irak auf. Sogleich begab sich Thogrul zu ihm, und nachdem er seine Truppen geschlagen und ihn in die Flucht gejagt hatte, nöthigte er ihn, sich nach Khuarezm zum Takasch zu begeben.

Als sich nunmehr der Sultan Thogrul von allen seinen Feinden befreit glaubte, überließ er sich mit der unglaublichsten Ausschweifung den Ergötzungen mit dem andern Geschlechte, und der Uebermaße im Weine. Zwar brachte man ihm inzwischen die Nachricht, daß Takasch von neuem eine sehr starke Armee zusammenbringe, die wol auf Irak losbrechen könnte. Allein, von dem Glücke seiner Waffen berauscht, und mitten unter seinen Ergötzungen eingeschlummert, nahm er diese Nachricht nicht zu Herzen, und setzte seine Ausschweifungen bis zu einem solchen Grade fort, daß die Großen seines Hofs endlich darüber aufgebracht wurden, daß sie von seiner Seite eine so große Nachlässigkeit in der Besorgung der Staatsgeschäffte sehen mußten. Dies machte, daß sie endlich an Takasch schrieben, und ihn baten, daß er eiligst kommen möchte, wobei sie ihn versicherten, daß er den Thogrul ganz gewiß mitten unter seinen Ausschweifungen antreffen würde.

Takasch war gegen diese Nachricht nicht gleichgültig, sondern eilte vielmehr so sehr, daß er zu einer Zeit, wo der Sultan noch im Weine begraben lag, vor den Thoren von Rei anlangte. Als der Sultan unter solchen Umständen erwachte, brach er sogleich an der Spitze seiner Truppen auf, ging auf die Feinde los, und sprach dabei folgende, aus dem Schach Nameh genommene Verse aus: Tschu zan leschkerkesch berk haftkerd: Rokh namdaran ma vakescht derb: Men ezkorz jek zokhom berdaschtem: Sipahra heman dschaii bekuzaschtem: Khoruschi Khoruschidem ez pusche zin:

: Kih tschon assia schüb perl
in zemin. Das heißt: So
man von ferne den Staub
der von der Armee, wel-
herammarschirte, aufstieg, so
ste sich die Freude auf dem
gesichte meiner Soldaten, und
iner Feldherrn. Mit einem
zigen Schlage von meiner
affenrüstung öffnete ich mei-
Soldaten den Weg mitten
ch meine Feinde, und der An-
ff meines Arms war so heftig,
ß ich, ohne den Bogen meines
attels zu verlassen, die Erde.
e ein Mühlrad herumgehen
chte.

Indem er diese durch das Feuer
s Weins beseelte Worte aus-
ach, und seine Waffenrüstung
schwang, als ob er einen
chlag damit geben wollte, ver-
ste er seinem Pferde einen sol-
n Stoß auf eins seiner Vor-
rfüße, daß es unter ihm zu
oden stürzte, und er durch die-
Fall selbst herunterfiel. Als
Kutluk auf der Erde erblickte,
f er sogleich auf ihn los, nahm
m mit seinem Säbel das Leben,
d endigte zugleich mit demsel-
n Hiebe die Dauer der seldschu-
dischen Macht, die in Irak
rch Thogruls Tod sich eben so
schloß, wie sie sich in Khora-
n durch Sandschars Tod geen-
gt hatte.

Ein persischer Dichter redet
esen Fürsten, der durch diesen
ufall sein Leben verlohr, in fol-
nden Worten an: Imruz Scha-
mulk gehan dillenghist: Firu-
h tscherkh her zeman ber ren-

ghist: Di ez ser tu tabefelek set
kez bud: Imruz zeser tabeh tenet
ferfenghist: Großer König, die
Welt fühlt heute ihr Herz be-
drängt; und das Blaue des Himmels verändert sogar mit jedem
Augenblicke seine Farbe. Gestern war wenig Raum zwischen
deinem Haupte und dem Gewöl-
be des Himmels, und heute ist
ein sehr großer zwischen deinem
Kopfe und deinem Leibe.

Dieser Monarch hatte viel
Geist und große Eigenschaften;
denn er war nicht allein wegen
seines Muths, worin man ihn
mit Rostam und Asfendiar zu
vergleichen pflegte, sondern auch
wegen seines Verstandes und seiner Kenntnisse berühmt, und
war so fertig in der persischen
Dichtkunst, daß es Schriftsteller
giebt, die seine Gedichte mit des
Anuari und Dhahir seinen vergleichen. Folgendes ist ein Vers
von seiner Arbeit: Diruz tschü-
nan vassal dschan feruzi: Beim-
ruz tschünin ferak asem suzi: As-
sus kih ber defter ümrem ejam:
Anra ruzi nuissed inra ruzi. Der
Besitz des Gutes, das ich liebte,
erfüllte gestern meine Seele mit
Freude, und heute verwüstet und
zerstört mich eine grausame Scheidung. So ist der beweinens-
werthe Zustand meines Lebens beschaffen. Das Glück löscht heute dasjenige wieder aus, was es
gestern so günstig für mich niedergeschrieben hatte.

Der Dichter Nazami, der
Thogruls Gelehrsamkeit mehr,
als

als seine Macht bewunderte, sagt von ihm: Serir aftuz aklim maani: Belajetghir mülk zenoeghiani; er machte den Thron des Reichs des Geistes glänzend, und hatte das ganze Land der Unsterblichkeit erobert.

III. **Thogrul** Ben Mohammed, 493 ist der Name des zweiten Sultans von einer Familie des seldschucidischen Hauses, die in den beiden Iraks, dem persischen sowol, als dem arabischen, regiert hat. Er succedirte seinem Bruder Mahmud, der für einen König war anerkannt worden. Aber mit seinem andern Bruder Massud hatte er beständig Streitigkeiten; denn dieser wollte ihm die Krone streitig machen. Es fielen mehrere Gefechte zwischen ihnen vor, und endlich starb er im Jahr der Hedschr. 529, nachdem er drei oder vier Jahre regiert hatte. Er ist ein gerechter, tapferer und freigebiger Fürst gewesen. Ihm ist sein Bruder Massud in der Regierung nachgefolgt. Khondemir.

Thogrul-Beg Ben Mikail, Ben Seldschuk: ist der Name des ersten Fürsten oder Sultans aus der Dynastie der Seldschuciden. Sein musulmanischer Name war Abu Thaleb Mohammed, und sein Beiname, der der Titel ist, den ihm der Khalife gab, war Rokneddin, die Säule des Glaubens und der Religion. Er ist derjenige, den Cedrenus und die andern neuern griechischen Ge-

schichtschreiber Tangrolipix nennen, welches eine sehr sonderbare, aber doch bei den Griechen sehr gewöhnliche verdorbene Aussprache des Namens Thogrul Beg ist; denn diese haben zu allen Zeiten die Wörter, die sie aus andern Sprachen geborgt haben, fast ganz unkenntbar gemacht. Siehe die Artikel Mikail und Seldschuk.

So wie Thogrul Beg als König in der Stadt Nischabur war anerkannt worden, schickte er seinen Bruder Dschafer Beg zur Eroberung der Stadt und des Landes Herat, in eben der Provinz Khorassan, ab, und dieser richtete die ihm aufgetragene Befehle so gut aus, daß er beide in kurzer Zeit seiner Bothmäßigkeit unterwarf. Hierauf schickte Thogrul Beg einen von seinen Oheimen, mit der Würde eines Gouverneurs, dahin. Allein immittelst, da sein Bruder in dieser Unternehmung begriffen war, begab er sich in eigner Person nach Meru, machte sich Meister von dieser Stadt, und gab, nachdem er seine Residenz daselbst aufgeschlagen hatte, dem ganzen Lande Khorassan neue Gesetze, durch welche alle Unordnungen und Ungerechtigkeiten, die seit langer Zeit daselbst geherrscht hatten, verbannt wurden.

In eben diesem Jahre, welches das Jahr der Hedschr. 429 war, bot der Sultan Massud, ein Sohn Mahmud, des zweiten Königs aus der Dynastie der Gazneviden, seine ganze Macht auf

uf, um die Seldschuciden aus
inen Staaten zu verjagen; al-
ein die beiden Brüder zogen
gleichfalls ihre Truppen zusammen, lieferten ihm ein äußerst
blutiges Treffen, in welchem der
Sieg so vollkommen auf ihrer
Seite war, daß der Sultan Mas-
ud nun wol bald gewahr wur-
e, daß für ihn in Khorassan
ichts mehr zu thun sey. Wirk-
ch hinterließ er auch, da er
urze Zeit darauf starb, die Sel-
schuciden in dieser Provinz so
est gegründet, daß es ihnen nach
einem Tode leicht wurde die
Stadt und Provinz Balkh, nebst
ein ganzen Lande Khuarezm zu
erselben hinzuzufügen.

Auf die beiden letztern Erobe-
ungen folgte die Einnahme von
schordschan, die Thogrul Beg
nternahm, und als er von da
us zur Einnahme von Rei auf-
rach, war auch diese nicht min-
er glücklich für ihn. Nach die-
m wurde ihm die Unterjochung
om ganzen persischen Irak nicht
brwer; und als auch diese geen-
igt war, wählte er sie zu sei-
em Aufenthalte und Antheile,
afür er dann seinem Bruder
horassan überließ.

Im Jahr der Hedschr. 447
nternahm Thogrul Beg seinen
ug gegen Bagdet. Der dama-
e Khalife, Caim Beemrillah,
npfing ihn mit offnen Armen.
enn er sah sich in den Händen
r Buidischen oder Dilemitischen
ürsten, die ihm nicht die ge-

ringste Macht gelassen hatten,
und dies war zugleich die Zeit,
wo er dem Thogrul Beg den Titel Rokneddin beilegte, seinen
Namen in den Moscheen ausrufen, und Münzen unter seinem
Stempel schlagen ließ. Auf solche Art ging das Sultanat von
Bagdet, oder die Würde eines
Emir alomra der Khalifen, aus
dem Buidischen in das Seldschucidische Haus über. Denn Thogrul Beg machte den letzten Buidischen Fürsten, Melik Rahim,
der in dem Besitze derselben war,
zum Gefangnen.

Im Jahr 453 starb Dschafer
Beg, ein Bruder des Thogrul,
in Khorassan, und hinterließ seinen Sohn Alp Arslan, zu seinem
Nachfolger, der auch in der Folge Erbe von seinem Oheime Thogrul wurde, weil er ohne Kinder zu hinterlassen starb.

Im folgenden Jahre empörte
sich Ibrahim, Thogruls mütterlicher Oheim *), gegen ihn, und
drang mit einer mächtigen Armee aus dem arabischen Irak,
wo er Gouverneur war, bis in
die Gegend von der Stadt Hamadan, in welcher Thogrul seine Residenz hatte, und erwartete
nichts weniger, als einen Angriff
von seinem Vetter. Aber sein
Neffe Alp Arslan kam ihm mit
den Truppen von Khorassan so
schleunig zu Hülfe, daß er den
Ibrahim mit leichter Mühe besiegte, und da er das Unglück
hatte, in seine Gefangenschaft zu
gera-

*) [Siehe die Zusätze zu dem Artikel Caiem Beemrillah Band 1. S. 466.]

gerathen, so bezahlte er sogleich durch seinen Tod die Strafe, die er für seine Empörung verdient hatte.

III.   Nach diesem glänzenden Sie-
494 ge schickte Thogrul den Alp Arslan nach Khorassan zurück, und er that darauf eine zweite Reise nach Bagdet, auf welcher er den Khalifen von der Verfolgung des Besasri befreite, und ihn zum zweitenmale auf den Thron setzte. Durch diese That sah sich Cajem so sehr verpflichtet, daß er dem Thogrul keine größere Belohnung geben zu können glaubte, als wenn er ihm seine Tochter zur Ehe gäbe. In der That war es auch für einen Türken eine sehr große Ehre, wenn er sein Blut mit Abbassidischem vermischen durfte. Er begab sich demzufolge von Bagdet nach Rei, um daselbst mit aller nur möglichen Pracht seine Braut in Empfang zu nehmen. Dies geschah im Jahr der Hedschrah 455. Aber kaum war er daselbst angelangt, so raffte ihn ein Blutsturz in sehr kurzer Zeit weg; so daß ihn seine Braut bei ihrer Ankunft todt fand, und der Hochzeittag in Thogruls Begräbnißtag verwandelt wurde.

Er hat ein Alter von siebenzig Jahren erreicht, von welchen er sechs und zwanzig auf dem Throne gesessen hat. Er hat keine Kinder hinterlassen; daher kam es dann, daß sein Neffe Alp Arslan sein Erbe, und folglich ein sehr reicher Monarch wurde.

AbulCassem Kermani und Amid-almoll Konderi wurden in unmittelbarer Folge aufeinander Minister oder Besire des Thogrul. Khondemir.

Bei Gelegenheit des großen Treffens, das die Seldschuciden dem Sultan Massud lieferten, und gewannen, fügt der Verfasser des Lebtarikh hinzu, es sey solches in der Ebene von Zendekan, in der Nachbarschaft der Stadt Meru, im Jahr der Hedschr. 432 vorgefallen, und nach diesem Siege habe der Khalife Casem das Patent eines Sultans zweien Prinzen, dem Thogrul-Beg und Dschafer-Beg, durch die Hände des Cadhi AbulCassem Baurdi zugeschickt, der einer der gelehrtesten Männer dieses Jahrhunderts gewesen ist.

Eben dieser Schriftsteller meldet, Thogrul sey in der Stadt Rei im Jahr der Hedschr. 454 verstorben, und sey ein tapferer, gerechter, kluger und gutgesitteter Fürst gewesen. Nie blieb er von einer der fünf täglichen Gebetszeiten der Musulmanen weg; an jedem ersten und zweiten Tage in der Woche fastete er; er ließ keinen Pallast für sich aufführen, bei dem er nicht auch eine Moschee erbauen ließ, und verlangte immer, daß diese erst fertig seyn sollte, ehe der Grund zu dem Pallaste gelegt wurde.

Der Verfasser des Nighiaristan erzählt die Geschichte seiner Vermählung mit Seidat, der Tochter des Khalifen Beemrillah, auf eine Art, die sehr von der Beschreibung abweicht, welche Khondemir

...mit davon gemacht. Er redet folgendergestalt davon:

Nachdem Thogrul Beg zum Sultan war ausgerufen und gekrönt worden, faßte er den Entschluß diese Prinzessin zu heirathen, und verlangte sie von ihrem Vater, dem Khalifen, zur Ehe, der aber anfangs nicht darein willigen konnte. Als er sich aber kurz hernach Meister von der Person und dem Staate des Khalifen gemacht hatte, rieth ihm sein Vesir, Amid almolk, daß er, zur Erreichung seiner Absicht, nach und nach die Einkünfte des Khalifen vermindern sollte, damit, wenn er sich in die Enge getrieben sehen würde, er endlich in die Vermählung seiner Tochter willigen müßte. Dies war das einzige Mittel, das ihm an Handen gegeben ward, um sich wieder bei dem Sultan in Gunsten, und zugleich in den Besitz aller seiner Güter zu setzen.

Der Vesir war derjenige, der diesen ganzen Handel mit vieler Geschicklichkeit ausführte, und so wie er die Tochter des Khalifen für seinen Herrn erhalten hatte, brachte er sie nach Tauris, wo er sich aufhielt, zu ihm; und in dieser Stadt wurde auch die Vermählung beschlossen, und der Contract unterzeichnet. Aber die Vermählungsfeierlichkeiten und die Vollziehung der Vermählung konnte nur zu Rei, das damals die Hauptstadt vom persischen Irak und die Residenz des Thogrul war, geschehen. Es begab

sich also dieser Fürst dahin, um alles mit Pomp und Pracht anzuordnen. Da aber zu dieser Jahreszeit die Hitze ganz unerträglich war, so verließ er die Stadt, um zu Rudbar, diesem vortrefflichen Orte, wo er einen sehr schönen Pallast hatte, einige Erfrischung einzunehmen; aber dies war unglücklicher Weise der Ort, wo er von einer Hämorragie oder Blutergießung überfallen wurde, an welcher er auch nach wenigen Tagen, im Jahr der Hedschrah 455 seinen Geist III. aufgab.   495

Kemal Ismael, ein persischer Dichter, hat in seiner Muttersprache folgende beide Verse auf den Ort des Todes dieses Monarchen verfertigt: Khak Rei pes garib düschmen bud: Werneh ora tschih vakt resten bud. Der Sinn derselben ist dieser: Das Land Rei ist ein Feind von Fremden, und wenn ihm seine Luft nicht den Tod verursacht hat, so war seine Stunde abzureisen gekommen.

Dieser unversehener Zufall machte, daß die Prinzessin Seidat zu ihrem Vater, dem Khalifen, in eben den Umständen, in welchen sie ihn verlassen hatte, wieder zurückkehrte.

Ebn Amid bemerkt, Thogrul Beg habe den Caim Beemrillah, als er ihn im Jahr der Hedschr. 451 wieder auf den Thron von Bagdet gesetzt, bei seinem öffentlichen Einzuge in die Stadt Bagdet begleitet, und den Zaum seines Maulthiers gehalten. Sie-   he

he den Artikel Caim Beem-
rillah.

Thogrul-Schah Ben Mo-
hammed: ist der Name des siebenten Sultans von derjenigen
Familie der Seldschuciden, die
in Kerman regiert hat. Er succedirte seinem Vater und starb
nach einer Regierung von zwölf
Jahren. Die drei Söhne, die
er hinterließ, und welche Beheram schah, Arslan schah und Turan schah hießen, führten zwanzig Jahre lang mit abwechselnden
Vortheilen Krieg miteinander, so
daß immer derjenige, der nach
einem Siege die Oberhand behielt, so lange für Sultan erkannt wurde, bis er sich wieder
von einem seiner beiden Brüder
verjagt sah. Khondemir.

Thokat. Diesen Namen
legen die Türken der Stadt
Amasia in Cappadocien bei.

Thokharestan: ist der Name eines Landes, das sich, eben
so wie Khuarezm, an dem Ufer
des Gihon oder Oxus hin erstreckt. Allein Khuarezm liegt
auf der Seite der Mündung dieses Flusses, an dem Ufer des
caspischen Meeres; und Thokharestan liegt auf der Ostseite, gegen seine Quelle hin, so daß das
Land Badakhschan in der Nähe
desselben, wo nicht mit darunter
begriffen ist. Denn es behaupten
viele Schriftsteller, daß es einen
Theil desselben ausmache.

Die letztern zählen zu den Städ-
ten dieses Landes: Badaschschan,
Semendschan, Dhualrih oder
Dhualridsch, nebst der Stadt
Thalekan, welche alle zusammen,
mit dem Lande Thokharestan, zu
dem Gebiete der Residenzstadt
Balkh, welche eine Hauptstadt von
Khorassan ist, gehören. Albe-
gendi.

AbulFeda setzt auch die Stadt
Termed in Thokharestan.

Thoki. Nadschm eddin Soliman Ben Abdalcaui AlHanbali: ist der Name eines Lehrers
von der orthodoxen Secte unter
den Musulmanen, die ihren Namen von Imam Hanbal bekommen hat. Er ist der Verfasser
eines Buchs, das er als eine
Antwort für einen Christen, der
den Musulmanismus angegriffen
hatte, verfertigt hat. Dieses
Buch führt den Titel: Entessarat
aleslamiat fi defa sejat alnasra-
niat.

Thoki ist auch noch Verfasser
von drei andern Büchern. Das
erste ist betitelt: Ezálat alafkar
fi messilat alenkar. Das zweite
ist ein Scharh oder Commentar
über dasjenige Buch, dessen Titel Urbain mokhtarat ist. Das
dritte ist überschrieben: Eksir fi
cauaed altaffir, und handelt von
demjenigen, was man zu beobachten hat, wenn man über den Coran gehörig commentiren will.
Dieser Schriftsteller ist im
Jahr der Hedschr. 771 verstorben.

Tho-

III. **Tholun.** Achmed Ben Tho-
496 lan; Achmed, der Sohn Tholun: ist der Name eines Stifters der Macht und Dynastie der
Tholoniden in Egypten. Motaz,
dreizehnter Khalife aus dem Hause der Abbassiden, schickte ihn als
Gouverneur nach Egypten, und
da wurde er unter den Khalifen
Mohtadi und Motamed so mächtig, daß er sich zum unumschränkten Herrn nicht nur von dieser
Provinz, sondern auch von Syrien, aufwarf, so daß diese weiter kein Zeichen ihrer Oberherrschaft mehr daselbst übrig behielten, als daß das öffentliche Gebet noch in ihrem Namen verrichtet wurde, und sie unter ihrem Namen noch Münzen schlagen ließen.

Muaffek, ein Bruder des Khalifen Motamed, hatte die Beherrschung des Khalifats seinen
Händen anvertraut, und da er
wohl einsah, daß das Uebrige
des Staats viel zu schwach sey,
als daß er einen Versuch machen
dürfte, den Achmed mit Gewalt
anzugreifen, so ließ er ihn öffentlich in allen Moscheen von
Bagdet als einen Rebellen excom-
municiren. Achmed erwiederte
solches von seiner Seite gegen
Muaffek, und erklärte ihn der
Oberherrschaft, die er seinem
Bruder, dem Khalifen, unrechtmäßiger Weise entrissen hatte,
unwürdig. Alles, was außerdem geschah, um sich seiner Vergrößerung zu widersetzen, ver-
minderte darum seine Macht im
geringsten nicht; vielmehr ver-

mehrte er sie beständig, und be-
festigte sie bis an seinen Tod, der
im Jahr der Hedschr. 270 erfolgt ist. Auch hat er sie seinen
Nachfolgern zum Erbgute hinterlassen; man nennt sie Tholuniden, und der erste unter denselben war sein ältester Sohn Ha-
maruiah. Siehe diesen Artikel.

Geisch, ein Sohn des Hama-
ruiah, succedirte seinem Vater
im Jahr 282; weil er aber noch
minderjährig war, so ward er im
Jahr 283 von dem Gouverneur
von Damas, Thagadsch, abgesetzt und getödtet.

Harun, ein Bruder des Geisch,
kam an seine Stelle; aber auch
er ward im Jahr 292 getödtet.

Sein Oheim Senan oder Si-
nan, ein Sohn des Achmed Ben
Tholun, succedirte ihm. Allein
in eben diesem Jahre 292 eroberte der Khalife Moktafi Egypten und Syrien wieder, und
ließ zehn Söhne aus dem Hause
Tholun, unter welchen auch Sinan war, hinrichten. Solchergestalt verlosch das Haus und die
Macht der Tholuniden.

Achmed hatte bei seinen Lebzeiten eine prächtige Moschee zwischen dem alten und neuen Cairo
erbauen lassen, die man noch
heut zu Tage die Moschee des
Ben Tholun zu nennen pflegt.

Ebn Batrik erzählt, als Achmed bettlägerig geworden,
habe er die Christen, die Juden
und die Musulmanen in abgeson-
derten Gesellschaften den Berg

Mocattham besteigen lassen, damit sie auf demselben zu Gott um seine Gesundheit beten sollten.

Man sagt, er habe dreihundert Kinder männlichen Geschlechts, von welchen der älteste, Namens Hamarujah, sein Nachfolger geworden ist, und zehn Millionen Dinare in seinem Schatze, außer einer großen Anzahl von Sclaven, Pferden, Maulthieren und Cameelen, hinterlassen. Er hat den Tribut oder die Einkünfte von Egypten auf dreihundert Millionen getrieben. Ben Schohnah. Ebn Amid. Ebn Batrik.

Tholun. Schamseddin Ben Tholun Mohammed AlDemeschki: ist der Name des Verfassers von folgenden Werken:

Essuarat aldhahab fi ma raua fi Radscheb.

Ersal aldamat, u. s. w.

Der Auszug aus dem Buche Ahia alakhbar, von welchem Salehi der Verfasser ist.

Thomamah. Siehe den Artikel Mamon.

III. **Thomi,** ist der Name einer, 497 an der Scheidung der beiden Nile unter der Aequinoctiallinie liegenden Stadt von Aethiopien. Siehe den Artikel Nil.

Thomrut oder **Tomrut.** Siehe den Artikel Moahedun.

Thomthom AlHendi: ist der Name eines indischen Schrift-

stellers, der ein Werk, unter dem Titel Ekteladsch, geschrieben hat, in welchem von dem Schlagen oder der Bewegung der Nerven oder Muskeln gehandelt wird.

Thoran, ist dasselbe, was sonst Turan heißt. Siehe diesen Artikel.

Thorok alsalekin v konuz alarefin: ist der Titel eines Buchs, in welchem von den Geheimnissen der Buchstaben gehandelt wird. Es ist in der königlichen Bibliothek zu Paris unter Nr. 1015. ohne Namen des Verfassers.

Thufil oder **Tufil** Ben Tuma AlRohaui: Theophilus, ein Sohn des Thomas: ist der Name eines maronitischen Christen, der aus der Stadt Roha oder Edessa gebürtig, und Sterndeuter bei dem Khalifen Mahadi gewesen ist. Er ist der Verfasser einer sehr geschätzten Geschichte, und einer Uebersetzung von Homers Iliade aus dem Griechischen ins Syrische.

Dieser Theophilus hat selbst seinen, und seines Herrn, des Khalifen, Tod vorhergesagt, wie solches aus folgender Erzählung zu ersehen ist.

Mahadi faßte den Entschluß, eine Reise zu machen, und befahl daher seiner Concubine, Hassane, daß sie die nöthigen Vorkehrungen machen möchte, um ihn begleiten zu können. Da sie aber diese Reise ungern antrat, und glaub-

glaubte, Theophilus habe den Khalifen dazu beredet, so schickte sie ihm durch einen Sclaven ein Billet, in welchem sie ihm ihren Unwillen zu erkennen gab, des Inhalts: Du häst dem Oberhaupte oder dem Kaiser der Gläubigen den Rath gegeben, diese Reise zu machen, die ich nicht erwartet hätte, und du bist die Ursache, daß ich genöthigt bin, sie gegen meinen Willen vorzunehmen. Gott beschleunige deinen Tod, und befreie uns von dir.

Als Thogrul dieses Billet gelesen hatte, schickte er den Sclaven zurück, und befahl ihm, seiner Gebieterin zu sagen: er habe dem Khalifen den Rath nicht gegeben, die Reise, von der die Rede sey, zu machen, wie sie ihn beschuldige. Was die Verwünschung, mit welcher sie seinen Tod begehre, anlange, so habe ihn Gott schon beschlossen, und in der That werde er auch bald sterben: aber sie solle ja nicht glauben, daß dieß darum geschehe, weil Gott etwa ihr Gebet erhört habe. Was sie anlange, so gebe er ihr den Rath, sie möchte soviel möglich Staub sammlen, weil sie dessen benöthigt seyn würde, um ihren eignen Kopf damit zu bedecken, wenn sie todt seyn würde. In der That starb er auch bald darauf, und zwanzig Tage hernach erfolgte der Tod des Khalifen, den er dadurch geweissagt hatte, daß er der Hassane den Rath gegeben, Staub zu sammlen, um ihn auf ihren Kopf zu streuen. Denn

damit bezeichnete er ihr den Schmerz, den sie über seinen Tod empfinden würde.

Thuman Bai. Ist der Name des ein und zwanzigsten Königs von Egypten, aus dem Geschlechte der Circassier, den unsere Schriftsteller Toman Beŋ nennen. Er wurde zuerst zu Damas, und darauf in Egypten, im Jahr der Hedschr. 906 proclamirt. Nachdem er hundert Tage regiert hatte, empörten sich die Soldaten; allein er entkam ihrer Wuth und hielt sich verborgen. Endlich aber ward er entdeckt, und vierzig Tage darauf ums Leben gebracht. Er führte den Beinamen Cajetbai, weil er ein Sclave von dem egyptischen Könige Cajetbai gewesen war. Makrizi. *III. 498*

Thuman Bai: ist der Name des zweiten egyptischen Königs dieses Namens, eines Neffen des Cansu Gauri, an dessen Stelle er auf den Thron war gesetzt worden. Er war der letzte König von Egypten aus dem Geschlechte der Circassier, und hat nur viertehalb Jahre regiert; gerade so lange, als der türkische Sultan Selim der Erste, nach der Niederlage des Cansu Gauri, in Syrien geblieben war. Denn nach Verlauf dieser Zeit griff ihn Selim im Jahr der Hedschrah 923 an, und schlüg ihn. Er rettete sich durch die Flucht; allein er ward von einem arabischen Fürsten ertappt, und

und

und sodann dem Sultan vorge-
stellt, der ihn über alles, was
Egypten betraf, zehn Tage lang
ausfragte, und darauf an ein
Thor zu Cairo aufknüpfen ließ.
Dschanabi.

Thunah Sui. Die Do-
nau: dies ist der Name, den
die Türken diesem Flusse in ihrer
Sprache geben.

Thuri und Thor. Die-
ses Wort bedeutet überhaupt im
Arabischen einen Berg, insbesondere aber den Berg Sinai. Man
findet auch sehr oft bei den
Schriftstellern Thur Sina, welches dasselbe bedeutet, gerade so,
wie wir Berg Sinai zu sa-
gen pflegen.

Es wird von diesem Berge in
demjenigen Capitel des Corans
gehandelt, welches Surat Tin,
das Capitel von der Feige, überschrieben ist, weil es mit folgendem Eide des Mohammeds an-
hebt: Valtin valzeitun, v al
Thur Sinein v hadha albelad
alamiu: „Ich schwöre bei der
„Feige und bei der Olive, bei
„dem Berge Sinai und bei die-
„ser sichern und getreuen Stadt.„
Die Erklärer dieser Stelle sagen, man müsse unter der Feige
und unter der Olive die beiden
Berge im heiligen Lande verstehen, von welchem der eine, der
aus den Evangelisten genugsam
bekandt ist, Thur Zeita, der Oelberg, und der andere Thur Tina, der Berg der Feigen, genannt wird. Sie fügen hinzu,

es seyen diese beide Berge zu Ge-
betsorten, wo die größten Propheten ihre A n d a c h t verrichtet
hätten, gebraucht worden. Einige verstehen unter diesen beiden
Früchten zwei berühmte Tempel,
die beide von den Musulmanen
sehr hoch geschätzt werden, und
diese beiden Tempel seyen der zu
Jerusalem und der zu Damas.
Hussain Vaez.

Der Berg Sinai steht bei den
Musulmanen in großer Achtung,
weil auf demselben den Israeliten das Gesetz ist gegeben worden, wie solches aus folgenden
zwei arabischen Versen erhellet,
die Sadi in seinem Gülistan anführt: Akafl gebal alardh Thur
Sina: Vaunaho laadham ca-
dran v menzelan: Der Berg Sinai ist der kleinste unter den Bergen; aber er steht bei Gott wegen seiner Würde und wegen des
Rangs, den er über alle andere
Berge hat, in sehr großer Achtung.

Thur, ist der Name eines
Bergs in der Nachbarschaft von
Mekka, auf der Südseite, und
eine Stunde Wegs davon. In
demselben ist eine Grotte befindlich, in welche sich Mohammed
während seiner Flucht versteckt
hatte.

Thur: ist der Name, den III.
die Araber der Stadt Tyrus, an 499.
der Küste von Phönicien, beilegen.

Thur Ali Beg AlTürkmani,
ist der Name des ersten türkomanischen

nischen Fürsten aus der Familie vom weißen Schöps, die zu Mosul und Amida aufgekommen ist und regiert hat. Dschanabi.

Thur daghi: ist der Name, den die Türken dem Berg Taurus geben. Die Araber nennen ihn Gebel AlMossel.

Thur Tina, der Feigenberg. Siehe die Artikel Tina und Thur, den ersten von den bereits beigebrachten Artikeln.

Thur Zeita: der Feigenberg *). Siehe den Artikel Thur, den ersten von den bereits abgehandelten Artikeln.

Thuri, aus der Stadt Tyrus gebürtig oder herstammend. Siehe den Artikel Soliman Thuri.

Thus Ben Naudar: ist der Name eines Fürsten, eines Sohns Naudar, der einer von den alten Königen war, die Pischbadier genannt werden. Man sagt, er sey ein Bruder, oder, nach andern Schriftstellern, ein Oheim des Cai Kaus, eines Königs aus dem Geblüte der Cajanier, gewesen. Er empörte sich gegen Cai Khosru, der auch sein Neffe war, zu Gunsten des Feriberz, eines Sohns des Caikaus, den er, mit Beiseitesetzung desselben, ob er gleich sein Neffe war, zum Könige haben wollte. Allein er ward von

eben diesem Cai Khosru getödtet, als er eben einen Angriff auf die Stadt Ardebil wagte. Leb Tarikh.

Vor seiner Empörung hatte ihn Cai Khosru mit dreißigtausend Mann gegen Afrasiab marschiren lassen.

Thus, ist der Name einer beträchtlichen Stadt in Khorasan, die dem Verfasser des Leb Tarikh zufolge, den Dschamschid, fünften König aus der ersten Dynastie der alten Könige von Persien, die die Pischbadische genannt zu werden pflegt, für ihren Stifter erkennt. Siehe den Artikel Maschhad.

Thussi: aus der Stadt Thus herstammend oder gebürtig. Es führen mehrere berühmte Lehrer, die aus derselben herstammen, diesen Beinamen; vornemlich der bekandte Philosoph und Astronom Nassir eddin. Siehe diesen Artikel.

Thussi. Schamseddin Abdalrahim AlThussi: ist der Name des Verfassers eines Werks, betitelt: Assulat almussuliat, mosulische Frage, oder Anfrage von Mosul, an den Gelehrten Mohammed Ben Abdalaziz Ben Abdal Salam. Dieser Schriftsteller ist im Jahr der Hedschr. 694 verstorben.

Thussi. Alaeddin Ali AlThussi: ist der Name des Verfassers

Ji 4

*) [Dies muß Oehlberg übersetzt werden. R.]

fassers von einem Commentare über den Mauakef, ein Werk über die scholastische Theologie, das den Aidsch zum Verfasser hat. Dieser Schriftsteller ist im Jahr der Hedschr. 887 verstorben, und sein Commentar ist in der königlichen Bibliothek zu Paris unter Nr. 701. befindlich.

III. **Thuffi.** Mohammed Al-
500 Thuffi: ist der Name des Verfassers eines Werks, Tabschrid betitelt. Es handelt von der Metaphysik, oder scholastischen Theologie der Musulmanen, und hat an Mahmud AlEsfahani. einen Commentator erhalten. Es ist in der königlichen Bibliothek zu Paris unter Nr. 898. befindlich.

Thuffi. Siehe die Artikel Ebn Aslem und Haui schauid.

Thuffiuffi. Siehe die Artikel Kütschük oder Güdschük Mostafa.

Tiah. Dieses Wort, das im Arabischen eine Wüste bedeutet, wird insbesondere von den Musulmanen von der Wüste gebraucht, durch welche die Israeliten zogen, nachdem sie durchs rothe Meer gegangen, und ehe sie in das Land Cannaan gekommen waren.

Eben die Araber nennen Ardh AlTiah dasjenige Land, dem unsere Erdbeschreiber den Namen Cassiotis gegeben haben, und das zwischen Egypten und Palästina liegt. Es ist also dasselbe, was

sie auch Tiah Beni Israil, die Wüste der Israeliten, nennen; in welcher, wie der Verfasser des Mircat sagt; Caum Mussa habs olbi, das Volk Mosis eingeschlossen war.

Der Scherif AlEdrissi schreibt, es ziehe sich dieses Land, oder diese Wüste, welches das Land Cassiotis der Alten ist, an dem Ufer des Bahr AlSchami', des Meeres von Syrien, hin, und dits ist eben diejenige Wüste, wo der Thor oder Berg Sinai liegt. Siehe den Artikel Mussa.

Tidsch oder Tiz: ist der Name eines Seehafens im persischen Meerbusen, sehr nahe bei der Stadt Ormuz, der bei uns heut zu Tage den Namen Comru und Bender Comru führt.

Timiah. Ben Timiah, ein Beiname des Achmed Ben Ali, Verfassers eines Werks unter dem Titel: Siassat alscheriah fi eslah alrai v alrajah, ein Werk über die Politik, welches nach den Grundsätzen des musulmanischen Gesetzes regieren und regiert werden lehrt. Es führt dieser Schriftsteller auch den Namen Takieddin AlKazen, und sein Werk ist in der königlichen Bibliothek zu Paris unter Nr. 633 und 678. befindlich.

Wir haben auch eine Geschichte von diesem Schriftsteller, die Tarikh Ben Timiah betitelt ist.

Timur. Dies ist der Name des berühmten Tamerlans, den

den wir so genannt haben, indem
wir zu seinem Namen noch das
Beiwort Lenk zufügen, das in
der persischen Sprache hinkend
bedeutet; so daß also, wenn wir
Tamerlan sagen, dies eben soviel
sagen will, als ob wir Timur
der hinkende, sagten. Dies Wort
Timur, wie es die Araber auszusprechen pflegen, ist mit Ti-
mûr einerlei; und dieses bedeutet
eben so wie Demür und Demir
im Türkischen Eisen. Einige sprechen es auch Temir aus, so wie
man auch Temir Capi, anstatt
Demir Capi, eisernes Thor oder
Meerenge, zu sagen pflegt, worunter die caspischen Thore verstanden werden. Folgendes ist
das Geschlechtsregister dieses großen Monarchen, so wie es uns
Mirkhond mitgetheilt hat, nebst
den Titeln, die er geführt hat.

Solthan Kiamran Emir Cothbeddin Timur Kürkhan Saheb
Keran. Er war ein Sohn des
Largai Nujan, eines Sohns Bar-
ral Nujan, eines Sohns des
Emir Ilenkiar Nujan, eines
Sohns Abgal Nujan, eines
Sohns Caradschar, eines Sohns
Caragan, eines Sohns Jardimi-
gi Nujan, eines Sohns Cadschu-
lai Nujan, eines Sohns Tom-
nai Khan, eines Sohns Baisan-
gor Khan, eines Sohns Caidu
Khan, eines Sohns Dutomnan,
eines Sohns Buca Khan, eines
Sohns Suzangir Khan. In diesem vereinigt sich die Genealogie
des Tamerlan mit Ginghizkhan
seiner; dessen Vorfahren man in
seinem eignen Geschlechtsregister,

zurück bis auf Türk, den Sohn
Japhet, eines Sohns Noah, sehen kann.

Eben dieser Mirkhond bemerkt,
der Ahnherr Tamerlans im fünften Grade, Namens Caradschar,
sey Vesir bei Dschagatai, dem
zweiten Sohne Ginghizkhan, der
in den transoxanischen Provinzen regiert hat, gewesen, und er
selbst habe auch eben diese Würde eines Vesirs bei Sojurgatmisch, einem Sultane aus eben
dieser Dschagataischen Linie, bekleidet, so wie er auch von diesem Monarchen die Nachfolge in
die Herrschaft von Samarcand,
und einen großen Theil des Landes Mavaralnahar, der diejenigen Provinzen in sich begreift,
die jenseit des Gihon oder Oxus
liegen, erhalten habe.

Dies ist der Anfang von der
Größe und Macht des Tamerlan,
die alle Geschichtschreiber in das
Jahr der Hedschr. 771 setzen;
so daß es sich bei seinem Absterben im Jahr der Hedschr. 807
fand, daß er gerade sechs und
dreißig Jahre regiert hatte.

Ehe wir von Tamerlans Thaten reden, wird es nicht unschick-
lich seyn, erst einige Titel, die
man ihm beilegt, zu erklären.

Tamerlan nahm nur sehr spät
den Titel eines Soltan oder Sultan an, weil dieser Titel der
Ginghizkhanischen Familie vorbehalten war, die in seinen Zeiten
in Transoxanien regierte. Er
führte folglich anfangs bloß den
Titel eines Emir, das heißt, eines Commandanten oder Fürsten.

Doch fügte er zu demselben den
Titel Kürkan hinzu, welcher einen Eidam und Alliirten von Königen und souverainen Fürsten
bedeutet; welches, wie Achmed
Ben Arabschah sagt, genugsam
zu erkennen giebt, daß er von
keiner so hohen Geburt war, da
er es sich zu so großer Ehre schätzte, sich einen Verwandten und
Alliirten von königlichem Geblüte
nennen zu können.

Was den Titel Kiamran an-
langt, so war ihm solcher von
andern beigelegt worden; und
dieses Wort bedeutet im Persischen nichts anders, als denjenigen, der seine Wünsche auf alles,
was ihm gefällt, richtet, und der
leicht alles dasjenige erreicht, was
er sich vornimmt.

Der Titel Sahebkeran, der
bei seiner Familie erblich geblieben ist, bedeutet eigentlich den
Herrn von großen Conjunctionen,
und um den Nachdruck dieser Bedeutung verstehen zu können, muß
man voraussetzen, was die Orientaler, nach der Meinung mehrerer Astronomen, glauben, daß
bei allen den großen Conjunctionen, die mit den Planeten vor-
gehen, sich große Revolutionen
auf der Welt, sowol in Ansehung
der Staaten, als der Religion
selbst, ereignen. So sind, zufolge der Lehre dieser großen
Astronomen des Orients, Abraham, Moses, oder, wie einige
behaupten, noch vor ihm, Zoroaster, und nach ihnen der Messias,
auf welchen ihr Prophet Mohammed gefolgt ist, unter sol-

chen großen Conjunctionen, wenn
wir ihnen anders glauben dürfen, in der Welt erschienen, und
eben diesen orientalischen Traditionen zufolge, sind auch Cajumarrath, erster König von Persien, und der älteste unter allen
Königen der Welt, Salomo,
Alexander der Große, Ginghizkhan und Tamerlan, jeder zu seiner
Zeit, die Sahebkeran, oder Herren der Conjunctionen und aller
der großen Begebenheiten gewesen, die unter ihrer Regierung
in der Welt vorgefallen sind.

Der Verfasser des Thamurath
Nameh sagt, Leilan schah, der
Vater des Thamurath, sey der
Sahebkeran in den Zeiten des
Khalifen Jared gewesen, der der
fünfte Patriarch nach Adam, und
der Vater des Edris oder Henochs war. In dem Caherman
Nameh sagen die Riesen, indem
sie diesen Helden loben wollen,
ihm aus Schmeichelei, es würden alle die Sahebkerans, die
sich in der Welt hervorthun sollten, von ihm herstammen müssen.

Der Titel Sahebkeran ist dem III.
Tamerlan und seinen Nachkom-⁵⁰²
men so eigen geblieben, daß das
berühmteste Werk, welches über
seine Geschichte ist geschrieben
worden, in Indien und in Persien den Titel Sahebkerani führt.
Es ist dies eben diejenige Geschichte, die den Scharfeddin Ali Jezdi zum Verfasser hat, und die
auch Dhafer oder Zhafer Nameh,
das Buch von Siegen, genannt
zu werden pflegt. Siehe diesen
Artikel.

Nach

Nach den glaubwürdigsten Geschichtschreibern kann man Tamerlans Geburt auf den fünf und zwanzigsten des Monats Schaban des Jahrs der Hedschr. 736 setzen, welches einerlei mit demjenigen Jahre der Mogolen ist, das in ihrem zwölfjährigen Cyclus Sischkan, das heißt, das Jahr der Maus genannt wird. Dies ist das Jahr Christi 1335. Alle diejenigen, die ihm die Nativität gestellt haben, geben ihm das Zeichen des Gebi oder Steinbocks zur Constellation, und das ist eben dieselbe, die der Kaiser Augustus gehabt hat. Er ist in der Nachbarschaft von Casch, einer Stadt in der Provinz Transoxanien, gebohren worden, wo damals der Emir Cazgan regierte, und er hatte noch nicht einmal ein Alter von eilf Jahren erreicht, als er schon anfing, Merkmale von außerordentlicher Lebhaftigkeit zu geben, und kaum fing er an die Waffen zu tragen, so schlug er schon den Emir Cazgan, und setzte einen andern Fürsten an seine Stelle, der aus dem Geblüte des Dschagatai, eines Sohns Ginghizkhan, war.

In einem Alter von fünf und zwanzig Jahren heirathete er die Tochter des Emir Maslah, eines Sohns des Emir Cazgan, und machte sich bei Togatimur bekandt, der gleichfalls ein Fürst aus der Familie des Dschagatai war, und oberhalb des caspischen Meeres in dem Lande der Geten regierte. Dieser hatte um diese

Zeit einen großen Einfall in Transoxanien gethan.

Togatimur ward durch die großen Eigenschaften, die er an Tamerlan entdeckte, so eingenommen, daß er ihm, zugleich zur Belohnung für die Dienste, die er ihm bereits geleistet hatte, das Gouvernement der Stadt Casch, welche seine Vaterstadt war, mit dem ganzen dazu gehörigen Bezirke, übertrug. Beides war vormals ein Eigenthum seiner Vorfahren gewesen.

Nachdem eben dieser Togatimur in Transoxanien alles in Ordnung gebracht, und Tamerlan unter der Auctorität des Emir oder Sultans Hussain, eines Sohns des Emirs Moslah, seines Schwagers, eingesetzt hatte, kehrte er wieder in sein Getisches Reich zurück.

Der Sultan Hussain und Timur lebten lange Zeit in sehr gutem Verständnisse mit einander. Allein endlich entspann sich eine Uneinigkeit, auf Anstiften einiger unruhigen Köpfe im Staate, zwischen ihnen, und dies bewog den Timur, die Waffen zu ergreifen. Der Krieg ward hitzig, und Hussain sah sich endlich von Tamerlan in der Stadt Balkh belagert, aus der er am Ende nicht anders, als mit Verlust seiner Freiheit, und kurze Zeit darauf, seines Lebens selbst, entkam. Von dem Tode dieses Hussain an, der im Jahr der Hedschrah 771 erfolgt ist, kann man den Zeitpunct von dem Anfange der

Ober-

Oberherrschaft des Tamerlans festsetzen.

Gleich nach Hussains Tode kam Tamerlan und nahm Besitz von dem Throne der Ginghizthanier und der Dschagataier in der Stadt Samarcand. Von da begab er sich nach Khuarezm, und machte sich in sehr kurzer Zeit Meister davon.

Im Jahr 779 verlohr Tamerlan seinen ältesten Sohn Sihanghir, und durch seinen Tod ward sein Bruder Schahroth der nächste Erbe von seinen väterlichen Staaten.

Im Jahr 782 ging Tamerlan über den berühmten Fluß Gihon oder Oxus, drang in die Provinz Khorassan ein, und schlug sogleich sein Lager bei Fuschendsch, einem sehr festen Schlosse, auf, das aber demohngeachtet innerhalb drei Tagen von seinen Truppen erobert wurde. Von da drang er bis zu der Stadt Herat vor, welches die Hauptstadt von eben dieser Provinz ist. Im folgenden Jahre 783 kam Gajatheddin Pir Ali, der daselbst regierte, weil er wohl sah, daß er sich nicht mit Tamerlan messen konnte, ihm entgegen, und schwur ihm den Eid der Treue. Allein demohngeachtet ließ Tamerlan die Mauren seiner Stadt und seines Schlosses niederreißen.

III. Tamerlan hatte sein Lager zu
503 Bagzagan, einem der vornehmsten Palläste und Schlösser des ganzen Landes, aufgeschlagen; allein nachdem er Herat demolirt

hatte, verließ er es wieder, und machte ein anderes Campement in der Gegend von Kedestan, einem festen Platze, wo er die Schätze fand, die die Fürsten aus der Dynastie, Moluk Curt genannt, von welcher Gajatheddin Pir Ali der letzte war, dahin zusammengebracht hatten.

Noch in eben dem Jahre ging Timur aus Khorassan nach Dschordschan, wo er unterwegens den Khodschah Ali Mujad, einen Fürsten aus der Dynastie der Sarbedarier, der in Nischabur regierte, antraf. Dieser unterwarf sich ihm, und machte ihm große Geschenke. Ehe er hierauf noch weiter ging, schickte er einen Gesandten an den Fürsten von Mazanderan, Vali, ab, der ihm auch sogleich alle Art von Gehorsam versprach. Diese Unterwerfung machte, daß Tamerlan nicht weiter vorrückte, und ihn in dem ruhigen Besitze seiner Staaten ließ, ja sogar den Fürsten Curt und den Sarbedarier in ihre Provinzen zurückschickte.

Im Jahr 784 sah sich Tamerlan genöthigt nach Khorassan zurückzukehren, um die Empörung einiger Herren des Landes zu unterbrücken, die feste Plätze inne hatten. Mit der Belagerung der Schlösser Tarschiz und Khelath machte er den Anfang, und eroberte sie, doch nur erst nach einigen Gefechten, die er in offnem Felde liefern mußte, worauf er auch den Gajatheddin Pir Ali, der allerlei gegen seinen Befehl

fehl unternahm, in Gehorſam
brachte.

Als hierauf im Jahr 785 der
Gouverneur, welchen Tamerlan
zu Herat gelaſſen hatte, ſtarb,
empörten ſich die in der Stadt
befindliche Gauriben, und da ſie
ſogar mehrere Mogolen und Tataren ums L e b e n brachten, ſo
ließ Tamerlan ſeinen Sohn Miran ſchah, der ſich damals an
dem Fluſſe Morgab befand, aufbrechen, um ſie zu züchtigen.
Dieſer ließ erſt mehrere von denen, die ſich am meiſten vergangen hatten, hinrichten, und ſchickte ſodann den größten Theil der
curtiſchen und ſarbedariſchen Fürſten gefangen nach Samarcand.

In eben dem Jahre ſtillte Miran ſchah die Unruhen in Khoraſſan, und drang ſodann mit bewaffneter Hand in die Provinzen Siſtan, Candahar und Zableſtan ein. Alle dieſe V ö l k e r
unterjochte er, und ſchickte auch
den Commandanten von Segeſtan, Schah Cothbeddin, gefangen in eben dieſe Stadt Samarcand, überwinterte ſodann in
Candahar, und begab ſich in dem
darauf folgenden Frühlinge an
den Hof ſeines Vaters.

Da Tamerlan im Jahr 786
mit dem Emir Vali, den er in
Mazanderan gelaſſen hatte, unzufrieden zu ſeyn Urſache hatte,
ſo ging er abermals über den
Fluß Gihon, und ſchlug ſein Lager bei der Stadt Aſtarabad auf.
Der Emir Vali war verwegen
genug, ſich den Waffen eines ſo
mächtigen Feindes widerſetzen zu

wollen, und in der That hielt
er ſich auch beinahe einen ganzen
Monat lang. Endlich aber ſah
er ſich genöthigt, nach Rei, und
von da nach Roſtambar, zu entfliehen, und ſolchergeſtalt ſeine
Staaten gänzlich dem Sieger zu
überlaſſen.

Tamerlan nahm ſogleich Beſitz
von denſelben, und übertrug ſodann dieſes Gouvernement dem
Locman Pabiſchah, einem Sohne des Getiſchen Sultans Togatimur khan, von dem wir bereits
geredet haben. Inzwiſchen näherte er ſich mit ſeiner Armee den
Städten Rei und Solthaniah,
und machte ſich Meiſter von dieſen beiden königlichen Reſidenzen,
deren Gouvernement er dem Abel
Aka und dem Mohammed Sol-
than ſchah übertrug. Darauf
nahm er ſeinen Weg wieder nach
Mazanderan, und kehrte ſodann
wieder in ſeine Stadt Samarcand zurück.

Im Jahr 788 unternahm Ta-
merlan die Eroberung der Provinzen von Fars, oder des eigentlich ſo genannten Perſiens,
vom perſiſchen I r a k und von
Adherbidſchan, und führte auch
ſolche innerhalb zwei J a h r e n
glücklich aus. Während dieſer
Zeit kam der Emir Scheikh Ibrahim, Fürſt von Schirvan, zu
Tamerlan, um ſich ſeiner Gnade
zu empfehlen, und erſchien vor
ihm, mit unzähligen Geſchenken
beladen. Ein Gleiches thaten die III.
Könige und Fürſten von Ghilan, 504
und dieſe Herren befanden ſich
bei dieſer ihrer Unterwürfigkeit
unter

unter ihm so wohl, daß sie nun in ihren eignen Staaten weit mächtiger wurden, als sie es vorher gewesen waren.

Als sich Tamerlan im Jahr 790 in der Stadt Schiraz befand, erhielt er einen Courier von Samarcand, mit der Nachricht, daß Toktamisch Khan einen Einfall in Transoxanien unternommen habe. Dieser Toktamisch behauptete in gerader Linie von Dschudsch Khan, einem Sohne des Ginghiz Khan, abzustammen, und hatte vormals Timur um seine Hülfe gegen einen andern Fürsten, Namens Odorus Khan, angefleht, und solche auch auf eine so thätige Art erhalten, daß er auf diese Weise seinen Feind zu schlagen im Stande gewesen war, worauf er in den Besitz einer friedlichen Herrschaft über alle die weitläuftigen Gefilde, die sich auf der Nordseite des caspischen Meeres, und bis gegen Abend hin erstrecken, kam. Mit einem Worte; er war Herr von dem ganzen großen Lande, das die Perser Descht Capschak nennen.

Sobald Tamerlan hiervon Nachricht erhielt, verließ er sogleich Persien, und kehrte in seine Hauptstadt zurück. Ehe er aber noch daselbst anlangte, erfuhr er, daß einer seiner Söhne, Namens Omar Scheikh, in Begleitung des Soliman Schah Ben Daud und des Emirs Abbas Perlas, die er zu Samarcand zurückgelassen hatte, damit sie während seiner Abwesenheit daselbst das Commando führen sollten, über den Fluß Sihon gegangen sey, und sich an einem gewissen Orte, Singlek genannt, mit Toktamisch vereinigt habe.

An eben diesem Orte kam es zu einem sehr hartnäckigen Gefechte, bei welchem Omar Scheikh große Beweise von seiner Tapferkeit ablegte. Als aber einige von seinen vornehmsten Officieren zurückwichen, sah er sich gezwungen, dem Toktamisch das Schlachtfeld zu überlassen, und sich in die festen Plätze von Türkestan zurückzuziehen, während daß mittlerweile Soliman Schah und der Emir Abbas sich in die Stadt Samarcand warfen, um sie zu beschützen.

Nach der Niederlage der Armee des Omar Scheikh, drang Toktamisch, der über den Sihon gegangen war, in Transoxanien ein, und richtete daselbst große Verwüstungen an. Tamerlan erhielt davon Nachricht, da er noch in Persien war. Er überließ also das Gouvernement von dieser Provinz und von der Provinz Irak den Fürsten aus der Familie Modhaffer; das von Conr, Caschan, Cazbin, Saveh und Rei dem Mir Hussain Tschukiar; und das von Damezan dem Emir Dschamschir Carin. Auch vertraute er den Händen des Peser Padischah, eines Enkels des Togatinur, das Gouvernement von Asterabad an, und nachdem er auf solche Weise seine neue Er-
oberun-

oberungen in Sicherheit gesetzt hatte, brach er nach Samarcand auf.

Kaum war er daselbst angekommen, so erfuhr er, daß Toktamisch, schon blos bei dem Gerüchte von seiner Ankunft, Transoxanien gänzlich verlassen und sich sogar über Hals und Kopf zurückgezogen habe. Er nahm sogleich Kenntniß von allem, was sich bei dem Treffen, das bei Singlek zwischen seinem Sohne Omar Scheikh und Toktamisch vorgefallen war, zugetragen hatte; strafte diejenigen, die ihre Schuldigkeit nicht dabei gethan hatten, und belohnte alle diejenigen auf das reichlichste, die die Tapferkeit und den Muth seines Sohnes unterstützt hatten.

In eben diesem Jahre geschah es, daß Tamerlan zu Samarcand die Nachricht von dem Tode des Khathaischen Sultans, Sojurgatmisch Khan, erhielt; eines Fürsten, der gleichfalls in gerader Linie von Singhizkhan herstammte. Durch diesen Tod gelangte er zu dem vollen Genusse des Titels eines Sultans, den er seit Hussains Tode zu führen angefangen hatte, wie wir bereits oben gesehen haben. Inzwischen trug er doch auch kein Bedenken, eben diesen Titel dem Mahmud, einem Sohne des Verstorbenen, wegen der Hochachtung, die er für dessen Familie hatte, beizulegen.

Im Jahr der Hedschrah 791 ging Toktamisch zum zweitenmale über den Fluß Khogend oder den

Sihun. Aber Tamerlan nahm keinen Anstand, ihn im höchsten Winter anzugreifen, und nöthigte ihn, mit derselben Eilfertigkeit, mit welcher er angekommen war, wieder zurückzukehren. Allein er kam nicht mit einem bloßen Rückzuge davon. Denn er ließ ihn durch seine Truppen verfolgen, und diese trieben ihn sehr tief in sein eigen Land hinein.

In eben diesem Jahre erhielt Tamerlan die Nachricht, daß der Gouverneur der Stadt Thus in Khorassan seine Befehle verachtet, und sich öffentlich gegen ihn empört habe. Er schickte daher seinen Sohn Miran schah gegen ihn ab, und nachdem dieser seine Truppen zu des Gouverneur von Herat seinen hatte stoßen lassen, so brachte er in kurzer Zeit diesen Gouverneur zum Gehorsam. Eben dieser Miran schah brachte darauf ohngefehr einen Monat mit Belustigungen in der Stadt Herat zu, und begab sich sobann wieder an den Hof seines Vaters nach Samarcand.

Im Jahr 792 wollte Tamerlan endlich den Krieg von Descht endigen, und ließ zu dem Ende eine starke Armee dahin marschiren, um Toktamisch alle Gelegenheiten, die ihm etwa die Nachbarschaft geben konnte, die transoxanischen Provinzen zu beunruhigen, zu nehmen. Dies war übrigens eine große Unternehmung. Denn das Land Descht ist von einem sehr großen Umfange, und hat sehr dürre Wüsten, in welchen Tamerlans

Trup-

Truppen viel auszustehen hatten. Fünf ganze Monate brachte dieser Eroberer zu, ohne, so zu sagen, seinen Feind nur zu sehen, der immer im Zurückziehen schlug, und einen großen Theil seiner Truppen zu Grunde richtete. Man mußte ihn bis in Länder verfolgen, die so tief in den Norden hinein liegen, daß die Sonne vierzig Tage lang daselbst ohne unterzugehen verweilt, so daß die musulmanischen Gelehrten, die sich bei seiner Armee befanden, juristisch decidirten, daß das Abendgebet nicht nothwendig sey, so lange man an diesem Orte campirte.

Nachdem Tamerlans Truppen schon beinahe sechs Monate, ohne einen Feind zu erblicken, zu Felde gelegen hatten, fingen sie endlich an, muthlos zu werden; und dies bewog diesen Eroberer, seinen Sohn Omar Scheikh Behadir mit zwanzigtausend Reutern aufbrechen und in starken Märschen den Toktamisch Khan aufsuchen zu lassen. Dieser tapfere Prinz machte seinen Marsch in solcher Eile, daß endlich die Vorposten von den beiden Armeen aufeinander stießen.

Als im Jahr 793 Tamerlan, der seinem Sohne Omar auf dem Fuße nachfolgte, erfuhr, daß sich die Armeen im Gesichte waren, so beschloß er, in Schlachtordnung zu campiren, und seine ganze Armee mit dem Anblicke ihres Feindes zu weiden. Diese Kühnheit jagte dem Toktamisch großes Schrecken ein, und brachte

ihn zur Reue darüber, daß er sich so weit gewagt hatte. Endlich aber war kein anderes Mittel mehr übrig, als daß die Waffen sein Schicksal entschieden. Es kam zu einem Treffen, und der Sieg, den Tamerlan davontrug, war so vollkommen, daß Toktamisch sich genöthigt sah, seine Staaten gänzlich dem Sieger preißzugeben, und in die Gebirge des Caucasus, in dem Lande Gürgistan, welches Georgien ist, zu entfliehen. Solchergestalt fiel das Erbe und die Nachfolge des Dschugi, eines Sohns des Ginghizkhan, gänzlich dem Tamerlan in die Hände, und nachdem dieser Besitz von denselben genommen, so hielt er seine feierliche Staatsversammlung mit seinen Söhnen und den sämmtlichen angesehensten Großen seiner Staaten, sechs und zwanzig ganzer Tage lang, die mit lauter Freudenfesten und andern Ergötzungen zugebracht wurden. Gegen das Ende eben dieses Jahres kehrte er in seine Residenz nach Samarcand zurück.

Im Jahr 794 sandte Tamerlan seinen Sohn Miran schah nach Khorassan, und seinen Enkel Pir Mohammed, einen Sohn des Gehanghir, in die Provinzen Kiabül und Gaznah in Indien, damit er sie in seinem Namen regieren sollte. Und da er während seines Aufenthalts in dieser Stadt erfuhr, daß sich mehrere Herren von Persien seine Abwesenheit und Entfernung zu Nutz machten, um allerlei
zum

zum Nachtheil seiner Oberherrschaft zu unternehmen, so faßte er den Entschluß zum zweitenmale in dieses Land zu gehen. Zu dem Ende nahm er seinen Weg nach Asterabad und Amûl, und eroberte mehrere Schlösser, die den Aufrührern zu Zufluchtsörtern gedient hatten, mit stürmender Hand. Den Winter dieses Jahres brachte er zu Schamsan zu, brach aber im folgenden Frühling wieder auf, um sich in die Provinz Fars zu begeben, welches das eigentliche Persien ist. In der Stadt Schiraz hielt er sich eine kurze Zeit auf, und hier war es, wo die Mobhaffetischen Fürsten, an deren Spitze sich Schach Mansur befand, ihm ihre Aufwartung machten. Da er aber über die Art, wie sie sich während seiner Abwesenheit betragen hatten, nicht zufrieden war, so bemächtigte er sich kurz darauf ihrer Personen, und ließ sie bestrafen.

Im Jahr 795 ging er nach Bagdad, wo damals der Sultan Achmed Ben Avis Ilekhani, ein Fürst von den Nachkommen des Ginghizkhan von Holagu's Seite, regierte. Allein dieser Sultan wartete ihn nicht in seiner Stadt ab, sondern ging in aller Eile über den Tiger und flüchtete nach Syrien. Tamerlans Truppen unterließen nicht, ihn zu verfolgen, und holten ihn, noch ehe er daselbst anlangte, in der Ebene von Kerbela ein, das durch den Tod des Hussain, eines Sohns Ali, berühmt geworden

III. 506

Orient. Bibl. 4. B.

ist. Als sich Achmed von den Tataren lebhaft verfolgt sah, glaubte er nicht geradezu ihnen Widerstand thun zu können, und bediente sich daher einer Kriegslist mit so viel Vortheil, daß er glücklich ihren Händen entging, und so wie Tamerlan in Bagdad angekommen war, verließ er auch sogleich diese Stadt wieder, um die Belagerung von Tacrit anzufangen; welche Stadt mit einem sehr guten Schlosse befestigt ist und an den Ufern des Tigers liegt.

Im Anfange des Jahrs d. H. 796 fing Tamerlan die Belagerung dieses Orts an, die ihm viel kostete. Inzwischen nahm er sie doch mit Gewalt ein, und ließ den Gouverneur derselben, den Emir Hassain, nebst den vornehmsten Officieren, die sie vertheidigt hatten, hinrichten.

In eben dem Jahre setzte Tamerlan seine Eroberungen in Mesopotamien fort, und machte sich Meister von den Städten Amed und Mardin. Bei dieser Unternehmung ward sein Sohn Omar Scheikh, den er aus Persien in sein Lager hatte kommen lassen, von einem Pfeile getödtet, und Tamerlan übertrug sogleich dem Pir Mohammed, einem Sohne des Omar Scheikh, das Gouvernement von Persien, das sein Vater bekleidet hatte. Auch erhielt Tamerlan, während der Belagerung von Mardin, die Nachricht, daß sein Sohn Schahrokh seine Familie vermehrt, und den Platz, den Omar Scheikh

Kk durch

durch seinen Tod offen gemacht hatte, wieder ausgefüllt habe. Dies geschah durch die Geburt des Mohammed Targai, der den Beinamen Ulug Beg erhielt, und der der älteste Sohn des Schahrokh war, von welchem unter seinem eigenen Artikel geredet werden soll.

Dieser Eroberer setzte darauf seine Progressen in Mesopotamien fort, und schickte von da aus ein großes Detachement von seinen Truppen nach Gürgistan, wo Toktamisch, der, wie wir bereits oben gesehen haben, sich dahin geflüchtet hatte, alle seine Kräfte aufbot, um eine Unternehmung gegen Tamerlan auszuführen, und gerade zu rechter Zeit brachte ihm ein anderer Courier die Nachricht von der Geburt eines andern Sohns des Schahrokh, der den Namen Ibrahim bekam. Dieser Ibrahim ist eben derjenige, dem das Leben des Tamerlans, Dhafer Nameh betitelt, von seinem Verfasser Ali Jezdi ist zugeeignet worden. Die Truppen, die dieser Fürst gegen die Georgier abgeschickt hatte, kehrten siegreich in sein Lager zurück, und brachten viele Gefangne mit, die er alle über die Klinge springen ließ. Hierauf schickte er von eben dem Orte, wo er campirt hatte, seinen Sohn Schahrokh nach Samarcand, damit er das Commando führen sollte.

Im Jahr 797 brachte Tamerlan den Winter in Mesopotamien zu, und erfuhr daselbst, daß Toktamisch durch die Stadt Der-

benb über das caspische Meer gegangen sey), und einen neuen Einfall in Schirvan unternommen habe. Auf diese Nachricht faßte er sogleich den Entschluß, abermals in Descht Kapschak, und zwar von der Westseite her, einzudringen. Er führte auch III. wirklich sein Vorhaben aus, jag- SC7 te seinen Feind in die Flucht, und plünderte zum zweitenmale das Erbe und die Besitzungen des Dschugi Khan und seiner Nachkommen.

Im Jahr 798 schlug Tamerlan sein Lager zu Aknam auf, und schickte seinen Sohn Miran schah von hieraus ab, daß er in der Provinz Adherbidschan das Commando führen sollte. Dieses Gouvernement erstreckte sich von Derbend und Bakujeh bis nach Bagdet in der Länge, und von der Stadt Hamadan an bis an die Gränzen von Natolien in der Breite. Tamerlan verließ darauf sein Lager zu Aknam, und begab sich in die Stadt Sultania und von hier aus nach Hamadan. An diesem Orte ließ er seine Armee auseinander gehen, und schickte seine Truppen zurück, damit sie in ihren Provinzen einige Ruhe genießen möchten; er selbst aber nahm seinen Weg nach Samarcand.

Im Jahr 799 übertrug Tamerlan das Gouvernement von der großen Provinz Khorassan, so wie von Segestan und Mazanderan, bis an die Gränzen von Rei, seinem vierten Sohne Mirza Schahrokh, den er von den

Emirs

Emirs Soliman Schah, Madh-rab, Dschaku Perlas, Seid Khodscha Ben Scheikh Ali Tarkhan, und Hassan Sofi Tarkhan, lauter Söhnen des Gajatheddin Tarkhan, begleiten ließ. So wie dieser mit diesem Gouvernement, das er beinahe mit un-eingeschränkter Herrschaft erhielt, versorgt war, wählte er die kö-nigliche Stadt Herat zu seiner gewöhnlichen Residenz.

Schahrokh blieb in seinem Gouvernement nicht müßig. Denn unter dem Vorwande ei-ner Reise zum Vergnügen und einer Jagdlustbarkeit, ging er über den Fluß Amu, oder Gihon, welches der Oxus ist, schlug sein Lager zu Ghedestan auf, und un-terwarf sich das ganze umliegen-de Land. Noch in eben diesem Jahre bekam er einen dritten Sohn, Namens Baisankor; bei dessen Geburt ihm sein Vater Ta-merlan sehr große Geschenke machte.

Im Jahr 800 unternahm Ta-merlan die Reise nach Indien. Unterwegens stieß er auf viele Schlösser, die von Rebellen oder von Räubern besetzt waren. Al-ler dieser Plätze versicherte er sich, reinigte das Land von allen die-sen kleinen Tyrannen, und ver-schonte auch eben so wenig eine große Anzahl von Ghebern, oder abgöttischen Feueranbetern, die aus Persien an die Gränzen von Indostan geflohen waren. Die Eroberung von Indien fing er mit der Einnahme der Städte von Cathmir an, und hielt sich

hauptsächlich mit der Belagerung des festen Platzes, welcher Ul-buzin heißt, und der damals für eine unüberwindliche Festung ge-halten wurde, auf. Während dieser Belagerung schickte er meh-rere Detachements sehr tief in die südlichen Länder und gegen die Stadt und das Königreich Deh-li oder Delli ab, wo der Sul-tan Mahmud, ein Enkel des Sul-tan Firuz Schah regierte.

Im Jahr 801 brach Tamer-lan mit seiner Armee auf, und lieferte dem Mahmud, der die seinige zu den besten Truppen und zu den tapfersten Ober-häuptern und Officieren der in-dischen Könige und Fürsten aus seiner Nachbarschaft hatte stoßen lassen, ein Treffen. Mahmud und die übrigen mit ihm verbun-denen Fürsten wurden in einem ordentlichen Treffen geschlagen, und an die entferntesten Oerter jenseit des Ganges zu fliehen ge-zwungen. Darauf bemächtigte sich Tamerlan seiner Hauptstadt, theilte die Gouvernements al-ler davon abhängenden Provin-zen, so wie auch alle die große Beute, die er daselbst gemacht hatte, unter die vornehmsten Häupter seiner Armee, und nahm darauf seinen Rückweg nach sei-ner Hauptstadt Samarcand.

Im Jahr 802 erfuhr Tamer-lan, daß der Sultan Achmed Ben Avis Dschalair, den er vor-mals aus Bagdet verjagt hatte, unter dem Schutze des Beistan-des, den ihm der König von Egypten geleistet hatte, in seine

Kk 2   Staaten

Staaten zurückgekehrt, und bis nach Tauris vorgedrungen sey. Miran schah, dem Tamerlan das Gouvernement von Irak und von Adherbidschan übertragen hatte, stellte sich mit seiner ganzen Macht den Progressen der Waffen dieses

III. Fürsten entgegen. Allein da er
508 sich nicht stark genug sah, um ihm widerstehen zu können, so hatte er den Arm seines Vaters nöthig, um seinen siegenden Feind in seinem Laufe zu hemmen. Es ist nicht zu leugnen, daß Miran schah sich auf die Macht seines Vaters verließ, und dadurch nicht nur seine Sachen vernachlässigte, sondern sich auch übermäßig den Vergnügen und Ergötzungen überließ, die ihm sein Alter und seine Umstände zu genießen verstatteten; da inmittelst Achmed an seinem Theile sich durch Truppen und Bündnisse verstärkte.

Sobald Tamerlan hiervon Nachricht erhielt, setzte er sich, troß seines hohen Alters, zu Pferde, und kam in starken Märschen nach Adherbidschan, wo er, so wie er angelangt war, seinem Sohne Miranschah einen nachdrücklichen Verweis gab, sodann sein Lager bei Carabag aufschlug, und den Sultan Achmed in Respect hielt, der so wenig auf Vermehrung seiner Eroberungen bedacht war, daß er vielmehr an nichts weiter dachte, als wie er sich nach Bagdet zurückziehen wollte, wo er sich doch auch nicht völlig sicher glaubte.

Um sich noch mehr den Besiß von Bagdet zu versichern, ließ Achmed mehrere Personen aus dieser Stadt, von welcher er glaubte, daß sie mit Tamerlan ein geheimes Verständniß unterhielten, am Leben bestrafen. Allein dieser Schritt diente vielmehr zur Beschleunigung seines Untergangs. Denn es empörten sich wirklich die Einwohner dieser großen Stadt gegen ihn, so daß er sich genöthigt sah, bei voller Nacht über den Tigerstrom, in Begleitung blos von sieben Personen, zu setzen, und seine Zuflucht zum Cara Joseph, dem Türkemanen, zu nehmen, der Befehlshaber von Mesopotamien war. Allein diese Vorsicht des Achmed diente blos dazu, daß Cara Joseph sein eignes Unglück beschleunigte. Denn diese beiden Fürsten sahen sich endlich bei der Annäherung des Tamerlans genöthigt, ganz Mesopotamien und Chaldäa zu räumen, und sich in das Land Rum, welches Natolien ist, und wo damals der türkische Sultan Bajazet der Erste, Ildirim oder Bliß zugenannt, regierte, zu flüchten. Dieser nahm sie sehr gütig auf.

Im Jahr d. H. 803 schickte Tamerlan, nachdem er seinen Sohn Miranschah wieder in den vollen Besiß seines Gouvernements eingesetzt hatte, einen Theil seiner Truppen nach Gürgistan, wo die Khozarier und Georgier immer von Zeit zu Zeit Aufstand erregten, wobei sie von ihren undurchbringlichen und fast un-

zu-

zugänglichen Bergen vorzüglich unterstützt wurden. Er selbst ging in Person auf Natolien los, belagerte die Stadt Sivas, welches Sebaste in Cilicien ist, nahm sie ein, und ließ viertausend Mann von Bajazets Truppen, die die Garnison dieses Platzes ausmachten, über die Klinge springen. Darauf nahm er die Stadt Malatia weg, ging aber für diesmal nicht weiter gegen Westen hin.

Noch in eben dem Jahre that er einen Einfall in Syrien, welches damals in den Händen des Almalek Alnasser Faradsch, eines Sohns des Barkok, war. Dieser war der zweite mamlukische Sultan aus der Dynastie der Circassier. Er bemächtigte sich der Städte Halep, Emessa, Hamah und Balbek, und fing sodann die Belagerung der Stadt Damaschk an, wo er in dem schönen Thale sein Lager aufschlug, welches auf der Ostseite von dieser Stadt liegt, und von den Arabern Gauthah genannt wird. Es wird für einen der vier schönsten Oerter von ganz Asien gehalten. Diese Stadt sah sich von Faradsch, der sich mit dem größten Theile der Seinigen nach Egypten flüchtete, verlassen, und dies brachte die Einwohner zu dem Entschlusse, daß sie ihre vornehmsten Lehrer und Häupter des Gesetzes an Tamerlan schickten, und ihn um Gnade bitten, die Schlüssel ihrer Stadt überreichen, und darauf die Thore derselben öffnen ließen. Tamer-

lan zog mit seiner Armee in dieselbe, plünderte sie rein aus, eroberte das dabei befindliche Schloß mit stürmender Hand, und ließ einen Theil davon in die Asche legen, wegen der üblen Behandlung, die seine Truppen von den Einwohnern in der Zeit, da er sich denselben genähert hatte, hatten erfahren müssen.

Nach der Einnahme von Damas ging Tamerlan auf Bagdet los. Farrakh, der im Namen des Sultans Achmed Gouverneur von dieser Stadt war, verschanzte sich daselbst, so gut er konnte, und hielt die Belagerung vierzig Tage aus. Allein nach Verlauf dieser Zeit eroberten sie die Tataren im Sturme, worauf Tamerlan alle Einwohner über die Klinge springen, und keines Alters, Geschlechts und Standes schonen, auch die vornehmsten Gebäude insgesammt der Erde gleichmachen ließ. Hierauf kehrte er in die Stadt Tantis zurück, wo er sein Quartier zu seiner Erholung nahm.

Im Jahr der Hedschr. 804 belagerte Tamerlan Nakhschivan, eine an den Gränzen von Armenien liegende Stadt, nahm sie ein, und nachdem er sich von dem ganzen umliegenden Lande Meister gemacht hatte, so begab er sich an den vortrefflichen Ort Carabag, wo er den Winter zubrachte.

Noch in eben diesem Jahre ging Tamerlan mit seinen Waffen auf Natolien los, wo der

Kk 3   Sultan

Sultan Bajazet, auf Bitten Cara Joseph des Türkomans, die Einwohner von denjenigen Städten, die dem Tamerlan unterworfen waren, so wie auch die Länder mehrerer kleiner Fürsten von Caramanien, die seine Bundesgenossen waren und unter seinem Schutze lebten, sehr beunruhigte. Gleich im Anfange nahm er die Stadt Samosata ein, die auch Calat Rum, das Schloß der Griechen oder der Römer, betitelt zu werden pflegt. Auch nahm er auf seinem Marsche die Schlösser Camath und Haruth mit stürmender Hand ein, und drang bis in das Gebiet der Städte Cäsarea und Ancyra, die die Araber Caissariah und Ancuriah nennen, vor, wo er auf Bajazet stieß, der ihn daselbst erwartete. Hier kam es zu dem großen Treffen, in welchem sich, nach einem sehr langen Gefechte, der Sieg endlich für Tamerlan erklärte, und Bajazet, der lange wie ein Löwe focht, endlich die Flucht zu ergreifen genöthigt wurde. Der Sultan Mahmud Khari, der sich an der Spitze seiner Tataren, die oberhalb des Pontus Euxinus und des caspischen Meeres wohnten, befand, hatte seine Truppen zu Bajazet seinen stoßen lassen. Allein er ward von seinen Landsleuten, den Tataren des Tamerlans, gewonnen, und verließ die Partei dieses Sultans, als eben das Handgemenge am stärksten war. Er that noch mehr; denn um seine Treulosigkeit vollkommen zu machen,

verfolgte er den Bajazet nach seiner Niederlage, machte ihn zum Gefangnen, und führte ihn in Tamerlans Lager.

Bajazet ward von Tamerlan sehr gnädig aufgenommen; denn es ließ ihm dieser großmüthige Fürst ein prächtiges Gezelt aufschlagen, ließ ihn an seiner Tafel speisen, und unterhielt ihn auf das leutseligste. Blos dem Hassan Perlas übergab er ihn zur Aufsicht, aber auch dieser suchte alles auf, womit er ihn bei seinem widrigen Schicksale trösten konnte. Siehe den Artikel Bajazid. Dieser Sieg, den Tamerlan über Bajazet erfocht, ward sogleich in allen Provinzen bekannt gemacht, und besonders ließ man alle seine Söhne davon benachrichtigen, die auch fast alle kamen, um an der Freude ihres Vaters Antheil zu nehmen. Ja es wurden sogar öffentliche Feste angestellt, zu welchen Bajazet, den die persischen Geschichtschreiber Caissar, das heißt, Cäsar oder Kaiser der Römer nennen, beständig eingeladen wurde, damit er alles Trostes und aller Linderung, die sein Zustand zu erhalten fähig war, möchte genießen können. Aber mitten unter diesen Fröhlichkeiten versetzte der Tod des Sultan Mahmud den Tamerlan in Betrübniß. Dennoch blieb er noch einige Zeit in Natolien, und verließ es nur erst im folgenden Jahre.

Ich kann nicht unterlassen, hierbei zu bemerken, daß von dem, was mehrere Geschicht-

schrei-

schreiber von dem eisernen Kä-
sicht erzählen, in welchen Tamerlan den Bajazet hat einsperren
lassen, in den authentischsten Lebensbeschreibungen dieses Eroberers nichts anzutreffen ist, sogar
nicht einmal in denjenigen, die
von seinen Feinden sind geschrieben worden; dahin das Werk des
Achmed Ben Arabschah gehört.
Inzwischen hat man doch eine sehr
neue ottomannische Chronik, die
von Leunclav ist übersetzt worden,
in welcher dieses Umstands Erwähnung geschieht.

III. Im Jahr 805 eroberte Tamer-
510 lan mehrere Schlösser in eben
diesem Lande mit stürmender
Hand, und erhielt nicht lange
darauf die Nachricht, daß Bajazet in der Stadt Ak Scheher,
wohin er ihn geschickt hatte,
damit er daselbst residiren sollte,
an der Bräune gestorben sey.
Uebrigens schreiben einige seinen
Tod einer großen Betrübniß zu,
die sich seiner bemächtigt habe;
andere aber einer Art von Ver-
zweiflung. Tamerlan beweinte
ihn sehr, und gab zu verstehen,
daß es seine Absicht gewesen, ihn
wieder auf den Thron zu setzen,
sobald er nur seine Unternehmungen in Natolien würde geendigt
gehabt haben, wo er die Fürsten
wieder einsetzen wollte, die Bajazet vormals verjagt hatte. Allein Tamerlan erfuhr nicht lange
hernach noch eine andere Begebenheit, die ihm noch weit emp-
findlichere Schmerzen verursach-
te. Es war dies eine äußerst
gefährliche Krankheit des Prinzen

Mohammed, seines Enkels von
seinem ältesten Sohne Gehanghir,
den er mehr als alle seine übrige
Kinder liebte, und den er wegen
seiner vorzüglichen Eigenschaften
zu seinem Nachfolger bestimmt
hatte. Diese Nachricht machte,
daß er in aller Eile aus seinem
Lager aufbrach, um sich in dieses Prinzen seines zu begeben,
und ihn zu besuchen. Allein er
fand ihn durch seine Krankheit
äußerst geschwächt. Dennoch
wollte er ihn in einer Sänfte bis
in die Stadt Cara Hissar tragen
lassen. Allein der Kranke hatte
kaum eine Tagereise zurückgelegt,
als er seinen Geist, zum großen
Leidwesen seines Vaters und des
ganzen Hofs, der eine öffentliche
Trauer deshalb anlegte, aufgab.
Tamerlan verordnete, daß sein
Leichnam in die Stadt Sultania
gebracht, und daselbst so lange
sollte aufbewahrt werden, bis er
bei erster Gelegenheit nach Samarcand könnte gebracht und an
einem Orte, den er zu seinem
eignen Begräbnisse bestimmt hatte, beigesetzt werden.

Da um eben diese Zeit der König von Egypten Malek AlMas-
ser Faradsch befürchtete, Tamerlan möchte Egypten mit Krieg
überziehen, so ließ er seinen Namen in allen Moscheen von Syrien und Egypten ausrufen, und
schickte eine feierliche Gesandtschaft an ihn, um ihm alle Art von
Unterwürfigkeit zu beweisen, und
ihn um seine Freundschaft zu bitten.
Tamerlan bewilligte ihm solche,
und nachdem er in Natolien alles

in

Ordnung gebracht hatte, schickte er den Modhaffereddin Abubekr, einen Sohn seines eignen Sohns, Miranschah, ab, daß er die Ruinen von Bagdet wieder herstellen, die Provinzen von Chaldäa und Mesopotamien wieder in Stand setzen, und Cara Joseph den Türkomanen daraus vertreiben sollte, der sich während der Zeit, da er in Natolien Krieg geführt, derselben bemächtigt hatte, und Abubekr richtete diesen von seinem Vater erhaltenen Auftrag aufs beste aus.

Im Jahr der Hedschrah 806 schickte Tamerlan abermals Truppen nach Gürgistan, und bezwang endlich diese aufrührischen Völker, indem er ihren Fürsten zur Entrichtung eines Tributs nöthigte. Auch ging er wieder nach Carabag, um nochmals den Winter daselbst zuzubringen; und als während der Zeit der Emir Seid Barkhad, ein großer Freund und Vertrauter dieses Fürsten, starb, so verordnete er, daß er mit allen nach dem musulmanischen Gesetze üblichen Ehrenbezeugungen sollte zur Erde bestattet werden. An eben diesem Orte, zu Carabag, übertrug er das Gouvernement von Hamadan und von Nihavend dem Eskender, einem Sohne seines eignen Sohns Omar Scheikh, und fügte auch kurz darauf demselben noch das Gouvernement von Rudgerd und von Lar, oder Lor Kutschuk in Curdistan bei, worauf er sich auf den Weg machte, um in seine Residenz Samarcand zurückzukehren. Zu

dem Ende ging er über den Fluß Aras, welches der Araxes ist, und setzte den Mirza Omar, einen Sohn des Miran schah, zum Gouverneur in der Provinz Adherbidschan und der benachbarten Gegend, sowol auf der Seite von Rum, als auf der Seite von Scham, das heißt, sowol von Natolien, als von Syrien, ein, wobei zugleich die Gouverneure von den Provinzen Fars und den beiden Iraks den Befehl erhielten, sich seinen Vorschriften zu unterwerfen; und dadurch legte Tamerlan einen Beweis von der Hochachtung ab, die er gegen diesen Fürsten hatte, daß er sogar seinen Vater und seine ältern Brüder seinen Befehlen unterwarf. Nichts destoweniger aber verordnete er zugleich, daß er dem Emir Gihan schah, einen Sohn des Dschak oder Perlas, der einer der berühmtesten Männer seiner Zeit war, zu seinem Rathe haben sollte.

Da Mirza Omar auf solche Art von seinem Großvater geehrt und belohnt war, so begab er sich nach der Stadt Cazbin, um ihm daselbst die Hände zu küssen, und bat ihn zugleich, daß auch sein Vater Miran schah, der sich nebst seinem andern Bruder Abubekr in Bagdet befand, das Glück, ihm aufwarten zu können, erhalten möchte. Tamerlan bewilligte seinem Enkel die Gnade, um die er ihn bat, und schickte sogar dem Miran schah die Summe von viermalhundert
tau

tausend Goldbinaren, nebst hundert Handpferden, und der Erlaubniß, ihn besuchen zu dürfen, zu. Miran schah entledigte sich dieser Pflicht mit großer Freude, und nachdem er seinem Vater für das Geschenk, das er ihm gemacht hatte, seinen Dank abgestattet, kehrte er in sein Gouvernement nach Bagdet zurück. Dagegen setzte Tamerlan seine Reise nach Samercand in aller Eile fort, und langte daselbst im Jahr der Hedschrah 807 an.

Im Jahr der Hedschrah 807 faßte Tamerlan den Entschluß, einen großen Krieg nach Osten hin gegen die Ungläubigen zu unternehmen, und da er sehr tief in Khathai, das heißt, in das nördliche China einzubringen beschlossen hatte, so wollte er noch zuvor, ehe er aufbrach, einige von seinen Söhnen, die noch nicht versorgt waren, vermählen. Zu dem Ende berief er eine große Zusammenkunft aller seiner Kinder, Verwandten und Bundesgenossen, zusammen, und hielt so zu sagen einen Cour pleniere an einem Orte, Khanghiul genannt. Hier ward ein sehr großes Fest gefeiert, bei welchem die erfahrensten Künstler und Handwerker insgesammt mit den Werkzeugen und Arbeiten, die ihre Professionen mit sich brachten, in einem schönen Zuge die Musterung passirten. Und auf alle diese Künstler folgten Imams, Gelehrte und alle Justizbeamte, nach welchen die Prin-

zen Ulug Beg, Mirza Ibrahim Sultan, Mirza Achmed, Mirza Baikra, von ihren Prinzessinnen Schwestern begleitet, und von den sämmtlichen Großen des Staats umgeben, vor ihrem Großvater erschienen, und feierlich vermählt wurden. Tamerlan saß auf einem sehr erhabenen Throne, und hatte die Gesandten von Egypten, von Syrien, von den Frauken und den andern verschiedenen Nationen zu seiner Seite. Auch ließ er ein königliches Gastmahl geben, bei welchem alle, die dieser Ceremonie beigewohnt hatten, auf das prächtigste tractirt wurden.

Dieses Fest daurete drei Tage, und war mit allen Arten von Spielen und Ergötzlichkeiten verbunden, die nur Pomp und Reichthum, mit Ueberfluß an allen Dingen verknüpft, in einem so großen und blühenden Staate, wie Tamerlans seiner war, aufzubringen vermögend waren, und es endigte sich mit einer Bekandtmachung mehrerer Gesetze und Statuten, die die Gerechtigkeitsverwaltung und Policei in den Provinzen zum Gegenstande hatten, und mit einer Kriegserklärung, die er sogleich in Ausführung zu bringen beschlossen hatte.

Sogleich schickte er den Emir Bondok, einen Sohn des Gihanschah, ab, der die Truppen von Mavaralnahar, Türkestan, Khuarezm, Balkh und Badakschan, mit denen von Khorassan und Mazanderan vereinigt, versamlen mußte.

Kk 5   Diese

Diese machten eine Anzahl von zweimalhunderttausend Fußgängern, und eine noch weit größere Anzahl von Reutern aus. Zugleich ertheilte er seinen Enkeln, dem Mirza Khalil Sultan, einem Sohne des Miranschah, und dem Mirza Achmed, einem Sohne des Omar Scheikh, den Befehl, daß sie mit seinen Generalen, dem Khodaidad Hossaini, und dem Schamseddin Ibas, aufbrechen, und nach Taschkend und Scharokhiah, welche Städte an dem Sihun, oder, wie er vormals hieß, Jaxartes lagen, in die Winterquartiere gehen sollten, und auf der andern Seite ließ er den Mirza Sultan Hossain mit dem andern Flügel seiner Armee auf der rechten Seite dieses Flusses marschiren; dagegen mußte der Emir Argun schah zurückbleiben, um während seiner Abwesenheit in Samarcand das Commando zu führen.

Tamerlan brach selbst mit dem Kern seiner Armee am drei und zwanzigsten des Monats Dschomadi alaulial in dem nemlichen Jahre der Hedschr. 807 auf, und nahm im härtesten Winter seinen *III.* Weg nach Akhsulat. Aber die *512* Sonne des Steinbocks machte, wie der Geschichtschreiber sagt, das Eis, während seines Marsches, so fest, daß er sich genöthigt sah, einige Tage Halte zu machen, und sogar wieder seinen Rückzug zu nehmen, um sein Lager bei Otrar aufschlagen zu können. Als er in diesem Lager ankam, kam Feuer in dem Da-

che derjenigen Wohnung, die für ihn bestimmt war, aus, und sogleich sahe man diesen Zufall für eine schlimme Vorbedeutung desjenigen, was sich ereignen würde, an.

Während der Zeit, da Tamerlan sein Lager zu Otrar aufgeschlagen hatte, empfing er einen Abgesandten von Toktamisch Khan, der ihm die Beweise von der Reue seines Herrn, und Versicherungen, daß er von nun an in gänzlicher Ergebenheit und Gehorsam gegen einen so großen Monarchen leben wolle, überbrachte. Dieser Gesandte, welcher Cara Khodschah hieß, erfuhr eine sehr gnädige Aufnahme von Tamerlan. Denn er versprach ihm nicht nur, daß er alle die bösen Schritte, die Toktamisch gegen ihn unternommen hatte, seinetwegen vergessen wolle, sondern er versicherte ihn auch seines Schutzes gegen alle diejenigen, die ihn in dem Besitze der Staaten, die ihm aus der Erbfolge von Dschugikhan zugefallen waren, stöhren würden, worauf der Gesandte mit Geschenken, sowol für sich, als für seinen Herrn, beladen, zurückgeschickt wurde.

Als der Winter zu Ende war, fing Tamerlan an, seine Gezelte abbrechen und seine Fahnen aufstecken zu lassen; allein das Lager bei Otrar war ihm schädlich, und er sollte nicht anders, als um eine weit längere Reise, als die nach China war, anzutreten, aus demselben aufbrechen. Es fing nemlich an einem Mittwoch, am am zehnten des Monats Schaban, in eben diesem Jahre der Hedschr. 807, seine Gesundheit an, wankend zu werden, und da noch eine Krankheit dazu kam, und sich von Tag zu Tage und von Stunde zu Stunde vermehrte, so flehte dieser große Monarch, als er merkte, daß er in eine andere Welt aufbrechen müßte, von ganzem Herzen Gottes Barmherzigkeit an, ließ darauf seine vornehmsten Minister vor sich kommen, und machte ihnen seine hauptsächlichste Willensmeinung, in Ansehung der Regierung seiner Staaten nach seinem Tode, bekannt, und erklärte ihnen, daß er seinen Enkel Mirza Pir Mohammed, den Sohn seines ältesten Sohns Sihanghir, zu seinem einzigen und einigen Erben einsetze, so daß von ihm alle seine übrigen Söhne abhängig seyn sollten.

Kaum hatte er diese Erklärung gethan, so nahm die Krankheit von einem Augenblicke zum andern so zu, daß er Befehl gab, daß man von allen Gesetzgelehrten, die für ihn zu Gott in seinen Vorzimmern beten mußten, blos den Heibat allah zu ihm einlassen sollte, den sein Name, welcher Furcht Gottes bedeutet, zu dem Geschäffte, wozu er gerufen wurde, besonders geschickt machte. Und wirklich war er auch derjenige, der ihn von der Einheit, von der Größe und von der Majestät Gottes so lange, bis er seinen Geist unter Anrufung seiner Barmherzigkeit und abgelegtem Bekenntnisse von seiner Einheit, am siebenzehnten eben dieses Monats Schaban, aufgab.

Dieser große Fürst starb in einem Alter von ein und siebenzig Jahren, nachdem er sechs und dreißig Jahre als unumschränkter Beherrscher regiert hatte. Die Königinnen, seine Gemahlinnen, und die vornehmsten Herren seines Hofes versammleten sich sogleich, als er verschieden war, und beschlossen, seinen sämmtlichen Söhnen, die in allen Provinzen von Asien zerstreut waren, durch Expresse Nachricht von seinem Tode zu geben, und beorderten zwei der vornehmsten Herren aus ihren Mitteln, daß sie seinen Sarg, der nach Samarcand gebracht werden sollte, begleiten sollten. Daselbst wurde er unter einer sehr hohen Kupel, die zu seinem Begräbnisse war zubereitet worden, beigesetzt.

Sobald als Mirza Ibrahim, der den Vortrab von Tamerlans Armee anführte, die Nachricht von seinem Tode erhielt, ließ er seine Truppen auseinander gehen, und begab sich, blos von tausend Reutern begleitet, nach Samarcand, um Besitz von dem Throne seines Großvaters zu nehmen. Allein er stieß auf die Armee, die sich eben dieser Stadt näherte, daher er nicht in dieselbe kommen konnte, sondern sich genöthigt sah, seinen Weg nach einer andern Gegend zu nehmen. Inzwischen schickten die vornehmsten ßen Anführer dieser Armee einen Expreſſen an Mirza Khalil Sultan, und ließen ihn zur Beſitznehmung und zum Genuſſe der Krone einladen.

Inzwiſchen ließen die Emirs Schahmelek und Nureddin dem Khalil Sultan zu wiſſen thun, daß Tamerlans Teſtament, in welchem Pir Mohammed, ein Sohn des Sihanghir, zu ſeinem einzigen Erben eingeſetzt ſey, müſſe vollzogen werden. Allein die Widerſpenſtigkeit dieſer zween Herren diente zu gar nichts. Denn Khodaidad Hoſſain und die übrigen Emirs unterſtützten den Sultan Khalil auf dem Throne des Tamerlan.

Unter dieſen Begebenheiten verbanden ſich Mirza Ulug Beg und Mirza Ibrahim Sultan mit den beiden Emirs Schah melek und Nureddin, und mit den vornehmſten Königinnen und Prinzeſſinnen des Hofs, und kamen an einem Orte, Carabichat genannt, an, wo ſie von den Einwohnern dieſes Landes unterſtützt, ſich der Stadt Samarcand näherten, weil ſie daſelbſt eine gute Aufnahme erwarteten. Allein Argun ſchah, der daſelbſt Befehlshaber war, und der Partei des Khalil anhing, verſagte ihnen ſchlechterdings den Eintritt in dieſelbe, obgleich Schahmelek, der ſich dem Thore Tſchibar raſeh genähert hatte, bei Argun ſchah, mit dem er ſich in Unterhandlungen eingelaſſen, um den Eintritt zu erhalten, alles mögliche angewendet hatte. Im Gegentheile dienten

ſeine nachdrücklichſten Vorſtellungen zu weiter nichts, als daß ſie eine Erneurung des Eides der Treue, den alle Einwohner von Samarcand dem Sultan Khalil ſchwören mußten, veranlaßten; ſo daß ſich die beiden Emirs gezwungen ſahen, in das Lager der beiden Prinzen und der Sultane zurückzugehen, und ihren Weg nach der Stadt Bokhara zu nehmen, wo ſie ſehr gut aufgenommen wurden.

Tamerlan hatte vier Söhne: Gajatheddin Sihanghir, Moezeddin Omar Scheikh Behadir, Gelaleddin Miran ſchah, und Mirza Schahrokh.

Der erſte, Gajatheddin Sihanghir, ſtarb vor ſeinem Vater, und hinterließ nur zwei Söhne, von welchen der eine Mohammed hieß, und gleichfalls zwei Jahre vor ſeinem Großvater geſtorben iſt. Dies iſt der Mohammed, den Tamerlan zu ſeinem Nachfolger beſtimmt hatte. Er hat drei Kinder hinterlaſſen.

Der zweite Sohn des Sihanghir hieß Pir Mohammed, und iſt derjenige, der durch die letzte Willensmeinung ſeines Großvaters zu deſſen Nachfolger beſtimmt war, obgleich Khalil Sultan an ſeine Stelle trat, wie wir bereits oben geſehen haben. Dieſer Pir Mohammed hatte ſieben Kinder, von denen wir hier eben ſo wenig, wie von den Kindern ſeines älteſten Bruders, zu reden nöthig haben.

Der zweite Sohn des Tamerlan, Namens Moezzeddin Omar Scheikh,

Scheikh, ward noch bei Lebzeiten seines Vaters getödtet, und hinterließ fünf Kinder, nemlich: Pir Mohammed, Roſtam, Eſkander, Achmed, und Baikra. Dieser Pir Mohammed hatte einen Sohn, der, wie sein Großvater, Omar Scheikh hieß, und Baikra hatte einen Sohn, Namens Manſur, der der Vater des Hoſſain Mirza, so wie dieſer der Vater des Babi alzaman und des Modhaffer war. Wir reden von diesen letztern hier deswegen, weil sie alle drei Sultane gewesen sind.

Der dritte Sohn des Tamerlan, Namens Miran schah, überlebte seinen Vater, und hatte fünf Söhne, Abubekr, Omar, Khalil, welche drei insgesammt Sultane geworden sind. Aigil, sonst Mohammed oder Mahmud genannt, und Sojurgatmisch. Dieſer Mohammed oder Mahmud, der nicht Sultan geworden ist, hatte einen Sohn, Namens Abu Said Mirza, welcher zur Regierung gekommen ist, und eilf Söhne gehabt hat, von welchen der erste, Namens Achmed, Sultan geworden ist, und der sechste, Namens Omar Scheikh, nicht regiert hat. Aber einen Sohn hatte er, Namens Babor, der zur Regierung gelangt, und aus seinen transoxonischen Staaten von Schaibek Khan vertrieben worden ist. Er floh nach Indien und regierte daselbst. Ihm folgte sein Sohn Homajun in der Regierung, und dieser hatte Geladeddin Afhbar zum Sohne, der

der erſte von allen den Fürſten ist, die wir unter dem Namen des Großmoguls kennen lernt haben. Akhbar war der Vater des Sultan Selim, mit dem Beinamen Gihanghir, und dieser des Sultan Corum, mit dem Beinamen Schahgihan, Vaters des Aurenkzeb, der in kurzer Zeit gestorben, und den Schah Alem zum Nachfolger gehabt haben soll.

Tamerlans vierter Sohn hieß Mirza Schahrokh, und dieser hat seinen Vater überlebt, und sehr lange nach ihm regiert. Er hinterließ sieben Söhne, von welchen der älteste Ulug Beg war, der eben sowol, wie seine beiden Söhne, Abdallathif und Abdalaziz, zur Regierung gekommen ist. Der zweite war Ibrahim, der eben sowol, wie sein Sohn Abdallah, auf den Thron gekommen ist. Der dritte ist Baiſankor, der eben sowol, wie seine Söhne Ala aldulat Mohammed, Babor, Ibrahim, Jadighiar, und Mahmud, die alle den wirklichen Titel eines Sultans geführt haben, regiert hat. Die vier übrigen Söhne des Schahrokh, nemlich Sojurgatmisch, Mohammed Dſchuki, Khanoglan, und Jazdi, sind wenig bekandt, entweder weil sie noch bei Lebzeiten ihres Vaters gestorben sind, oder weil sie keine Succeſſion gehabt haben.

Was wir bisher von Tamerlan gesagt haben, ist Jahr vor Jahr aus Khondemir genommen, der dasjenige, was sein Vater Emir Khoand schah, den wir gemei-

III.
514

Timur

gemeiniglich Mirkhond zu nennen pflegen, viel umständlicher beschrieben hat. Hier wollen wir noch mehreres hinzufügen, das aus verschiedenen Schriftstellern genommen ist, die das Leben und die Geschichte dieses Monarchen beschrieben haben.

Der Verfasser des Leb Tarikh sagt, Timur, mit dem Beinamen Lenk, sey ein Monarch gewesen, der es an großen Thaten dem Eskander Dhul Carnein, welches Alexander der Große ist, gleichgethan habe, und daß, da Saturn sich in dem Zeichen des Steinbocks bei seiner Geburt befunden, so sey dies ein Vorbedeutungszeichen von der Größe, Festigkeit und Dauer seiner Macht gewesen, weil, den erfahrensten Astronomen zufolge, diese Constellation des Steinbocks unter den Elementen mit der der Erde übereinstimmt, welche Festigkeit und Dauer der Dinge bezeichnet.

Eben diesem Schriftsteller zufolge, ist Tamerlan seiner Profession weder ein Hirte, noch ein Räuber gewesen, wie ihn seine Feinde beschrieben haben. Aber, wie auch Scheref Ali Jezdi sehr richtig sagt, Peder ber peder ta beadam reved, Hemeh pai ber takht Schahi neved; alle seine Vorfahren von Vater auf Sohn, bis zurück auf Adam, haben alle den Fuß auf den Thron der Oberherrschaft oder der königlichen Würde gesetzt. Er ist am fünf und zwanzigsten des Monats Schaban, im Jahr der Hedschr.

736 gebohren worden, welches einerlei mit dem ersten Jahre desjenigen Cyclus der Mogolen ist, welcher Sitchkan genannt wird, unter der Regierung des Khazan Khan, der damals in Samarcand, und in dem ganzen Lande jenseit des Gihon oder Oxus, was wir heutzutage Zagatai nennen, Befehlshaber war. Er hat nie den Titel Sultan angenommen, sondern ließ sich bloß Timur Al Emir Al Kebir, der Fürst Timur, oder der große Timur nennen; und dies that er um der Ehrfurcht willen, die er gegen die Gingkhizkhanische Nachkommenschaft hatte, der der Titel eines Khan und Sultan vorzüglich beigelegt wurde.

Ben Schohnah erzählt uns auch einige besondere Umstände aus dem Leben des Tamerlans, welche von großer Wichtigkeit sind. Er schreibt, im Jahr der Hedschr. 795 sey der Sultan von Bagdet, Achmed Ben Avis Dschalair, der bei der Annäherung seiner Armeen sich auf flüchtigen Fuß gesetzt, in Egypten angekommen, und der Sultan Al Malek Al Dhaher Barkok, der damals daselbst regiert, habe ihn sehr gütig aufgenommen, habe ihm auch große Ehrenbezeugungen von allen Herren seines Hofes erweisen lassen, und so wie Tamerlan die Nachricht von der Ankunft des Achmed Ben Avis in Egypten erhalten, habe er Gesandte an den Sultan Barkok geschickt, und ihn bitten lassen, daß er ihn in seine Hände liefern möchte.

Der

II. Der Sultan Barkok erhielt
15 kaum Nachricht von dieser Gesandtschaft, so gab er sogleich
dem Gouverneur der Stadt und
des Schlosses Rahabah in Syrien Befehl, daß die Gesandten in
Verhaft genommen und ums
Leben gebracht werden sollten.
So wie Tamerlan diese Verle-
tzung des Völkerrechts erfuhr,
ging er mit bewaffneter Hand auf
Syrien los, und setzte sich sogleich gegen Roha oder Edessa,
eine sehr feste Stadt von Mesopotamien, in Bewegung. Er
nahm auch wirklich sogleich diesen Platz im Sturme ein, plünderte ihn, und führte alle Einwohner in die Sclaverei fort.

Als der Sultan Barkok Nachricht von Tamerlans Aufbruch
nach Syrien erhielt, warf er sich
in die Stadt Halep, um sie zu
vertheidigen, nahm auch den Sultan Achmed Ben Avis mit sich,
den er darauf nach Damaschk
führte, wo er ihn als König behandelte, und ihm Truppen gab,
mit denen er wieder in die Stadt
Bagdet, die ihm war weggenommen worden, eindringen sollte.
Achmed ließ sich die Thore öffnen,
und so wie er Meister von derselben war, ließ er daselbst Geld
unter dem Namen des Sultan
Malek AlDhaher Barkok schlagen.

Nachdem der Sultan AlMa-
lek AlDhaher seine Unternehmung
glücklich ausgeführt, und dem
Tamerlan eine so ausgezeichnete
Beleidigung zugefügt hatte, kehrte er im Jahr der Hedschr. 797

siegreich wieder nach Egypten zurück, und hier war es, wo sein
Ruhm auf den höchsten Gipfel
dadurch erhoben wurde, daß er
von dem türkischen Sultan Bajajet eine Gesandtschaft erhielt, welche eine enge Allianz mit ihm gegen Tamerlan schließen, und
zugleich vom Abbassidischen Khalifen, den Barkok bei sich hatte,
das Patent eines Sultans von
Rum, das heißt, eines römischen
Kaisers, holen mußte, weil er
in dem Besitze der Staaten derjenigen war, die diesen Titel geführt hatten. Inzwischen muß
doch auch bemerkt werden, daß
Barkok nur vierzig Tage in Halep blieb, weil er, so wie er die
Nachricht erhielt, daß Tamerlan zu ihm komme, nebst dem
Emir Dschalaban, der Gouverneur von dieser Stadt war, dieselbe wieder verließ, und den
Emir Tangri Virdi an dessen
Stelle setzte.

Im folgenden Jahre 798
starb Borhan eddin, Herr von
der Stadt Sivas oder Sebaste
in Cappadocien. Dieser Tod
gab Bajajet Gelegenheit, sich
dieses Orts und darauf ganz Ca-
ramaniens, zu bemächtigen, und
dadurch kam es zu dem Kriege,
den Tamerlan kurze Zeit darauf
mit ihm angefangen hat.

Im Jahr der Hedschrah 801
starb der Sultan AlMalek Al-
Dhaher Abu Said Barkok, und
sein Sohn AlMalek AlNasser Faradsch folgte ihm in der Regierung kraft seines Testaments. Allein der Gouverneur von Syrien,
Namens

Namens Tenem, empörte sich, und wußte zugleich den Gouverneur von Halep, Al Boga, nebst den meisten von den übrigen Oberhäuptern von Syrien, auf seine Seite zu bringen, und diese neuen Unruhen in diesem Lande gaben Bajazet Gelegenheit, die Gränzen seines Reichs auf dieser Seite zu erweitern. Er ging auf die Stadt Malathia oder Melytene los, belagerte sie, und nahm sie ein.

Im Jahr 802 brach der Sultan Malek Al Nasser Faradsch mit einer starken Armee aus Egypten auf, um die Rebellen in Syrien zu züchtigen. Tenem, das Oberhaupt dieser Empörer, kam ihm aber mit ansehnlichen Truppen entgegen, um sich seinem Eindringen in die engen Pässe von Palästina zu widersetzen. Allein er ward mit den seinigen aufs Haupt geschlagen, zum Gefangnen gemacht, und darauf mit den vornehmsten Oberhäuptern seines Anhangs am Leben bestraft. Nachdem der Sultan diesen ausgezeichneten Sieg davongetragen, und das Gouvernement von Syrien dem Seidi Saudu, so wie das von Halep dem Timurtasch, übertragen hatte, so kehrte er wieder nach Egypten zurück.

Als Tamerlan im Jahr 803 von seiner Reise und Eroberung in Indien, wie wir oben gesehen haben, zurückkam, erfuhr er zu Einer Zeit drei Neuigkeiten. Die erste war der Tod des Sultan Barkok; die andere war die Zurückkunft des Sultan Achmed Ben Avis nach Bagdet; und die dritte war die Einnahme von Sivds und von Malathia durch Bajazet. Diese drei Begebenheiten waren die Veranlassungen zu drei großen Kriegen, die er führen mußte, um sich an drei Sultanen, an Faradsch, dem Sohne und Nachfolger des Barkok, an Achmed Ben Avis und an Bajazet zu rächen. Mit der Belagerung der Stadt Sivas, die er im Sturme eroberte, machte er den Anfang, und ließ dabei über dreitausend Musulmanen lebendig in die Erde graben, und darauf Feuer anlegen. Sodann nahm er Malathia ein, und zerstörte es auch gänzlich. Ein gleiches that er auch gegen Arzerum und Samosata, und schickte sodann von allen diesen Orten eine unzählige Menge von Köpfen, die er hatte abschlagen lassen, in die Stadt Halep; einer großen Anzahl derjenigen, die er in den Euphrat hatte stürzen lassen, nicht zu gedenken.

Kurz darauf schickte Tamerlan einen Expressen an Faradsch mit einem drohenden Briefe, falls er sich ihm nicht unterwerfen würde. Allein dieser weigerte sich, ihn anzunehmen, und ließ seinen Courier ins Gefängniß werfen. Ben Schohnah führt hierauf die Erzählung des Hafedh Al Kharezmi an, in welcher eine sehr umständliche Nachricht von allem, was bei Tamerlans Belagerungen und Eroberungen der Städte Ha-

lep

Als sich Tamerlan der Stadt Halep näherte, waren die meisten Gouverneure von Syrien mit den Truppen von ihren Gouvernementern zur Beschützung dieses wichtigen Platzes herzugeeilt. Sie hielten sich einige Zeitlang sehr gut, und vertheidigten sich sehr lebhaft von ihren Mauern herab. Darauf wollten sie sogar ihr Lager außerhalb der Stadt aufschlagen. Allein sie waren so uneinig untereinander, daß endlich der Gouverneur derselben, Timurtasch, ihrer Zänkereien und der häufigen Empörungen des Volks müde, die Stadt zu verlassen und sich mit seinen vornehmsten Officieren in das Schloß zu ziehen beschloß. Die Stadt ward von den Tataren mit dem Degen in der Faust erobert, und diese richteten hernach ein fürchterliches Blutbad darin an, worauf sich das Schloß, in welchem sich alle Reichthümer der Stadt befanden, kurze Zeit hernach auf Bedingungen ergab.

Tamerlan hielt seinen Einzug in dieselbe, und ließ sodann die vornehmsten Gesetzgelehrten zusammenkommen, und mit denen von Samarcand in eine Conferenz treten, wobei er ihnen sagte, daß er ihnen eine Frage vorlegen wolle, über die ihm die Gelehrten aus der Stadt Herat keine befriedigende Antwort gegeben hätten. Diese Frage bestand darin, daß er zu wissen verlangte: ob man diejenigen, die von seiner Seite, oder diejenigen, die von den Feinden geblieben wären, mit dem Titel eines Scheub oder Märtyrers beehren könne? Man Schehid catilna, am catilhom? Diese Frage machte die meisten von diesen Gelehrten stumm. Aber der Cadhi Scharafeddin Mussa Al-Ansari, der sich zu der Schafeischen Secte bekannte, antwortete ihm ohne alles Bedenken: Mein Herr! ich kann dir auf diese Frage keine andere Antwort geben, als diejenige, die ehemals unser Prophet Mohammed auf eben die Frage, die an ihn gethan wurde, ertheilte, und ich will weiter nichts als bloß Erklärer seiner Worte seyn. Hierauf fragte ihn Abdalgebbar, ein Gelehrter von Samarcand: Was war denn das für eine Frage, die an Mohammed gethan wurde? Darauf versetzte ihm Scharafeddin, es habe ein Araber aus der Wüste einstmals zu Mohammed gesagt: O Prophet! derjenige, der zu seiner Selbstvertheidigung ficht, derjenige, welcher ficht, um seinen Muth zu zeigen, und derjenige, der für seinen Ruhm und für seine Erhebung ficht, ist wol jeder von diesen Leuten fi sebil allah, auf dem Wege Gottes? Diesem Araber gab Mohammed folgende Antwort: Man catal leta-kun kelemat allah hi alaliah fahu fi sebil allah; „Derjenige, welcher für die Bestätigung und Bewährung des Worts Gottes

„kämpfet, ist derjenige, welcher
„zu dem höchsten Grade von Tu-
„gend gelangt, und der sich auf
„dem Wege Gottes befindet.„
Folglich also, fuhr Scharafeddin weiter fort, o Herr! ist
derjenige von den Eurigen, oder
derjenige von den Unsrigen, welcher sich, um das Wort Gottes
zu erhöhen, falls er in einem solchen Gefechte das Leben läßt, ohne Zweifel Märtyrer.

Abdalgebbar lobte diese Antwort sehr, und Tamerlan war
so zufrieden darüber, daß er sich
mit Scharafeddin in ein vertrauli-
ches Gespräche einließ und zu ihm
sagte: Du siehst mich, o Lehrer, wie ich bin; ich bin eigentlich nur ein Halbmensch, und
doch habe ich so viele Provinzen
und so viele Städte in Irak,
in Indien und in Türkestan erobert. Alles dieses habe ich der
Gnade des Herrn zu verdanken,
und es hat nicht von mir abge-
hangen, daß ich das Blut der
Musulmanen nicht geschont habe.
Ja ich versichre dich und betheu-
re dir vor Gott, daß ich nie nach
einem überlegten Vorsatze einen
Krieg gegen die eurigen unternommen habe, wo ihr nicht selbst
meine Waffen gegen euch gereizt,
und selbst die Ursache von eurem
Unglücke gewesen seyd.

Tamerlan wollte seine Unterredung mit diesen Gelehrten noch
weiter fortsetzen. Er fragte sie also
um ihre Meinung von Ali, Moavi und Jezid? Diese Gelehrten,
welche wußten, daß der Cadhi
Scharafeddin seiner Partei nach

III. 517

ein Schiite, das heißt, ein Anhänger des Ali war, kamen aber
seiner Antwort zuvor, und einer
derselben, Namens Cadhi Alemeddin AlMaleki, antwortete im
Namen aller, Ali, Moavi und
Jezid seyen alle gut. Diese Ant-
wort brachte Tamerlan sehr in
Zorn, so daß er zu ihnen sagte:
Ali alhakk v Maujah dhalem, v
Jezid fassed; Ali war ein wah-
rer und rechtmäßiger Khalife,
Moavi ein Usurpateur, und Je-
zid ein Tyrann: und ich erstau-
ne, daß ihr, die ihr von Halep
seyd, der Meinung derjenigen aus
Damas zugethan seyd, die in
Hussains Tod gewilligt haben.
Hierauf sagte Scharafeddin, um
Tamerlan zu besänftigen, Ma-
leki habe seine Antwort auf eine
Stelle aus einem Buche gebaut,
deren Sinn er nicht verstehe.
Hierauf fragte Abdalgebbar den
Cadhi Scharafeddin, was seine
Meinung sey? und da ihm dieser
Gelehrte treffender antwortete, so
sagte er, Maleki sey ein guter Lehrer, aber Scharafeddin sey deutlicher und beredter. Hierauf
fragte Tamerlan, um die Unterredung mit mehrerer Vertraulich-
keit fortzusetzen, beide nach ihrem
Alter, und da sie ihm antworteten, sie hätten ohngefehr funfzig
Jahre; sagte er zu ihnen: Ihr
seyd in den Jahren, die meine
ersten Kinder haben würden;
denn ich stehe in meinem fünf
und siebenzigsten.

Während dieser Unterredung
trat die Stunde des Abendgebets
ein, daher Abdalgebbar solches an-

anfing. Tamerlan machte es mit den gewöhnlichen Stationen, Prosternationen, und Anbetungen mit, und verabschiedete sodann die Versammlung.

Am folgenden Tage hielt Tamerlan sein Wort in Ansehung des Tractats, den er mit denen im Schlosse gemacht hatte, nicht. Denn nachdem er hier die reichste Beute, die er noch in irgend einem von ihm eroberten Orte angetroffen, gemacht hatte, ließ er die meisten von denen, die er darin fand, tödten, martern, oder ins Gefängniß werfen, und verließ sodann den Ort, um nach der Stadt zu gehen, und seinen Aufenthalt in dem Hause des Gouverneurs zu nehmen. Hier ertheilte er nun Befehl, daß alle Moscheen und Collegia, nebst den vornehmsten Häusern dieser reichen Stadt, sollten zerstört und verbrannt werden; darauf gab er allen seinen Mogolen und Tataren ein großes Gastmahl, bei welchem sie sich der unbändigsten Freude überließen, während daß sich die Musulmanen in Ketten und Banden befanden.

Nach dieser Gasterei ließ er eben diese Gelehrten, die ihn am vorhergehenden Tage unterhalten hatten, abermals zu sich kommen, und brachte sie wieder auf die Frage von Ali und Moavi. Der Cadhi Scharafeddin sagte ihm deutlich, es sey gar kein Zweifel, daß das höchste Recht auf Alis Seite gewesen, und man könne den Moavi gar nicht unter die Zahl der Khalifen setzen, und

diese Meinung gründe sich auf eine authentische Tradition, nach welcher Mohammed einstmals gesagt habe: Alkhelafat babi thalathun senat; das Khalifat wird nur dreißig Jahre nach mir dauren. Dies hat sich in Alis Zeiten ereignet, dessen Regierung gerade in dieser Zeit zu Ende gegangen ist. Hierauf sagte Tamerlan zu ihm: Sage also, Ali alhakk o Moauiah dhalem; Ali ist der wahre Khalife, und Moavi ist ein Tyrann. Scharafeddin gehorchte ihm und sagte: der Verfasser des Buchs, Hedajah betitelt, hätte folgende Maxime behauptet: Dschauaz kelid alcadha man valatt albschair; das Schicksal der Tyrannen ist oft besser, als das Schicksal dessen, der das volle Recht auf seiner Seite hat; denn es ist gewiß, daß mehrere von Mohammeds Gesellen, so wie auch von denenjenigen, welche unmittelbar auf sie gefolgt sind, Leute, welche man Sahaba und Tabeïn zu nennen pflegt, Recht auf das Khalifat hatten, und daß sich demohngeachtet das Schicksal, das heißt, der göttliche Rathschluß, für Moavi erklärt hatte.

Als diese Unterredung zu Ende war, empfahl Tamerlan dem Scharafeddin, mit seinem Collegen Hafedh Alkhuarezmi, aus welchem diese Erzählung genommen ist, seinen Officieren, mit dem ausdrücklichen Befehle, daß sie ihnen, ihren Kindern, ihren Verwandten, Alliirten, Freunden und Bekandten, deren An-

zahl

zahl sich auf zweitausend belief, alles, was sie nöthig hatten, verabreichen, und sie bei aller Sicherheit und Freiheit, als Leute, die er unter seinen Schutz und Schirm nehme, erhalten sollten.

Dieser Befehl wurde so genau befolgt, daß, als Tamerlan von der Belagerung der Stadt Damas, welche er noch härter als Halep behandelte, zurückkehrte, und das Schloß von dieser niederreißen lassen wollte, er alle diese Leute bis nach Irak, zum Grabe des Hussain, eines Sohns Ali, für welchen sie eine große Achtung hatten, und um deſſentwillen sie von Tamerlan so gut waren behandelt worden, bringen ließ.

Wir wollen uns hier nicht weitläuftiger bei der Belagerung von Damas, die Ben Schohnah erzählt, aufhalten, weil anderwärts davon geredet werden soll. Nur das wollen wir bemerken, daß Tamerlan diesen Cadhis und Gelehrten von Halep habe befehlen lassen, sie sollten ein Fetwa, das heißt, ein Decret gegen den Gouverneur von Damas ergehen lassen, der vormals auf Befehl des Sultans Barkok alle seine Gesandten hatte hinrichten lassen. Dieser Schritt setzte die Cadhis sehr in Erstaunen, weil sie wußten, wie viele Musulmanen Tamerlan, ohne alle gerichtliche Proceduren, hatte hinrichten lassen. Inzwischen waren sie gezwungen zu gehorchen, und es scheint, dieser Monarch

verlangte diesen Schritt darum von ihnen, um dasjenige zu bestätigen, was er bereits mündlich gesagt hatte, daß er nicht derjenige sey, der die Musulmanen ausrotte, sondern sie seyen es selbst, die sich durch ihre eigne Schuld zu Grunde richteten, und um die That dieses Gouverneurs mit einer desto größern Abscheulichkeit zu belegen.

Im Jahr 804 eben, dieser Hedschrah erfuhr, wie gleichfalls Ben Schohnah erzählt, Tamerlan, der seine Winterquartiere in Carabag zugebracht hatte, daß Bajazet nach Arzendschan gekommen, und sich Meister davon gemacht habe. Daher ging er sogleich mit seiner Armee auf Natolien los, und da die Tataren und Türken in der Ebene von Anguri oder Ancyra aufeinander stießen, so kam es zwischen ihnen zu demjenigen großen Treffen, von welchem wir oben geredet haben, und in welchem Bajazet in die Gefangenschaft des Tamerlan gerieth, worin er auch sein Leben beschlossen hat.

Nachdem Tamerlan nach seinem Gutbefinden Einrichtungen in dem ganzen Lande, das er von Bajazet erobert, gemacht hatte, schickte er Gesandte an den König von Egypten, und ließ ihn um einen seiner Emirs, Namens Athlandi, bitten, der zwei Jahre vorher von Cara Joseph, dem Türkomanen, zum Gefangnen gemacht und unter Barkok, Faradsch Vaters, Regierung nach Egypten war geschickt worden.

Im

Im folgenden Jahre, welches das Jahr der Hedschr. 805 war, kehrten Tamerlans Gesandte aus Egypten, nebst dem Emir Athlandi, den der König von Egypten, Farabsch, auf freien Fuß gestellt, und mit reichen Geschenken für Tamerlan beladen hatte, zu ihrem Herrn zurück. Diese Höflichkeit des Farabsch gefiel diesem Monarchen so wohl, daß er sie durch andere nicht weniger beträchtliche Geschenke, worunter ein Elephant befindlich war, zu erwiedern suchte.

Im Jahr 806 begab sich der Sultan Achmed Ben Avis, in einen Bettler verkleidet, in die Stadt Halep, denn er floh vor Cara Joseph, dem Türkomanen, der sich der Stadt Bagdet bemächtigt hatte, und ihn auf das heftigste verfolgte. Nun schickte Tamerlan seinen Sohn Miran schah mit einem Theil seiner Truppen ab, daß er den Türkomanen angreifen sollte. Dieser stieß in Mesopotamien auf ihn, und griff ihn mit solcher Lebhaftigkeit an, daß er ihn nicht allein schlug, sondern ihm auch die Stadt Bagdet wieder abnahm, und ihn nach Syrien zu fliehen nöthigte.

In eben diesem Jahre kamen Tamerlands Gesandten, die seine Geschenke nach Egypten gebracht hatten, wieder zurück, von einer andern feierlichen Gesandtschaft begleitet, die Farabsch an ihn abschickte, um ihm seine Beifreude über das Glück seiner Waffen zu bezeugen, und ihm Unterwürfigkeitsbeweise zu geben, die denjenigen sehr ähnlich waren, die ein Vassall seinem Herrn giebt. Unter den Geschenken, die er ihm machte, befand sich eine Girafe, ein sehr außerordentliches Thier, das sonst nirgends, als in Aethiopien, anzutreffen ist; dieses schickte er ihm statt des Elephanten, den er von ihm empfangen hatte.

Eben der Ben Schohnah, der hier seine Geschichte schließt, nimmt von den großen Erdbeben, die sich in diesem Jahre in Syrien und Mesopotamien zugetragen haben, Gelegenheit, von dem Ende der Welt zu reden, von welchem, wie er behauptet, diese Naturbegebenheiten Vorboten sind, und wendet den letzten Theil seines Werks, den er Khathemat, das heißt, das Siegel und den Beschluß nennt, dazu an, daß er alle musulmanische Traditionen über diesen Punct beibringt. Unter denselben ist die beträchtlichste diese, daß die Zeichen, welche vor diesem großen Tage vorausgehen sollten, sind: die Ankunft des Dedschal, welches der Antichrist ist; des Dabat, welches das Thier in der Offenbarung ist; der Aufgang der Sonne von Abend her; und der Nozul Issa Ben Miriam, das heißt, die Herabkunft Jesu Christi vom Himmel auf die Erde.

Der Verfasser des Nighiaristan theilt die Liste und Nachfolge der Timuriden auf folgende Weise mit:

Timur oder Tamerlan regierte sechs und dreißig Jahre.

Ll 3   Schah-

Schahrokh, der Sohn Tamerlans, drei und vierzig Jahre.

Ulug Beg, der Sohn Schahrokh, war Statthalter von seinem Vater in Transoxanien, acht und dreißig Jahre lang, und hat sowol hier als in Khorassan zwei Jahre und neun Monate allein und unumschränkt regiert.

Abdallathif, der Sohn Ulug Begs, der mit seinem Vater Krieg geführt hat, und die Ursache seines Todes war, hat nach ihm nur sechs Monate regiert.

Abdallah, der Sohn des Ibrahim Sultan, und Enkel des Schahrokh, hat regiert, und war ein Zeitgenosse von mehreren andern Mirzas oder Fürsten, die mit ihm verwandt waren, und deren Regierungsdauer man nicht genau angeben kann. Daher wollen wir hier nur blos ihre Namen beifügen:

Mirza Alaaldulat, ein Sohn Baisankor, eines Sohns des Schahrokh.

Mirza Ibrahim, ein Sohn des Alaaldulat.

Mirza Sultan Mohammed, ein Sohn des Baisankor, eines Sohns des Schahrokh.

Mirza Jadighiar Mohammed, ein Sohn des Mohammed, eines Sohns des Baisankor.

Mirza Babor, ein Sohn des Baisankor.

Mirza Mahmud, ein Sohn des Babor.

Mirza Hussain, ein Sohn des Mansur, eines Sohns des Baicra, eines Sohns des Omar Scheikh, eines Sohns des Timur.

mur, welches Tamerlan ist, hat vierzig Jahre regiert, und über hundert gelebt.

Mirza Badi alzaman, ein Sohn Hussain, eines Sohns Mansur, eines Sohns Baicra, u. s. w.

Mirza Modhaffer, zweiter Sohn des Hussain, ein Sohn Mansur, u. s. w.

Mirza Khalil, ein Sohn Miranschah, eines Sohns Timur. Dieser succedirte unmittelbar seinem Großvater Tamerlan in Samarcand. Aber seine Regierung war nicht friedlich; denn alle die übrigen Fürsten, die Verwandte von ihm waren, machten ihm die Krone streitig, und er hat daher nur sehr kurze Zeit regiert.

Mirza Abubekr, ein Sohn Miranschah, eines Sohns Timur.

Mirza Omar, ein Sohn Miranschah, eines Sohns Timur.

Abu Said, ein Sohn Mahmud, eines Sohns Miranschah, eines Sohns Timur.

Mirza Achmed, ein Sohn des Abu Said.

Mirza Babor, ein Sohn eines Omar Scheikh, eines Sohns des Abu Said.

Mirza Homajun Mohammed, ein Sohn des Babor.

Gelaleddin Akbar, ein Sohn des Mirza Homajun, Großmoguls von Indien.

Schah Selim Gihanghir, ein Sohn des Gelaleddin Akbar.

Sultan Corum Schah Gihan, ein Sohn des Schah Selim Gihanghir.

Aorenk-

Aurenkzeb, ein Sohn des Sultan Corum.

Schah Alem, Aurenkzebs Nachfolger.

Diese letztern Sultane von Akbar an befinden sich nicht in dem Verzeichnisse des Nighiaristan. Wir haben sie aber beigefügt, um die ganze Nachkommenschaft des Tamerlan, so weit sie uns bekandt ist, beisammen zu haben.

Es wird auch nicht am unrechten Orte seyn, zu bemerken, daß Pir Mohammed, ein Sohn des Gihanghir, eines Sohns Timur, welchen Tamerlan zu seinem Nachfolger erklärt hatte, eben so wenig in diesem Verzeichnisse des Nighiaristan, wie in den Verzeichnissen des Khondemir und des Leb Tarikh anzutreffen ist. Es giebt sogar noch einige andere Mirzas, als zum Exempel Eskander, Rostam, die nicht darin enthalten sind, weil sie nicht unumschränkt, sondern blos von Schahrokh und von andern abhängig, regiert haben.

Der Tarikh Montekheb bemerkt, Tamerlan stamme von Ginghizkhau in weiblicher Linie ab, und Achmed Ben Arabschah, der ihn so sehr verschrieen hat, ist ihm hierin nicht entgegen.

Schaibeg, ein Sultan der Usbeken, der von Iuli Khan, einem Sohn des Ginghizkhan, herstammte, war derjenige, der die Timuriden aus Transoxanien und Khorassan verjagte, und der Anlaß gab, daß sie in Indien ein großes Reich errichteten.

Eben dieser Ben Arabschah sagt, Tamerlan habe das Gesetz des Ginghizkhan befolgt, und seine Religion sey der christlichen näher gekommen, als der mohammedanischen. Auch versichert er, er habe die Tochter des Königes der Mogolen deswegen geheirathet, weil sie einerlei Religion mit ihm gehabt habe. Soviel ist aus allem, was wir gesehen haben, gewiß, daß er sich wenigstens zum Scheine zur mohammedanischen Religion bekannt hat, und gut in derselben unterrichtet gewesen ist.

Dem Ebn Iussuf zufolge, ist Tamerlan in einem Alter von achtzig Jahren, nach Dschannabi aber in einem Alter von neun und neunzig Jahren gestorben. Inzwischen sind doch diese beiden Schriftsteller mit andern darin einig, daß er im Jahr der Hedschrah 736 gebohren worden, und nichts ist gewisser, als daß alle Geschichtschreiber darin übereinstimmen, daß er im Jahr 807 eben dieser Hedschrah gestorben ist.

Man sagt, Tamerlan habe die *III.* Figur von drei Cirkeln zum Cörper von seiner Devise getragen, wovon die Seele in folgenden zwei persischen Worten bestanden: Rasti, Rusti. Dies bedeutet soviel als; die Wahrheit, das Heil. Ein persischer Dichter sagt von rechtschaffnen Leuten, da ihr Betragen Geradheit und Wahrheit sey, sezai rastekiari rüstekiarist, so sey

Ll 4   Heil

Heil ihre Belohnung. Und in den Psalmen Davids finden wir folgende Worte: die Wahrheit wird dich befreien; so daß nicht zu zweifeln ist, daß Tamerlans Gedanke diesen Gesinnungen gemäß war, und es scheint, daß er immer mit seiner Rechtschaffenheit und Aufrichtigkeit Parade gemacht, nicht aber daß er sich mit dieser Devise der Eroberung der drei Welttheile hat rühmen wollen, wie es einige unrichtig erklärt haben.

Wie man versichert, so soll Tamerlan gesagt haben, derjenige Fürst, der seinen Staat in Ruhe und Frieden erhalten wolle, müsse beständig den Degen in Bewegung erhalten. Mülkra egher carar khuabi kerd: Tigra bicarar basch kerd. Auch wird erzählt, daß er oft gesagt haben soll: Ein Monarch sey nie auf seinem Throne in Ruhe, wofern nicht viel Blut um denselben herum flösse. Ein Apophthegm, das eines Tataren würdig ist.

Uebrigens war doch dieser große Eroberer nicht so wild, als ihn viele abzumahlen pflegen. Denn außer dem Umgange, den er mit den Gelehrten von Halep hatte, wie wir bereits gesehen haben, und dem Besuche, den er dem Abdal Atha machte, dessen Artikel man vergleichen kann, wollen wir hier auch noch anführen, was Achmedi Kermani, ein persischer Dichter, der Verfasser des Timur Nämeh, einer Geschichte des Tamerlans in Versen, erzählt, daß ihm mit

Tamerlan selbst an dem Hofe, an welchem er lebte, begegnet sey.

Er erzählt nemlich, als er eines Tages mit diesem Fürsten und mehreren Großen seines Hofes im Bade gewesen, habe er ihm den Vorschlag gethan, daß er etwas thun und sagen solle, das sie ergötzen könnte. Achmedi war sehr lebhaften Geistes und war in treffenden Antworten besonders geschickt, lebte dabei auch mit Tamerlan auf einem besonders vertrauten Fuß. Mit aller Ehrfurcht äußerte er sich hierauf, daß es Fürsten zukomme, ein Spiel in Vorschlag zu bringen, das ihn ergötzen könnte, und darauf erwiederte ihm Tamerlan sogleich: Wir wollen hier einen Markt machen, und eines jeden Kopf von uns ausbieten, um zu sehen, wie viel wir werth sind. Achmedi bestimmte hierauf den Preß eines jeden von denen Herren, die gegenwärtig waren, mit vielem Scharfsinne und Verstande, und da Tamerlan gerade besonders aufgeräumt war, so wendete er sich an den Dichter und sagte zu ihm: Und wenn ich zu verkaufen wäre, wie hoch würdest du mich schätzen? Sogleich versetzte ihm Achmedi: Ich würde dich wol fünf und dreißig Aspers schätzen. Wie? sagte Tamerlan, das Tuch, das ich um mich habe, ist ja wol soviel werth. Eben um dieses Tuchs willen habe ich diesen Preß auf dich gesetzt: denn ohne dasselbe würdest du keine zwei Heller werth seyn.

Tamer-

nnerlak war mit diesem Schek-
des Achmedi so wohl zufrie-
n, daß er ihm ein sehr ansehn-
hes Geschenk machte.

Lamai, der in seinem Buche,
thaif betitelt, diesen artigen
orfall erzählt, giebt den Ach-
edi Kermani zum Urheber des-
ben an, ob ihn gleich andere
m Baba Sevdai beilegen.

Timur. Ala oder Aga Mo-
mmed Timur: ist der Name
s dritten Fürsten oder Sultans
is der Dynastie der Sarbeda-
:r. Uebrigens war er nicht
is dem Geschlechte oder der Fa-
ilie des Stifters dieser Dyna-
e, des Khodschah Abdalrazzak.
ichts destoweniger folgte er doch
m Vagih eddin Massud, einem
ruder des Abdalrazzak, in der
egierung nach, und hat zwei
ahre und zween Monate zu
ebzvar und anderwärts regiert.
ach Verlauf derselben ist er im
ihr der Hedschrah 740 von
odschah Schamseddin Sarbe-
ri ums Leben gebracht wor-
n. Er hatte den Ghelu Abfen-
ir zum Nachfolger.

Timur. Dieses Wort pflegt
r vielen andern, sowol im An-
ige als am Ende derselben, zu-
nmengesetzt zu werden. Sie-
die folgenden, und den Arti-
el Togatimur.

Timurtasch, ist der Name
s Sohns des Emir Tschoban,
n Abu Said Ben Aldschaptu,
altan der Mogolen aus der

Nachkommenschaft des Ginghis-
khan, das Gouvernement des
Landes Rum anvertrauet hat.
Als aber dieser Gouverneur sich
einige Zeit hernach gegen seinen
Vater, den Emir Abu Said, empörte, machte er sich selbst auf,
um ihn wieder in Gehorsam zu
bringen, und ließ ihn kurze Zeit
hernach wieder in sein Gouvernement einsetzen.

Timurtasch, ist der Name
eines Türken oder Circassiers von
dem Hofe des Barkok und Faradsch, welche beide Sultane von
Egypten aus der zweiten Dynastie der Mamluken waren. Dieser Herr erhielt nach und nach
das Gouvernement von mehreren Plätzen in Syrien, unter
andern auch von Halep in der
Zeit, da Tamerlan die Belagerung desselben angefangen hatte.
Aus diesem Namen, der im Persischen Stein und Eisen bedeutet,
ist von den Arabern durch eine
verdorbene Aussprache Demür-
dasch gemacht worden, gerade
so wie auch Taugriwirdi, welches
im Türkischen von Gott gegeben
bedeutet, von eben diesen Arabern in Tagribardi ist umgeschaf-
fen worden. Eben dieser Mann
ist auch Gouverneur von Syrien
zu Tamerlans Zeiten gewesen.

Timurtaschi, ein Beiname
des Saleh Ben Mohammed, Verfassers eines Werks, das den
Titel Haschiat tanimat führt.
Es sind diese allgemeine und fort-
laufende Anmerkungen über ein

Buch, welches den Titel führt:
Escharat v nabhair. Diese Noten oder Scholien sind auch Za-
quaher aldschauaher alnabhair
betitelt. Siehe den Artikel Nabhair.

Tina: der Feigenberg. So
nennen die musulmanischen Araber einen Berg im gelobten Lande, den sie blos erdacht haben,
um eine Uebereinstimmung mit
dem Namen desjenigen, den sie
Sina nennen, und welches der
Berg Sinai ist, zu haben.

Mohammed schwur in seinem
Coran bei den Bergen Tina und
Sina. Denn solche Wörter, die
sich mit einerlei Schall endigen,
gefielen ihm außerordentlich, und
man sollte wol denken, daß dieser Feigenberg kein anderer, als
der Oehlberg sey, von dem die
Evangelisten reden, und von welchem Mohammed einiges durch
die Christen erfahren hatte.

Tinnis. Der persische Erdbeschreiber schreibt in seinem dritten Clima, es sey dies der Name einer Insel auf dem Nil, die
vormals bewohnt und angebaut,
aber in seinen Zeiten gänzlich zerstört gewesen.

Tirsemin. Dies ist einer
von den Namen oder Titeln, die
die Musulmanen dem Edris geben, welches der Patriarch Henoch ist, den sie gewöhnlich mit
dem Orus oder Hermes der Egypter verwechseln, von welchem
sie behaupten, daß er König,

Opferpriester und Lehrer gewesen, und solchergestalt den Beinamen Trismegistus, den ihm
die Griechen beigelegt, verdient
habe, von welchem Tirsemin eine verdorbene Aussprache ist.

Sie nennen ihn auch Orai
oder Oraia; ein chaldäisches
Wort, welches Lehrer bedeutet;
und geben ihm die erste Stelle.
Denn diesen Titel legen sie vorzugsweise drei verschiedenen Personen, nämlich dem Edris, Orus
und Hermes bei, die sie oft zu
einer und eben derselben Person
machen.

Tisrin und Tischrin: ist
der Name, den zween Monate
im syrischen oder syromacedoni-
schen Calender führen, und von
welchen der eine, der Tisrin al-
auuâl genannt wird, mit dem
October im julianischen Calender,
und der andere, den sie Tisrin
althani nennen, mit dem Novem-
ber eben dieses Calenders einerlei ist.

Tiz und Tiiz: ist der Name
eines festen Platzes im Lande Jemen, wo sich ein besonderer Fürst
aufhält, wie der persische Erd-
schreiber in seinem ersten Clima
anmerkt. Die um diesen Platz
befindlichen Felder sind in allen
Jahreszeiten grün, welches in
diesen Gegenden etwas seltenes
ist. Die Festung ist auf der Spitze eines sehr hohen Bergs angelegt, zu dessen Fuße ein Hafen
ist, der dem am östlichen Ufer
des persischen Meerbusens ange-
legten

gten Hafen von Comrum ge-
nüber ist. Es sind einige
Schriftsteller, die diesen Platz auf
den die Seite setzen, auf welcher
Comrum liegt, den man heut zu
Tage Benderabassi, den Hafen
des Abbas nennt, seitdem ihn
Schach Abbas wieder hergestellt
hat. Siehe die Artikel Tidsch
und Comrum. Man muß auch
bemerken, daß einige den Bender
bassi von dem Bender Com-
rum und dem Bender Tibsch unterscheiden.

Tizini: ein Beiname des
Mohammed Ben Mohammed,
en Abibekr, der die Würde eines Moakketh oder Bestimmers
der Zeiten und Stunden an der
großen Moschee der Ommiaden
zu Damas bekleidet hat. Er ist
Verfasser von Tafeln, in welchen die arabischen, griechischen
und cophtischen oder egyptischen
Jahre verzeichnet sind. Siehe
den Artikel Gedual fasl albair,
welches Buch in der königlichen
Bibliothek zu Paris unter Nr.
38. befindlich ist.

Tobat, Tobut und Te-
bet: ist der Name eines Landes, das zwischen Indien, China und Türkestan liegt. Wir
nennen es gewöhnlich Tibet.
Ogtai Caan, Ginghizkhans Sohn
und Nachfolger, schickte seine Generale, Saksin und Jlgar ab,
daß sie dieses Land unterjochen
mußten. Diese Unternehmung
glückte ihnen. Denn die Tataren oder Mogolen drangen von
da nach bis nach China, und eroberten es gänzlich. Siehe den
Artikel Tebet.

Tobba und Tobbai: ist
der Titel, welchen die alten Könige von Jemen, zum Exempel
die von Habhramut, von Hemi-
ar u. a. m. geführt haben. Dieser Titel ist ihnen auch eben so
eigen, wie Khosroes den Sassaniden von Persien, Khan und
Khakan den Türken, Fagfur denen von China, Cäsar den Königen der Römer und Griechen,
Pharao und Bathalmius denen
von Egypten. Novairi hat ihre Geschichte besonders geschrieben. Ihre Hauptstädte waren
Sanaa und Saba, und die arabischen Geschichtschreiber haben
die Herrschaft oder wenigstens
die Macht dieser Fürsten so sehr
ausgedehnt, daß sie sie zu Stif-
tern der Stadt Samarcand machen, und zum Beweise dieser
Gründung eine Inschrift anführen, die sich an einem Thore dieser Stadt befunden haben, und
mit Hemiaritischen Buchstaben
geschrieben gewesen seyn soll. In
der vielfachen Zahl nennt man
diese Könige arabisch Tababeah
und Tabbajah.

Tobit. Dies ist der Name,
den die orientalischen Christen dem
Tobias geben, der bei den Assy-
riern und in Ninive, in den Zeiten, da Ezechias in Judäa regierte, ihrer Tradition zufolge,
in der Gefangenschaft gelebt hat.
Das Buch Tobias, welches
sich in der Sammlung unsrer heiligen

ligen Bücher befindet, ist ins Persische, mit Hebräischen Buchstaben, übersetzt worden. Ich habe die Handschrift davon in Händen.

III. **Tocat:** eine Stadt in Cap-
524 padocien, von der diese Provinz oft den Namen bekommt, an dem Ufer eines Flusses, der von den Alten, eben so wie das in der Nachbarschaft befindliche Gebirge, Ceraunius genannt wird. Diese Stadt hat einen Erzbischof. Ja es ist sogar auch oft ein armenischer Erzbischof daselbst befindlich.

Diese Stadt ist nur drei Tagereisen einer Caravane von der Stadt Sivas, welches das alte Sebaste ist, nach Norden zu entfernt. Sie ist der Sitz und die Residenz eines Sandschak, und dient den Caravanen, die von Smyrna nach Persien gehen oder daher kommen, zu einem Orte, wo sie Rasttag halten.

Tocati, ein Beiname des Luthfallah Ben Hassan, der aus der Stadt Tocat war. Er hat einen Commentar über das Buch des Tanukhi verfertigt, welches Faradsch baad alscheddat, Trost nach Widerwärtigkeiten, betitelt ist. Dieser Commentar ist in der königlichen Bibliothek zu Paris unter Nr. 1228.

Tocrur, ist der Name einer Stadt in dem Lande der Negern, die einen besondern König hat,

bey man AlTocruri nennt. Diese Stadt liegt an dem mittägigen Ufer des Nils der Negern. Sie liegt weiter nach Westen hin und treibt ein weit stärkeres Gewerbe, als Salah, die zu ihrem Gebiete gehört, und die nur zwei Tagereisen davon entfernt liegt, die man macht, wenn man den Nil der Negern hinunterfährt.

Die westlichsten Africaner bringen Kupfer und Muscheln nach dieser Stadt, und bringen dagegen aus derselben den Tibr, das heißt, den Goldstaub und Armspangen, welche daraus verfertigt werden, zurück. Uebrigens leben die Einwohner derselben blos von Hirsen, Fischen und Milchspeisen. Denn sie halten sehr große Heerden von Cameelen und Ziegen. Man rechnet den Weg von Tocrur bis Segelmessa, einer Stadt in Mauritanien, auf vierzig Tagereisen.

Toctamisch: ist der Name eines Königs oder Sultans in demjenigen Lande, welches Descht Capschak genannt wird, und oberhalb des caspischen Meers liegt. Dieser Sultan stammte von Singhizkhan ab, und ward von Tamerlan in den Besitz seiner Staaten, die der Alus des Dschudschkhan, das heißt, das Erbe des Dschudschi, eines Sohns Singhizkhan, waren, gesetzt. Allein demohngeachtet empörte er sich gegen seinen Wohlthäter, und fiel mehrmals in Türkestan und in Transoxanien ein, wie dies aus

z dem Artikel Timur zu erse-
ist.

Toctamisch ward mehrmals
eben diesem Timur geschla-
, endlich gar aus seinen Staa-
vertrieben, und nach Georg-
n zu fliehen gezwungen; al-
auch noch von hier aus un-
ließ er nicht, noch immer die
uppen dieses großen Eroberers
beunruhigen, der bis nach
Schirvan und bis an den Berg
Caucasus vorgedrungen war. Als
aber endlich einsah, daß alle
ne Versuche gegen eine so gro-
Macht vergeblich waren, söhn-
er sich auf Treue und Glau-
n mit ihm aus, und unterwarf
h gänzlich seinem Gehorsam.

Toffah alginn: der Teufels-
fel: dies ist einer von denen
amen, die die Araber der Man-
agora geben; denn die Orien-
ler sind in Ansehung dieser
flanze eben so abergläubisch,
ie die Europäer. Siehe den
rtikel Alterenk.

Tohfat und Thofat. Die-
s arabische Wort, das Geschenk
nd Präsent bedeutet, macht ei-
en Theil von den Titeln mehre-
er arabischer und anderer Bü-
er aus.

Tohfat alabrar benoct al-
dhkar: ist der Titel eines histo-
ischen Werks, das von Tradi-
ionen oder Erzählungen, die die
usulmanen Hadith nennen,
nd von den Verfassern derselben
andelt; abgefaßt von Jahia

Ben, Scharaf Al Namani, der
im Jahr der Hedschr. 676 verstorben ist. Dieses Werk führt
auch den Titel: Hejaj alabrar
v schiar alakhbar fi talkhis al-
dauat v aladhkar, und da diese
beiden Titel ziemlich lang sind, so
wird dieses Buch gewöhnlich, unter dem Namen Adhkar Al Mau-
aui citirt.

Dieses Buch wird von den
Musulmanen sehr geschätzt. Es
ist in dreihundert und fünf und
sechzig Capitel oder Artikel abgetheilt. Es fängt mit einer Abhandlung vom Gebete an, und
darauf durchgeht es alle Handlungen und Pflichten eines Musulmans, von seinem Erwa-
chen an, bis er des Nachts wieder einschläft, und bestimmt sowol die Gebete, welche mit dem
Munde, als welche blos im Herzen gesprochen werden, für jede
seiner täglichen Handlungen und
Vorfallenheiten. Der Beschluß
dieses Buchs ist eine Abbitte,
oder Anrufung der Barmherzigkeit Gottes um Vergebung der
Sünden.

Ueber dieses Werk sind von
mehreren Schriftstellern Commentare verfertigt worden; auch
ist es im Jahr der Hedschr. 776
von einem Unbenannten ins Persische übersetzt worden.

Man hat noch ein anderes Werk
von Scheibani, das gleichfalls den
Titel Tohfat alabrar fi dauat allail v alnahar führt, und von
dem nemlichen Gegenstande, nemlich von denen für den Tag sowol,

wol, als sie die Nacht angeordneten Gebeten handelt.

Tohfat alahrar: das Geschenk freier Menschen: ist der Titel eines persischen Gedichts, das den Dichter Abdalrahman Achmed AlDschami zum Verfasser hat, der im Jahr der Hedschrah 891 gestorben ist. Dieses Werk, welches von moralischen und geistlichen Gegenständen handelt, ist von seinem Verfasser als eine Nachahmung von dem Gedichte des Razami aufgesetzt worden, welches den Titel führt, Magzen alasrar, Magazin der Geheimnisse, und Mathla alanuar, der Osten der Aufklärungen, verfaßt von Mir Khoseu, die beide vortreffliche persische Dichter gewesen sind. Dieser letztere Verfasser hat das seinige im Jahr 886 entworfen.

Man hat noch ein anderes Werk unter eben diesem Titel, das den Mulana Schemai zum Verfasser hat, und noch eins, das Sem Hassan Pascha für den Sultan Mohammed Khan Ben Morad khan verfertigt hat. Dies ist Mohammed der Dritte.

Tohfat alakhbar fil hekm u alamthal u alaschar: Sammlung von Sentenzen, Sprüchwörtern und Versen, ohne Namen des Verfassers. Sie scheint im Jahr der Hedschrah 1061 gemacht zu seyn.

Tohfat aladib fil redd ala ahel alsalib: dies ist der Titel eines Werks, das von einem Renegaten, der bei den Türken Abdallah Ben Abdallah AlTargiman, Erklärer, genannt wird, gegen die Christen ist geschrieben worden. Dieser Mensch schwor seinen Glauben in der Stadt Tunis, unter der Regierung des Abbas, und seines Sohns Abul Faredh Abdalaziz, gegen das Jahr der Hedschrah 833 ab.

Tohfat aladib bema fil coran men algarib, ist der Titel eines Werks, in welchem alles, was im Coran besonders merkwürdig ist, von Athireddin Abu Hajan AlAndalussi, der im Jahr der Hedschr. 745 verstorben ist, gesammlet worden. Dieses Werk ist in der königlichen Bibliothek zu Paris unter Nr. 585.

Tohfat alalbab: ist der Titel eines Auszugs aus einem Buche, das wir unter dem Titel Adschaib almakhlucat haben, dessen eignen Artikel man hierbei nachsehen kann. Dieser Auszug ist in der königlichen Bibliothek zu Paris unter Nr. 842. befindlich, und hat den Mohammed Ben Achmed AlMocri zum Verfasser.

Tohfat alalbab u nokhbat aladschab: ist der Titel eines Buchs von natürlichen Seltenheiten, wobei zugleich Wunder der Welt beschrieben werden, in vier Capiteln. Der Verfasser desselben ist Abu Abdallah Mohammed AlCaissi, AlGarnathi. Es ist
in

in der königlichen Bibliothek zu Paris unter Nr. 943. befindlich.

Tohfat alfabib v boghiat alhabib: ist der Titel eines Diwan oder Sammlung alter arabischen Gedichte, und mehrerer historischen Nachrichten oder Erzählungen in Prosa. Sie hat den Abulfeth Mohammed Ben Scheikh Bedreddin zum Verfasser, und ist in der königlichen Bibliothek zu Paris unter Numero 1068.

Tohfat alferam beakhbar balad alharam: Geschichte von Mekka, verfaßt von Takieddin Mohammed AlFassi, der aus Fez in Mauritanien gebürtig war, und im Jahr der Hedschr. 833 verstorben ist. Es ist dies eigentlich weiter nichts, als ein Auszug aus einem andern Werke über eben diesen Gegenstand, betitelt: Schefa algaram. Siehe diesen Artikel. Es ist in der königlichen Bibliothek zu Paris unter Nr. ....

Tohfat algaraib: ist der Titel eines Buchs, das nichts anders, als der Adschaib almakhlucat des Cazvini ist, der von einem Christen bearbeitet, das heißt, abgekürzt und mit Zusätzen versehen worden ist. Es ist in der königlichen Bibliothek zu Paris unter Numero 866. befindlich.

Tohfat alacran fima cori bel tathlith men horuf alcoran: ist

der Titel eines Werks, das von der Lectüre des Corans handelt, und den Ebn Malek zum Verfasser hat. Es handelt insbesondere von denen Buchstaben, die mit allen drei arabischen Vocalen gelesen werden können. Es ist in der königlichen Bibliothek zu Paris unter Nr. 1051. befindlich.

Tohfat aldhorafa bedhekr olmoluk v alkholafa: ist der Titel einer Geschichte, die den Mohammed Ben Abissorur AlAskeri AlMesri zum Verfasser hat. Der Verfasser hat diese Geschichte in zehn Sectionen oder Artikel abgetheilt, und sagt in seiner Vorrede, er habe sie verfertigt, um dasjenige, was er in zweien andern seiner Werke, unter dem Titel Ojun alakhbar und AlMenah alrhamaniah, zweifelhaft möchte vorgetragen haben, zu schlichten.

Das erstere von seinen Werken, dessen vollständiger Titel ist: Ojun alakhbar v nozhat alabsar, ist ein starker Band von einer Geschichte, die von Anfang der Welt bis auf seine Zeiten geht.

Das andere hat seinen ganzen Titel folgendergestalt: AlMenah alrhamaniah fi daulat AlOthmaniah, und dies ist eine othmanische Geschichte, die unter dem Titel Dorr aldschoman fi daulat alsolthan noch vermehrter herausgekommen ist.

In der königlichen Bibliothek zu Paris befindet sich unter Nr. 1227 ein Exemplar von dem Wer-

Werke des Askeri, unter dem Titel Tohfat aldhorafa fi hekaiat almoluk y altholafa. Es enthält mehrere, wahre sowol, als fabelhafte Begebenheiten der Khalifen und Fürsten.

Tohfat alebad y adillat algurad: ist der Titel von einer Gebetssammlung, die aus mehreren Abschnitten des Corans genommen sind. Der Verfasser derselben ist Abdalrahman Ben Abibekr, Ben Daud.

Tohfat alarib mema fil coran mien algarib: ist der Titel einer Abhandlung über die Zweifel und Schwierigkeiten, die im Coran befindlich sind. Der Verfasser derselben ist Abu Hajan Mohammed Ben Juffuf AlAndaluffi, AlNahui, der im Jahr der Hedschr. 745 verstorben ist.

III. 527 Tohfat aleslam: ist der Titel eines in türkischer Sprache abgefaßten Gedichts, das den Mardun Ben Ali zum Verfasser hat. Er hat darin vierzig Verse des Corans für eben so viele Traditionen, die die Waisen betreffen, zusammengesammlet, und alles bezieht sich dabei auf den Vers im Coran: Faemma aljatim, fala takohar, den er durch folgende vier türkische Verse erklärt: Mal aitam, zehr cetildür, Jejüb ani jetimeh caher ithmeh, Eschk faili assas umr ijear, Sakin ani catingdeh, caher itnneh. Die Güter der Waisen sind ein tödliches Gift; brauche ja keine Gewalt, um dich in den Besitz derselben zu setzen; die Thränen des Armen werden zu einem Strome, der die Fundamente des Lebens niederreißt; nimm dich also wohl in Acht, daß du ihnen nie einiges Leid zufügest.

Tohfat alaapdad fil heffab: ist ein Buch über die Rechenkunst, verfertigt zu Mekka von Ali Ben Ali, unter der Regierung des türkischen Kaisers Soliman, des Sohns Selim.

Tohfat alajam fi fadhail alscham: ist der Titel eines Buchs, das von den Vortheilen und Vorzügen der Stadt Damas und des syrischen Landes handelt. Schamseddin Ben Mohammed AlBafraui hat es im Jahr der Hedschr. 1003 verfertigt.

Tohfat alemir fi fanaat aleffir: ist der Titel eines Werks über die Chymie, in persischer Sprache, und in drei Theile abgetheilt; von denen der erste die Regeln und die Bedingungen dieser Kunst, der zweite die Einrichtungen und Vorkehrungen, und der dritte die Absichten und Gesichtspuncte, die man bei den dazu gehörigen Operationen zu fassen hat, enthält.

Tohfat albahiat, ist der Titel eines Buchs über die Physiognomie, das durch ein anderes Werk, Sahadschat alensiat betitelt, erklärt und vermehrt worden ist. Es ist in der königlichen

chen Bibliothek zu Paris unter Nr. 928. befindlich.

Tohfat altabbir leabel altabsir: ist ein chymisches Buch, verfaßt von Ismail AlThuneffi, einem Schüler des Mohieddin Ben Arabi.

Tohfat alhabib: ist der Titel einer Poetik, die von Mohammed Ben Achmed ums Jahr der Hedschr. 1000 ist verfertigt worden.

Tohfat alhabib fi alschohud p attacrib, ist ein geistliches oder Andachtsbuch über die Gegenwart Gottes, und die Vereinigung der Seele mit ihm. Mohammed Ben Ali AlHamani hat es im Jahr der Hedschrah 943 geschrieben.

Tohfat alhabib, eine Sammlung von persischen Poesien, von Fakhri aus verschiedenen Schriftstellern gesammlet. Dieses Werk ist in vier Unterredungen abgetheilt.

Tohfat albessab: ist der Titel von einer Abhandlung über die Rechenkunst, in persischer Sprache verfaßt von Khitabi Hussain, einem Astrologen und Arzte des türkischen Kaisers, des Sultan Bajazet, eines Sohns Mohammed des Zweiten.

Tohfat AlKhaniat: ist der Titel eines medicinischen Buchs, ohne Namen des Verfassers.
Orient. Bibl. 4.B.

Tohfat aldabar fi aklchaib albert v albahr: ist der Titel eines Werks, welches Wunderdinge, die theils auf der Erde und theils im Meere anzutreffen sind, nebst Figuren enthält. Der Verfasser desselben ist Mohammed Ben Abi Thaleb AlAnsari, AlSofi, AlDemeschki.

Tohfat alzaman v kheridat alaual, ist der Titel eines in türkischer Sprache abgefaßten Buchs, von Mostafa Ben Ali AlMuakket, der das Amt, die Zeit und Stunden in der Moschee des Selims anzuzeigen, unter der Regierung Solimans bekleidet hat. Der Verfasser handelt in diesem Werke von der Weltkugel und von den Climas.

Tohfat alzemen fi ajan ahel AlJemen. Geschichte berühmter Männer von Jemen, oder dem glücklichen Arabien, verfaßt von dem Seid Hussain AlJemeni, AlHussaini.

Tohfat alsalek almobtadi v lamaat almontahi: Unterricht für den Anfänger, und Strahlen, Aufklärungen, für denjenigen, der im geistlichen Leben die höchste Vollkommenheit erreicht hat. Dies ist der Titel eines Werks, das den Schehabeddin AbulAbbas AlZahed zum Verfasser hat. Dieser Schriftsteller beschäftigt sich in diesem Werke besonders damit, daß er Regeln für das einsame Leben, das im Arabi-

Mm   schen

schen AlKhaluat genannt wird,
giebt.

Tohfat alsalekin: ist der Titel eines persischen Buchs, welches eine Unterweisung für diejenigen ist, die sich der geistlichen
Lebensart weihen. Es hat den
Schehabeddin Fadhlallah AlTau-
rissi zum Verfasser, und ist in
drei Theile abgetheilt, von welchen der erste dasjenige, was
den Glauben betrifft, das zweite
Handlungen, und das dritte Sitten betrifft.

Dieses Werk ist von seinem
Verfasser selbst unter dem Titel
Tohfat almerschedin in einen
Auszug gebracht worden.

**Tohfat alsame v alcari be-
khatm Sahih AlBokhari.** Dies
ist der Titel eines Buchs, das
den Achmed Ben Mohammed
AlEasthalani zum Verfasser hat,
der im Jahr der Hedschrah
923 gestorben ist. Es hat die
Absicht, das Buch des Bokhari,
Sahih betitelt, verständlicher und
die Lectüre desselben nützlicher zu
machen.

**Tohfat alsail fi ossul almes-
sail:** ist der Titel eines Werks,
das von der Art und Weise handelt, wie man schicklich Fragen
vorlegen kann. Es giebt zwei
Werke, die diesen Titel führen.
Das eine hat den Mohammed
Ben Mussa AlThuri zum Verfasser, der im Jahr der Hedschrah 721 verstorben ist. Das andere ist von Schamseddin Mohammed AlSakhaui.

Tohfat alsalathin: Geschenk
an Fürsten. Dies ist ein Werk
über die Politik, in persischer
Sprache verfaßt von Alaeddin
Ali, der unter dem Namen
Mosnafek bekannt, und im Jahr
der Hedschr. 871 verstorben ist.

**Tohfat alsonniah ela ha-
dhrat AlHassaniat fi Logat Al-
Fars v AlTürkiat.** Ist der Titel eines sehr starken Buchs, das
in türkischer Sprache zum Unterrichte in den beiden Sprachen,
der persischen und türkischen, geschrieben ist, und den Mohammed Ben Mostafa AlDaschischi
zum Verfasser hat. Dieses Werk
ist von diesem Schriftsteller aus
mehrern andern, die er selbst genannt hat, gesammlet worden;
zum Exempel aus Bahr alöassi-
lat, Logat Nametallah, und Dacaik alhakaik.

Dieser Schriftsteller mischt III.
viele historische Züge in sein Werk, 529
und hat solches gegen das Jahr
der Hedschr. 1015 dem Beglerbeg von Egypten, Hassan Pascha, dedicirt.

**Tohfat alschaker v enis ab-
dhaker,** ist der Titel eines Buchs,
das von Hussain AlRumi ums
Jahr der Hedschr. 960 ist verfertigt worden. Es handelt von
der Danksagung und vom Gebete.

Toh-

Tohfat alschahiat fil hiat: ist der Titel einer Abhandlung von Himmeln und Gestirnen, verfaßt von Cothbeddin Mahmud Ben Massud AlSchirazi, der im Jahr der Hedschr. 710 verstorben ist, zum Gebrauche des Vesir Emir schah Mohammed. Dieses Werk hat einen Commentator erhalten an Ali Al-Cuschi, und ist vom Scherif Al-Dscherdschani mit Scholien oder Marginalnoten bereichert worden.

Man hat auch eine Abhandlung in persischer Sprache über den nemlichen Gegenstand.

Tohfat alsabian: ist der Titel eines persischen Wörterbuchs.

Tohfat alsodur: ein arithmetisches Buch in persischer Sprache, von Gaznawi im Jahr der Hedschr. 744 verfaßt.

Tohfat alsadik essi Siddik: die hundert Apophthegmen des ersten Khalifen Abubekr, gesammlet von Raschid eddin Mohammed Ben Abdalgelil AlUasthnath. Dies ist der persische Dichter, der Reschidi genannt zu werden pflegt.

Tohfat alsalat: eine Abhandlung vom Gebete, in persischer Sprache verfaßt im Jahr der Hedschrah 897 von Hussain Ben Ali AlKaschefi, AlVaedh, oder AlVaez. Dieser Verfasser ist Hussain Vaez, Paraphrast und Commentator vom Coran in

persischer Sprache. Wir haben ihn öfters in diesem Werke angeführt.

Tohfat althaleb fi ebthal niehalek almethaleb: ist der Titel eines Buchs von Exorcismen und Beschwörungen, durch die man Schätze zu finden hofft. Sie ist in der königlichen Bibliothek zu Paris unter Nr. 1023. befindlich.

Tohfat althalebin: ist der Titel eines Buchs von musulmanischen Traditionen, Ahadith genannt, ohne Namen des Verfassers.

Tohfat altholab fil amil beroba o alusthurlab: Abhandlung von dem Gebrauche des Quadranten, und des Astrolabiums, verfaßt von Abubecaa Ben Othman AlHadheri.

Tohfat aldhorafa besma alkholafa: Abhandlung von den Namen der Khalifen von Sojuthi.

Tohfat aldhorafa fil tarikh almoluk o alkholafa, ist der Titel eines Ardschuzat, oder Gedichts des Mohammed Ben Mohammed AlBauni. Es ist dies eine Geschichte der Khalifen bis in die Zeiten des Mostain Billah.

Tohfat aladschaib o thorfat algaraib: ist der Titel eines Buchs, das den Ebn Athir AlGezeri zum Verfasser hat. Es ist dies ein aus einer großen Menge von Schriftstellern gesammeltes Werk, das mehrere sowol natürliche als moralische Merkwürdigkeiten enthält.

III. **Tohfat aloschak:** Es giebt
530 mehrere türkische sowol, als persische Werke, die diesen Titel führen, und alle von der persischen und türkischen Grammatik handeln. Sie sind alle eine Nachahmung von dem Nessab alsabiän. Es sind dies Onomastica, oder kleine Wörterbücher von diesen beiden Sprachen.

Tohfat algaraib: ein persisches Buch, das den Emir Alem schah Abdalrahman Ben Sageli zum Verfasser hat, der im Jahr der Hedschr. 987 verstorben ist. Es handelt von der Natur und Beschaffenheit der Pferde.

Tohfat algaraib fil remi v albharb v allahab belfars, ist der Titel eines Buchs, das von der Kunst handelt, wie man mit Bogen und Armbrust, in der Fechtkunst und im Kampf mit Lanzen und andern Spielen, die zu Pferde geschehen, zu verfahren hat. Der Verfasser desselben ist Haidar AlSalami, der unter dem Namen oder Titel Reis alselahschurin, der Fechtmeister, bekandt ist, und sein Werk führt auch den Titel: Silah schur Nameh.

Tohfat alfocara fi seirat Al-Scheikh Nadschmeddin: Lebens-

geschichte des Scheikh Nadschmeddin. Dieses Buch ist in persischer Sprache geschrieben, und enthält fünf Capitel.

Tohfat alfocara fi elm almicat men tharik almocantharat: Abhandlung von den Sonnenuhren, verfaßt von Mohammed Ebn alkateb Sinan AlCani, für den Prinzen Schahinschah, einen Sohn Bajazet, des Othmaniden.

Tohfat alfakir: ein persisches Wörterbuch in Versen, ohne Namen des Verfassers.

Tohfat almahmudiah: ein persisches Buch, verfaßt im Jahr der Hedschr. 871 von AlBasthami, mit dem Beinamen Mosnafek, der im Jahr der Hedschrah 871 gestorben ist; es enthält politische Unterweisungen für den Vezir Mahmud Pascha.

Tohfat almardhiat fil Carabhi AlMesriah: angenehmes Geschenk auf die Ländereien von Egypten: eine Abhandlung von den Vortheilen und Vorzügen Egyptens, verfaßt von Zin alabedin Ibrahim Ben Regini Al-Mesri, der im Jahr der Hedschrah 770 verstorben ist.

Tohfat almoschtak fi than as alesma v alaukaf: ein türkisches Buch, welches von den Eigenthümlichkeiten der Namen, Fundationen und frommen Legaten handelt. Die Verfasser desselben waren einige Freunde oder

oder Schüler des Scheikh Ebn Allafa.

Tohfat türkiat: ein türkisches Buch, das hundert Traditionen, oder musulmanischen Erzählungen, die man Ahadith zu nennen pflegt, und hundert Geschichten, die sich darauf beziehen, enthält, ohne Namen des Verfassers.

Tohfat almoluk fil foru. Ein Geschenk an Fürsten über die vornehmsten Artikel des musulmanischen Gesetzes. Dies ist der Titel eines Buchs des Zeineddin Mohammed AlRazi, in zehn Capitel abgetheilt, von welchen das erste von der Reinigung, oder gesetzlichen Abwaschung; das zweite vom Gebete; das dritte von Zehenden und Almosen; das vierte von der Wallfarth nach Mekka; das fünfte vom Fasten; das sechste vom Kriege gegen die Ungläubigen; das siebente von der Jagd und der Fischerei; das achte von den Dingen, deren Gebrauch verboten ist; das neunte von Successionen; das zehnte vom erlaubten und unerlaubten Gewinnste. III. 531 Dieses Werk ist mit einem Commentar versehen worden von Bedreddin Mahmud Ben Achmed AlAini, der im Jahr der Hedschr. 855 gestorben ist, und von Abdallathif Ben Abdalaziz Ben Malek.

Tohfat almoluk fi tabir: ein Buch von Auslegung der Träume, verfaßt von Achmed Ben Khalaf AlSegestani.

Tohfat almoluk. fil thebb: ein medicinisches Buch, in persischer Sprache für die Fürsten geschrieben von Abubekr Ben Massud. Dieser Schriftsteller sagt, das Original von diesem Werke sey unter den Schätzen des Sultans Sandschar ums Jahr der Hedschr. 600 gefunden worden.

Tohfat almoluk v alsalathin. Ein Buch von Moral und Politik, verfaßt von Ali Ben Achmed AlSchirazi, im Jahr der Hedschr. 843.

Tohfat almoctareb behelad almagreb: Geschichte von Africa, aus mehreren Schriftstellern zusammengetragen von Achmed Ben Ibrahim, Ben Jahia, AlAzdi, AlCasthalani. Es ist in der königlichen Bibliothek zu Paris unter Nr. 1228.

Tohfat almodschaba be ahkam althaun v aluaba: Ein Buch, welches die Methode behandelt, wie man sich in der Pest, oder bei andern epidemischen Krankheiten zu verhalten hat; verfaßt von Ebn Tholun AlDemeschki.

Tohfat alvozara: Geschenk an Vesire. Dies ist der Titel eines persischen Buchs, ohne Namen des Verfassers, und in vier Capitel abgetheilt, von welchen

Mm 3   ein

ein jedes Rathschläge und Winke für Vesire enthält.

Tohfat alvozara: ein arabisches Buch, das mit dem vorhergehenden einerlei Gegenstand behandelt, verfaßt von AbulCassem AlBalkhi, der im Jahr der Hedschr. 319 verstorben ist.

Tohfat alvoabh: ist der Titel eines an Prediger gerichteten Buchs des Abdalrahman Ben Ali, Ben AlDschuzi, der im Jahr der Hedschr. 507 verstorben ist.

Dieses Werk hat einen andern Titel, nemlich: Tohfat alvoabh, v nozhat almelahedh.

Tohfat fil raml: ein persisches Buch, das von der Punctirkunst handelt, verfaßt von Nasseredbin Ben Mohammed, Ben Haidar, AlSchirazi.

Tohfat alfelassafah: ist der Titel eines Buchs des Mohammed AlGazali gegen die Philosophen, welches Ben Roschd, der der Averroes ist, beantwortet hat.

Toncat: ist der Name einer Stadt, die zu dem Gebiete der Stadt Schasch, in dem Lande Mauaralnahar, jenseit der beiden Flüsse, Gihon und Sihon, gehört. Von den orientalischen Erdbeschreibern geben ihr einige 89, andere 91 Grade der Länge, alle aber einmüthig 43 Grade nördlicher Breite, im fünften Clima.

Diese Stadt wird für einen sehr handelsreichen Ort angesehen, und es wird in ihrer Gegend, zwischen den Städten Ilak und Schasch, die nahe bei einander liegen, ein großer Markt gehalten.

Toncati, einer, der aus der III. Stadt Toncat gebürtig ist, Nasser Ben Cassan, ein berühmter Mann, der sich aus Transoxanien nach Spanien begab, führte den Beinamen AlToncati.

Torat. Siehe die Artikel Taurah und Tauriah.

Tuba. Siehe den Artikel Thuba. Die Commentatoren über den Coran bemerken, daß in diesem Buche viele aus dem Aethiopischen genommene Wörter befindlich seyen, und dahin gehört auch das Wort Tuba oder Thuba, welches das Paradies bedeutet. Es zeigt eigentlich die Seligkeit und das ewige Glück an.

Tuhid und Tuhidi. Siehe die Artikel Tauhid und Tauhidi.

Tukisi: ist derjenige Titel, der den Namen der beiden Bücher von den Ahkam aluakf, welche von den Fundationen und frommen Legaten der Musulmanen handeln, enthält. Siehe die Artikel Tauakkuf und Quakf.

Diese

Diese beiden Werke führen gewöhnlich den Titel: Tulist helal
v alhassaf.

Tuli: ist der Name einer Insel, von welcher Albergendi, im
neunten Capitel seiner Erdbeschreibung, sagt, sie liege im
Norden, jenseit des siebenten Climas. Wahrscheinlich ist sie eben
diejenige, die die Alten ultima
Thule genannt haben.

Tuli Khan und Tuli-
khan: ist der Name des vierten Sohns des Singhizkhan. Er
starb noch bei Lebzeiten seines Vaters, nach der Eroberung von
Khathai. Daher findet man ihn
nicht in der Reihe der mogolischen oder tatarischen Kaiser, die
nach diesem großen Eroberer regiert haben. Aber er hinterließ
von seiner Gemahlin, Namens
Sarcútna, einer Nichte des
Avent khan, vier Söhne, von
denen drei zur Regierung gekommen sind, nemlich Monkaka, im
gemeinen Leben Mangukhan genannt, Cublai, und Holagu. Der
vierte war Ariboga, der nicht in
der Reihe von Singhizkhans
Nachfolgern steht.

Singhizkhan, der diesen seinen
jüngsten Sohn sehr liebte, hatte
ihm zu seiner Appanage die Länder mitten in seinen Staaten,
Anmil und Cútak genannt, und
die Aufsicht über seine Schätze
übergeben, und er blieb fast immer um die Person seines Vaters.

Der Leb Tarikh bemerkt, daß
das Wort Tuli, oder Tuli, einen
Spiegel in der mogolischen Sprache bedeute, und wahrscheinlich
wurde dieser Name diesem Prinzen deswegen gegeben, weil er
seinem Vater Singhizkhan außerordentlich gleich sah, so daß er
sich in dem Gesichte dieses Sohns
wie in einem Spiegel betrachten konnte.

Tuma. So nennen die Sy-
rer und Araber denjenigen, der
bei uns Thomas heißt.

Mar Tuma, der heilige Thomas, dessen Fest die Syrer am
dritten desjenigen Monats, den
sie Tamuz nennen, und der in
unsern Julius fällt, feiern. Viele glauben, Mar Tuma sey auch
der Name eines andern Heiligen, der noch von dem Apostel
verschieden ist, und bei den Ne-
storianern und andern Syrern in
großer Verehrung steht, und daß
es der Leib von diesem, nicht aber
vom Apostel sey, der in der Stadt
Meliapur, auf der Küste von
Coromandel, die die Portugiesen die Insel St. Thomas genannt haben, verehrt wird.

Ebn Tuma ist auch der Beiname des Abukerim Saed, eines
christlichen Arztes von Bagdet,
dem der Khalife Naffer den Titel Amin aldulat beilegte, weil
er ihm die Aufsicht über seine
Schätze anvertraut hatte. Dieser Mann, der bei dem Khalifen im höchsten Ansehn stand,
stürzte sich durch seine Unbeson-
nenheit ins Unglück. Denn er
machte dem Vesir die Schwäche
seines Herrn bekannt, daß er sich

III.
533

gänzlich durch eine Frau und einen Verschnittnen so regieren lassen, als ob er fast gar nicht mit eignen Augen sehen könnte; und dies war die Ursache, daß ihn der Verschnittne und die Frau ermorden ließen.

Es giebt noch einen Ebn Tuma, der ein Christ von Religion war, und zur Uebersetzung syrischer Bücher ins Arabische ist gebraucht worden.

Tumambari. Siehe Arham almemari.

Tuman. Die Perser und die Araber haben dieses Wort aus der Sprache der Mogolen und der Khuarezmier entlehnt, in welcher es die Zahl zehntausend bedeutet. Ebn Arabschah sagt, das Wort Tuman mache, wenn es von Gewichten oder von Münzen gebraucht werde, zehntausend arabische Silberdrachmen aus, die Methkal genannt werden, und um ein Drittheil weniger, als die attischen im Gewichte halten.

Die Mogolen und die Khuarezmier brauchen oft das Wort Tuman von zehntausend Menschen, und sagen zum Exempel, die Stadt Samarcand enthält sieben Tumans, das heißt, siebenzigtausend Mann, die im Stande sind, die Waffen zu tragen, und Andekhan neun; wobei sich von selbst versteht, daß ihre Gebiete und dazu gehörigen Bezirke mit einbegriffen sind.

Tummanbai. Siehe den Artikel Thumanbai. Es giebt zween Fürsten dieses Namens in der Dynastie der circassischen Mamluken von Egypten.

Tumenah Khan: ist der Name eines Fürsten, der ein Sohn des Baisancor war, und seinem Vater in dem Reiche der Mogolen oder orientalischen Tataren nachgefolgt ist. Er hatte zwei Gemahlinnen. Von der ersten hatte er sieben Söhne, welche keinen Antheil an seiner Nachfolge bekamen, und von der zweiten kamen zween Zwillingsbrüder zur Welt, von denen der eine den Namen Kilkhan, und der andere den Namen Fadschuli führt.

Tumenah khan eroberte einen Theil von Türkestan wieder, der sich dem Gehorsam der Mogolen entzogen hatte, und kam in den ruhigen Besitz von dem Erbgute seiner Väter.

Eines Tages träumte es Fadschuli, als sähe er aus dem Schooße seines Bruders Kilkhan drei Sterne hervorkommen, von denen einer nach dem andern aufging, nach denselben aber sich ein vierter erhob, der weit glänzender, als die vorhergehenden, war, und dessen Strahlen die ganze Oberfläche der Erde erleuchteten. Aus diesem Gestirne kamen mehrere andere Sterne heraus, die gleichfalls insgesamt ein sehr glänzendes Licht von sich gaben; das aber doch weit geringer war, als das erstere.

Nnn

Als dieses erstere Gestirn eben so, wie die drei andern, untergegangen war, so machte es den geringern Sternen Plaß, die ihre Strahlen auf verschiedene besondere Theile der Erde fallen ließen.

Als Fadschuli nach diesem so sonderbaren Traume erwachte, und nun darüber bei sich nachdachte, ward er aufs neue vom Schlafe überwältigt, und hatte einen zweiten Traum, in welchem es ihm vorkam, als ob er sieben Sterne erblickte, welche aus seinem eignen Schooße hervorkamen, und wo einer auf den andern folgte, so daß jeder von ihnen seine besondere Tour am Himmel machte. Auf diese sieben Sterne folgte ein achter, der an Größe und Glanz die übrigen alle sehr übertraf. In der That erleuchtete er alle Theile der Welt, und brachte eine große Menge anderer Sterne hervor, die alle ihre Tour machten, nachdem der große die seinige geendigt hatte.

Sobald Fadschuli vollkommen erwacht war, begab er sich sogleich zu seinem Vater Tumenah Khan, und erzählte ihm seine zween Träume. Der Vater, der in der Kunst, Träume zu erklären, die die Araber Tabir, und die Griechen Oneirokritik nennen, sehr erfahren war, ließ seinen andern Sohn Kilkhan rufen, und erklärte beiden den erstern Traum auf folgende Weise:

Aus Kilkhans Geblüte werden drei Prinzen, einer nach dem andern, entspringen; die werden das ganze Reich der Mogolen besitzen, und es an einen vierten überlassen, der einen großen Theil der bewohnten Erde bezwingen, und ihn unter seine Söhne theilen wird. Diese drei Prinzen waren Coblaikhan, Bortau Behadir, und Jesukai Behadir, und der vierte war Singhizkhan, der sein Reich unter seine Söhne, welche ihm in der Regierung folgten, vertheilte.

Was den zweiten Traum anbetrifft, so erklärte Tumenah khan solchen auf folgende Weise: Die Sterne, welche aus dem Schooße des Fadschuli hervorkamen, zeigen an, daß sieben Prinzen aus seinem Geblüte uneingeschränkte Anführer der Armeen unter der Oberherrschaft der mogolischen Kaiser, die alsdann regieren werden, seyn sollen; nach denselben wird ein achter in gerader und männlicher Linie kommen, der wird der größte Eroberer seyn, den die Welt je gesehen hat, und wird eine sehr zahlreiche Nachkommenschaft hinterlassen, deren Monarchen bis an das Ende der Zeiten regieren werden.

Diese sieben Personen aus Fadschuli's Geblüte sind die Oberhäupter und Generalanführer von den Armeen der mogolischen Kaiser gewesen, die aus Kilkhans Nachkommenschaft abstammen, und der achte war Timur oder Tamerlan, der große Eroberer, dessen Nachkommen noch heut zu Tage in Indien, unter dem Namen

men der Großmoguls, re-
gieren.

Nachdem Tumenah khan diese
Erklärung gegeben hatte, wurden die beiden Brüder mit einander einig, daß das Reich der
Nachkommenschaft des Kilkhan,
der der ältere war, eigenthüm-
lich und ohne Trennung verbleiben, die Anführung der Truppen aber beständig in den Händen der Nachkommen des Fadschuli, der der jüngere war,
seyn solle. Diese Verabre-
dung der beiden Brüder wurde von ihren Nachfolgern, bis
zu Tamerlans Zeiten, so genau
beobachtet, daß selbst dieser Fürst,
so mächtig er auch war, immer,
wenigstens lange Zeit, den Titel
eines Khans oder Sultans anzunehmen sich weigerte, und sich
blos Emir oder Commandant hat
nennen lassen.

Tunes und Tunos, Tu-
nis: eine Stadt in der Provinz,
die im eingeschränkten Verstande
Africa genannt wird, und von welcher die orientalischen Erdbeschreiber sagen, daß sie sehr alt sey,
vielleicht wegen der Nachbarschaft
von Carthago, aus deren Trümmern sie wahrscheinlich von den
Musulmanen ist erbaut worden.

Der Scherif AlEdrissi, der
aus einer Familie war, die in
diesen Gegenden regiert hatte,
sagt in seiner Erdbeschreibung,
Nozhat almoschtak betitelt, diese
Stadt sey das alte Tharsis in
Africa, die von den Musulmanen erobert, und sodann mit

neuen Gebäuden vermehrt worden; auch hätten sie ihr den Namen Tunes gegeben. Sie ist sehr
nahe bei einem kleinen Meere oder
See erbaut, der einen sehr engen Eingang hat, durch welchen
er vom großen Meere getrennt
wird. Man nennt ihn im Arabischen Fom aluad, oder Halc
aluad, den Mund oder den Hals
des Sees; auch ist ein Schloß *III.*
dabei befindlich, welches von den *535*
Franken die Goulette ist genannt
worden, wegen der Lage an diesem engen Passe oder Eingange
des Sees.

Nauairi schreibt, diese Stadt
sey von den Aglabiten erbaut worden, die im Jahr der Hedschr.
180 in diesem Lande zu regieren
angefangen hätten, und Ebn
Ischak Ibrahim, ein Fürst aus
dieser Dynastie, hatte daselbst im
Jahr 281 eben dieser Hedschrah
seinen Aufenthalt. Dieser ist im
Jahr der Hedschr. 296 von Ma-
habi Obeidallah, einem Oberhaupte der fathänitischen Familie, verjagt und seine ganze Familie ausgerottet worden.

Die Dynastie, welche Beni
Hafs genannt wird, fing im
Jahr der Hedschr. 551 hier zu
regieren an, und endigte sich
erst im Jahr 982. Die Familie
dieser Fürsten wird gemeiniglich
Apsi und Habsi genannt. Mu-
lei Hassan, den Barberossa aus
Tunis verjagt hatte, ward im
Jahr der Hedschr. 943 von Carl
dem Fünften wieder eingesetzt,
und hat bis zum Jahr 950 daselbst regiert. Ihm folgte Amid

in

in der Regierung, und diesem sein Bruder Mohammed, der von Sinan Bassa im Jahr 981 nach Constantinopel ist geschickt worden.

Die Stadt Tunis und Goulette wurden also von Sinan Pascha den Spaniern, die in dem Besitze derselben waren, unter der Regierung des türkischen Kaisers Selim des Zweiten wieder abgenommen. Die Geschichte dieser Eroberung ist an dem Schlusse eines Buches, Bark al Jemani si seth AlOthmani betitelt, zu finden.

Der persische Erdbeschreiber giebt dem See oder Teiche von Goulette, in welchem viel süßes Wasser mit Meereswasser vermischt ist, einen Umfang von vier und zwanzig Meilen. Siehe den Artikel Halc aluad.

Tur. Ist der Name des Sohns des Afridun oder Feridun. Siehe diesen Artikel.

Turan. Dies ist der alte Name des Türkestanischen Landes, welches nach Tur, einem Sohne des Feridun, Königs von Persien aus der ersten Dynastie, genannt die Pischdadische, so ist benannt worden.

Tur hatte einen ältern Bruder, Namens Jradsch, der von seinem Vater Persien zu seinem Antheile erhielt: so daß sein jüngerer Bruder Tur gezwungen war, über den Gihon oder Oxus zu gehen, und in den transoxanischen Provinzen zu regieren.

Die Nachfolger des Tur, unter welchen Afrasiab der berühmteste war, haben den Königen von Persien immer viel zu schaffen gemacht, worüber man die Artikel Aferidun oder Feridun und Afrasiab nachsehen muß.

Hier sey es uns genug, blos zu bemerken, daß seit dieser Zeit die Provinzen, welche heut zu Tage das Königreich Persien ausmachen, den Namen Iran geführt haben; und man behauptet, daß sie von Jradsch, dem Sohne des Feridun, diesen Namen erhalten haben; so wie auch alle diejenigen, die jenseit des Gihon oder Oxus sind, von Tur, einem andern Sohne des Feridun, den Namen Turan bekommen haben sollen. Auch ist in allen den Friedenstractaten, die vormals zwischen den Persern und den orientalischen Türken sind geschlossen worden, der Gihon oder Oxus zur Gränzlinie zwischen diesen beiden großen Staaten, die man Iran und Turan nannte, gemacht worden. Siehe auch den Artikel Iran.

Der Verfasser der Geschichte, die wir unter dem Titel Moschtarek haben, schreibt, die Gränzen des Landes Turan seyen gegen Abend zu die Provinz Khuarezm, gegen Mittag der Fluß Gihon, von dem Lande Badakhschan an, welches auf der Ostseite liegt, bis nach Khuarezm; aber sowol auf der östlichen als nördlichen Seite seyen seine Gränzen unbekannt. Eben dieser Schriftsteller fügt hinzu, die
Nation,

Nation, welche Hajathelah genannt wird, und so große Einfälle in Perſien unter den beiden Königen, Cobad und ſeinem Sohne Nuſchirvan, gethan hat, ſey aus dem Lande Turan gekommen.

Achmed Ben Arabſchah ſchreibt auch in ſeinem Akhbar Timur, alle die Länder, die jenſeit des Fluſſes Gihon lägen, führten den Namen Turan, und wie die Araber behaupten, ſo iſt der Name Türkeſtan daher entſtanden. Aber in dem Artikel Türk werden wir bald ſehen, daß dieſe Ableitung falſch iſt. Eben dieſer Schriftſteller fügt hinzu, die Theilung von Iron und Turan ſey zwiſchen dem Könige von Perſien Caicaus, und dem Könige der Türken Afraſiab, vorgefallen, welches mit demjenigen übereinſtimmt, was die Geſchichtſchreiber von Perſien davon ſchreiben.

Mirkhond ſchreibt, es ſey eine Stadt in Mauaralnahar, an dem öſtlichen Ufer des Bahr Khozar, welches das caſpiſche Meer iſt, gelegen, die von Tur, dem Sohne des Feridun, von dem wir bereits geredet haben, ſey erbaut worden, und von dem Namen dieſer Stadt habe das ganze Land, welches jenſeit des Fluſſes Gihon oder Oxus liegt, den Namen Turan bekommen.

Turandokht, iſt der Name einer Königin, die in Perſien in den Zeiten des Khalifen Omar regiert hat. Sie war eine Tochter des Königs von Perſien,

Khoſru Perviz, und hat nach dem Tode ihres Neffen Ardeſchir, eines Sohns Schiruieh und des unrechtmäßigen Thronbeſitzers Scheheriar, nur vierzehn Monate regiert.

Sie hatte einen Feldherrn, Namens Ferokhzad, zum Anführer ihrer Truppen, der auch das Reich gänzlich unter ihrem Namen regierte. Als Ferokhzad erfuhr, daß Abu Obeidah, ein General der Araber, auf Befehl des Khalifen Omar, eine Brücke über den Euphrat geſchlagen, und über denſelben gegangen ſey, um die perſiſche Armee anzugreifen, die im babyloniſchen Irak ihr Lager aufgeſchlagen hatte, bemächtigte er ſich ſogleich dieſer Brücke, um ſeinem Feinde die Lebensmittel abzuſchneiden, und ihm den Uebergang, den ſie zur Deckung ihres Rückzugs offen zu halten ſuchten, gänzlich zu verwehren.

Dieſe erſte Unternehmung glückte dem Ferokhzad ſo ſehr, daß, als er ihnen hierauf ein Treffen lieferte, und ihre Armee in Unordnung gebracht hatte, ſich nur ſehr wenige von ihren Leuten durch die Flucht retteten, ja Abu Obeidah ſelbſt im Treffen das Leben verlohr. Dies geſchah im 14ten Jahre der Hedſchrah.

Dieſer Sieg würde Perſien von den Händen der Araber befreit haben, wenn die Königin Turandokht nicht in eben der Zeit geſtorben wäre. Denn es ſuccedirte ihr Sihan Schedah, ein ſchwacher Fürſt, und als er nur einen Monat regiert hatte, ward

das

das ganze Reich in Factionen getheilt, und fiel von neuem in Weiberhände, denn Azurmidokht, eine Schwester der Turandokht, wurde auf den Thron erhoben.

Turandokht. Dies ist der Name der Tochter des Hassan Ben Sahal, des reichsten Herrn seiner Zeit, die an den Khalifen AlMamon ist verheirathet worden. Siehe die Beschreibung der Pracht, mit welcher diese Vermählung ist gefeiert worden, in dem Artikel Hassan Ben Sahal.

Diese Prinzessin war sehr gelehrt, und mit schönen Eigenschaften des Geistes begabt. Der Verfasser des Nighiaristan erzählt, als der Khalife einstmals in ihr Zimmer getreten, und sich der ehelichen Pflicht in aller Eile habe entledigen wollen, habe sie, weil sie gerade sehr rechtmäßige Abhaltung gehabt, folgende Worte des Corans zu ihm gesagt: Fi emrallah fala tastageluho; Thue nicht das Werk, oder das Gebot Gottes mit Uebereilung. Denn die Musulmanen haben die Ehe und die dazu gehörigen Pflichten mit dem erhabenen Namen Emrallah beehrt, welcher eigentlich ein göttliches Gebot bedeutet. III. Diese so treffend angeführte Stelle bändigte die allzuhitzige Begierde ihres Gemahls. 537

Als der Vater dieser Fürstin starb, verbot der Khalife ihr diesen Vorfall zu Ohren zu bringen. Als sie nun eines Tages in das Zimmer des Khalifen trat, und

getwahr wurde, daß der Khalife sich nicht erhob, um sie zu empfangen, rief sie sogleich aus: Ach, mein Vater! AlMamon fragte sie auf dieses Gespräche, woher sie die Nachricht von seinem Tode erhalten habe? Sie versetzte ihm: Ich habe es wohl aus der Art, wie du mich empfangen hast, gemuthmaßt.

Turanschah. Dieses Wort, welches im Persischen eigentlich einen König von Turan bedeutet, ist der eigenthümliche Name von mehreren Personen geworden.

Turanschah Ben Cadherd. Dies ist der Name des dritten seldschucidischen Fürsten, aus der zweiten Linie dieses Geschlechts, der in Kerman regiert hat. Er succedirte seinem Bruder Sultan schah, unter der Oberherrschaft des Malek schah, eines Sultans aus der ersten Linie von eben diesem Geschlechte. Er regierte mit dem Ruhme eines sehr gerechten und sehr weisen Fürsten, und ließ es seine einzige Beschäftigung seyn, alle die Zerstörungen wiederherzustellen, die das Unglück der vorhergehenden Kriege in seinem Staate veranlaßt hatte. Er starb im Jahr der Hedschr. 489, nachdem er dreizehn Jahre regiert hatte, und hinterließ seinen Sohn Iranschah zu seinem Nachfolger.

Turanschah: ist der eigenthümliche Name des Malek AlMoaddham, eines Sohns des Malek

Malek AlSaleh Ajub, ersten Sultans aus dem Geblüte der Ajubiten, oder der Nachkommenschaft des Saladin, die in Egypten vor den Mamluken regiert haben.

AlMalek AlSaleh Nadschmeddin Ajub, der Vater dieses Fürsten, dem man den Titel Ostad AlTürk gegeben hat, weil er zuerst türkische oder türkomanische Sclaven zu erziehen anfing, um aus denselben eine neue Miliz zu errichten, war in der Ausführung seines Plans so unglücklich, daß seine Sclaven, die Mamluken, da sie zu mächtig wurden, sich der Regierung des Staats bemächtigten, und endlich seinen Sohn Turan schah, von dem wir eben reden, ermordeten. Nachdem sie hierauf einige Zeitlang die ganze Oberherrschaft den Händen seiner Mutter Schadscher aldorr überlassen hatten, erhoben sie endlich den Ezzeddin Ibek, den sie geheirathet hatte, auf den Thron.

Dieser Fürst wird für den letzten unter den Ajubiten gerechnet, obgleich sein Sohn Malek Al-Aschraf Mussa, als er noch ein Kind von sechs Jahren war, einige Monate lang von eben diesem ersten Sultane der Mamluken von Egypten, Ibek, zur Theilnahme an der Regierungsverwaltung war erhoben worden. Siehe die Artikel Ibek und Mamluk.

Turat und Torat. Siehe die Artikel Taurah und Tauriah.

Dies ist das Gesetzbuch der Juden, das wir gewöhnlich den Pentateuch zu nennen pflegen.

Der Verfasser des Leb Tarikh schreibt im Leben Alexanders des Großen, Argus habe in seinen Zeiten den Torat bekanntmachen lassen. Dieser Schriftsteller verwechselt den Argus, oder Ptolemäus, Lagus Sohn, mit Ptolemäus Philadelphus, der das Gesetz der Juden ins Griechische hat übersetzen lassen.

Tuschi Khan oder Tuschi Khan:

ist der Name des ältesten Sohns des Ginghizkhan. Die Geschichtschreiber sind über seinen Namen uneinig. Denn es giebt mehrere derselben, die ihn Dschudschi nennen, und es scheint sogar, daß dies sein wahrer Name ist, es wäre dann, daß er zwei gehabt hätte.

Eben diese Geschichtschreiber sind über die Zeit des Todes dieses Fürsten unter sich uneinig. Einige setzen seinen Tod erst in die Regierungszeit seines Bruders Octai Caan, und der größte Theil der übrigen behauptet, er sey sechs Monate vor seinem Vater Ginghizkhan gestorben. Aber alle kommen darin überein, daß er Gouverneur im Namen seines Vaters, von den Ländern Descht Capschak, Bulgar, Alan und Rus gewesen sey.

Dem Leb Tarikh zufolge fällt sein Tod in das Jahr der Hedschrah 622, oder nach andern 624, welches das Todesjahr des Ginghizghizkhan ist, das mit dem Jahre Christi 1226 oder 1227 eins ist.

AbulFaradsch, der den Tuschikhan unter der Regierung seines Bruders Oktaikhan sterben läßt, sagt, er habe sieben Söhne hinterlassen, unter denen einer, Namens Batu, war, der ihm in den nördlichen Provinzen nachgefolgt ist, und von welchem wir bereits oben geredet haben. Dieser verbreitete von da aus seine Eroberungen so weit, daß er ganz Europa in Schrecken versetzte. Denn er kam mit seinen Tataren bis nach Schlesien, und wollte von da aus bis Constantinopel gehen. Allein er starb unterwegens. Siehe seinen Artikel.

Tuster: ist der Name der Hauptstadt von Ahuaz und von Khuzistan, das auch den Namen Schuschter führt, und das wahrscheinlich die alte Stadt Susa, die Hauptstadt von Persien, ist.

Der persische Erdbeschreiber sagt in seinem dritten Clima, der König von Persien, Schabur oder Sapor, habe daselbst einen Damm von ungeheurer Höhe aufwerfen und den Fluß Choaspes bis an denselben steigen lassen. Vergleiche die Artikel Schuschter, Khuzéstan, Khuzistan, und Sol-chan aldular.

Mohammed Ben Cassem schreibt, Tuster sey die erste Stadt gewesen, die nach der Sündfluth mit Mauern sey umgeben worden, und der Damm von einer so ungeheuren Höhe, den Schabur habe aufführen lassen, sey

blos aus der Ursache errichtet worden, um die Ueberschwemmung von einer zwoten Fluth zu verhindern.

Tusteri und Schuschteri: ist das Nomen Appellativum desjenigen, der aus der Stadt Tuster gebürtig ist oder herstammt.

Abu Mohammed Sahal Ben Abd führt gewöhnlich den Beinamen AlTusteri. Dieser Mann wird von den Musulmanen für einen ihrer vornehmsten Sofis oder Gesellschaftsoberhäupter derjenigen, die sich einem einsamen und völlig geistlichen Leben ergeben haben, angesehen.

Dieser Tusteri ist ein Schüler des Dhualnun und Mitschüler des Dschonaid gewesen, welche beide große Meister in der geistlichen Lebensart gewesen sind. Er ist in einem Alter von achtzig Jahren im Jahr der Hedschrah 283 verstorben.

Tuzar oder Tuzer: ist der Name einer Stadt in der Provinz Africa im engern Verstande; die an Palmbäumen und Feldern, die sehr fruchtbar an Getreide sind, einen Ueberfluß hat, auch von sehr schönen Wasserquellen gewässert wird. Dies ist die Beschreibung, welche der persische Erdbeschreiber in seinem dritten Clima davon macht.

Tozun, ist der Name eines Mannes, der von Nation ein Türke, das heißt, aus Türkestan gebürtig gewesen ist. Er wurde

als

als Sclave an den Hof der Samanidischen Fürsten gebracht, wo
er in allen Arten von Kriegs-
übungen erzogen wurde, und er
erlangte auch so viele Geschicklichkeit in denselben, daß er sein
Glück an diesem Hofe machte,
und von Stufe zu Stufe bis zur
Würde eines Anführers der Truppen des Nuh, eines Sohns des
Mansur, und siebenten Sultans
von dieser Linie gelangte.

Tozun erlangte einen solchen
Ruhm als Krieger, daß er endlich von seinem Herrn das Gouvernement der Provinz Khorassan erhielt. Aber endlich kehrte
ihm das Glück den Rücken zu;
er ward von Mahmuds, des
Sohns Sebektezhin, Truppen,
aus seinem Gouvernement vertrieben, und genöthigt, in die
Stadt Bokhara zu Sultan Mansur dem Zweiten zu fliehen, der
seinem Vater Nuh, einem Sohne Mansur des Ersten, in der
Regierung gefolgt war.

Dieser undankbare Türke, der
sein ganzes Glück den Samaniden zu verdanken hatte, trug kein
Bedenken, sich mit Faik, der sich
gegen den Sultan Mansur empört hatte, zu verbinden, und
diese beiden Meineidigen bemächtigten sich seiner Person, und beraubten ihn nicht nur seiner Staaten, sondern nahmen ihm auch
sein Gesicht und seine Freiheit.
Dies ist, Khondemir und dem
Leb Tarikh zufolge, im Jahr der
Hedschr. 389 vorgefallen. Siehe die Artikel: Mansur oder Mansor und Samaniden.

Tujuk, Turuk oder Tutek,
ist der Name eines Sohns des
Türk, eines Sohns Japhet. Siehe den Artikel Türk.

Turgut und Durgut. Tur-
güt eli. So nennen die Türken
einen Theil von Natolien, der
sehr nahe bei Dülgadir liegt, das
die alten Phrygien genannt
haben.

Türk. Dies ist das Wort,
das in allen Sprachen bekandt
ist, und aus dem die Araber die
vielfache Zahl Atrak, das die
Türken bedeutet, gemacht haben;
denn es ist nicht nur von den othmanidischen Türken, die unsere
Nachbarn sind, sondern auch von
den Tataren, Iguteern, Kha-
thaiern und Mogolen üblich, und
daher nothwendig, daß wir den
Ursprung desselben aufsuchen.

Er wird sehr umständlich im
fünften Bande der Geschichte des
Mohammed Khavendschah, den
wir gemeinhin Mirkhond zu nennen pflegen, und die den Titel
Raudhat alsafa, Garten der Ergötzlichkeiten, führt, und in der
neunten Abhandlung des Khondemir, der einen Auszug aus der
Geschichte seines Vaters, unter
dem Titel: Khilassat alakhbar,
Kern der Geschichten, verfertigt
hat, erklärt.

Diese beiden Schriftsteller sagen, nachdem sich die Arche Noah auf der Spitze des Gebirges
Dschudi oder der gordischen Gebirge niedergelassen, und die
Wasser der Sündfluth verlaufen
gewe-

sen, habe dieser Patriarch die bewohnbare Erde unter seine drei Söhne vertheilt, und da wären alle die Länder, die sich von diesem Gebirge bis an die äußersten Gränzen des Orients erstreckten, nebst den nördlichen Theilen der Erde, dem Japhet, seinem ältesten Sohne, durchs Loos zugefallen.

Dieser Patriarch wird von diesen Geschichtschreibern unter die Zahl der Propheten und Gesandten Gottes gesetzt, weil ihm die Unterweisung der Völker, die ihm unterworfen werden sollten, aufgetragen, und er dazu bestimmt worden war, daß er sie die wahre Verehrung der Gottheit lehren sollte.

Ehe Japhet sich von seinem Vater trennte, um mit seiner Familie die Länder, die ihm durchs Loos zugefallen waren, in Besitz zu nehmen, empfing er nebst seinem Segen ein vortreffliches Geschenk, nemlich einen Stein, auf welchem der große Name Gottes eingegraben war, und erfuhr zugleich, daß dieser geheimnißvolle Name alles, was in der Religion und Gottesverehrung von Wichtigkeit ist, enthalte. Dieser Stein, den die Araber Hadschr almathar, den Stein des Regens, genannt haben, wird von den Mogolen Dschudeh thasch und Dschürthasch, von den Persern aber Senkideh genannt. Er hatte die Kraft, daß er den Regen hervorbringen, und wieder aufhören machen konnte, je nachdem es das Bedürfniß, das Japhet in Absicht

III.
540

Orient. Bibl. 4. B.

desselben hatte, mit sich brachte; und wiewol er durch die Länge der Zeit verzehrt oder verlohren gegangen ist, so sind doch noch unter den orientalischen Türken dergleichen Steine anzutreffen, von welchen sie behaupten, daß sie die nemliche Kraft besitzen, daher sie ihnen auch denselben Namen gegeben haben. Und die Allerabergläubigsten unter ihnen sagen, sie seyen durch eine Art von Zeugung von dem ersten Steine, den Noah seinem Sohne gegeben hatte, hervorgebracht und vervielfältigt worden.

Viele Geschichtschreiber geben dem Japhet nur acht Kinder männlichen Geschlechts. Der älteste hieß Türk, und dies ist der Sohn, welcher macht, daß Japhet immer bei denen Nationen, welche von seinen Nachkommen abstammen, den Beinamen AbulTürk, Vater des Türk, führt. Der zweite hieß Tschin. Der dritte, Seclab. Der vierte, Mameluk. Der fünfte, Gomari, und dieser führt auch den Namen Keimak. Der sechste, Khozar. Der siebente, Rus: und der achte, Bazadsch. Zu diesen acht setzen einige Geschichtschreiber noch drei Söhne hinzu, so daß ihre Anzahl bis auf eilf steigt, und ihre Namen sind Sadessan, Gaz und Khaladsch. Auch sind die Geschichtschreiber nicht ganz über das Recht der Erstgeburt unter diesen Söhnen einig. Denn einige geben sie dem Türk; andere dem Tschin.

Nn   Nach-

Nachdem Japhet seinen Söhnen einen sehr guten Unterricht, sowol in dem, was die Religion, als was die Beherrschung und Einrichtung ihrer Familien betraf, und die er dadurch errichtet, daß er, nach der Gewohnheit der ältesten Patriarchen, die Brüder mit ihren Schwestern verheirathet hatte, so verließ er diese Welt, und ließ die Befehlshaberschaft und unumschränkte Beherrschung von Türkestan seinem Söhne Türk; und dies ist eben derjenige, den die orientalischen Türken Japhet Oglan, den Sohn Japhets, nennen. Sie erkennen ihn für den ersten Urheber ihres Stammes.

Türk, der Sohn Japhets, war außer dem Vorzuge seiner Erstgeburt, auch in dem Besitze von sehr schönen Eigenschaften, die er vor allen seinen übrigen Brüdern voraus hatte. Daher ward er auch ohne die mindeste Schwierigkeit als Herr und oberster Beherrscher des ganzen Landes, wo seine Brüder wohnten, und das bei dem Tode des Japhet schon sehr bevölkert war, anerkannt. Und da ihre Familien von Tag zu Tage an Anzahl zunahmen, und einander den Raum sehr zu verengen anfingen, so beschlossen eben diese Brüder, andere Länder aufzusuchen, und daselbst in der Folge Colonien anzulegen, die die Mütter der größten Nationen der Welt, die von denselben herstammen, geworden sind, wie dies aus den besondern Artikeln von allen Söhnen Japhets zu ersehen ist.

Dieser Fürst, der mit seiner Familie allein in einem Staate blieb, der noch von keinem großen Umfange war, wollte nun auch die benachbarten Gegenden besehen, und bei dieser Gelegenheit befand er sich endlich an dem Ufer eines sehr schönen Sees, der von Hügeln umgeben war, aus welchem mehrere Quellen fließendes Wasser, worunter sogar einige warme waren, entsprangen, die sich in eine sehr schöne Wiese ergossen. Der Anblick von einem so angenehmen Orte, der in der Folge von den Mogolen Silenkai, und von den Arabern Silük genannt wurde, erregte in ihm das Verlangen, sich daselbst niederzulassen. Man hält diesen Ort für den ersten, der in Türkestan erbaut worden ist, und weder Marmor, noch Steine sind zu seiner Erbauung angewendet worden. Holz und Erde waren die einzigen Materialien, deren man sich damals bediente, und erst einige Zeit hernach wurden Backsteine und Stroh hinzugethan, und diejenige Art von Hütten oder kleinen Häuschen aufgeführt, die die Perser Kharghiah nennen.

Dieses Silenkai war auch derjenige Ort, wo, unter diesen tatarischen Hütten, Türk, der Sohn Japhet, seine Wohnung und sein königliches Hoflager hatte. Denn man behauptet, er sey derjenige gewesen, der zuerst die Zeichen der königlichen Würde getragen, und

und der sie in dem Lande Turan oder Türkestan, in oder ohngefehr um eben diejenige Zeit, da sie Cajumarrath in dem Lande Iran, welches Persien ist, einführte, so zu sagen gegründet habe.

Türk beherrschte seine Familie und seine Unterthanen mit großer Klugheit und Gerechtigkeit viele Jahre hindurch. Denn er hat zweihundert und vierzig Jahre gelebt, und vier Kinder männlichen Geschlechts, nemlich Tutof, Genghel, Barsedscha und Ilak hinterlassen. Aber nach einem correctern Texte hatte Türk fünf Kinder, von denen Ilmiugeh der älteste gewesen, und ihm in der Regierung nachgefolgt ist. Turk oder Tutuk war der zweite; Genghel der dritte; Barsedscha, der auch sonst Pir Scheher genannt wird, der vierte, und Ilak, der auch Imlak genannt wird, der fünfte.

Die Gesetze, welche Türk für die Policeiverfassung seiner Staaten bekannt machte, werden von den Mogolen Jassa und Jassak genannt, und eben diese Gesetze sind in der Folge von Ginghizkhan erneuert und vermehrt worden. Alle diejenigen, die diesen Gesetzen zuwider handeln, sind dazu verdammt, daß sie, nach ihrer Art zu reden, in den Jassa verfallen, und werden, nach Beschaffenheit des Verbrechens, entweder mit dem Tode oder mit der Peitsche bestraft; denn dies sind die beiden einzigen Strafen, die eben diese Gesetze verordnen.

Die Nachkommen des Türk wurden in vier große Stämme eingetheilt, gerade so, wie dies auch der Fall bei der jüdischen und arabischen Nation von dieser Zeit an war. Ihre Namen sind: Erlat, Dschalair, Caujin, und Berlas oder Perlas. Von diesem vierten Stamme kommt, wie Achmed Ben Arabschah versichert, Tamerlan her. Aber diese vier Stämme sind in der Folge in vier und zwanzig andere von Oguzkhan eingetheilt worden, wie dies unter dem besondern Artikel dieses Fürsten weiter zu lesen ist.

Diese vier und zwanzig Völker oder Stämme wurden in den rechten und in den linken Flügel eingetheilt, die die Mogolen und Tataren Givangar und Berangar nennen. Die Völker von diesen beiden Flügeln, die übrigens eine Nation ausmachten, hatten ein Grundgesetz ihrer Regierung, daß sie sich niemals mit einander vermischen oder verbinden wollten.

Uebrigens muß man nicht vergessen, daß, da Mogul, oder Mogol, und Tatar, von Türk, dem Sohne Japhet, herstammen, und den beiden großen Nationen der Mogolen und der Tataren ihre Namen gegeben haben, eben diese Nationen von allen orientalischen Geschichtschreibern unter dem gemeinschaftlichen Namen Türk, oder Atrak, welches die vielfache Zahl von diesem Namen, also eben das ist, was wir türkische Nationen nennen würden,

begrif-

begriffen werden. Einige begreifen auch unter eben diesen Namen Türk und Atrak die Völker von Khathai, welches die mitternächtlichen Chineser, oder wenigstens die an sie gränzenden Tataren sind.

Ben Schohnah bemerkt beim Jahr der Hedschr. 434, daß unter der Regierung des Caim Beemrillah, der der sechs und zwanzigste Khalife aus der Nachkommenschaft der Abbassiden war, in der Zeit, da die seldschucidischen Türken sich in Persien bekandt zu machen anfingen, fünftausend Horden oder Familien der Türken die musulmanische Religion angenommen haben, und daß die Khatajer und die Tataren die einzigen Völker unter ihnen waren, die sich derselben zu unterwerfen geweigert haben.

Zu allen Zeiten hat es einige unter diesen Türken gegeben, die keinen steten und gewissen Aufenthaltsort gehabt, im freien Felde gewohnt und ihre Heerden auf eben die Art haben weiden lassen, wie diejenigen, die die Griechen Nomaden und die Araber Bedui genannt haben, zu thun pflegen. Die Türken nennen sie insbesondere Gütschgüngi Atrak, und von diesen herumirrenden und vagabundischen Türken stammet die Nation der Türkomanen ab, von welcher bei alle dem doch zwei berühmte Dynastien entsprungen sind, die man vom schwarzen Schöps und vom weißen Schöps zu nennen pflegt, und von welchen in den Artikeln Cara Coiunli, Ak Coiunli, Ca-

III. 542

ra Jussuf, und Hassan Althau il, der der Uzum Cassan ist, gehandelt wird.

Der gewöhnliche Titel, welchen diese Völker ihren Königen gegeben haben, ist Khan oder Khakan. Aus diesem letztern Worte haben die Araber die vielfache Zahl Khauakin gemacht, mit welcher sie die Könige von Türkestan, so wie die Könige der Mogolen, der Tataren und der Khathaier bezeichnen.

Diese Türken, im allgemeinen Verstande genommen, stehen bei den Persern und Arabern, wegen der großen Nachtheile, die sie von ihnen erlitten haben, in einem so schlimmen Rufe, daß gewöhnlich bei ihnen das Wort Türk für einen Räuber, Buschklöpfer und Landstreicher gesetzt zu werden pflegt. Und die Perser haben ein Sprüchwort, des Inhalts, daß Türk egher Mulla scheved, heman catlesch halal scheved: wenn ein Türke sogar der Lehrer des musulmanischen Gesetzes wäre, so könnte man ihn doch tödten, ohne daß man sich im mindesten ein Gewissen darüber zu machen hätte. Aber was noch weit mehr Bewunderung verdient, ist, daß man in der türkischen Sprache einen Vers folgenden Inhalts hat: Ferid ruzghiar olsah fonun ilmileh bir Türk: Eschek lik zerrehgeh olmaz mizaginden etek zail: Wenn ein Türk oder Tatar sich sogar in allen Arten von Wissenschaften auszeichnet, so bleibt dennoch immer Barbarei mit seinem Naturell ver-

verbunden. In der Geschichte der Khalifen finden sich Beispiele, in welchem hohen Grade das Blut der Türken einer Vermischung mit dem Blute der Abbassiden ist unwürdig gehalten worden, als die Rede davon war, ob eine Prinzessin aus diesem Hause dem ersten Sultan aus der Dynastie der Seldschuciden, Thogrul Beg, zur Gemahlin sollte gegeben werden.

Hafedh oder Hafez, ein persischer Dichter, sagt, wenn er von einer Schreckenerregenden Sache spricht, sie nehme die Geduld und die Ruhe mit eben so vieler Heftigkeit aus unsern Herzen weg, als die Türken oder Bettler die Speisen von einer wohlbesetzten Tafel wegholten. Tschünau berdend sabr ez dil kih Türkan khoan jagmara.

Uebrigens brauchen doch auch die Perser und der Dichter Hafez selbst das Wort Türk von einem wohlgebildeten Menschen. Wirklich ließen auch Motassem, achter Khalife aus dem Geschlechte der Abbassiden, Schehabeddin, Sultan aus dem Geblüte der Gauriden, und AlMalek AlSaleh, Sultan aus dem Geblüte der Ajubiten in Egypten, so wie mehrere andere Fürsten von Asien, eine große Anzahl von jungen türkischen, wohlgebildeten Sclaven aufkaufen, und solche an ihren Höfen erziehen, worauf sie von denselben eine Miliz aufrichteten, deren Anführer nicht nur Herren vom Khalifate und von der Person der Khali-

fen wurden, sondern auch große Staaten oder Dynastien in Khorassan, in Khuarezm, in Egypten, und sogar in Indien errichteten.

Diese türkischen jungen Leute, die den Persern besonders wohlgefielen, veranlaßten den Hafez, in seinem Diwan zu sagen: Egher an Türki schirazi bedeft ared dili mara: Bekhal Hindujesch bakhschem Samarcand v Bokhara: Wenn ich die Gunst jenes Türken in der Stadt Schiraz mir erwerben könnte, so würde ich für die geringste seiner Gunstbezeugungen die Städte Samarcand und Bokhara geben. Dieser Vers hätte aber auch dem Dichter Hafez theuer zu stehen kommen können, wenn er ihn nicht geändert hätte. Denn Tamerlan nahm es sehr übel, daß er von zwei großen Städten, die ihm zugehörten, und von welchen die erstere die Hauptstadt seines Reichs war, so geringschätzend sprach. Allein er gab diesem Monarchen zu verstehen, er habe seinen Vers nicht mit den Worten Samarcand und Bokhara, sondern mit den Worten Du ser cand Bokhara, welche zwei Zuckerbrodte von Bokhara bedeuten, geendigt.

Im Jahr der Hedschrah 408, *III.* kurz vorher, ehe sich die Gazne- *543* viden Meister von Khuarezm gemacht hatten, kamen die Tataren und Mogolen, die man unter dem Namen der Türken begreift, aus den Gegenden von China heraus, und fingen an, das ganze Land, welches sich vom

chine-

chinesischen Weltmeere an bis an die Gegend von Balasagun, der Hauptstadt desjenigen Landes, welches im engern Verstande Türkestan genannt wird, erstreckt, zu plündern und zu verwüsten. Allein Thogau oder Dhogan Khan, der damals hier herrschte, verhinderte sie nicht nur weiter zu gehen, sondern verfolgte sie auch noch überdies einen Weg von drei Monaten lang und tödtete ihrer mehr denn zweimalhunderttausend.

Diejenigen Türken, welche am weitesten gegen Osten und Norden hin wohnten, waren noch durch die Religion von einander getrennt. Denn ein Theil bestand aus Gläubigen, und der andere aus Ungläubigen. Die Musulmanen behaupten, daß die Oguzier, von welchen ihrer Meinung nach die ottomanische Familie herstammt, seit ihrem Ursprunge Gläubige oder Musulmanen gewesen seyn, obgleich dieser Stamm um mehrere Jahrhunderte älter ist, als der Mohammedismus. Sie kounten freilich Gläubige seyn, nemlich Christen. Denn es hat immer, sogar bis auf die Zeiten des Ginghizkhan und Tamerlan, Horden oder Nationen von Tataren gegeben, die sich zum Christenthum bekannt haben, und unter denen es Bischöfe, Priester und Religiosen gegeben hat, wie solches selbst aus den Artikeln des Ginghizkhan, seiner Nachfolger, und selbst des Tamerlan zu ersehen ist.

Diese gläubige und ungläubige Türken haben öfters Krieg miteinander geführt, besonders seitdem sich der Musulmanismus bis zu ihnen verbreitet hat, welches in den Zeiten erfolgt ist, da Seldschuk und seine Söhne, unter der Regierung des Mahmud, eines Sohns Sebekteghin, des Gazneviden, nach Khorassan gegangen sind. Und die khozarischen Türken, die für Ungläubige angesehen wurden, wurden von den Seldschuciden nebst ihrem Könige Bigu geschlagen.

Man hat eine allgemeine Geschichte von denjenigen Türken, die wir orientalische, zum Unterschiede von den othmanidischen Türken, nennen können, die den Ebn Al Molakken zum Verfasser hat, unter dem Titel Tarikh Al Atrak. Diese orientalische Türken begreifen die Mogolen und Tataren unter sich, die unter Ginghizkhan und Tamerlan große Einfälle gewagt haben; die Khozarier, die in unsern Geschichten Ararier genannt werden, und die kleinen Tataren, die beide von Ginghizkhan abzustammen behaupten, eben so, wie die Uzbeken, die Khuareimier, und ein Theil von Uzbeken, die von Dschagatai, einem Sohne des Ginghizkhan, abstammen, die Seldschuciden und die Oguzier, von welchen die Othmaniden oder Ottomanen, die Türken und Türkomanen von Asien und Egypten, und mehrere andere uns weniger bekannte Nationen, zum Exempel die Alan, Getah, Khatha,

tha, Dschalair, Tamgadsch u. a. m. herkommen.

Türkestan ist das Land der Türken, eben so wie Hindostan das Land der Indier ist.

Dieser Name hat zwei Bedeutungen. Die eine ist so weitläuftig, wie das Wort Turan, das alle diejenigen Länder in sich begreift, die in Ansehung Persiens jenseit des Flusses Gihon oder Oxus liegen.

Die andere ist eingeschränkter, und begreift das Land unter sich, das jenseit des Flusses Sihon oder Jaxartes liegt. Denn alles, was vom Gihon an bis an den Sihon liegt, führt den Namen Mauaralnahar, oder der Provinz Transoxanien.

III. 544 Als Bergendi schreibt in seinem fünften Clima, die Provinz Türkestan, die er Belad Türk nennt, habe zur Haupt- und Residenzstadt die Städte Belendschar, Hesikhau und Cariat alhabithah, welche funfzig Parasangen, oder hundert unserer Meilen, von der Stadt Cath entfernt ist, die zu Khuarezm gehört, und auf der Ostseite des Flusses Gihon liegt.

Afrasiab, der von Tur, einem Sohne des Feridun, herstammte, war König von Türkestan, in den Zeiten, da Caicaus der Zweite, König von Persien aus der zweiten Dynastie, die den Beinamen der Cajanier oder Cajaniden führte, auf dem Thron saß. Dieser türkische Fürst, der gegen das Ende der ersten Dynastie aus Persien war verjagt worden, ward in seinen Staaten von Rostam verfolgt, der bei tausend ganzer Parasangen seines Landes verwüstete; das heißt, es drang dieser Held von Persien bis an das Innerste von der Tatarei und vielleicht gar bis in China ein.

Die Musulmanen wurden unter der Regierung des Valid, sechsten Khalifen aus dem Geschlechte der Ommiaden, Herren von Türkestan. Catibah, der Sohn Moslemah, war derjenige, der, nachdem er die Städte Bokhara, Samarcand und Farganah eingenommen hatte, bis in Türkestan eindrang, und daselbst die Hauptstadt und das feste Schloß, Ruindiz, die Festung von Erz genannt, eroberte.

Der persische Erdbeschreiber nennt die Stadt, die den Namen Cariat alhabithah führt, Cariat algebidah; allein diese beiden Namen bedeuten beide soviel, als neue Festung; auch sagt er, sie sey in seinen Zeiten die Hauptstadt von Türkestan gewesen. Inzwischen giebt es andere Erdbeschreiber, welche behaupten, die Stadt Caschgar müsse diesen Titel führen; andere aber geben ihn der Stadt Balasagun.

Man pflegt auch unter die Zahl der vornehmsten Städte dieses Landes, Send, Khogend, oder Schahrokhiah, Fariab oder Otrar, Jsfidschab, Tharaz, Schaldsch, Caracum und Khotan zu setzen. Einige fügen noch Cassau und Tschighil hinzu. Denn was die Städte Caramoran, Al-malig und Piſchbalig anlangt, ſo gehören dieſe vielmehr zu den mogoliſchen Ländern, die nicht mit zu Türkeſtan können gerech-net werden, woferne man nicht ſolches in der allerweitläuftigſten Bedeutung nehmen will.

Türkeſtani: ein aus Tür-keſtan gebürtiger Menſch. Sche-bſchaeddin Hebatallah Ben Ach-med führt den Beinamen AlTür-keſtani. Er iſt der Verfaſſer ei-nes Buchs, Erſchad, oder Ein-leitung in die Geſetzwiſſenſchaft der Muſulmanen, betitelt. Er iſt zu Cairo im Jahr der Hedſch-rah 733 geſtorben.

Türki. Dieſes Wort hat mehrere Bedeutungen. Nach der erſten iſt es das Appellativ von Türk, was aus der Türkei her-kommt, es ſey nun Menſch, oder Thier, oder ſonſt etwas, und in dieſem Verſtande verſteht man alles darunter, was aus dem Lan-de der Mogolen und Tataren, ſo wie aus demjenigen, was wir gemeiniglich die Türkei nennen, herkommt. Was die Schriftſteller anlangt, ſo braucht man den Beinamen Türki gewöhnlich nicht von den-jenigen, die aus Griechenland und Natolien gebürtig ſind; denn dieſen geben die Türken den Na-men Rumi, als ob ſie aus Grie-chenland gebürtig wären. Sie-he die Artikel Rum und Rumi. Das Wort Türki bedeutet im Türkiſchen auch einen Geſang,

und dieſe Bedeutung kommt von den türkiſchen oder türkomani-ſchen Hirten her, die gewöhnlich dergleichen auf dem Felde zu ſin-gen pflegen.

Türklik. Dies Wort hat *III.* in der türkiſchen Sprache zwei *545* Bedeutungen. Denn erſtlich be-deutet es daſſelbe, was Khuilik bedeutet, ein Feld, wo es viele kleine Dörfer und Flecken giebt, die von Schäfern bewohnt wer-den. Dieſe Bedeutung mag von Türkomanen herkommen, die in mehreren Gegenden von Nato-lien wohnen und ihre Heerden weiden, und dies hat vielleicht auch einige von unſern neuen Rei-ſebeſchreibern und Geſchichtſchrei-bern veranlaßt, zu ſagen, es lie-ßen ſich die Türken nicht gerne ſo nennen, weil dieſes Wort in ih-rer Sprache einen S c h ä f e r be-deute.

Die zweite Bedeutung dieſes Worts drückt ein rauhes und gro-bes Betragen aus, das demjeni-gen gleicht, das man bei den Schäfern oder Türkomanen an-trifft. Dies hat den Lamai ver-anlaßt, daß er in ſeinen Lathaif in türkiſchen Verſen geſagt hat: Türklik thabai ghertſchih adem-deh: Bir maraz dür kih joktür anha iladſch: Leik ilmileh zülmet gebeli meh v idüb oldiler geha-neh ſerabſch: Obgleich das rau-he und barbariſche Naturell der Türken gemeiniglich eine unheil-bare Krankheit iſt, ſo giebt es dennoch viele Türken von Ge-burt, die durch die Wiſſenſchaf-

ten,

ten, die sie studirt und sich eigen gemacht haben, alle Flecken ihrer Herkunft ausgemerzt haben, und endlich Lichter des Musulmanismus geworden sind.

Türkman: ein Türkoman. Mirkhond schreibt, in dem Leben des Oguz Khan, die Söhne dieses Fürsten und ein Theil der Völker, die von denselben herstammten, hätten sich nicht nur in Mauaralnahar, oder der Provinz Transoxanien, sondern auch jenseit des Flusses Gihon, und an den Gränzen der Provinz Khorassan, ausgebreitet, und nachdem sie Frauenspersonen des Landes geheirathet, hätten sie Kinder gezeugt, die in ihrer Sprache einiges von der Rauhigkeit der Sprache ihrer Väter beibehalten hätten. Dies habe die Khorassanier veranlaßt, sie Türkman oder Türkomans, das heißt, den Türken ähnlich, zu nennen. Denn in der persischen Sprache haben die Wörter Türkman oder Türkmanend diese Bedeutung.

Gemaleddin sagt in der Geschichte, die er dem Mirza Iskender, einem Fürsten aus Tamerlans Nachkommenschaft, dedicirt hat, die Türkomanen hätten vormals ein Land jenseit Türkestan bewohnt, und als sie in sehr großer Menge nach Persien gekommen, hätten sie die Eingebohrnen des Landes, da sie gesehen, daß sie viele Aehnlichkeit mit den Türken aus ihrer Nachbarschaft hatten, auch aus derselben Gegend herkamen, Türkmanen, das

heißt, den Türken ähnlich, nach der persischen Bedeutung des Worts, genannt.

Der Verfasser des Nighiaristan, welcher behauptet, daß die Seldschuciden ihrer Herkunft nach Türkomanen seyen, redet mit großer Verachtung von ihnen, und führt die Vorwürfe an, die der Sultan der Gaznewiden, Massud, und der Sultan der Khuarezmier, Mohammed, ihnen wegen ihrer niedrigen Herkunft gemacht haben.

Inzwischen, so verachtet auch immer diese Leute gewesen seyn mögen, so haben sie doch in der Folge sehr viel von sich zu reden gemacht. Denn während der Regierung des Sandschar, eines Sultans aus der ersten Linie der Seldschuciden, begab sich ein Haufen oder eine Colonie von diesen Türkomanen, Gaz und Tscheschm Gaz genannt, in die Länder Baklan, Candar, Khotlan und Khafanian, in die Provinz Badakhschan und von da bis in die Gegend von der Stadt Balkh, um sich daselbst niederzulassen, und machten eine Anzahl von vierzigtausend Familien aus.

Diese Türkomanen verpflichteten sich, daß sie zur Bezahlung ihrer Wirthe alljährlich vier und zwanzigtausend Schaafe als eine Art von Tribut an Sandschar bezahlen wollten. Allein es trug sich zu, daß derjenige, der diesen Tribut im Namen des Sultans erhob, eines Tages eine kleine Verdrießlichkeit mit ihren Oberhäuptern über die Beschaf-

senheit der Schaafe, welche sie
lieferten, bekam, wobei es vom
Wortwechsel bis zu Schlägen
kam, und endlich der Bediente
von den Türkomanen todtgeschla-
gen wurde.

III. Diese Streitigkeit war die Ur-
546 sache, warum die Türkomanen
einige Jahre ihren Tribut zu ent-
richten aufhörten; doch lieferte
inzwischen der Haushofmeister
des Sultans beständig auf seine
eigne Kosten dieselbe Anzahl von
Schaafen in die Küche des Sultans, und dies gab endlich Gelegenheit, daß er sich bei dem
Gouverneur der Stadt Balkh,
dem Emir Camah, darüber be-
schwerte, daß er nicht dafür
Sorge trüge, daß die Türkomanen ihren gewöhnlichen Tribut
bezahlten. Die Sache ward vor
den geheimen Rath des Sultans
gebracht, und hier wurden die
Türkomanen zu einer jährlichen
Abgabe von dreißigtausend
Schaafen, anstatt der vier und
zwanzigtausend, die sie vormals
gezahlt hatten, verdammt, so
wie ihnen auch anbefohlen wurde, daß sie einen Bedienten von
dem Hofe des Sultans unter ihnen aufnehmen sollten, damit nie
wieder eine ähnliche Unterlassung
ihrer Schuldigkeit eintreten
möchte.

Allein die Türkomanen wollten
keine andere Bedienten, als solche, die von ihrer Nation waren, annehmen, schafften sich also den, den ihnen der Sultan
geschickt hatte, vom Halse, und
dieser Schritt nöthigte den Gou-

verneur von Balkh, daß er mit
regulirten Truppen aufbrach, um
sie zu bestrafen. Die Türken
empfingen ihn mit bewaffneter
Hand, lieferten ihm ein Treffen, schlugen seine Truppen, und
tödteten ihn nebst seinem Sohn.
Als die Nachricht hiervon in den
Divan des Sultan Sandschar
kam, faßte dieser Sultan den
Entschluß, in eigner Person gegen sie aufzubrechen, um dieses
Lumpengesindel in Ordnung zu
bringen.

Als die Türkomanen von dem
Aufbruche des Sultans Nachricht erhielten, schickten sie De-
putirte an ihn, und ließen ihn
um Gnade anflehen: boten ihm
auch dabei, außer dem gewöhnlichen Tribute der Schaafe, noch
zwei Rothles von Silber auf jede Familie an, welches ohngefehr drei Mark ausmacht. Der
Sultan bewies sich sehr geneigt,
ihnen zu verzeihen, und ihr An-
erbieten anzunehmen. Allein die
vornehmsten Officiere, die sich
bei seiner Armee befanden, rie-
then ihm davon ab, und verlei-
teten ihn zu einem Kriege, der
für ihn und für alle seine Staaten äußerst unglücklich ablief.
Denn seine Armee wurde aufs
Haupt geschlagen, und er selbst
gerieth dabei mit seinem ganzen
Haram oder Serail in Gefangenschaft. Siehe den Artikel
Sandschar.

Khondemir und der Verfasser
des Nighiaristan fügen hinzu, es
hätten die Türkomanen in ihrer
Zerstreuung einen vortheilhaft ge-
klei-

kleideten und berittnen Mann, welcher einige Aehnlichkeit mit Sandschar gehabt, angetroffen, den hätten sie wider seinen Willen auf einen Thron gesetzt, und hätten ihm alle Arten von Ehrenbezeugungen erwiesen, bis sie endlich ein anderer, der ihn gekannt, versichert, daß es der Sohn des Mundkochs des Sultans sey.

Aber der größte Grad von Ansehn, den die Nation der Türkomanen erhalten hat, bestand ohne Zweifel darin, daß sie zwei Herrschaften oder Dynastien in Asien gegründet hat, ohne derjenigen zu gedenken, die sie in Egypten unter dem Namen der Mamluken gehabt haben, und deren Stiftung man unter dem Artikel Mamluk sehen kann.

Die erste Dynastie der Türkomanen in Asien war die Dynastie der Cara Cojunlus, aus dem Stamme oder der Familie vom schwarzen Schöps, welches das Merkzeichen oder die Devise in ihrer Fahne war. Sie hat nur vier Fürsten gehabt, von welchen der erste war:

Cara Juffuf, ein Sohn des Cara Mohammed, eines Sohns des Bairam Khodschah. Sein Vater Cara Mohammed war einer der vornehmsten Kriegsbedienten bei dem Sultan Avis Ilekhani gewesen, und hatte die Tochter desselben zur Ehe genommen. Dieser Cara Juffuf ist stets ein Feind von Timur und von seinen Söhnen gewesen. Aber endlich unterlag er, im Jahr

der Hedschr. 823, der Gewalt der Waffen des Mirza Schahroth, nachdem er vierzehn Jahre und einige Monate regiert hatte. Siehe den eignen Artikel des Cara Josef.

Dieser Sultan, der Adherbidschan und Schirvan erobert hatte, hatte auch einen sehr tapfern Prinzen, Namens Pir Budak, der vor ihm gestorben ist: so daß er einen andern von seinen Söhnen, Namens Eskander, zum Nachfolger hatte.

Der zweite ist Emir Eskander gewesen, der mit Mirza Schahroth Krieg geführt hat. Allein seine Brüder, Gehan schah, und Ali schah, ergriffen die Partei des Schahroth, und nun konnte er den Waffen dieses Fürsten die Spitze nicht mehr bieten, und wurde sogar endlich im Jahr 841 in dem Schlosse zu Alindschak belagert, und in demselben von seinem Sohne Schah Cobad, nach einer Regierung von sechzehn Jahren, getödtet.

Der dritte ist Gehanschah, ein Sohn des Cara Josef, der im Jahr der Hedschr. 872 von Hassan Beg, welches Uzum Cassan ist, geschlagen und getödtet worden, nachdem er über dreißig Jahre in dem arabischen und persischen Irak, in Kerman, in Adherbidschan, und in Diarbekr, regiert hatte. Er hatte seinen Sohn, Hassan Ali Mirza, zum Nachfolger. Siehe den Artikel Gehan schah.

Hassan Ali Mirza, vierter und letzter Sultan aus dieser Dynastie,

stie, ward im Jahr der Hedschr. 873, nachdem er nur ein einziges Jahr regiert hatte, von Mohammed, dem Sohne des Hassan Beg, geschlagen, gefangen genommen und ermordet.

Die zweite Dynastie der Türkomanen hat mit einigen Fürsten angefangen, die bis auf Hassan Beg wenig Aufsehn gemacht haben. Sie führt den Beinamen Ak Cojunlu, vom weißen Schöps, und davon muß man den eignen Artikel, so wie auch den Artikel Bajandūriah, nachsehen. Siehe auch diesen Artikel.

Der erste unter denselben, der eine beträchtliche Herrschaft gehabt hat, führt den Namen Thur Ali Beg AlTürkmani; sein Sohn hieß Fakhreddin Cutlú Beg, und dieser hatte einen Sohn Cara Jluk Othman. Dieser unterwarf sich dem Tamerlan, begleitete ihn in das Land Rum, und erhielt von ihm das Gouvernement von den Städten Arzendschan, Mardin, und Roha in Mesopotamien; ja er gab ihm sogar die Stadt Sivas zum Eigenthum. Er ward im Jahr der Hedschr. 809 von Cara Josef geschlagen. Sein Sohn Hamzah Beg starb im Jahr 848, und hinterließ den Gehanghir, einen Sohn des Ali Beg, eines Sohns Othman, der sein Neffe war, zu seinem Nachfolger. Dieser Gehanghir starb im Jahr der Hedschrah 872, nachdem er von seinem Bruder, Hassan Beg, seiner Staaten fast gänzlich war beraubt worden.

Derjenige, der in dieser Familie den größten Namen bekommen hat, ist Hassan Beg, den die Araber wegen seiner vortheilhaften Statur Hassan Althauil und die Türken Uzūn Hassan, Hassan den Langen, nennen. Aus seinem türkischen Namen haben wir durch eine verdorbene Aussprache den Namen Uzum Cassan gemacht. Der Verfasser des Leb Tarikh, und selbst Mirkhond, machen ihn zum ersten Sultan von dieser Dynastie, ob er gleich eigentlich erst der sechste gewesen ist. Dieser Fürst ist von dem türkischen Sultan Mohammed dem Zweiten geschlagen worden, und im Jahr der Hedschr. 883 gestorben, wie man dies umständlicher unter seinem eignen Artikel finden wird.

Sein Sohn, Khalil Beg, ward von den Seinigen, nach einer Regierung von siebentehalb Monaten, ums Leben gebracht.

Jakub Beg, der Sohn des Hassan Beg, und Bruder des Khalil, starb im Jahr 896 an beigebrachtem Gifte, nach einer Regierung von zwölf Jahren und zwei Monaten.

Massih Beg, ein Bruder seines Vorfahren, begrüßte blos den Thron; denn Ali Beg, der Sohn des Khalil, ward von einer Partei, die der seinigen entgegen war, als Sultan anerkannt. Aber auch dieser war nicht glücklicher; denn Baisancor, ein Kind von zehn Jahren, ward auf den Thron gesetzt, regierte aber nur zwei Jahre. Der Leb Tarikh

Tarikh zählt weder Massih, noch Ali Beg unter die Sultane dieser Dynastie; sondern blos Baisancor, dem er den Beinamen Mirza giebt.

Der eilfte Sultan aus dieser Dynastie ist Rostam Mirza, ein Sohn des Ogurlü, eines Sohns seines Vetters Hassan Beg, der nicht zur Regierung gekommen ist. Er ward von Constantinopel, wohin er sich geflüchtet hatte, gerufen, um Besitz vom Throne zu nehmen. Allein, nach einer Regierung von sechstehalb Jahren wurde er von der Partei seines Bruders, des Sultans Achmed, erschlagen und getödtet.

Achmed Sultan, der Bruder des Ogurlü Mohammed, ein Enkel des Hassan Beg und Bruder des Rostam Mirza oder Rostam Beg, hat nur ohngefehr ein Jahr regiert, weil die Officiere von seiner Armee, die die strenge militärische Zucht, welche er unter ihnen einführen wollte, nicht ertragen konnten, den Morad Mirza, einen Sohn des Jakub Beg, herbeiriefen, der ihn überwand und hinrichten ließ, worauf eben diese Officiere auch Morad Beg untreu wurden, und den AlVend oder Elvend Mirza herbeiriefen, der sich seiner Person bemächtigte, und ihn bei sich gefangen behielt.

AlVend Beg, ein Sohn des Jussuf Beg, und Enkel des Hassan Beg, war ohngefehr ein Jahr auf dem Throne, als er von seinem Bruder Mohammed Mirza desselben wieder entsetzt wurde.

Allein dieser konnte ihn doch nicht besteigen. Denn Morad Beg, der Sohn Jacub, der ins Gefängniß gesetzt war, wurde wieder aus demselben befreit und ließ ihn hinrichten.

Morad ward solchergestalt wieder eingesetzt, und regierte biß zum Jahr der Hedschrah 908 in vollem Frieden. Denn in diesem Jahre verjagte ihn der König von Persien, Schah Ismael Erst, aus Bagdet. Als nun Schah Ismael in den Krieg gegen die Ottomanen verwickelt wurde, kam er wieder in den Besitz von Bagdet. Als aber Schah Ismael im Jahr 914 wieder nach dem arabischen Irak zurückkehrte, sah er sich genöthigt, nach Caraianien, einem Lande der Othmaniden, zurückzukehren, und als er auch von da wieder nach Mesopotamien zurückkam, ward er im Jahr 920 von den Truppen des Schah Ismael ums Leben gebracht. Solchergestalt endigte sich die Dynastie der Türkomanen in Asien, obgleich diese Nation daselbst noch an mehreren Orten zerstreut ist, aber ohne irgend in dem Besitze einer Herrschaft zu seyn.

Die Dynastie der Türkomanen in Egypten, welche von Moezzeddin Ibek, der vormals Sclave von Malek AlSaleh Ajub gewesen war, ist gestiftet worden, hat noch einige Zeit länger, nemlich bis ins Jahr 923, gedauert. Denn AlMalek AlAscharam Thomanbai, letzter Sultan der Mamluken, starb in diesem Jahre

Jahre an einem Pfosten, an welchem ihn der Sultan Selim, der
Sohn Bajazet des Othmaniden,
hatte hängen lassen, nachdem er
die Eroberung von Egypten gemacht hatte.

Dieser letzte Sultan der Ma-
meluken war eigentlich aus der
zweiten Linie, welche die Circas-
sische genannt zu werden pflegt.
Allein da diese Sclaven der Türkomanen, und sehr durch Verbindungen miteinander vermischt
waren, so kann sie wol zur ersten gerechnet werden.

Türkmani. Tadschebbin
Achmed Ben Othman AlTürk-
mani, ist Verfasser desjenigen
Buchs, das den Titel führt:
Abkam alremi v besaif. In dem-
selben lehrt er die Kunst oder die
Methode, wie man mit dem Bo-
gen und Degen auf die gehörige
Art umzugehen hat. Dieser
Schriftsteller ist im Jahr der
Hedschr. 744 verstorben.

Alt Ben Othman, Ben Ibra-
hün AlTürkmani, ist auch der

Verfasser eines Buchs unter dem
Titel: Tanbih ala ahadith albe-
daiat v alkhelassat. Es ist dies
eine Art von Commentar über
diejenigen Traditionen, die die
Leitung und das Heil be-
treffen, oder vielmehr über diejenigen Traditionen, die in den
Büchern, welche wir unter dem
Titel AlHedaiat und AlKhelassat
haben, beigebracht sind. Dieses
Werk ist in der königlichen Bibliothek zu Paris unter Nr. 592.
befindlich.

Achmed Ben Othman AlTürk-
mani ist auch Verfasser desjenigen Buchs, das den Titel führt:
Abhath alhabiah si messilat Ebn
Jetimah, Disputen über die Fragen des Ebn Jetimah.

Türkmani. Ebn AlTürk-
mani. Ein Beiname des Ali
Ben Othman AlMardini, der
der Verfasser desjenigen Buchs
ist, welches Bahadschat aladib,
Ergötzungen des Mannes von
Verstand, betitelt ist.

U (û).

III.
549
Ud (ûb) und **Oud** (ud). Dieses Wort, das im Arabischen
überhaupt Holz bedeutet, wird
insbesondere von derjenigen Holz-
art gebraucht, die die Griechen
Xylaloe genannt haben, und die
bei uns Aloeholz heißt.

Die orientalischen Erdbeschreiber sagen insgesammt, dieses
Holz, das von ausgesuchtem Ge-

ruche ist, sey nur in denjenigen
indischen Provinzen anzutreffen,
die innerhalb des ersten Climas
liegen. Das vortrefflichste unter allen ist dasjenige, das in
der Insel gefunden wird, welche Senf heißt, und in dem
indischen Meere, nach China zu,
liegt. Es ist dies dasjenige, das
man AlUd AlSenfi zu nennen
pflegt,

pflegt, um es von demjenigen zu unterſcheiden, das man Alud Al-Comari nennt, weil dieſes auf einer andern Inſel, Comar genannt, wächſt. Dieſe Inſel iſt zwar nicht weit von der Inſel Senf entfernt; aber das Holz derſelben iſt doch von weit ſchlech-tern Eigenſchaften, als das Holz von der Inſel Senf.

Nichts deſtoweniger giebt es mehrere Schriftſteller, welche be-haupten, das Aloeholz von Cam-nom, oder Comron, welches das Vorgebirge Comorin iſt, ſey das allervorzüglichſte. Und dies iſt eben dasjenige, von welchem ein König von Indien dem Nuſchir-van ein Geſchenk von ohngefehr zehn Centnern machte, das im Feuer wie Wachs floß und brannte.

Es bemerken auch einige Erd-beſchreiber, daß die größte Men-ge vom Aloeholze aus der Inſel Semender komme, welches eben diejenige iſt, die wir Sumatra nennen; und der Scherif Al-Edriſſi ſagt, man finde auch der-gleichen auf der Inſel Serandib, die wir Zeilan nennen.

Ud albiat. Schlangenholz, oder Serpentin. Die Portugie-ſen nennen es Palo de cobra, wel-ches daſſelbe bedeutet. Der Sche-rif AlEdriſſi ſagt, es ſey demje-nigen Holze ſehr ähnlich, das die Araber Ater Carha nennen. Dies iſt die ſogenannte Speichel-wurz, nur daß dieſe viel ſchwär-zer iſt.

Dieſes Holz, welches vortreff-liche Dienſte gegen den Schlan-genbiß leiſtet, und welches we-gen ſeiner Aehnlichkeit davon be-zeichnet wird, wächſt beſonders in dem weſtlichen Theile von Afri-ca, in demjenigen Lande, das von den Arabern Gugu genannt wird. Wahrſcheinlich iſt dies dasjenige, das wir Congo zu nen-nen pflegen.

Udan oder Uden: iſt der Name einer Stadt, die zu dem Gebiete der Stadt Bokhara in Maparalnahar gehört. Von die-ſer Stadt hat der Rechtsgelehrte, Daud Ben Mohammed AlFakih, den Beinamen Udeni bekommen. Dieſer Lehrer hat ein Buch ge-ſchrieben, welches den Titel führt: Adſchara albehaim; in demſelben handelt er von ſolchen Geſetzen, die die Thiere, und insbeſondere den Schaden, den ſie anrichten können, betreffen.

Udſchuk und **Utſchuk,** ein Beiname, welcher dreien Söhnen von den ſechs, die Oguz-khan hinterlaſſen, iſt beigelegt worden. Die drei älteſten wur-den Buzuk genannt, und beka-men den goldnen Bogen zum Ge-ſchenke, den ihnen ihr Vater auf ſeinem Todtenbette gegeben hatte. Dieſe drei letztern bekamen auch die drei goldnen Pfeile von ihm, die mit dem Bogen waren gefun-den worden, und da der Pfeil bei den Mogolen das Symbol eines Geſandten oder eines Statt-halters iſt, ſo wurden ſie ihren drei

III. 550

drei ältern Brüdern, die das Symbol der Oberherrſchaft, den Bogen, bekommen hatten, unterwürfig gemacht.

Utſchuk kann im Türkiſchen zweierlei bedeuten. Denn es kann einerlei mit Utſchok ſeyn, welches drei Pfeile bedeutet; oder es kann daſſelbe ſeyn, was Cutdſchuk bedeutet, nemlich klein; und dann bezöge es ſich auf den Beinamen der ältern, Büzuk, das einerlei mit Bujuk, wie es heutzutage die Türken ausſprechen, ſeyn könnte, um groß auszudrücken. Siehe die Artikel Büzük oder Buzuk, und Cutſchok.

Ugülmiſch, iſt der Name eines Sultans aus der Nachkommenſchaft des Dſchagathai, eines Sohns des Ginghizkhan, der ums Jahr der Hedſchrah 656, in den Zeiten des Dichters Sadi, in Türkeſtan regiert hat.

Uil. Siehe den Artikel Auil.

Ulil: iſt der Name einer Inſel und einer Stadt in dem Lande der Sudan oder Negern, die nicht weit von dem feſten Lande entfernt iſt, in demjenigen Meere, das die Araber Bahr almodhallam nennen, und das uns unter dem Namen des atlantiſchen Weltmeers bekandt iſt.

Auf dieſer Inſel iſt ein Salzwerk oder eine Salzſee, von welcher das Salz in das Land der Negern durch die Mündung des Nigers, den die Araber Nil Sudan, den Nil der Negern, nen-

nen, gebracht wird. Denn dieſe Völker bekommen von keinem andern Orte Salz her.

Dieſe Inſel iſt von der Mündung des Niger ohngefehr eine Tagereiſe zur See, das heißt, hundert gemeine Meilen oder dreißig franzöſiſche Meilen, dem Scherif AlEdriſſi zufolge, entfernt.

Ulü. Dieſes Wort bedeutet im Türkiſchen zweierlei. Erſtlich einen Todten, und da kommt es von ülmek, ſterben, her. Zweitens bedeutet es dasjenige, was hoch und erhaben iſt, und dann iſt es ein aus ülüg abgekürztes Wort, das dieſe Bedeutung in der alten türkiſchen und mogoliſchen Sprache gehabt hat. Siehe weiter unten den Artikel Ulüg.

Ulü degnizi. So nennen die Türken, was in unſerer Sprache das todte Meer heißt; es iſt dies die Erklärung des türkiſchen Worts.

Ullüf oder Ulüf. Dieſes iſt die vielfache Zahl von Alf, welches im Arabiſchen tauſend bedeutet.

Ketab Allluf: iſt der Titel eines Buchs des Abu Maaſchar, eines berühmten Aſtronomen, den wir Albümaſſar nennen. Es handelt dieſes Buch von Millionen von Jahren der Dauer der Welt, und von den großen Conjunctionen der Planeten, die darin eingetreten ſind, nebſt den Prognoſticis

ricis von den großen Begebenheiten, die sie in Betreff der Re-
volution der Staaten und der
Stiftung verschiedener Religionen verursachen sollen. Siehe
den Artikel Abu Maschar.

Ulúg Novain: ist der Na-
me des jüngsten von Ginghizkhans Söhnen, der nicht in der
Reihe derjenigen war, die seine
Staaten unter sich getheilt haben.
Denn, nach der Sitte der Mogolen, haben die jüngern oder klein-
sten Söhne nichts weiter als die
Besorgung des Hauses ihres Vaters, über sich, und sie kommen
auch nie aus demselben, so wie
sie auch nicht den mindesten Antheil an seiner Nachfolge haben.
Daher kam es, daß Ogtai Chan,
als er an die Stelle seines Vaters Ginghizkhan auf den Thron
erhoben wurde, den Ulüg Novain, seinen jüngsten Bruder, zu
seinem Haushofmeister machte,
und er war auch eben derjenige,
der ihm bei der Feierlichkeit seiner Krönung zu trinken reichte;
ein Amt, das die Würde
begleitete, die er bereits, als
der jüngste, in seinem Hause
hatte.

Ulúg (Uelüdsch). Dieses
Wort bedeutet im Türkischen einen
Renegaten. Uelüdsch Ali, oder,
nach einer verdorbenen Aussprache Lutsch Ali, ist Ali, ein calabrischer Renegate, der durch seine militärische Verdienste bis
zu der Würde eines Capitan Pascha, und Vesirs, unter Sultan

Orient. Bibl. 4. B.

Selim dem Zweiten gelangte,
welches sonst niemand, als dem
Khaireddin, mit dem Zunamen
Barberussa, widerfahren ist.
Er war derjenige, der nach dem
Treffen von Lepanto, das im
Jahr der Hedschr. 979 vorfiel,
die Trümmern der Ottomani-
schen Armee gerettet hat.

Ulüg Beg. Mirza Mo-
hammed, ein Sohn des Schahrokh, eines Sohns des Tamerlan, der in Mavaralnahar und
in Türkestan im Namen seines
Vaters Schahrokh, bis ins Jahr
851, da dieser starb, Gouverneur
gewesen ist.

Als dieser Fürst erfahren hatte,
daß sein Neffe Ala aldulat, ein
Sohn des Baisancor, so-
gleich nach dem Tode seines Großvaters Schahrokh sich der Stadt
Herat, welche die Hauptstadt
von Khorassan war, bemeistert,
und sich der Person des Abdallathif, seines Sohnes, der noch
sehr jung war, versichert hatte,
schickte er Gesandte an seinen
Neffen, um mit ihm sich in Friedensunterhandlungen einzulassen,
und Abdallathif aus seinen Händen zu befreien.

Als nun dieser Abdallathif seinem Vater wiedergegeben und
nach Samarcand war gebracht
worden, so ward der Friede zwischen Ulug Beg und Alaaldulat
unterzeichnet. Aber dieser Friede dauerte nicht lange. Denn
Ulug Beg konnte es nicht ertragen, daß Ala aldulat in dem
Besitze von Khorassan blieb,

D o   auf

auf welches er gegründetere Ansprüche zu haben glaubte; er ging
daher im folgenden Jahre, in
Begleitung seiner zween Söhne,
Abdallathif und Abdalaziz, mit
einer mächtigen Armee auf ihn
los, griff ihn an, und lieferte
ihm bei Morgab, vierzehn Parasangen von der Stadt Herat,
ein Treffen.

Alaaldulat, der der Ueber-
legenheit des Ulug Beg nicht ge-
wachsen war, erlitt eine gänzliche Niederlage, und sah sich gezwungen, die Flucht zu ergreifen,
und sich zu seinem Bruder Babor
zu begeben. Nach diesem Siege
zog Ulug Beg im Triumphe in
die Stadt Herat ein, und bestieg
den Thron seines Vaters Schahrokh. Aber er blieb nicht lange
in dem ruhigen Besitze desselben.
Denn Ala aldulat und Babor
brachten eine beträchtliche Armee
auf die Beine, und wollten einen Versuch machen, ob sie ihn
aus Khorassan vertreiben könnten.

Ulug Beg verließ die Stadt
Herat, ging ihnen entgegen,
vertrieb sie aus der Stadt Asterabad, die sie bereits eingenommen hatten, und nöthigte sie beide, zu ihrem andern Bruder,
dem Sultan Mohammed, der in
der Provinz Irak regierte, zu
entfliehen. Ulug Beg war es
genug, sie in die Flucht gejagt zu
haben; er kehrte daher sogleich
wieder in die Stadt Herat zurück, wo seine Gegenwart höchst
nöthig war. Denn es hatten sich
während seiner Abwesenheit die
Bewohner der Vorstädte von die-

ser großen Stadt empört, und
Jar Ali, den Türkoman, einen
Sohn des Escander und Enkel
des Cara Jussuf, des Oberhaupts und Stifters der Dynastie vom schwarzen Schöps, zu
ihrem Anführer gemacht. Diese
Rebellen suchten nichts geringers,
als sich Meister von der Stadt
Herat zu machen. Allein Ulug
Beg kehrte noch zu rechter Zeit
zurück, verjagte sie, und überließ seinen Truppen die Plünderung dieser Vorstädte. Dies geschah im Jahr der Hedschr. 852.

In eben diesem Jahre ver-
ließ Ulug Beg die Stadt Herat,
und kehrte in seine Residenz nach
Samarcand zurück. Seine Abwesenheit gab dem Mirza Babor
Gelegenheit, von neuem nach
Asterabad und von da nach
Herat zu gehen, wo ihn die Einwohner, die über die Plünde- III.
rung ihrer Vorstädte aufgebracht 552
waren, die Thore öffneten; und
kurz darauf empörte sich Abdallathif gegen seinen eignen Vater,
und ging auf die Stadt Balkh
los, um sich derselben zu bemeistern. Allein Ulug Beg, der seinen Sohn in die gehörigen
Schranken zurückbringen wollte,
ging mit seinen Truppen auf
Balkh los. Allein sein Sohn
kam, anstatt sich zu unterwerfen,
ihm mit einer Armee entgegen,
lieferte ihm ein Treffen, schlug
ihn, machte ihn zum Gefangnen,
und lieferte ihn dem Abbas aus,
der ihn, nachdem er erst einige
Formalitäten von einem Processe
gegen ihn gemacht hatte, endlich
im

Im Jahr der Hedschr. 853 hin-richten ließ. Dies pflegt mit den beiden Wörtern, Abbas kuscht, Abbas hat ihn getödtet, bezeich-net zu werden; der numerische Werth der arabischen Buchsta-ben macht gerade diese Jahrzahl aus. LebTarikh. Khondemir.

Er hatte seinen unnatürlichen Sohn Abdallathif zu seinem Nach-folger, der aber nur 6 Monate den Thron seines Vaters inne hatte, ob er gleich auch noch sei-nen Bruder Abdalaziz hatte hin-richten lassen.

Uebrigens war dieser so un-glückliche Fürst mit sehr großen Eigenschaften begabt. Denn außerdem, daß er sehr tapfer war, hatte er sich auch auf Wis-senschaften, besonders auf die Astronomie, gelegt. Denn un-ter seinem Namen und auf seine Veranstaltung sind die Tafeln verfertiget worden, welche Zidsch Ulug Beg heißen. Dieß ist in der Stadt Samarcand von Ga-jatheddin Dschamschid und von Cadhizadeh AlRumi geschehen, die die größten Astronomen ihrer Zeit gewesen sind.

Salaheddin, mit dem Beina-men Cadhizadeh, ist sein Lehr-meister gewesen, und ist noch vor Beendigung seines Werks gestorben: so daß der ganze schwerste Theil des Werks auf Ali Ben Gajatheddin Moham-med Dschamschi, mit dem Bei-namen AlEnschgi, fiel, der aus Samarcand gebürtig war. Siehe den Artikel Zig.

Dasjenige Werk, welches den Titel führt: Marifat AlTaua-rikh, und welches einen Theil von den astronomischen Tafeln des Ulug Beg ausmacht, nennt die-sen Fürsten Sultan AlHind y AlSind, König der beiden In-dien. Man giebt ihm eine Re-gierung von ein und vierzig Jah-ren, ob er gleich eigentlich nur zwei Jahre nach seines Vaters Schahrokh Tode regiert hat.

Khondemir, Dschannabi, und Ben Jussuf geben diesem Fürsten die Beinamen oder Titel AlMa-lek AlSeid, Kürkan, und Sa-heb Keran; Titel, welche Ta-merlan geführt, und gleichsam als ein Erbschaftsstück bei seiner Familie gelassen hat.

Ung oder Avenk.

So nennen die Mogolen denjenigen, der in unserer Sprache Johann heißt, obgleich dieses Wort ur-sprünglich von dem Hebräischen Jokhanna und Jokhannan her-stammt. Solchergestalt ist Ung-khan oder Avenkkhan der Name eines Fürsten oder Kaisers der Mogolen, der von den Euro-päern Priester Johann genannt wird, weil er selbst und der größte Theil seiner Unterthanen Christen waren. Er regierte in dem östlichsten Theile von Asien, gegen Norden zu, über einen Stamm oder eine Familie von Mogolen, die den Namen Kerit führten, und sein Reich erstreckte sich rechts und links in der gro-ßen Tatarei bis an die Gränzen von China, und vielleicht sogar von Corea oder Japan.

Tamudschin, genannt Singhiz-khan, vermählte sich im Jahr der Hedschr. 599 mit der Tochter des Ungkhan. Aber ohngeachtet dieser Verbindung beraubte er seinen Schwiegervater seiner Staaten. Und dies war der Ort, wo dieser große Monarch seine Eroberungen anfing; so wie dies auch von ihm in China geschah, ehe der Ruf von seinen Waffen in Persien erscholl. Siehe den Artikel Avenk Khan.

Uns algelil *) si tarikh altods v alkhalil. Geschichte der Städte Jerusalem und Hebron, von Adam an bis zum III. Jahr der Hedschra 900, verfaßt von Cadhi Mogireddin AbulJemen Abdalrahman Al-Olaimi, AlOmari, einem hanbalitischen Lehrer, der im Jahr der Hedschr. 927 verstorben ist. Der Verfasser hat dieses Werk unter der Regierung des Malek AlAschraf Caitbai, des siebenzehnten Mamlukischen Sultan von Egypten, aus der Dynastie der Circassier, verfertigt. Es ist in der königlichen Bibliothek zu Paris befindlich.

Uns alferid v bakiat al-morid. Ein Buch, das von geistlichen Materien und von der Andacht nach Musulmanischer Art handelt. Der Verfasser dessel-

ben ist AbulFaradsch Abdalrahman, bekandt unter dem Namen Ebn AlDschuzi. Er ist im Jahr der Hedschrah 591 verstorben.

Uns allehan men kesark Othman Ben Affan. Denksprüche Othmans, des dritten Khalifen, gesammelt und ins Persische übersetzt von dem Dichter Raschideddin Mohammed Ben Mohammed, mit dem Beinamen AlVathvath, AlKateb, der im Jahr der Hedschr. 552 verstorben ist.

Eben dieser Schriftsteller hat auch die Denksprüche oder Sentenzen von den drei andern Khalifen, welche AlRaschedin genannt werden, und vor dem Moavi gelebt haben, gesammelt; nemlich die von Abubekr, dem ersten unter allen, unter dem Titel: Tohfat AlSiddik; vom zweiten, welches Omar ist, unter dem Titel: Fadhl AlKhetthab; und von Ali, der der vierte ist, unter dem Titel: Mathlub althaleb. Und in allen diesen vier Titeln macht der Verfasser Anspielung auf die Namen dieser vier Khalifen, nemlich in Siddik auf Abubekr; in Ketthab auf Omar, in Ben Affan auf Othman, und in Thaleb auf Ali, welcher Ben Ali Thaleb genannt wird.

Uns almoncatheia, ist der Titel eines Buchs, das den Eba

---

*) Anstatt algelil ließ alkhalil.   Siehe Band I. S. 535. Und so muß auch eben dieser Irrthum in dem Artikel Hanbali Band II. S. 193. verbessert werden. R.]

Ebn Abi Ismail Ben Hassan, Ben Hussain Al Mossali, zum Verfasser hat. Dieses Werk enthält dreihundert Hadith, oder angeblich von Mohammed erhaltne Traditionen, und dreihundert Geschichten, die sich darauf beziehen, nebst einem Verse auf eine jede. Hadsch Khalfah nennt diesen Schriftsteller Abu Mohammed Moafa Ben Ismail AlScheibani, AlMossali, der im Jahr der Hedschr. 603 verstorben ist.

Uns almoridin v schams almodschalessin, Geschichte des Patriarchen Joseph, verfaßt von Khuageh Abdallah AlAnsari, Al Heraui.

Uns almossafer v dschalis alhadher: der Reisegesellschafter: ist der Titel eines Buchs, das den Abdallah Mohammed Ben Ali, Ben Mohammed Al Bagdadi, zum Verfasser hat.

Man hat noch ein andres zum Gebrauche der Reisenden verfertigtes Buch, welches einen Obeidallah zum Verfasser hat.

Uns fi fadhail alcods: ein Buch von den Vorzügen und vortrefflichen Eigenschaften der Stadt Jerusalem, verfaßt von Amineddin Achmed Ben Mohammed, Ben Hossain, einem Schafeischen Lehrer.

Uns alvahid: ist der Titel eines historischen und moralischen Buchs, verfaßt von Abu Mansor Abdalmalek AlThalebi. Es ist in der königlichen Bibliothek zu Paris unter Num. 1160.

Uns alvahid fi khas altauhid: ein Buch, das von der Einheit Gottes handelt. Es ist dieses eigentlich ein Commentar über zwei Ressalat, oder Abhandlungen von der nemlichen Materie, ohne Namen des Verfassers.

Uran und Uranbad oder *III.* **Ouranbad.** Ist der Name eines schrecklichen, oder vielmehr fabelhaften Thiers, welches seinen Aufenthalt auf dem Berge Ahermen hat, der eben so fabelhaft ist, als dieses Thier. Der Verfasser des Thamurath Nameh macht uns eine Beschreibung von demselben, und sagt, es fliege durch die Lüfte wie ein Adler, und verzehre alles, was ihm aufstoße, es krieche auf der Erde wie eine Schlange, oder wie ein Drache, und finde kein einziges Thier, das ihm widerstehen könne. Eben dieser Schriftsteller sagt, der königliche Stein, Schah Mühureh genannt, komme aus dem Kopfe dieses Thiers, welches wahrscheinlich der Greif ist, den wir gemeiniglich für ein fabelhaftes Thier zu halten pflegen, ob es gleich wahr ist, daß es Vögel giebt, die weit stärker und weit größer sind, als unsre Geier und Adler, zufolge der Erzählung mehrerer hebräischer, arabischer, griechischer und lateinischer Geschichtschreiber, von wel-

D o 3

welchen viele ſehr glaubwürdig
ſind.

Urgendi und Urkendi *),
ein Beiname des Haſſan Ben
Manſur, Verfaſſers eines Werks,
Amali betitelt, welches Dictata
über verſchiedne Materien ſind.
Dieſer Mann iſt im Jahr der
Hedſchrah 592 verſtorben. Siehe
unten den Artikel Urkend oder
Urkeng.

Uriai. Die Araber bedie-
nen ſich dieſes Worts, welches
aus dem Chaldäiſchen und Syri-
ſchen Uraia und Uroio gemacht
iſt, um einen Meiſter und Lehrer
der erſten Claſſe zu bezeichnen,
dergleichen Edris, Khedher, Hermes waren, die den Titel des erſten, zweiten und dritten Mei-
ſters oder Lehrers des Univer-
ſums führen.

Urkend: eine Stadt im
Lande Mauralnahar oder Transoxanien, welche Naſſireddin und
Ulug Beg unter den 102ten Grad,
50 Minuten der Länge, und unter den 44ſten Grad der nördlichen Breite im ſechſten Clima
ſetzen. Man könnte wol glauben, daß dieſe Stadt einerlei mit
Urkendſch oder Corkandſch ſey.
Aber Abulfeda giebt ihr eine
ganz verſchiedne Lage. Denn er
ſagt, es ſeyen zwo Städte dieſes
Namens, eine große und eine
kleine, und giebt der erſtern nur
84 Grade 1 Minute der Länge

und 42 Grade 17 Minuten der
nördlichen Breite. Und was die
zweite anbetrifft, von welcher er
ſagt, ſie ſey eben dieſelbe, die
die Araber Dſchordſchane nennen,
ſo giebt er dieſer 84 Grade,
5 Minuten der Länge, und 42
Grade, 45 Minuten der nördlichen Breite.

Al Biruni ſchreibt auch, daß
Dſchordſchaniah oder Corcandſch
an dem weſtlichen Ufer des Fluſſes Gihon liege, welches ſich
nicht zu der Lage von Urkend zu
paſſen ſcheint, das jenſeits eben
dieſes Fluſſes Gihon, und zwar
an dem öſtlichen Ufer deſſelben,
liegt.

Uſt und Uſta, auch ſonſt
Aleſta: iſt der Name eines
Buchs der perſiſchen Mager, welche Schüler von Zoroaſter waren; es iſt eigentlich nichts anders, als der Commentar oder die
Gloſſe über die beiden Zoroaſtri-
ſchen Bücher, Zend und Pazend
genannt. Unten werden wir von
Zend reden, und vom Pazend
haben wir bereits gehandelt.
Hier mag es genug ſeyn, wenn
wir bemerken, daß der Zend,
welches ſo viel iſt, als Buch des
Lebens, und der Pazend, der
Grund oder die Grundſätze eben
dieſes Buches, zwei Werke ſind,
die eigentlich das geſchriebene Geſetz der Zoroaſtrier enthalten,
und daß der Uſta oder Abeſta
ihr ungeſchriebenes Geſetz iſt, welches viele Traditionen enthält,
die

*) Es muß Uzkendi geleſen werden. Dieſer Name hat mit der Stadt
Urkend nichts gemein. S.]

die bei ihnen eben ſo, wie der Thalmud bei den Juden, mit dem geſchriebenen Geſetze einerlei Anſehn haben.

Sowol dieſes, als die zwei andern Bücher, ſind in alter perſiſcher Sprache geſchrieben, die *III.* mehr Aehnlichkeit mit der Chal-*555* däiſchen Sprache hat, als die Pehlevaniſche, welche ein andrer alter Dialect von der perſiſchen Sprache iſt. Eben dieſe Zoroaſtrier oder Mager von Perſien, welche behaupten, der Patriarch Abraham ſey ihr erſter Geſetzgeber geweſen, und dem ſie den Beinamen Zerdaſt geben, welches ſoviel als Azerduſt, der Freund des Feuers, iſt, ſagen, nach einer der närriſchſten Träumereien von der Welt, es ſey dieſer Patriarch von Nimrod in einen feurigen Ofen geworfen worden, und da habe er, mitten in den Flammen, die Verſe des Uſta oder des Abeſta eben ſo geſungen, wie eine Nachtigal ihre Triller und Wirbel unter den Roſen ſchlägt, und Schems Fakhri ſagt, die Demuth entdecke die Größe der Seele eben ſo, wie der Ueſta die Geheimniſſe des Zend erklärt und aufſchließt.

Utakin oder **Outakin:** iſt der Name des Bruders des Tamugin oder Ginghizkhan, der nie aus Khathai gekommen iſt, um anderwärts zu regieren.

Uza: iſt der Name eines Götzenbildes bei den alten Arabern, vermuthlich aus dem Namen oder Attribute Gottes, Aziz, welches im Arabiſchen Groß und Mächtig bedeutet, gemacht, oder doch nach demſelben gebildet.

Uzbek: iſt der Name eines Fürſten oder Sultans aus dem Geſchlechte des Ginghizkhan, der in dem großen und weitläuftigen Lande regiert hat, das Deſcht Captſchak genannt wird. Es liegt ſolches oberhalb des Caſpiſchen Meeres, weit nach Weſten und Norden hin. Dieſer Fürſt iſt eben ſo, wie ſeine Väter, von Tamerlan und deſſen Nachfolgern der Provinz Transoxanien beraubt worden.

Uzbek hatte einen Sohn, Namens Gihan Bek, und von dieſem ſtammt Schaibek ab, der ein Nachkomme des Tuſchi und Dſchugikhan iſt. Er iſt derjenige, der eigentlich der Stifter derjenigen Dynaſtie iſt, die man Daulat Alluzbekiat nennt.

Schaibek Khan war, dem Leb Tarikh zufolge, ein Sohn des Borak Sultan, eines Sohns des Abul Khair Khan. Er nahm den Söhnen des Tamerlan, im Jahr der Hedſchr. 904, nach dem Tode des Sultan Mirza Huſſain, Transoxanien wieder weg, und drang darauf im Jahr 913 in Khoraſſan ein, woraus er den Badi alzaman verjagte. Darauf wurde er von Schah Iſmael Sofi, in der Nähe von der Stadt Meru, im Jahr 916 geſchlagen und getödtet. Siehe ſeinen Artikel, und den Artikel Babor Mirza.

Do 4   Der

Der zweite Fürst aus dieser Dynastie war Cuschikhan, der im Jahr 936 gestorben ist.

Der dritte, Abu Said, ein Sohn des Cuschangi, gestorben im Jahr 939.

Der vierte, Obeidallah Khan, ein Vetter des Schaibek, gestorben im Jahr 946.

Der fünfte, Abdallah Khan, gestorben im Jahr 947.

Der sechste, Abdallathif Khan, hat noch im Jahr 948 regiert.

Alle diese Fürsten und ihre Nachfolger sind beständig in Kriege verwickelt gewesen, und sind es noch gegenwärtig (zu Ende des siebenzehnten Seculi) mit den Königen von Persien aus den Nachkommen des Schach Ismael Sofi.

Uzun Hassan Beg: ist der Name eines bajandürischen, oder aus der Familie vom weißen Schöpfs herstammenden Fürsten, ein Sohn des Ali Beg, und Enkel des Cara Jlük Othman.

Die Araber nennen ihn Hassan AlThauil, Hassan der lange, und eben dieses bedeutet auch Uzun Hassan im Türkischen; und aus diesem Namen haben die Europäer ihr verdorbenes Wort Uzum Cassan gemacht. Uebrigens muß man es ja nicht mit Hassan Busuk, Hassan der Große, verwechseln, der, nach Abu Saids, des letzten Sultans der Singhiskhanier in Persien, und Stifters derjenigen Dynastie, welche Dau-

lat Jlekhaniat genannt wird, Tode, Fürst von Bagdet war. Siehe seinen eignen Artikel.

Uzun Hassan wird auch öfters schlechtweg Hassan Beg genannt. Er ist der berühmteste aus der Familie vom weißen Schöpfs, der den Grund zu seiner Monarchie in Diarbekr oder Mesopotamien gelegt hat, dessen sich sein Großvater Cara Jlük Othman bemächtigte, nachdem er AlMalek AlDhaher Jssa, der der letzte Fürst aus der Dynastie, der Artaciden oder Ortociden war, daraus vertrieben hatte.

Uebrigens ist er nur erst der sechste Fürst der Türkomanen aus der Dynastie von Ak Cojonlü oder vom weißen Schöpfs, und er hat eigentlich seine Regierung nicht eher angefangen, als nachdem er seinen Bruder Gehanghir des größten Theils seiner Staaten beraubt hatte, welches im Jahr der Hedschr. 871 geschehen ist. In eben diesem Jahre hat er auch den Gehan schah, einen Fürsten aus der Dynastie vom schwarzen Schöpfs geschlagen, und nebst seiner ganzen Familie ums Leben bringen lassen.

Im Jahr 873 schlug Uzun Hassan nicht nur in einem förmlichen Treffen, sondern tödtete auch zugleich, den Abu Said, einen Sohn des Achmed, eines Sohns Miranschah, eines Sohns Tamerlan, in der Provinz Khorassan, und als er sich nach diesen großen Thaten in dem Besitz von ganz Persien sah, so wagte er einen Angriff auf den türki-

schen

fchen Sultan Mohammed den zweiten. Allein im Jahr 876 ward er bei Arzendfchan in Armenien gefchlagen. Ja er verlohr fogar feinen Sohn Zeinel im Treffen, fo daß von diefer Zeit an feine Macht, die bis dahin immer zugenommen hatte, wieder abzunehmen anfing. Er ftarb im Jahr der Hedfchr. 883, und hinterließ fünf Kinder männlichen Gefchlechts, die, weil fie in Mißverftändniffen unter einander lebten, dem Schah Ifmael Sofi Anlaß gaben, fie auszurotten.

Khondemir fagt, er fey gegen das Ende des Jahrs 882 in der Stadt Tauris, nachdem er eilf Jahre regiert hatte, geftorben. Während der Zeit hat er Mefopotanien wieder erobert, das Cara Juffuf, ein Türkoman vom fchwarzen Schöps, feinem Großvater, für feinen Sohn Gihan fchah, weggenommen hatte. Darauf eroberte er die Stadt Tauris und die Provinz Adherbidfchan, die eben diefem Gihanfchah zugehörte. Sodann verjagte er auch den Mirza Juffuf, einen Sohn eben diefes Gihan fchah, aus Schiraz. Diefen ließ er hinrichten und machte fich folchergeftalt Meifter von Perfien, von Kerman, von Irak und von Bagdet.

Die Türkifchen Jahrbücher fetzen die Niederlage des Uzûn Haffan durch Mohammed den zweiten ins Jahr der Hedfchr. 878, und darin gehen fie von den Jahrbüchern der perfifchen Gefchichtfchreiber ab, die das Jahr 876 angeben.

Uzûn Haffan hatte fieben Kinder männlichen Gefchlechts, von welchen der Aeltefte, der Ogurlû Mohammed hieß, beinahe mit feinem Vater zu gleicher Zeit geftorben ift. Die fechs andern waren Khalil Mirza, Macfud Beg, Jacub Beg, Maffih Beg, Juffuf Beg, und Zeinel, der, wie wir bereits gefagt haben, in dem Treffen bey Arzendfchan ift getödtet worden. Macfud und Maffih find einander unmittelbar in der Regierung nachgefolgt.

V.

III. **Vaca alafna ala alneffa:** Abhandlung von den Frauensperfonen. Man hat zwei Bücher von diefer Materie, davon das eine den Dfchauhari, und das andre den Sojuthi zum Verfaffer hat. Des Sojuthi feines betrifft infonderheit die Kleidung der Frauensperfonen, und führt den befondern Titel: Asbab alkeffa ala alneffa.

Vacai Huffain Mirza: ein perfifches Buch, das die Gefchichte des Huffain Mirza, eines Sultans aus Tamerlans Gefchlechte, der in Khoraffan regiert hat, enthält. Es ift in Ver-

Do 5

Versen geschrieben, und enthält neun tausend Beit. Der Verfasser desselben ist AlMassud Al Canui.

Vacai si messail alhedasah. Streitigkeiten und Unterhandlungen, welche durch die in dem Buche, Hedasah betitelt, enthaltenen Fragen sind veranlaßt worden. Dieses Werk hat den Mahmud Ben Sadr alscheriah zum Verfasser, der es für einen seiner Enkel verfertigt hat. Es giebt mehrere Commentare über dieses Buch.

Vacai alzeman: ein Buch in Persischen Versen, das den Dichter Riazi zum Verfasser hat.

Vacaiah, ein Buch von den musulmanischen Gesetzen, verfaßt von AlValad AlUazz Obeidallah. Dieses Werk hat einen Commentar, Eslah betitelt.

Vacf. Dieses Wort, das im Arabischen Fundation und Vermächtnisse bedeutet, macht von mehrern Büchern, welche über diese Materie sind geschrieben worden, einen Theil des Titels aus. Siehe den Artikel Ahkam aluacf.

Vacfi, der Beiname des Helal oder Hassaf, der der Verfasser der Ahkam alvacf ist.

Vacfiat aucaf alvezir Ali Pascha: Abhandlung von den Fundationen des Vesir Ali Pascha, verfaßt von dem Mulla

Sadi Ben Tagi Beg, der im Jahr der Hedschr. 932 verstorben ist.

Vacuac, ist der Name eines Landes, welches an dasjenige gränzt, das den Namen Sofalat altibr, das Feld und Thal, in welchem man das Gold in Körnern findet, führt. In diesem Lande sind zwei berühmte Städte, welche Dadûah und Jananah heißen, und ein großer Flecken, Namens Dagdagah.

Diese Provinz, deren Einwohner insgesammt schwarz sind, ist von der Insel Landschalus nur einen Weg von zwei Tagereisen entfernt, wie der Sherif AlEdrissi bemerkt hat.

Gezair AlVacuac, die Inseln Vacuac, sind, eben diesem Verfasser zufolge, in dem östlichsten Theile des chinesischen Meers befindlich, und über dieselben hinaus ist alles völlig unbekannt. Die Insel Dhahat und Dhahi, von der das Chinesische Meer seinen Namen bekommen hat, ist *III.* eine von den Inseln Vacuac. 555

Eben dieser Edrissi sagt, die Länge des Indischen Meeres werde von der Mündung des rothen Meeres an bis zu den Inseln Vacuac gemessen, und diese Strecke betrage viertausend fünf hundert Meilen oder Parasangen.

Vadaâ alzaer lelnabi althaher: der Abschied des Pilgrims von dem Propheten. Ist der Titel des sechsten unter denen Gedichbichten des Sakhaui, die Cassaid genannt werden. Es ist in der königlichen Bibliothek zu Paris unter Num. 644.

Vadhaif fil manthek, ein Werk über die Logik, verfaßt von Schamseddin AlMogrebi.

Vadhar, ist der Name eines ansehnlichen Fleckens, der vier Parasangen von Samarcand liegt, wo, dem Abul Feda zufolge, ein sehr gutes Schloß und eine beträchtliche Moschee befindlich ist.

Vadheh fil tarikh; Aufklärung der Geschichte: ist der Titel eines Werks des Mohammed Ben Dschafer AlDschordschani, der im Jahr der Hedschr. 408 gestorben ist.

Vadi habib gebel alnathrun. Dies ist der Name der Wüste von Nitrien, wo mehrere alte hermitische Väter von Egypten Klöster gehabt haben. Siehe den Artikel Arbain Khabar, welches Lebensbeschreibungen von vierzig solcher Väter sind.

Dieses Wort Vad und Vadi bedeutet im Arabischen ein Thal, auch selbst einen See, Sumpf oder Fluß.

Vadi AlKebir, im gemeinen Leben Guadalquivir genannt, ist der Fluß in Andalusien, der von den Alten Bätis genannt wird. Die Flüsse Guadalajar und Guadiana u. s. w. haben ihre Namen

von eben diesem Worte bekommen. Halk Allvad und Fom Al Uad, der Hals oder der Mund des Flusses, oder des Sees, ist dasjenige, was wir heut zu Tage Goulette, in der Nachbarschaft von Tunis in Africa, nennen.

Vadi Alremel. Das Sandthal. So nennt man die Küste des mittelländischen Meeres, die Egypten mit Syrien verbindet.

Vadi Alschasch v AlJlak. Das Thal, in welchem die Städte Schasch und Jlak liegen, in der Provinz Mavaralnahar oder Trankoxanien.

Vadi Sogd. Das Thal von Sogd, oder Sogdiane. So wird das Gebiet von der Stadt Samarcand genannt, so wie auch die Thäler von Schasch, von Jlak und von Farganah.

Nach den Träumereien der Mohammedaner ist auch in der Hölle ein Thal befindlich, das Vadi Gehennem genannt wird, und dessen in der Geschichte des Schoaib, oder Jethro, Mosis Schwiegervaters, Erwähnung geschieht.

Vadik fi fadhl albik: Abhandlung von den Vorzügen des Hahns, verfaßt von Sojuthi, der dieses Werks in demjenigen Buche Erwähnung thut, dem er den Titel, Divan alhaivan, der Rath oder die Versammlung der Thiere gegeben hat.

Vaedh.

III. **Vaedh.** Dieses Wort bedeutet im Arabischen einen Prediger. Es wird mehreren Personen und Schriftstellern beigelegt.

Mulana Kemaleddin Hussain, Ben Ali Al-Heraui, führt den Beinamen Vaedh oder Vaez, der Prediger. Er ist Verfasser von mehrern Werken, unter denen das wichtigste eine buchstäbliche Uebersetzung, eine Paraphrase, und ein Commentar in persischer Sprache über den Coran ist, von welchen wir anderwärts an mehreren Stellen geredet haben. Dieses Werk hat ihm den Beinamen AlCaschefi zuwege gebracht.

Eben dieser Schriftsteller hat gleichfalls in persischer Sprache ein vortreffliches moralisches Buch geschrieben, das den Titel führt: Akhlak almohseni. Er hat solches dem Sultan Mirza Hussain dedicirt. Siehe den eignen Artikel von diesem Werke. Er ist im Jahr der Hedschr. 910 gestorben.

Vafa. Mohammed Ben Alil Vafa Kemaleddin ist Verfasser eines Buchs unter dem Titel: Hazb oder Hezb alsadat, welches eine Abhandlung von den Oberhäuptern der Schiiten oder Lehrer aus Alis Nachkommen ist. Es ist in der königlichen Bibliothek zu Paris unter Num. 689.

Vafa alohud fi vodschub hadm AlKenissat AlNassarah u AlJahud. Ist der Titel eines Buchs, in welchem bewiesen wird, daß die Musulmanen verpflichtet sind, die Kirchen der Christen und die Synagogen der Juden niederzureißen. Der Verfasser desselben ist Achmed Ben Mohammed, ein Schafeischer Gelehrter von Damas, der im Jahr der Hedschr. 879 verstorben ist, dessen Meinung aber die nach ihm gekommenen Musulmanen nicht angenommen haben.

Vafi fil thebb alschafi, die heilsame Medicin: ist der Titel eines Auszugs aus einem Buche, AlSchafa fi tarif hokuk AlMostafa betitelt. In demselben wird von den Eigenschaften und Rechten des Mohammed gehandelt.

Vafi belnafiat. Ist der Titel eines Buchs, das den Salaheddin Khalil Ben Ibek AlSafadi zum Verfasser hat, der im Jahr der Hedschr. 794 verstorben ist. Dieser Schriftsteller hat sein Werk aus den angesehensten Schriftstellern seines Jahrhunderts seit dem Jahr der Hedschr. 771 gesammelt.

Vafi fi nacd alcauafi; ein Buch von Reimen in persischer Sprache, verfaßt von Mohammed AlSoffar.

Vafi fi elm alcauafi; gleichfalls ein Buch von den Reimen in der arabischen Sprache, verfaßt von Abu Hassan Ali, Ben Ismail, der unter dem Namen Ebn Seidat bekandt, und im Jahr

Jahr der Hedſchr. 458 geſtorben iſt.

Vaſi fil arubh: eine Poetik,
die den Junos Ben Mohammed
AlMarzavendi zum Verfaſſer
hat.

Vaſiah, iſt der Titel eines
Commentars über die arabiſche
Grammatik, Caſiah betitelt.
Der Verfaſſer deſſelben iſt Nocn-
eddin Aſtarabadi oder Eſtera-
badi. Dieſer Commentar iſt der
zweite von den dreien, die eben
dieſer Schriftſteller über dieſes
Buch geſchrieben hat.

III.
560 Vaſiat alalan v enba ebna
dha alzaman, oder nach einigen
andern Exemplaren, Enba ebna
nodſchabat alzaman, das heißt,
ein Buch von der Zeit, in welcher die berühmteſten und ange-
ſehenſten Perſonen aus jedem
Jahrhunderte der Hedſchr. gelebt
haben.

Der Verfaſſer dieſes Werks iſt
der Cadhi Schamseddin Abul-
Abbas Achmed Ben Mohammed,
der gewöhnlich Ebn Khalecan,
AlArbeli, AlSchafei, das heißt,
aus Arbela in Mesopotamien gebürtig, und Lehrer von der Schafeiſchen Secte, genannt wird.
Er iſt im Jahr der Hedſchr. 681
geſtorben.

Ebn Khalecan ſagt ſelbſt gegen
das Ende ſeines Werks, er habe
es in der Stadt Cairo angefangen, und zu Damas geendigt,
wohin er von Malek AlDhaher,
Bibars, einem mamlukiſchen Sul-

tan von Egypten, im Jahr 672
ſei als Cadhi geſchickt worden.

Dieſes Buch iſt von Mulla
Adhereddin, der im Jahr der
Hedſchr. 930 zu Cairo geſtorben iſt, ins Perſiſche überſetzt
worden.

Hadſch Khalfah ſchreibt, er
habe ein kleines perſiſches Buch
geſehen, das von Ben Avis Ben
Mohammed AlMalathi, mit dem
Zunamen Cadhi zadeh, ſei verfertigt worden. Dieſes verſichere,
daß der Sultan Seſim der Erſte,
nachdem er Egypten erobert, ſich
auf das Studium der Geſchichte
gelegt, und mehrere Schriftſteller habe überſetzen laſſen. Unter andern habe ihm Adhereddin
AlArdebili das Buch des Ebn
Khalecan ins Perſiſche überſetzt.

Dieſes Werk iſt in einen Auszug gebracht worden von Badr
oder Bedr eddin Haſſan Ben
Omar, Ben Habib, AlHalabi,
der im Jahr der Hedſchr. 779
verſtorben iſt. Dieſer Auszug
führt den Titel: Maala ahel albejan nuen vaſiat Ben Khalekan.

Der erſte, der Lebensbeſchreibungen von berühmten Männern
geliefert hat, war Abu Soliman
Mohammed Ben Abdallah, der
ſein Werk von den erſten Jahren
der Hedſchr. angefangen und bis
ins Jahr 228 fortgeführt hat.

Abu Mohammed Ben Ach-
med AlKetabi, oder AlKenani hat
es bis zum Jahr 485 fortgeſetzt.

Abu Mohammed Hebatallah
Ben Achmed AlAflani, AlMocdeſſi, hat es bis zum Jahr 581
fortgeführt.

Ebn

Ebn Abdalcaui AlMonderi aber bis ins Jahr 674, unter dem Titel: Tekmilat alvasiat.

Ibek AlDamiathi bis ins Jahr 749.

Ali Ben Ibek bis ins Jahr 805.

Das Werk des Ebn Khalekan hat auch eine besondere Fortsetzung bekommen, vom Jahr 650, mit welchem es sich geendigt hatte, bis zum Jahr der Hedschr. 725. Der Verfasser derselben war Tadscheddin Abdalbaki, der im Jahr 743 verstorben ist.

Scheikh Zein eddin Abdalrahim Ben Hossain AlEraki hat das Werk des Tadscheddin bis ohngefehr ums Jahr 806, wo er gestorben ist, fortgesetzt: und das seinige ist von Scheikh Badreddin AlSarakhsi, unter dem Titel: Dcud aldschomad, fortgeführt worden.

Vasiat alajan men medheb Abi Hanifah. Geschichte oder Leben der berühmtesten Lehrer von der Hanifischen Secte, vom Cadhi Nadschmeddin Ibrahim Ben Ali AlTharsussi, der im Jahr der Hedschr. 758 gestorben ist.

Vasiat alschojukh: Geschichte der Scheikhs oder Oberhäupter von Gesellschaften von Religiosen, verfaßt von AbulOmar Mobarek Ben Achmed AlMedeni.

Vasid: Unter dem Namen der Familie Ibn Vasid oder Ibn Vasid ist in der gelehrten Geschichte der Vesir oder Staatsminister Abul Motharraf Abdorrahman Ben Mohammed Ben Abdilkabir bekandt. Man nennt ihn zuweilen Athengnesid. Diese böse Schreibart kommt zum Theil von der besondern Schreibart der Spanier, und zum Theil von der Verwechselung der Buchstaben n und u her. Aben, Abben, und Alben sind gleichbedeutend mit Ibn oder Ebn, Sohn; und die Abschreiber haben anstatt Guesit, das nach unserer Art zu schreiben und zu sprechen, Wasid oder Wesid ist, Gnesit geschrieben, und dadurch den Namen unkenntbar gemacht.

Dieser edle Spanier, der Vesir oder Rath an dem Hofe der Fürsten aus dem Hause Dhul Nun in der Stadt Toledo war, wurde im Jahr der Hedschr. 387 oder Christi 997 gebohren; aber sein Todesjahr wußte Abu Obeidah, aus dem wir dasjenige, was wir hier sagen, beibringen, nicht. Er sagt blos, Ibn Vasid sei noch im Jahr der Hedschr. 460 oder Christi 1067 am Leben gewesen. Er lobt ihn besonders sehr wegen seiner Geschicklichkeit, mit welcher er in kurzer Zeit unheilbare und verborgne Krankheiten zu heilen wußte. Er sagt, eben dieser Arzt habe eine Zeit von zwanzig Jahren auf die Ausarbeitung seines Werks, das von einfachen Krankheiten handelt, verwendet. Auch legt er ihm folgende Werke bei.

Ketab al Irschadi, und

Mo-

Modſcharrabat, caſus medici. Siehe Band II, S. 645. Ein Buch, in welchem vornemlich von Augenkrankheiten gehandelt wird, ſo wie auch

Ketab al mogith, das heißt, der hülfreiche.

Es haben einige geglaubt, Jbn Waſid habe das erſte aus dem Galen überſetzt. Aber Abu Obeidah erwähnt nichts davon. Er ſagt blos, er habe ihn, ſo wie auch den Ariſtoteles und andre alte Philoſophen, ſehr ſtudiert. R.]

Wag' und Wagiat, iſt der Name eines Landes, das die orientaliſchen Erdbeſchreiber zu Egypten rechnen. Aber bei allem dem iſt es eine ganz davon abgeſonderte Gegend, die zwiſchen Egypten und dem Lande Barca in Africa liegt. Mit einem Worte, es iſt das Pentapolis der Alten, das, dem Ebn Amid zufolge, im Jahr der Hedſchr. 223, Biſchöfe vom Patriarchen von Alexandrien bekommen hat.

III. Das Buch, Sojar alaba al561 bathareka betitelt, welches Lebensbeſchreibungen der Patriarchen von Alexandrien ſind, thut fünf Städte in dem Lande Wadſch Erwähnung, die die Griechen veranlaßt haben, es Pentapolis zu nennen. Dieſe fünf Städte ſind Barcah, Faran, Cairuan oder Cyrene, Tharabolos Garb oder Tripolis in der Barbarei, und Afrikiah, eine Stadt, die der Provinz, welche im engern Verſtande Africa genannt wird, ihren Namen gegeben hat, von welcher ſodann ganz Africa den ſeinigen erhalten hat.

Wag'd. So nennen die Araber einen hohen Grad von Beſchaulichkeit und Vereinigung mit Gott. Es iſt dies eigentlich die Extaſe oder die Entzückung. Siehe den Artikel Waſl und Waſlat.

Wagia. Siehe oben Wag'.

Wagiah. Siehe unten den Artikel Wahat.

Wagiheddin Maſſud, iſt der Name des zweiten Regenten aus der Dynaſtie der Sarbedarier. Er war ein Sohn des Khodſchah Fadhlallah Paſchtini, und ein Bruder des Khodſchah Abdalrazzak, der der Stifter dieſer Dynaſtie war, und dem er, nachdem er ihm im Jahr der Hedſchr. 738 ums Leben gebracht hatte, in der Regierung nachfolgte. Aber er wurde auch ſelbſt im Jahr 745 von Malek Roſtambar ums Leben gebracht.

Wagiz. Dieſes arabiſche Wort, das eigentlich eine kurze Rede bedeutet, iſt der Titel von mehreren Werken.

Wagiz fil ſoru: ein Buch von den Geſetzen, die blos die Aeſte, nicht aber die Wurzeln oder Grundſätze der muſulmaniſchen

schen Religion betreffen. Dieses Werk steht bei den Musulmanen in großer Achtung, und hat einen berühmten Mann zum Verfasser, nemlich den Abu Hamed AlGazali. Es sind auch mehrere Commentare darüber geschrieben worden.

Vagiz fil Hendassah: ein Buch von der Geometrie, verfaßt von AbulSalt Omniah Ben Abdalaziz AlAndalussi, der im Jahr der Hedschr. 589 gestorben ist, für AlMalek AlAfphal Schahin schah Ebn Ajub, und folglich Bruder von Saladin. Man erzählt, als dieser Schriftsteller sein Buch dem Monegim oder Astronomen dieses Fürsten überreicht, habe dieser Lehrer oder dieser Sternkundige zu ihm gesagt: dein Buch kann nicht zur Unterweisung der Schüler in dieser Kunst gebraucht werden, und solchergestalt können sie es gar wohl entbehren.

Vagiz alkasiah fi alorubh v alcasiah; eine kurze Abhandlung von demjenigen, was von der Poesie und dem Reime zu wissen von nöthen ist. Dies ist der Titel eines Werks, das den Ebn AlMobager Achmed Ben Abdallah AlBadiani zum Verfasser hat, der im Jahr der Hedschr. 739 gestorben ist.

Vagiz almonteki v alaziz almoltali: ist der Titel eines kurzen Abrisses von arabischen Geschichten, die die Medicin betreffen, ohne Namen des Verfassers.

Vagiz alnabham fi ebhar, oder izhar, mauared alhokkam. Eine Abhandlung von den gewöhnlichsten Fällen, die bei der Beobachtung der Gebote des Gesetzes eintreten können. Der Verfasser derselben ist Mohieddin Mohammed Ben Soliman AlKiasegi.

Es giebt noch ein Werk, das gleichfalls Vagiz betitelt ist, und den Sarathsi zum Verfasser hat.

Vahaschiah. Abubekr Ben Achmed, Ben Ali, Ben Cais, Ben Vahaschiah, mit dem Beinamen AlCazdani, AlCaissi, das heißt, der Chaldäer, aus der Familie Cais. Es ist dies der Verfasser einer Abhandlung von dem Ackerbau der Nabathäer, in mehreren Bänden. Ein Auszug daraus ist in der königlichen Bibliothek zu Paris unter Nr. 866 befindlich *).

Der Verfasser sagt, sein Werk [III. 562] sei aus des Democrates seinem genommen. Siehe den Artikel Nabathi.

Vahat: Beschaulichkeit, Offenbarung und Vision andächtiger und mit geistlichen Dingen sich beschäftigender Leute. Siehe den Artikel Vag'd, so wie auch Vagiab, welche dasselbe bedeuten.

Es

*) Eben dieses Werk, von welchem hier die Rede ist, befindet sich auch in vier Bänden in der Bibliothek zu Leiden, Nr. 1915 (303.) S.]

Es giebt mehrere Stufen derselben, von welchen anderwärts bei Gelegenheit des Gebets und der Beschaulichkeit gehandelt wird.

Vaheb Ben Monbah, oder Monabbeh. Dies ist der Name eines der angesehnsten Musulmanen, was die Traditionen anbetrifft, die aus Mohammeds Munde geflossen sind. Denn er ist aus der Zahl derjenigen Männer, die Sahaba, das heißt, Freunde, Gesellschafter oder Zeitgenossen von Mohammed genannt werden, oder wenigstens der Thabein, die auf jene gefolgt sind. Abu Dschafar AlThabari führt mehrere Dinge von ihm an, die den Ursprung und das Ende der Welt betreffen; auch legt man ihm ein Werk bei, das den Titel führt: AlMobteda, oder AlMobtadi.

Der ganze Name dieses Mannes, den der Verfasser des Raudhat alakhiar weit neuer zu machen scheint, ist Abu Abdallah Vaheb Ben Monabbeh, Ben Kamel AlSagani. Er war von persischer Herkunft, und war in einem Flecken, nahe bei der Stadt Meru, Sagan genannt, der aber jetzt zerstört ist, gebohren worden. Er wird gewöhnlich betitelt: Saheb alcossos v algahbar, Verfasser von Erzählungen und Geschichten. Er war ein Schüler des Dschaber Ben Abdallah, und ist im Jahr der Hedschrah 114 gestorben.
Orient. Bibl. 4. B.

Vaheban. Ebn Vaheban. Dies ist der Name des Verfassers eines Gedichts, genannt Mandhumat Ebn Vaheban, über die Sonnah, in welchem sich alle Reime auf ein R endigen.

Vaheb. Ebn Vaheb: ist der Name eines Schriftstellers, der ein Buch von Arzneimitteln oder einfachen Specereien geschrieben hat, unter dem Titel, Aduiat almofredat.

Vahedi: ein Beiname des Abu Hassan Ali Ben Mohammed, Ben Achmed, AlNischaburi, der aus der Stadt Nischabur in Khorassan gebürtig war. Er ist einer der berühmtesten Lehrer der Musulmanen in dem, was die Erklärung des Corans anbetrifft.

Er ist Verfasser von vier Werken über diese Materie, von denen das erste den Titel Tassir alvassith, das andere Mani altassir, das dritte Mesnad altassir, und das vierte, welches ein Auszug aus den drei andern ist, Mokhtassar altassir führt.

Eben dieser Schriftsteller hat auch noch mehrere andere Werke verfertigt, dergleichen sind ein Scharh oder Commentar über den Divan, oder Sammlung von Gedichten des Abul thaib. Asbab alnozul, von Ursachen oder Veranlassungen der Herabkunft der Verse des Corans. So nennen die Mohammedaner die schwärmerischen Gründe, warum verschiedne Stellen im Coran, die in keiner

Pp　　ner

ner Verbindung untereinander
ſtehen, von ihrem Propheten ſind
bekandt gemacht worden. Er iſt
im Jahr der Hedſchrah 468 geſtorben.

III. **Vahi.** Ebn Vahi AlHale-
563 mi. So nennen die Muſulmanen einen Menſchen, der Offenbarungen vom Himmel bekommt,
oder der myſterieuſe Träume hat.
Es iſt kein beſonderer Name, der
einer einzelnen Perſon beigelegt
wird: denn es iſt eben ſo viel, als
ob man ſagte, der Contemplatif,
oder der Träumer.

Vahiah. Ebn Vahiah: iſt
der Name eines Schriftſtellers,
der ein eignes Buch von den ver-
ſchiednen Namen des Mohammed
verfertigt hat. Dieſes Buch führt
den Titel: Moſtavaſi fi eſma
alnabi.

Vahid fi ſoluk ahel altauhid.
Ein Buch, oder eine Abhandlung
von der Geiſtigkeit, verfaßt von
Abdalgaffar Ben AlMadſchd Al-
Coſſi. Dieſes Werk enthält Geſchichten von ſolchen Dingen, die
der Verfaſſer geſehen, oder die
größten und geiſtreichſten Männer ſeiner Zeit in allen Ländern
hat ſagen hören. Es iſt in der
Stadt Alexandrien im Jahr
der Hedſchr. 708 verfertigt worden, wie der Verfaſſer ſelbſt in
ſeiner Vorrede anführt.

Vaigian, ein Beiname
des Abu Sahal Mohammed Al-
Kuhi, eines großen Mathemati-

kers, der mit Achmed Ben Mohammed Sagani, das Sommer-
ſolſtitium, und das Frühlingsäquinoctium, auf demjenigen Ob-
ſervatorio, das Scharf aldulat,
ein Sohn des Abhad aldulat,
Sultan von der Dynaſtie der
Buiden, im Jahr der Hedſchr.
377 zu Bagdet hatte erbauen laſſen. AbulFaradſch bemerkt, es
ſey dieſe Beobachtung im Jahr
Alexanders 1299 angeſtellt worden, und Ibrahim Ben Helal,
Ben Ibrahim, Ben Zaharun,
von Religion ein Sabier, ſey
auch bei derſelben zugegen geweſen.

Vain, oder Uain. Dies iſt
der Name, den die orientaliſchen
Chriſten der Zwillingsſchweſter
des Abels geben, die Cain zu heirathen ſich weigerte, weil ſie nicht
ſo ſchön wie ſeine Schweſter
Azrun war. Eben dieſe Orientaler ſagen auch, ſie ſey nach
Abels Tode an ſeinen Bruder
Seth verheirathet worden.

Die Mohammedaner geben
auch dem Cabil und Habil, wie
ſie ſie nennen, das heißt, dem
Cain und Abel, zwei Zwillings-
ſchweſtern; aber ſie geben ihnen
andere Namen; nemlich Aclimah
oder Acliniah der Schweſter des
Cain, und Lebudah der des Abel.

Vais. Siehe den Artikel
Veis.

Vaiſſi. Siehe den Artikel
Viſſi.

Vake-

Wákedi: ein Beiname des Abu Cassem Ali Ben Hassan, Ben Khalaf, Verfassers eines Buchs, unter dem Titel, Fothuat Al-Scham, die Eroberungen von Syrien, die die Musulmanen zu verschiednen Zeiten gemacht haben. Dieses Werk ist von Abu Ismael Mohammed Ben Abdallah, AlAzdi AlBasri, in einen Auszug, und von Mahmud Ben Mahmud Ben Dschami in Verse, und zwar in zwölftausend Beit gebracht worden.

Eben dieser Verfasser hat auch die Eroberungen von Egypten, unter dem Titel AlFothuat Al Mesriah beschrieben.

[Mohammed Ibn Omar Al-Wakidi, der eine Geschichte der Thaten und der Kriege des Mohammed und seiner ersten Nachfolger geschrieben hat, ist der älteste arabische Geschichtschreiber von denen, die auf uns gekommen sind. Er war Cadhi von dem östlichen Theile der Stadt Bagdet, und stand bei dem Khalifen AlMamun, diesem edelmüthigen Beschützer der Wissenschaften und der Gelehrten unter den Arabern, in höchster Gnade. Er ist im Jahr der Hedschrah 207 oder Christi 822 verstorben.

Sein vornehmstes Werk führt den Titel: Fotuh AlScham, Geschichte der Eroberung von Syrien. Man kennt einen Theil davon aus dem englischen Werke des Herrn Ockley, über die Eroberungen von Syrien, Persien und Egypten durch die Sarazenen, das größtentheils aus der Geschichte des Wakidi compilirt ist. Wenn man aber das Verdienst des Originals nach dieser Compilation bestimmen soll, so kann man ihm nicht eben viel beilegen, wegen der Leichtgläubigkeit und des kindischen Aberglaubens, den man fast durchaus in demselben herrschen sieht: so daß Ockley besser gethan hätte, wenn er sich blos an Abulfedas Geschichte gehalten hätte, die wegen ihrer Genauigkeit und Treue in so großem Ansehn steht.

Herr Petit de la Croix, der Vater, hat eine französische Uebersetzung von eben diesem Werke verfertigt, so wie auch von mehreren andern auf die Geschichte, Erdbeschreibung und Naturhistorie sich beziehenden arabischen Büchern, deren Titel man in der Vorrede zu der Geschichte des Timur Bek oder Tamerlan, die Herr Petit de la Croix, der Sohn, herausgegeben hat, lesen kann. Aber alle diese Uebersetzungen sind bis jetzt blos im Manuscripte bei einem Parlementsadvocaten in Paris befindlich, aus dessen Händen sie schwerlich zu bringen seyn möchten. Das Original ist in den Bibliotheken zu Paris, Oxford und Leiden anzutreffen. Auch ist eine türkische Uebersetzung davon in dem Verzeichnisse der Handschriften, mit welchen Herr von Sparfvenfeld die Bibliothek zu Upsala bereichert hat, angezeigt.

Außer diesem Werke hat Wakidi auch eine Geschichte der Eroberung von Mesr oder Fostbath

und von Alexandrien; die Eroberung der Stadt Bahnesa in Egypten; die Eroberung von Africa, von der Stadt Cairoan bis
nach Atzab, geschrieben. Diese
drei Werke sind in der Bibliothek
zu Leiden, so wie auch noch ein
anderes, minder wichtiges, unter
dem Titel: Geschichte Selmans,
des Persers, (siehe diesen Artikel oben S. 301.) und seiner Be-
kehrung zum Islamismus.

Dieser Artikel ist aus Herrn
Köhlers Nachrichten im Reper-
torium für biblische und morgenländische Literatur, Band 1. S.
62. genommen. S.]

III. **Vakhsch**: ist der Name der-
564 jenigen Stadt, die sonst Khotlan
genannt wird. Auch ist es der
besondere Name eines Fleckens
in Transoxanien, aus welchem,
oder vielleicht aus der Stadt gleichen Namens, der Schriftsteller,
der den Beinamen Vakhschi führt,
und der weiter unten folgen wird,
gebürtig gewesen ist.

Vakhschab: ist der Name
eines Flusses in der Provinz
Transoxanien, der seinen Namen
von der Stadt Khotlan führt, die
auch Vakhschab genannt wird,
und durch die er fließt. Die Stadt
Khotl, oder Khotlan, liegt zwischen
diesem Flusse, den man Nahar
Vakhschab nennt, und zwischen
dem Badakschan, der auch Nahar Badakschan heißt.

Vakhschi: ist der Name eines gewissen Abu Abi, der aus

der Stadt oder dem Flecken
Vakhsch gebürtig war, von welchem wir so eben geredet haben.
Er ist der Verfasser eines Werks,
Amali betitelt, welches Dictata
eines Professors über verschiedene Materien, besonders über Re-
ligionsgegenstände sind.

Vaki. Abu Sofian Vaki
Ben Dscharrah, Ben Melih, Abi,
AlCufi. Dies ist einer der berühmtesten und angesehensten Lehrer, die die Musulmanen in Ansehung der Traditionen gehabt
haben. Er hatte sie von Aamasch,
von Auzai, von Thuri, und vom
Schaabah bekommen, und hat
sie den Ebn AlMobarek und den
Achmed Ben Hanbal gelehrt. Er
ist im Jahr der Hedschr. 129 gestorben, nachdem er von der
Wallfarth nach Mekka zurückgekommen war. Man sagt, er
sey in rechtlichen Entscheidungen
immer mit dem Imam Abu Hanifah einerlei Meinung gewesen.

Vali. AbulVali: Dies ist
der Verfasser eines Buchs, Eh-
tedschabsch AlSchafei betitelt;
welches man wissen muß, um
die Lehre des Imam Schafei
gehörig zu verstehen, der das
Oberhaupt von einer der vier
Secten war, die bei den Musulmanen für orthodox gelten.

Vali Abib. Siehe den Artikel Faraki.

Valid. Die Musulmanen,
die allen den Personen Namen
geben, denen die heilige Schrift
keinen besondern Namen beilegt,
nen-

nennen Walid denjenigen, den die Schrift mit dem Namen Pharao, der allen Königen von Egypten gemein gewesen ist, belegt.

Sie nennen demnach Firaun Walid denjenigen König von Egypten, der in den Zeiten Mofis, und Manugehers, eines Königs aus der ersten Dynastie von Persien, regiert hat. Der Tarikh Khozideh, giebt, so wie alle übrige Musulmanen, die nie diesen Fürsten nennen, ohne eine Verfluchung beizufügen, ihm nach der Gewohnheit der Musulmanen den gereimten Spottnamen, Walid nam pelid, Walid, dessen Name abscheulich ist. Siehe den Artikel Firaun, wo von ihm umständlicher geredet wird.

Walid. Es giebt zwei Khalifen dieses Namens, beide aus der Familie der Ommiaden. Der erstere, von dem wir reden, und der auch der erste dieses Namens ist, war ein Sohn des Abdalmalek, eines Sohns Marvan, und ist seinem Vater im Jahr der Hedschr. 86. in der Regierung nachgefolgt.

Man kann sagen; dieser Khalife habe sich durch die großen Eroberungen, die die Araber unter seinem Khalifate gemacht haben, vor allen am meisten berühmt gemacht. Denn in zehntehalb Jahren, die er regiert hat, sind Spanien, Sardinien, die Inseln Majorca und Minorca, nebst einem Theile vom narbonnesischen Gallien, von den Musulmanen unterjocht worden. Die große Provinz Mavaralnahar, oder Transoxanien, nebst Türkestan, nahmen gleichfalls das Gesetz der Mohammedaner an, und ein ansehnlicher Theil von Indien, diesseit des Ganges ist zinsbar von ihnen gemacht worden. Eben dieser Khalife hat III, auch den Tempel zu Medinah wieder aufgebaut, wo die Gräber Mohammeds und der ersten Khalifen sind; und zwar weit prächtiger und größer, als er vorher gewesen war. Auch ließ er noch die große und berühmte Moschee zu Damas aufführen, die den Namen der Ommiaden führt, und mit welcher er die herrliche Kirche Johannis des Täufers verband, an deren Verschönerung die griechischen Kaiser mehrere Jahrhunderte lang gearbeitet hatten. Er nöthigte aber die Christen, daß sie ihm solche verkaufen mußten.

Khondemir und der Verfasser des LebTarikh bemerken, in Betreff des Gebäudes, das dieser Khalife zu Medinah hat aufführen lassen, daß, als er dem Omar, einem Sohne des Abbalaziz, der sein Statthalter in Arabien war, im Jahr der Hedschr. 88. Befehl gegeben, daß er die Häuser von Mohammeds Weibern, die noch zu Medinah standen, sollte niederreißen lassen, um dadurch die Moschee zu vergrößern, so hätten die Einwohner dieser Stadt diesen Entschluß des Khalifen sehr übel aufgenommen, und ihm einen Vorwurf daraus gemacht, daß er den Musulmanen, die aus

allen

allen Theilen der Welt nach Medinah kämen, das schönste Beispiel, das ihnen Mohammed von seiner Bescheidenheit hinterlassen; wenn sie die niedrigen und kleinen Häuser, die er seinen Gemahlinnen zum bewohnen eingeräumt, betrachteten, dadurch raube.

Bei der Moschee zu Damas pflegt man zu bemerken, daß dieser Walid der erste gewesen, der daselbst diejenigen sehr hohen Thürme, die im Arabischen Menarat und im Türkischen Minaret genannt werden, und von welchen die Müedhin das feierliche Gebet bekandt zu machen pflegen, hat erbauen lassen.

Der persische Erdbeschreiber fügt auch noch zu dem Gebäude von eben diesem Walid, die Vergrößerung derjenigen Moschee hinzu, die der Khalif Omar in der Stadt Jerusalem hatte aufführen lassen.

Khondemir schreibt, der größte Theil der musulmanischen Geschichtschreiber sey in Ansehung des Walid mit den Syrischen nicht einerlei Meinung. Denn diese wollen diesen Khalifen zu dem größten Manne von der Dynastie der Ommiaden machen. Allein alle übrige schreiben, er habe eine heftige und grausame Gemüthsart gehabt, und vollkommen den egyptischen Pharao, dessen Namen er geführt, nachgeahmt.

Eben dieser Geschichtschreiber erzählt, als Walid den Catbah, oder Katibah, einen Sohn des Moslem, als Gouverneur an der Spitze von einer großen Anzahl Truppen nach Khorassan geschickt habe, sey Catbah, der nicht müßig habe bleiben wollen, über den Fluß Sihon gegangen, und habe die Stadt Samarcand zu belagern angefangen, wo sich Magurek, ein König dieses Landes Transoxanien, zur Vertheidigung derselben aufhielt.

Während daß die Musulmanen diese Stadt belagerten, rief ein Mensch aus vollem Halse von den Mauern herunter: Catbah belagere sie vergebens, weil die Stadt eher von einem Palan Schütür, als von ihm eingenommen werden könne. Dieses Wort, welches eigentlich einen Tragkorb eines Cameels bedeutet, wird auch von einem Cameelstreiber oder Stallknechte gesagt. Kaum hatte Catbah diese Stimme gehört, so lobte er Gott, daß er ihm diese glückliche Nachricht, durch einen Menschen, der es nicht gedachte, geben ließ, und sagte nun zu diesem Soldaten: Ich bin derjenige, der sie einnehmen soll; denn eben dieses ist der Spottname, den man mir in meiner Jugend gegeben hat.

Sogleich ließ er die Angriffe auf diesen Platz mit doppeltem Eifer fortsetzen, und zwang endlich den Magurek, daß er capituliren mußte. Die Artikel der Capitulation waren, daß Magurek alljährlich zwei Millionen Golddinare an den Khalifen bezahlen, und dreitausend Sclaven als Tribut geben sollte. Und kaum

kaum war der Ort in seinen Händen, so ließ er alle Gözenbilder niederreißen, und eine herrliche Moschee aufführen.

III. Valid ist im Jahr der Hedsch-
566 rah 96, nach einer Regierung von beinahe zehn Jahren, gestorben, und hat seinen Bruder Soliman Ben Abdalmalek zu seinem Nachfolger gehabt. Ben Schobnah.

Valid Ben Jezid: dies ist Valid der Zweite, eilfter Khalife aus der Dynastie der Ommiaden.

Dieser Fürst lebte ganz in der Stille in Palästina, und führte daselbst ein sehr lobenswürdiges Leben während der Regierung des Hescham, eines Sohns Abdalmalek, seines Vorfahren. Aber so wie er die Nachricht von seinem Tode erhielt, begab er sich nach Damas, um Besitz von dem Khalifate zu nehmen, und änderte seine Lebensart so sehr, daß man sich ihn allen Arten von Ausschweifungen ergeben sah.

Er war von Natur sehr zur Verschwendung geneigt, und hatte niemals jemand etwas abgeschlagen. Ben Schobnah sagt von ihm, er habe nie von irgend einer Sache, es möge auch gewesen seyn, was es wolle, eher gesprochen, als bis er darüber befragt worden. Aber sein unordentliches Leben erreichte endlich einen so hohen Grad, daß es eine Empörung seiner nächsten Anverwandten veranlaßte, die seinen leiblichen Vetter, Jezid,

einen Sohn Valid des Ersten, zu ihrem Oberhaupte machten, und ihn sogar in seinem Pallaste überfielen. Valid vertheidigte sich hier einige Zeit; aber endlich ward er mit Gewalt bezwungen, und kurze Zeit darauf, im Jahr der Hedschrah 126, nach einer Regierung von nicht mehr denn vierzehn oder funfzehn Monaten, ums Leben gebracht.

Der Verfasser des Leb Tarikh, Khondemir, und alle übrige musulmanische Geschichtschreiber, klagen diesen Khalifen einmüthig an, daß er sich öffentlich zur Secte der Zenadekah oder Sabbucäer bekannt habe, das heißt, er soll bis zu einem solchen Grade ruchlos gewesen seyn, daß er sogar den Coran zerrissen und mit Füßen getreten habe.

Unter der Regierung Valids des Zweiten ist nichts Merkwürdiges vorgefallen, man müßte denn die Niederlage und den Tod des Zeid, eines Sohns des Imam Zein alabedin, und Enkels des Ali, dahin rechnen, der Khorassan besetzt hatte, wo er auch von den Truppen des Khalifen ums Leben gebracht worden.

Er hatte eben den Jezid, einen Sohn des Valid, der ihn des Throns entsetzt hatte, zu seinem Nachfolger.

Valrig. Albergendi in dem zweiten Tractat seiner Erdbeschreibung, im zehnten Capitel, setzt Valridfch unter die Städte der Provinz Thokharestan. Bei den andern orientalischen Erdbeschreibern ist dieser Name nicht anzutreffen. Der Scherif AlEdrissi thut Valüalins unter den Städten dieser Provinz Erwähnung; und dieser Name hat einige Aehnlichkeit mit dem vorhergehenden.

Valüalin. Siehe den vorhergehenden Artikel.

Vámek v Abra: ist der Titel eines türkischen Romans von Liebesgeschichten Vameks und Abras. Es giebt zwei Werke, die diesen Titel führen. Das eine hat den Mahmud Ben Othman, wie Lamai sagt, und das andere den Muid, der aus dem Lande Tarkhan gebürtig gewesen ist, zum Verfasser.

Van. Ist der Name einer Stadt und eines Schlosses, das im obern Armenien, nach den Quellen des Euphrats hin, liegt. Dieser Ort, der an den Gränzen des türkischen und persischen Reichs liegt, ist sowol von dieser als von jener Nation mehrmals erobert und wieder erobert worden. Soliman nahm ihn dem Schach Thamasb im Jahr der Hedschr. 955 weg.

III. Van, oder **Ven.** Dieses
367 Wort bedeutet in der Sprache der Mogolen und der Khathaier die Zahl von zehntausend Jahren. Allein diese so ungeheure Zahl ist aus mehreren Perioden von sechzig Jahren zusammengesetzt, die denselben Namen Van führen.

Diese Cyklen, oder Perioden von sechzig Jahren haben drei verschiedene Namen. Der erste davon ist Schahnek Van; der zweite Junet Van; und der dritte Ca Van. Diese drei Van machen zusammen 180 Jahre aus; und wenn diese geendigt sind, so wird der erste, und sodann der zweite und dritte wieder von neuem genommen, und so fährt man immer zu rechnen fort, bis man an die Zahl von zehntausend kommt, die den großen Van ausmacht.

Nach der Rechnung der Mogolen würde das Jahr der Hedschrah 847 in das 8863ste Van von zehntausend Jahren der Khathaier oder Mogolen fallen, so daß also bis auf dieses Jahr der Hedschrah acht und achtzig Millionen, sechshundert und neun und dreißigtausend und sechshundert Jahre seit Schöpfung der Welt verflossen wären.

Vancarah. Ist der Name einer Provinz der Sudans oder Negern, die auf der Ostseite der Provinz Ganah liegt. Dieses Land ist eigentlich dasjenige, das die Araber Belad altebr, das Land des Goldes, welches im Sande zu finden ist, nennen.

Vancarah ist eigentlich eine Insel. Denn sie wird von dem Wasser des Flusses Niger umgeben, den die Araber Nil AlSudan, den Nil der Negern, nennen. Sie hat eine Länge von dreihundert Meilen, und ist hundert und funfzig breit, ist im

Monat

Monat August ganz von dem Wasser dieses Flusses bedeckt, welches die Einwohner nöthigt, solche während der Zeit zu verlassen. Nach Verlauf derselben kehren sie wieder auf dieselbe zurück, und sammlen das Gold ein, das der Fluß auf den Sand gesetzt hat.

Die Einwohner von Vancarah bringen dieses Gold in das Land Varkelan und Magreb alacsa zum Verkauf, welches der westlichste Theil von Africa ist.

Die Hauptstädte dieses Landes sind: Tirca, sechs Tagereisen von Ganah, wenn man den Tiger hinabfährt, Marassa, Socmara, Samghenda, Ragbih, und Ganara, die alle unter dem Könige von Ganah stehen.

Der Scherif AlEdrissi setzt auch die Provinz Lamlam auf die Westseite von der Provinz Vancarah.

Vanserischi, ist der Name eines Oberhauptes der Mossameden, der den Abdalmumen, das Oberhaupt der Moahebbin oder AlMohaben, bei der Belagerung von Maroc begleitet hat. Er ward von den Molathemin in dem Treffen von Bahirat getödtet, und heimlich von den Seinigen begraben, die darauf das Gerücht ausstreuten, die Engel hätten ihn in den Himmel getragen.

Vara. Dieses Wort bedeutet im Arabischen Hinten und Jenseits.

Varacat. Dieses arabische Wort, das die vielfache Zahl von Varak ist, bedeutet eigentlich Blätter, und das sowol von Bäumen, als von Büchern; auch wird es von fliegenden Blättern gebraucht, die keinen rechten Sand ausmachen. Uebrigens wird es doch auch oft von einem ganzen Buche gesagt.

Varacat fil aml roba v almecantharat: ist der Titel eines Buchs, welches von dem Gebrauche des Quadranten und des Astrolabiums handelt, und den Abu Mohammed Abdallah Ben Khalil, Ben Jussuf, AlWardini, zum Verfasser hat. Dieses Buch enthält eine Vorrede, und zwanzig Capitel.

Varacat fil ossul: Ein *m.* Buch von den Grundsätzen der *568* musulmanischen Gesetzes, verfaßt von einem berühmten Gelehrten, Namens AbulMaala Abdal Malek Ben Abdallah, Ben Mohammed Dhiaeddin, AlDschuini. Dieser Schriftsteller führt auch den Titel Imam alharamein, welcher soviel bedeutet, als Imam oder Oberhaupt von den zwei heiligen Moscheen, das heißt, von Mekka und von Medinah.

Sein Werk ist mit einem Commentar versehen worden von Ebn Imam AlKameliah, das heißt, von dem Sohne des Imams an der Moschee zu Cairo, die von Malek AlKamel ist gestiftet worden. Er ist in der königlichen

Bibliothek zu Paris unter Nr. 575. befindlich.

Vara-Gihun. Was jenseit des Gihon oder des Oxus ist. Dies ist Transoxanien, das die Araber auch Mauaralnahar, was jenseit des Flusses ist, nennen. Denn mit dem Namen eines Flusses bezeichnen sie vorzugsweise den Gihon, den die Perser auch in ihrer Sprache Rud und Rud-Khaneh nennen, welches schlechtweg und überhaupt einen Fluß bedeutet.

Varali. Der Beiname des Abu Naffer Mohammed Ben Ali, Ben Vadaan, Gouverneurs der Stadt Muffal, der eine Abhandlung geschrieben hat, die den Titel führt: Arbain, oder über die vierzig Traditionen, welche angeblich aus dem Munde ihres Propheten geflossen sind.

Vara-Sihun. Was jenseit des Sihon oder Jaxartes ist. Dies ist eigentlich Türkestan, das auch aus eben der Ursache Vara-Khogend genannt wird, weil es sich jenseit der Stadt Khogend, die an dem Flusse Sihon erbaut ist, hin erstreckt.

Varca, ist der Name eines Gebirges in der Nachbarschaft der Stadt Bokhara in Transoxanien.

Vardi. Zeineddin Omar Ben Modhaffer, Ben AlVardi, der im Jahr der Hedschrah 749 gestorben ist, ist Verfasser einer Alfiat, oder eines auf lauter Elif sich reimenden Gedichtes, über den Tabir, das ist, über die Erklärung der Träume.

AlVardi ist, einigen Schriftstellern zufolge, im Jahr der Hedschr. 850 gestorben. Man führt sein Werk oft unter dem Titel Alfiat Varbiat fil tabir an.

Man hat noch ein Werk über die Traumdeuterei von Seragi Omar Ben AlVardi, das den Titel führt: Mocaddemat AlVarbiat. Dies ist in der königlichen Bibliothek zu Paris unter Numero 1033. befindlich.

Wir haben auch eine arabische Erdbeschreibung, die den Titel führt: Kheridat AlAbschaib, und von Ebn AlVardi verfaßt ist.

Varedat fil taffauf: ein Buch, das von den Pflichten und Uebungen der Sofis handelt, verfaßt von Babreddin Mahmud Ben Israil, der unter dem Namen Cadhi Simauiah bekandter, und im Jahr der Hedschrah 823 gestorben ist.

Varidh, ist der Name eines Orts in Arabien, der zu dem Lande Thai gehört, wo man das Grab des Khatem Thai sehen kann, der einer der berühmtesten Araber wegen seiner Großmuth ist. Siehe seinen eignen Artikel.

Varissi, ein Beiname des III. Baschar Ebn AlWalid. Siehe den 569 Artikel Adab AlCadhi, ein Buch des Abu Juffuf Ebn Ibrahim.

Var-

Varkelan. So wird ein Ort oder die Einwohner von der wüsten Provinz in Africa, die bei den Arabern den Namen Sahra, und bei den unsrigen den Namen Saara führt, genannt. Sie ist zwischen Mauritanien und Numidien, und gränzt an das Land der Negern.

Im Arabischen werden die Einwohner dieses Landes Ahel Varkelan AlSahra genannt. Ihr gewöhnlicher Handel besteht darin, daß sie Früchte von Segelmessa und Zab in das Land der Negern führen, und dagegen Goldstaub zurückbringen, den sie schmelzen und in Platten schlagen. Die Hauptstädte, wo sie ihren Handel treiben, sind Tacrut, Ganah, und Vancarah.

Varnah: ist der Name einer Stadt in Cara Bogdan, welches die Moldau oder Bessarabien ist. Diese Stadt liegt an einem See oder Moraste, sehr nahe beim schwarzen Meer, wo Amurat der Zweite im Jahr der Hedschr. 848. den König von Ungarn Ladislaus geschlagen hat. Siehe den Artikel Morad.

Diese Stadt ist von den Alten Odessus oder Odyssus genannt worden.

Varrak: ein Beiname des AbulHassan Mahmud Ben Hossain, der im Jahr der Hedschr. 221. unter der Regierung des Khalifen Motassem, des Abbassiden, in der Stadt Bagdet gestorben ist.

Er war ein Sclavenhändler und vortrefflicher Dichter. Darauf ergab er sich der Pietät, und wurde einer von denjenigen, die die Musulmanen Zahed nennen; ein Wort, das einen eingezogenen und sich ertödtenden Menschen bedeutet.

Varrak, ein Beiname des Abubekr Mohammed Ben Abdallah, Verfassers eines Buchs unter dem Titel Akhlak AlNabi, von den Sitten und Eigenschaften des Propheten.

Varrak Alhosri. Ein Beiname des AbulMani Saad Ben Ali, Verfassers eines Werks über die arabische Grammatik, AlIhagi betitelt. Er ist im Jahr der Hedschr. 568 verstorben.

Varrak. Siehe den Artikel Hadhiri.

Varsak, und Varsak Ili. Eine Stadt und kleines Land in Cilicien, heutzutage Caramanien genannt, welches Mohammed der Erste, ein Sohn Bajazid Ildirim, im Jahr der Hedschrah 816 eroberte, nachdem er seinen Bruder Mussa, der ihm das Reich streitig machte, geschlagen hatte.

Vaschah fi fauaid alnekah: Abhandlung von den Vortheilen der Ehe, von Sojuthi. Sie ist in sieben Artikel abgetheilt. Der erste enthält Traditionen und Gebote. Der zweite, die Namen derjenigen Dinge, die sie betreffen.

sen. Der dritte, zufällige Begebenheiten. Der vierte, Verse über die Ehe. Der fünfte handelt von der Ehescheidung. Der sechste, von demjenigen, was eigentlich die Ehe betrifft, und der siebente, von der fleischlichen Vermischung.

Vaschgerd, ist der Name einer Stadt in Türkestan, unter dem 92sten Grade der Länge gelegen. Ihre Breite ist nicht bekannt.

III. Die orientalischen Erdbeschrei-570ber, zum Exempel Ebn Haucal und Samani, schreiben, diese Stadt gehöre zu dem Gebiete von Saganian, an den Gränzen des Landes Termed, und es werde eine große Menge von Safran aus diesem Lande in alle Theile Asiens transportirt. Von Vaschgerd bis an das feste Schloß Nasseb rechnet man sechs Parasangen. Im Anfang des Musulmanismus sind in diesem Lande sehr große Treffen geliefert worden.

Vaschi. Scheragebdin Vaschi ist der Verfasser desjenigen Buchs, das den Titel führt: Moniat AlMofti.

Vaschi almarcum fi hall mandhun: Abhandlung von der Poesie, verfaßt von Ebn Athir AlGezeri.

Vaschiah. Ebn Vaschiah ist der Verfasser eines Buchs; Ascat alschams v alcamar beti-

tellt, in welchem von den Conjunctionen und Oppositionen der Sonne und des Mondes, das heißt, von Neumonden und Vollmonden gehandelt wird.

Vaschmakin oder Vaschmaghin: ist der Name des Bruders des Mardauidsch. Er succedirte seinem Bruder im Jahr der Hedschr. 323, und sah sich im Jahr 325 unter dem Khalifate des Radhi im Besitze der Oberherrschaft von ganz Persien. Er hat zwei Kinder, Namens Jenschun und Cabus, gehabt. Der letztere war derjenige, der ihm nachgefolgt ist. Siehe die Artikel Dilemiten, Mardauidsch und Cabus.

Vaschudan Ben Marzuban. Dies ist der Name des ersten Sultans aus dem ersten Stamme oder Dynastie der Dilemiten, die in den Ländern Dilem, Ghilan und Dschordschan, längs der caspischen See hin, regiert haben.

Diese erste Dynastie der Dilemiten hat im Jahr der Hedschrah 305, und vor der Buiden ihrer, ihren Anfang genommen. Denn die Buiden haben nur erst unter den Fürsten aus dieser ersten Dynastie, die sie zu den ersten Stellen bei ihrer Miliz erhoben, den ersten Grund zu ihrer Größe gelegt.

Vasf albana fi caschf afak aluaba: Abhandlung von der Pest,

Peſt, dem Schaden, den ſie an-
richtet, und den Heilmitteln dagegen. Der Verfaſſer derſelben
iſt AlBaſthami.

Vaſlat ela alhabib fi uaſf
atthaibat v althaib: iſt der Titel
eines Buchs, welches von Gewürzen und Confecten handelt,
die von den Arabern AlMaagin
genannt werden, was die Fran-
zoſen Conſerves nennen. Der
Verfaſſer, der ſeinen Namen nicht
genannt hat, ſagt in ſeiner Vorrede, daß er von keinem einzigen Confecte handle, das er nicht
ſelbſt verfertigt, und deſſen er
ſich nicht mehrmals bedient habe.

Vaſlat Nameh. Ein perſi-
ſches Gedicht, das den Scheikh
Atthar zum Verfaſſer hat. Der
Verfaſſer handelt darin von der
Vereinigung der Herzen, von der
göttlichen und menſchlichen Liebe.

Vaſſaf, ein Beiname des
Abdallah Ben Fadhl AlSchirazi,
Verfaſſers eines Buchs unter dem
Titel Azdaf alauſſaf. Es iſt dies
eine Sammlung von mehreren
poetiſchen Werken, und zugleich
eine Nachahmung desjenigen
Buchs, das den Titel führt: Jetimat aldeher. Dieſes Werk enthält auch Lobreden auf die darin
angeführten Dichter.

III. Vaſſaf Schah und Vaſ-
371 ſif Schah. Ibrahim Ben Vaſſaf ſchah, iſt der Verfaſſer desjenigen Buchs, das den Titel
führt: Dſchavaher albohur v

vacai alomur v adſchaib aldohut.
Es iſt dies eine Geschichte von
Egypten.

Vaſſah: iſt der Name einer
Stadt, die zu dem Gebiete von
Fariab oder Otrar, in Türke-
ſtan, gehört.

Vaſſaia. Dieſes Wort be-
deutet im Arabiſchen eigentlich
Gebote und letzte Willensmeinung, die ein Menſch durch ſein
Teſtament zu erkennen giebt. Auch
wird es von Verordnungen gebraucht, die man vor dem Tode
macht, ſo wie von Befehlen, die
die Fürſten in Betreff ihrer Nachfolge vorſchreiben und gehalten
wiſſen wollen, ſo daß daher die
Araber einen erklärten Erben
Vaſſi nennen; und daher kommt
es denn auch, daß die Schiiten
dem Ali dieſen Titel geben, weil
ſie ihn für den einzigen nothwendigen und rechtmäßigen Erben
des Mohammed erkennen.

Vaſſaia alolama and al-
maut: Gebote oder Unterwei-
ſungen, die von den Weiſen oder
Philoſophen in der Stunde des
Todes ſind gegeben worden. Ebn
Zobair hat ſie geſammlet.

Vaſſaia Ariſthu. Die Ge-
bote oder das politiſche Teſtament des Ariſtoteles.

Vaſſaia Bocrath. Die Ge-
bote oder das Teſtament des Hippocrates. Es iſt dies wahrſcheinlich das Jusjurandum oder
der Eid des Hippocrates.

Vaſ

Vaffaia Fithagoras albha habiat: die goldnen Gebote des Pythagoras. Es ist dies dasjenige, was wir Pythagoras goldne Verse nennen, die von Barcalbis AlAflathuni, das heißt, von Phocylides, dem Platoniker, sind erklärt worden.

Vaffaia Locman AlHakim. Die Gebote Locmans des Weisen, in persische Verse gebracht von dem Scheikh Atthar, einem der berühmtesten Dichter von Persien.

Vaffaia alcobsiah: heilige Unterweisungen. Ist der Titel eines Buchs, das den Zeinebdin Mohammed Ben Mohammed AlKhavafi zum Verfasser hat, der im Jahr der Hedschr. 838 verstorben ist.

Vaffaia Nadham almolk: ein politisches Testament, verfaßt von Nadham almolk, oder Nezam elmulk, Vesir der Sultane Alp Arslan und Malek schah, die der zweite und dritte Fürst aus der ersten Dynastie der Seldschuciden gewesen sind. Siehe die Artikel Nadham almolk und Malek schah.

Vaffaia nafeat lelrohban: heilsame Unterweisungen für einen Religiosen: ist der Titel eines Buchs, ohne Namen des Verfassers. Es ist in der königlichen Bibliothek zu Paris unter Nr. 797. befindlich.

Vaffaia Seidi Ali Vafa: Unterweisungen des Seid Ali Vafa: ist der Titel eines geistlichen Buchs, das von der mystischen Theologie der Musulmanen handelt. Es ist in der königlichen Bibliothek zu Paris unter Nr. 654.

Vaffel Ben Atha: ist der Name eines der berühmtesten Lehrer der Musulmanen, der ein Schüler des Hassan AlBasri gewesen ist.

Er ist der Urheber und Stifter der Secte der Motazalen, die ihren Namen von den Worten erhalten hat, die Hassan AlBasri sagte, als Vaffel seine Schule verließ, um eine besondere Gesellschaft zu errichten: Cadd al tazal Vaffel anna: Vaffel hat sich von uns getrennt. Siehe den Artikel Motazala oder Motazelah, wo weitläuftiger von diesem Manne gehandelt wird. Siehe auch den Artikel Hodhaifah.

Vaffel. Mohammed Ben Salam, Ben Vaffel, ist der Verfasser desjenigen Buchs, das den Titel führt: Dorr alnadhid. Es ist dies ein Commentar über ein Gedicht des Ebn Hageb. Dieses Buch ist in der königlichen Bibliothek zu Paris unter Nr. 1060.

Der Titel von dem Gedichte des Ebn Hageb ist: Macsad al gelil fi elm alfkhalil.

Vaff

Vaſſel. Gemaleddin Ben Vaſſel iſt der Verfaſſer von einem Commentar über die Arbain des Fakhreddin Razi.

Vaſſeth. Dieſes arabiſche Wort bedeutet eigentlich die Mitte. Sarakhſi hat dieſen Namen einem von ſeinen Werken gegeben, das zwiſchen den verſchiedenen Ausgaben, welche er von ſeinem Buche, Mohith betitelt, gemacht hat, die Mittelſtraße hält. Siehe dieſen Artikel.

Vaſſeth und Vaſſith, iſt der Name einer Stadt, die am Tiger zwiſchen den Städten Cufah und Baſſorah liegt, und von dieſer Lage mitten zwiſchen dieſen beiden Städten hat ſie dieſen Namen erhalten. Sie liegt den arabiſchen Tafeln zufolge, unter dem 81ſten Grade, 30 Minuten der Länge, und 32ſten Grade, 20 Minuten der nördlichen Breite, im babyloniſchen Irak, welches Chaldäa iſt.

Dieſe Stadt iſt neu, denn ſie iſt von dem Gouverneur von Irak, Namens Hedſchadſch, unter der Regierung des Abdalmalek, fünften Khalifen aus dem Geſchlechte der Ommiaden, nach Ben Schohnah im Jahr der Hebſchr. 83, nach Khondemir aber im Jahr 84 erbauet worden.

Das Gebiet dieſer Stadt wird von den Arabern Alabra genannt, welcher Name Brunnen bedeutet; denn dergleichen giebt es viele in den umliegenden Gegenden, ja es iſt ſogar ein Ort, der ſehr nahe dabei liegt, und der den Namen Abar AlArab, die Brunnen der Araber, führt.

Der perſiſche Erdbeſchreiber ſchreibt in ſeinem dritten Clima, ſie liege in einer gleichweiten Entfernung von Bagdad, von Cufah, von Ahvaz, und von Baſſorah; nemlich von jeder ohngefehr funfzig Meilen.

Vaſſethi: einer, der aus der Stadt Vaſſeth gebürtig iſt. Ein Beiname des Mohammed Ben Saradſch Omar AlOmarein, der der Verfaſſer eines Buchs iſt, das den Titel führt: Jrabat alakhbar v ekhtiarat alabrar. Es iſt dies ein moraliſches und geiſtliches Buch, das oft von den Sofis und von den myſtiſchen Lehrern angeführt wird.

Vaſſethi. Der Beiname des Ibrahim Ben Muſſa, Verfaſſers einer Geſchichte der Veſire, Akhbar AlVozara betitelt.

Vaſſethi. Ein Beiname des Abdalrahman Ben Abdal Mohaſſen, der im Jahr der Hedſchrah 744 verſtorben iſt. Er hat ein Werk verfertigt, das den Titel führt: Esma AlNabi, über die Namen Mohammeds.

Vaſſethi, ein Beiname des Abu Mohammed Khalaf Ben Mohammed, Ben Ali, Verfaſſers eines Buchs, das den Titel führt:

führt: Achraf alfabihin. Es handelt von der Diät der Heiligen und derer, die sich wohl verhalten.

III. **Vaffi.** Siehe den Artikel 573 Vaffain.

Vaffiat AlNabi: das von Mohammed hinterlaßne Testament oder Instruction. Es ist dies der Titel eines Buchs, welches in der königlichen Bibliothek zu Paris unter Nr. 623. befindlich ist.

Vaffilat ela intica alfodhilat: Mittel, die Tugend und den Vorzug in jeder Sache zu erlangen. Dies ist der Titel eines Buchs, das den Naffer eddin Mohammed Ben Ali, Ben Redhuam, oder Rizvan, AlKateb, der unter dem Namen Ebn Alascaf bekandter ist, zum Verfasser hat.

Vaffilat, ist der Titel eines türkischen Gedichts, das in eben der Manier, wie dasjenige, das den Titel Mohammediah führt, geschrieben, und eine Nachahmung desselben ist. Es sind Lobreden auf Mohammed, ohne Namen des Verfassers.

Vaffilat alhafi ela eflah alleben alkhafi: ist der Titel eines Buchs, das den Hafchem Ben Achmed Abbaluahed, Ben-Haschem, AlKhathib, AlHalabi zum Verfasser hat. Es ist dies ein Werk, welches lehret, wie man die Sprache richtig

sprechen, und die Barbarismen vermeiden soll.

Vaffilat alarefin: ist der Titel eines persischen Buchs, dessen der Verfasser des Tarikh Khozideh Erwähnung thut, wenn er von Khakani redet, der wahrscheinlich der Verfasser davon ist. Dieses Buch handelt von der feinsten Geistigkeit.

Vaffilat fil biffab: Eine arithmetische Abhandlung, verfaßt von Schehabeddin Achmed Ben Mohammed, mit dem Beinamen Ebn AlHafem.

Vaffilat almotabbedin: die Stütze derjenigen, die sich in den Dienst Gottes begeben. Dies ist der Titel eines Buchs, das den Omar Ben Mohammed AlArbeli zum Verfasser hat, der mit dem Titel AlScheikh AlSaleh, der heilige Alte oder Lehrer, beehrt zu werden pflegt. Dieser Schriftsteller ist derjenige, in welchen der Sultan Nureddin ein unbegränztes Zutrauen setzte.

Vaffilat almandhum ela tahfil alolum: ein Gedicht, das von den Mitteln handelt, wie man zu Wissenschaften gelangen kann. Der Verfasser desselben ist Mohieddin Ben Ibrahim, Ben Juffuf.

Vaffilat almecaffed: ist der Titel einer Grammatik und eines Wörterbuchs über die persische Sprache, davon der Verfasser der

der Khathib Roſtam AlMevlevi
iſt. Dieſer Schriftſteller ver-
ſpricht in dieſem Werke tauſend
und hundert und funfzig Nomina der perſiſchen Sprache, ohne
einmal die Verba oder die Par-
tikeln zu rechnen.

Vaſſilat nozhat alalbab fil
hiſſab: eine Abhandlung von der
Arithmetik, verfaßt von Mohammed Ben Abdalcader AlAzheri.

Vaſſilat raudhat alaſr:
Sammlung von Poeſien, die
aus Dichtern genommen ſind,
welche Zeitgenoſſen von dem Verfaſſer dieſes Werks waren. Es
hat zum Verfaſſer den Abu Haſſan Ali Ben Zeid AlBaiheki.

III,
574 Vathaik iſt der Titel eines
Buchs, welches von Contracten,
Obligationen, Cautionen, Fi-
dejuſſionen, Kauf und Verkaufen, Schenkungen unter Leben-
den, und um des Todes willen,
u. ſ. w. handelt.

Es ſind zween Schriftſteller,
die unter dieſem Titel und über
dieſe Materie geſchrieben haben.
Der eine iſt Iſmail Ben Jahia AlMozeni; und der andere,
Abu Jezid AlSchoruthi.

Vathek Billah. Dieß iſt
der Name des neunten Khalifen
aus dem Geſchlechte der Abbaſſiden. Er war ein Sohn des
Motaſſem und Enkel des Harun
AlRaſchid; daher führte er den
Namen Harun als ſeinen eigenthümlichen Namen. Seine Mutter, welche Carathis hieß, war
von Geburt eine Griechin, und

Orient. Bibl. 4. B.

er iſt ſeinem Vater Motaſſem
im Jahr der Hedſchr. 227 in der
Regierung nachgefolgt.

Er war ein großer Anhänger
von der Secte der Motazalen,
und begünſtigte gar ſehr alle diejenigen, die von Alis Familie
waren. Vornemlich verfolgte
er alle diejenigen, die ſich weigerten, zu glauben und zu erklären, daß der Coran geſchaffen
ſey. Denn dies war die Frage des Zeitalters.

Achmed, ein Sohn des Naſ-
ſer, eines Sohns Malek, mit
dem Beinamen AlKhorai, einer
der berühmteſten Lehrer von denjenigen, die den Titel Hufedh,
oder Hofudh in der vielfachen
Zahl, führen, welches Erhalter
der prophetiſchen Traditionen bedeutet; gewann mehrere von ſeinen Collegen, und trat mit den
vornehmſten Herren der Stadt
Bagdet in Verbindung.

Alle dieſe miteinander verbundene Lehrer beſchloſſen mit dieſen
Herren, den Vathek des Khalifats zu entſetzen, und ſie hatten
bereits den Tag beſtimmt, an
welchem dieſer Entſchluß ausgeführt, und Achmed auf den Thron
des Khalifats geſetzt werden ſollte. Allein es ereignete ſich, daß,
da einige von dieſen Verſchwor-
nen die Sache beſchleunigen wollten, ſie von den andern, die den
beſtimmten Tag, über den ſie einig geworden waren, abwarten
wollten, nicht unterſtützt wurden.

Mittlerweile, da dieſes vor-
ging, bekam der Gouverneur der
Stadt Bagdet einigen Wind von

Q q   die-

dieser Verschwörung. Sein Argwohn trieb ihn an, tiefer in dieses Geheimniß zu dringen, und
er erhielt endlich die vollständig-
ste Aufklärung darüber. Er ließ
daher sogleich den Achmed in seiner Wohnung arretiren, ihn in
Ketten und Banden legen, und
in die Stadt Samarah bringen,
die damals die Residenz und der
gewöhnliche Aufenthaltsort der
Khalifen war.

Vathek ließ den Achmed vor
sich kommen, erwähnte aber der
Verschwörung mit keinem Worte.
Nur blos in Ansehung der Religion, und besonders über die
Frage, die ihm damals gewal-
tig im Kopfe herumging, drang
er in ihn. Allein der Doctor
Achmed beharrte beständig bei der
gewöhnlichen Meinung der orthodoxen Musulmanen, und da er
sich schlechterdings die Schöpfung
des Corans zuzugeben weigerte,
so griff der Khalife, über diese
Widerspenstigkeit aufgebracht,
nach seinem Degen, und hieb
ihm mit eigner Hand den Kopf ab.

Dieser Khalife Vathek hatte
es sich vorgesetzt, seinen Oheim,
den Khalifen Mamun, in allen
Stücken nachzuahmen. Denn
er gewann die Wissenschaften lieb,
und schmeichelte den Gelehrten
gar sehr. Auch war er sehr freigebig und wohlthätig, und ließ
es sich angelegen seyn, daß man
keinen Bettler in seinen Staaten
sehen sollte, daher man auch wirklich unter seiner Regierung weder zu Mekka noch zu Medinah
einen erblickte. Besonders hatte

er sich auf die Astrologie gelegt;
und als ihm seine Lehrer seine
Nativität stellten, so versprachen
sie ihm ein Alter von funfzig Jahren. Allein er überlebte nicht
einmal den zehnten Tag nach dieser Weissagung; denn er starb
im Jahr der Hedschrah 232 an
der Wassersucht, nachdem er nur
ein Alter von sechs und dreißig
Jahren erreicht hatte. Ja einige
Schriftsteller geben ihm gar nur
zwei und dreißig. Ihm ist sein [III.575]
Bruder Motavakkel in der Regierung nachgefolgt. Khondemir.

Während der Regierung dieses Khalifen finden wir weiter
keine Kriegsunternehmung, als
die auf Sicilien, wo die Musulmanen die Stadt Messina im Jahr
der Hedschrah 228 belagerten.
Diese Stadt ergab sich ihnen auch,
und mit dem Verluste derselben
war, der Nachricht des Novairi
zufolge, der Uebergang der ganzen Insel verbunden.

Der Verfasser des Dschame
alhekaiat erzählt, als Achmed
Ben Nezir wegen der Frage
über den Coran, von der wir bereits geredet haben, ins Gefängniß sey geworfen worden, habe
er in demselben eine so gute Gesellschaft angetroffen, daß er in
einem so traurigen Aufenthalte
ganz getrost geworden sey. Denn
der Vesir des Khalifen, Abdalmalek Zaiiat, ein sehr übermü-
thiger Mann, verfolgte die angesehensten Leute der Stadt auf
das grausamste, und füllte die
Gefängnisse mit denselben an.

Unter

Unter diesen Leuten befand sich auch Achmed Ben Israil, ein großer Astrolog, und diesem sowol, als den übrigen erzählte Achmed Ben Nezir, es sey ihm in der vorhergehenden Nacht ein Gespenst im Traume erschienen, das habe zu ihm gesagt, der Khalife werde in einem Monate nicht mehr am Leben seyn, und darauf habe er diesen Astrologen gebeten, er möchte seine Berechnung darüber machen, und diesen Wink bestätigen. Allein der Sterndeuter weigerte sich, sich auf diese Unternehmung einzulassen, und als der Monat schon bis auf den letzten Tag verflossen war, sagte er zu Achmed Ben Nezir: Wo ist die Versicherung deines Gespenstes? Denn nun sind wir an dem von ihm angegebenen Puncte. Achmed erwiederte, daß sich noch vor Ende der Nacht gar vieles zutragen könne; und nun geschah es wirklich, daß in der zweiten Wache derselben Nacht ein Haufen Leute, welche aus Gefängniß kamen, die Nachricht von Vatheks Tode brachten.

Der Verfasser des Nighiaristan, der die Verfasser des Rauvhat alsafa und des Habib alseir anführt, sagt, der Khalife Vathek habe außerordentlich stark, und oft ohne allen Appetit, gegessen und getrunken, und dies habe ihm, nebst den Vergnügen, die er ohne Gränzen bei den Frauenzimmern genossen, eine Wassersucht zugezogen. Damals befand sich ein außerordentlich geschickter Arzt in der Stadt Nischabur, der ihn wieder herzustellen versprach, und ihn zu dem Ende in einen Kalkofen stecken ließ, nachdem die Kalksteine zuvor aus demselben waren genommen worden; wobei er ihm einige Zeit, und zu gewissen Stunden, blos solche Speise reichte, die seinem Uebel angemessen war. Diese Cur glückte ihm vortrefflich, so daß Vathek wieder zu vollkommner Gesundheit gelangte. Allein er befolgte den Rath nicht, den ihm der Arzt gab, daß er nicht wieder in das unordentliche Leben, das er bis dahin geführt hatte, verfallen sollte, widrigenfalls eben dieses Heilmittel, das er gebraucht habe, wofern er in dasselbe Uebel wieder verfallen würde, für ihn ganz unnütz seyn, und seine Wassersucht unheilbar werden würde. Diese Warnung des Arztes ging auch wirklich an seiner Person in Erfüllung. Denn er gerieth wieder in seine alte Lebensart, und endigte daher bald seine Lebenstage, wie wir bereits gesehen haben.

Eben dieser Schriftsteller bemerkt auch, der Khalife Vathek habe ein so schreckendes Auge gehabt, daß, als er kurz vor seinem Tode einen zornigen Blick auf einen seiner Domestiken, der etwas versehen, geworfen, dieser so sehr alle Gegenwart des Geistes verlohren, daß er über einen andern, der nahe bei ihm gestanden, gefallen sey. Und nun geschah es durch einen ganz besondern

dern Zufall, daß, als er tobt und sein Gesicht mit einem Tuche bedeckt war, ein Marder sich unter dasselbe schlich, und ihm eben das Auge ausriß, dessen Blicke so furchtbar gewesen waren.

III. 576 Unter der Regierung des Vathek hat auch Thaher der Zweite, vierter Sultan aus der Dynastie der Thaherier, das Patent und die Fahne erhalten, die die Khalifen an diejenigen Fürsten zu schicken pflegten, welche ihre Vasallen waren, und ihre Oberherrschaft noch anzuerkennen geneigt waren, ob sie gleich im übrigen in ihren Staaten uneingeschränkte Herren waren.

Vathvath. Dieses Wort, welches im Arabischen eine Schwalbe bedeutet, ist der Beiname, oder der Spottname, der dem persischen Dichter Raschideddin, oder Raschidi, wegen seiner kleinen Statur war gegeben worden. Siehe den Artikel Raschidi.

Vathvath. Dies ist auch ein Beiname des Mohammed Ben Ibrahim, Ben Jahia, Ben Ali AlKatebi, Verfassers eines Buchs unter dem Titel Gorrar alkhassai alvabheath. Es ist in der königlichen Bibliothek zu Paris unter Nr. 1143.

Vazai. Siehe den Artikel Makhul. Er ist der Verfasser eines Buchs unter dem Titel Ekhtelaf Abi Hanifah.

Vazir und Vezir. Wir sprechen dieses Wort gewöhnlich Vizir aus. Eigentlich bedeutet es im Arabischen einen Lastträger, und durch eine Metapher, oder im uneigentlichen Verstande, denjenigen, der das Gewicht und die Last der Regierung trägt, mit einem Worte, einen Minister und einen Staatsrath. Ohngefehr auf eben diese Art haben die Franzosen aus Bajulus, das gleichfalls im Lateinischen einen Lastträger bedeutet, ihr Bailly gemacht, welches der oberste Bediente oder Richter eines Landes ist.

Der Ursprung von dieser metaphorischen Bedeutung des Worts Vesir kommt daher, daß Abu Moslemah mit dem Titel eines Vazir ahel bait, Vesir oder Geschäftsträger von dem Hause des Propheten, beehrt wurde, während als das Khalifat noch in den Händen der Ommiaden war, und als Abu'lAbbas Saffah für den ersten Khalifen aus dem Hause der Abbassiden erklärt wurde, das einerlei Abstammung mit dem Propheten, das heißt, Mohammed, hatte. Dieser Khalife fuhr nun fort, dem Abu Moslemah eben diesen Titel eines Vazir zu geben, und erhob solchen zu einer Würde.

Solchergestalt ist Abu Moslemah der erste unter allen Vesiren, und in dieser Eigenschaft war er der erste Rath und Staatsminister von AbulAbbas Saffah. Allein, da er mehr Neigung für die Nachkommenschaft des Ali als

als für Abbas seine hatte, und
da er wünschte, daß das Khalifat von den Ommiaden lieber an
die Aliben, als an die Abbassiden, möchte gekommen seyn, so
ließ ihn der Khalife hinrichten,
und übertrug die Würde eines
Vazir dem Jahia Ben Khaled,
Ben Barmek, der in der Folge
sowol selbst, als nachher seine
Söhne unter Abul Abbas und unter seinem Bruder Abu Dschafar,
alles, was das Khalifat anging,
nach seiner Willkühr anordnete,
wie solches aus den besondern
Artikeln dieser Khalifen zu ersehen ist.

Einige Geschichtschreiber geben dem Abu Moslemah den Titel eines Vazir eddin, Vesir des
musulmanischen Gesetzes, oder
der Religion der Musulmanen.
Aber dieser Titel kommt mit dem
andern, Vazir albait, Vesir des
Hauses des Propheten, auf einerlei Bedeutung hinaus, und
man muß hier bemerken, daß die
ommiadischen Khalifen bis dahin
keine andere Minister gehabt hatten, als ihre Secretäre, die
schlechtweg den Titel Kateb
führten.

Diese Vesire des Khalifen waren nach und nach zu einer so
unumschränkten Macht in den
Staaten ihrer Herren gelangt,
daß es wenig fehlte, daß sie sie
nicht ihrer Macht vollends ganz
und gar beraubten. Aber endlich geschah es doch, daß, als der
Khalife Radhi im Jahr der
Hedschr. 324 die Würde und das
Amt eines Emir alomara, Ober-

befehlshabers, in der Person des
Ratek errichtete, die Würde eines Vesirs geringer zu werden,
und ein solcher nach und nach
sein Ansehn zu verlichren anfing,
welches dagegen in die Würde III.
des Ratek überging, den Khon- 577
demir Ebn Ratek nennt, und
von dem er, mit einer Anspielung auf seinen Namen, sagt, er
sey Ratek fathek mamleket Rabi,
derjenige, der alles in den Staaten des Radhi zusammennähete
und voneinander trennte.

Diese Emirs gelangten so weit,
daß sie endlich die Würde eines
Vesirs durch ihre eignen Secretäre versehen ließen. Als aber
endlich auch ihre Macht unter
dem Khalifate des Moktafi im
Jahr der Hedschrah 535 zu sin-
ken anfing, so kam die Würde
und das Ansehn der Vesire wieder empor.

Es ist auch wahr, daß die
Sultane, deren Dynastien sich
unter der Regierung der Khalifen emporgeschwungen hatten,
auch ihre Minister gehabt haben,
die gleichfalls den Titel eines Vesirs geführt haben, bis daß Abul
Cassem Ismail Ben Ebad, ein
Minister des Fakhraldulat, eines
Sultans aus dem Geschlechte
der Buiden, den Titel Saheb annahm, welches einen Freund
oder Gesellschafter bedeutet, und
als er im Jahr 385 starb, überließ er solchen, so zu sagen durch
eine Art von Nachfolge, an diejenigen, die die Sultane nach ihm
an die Spitze von ihren Geschäff-
ten setzten. Auch siehe die Artikel

titel Hageb und Sadr, welches Titel sind, die die ersten Minister der Fürsten im Oriente und der Araber in Spanien zu verschiednen Zeiten geführt haben.

In dem türkischen Reiche führen mehrere Personen die Würde eines Vesirs. Es sind dies die Staatsräthe, welche ihren Sitz im Divan haben. Gewöhnlich beläuft sich ihre Anzahl auf acht, und der erste von ihnen ist derjenige, der den Titel Vizir Azem, das heißt, Großvesir führt. Denn was den Titel Emir alomara oder Befehlshaber, der Befehlshaber bedeutet, so führen solchen alle Beglerbegs oder Generalgouverneure der Provinzen.

Ismael Ebn Ebad, mit dem Beinamen AlSaheb, von welchem wir eben reden, hat die Geschichte der Vesire bis auf seine Zeit, ohngefehr ums Jahr der Hedschrah 385 unter dem Titel Akhbar AlVozara geschrieben.

AbulHassan Mohammed AbdalMalek AlHamadani hat sie bis ins Jahr 521 fortgesetzt.

Ibrahim Ben Mussa AlVassethi, und nach ihm Mohammed Ben Daud AlDscharrah, haben auch eben diesen Gegenstand bearbeitet.

Sauli, Sabi, Ali Ben Abu Feth AlKatheb, und mehrere andere, haben auch allgemein die Geschichte der Vesire beschrieben.

Es sind mehrere Vesire gewesen, welche geschrieben haben, und unter ihren Beinamen oder Würden den Titel eines Vesirs führen.

Vizir AlMagrebi ist der Titel des AbulCassem Hussain Ben Ali, der über das Buch des Deinuri geschrieben hat, welches Eslah almanthek betitelt, und eine Logik ist.

Vazir AlCosthi, Raschid Vesir des AlDschaptu, und mehrere andere, die man in diesem Werke zerstreut findet, haben uns Bücher hinterlassen, die ihren Namen führen. Es giebt auch nicht wenige Werke, die sie haben verfertigen lassen oder die ihnen dedicirt worden sind, und die gleichfalls ihren Namen führen.

Vetz, oder Vetsch, das man auch Vetsch ausspricht. So nennen die Türken die Stadt Wien in Oesterreich, ja selbst den ganzen österreichischen Kreis. Auch nennen eben diese Türken davon den Kaiser gewöhnlich Vetsch oder Vetsch Kirali. Siehe den Artikel Vetsch.

Veis. Siehe den Artikel III, Avis. Solthan Veis ist Achmed Ben Avis, den man auch Achmed Dschalaiti und Achmed Ilekhani zu nennen pflegt.

Veissi; derjenige, der aus dem Geschlechte des Veis oder Avis ist.

Visapur, ist der Name der Hauptstadt des Reichs Cuncan oder

oder Dekan in Indien. Wir wollen hier von derselben blos in so fern reden, als es scheint, daß sie dieselbe Stadt ist, die die Araber und andre Orientalen Sumenat genannt haben, welche mit Visapur einerlei Lage hat.

Visfi. Siehe den Artikel Maher Visfi, auch den Artikel Veisfi.

Vocuf AlNabi fil Coran: ein Buch von den Ruhepuncten oder Stationen, das heißt, Pausen und Unterbrechungen, welche

bei dem Lesen des Corans beobachtet werden, verfaßt von Abu Obeidallah Ben Issa AlMocri, der deren siebenzehn bemerkt, und diese Zahl nicht überschreitet.

Vogiub almasferah an tajasfar achab almagferah, ist der Titel eines Buchs, das den Naffer eddin Abdaldaim, mit dem Beinamen Ebn AlMolakken, zum Verfasser hat. Es ist dies eine Abhandlung, die das Mittel lehret, wodurch man Vergebung für seine Sünden erlangt.

3.

Zab: ist der Name des zehnten persischen Königs aus dem Geschlechte der Pischdadier, von dem einige Geschichtschreiber behaupten, daß er mit Zu; und vielleicht mit Zav einerlei Person sei.

Inzwischen sagt doch der Verfasser des LebTarikh, Zab sei ein Sohn des Zu, und Vater des Caicobad, der der Stifter von der zweiten Dynastie der Könige von Persien war, welche man die Dynastie der Cajanier oder Cajaniden zu nennen pflegt, gewesen.

Khondemir will, Zu sei ein Sohn des Thahmasb gewesen. Man sehe weiter unten den Artikel Zu.

Zabeli: einer, der aus der Provinz Zablestan gebürtig ist. Mahmud, ein Sohn des Sebekteghin, der von daher gebürtig, und Gouverneur daselbst unter den Samaniden war, wird oft Mahmud Zabeli genannt, und eben dieses ist auch der Fall beim Mahmud Gaznavi oder Gaznevi. Rostam, dieser berühmte Held von Persien, führt gleichfalls diesen Beinamen, entweder weil er von daher gebürtig, oder weil er eigenthümlicher Gouverneur daselbst war.

Zabeli: ein Beiname des Abu Thena Achmed Ben Mohammed, der im Jahr der Hedschr. 965 über das Buch geschrieben hat, das den Titel führt: Aaráb an cauaed AlCoran. Siehe den Artikel Aarab.

Zabin: ist der Name eines Flusses in Mesopotamien, der sich

III.

579

sich in den Tiger ergießt. Er hat seinen Namen von Zab oder Zu, der der zehnte König von Persien aus der Familie der Pischdadier war, und den Canal hat graben lassen. Unsern Erd, Beschreibern ist er nicht unbekannt. Er heißt bei ihnen Zabus.

Zablestan: ist der Name einer Provinz an den Gränzen von Indostan, die einige unter die Zahl derjenigen setzen, die das Land Send oder Sind ausmachen, das heißt, des Landes jenseit des Flusses Indus, in Beziehung auf Persien. Sie liegt zwischen den Provinzen Khorassan gegen Norden, Gaur gegen Westen, Segestan gegen Süden, und Indien gegen Osten.

Die vornehmsten Städte dieser Provinz sind: Gaznah, Bamian, Meimend, Firuzcueb, wozu von einigen noch Cabul gesetzt wird, welche die allernördlichste ist, indem sie sogar einige von den zur Provinz Gaur gehörigen Städten darunter begreifen.

Dieses Land ist reich an Quellen, Bächen, Strömen und Seen; und ist dabei sowol auf der Seite von Khorassan, als von Gaur, sehr bergicht.

Der persische Erdbeschreiber sagt in seiner zweiten Abhandlung, die Stadt Bengehnar, bei welcher ein Silberbergwerk befindlich ist, gehöre zu der Provinz Zablestan.

Das Land Zablestan führt auch noch den Namen Rostambar, von Rostam. Siehe oben den Artikel Zabeli, wie auch die Artikel Gaznah und Meimend.

Khondemir thut der Berge Zud, im Lande Zablestan, Erwähnung, obgleich der Name Zud gewöhnlich den gordiäischen Gebirgen, welche in Armenien befindlich sind, beigelegt wird. Er redet davon in dem Leben des Schehabeddin. Siehe diesen Artikel.

Zabolia und Zabulia.
Siehe den Artikel Zapolia.

Zacah und Zacuah. So nennen die Türken den Theil von ihren Gütern, den sie, nach der Vorschrift ihres Gesetzes, an die Armen austheilen müssen. Man pflegt ihm gewöhnlich den Namen eines Zehenden zu geben; allein dies geschieht nur durch einen Mißbrauch, so wohl weil dieser Theil nicht an Imams oder an Moscheen gegeben wird, als auch weil er oft bis auf ein Fünftheil, nach der Beschaffenheit der Güter, die jemand besitzt, steigt, und weil die frömmern Musulmanen sich oft eines vierten, eines dritten Theils, ja sogar der Hälfte ihrer Güter, mehrmals in ihrem Leben berauben, um dieser Verpflichtung ein Genüge zu thun. Ja es hat sogar deren mehrere gegeben, dergleichen zum Beispiele Hassan, der Sohn Ali, und andere waren, die sich mit einem einzigen male aller ihrer Güter

Güter, zum Vortheile der Armen, gänzlich beraubt haben.

Der Name Zacah wird öfters bei den Musulmanen für Sadacah gesetzt, welches ein Almosen bedeutet, und es kommt derselbe von Zaca her, welches gereinigt bedeutet, weil das Almosen, wie die Musulmanen sagen, das Uebrige von denen Gütern, die man besitzt, reiniget, so bald man sich dieser Pflicht entledigt hat. Eben dieses sagen auch die Juden, wenn sie von ersten und zweiten durch das Gesetz verordneten Zehenden reden.

Zaclizah Adassi. So nennen die Türken die Insel im adriatischen Meere, oder im venetianischen Meerbusen, die die Alten Zacynthus genannt haben, und die bei uns gewöhnlich den Namen Zante führt.

III. Zacum: ist der Name eines 580 Baums in der Hölle, zufolge der fabelhaften Tradition der Musulmanen, dessen Früchte Köpfe von Teufeln sind. Im Koran geschieht desselben Erwähnung. Es ist dieß aber auch ein wirklicher Baum aus dem Dornengeschlechte, der sehr bittere Früchte trägt, welches zu der Fabel Anlaß gegeben, und einen gewissen musulmanischen Lehrer zu sagen bewogen hat, die Köpfe der Teufel, von welchen im Coran geredet wird, seyen Köpfe der Araber. Siehe den Artikel Arab.

Zad. Dieses Arabische Wort, welches Vorrath, und insbeson-

dere diejenige Art von Vorrath bedeutet, die man auf die Reise mitnimmt, wenn man in Caravane in die Levante reist, dient auch zur Ueberschrift von mehreren Büchern.

Zad alarefin: der Vorrath geistlicher Menschen. Dies ist der Titel eines persischen, in fünf Abschnitte eingetheilten Buchs. Im ersten kommt ein Streit bein alacl v aleschk, zwischen dem Verstande und der Liebe, vor: der zweite enthält eine Streitigkeit zwischen der Nacht und dem Tage: der dritte handelt fi dervisch alhakiki v almedschazi, von dem wahren Derwisch oder Religiosen, und von demjenigen, der nur den äußern Schein hat, oder Heuchler ist: der vierte von dem Beistande der Gnade, die der Mensch nöthig hat; der fünfte von dem Stolze junger Leute. Dieses Werk ist ohne Namen seines Verfassers.

Zad alfakir: der Vorrath des Armen: ist der Titel eines Buchs, welches von der hanifischen Secte handelt, und von Ebn Hemam ist verfaßt worden. Menschari hat unter dem Titel: Nozhat albassir, einen Commentar darüber geschrieben. Es ist in der königlichen Bibliothek zu Paris unter Nr. 602.

Zad almossafer: der Vorrath des Reisenden: ist der Titel eines Werks in funfzig Bänden, verfaßt von Abu Hassan Ben

Ben Achmed AlAtthar, AlHa-
wadani.

Zad almossafer fil thebb: ein
medicinisches Buch, verfaßt von
Achmed Ben Ibrahim AlDscha-
raz, AlThabib, der im Jahr der
Hedschr. 473 verstorben ist.

Es giebt auch unter eben diesem Titel noch ein anderes medicinisches Werk, das den Abul
Abbas Achmed Ben Moham-
med AlSarakhsi, AlThabib,
der im Jahr der Hedschr. 800
gestorben ist, zum Verfasser
hat.

Zad almossafer: ein persisches Gedicht, verfaßt von Mir
Hossain, der im Jahr der Hedschr. 770 verstorben ist.

Zad almossaferin: der Vorrath der Reisenden. Dies ist der
Titel eines historischen Werks,
das den Abul Bahr AlSafuan
Ben Edris, AlKateb, zum Verfasser hat.

Zad almessakin ela menazel
alsairin: Vorrath der Armen
für jeden Reisetag: ist der Titel
eines Buchs, das den Cothbeddin Ali AlKenzerani zum Verfasser hat.

Zad almoschtakin, oder Zad
althalebin, Vorrath der Verlan-
genden und der Suchenden. Ein
geistliches und der Andacht ge-
widmetes Buch, verfaßt von Abdallah Elahi.

Zad almottakin: Vorrath III.
für diejenigen, welche Gott fürch- 581
ten: ist der Titel eines Werks
des Abu Abdallah Mohammed
Ben Hafs AlBokhari.

Zad alrakeb: Sammlung
verschiedner poetischer Werke,
verfaßt von Mahmud AlEsfahani, der im Jahr der Hedschr.
507 verstorben ist.

Zad alrafak, ist der Titel eines Buchs, das den Sabreddin
AlAbiurdi zum Verfasser hat,
über Umgang und gesellschaftliche
Unterhaltungen.

Zad alzohad; ein Buch des
Schamseddin alarefin Jussuf
Ben Naffer AlSussi, über das
eingezogne, strenge und bußfer-
tige Leben derjenigen, denen man
den Namen Zahed zu geben pflegt,
wovon die vielfache Zahl Zo-
had ist.

Zad almassir: Vorrath desjenigen, der auf dem Wege des
Heils wandeln will. Dis ist der
Titel eines Religionsbuchs, das
bei den Musulmanen in sehr großem Ansehn steht. Es wird öfters von den mystischen und geistlichen Schriftstellern angeführt.

Zad fi mecali alkelam: ist
der Titel einer Abhandlung, die
den Abubekr Mohammed Ben
Abul Cassan AlAnbari zum Verfasser hat, über die Wörter, die,
ohne Namen ihres Verfassers,
mit dem bloßen Worte Culthom,
sie

sie sagen, oder vielmehr, man sagt, angeführt werden. Dieses Werk ist von Khethab Ben Jussuf AlCorthobi, der im Jahr der Hedschr. 450 gestorben ist, in einen Auszug gebracht worden.

Zafar: ist der Name eines Imam aus der Stadt Cufah, der sich auch sonst Abu Hodhail Ben Sobbah nannte; ein Schüler des Abu Hanifah, und Mann von großer Gottesfurcht, der dabei wegen seiner Rechtsentscheidungen in großem Ansehn stand. Man sagte von ihm, er sei dem Abu Hanifah bloß darin nachgestanden, daß dieser vor ihm gelebt habe. Dieser Imam war im Jahr der Hedschr. 110 gebohren, und ist im Jahr 158 gestorben.

Dieser Imam hatte die Besorgung der Almosen der Bani Tamim, das heißt, der Erben und Nachfolger des Tamim, die aus einer von Tamim gemachten Stiftung gegeben wurden.

Zafaran: ist das, was wir Safran zu nennen pflegen. Der letzte kommt aus den Ländern disseit des Flusses, das heißt, aus Transoxanien, aus der Nachbarschaft der Städte Vaschgerd, Sauman, und Saganian.

Zafarani: ein Safraner, oder Safranhändler. Es ist dies ein Name oder Beiname eines Schriftstellers, der Amali verfertigt hat, welches Dictata eines Professors über verschiedene Gegenstände, besonders über solche, die die musulmanische Theologie betreffen, sind.

Zagarah: ist der Name einer an den Gränzen von Nubien, Ethiopien und Nigritien gelegenen Stadt, zu deren Gebiete mehrere sehr wohl bevölkerte Flecken gehören, deren Einwohner insgesammt Zagarin genannt werden. Sie haben große Heerden von Cameelen, die sie den Kaufleuten aus ihrer Nachbarschaft vermiethen. Denn sie selbst treiben nur mit schlechten, und in keinem hohen Preise stehenden Waaren Handel.

Diese Stadt ist nur sechs Tagereisen von der Stadt Engimi, und acht von Mathan entfernt, wo der Herr des Landes, den man den Fürsten von Zagarah nennt, seinen gewöhnlichen Aufenthalt hat.

Wir haben in Frankreich einen III. äthiopischen Fürsten gesehen, der 582 den Titel oder Namen Zagarah geführt hat. Man nannte ihn Zaga Christ. Denn die Aethiopier sind gewohnt, ihren Namen und Würden den Namen Christ oder Crostos beizufügen.

Der Name Zingari, den die Italiener denjenigen, die die Franzosen Böhmen (und die Teutschen Zigeuner) nennen, könnte wol von dem Worte Zagarin abzuleiten seyn, so wie auch das Wort Zeng. Siehe diesen Artikel.

Za-

Zagauah: eine Stadt in dem Lande, das die Araber Zeng' nennen, und das bei uns den Namen Zanguebar oder die Küste der Cafrerei führt. Sie ist von Dancalah, gegen Westen zu, eine Strecke von zwanzig Tagereisen entfernt. Der persische Erdbeschreiber setzt sie zwischen den Aequator und das erste Clima. Siehe den Artikel Sofalah.

Zagerbed. Dies ist der Name des zweiten Buchs von den vier Hauptbüchern, die die Indianer Bed oder Beth nennen, in welchen die ganze Theologie, oder vielmehr Mythologie und Philosophie der Brachmanen enthalten ist.

Zagiag': ein Glasner oder Glaskrämer. Dies ist der Beiname des Abu Ischak Ibrahim Ben Mohammed AlSeri, Ben Sahal, genannt AlZadschadsch, AlNahui. Er war ein sehr gelehrter Grammatiker, das heißt, sowohl in der arabischen Literatur, als in dem Gesetze sehr erfahren. In der letztern Wissenschaft war er ein Schüler von den berühmten Lehrern Mobarrad und Thaleb. Er ist in der Stadt Bagdet im Jahr der Hedschr. 310 verstorben.

Er ist Verfasser von mehreren Werken; unter andern auch von denjenigen, die man unter folgenden Titeln hat: Mani AlCoran, Eschtecak, und Nauader. Er hat auch einen Commentar über die in Versen abgefaßte Grammatik des Sibujeh geschrieben. Siehe die Artikel Hofri und Nadham.

Zagiagi, ein Beiname des Ischak, eines Sohns Zadschadsch, von dem wir eben geredet haben. Er ist im Jahr 335 verstorben. Er hat eben so, wie sein Vater, im grammatischen Fache gearbeitet, und hat ein Werk über diesen Gegenstand, unter dem Titel, Idhah fil nahu, herausgegeben.

Zagiagi, ein Beiname des Abul Cassem Aldalrahman, eines Sohns des Ischak AlZadschagi und Enkel des Ibrahim AlZadschadsch. Er ist der Verfasser eines Commentars über das Buch, Adab alkateb betitelt, und ist im Jahr der Hedschr. 393 gestorben.

Zahar, oder Zahr, das von den Persern und Türken Zeher ausgesprochen zu werden pflegt. Es bedeutet eine Blume, und wird so wie Azhar, welches die vielfache Zahl davon ist, als Titel mehrerer Werke gebraucht. Siehe die Artikel Zahr.

Zaharaui, ein Beiname des Soliman Ben Mohammed, Ben Abu Ali, Ben Mohammed Al-Bathalius oder Bathalmius, der auch den Beinamen AlCaramani führt. Er ist der Verfasser von einem Scharh oder Commentar über ein Buch, das den Titel Adab

Adab alkateb führt; und ist im Jahr der Hedschr. 576 gestorben.

[Eigentlich kennen wir in der Litterärgeschichte drei Männer dieses Namens (Zaharaui).

Der eine heißt Abu Ali Soliman, ein Sohn des Mohammed, AlBathaliusi. Diesen nennt D'Herbelot unrichtig Bathalmius.

Der zweite, Abul Cassem Khalaf AlZeheraui, der gemeiniglich Albu Casis Galaph Assaravius genannt wird, lebte zu Cordova, in der Würde eines ersten Leibarztes des Majordomus, und ist im Jahr 404 gestorben.

Der dritte, Abul Hasan Ali, ein Sohn des Soliman, AlZaharaui, war ein guter Arithmetiker, Grammatiker und Arzt. Dieser hat im eilften Jahrhunderte gelebt. R.]

III. Zaharat, oder Zahrat, ala-
583 dab fi logat alfarsiah: ein persisches Wörterbuch, das in Versen von Schehabeddin Achmed AlCadhi Ben Zakaria, Cadhi von Ispahan, ist verfertigt worden.

Zahed: dieses Wort bedeutet eigentlich einen Menschen, der sich der Welt entzogen, und sich sogar erlaubter Ergötzungen enthält, und ist ein Titel, den man mehreren musulmanischen Gelehrten zu geben pflegt, die ihr Leben in Bußübungen zugebracht haben. Unter diesen Gelehrten sind auch mehrere, die den Beinamen Zahedi führen, weil sie

von einem gewissen Manne herstammen, der den Titel Zahed geführt hat.

Zahedi: ein Beiname des Abul Radscha Mokhtar Ben Mohammed, der den Beinamen seines Großvaters Radschmeddin führt, welcher Zahed war.

Zahedi hatte den Sakaki zum Lehrmeister, und ist im Jahr der Hedschr. 658 gestorben. Er ist der Verfasser eines berühmten Commentars über ein Buch, das von der Metaphysik und scholastischen Theologie handelt, und den Imam Coburi zum Verfasser hat. Auch führt er den Titel: Saheb alkoniat, der Besitzer seines Beinamens, weil er die Lebensart seines Großvaters Radschmeddin nachahmte, der, wie wir bereits gesagt haben, Zahed genannt wird.

Zahr alanaschi fi nauadir Al-Aamaschi: Begräbnißblumen; ist der Titel eines Buchs, welches eine Lobrede auf Aamasch Soliman Ben Tholun AlSchami enthält. Siehe den Artikel Aamasch.

Zahr alanik: die schöne Blume: ist der Titel eines Buchs, das den Abdalrahman AlBagdadi, genannt Ebn AlDschuzi, zum Verfasser hat.

Zahr albassem fi aussaf Abul Cassem: die lachende Blume. Beschreibung der schönen Eigenschaften des Mohammed, verfaßt

faßt von Abul Foruh Nafrätah
Ben Abdallah, mit dem Beinamen Ebn AlCanes, einem arabischen Dichter, der im Jahr der
Hedschr. 667 gestorben ist.

Man hat noch ein anderes
Werk, das den nemlichen Titel:
Zahr albassem, mit dem Zusatze:
si seirat AbilCassem führt. Es
ist dies das Leben des Mohammed, von Olaeddin Mogolthai
Ben Kilidsch verfaßt, der im
Jahr der Hedschr. 462 gestorben ist.

Zahr albaiin si elm almaa-
liin: ein Buch, welches von der
Jagd überhaupt, und von allen
Arten zu jagen, mit Garnen,
Armbrust, Fackeln und Lich-
tern, und noch andern Arten,
die bei der Jagd und dem Fischen
gebraucht werden. Der Verfasser dieses Werks ist Mohammed
Ben Abubekr AlDharguni, Al-
Mesri, von Geblüt ein Egypter.

Zahr alrabi; Frühlingsblu-
me: ein historisches Werk, verfaßt von Abul Farabsch Al-
Codamah Ben Dschafar Al-
Kateb.

Zahr alrabi si schauahed al-
badi: ein Werk über die Rhetorik, verfaßt von Scharaf Hussain Ben Soliman AlHalabi.

Zahr akrisch si ahkam alhaschisch: ist der Titel eines Buchs,
das den Badreddin Abu Abdallah Mohammed Ben Abdallah
AlZerkeschi zum Verfasser hat,

über die Gesetze und Verordnungen, die den Gebrauch des
Krauts, das heißt, des Beng,
zum Gegenstand haben. Siehe
diesen Artikel.

Zahr si mahassen schir ahel
alasr: Abhandlung über die Werke der neuen Dichter, von Ebn
Nadschar Mohib eddin.

Zahr alkemam v sabr Jus-
suf: ist der Titel eines Buchs,
das vom Stillschweigen und von
der Geduld des Patriarchen Joseph handelt. Es hat den Abu
Ali Omar Ben Ibrahim AlAnsari zum Verfasser.

Zahr alriabh: ist der Titel
eines Buchs, das den Abdallah,
einen Sohn des Khalifen AlMo-
tazz Billah, des Abbassiden, zum
Verfasser hat. Es ist dies ein
historisches Werk, welches an
AbulAbbas Achmed Ben Mo-
hammed AlCasthalani, der im
Jahr der Hedschr. 923 gestorben
ist, einen Nachahmer gefunden
hat.

Zahr almobassam. Siehe III
die Artikel Zahr albassem, und584
Escharat ala seirat. Es sind
dies Bücher, die von dem Leben
und den Verdiensten des Mohammed handeln.

Zahr almothaual si bejan alhadith almoaddal: eine Sammlung von Hadith, oder Traditionen, die von Ebn Hadschar,
Ben Ali Ascalani, der im Jahr
der

der Hedschr. 453 gestorben ist, ist veranstaltet worden.

Zahr almulk fi nahu altürk: ist der Titel eines Buchs, das den Athireddin Abu Haijan Mohammed Ben Juffuf AlAndaluffi, der im Jahr der Hedschr. 745 gestorben ist, zum Verfasser hat. Es handelt von den Türken und von ihrer Sprache.

Zahrat alboftan fi akhbar alzaman: ein historisches Buch, verfaßt von Ali Ben Mohammed Ben Ali Zara.

Zahrat alnabat fi mehel alschefaat: eine Abhandlung des Ebn Tholun AlSchami, über Fürbitten und Vermittelungen oder Gebete der Heiligen.

Zahrat alrabi fi abalat alaffabi: eine Sammlung von Gebeten auf jede Woche, die einen Schiiten zum Verfasser hat.

Zahrat alriabh: Blumen der Gärten: ist der Titel eines Buchs, das den Abul Abbas Ben Abdallah, Ebn AlMogrebi AlKiaffi zum Verfasser hat. Es ist dies eine Anthologie oder Blumenlese.

Zahrat alriabh fi akham altaubhi fil haiadh: Abhandlung von den Blumen, oder der Monatzeit der Frauenspersonen, und von den Gesetzen, welche ihre Reinigung zum Gegenstand haben, verfaßt von Scherabschedr.

bin Abdallah Ben Mohammed AlSchahnah AlHalabi, der der Sohn eines Bürger- oder Policei-Lieutenants in der Stadt Halep war.

Zahrat alriadh fil muadhat: ein Buch von Reden und Predigten, verfaßt von Tadsch aleflam Soliman Ben Daud AlSchamfi. So führt Hoffain Vaedh oder Vaez dieses Werk in seiner Abhandlung an, die den Titel führt: Tohfat alfalat.

Das Buch des Tadsch aleflam ist eine Sammlung von Predigten des Verfassers des Ketab AlFarfi, und der Bücher, die folgende Titel führen: Bahadschat alanuar, Nozbat alcolub, u. f. w. Es ist in sieben und zwanzig Sitzungen oder Unterredungen abgetheilt. Dieses Buch steht in großem Ansehn; allein es wird nicht für authentisch gehalten.

Zahrat alofum: die Blume der Wissenschaften: ein moralisches Buch, verfaßt von dem Scheikh Ben Daud.

Zahrat alfardus, die Blume oder die Blumen des Paradises. Ein Andachtsbuch, ohne Namen des Verfassers. *III. 585*

Zahrat alschebab, oder alschebabah, ein moralisches Buch, das den Abubekr Daud AlThaheri zum Verfasser hat. Dieses Buch ist halb in Profa und halb in

in

in Verfen, und ift zum Gebrauche der Kinder aufgefetzt.

Zahrat alnadherin v nozhat
alcaderin: ein Buch, das von
der Kunft, gut Arabifch zu fchrei-
ben, handelt, ohne Namen des
Verfaffers.

Zaiat, ein Oelhändler.
Dies ift ein Beiname des Khaled Ben Jezid, eines Gelehrten
von der Secte des Abu Hanifah,
deffen Gefellfchafter und Schüler
er gewefen ift. Der Verfaffer
des Raudhat alakhiar erzählt,
es habe diefer Khaled feinen Lehrer Abu Hanifah fagen hören:
Man abgadhni dfchaalho allah
Moftiani; Gott mache denjenigen zum Mufti, der keiner von
meinen Freunden ift.

Zaiat: ein Beiname des Abu
Dfchafar Mohammed Ben Ab-
dalmalek, Ben Abban, der unter
dem Namen Ben Zaiat bekandt
ift, weil fein Großvater Abban
zu Bagdet Oehlhändler gewefen
war.

AlMozeni fagt, es fei diefer
Mann in der arabifchen Grammatik fehr gelehrt gewefen, und
es hätten fich mehrere gefchickte
Leute feiner Zeit bei ihm Raths
erholt, wenn fie eine Schwierigkeit in ihrer Sprache gefunden
hätten. Er war auch ein fehr
guter Dichter, und man hat
eine Elegie von ihm, die er
auf eine feiner Sclavinnen
verfertigt hat, die er fehr
liebte. In diefem Werke fagt er,

feine Freunde hätten ihm, um
ihn zu tröften, den Rath gegeben, er folle das Grab diefes
Mädchens befuchen, aber er habe
ihnen darauf zur Antwort gegeben: Kann fie wol ein anderes
Grab haben, als mein Herz?
Jacul li alkhallan levazarto
cabrha: facolto fahal gair alfuad laha cabron.

Er war Vefir bei dem Khalifen Motaffem, dem Abbaffiden,
und ward auch von deffen Nachfolger Motavakkel in diefer Würde beftätigt. Als er aber etwas
beging, das feinem Herrn miß-
fiel, wurde er in einen glühen-
den eifernen Ofen geworfen, der
von innen mit fpitzigen Nägeln be-
fchlagen war. In demfelben
hielt er vierzig Tage aus, worauf
er endlich ftarb. Dies ift, dem
Berichte des Ben Caffem, in feinem Raudhat alakhiar zufolge,
im Jahr der Hedfchr. 203 ge-
fchehen.

Siehe in dem Artikel Caiiar,
was er demjenigen geantwortet
hat, deffen Beiname einen Kaufmann bedeutet, der mit Harz
zum Pichen handelt.

Zairagiah. Diefes Wort,
das bei den Arabern nicht einhei-
mifch ift, ift unter ihnen in dem
Verftande im Gebrauch, um
eine Art von Wahrfagerei anzu-
deuten, die durch eine große Anzahl von Cirkeln oder parallelen
Rädern fo verrichtet wird, daß
man diefe zufammennimmt, und
mit mehrern Buchftaben bezeichnet, worauf man fodann durch
eine

eine Bewegung, die ihnen nach gewissen Regeln gegeben wird, eins zu den andern stoßen läßt.

Diese Wahrsagerei, die durch Zusammentreffen der Buchstaben geschieht, wird im Arabischen auch Zavajah genannt, von den Cirkeln dieser Maschine, welche Mütavaziat lelaflak, d. h. mit den Himmeln der Planeten und mit den Atmosphären jedes Elements übereinstimmend sind.

Es giebt mehrere Arabische Bücher, die von dieser abergläubischen Kunst handeln, unter andern eins, das den Titel führt: Ketab fi elm alossul Zairadschah, verfaßt von Abul Abbas Achmed AlBasti, welches in der Bibliothek des Königs von Frankreich unter Num. 1015 aufbewahrt wird. In eben dieser Büchersammlung und unter eben der Namen befindet sich auch ein Werk, betitelt: Dschame lefonun fi elm AlZairadschah. Es ist ein Band, der neunzehn Werke über diese Art der Wahrsagerei enthält.

Zaitunah. Dieses Wort bedeutet eben so, wie Zaitun und Zeitun, eine Olive und einen Oelbaum.

Medinat AlZaitunah, Stadt der Oelbäume, ist der Name, den die Araber der Stadt Athen geben, wegen des Oelbaums, den Minerva, der Mythologie der Griechen zufolge, wovon die Tradition bis zu den Orientalen gekommen ist, hier zuerst gepflanzt haben soll.

Orient. Bibl. 4. B.

Die orientalischen Christen nennen auch Gebal AlZeitunah, was die Hebräer Gheh schemanin genannt haben, das wir Gethsemani aussprechen, den Oelberg in der Nähe von Jerusalem. Und dies ist eben derjenige Berg, den die musulmanischen Araber Gebal altinah, den Feigenberg nennen, bei welchem Mohammed in seinem Coran schwöret, wobei er ihn mit dem Sina, welches der Berg Sinai ist, zusammensetzt.

Zakaria Ben Barakhia. Dies ist der Name des Propheten Zacharia, von welchem der Tarikh Montekheb sagt, daß er aus Davids Geschlechte gewesen sey.

Aber die Unwissenheit der Musulmanen ist in Ansehung dieses Propheten sehr groß. Denn sie verwechseln ihn mit Zacharia, dem Vater Johannis des Täufers, und dabei sagen sie auf eine sehr grobe Art, als Jesus von der Jungfrau Maria gebohren worden, habe dieser Prophet sich nicht überzeugen können, daß ein Kind ohne Vater könne gebohren werden. Als er sich nun über diesen Punct auf diese Art erklärt, hätten die Juden diesen Propheten für verdächtig gehalten, und genöthigt, die Flucht zu ergreifen, und als man ihn verfolgt, habe er sich in einem holen Baum versteckt, den aber eben diese Juden mitten entzwei gesägt hätten.

Der Verfasser des Tarikh Montkheb erzählt diese Fabel in

Rr   so

so vollem Ernste, als er nur immer bei einer höchst ächten Geschichte hätte thun können; und dies zeigt genugsam, auf welche Art die Mohammedaner die Geschichte des Alten und Neuen Testaments verwechseln und verfälschen.

Einige andere aufgeklärtere Schriftsteller unter ihnen sagen wirklich, Zacharias, der Vater Johannis des Täufers, sei aus Amrans Familie, und folglich aus dem Stamme Levi gewesen. Allein sie verfallen in eine andre Thorheit, die durch den Coran unterstützt wird, und verwechseln Maria, die Mutter Jesu, mit Maria, der Schwester Mosis, die wirklich aus Amrans Familie gewesen ist.

Inzwischen giebt es doch Erklärer des Corans, welche, um diesen ungeheuren Anachronismus des Mohammed zu entschuldigen, sagen, es werde von Maria, der Mutter Christi, nur in der Rücksicht gesagt, daß sie aus der Familie Amran herstamme, in sofern sie mit dem Stamme Levi verschwägert gewesen, und sie sey den Händen des Zacharias darum, weil er ihr nächster Verwandter gewesen, anvertraut worden. Siehe die Artikel Amran und Miriam.

Zakaria. AlCabhi Zakaria Ben Mohammed AlAnsari, von Nation ein Egypter, der im Jahr der Hedschr. 910 verstorben ist, hat mehrere Werke verfertigt.

Das vornehmste unter denselben ist Emad alredha, ein Commentar über das Buch des Scharaf AlGazi, betitelt Adab AlCadhi, Pflichten eines Richters, nach den Grundsätzen des Imam Schafei. Dieses Werk ist in der königlichen Bibliothek zu Paris unter Num. 605 befindlich.

Eben dieser Schriftsteller hat auch das Buch verfertigt, das den Titel führt: Eelam v ehtemam, welches gleichfalls in der königlichen Bibliothek zu Paris unter Num. 706 befindlich ist, und von der musulmanischen Rechtsgelahrtheit handelt.

Man hat auch ein Buch, unter dem Titel AlFetaui von ihm, welches rechtliche Entscheidungen sind.

Zakaria Ben Mohammed AlCazvini. Siehe den Artikel Cazvini.

Zakaria AlTifuri, ist der Name eines Arztes des Afschin, der General der Truppen des Khalifen Motassem gewesen ist. Dieser Gelehrte war ein großer Feind von den Apothekern, und besonders von denjenigen, die alle Arzneimittel, welche man von ihnen verlangte, in ihren Officinen zu haben behaupteten, so daß, als Afschin sie einsmals zusammen kommen ließ, er nur diejenigen behielt, die ehrlich bekannten, daß sie nicht alle Arzneimittel, welche man von ihnen verlangte, in ihren Officinen hät-

hätten, dagegen aber alle übrigen verabschiedete, welche unächte gegeben hatten.

Zakhirat. Siehe den Artikel Dhakhirat.

Zakhrafah, die Kunst, welche Gaukeleien und Bezauberungen machen lehrt. In der königlichen Bibliothek zu Paris ist unter Num. 1014 ein solches Buch befindlich. Siehe den Artikel Ramadat.

Zal und **Zalzer:** ist der Name des Sohns des Sam Reriman, der den Beinamen Zer deswegen erhielt, weil er mit einer blonden und vergoldeten Haut auf die Welt gekommen ist. Er war Rostams Vater, und die drei Männer, Sam, Zal und Rostam, werden für die drei berühmtesten Helden von Persien gehalten, die unter der Regierung des Manugeher, Bahaman und Afrasiab gelebt haben.

Zalzer ist derjenige gewesen, der den türkischen König Afrasiab aus Persien verjagt, und dem Zab oder Zu, einem Sohne des Thahmasb, und letzten Könige der Pischdabier, die Krone aufgesetzt hat. Eben dieser Zalzer wurde von Bahaman, einem Sohne des Asfendiar, ins Gefängniß gesteckt. Allein er entkam aus demselben, und heirathete die Rudabah, eine Tochter des Gouverneurs von Cabulistan, Maharab, mit welcher er den

Rostam erzeugte. Endlich aber fiel er dem Bahaman wieder in die Hände, worauf ihn dieser ums Leben bringen ließ.

Sadi, der Verfasser des Gulistan, führt folgende Regel, die Zalzer seinem Sohne Rostam gegeben haben soll, an: verachte deinen Feind nie, wenn er auch noch so schwach ist; denn oft sieht man ein Wasser, das an seiner Quelle sehr klein ist, und doch anschwillt und ein Cameel mit seiner ganzen Last mit sich fortreißt.

Die Perser nennen, mit einer kühnen Metapher, den zunehmenden Mond Abru Zalzer, Zals Augenbraune, weil dieser Mann blonde und vergoldete Augenbraunen hatte.

Zaleg: eine Stadt im Lande Habaschah, welches Abyssinien oder Aethiopien ist. Sie ist klein, aber sehr bevölkert, und liegt an dem Ufer des Meeres, ehe es in den Meerbusen von Bab almandab, was wir im gemeinen Leben Babelmandel nennen, tritt. Man hat drei Tagereisen zur See von der Stadt Zaleg bis an das Ufer des Meers von Jemen zu machen, und die Kaufleute, die nach Ethiopien handeln, machen diese Stadt zu einem Niederlagsorte für ihre Waaren. Auch sind ohngefähr fünf Tagereisen zu Lande von Zaleg bis Manaunah, die gleichfalls eine Stadt der Abyssinier ist.

Einige Erdbeschreiber setzen diese Stadt in das Meer von Colzum, welches der arabische Meerbusen oder das rothe Meer ist, und sagen, der Handel, den sie mit der Stadt Marcath, oder vielmehr Mascath treiben, sey sehr beträchtlich.

Zamakschar, ist der Name von einer der Hauptstädte im Lande Khuarezm, deren Länge 84°, 30′ und die nördliche Breite 41°, 45′ beträgt.

Diese Stadt ist blos durch die Geburt des Imam Zamakhschari, von dem wir sogleich reden werden, berühmt geworden.

Ben Schohnah sagt, Zamakschar sei ein großer Flecken von Khuarezm, an der Mündung des Flusses Gihon, auf der Ostseite des caspischen Meeres, gelegen.

Zamakschari; ein Beiname des Imam Abul Cassem Mahmud Ben Scherabsch alolama Omar, AlZamakschari. Folgende Titel führt dieser Lehrer vor seinem Buche, Rabi alabrar, der Frühling der Gerechten, betitelt: AlImam, AlOstad, AlAlamah, AlIrham alaimah; Scheikh AlArab v AlAdschem, Fakhr Khuarezm, der Imam, der Meister, der große und berühmte Lehrer, der Imam der Imams, der Lehrer der Araber und der Perser, der Ruhm von Khuarezm.

Er ist im Jahr der Hedschr. 467 gebohren, und im Jahr 538, unter der Regierung des Moctaß, der der ein und dreißig-

ste Khalife aus dem Hause der Abbassiden war, gestorben. Er ist der Verfasser von mehreren großen Werken, die insgesammt bei den Musulmanen in großem Ansehn stehen. Ihnen zufolge ist das vornehmste unter allen dasjenige, das den Titel Keschaf führt, welches der beträchtlichste unter allen über den Coran geschriebenen Commentaren ist.

Das zweite ist Rabi alabrar, der Frühling der Gerechten. Diß ist eine sehr weitläuftige Anthologie, oder Blumenlese, die der Verfasser in der Absicht gesammelt zu haben versichert, um den Geist derjenigen zu erquicken, die durch die ernsthafte Lectüre seines Commentars über den Coran ermüdet worden sind.

Man rechnet auch noch zu den Werken dieses Lehrers den Faik, welcher von Traditionen handelt; den Mofaßal, ein Buch von Distinctionen; den Anmudabsch, und Mokhtalef alesma, welches Werke über die arabische Grammatik sind; und Raidh fil faraidh, ein Buch von Successionen. Abu Hajan thut aller dieser Werke in der Vorrede zu seinem Buche, Bahr almohith betitelt, Erwähnung.

Ein Exemplar vom Anmudabsch, mit einem Commentar des Ardebili, ist in der königlichen Bibliothek zu Paris, unter Num. 1089 befindlich.

Man muß auch noch hierbei bemerken, daß dieser Schriftsteller den Titel Dscharallah, der Nach-

Nachbar Gottes, führt, wegen des langen Aufenthalts, den er zu Mecca gehabt hat. Mehammed Ben Caſſem ſagt, Zamakhſchari habe ſein Keſchaf in Mecca ſelbſt verfertigt, er habe es aber wieder verlaſſen und ſei in ſein Vaterland zurückgekehret, worauf er in der Stadt Corkandſch oder Dſchordſchaniah, der Hauptſtadt von Khuarezm, geſtorben ſey.

Eben dieſer Schriftſteller ſetzt auch unter die Zahl der Werke des Zamakſchari den Coſihas oder die Waage, worin mehrere Schwierigkeiten in dem Rechte der Muſulmanen abgewogen und geprüft werden: den Moctacſa fi amthal alarab, eine Sammlung von arabiſchen Sprüchwörtern, den Schakaik alnoman, Menhadſch, und einen Commentar über die Abiat des Sibujeh.

III. 589 **Zamalcani:** Ola oder Vala Ben Zamalcani, iſt der Verfaſſer desjenigen Buchs, das den Titel führt: Bahath jetimat, der Diſput der Waiſen. Es iſt dies eine Abhandlung von der Eheſcheidung.

· Eben dieſer Schriftſteller hat auch über die Aadſchaz AlCoran geſchrieben, welches die Schwierigkeiten ſind, die in dem Texte des Corans unauflösbar zu ſeyn ſcheinen.

Zamidſch. Dies iſt einerlei mit dem gleich folgenden Zamin.

Zamin, eine Stadt im Lande Mauaralnahar, oder in der Provinz Transoxanien, an den Grenzen des Gebiets von Samarcand. Sie gehört zu dem Gebiete von Oſruſchah oder Oſruſchnah. Sie liegt auf dem Wege von Farganah nach Sogb.

Sie liegt unter dem 89ſten Grade und 40 Minuten der Länge, und unter dem 40ſten Grade, 30 Minuten der nördlichen Breite. In ihrem Gebiete wird das ausgeſuchteſte Manna im ganzen Oriente geſammelt, das die Perſer, und dann auch die Araber, Terendſchubin AlZamini nennen. AlBergendi und die übrigen Erdbeſchreiber ſetzen ſie in das fünfte Clima.

Zapolia oder **Zabulia.** So nennen, ſowohl die Türken, als die Ungarn, den Johann, Grafen von Cepuſa, Wonewoden oder Fürſten von Siebenbürgen, der zum Könige von Ungarn erwählt und von Soliman war beſtätigt worden, gegen den Kaiſer Ferdinand, Carls des fünften Bruder, der die Tochter des Königs von Ungarn, Ludwigs des zweiten, geheirathet hatte.

Ludwig ward in dem Treffen bei Mohaz von Soliman geſchlagen und getödtet, und man hatte den Zapolia in Verdacht, er habe wegen eines geheimen Verſtändniſſes, in welchem er mit Soliman geſtanden, ſeine Truppen nicht zeitig genug zu des Königs ſeinen ſtoßen laſſen.

Zar, ist der Name eines Flekkens von Aschtikhan, in Sogd oder dem Thale von Samarcand, aus welchem mehrere Gelehrte, nach dem Berichte des Achmed Ben Arab schah, herstammen, wiewol er nur einen einzigen namhaft macht.

Zaraa. Ebn Zaraa ist der Name eines vortrefflichen christlichen Philosophen, von der Secte der Jacobiten, der mehrere Bücher aus dem Syrischen ins Arabische übersetzt hat. Dies ist am Ende des vierten Jahrhunderts der Hedschr. geschehen.

Zaraat. Ebn Zaraat: ein Beiname des Patriarchen von Alexandrien, Abraham AlSoriani. Siehe seinen Artikel.

Zaradascht. Siehe den Artikel Zerdascht.

Zarangiazi: ist der Name eines Schriftstellers, der ein Buch, unter dem Titel: Amali, oder Dictata, verfertigt hat. Siehe diesen Artikel.

Zarbugi. Siehe den Artikel Zarnukhi.

Zarcalah; ist der Name eines astronomischen Instruments, das von Abu Jschak Ben Jahia AlMaccaschi, AlAndalussi, der unter dem Beinamen Zarcal AlMogrebi AlCorthobi bekannt ist, ist erfunden worden. Dieses Instrument, das seinen Namen von seinem Erfinder bekommen hat, dient zur Ausmessung der Bewegung eines jeden Planeten, und der ihm eignen Sphäre.

Zarendi: ein Beiname des III. Mohammed Ben Jussuf, der im 590 Jahr der Hedschr. 750 verstorben ist. Er ist der Verfasser eines Buchs, Boghiat almortadsch, das Verlangen desjenigen, welcher hofft, betitelt.

Zarnukhi: ein Beiname des Borhaneddin, Verfassers eines Buchs, unter dem Titel: Talim almotallem, von der Art und Methode zu unterweisen. Es ist in der königlichen Bibliothek zu Paris unter Num. 905 befindlich. Siehe oben den Artikel Zarbugi.

Zarthaka; Kunst, die Pferde zu dressiren. Es ist davon ein Buch in der königlichen Bibliothek zu Paris unter Num. 940 und unter dem Titel: Camel alsanatein, befindlich. In demselben wird von der Kunst, sie zu dressiren, und von der Art, wie sie geheilt werden müssen, gehandelt.

Zathmar, ist der Name einer Stadt von Ober-Ungarn, an der Grenze von Siebenbürgen. Sie wurde von dem Fürsten von Siebenbürgen, Johann Sigismund, im Jahr der Hedschr. 907 dem Kaiser Maximilian weggenommen.

Denn Johann Sigismund war ein Sohn des Johann Zabulia

oder Zapolia, Grafen von Cepu-
sa, oder den Gepiden, von dem wir
unter dem Artikel Zapolia gehandelt haben.

Zauaher alschavaher, und
Zavaher aldorrar : die kostbaren
Blumen. Ein Werk, das den
Abubekr Mohammed Ben Tha-
beth Al Rhogendi zum Ver-
fasser hat.

Zauaiah: es ist dies eben
die Art von Wahrsagerei, die
man gewöhnlicher Zahirahschah
zu nennen pflegt. Siehe diesen
Artikel.

Zauaid alremal ala tahabhib
alkemal. Dies ist der Titel eines Werks des Sojuthi, über
Kleinigkeiten, die er Ueberbleib-
sel von Sandkörnern nennt. In
demselben wird von mehreren
verschiedenen Gegenständen gehandelt.

Al Baiheki und Al Tarmedi haben auch Werke über die musulmanische Religion geschrieben,
die eben diesen Titel führen.

Zauasch: dies ist einer von
den Namen, die die Perser dem
Planeten Jupiter geben. Denn
sie nennen ihn auch Ormozd und
Bergis. Die Araber nennen
ihn Moschteri.

Zauaui: ein Beiname des
Jahia Ben Abdalmatha, Ben
Abdalnur, der aus einem Stamme von Arabern herkam, welcher eine Colonie in der Gegend

von Babschaiah oder Bugie in
Africa angelegt hat. Er ist im
Jahr der Hedschr. 554 gebohren,
und zu Cairo im Jahr 628 gestorben.

Er ist der Verfasser eines sehr
geschätzten Gedichts, unter dem
Titel Alfiah, in welchem sich alle Reime auf Alif oder Elif endigen, so wie das Tajah, das
Lamiah, das Muniah, u. s. w.
sich auf T, auf L, auf N, u. s. w.
endigen.

Dieser Schriftsteller, der in dem
Rufe eines der angesehensten arabischen Grammatiker steht, war
auch Lehrer von der Hanifischen
Secte.

Zauilah, ist der Name einer Stadt im Lande der Sudan
oder occidentalischen Negern, deren Gebiete einen Ueberfluß an
Palmbäumen und gebautem Lande hat, das aber dennoch, wie
der persische Erdbeschreiber in
seinem dritten Clima bemerkt,
mit Brunnenwasser gewässert
werden muß.

Zaulak. Siehe den Artikel *Julak.* 591

Zaura: Dies ist einer von
denen Namen, die man der Stadt
Bagdet giebt, entweder weil ihre Thore quer und auf der Seite
stehen, so daß sie nicht in gerader Linie mit den darauf stoßen-
den Straßen fortlaufen; oder
vielmehr deswegen, weil, wie
einige Schriftsteller versichern,
die Keblah in ihren Moscheen

Rr 4   nicht

nicht gerade dem Tempel zu Mekka gegenüber ist. Siehe den Artikel Keblah.

Zauzan, ist der Name einer Stadt in Khorassan, die zwischen den Städten Herat und Nischabur, unter der Länge von 80 Graden und 30 Minuten, und unter der nördlichen Breite von 35 Graden und 20 Minuten liegt.

Zavager an ecteraf alcobair: ein Buch, das von der Wahrsagerei und andern Arten von verbotenen Divinationen handelt. Der Verfasser desselben ist Abdalrahman Ben Abdalkerim Al Schafei.

Man hat noch zwei andere Werke unter eben diesem Titel, von welchen das eine den Abu Achmed Hassan Al Askeri und das andere den Schamseddin Mohammed Al Mocri zum Verfasser hat.

Zaulestan. Siehe den Artikel Jablestan.

Zebid, eine Stadt in Jemen, oder im glücklichen Arabien, die sehr nahe an dem Meere von Oman, unter dem ersten Clima, in einer großen Ebene, liegt, aber alles fließenden Wassers beraubt ist; so daß sich die Einwohner des Brunnenwassers zum Befeuchten der Palmbäume bedienen müssen.

Nichts destoweniger hat diese Stadt einen kleinen durch diesel-

be fließenden Bach, der aber bei seinem Ausflusse in das Meer keinen Hafen macht, so daß der nächste Hafen, wo die Schiffe von Arabien, Aethiopien und Indien in diesem Seestriche anlanden können, in der Nachbarschaft der Festung Galafecah ist. Er ist funfzig Meilen von der Stadt Zebid entfernt. Inzwischen wird doch ein starker Handel in derselben getrieben. Denn man findet nicht nur alle Arten von Spezereiwaaren, sondern auch chinesisches Porcelan hier.

Die Stadt Zebid, die wir im gemeinen Leben Zibit nennen, ist eine von den Hauptstädten von Jemen, und hat vormals Könige und Scherifs gehabt, die öfters mit denen in Jemen, welche ihre Residenz zu Sanaa hatten, Krieg geführt haben. Man rechnet die Entfernung der Stadt Sanaa von Zebid auf hundert und dreißig Meilen.

Zebir. Die musulmanischen Araber sagen, es sey dies der Name des ersten Berges, auf welchem Gott mit Mose geredet habe.

Zebur, das von einigen auch Zobur ausgesprochen wird. Es ist die vielfache Zahl von Zebr, welches im Arabischen ein Buch bedeutet.

Das Wort Zebur bedeutet zweierlei. Denn eigentlich ist es der Name des Buchs von den göttlichen Rathschlüssen, das die Musulmanen auch Luh almahfudh,

fudh, die verwahrte oder geheime Tafel, nennen.

III. 592 Es bedeutet aber auch zweitens und in seiner gewöhnlichen Bedeutung das Psalmenbuch, von welchen die Musulmanen glauben, daß sie dem David durch eine göttliche Inspiration seyen mitgetheilt worden. Ja sie sagen sogar, dieser königliche Prophet habe sie nicht nur selbst gesungen, sondern habe sie auch vor der Lade des Bundes durch die Leviten, und sonst auch durch seine Musicanten absingen lassen.

Der Verfasser desjenigen Buchs, das den Titel Annar Sohaili führt, sagt, wenn er von der Weisheit und Wissenschaft eines großen Mannes spricht, in persischen Versen zu ihm: Siric thilk tu der helli müschkelat omur; tschenankih nagmat Daud der ebai Zobur: Du entscheidest die größten Schwierigkeiten mit eben so vieler Leichtigkeit, als David die Saiten seiner Harfe berührte, wenn er seine Psalmen sang.

Der Tarikh Montekheb schreibt, der Zebur begreife hundert und funfzig Surat oder Capitel in sich, die voll Weisheit oder Unterweisung seyen. Inzwischen enthält das Buch, das die Musulmanen heutzutage Zobur nennen, nicht dieselben Psalmen, die wir im Psalter haben: sondern blos einen Auszug, der mit mehreren andern Dingen, die keine Beziehung auf David oder seine Psalmen haben, durchmischt ist. Ein Exemplar davon ist in der Bibliothek des Großherzogs von Toscana befindlich.

Eben diese Musulmanen sagen auch, der Ingil oder das Evangelium sey von Gott an Christum geschickt worden zwölfhundert Jahre nach der Zeit, da David seine Lieder vom Himmel bekommen, die Zebur genannt werden: und die Sabis oder Sabier, die das Buch Adams zu besitzen behaupten, rühmen sich, auch dasjenige zu haben, das sie Zebur nennen. Aber dieses Buch der Sabis hat noch weniger Aehnlichkeit mit den Psalmen Davids, als dasjenige, das die Musulmanen haben, und das ihrige ist vielmehr einerlei mit demjenigen, das sie Destur nennen, in welchem ihr Gesetz oder ihre aberglänbische Religion enthalten ist, und wie es scheint, nennen sie dasselbe mehr in der allgemeinen Bedeutung des Worts, nach welcher es ein Buch anzeigt, Zebur, als nach der besondern, die ihm die Musulmanen geben.

Zecrat aleslam: Erinnerung des Musulmanismus. Siehe den Artikel Dhecrat aleslam. Dies ist der Beiname oder Titel des Hassan, eines Sohns Mohammed, des vierten Fürsten oder Sultans der Ismaelier von Iran oder von Persien.

Zefer. Abul Hadhil Zefer Ben Hadhil, Ben Sabbah. Dies ist der Name von einem Gesellschafter des Abu Hanifah, den man für einen der frömmsten

sten und strengsten Lehrer von der Hanefiennischen Secte zu halten pflegt. Man sagt, er sey in dem Besitze eines so glücklichen Gedächtnisses gewesen, daß er alles, was er erlernt hatte, auf das beste habe behalten können. Er ist im Jahr der Hedschr. 158, in der Stadt Bassorah, von welcher er Gouverneur gewesen war, gestorben.

Zefer, oder Dhefer. Ebn Zefer: ist der Name eines Lehrers, der von Abstammung ein Araber und aus Sicilien gebürtig war, wo er das Buch verfertigt hat, das den Titel führt: Soluan almotha fi aduan althaba.

Dieser Schriftsteller ging aus Sicilien nach Syrien, und starb als Derwisch in der Stadt Hamah, im Jahr der Hedschr. 655, unter der Regierung des Mostangeb, des zwei und dreißigsten Khalifen der Abbassiden.

So redet Ben Schohnah von diesem Schriftsteller. Aber Hadsch Khalfah sagt, der Name desselben sey Abu Abdallah Mohammed Ben Mohammed Abil Cassem, Ben Ali, AlEuschi gewesen. Er sey unter dem Namen Ebn Dhefer oder Zefer Al Mekki bekandt, und im Jahr der Hedschrah 658. verstorben *). Siehe den Artikel *III.* Soluan almotha, welches ein *593* Werk ist, das von den Musulmanen sehr geschätzt wird. Es sagt soviel als Heilmittel und Trost, den man bei den Leiden

des Lebens allein von Gott erhalten kann.

Zefer Nameh, oder Zafer Nameh: ein Buch von Siegen. Es ist solches der Titel von einer Geschichte des Tamerlan, die in persischer Sprache von Scherefeddin Ali Jezbi ist abgefaßt worden. Siehe den besondern Artikel von diesem Schriftsteller. Dieses Wort Zefer wird im Arabischen auch Dhafer geschrieben; allein die Perser und Türken sprechen es Zafer aus.

Zefti. Bahr AlZefti: das Pechmeer. So nennen die Araber den äußersten Theil vom östlichen Oceane, weil das Wasser desselben sehr trübe und mit Sand, den die Sturmwinde hier zusammentreiben, vermischt ist.

Zeg'r. Dieses Wort bedeutet im Arabischen eine Wahrsagerei, ein Prognosticon, eine Zeichendeuterei. Siehe den Artikel Kahriat.

Zeg'r alhag'r: eine Wahrsagerei, die vermittelst gewisser Steine geschieht. Es ist dies der Titel von einem Buche des Sojuthi.

Zeg'r alnefes: ist der Titel eines Buchs, das dem Hermes AlHeramessah, das heißt, dem Mercurius Trismegistus beigelegt wird. Es handelt von den

---

*) [Lies 568. anstatt 658. K.]

den Operationen des Verstandes. Es ist ein untergeschobenes Werk.

Zeher. Siehe die Artikel Jabar und Jahr. Zeher aladab v scheher alalbab. Es ist dies ein moralisches Buch, das den Hosri zum Verfasser hat. Siehe diesen Artikel. Die Perser und Türken sprechen es Zeher aus, was die Araber Zahar nennen, und womit sie eine Blume andeuten.

Zeher. Dieses Wort bedeutet im Persischen Gift.

Zeher Zemin: im Persischen das Gift der Erde. So nennen die Einwohner der Provinz Dschordschan den Baum, der bei den Persern Azad dirakht, der freie Baum, heißt. Wir nennen ihn gewöhnlich Azedarach, oder den Baum von Judäa.

Zeheri, oder Zaheri: ein Beiname des Mohammed Ben Moslem, eines musulmanischen Lehrers, der einer der berühmtesten unter denjenigen war, welche den Zunamen Tabein führten. Er ist im Jahr der Hedschr. 124, unter der Regierung des Hescham, zehnten Khalifen aus dem Hause der Ommiaden, gestorben.

Man sagt von ihm, er habe, wenn er sich auf seiner Studirstube befunden, einen Wall mit seinen Büchern um sich herum gemacht, und niemand, der mit ihm reden wollen, sich ihm nähern lassen. Ben Schohnah er-

zählt, es habe seine Frau einstmals zu ihm gesagt: Hadhih alkotob aschodd alaja men thalath dharair: diese Bücher sind mir weit unerträglicher, als drei andere Weiber, die du neben mir hättest nehmen können. Das Wort Dharair bedeutet die Weiber, die man nach dem mohammedanischen Gesetze neben der ersten heirathen kann.

Zeheri, oder Ben Zeher. Ein Beiname des Mohammed Ben Abdalmalek, eines arabischen Arztes, der in Spanien gebohren, und von seinem Geburtslande AlAndalussi ist zubenamt worden.

Er hat unter der Regierung III. des Nasser, eines Sohns des Jacub AlMansor, Sultans der AlMohaden in Africa und Spanien gelebt, und ist an der Pest im Jahr der Hedschrah 594. gestorben.

Auf seinen Tod ist ein arabischer Vers gemacht worden, folgenden Inhalts: Sagt der Pest und dem Ben Zeher: Ihr habt beide ausgeschweift, indem ihr den Menschen den Tod gebracht habt. Dies ist die Ursache, warum ihr auch nicht lange zusammen gewesen seyd: denn einer von euch beiden war schon genug, sie alle wegzuraffen, fi vaheb menkoma alfefaiat.

Zehir. Siehe den Artikel Dhebir. Dies ist der Name eines persischen Dichters. Zehir und Anveri werden bei den Persern fern für die beiden vortrefflichsten Dichter von ganz Persien gehalten. Siehe den Artikel Tacasch.

Zehireddin, oder Dhahireddin, sonst Haidar und Dhaher Kerabi genannt. Dies ist der achte Fürst oder Sultan von der Dynastie der Sarbedarier. Er regierte nur ein Jahr, nach dessen Verlauf er von selbst abtrat, und alles, was er Kostbares hatte, von dem Schlosse Sebzvar in die Stadt Kerab brachte, im Jahr der Hedschrah 760. Er war ein Sohn des Emir Haidar Kerabi, und ein Bruder des Emir Khogiah Jahia, dem er im Jahre 759. gefolgt war.

Unter seiner Regierung kam die Macht der Sarbedarier in Verfall. Denn dieser Fürst machte sich keine andere Beschäfftigung, als das Schachspiel, und daher kam es, daß Pehelevan Haidar, mit dem Beinamen Cassab, sich der Hoheit bemächtigte.

Zehireddin, oder Dhahireddin. Man sehe den Artikel Ibrahim Ben Nasser.

Zeid Ben Zein alabedin. Dies ist der Enkel des Hussain, eines Sohns Ali. Er war so übel berathen, daß er den Titel eines Khalifen in der Stadt Cufah, auf Bitten der Anhänger seines Hauses, die ihm eine Armee von vierzigtausend Mann versprochen hatten, und doch nicht

mehr als fünfhundert zusammenbringen konnten, annahm.

Jussuf Ben Amir, der damals Gouverneur vom babylonischen Irak, oder von Chaldäa, von Seiten des Khalifen Hescham war, ging sogleich mit seinen Truppen diesem neuen Khalifen entgegen, und lieferte ihm ein Treffen, in welchem Zeid sogleich von einem Pfeil getroffen, und sein Sohn Jahia die Flucht zu ergreifen und sich nach Khorassan, wo die Partei der Abbassiden gegen die der Onmiaden Kräfte zu bekommen anfing, zu flüchten gezwungen wurde.

Die Niederlage des Zeid erfolgte im Jahr der Hedschr. 122. und die Seinigen hatten ihn auch begraben. Allein Jussuf Ben Amir ließ ihn wieder ausgraben, und seinen Leichnam an einen Galgen hängen, wo er einige Zeit zur Schau blieb, und sodann, nachdem ihm noch erst der Kopf abgehauen, und nach Damas war geschickt worden, wo ihn der Khalife an einem von den Stadtthoren aufstecken ließ, verbrannt wurde. Siehe den Artikel Jahia Ben Zeid.

Zeid Ben Rafaa: ist der Name eines großen Philosophen, der im Jahr der Hedschr. 370. unter der Regierung des Samsam aldulat, Sultans aus der Dynastie der Buiden, gelebt hat. Dieser Mann verband sich in der Stadt Bassorah mit mehreren andern Lehrern, die in der Weltweisheit sehr bewandert waren, und

und diese setzten zusammen das berühmte Buch auf, das den Titel führt: Akhuan alsafa. Siehe diesen Artikel.

III. Zeidiah und Mehediah: ist 595 der Name einer Secte oder Faction, welche in Jemen oder dem glücklichen Arabien zum Vorschein gekommen ist. Siehe den Artikel Ahkam fi heccat AlHanefiah.

Zeidun. AbulValid Achmed Ben Abdallah, genannt Ebn Zeidun, wird auch AlHadrami zugenannt, weil er aus der Provinz Hadhramut in Arabien herstammte; auch AlAndalussi, AlCorthobi, weil er in der Stadt Cordova in Spanien, war gebohren worden.

[Er stammte nicht aus der Provinz Hadramut her, sondern war aus dem Stamme Marzum, eines Sohns Jokda, des Sohns Morrah, folglich ein Coraischite. K.]

Er war Vesir bei Motadhed Ben Abad, König von Asbiliah, oder Sevilien, und hat mehrere schöne Werke von arabischen Poesien verfertigt, unter andern eine Cassidah oder Gedicht, AlNuniah betitelt, weil sich alle Reime auf ein Nun endigen, das heißt, weil der letzte Consonans in jedem Verse ein N ist. Die beiden ersten Verse dieses Werks, das für eins der schönsten in der arabischen Sprache gehalten wird, lauten folgendergestalt: Jekad hein tenagikom dhamair

na: Jacdha alaina alassa lausa tassina: die Zeit wird bald kömmen, wo du uns von allen unsern Mühseligkeiten befreien wirst: das Heilmittel ist sicher, wofern wir nur ein wenig Geduld haben.

Dieser Schriftsteller ist unter der Regierung des sechs und zwanzigsten Khalifen der Abbassiden, Caim Beemrillah, im Jahr der Hedschr. 463. gestorben, und hat uns auch noch ein anderes Werk, unter dem Titel Ressalat, hinterlassen.

Zein. Dieses arabische Wort, das, so wie das Wort Zeinat, Zierde bedeutet, macht einen Theil von den Namen vieler Personen, und von den Titeln mehrerer Bücher aus.

Zein almehassen: ist der Titel eines Werks in acht Bänden, verfaßt von Badreddin Mohammed, der im Jahr der Hedschr. 855. gestorben ist. Dieses Werk, das von den schönsten Handlungen, die die Menschen empfehlungswerth gemacht haben, handelt, führt auch noch den Namen Moschareh alsodur.

Zein Alabedin: Die Zierde der Diener Gottes. Dies ist ein Beiname des Ali, eines Sohns Hussain, und Enkels des Ali, der Mohammeds Schwäger war. Der Verfasser des Rabi alabrar berichtet, Hareth Ben Dschaber, der in Persien das Commando führte, habe einst einstmals zwei Prinzessinnen, Töchter des Jezdegerd Ben Scheheriar, letzten Königs von Persien, gefangen bekommen, und beide an Ali gesandt, der die eine, Namens Scheher Banu, an seinen zweiten Sohn Hussain, die andere aber, Namens Khean Banu, an Mohammed, den Sohn Abubekr, vermählt habe; und Zein alabedin sey der Sohn dieser Prinzessin gewesen.

Zein alabedin war in der Reihe der Imams der vierte. Mohammed Ben Hanifiab, dritter Sohn des Ali, machte ihm diese Würde streitig; allein die Sache ward endlich zum Vortheil seines Neffen, Ali Zein alabedin, entschieden. Siehe den Artikel Imam.

Zein Alabedin: ist der Name eines Sultans aus der Dynastie der Mobhafferier, der seinem Vater Schah Schedscha succedirt ist. Er hat in der Stadt Schiraz in Persien regiert. Die Ankunft des Tamerlans setzte ihn in solches Schrecken, daß er sich zu seinem Vetter Schah Mansur flüchtete, von dem er ins Gefängniß gesetzt wurde. Als Tamerlan nach Transoxanien zurückkam, wurde er wieder aus demselben befreit, worauf er mit Tamerlans Bewilligung sowol zu Ispahan, als zu Schiraz einige Zeit Commandant gewesen ist. *III.* Als aber dieser **Eroberer** zum *596* zweitenmale nach Persien zurückkehrte, und den Schah Mansur geschlagen hatte, bemächtigte er

sich seiner Person, schickte ihn, mit den übrigen Fürsten aus seiner Familie, im Jahr der Hedschrah 795. nach Transoxanien, und hier soll er sie alle, wie man sagt, ums **L e b e n** haben bringen lassen.

Zein Alatthar: ist der Name des Verfassers eines Buchs, betitelt Meftah alkhazain, Schlüssel der Schätze. Siehe den Artikel Atthar.

Zein Almeschaikh, die Zierde der Scheikhs oder Lehrer. Ein Beiname oder Titel des Anabi. Siehe diesen Artikel.

Zein alzaman, die Zierde der Zeit oder des Jahrhunderts. Dies ist das Beiwort oder der Titel, der berühmten Männer überhaupt gegeben zu werden pflegt.

Insbesondere aber ist es der Name eines Universalmonarchen der Erde, aus der Zahl derjenigen, die vor dem Jahrhundert des Adam regiert haben, und den Namen Soliman führen. Man muß diesen Artikel nachsehen.

Zein alzaman war, der orientalischen Mythologie zufolge, der Stifter einer fabelhaften Stadt, Namens Anbarabad, die Stadt des Ambra: weil sie auf einer Insel des indischen Meeres oder des östlichen Oceans lag, wo man an den Küsten viel von diesem Ambra fand. Diese Insel ist eben diejenige, welche auch Se-

Gezirat alhlât, die Schlangeninsel, genannt wurde. Auch hat sie in der Folge den Namen Gezirat altharab bekommen, worauf sie von den Riesen ist zerstört worden.

Cahetman ließ sich auf dieser Insel nieder, nachdem er aus der Höhle des berühmten Schwarzkünstlers, Atesch Dschazu, entflohen war. Auf derselben fand er eine Seule, die zum Andenken des großen Monarchen Zein alzaman aufgerichtet war, und auf welcher alle seine Thaten verzeichnet standen.

Zeinat albeher. Dies ist der Titel eines Dhil oder Supplements zu dem Buche des Baeri, Dhemmat alasr betitelt. Dies Supplement ist von Abu Mani Saed Ben Abi, mit dem Beinamen AlVarrakh, AlKhatheri, der im Jahr der Hedschr. 568. verstorben ist, verfertigt worden.

Zeinat oder **Zeinet** alzaman: ein persisches Buch, verfaßt von Mahmud Ben Massud AlBalkhi.

Zeinat alfodhala: ist der Titel eines Buchs, das von dem Unterschiede handelt, der zwischen den beiden arabischen Buchstaben Dhad und Dha befindlich ist. Der Verfasser dieses Werks ist AbulBerekat Abdalrahman Ben Mohammed AlAnsari, der im Jahr der Hedschr. 777. verstorben ist.

Zeinat alcari: ist der Titel eines Buchs, das von der Art und Weise handelt, wie man das Arabische und besonders den Coran recht lesen soll, ohne Namen des Verfassers.

Zeinat almotalemin: ist der Titel eines Buchs, verfaßt von AbuNaim, über die Eigenschaften, die die Studenten oder Schüler besitzen müssen.

Zeineddin AlOmari: ist der Name des Verfassers eines Buchs, betitelt Tohfat albahiat, v bahadschat alensiat. Es ist, in der königlichen Bibliothek zu Paris unter Numero 928. befindlich.

Zeineddin AlKhauafi: ist III.597 der Name eines gelehrten Lehrers, der in dem Geruche der Heiligkeit gelebt, und sogar, nach der Vorstellung der Musulmanen, Wunder verrichtet hat. Er war das Oberhaupt von einer großen Commune, und Tamerlan erwies ihm, wie Achmed Ben Arabschah erzählt, die Ehre, daß er ihn in der Provinz Khorassan besuchte, wo er seinen Aufenthalt in einem Flecken, Namens Khauaf, hatte, von dem er auch seinen Beinamen bekommen hat.

Zeineddin, ein Beiname des Abdallathif Ben Mohammed, Ben Abil Fath, AlKermani. Er war ein berühmter Lehrer aus der Hanifischen Secte, wohnte

zu

zu Damas, in dem Collegio, Al Madrassah Aldschakmakiah genannt, das von dem zehnten Sultan der circaſſiſchen Mamluken von Egypten, Malek AlAschraf Dschakmak, war geſtiftet worden. Tamerlan ſchätzte dieſen Lehrer ſehr hoch.

Zeinet Nameh, ein perſiſches Buch, das die Poetik abhandelt, und den Abu Mohammed AlRaſchidi AlSamarcandi zum Verfaſſer hat.

Zeirek, oder **Zirekzadeh,** ein Beiname des Mohammed Ben Mohammed AlHoſſaini, Verfaſſers eines Buchs unter dem Titel, Escharat v alnadhair fil foru, über die Zweige oder Artikel des muſulmaniſchen Geſetzes, die nicht fundamental oder radical ſind, und die die Muſulmanen Oſſul nennen. Es giebt noch mehrere Schriftſteller, die von eben der Materie, unter dem nemlichen Titel, geſchrieben haben.

Zeiri. Juſſuf Ben Zeiri, Ben Menad. Dies iſt der Name eines Mannes, der eine neue Dynaſtie in Africa geſtiftet, und die Städte Aſchir und Badſchaiah, was wir heutzutage Bugie nennen, erbauet hat.

Juſſuf Ben Zeiri war von Moezz Ledinillah, erſtem Khalifen der Fathimiten, im Jahr der Hedſchr. 362 zum Gouverneur von Africa zurückgelaſſen worden; als dieſer Monarch dieſe Provinz verließ, um ſich in Egypten niederzulaſſen.

Dieſe Dynaſtie, Daulat Al Zeiriat, oder die Dynaſtie der Zeiriten genannt, fing in eben dieſem Jahre 362 an, und dauerte bis ins Jahr 543, unter neun Fürſten, von welchen der letzte Haſſan Ben Ali war, der in eben dieſem Jahre von den europäiſchen Kreuzfahrern, die im Jahr Chriſti 1148 in den Zeiten des Königs von Calabrien und Sicilien, Roger, von der africaniſchen Küſte herkamen. Die Molathemin ſind auf dieſe Dynaſtie gefolgt.

Zeidah. Siehe die Artikel Thour und Zaitunah. Dies iſt der Oehlberg in Paläſtina, in der Nähe von Jeruſalem.

Zeitun. Dieſes Wort bedeutet im Arabiſchen eine Olive, und einen Oehlbaum. Aber es iſt auch der Name einer Seeſtadt von China, die auch von den Arabern Scheikham und von den Chineſern Schendſchu genannt wird. Der perſiſche Erdbeſchreiber thut derſelben in ſeinem dritten Clima Erwähnung, und ſagt, ſie ſey eine ſehr anſehnliche Handelsſtadt.

AlBergendi ſchreibt in dem Artikel Tſchin, Zeitun ſey der Name eines Meeres von ſüßem Waſſer, und liege auf der Nordſeite von der Provinz Khancu und Khatha, die auch den Namen Scheikhun führt.

Zeki

Zeki eddin Al Monderi. Dies ist der Verfasser des Buchs Sahih. Siehe diesen Artikel.

III. Zemin Bus: Das Küssen 598 der Erde. Dies ist eine Art von Ehrenbezeügung, die sich die persischen Könige nicht nur von ihren Unterthanen, sondern auch von denjenigen Fürsten, die ihre Vasallen oder Lehensträger waren, haben erweisen lassen. Atsiz, ein Fürst von Khuarezm, weigerte sich solche Sandschar dem Seldschuciden zu erweisen. Siehe den Artikel Mohammed Khuarezm schah.

Die Perser nennen diese Ceremonie auch Rui zemin, das Gesicht gegen die Erde. Sie ist noch eben sowol, wie der Pabus, im Gebrauche, welcher das Küssen der Füße ist, das die Spanier unter sich in den Briefen, die sie an Leute von großen Würden schreiben, anstatt des Händeküssens eingeführt haben.

Zemzem, ist der Name eines zu Mekka befindlichen Brunnen, von welchem die Musulmanen versichern, er sey aus der Quelle entstanden, welche Gott um Hagar und Ismaels willen, die Abraham aus seinem Hause gejagt und nach Arabien zu fliehen gezwungen, hatte entspringen lassen.

Die Geschichte dieses Brunnen, der bei den Musulmanen in einer so großen Verehrung steht, wird von Khondemir, in Mohammeds Leben, auf folgen-

Orient. Bibl. 4. B.

de Weise sehr umständlich beschrieben.

Die Dschorhamiden, ein Stamm, der in der Provinz Hedschaz wohnte, waren die ersten, die die Hagar in der Wüste antrafen, und aus dem Fluge der Vögel erkannten sie den Ort, wo diese wunderbare Quelle war. Hieraus leiteten sie die Ansprüche her, die sie sowol auf diesen Brunnen, als auf das um denselben befindliche Gebiet, zu haben glaubten, nach welchen sie behaupten, daß ihnen beides mit vollem Rechte zugehöre. Als aber Abraham zu Ismael kam um ihn zu besuchen, und mit ihm den Tempel, welcher Caabah oder das viereckigte Haus genannt wird, erbaut hatte, gab er den Besitz davon sowol, als von dem ganzen Gebiete, das in der Folge Mekka genannt wurde, seinem Sohne Ismael.

Thabeth, Ismaels ältester Sohn, erhielt sich in dem Besitze dieser Gegend. Da er aber nach seinem Tode blos Kinder von sehr zartem Alter hinterließ, so übernahm Madhahd Ben Amru, ihr mütterlicher Großvater, die Sorge für ihre Erziehung, und bemächtigte sich zugleich der Caabah und des Brunnens Zemzem. Als die Kinder des Thabeth erwachsen waren, wollten sie mit ihrem Pflegevater Madhabd keinen Streit über den Besitz dieser Oerter anfangen; so daß er also in seinen und nachher auch seiner Kinder Händen so lange blieb, bis sich die Dschor-

Ss   hami-

hamiden derselben mit Gewalt bemächtigten. Als aber die Kinder oder Nachkommen des Ismael sie angriffen, wurden sie überwunden, und genöthigt den Tempel an die Stadt Mekka zu überlassen, die sich nach und nach durch den Zusammenfluß der Völker gebildet hatte, legten aber den schwarzen Stein, der in diesem Tempel so großes Ansehn hat, und die beiden Gazellen von gediegenem Golde, die ein arabischer König an diesen Tempel gegeben hatte, in den Brunnen Zemzem, und füllten solchen ganz aus.

Auf solche Art blieb dieser Brunnen bis auf Abdalmothleb, den Großvater Mohammeds, angefüllt und verschüttet. Dieser aber hörte eines Tages eine Stimme, die ihm sagte: Ahfer ber Zemzem: Grabe den Brunnen Zemzem. Sogleich fragte Abdalmothleb diese Stimme, was das Zemzem sey? Und sie antwortete ihm, es sey eine Quelle, welche unter Ismaels Füßen entstanden sey, und aus welcher er mit den Seinigen seinen Durst gestillt habe. Da aber Abdalmothleb immer noch nicht den Ort wußte, an welchem dieser Brunnen befindlich seyn möchte, so ließ sich eben diese Stimme nochmals folgendergestalt hören: der Brunnen Zemzem ist bei den beiden Idolen der Coraischiten, Assaf und Nailah genannt, und der Ort, wo du eine Aelster mit ihrem Schnabel in die Erde hacken und ein Ameisen-

nest eröffnen sehen wirst, da mußt du aufgraben.

Sogleich machte es sich Abdalmothleb zur Pflicht, der Stimme zu gehorchen, von der er glaubte, daß sie vom Himmel herunter an ihn gekommen sey, und ohngeachtet der großen Hartnäckigkeit der Coraischiten, die ihre Götzenbilder an diesem Orte erhalten wollten, überwand er doch endlich ihre Widerspenstigkeit und grub den Brunnen auf. Als er sein Werk zu Stande gebracht hatte, verlangten die Coraischiten einen Theil von dem Schatze, den er daselbst gefunden hatte. Allein er schlug ihnen ihre Bitte ab, und führte zur Ursache an, weil dies ein Gut sey, das dem heiligen Hause zugehörte: Vakf Beit alharam, das heißt, dem Tempel, Caabah genannt, den Abraham und Ismael erbaut hätten.

Um nun diesen Streit zu schlichten, wurden sie mit einander einig, daß sie zu einem berühmten Wahrsager, Namens Ebn Saed, der an den Gränzen von Syrien wohnte, und bei den Arabern in dem Rufe eines so großen Propheten stand, daß sie ihn gewöhnlich bei jeder ihnen vorkommenden Zwistigkeit zu ihrem Schiedsrichter erwählten, gehen wollten. Sie machten sich also auf den Weg nach Syrien; und da geschah es, daß sie unterwegens die Hitze so sehr plagte, daß Abdalmothleb, von Durste aufs äußerste belästigt, sich endlich genöthigt sah, die Coraischiten

um

um Waſſer zu bitten. Allein ſie fürchteten, es möchte ihnen nun auch an Waſſer mangeln, daher ſie ihm ſeine Bitte abſchlugen.

Als Abdalmothleb ſich in die äußerſte Noth verſetzt ſah, und ſchon darauf dachte, wie er ſie verlaſſen wollte, um anderswo Waſſer zu ſuchen, eröffnete ſich plötzlich eine ſehr reiche und klare Quelle unter den Füßen eines Kameels, ſo daß er nicht nur ſoviel hatte, als er zur Stillung ſeines Durſtes und aller derjenigen, die bei ihm waren, nöthig hatte, ſondern daß er auch ſogar ſelbſt den Coraiſchiten, die ihm von dem ihrigen nichts hatten geben wollen, davon mittheilen konnte. Nun dachten die Coraiſchiten, durch ein ſo großes Wunder gerührt, nicht mehr daran, noch einen Schritt weiter zu gehen, um den Wahrſager aufzuſuchen, ſondern unterwarfen ſich ſogleich willig dem Begehren des Abdalmothleb, den ſie für einen von Gott begünſtigten Mann anſahen. Und in der That unterwarf er ſich auch dem Dienſte Gottes ſo ſehr, und war demſelben ſo ergeben, daß er das Gelübde that, ihm eins von ſeinen Kindern zum Opfer zu bringen, falls er deren zehn haben könnte, um Abraham nachzuahmen, von welchem er durch ſeinen Sohn Iſmael herzuſtammen behauptete.

Der Brunnen Zemzem wurde alſo endlich aufgegraben und gereinigt, und Abdalmothleb gab die beiden goldnen Gazellen an den Tempel der Caabah, nebſt allem dem Gelde, das er aus den Waffen und andern Geräthſchaften, die er daſelbſt gefunden hatte, und das Gelübbe, das er gethan hatte, eins ſeiner Kinder zu opfern, ward, auf Gottes Befehl, durch eine große Anzahl von Schaafen erſetzt und vertauſcht, die bei der ſo zu ſagen erneuerten Einweihung des berühmten Tempels zu Mekka geſchlachtet wurden.

Die Stadt Mekka hat lange Zeit kein anderes Waſſer gehabt, als das aus dem Brunnen Zemzem, bis auf die Zeit, da der große Zuſammenfluß der Caravanen die Khalifen nöthigte, eine Waſſerleitung daſelbſt anzulegen, die gegenwärtig dieſe Stadt mit einer hinlänglichen Menge verſorgt.

Mohammed hat, um dieſe ſeine Geburtsſtadt Mekka anſehnlicher zu machen, und dadurch die Andacht der Völker deſtomehr anzufeuren, und eine größere Menge von Pilgrimen dahin zu ziehen, dem Waſſer aus dieſem Brunnen große Lobſprüche beigelegt. Denn man hat eine Tradition, die der Khalife Omar von ihm gehört hat, nach welcher das Waſſer aus dem Brunnen Zemzem zu einem Heilmittel dient, und demjenigen, der davon trinkt, die Geſundheit giebt; daß aber derjenige, der recht reichlich davon trinkt, und ſich gänzlich ſeinen Durſt mit demſelben ſtillt, die Vergebung für alle ſeine Sünden erhält. Und von Abdallah, mit dem Zunamen

Al-

AlHafedh, wird erzählt, weil er eine große Anzahl von Traditionen auswendig wußte, so habe man ihn wegen seines Gedächtnisses gefragt, und die Antwort erhalten, seitdem er recht stark das Wasser von Zemzem, um solches zu stärken, getrunken, habe er von allem, was er gelernt, nicht das minbeste vergessen.

III. Zemzemi. Divan Zemzemi. Dies ist der Titel einer Sammlung von mehreren Gedichten, von denen jedes einen Buchstaben aus dem arabischen Alphabete zum Reim hat. Alle diese Werke sind von verschiednen Schriftstellern zum Lobe Mohammeds, seiner Gesellschafter, der vornehmsten Imams und Lehrer des Musulmanismus, und der Städte Mekka und Medinah, verfertigt. Sie ist in der Bibliothek des Königs von Frankreich unter Nr. 1161.

Zenadecah. Dieses Wort ist die vielfache Zahl von Zendik, welches eigentlich einen Sadducäer und im weitläuftigsten Verstande einen Ruchlosen und Atheisten bedeutet. Siehe weiter unten den Artikel Zendik.

Zenati: ist der Name eines Scheikh oder Lehrers, der von der Punctirkunst geschrieben hat. Siehe den Artikel Raml oder Reml.

Zenbel. Achmed AlRammal AlMahadi führt den Beinamen Ebn Zenbel. Er ist der Verfasser eines Buchs, betitelt Moharebat Solthan Selim: Geschichte der Kriege des Sultans Selim des Ersten.

Zenbil: ein Tragkorb, aus Palmblättern, auch wol aus Leder verfertigt. Es ist dies der Titel von zwei Büchern, davon das eine den Namen Zenbil almodannar führt, und den Mohammed Ben Salmad zum Verfasser hat; das andere aber Zenbil AlModannal heißt, und von Mohammed Ben Maher AlMesri ist geschrieben worden.

Zend: Dieses Wort ist im Arabischen gebräuchlich, und bedeutet da eigentlich einen Feuerstein zum Feueranzünden. Im metaphorischen Verstande aber ist es der Titel von mehreren Werken.

Secth AlZend: Feuer, mit dem Feuerstein geschlagen. Dies ist der Titel, den der Divan oder die Sammlung von Gedichten führt, welche den AbulOla Achmed Ben AlOla, Ben-Abdallah AlMocri, zum Verfasser hat. Es ist dies das Werk des berühmtesten arabischen Dichters, der im Jahr der Hedschr. 449 gestorben ist. Es enthält dreitausend Beit, oder sechstausend Verse. Siehe den Artikel AbulOla.

Ueber dieses Buch ist ein Commentar geschrieben worden von Zakaria Jahia Ben Ali AlTabrizi, der sein Werk Dhau alsecth, Licht oder Aufklärung des Gedichts

dichts des AbulOla, überschrieben hat.

Es giebt auch noch ein anderes in die Arithmetik einschlagen-
des Buch, das denselben Titel
Seeth AlZend führt.

Zend aluara: ist der Titel
eines Buchs, verfaßt von Sojuthi. Dies enthält Beantwor-
tungen der Fragen, die, wie man
annimmt, von Alexander sollen
gethan worden seyn.

Zend. Dieses Wort ist in
der persischen Sprache der Titel
von dem ersten Buche des Zoroasters, oder Zerdascht, welches, so zu sagen, eine Bibel der
Zoroastrischen Mager ist, die die
zwei Grundprincipien behaupten,
welches auch die Ursache ist, warum es den Titel Taurat altha-
nuiat bekommen hat.

Auf das Buch, welches Zend
heißt, folgte ein anderes, Namens Pazend, dessen eignen Artikel man vergleichen muß. Diese
beiden Werke, Zend und Pazend,
haben einen Commentar bekommen, der den Titel Usta oder
Abesta führt. Man sehe auch
diese Artikel. Und diese drei Bücher, Zend, Pazend und Usta
begreifen die ganze Religion der
persischen Mager in sich, die unter dem Namen der Madschusch,
Parsa, Ghebr oder Ghiaur,
und Ateschperest, welches Feueranbeter bedeutet, bekandt sind.

III,
601   Dieses Wort Zend bedeutet le-
bend, so daß, wie es scheint, die
Mager ihr Buch, das sie für hei-

lig halten, mit dem Titel des Lebens, oder Buchs des Lebens,
behren.

[Hr. Anquetil du Perron
gab die Uebersetzung des Zend
Avesta im Jahr 1771 zu Paris
in drei Bänden in groß Quart
unter folgendem Titel heraus:
Zend Avesta, ouvrage de Zo-
roastre, — traduit en fran-
çois sur l'original Zend, avec
des remarques, et accompa-
gné de plusieurs traités pro-
pres à éclaircir les matieres,
qui en sont l'objèt, Tom. I.
Part. I. et II. und Tom. II.
Dieses Werk lieferte Herr Director Kleuker im Jahr 1776
und 1777 in drei Theilen in groß
Quart, wovon der erste 1786
wieder in einer neuen und ver-
besserten Ausgabe erschienen ist,
in einer etwas abgekürzten deutschen Uebersetzung, wie es Herr
Anquetil bekandt gemacht hatte,
d. i. mit Zoroasters Leben und den
übrigen Nachrichten und Untersuchungen des Herrn Anquetil.
Darauf ließ Herr Kleuker im
Jahr 1781. folg. einen Anhang
zum Zend Avesta folgen, wovon
der erste Band in zwei Theilen
Anquetils und Fouchers (Traité
historique de la religion des
Perses in neun Memoires, die
in der histoire de l'academie
des Inscriptions et belles lettres
Tom. 25. 27. 29 und 31. Paris,
1759--68. gestanden,) Abhandlungen über die persische Religion, u. s. w. und der zweite
Band in drei Theilen eigne Abhandlungen und Sammlungen

des Herrn Kleuker über die Zend-
bücher und die Religion der alten
Parsen enthält. Hierauf brachte
ihn die Weitläuftigkeit und Kostbarkeit dieses Werks zu dem Entschluß, einen Auszug daraus, sowol für den Gelehrten, der aus
der Geschichte der Philosophie
und den merkwürdigen Religionen des Alterthums ein besonderes Studium macht, als für
Liebhaber nützlicher Kenntnisse, zu
machen. Dieser Auszug ist unter dem Titel Zend Avesta im
Kleinen, d. i. Ormuzd's Lichtge-
setz, oder Wort des Lebens, an
Zoroaster, dargestellt in einem
wesentlichen Auszuge aus den
Zendbüchern, als Urkunden des
alten Magisch-Zoroastrischen Re-
ligionssystems; nebst ganz neuen
Abhandlungen und vollständigen
Erläuterungen aller hier vorkommenden Sachen und Begriffe, in
drei Theilen, von Joh. Friedr.
Kleuker, Riga 1789. gr. 8.
erschienen. Er ist aber kein bloßer Auszug, ohngeachtet schon
dieser einen Werth durch die
beförderte bequemere Uebersicht
des Ganzen haben würde, sondern er enthält größtentheils
ganz neue Untersuchungen und
Nachrichten, und zwar Th. 1.
1) eine Untersuchung über den
Ursprung des Zabäismus, oder
die Licht- und Sternreligion, die
man gemeiniglich aus dem Ein-
druck herleitet, den die Schönheit, regelmäßige Bewegung,
und der bemerkte wohlthätige Ein-
fluß, besonders der Sonne, auf
den sinnlichen Menschen machte.

Um nun zu erklären, wie dies
Veranlassung werden konnte, die
Gestirne für Gottheiten zu halten, nimmt er die mosaischen
Nachrichten von der ursprüngli-
chen Religion und den ältesten
Begriffen der Menschen von Gott
und göttlichen Erscheinungen zu
Hülfe. Man glaubte, sagte er,
der höchste Gott offenbare sich
durch lichte Erscheinungen, die
man Diener des Höchsten nannte, und sie als wandelnde Lichter
betrachtete, in welchen Gott An-
sicht von sich gäbe, die man daher, wegen ihrer beständigen Erscheinung, als Mediatoren und
Wohlthäter der Menschen ansah,
an die man sich zu halten habe,
und worüber man bald den wahren Gott selbst vergaß. 2) Drei
Aufsätze über Zoroaster und dessen Religion; nemlich — Historische Nachrichten von ihm, besonders in Rücksicht auf die von
ihm reiner hergestellte Religion
und deren Geschichte — Kurze
Uebersicht des Resultats der von
Hrn. Kleuker im zweiten Bande
des oben angeführten Anhangs
angestellten Untersuchungen über
den Zendavesta, dessen Aechtheit
und die Zend und Pehlevische
Sprache — Ueber Masudi oder
Abul Hassan Ali Ibn Al Kair, eines Arabers im 10ten Jahrhunderte nach Christo, schätzbare
Nachrichten von den Magiern,
dem Zoroaster und dessen Schriften, nach dem Auszuge, den im
Jahr 1787 Herr de Guignes in
den Notices et Extraits des
Mscpts de la bibliotheque du
Roi

Roi aus dessen goldnen Wiesen und Edelsteingruben, einem großen historischen Werke, gegeben hat; wobei zugleich dasjenige geprüft wird, was der Freiherr von Bock in verschiednen Abhandlungen, im Büschingischen Magazine, von Zendavesta und einem Urbuche der magischen Religion geäußert hatte. Der zweite Theil enthält das Wesentlichste des Zendavesta, in dem ihm eignen Ausdrucke, doch so, daß Herr Kleuker zur bessern Uebersicht das Ausgehobne unter allgemeine Rubriken gebracht, auch seine ehemalige Uebersetzung in einigen Ausdrücken verbessert hat. Zugleich hat er erklärende Anmerkungen beigefügt, in welchen die im Texte vorkommenden Namen, dunklen Ausdrücke, und der Sinn der Stellen, nebst den darin liegenden Ideen, erklärt, und manche Mißverständnisse, z. E. vom Mithra, gehoben werden. Dieses noch deutlicher zu machen, dient im dritten Theil der erste Aufsatz: Ueber die Natur und den Zweck des Ormuzddienstes und über die Grundbegriffe der religiösen Gegenstände desselben, wo er die allgemeinen Grundsätze der Zoroastrischen Religion, alsdenn die Grundlehren vom Reiche des Guten und Bösen, und zuletzt ganz kurz das Practische des gedachten Dienstes darstellt. Der zweite ist ein Auszug aus Anquetils Abhandlung von den bürgerlichen und gottesdienstlichen Gebräuchen der Parsen, hauptsächlich insofern es zur Einsicht des Verstandes von dem Zendavesta dient, mit einigen kleinen Erklärungen. Angehängt ist ein Verzeichniß der vorzüglichsten Namen und Wörter, wie sie bei Neupersern und Arabern gebraucht werden, nebst einem allgemeinen Register.]

Zendak. Siehe den Artikel Zendik.

Zendeh Rud: Das Wasser des Lebens. Dies ist nicht die bei den Orientalern so berühmte Quelle des Lebens; sondern der Name eines kleinen Flusses, der bei Ispahan vorbei fließt, und den man im gemeinen Leben Senderud nennt. Siehe den Artikel Ab zendehrud.

Zendik, oder **Zendak:** ein arabisches Wort, davon die vielfache Zahl Zenadecah ist. Einige behaupten, dies Wort bedeute einen Sadducäer, das heißt, einen Menschen, der eben so wenig eine Auferstehung, und ein anderes Leben glaubt, wie die Sadducäer bei den Juden. Aber andere behaupten mit mehrerer Wahrscheinlichkeit, daß dieses Wort eigentlich einen Medschusch, oder Medschuschi, das heißt, einen Mager, einen Schüler des Zoroasters und Feueranbeter bedeute, und daß es von den beiden Büchern des Zoroasters, Zend und Pazend, die die ganze Religion der Mager in sich begreifen, den Ursprung habe. Der Ursprung dieses Worts mag nun übrigens seyn, welcher es es will, so ist soviel gewiß, daß es bei den Arabern und andern Mohammedanern einen Ruchlosen bedeutet, der weder Jude, noch Christ, noch Mohammedaner ist, oder, der zwar zu einer von diesen drei Religionen gehört, aber entweder die Grundsätze derselben nicht glaubt, oder aus Verachtung die Gebote derselben nicht beobachtet. Sabi Schirazi sagt, eine schöne Person ist unter lauter Blinden, was ein heiliges Buch in dem Hause eines Zendik ist.

Ben Schohnah erzählt in dem Leben des zweiten Abbassidischen Khalifen, Abu Dschafar AlMansor, es habe sich in der Stadt Anbar oder Haschemiiah, die damals der Sitz des Khalifats war, eine Secte von Zenadecah oder Ruchlosen erhoben, die AlTanasukbiah, das heißt, die Metempsychose oder Seelenwanderung, nach den Grundsätzen des Abu Moslem AlKhorassani behauptet hätten. Diese Leute wollten dem Khalifen eine besondere und religiöse Verehrung beweisen, weil sie glaubten, daß in seine Person die Seele des Ali gekommen, und daß eben diese Seele nach und nach von Propheten zu Propheten bis auf ihn fortgepflanzt worden sey. Khondemir nennt diese Secte Ravendiah, und sagt, der Khalife habe sogar die Gewalt der Waffen anwenden müssen, um sie zu zerstreuen.

Der Verfasser des Mircat übersetzt das arabische Wort Zendik türkisch Kiameteh monkir, und Kiameteh inkiar iden, derjenige, der die Auferstehung leugnet.

Valid, der Sohn Jezid, ein Khalife aus dem Geschlechte der Ommiaden, bekannte sich, allen seinen Lebensbeschreibern zufolge, zu der Secte der Zenadecah; und wir finden, daß Mazdak, einer der vornehmsten Oberhäupter von der Secte des Mani oder Manes, des Urhebers der Manichäer, immer, eben so, wie sein Lehrer auch, den Beinamen AlZendak oder AlZendik in der Geschichte der Könige von Persien aus der Dynastie der Sassaniden, unter denen die Manichäer entstanden sind, führt. Und der Khalife Hadi, der ein geschworner Feind von dieser Secte war, wird für den Ausrotter der Zenadecah in allen seinem Reiche unterworfnen Provinzen gehalten.

Siehe die Artikel Kischtasb, Mani, Mazdak, Medschusch, Ravendiah und Sabi.

Zeng' (Zendsch). Im Arabischen bedeutet dieses Wort das Land, das bei uns heutzutage Zanguebar oder sonst die Küste der Cafrerei heißt, und die Völker, von welchen es bewohnt wird, nennen sich auch im Arabischen Zenghi, woher das Wort Zenghibar abstammt, das das Land der Zenghis bedeutet, welches eigentlich diejenigen sind, die die Italiener Zingari (die Deutschen Zigeuner) und andere Europäer Egypter und Böhmen nennen.

Ein

Ein Theil von diesen Völkern, der sich im Arabischen Irak ausgebreitet hatte, empörte sich unter der Regierung des Khalifen Mohtadhi, des Abbassiden; erwählte sich einen gewissen Ali zu seinem Oberhaupte, der sich für einen Nachkommen desjenigen Ali, der Mohammeds Eidam war, ausgab, und gab ihm den Beinamen Habib, welcher soviel als Freund und Vielgeliebter bedeutet. In kurzer Zeit machten sich diese Leute Meister von den Städten Bassorah, Ramlah und Vasseth, so wie auch von mehreren Flecken, sowol in Irak, als in Ahvaz. Ja sie schlugen sogar die Armeen der Khalifen mehrmals. Aber endlich, und zwar vierzehn Jahre nach ihrer ersten Erscheinung, schlug sie Muvaffek, ein Bruder des Khalifen Motamed, und zerstreute sie gänzlich. Dies trug sich im Jahr der Hedschr. 270 zu, wo ihr Oberhaupt, das sich Saheb AlZendsch, Herr der Zenghis, nennen ließ, ums Leben war gebracht worden. Khondemir. Ben Schohnah.

Es sind dies eben diejenigen Völker, die in der saracenischen Geschichte Rihens genannt werden; welches aus einer fehlerhaften Handschrift dieser Geschichte entstanden ist, in der man Rih anstatt Zeng gelesen hat. Dies ist die Folge der Versetzung der diacritischen Puncte gewesen, die im Arabischen den Unterschied dieser beiden Wörter machen.

Das Land der Zingen ist dem Ebn AlVardi und dem Scherif AlEdrissi zufolge von demjenigen verschieden, das wir das Land der Cafern nennen. Denn es ist weit mittägiger, und hat die Stadt und das Land Sofalah auf seiner Südseite. Inzwischen werden doch die Städte Melindah, Monbassah und Vais, die von den orientalischen Erdbeschreibern zwischen die Städte des Landes der Zingen und selbst zwischen die Städte Sofalah, Zagauah und Madischu gesetzt werden, gleichfalls von mehreren Geschichtschreibern in eben dieses Land gesetzt.

Der Zingistan, oder das Land der Zingen, gränzt an das Land Habaschah, welches Aethiopien ist, und liegt, dem Ebn AlVardi zufolge, gerade Jemen und Kerman gegen über. Die Perser nennen diese Nation Siah Hindu, die schwarzen Indianer; worin sie mit den Griechen übereinstimmen, die diesem Lande, so wie Aethiopien, den Namen Indien gegeben haben.

Der Verfasser des Thahmurat Nameh redet oft von Riesen dieses Landes, unter welchen er denjenigen, der den Namen Antalun oder Antalus führte, und der vielleicht der Tantalus der Griechen ist, besonders auszeichnet. Er nennt ihn auch zuweilen Ancalun oder Ancalus, welches der Anchialus eben dieser Griechen seyn möchte, und vergleicht ihn mit Zefti mil Eskender, das heißt, mit der pechfarbefarbenen Seule des Alexanders, welches nichts anders, als der Obelisk vom schwarzen thebaischen Marmor ist, der von Alexandern in der Stadt Alexandrien ist aufgeführt worden.

Der Tarikh Montekheb sagt, man müsse den Ursprung der Zingen von Ham Ben Nuh, welches Cham, der Sohn Noah, ist, herleiten.

Novairi hat eine besondere Geschichte der Zingen unter dem Titel Khauaredsch Zindsch geschrieben, im dritten Bande seiner allgemeinen Geschichte, welche in der königlichen Bibliothek zu Paris befindlich ist.

Zengebil. Dieses Wort bedeutet im Arabischen eigentlich dasjenige, was wir Ingwer nennen, und durch eine Metapher Wein, und Wein- und Wasserquellen, die, nach den träumerischen Vorstellungen der Musulmanen, im Paradiese befindlich sind.

111, **Zengebil** alcathe: der piquante Ingwer: ist der Titel einer Cassidah, oder eines Gedichts von hundert und funfzig Zeit, oder von dreihundert Versen, ohne Namen des Verfassers. [603]

Zenghi oder **Zengi.** Dieses Wort, das eigentlich einen Mann von der Nation der Zingen bedeutet, ist auch der Beiname einer ansehnlichen Familie in Asien, die auch den Namen Salgar und Sangar geführt, und

eine Dynastie unter dem Namen der Atabeken errichtet hat. Siehe den Artikel Atabek. Es giebt zwei Branchen derselben, nemlich die erste, die zu Schiraz und in Persien, und die zweite, die in Syrien und Mesopotamien regiert hat. Der berühmteste von dieser zweiten Branche ist der berühmte Nureddin Mahmud Zenghi gewesen, den unsre Geschichtschreiber Norandin nennen. Siehe den Artikel Nureddin.

Zengiani. Azzeddin Zengiani hat ein Buch über die arabische Sprachlehre geschrieben, das den Titel Tasrif führt, und das auch oft Azzi, nach dem Namen seines Verfassers, genannt zu werden pflegt. Es ist in der königlichen Bibliothek zu Paris unter Nr. 1105.

Zer. Dieses Wort, das im Persischen Gold bedeutet, wird mit mehreren Wörtern zusammengesetzt.

Zalzerzal, von blonden oder goldähnlichen Haaren. Siehe diesen Artikel.

Keschvad Zer: ist der Name eines persischen Helden, der deswegen so genannt wird, weil er das Privilegium hatte, eine goldne Mütze zu tragen. Daher wird er auch Zerin Kûlah genannt, welches im Persischen auch eine goldne Mütze bedeutet.

Zer Kûnbûdan: ist der Name eines Schlosses, in welchem die Spitzen der Thürme oder der
Ku

Kupeln vergoldet waren. Es lag auf dem Berge, der im Persischen Ghird Kueh, ein unzugänglicher Platz, genannt wurde, und der persische König Kischtasb hielt hier seinen Sohn Asfendiar gefangen. Dieses Schloß hieß auch Calaat Ghird khueh.

Zeraah. Ebn Zeraah, ein Beiname des Ibrahim AlSoriani, zwei und siebzigsten Patriarchen von Alexandrien, unter der Regierung des Moezz Ledinillah, ersten Khalifen der Fathimiten. Man sagt, auf sein Gebet sey ein Berg versetzt worden. Seine Lebensbeschreibung ist in der königlichen Bibliothek zu Paris unter Nr. 795. befindlich.

Zeraah. Issa Ben Ischak, Ben Zeraah. Dies ist der Verfasser eines Werks, das die christliche Religion betrifft, und von Bahiri ist beantwortet worden. Er wirft in demselben die Frage auf, ob die Musulmanen den Christen ihre freie Religionsübung gestatten können, und glaubt zu beweisen, daß sie dies nicht können. Allein er ist von mehreren musulmanischen Gelehrten, die der entgegengesetzten Meinung gewesen sind, widerlegt worden.

Zerabini: ein Spottname, der dem Mostanser Billah, ersten Khalifen der Abbassiden, gegeben wurde, nachdem diese von Bibars Bandocdar, zweitem Könige der turkomanischen Mamluken von Egypten, in Egypten wieder waren hergestellt worden. Der unmäßige Aufwand, den Bibars auf die Einsetzung seines neuen Khalifen verwendete, war die Ursache von diesem Spottnamen. Denn dieses Wort bedeutet in der Sprache der Egypter denjenigen, für welchen man eine große Summe von Seraphinen, welches eine egyptische Münze von Gold ist, verwendet hat.

Zeradascht alhakim. Siehe den Artikel Zerdascht.

Zerai. Mohammed Ben *III.* Mohammed, Ben Scharaf, Al-*604* Zerai. Er ist der Verfasser eines Buchs, Dschauaher alikdam *) betitelt, das er im Jahr der Hedschr. 744 verfertigt hat. Dieses Buch ist in der königlichen Bibliothek zu Paris unter Nr. 1136. befindlich.

Zerathecah: so werden im Arabischen diejenigen genannt, die die Kunst, Pferde zu dressiren, verstehen. Die Kunst selbst wird bei ihnen Zatthacah genannt. Siehe diesen Artikel, so wie auch den Artikel Kamel alsanatein, ein Buch, welches in der königlichen Bibliothek zu Paris unter Nr. 940. befindlich ist.

Zer-

---

*) [Anstatt Dschauaher alikdam muß gelesen werden: Dschauaher alkelam. Siehe diesen Artikel Band II. S. 142. K.]

Zerbergi, oder **Zerbugi**, ein Beiname des Imam Borhan eddin, Verfaſſers desjenigen Buchs, das den Titel hat: Talim almotaſſem, Methode zu unterweiſen. Dieſes Buch iſt in der königlichen Bibliothek zu Paris unter Numero 906.

Zercali, ein Beiname des Iſchak Ben Juſſuf AlMaredi, AlSareſi, AlJemini, der im Jahr der Hedſchr. 500 verſtorben iſt. Er iſt der Verfaſſer eines Buchs, unter dem Titel Kaſf fil mauareth, von Succeſſionen, das in der königlichen Bibliothek zu Paris Nr. 710. iſt. Siehe auch den Artikel Ebruz lathaif.

Zerdaſcht, oder **Zaradaſcht**. Zoroaſter, den einige auch Zerbuſt nennen.

Das Buch, das Ketab Dſchamasb alhakim, das Buch des Philoſophen Dſchamasb, betitelt iſt, ſpricht folgendergeſtalt von Zoroaſter. Im Jahr nach der Sündfluth 1300 fing Zoroaſter an zu erſcheinen, und lehrte die Menſchen die Verehrung und Anbetung des Feuers. Nach ſeinem Tode nahm Kiſchtasb, der Sohn des Lohorasb, der in Perſien regierte, ſeine Religion an, und blieb derſelben ſehr ergeben, und unter der Regierung eben dieſes Fürſten lebte der große Philoſoph Dſchamasb, mit dem Beinamen AlMedſchuſchi, der Mager, der das Buch von den großen Conjunctionen geſchrieben

hat, das den Namen Ketab alkeranat führt.

Dſchamasb ſagt in ſeinem Buche: In der großen Conjunction der Planeten, die ſich 1300 Jahre nach der Sündfluth zugetragen hat, im Monat Schebat, in den Zeiten Feriduns, Königs von Perſien aus der erſten Dynaſtie, welche die Piſchdadiſche genannt zu werden pflegt, ſandte Gott unſern Propheten Zerdaſcht. Weiter unten ſagt er: Nach Zoroaſter, und ſeit der Erbauung der Pyreen, oder der Tempel, die zur Verehrung des Feuers beſtimmt ſind, ereignete ſich die zwote Conjunction, die ſehr groß genannt wird, und da kam aus den Gebirgen des dritten Climas eine Perſon, Namens Saheb alaſſa, der Herr der Ruthe, heraus, der eine andere Religion ſtiftete und aufſtellte, die von Zoroaſters ſeiner verſchieden war.

Dies iſt das Allerältefte, was wir von Zoroaſter haben, woſern das Buch des Dſchamasb, ſo wie auch noch ein anderes, das man dem Zoroaſter ſelbſt beilegt, und das den nemlichen Titel Ketab alkeranat führt, nicht untergeſchoben iſt. In dieſen beiden Werken wird auf gleiche Art von dieſem Herrn der Ruthe, welcher Moſes iſt, und der, wie ſie ſagen, in der zweiten großen Conjunction der Planeten erſchienen iſt, geredet, und in dieſem Puncte ſind ſie mit der Meinung der alten Perſer einſtimmig, welche alle behaupten, Zoroaſter ſey weit älter als Moſes, und die

die Mager, oder Anhänger dieses ersten Gesetzgebers, behaupten sogar, er sey mit Abraham einerlei Person, und nennen ihn daher oft Ibrahim Zerdascht, welches soviel ist, als: Abraham, der Freund des Feuers.

Khondemir schreibt in dem Leben des Kischtasb, eines Sohns des Lohorasb, Zerdascht habe durch die Astrologie, in welcher er sehr stark gewesen, gelernt, es müsse ein großer Prophet gebohren werden, und da habe er sich denn in den Kopf gesetzt, sich für einen solchen auszugeben. Der Teufel, den er durch seine Zauberkünste anrief, erschien ihm oft mitten im F e u e r, und drückte ihm sogar ein leuchtendes Merkmal auf die Haut. Nun war nichts weiter mehr nöthig, um ihn in seiner ruchlosen und ausschweifenden Meinung zu bestärken. Er fing an, sich in weit entlegne und verborgne Oerter zu begeben; aus denselben kam er sodann mit einemmale hervor, erschien nur einigen wenigen, machte ihnen seine Sendung bekannt, und verfertigte endlich das Buch, das den Namen Zend führt, wo er alle Worte sammlete, die der in einen Engel des Lichts verwandelte Teufel ihn aus dem Feuer hatte hören lassen.

Eben dieser Schriftsteller sagt auch, es behaupteten diejenigen, die den Z o r o a s t e r nicht so alt machten, es habe dieser Betrüger aus den Büchern der Hebräer gelernt, daß nach Mose ein anderer P r o p h e t kommen

III, 605

müsse, der ihm ähnlich sey, und durch ein Licht, oder einen außerordentlichen Stern, welcher erscheinen würde, angezeigt werden sollte: er habe also geglaubt, er könne unter den Seinigen sich für diesen Propheten ausgeben.

Der Tarikh Montekheb sagt, Zoroaster, der Urheber der Secte der Medschusch oder Mager, sey auch der Erste, der die Lehre von den zwei Grundursachen aller Dinge vorgetragen habe, und der Name Medschusch, den man ihm gebe, sey ein von den Arabern durch eine verdorbene Aussprache gemachtes Wort, aus dem Persischen Meikhusch, welches Bittersüß bedeutet, wegen der beiden von ihm aufgestellten Principien, Gut und Böse.

Eben dieser Schriftsteller sagt auch, er sey ein Schüler des Propheten Elias, Elisa, und anderer, die Rechabiten genannt werden, gewesen; von diesen habe er das Geheimniß der Weissagungen der Juden erlernt. Aber er habe solche durch seine besondern Träumereien verdorben, und daraus sein Buch des Lebens zusammengesetzt.

Alle diese Schriftsteller kommen darin mit einander überein, daß er den K i s c h t a s b, einen Sohn des Lohorasb, fünften König von Persien aus der Dynastie der Cajaniden, so für seine Lehre eingenommen, daß sich dieser Fürst nicht nur selbst zu derselben bekannt, sondern sie auch allen seinen Unterthanen bekannt landt gemacht, und anzunehmen befohlen, so daß man von der Zeit an in ganz Persien Feuertempel habe erbauen gesehen.

Die Mager in Persien, verwechseln, wie wir bereits gesagt haben, ihren Zoroaster mit dem Patriarchen Abraham, um dadurch ihrer Lehre desto mehr Ansehn zu geben. Uebrigens aber hat man den Ursprung von dieser Verwechselung bei den Juden und ihren Rabbinen zu suchen, die bei der Erklärung der Stelle im ersten Buch Mose, wo gesagt wird, Abraham sey aus der Stadt Ur in Chaldäa ausgegangen, und habe sich in das Land Canaan begeben, sagen, dieses Wort Ur sey nicht der Name einer Stadt, sondern es bedeute das Feuer, aus welchem Abraham durch ein Wunder sey errettet worden, nachdem ihn Nimrod, dessen Abgötterei er verdammt habe, in einen brennenden Ofen hatte werfen lassen.

Zu dieser Fabel, die von allen orientalischen Nationen angenommen wird, setzen die Mager oder Feueranbeter noch hinzu, Abraham habe von dem Feuer, das er anbetete, nicht verletzt werden können, und nach diesem so offenbaren Wunder habe es ihn nicht viel Mühe gekostet, die Verehrung desselben bei den Einwohnern von Chaldäa und Mesopotamien einzuführen, wo die ersten Feuertempel sind errichtet worden.

Die Verfasser des LebTarikh und des Tarikh Montekheb, Mir-

khond und Khondemir, machen insgesammt den Abraham zu einem Zeitgenossen des Zohak, fünften Königs von Persien aus dem Geschlechte der Pischdadier, und widerlegen durch dieses Datum die Fabel der Mager genugsam, da Zoroaster erst lange Zeit hernach, unter Kischtasb, dem fünften Könige aus der zweiten Dynastie der Cajanier, gelebt hat.

Abulfaradsch erzählt uns, in seiner fünften Dynastie, die Vorstellung, die sich die orientalischen Christen von Zoroaster gemacht haben. Er sagt, unter der Regierung des Cambasus, welches Cambyses ist, habe Zerdascht, der Verfasser des Madschuissah, das heißt, des Magismus oder der Secte der Feueranbeter, zu erscheinen angefangen. Er war, wie dieser Verfasser sagt, aus der Provinz Adherbidschan oder Medien gebürtig. Aber andere III. machen ihn zu einem Assyrer, und [606] behaupten, er sey ein Schüler des Propheten Elias gewesen. Er kündigte seinen Anhängern die Ankunft des Messias an, und benachrichtigte sie von dem Sterne, der bei seiner Geburt erscheinen sollte, um ihnen solche anzuzeigen. Auch weissagte er ihnen, daß sie die erste Nachricht davon bekommen würden, daß dieser Messias von einer Jungfrau sollte gebohren werden, und zugleich befahl er ihnen, daß sie ihm Geschenke bringen sollten.

Man sieht aus den Worten dieses Geschichtschreibers, daß die Weissagung des Bilam, oder

Bi-

Bileams, eines Sohns Beor, im Oriente sehr ausgebreitet war, und daß die Mager, welche kamen, um unsern Heiland anzubeten, wahre persische Mager, und keine arabische Könige gewesen sind.

Die Griechen machen in ihren Geschichtbüchern den Zoroaster zu einem Zeitgenossen des Ninus, der um die Zeit Abrahams gelebt hat. Daher kommt es, daß mehrere von unsern Schriftstellern glauben, Belus, der Vorfahr von Ninus, und Stifter der assyrischen Monarchie, sey einerlei Person mit Nimrod gewesen.

Ebn Batrik will, Zoroaster habe unter der Regierung des Samardius, oder Smerdis, eines Nachfolgers des Cambyses, und Vorfahren des persischen Königs Darius, gelebt. Inzwischen sagt doch eben dieser Schriftsteller anderwärts, Zoroaster, der Urheber der Secte der Sabier, die er mit den Magern verwechselt, habe unter dem persischen Könige aus der ersten Dynastie der Pischdadier, Thamurath, gelebt.

Es giebt auch mehrere sowol alte als neue Schriftsteller unter den Orientalern, welche behaupten, Zoroaster sey blos Reformator, nicht aber Erfinder des Magismus gewesen. In der That lesen wir auch in den Geschichten der ältesten Könige von Persien, daß die Verehrung des Feuers in den Zeiten des Cajumarrath, des ersten Stifters

dieser ersten und großen Monarchie, von welcher die Perser sagen, daß sie die persische Monarchie sey, da sie doch vielmehr, den griechischen und lateinischen Schriftstellern zufolge, die assyrische ist, ihren Anfang genommen habe. Denn, als Cajumarrath seinen Sohn Siamek, der von Räubern war getödtet worden, verlohren hatte, ließ er einen großen Scheiterhaufen an dem Orte, wo er war begraben worden, anzünden, worauf alle seine Unterthanen gleichfalls um die Wette durch ganz Persien Feuer anzünden ließen, um nicht nur ihren Schmerz, sondern auch die Ehrfurcht und Hochachtung, die sie für diesen Monarchen hatten, dadurch an den Tag zu legen, so daß diese Feuer nach und nach der Gegenstand ihrer Verehrung und der Grund ihrer Religion wurden.

Es giebt sogar einige Schriftsteller, welche sagen, Zerdascht sey einer von denjenigen gewesen, die den Thurm zu Babel erbauet hätten. Dies meldet Ebn Batrik, und der Verfasser des Leb Tarikh sagt, es behaupteten einige, er sey einerlei Person mit Dhohak gewesen, der einer von den persischen Königen aus der ersten Dynastie war, die man die Pischdadier zu nennen pflegt. Eben dieser Schriftsteller giebt ihm den Namen und die Würde des Zeradascht alhakim, Zoroasters des Weisen oder des Philosophen, so wie auch den Titel Pischvai ghebran, Oberhaupt und

und Stifter der Religion der Ghebern. Siehe den Artikel Ghebr.

Der Verfaſſer des Tarikh Montekheb nennt ihn Mikhuſch anſtatt Medſchuſch, und wie es ſcheint, behauptet er, daß Zoroaſter und Smerdis, das Oberhaupt der Secte der Ghebern, den die Mager nach dem Tode des Cambyſes auf den Thron ſetzten, Eine Perſon geweſen ſeyen. Denn das perſiſche Wort Mikhuſch, welches aus Mikh ghuſch zuſammengezogen iſt, würde ſich ſehr wohl für den Smerdis ſchicken, weil ihm die Ohren abgeſchnitten waren.

III. Ben Schohnah redet von Zoroaſter ganz anders. Denn er ſagt, er ſey ein Schüler des Ozair oder Eſra geweſen, und es habe dieſer Prophet ſeinen Fluch über ihn ausgeſprochen, weil er Meinungen behauptet, welche den Grundſätzen des jüdiſchen Geſetzes ganz entgegen geweſen; auch ſey er, zur Strafe für ſeine Ruchloſigkeit, ausſätzig geworden, und als er eben deshalb aus Jeruſalem verjagt worden, habe er ſich nach Perſien begeben, und ſei daſelbſt Stifter einer neuen Religion geworden. Die Perſer waren damals Sabier, und er lehrte ſie insbeſondere die Verehrung des Feuers, und da ſeine Lehre ſolchergeſtalt aus dieſer falſchen Gottesverehrung und der Anbetung der Geſtirne, mit welcher ſich die Sabier abgaben, vermiſcht war, ſo war alſo auch der Magismus daraus zuſammengeſetzt, und

dies iſt die Urſache, warum viele die Sabier mit den Magern oder Zoroaſtriern verwechſeln.

Eben dieſer Schriftſteller ſagt auch, es gebe mehrere perſiſche Geſchichtſchreiber, die ihn für weit älter hielten, und von Manugeher, einem perſiſchen Könige aus der Dynaſtie der Piſchdadier, abſtammen ließen.

Zerend: iſt der Name einer Stadt in der Provinz Kerman oder dem perſiſchen Caramanien. Der perſiſche Erdbeſchreiber ſetzt ſie in ſein drittes Clima, in einer Entfernung von neun und zwanzig Paraſangen von der Stadt Sirdſchan, welches die Hauptſtadt dieſer Provinz iſt, ohne weiter ihre Lage genauer zu bezeichnen.

Zerendſch, iſt der Name einer wohlbevölkerten und handelsreichen Stadt in der Provinz Siſtan oder Segeſtan. Jacub Ben Laith, der Stifter der Dynaſtie der Soffariden, ließ daſelbſt einen herrlichen Portico erbauen, mit welchem zugleich Häuſer und Krambuden verbunden waren, von welchen ihm die Miethe täglich tauſend Silberdrachmen eintrug. Dieſe Revenüe wies dieſer Fürſt, der ſehr fromm und großmüthig war, den Pilgrimen von Mekka an. Auch ließ er durch mehrere Canäle, die er graben ließ, Waſſer dahin leiten; ſo daß dieſe Stadt an allen Arten von Lebensmitteln und Waaren einen Ueberfluß hatte, obgleich

obgleich das Gebiete derſelben
ſehr unfruchtbar und ungebaut
iſt.

Dieſe Stadt hat viele Gelehrte hervorgebracht, unter denen
Mohammed Ben Keram, der
Urheber der Secte der Keramier,
derjenige iſt, der ſich am meiſten
berühmt gemacht hat. Weil er
in dieſer Stadt gebohren war, ſo
bekam er davon den Beinamen
AlZerengi.

Zerib. Bar Elia, oder Zerib Ben Bar Elia: iſt der Name einer gewiſſen Perſon, die
niemand anders, als der Prophet Elias zu ſeyn ſcheint; we-
nigſtens nach der Geſchichte, die
der Verfaſſer des Nighiariſtan,
auf Treu und Glauben des Achmed Aaſſem AlEnſi, auf folgende Weiſe erzählt:

Nachdem die Araber die Stadt
Holvan im ſechzehnten Jahre der
Hedſchrah erobert hatten, ſchlu-
gen dreihundert Reuter, auf ihrer Rückkehr von dieſer Unternehmung, unter Anführung des
Fadhilah, ihr Lager zwiſchen
zween Bergen in Syrien gegen
Ende des Tages auf. Als nun
Fadhilah das Abendgebet anfing,
und mit lauter Stimme die Worte: Allah akbar, Gott iſt groß,
nach der gewöhnlichen Formel,
ausſprach, wiederholte ſogleich
eine Stimme dieſelben Worte,
und fuhr fort, ihm bis zu dem
Ende des Gebets, das er mit
ſehr ſtarker Stimme ausſprach,
immer nachzuſprechen. Fadhilah, der leicht hätte glauben kön-

Orient. Bibl. 4. B.

nen, daß ein Echo ſeine erſten
Worte wiederholt habe, gerieth
in großes Erſtaunen, als er bemerkte, daß die Stimme alle
Worte, die er ausſprach, deutlich und ganz wiederholte, und
rief aus: O du, der du mir
antworteſt; wenn du aus der
Claſſe der Engel biſt, ſo ſey die
Kraft des Herrn mit dir! und
wenn du von der Art anderer
Geiſter biſt, ſo iſt es gut; wenn
du aber ein Menſch biſt, wie ich
bin, ſo laß dich von meinen Augen ſehen, damit ich die Wohl-
that deines Anblicks und deiner
Unterhaltung genieße! Kaum
hatte er dieſe Worte geendigt, ſo
erſchien ſogleich ein Greis mit einem Kahlkopfe vor ihm, der einen Stock in der Hand hatte,
und dabei einem Derwiſch gleich
ſah.

Nachdem ſie ſich ſehr höflich
begrüßt hatten, fragte Fadhilah
den Greis, wer er ſey? Darauf antwortete ihm dieſer: Vaſſi
badhret Iſſa; Ich bin auf Befehl
des Herrn Jeſu hier, der mich
in dieſer Welt gelaſſen hat, daß
ich in derſelben ſo lange leben
ſoll, bis er zum zweitenmale auf
die Erde kommt. Ich erwarte
demnach dieſen Herrn, der mam-
ba alſandat, die Quelle alles
Glücks, iſt, und ich habe, ſeiner Vorſchrift gemäß, meinen
Aufenthalt hinter dieſem Berge.

Als Fadhilah dieſe Worte hörte, fragte er ihn, zu welcher Zeit
der Herr Iſſa erſcheinen würde?
worauf ihm der Greis verſetzte,

Tt   es

es werde dies am Ende der Welt und zur Zeit des jüngsten Gerichts geschehen. Aber dadurch wurde Fadhilahs Neugier nur noch mehr vergrößert, so daß er eine neue Frage über die Merkmale der Nähe oder Ferne dieser letzten Zeit an ihn that.

Zerib Bar Elia sagte hierauf in einem prophetischen Tone: Wenn die Männer und die Weiber sich ohne Unterschied des Geschlechts vermischen werden, wenn der Ueberfluß an Lebensmitteln ihren Preiß nicht vermindern wird, und wenn man das Blut der Unschuldigen vergießen wird, wenn die Armen um Almosen bitten, und nichts zu ihrem Unterhalte finden werden, wenn die Menschenliebe verloschen seyn wird, wenn man die heilige Schrift in Gesänge bringen, und wenn die dem wahren Gott geweihten Tempel mit Götzenbildern erfüllt seyn werden, dann wisse, daß der Tag des Gerichts sehr nahe seyn wird; und so wie er diese Worte geendigt hatte, verschwand er.

Zerin Kulah: eine Mütze von Gold. Ein Beiname des Keschwad, eines persischen Helden. Siehe die Artikel Zer und Keschwad.

Zerkesch: Dieses Wort bedeutet im Persischen einen Goldspinner, und einen Goldsticker. Davon wird der gleich folgende Beiname Zerkeschi hergeleitet.

Zerkeschi: ein Beiname des Badreddin, eines Schriftstellers, der im Jahr der Hedschr. 794 gestorben ist. Er hat ein Werk geschrieben, das den Titel führt: Eelam alsageb fi ahkam almessaged. Es ist dies eine Abhandlung über das Recht der Moscheen, und über die Ehrfurcht, die man gegen dieselben zu beweisen hat.

Man hat auch noch zwei andere Werke von eben diesem Verfasser, von welchen das eine betitelt ist: Altankih. Dies ist eine Art von Commentar über den Coran. Das andere heißt: Eltecan fi olum AlCoran, von demjenigen, was man wissen muß, wenn man den Coran verstehen will. Sojuthi hat ein Buch geschrieben, das den nemlichen Titel führt.

Ziad Ben Ommiah. Dies ist der Name eines sehr großen Feldherrn der Musulmanen. Er war ein Sohn des Abu Sofian; aber aus keiner rechtmäßigen Ehe entsprungen, folglich ein natürlicher Bruder des ersten Khalifen aus dem Geschlechte der Ommiaden, Moavi.

Er führt zum Spotte den Beinamen, Ziad Ben Abihi, der Sohn seines Vaters, das heißt, eines Unbekannten, weil ihn in der That Abu Sofian niemals für seinen Sohn erkannte, und eben um dieses Spottnamens willen geschah es, daß ein Araber, den er zum Tode verurtheilt hatte, mit ihm zu sprechen verlangte,

langte, und zu ihm sagte, sein Vater habe bei ihm zu Bassorah gewohnt. Hierauf fragte ihn Ziad, wer denn sein Vater sey? und der Araber versetzte ihm: Massito esmi sika esm abi; ich habe meinen Namen vergessen, aber der deinige ist der Name meines Vaters. Ziad verstand den Scherz, stopfte ihm sogleich den Mund, und schenkte ihm das Leben. Dieses wird im Raubhat alafhiar erzählt.

III. Dieser Ziad war derjenige, der 609 alles darauf einrichtete, um den Moavi zum Khalifate zu erheben, und der ihn auch, nach seiner Wahl, dabei zu schützen wußte. Er hatte ehemals unter den Khalifen Omar und Othman gedient, und hatte sich darauf mit Moavi verbunden, der ihn in seine Familie aufnahm, und ihn Bruder seines Vaters, folglich seinen Oheim nannte. Von dieser Zeit an war er Alis und seiner Kinder größter Feind, und starb im Jahr der Hedschr. 53.

Da Ziad ein Mann von großem Herzen und dabei sehr unternehmend war, so übertrug ihm sein natürlicher Bruder, der Khalife Moavi, um den Unordnungen vorzubeugen, die jede Nacht in der Stadt Bassorah begangen wurden, das Gouvernement derselben. Sobald er sein Amt angetreten hatte, ließ er eine Verordnung bekannt machen, in welcher er verbot, daß niemand, wes Standes er auch immer seyn möchte, sich nach der Stunde des Abendgebets auf den Straßen oder öffentlichen Plätzen, bei Lebensstrafe, sollte betreten lassen; und um diese Verordnung gehörig zu unterstützen, errichtete er eine Compagnie von Schaarwächtern, die die Patrouille machen mußten, und Befehl hatten, alle diejenigen über die Klinge springen zu lassen, die nach dieser Stunde außerhalb ihrer Häuser würden angetroffen werden. In der ersten Nacht wurden deren zweihundert getödtet; in der zweiten hatte man nur fünf, und in der dritten wurde gar kein Blut vergossen.

Kurze Zeit darauf befahl er, daß jeder Bürger des Nachts sein Haus offen lassen sollte, und versprach zugleich, den Schaden zu ersetzen, der irgend einem Particulier daraus zuwachsen könnte. Als es nun in einer Nacht geschah, daß einige Thiere in einen Kramladen kamen, und darin Unordnung anfingen, so erlaubte Ziad sogleich, als er davon Nachricht erhielt, daß ein jeder eine Hürde oder eine Art von Rechen an seine Thür befestigen durfte, und dies ist von der Zeit an, nicht nur in Bassorah, sondern auch in mehreren andern Städten von Irak, von welchem er Gouverneur war, immer im Gebrauche geblieben.

Khondemir erzählt, es wären die Nachtwächter einstmals in der Nacht auf einen arabischen Hirten gestoßen, als er mit seiner Heerde durch die Stadt gezogen. Sogleich hätten sie ihn vor Ziad geführt,

geführt, allein dieser hätte sich bei ihm entschuldigt, er sey ein Fremder, und wisse die Verordnung nicht, die er habe bekandt machen lassen. Hierauf soll Ziad ihm zur Antwort gegeben haben: Ich will wol glauben, daß das, was du mir da sagst, wahr sey, aber da die Wohlfarth der Einwohner dieser Stadt von deinem Tode abhängt, so mußt du daran; und sogleich gab er Befehl, daß ihm der Kopf sollte abgeschlagen werden.

Eben dieser Khondemir berichtet, es habe Ziad einstmals, als er das Gouvernement vom Babylonischen Irak zu verwalten gehabt, an den Khalifen folgendergestalt geschrieben: Meine linke Hand ist hier mit der Regierung der Irakischen Unterthanen beschäfftigt; aber meine rechte bleibt während der Zeit unthätig; gieb ihr Arabien zu regieren, sie wird dir gute Rechenschaft ablegen.

Moavi übertrug ihm hierauf dieses Gouvernement, allein die vornehmsten Einwohner von Medinah, die sich vor seiner heftigen und rauhen Gemüthsart fürchteten, wurden sehr darüber aufgebracht. Bei dieser Gelegenheit that einer derselben, Abdallah Bed Zobair, folgendes öffentliche Gebet an Gott: Allahom ektafa jemin Ziadihi; o Herr! befriedige diese rechte Hand, die dem Ziad müßig und überflüssig ist. In diesen Worten liegt eine sehr schöne Anspielung auf den Namen des Ziad,

welcher im Arabischen reich und überflüssig bedeutet; und man sagt, sogleich nach diesem Gebete sey ein pestilenzialisches Geschwür an dem Finger von Ziads rechter Hand zum Vorschein gekommen, an welchem er wenige Tage darauf gestorben sey.

In der Provinz Jemen in Arabien ist eine Dynastie von Fürsten aus der Nachkommenschaft des Ziad gewesen, die unter dem Namen der Banu Ziad daselbst regiert hat. Siehe diesen Artikel, wie auch den Artikel Bogbiat almostafid.

Ziad. Abu Zakaria Jahia Ben Ziad AlAbsi, gebürtig aus der Stadt Cufah, und zubenamt AlFera, ist einer von den berühmtesten Lehrern von Cufah gewesen, und hat den Hammad zum Lehrer gehabt, von dem er seine Traditionen bekommen hat. *III.*

Ziad. Siehe den Artikel Tharck Ben Ziad, welches der erste arabische Feldherr war, der in Spanien eingedrungen ist.

Ziadat fi foru alhanifiah: ist der Titel eines Buchs, das von den Branchen oder Artikeln des musulmanischen Gesetzes nach den Grundsätzen des Imam Abu Hanifah handelt, und den Imam Mohammed Ben Hassan AlScheibani zum Verfasser hat.

Eben dieser Schriftsteller hat auch ein anderes Buch über dieselbe Materie verfertigt, das den Titel hat: Ziadat alelm, und ein

ein drittes, betitelt: Ziadat al ziadat. Es giebt mehrere Commentare über das erste Werk des Scheibani.

Noch giebt es ein Buch, das denselben Titel hat, und von dem Cadhi Soliman Ben Vaheb, mit dem Beinamen AlSabr, der im Jahr der Hedschr. 677 gestorben, ist verfertigt worden.

Ziadi: ein Beiname des Abu Ischak Ben Ibrahim Ben Sofian, der über die Amthal des Meidani und andere geschrieben hat. Es ist dies eine Sammlung von arabischen Sprüchwörtern.

Ziarat AlScham: Reise oder Wallfarth von Damas und von Syrien. Dies ist der Titel eines Buchs, das den Ali Ben Abubecr AlHeraui zum Verfasser hat, der aus der Stadt Herat in Khorassan gebürtig war.

Ziarat AlThajef: Reise nach der Stadt Thajef in Arabien. Dies ist der Titel eines Buchs, das den Mohammed Ben Abil Sad AlJement zum Verfasser hat. Siehe den Artikel Thajef.

Zidsch. Dieses Wort bedeutet im Arabischen eigentlich dasjenige, was die Perser Zik nennen; das heißt, eine Regel, deren man sich beim Abschreiben und Gerademachen der Zeilen bedient, und im metaphorischen Verstande perpendiculare und horizontale Linien, die parallel mit einander fortlaufen. Der Plural von diesem Worte ist Zidschat. Aber der Singular wird auch collective in der vielfachen Zahl gebraucht.

Zidsch alharair: astronomische Tafeln, die die Längen und Breiten jedes Landes anzeigen. AbulFeda führt sie in seiner Erdbeschreibung, ohne Namen des Verfassers, an.

Zidsch Ebn Ibrahim, genannt Habib AlFerori: ist ein Titel der astronomischen Tafeln, die im Tarikh allemal angeführt worden.

Zidsch Ebn Hama AlUndalussi, genannt Ebn Ali AlRassad Ben Jahia AlMakkasch, das heißt, die astronomischen Tafeln des Ebn Ali, des Astronomen oder Beobachters, eines Sohns Jahia, des Baumeisters, oder Bildhauers, oder Mahlers.

Zidsch Ebn AlMassih Abil Cassem Achmed AlGarnathi, der im Jahr der Hedschrah 476 gestorben ist; die astronomischen Tafeln des Ebn AlMassih. Dies ist der Titel eines sehr starken Bandes, der mit chinesischen Zeichen bezeichnet ist.

Zidsch Ebn AlSchather: m. astronomische Tafeln des Ebn Schather. Sie sind in einem Auszug gebracht von Schamseddin AlHalabi, der sein Werk AlDorr alfakher betitelt hat, und ver-

Tt 3

verbeffert worden von Schehabeddin Achmed Ben Salamallah,
Ben AlHaffeb. Dieſer Mann
war Reis AlMuakket, das Oberhaupt der Beobachter der Zeiten und Stunden in einer Moſchee, die zur Beſtimmung der
Gebetszeit angeſtellt ſind, und
er hat ſein Werk betitelt: Nozhat alnabher ſi taſchih aſſulat
Ebn AlSchather; ſodann hat er
es in einen Auszug gebracht, und
ihm einen andern Namen, nemlich kaimaat alkanakeb alſebaat,
das heißt, die Strahlen oder die
Lichter der ſieben Planeten, gegeben.

Eben dieſes Werk des Ebn
AlSchather iſt von Mohammed
Ben Ibrahim, mit dem Beinamen Ben Zerin AlKhairi, dem
der Titel eines AlMohakkak, oder
doctoris ſubtilis gegeben zu werden pflegt, compilirt und vermehrt worden. Dieſer Schriftſteller hat ſeinem Werke folgenden Titel gegeben: Raudh alather
ſi talkhis Zidſch Ebn AlSchather.

Zidſch Ebn Junos: aſtronomiſche Tafeln des Ebn Junos,
der einerlei Perſon mit AbulHaſſan Ali Ben Abi Said, genannt
AlMonagem, iſt, Aſtrolog des
Aziz Ben Hakem, eines fathimitiſchen Khalifen von Egypten.
Dieſes Werk beſteht aus vier
Bänden.

**Zidſch Abu Hanifah AlDei-
nuri**: aſtronomiſche Tafeln, verfaßt von Abu Hanifah, der ſeine Beobachtungen in der Stadt

Iſpahan, im Jahr der Hedſchrah 635 für den Sultan Roknaldulat, aus der Dynaſtie der
Buiden oder Dilemiten, angeſtellt hat. Der Tarikh Khozideh
thut dieſes Werks Erwähnung.

**Zidſch Abi Maſchar Dſcha-
fer Ben Mohammed, Ben Omar
AlTaki**. Die aſtronomiſchen Tafeln des Abumaſar. Denn ſo
nennen wir dieſen Aſtronomen,
der öfters von unſern Schriftſtellern angeführt wird.

Der Verfaſſer hat ſie nach der
Methode der Perſer, und nach
ihrem Calcul, der, wie ſie ſagen, von den Jahren der Welt
iſt, angeſtellt. Aber Abu Maſchar bemerkt, daß dieſe Jahre
der Welt eigentlich diejenigen
ſind, die die Aſtronomen ſeiner
Zeit die Jahre der Perſer genannt haben; das heißt, daß dieſe
Jahre der Welt nicht nach der
Zahl der Jahre berechnet ſind,
die man aus den heiligen Büchern, und nach der Annahme
der Hebräer, ſammlet; ſondern
nach derjenigen, die die Perſer
nach den alten Denkſchriften von
ihrer Geſchichte fabricirt haben.

Zidſch aldſchame v albaleg:
Dieſes Werk enthält zwei Bücher, von welchen das eine die
Ausrechnungen der Bewegung
der Geſtirne in ſich begreift, und
das andere von ihren Bewegungen, ihren Sphären und Epicy-
clen handelt. Es geſchieht derſelben in dem Buche, AlModſch-
mel betitelt, Erwähnung. Der
Ver-

Verfasser von diesen zwei Büchern ist Kuschiad.

Zidsch hassis alhassebah: astronomische Tafeln, verfaßt von Achmed Ben Abdallah Al-Meruzi, AlBagdabi, der unter der Regierung des Khalifen Al-Mamun gelebt hat.

Man legt diesem Schriftsteller drei Arten von astronomischen Tafeln bei; die ersten führen den Namen Zidsch AlDemeschki, Tafeln von Damas, oder Zidsch AlMamuni, die Tafeln des Al-Mamun, und diese sind nach der Methode der Indier berechnet; die zweiten heißen AlMegisthi, und folgen dem Calcul des Al-Magest des Ptolemäus; und die dritten werden AlJascha genannt, und sind weit kürzer, als die andern. So redet der Verfasser des Buchs, Nauabir alakhbar betitelt, von diesem Werke des Meruzi.

Zidsch aloftab. Dies sind die astronomischen Tafeln des Gemaleddin Abu Cassem Ben Mahfudh AlBagdabi. Dieser Schriftsteller hat die Astronomie, unter der Regierung des Khalifen Moctader, des Abbassiden, getrieben.

Zidsch AlSandschari: astronomische Tafeln, verfaßt von Abulfeth Abdalrahman, und dedicirt dem Ali AlKhazen AlMeruzi, unter der Regierung des Sultan Sandschar, des Seldschu-

ciden, der den Verfasser mit tausend Goldbinaren belohnt hat.

Zidsch AlDhafi, ist der Titel der astronomischen Tafeln, die von Tabani sind verfaßt worden. Ebn Achmed AlSanaui redet von diesen Tafeln, und sagt von ihnen, sie seyen die allercorrectesten und genauesten von allen denjenigen, die bis auf seine Zeit wären verfertigt worden. Denn er vergleicht den Calcul der Aeren und Epochen der Griechen und Araber mit einander.

Kuschiad hat diesem Werke die persischen Epochen beigefügt, und es bis auf fünf und achtzig Capitel erweitert, unter dem neuen Titel: Alkame fi amthelat Al-Zidsch aldschame.

Zidsch AlSchamel. Astronomische Tafeln des Scheikh AbulVafa Mohammed Ben Achmed AlBuzdschani. Dieser Schriftsteller hat es unternommen, die Beobachtungen zu prüfen und zu verbessern, die in den Zeiten des Khalifen AlMamun sind angestellt worden. Sein Werk ist mit einem Commentare versehen worden von dem Seid Ali AlEuschgi, AlMenani, unter dem Titel Kemal, im Jahr der Hedschr. 800.

Der Seid Hassan, ein Sohn des Ali AlEuschgi, hat noch einen weitläuftigern Commentar darüber gemacht, den er an den Sultan Mohammed Ben Bajazid Ildirim Khan dedicirt hat. Dies ist Mohammed der Erste.

Zidsch Schahi: die königlichen astronomischen Tafeln. Dies ist das Werk des Naffireddin Thnsi, von dem wir unter dem Artikel Zidsch Ilekhani reden werden, das in einen Auszug ist gebracht worden von Nadschmeddin Alkebubi, und dessen in dem Buche, AlEscharat betitelt, das ihm den Namen Zidsch AlZahi giebt, Erwähnung geschieht.

Eben dieser Nadschmeddin hat auch noch andere astronomische Tafeln verfertigt, denen er den Titel gegeben hat: AlZidsch AlMogareb almobni ala raffad almogiareb.

Zidsch AlSchahi: astronomische Tafeln, in persischer Sprache abgefaßt von Ali schah Ben Mohammed, Ben Caffem, der unter dem Namen Olai, Astronom von Khuarezm, bekannt ist. Es ist dies ein Auszug aus den Ilekhanischen Tafeln.

Zidsch Schamseddin: sind gleichfalls astronomische Tafeln, verfaßt von Schamseddin Mohammed Ben Ali Khodschah. Der Verfasser dieses Werks sagt, er habe vierzig Jahre lang Beobachtungen angestellt, und habe sich der besten Instrumente zur Ausmessung der Größe der himmlischen Körper, durch Vergleichung mit dem Zirkel des primum Mobile, und mit den Erdzirkeln, das heißt, zur Ausmessung des Unterschieds ihrer Nähe und ihrer Ferne, bedient. Denn es ist unleugbar, sagt Hadsch Khalfah, daß

kein merkliches Verhältniß zwischen der Größe des Erdkörpers, und der Größe des Himmels des Mars ist, und folglich findet kein Mittel statt, die eine durch die andere zu messen. Daher weichen alle astronomische Tafeln und Beobachtungen der Orientaler voneinander ab; und es giebt keine richtigere Tafeln, als diejenigen sind, die von den Christen sind entworfen worden.

Schamseddin hat seine Tafeln Zidsch almohakkak AlSolthani ala offul alraffad Ilekhani betitelt, und hat sie in fünf Theile eingetheilt, von welchen jeder mehrere Capitel, und jedes Capitel mehrere Abschnitte enthält.

Zidsch Schamseddin: astronomische Tafeln, verfaßt von Schamseddin Mohammed Ben Mohammed Al-Halabi, AlMuakket. Dieser Schriftsteller war Beobachter der Zeiten und Stunden in der Moschee der Aia Sofiah, das heißt, der heiligen Sophie zu Constantinopel. Er hat sich nach den Beobachtungen des Alaeddin Ben Schather gerichtet.

Zidsch AlScheikh. Astronomische Tafeln des Scheikh Abul Feth, AlSofi genannt. Der Verfasser dieses Werks sagt, er habe es in der Absicht verfertigt, um die samarcandischen Tafeln zu berichtigen. Takieddin thut der Tafeln dieses Scheikh in seinem Buche, Sedrat almontahi betitelt, Erwähnung.

Zidsch

Zidsch Ulug Beg: astronomische Tafeln des Sultan Mohammed Ulug Beg, eines Sohns Schahrokh, des Sohns Timur. Siehe den Artikel dieses Sultans.

Ulug Beg, in dessen Namen diese Tafeln erschienen sind, entschuldigt sich gleich anfangs in seiner Vorrede wegen der vielen Beschäfftigungen, die ihm die Regierung seiner Staaten mache, und erklärt zugleich, daß er sich besonders auf den Unterricht seines Lehrers Salahebbin, mit dem Beinamen Cadhi Zadeh AlRumi, in seinem Werke stütze. Da inzwischen Cadhi Zadeh starb, ehe es noch zu Ende gebracht war, so haben Gajetheddin Dschamschid, sein Collega, und Ali Euschgi, ein Sohn des Cadhi Zadeh, diesem Werke seine letzte Vollkommenheit gegeben.

Die astronomischen Tafeln des Ulug Beg sind in vier Theile abgetheilt. Der erste handelt von den Aeren und Epochen, und enthält fünf Capitel. Der zweite, von der Kenntniß der Zeiten, in zwei und zwanzig Capiteln. Der dritte, von dem Laufe der Planeten, in dreizehn Capiteln. Und der vierte, von Firsternen, und dieser ist in zweihundert Abschnitte oder Artikel abgetheilt.

Diese Tafeln werden für die allercorrectesten von allen denjenigen gehalten, die wir von den Mohammedanern bekommen haben, und sie stimmen gar sehr mit Tycho Brahe seinen überein, die die besten sind, welche wir haben. Sie sind ursprünglich in arabischer Sprache abgefaßt, und darauf ins Persische übersetzt worden von Mahmud Ben Mohammed, mit dem Beinamen Mirem, im Jahr der Hedschr. 904. Er hat sie Sultan Bajazet dem Zweiten, unter dem Titel: Destur alamal fi taschih alobschabiual, dedicirt.

Es hat auch eine persische Uebersetzung eben dieser Tafeln gegeben, die von Ali AlEuschgi ist gemacht worden, und von welcher Mirem in seiner Uebersetzung sagt, sie sey in geometrischen Demonstrationen mangelhaft, übrigens aber sehr deutlich und sehr zierlich.

Wir haben einen Auszug von eben diesen Tafeln des Ulug Beg, deren Verfasser Mohammed Ben Abil Feth AlSofi AlMesri ist, der aber nicht, wie Ulug Beg gethan hat, seine Längen mit den glücklichen oder Canarischen Inseln, sondern mit dem Ufer des westlichen, oder atlantischen Oceans, anfängt. Dieser Schriftsteller geht aber auch darin von Ulug Beg ab, daß er sie nach dem Meridian von Groß-Cairo berechnet, statt daß Ulug Beg die seinigen nach dem Meridian von Samarcand berechnet, welches, seiner Angabe zufolge, unterm 39sten Grade, 37 Minuten 23 Secunden liegt.

Khedher Ben AlEader AlBornossi hat auch einen Auszug aus eben diesen Tafeln verfertigt, von welchen er gleichfalls in Ansehung der Bestimmung des ersten Meri-

Meridians abweicht. Dieser
Auszug führt den Titel: Bahadschat alfekar fi hall alschems o
alcamar.

Eben diese abgekürzte Tafeln
sind auch noch unter dem Namen
Tacuim von Sohail Abbalrahman AlSalehi publicirt worden,
der die Würde eines Muakket an
der Moschée der Ommiaden zu
Damas bekleidet hat.

Zidsch AlOlai: astronomische
Tafeln, die man verschiednen
Schriftstellern beizulegen pflegt.
Denn einige machen den Muiab-
eddin AlCorthobi, andere den
Ostad Alaeddin AlNischaburi,
und noch andere den Abu Rihan
AlTabrizi zum Verfasser der-
selben.

**Zidsch Mohammed Ben
Abibekr AlFarsi:** astronomische
Tafeln, aufgesetzt von Moham-
med u. s. w. für den Sultan
AlMalek AlMobhaffer Abu
Mansur Jussuf Ben Omar,
Herrn von Jemen, oder dem glück-
lichen Arabien.

Dieser Schriftsteller sagt, er
sey in seinem Werke den Beobachtungen des großen Astronomen Ferideddin AbulHassan Ali
Ben Abbalkerim AlSchirvani,
genannt AlRassed, der Beobachter, gefolgt. Auch führt er noch
mehrere andere astronomische Tafeln an, davon die Titel folgende sind: Zidich AlMosthi, Zidsch
almoadel, Zidsch almohakkem,
Zidsch alzaher, Zidsch almostanfi,

und Zidsch AlOlai AlRassabi,
von dem er sagt, daß er der letzte von denjenigen gewesen sey,
die selbst Beobachtungen angestellt hätten. Dies ist bis auf
das Jahr der Hedschrah 541 zu
verstehen, um welche Zeit dieser
Schriftsteller geschrieben hat.

Zidsch almoctabas: entlie-
hene Tafeln. Dies sind Tafeln,
die aus mehreren, von verschiednen Schriftstellern abgefaßten
Abhandlungen zusammengetragen
sind; dergleichen sind: Fakih
Abu Jschak Ibrahim AlNaccasch,
mit dem Beinamen Zercal; Al-
Fakih AbulHassan Ben Abdalhakk AlAneki, mit dem Beinamen Ben Henam AlAschbili, dessen Werk den Titel Kamel führt,
und AlFakih AbulAbbas Achmed
Ben Jschak AlTemimi, zubenamt Ebn Kemal AlRassed Al-
Cutschi. Dieser letztere Schriftsteller hat gegen das Ende des
siebenten Jahrhunderts der
Hedschrah gelebt.

**Zidsch Kuschiar Ben Renan
AlKhaili.** Kuschiar, der der Verfasser von diesen Tafeln ist, ist
ein weit älterer Beobachter, als
der vorhergehende. Denn er hat
gegen die Mitte des fünften Jahrhunderts gelebt. Sein Werk ist
in achtzig Abschnitte oder Artikel
abgetheilt, und ist von Mohammed Ben Omar, Ben Abi Thaleb, AlTabrizi, aus dem Arabischen ins Persische übersetzt worden.

Zidsch

Zidſch Jlekhani: Jlekhaniſche Tafeln. Dies iſt das groſſe Werk von aſtronomiſchen Tafeln, die den Naſſireddin Mohammed Ben Huſſain AlThuſſi zum Verfaſſer haben, und das unter Auktorität des Holagukhan, der den Titel und Beinamen Jlekhan geführt hat, iſt veranſtaltet worden.

III. Nachdem ſich dieſer Fürſt im
615 Jahr der Hedſchr. 656 Meiſter von Bagdet gemacht hatte, ſo ließ er in der Stadt Maraga, im Jahr der Hedſchr. 657 auf Bitten des Naſſireddin ein Raſſad oder Obſervatorium erbauen, und gab ihm zu Gehülfen bei der Verfertigung dieſer Tafeln die größten Aſtronomen von Aſien, die unter ſeiner Regierung geblühet haben, bei.

Die Namen dieſer großen Männer ſind folgende: AlMuiad AlUredhi von Damas, AlFakhr AlMaraghi, der zu Muſſal war, AlFakh AlKhalathi von Teflis, und Nadſchmeddin Ben Debiran AlCazwini *). Eben dieſer Sultan Holagu ließ auch von allen Orten her diejenigen Bücher, die zur Verfertigung dieſer Tafeln dienlich ſeyn konnten, und Memoires von allen Sternwarten, von welchen noch einige Denkmale übrig waren, dergleichen die von den Ptolomäern in Egypten, von AlMamun zu Bagdet, von Benani **) in Syrien, und von dem Fathimitiſchen Khalifen Hakem zu Groß-Cairo waren, zuſammenbringen. Und da ihm die Aſtronomen vorſtellten, daß ſie dreißig Jahre dazu nöthig hätten, um ihre Beobachtungen richtig zu machen, ermahnte er ſie, daß ſie mit ſolchem Fleiße daran arbeiten ſollten, daß ſie ſie in zwölf beendigen könnten.

Naſſireddin arbeitete hierauf, in Geſellſchaft mit ſeinen Mitarbeitern, mit unglaublicher Anſtrengung, und publicirte hierauf ſein Werk im Jahr der Hedſchr. 668 in perſiſcher Sprache. Folgendes iſt der Inhalt ſeiner Vorrede: Erſt fängt er von Ginghizkhan, dem erſten Stifter der Dynaſtie der Mogolen, und von ſeinen Nachkommen bis auf Holagu Jlekhan, der Bagdet einnahm, das Khalifat aufhob, und alle aſiatiſchen Völker, die etwa es hätten wagen können, ſich ſeiner Macht zu widerſetzen, bezwang, zu reden an. Uebrigens hatte doch der ſeinen Feinden ſo furchtbare Holagu außerordentliche Güte gegen die Gelehrten, und erwies ihnen alle Arten von Schmeicheleien. Unter den übrigen fand er Naſſireddin Thuſſi in einem Schloſſe der Iſmaelier oder Aſſaſſinen von Sebal, welches

*) [Zu denjenigen Gelehrten, welche Antheil an der Verfertigung dieſer Tafeln gehabt haben, muß auch noch der Philoſoph Mohieddin AlMagrebi geſetzt werden. Siehe Band II. S. 685. S.]

**) [Anſtatt Benani muß AlBatani geleſen werden. Es iſt dies der Albategnius. N.]

ches das persische Irak ist, entriß ihn ihren Händen, setzte ihn in völlige Freiheit, und übertrug ihm die Aufsicht über die Sternwarte, zu der er den Entwurf gemacht hatte, und ließ ihm auch aus Bagdet, Damas, Mussal und Khorassan alle die Bücher kommen, die zur Verfertigung seines Werks dienlich seyn konnten.

Dieses große Werk ist in vier Theile abgetheilt, von welchen der erste die Aeren und die Epochen, der zweite den Lauf der Planeten mit ihren Längen, Breiten und Abweichungen enthält, der dritte die Zeiten und die Puncte ihrer Ascensionen bemerkt, und der vierte von Fixsternen handelt.

Hussain Ben Mohammed Al-Nischaburi, UlAmmi, der Blinde, genannt, mit dem Beinamen Nadham, hat Noten zu den Ilkhanischen Tafeln des Nassireddin verfertigt, und hat solche unter dem Titel Kaschf alhacaik herausgegeben.

Gajatheddin Dschamschid Ben Massud UlKatebi hat eine Art von Verbesserung oder Supplement zu eben diesen Tafeln verfertigt, unter dem Titel Zidsch UlKhakani fi takmil UlZidsch Ilekhani, worin er außer einer genauen Berechnung der Zahlen, geometrische Demonstrationen beibringt, die sich in keinen astronomischen Tafeln finden, wodurch dieses Werk in seiner Art eigen und sehr schätzbar wird.

[Vergleiche auch die Zusätze zu dem Artikel Nassireddin.]

Zila, eine Stadt in Aethiopien, wo keine Art von Früchten fortkommt. Die Einwohner derselben sind Musulmanen, und behandeln die Fremden sehr gut.

Zobadi. Siehe den Artikel Mokhannes.

Zobd, Zobdah, und Zobbat, in der Construction. Die Blume, und die Sahne der Milch. Es ist dies ein Titel von einer großen Menge von Büchern, wo die Bedeutung dieses Worts im metaphorischen Verstande genommen ist.

Zobdat v alhalab fi tarikh Halab: Geschichte der Stadt Halep, verfaßt von Mohammed Ben Ibrahim, mit dem Beinamen Ebn AlHanbali, der im Jahr der Hedschrah 972 gestorben ist. Das Wort Halab, welches Milch bedeutet, ist auch der arabische Name der Stadt Halep.

III.
616

Zobdat alhokam: Buch von den Gesetzen und Statuten des Mohammedismus, verfaßt von Obeidah Ben AlHakim.

Zobdat fi marefat coll vahedin men almedhaheb: Abhandlung von allen den vier Secten, die im Musulmanismus für orthodox erkannt und angenommen werden, ohne Namen des Verfassers.

Zobdat alahkam fi ekhtelaf alaimat alalam: Abhandlung über

über den Unterschied der Meinungen der Imams oder vornehmsten Lehrer des musulmanischen Gesetzes. Dies ist ein Werk des Saradscheddin Abu Hafs Omar Ben Ischak AlHendi, oder Al-Gaznavi. Man nennt diesen Schriftsteller deswegen einen Indianer, weil er aus der Stadt Gaznah gebürtig gewesen ist. Er ist im Jahr der Hedschrah 773 gestorben.

Zobdat alaflak seahel alebrak: ein astronomisches Buch, das den AlSchirazi zum Verfasser hat, der im Jahr der Hedschrah 743 gestorben ist.

Zobdat alebrak fi heirat alaflak: ein Buch von der Sphäre, verfaßt von Nassireddin Al-Thussi.

Zobdat alasrar: die Blume der Geheimnisse. Dies ist ein Commentar über den Auszug aus dem Buche, das den Titel Menat führt. Siehe diesen Artikel.

Zobdat alasrar fil hekmat: ein metaphysisches Buch, verfaßt von Mohammed Ben Scherif AlHossaini, Verfasser eines Commentars über das Buch: Hedaiat alhekmat betitelt. In diesem Commentare thut dieser Schriftsteller seines Buchs, das den Titel Zobdat führt, Erwähnung.

Zobdat alaschar: die Blume der Poesien: ein türkisches Buch, abgefaßt von Abdalhai

Ben Faidhallah, mit dem Beinamen Nasser Eaf Zadeh, der im Jahr der Hedschr. 1030 gestorben ist. Dieses Buch enthält neun Divans von türkischen Dichtern, außer denen er auch noch die Blumen von fünfhundert und vierzig andern Dichtern gesammlet und solche nach alphabetischer Ordnung gestellt hat. Der Verfasser hat diese Sammlung im Jahr der Hedschr. 1023 gemacht.

Zobdat alossul fi ahadith alrassul: Ein Buch von den Grundsätzen, auf welche die von Mohammed herkommende Traditionen gebaut sind, ohne Namen des Verfassers.

Zobdat alaamal v khelassat alafaal: ist der Titel eines Werks, das den Saededdin AlEsferaini zum Verfasser hat. Der Verfasser sagt, er habe es aus der Geschichte von Mekka ausgezogen, die von AbulWalid AlAzrakhi im Jahr der Hedschr. 766 ist geschrieben worden. Er hält sich weitläuftig bei Traditionen auf, die die Wallfarth nach Mekka betreffen; und dies macht vier und funfzig Capitel aus, so wie das, was Medina betrifft, in fünf und zwanzig Capiteln abgehandelt ist.

Zobdat altarikh fi aschraf altauarikh: Geschichte von Adam an bis auf das Jahr der Hedschr. 855, verfaßt vom Cadhi Abhadeddin.

Zobdat

III, **Zobdat** altauarikh. Eine
617 in türkischer Sprache verfaßte
Geschichte von dem Mulla Mostafa, Imam des Sultan Achmed, des Othmaniden, die bis
ins Jahr der Hedschrah 1024
geht.

Zobdat altauarikh: eine in
persischer Sprache verfaßte Geschichte von Nureddin Luthf allah, mit dem Beinamen Hafedh
AlBursaui, der im Jahr der
Hedschr. 834 gestorben ist. Der
Verfasser hat sie für den Sultan
Baisancor Mirza verfertigt. Sie
ist allgemein und schließt sich mit
dem Jahre 825.

Zobdat altauarikh, eine Ge-
schichte, die den Mulla Moham-
med, mit dem Beinamen Dulek
Zadeh AlRumi, der im Jahr der
Hedschr. 977 gestorben ist, zum
Verfasser hat.

Zobdat altauarikh, eine
andere Geschichte, von Abul-
Cassem Gemaleddin Ben Othman AlKaschi.

Zobdat albakaik, ist der Titel eines arabischen und persischen
Buchs, verfaßt von Ain AlCod-
dhat AlHamadani, über mehrere controverse Puncte in der musulmanischen Religion, und in
fünf und dreißig Fragen abgetheilt. Dieses Werk ist dem Mu-
stafa Pascha, genannt AlVazir
alaziz Ben Mohammed AlSchai,
dedicirt.

Zobdat fi tarikh Halab.
Geschichte der Stadt Halep, verfaßt von AbulHafs Omar Ben
Abdalaziz, der unter dem Namen AbulCadin AlHalabi bekandter ist. Er ist im Jahr der
Hedschr. 660 gestorben. Dieses Werk ist aus einer viel größern Geschichte von Halep compilirt, die den Titel führt: Tankih almothleb fi tarikh Haleb.

Zobdat alressail fi marefat
alauail, ist der Titel eines türkischen Buchs, verfaßt von Jahia Ben Jacub AlSchafei, der
im Jahr der Hedschr. 1025 gestorben ist. Es handelt dieses
Werk von solchen Abhandlungen,
die von alten Schriftstellern sind
geschrieben worden.

Zobdat althaleb: ein Buch,
das den Khuarezm schah zum
Verfasser hat. Dies Werk ist
in einer tabellarischen Form abgefaßt, und sind in demselben
die Worte und Denksprüche derjenigen Scheikhs gesammlet, die
die Musulmanen Abdal nennen,
welches Enthusiasten und Illuminaten sind.

Zobdat alfekrat fi tarikh
alhedschrat: eine Geschichte, welche der Ordnung der Jahre der
Hedschrah folgt, in eilf Bänden
verfaßt von Emir Bibars Ben
Mohieddin.

Zobdat fil hessab: ein arithmetisches Buch, in türkischer
Sprache verfaßt von einem gewissen

wissen Alaeddin. Es ist in drei Abhandlungen eingetheilt.

Zobdat alcaul alhajuaniat: eine Abhandlung von der Sprache der Thiere, verfaßt von dem Reis Ebn Sina, das ist, von Avicenna.

Zobdat kaschf almemalek si bab altherok valmessalek: ist der Titel eines Buchs, das von den Vorrechten und Vorzügen Egyptens, seiner Gouverneure und seiner Sultane, handelt. Es ist in zwölf Capiteln abgefaßt von Khalil Ben Schahin AlCahert, und von einem unbekandten Schriftsteller unter dem Namen Safuat in einen Auszug gebracht worden. Khalil hatte eben diese Geschichte in einem Werke, Kaschf almemalek betitelt, ausführlicher beschrieben. Allein er hat es darauf in einen kurzen Auszug gebracht, und unter dem so eben angeführten Titel herausgegeben.

III. Zobdat alkelam: ein Buch
618 von der Metaphysik oder scholastischen Theologie der Musulmanen, verfaßt von Safieddin Mohammed Ben Abdalrahim AlHendi, der im Jahr der Hedschr. 715 verstorben ist.

Zobdat allogat, ein Buch über die persische Sprache, dessen Verfasser Ali Ben Morad heißt. Es ist in zween Theile abgetheilt, die eine Grammatik und eine Art von Wörterbuch enthalten.

Orient. Bibl. 4. B.

Zobdat almessail, ist eine Sammlung von Fragen über die Artikel des Musulmanismus, in türkischer Sprache von Luthf Pascha, Vesir unter der Regierung des Sultans Soliman, abgefaßt.

Zobdat almosnafat: eine orientalische Bibliothek, welche die Titel und Namen von orientalischen Büchern enthält, und den Ebn Thalehah AlDschafar, der im Jahr der Hedschrah 652 gestorben ist, zum Verfasser hat.

Zobdat alnassahih, ein türkisches Buch von Rathschlägen und moralischen Unterweisungen, verfaßt von Dschafar AlAjani im Jahr der Hedschr. 1005 für Hassan Pascha.

Zobdat alnasr o mobtasser alasr: Allgemeine Geschichte, verfaßt von Omadeddin, genannt AlKateb AlEsfahani, der Secretär, aus Ispahan gebürtig. Er ist im Jahr der Hedschr. 597 gestorben. Man hat einen Auszug aus dieser Geschichte, der den Titel führt: Nosrat almani.

Zobdat alvaedhin: eine Sammlung von Reden oder Predigten, in acht und vierzig Theile abgetheilt, so viel nemlich in dem Jahre der Hedschrah, welches ein reines Mondenjahr ist, Wochen sind.

Zobdat alvossul ela elm alossul: ist der Titel eines Buchs,
Uu   ver-

verfaßt, von Jussuf Ben Hassan AlKermasti, in welchem von den Fundamentalartikeln der musulmanischen Religion gehandelt wird.

Zobeid: ist der Name eines Fürsten, der eine Dynastie oder Herrschaft in Jemen gegründet hat, welcher den Namen AlZobeid oder Banu und Beni Zobeid führt. Vagiheddin AlJemeni hat die Geschichte dieser Dynastie unter dem Titel: Boghiat almostafid fi akhbar AlZobeid geschrieben.

Zobeidah, ist der Name einer Tochter des Dschafar Ben Mansur, die der Khalife Harun AlRaschid feierlich heirathete, und die die Mutter des Khalifen Amin gewesen ist.

Diese Prinzessin hatte hundert Sclavinnen, die alle den Coran auswendig konnten, und die jeden Tag den zehuten Theil davon hersagten, so daß man in ihrem Pallaste ein beständiges Gebrumme, wie das Sumsen der Bienen, hören konnte.

Die Wallfarth, die sie nach Mekka vornahm, hat sie wegen der großen Almosen, die sie unterwegens ausgetheilt hat, berühmt gemacht; auch schreibt man ihr die Grundlage der Stadt Tauris zu. Siehe den Artikel Tabriz. Sie ist in der Stadt Bagdet, im Jahr der Hedschr. 216, verstorben.

Der Verfasser des Raudh alakhiar erzählt, es habe diese Prinzessin einen Eid gethan, daß sie keine von ihren Sclavinnen an ihren Gemahl Harun, der außerordentlich in dieselben verliebt war, weder verkaufen noch schenken wolle. Dennoch aber habe Abu Jussuf, Cadhi alcodhat, das heißt, ihr Canzler, einen Ausweg gefunden, der diesen Khalifen zufrieden gestellt habe. Siehe den Artikel Abu Jussuf.

Zobeidi. Abubekr Ben Hassan Ben Zobeidi, oder Zobeiri, der im Jahr der Hedschr. 379. verstorben ist, ist der Verfasser der Geschichte der Rechtsgelehrten von Cordova. Sie führt den Titel: Akhbar alfocaha.

Zobeir. Abubekr Abdallah Ben Zobeir, Ben Avam: ist der Name des ersten Musulmans, der von denen, die AlMohagerun, die Flüchtlinge von Mekka, heißen, zu Medinah gebohren ist.

Dieser Mann wurde, im Jahr der Hedschr. 63, nach dem Tode des Moavi, des Sohns Jezid, in der Stadt Mekka zum Khalifen ausgerufen. Aber er wurde nur hundert und acht und zwanzig Tage allgemein von allen Musulmanen für einen Khalifen anerkannt; denn nach Verlauf derselben wurde Marvan, der Sohn Hakem, in der Stadt Damas zum Khalifen proclamirt.

Abdallah Ben Zobeir blieb inzwischen in Mekka bis ins Jahr der Hedschrah 71 wohnen, wo

er

er, nur von Hedschabsch, dem General des Khalifen Abdalmalek, eine harte Belagerung auszustehen hatte, bei welcher er in einem Gefechte, wo er sich besonders tapfer zeigte, in einem Alter von ein und siebenzig Jahren, ums Leben kam. Sein Kopf wurde nach Medinah geschickt, und sein Leichnam an einen Galgen aufgehangen.

Dieser Khalife, den mehrere Geschichtschreiber gar nicht rechnen, weil er nicht aus dem Hause des Ommiah war, hatte die Assinah, eine Tochter des Abubekr, Mohammeds Nachfolgers, zur Ehe, und diese hatte so viel Muth, daß sie in ihrem schon sehr hohen Alter ihren Sohn gegen Hedschabsch zu fechten aufmunterte, und ihn sogar eine große Portion Moschus zu sich nehmen ließ, um ihn noch mehr dazu anzufeuern. Amassi schreibt, es habe derselbe so viel Aufmerksamkeit gegen ihre Bitte bewiesen, daß er bis zu einem solchen Grade in diesem Gefechte unbeweglich fest stehen geblieben, daß sich eine Taube auf seinem Kopfe, wie auf einem Stück Holze, festgesetzt habe.

Die Familie Zobeir ist zu allen Zeiten eine erklärte Feindin von Alis seiner gewesen. Siehe den Artikel Jahia Ben Abdallah. Das Oberhaupt dieser Familie, der Vater des Khalifen Abdallah, welcher einer von den vornehmsten Gesellschaftern des Mohammed gewesen war, ward in dem Treffen des Kameels, das die gegen Mohammeds Wittwe, Aischa, gewann, ums Leben gebracht, und dieser Mann war zugleich einer von den sechs, über die sich der Khalife auf seinem Todtenbette dahin erklärt hatte, daß einer aus ihnen sein Nachfolger werden könne.

Der Nighiaristan erzählt die Unterredung, welche Hedschabsch mit einem Araber der Wüste hatte, der, um den Fehler gut zu machen, den er dadurch zu Schulden hatte kommen lassen, daß er übel von diesem Feldherrn geredet hatte, zu ihm sagte, er sei aus Zobeirs Familie, dessen Nachkommen drei Tage in jedem Jahre närrisch seyen. Siehe den Artikel Hedschadsch.

Zobeir. Ebn Zobeir. Dies ist der Beiname des Ibrahim Al-Thakefi, der ein Werk über die arabische Grammatik geschrieben hat, um in demselben das Buch des Sibujeh zu erklären.

Zobeiri, ein Beiname des Abubekr Ben Hassan AlAnbiki, Verfassers eines Werks über die arabische Grammatik, betitelt: Abniat fil nahu. Er ist im Jahr der Hedschr. 379 gestorben.

Auch ist dies der Beiname des Tadscheddin Abdal Vahab, Verfassers einer Geschichte von Egypten, betitelt: Jeadh ahnotegafel, das Erwachen des Trägen.

Zohair. Siehe die Artikel III. Dhohair und Dhehir. 620

Zohak. Siehe den Artikel Dhobak.

Zoharah. So nennen die Araber, den Stern der Venus, und es bedeutet dies soviel, als die Schöne oder die Blühende. Da die Musulmanen die Astronomie von den Griechen erlernt haben, die den Planeten göttliche Würde zueigneten, so geben sie ihnen auch Namen, welche sich auf die Eigenschaften beziehen, die ihnen die Heiden zuschreiben, ob sie gleich im übrigen sehr weit von ihren Vorstellungen entfernt sind.

Euthymius Zygabenus klagt in seiner Catechese, Catechismus der Saracenen, die Musulmanen hart an, daß sie den Stern der Venus, unter dem Namen Cobar, anbeteten, weil die Müezius, wenn sie das Volk zum Gebete rufen, aus allen Kräften Allah akbar, welches soviel heißt, als: Gott ist groß! schreien.

Uebrigens bleibt so viel wahr, daß die Araber, oder Saracenen, wie sie die unsrigen zu nennen pflegen, vor dem Mohammedismus falsche Gottheiten hatten, denen sie besondere Verehrung erwiesen haben. Aber seitdem sie Musulmanen geworden sind, sind sie sehr weit davon entfernt, den Namen Gott oder Göttin den Planeten zu geben, und es ist ihnen genug, daß sie sie aufs höchste Götzen nennen.

Die Mythologisten und Romanenschreiber bei den Musulmanen behaupten, die Venus sey das Idol der Musik, und daher kommt es, daß sie ihr eine Leyer in die Hand geben, gerade so, wie wir dem Apoll eine zu geben pflegen, und wenn der Verfasser des Caherman Nameh von einem berühmten Gefechte zwischen Caherman und einem starken Riesen redet, so sagt er, Venus habe von der Höhe ihres Himmels ihr musikalisches Instrument verlassen, blos um auf dieses Schauspiel aufmerksamer seyn zu können.

Zohari, ein Beiname des Mohammed Ben Moslem, der unter dem Namen Ebn Schehab AlZohari bekandter ist. Dieser Mann hatte diesen Beinamen von seinem Großvater, Namens Zaharah, und er war der erste, der die Hadith oder Traditionen des Mohammed, unter dem Khalifate des Omar, gesammlet hat. Von ihm hat sie der Imam Malek, der der Urheber von einer der vier orthodoxen Secten des Musulmanismus ist, empfangen.

Dieser Lehrer hat seinen Aufenthalt in der Stadt Damas gehabt, und ist auch daselbst im Jahr der Hedschr. 124 gestorben.

Zohd, das eingezogene Leben, die Andacht. Von diesem Worte kommt das Wort Zahed her, welches bei den Musulmanen eigentlich einen Menschen bedeutet, der die Ergötzungen der Welt genießt, und der weder nach

nach Aemtern, noch nach Würden, strebt. Es ist eigentlich ein Religiose, der für sich alleine lebt, ohne zu irgend einer gesellschaftlichen Verbindung zu gehören.

Zohd aladab u thaniat alalbab: die Enthaltsamkeit angesehner Leute, und die Frucht weiser Menschen. Dies ist der Titel eines Buchs, das in drei Theile abgetheilt ist, und den Abu Ischak Ben Ibrahim, Ben Ali AlHosri, genannt AlSchaer, der Dichter, zum Verfasser hat. Dieser Schriftsteller ist im Jahr der Hedschr. 450 gestorben.

Zohd alsuban: Von dem eingezogenen Leben der Schwarzen oder Aethiopier: ein Werk des Abu Mohammed Dschafar Ben Achmed, Ben AlSorabsch, genannt AlCari, der Leser.

III. Zohr Ben Zohr AlAndalussi: 621 ist der Name eines Schriftstellers, den man auch Abu Marwan Ben Abdalmalek AlVezir zu nennen pflegt. Es ist eben derjenige, den man gemeinhin Aven Zohar zu nennen pflegt.

Er war ein Spanier von Geburt, ein Jude von Herkunft und Religion, und ein Arzt von Profession. Seine Bücher, betitelt Fil aduiat, einfache und zusammengesetzte Arzneien, und Tafassir, welches ein Methodenbuch ist, wie man eben diese Arzeneien auf die schicklichste Art anzuwenden hat, stehen in großer

Achtung. Man findet sie, mit Africanischen Characteren geschrieben, in der königlichen Bibliothek zu Paris unter Nr. 871.

Zokak. Bahr AlZokak: das Meer des engen Passes. So nennen die Araber die Meerenge von Gibraltar, die bei den Türken Sebtah bogazi, der Schlund von Zeuta, heißt.

Der Scherif AlEdrissi giebt dieser Meerenge eine Länge von achtzehn Meilen, von der Insel Tharek, das heißt, derjenigen Insel, bei welcher Ziad Ben Tharek landete, als er in Spanien eindrang, bis zu einer andern, die er Gezirat AlKhedra, die grüne Insel, nennt. Und so giebt er ihr auch eine gleiche Breite.

Zolaikha oder Züleikha. Dies ist der Name, den die Araber und andere Musulmanen der Frau des Putifar geben. Die unordentliche Liebe, welche diese Frau zu dem Patriarchen Joseph hatte, ist aus den heiligen Büchern genugsam bekannt.

Die Musulmanen haben sie auch genugsam gekannt, und das durch Veranlassung eines Capitels im Coran, unter dem Titel Joseph, in welchem viel von ihrer unordentlichen Leidenschaft geredet wird. Nadhami oder Nezami, einer der berühmtesten Dichter unter den Persern, hat einen sehr berühmten Roman, Jussuf v Züleikha, betitelt, in persischen Versen geschrieben, und

ist

ist: von Dschami und mehreren andern nachgeahmt worden. Die Türken haben die Perser nachgeahmt, und es giebt mehrere Werke von ihrer Art über eben diesen Gegenstand.

Es ist hier der Ort, wo wir bemerken müssen, daß sich die Orientaler, und vorzüglich die Musulmanen, oft der Beispiele von diesen beiden Liebenden bedienen, so wie auch von Medschnun und Leileh, wenn sie nicht nur von der natürlichen und menschlichen Liebe reden, sondern sogar auch, wenn sie sich zu derjenigen erheben, die übernatürlich und göttlich ist. Siehe die ganze Geschichte Josephs und Zuleikha, so wie sie von Hossain Vaëz, in seiner Paraphrase über das Capitel des Corans, welches den Titel Jussuf führt, umständlich ist beschrieben worden.

Zonnar, ein arabisches, persisches und türkisches Wort, das aus dem gemein griechischen Ζωνάρι ist gemacht worden, welches durch eine verdorbene Aussprache von Ζώνη entstanden ist. Es ist dies ein Gürtel von schwarzem Leder, der sehr breit ist, und dergleichen die Christen und die Juden in der Levante, besonders in Asien, tragen.

Motavakkel, zehnter Khalife aus dem Hause der Abbassiden, war der erste unter allen mohammedanischen Fürsten, der die Christen und die Juden diese Art von Gürtel zu tragen nöthigte, um sie dadurch von den Moham-

medanern zu unterscheiden. Die Verordnung, welche er über diesen Gegenstand bekannt machen ließ, ist vom Jahr der Hedschra 235, und seit dieser Zeit tragen die Christen in Asien, und hauptsächlich die in Syrien und Mesopotamien, welche fast insgesammt entweder Nestorianer, oder Jacobiten sind, dergleichen gewöhnlich. Daher kommt es, daß man diesen Schismatikern den Namen der Christen vom Gürtel beigelegt hat.

Die Kirchenzucht im Oriente war unter den abbassidischen Khalifen noch so sehr in ihrer Kraft, daß die Bischöfe die Christen excommunicirten, wenn sie die Canones übertraten; und der Gebrauch war damals der, daß man diesen Gürtel denenjenigen, die auf eine solche Art durch das Anathema abgesondert waren, entzwei schnitt; ja sie bekamen sogar einige Stücke von einem solchen Gürtel über die Schultern, daher es kommt, daß eben dieses Wort Zonnar bei den Christen im Oriente dasjenige anzeigt, was bei uns durch Disciplin ausgedruckt wird.

Die orientalischen Redner und Dichter loben oft ihre Fürsten wegen der Kriege, die sie mit den Christen führten, die sie Ungläubige nennen, und wenn sie ihre Siege vergrößern wollen, so unterlassen sie nicht, zu sagen, sie hätten ihre Glocken zum Stillschweigen gebracht, und alle ihre schwarze Gürtel in tausend Stücken zerhauen.

Zora.

Zora. Ali Ben Mohammed, Ben Abi Zora: ist der Name des Verfassers einer Geschichte von Fez, die den Titel führt: Anis almothreb v raubh alcarthas fi, akhbar magreb. Diese Geschichte begreift nicht nur dasjenige, was die Stadt Fez angeht, in sich; sondern erstreckt sich auch bis auf das Reich Maroc, und die übrigen Provinzen von Africa. Sie ward im achten Jahrhunderte der Hedschrah für Abu Said Othman Ben AlModhaffer verfertigt, und führt gewöhnlich den Titel Carthas.

Zoraik. Ebn Zoraik; ein Beiname des Jahia Ben Ali AlThamnukhi, AlMesri. Er ist der Verfasser von einer Geschichte, die den Titel hat: Tarikh Ebn Zoraik. Er hat im fünften Jahrhunderte der Hedschrah gelebt.

Zoth: ist der Name einer Nation, die vormals in den morastigen Gegenden wohnte, die zwischen den Städten Vasseth und Vassorah befindlich sind. Da sich diese Art von Leuten empörten, wurden sie von dem achten Khalifen der Abbassiden, Motassem, geschlagen, und in Sclaverei geführt.

Der Verfasser des Mircat sagt, diese Nation wohne in suad Erak, in den Dörfern von dem babylonischen Irak. Uebrigens wird der Name Zoth auch einem indischen Volke gegeben, und im Arabischen nennt man eine Art

von Stoffen, die aus ihrem Lande kommt, Zothi.

Zu Ben Thahamadh: ist der Name des zehnten Königs von Persien, aus der ersten Dynastie der Pischdadier. Siehe den Artikel Zah.

Zu. So sprechen die Perser und die Türken das arabische Wort Dhu aus, welches dem Herrn und Besitzer irgend einer Sache bedeutet. Dieses Wort wird mit vielen andern zusammengesetzt; so daß man zum Exempel sagt: Dhu alnun, was die Perser und Türken Zulnun aussprechen. Siehe den Artikel Dhu, u. s. w.

Zual altanah fi scharh Ben Farah: ist der Titel eines Commentars über das Gedicht des Ebn Farah, verfaßt von Schameddin Mohammed Ben Dschumah, aus welchem auch Cothlu Bega den seinigen, über eben diesen Dichter genommen hat. Dieses Werk ist in der königlichen Bibliothek zu Paris unter Nr. 1148. befindlich.

Zudnevis. Dieses Wort bedeutet im Persischen einen Menschen, der sehr geschwind schreibt. Es ist dies der Beiname oder das Epitheton des Mohammed Ebn Mahmud, der ein vortrefflicher Schreiber, aus Bagdet gebürtig, war, und im Jahr der Hedschrah 710 den Madschmu AlRaschidiah geschrieben oder abgeschrieschrieben hat. Es ist dies ein in seiner Art einziges Werk in Absicht auf die Zierlichkeit der Charactere und des Fleißes in der Punctation. Es ist in der königlichen Bibliothek zu Paris unter Nr. 1. Siehe den Artikel Madschmu AlRaschidiah.

III.
623

Zulak oder Zaulak. Ebn Zaulak. Ein Beiname des Abu Mohammed Hassan Ben Ibrahim AlMesri, Verfassers der Geschichte von Egypten, unter dem Titel Tarikh Mesr.

Man hat auch ein Werk von ihm, betitelt Abil ala akhbar Coddhat Mesr, welches ein Supplement zu der Geschichte der Cadhis von Egypten ist.

Zulzul AlMussali. Ist der Name eines berühmten Musikers, der aus der Stadt Mussal gebürtig war, und unter der Regierung des Khalifen AlMamon gelebt hat. Siehe den Artikel Ibrahim Ben Mahadi, der der Oheim von diesem Khalifen gewesen ist.

Zusch: ist der Name eines Flecken, der zu dem Gebiete der Stadt Bokhara gehört. Derjenige, der daselbst gebohren ist, oder daraus herstammt, führt den Beinamen Zuschi.

Zuzeni, ein Beiname des Abu Abdallah Hossain Ben Achmed, Verfassers eines Commentars über diejenigen poetischen Werke, welche AlMoallacat genannt werden. Er ist in der königlichen Bibliothek zu Paris unter Nr. 1154. Dieser Schriftsteller führt den Titel Adib; das heißt, eines, der sich mit den schönen Wissenschaften beschäfftigt.

Ende des vierten und letzten Bandes.